U0915844

［内部资料　注意保密］

CHINA CONSTRUCTION BANK ALMANAC

中国建设银行年鉴

2013

中国金融出版社

责任编辑：肖丽敏
责任校对：张志文
责任印制：毛春明

图书在版编目（CIP）数据

中国建设银行年鉴2013（Zhongguo Jianshe Yinhang Nianjian 2013）/中国建设银行编.—北京：中国金融出版社，2013.11

ISBN 978-7-5049-7073-2

Ⅰ.①中…　Ⅱ.①中…　Ⅲ.①建设银行—中国—2013—年鉴　Ⅳ.①F832.33-54

中国版本图书馆CIP数据核字（2013）第227516号

出版发行　中国金融出版社
社址　北京市丰台区益泽路2号
市场开发部　（010）63266347，63805472，63439533（传真）
网上书店　http://www.chinafph.com
（010）63286832，63365686（传真）
读者服务部　（010）66070833，62568380
邮编　100071
经销　新华书店
印刷　北京汇林印务有限公司
尺寸　205毫米×280毫米
印张　46.5
插页　18
字数　1755千
版次　2013年11月第1版
印次　2013年11月第1次印刷
定价　139.80元
ISBN 978-7-5049-7073-2/F.6633
如出现印装错误本社负责调换　联系电话（010）63263947

《中国建设银行年鉴2013》编委会

主　　任： 张建国

副 主 任： 王　琳

编　　委：

徐漫霞	刘　进	王　琳	李卫平	许一鸣	应承康
李国建	吴建中	王怀伟	黄志凌	王　业	王书仁
赵观甫	郭世坤	李云泽	袁桂军	程远国	刘仁刚
杨爱民	杨新丰	冯丽英	康　义	魏春旗	杨绍萍
余　江	段超良	谷　裕	王贵亚	于妍玲	金磐石
杨丰来	黄　浩	李尚荣	程美芬	张华建	刘　晖
王　炽	安全德	张　宪	王　云	王博之	张玉英
刘铁彦	郎理英	文远华	周小知	宋海林	张兆西
陈宝东	程超英	奚丽娟	鲁可贵	林晓东	沈义明
杨　虹	侯建培	陈恒星	姚启凡	李文贤	黄惠玲
易建荣	司韩伟	杨洲德	黄兴宏	陈汉华	叶　轮
陈二尧	李锦海	潘　虹	胡昌苗	麦仲山	万　鸿
文姜元	蒋晓树	何　跃	次仁顿珠	李忠华	王文永
郭继庄	廖　林	张春生	孙平生	张中科	

《中国建设银行年鉴2013》编辑部

编辑部主任：王　琳

编辑部副主任：刘　健　林朝晖　韩力群

编辑部编辑：（按姓氏笔画排序）

王丽达　孔建新　安瑛晖　李　文

李　钢　张　乔　杨　旭　陈勇鹏

赵建伟　赵景丰　钱用道　曹国梁

本年鉴数据使用责任说明

本年鉴为中国建设银行股份有限公司内部刊物，不对外发行，本年鉴中的部分数据在使用之初仍处于审计过程中，为了在年鉴中真实体现当时数据使用环境的历史面貌，我们保留了这些数据。这些数据与本行公布的招股说明书、定期报告和临时公告有差异的，应以招股说明书、定期报告和临时公告的数据为准。因此，本年鉴使用者不得以任何形式复制、打印、转发、分发或以其他任何方式使用这些数据。如有违反，责任自负。

卷首语

2012年，面对异常复杂的经营形势，建设银行牢牢把握稳中求进的总基调，坚持发展不动摇、坚持效益增长不动摇、坚持创新转型不动摇，各项工作取得了新的进展。

经营成果好于预期，核心指标居同业前列。截至2012年末，建设银行集团资产规模达到13.97万亿元，比年初增长13.77%；负债总额达13.02万亿元，比年初增长1.56万亿元。净利润达1 936.02亿元，增长14.26%；平均资产回报率、平均股东权益回报率分别为1.47%和21.98%。不良贷款率为0.99%，较年初稳中有降。拨备覆盖率、拨贷比分别为271.29%、2.69%，分别较年初上升29个、0.05个百分点，风险抵补能力进一步增强。

支持服务实体经济，调整优化信贷结构。全年各项贷款新增9 231亿元，其中人民币贷款新增7 639亿元，增量为四大行第二，增幅第一。基础设施贷款新增1 521.31亿元，支持了大批国家重点在建续建项目。个人住房贷款余额、新增居同业首位。房改金融业务继续保持同业领先地位，公积金项目贷款累放金额市场占比为67%。信用卡贷款新增为四大行第一。小企业贷款、涉农贷款新增超额完成"两个不低于"的监管要求，新农村建设、保障性住房开发贷款增幅分别达到156%和130%。"6+1"产能过剩行业贷款余额较年初减少12亿元；房地产开发类贷款减少34亿元；全口径融资平台贷款客户数减少215户，贷款余额减少177亿元，现金流全覆盖类占比提高8.11个百分点达93.8%。

中间业务规范发展，新兴业务加快推进。全年实现中间业务净收入936亿元，增幅为6.7%，收入总量、增速均为四大行第二，在四大行中占比为28%，提升了0.4个百分点。金融市场业务实现收入1 093亿元，债券投资收益率稳步提升，达到3.68%。投资托管规模达2.7万亿元，增长31%。养老金业务受托资产新增、央企中标客户数量位居同业第一。率先发行居民健康卡，财政公务卡、军人保障卡累计发卡分列同业前两位，金融社保卡和其他金融IC卡超额完成发卡计划。外汇贷款和贸易融资新增行业第一。跨境人民币业务量达1.15万亿元，境内市场份额提升了3.85个百分点。

战略转型进展有序，综合化经营取得突破。全行按照"综合性、多功能、集约化"的战略定位，不失时机地推进战略转型，综合化服务能力不断提升。积极拓展"三大一高"客户，加强高层营销、总分行和母子公司联动营销，客户基础得到强化。综合化经营格局初步形成，建设银行的非银行金融牌照种类领先于其他大型商业银行。各子公司加快发展、服务集团、做大做强，境内子公司利润同比增长73%。海外布局提速，机构申设进度加快，率先实现在伦敦发行人民币债券。海外机构总资产突破800亿美元，增幅超过35%。

基础建设成效显著，发展后劲进一步增强。全行账户总量339.5万户，在四大行中占比提升1.12个百分点。结算账户新增63.88万个，增量为四大行第一。现金管理户、小额无贷户分别增长46%、23%，民生领域事业法人结算账户新增2 266户。有资产个人客户新增2 005万个，私人银行客户增加1.5万个，增长19%。物理渠道和电子渠道建设齐头并进。新资本管理办法实施准备工作基本就绪。新一代核心系统一期项目实施工作有序推进。

强化风险防控化解，优化授信管理流程。加强了对宏观形势、政策变化及同业竞争情况的分析研判，对发现的区域、行业、产品等风险苗头及时预警，依托系统和技术工具，实时跟踪监测全行授信风险。着重加强重点行业风险排查和处置化解，其中对钢贸、光伏、船舶等重点领域累计压缩风险敞口612亿元。大力压缩处置逾期贷款和不良贷款，全年共处置不良贷款401亿元，全行最大30个风险客户压缩34亿元。开展主动授信管理，在投资银行、理财等业务和产品整顿的基础上，把类授信和代理代销的产品纳入授信管理；全面推进差别化的集团授信审批模式，创新“直通车”、“预审批”等审批模式，优化审批流程，在有效把控授信质量的同时大幅提升流程效率。

推进网点“三综合”，实施后台集约管理。深化网点转型，着力将基层网点打造成为产品展示平台、客户体验平台、客户交流互动平台。全行综合性网点新增832个，7家试点分行新增综合柜员2 190人，组建综合营销团队544个。推进前后台分离，简化流程、提高效率，客户办理立等业务平均时间由5分钟缩短到2分钟。抓后台集约化，规划建设能够满足境内外分支机构和子公司业务发展的大后台，加快800与95533电话银行业务功能和服务渠道整合，改善客户体验，降低营运成本。

经过全行上下的共同努力，2012年建设银行在经济下行压力下取得了不俗的业绩，圆满完成了董事会确定的计划任务。建设银行的品牌价值突破千亿元，在《福布斯》品牌价值排行中居中国银行业首位，获得91个国内外不同机构颁发的奖项。

在新的起点上，全行既要对未来发展充满信心，也要对面临的困难和挑战有清醒的认识。从外部环境看，经济增长速度放缓、产能过剩矛盾凸显、潜在风险不断暴露，这些都对国内银行业的业务经营和风险管理带来严峻的考验。从建设银行自身情况看，还存在客户账户基础薄弱、创新能力不足、客户服务能力和市场表现有待提升等问题。全行要增强忧患意识和改革发展意识，牢牢把握发展机遇，坚持创新、深化转型，进一步提升客户服务能力和市场表现。

一是落实既定战略，加快发展步伐。全面深刻地理解和贯彻总行党委提出的“综合性、多功能、集约化”的战略目标。综合性是建设银行发展的必然选择，只有实现综合性才能实现好为实体经济全面服务的任务，才可以为建设银行注入新活力，有利于建设银行保持长久的发展能力。多功能是银行实现以客户为中心，满足客户多元化要求的必须条件。在服务方式上既能面对面服务，又能够远程服务，既能够银行员工帮助服务，又能够随时随地自助服务。在服务手段上要求功能多样、手段先进、能够满足不同层次客户要求。在服务产品上，既要能满足客户保值增值需要，又能够解决客户生产、经营、生活中的难题。集约化是现代商业银行实现有效经营的重要基础。综合性、多功能必须建立在集约化的基础上，否则不仅无法发挥协同效应，还会影响到全行的成本管理，甚至会滋生风险内控隐患。全行要加强对战略性问题的研究，加快综合性、多功能、集约化战略的落地实施。

二是坚持深化转型，主动调整结构。加快网点功能转型，扎实推进网点“三综合”建设，进一步释放基层网点“三个平台”的服务能力。提升综合服务能力，针对客户需求做好交叉销售，进一步提高各业务条线、各子公司产品的渗透率。大力推进资产结构转型，按照价值最大化的原则，合理摆布资产的客户结构、产品结构、期限结构，在风险、资本边界约束范围内逐步增加高收益资产比重，按照全行发展战略，不断提高子公司、海外资产和收益的比重。

三是突出发展重点，提升市场表现。信贷资源要向“资本占用少、风险权重低、经营效益好”的业务倾斜，加大对“三大一高客户”的支持力度；巩固个人住房金融业务领先地位，推进零售业务转型；严格落实“两个不低于”监管要求，积极支持小微企业和“三农”客户。巩固存款市场份额，增强稳定性，在四大行中排名第三、第四的分行市场位次要提升1位。坚定不移地发展中间业务，以重点产品为突破口，从业务量、客户数、渗透率等各方面深入挖掘增长潜力。加快推进电子银行、金融社保卡、现金管理、养老金业务、房改金融等战略性业务发展。

四是强化创新驱动，打造竞争优势。改进和完善创新管理机制，加大对跨部门、跨条线产品创新的协调力度。抓紧研究制定产品创新战略规划，在细分市场和客户的基础上，明确哪些产品采取引领策略、哪些产品采取跟随策略。提高创新的效率，加强同业动态跟踪，建立同业产品信息情报监测机制，定期对同业产品创新进行分析比对，取长补短。完善和创新准入管理，尊重和发挥基层的首创精神，合理精简创新流程，适当扩大对下授权，让直接接触客户、了解客户的市场主体参与到产品创新中。

五是做好风险防控，坚决守住底线。落实全员风险管理责任，明确风险管控职责和要求。着力改进技术方法，提升风险识别技术，抓住关键、精确打击。倡导健康信贷文化，在授信评价中，不仅要看企业的“三张表”，看企业的账户流水和销售归行情况，还要看企业的文化和经营风格，看企业负责人的素质和道德操守。加强对各级干部员工的教育、管理和警示，坚持从严治行，坚持对案件和重大责任事故“零容忍”，坚持对案件事故处理实行“三个不放过”。

六是加大科技投入，抢占先发优势。打造领先的核心技术平台，以“新一代核心系统”建设为重点，高起点定位、高标准建设，确保系统建成后能够满足业务未来发展需要。打造领先的网络金融平台，加快电子银行发展，着眼于完善服务功能、提升客户体验，尽可能多、尽可能快地把银行产品优先部署到电子渠道上。以“泛在”与“跨界”为目标，发挥“善融商务”亦商亦融的优势，变先发优势为胜势。

2013年是全面贯彻党的十八大精神的第一年，是实施“十二五”规划承前启后的关键一年，机遇与挑战并存。全行要紧紧抓住和用好发展的战略机遇期，积极进取、扎实开局、再创佳绩，努力在新的起点上实现新发展！

王洪章

张建国

张福荣

2012年2月20日，董事长王洪章与中船重工总经理李长印会见。

2012年3月22日，董事长王洪章在人民大会堂出席建设银行“母亲健康快车”捐赠计划发车仪式。

2012年8月27日，董事长王洪章在建设银行2012年中期业绩发布（北京）会议上讲话。

2012年8月6日，董事长王洪章一行在内蒙古自治区区分行营业网点调研。

2012年11月27日，董事长王洪章会见洛希尔公司高级顾问、德国前总理格哈德·施罗德先生一行。

2012年2月14日，行长张建国到湖南省分行视察指导工作。

2012年3月1日，建设银行总行在天津召开计划财务工作会，图为行长张建国在会议上讲话。

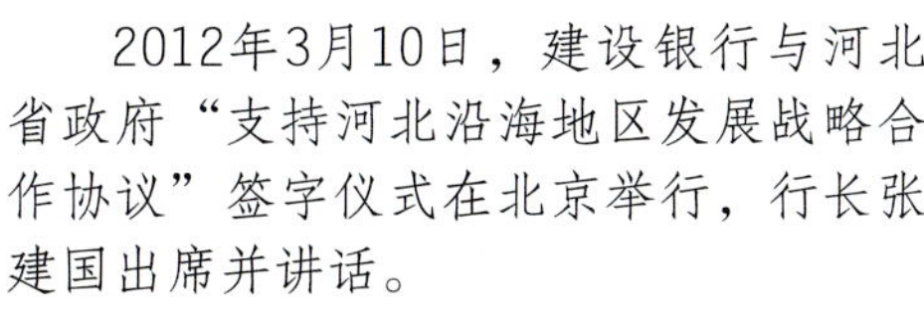

2012年3月10日，建设银行与河北省政府“支持河北沿海地区发展战略合作协议”签字仪式在北京举行，行长张建国出席并讲话。

2012年5月17日，行长张建国到重庆市分行营业网点调研。

2012年7月11日，行长张建国到宁波市分行调研。

2012年3月30日，监事长张福荣在建设银行2012年审计工作会议上讲话。

2012年5月30日，监事长张福荣到天津市分行进行工作调研期间，视察和平支行基层营业网点。

2012年6月19日，监事长张福荣视察广西防城港分行营业部，详细询问业务发展情况。

2012年7月4日，监事长张福荣在宁夏回族自治区分行调研期间，到区分行营业部检查指导工作。

2012年11月30日，监事长张福荣在建设银行墨尔本分行开业典礼上致辞。

2012年3月1日，建设银行在河南郑州发行全国首张居民健康卡。副行长朱洪波与卫生部部长陈竺共同参加了居民健康卡的发卡仪式。

2012年9月19日，副行长朱洪波到苏州分行视察。

2012年11月12日，副行长朱洪波出席中国监察学会建设银行分会第一届理事会第三次会议暨2012年理论研究成果交流会议并讲话。

2012年2月23日，副行长陈佐夫到福建泉州市分行调研。

2012年4月16日，副行长陈佐夫到上海浦东分行周家渡支行调研。

2012年8月7日，副行长陈佐夫出席神华集团有限责任公司并购国网能源开发有限公司银团贷款合同签约仪式并致辞。

2012年1月13日，副行长朱小黄参加“私人银行客户高层经营答谢暨古典音乐鉴赏”营销活动。

2012年2月23日，副行长朱小黄在上海出席中国建设银行零售业务工作会议并讲话。

2012年4月26日，副行长朱小黄参加建设银行北京生产基地一期奠基仪式并讲话。

2012年5月31日，副行长胡哲一出席中国建设银行外币资产负债管理座谈会并讲话。

2012年7月23日，副行长胡哲一到深圳拜访深圳市领导和前海深港现代服务业合作区管理局，并进行业务座谈会，详细讨论了建设银行与前海实验区合作事项。

2012年12月13日，副行长胡哲一到深圳产品创新实验室调研。

2012年9月26日，副行长庞秀生出席在深圳举办的深化营运体制改革暨网点综合化建设工作会议。

2012年10月15日，副行长庞秀生视察苏州分行贵金属理财中心。

2012年10月15日，副行长庞秀生在苏州会见中国银联总裁许罗德。

2012年6月28日，副行长赵欢到甘肃省分行调研期间与甘肃省省长刘伟平座谈。

2012年7月11日，副行长赵欢视察青海西宁支行。

2012年11月13日，副行长赵欢到北京市分行基层网点调研。

2012年10月30日，党委委员章更生在全行品牌管理培训班上讲话。

2012年12月8日，党委委员章更生参加第三届中国金融文化论坛，发表题为《学习贯彻十八大精神 大力推进金融文化建设》的主题演讲。

2012年12月21日，党委委员章更生到党委成员工作联系点——广东中山支行调研。

目 录

目录

CHINA 中国建设银行年鉴
CONSTRUCTION BANK ALMANAC
2013

第一部分　战略决策与战略管理

董事会的改革与成就

一、努力为股东创造良好回报

2012年，我行总资产规模突破14万亿元，净利润比上年增长14.2%，不良贷款率下降0.1个百分点，资产回报率（ROA）、股东权益回报率（ROE）、每股收益和资本充足率等多项核心指标领先同业。年内我行按上一年利润总额的35%，合计向86万名股东派发股息591亿元，比上年增长11.4%，每股派息0.2365元，股息回报率超过5%，分红率、分红额和股息回报率均在上市银行中处于领先地位。

我行良好的经营业绩和投资回报得到市场的高度认可。在美国《财富》杂志“世界500强企业”排名中列第77位，较上年提升31位；在英国《银行家》杂志“世界银行1000强”排名中列第6位，较上年提升2位；品牌价值突破千亿元，在英国《银行家》和美国《福布斯》发布的品牌价值排行中，居中国银行业首位。

二、保障公司治理有效运行

2012年，我行先后获得香港《财资》杂志颁发的“最佳公司管治铂金奖”、《亚洲公司治理》杂志颁发的“亚洲最佳公司治理奖”等多个奖项。

（一）董事会及其成员认真履职尽责

2012年，董事会共召集股东大会两次，其中包括在香港召开的年度股东大会，共有1 500余位中小股东现场出席会议，与董事、高管直接交流，展示了我行公开透明的良好形象；召开定期会议和临时会议9次，审议议题50个，内容涵盖业务规划、财务报告、高管聘用、机构设置、海外发展和风险管理等多方面。董事会战略发展、审计、风险管理、提名与薪酬和交联交易控制五个专门委员会召开会议20次，审核并讨论各项议题100余个。

董事会成员恪尽职守，充分发挥专业特长，积极主动地表达观点、提出建议，将更新、更高效的管理理念和文化带到我行；加大履职时间投入，认真为董事会及各委员会会议做好准备，会议出席率均达到100%；广泛开展调研，关注对我行有影响的国内和国际金融业及其他行业发展动态，不断深化对我行运营所处宏观环境及我行业务发展情况的了解；组织并参加有关国内外监管政策、上市地法律法规、内幕信息披露、反洗钱、美国境外账户纳税监管等各类培训，不断更新信息与知识储备。

（二）进一步理顺公司治理各方关系

在中国银监会、大股东及公司治理各方支持下，2012年，董事会对我行公司章程、股东大会议事规则、各委员会工作细则提出了全面修订意见。

在实践中，董事会坚持与股东做好沟通，有效落实股东大会决议，严格在股东大会授权范围内发挥公司决策作用；积极配合监事会监督工作，及时提供各类总结、报告、会议材料和其他信息，主动接受其监督；持续关注银行业务、财务、风险及授权执行情况，定期听取管理层重大事项进展汇报，督促董事会决议的有效落实。

（三）持续完善董事会工作机制

为提高会议的计划性与效率，强化执行与落实，董事会不断完善议事程序和工作机制。董事会提前一年制订会议计划，日程一旦确定不再更改；精减参会人员，由部门汇报改为高管层汇报，部门负责人不再列席会议，提高了议事效率，降低了会议成本；董事会会议增加委员会主席汇报委员会讨论情况的环节，促进董事会及时、全面地了解委员会工作情况；遵照香港上市最佳管治及会计师公会规定，完善闭门会议制度，审计委员会每年两次就财务报告等事项与外部审计师进行单独交流；强化跟踪落实机制，董事会及各委员会对上一次会议的议题进行回顾，确保董事会决议及委员会专业意见和要求的落实。此外，董事会十分注重信息化建设，年内推动建立了董事会信息资料网络平台，实现了董事会成员境内外移动办公和董事会文件的远程访问；利用网络媒体等方式加强与股东沟通和交流，提高了信息透明度和投资者参与度。

（四）严格审查监督财务报告

董事会注重财务报告制度建设，根据最新会计准则和银行集团管理要求，充实完善了基本会计制度、金融工具公允价值估值管理政策等文件，为有效规范财务报告编制和披露工作夯实基础。同时，按照国际先进银行标准，严格审核银行集团定期财务报告，监督银行重大会计事项，保障银行财务报告编制、审计和披露工作依法合规。年内分别审议通过了2011年度以及2012年第一季度、半年度和第三季度报告。

（五）做好提名与薪酬管理工作

2012年，董事会按照法律法规、公司章程等有关规定，努力做好提名与薪酬管理工作。一是推动优化董事、高管提名和选拔机制。年内完成董事长、董事和副行长选任工作，并就董事会成员补充机制进行了深入研究。二是加强薪酬监管政策研究，完善薪酬激励制度。根据薪酬机制与公司治理要求相统一、短期激励与长期激励相协调的原则，董事会组织拟定了董事、监事和高管人员薪酬分配清算方案和实施细则，推动员工薪酬总量、结构的进一步完善，为提升银行竞争能力打下基础。三是高度重视人才培养，推动管理层强化人才队伍建设，扩大人才培训规模，加大海外人才培养力度。

三、进一步加强战略管理

（一）持续加强战略研究

一是加强宏观形势分析。董事会定期就经济形势、宏观政策、银行监管变动情况进行研讨，就宏观形势变化对我行的影响进行深入分析，形成前瞻性判断，为科学决策提供依据。二是深入分行、子公司调研。按照年初制订的调研计划，董事们先后赴江苏、上海、广东、重庆、辽宁、黑龙江、内蒙古、新疆、吉林等地，以及中德银行、建信租赁、建信信托、建信人寿等子公司进行调研，了解我行业务发展及综合化经营推进情况。三是开展战略专题研究。董事会和管理层重点研究了资本管理、流程银行建设、集约化经营、子公司发展、电子银行拓展和经营机制完善等重大战略问题，为我行业务发展和体制机制改革提供思路。

（二）加快“综合性、多功能、集约化”建设

为保持银行长久发展能力，年初董事会和管理层研究确定了“综合性、多功能、集约化”的战略定位，并在年内积极强化战略决策和监督，推动相关工作开展。一是研究确定了“深化跟随、加快落地”的海外经营策略和“自设与并购并重”的机构拓展方式，董事长及其他管理层亲自拜访俄罗斯、卢森堡、美国、英国、中国台北等国家与地区的相关政府机构、监管部门与金融同业，有效推动了我行境外机构申设与业务拓展工作。二是积极关注子公司发展，年内对并表管理、建信人寿增资、村镇银行等进行了重点研究。三是大力支持新兴业务发展，积极推进私人银行专营机构建设，推动理财产品合规经营。四是推动银行网点渠道建设和转型，督促管理层加快网点“三综合”、前后台分离建设，加大对电子渠道资源投入。五是积极推动流程银行建设，董事会每半年听取一次“新一代”核心系统项目进展情况汇报，指导银行将流程优化和改造嵌入核心系统。

在董事会的支持和推动下，我行“综合性、多功能、集约化”建设取得突破。截至2012年末，我行非银行金融牌照种类领先于其他大型商业银行，子公司、海外机构资产总额分别达到2 544亿元和800亿美元，同比快速增长。电子银行、私人银行、信用卡、投资银行、养老金、社保卡、金融市场和贵金属等新兴业务加速发展，产品种类不断丰富，产品竞争力与受客户欢迎程度显著提高。集约化经营和流程优化保持良好势头，2012年，全行综合性网点新增832个，7家试点分行新增综合柜员 2 190 人；前后台分离实现客户办理立等业务平均时间由 5 分钟缩短到 2 分钟。

（三）持续加强资本管理

2012 年 6 月，中国银监会颁布《商业银行资本管理办法（试行）》，对商业银行资本管理工作提出新要求。董事会认真研究新资本管理办法实施对我行公司治理、风险管理、业务发展、资本要求等方面的影响，指导管理层以实施新办法为契机，加大业务转型和结构调整力度，加快向资本集约化转型。2012 年，董事会研究制定了我行 2013—2018 年资本充足率达标规划，明确了 2018 年前资本工具发行规模和管理能力建设目标。积极开展创新资本工具研究，顺利完成 400 亿元次级债券的发行工作。指导管理层加快新资本协议申请工作，并推动相关成果广泛应用于业务实践，有效提升全行精细化管理水平和全面风险管理能力。

（四）积极推动信贷结构调整

面对经济下行期的各种考验，董事会明确了全年信贷结构调整的基本思路，即要立足服务实体经济，大力支持国家重点项目、民生领域以及经济社会发展薄弱环节。年内，董事会通过定期监督经营计划执行情况，强化传导机制，督促战略落实。在董事会大力推动下，2012 年，全行基本建设贷款新增占公司类贷款新增的 37%，支持了大批国家重点在建续建项目；保障房开发贷款余额增长 130%，“民本通达”相关存款增速为 17.5%，小微企业贷款余额增幅为 18%，涉农贷款余额增长 20.5%，民生领域贷款增速明显高于平均水平。同时，注重有保有压，严控“两高一剩”等调控行业贷款，提前压缩退出高风险客户。通过调整优化信贷结构，既支持了实体经济发展，实现了良好的经济效益和社会效益，又防范化解了潜在风险。

四、不断提升风险管理与内控能力

（一）不断完善全面风险管理和内控体系建设

2012 年，董事会及风险管理委员会重检并修订了风险偏好陈述书，引入风险计量高级方法，以审慎的风险偏好防范系统性风险，确立新形势下风险管理基本要求和方向。研究制定了全面风险管理办法，进一步明确和规范了我行全面风险管理的框架和主要管理内容；同时，指导管理层引入风险轮廓雷达图等现代化工具，最大限度地量化各类风险，有效推动了我行风险管理整体水平的提升。持续关注和大力推进内控系统建设，批准成立总行内控合规部，专司全行内控合规工作；制定了内部控制基本规定和内部控制体系建设五年规划，指导管理层建设多维度、立体化、标准化、自动化的内控管理体系。

（二）持续加强重点领域风险管控

一是高度重视经济下行环境下重点区域和重点分行的风险暴露问题。浙江中江系企业重大风险暴露后，董事会多次就中江系等各类相关风险事件进行专题研究，董事长及管理层多次赴浙江调研业务发展和风险处置情况，指导管理层妥善化解风险、挽回损失。二是密切关注重点产品风险暴露情况。年内多次听取理财业务风险管理情况汇报，要求理财业务把握好市场机会与风险管理的关系。三是持续加强政府融资平台、房地产和产能过剩等重点行业和客户风险管理，要求管理层严格总量控制，强化贷后管理。

（三）强化关联交易管理

2012 年，董事会及关联交易控制委员会持续做好关联交易合规风险管理工作，全面提升关联交易管理水平。董事会认真研究主要关联方变化情况，对照境内外监管规则，厘清美国银行和淡马锡的关联方身份，指导管理层做好应对准备，避免可能涉及的关联交易合规风险。积极推动关联交易管理系统与新一代核心系统的整合，推动落实在新一代系统中实现关联交易控制措施，提高关联交易统计、控制与披露的准确性、及时性和全面性。聘请专业机构开展关联交易管理专项咨询项目，梳理关联交易管理状况及风险问题，为决策提供有效支持。

五、维护公司良好外部形象与市场表现

（一）持续做好信息披露工作

2012 年，董事会严格遵循法律法规和监管要求，本着公平、公开和公正的原则，努力提升公司透明度，充分维护利益相关方合法权益。积极探索推进自愿性信息披露，根据国际经济形势和投资者关注热点，在年度报告中细分了债券投资

构成情况，增加了对欧债主要风险国家的债券投资情况、不良贷款暴露情况，充实了房地产开发类贷款披露内容等。2012 年，我行共发布公告 40 余次，披露各类文件 172 个，信息披露依法合规，银行透明度不断提高，得到业界普遍认可，先后在香港商报、全球商报联盟和国务院发展研究中心等组织的评选活动中获得“亚太区重要银行透明度金奖”，我行 2011 年年报获得美国通信公关职业联盟（LACP）年报设计银奖以及入选中国最佳 25 份上市公司年报等奖项。

（二）加强投资者关系与市值研究工作

2012 年，董事会成员、管理层及相关部门继续通过业绩发布与路演、大型投资者论坛和接待来访等不同方式向境内外投资者宣传我行业绩，培养长期稳定的投资者，不断提升中国国有大型银行的国际形象和影响力。我行投资者关系管理工作广获好评，荣获亚洲《公司治理》杂志授予的亚太地区 2012 年“最佳投资者关系”、“最佳投资者关系 CEO”、“最佳投资者关系 CFO”和“最佳投资者关系推介/网站”四个奖项。

2012 年，受国内外经济金融形势影响，国内主要上市银行资本市场表现均有较大波动，我行市值排名也一度被欧美银行超过，下滑至全球上市银行第四位。董事会积极应对，密切关注市场动态，分析形势，研究分析市值变动原因并果断采取行动。一是研究合理分红方案，向中国证监会、中国银监会、汇金公司建议“现金 + 股票”组合分红方案。二是向国务院主管部门建议恢复香港个人投资内地赴港上市公司股息所得税优惠政策。三是建议并协调大股东增持，加大与市场各类投资者的交流力度。在多方积极因素作用下，从 2012 年第四季度开始我行市值逐步反弹，重新回升至全球上市银行第二位。截至 2012 年末，我行市值较 2011 年末增长 12.52%，恢复至全球上市银行业第二位，国际影响力得到巩固和提高。

（三）全面履行企业社会责任

董事会始终坚持全面承担企业公民责任，积极树立我行负责任大行形象。2012 年，董事会继续将业务发展与履行企业社会责任相结合，引导信贷资源投向低碳经济、循环经济和绿色经济领域；同时，扎实推进公益项目，持续推进“贫困高中生成长计划”、“贫困英模母亲资助计划”等长期公益项目。在董事会的高度关注和大力推动下，2012 年我行荣登《财富》杂志“中国企业社会责任 100 排行榜”，被中国银行业协会评为最具社会责任金融机构。

执笔：薛鲁

监事会的改革与成就

一、依法召开监事会及委员会会议

全年共召开监事会会议7次，审议通过监事会报告、年度工作计划、监督工作方案、监事会议事规则修订、银行定期报告、利润分配方案等14项议案，听取风险管理、“新一代核心系统”建设、流程银行等情况汇报5次，专题讨论了监事会年度履职评价及监督意见、银行章程监事会部分修订意见等重要事项。召开履职尽职监督委员会会议4次，审议审核议案2项，集中评议了董事会及其专门委员会、高级管理层、董事、高级管理人员2011年度履职评价意见。召开财务与内部控制监督委员会会议5次，审议审核议案10项，听取了内部审计发现和内控评价工作情况等专题汇报。监事会及委员会会议依据要求对财务报告、募集资金使用、重大资产收购与出售、关联交易、内部控制以及履行社会责任等事项发表了独立意见，相关内容纳入本行年度报告进行了公开披露。

二、认真履行履职、财务、内控、风险管理监督职责，扎实有效开展工作

（一）履职监督

进一步总结工作经验，完善监督方法，增加会议列席频率，列席了2012年度本行各类重要会议，其中股东大会2次，董事会及其委员会会议32次，全行工作会议4次，行长办公会9次，经营形势分析会4次，业绩发布会2次，还列席了风险、纪检监察、审计等业务条线会议，对董事会、高管层履职尽职情况进行监督。根据修订后的《监事会对董事会、高管层及其成员履职监督与评价办法》，监事会制订了年度履职监督与评价工作方案，组织开展对部分董事、高级管理人员的访谈；集中审阅董事会、高管层及其成员提交的年度履职报告，并对董事年度履职情况进行审核；在董事、监事和高级管理人员及部分部门负责人范围内组织了无记名履职测评；召开履职尽职监督委员会会议集中研究评议履职评价报告。在上述工作的基础上，结合日常监督情况，研究提出对董事会及其专门委员会、高级管理层和董事、高级管理人员2011年度履职情况的评价报告，提交监事会会议进行了审议。

（二）风险管理监督

列席了董事会风险管理委员会的全部会议和管理层的相关会议，听取了职能部门工作报告，对一些重要事项进行调研分析，重点关注了信贷资产质量及风险处置情况、逾期贷款变化、理财产品风险、表外业务管理、信用风险内部评级体系运行、欧债危机对业务的影响、风险偏好的量化管理、网络银行业务的风险管控等事项，就经济下行对资产质量和风险管理带来的压力、理财产品资金流向、整体流动性管理及减值准备金计提参数确定的科学性、信用风险内部评级系统的合理性等问题，与管理层、审计师进行了沟通，适时提示风险。监事会组织了授信管理、信贷政策制定与执行等专题调研，加强对风险管控情况的研判。调研报告提出了大量有针对性的意见和建议，送交董事会、管理层参考研究。

（三）内控监督

继续加强对董事会开展内部控制评价和本行建立健全内部控制、贯彻落实《企业内部控制基本规范》等的监督。认真审议本行2011年内控评价报告，发表了独立意见；通过列席会议、向董事会关联交易控制委员会书面征询意见、对总行

职能部门书面调查和工作访谈等方式，对关联交易、重大资产收购与出售等事项进行了监督。听取了内部审计主要发现、反洗钱工作开展、信息系统重大应用版本变更工作准备等汇报，就审计成果应用、反洗钱管理、科技管理架构、新系统投产等进行询问并提出意见。组织开展内控专题调研，深入多家分行了解内控手册应用、内控职能整合、规章制度管理等工作情况。

（四）财务监督

列席了董事会审计委员会全部会议和委员会与外部审计师的闭门会议、财务报告预沟通等会议，对其履行财务报告职责与表现进行监督。跟踪了解监管部门报告编制的新要求和会计准则的新变化，认真组织审阅审核财务报告等资料，与外部审计师进行4次工作访谈，全面了解审计重点及发现，提出工作要求；积极关注可能影响财务报告真实性、准确性、完整性的重大事项，就资产质量、减值计提、逾期贷款、理财产品和中间业务收入的核算及信息披露等，多次与外审师、职能部门进行了解和讨论，关于逾期贷款的认定、减值准备计提政策的一致性、信息披露口径、文字表述和数据一致性等建议得到了采纳。按时召开监事会和委员会会议，对经董事会及审计委员会通过的报告进行了审议，发表了独立意见。组织财务管理有关工作情况的专题调研，在如何改进和完善绩效考核、加强对全行固定资产投资的规划与管理等方面，提出了建设性意见。监管部门颁布《关于上市公司建立内幕信息知情人登记管理制度》后，及时指导工作机构对我行内幕信息知情人登记管理制度的建立及实施情况，以及与监管要求存在的差异进行分析，提示董事会及时跟进监管要求，适时修订相关管理办法。

三、通过多种方式，积极推动监督工作的深入和建设性作用的发挥

（一）客观提出监督评价意见，向董事会和高级管理层进行通报

2011年全年监督工作结束后，监事会形成了对董事会、高管层年度监督的意见材料，在年度业绩董事会和高管层成员中进行书面通报。在对全行工作给予充分肯定的同时，明确指出需要关注和亟待解决的问题。

（二）有重点地开展调研检查，形成翔实报告送交董事会、管理层参考研究

2012年开展了涉及授信管理、内部控制、信贷政策、财务管理、流程银行建设5个领域的专题调研，组织了对审计整改工作运行情况的非现场分析，召开了部分分行主要负责人参加的工作座谈会2次。监事会负责人及监事先后到天津、广西、宁夏、河南、山东、上海、青岛、苏州等十多家分行现场调研，深入了解分支机构经营管理、风险内控情况，听取对全行业务发展和对董事会、监事会、管理层的工作意见。多层次、多途径地调研，提高了监事会分析研判能力，增强了监督针对性。监事会调研后，形成翔实报告，转送董事会、管理层参考研究。

2012年7月3日，建设银行监事会座谈会在宁夏召开。

（三）关注本行战略性、全局性事项和经营发展过程中的新情况、新问题，积极提供参考意见建议

在全行性的重要会议上，监事会负责人多次就战略规划、科学发展、风险管控、公司治理完善等方面提出要求。在工作调研中，提出了许多有针对性的指导意见，在分支机构中引起较大反响，有力地推动了相关业务的发展。

监事会成员非常关注本行的经营管理和业务发展，在与董事会、管理层的工作交流中，积极互动、建言献策。这些建议得到了有关方面的重视和采纳。

四、认真组织上市公司规范运作自查自纠工作，促进公司治理规范运作水平的提升

根据证监部门关于辖区上市公司开展公司规

范运作自查自纠要求，监事会成员参加相关工作培训，对自查自纠的内容、方法、步骤进行学习。监事会召开办公会议，对该项工作进行研究部署，提出了明确的要求。在征求部门意见的基础上，制订了《中国建设银行公司规范运作自查自纠工作方案》，对自查自纠工作的目标、进度、组织分工等作出安排，并召开部门协调会进行研究落实。

按照工作方案的要求，董事会办公室等17个部门全部在完成自查阶段工作后，形成工作底稿189份。监事会办公室会同审计部门对部门自查自纠情况进行了核查，逐一审阅了工作底稿，对检查概况作了分析，形成自查自纠工作核查意见。监事还就募集资金管理、高风险投资的内部控制制度以及会计核算、财务管理等相关事宜，与外部审计师、总行职能部门进行访谈，对有关情况进行了解核实。

五、加强对内部审计工作的指导，积极参与本行相关重要活动

监事会认真履行对内部审计工作的指导职责。2011年，内部审计工作力度不断加大，审计能力不断增强，为全行的经营发展和经营管理水平的提升发挥了积极的促进作用。年度内有针对性地组织实施了25个（类）系统性审计项目和1 896个自选审计项目，发现重要风险隐患218个，提出审计建议6 800余条，针对其中的重要情况，形成专门报告54份。

在做好监督工作的同时，监事会积极支持董事会、高管层依法行使职权，履行职责，开展工作。围绕全行中心任务，主动参与本行重要工作与活动，参与了公司战略与创新、海外发展布局、内部管理体制改革、全面风险管理体系建设、内部控制建设规划、流程银行建设等重要事项的研究讨论。部分监事还参加了本行的业绩发布会、境外路演、全行性调研活动。

六、加强自身建设，持续提升履职能力

（一）合理安排工作任务，充分调动全体监事参与监督的积极性

全体监事认真出席监事会及委员会会议，深入参与议案、议题的研究讨论和审议，独立、客观地发表意见，行使表决权；积极列席董事会、管理层会议，参加本行重要活动；根据专业特长有重点地承担工作任务，参与了调研检查、工作访谈、专题研究等活动。在监督工作中，监事们注重分析研判，主动提供个人看法和专业意见，认真履行职责，为公司治理的完善和本行的发展作出了努力。

（二）健全工作组织机构，不断提高专业支持能力

加强了风险监督工作力量的配备，强化了风险管理的监督，主动开展对业务发展情况、风险与内控重大事项、监管规则与要求变化的分析研究，适时提出关注点和监督建议，通过《监督工作参考》等形式，发全体监事参阅，为监事履职提供支持保障。

（三）注重总结实践经验，改进完善监督工作机制

在总结自身工作实践经验的基础上，认真学习借鉴同业好的经验与做法，参加了中投公司控参股银行监事会座谈会、上市公司协会监事会座谈会，就监事会工作开展基本经验、进一步完善工作机制、监督方法等进行学习和经验分享；与来访的中信集团监事会、中国金融证券公司监事会做了工作交流。结合工作实践和本行实际，对公司治理文件与监事会职责和监督工作有关的条款做了修订，在提交股东大会审议通过后付诸实施。

执笔：刘进

CHINA 中国建设银行年鉴 2013
CONSTRUCTION BANK ALMANAC

第二部分　战略部署暨文献资料

在中国建设银行工作会议上的讲话

王洪章

（2012 年 1 月 17 日）

同志们：

为了认真贯彻中央经济工作会议、全国金融工作会议、中纪委第七次全会和中国人民银行、中国银监会会议精神，总行党委、经营班子决定召开这次工作会。会前，总行做了一些调研，也听取了有关部门的意见和建议。总行党委专门召开会议，认真研究了贯彻措施，就 2012 年清晰发展思路、加强基础工作、强化内部控制提出了要求。董事会也通过了 2012 年经营计划和固定资产投资计划。所以这次会议是在充分调研、比较广泛地听取意见、取得共识的基础上召开的。张建国同志和张福荣同志会议期间还要做讲话，下面我代表党委讲几点意见。

一、认真学习和贯彻落实中央经济工作和全国金融工作会议精神

（一）认真分析当前国际国内形势

当前，国际国内形势十分复杂、严峻。从国际看，世界经济复苏的不稳定性、不确定性上升，主要发达国家居民消费能力下降，全球市场需求低迷可能成为常态。美国失业率居高不下，房地产市场持续低迷，走出经济困境面临诸多制约；欧洲主权债务危机短期内难以有效解决，有可能向更多的成员国扩散蔓延，甚至加剧银行业危机，欧元区经济衰退风险增大；日本受政府高债务等结构性问题困扰，日元升值制约出口，经济复苏不乐观；新兴经济体面临经济增速放缓和通货膨胀双重压力。

从国内看，经济发展中不平衡、不协调、不可持续的矛盾和问题仍很突出。一是经济增长存在下行压力。外部形势影响到国内，2011 年经济增长逐步回落，下行期有多长还很难判断。二是物价上涨压力仍然较大。美国及西方国家量化宽松政策使我们面临的通货膨胀压力仍然很大。另外，国内劳动力、土地、能源资源等要素价格上涨呈长期化趋势，推动物价上涨的因素仍然较多。三是部分企业生产经营困难加重，企业亏损面扩大，特别是有些小微企业经营困难突出。四是有些过热的领域还没得到有效控制，如政府融资平台、房地产等。五是节能减排形势更趋严峻，一些高耗能产业扩张偏快，环境污染事件多发。所以，2012 年要完成 GDP 增长 7.5% 和 CPI 控制在 4% 左右的目标需要付出努力。

从银行业来说，也面临较大的压力和挑战。一是监管要求越来越严格。巴塞尔Ⅲ确立的资本监管要求，对资本充足率将产生一定的影响。据测算，对建设银行的短期影响在 1 个百分点之内，但长期影响大于 2 个百分点。二是同业竞争越来越激烈。大银行之间、大银行与中小银行之间的竞争全面展开，很多领域竞争白热化。三是中间业务发展压力较大。商业银行收费受到政府和社会的高度关注，明令禁止的收费越来越多。四是不良资产面临反弹压力。在外需减弱、经济增速下滑、市场资金仍然较为紧张的情况下，部分企业部分项目可能出现经营恶化、资金链断裂等问题。

充分估计当前形势的复杂性和严峻性，主要目的是为了增强风险意识、忧患意识，未雨绸缪，重视苗头性、倾向性问题，把困难估计得更充分一些、把措施考虑得更周全一些、把工作做得更扎实一些。

有利的因素也很多。主要是我国仍处于重要战略机遇期，在较长时期内将继续保持经济平稳较快发展。这是因为，一是我国仍处在工业化的

中期，经济和社会事业发展都还有很大空间，尤其是信息化、工业化、城镇化和农业现代化快速推进，蕴藏着巨大的需求潜力；二是经过30多年改革开放，我国发展建立了良好的物质、科技基础和体制条件，企业竞争实力明显提高，金融体系运行稳健，社会资金充裕；三是经济发展的传统优势依然存在，劳动力资源丰富、素质提高；四是结构调整得到中央重视，转变经济发展方式成为工作主线，国民经济朝着宏观调控预期方向发展；五是国际金融危机使世界经济格局正在发生深刻变化，大国实力此消彼长，对我国机遇大于挑战。

对于建设银行来讲，经过5年的改革，实现了良好发展，基础管理得到加强，服务水平在大银行中保持领先，干部员工队伍得到锻炼，应对复杂问题的能力有了较大提升。

（二）牢牢把握稳中求进的总基调，贯彻金融服务实体经济这一本质要求

中央经济工作会议深刻分析了当前国际国内形势，提出了2012年经济工作“稳中求进”这一总基调。稳，就是保持宏观经济政策基本稳定，保持经济平稳较快发展，保持物价总水平基本稳定，保持社会大局稳定。进，就是要继续抓住和利用好我国发展的重要战略机遇期，在转变发展方式上取得新进展、在深化改革开放上取得新突破、在改善民生上取得新成效。在稳中求进、有紧有松、有保有压中，促进国民经济较快增长。

银行作为现代经济的核心，要牢牢把握经济工作的总基调，深入贯彻为实体经济服务的本质要求，在支持经济发展的同时实现自身发展，提高经营效益，实现共赢。建设银行要认真学习贯彻中央经济工作会议和全国金融工作会议精神，加大对基础设施、民生领域、节能减排、新型制造业和服务业投入，继续加大对中小企业支持力度，认真做好小微企业金融服务，继续抓好“三农”业务。基础设施贷款优先保障续建工程和在建工程，严格审批“两高一剩”和房地产贷款，加强政府融资平台风险管理，严格控制新增贷款。通过支持实体经济发展，为实现2012年经济增长目标作出贡献。

二、落实建设银行“十二五”规划，进一步明确发展目标

建设银行“十二五”规划已经董事会讨论通过，实施好“十二五”规划是今后五年建设银行的一项重要任务。当然，“十二五”的目标任务也会随着外部经营环境变化和内部发展改革不断充实和完善，落实“十二五”规划2012年至关重要。

（一）明确战略定位

战略定位是一个国家、一个企业的重要发展基点。建设银行的战略定位要与国情、行情相符合，与经济发展要求相匹配，与自身条件基础相吻合。建设银行股改上市后，实施了经营转型，即大力发展零售业务，向批发与零售业务并重转变；全面调整产品和服务结构，向传统与新兴业务并重转变；努力改进盈利模式，向利差与非利差并重转变；积极探索综合化经营，向多功能银行转变；加快拓展海外业务，向国际化银行转变。要在五个转变的基础上，按照综合性、多功能、集约化的要求，把建设银行打造成“国内最佳、国际一流”，具有重要影响力和国际竞争力的现代化大银行。

综合性是指统筹发展国际与国内市场，服务好货币信贷市场与资本市场。以金融综合服务为目标，加快设置海内外分支机构和海外并购重组，做好跨境业务。在发展好主业的同时，加快发展保险、信托、投资银行、基金、租赁、证券等业务。通过综合发展，实现市场互为依托、业务互为补充、效益来源多渠道、风险分散可控的经营构架，以应对不同市场的考验，实现可持续发展。

多功能既是商业银行服务社会的重要价值取向，也是建设银行落实全国金融工作会议精神，为社会提供最佳服务的必然选择，更是建设银行承担社会义务、履行社会责任、回报社会信任的内在选择。建设银行的多功能服务既要稳固发展大客户、中型客户，也要不断拓展机构客户、小企业客户，既要服务好个人中高端客户，也要服务好大众客户，为客户提供结算、信贷、交易、投资、顾问等各种金融服务。努力实现以客户需求为导向的功能选择，和以业务创新、产品创新、服务创新的多功能建设形式。

集约化经营既是国际大银行通用的经营方式，也是国际金融业发展的重要经验，集约经营有助于提升经营层次、降低经营成本、提高经济效益。集约化经营可以节约资本占用，有效地防范和控制风险，实现质量、效益、安全最佳。总行及分行要继续由管理型向经营管理型转变，总行要加大金融市场、贵金属、投行、托管、票据、信用卡、私人银行、大客户等直接经营力度，进一步加大总行授信管理和大额信贷发放的管理力度，提高理财产品的管控能力和开发能力，实现标准统一、程序一致、管控有力。充分发挥总分行的人才、资源和成本低、效率高的优势，提高经营效益，增强风险防控能力。在加大集约化经营中，要明确总行各部门管理、经营、营销的各自责任，处理好总行与分支行之间的业务关系，努力形成总分行目标一致、部门连接通畅、相互配合有效的集约经营模式。

（二）找准发展重点

发展的重点不突出、发展的方向不准确，就无法实践科学发展、有效发展。建设银行之所以发展成目前效益最佳、市场占比第二位的现代化商业银行，就是因为我们按照中央要求，秉承了正确的发展方针，坚持先进的办行思路和经营理念。在快速发展中，选准发展重点是关键，确定发展重点要与建设银行的实际相结合，通过发挥固有优势，展现传统特长，争取较大的市场效果，实现“与前面的行拉近距离，与后面的行拉开差距”的要求。

坚持以客户为中心、以市场为导向、以提升客户体验为重点，大力扩大客户基础。重点抓好大行业、大系统、大城市和高端客户，实现与建设银行发展要求一致，与企业地位、区位优势相统一的双赢局面。在抓好发展重点时要注意以下几点：一是要坚持互利互赢。在争取市场效果的基础上，为“三大一高”提供综合、高效优质服务，使客户享受到大银行的高质量服务。二是要坚持产业链条、产品链条和上下游产品的联动和综合服务，实现真正的战略合作。三是要坚持注重效益。处理好发展与质量、效率之间互为因果的关系。没有发展就无法实现效益增长和质量提升。没有质量、效益的发展就不能坚持长久，一味追求速度规模会破坏市场秩序、损害银行形象。所以，在发展的过程中要坚持以效益为驱动、以质量为底线、以安全为保障，使建设银行的发展建立在效益最佳、质量最好的基础上，建立在稳定可持续的基础上。

（三）打好业务基础

建设银行在实现现代企业制度改革后，着眼于一些国际大银行的发展趋势和国家经济发展中的薄弱领域，大力发展零售业务、小微企业业务和支持“三农”工作，目前已取得初步成效，小微企业和“三农”服务受到了中央的表扬。今后要继续抓好这些基础客户的服务工作，同时要加大金融市场业务、电子银行、个人消费金融、养老金业务的营销工作，创新服务产品、改进服务方式、提高服务水平，把建设银行的客户基础进一步做实、做牢。

巩固提升建设银行的传统优势。保持基础设施贷款的市场优势地位，做好大型基础设施项目的银团贷款、造价咨询、保理等综合服务。打造中国最有价值的住房金融品牌，巩固“要买房、到建行”传统优势和品牌形象，强化自营业务和房改金融业务的互动组合。积极拓展保障房市场，稳步推进新兴小城镇、新农村建设和农业转移人口住房新市场。

加快海外机构建设，促进海外市场健康发展。抓住国际金融危机中发达国家大型金融机构业务收缩的机遇，在安全、可靠的前提下，配合支持企业“走出去”的国家战略，统筹海外战略布局，大力提高海外经营的层次和海外业务基础工作。同时，研究改进目前海外分行、子公司经营管理模式，实现“本土化”和“落地”经营。

进一步加强建设银行基础设施建设，重点抓好薄弱领域、薄弱环节的改进和加强工作。一是按照中央进一步提高金融服务水平的要求，扩充渠道基础。2012年新增网点和网点改造任务必须完成，“十二五”规划中的网点建设任务力争2－3年内完成，东部沿海地区和金融资源丰富的县域乡镇要加快布点。丰富网点功能，加快综合性网点改造，在二代转型完成后，减少单功能网点，今后不再新设单功能网点。重视和加快自助设备建设，满足客户方便、快捷的需求。二是扩充营销基础。市场营销是商业银行竞争和服务的主要方式，分支行和营业网点是市场营销的主要阵地，要加大市场营销力量的配备。在现有基础上通过挖潜、劳动整合和流程改进，精减中后台人员，将富余出来的人员充实到营销一线。按照“统一、科学、合理、高效”原则，整合个金、对公、结算、产品等各业务部门的营销人员，改进营销方式、提高营销效率。三是夯实IT基础。当今世界的竞争中，科技的竞争是技术实力的较量，银行业的竞争更加体现在IT技术的水平和应用能力上。IT上不去，建设银行永远成不了“国内最佳、国际一流”的银行，建设银行IT建设长期滞后的局面必须尽快转变。目标应是“系统开发集中，运营管理集中”，从体制上和管理上减少重复建设，杜绝重复开发，避免资金浪费。正在建设的新一代核心系统，要按照国内或国际最高水平来设计。开发中心的建设和管理，要体现优质、高效和安全。

（四）严格控制风险

风险与银行相伴而生，现代银行业经营过程中面临的风险，情况更为复杂。全国金融工作会议上，温家宝总理特别强调，金融业是高风险行业，金融风险突发性强、波及面广、危害性大。

我们面临着三方面风险。一是经济下行期对银行经营是个考验，企业经营特别是中小企业经营困难，项目资金到位慢，银行不良贷款可能会有一些暴露。二是内控不严造成的风险，目前建设银行的风险控制能力难以适应“十二五”规划和长远发展需要，主要表现在信贷管理薄弱、操作性岗位制度执行不严、对子公司管理不规范等。三是风险认识不高，反映出应对不及时、措施不得力、制度补充跟不上。我来建设银行2个多月时间，听取了20多个部门的汇报，看了大量的报告和签报，特别是内审、风险合规、授信、纪检以及保全等部门提供的材料，反映出信贷管理、基础管理仍然十分薄弱，一些问题闻所未闻、匪夷所思，手段十分简单、低级。作为国际大银行，建设银行风险内控水平和管理水平必须提高，管理方式应与国内或国际先进水平接轨。各级行要提高对风险危险性的认识，注意掌握风险发生、发展的规律，举一反三，深刻分析风险发生的原因、查找体制机制、制度及管理上的漏洞，及时完善。在制定措施时，要坚持从根本上解决问题，搞好顶层设计、细分操作程序、明确权责关系。

加强案件防控。个别分行2011年案件频发，反映出在内部控制、队伍建设、员工行为管理、基层机构负责人管理、合规文化建设等方面还存在着许多薄弱环节，教训十分深刻。对案件和违规、违纪要实行“零容忍”。特别是出了案件，要仔细分析案件的成因、形成过程和产生问题的根源，提出防范措施，杜绝同类事件再次发生。要完善风险内控责任制，出了问题要严格问责，决不姑息。案件反映出来的思想上、机制上的问题，要认真对待。通过思想重视、完善机制、严格管理，把案件和违规、违章控制下来。

（五）强化激励约束机制，加大考核力度

实行科学合理的业绩考核管理是现代商业银行管理的重要标准。通过严格业绩考核制度安排，可以促进经营资源公平、合理分配，最大限度地提高资源利用效果，调动干部职工的积极性。一是贯彻“全面考核、压力均等、鼓励先进、惩罚后进”的原则。董事长、行长、高管人员，总行部门都要有责任、有考核、有压力。加大业绩突出单位的奖励，加重业绩落后单位的责任，业绩分配上不封顶、下不保底。二是考核取向上除了考核系统内排名，还要考核同业竞争效果，从考核中评比出领导班子的战斗力和竞争力，反映出所带队伍的精神状态，体现出经营效果，通过考核促进业绩、效率和士气的提升。三是要认真落实“领导班子综合竞争力考核制度”，以2011年初为基础，对完不成任务以及业绩下降的单位领导班子进行提醒谈话或作出调整。

三、抓好党建和思想政治工作，促进业务平稳较快发展

加强党的建设既是中央的政治要求，也是我们自身发展的需要。党建工作是国有金融企业独特的资本、资源和优势，是国有金融企业核心竞争力的重要组成部分。学习贯彻党的一系列重要会议精神，顺利完成全年的工作任务，关键在于各级领导班子和广大党员干部能否发挥带头作用。建设银行有9 200多个党组织、16万多名党员干部，充分发挥他们的先锋模范作用，是“国内最佳、国际一流”战略目标的根本保障。

（一）全面加强党的建设

党的建设，包括思想建设、组织建设、作风

建设、制度建设和反腐倡廉建设，要逐项抓紧、抓实、抓好。

抓好思想建设。加强学习是党员领导干部的政治责任，是思想建设的重要内容。重视学习、勤奋学习、善于学习，是我们党的优良传统和政治优势。各级党组织和党员要进一步增强学习的自觉性和主动性，以党委中心组学习为重要载体，以党校为思想教育主阵地，按照坚定理想信念、具有世界眼光、把握金融规律、富有创新精神的要求，把各级党组织建设成为学习型党组织、把全系统各级领导班子建设成为学习型领导班子。通过加强政治理论学习，领会中央精神实质，把握正确方向，与中央保持高度一致。加强领导干部政治品德、思想品德的教育，干部要带头树立良好的社会公德、职业道德、个人品德和家庭美德。在干部考核中把德的考核作为领导班子建设和领导干部选拔任用的重要依据。

抓好组织建设。认真执行中央干部选拔标准，将政治可靠、业务过硬、工作勤奋、品行端正的干部选拔到领导岗位上来，配强、配齐领导班子，持续抓好“四好班子”建设。按照政治素质强、道德素质高、民主作风好、能驾驭全局的要求，选齐、选好、配强“一把手”。在综合考虑履历、学历、年龄、性格、特长等多方面的因素，优化班子结构，形成整体合力。坚持党管人才原则，加强中高级管理人才和专业技术人才的培养。坚持群众公认选拔干部，凭实绩使用干部，让能干事者有机会、干成事者有舞台。加强基层党组织建设，实现基层党组织与经营管理组织同步规划、同步设置、同步管理。按照中组部关于驻外机构党的工作规定，研究加强海外机构和子公司党组织建设，并主动接受驻外使领馆党委（工委）的领导和管理。

抓好作风建设。加强党性修养是成为高素质干部的根本保证。各级领导人员要加强党性锻炼和作风养成，增强宗旨意识，带头讲政治、讲正气、顾大局。讲政治就是要遵守政治纪律，与党中央保持高度一致。讲正气就是要提高道德修养，培养高尚情操，自觉抵制歪风邪气，少些庸俗之风，多一些昂然正气。顾大局就是对外服务好社会经济发展大局，对内顾全和谐团结的大局、不利于团结的话不讲，不利于团结的事不做。按照“突出业务、狠抓重点”的要求完善党委成员联系行、联系点制度，各级领导干部要少往上跑，多下基层，少“沟通”领导，多联系群众，不要心猿意马，要心无旁骛地干事业，认真研究解决本单位本部门和基层行业务发展、员工管理中的突出问题。

抓好制度建设。银行业制度应该比任何行业制度更重要、更健全。制度不健全、执行不到位，造成的损失也更大。要完善民主集中制，按照中央“三重一大”要求，对于重大决策、重要人事任免、重大项目安排和大额资金使用必须集体研究决定，促进决策的科学化、民主化，提高决策透明度。不断修订和完善制度，防止制度缺陷和漏洞，严格落实制度，不能随意变通执行。形成用制度规范从业行为、按制度办事、靠制度管人的有效机制。做任何事情都要先立规矩后办事，不能没有规矩就办事，更不能破坏规矩乱办事。新领导上任要少烧“三把火”，多点“照明灯”，先调查研究、听取意见、找准问题，仔细研究方案，认真组织实施，千万不能把队伍搞散了、把思想搞乱了、把业务搞丢了。

抓好反腐倡廉建设。认真学习贯彻胡锦涛同志在十七届中央纪委七次全会上的讲话精神，充分认识保持党的纯洁性的极端重要性和紧迫性，切实加强党风廉政建设和反腐败斗争。各级领导干部都要带头执行国有企业领导人员廉洁从业的若干规定，既要严格自律，又要管好亲属和身边的工作人员。2012 年将在全行组织开展以“讲党性、重修养、守廉洁、作表率”为主题的教育实践活动，各级领导班子和领导人员要高度重视、积极参加。活动由总行纪委具体组织实施，研究制订方案后，在全行纪检监察工作会议上进行安排部署。

（二）做好几项具体工作

做好十八大代表选举和会议精神学习贯彻工作。党的十八大是我们党在全面建设小康社会的关键时期召开的一次十分重要的会议，是全党全国各族人民政治生活中的一件大事。党的十八大代表选举工作，政治性、政策性和程序性很强。认真做好党的十八大代表选举工作，是开好这次大会的基础。中央分配给建设银行 4 名党代表，各级党委要高度重视，切实加强领导，充分发扬党内民主，严格按照中央要求选好会议代表。十八大召开后，各级党组织要认真组织学习，将十八大精神及时传达到各个机构、各位党员、各位员工。

深入开展创先争优活动。2011年李源潮同志亲自来建设银行调研，对活动情况给予了充分肯定，同时提出了更高的要求。下一步，一是要解决客户服务中的重点问题。总分行要建立为客户服务的快速反应机制，把重点放在流程再造、产品创新方面，着力解决深层次的问题，基层网点要把重点放在服务态度、服务质量、服务效率和对外形象等方面。二是要抓好长效机制建设。对“为民服务创先争优”活动中的好经验、好做法进行加工，使之最终能形成制度，通过活动开展切实增强我行的市场竞争力。三是要抓好活动检查评比。2012年6月，中央对创先争优活动要进行检查和总结评比。各部门、分行要对所拟措施执行情况和解决问题的实际效果进行认真总结。

加强员工思想政治工作。在当前经济形势下，员工日常思想教育十分关键，抓不好容易出问题。一方面，对员工进行正面教育和引导，加强法纪教育、敬岗爱业教育，让员工注重职业操守、讲求职业道德、遵守职业规范。通过宣传、教育、培训和交心，把员工的兴趣、目的、需求以及由此产生的行为集中到建设银行的发展目标上来，激励员工爱岗敬业。另一方面，要进行反面教育，警钟长鸣，避免员工误入歧途。除了管好员工8小时之内，还要关注8小时之外，要摸清、了解、掌握苗头性的问题，有预兆尽快采取措施。

加强工会、团的工作和企业文化建设。找准工会工作的切入点和结合点，围绕中心、服务大局，充分发挥工会组织职工、引导职工、服务职工和维护职工合法权益的作用，为职工办实事、办好事，让广大职工真切感受到党组织的关怀。以党建带团建，把团的建设纳入党建的总体规划中。加强青年工作，关心青年员工的生活学习、进步成长，为建设银行事业发展培育源源不断的新生力量。通过企业文化建设，实现职工愿景。

同志们，2012年建设银行面临着新的机遇与挑战，我们要坚定信心、齐心协力、扎实工作，把建设银行办得更好，以优异的成绩迎接党的十八大胜利召开！

在2012年海外工作座谈会上的讲话

王洪章

（2012年1月19日）

同志们：

国际化发展是建设银行的长期发展战略。建设银行成立57年来，特别是建立现代企业制度以来，国际化的战略、步伐和发展数据都很振奋人心。近五年来，海外资产规模翻了两番，收入结构发生显著变化，“做强亚洲、巩固欧非、拓展美澳”的海外发展战略目标已圆满实现。但是刚才听了大家的讲话，我感觉自我行建立现代企业制度以来，与国内业务及各项国际优先指标相比，海外业务发展还是相对缓慢。有的同志说我们跟自己比有了很大进步，但我觉得要和国内的同行比，这样才能比出差距、比出干劲、比出办法、比出前进的方向。下面我主要谈几方面意见。

一、关于海外发展战略规划的三点想法

第一，规划要重点放在海外发展的基础工作上。海外资产翻多少番、培养多少人都好办，因为建设银行员工队伍的战斗力是很强的。我关心“十二五”规划的侧重点是什么，我认为是“打基础”，包括业务基础、IT基础、机制基础等。

如果基础打不好，这五年时间还搞不清楚发展的方向和重点，不能理清条线问题、块块问题、业务管理和服务问题、境内如何和境外分支机构配合等问题，我们又将失去五年的机会。

第二，除了规划以外，还需要一系列具体措施。如IT建设基础怎么打、新旧系统怎样衔接，全球授信如何实施，总行部门和海外机构是管理关系、服务关系还是伙伴关系，各个部门、各个条线都要研究。要使在海外打仗的员工清楚，碰到问题应该找谁，谁来帮助解决。

第三，总行在海外业务发展的指导思想上，主要是服务和指导，要形成联动，而不是单纯管理。风险管理、授信管理是必然的，但要以服务为出发点，把管理寓于服务之中，加快海外发展。

二、关于海外发展战略规划的三点意见

（一）关于海外网点建设

一是海外网点要全球布局，统筹规划。在国际经济金融发展的大背景下，各国经济结构、国别条件、内外贸易等都发生了很大变化，海外布点要统筹研究，有准备、有目的、有方向地搞好布点，国际部和股权部要一起研究，是设分行、子行还是并购，以及在哪个区域拓展机构。要综合分析各国地理、政治、经济条件，统筹研究与安排，分清轻重缓急。近几年新兴市场国家在危机中一枝独秀，政治、经济条件和在世界经济中的地位逐步提高。如果不抓住这一机遇把新兴市场业务发展好，可能过几年就没有机会了。包括美国也在政治上抢占新兴市场，在经济上靠近新兴市场。与其他国有商业银行相比，我行目前已经落后，工商银行最近几年海外发展很快，目前已覆盖了33个国家/地区，而我行只覆盖了13个，因此要统筹规划、积极推进。

二是海外机构的创建形式，无论是设立分行、子行还是并购都同等重要，不分先后。要根据国情和监管要求，考虑资本约束后决定，并做好充分的论证，除了考虑设立能否成功外，还要考虑资本投入多长时间能赚回来、多长时间能实现规模与效益同步增长。希望能做得更充分，并以业务发展为中心，以效益为驱动，分析透利弊关系，以便于决策。

三是关于“本地化”和“中国化”问题，可能还是要以“本地化”为目标发展海外业务。海外业务单纯“中国化”是不行的，时间长会产生诸多问题，例如，中国公司离开当地了怎么办，以国内传统业务为主，则有些业务无法和当地融合等。在经营方式上，是跟随还是落地？一定要落地。落地以后才能打造本土银行、综合性银行，才能有建设银行的形象、打造建设银行的品牌，才能真正依托国内。在发展问题上，不能有计划、没规划，或者计划弱、目标不明确，每个海外机构都要有业务发展规划。国内大型商业银行改革后其实还是以传统批发业务为主，距离国际化大银行仍有很大差距，包括国际业务、衍生品交易、个人理财服务、投资银行业务等方面的综合化也远远不够。海外落地经营后，业务才能有较快发展。国外商业银行在中国境内开设的分支机构，重点就是开展人民币业务，目前他们的人民币业务占比达70%以上。我们之所以在他们的国家设立分行，也是看中了当地的政治、经济条件和金融资源，而不仅仅是看中了中国企业在当地有多少分支机构和业务。

（二）关于海外业务经营管理

一是海外业务管理模式问题。总行对海外是以条条管理为主，还是以块块管理为主，这个问题如不解决，总行各部门和海外机构的工作都会不顺畅，而海外机构管理部这样一个二级部也很难协调，各派驻团队也会很难办。我认为要按条线管理，即总行各部门对海外机构的集团客户、公司客户、个人业务、IT设计等均要按照条线来实施管理。海外业务是各部门的触角，是各部门业务的重要组成部分，而不仅仅是伙伴关系。像香港分行有能力开发产品，但很多海外分行没有能力开发，因此个人、集团等部门要与海外机构共同研究，针对所在地区实际情况，可先在总行层面开发好产品，再去海外机构推广，推广过程中考核链条、业务链条、营销链条等都要打通。各条线要结合客户需求和业务发展需要，会同海外机构共同研究开发新产品，形成内外有效结合与联动，这是十分必要的。总行对海外机构更多的是服务和指导，这样境内外才能打通。现在是海外一个块，总行海外机构管理部再跟各个部门去协调，效率低下，这是不行的。国内公司、集团等客户部门如有业务涉及海外，就应该联系所

在国家或地区的海外机构，共同推进相关业务。海外机构如有个人业务需要开发产品的，也要和国内相关业务部门共同研究。因此，总行对海外机构一定要按照条线来进行专业化管理，这样才能提高效率。IT条线可能相对好办，公司客户就是以客户收益为中心，从上游产品到下游产品，从国内企业到国外企业，这样才能上下联动、左右贯通，才能处理迅速、反应及时、经得起挑战。有海外机构的同志讲，有时候一个产品在总行研究来研究去就没有了，这其实就是总行业务部门的事，不是海外机构的事。所以业务的经营管理模式一定要明确，不要形成两张皮。实现条线化管理后，IT可以跟上去，大行业的大客户也好营销，比如中石化，自身海内外机构多，要求我行境内和海外机构提供的产品也多，如果境内外能够形成一个链条，业务就能做成功。

二是提高全球授信能力问题。现在的授信体制张建国同志已组织研究了，需要改进和完善。目前我行的授信和审批在一起，这是不行的。全球授信各方面职责要清楚，客户授信的基础工作，如数据的正确性、材料的准确性和对所在市场的判断应主要由海外机构负责；而总行的授信部门应是专业化队伍，对各行业如石油、化工、地产、制造业等均应实行专业的授信团队管理，这样的授信才是科学的。对各企业采取不同的标准可能不仅仅是审批的问题，更重要的是授信问题。钢铁行业不景气，但宝钢能不好吗；水泥行业可能有问题，但大的水泥厂也仍然看好；高速公路可能不行，但北京几个大干线的高速公路还贷肯定错不了。目前我行信贷的贷前调查、授信审批、贷款审批、贷后管理和监控等环节还比较模糊，未来贷款审批和授信机制要完善好、解决好，进一步提高信贷管理水平、防范信用风险。要通过完善授信管理的机制和方法，在总行培训一批高水平的授信专家和行业分析专家。

三是审计管理问题。香港审计中心发挥了很大的作用，这很好，但是大的海外机构应有自己的内审队伍，要通过分支机构内的审计和集团的审计及时揭露问题。

四是内部控制问题。目前海外机构还没有办法自己组织内控合规部门，其内控的评价、合规的检查将来要由总行负总责。但海外机构要加强内部控制，杜绝违规事项发生。海外风险管理，关键是“一把手”要有风险防范意识，再加上制度和机制约束、内控合规和审计等专业化队伍的检查，以及风险部门的风险分析和提示，形成多方位的监管，可有效提高经营管理水平。

五是IT建设问题。我行海外IT系统要提高层次，满足海外业务发展需要，未来要减少重复建设，杜绝手工操作；要通过设立海外数据中心和IT开发中心，继续向集中、统一方向发展。

（三）关于海外人才队伍建设

一是海外后备人才要充足，量要够、质要好，要建立年轻化、专业化的队伍。二是培训方式要调整，如选派100－200名外语好的人员到国外名牌大学攻读3－6个月的现代银行课程，再送到国外大银行工作半年到一年，学完后直接派往海外机构工作，有的甚至当部门主管或是高管。这可能要花一些钱，但是效率会很高，十年八年就能培养出一支上千人的海外人才队伍。三是要在严格考核的同时完善薪酬制度，包括探亲制度等，保证内派员工安心工作。

三、关于海外发展战略规划的三个认识

第一，对于刚成立的分行要允许亏损、允许出现一些风险。在业务快速发展、经验不充分的情况下，可能会出现问题，因此要有一定容忍度。当然，这个时间不能长，也要有度的控制，超过了也不行。

第二，虽然总行对风险可以有容忍度，但是不能反复出现同类的问题。所以，要同时对海外机构的业务进展、风险状况、竞争能力、案件防范等方面进行考核，不能容忍同样的问题反复出现。

第三，海外战略是全行整体战略的重要组成部分，而且是实现国际化大银行的最主要的目标。我们如果总在国内转悠，就永远成为不了国际化大银行。这一点我想从党委、管理层、总行各个部门和各海外机构都要认识到。

综合性、多功能是建设银行未来的选择

王洪章

（2012年4月　载《投资研究》）

股改上市以来，特别是国家“十一五”规划首次提出“稳步推进金融业综合经营试点”后，建设银行积极开展投资银行、保险、信托等多种金融业务，大力推进经营转型，不断提高服务科学发展和实现自身科学发展的能力。实践证明，商业银行积极推进综合经营既是贯彻落实中央决策部署、服务经济社会发展的需要，也是满足客户多层次需求、提升市场竞争力和价值创造力、实现科学发展的战略选择。在2012年全国金融工作会议上，温家宝总理再次强调要“积极稳妥推进综合经营试点工作”，这更加坚定了建设银行推进综合性、多功能经营发展的信心和决心，并明确将综合性、多功能经营作为建设银行“十二五”期间的发展战略定位。

一、综合性、多功能经营是实现科学发展的战略选择

近年来，建设银行稳步推进综合经营工作，在发展方式、途径和内涵上积极探索实践，不断总结经验，取得了显著成效。2012年初，全行工作会议进一步明确提出了综合性、多功能、集约化经营的战略定位，既是对建设银行股改上市以来发展经验的总结和提炼，也是建设银行未来的发展方向和工作思路。在“综合性”上，明确要统筹发展国际与国内市场、货币信贷市场与资本市场，以满足客户多层次、多元化、多产品金融服务需求为目标，加快设置海外机构，加快发展保险、信托、投资银行、基金、租赁等业务。通过综合发展，实现市场互为依托、业务互为补充、效益来源多渠道、风险分散可控的经营构架，以应对不同市场的考验，实现可持续发展。在“多功能”上，明确要在做好银行传统业务的同时，大力发展投资银行、私人银行、电子银行、财富管理、小企业经营、消费金融、金融社保卡等战略新兴业务，为客户提供全方位、多样化的金融服务，积极承担企业社会责任。

把综合性、多功能经营发展作为建设银行战略定位主要基于以下几个方面的考虑。

（一）综合性、多功能经营是转变发展方式、实现可持续发展的必然选择

改制前的商业银行经营方式基本上是以追求存贷款规模为主的粗放经营，整体经营管理水平和风险控制能力较低，加之其他外部因素，产生了大量不良贷款。股改上市后，建设银行的公司治理结构、经营管理体制都发生了根本性变革，经营管理水平有了明显的提高。通过大力推进战略转型，中间业务有了长足发展，收入结构明显改善，但与国际先进银行相比，占比仍然偏低。2011年末，建设银行实现非利息净收入869.94亿元，仅占营业收入的21.91%；而2010年花旗银行、汇丰银行、渣打银行的非利息收入占比分别为37%、51%和47%。建设银行财务收入主要靠增加贷款规模扩大的局面仍未根本改观。随着社会的进步、经济的发展，商业银行传统的依赖扩大贷款规模和高资本消耗的外延式增长模式越发难以为继。只有积极转变发展方式、科学调整业务结构、合理配置金融资源才是建设银行实现可持续发展的不二选择。开展基金、租赁、信托、财富与资产管理等各种金融业务，推进投资银行、电子银行、私人银行和个贷中心等建设，能够有效降低资本消耗、分散经营风险、改善收入结构、提升盈利能力。因此，建设银行推进综合性、多功能经营，顺应宏观经济金融形势，符合银行自身的发展规律，是谋求科学发展的必然选择。

（二）综合性、多功能经营是服务经济社会发展、满足客户服务需求的必然选择

我国正在加快经济结构调整，转变经济发展方式，实体经济、民生工程、节能减排、环境保护、小微企业、“三农”发展、文化产业、科技创新等领域及战略新兴产业蓬勃发展，对金融服务提出了迫切需要。坚持服务实体经济本质要求，既是国有商业银行职责所在，也是承担企业公民责任、回报社会的重要价值取向。随着社会经济快速发展，许多客户对商业银行信贷需求不断减弱，而对资产管理、财务顾问、理财产品、电子银行、国际结算、企业年金、信托投资等综合金融服务需求则日趋增强。能否更好地满足客户多元化的金融需求，已成为商业银行竞争力的重要体现。建设银行近年来加大产品和服务创新，努力为客户提供一揽子金融解决方案，服务实体经济的质量和水平有了显著提高，但仍有进一步提高的空间。推进综合化、多功能经营，为解决银行服务能力和日益增长的金融服务需求之间的矛盾提供了思路和途径。

（三）综合性、多功能经营是应对市场风险、提升经营管理水平的必然选择

风险、资本、市值是现代商业银行的三大核心问题。从商业银行发展趋势看，有效解决这三大核心问题，需要经营的综合性、多功能。从信用风险看，如果资产配置过度集中于贷款，一旦经济波动，可能导致巨大的信用风险。由于保险、信托、租赁等非银行金融业的风险形成和盈利模式不同，受经济周期等因素影响的时间、波动程度也不同，可以有效分散风险。从资本约束上看，在监管政策日趋严格、信贷规模不断扩张、业务结构失衡等内外部因素的共同作用下，商业银行的资本缺口不断放大、资本补充能力受到外部限制，面临着前所未有的资本压力。而综合性、多功能经营既可降低信贷比重、优化资产结构，又可减少资本投入，最大限度地降低信用风险和市场风险，有助于商业银行内在价值的稳定增长。从利率风险看，利率市场化改革放宽了人民币贷款利率上限和存款利率下限，放开外币存贷款利率，建立货币市场基准利率体系。这对商业银行的客户、产品和收入结构都会产生重大影响，经营成本将不断增加，市场风险将不断加大，而综合性、多功能经营是应对各种市场风险的有效措施。

二、建设银行综合性、多功能经营初见成效

近年来，建设银行坚持以提升集团价值创造力为目标，以改革创新为动力，以“提升协同效应、市场公允、防范风险、集团一体化”为原则，加快综合经营平台建设，大力拓展业务领域，不断促进业务发展。通过建立战略协同机制，实现母子公司信息互通、资源共享、协同联动、流程衔接，积极培育子公司市场竞争力，不断提升综合化经营对集团的贡献，加快从单一银行功能向综合金融服务集团转变步伐。

（一）综合性多功能经营架构基本形成

截至2011年末，在银行金融领域，建设银行境内营业机构达13 581个，在线运行自助设备45 645台，较上年新增5 771台；投入运营自助银行10 681家，较上年新增1 004家，若干企业年金和工程造价咨询中心等专业化服务机构已覆盖全国主要城市和百强县；累计开业私人银行、财富管理中心245家，建成个贷中心940个，小企业经营中心240家，完成7 800家零售网点的二代转型推广工作，转型网点专职客户经理达到10 482人，服务能力和客户满意度明显提升。在非银行金融领域，建设银行牌照种类丰富，先后设立建信基金、建信租赁、建信信托公司，在香港拥有从事投资银行业务的建银国际公司。2011年收购太平洋安泰保险有限公司51%的股权，更名为建信人寿保险有限公司，在四大行中率先控股寿险公司。在特定领域和区域，以子银行形式设立了若干提供专业化和差别化服务的银行机构，包括中德住房储蓄银行、16家村镇银行及香港建行亚洲公司等。目前，建设银行已初步形成了综合性经营的基本架构。

（二）子公司业务发展势头良好

各控股子公司业务快速增长，资产质量良好，盈利能力明显提升。截至2011年末，境内外子公司并入集团资产近2 000亿元，管理资产约2 500亿元。其中，建行亚洲资产总额达1 091.94亿元，较上年增长25.62%，实现净利润5亿元，被香港《资本杂志》授予“2011资本卓越人民币服

务大奖”。建银国际大力拓展IPO等传统投资银行业务，IPO项目数量和并购项目执行个数均居中资投行前列；证券经纪业务逆市增长，机构客户和非机构客户数量显著增加，2011年末公司资产总额达173.98亿元。建信租赁资产总额达360.23亿元，较上年增长48.07%，实现净利润2.12亿元，较上年增长24.71%。建信信托积极推进产品创新，设计发行了“财富通”、“贷信通”、证券投资等系列信托计划。公司受托管理信托资产规模达1 907.26亿元，较上年增长188.91%，实现净利润3.29亿元，较上年增长89.08%。此外，中德住房储蓄银行、建行伦敦、建信基金、建信人寿等业务发展也呈现出良好态势。

（三）海外布局和业务拓展加快

目前已初步构建起多层次、多元化的海外机构网络，由一家完全专注于国内业务的银行转变为网络覆盖全球五大洲主要金融市场、与1 045家境外代理行建立了业务联系、提供24小时不间断交易服务的国际性银行，业务范围涵盖批发业务、零售业务和投资银行业务。截至2011年末，建设银行在海外共有14家机构，包括香港、新加坡、法兰克福等9家分行，建银国际等3家经营性全资子公司及2家代表处，海外机构资产总额已达4 431.88亿元。海外商业银行类经营性机构税前利润达21.09亿元，较上年增长64.00%，不良贷款继续保持“双降”。

（四）资产管理和私人银行业务初具规模

2006年以来，建设银行资产管理业务累计募集资金49 656亿元，累计实现收入118亿元。2010年，建设银行资产管理业务的余额和收入在四大行中排名第二，银行收益率排名第一。形成“利得盈”、“建行财富”、“乾图”、“乾元”等具较强市场号召力的品牌，培养了一批熟悉资产管理业务的专业人才。新兴投资理财业务快速发展，先后研发推出了信贷资产类、股权投资（收益权）类、并购融资类等门类齐全的理财产品以及“城乡一体化”、中小企业融资、保障房建设等大量特色理财产品。通过建银国际子公司，在业内较早设立了医疗、文化、环保、航空及优势资源等产业股权投资基金，募集资金超过120亿元。代销基金（含集合计划）、个人实物黄金销售分别实现收入27.35亿元和6.73亿元，均居于同业领先地位。截至2011年末，全行个人高端客户共计15万人，管理金融资产6 734亿元；专业服务渠道体系初步搭建，已建成私人银行和财富管理中心245家，专业财富顾问、客户经理2 000余人，并已开通私人银行电话服务专线和“财富交易”远程特色交易服务。建设银行私人银行业务秉承“以心相交，成其久远”的服务理念，践行“尊贵、私密、专业、稳健、便捷”的服务承诺，依托由私人银行与财富管理中心、贵宾电话服务专线及网上银行构成的多元化服务渠道体系，采取由1名客户经理、1名财富顾问、1名客户经理助理以及专家团队组成的“1+1+1+N”服务模式，致力于满足高端客户个人、家族及事业发展等全方位需求，发挥建设银行综合化、多功能经营优势，通过开放式综合产品服务平台，为高端客户提供以私人财富管理、综合金融和专享增值服务为核心的全面产品服务解决方案，在广大高端客户中已形成了良好的口碑。投资银行业务实现跨越式发展。自2006年开展投资银行业务以来，累计创造中间业务收入527亿元，年均增幅超过78%。2011年，投资银行业务实现收入189.49亿元，较上年增长36.26%，在中间业务收入中的比重超过21%。目前，建设银行投资银行已形成资产管理、财务顾问、证券承销、证券化四大业务板块。在财务顾问方面，创新推出了IPO、私募股权投资、上市公司定向增发、企业重组、附加收益权并购、买壳上市、期权投资等多种新型财务顾问业务，新型财务业务收入在财务顾问业务整体收入中的比重已经超过50%；以全面金融解决方案为载体，积极推动与政府机构、企业公司和个人客户建立全方位长期业务合作关系。证券承销方面，债务融资工具承销业务在同业中始终保持竞争优势，短期融资券累计承销量连续多年保持市场首位；截至2011年底，累计为大中小客户承销发行各类债务融资工具298.5只，发行金额达到8 214亿元，有力地支持了国家建设和实体经济发展；积极参与产品创新，推出中小企业集合票据、非公开定向发行债务融资（私募债）工具等新型业务品种。证券化方面，建设银行是国内最早参与信贷资产证券化试点银行之一，在业内率先推出个人住房抵押贷款证券化产品，获得了各方好评。

（五）电子银行业务快速增长

截至2011年末，建设银行电子银行与柜面交易量之比已达206.72%，较上年提高了65个百分点；个人网银客户数达8 454万户，个人网银交易量高达40.4亿笔，分别较上年增长48.19%和40.78%；手机银行客户数为4 695万户，增幅高达109.22%。在广州设立了国内同业中唯一的专业化电子银行研发中心，创新推出了手机到手机转账、短信约定转账、网银在线客服及企业“E商贸通”、网上招投标等一系列新产品；依托团购、秒杀、微博等营销网络平台上的营销手段，在同业中率先研发“E动终端”服务。在“渠道为王”的竞争态势下，电子银行业务已成为建设银行实现综合性、多功能经营的重要手段。

（六）服务民生的力度不断加大

综合性、多功能经营为建设银行更好地服务民生创造了良好条件。在服务小企业方面，截至2011年末，小企业贷款余额达9 137.4亿元，增幅为24.6%，高于全部企业贷款增幅11.8个百分点；小企业授信客户72 077户，较年初新增10 378户。在服务“三农”方面，涉农贷款余额达10 499.12亿元，增幅为27.71%，其中新农村建设贷款余额达316.47亿元。个人支农贷款增长47.40%至54.24亿元，重点推进种植业、养殖业支农贷款试点。在支持保障性住房建设方面，保障性住房项目开发贷款余额达257.30亿元。在支持文化发展方面，“民本通达”金融服务持续推进，“文化悦民”产品迅猛发展，累计新增3 037家文化领域客户。

三、继续推进综合性、多功能经营的创新发展

近年来，建设银行在推进综合经营上积极探索、深入实践，取得了阶段性成果，也积累了宝贵经验。综合性、多功能经营发展需要在经营平台架构、管理体制、制度机制、产品渠道、风险防范、IT系统和人才队伍等方面进一步创新发展。

（一）进一步加快拓展综合性、多功能经营的业务领域

一是加快拓展新的经营领域。在海外市场，按照“服务整体、跟随客户和稳健发展”的战略要求，通过自设机构与投资并购相结合，扩展经营覆盖区域；投资并购将重点考虑中资企业“走出去”较为集中、与我国投资贸易往来密切、经济发展前景良好、建设银行在经营管理上具有一定比较优势的新兴市场国家和地区，逐步完善全球网络布局。在国内市场，重点推进与资本市场和大宗商品交易市场相联结的经营平台建设。二是做大做强已进入的行业和领域。通过投资并购，迅速在已设立机构且发展潜力大的境内外地区扩充客户基础和网点规模，进一步做大做强保险、基金、信托等子公司，实现规模效益。三是加快银行业务与非银行业务整合。对互补性较强的业务、产品进行整合，形成母子公司的金融产品和服务的有机体系，形成较为丰富的产品线，“一站式”满足客户多元化的需求。四是加快业务创新。积极探索银信合作转型的新模式，拓展低资本消耗业务，挖掘金融股权投资机会；加快完善中小企业租赁业务试点，探索厂商租赁和经营租赁业务新模式。

（二）进一步加快建立综合性、多功能经营的运行机制

一是建立综合性经营的协同联动机制。各部门将与子公司结为战略合作伙伴，各子公司对口联系的业务部门以及支持保障部门共同研究解决经营发展中的重大问题，确保集团战略实施的一致性，提升对子公司业务的支持、保障和服务能力。二是建立业务部门之间协同责任机制。从渠道、客户、产品等维度明确前台部门联动责任，提高协同意识，以依法合规、市场公允为前提，同等条件下优先选购和销售子公司的产品和服务。中后台部门与子公司在信息、风险、技术等方面开展共享，整合集团资源，实现成本节约的协同效应。三是建立协同执行的计划、考核与奖惩机制。将战略协同指标纳入条线KPI和分行KPI考核体系，不断提升产品覆盖度、客户渗透率。四是建立子公司之间协同和资源共享机制。实现客户交叉推荐、境内外服务对接、产品服务互补、信息资源共享。

（三）进一步完善集团与子公司管理的科学架构

一是完善子公司治理结构。尊重子公司独立

法人地位，按照依法合规原则，履行控股股东的管理职责，在制度流程上进一步完善公司治理结构，使“三会一层”各司其职、相互配合、有效制衡，进一步提升派出子公司人员的履职能力。二是建立健全集团管理架构。使总行子公司归口管理部门、各业务部门及人力、财务、风险等中后台部门职责清晰、分工明确、协调一致。三是改进子公司绩效考核体系。明确工作目标、落实集团战略、强化激励约束，确保子公司利益与集团战略目标的一致性。

（四）进一步健全综合性经营的风险内部管理体系

一是集团建立科学的风险偏好准则，各条线、境内外分行、各附属机构等均应以此为基准，将经营目标与风险偏好有机结合，充分体现股东的价值取向和安全性要求，有效提升经济资本的使用效率，促进绩效增长和战略目标实现。二是建立完善、全面、风险管理体系。要充分发挥董事会职能作用，统筹协调各部门、条线、子公司落实全面风险管理要求，将系统性风险、国别风险、战略风险、声誉风险及并表风险等纳入统一的风险管理体系中，开发计量工具、完备管理方法、规范报告体系、统筹整合各类风险，提升集团整体风险管控能力。三是加强内控与合规管理。建立健全自上而下、整体实施、逐级履行的集团内控组织体系。四是构建跨业风险交叉传染的“防火墙”。要从业务关系、股权关系和品牌声誉关系等源头上构建稳固、有效的“防火墙”，防止风险在集团内部不同成员间隐埋、转嫁和传染。

（五）进一步加强人才队伍、信息科技和企业文化建设

一是加快专业人才的培养。一方面，要积极引进投资银行、证券、信托、保险、资产管理等专业人才；另一方面，要在集团层面及所属子公司，加快锻炼和培养精通跨境、跨业的综合化经营专业人才。二是建立统一集中的信息技术平台。要充分考虑母子公司战略协同对客户和渠道资源的共享、产品交叉销售和中后台支持等需求，更新或升级现有的数据库，实现集团及其子公司整体范围内的数据大集中，并建立综合性经营的业务、财务和风险管理系统，统一管理各类信息，实现实时监控。三是加强企业文化建设。通过学习教育、激励约束、典型引领、开展活动等，着力培育建设银行的核心价值理念和员工良好职业操守，为推进综合性、多功能经营提供精神动力和文化支撑。

在中国建设银行春季工作座谈会上的讲话

王洪章

（2012 年 5 月 14 日）

同志们：

为了以优异的成绩迎接党的十八大胜利召开，确保完成全年工作任务，总行党委、管理层决定召开这次春季座谈会。会议主旨是认真分析当前面临的新情况、新问题，找出有效的解决办法，使全行统一思想、坚定信心，把 2012 年的工作做好。张建国行长还要做工作报告，对后七个月经营工作进一步提出要求，大家要认真贯彻执行。下面，我代表党委讲几点意见。

一、深入分析当前经营形势

2012 年以来，全球经济复苏乏力，国际金融危机深层次影响仍然存在，欧债危机还看不到底，欧洲银行大量购买政府债，紧缩放贷，实体经济很难好转。国内经济增速放缓，尤其是东部沿海地区回落明显，出口增长乏力，扩大内需压力较大，企业经营困难加重。同业竞争更趋激烈，大银行依托网点人员众多的优势拓展业务，小银行充分发挥体制、机制灵活的优势争抢市场。在外部环境异常复杂、严峻的形势下，全行上下认真贯彻年初工作会议部署，齐心协力抓发展、抓管理、促经营，取得了难能可贵的成绩。

一是有力地贯彻了中央经济金融方针政策。中央经济工作会议、全国金融工作会议、“两会”等一系列会议，提出银行要支持实体经济发展，支持经济社会薄弱领域发展。建设银行认真学习中央精神，深入贯彻为实体经济服务的本质要求。前4个月，公司类贷款超过40%投放到基础设施在建续建项目，“三农”贷款增速高于各项贷款1.5个百分点，小企业贷款增速高于各项贷款1个百分点。持续加大对文化教育、医疗社保、保障房等民生领域的金融支持力度。

二是认真落实了总行五年规划和年度综合经营计划。年初工作会提出的战略发展目标和各项工作要求形成了广泛共识，全行干部职工士气高涨，凝聚力和执行力增强。总行相关部门针对分行反映的突出问题，优化机制、体制，调整政策措施，资源配置差异化灵活性增强，授信效率有所提高，联动意识明显增强。业务、管理、产品、渠道等基础建设得到普遍重视，新一代核心系统建设加快推进。深入开展“为民服务创先争优”活动，涌现出一批先进典型。

三是各项业务发展总体平稳，战略性业务增长较快。4月末，全行人民币一般性存款新增3 476亿元，人民币贷款新增2 825亿元，均为四大行第二。储蓄存款、个人住房贷款新增四大行第一。电子银行快速发展，网银客户新增1 197万户，增速达14%；手机银行客户新增1 253万户，增速达27%；新发放金融社保卡238万张，增速达52%；AUM500万以上的私人银行客户金融资产增长724亿元，增速达17%。

四是内控管理得到加强，党风廉政建设效果明显。2011年案件防范视频会议以来，内控管理受到重视，内控措施进一步完善，到目前为止未发现员工作案行为，未发生重大经济案件。全行深入开展“讲党性、重修养、守廉洁、作表率”主题教育实践活动，党员干部自觉接受监督，注意保持党的纯洁性，树立了良好的形象。

与此同时，我们看到工作中也存在一些不足，面临的压力和困难不断加大。主要有以下几个方面：

一是部分业务发展放缓。4月末，全口径存款新增5 134亿元，居四大行第三；企业存款下滑严重，有20家分行尚未浮出水面，余额前十大分行负增长649亿元，一般性存款4月一个月下降2 034亿元。前4个月，中间业务收入296亿元，同比减少3亿元，同比负增长1.1个百分点，增量、增速在四大行处于末位，大部分分行增速较第一季度继续下滑，15家分行出现负增长。

关于中间业务收费问题，2012年宏观调控部门、市场管理部门对银行进行了检查，最近中国银监会又进行了规范。总行对中间业务收费的要求：一是认真执行。要认真执行国家管理部门关于收费方面有关规定，特别是中国银监会提出的“七不准”和服务收费需要把握的“四原则”，做到合规收费、提供服务、公开透明。二是态度积极。要以积极的态度来贯彻监管部门、宏观部门的要求规定，不能消极被动，要继续主动提供服务，加强与企业深度合作，在为客户创造价值的过程中合适收取费用。三是坚持方向。要坚持调整收入结构的总方向不变，加强综合金融服务创新，提高中间业务收入在整体收入中的比重，以应对未来市场的考验和检验。

二是核心指标压力增大。过去建设银行领先同业的核心指标，有的已被赶超。第一季度建设银行净利润516亿元，同比增长9.26%，为四大行最低。平均净资产收益率24.61%、净利息收益率为2.65%，均为四大行第三。平均股东权益回报率由四大行第二降为第三。不良贷款额和不良贷款率实现“双降”，不良贷款率为1.04%，在国际大银行中仍保持良好水平，但信用风险、理财产品风险、代理业务风险不断暴露，不良资产反弹压力较大。

三是产品创新能力不足。基层机构普遍反映市场对产品需求十分迫切，我行产品不足，尤其是缺少有市场影响力的重量级拳头产品。产品创新体制、机制不健全，产品经理队伍不强，总行部门创新考核激励不足，缺乏创新压力动力。2011年全行创新计划214项，实际创新372项。2012年在总行立项的创新产品110项，第一季度全行仅完成10项产品创新，总行完成4项。

四是分行之间发展差距较大。有7家分行主

要指标连续多年在当地保持领先地位，但也有4家分行几年来基本处于四大行末位。第一季度，有5家分行一般性存款市场占比上升超过1个百分点，但有4家分行市场占比下降超过1个百分点。中间业务收入问题更大一些，第一季度中间业务净收入四大行占比上升的有11家，下降超过5%的有12家。

对于存在的问题，要认真分析原因，更重要的是从自身工作中查找不足。一是思想认识不到位。有的分行对形势认识不透，对困难估计不足，盲目乐观，也有的分行把困难看得太大，工作缺乏信心，找客观原因多，从主观上找原因少。二是工作主动性不够。有的分行主动研究问题不够，在深入基层、调查研究，解决业务发展问题方面办法不多、措施不力，缺乏主动意识。三是有些分行领导班子缺乏凝聚力、战斗力，员工队伍士气不旺、积极性不足、竞争力差，员工的潜能和工作热情没有被激发出来。

面对新形势，既要看到存在的问题，也要看到有利条件、自身优势和多年来业务发展中的经验。从外部看，国家继续实施积极的财政政策，货币政策的灵活性增强；利率市场化、汇率形成机制改革进一步推进，金融综合改革力度加大，人民币国际化步伐加快；扩大消费需求、保持投资、出口稳定增长措施正不断出台。从内部看，建设银行有一支整体素质较好的干部员工队伍，在绝大部分领域具有较强的竞争力，在部分业务上具有市场领先优势，在内部管理方面也积累了丰富的经验。

经济上行期，工作比较好做，而下行期银行经营较为困难，业务发展、风险控制、财务效益都面临较大压力。越是这种情况，越能考验我们的应对能力。建设银行作为国有控股大型商业银行，各级领导干部要按照中央的要求，增强信心、努力工作，带领全行员工不断开创新的有利局面。

二、牢牢把握“稳中求进”的总基调

针对国际国内经济局势，党中央、国务院提出：推动2012年经济社会发展，关键是把握“稳中求进”的总基调。稳，就是保持宏观经济政策基本稳定，保持经济平稳较快发展，保持物价总水平基本稳定，保持社会大局稳定。进，就是继续抓住和利用好我国发展的重要战略机遇期，在转变发展方式上取得新进展，在深化改革开放上取得新突破，在改善民生上取得新成效。牢牢把握“稳中求进”的总基调，既是中央的要求，也是我们搞好各项工作总的指导原则。

对于当前工作总的要求：认真贯彻中央经济工作和全国金融工作会议精神，加大对实体经济的支持力度，抓发展、增效益、控风险、打基础。统筹做好各项工作，完成2012年经营计划任务，关键在于贯彻落实好“稳中求进”的经济工作总方针。作为大型商业银行，要有大行的特色和姿态，这就是政策稳定、风格稳健、措施稳妥。遇到逆境时要沉稳，加快发展要注意平稳，在“稳”的前提下开拓创新、积极进取，在“进”的过程中抢抓市场机会，优化资源配置，改进体制、机制，增强竞争能力，促进业务发展。按照总的要求，全行要进一步统一思想、提高认识，做到“三个不动摇”。

第一，坚持科学发展不动摇。科学发展观第一要义是发展。当前，经济处于下行期，银行作为促进经济发展的重要服务部门，要把支持经济增长作为重要任务，坚决支持经济健康发展不动摇。特别是各个业务部门，要加大战略项目和优质项目的营销和储备，坚持有保有压的信贷政策，把握好信贷投放总量和节奏控制。对于银行这个竞争性部门来讲，没有发展，就没有一定的市场地位，就不能实现效益的持续增长，为国家和投资者提供丰厚的回报。因此，对于发展的要求不能放松。我们强调的发展，是稳健发展、持续发展、合规发展。稳健发展，就是在支持经济发展中，保持业务增长相对平稳和均衡，不大起大落、不顾此失彼；持续发展，就是不急功近利，支持有效益的经济增长，不以牺牲质量和效益为代价换取自身的发展速度，不给未来发展遗留隐患；合规发展，就是要认真贯彻中央宏观调控措施，遵守国家法律法规和监管规定，合规经营，不搞不正当竞争。

第二，坚持效益增长不动摇。发展的目标是为了提高效益，粗放式的发展、高成本的发展、高风险的发展是与发展的本质要求相违背的。要进一步增强风险资本约束意识，提高综合服务、综合定价能力。在结构调整、资源配置、价格管理、业务创新等方面，要平衡好成本与收益、规模与效益、盈利性与流动性的关系，盯住市场、注意效益，制定有竞争力的政策措施，保持我行的效益领先优势。

第三，坚持创新转型不动摇。在我国加快经济发展方式转变、实现经济结构性调整的大背景下，商业银行传统业务竞争会越来越激烈，盈利机会和盈利水平可能会呈下降趋势。实现银行持续发展，保持良好经营效益，必须加快业务创新和战略转型。要按照综合性、多功能、集约化的要求，大力加强消费金融、资本市场、货币市场、跨境业务、电子银行等领域的产品创新，促进个人业务、信用卡业务、小微企业业务、私人银行业务、中间业务、国际业务快速发展。投资银行业务、造价咨询业务是建设银行的优势，要继续发展，保持业内领先。通过转型创新，实现金融服务多样化、效益来源多元化。

三、全面提升市场竞争力

从银行竞争表面看，是“资金战”、“价格战”，但从深层次看，是经营基础和体制机制的竞争。若基础不牢固、体制机制不健全，业务发展会越来越困难。全行要切实增强以客户为中心的理念，理顺内部关系、破解部门分割、打破层级约束、加强协调联动，快速适应市场变化，及时满足客户需求，全面提升综合竞争力。

（一）大力扩大客户基础

2012 年全行在抓负债业务上花了很多工夫，但存款增长很不稳定，主要原因是客户基础薄弱，与同业差距大。我行公司客户数、个人客户数均为四大行第三，结算账户只有排名第一银行的 60%，有的分行账户数量在四大行中最少。建设银行的大型客户基础比较好，但带来的负债、结算、投资银行、海外及个人类业务的综合服务和综合收益没有充分体现出来。

要围绕“三大一高”抓客户。大行业、大系统不是指某个企业，一个大行业、大系统涉及成百上千个企业，抓住了这个行业和系统，实际上就抓住了众多的大型企业，及其上下游的中小企业和微型企业，这既符合中央对解决小微企业融资难的要求，又有利于稳定客户基础。要坚持战略合作、互惠双赢，围绕大客户打通产业链，上下级行联动，实现产品链、供应链的运行通畅。要重点抓好高端客户，同时也要服务好大众基础客户，许多大众客户可能成为未来的高端客户。大、中、小各个层次客户都服务好，才能形成稳定的客户结构和存款来源。

要抓好小微企业的客户服务工作。小微企业是最广泛、最具活力的客户群体，是银行拓展业务最重要的客户基础。相比大企业，小微企业融资渠道更多地依赖银行，银企关系稳定，接受市场化定价机制，对银行价值贡献较大。要坚持零售化方向办理小企业业务，在全系统建立专业化的机构为小企业服务，抓紧建设批量化营销和服务平台，加强渠道创新和联动，包括电子渠道、私人银行、网点渠道等，进一步做好有贷户、小额无贷户的维护和发展工作，实现有效客户群体的快速增长。

要从基本结算户入手抓客户。客户的大部分资金要在基本结算户开立行流转、沉淀，基本结算户是企业最重要的资金账户，是稳定银企关系实现战略合作的标志，也是银行获取最大收益的关键。内部管理上要提高对基本结算户的考核激励力度。我行贷款对存款拉动作用较弱，贷款新增对存款新增的拉动比一家大行低 19 个百分点，比另外两家大行也低 9 个百分点和 3 个百分点。中国银监会要求银行不能以贷吸存，我们要坚决执行，但是为授信客户提供一条龙服务是必要的，这不仅有利于把握企业资金流向、维护信贷安全，也有利于企业加强资金管理、提高资金运作效率、提升财务效益。

要从提供综合服务入手抓客户。目前银行信贷仍是客户最主要的融资渠道，授信业务应该带动实现更高的综合收益。要深入挖掘客户金融需求，加大产品交叉营销力度，提供代发工资、账户管理、资金结算、现金管理、养老金、个人业务等多元化服务，增强客户与银行服务的粘合力，提高客户满意度和忠诚度。

（二）着力提升营销能力

营销能力弱主要有三个方面的原因：一是人力资源摆布不合理，机关人员多、中层机构人员多、经营一线人员少，营销力量薄弱；二是基层网点营销模式分散，缺乏集约化，效果不佳；三是薪酬分配上，一线人员薪酬基数小，与中后台和机关相比整体收入偏低，营销积极性不高。

加强高层营销。对全国性区域性重点客户、集团客户、大型企业等战略性客户，各级领导要主动接洽，亲自参与营销。高层营销中要注意整合行内资源，由单一产品营销转变为提供综合化金融解决方案，发挥整体优势，维护服务好客户。

提升重点客户经营层次。加大大中型客户集约化经营力度，扩大总行、一级分行本级直接营销经营范围，深化与重点客户的合作关系。抓住龙头企业、核心企业，围绕上下游客户和产品链条，找准突破口，利用机构层次高的优势，提供多功能产品和一条龙服务。要加强与大型财务公司、机构客户合作，满足客户差异化需求，拓展新兴市场。

抓好基层网点营销。提升基层网点综合营销能力，基层网点人员少、服务项目多，要打破条线界限，建立跨部门营销团队。大力加强培训，基层营销人员要熟悉对公、对私、理财、小企业等多种业务产品，满足基层网点客户多样化金融服务要求。人力资源配置和薪酬绩效分配要向营销一线倾斜，压缩二级分行机关人员数量。人力资源部要认真研究前后台分离释放出的人员配置方案，总的原则是优先充实到营销队伍。

落实首次接触负责制，加强联动营销。按照"统一受理、联动处置、高效服务"原则，发挥建设银行整体优势，抓好集团和子公司、海内外、总分行、各部门间以及分行和下属二级分行、网点间的协同联动。总行及分行要建立首次接触负责制的制度，作出规范性要求。首次接触客户的机构和人员，要认真了解客户对建设银行的各种业务和产品需求，并从始至终做好行内沟通协调，统筹做好客户需求的综合解决方案。要注重提高工作效率，把握业务机会，完善主办部门、协办部门的考核机制，贻误商机的要追究责任。2012年上半年总行在这方面做了一些尝试，集团部和公司部做了有益的实践，效果比较好，要继续推动完善。

（三）加快渠道建设

物理渠道存在的主要问题：一是数量少。截至3月末，我行营业机构1.36万个，比数量最多的银行少1万个。二是结构布局上，特大城市行网点少，县域机构特别是经济发达县域机构网点不足。三是营业机构功能上，综合性、旗舰型网点少，单一功能的分理处、储蓄所较多。有的城市网点与其他行相比，地段偏僻、面积小、形象差。四是电子渠道上，我行ATM数量四大行最少，网上银行虽然发展很快，但差别化服务还不够，不利于中高端客户维护。

2012年全行固定资产投资计划重点保证营业网点、IT和电子渠道建设。各行要指定专人，明确进度、落实责任。对完不成计划任务的可采取调整使用、严格考核的方式处理，体现奖惩兑现。

2012年总行计划新增网点800个，监管部门批复624个，到4月仅开业11个，要抓紧建设、尽快落地、发挥效果。网点和ATM等渠道建设要与区域经济结合，与地方社会经济发展保持同步，特别是选址，要跟上城市建设的发展。

提升网点舒适度。通过装修改造，提高普通网点舒适度，把基层网点打造成客户交流平台、产品展示平台、客户体验平台。

加快推进综合性网点建设。完善网点综合服务功能，提升网点对公服务能力。基层网点，尤其是综合性网点，代表了建设银行的终端销售能力，总行各部门特别是公司、个人条线以及各分行要予以重视，要认真规划，排出时间表，做到早建设、早见效。

进一步加快电子银行发展。加快ATM采购、布设进度。丰富完善网上银行功能，改善客户体验，加快典型成功案例推广。要加快电话银行呼叫中心的整合。尽快使电子渠道成为综合服务平台，更好地发挥电子渠道的引领、替代功能。

（四）提升产品创新能力

没有一流的创新就不可能打造成一流的银行。一流银行要体现出管理最佳、服务最佳、效益最佳，其支撑就是产品和服务创新。各项经营转型工作应当向支持创新、服务创新、实现创新的方向来调整，总行和每个分行、每个员工都要有紧迫感、使命感。

调动和发挥上下级行的积极性，使产品创新成为业务发展的有力抓手。产品创新工作要做到有目标、有任务、有考核。总行要牵头做好全行性、战略性和基础性的产品创新工作。进一步推进产品创新实验室、产品创新直通车、银企联动创新等创新机制建设。在产品创新中要加强科技应用保障和系统支持，及时将新产品研发成果在全行普及推广。总行可选择管理水平高、队伍素质好、创新能力强的分行作为产品创新基地、试验基地，同时鼓励分行根据区域客户特点进行产品创新，充分激发和释放基层行的创新潜力，在全行形成充分满足客户差异化、个性化、多元化金融需求的产品线。

加强对产品创新的统筹管理和协同配合。总行各部门产品团队要切实发挥作用，批发、零售和投资理财三个委员会要强化条线内创新资源的统一管理，加强产品创新的沟通协调，完善统筹规划、分类负责的产品研发机制。要加强对部门创新工作情况和产品覆盖度的考核，各类创新产品在保证数量的前提下要保证质量。

对产品创新要有一定的容忍度。产品研发首先要做到风险可控，同时也应该鼓励创新。要以开放、包容的思路来管理创新，过于追求尽善尽美，有可能抑制创新，失去市场机会。鼓励各部门各分行在实践中总结经验教训，通过市场检验来完善产品功能，培育有影响力的拳头产品。

（五）完善体制机制

体制、机制突出的问题是，集约化程度不高和部门银行严重。主要表现在：内部资源和产品缺乏深层次的整合，分散管理、分头出击、分割流程的现象突出，难以发挥规模化、集约化的竞争优势；产品分割、营销分散、系统不统一，部门越设越多，利益协调难度大；有些后台业务手续烦琐、环节多、层次多、效率低、人力成本高。这些都不利于建设银行经营服务能力的发挥，影响了建设银行整体竞争力，全行要站在客户的角度，切实加以解决。要认真梳理自身职责，优化业务流程，提高运作效率。

完善集约化经营管理。一是进一步研究做好功能整合工作。实现功能定位科学、职责界定清晰、利益分配合理、人力资源调配高效，使全行形成科学、合理、良性运转的有机系统。二是具备直接经营条件的重要业务，能集中要尽量集中，要加大金融市场、贵金属、投资银行、托管、票据、信用卡、私人银行、大客户等业务的直接经营力度。三是重要的中后台事项，如数据、信息、营运管理、IT 支持保障等，要坚持集中管理，IT 系统要集中开发、集中维护、集中管理。要加快 IT 基地建设，按照“节俭、效能、集中”的原则，规划好各基地的功能。

以客户为中心，推动“部门银行”向“流程银行”转变。从顶层设计解决部门银行问题，以客户需求导向来设计业务流程，以流程来调整部门职责。今后，无论是营销客户还是推广产品，都要有牵头部门、有联动部门，实现“一点接入”，把客户所有需求带回来共同研究解决。流程优化也要与 IT 系统开发结合起来，新一代核心系统项目，效果不仅要体现在 IT 技术成果上，更重要的是体现在流程银行建设上。

为了使体制、机制能够适应市场竞争和客户需要，总行党委决定建立战略创新专题会议制度，会议由“三长”主持，相关部门参加，根据专题组成专家团队，重点研究总行战略层面和解决跨条线、跨部门的业务创新和体制、机制创新问题。

（六）强化风险内控和合规管理

当前，银行不良贷款反弹压力增大。国家继续加强房地产控制，清理规范地方融资平台，民营企业经营困难，相关风险要引起重视。最近发生了中江系、大连实德、山东海龙等十多起重大信贷风险事项，涉及金额大，暴露出信贷管理薄弱、违规违章放贷、风险内控不力，以及个别员工和领导干部违法违规问题。同时也反映出我们内部部门间信息不对称、沟通不协调、出现风险时上报不及时、处理不得力，以及体制机制不健全不合理等深层次原因。前些年代销理财产品发展很快，总量较大，如到期不能兑付，银行也存在较大风险隐患。

加强信用风险管理和合规管理。要进一步明确项目评估、贷款审查、放款管理、贷后监督等关键环节的管理责任。要加强全行风险揭示，对不同行业、不同区域、不同类型、不同所有制企业风险，要分门别类进行分析研判，及时、全面地向各分行、各部门、各条线作出风险提示。对重大风险苗头、严重违规放贷，要重点跟踪监控，及时提出风险处置措施。民营企业、房地产、融资平台贷款要加强管理，完善抵押担保手续，增强风险缓释能力。现在是经济下行期，企业经营情况变化快，贷后管理更显重要，要把企业走访、实地调查的要求落实到位。信贷管理人员、授信审批和风险、内控合规条线各级领导干部要增强责任感，从为国家和股东财务负责的高度，加强信贷管理，守牢底线。

加强全面风险管理。中国银监会明确指出，董事长是风险防范的第一责任人，行长是风险控制的第一责任人，监事长是风险监督的第一责任人，“三长”在风险管理问题上责无旁贷。各级领导干部都要积极参与全面风险管理。首席风险官、风险主管除了负责信用风险，还要承担操作风险、市场风险等全面风险管理职责。风险管理要覆盖到各类业务，包括产品创新、理财以及代销等业务，不留死角。总行要研究建立集团层面的全面风险管理框架，风险管理还应覆盖海内外各机构以及各子公司，贯穿于业务流程的各个环节，体现到每项业务活动的始终。要注意从流程和IT方面提高风险管理效能，新一代核心系统要考虑风险管理的系统控制，不能仅靠人盯人、人防人。

严格落实风险管理和内控合规责任制。各级行领导干部都要树立全面风险管理意识，严格合规操作，强化内控机制，积极支持、参与、配合全面风险管理和合规管理。总行已决定设立内控合规部门，以加强内部管理和合规控制，各行也要认真研究风险、内控合规的功能定位，进一步明确职责。要严格责任追究，对违章操作、违规放贷、违法经营、失职渎职以及给国家和股东财产造成巨大损失的责任人员，按照有关规定，应严肃追究其责任。

四、加强党建和思想政治工作

党建工作优势是国有银行持续稳定发展的重要保证。市场竞争激烈、经营任务繁重、工作充满挑战，更加需要重视党建工作和思想政治工作，增强全行凝聚力。

大力加强领导班子建设。一个单位的工作有没有起色、会不会出问题，主要矛盾在于领导班子、领导干部。特别是“一把手”承担着抓班子、带队伍的重要责任，要与班子成员团结协作，心无旁骛地干工作，要把思想和精力集中到干事业上来，集中到如何把建设银行发展得更好上来。要选好、配齐、配强各级行各单位领导班子，优化班子结构，形成年龄、经历、专长、性格互补的合理结构。加大年轻干部的选拔任用力度，认真做好后备干部的储备、培养和使用工作。

强化干部员工思想政治教育。各级领导干部要以身作则，从政治态度、思想境界、精神状态、工作作风等方面下工夫，求进步、见实效。要抓好员工的思想教育，引导全行员工崇尚社会主义核心价值观和先进的文化理念，弘扬爱岗敬业、遵章守纪、诚实守信、行为规范的良好风气，进一步加强职业道德和职业操守教育，努力培养一批高素质的员工队伍。

进一步转变工作作风，深入基层、调查研究、解决问题。对重大业务发展和改革问题，要注意总结基层工作经验和成熟的案例，从基层中、从实践中寻找解决办法。通过作风转变，破解影响我行业务健康发展的难题。同时，对工作作风不实、办事拖拉、管理不严、责任意识不强贻误工作的，要予以组织和纪律处理，对性质严重并造成严重后果的，要按照相关规定追究责任。

实现“创先争优”的常态化、长效化。2012年“七一”前，中央将对创先争优活动进行评比表彰。各分行、各部门要抓好活动检查，对所拟措施执行情况和解决问题的实际效果进行认真总结。要注重抓好长效机制建设，对活动中的好经验、好做法进行总结，着力提升服务质量、服务效率，营造比学习、比服务、比技能、比奉献的良好氛围。活动过程中要搞好先进典型的经验交流和推广工作。

加强党风廉政建设和反腐败工作。按照公开、公平、公正原则，认真落实“三重一大”决策制度。坚持民主集中制，确保权力在阳光下运行。各级行领导干部要严格执行党的政治纪律、组织纪律和经济工作纪律。领导干部在信贷资金管理、基建工程项目、后勤、采购以及用人、住房、接待等方面来信较多，一定要引起高度重视，对重要信件要认真组织核查，问题严重的要坚决予以处理。当前，信贷资产管理、基本建设项目和采购招投标是反腐败的重点，要按照中纪委和国务院廉政工作会议要求，纪检监察部门要加强监督检查，切实防范案件发生。

深入开展案件专项治理活动，抓好信贷、柜面业务和商业贿赂、非法高息融资等方面的专项治理和风险防范。进一步推进落实重要岗位员工轮岗、对账、审计和员工禁止性行为管理等工作，对案件和违规行为深入整改。认真落实总行党委提出的“三个不放过”要求，即违规原因未分析透不放过、责任人未严肃追究不放过、堵塞漏洞措施不到位不放过。通过“三个不放过”，维护铁的纪律，认真总结教训，举一反三，“亡羊补牢”。按照“谁检查、谁认定、谁负责督促整改”的原则，规范检查程序、明确检查责任、落实责任追究，检查部门要对检查出的问题确认性质、明确责任和督促整改，并履行责任追究职责。对有关责任人需要给予党纪、政纪处分的，按照干部管理权限进行，在处理之前应征求检查部门的意见。

同志们，党的十八大召开前是重要的敏感时期。当前国内外形势复杂，内外风险案件、经济案件、营运安全事故等频发。在这个特殊时期，建设银行要确保安全稳健运营。各级行、各单位党委守土有责，“一把手”要负全责，把安全运营放在重要位置，多帮忙，不添乱，努力保护全行资金安全、财产安全、运营安全和员工安全，通过全行干部员工的辛勤努力，创造一个良好的市场局面和运营环境，以建设银行和谐稳定的良好局面迎接十八大的胜利召开。

谢谢大家!

在中国建设银行组织人事工作会议上的讲话

王洪章

（2012年5月15日）

同志们：

今天，我们召开全行组织人事工作会议，这次会议的主要任务：以邓小平理论和“三个代表”重要思想为指导，深入学习贯彻科学发展观，进一步落实全国组织部长会议精神，围绕全行加快发展的总体目标，进一步加强党的组织建设以及领导班子、干部队伍、人才队伍建设，深化人力资源改革，为全行改革发展提供有力的人力支持和组织保障。下面，我讲五个方面问题。

一、全行组织人事工作情况回顾

在总行党委的领导下，全行组织人事工作认真落实中央有关组织人事工作文件和会议精神，以科学发展观为指导，深入开展创先争优活动，积极推进干部管理制度和人事制度改革，不断完善激励有力、约束有效的人力资源管理体系，加快培养高素质经营管理、专业技术人才及高技能人才，有效地支持了全行的业务发展和战略转型。

一是深入开展创先争优活动，激发基层党组织和党员工作活力。按照中央统一部署，以深入学习实践科学发展观为主题，以“推动科学发展、加强基层组织、构建和谐银行、服务客户群众”为目标，全行9 700多个基层党组织、16万多名党员发挥模范带头作用，坚持“一条线一主题、一支部一载体、一党员一承诺”，深入开展“三亮、三比、三评”工作，为民服务、创先争优，有效地激发了各级党组织的生机活力、保持和发展了广大党员先进性。全行在改进流程、完善产品、便利客户、提高效率等方面取得了明显的效果，实现了基层党建工作与全行业务发展的有机结合，有力地推动了基层党建工作更好地服务全行改革发展大局。

二是深化干部人事制度改革，不断完善选人、用人机制。进一步健全干部管理制度，先后制定《一级分行领导班子综合经营竞争力监测办法》、《总行管理的领导人员选拔任用提名办法》、《新任职领导人员跟踪考核办法》、《组织（人事）部门选人用人工作监督办法》、《组织人事工作保密规定》等规章制度。不断完善领导班子和领导干部考核评价体系，丰富业绩评价指标，创新考核方式和手段。加大竞争性选拔干部力度，干部竞争性选拔的观念日渐深入人心，机制日渐成熟，操作日渐规范。十七大以来，全行共有9 800多名领导人员通过竞争性选拔形式上岗，占提拔任用领导人员总量的44%。

三是积极实施人才战略，人才总量初具规模。全行已基本建立一支能够覆盖现职管理岗位的后备管理人才队伍，各级后备管理人才达7 400多人；设置了客户经理等18个专业技术岗位职务系列，积极落实专业技术人员聘任规划，全行已聘专业技术岗位职务人员56 000多人；建立海外业务人才选拔培训机制，海外人才储备总量达到500多人。不断丰富人才培养方式，研究开发领导力能力素质模型及部分关键岗位成功要素表，实施为期9个月的加速培养计划，有针对性地对后备人才队伍和专业人才进行培训的培养。按照精神奖励与物质奖励相结合的原则，连续五届对在全行改革发展过程中作出突出贡献的147名员工进行表彰，充分发挥了社会荣誉和经济利益的双重激励作用。

四是持续推进人力资源管理改革，夯实管理基础。制定“人力资源集中统一管理意见”、“一级分行人力资源管理部门双线汇报和双线考核办法”、“一级分行各部门、各二级分（支）行主要负责人任（免）职备案管理办法”等，共办理一级分行各部门、各二级分（支）行主要负责人任（免）职备案等1 500人次，全行在干部管理、双线汇报、考核激励等方面的政策规定更加统一规范。整合全行招聘资源，实现时间安排统一，流程管理统一，形象宣传统一，宣讲内容统一，成功树立我行校园招聘品牌，新录用大学毕业生质量大幅提高。探索绩效管理改革，统一员工绩效管理组织架构、目标体系、管理流程、管理方式，在管理基础好、代表性强的14家机构进行全面试点。以二级分支行为单位设立薪酬支付业务中心，将薪酬支付全部集中至二级分行。设计积分考评指标体系，量化对一级分行薪酬管理评价，强化总行政策导向，有效提升全行薪酬管理战略执行力。

五是不断扩大培训规模，持续提升员工素质。全行实施大规模培训以来，逐步建立分级分类的全员培训实施体系，完成“一校四中心”行内培训机构布局，拓展境外高层次培训渠道，推进师资和教材体系建设，大力开展培训创新，丰富培训手段，强化工作管理，坚持不懈地提高培训工作的规范化和专业化水平。仅2011年，全行投入培训经费8亿9千多万元，举办培训班2万9千多期，培训131万多人次，人均达4次之多。全行广大员工的视野进一步拓宽，全局观念和市场意识明显增强，专业化水平得到显著提升。

总的来看，全行组织人事工作进行了一系列的改革探索，取得了一定的成绩，积累了一定的经验，为今后的工作奠定了基础。成绩的取得，离不开各级党委的正确领导和大力支持，也离不开组织人事部门广大干部员工的辛勤工作。在此，我代表总行党委对大家的辛勤努力表示衷心的感谢！

二、认真学习贯彻全国组织部长会议精神

中央在2011年12月召开了全国组织部长会议，习近平同志和李源潮同志到会发表了重要讲话，对十七大以来组织工作进行了回顾总结，对2012年的组织工作进行了部署。这次会议是在党的十八大召开前，全国组织系统召开的一次重要会议，对我们进一步做好新形势下组织人事工作具有十分重要的指导意义。

会议提出，2012年全国组织工作的总体要求是坚持以邓小平理论和“三个代表”重要思想为指导，深入贯彻落实科学发展观，以迎接党的十八大为主线，以做好党的十八大有关准备工作，高标准、高质量地抓好地方领导班子换届，加强领导班子思想政治建设，深化干部人事制度改革，深化创先争优、加强基层组织，落实人才发展规划为重点，改革创新、求真务实、狠抓落实，提高组织工作科学化水平，为推动科学发展、促进社会和谐提供坚强组织保证。会议明确，2012年全国组织系统要重点做好五项工作：第一，认真做好党的十八大有关准备和地方领导班子换届工作，进一步营造风清气正、奋发有为的良好环境；第二，加强换届后领导班子思想政治建设，着力提高新一届领导班子推动科学发展、促进社会和

谐能力；第三，积极稳妥推进干部人事制度改革，进一步提高选人用人公信度；第四，深化创先争优活动，全面加强党的基层组织建设；第五，深入实施人才发展规划，更好发挥人才第一资源对科学发展的支撑作用。会议强调，要加强领导班子思想政治建设，着力推动领导干部切实解决在对待是与非、公与私、真与假、实与虚的态度和行为上存在的问题，在提高思想政治素质上不断取得新的进步。会议要求，2012 年将召开党的十八大，组织系统讲党性最重要的就是要保持政治立场上的坚定性，所有组工干部都要强化党性意识，坚定政治立场，带头创先争优、带头改革创新、带头联系群众、带头清正廉洁，在思想上和行动上坚决与党中央保持高度一致，做中国特色社会主义和改革开放以来党的路线方针政策的坚定维护者和坚决执行者，在大是大非问题上，不能含糊、不能动摇。

全行各级党委和各级组织人事部门要认真学习、深刻领会习近平同志、李源潮同志的重要讲话精神，切实增强政治责任感和使命感，把思想统一到中央关于组织工作的方针政策上来，坚持改革创新、求真务实、狠抓落实，以坚定的信心、极大的热情把中央的要求落实到建设银行改革发展的事业中来。

三、正确把握形势，找准存在问题

股改上市以来，在党中央、国务院的正确领导下，建设银行实现了良好的发展，基础管理得到加强，干部员工队伍得到锻炼，应对复杂问题能力有了提升。2012 年初的全行工作会议上，总行党委认真贯彻中央经济工作会议和全国金融工作会议精神，结合建行“十二五”规划对建设银行未来的战略定位、发展重点、经营目标等方面进行了明确，在过去五个转型的基础上提出综合化、多功能、集约化的要求，其主要任务就是落实中央确定的稳中求进的经济工作总基调。当前，国际、国内形势仍然十分复杂严峻，世界经济复苏的不稳定性、不确定性上升，国内经济发展中不平衡、不协调、不可持续的矛盾和问题仍很突出，银行业面临的形势很严峻，监管要求越来越严格，同业竞争也越来越激烈。全行业务在保持平稳快速发展、盈利能力持续增强、整体经营业绩突出的同时，在基础业务领域、新兴业务领域和重点区域也出现了不同程度的竞争力下降苗头，一些传统优势业务的领先地位有所动摇，部分分支机构经营发展不利，内控和风险管理薄弱，各类案件仍时有发生。究其原因有很多，既有外部的，也有内部的。这些问题需要通过加强领导班子建设和提高领导干部能力来解决，需要通过造就高素质、高水平的员工队伍来解决。组织人事工作的体制、机制是否健全有效，人力资源配置效率是否具有竞争力，员工素质提升能否满足建设银行业务发展需求，是否切实做到选好干部配强班子、建队伍聚人才、抓基层打基础，这是全行组织人事条线应该承担的重要责任，也是总行党委对组织人事工作的要求和全行员工的期盼。

当前，在全行的改革发展过程中组织人事工作仍存在一些突出问题，需要积极研究探索。一是在干部管理方面，存在着如何进一步完善干部管理机制，使得干部管理工作更加公平、公正、公开；如何选准干部、配好班子，特别是选好“一把手”，进一步做到能力迸发、优势互补、形成合力；如何统筹安排干部交流退出通道，进一步提高干部工作的生机和活力等。二是在人力资源配置方面，如何妥善解决各条线多头配置人力资源，加大人员总量和结构的矛盾；如何加强机关内设机构的管理，做好劳动组织的整合，提高人力资源集约化，提高有效使用程度，加大向业务一线倾斜配置人员力度。三是在激励约束方面，如何解决岗位管理、绩效管理体系不完备问题，进一步理顺部分岗位之间的薪酬分配关系，合理体现岗位价值差异，做到全面考核、压力均等。四是在人才培养方面，如何加强高层次人才培养，加大年轻干部的选拔力度，进一步加大高端人才储备力度；如何提高人才培养的针对性，进一步实现人才培养需求与增强业务技能、提升工作业绩的有机融合。五是在员工培训方面，如何夯实培训基础，按照提高精细化管理水平的要求，进一步增强培训的针对性和有效性，充分发挥培训对业务发展的基础性支持作用等。

这些问题，不论是老问题还是新问题，全行各级党委和各级组织人事部门都要引起重视、加强研究、统筹规划，创造性地加以解决。

四、开拓奋进，扎扎实实做好下一阶段的组织人事工作

今后一个阶段，建设银行组织人事工作的指导思想：以邓小平理论和“三个代表”重要思想为指导，深入学习实践科学发展观，认真贯彻全国组织部长会议精神，围绕稳中求进、加快发展的总体目标，深化创先争优，加强基层组织建设；完善干部管理制度，加强领导班子和干部队伍建设；落实人才发展规划，加强人才和员工队伍建设；深化人力资源管理改革，为全行改革发展提供有力的组织保障和人才支持。

（一）深化创先争优活动，全面加强基层党组织和党员队伍建设

抓基层、打基础是关系到巩固党的执政根基的大事。建设银行要发展好，基层党组织建设至关重要。中央组织部把2012年确定为“基层组织建设年”，各级行党组织要认真总结创先争优活动的经验和做法，充分发挥党组织和党员的先锋模范作用，为全行加快发展提供强大动力。

1. 以“基层组织建设年”为载体，善始善终抓好创先争优活动。根据中央安排，创先争优活动将于十八大前结束。建设银行创先争优活动的成果如何，后一段的工作至关重要。各级行党组织要注重活动实效，将创先争优活动与提高服务质量、服务水平和服务效率紧密结合，与业务创新紧密结合，切实解决实际问题。要做好典型宣传工作，通过开展专项表彰，集中宣传一批先进典型，形成学习先进、崇尚先进、争当先进的良好氛围。要注意引导基层党组织和广大党员学先进、见行动，要抓好创先争优活动实践成果、理论成果、制度成果和文化成果的转化运用，实现建设银行创先争优常态化、长效化。

2. 以强化作用发挥为重点，全面推进各级党组织建设。基层党组织是党的全部战斗力的基础，在建设银行构建和谐银行、履行社会责任、密切联系群众等工作中处于重要地位、核心作用。要坚持一手抓党组织的组建，一手抓党组织作用的发挥，着眼于促进各级组织更好地推动发展、服务群众、凝聚人心、构建和谐。完善健全组织设置，加大基层机构支部组建力度，规范海外机构和境内子公司党组织设置，努力消除基层机构党员“空白点”，扩大党组织在全行的覆盖面。要尊重基层的首创精神，主动适应形势和任务的变化，创新工作方式、方法，强化基层组织功能，把实践证明行之有效的经验和做法提炼出来，不断丰富党组织建设的内涵和载体。抓好制度落实，组织好党支部分类定级，引导基层党组织整改提高，普遍实现晋位升级。

3. 以保持先进性为核心，切实引导党员队伍争创一流。要高度重视党员发展和教育管理工作，加强发展党员工作的宏观指导和计划引导，积极实施“双向培养”，突出重点、规范程序，提高发展党员质量。落实党员教育培训工作规划，重点加大对党支部书记、党务工作者和新党员这三支队伍的培训。通过“党员示范岗”、“党员责任区”、“党建指导员”等有效载体，采取灵活多样的方式，严格党内组织生活，落实好“三会一课”、民主评议等制度，充分发挥广大党员在建设银行改革发展中的先锋模范作用。进一步健全关怀帮扶机制，建立生活困难党员和老党员信息库，做好生活困难党员、老党员和老干部帮扶慰问工作，推动党组织为党员服务、党员为群众服务。

（二）完善管理机制，加强领导班子和干部队伍建设

干部工作是组织人事工作的重要组成部分，也是群众最关心、最敏感的工作。能不能坚持民主、公开、竞争、择优，形成充满活力的选人用人机制，把干部选好、把班子配强、让群众公认，直接关系到建设银行事业的成败。

1. 要把握好“三个坚持”，进一步加强干部的思想政治建设，提高干部的政治素质和能力。坚持德才兼备、以德为先。党的十七届四中全会强调，选拔任用干部既要看才、更要看德，把德放在首要位置，这抓住了干部队伍建设的关键。一个干部有德无才，难以担当大任；有才无德，最终会危害建设银行事业；只有德才兼备，才能做到想干事、能干事、干成事而又不出事。对建设银行而言，干部的德主要在于是否忠于党、忠于国家、忠于人民、热爱建设银行事业。是否确立了正确的世界观、人生观、价值观和权力观、事业观。工作上是否真抓实干、敢于负责、锐意进取。作风上是否作风正派、清正廉洁、情趣健

康。要把这个标准在广大干部中进行积极引导，使干部自觉地重德、养德。

坚持人岗相宜、量才使用。进一步拓宽选人用人视野，公平公正选任干部。要坚持五湖四海、任人唯贤，敢于打破论资排辈现象，把想干事、能干事、干成事的优秀干部选拔出来。使用干部要做到个人的能力与担当的责任相匹配，不搞照顾性安排，不搞错位使用，做到人适其岗、岗合其人。要加大竞争性选拔干部力度，2012 年总行将要拿出部分一级分行副职岗位在全行开展竞争性选拔，为广大干部提供竞争平台，进一步形成注重品行、崇尚实干、重视基层、鼓励创新的用人导向。关注那些心系员工、埋头苦干、不拉关系、不走门子、群众公认的老实人、正派人，使选出来的干部组织放心、员工满意。

坚持责权相称，考核兑现。进一步完善干部评价机制、改进考察方法，建立多维度的干部信息采集机制，多层面、立体化、动态化评价干部，提高领导干部考察工作的科学性、准确性和实效性，既全面掌握干部的情况，又能有重点地把握干部特点，切实选好人、用好人。2012 年，要认真执行领导班子综合经营竞争力监测办法，全面、科学地评价分行经营业绩和综合竞争能力。同时，要严肃责任追究，对工作作风不实、办事拖拉、管理不严、责任意识不强贻误工作的，要予以组织和纪律处理，对性质严重并造成严重后果的，要按照相关规定加大责任追究力度。

2. 选准配好“一把手”，充分发挥核心表率作用。用对一个人，能救活一个机构；用错一个人，能搞垮一个机构；用好一个人，就是树立一面旗帜；用坏一个人，就会给事业造成损害。“一把手”在单位处于核心地位，权位重、责任大、影响大，对一个单位的发展负有重要责任。对建设银行而言，一个分行的“一把手”选不好，就会班子不团结、群众有意见、业务上不去。一个行，要是让一个无能的人去折腾两三年，不仅业务上不去，还会伤广大干部员工的心，打击广大干部员工的士气，那随后好几年都会缓不过劲来。所以，选准配好“一把手”是营造风清气正用人环境、实现总行发展战略目标的根本保证。

对建设银行而言，各级机构“一把手”的标准就是政治好、业务强、团结人、能干事，这四条缺一不可。在选配“一把手”时，要严格执行标准，更加深入细致地进行考察，更加全面广泛地听取民意，坚持好中选优、优中选强，切实把政治可靠、品行端正、业务过硬、团结同志、业绩突出的优秀干部选拔到“一把手”岗位上来，兴业务发展，保一方平安。

对“一把手”而言，要把思想集中到抓班子、带队伍上来，集中到干事业上来，集中到如何把各项业务发展得更好上来。在平时工作中，要带领班子扎实工作，少计较个人得失，多想事业成衰；少怨天尤人，多解决实际问题；少空提口号，多踏实工作。在日常管理中，注重调查研究，了解基层情况；注重广泛听取意见，实现科学民主决策；注重机制、体制建设，促进系统解决问题。

3. 创建“四好”领导班子，提升领导干部引领发展的能力素质。要把各级领导班子打造成政治素质好、经营业绩好、团结协作好、作风形象好的“四好”领导集体，关键在于优化领导班子结构，提高领导班子的政治思想工作能力、团结协作能力、经营管理能力和开拓创新能力。

优化班子结构，增强整体合力。进一步优化领导班子知识结构，形成经济金融、营销管理等各种优势合理搭配；进一步优化领导班子年龄结构，形成老、中、青合理搭配，其中，总行管理的领导班子平均年龄要在50 岁以下；进一步优化领导班子专业结构，形成前、中、后台业务合理搭配，增强班子的整体功能和合力。

加强理论武装，提高政治思想工作的能力。要按照建设学习型领导班子的要求，坚持学习与运用相结合、与创新相结合，把不断学习作为一种政治责任、一种精神追求。要弘扬理论联系实际的学风，坚持学以立德、学以增智、学以促行，加强研究和思考，把上级党委的精神转化为解决实际问题的方案，不断开创工作新局面。

加强制度落实，提高团结协作的能力。要建立健全分工负责制，坚持集体领导与个人分工相结合，班子成员要合理分工，做到职责分明，形成工作合力；要高质量地召开班子民主生活会，狠抓整改措施的制定和落实，切实提高班子解决实际问题能力；要建立健全目标责任考核制度，实现领导班子总体效能与领导干部个人能动性的有机结合，全面、真实地反映班子成员的工作实绩。

加强实践锻炼，提高经营管理的能力。“管理”二字，管是约束、控制、支配，核心是事；理是疏通、理顺、引导，核心是人，管理就是顺其心而理其行。要把工作当成事业而不仅仅是职业，既要有奋发有为的工作状态，也要有干好事业、干成事业的信心和决心，实现客观条件和主观能动的有机结合，履行好提升经营业绩的职责。

进一步解放思想，提高开拓创新的能力。领导班子作为组织形式，一项重要使命就是不断提高开拓创新能力，赢得市场主动、赢得发展空间。开拓创新存在于管理的方方面面，既有工作的思路、方法问题，也有产品技术、创新创造问题。领导班子必须要适应形势任务要求，做到不因循守旧、不安于现状，大胆创新，占领技术制高点，打造核心竞争力。

4. 加强后备队伍建设，大力选拔培养优秀年轻干部。源源不断地培养大批优秀年轻干部，是关系建设银行事业薪火相传、继往开来的战略选择。各级机构要按照数量增加、质量提升、年龄优化、能力增强的总体要求，大力培养优秀年轻干部，加快建设后备干部队伍。总行管理的后备干部队伍主体要坚持在45岁以下，其中，40岁以下的人员力争占总量的20%以上。

要认真研究和把握年轻干部的特点和成长规律，增强培养选拔年轻干部工作的针对性和有效性。要在提高年轻干部的思想政治素质上下工夫，把理想信念教育作为重中之重，引导他们把忠于党、忠于国家、忠于人民、热爱建设银行事业作为一种信念来坚守，作为一种修养来锤炼，作为一种准则来恪守，使正确的世界观、人生观、价值观和权力观、事业观始终成为引领人生的指针。要坚持把年轻干部放到基层、放到有利于其成长和发挥作用的工作岗位上，经受艰苦环境的磨炼、复杂局面的锻炼、重大问题的考验，帮助他们在实践中砥砺品质、锤炼作风、增长才干，为建设银行事业的不断发展储备力量。

5. 建立干部交流常态机制，激发干部队伍活力。干部交流是加强干部队伍建设的重要内容，有利于干部丰富经历，有利于干部锻炼解决复杂问题的能力，有利于干部打破狭隘的地域观念，摆脱人情、关系束缚，放手开展工作，有利于改善班子结构，增强班子活力。从干部聘期管理、岗位风险防控角度出发，建设银行建立了相对完善的岗位交流轮换制度，但执行过程中弹性较大，总行与分行之间、机关部门之间、部门内部处室之间干部交流的常态化机制尚未完全建立，一个干部在一个岗位长期不动，缺乏活力，干部任用体内循环、封闭运行的现象还普遍存在，这种状况要改变。

银行工作点多线长、面广事专，需要一大批懂经营、善管理、熟悉前中后台业务的复合型干部。要进一步转变观念，把干部交流作为干部职业生涯发展管理的重要平台，在干部交流中发现干部、锻炼干部。总行五年规划已明确要扩大管理行与基层行间的干部交流规模，总行部门级管理人员中具有基层行工作经历的占比要达到一半以上，各级机构要积极跟进。在交流对象上，要重点抓好发展潜力大、有培养前途的优秀年轻干部；在交流方向上，要实现双向互动，既要“请进来”，也要“送出去”；在交流方式上，可以采取交流任职、挂职锻炼、跟岗顶岗等多种形式；在交流效果上，要真正实现锻炼人才、增长才干、促进业务发展、提高经营质量和管理水平。同时，要处理好干部交流与频繁调动的关系，一个干部原则上在一个岗位要干满3－4年以上，以熟悉情况、进入角色、发挥作用。

6. 进一步加强干部监督工作，深入整治选人用人不正之风。干部监督是干部管理的重要组成部分，贯穿于干部教育培养、选拔任用和日常管理的整个过程中。对干部监督，要坚持教育为主、预防为主、事前监督为主，督促干部筑牢思想上的防线，警示干部明确行为上的界线，约束干部不越纪律上的红线。要严格执行和健全完善干部监督的各项制度，做到用制度管权管事管人，对干部身上出现的苗头性、倾向性问题早发现、早提醒、早纠正。坚持“三重一大”集体决策制度，依法决策、科学决策、民主决策。在选拔任用干部中，领导班子和组织人事部门要带头维护选人用人纪律，充分沟通酝酿，民主集体决策，避免“一言堂”。通过加强监督，使各级领导干部时时处处用党的纯洁性要求对照自己、检点自己、修正自己、提高自己。要正确处理公与私的关系，不能假公济私，不能损公肥私，更不能以权谋私，自觉做到履行职责为公，行使权力为民，不为私欲所动、不为私情所困、不为私利所惑，始终保持为民务实清廉的本色，以率先垂范的实际行动充分体现党的纯洁性。

最近，中央专门召开了干部监督工作座谈会，反馈了选拔任用工作“两评议”的测评结果，对深入整治选人用人上的不正之风、提高选人用人公信度进行了部署。我行干部监督工作取得了良好成绩，相比2011年，选人用人工作满意度提升了0.9个百分点，新任中层领导人员满意度测评指标提升了14.6个百分点。最近，总行党委专门召开会议，就做好选人用人满意度提升工作进行了研究，提出了具体工作要求，人力资源部门要认真组织落实。在这里，我要强调一下，选人用人过程中的不正之风，尤其是跑官、要官是广大干部员工反映强烈的突出问题，也是大家普遍感到难以治理的问题；但是，如果治理不好，就会逼得老实人也去跑要，就会严重降低选人用人的公信度。中央将研究制定从严整治跑官、要官问题的专门文件，界定跑官、要官行为，规范处理措施。我们要坚持教育在先、警示在先、预防在先，加大对跑官、要官问题的整治力度。对自己去跑、去要的，一律不得提拔重用，并实行“污点记录”；对说情打招呼的，一律先放下，让帮忙变为帮倒忙；对说情打招呼造成用人失察、失误的，要严肃追究责任，切实匡正选人用人风气，提高选人用人公信度。

（三）落实人才强行战略，加强人才队伍建设

科学发展以人为本，人才发展以用为本。人才问题是关系建设银行事业发展的关键问题。前一段时间，中央专门召开了全国人才工作座谈会，对全面做好2012年全国人才工作进行了部署。总行也根据国家中长期人才发展规划纲要的总体要求，制订了我行的5年人才发展规划作为会议讨论材料，具体内容请大家会后再看，有好的意见和建议请及时反馈给组织人事部门。

人才工作是一项系统工程，只有做到人才方案规划好、人才项目设计好、人才培养实施好，持之以恒、常抓不懈，才能真正形成人才辈出、人尽其才的良好局面。在这里，我再强调一下今后一个时期人才工作重点：一是持续优化人才结构。为了实现全行“十二五”规划目标，要实施人才成长工程，制订“393”人才培养计划，实现多层次、多岗位、海内外综合人才培养目标，打造一支高素质、高水平的优秀人才队伍。到2015年，全行以柜面服务和中后台运营支持为主的高技能人才总量达到30 000人；各级后备管理人才总量达到9 000人，其中，各级分行后备人才达到8 500人；海外人才总量达到3 000人，其中，内派员工达到500人。二是完善人才发展机制。确立人才优先发展的战略布局，加大人才培养的资金投入力度，完善符合各类人才特点的职业发展途径，丰富人才奖励方式与奖励内容，确保将高素质人才吸引到建设银行来，以人才优先发展更好地推动业务转型与结构调整，实现人才成长与业务发展共赢。三是实施重点人才项目。通过高级管理人才素质提升项目，全行高级管理人才境外脱产培训要达到20天以上；通过高层次专业人才培养项目，全行资深专业技术人才参加境内外脱产培训20天以上，高级专业技术人才15天以上；通过后备人才加速培养项目，全行参加项目培养的后备人才要达到350人；通过千人英才项目，为全行储备在境外高校参加3个月以上脱产培训的核心人才达300人；通过海外人才项目，全行参与海外人才培训人员数量达到1 000人。

（四）进一步深化改革，全面提升人力资源管理水平

全行在积极推进人力资源管理改革方面力度很大，效果也很好。最近，总行本部召开了推进人力资源管理专项工作会议，对部门“三定”、聘期管理、后备干部队伍建设、绩效管理等工作进行了专门部署。建设银行的改革要朝着综合性、多功能、集约化方向进行，还需要在岗位绩效等基础管理方面提前研究、积极推进。

1. 完善绩效管理。绩效管理要全面考核、压力均等。从董事长、行长到高管、到总行部门、各级机构，实行全员目标管理，层层分解经营目标和重点工作任务，任何人不管从事什么岗位工作，都要纳入考核体系，都要有压力。考核的目的就是优胜劣汰、奖励先进、惩罚后进。2011年，总行实施了绩效管理项目，组织19个单位的

38个二级机构试点推广全员目标管理，层层分解工作目标，人手一张目标任务表，并配套开展年初、年中、年末三次正式绩效谈话，次年初基于职责、目标、事实、数据，从数量、质量、效率、效益成本四个维度进行评价，提高了绩效考核的精细化水平。2012年，在19个单位全面推开上述试点工作，并会同业务部门对主要员工类群制订差异化的绩效考核指引，计划2013年推广到全行各级机构。

2. 推进岗位管理改革。岗位管理前期也进行了试点，总行计划按岗位梳理、岗位分类、岗位评估三个步骤开展工作，用两到三年的时间完成全行岗位管理体系优化工作。2012年力争在三个方面取得突破：一是开展岗位梳理，在全行层面构建“会计科目式”的岗位分类体系，包括管理、营销、专业、支持四大科目类别，16个岗位职系（一级科目）、50多个岗位亚职系（二级科目）。二是组织3家试点单位完成岗位评估及相应的岗位工资分配，为全面推广积累经验。三是会同业务部门对人员分布集中、职责清晰的柜员岗位划分岗位等级。将柜员岗位细分为五个等级，从工作年限、技能资格、业绩表现等方面明确等级划分标准。

3. 夯实薪酬管理基础。薪酬管理既要体现内部公平性，又要体现外部竞争性。在我们内部，要区分前、中、后台岗位差别，按照岗位责任、风险和贡献相对称原则，综合考虑岗位性质差异、岗位职责与业绩关联度等因素，逐步搭建起薪点工资的基本保障、岗位工资价值体现和绩效工资激励约束三位一体的薪酬结构，激发员工活力。与同业比较，要认真分析投入产出效率，薪酬分配要向一线岗位、重点营销岗位的员工以及直接创造价值的岗位和条线倾斜，对价值贡献度大、外部劳动力市场价格较高分支机构适当倾斜，保证其拥有一定的薪酬市场竞争力，以留住优秀人才。在薪酬支付模式上，也可以多想些办法，提升员工满意度。关于薪酬操作管理问题，我再强调一下，要坚决落实岗位制约，杜绝“一手清”等违章操作，总行已经在布置全行开展薪酬支付管理的大检查，各行对下也要查深、查细，把这个问题抓实了。

4. 增强培训工作效果。在持续开展大规模培训的基础上，建立完备的教育培训体系，把教育培训机构布局、渠道拓展、资源整合等有机结合起来，有针对性地进行改进和完善，形成总分行、行内外、现场与远程互为补充的教育培训体系。要加强和规范培训基地建设，统筹全行培训基地的功能设定，明确各培训中心的培训职责和培训任务，充分发挥全系统培训基地的重要作用。研究制定全行统一的员工教育培训质量评估办法和指标体系，以提高学员的学习效果为核心、以提高培训机构的培训质量和管理水平为重点，建成一个有效、有用的评估考核体系。在坚持高端管理人才、专业人才培训培养的同时，培训资源向一线员工倾斜，让广大员工都有机会参加培训，持续提升广大员工的综合素质和履职能力。争取用三年左右的时间实现一线员工持证上岗、专业人员专业资格培训认证，管理人员的国际视野、战略思维、专业知识和领导能力全面提升。培养一批能够覆盖各个层级、各个专业的经营管理人才；培养一批不同管理岗位的优秀管理人员；培养一批能够发挥重要作用的中坚力量和专业人才队伍。

（五）规范组织机构管理，夯实经营管理基础

组织机构管理是经营管理的一项基础工作，要实现全行“十二五”规划明确的经营国际化、业务专业化、机构扁平化和管理集中化目标，需要进一步加大组织机构管理的集中统一力度。

1. 推进海外机构建设。加快全球布局，通过自设与并购并重，统筹协调、加快推进，构建多种形式和不同层次的海外机构网络，力争到2015年，基本完成在全球目标市场的机构布局，实现与国际化格局相得益彰。海外一级机构总数达到30家左右，人员素质结构、业务基础、IT等基础建设不低于当地同业平均水平，在当地中资银行中有优势，达到业内较高水平。

2. 优化境内机构营业网点布局。未来5年力争新增营业网点2 000个左右，重点保障中心城市、新兴城市、城市新区、强县富镇，以及具有良好资源禀赋和发展潜力区域的布设需求。加快专营中心建设，形成面向不同层次客户提供专业化服务和专属产品销售的布局。

3. 规范分支机构职能部门管理。职能部门设置是机构管理中的基础工作，规范职能部门管理，主要目的是为了进一步优化全行上下组织结构，清晰职责、提高效率。总行将下发《分支机构职能部门设置管理办法》。在这里我想强调一下分支机构职能部门设置的四个原则：统一性、系统性、高效性和差别化。

统一性，首先是统一管理，分支机构职能部门设置由人力资源管理部门归口管理，其他部门不得以任何形式干预下级行职能部门的设置和人员配备；其次是统一流程，同级、同类机构要遵循统一流程设置职能部门，设置数量保持相对一致；最后是统一名称，总行统一制定职能部门名称表，对分支机构职能部门实行目录管理。

系统性，按流程银行的要求，清晰展现经营管理的主要环节，合理调节不同类别部门的配比关系，尤其是要设计好不同部门间结合部、交叉点的职责归属，避免有的事没人做，有的事大家都在做但却谁也不负责的现象，有效支撑各模块功能职责的履行，形成不同功能模块的有机协调。

高效性，部门设置精干合理，突出集约化的取向，不搞上下对应，下级行职能部门总量要少于上级行，部门设置过多的分支机构，要限时进行整合，因设置部门少，干部不好安排的，可通过专业技术岗位或非领导职务方式解决。

差别化，各级行要综合考虑本区域、本单位客户群、业务种类、管理基础等因素，在提高集约化水平的基础上，有针对性地设置职能部门，切实提升经营管理、控制风险的能力。

（六）优化人力资源配置，加强员工队伍建设

人力资源管理要有成本意识，要讲求效益、讲求效率。在人力资源配置上，要坚持总量控制、结构调整、适度增加的原则，做好投入产出分析，注重有效使用和合理配置，不断提高价值贡献度。具体来讲，在人力资源总量方面，还是要坚持适度从紧的总量政策，但是要改进人员总量控制方法，研究人员总量配置与业务规模、经营业绩、人力费用增速挂钩的动态关系。在新增人力资源配置结构方面，继续加大向业务一线倾斜的力度，提高前台直接服务客户人员比重；继续向经营集约化程度高、金融资源丰富、发展潜力大、竞争力强的区域和机构倾斜，提升人力资源的投入产出效率。在存量人力资源结构调整方面，按“精简机关、充实一线”的原则，下决心大力压缩各级行机关人员，充实前台人员；逐步建立条线和职能部门的成本核算机制，加大中后台事项集中管理力度，优化业务流程，释放重复劳动的人力资源；推动员工内涵式增长，改善员工素质结构，提高员工适岗能力。

要坚持“以人为本”，在更高层次、更大范围做实、做细员工关爱工作，最大限度地调动每一名员工的积极性和创造性，努力在全行形成积极向上、团结奋进的良好工作氛围。当前员工劳动强度和工作压力增大，各级管理者除了要持续改善员工工作环境和条件外，还要努力帮助员工舒缓压力，积极响应和满足员工合理诉求。要尊重员工，客观评价劳动价值，增强员工的职业自豪感和主动奉献精神。搭建公正、公平的发展平台，鼓励员工施展才华、实现价值，为员工成长成才创造条件，充分调动大家干事创业的热情，努力维护和谐稳定的良好局面。

五、加强自身建设，打造模范部门和过硬队伍

组织人事工作是我们工作全局中的重要工作，各级党委要加强对组织人事工作的领导、指导和协调，支持组织人事部门大胆工作。全行组织人事部门要进一步加强自身建设，促使组织人事干部员工在思想观念、素质能力、工作作风和工作方式方法上有新转变、新进步、新提高。

1. 坚持公道正派，严守党性原则。组织人事部门担负着选贤任能的重大责任，公道正派是我们的立身之本。在任何时候、任何情况下，都要严格按照组织原则和干部政策办事，客观、准确地考察干部、实事求是地评价干部、科学合理地使用干部。要严格执行干部人事工作纪律和廉洁自律的各项规定，特别是要严守中央关于组工干部“十严禁”纪律要求，把组织人事部门干部员工的良好形象树立好、维护好、保持好。

2. 带头学习创新，增强能力素质。组织人事部门应当做建设学习型组织的表率，广大干部员工要努力优化知识结构、提高综合素质、增强创新能力，不断开阔眼界、开阔思路、开阔胸襟，想问题、肯研究、干实事。通过交流轮岗、参与

中心工作、参加专项培训等措施，加强对组织人事干部员工的培养锻炼，促使丰富阅历、增长才干、提升素质。

3. 强化服务意识，提高工作效率。组织人事工作是做人的工作，要树立以人为本、真诚服务的理念，进一步改进作风、强化服务意识、加强与干部员工的沟通，有针对性地做好思想工作，切实做到尊重人、关心人、理解人、爱护人，树立组工干部可信、可亲、可敬、可靠的良好形象，真正把组织人事部门建设成为广大干部员工满意的党员之家、干部之家、人才之家、员工之家。

同志们，全行组织人事工作任务繁重而艰巨，组织人事部门干部员工使命光荣、责任重大，我们要充分发挥积极性、主动性、创造性，锐意进取、扎实工作，把组织人事工作提升到新的水平，为建设银行实现加快发展提供坚强的组织保证和人力支持，以优异的成绩迎接党的十八大的胜利召开！

在中国建设银行夏季工作（视频）会议上的讲话

王洪章

（2012 年 8 月 15 日）

同志们：

为分析当前形势，总结上半年工作，布置下一阶段任务，总行党委、管理层决定召开夏季工作视频会。刚才，三个单位做了典型发言，讲得很好，大家要认真学习，吸取经验。张建国行长还要作工作报告，提出具体要求。我首先代表党委讲几点意见。

一、上半年各项工作取得新的成绩

2012 年以来，面对错综复杂的国内外形势，总行党委、高管层认真贯彻落实中央有关经济工作的指示精神，按照中央“稳中求进”、支持实体经济发展的要求，在年初工作会议、春季工作座谈会议上及时布置、统一思想、明确方向，并提出了一系列应对措施。各级分支行认真积极贯彻落实总行的各项要求，在激烈的市场竞争中表现出较强的战斗力，呈现出良好的势头。

一是牢牢把握“稳中求进”的工作总基调，业务发展符合预期。全行上下按照中央的要求，正确处理经济平稳较快发展、调整经济结构与银行经营稳健发展的关系，积极应对经济运行中存在的不利因素，以及所带来的新情况、新问题、新挑战，坚持改革、发展和效益增长不动摇，坚持风险防控不动摇，经过全行干部员工的不懈努力，全行主要业务指标基本实现了“时间过半、任务过半”的要求。上半年，全行实现净利润 1 051亿元，完成全年计划的 55.7%（有 27 家分行任务完成过半）；实现中间业务收入 501 亿元，完成全年计划的 48.5%（有 17 家分行任务完成过半）；人民币一般性存款新增 8 508 亿元，完成全年计划的 56%（有 26 家分行任务完成过半）。海外机构总资产 927 亿美元，较年初增长 31%，其中贷款 540 亿美元，较年初增长 33%，海外机构半年拨备后税前利润首次超过 3 亿美元。

二是深入贯彻中央关于金融工作要服务实体经济的要求，大力支持实体经济，促进经济平稳较快发展。中央经济工作会议、全国金融工作会议等一系列会议，提出银行要支持实体经济发展，促进经济结构不断调整，解决经济社会薄弱领域融资难问题。建设银行认真贯彻中央的要求，适时调整信贷计划管理方式，加大对分行信贷使用指导力度，各行在贷款掌握上按照项目早储备、贷款早投放、效益早见效的信贷指导意见，加大信贷管理、提高贷款能力、加快贷款进度，产生了较好的经济效益和社会效益。上半年，各项贷款增加4 700多亿元，其中，基建贷款新增1 164亿元，占全部贷款新增的25%。小微企业贷款新增495亿元，增幅为7.83%。涉农贷款新增1 120亿元，保障房贷款增速为62%，文化教育、医疗社保、环境保护等其他民生领域的信贷业务良性发展。同时，对“两高一剩”等国家限制的行业和领域贷款得到有效控制。

三是薄弱环节得到改进，发展基础不断加强。客户、渠道、信息科技等基础建设加快推进。2012年以来，全行各级领导干部加强高层营销，带头走向市场，狠抓重点客户的营销工作，特别是加强与军队武警、航天军工、医疗卫生、通信、烟草、石油石化等大行业大系统客户的联系和沟通，有的还签署了战略协议，实现全面合作，效果显著。小微企业、个人客户、小额无贷户拓展取得新成效。经营机构建设提速，上半年新增网点138个，是上年同期的5倍。电子银行业务创新取得新突破，“善融商务”企业和个人商城成功上线。个金业务发展良好，前后台分离项目顺利推进，新一代核心系统完成了五级现状建模工作。

四是认真落实发展规划，加快新兴业务发展和战略性业务创新。按照年初工作会议和综合经营计划安排，重点配置资源，促进战略性业务快速发展。上半年，新发放金融社保卡398万张，私人银行客户新增7 408人，养老金客户新增2 052户。完成产品创新61项，其中总行完成26项，分行完成35项。为了有效控制风险和提高全行运行效率，开展了优化授信机制、精简审批事项的研究与推动工作。从加强客户基础建设入手，推进了网点“三综合”建设。为加强集团建设，实现集团战略目标要求，组织开展了子公司与集团战略协同管理，以及集约化经营、流程银行建设等专题研究。

五是凝心聚力，营造抓业务促发展的良好氛围。全行认真贯彻年初总行组织工作会议和纪检监察工作会议精神，进一步加强党风廉政建设、领导班子建设以及人才队伍建设。加强领导班子竞争力考核，落实年初工作会提出的“全面考核、压力均等、鼓励先进、惩罚后进”的要求，以及“上不封顶、下不保底”的考核政策，全行上下干事创业、奋勇争先的良好风气进一步发挥。各级分行领导干部主动下基层调查研究，解决基层业务发展中存在的实际问题，把更多的精力放在做好基层的思想政治工作，以及抓客户、抓业务、抓发展上，全行士气明显提升。

同时，也要看到外部形势的严峻挑战。当前，欧债危机继续蔓延，全球经济复苏乏力，面临的国际环境仍然严峻。受其影响，我国经济平稳运行的不利因素仍然较多。国内经济下行压力增大，经济增速连续六个季度回落，部分行业景气不好。随着经济增长方式转变、产业结构调整的加速，部分存量客户和项目的风险将会“水落石出”，甚至可能出现区域性、集群化的不良暴露。全行要清醒地认识到面临的困难和压力，增强责任意识，并在思想认识、应对措施方面进一步加强。

一是保持高盈利水平的压力。面对利率市场化、充分竞争、监管趋严、资本约束、风险暴露等多重压力，银行的利差收入、中间业务收入很难延续以往高增长的势头。上半年，四大国有银行审计前净利润平均同比增长13.4%，较上年同期大幅回落19.15个百分点。商业银行非利息收入（八成为手续费收入）同比增长2.15%，较上年同期锐减21.2个百分点。下一步如何通过加快业务转型培育新的利润增长点，是银行面临的重大课题。

二是保持业务平稳增长的压力。市场需求下降，企业投资动力不足，直接影响了银行贷款储备。例如，原本需求非常旺盛的小企业贷款，上半年新增仅为上年同期的一半。受基础货币增长放缓、货币乘数下降、存款分流等因素影响，上半年金融机构人民币存款平均增速仅12%，比2010年、2011年分别下降9个和4个百分点。此外，市场变化、同业竞争等因素导致银行存款波动性加大。6月末，我行全口径存款比年初增长1.06万亿元，但到了7月末仅增长5 529亿元。

三是风险防控和安全运营的压力。随着经济增速回落，企业经营困难、账款拖欠乃至民间借贷等风险开始向银行业传导。2012年以来，部分地区和行业信用风险突出，有9家分行的不良贷款出现反弹；批发零售业、制造业不良贷款较年初分别增加46亿元、26亿元；拖欠贷款明显上升，比上年同期多增44亿元。企业主“跑路”

事件、外部欺诈、盗骗等经济案件、营运安全事故等也有上升趋势，反洗钱、商业贿赂、理财等方面风险防控压力增大。

四是创新不足的压力。缺乏创新的产品和服务，负债类产品客户营销和市场拓展往往打“价格战”，资产类产品项目储备不足，融资方式单一，说明我行产品研发创新距离市场需要和同业比对还有明显不足。基层行普遍反映产品、品种不多，供应不足，尤其是对客户有吸引力的产品相对较少，缺乏竞争优势。这其中固然有监管政策等方面因素，但主要症结在于目前产品创新体制机制不顺、责任不明确、政策支持不够、上下衔接和横向协同不畅。此外，产品研发专业人才短缺，考核激励不足，缺乏创新的动力。

在困难和压力面前，各家银行面临的环境是共同的，关键看应对能力，谁见事早、反应快、招法实，谁就能在市场表现和竞争中取得主动。这方面我们应该有底气、有信心。商业化改革以来，尤其是股改上市后，建设银行在体制、机制上有了明显变化，在抓业务、促发展、抓管理、防风险方面积累了宝贵经验，一些管理方法和业务走在了同业前面。从外部看，我国工业化、信息化、城镇化方兴未艾，这个大趋势没有改变。随着“十二五”规划以及各个区域发展战略、产业振兴计划的深入推进，也会出现许多新的市场机会。因此，既要看到困难和压力，更要看到前景和机遇。越是在压力面前，越要增强信心，争取做最好的自己。

二、下半年的工作目标和任务

最近，胡锦涛总书记在中央政治局会议上指出，下半年经济工作要以科学发展为主题，以加快转变经济发展方式为主线，以发展实体经济为坚实基础，以加快改革为强大动力，坚持“稳中求进”的工作总基调，把稳增长放在更加重要的位置。全行要将思想认识统一到党中央、国务院的决策部署上来，统筹当前与长远，更加注意拓宽市场空间、更加注重提高资本质量、更加注重激发发展活力，迎难而上、再接再厉，争取取得更大的成效。

下半年，全行要继续贯彻落实总行年初工作会议、春季工作座谈会议精神，把稳增长放在更加重要的位置，进一步转变工作作风，改进和完善管理方式，提升管理效能，加大营销力度，提高服务能力，强化风险管控，努力实现业务健康较快发展，坚持市场表现良好和市场地位上升不动摇。按照年初工作安排，要努力实现预期工作目标，力争完成全年综合经营计划任务。要重点抓好三个方面的工作。

（一）支持实体经济发展

2012 年经济发展面临诸多困难和挑战，建设银行作为大型商业银行，要认真贯彻中央要求，保持信贷平稳适度增长，扩大有效投资，及时调整经营策略和信贷政策，优化信贷投向，把支持实体经济发展放在首要位置，促进国家经济平稳较快发展。

抓好信贷投放工作。一是明确支持重点。配合“十二五”规划以及区域发展战略的实施，大力支持重点建设项目。加大对经济结构调整、节能减排、环境保护以及自主创新企业和项目的金融支持和服务力度，推进“绿色信贷”。二是加强信贷政策指引。总行及分行要加强信贷工作指导，完善和健全信贷政策指引制度，促进分支行科学合理把握信贷投向，信贷指引要坚持“区别对待，有保有压”，调整客户、行业、区域和产品结构，优化信贷资源配置。信贷政策既要体现风险政策和底线要求，更要突出对市场拓展和客户营销的指引作用。三是优化授信机制。对于优质的客户和项目，实行“预评级、预授信、预审批”的差别化流程，便于在项目取得正式批复、要件齐全后，在第一时间组织投放。国家重点项目和效益好的项目企业要特事特办、急事先办，缩短审批周期和投放时间。

做实、做细“三大一高”业务。实施“三大一高”战略，既响应了国家的政策号召，支持关系国计民生的重点领域，更重要的是，从建设银行长期发展来看，有利于稳定客户基础、有利于提升经营层级、有利于获得长期效益。近期，总行已着手“三大一高”客户名单的全面梳理，细化管理措施，目的是提供系统服务能力。各分行也要抓紧梳理所辖的重点客户名单，逐户落实客户营销和维护责任。要建立高层营销责任制，分片包干、分兵把守，同时赋予相应权力，给出谈判的范围和底线。要加强上下级行、横向分工行之间的联动，围绕核心企业大力发展物流、资金流、信息流可控的供应链融资业务，打通产业链上下游，增加基本结算户。积极开展个人高端客户营销活动，丰富服务内涵，加快私人银行业务发展。落实大城市战略倾斜政策，总行要认真研究大城市行的经营战略问题，在经营政策、信贷规模、权责管理、人员配备、营销费用、机构网点设立、自助设备投放等方面向大城市倾斜，分行在政策、资源、转授权等方面要加大向省会城市和中心城市行倾斜，要强化考核和激励约束，稳步提升我行在特大城市、中心城市的市场表现和竞争能力。

要正确认识处理发展与效益的关系。发展和效益总体上是正向关系，二者相辅相成。要发展并取得发展的效果，有利于解决制约我们发展中的各种问题，有利于检验我们的经营措施的正确性，有利于取得更大的经营效益。在发展中要注意坚持高质量的发展，低风险经营和高收益的取向。但实际工作中，发展和效益确实存在不一致的时候，一个极端是不惜成本，以牺牲效益为代价，去冲时点、做规模，这是不可取的，也是不可持续的；另一个极端是为了效益，不考虑市场行情，设定过高的门槛，结果失去客户、丢掉市场。这两种情况都要避免，关键要做到正确对待、科学合理、准确把握。在正确处理发展和效益关系上，核心是坚持以客户为中心，以维护客户基础并产生效益为最大利益，要加强以客户为中心的客户收益、风险成本、资本占用综合算账问题的研究，要加快推进综合化定价试点，改变单一产品的定价模式，实现差别化定价，这是提升处理好发展与效益之间关系、盈利能力和客户服务能力的关键。

（二）抓好综合化服务

随着市场竞争越来越激烈，客户需求越来越多元化，对金融服务需求不再是简单的存贷款，而是要求银行站在企业投融资、运营和财务管理的角度，提供一揽子金融解决方案。抓存款，不如抓客户，要把综合化服务作为抓营销、抓客户的重要手段，通过扩大客户基础、增加基本结算户和资金沉淀，带动负债业务平稳发展。对大行业、大客户要提供贷款、投资银行、理财、发债、兼并收购、财务顾问、现金管理等全面的金融服务方案；对小微企业要加快向零售化转型，进一步倾斜信贷资源，优化信贷流程，提高效率，有针对性地提供多样化的产品；对城乡一体化、新农村建设等“三农”业务，在试点的基础上，要加快推广，在推广实践中，进一步完善综合化服务措施。

发挥综合化经营作用，提升非银行金融服务能力。建设银行子公司在集团的定位是，既要“战略协同”，与集团协同共赢，实现价值最大化，又要“服务集团”，服务于集团的综合化、多功能战略需求。要规范和加快子公司发展，支持子公司做大做强。总行、分行要从集团利益最大化出发，在客户推介、交叉销售、人才使用等方面给予帮助和支持。同时，子公司要着眼长远，依靠自身发展来提高市场竞争力，瞄准同业先进水平，尽快融入市场竞争的大环境，人才建设、运营机制、业务创新等，都要与市场相适应。要善于抓住机遇，加快发展，提升市场位次以及对集团的效益贡献能力。

提高全球金融服务能力。国际金融危机为我行推进海外战略提供了好时机。要抓住机遇，稳中求进，尽量加快海外市场拓展，在自设机构的同时，更加重视投资并购。根据“一行一策”要求及各地特色业务不同，有针对性地下达差异化考核指标。加强对“走出去”的国内重点客户、海外机构所在地与国内有密切经贸投资往来的客户、当地优质公司客户及个人中高端客户的营销，扩大客户基础。提高全球统一授信能力，针对企业跨境业务需求，提供海内外整体性融资方案。健全海外人才库管理体系，完善海外人才培养机制，满足境外机构业务发展需要。

（三）加强风险内控

要认真梳理和分析上半年发生的风险事项和贷款损失案例，解决当前存在的部分风险内控基础薄弱、事前预警不敏感、事后处置不及时、从问题中查找原因不深入、风险内控措施不到位等问题。举一反三，强化管理。重点抓好以下方面：一是全面的风险管理。风险管理要覆盖海内外各机构、各子公司，覆盖各类业务，贯穿流程的各个环节。风险防控要增强人人有责的责任意识，风险管理要细化落实到具体岗位和人员。二是加强系统性分析。要加强整体风险研究，做好风险评估和预测，加强整体风险防范和提示，切实防范系统性风险。三是加强区域性、行业性、集群性以及重点领域的风险防控。要抓住重点，精确打击。加强对重点行业、客户、产品的风险提示，做到事前有预警、应对有预案。四是针对风险暴露和案件，从风险管理方法、风险控制制度以及员工风险责任意识等方面，加强原因分析、完善管理。五是强化贷后管理。严格落实企业走访、实地调查制度规定，尤其是加大对关注类客户的回访频度，对风险苗头早发现、早处置。

进一步强化内部控制。内部控制要有针对性，在哪些方面发挥作用，如何融入业务运营机制、切入流程、实现贴近控制，如何加强新业务以及薄弱环节的有效控制等，要进一步研究。各部门、各岗位要明确内控职责和控制措施。内控部门要了解和掌握业务，督促检查合规经营状况，帮助业务部门健全完善内部控制制度。明晰全行内控体系管理框架，强化内控责任落实，使内控管理科学化、规范化、标准化。

加强审计、检查问题整改，对整改纠正不力、屡查屡犯的，要严格问责。以对建设银行事业、对员工负责的态度，认真落实总行党委提出的坚持从严治行，坚持“三个不放过”和坚持对案件和重大事故“零容忍”要求。

三、研究推进几项重点工作

最近，胡锦涛同志在省部级主要领导干部专题研讨班开班讲话中指出，我国30多年的快速发展靠的是改革开放，未来发展也必须坚定不移地依靠改革开放，发展仍是解决我国所有问题的关键。建设银行取得的成绩也得益于坚持改革发展。面对当前复杂的形势变化，仍要继续坚持改革发展，在发展中解决问题。要针对影响建设银行长远发展的问题，提前研究、提前筹划、争取主动。

（一）关于实施新资本协议

中国银监会新颁布的《商业银行资本管理办法（试行）》2013年就要开始实施。总行相关部门做了测算，按照新权重法，全行资本充足率略有下降，如果下一步获准使用内部评级法，充足率将略有上升。但这只是静态估计，不能盲目乐观。从外部形势看，经济波动和市场变化导致的不良资产暴露、客户评级下迁、风险敞口扩大，都会使资本占用增加。从内部管理来看，也有不少差距，还有大量的工作要做。制度建设上，需要尽快与“三大支柱”相关要求对接；IT系统方面，要根据新的监管规则和披露要求，抓紧改造优化升级；达标评估方面，要对照中国银监会要求逐一整改、主动沟通；具体业务方面，要根据新的资本规则，调整业务发展策略和管理策略等，最大限度地节约资本占用。总行及分行要认真做好各项实施准备和分级培训工作。

从深层次看，新资本协议的实施带来的真正挑战不在于短期的资本充足率指标增减变化，而在于我们能不能尽快调整传统增长模式，通过主动转型，走上资本集约化的可持续发展道路。不能简单地就资本谈资本，或者就监管规则谈资本管理，要真正把资本管理与全行的经营发展战略、业务结构调整，以及客户选择、产品创新、风险管控紧密结合起来，通过事前、主动、科学精细的管理，真正提升资本的使用效率和回报水平。这是关系到全行长远发展的战略性课题，要集中力量加紧研究。

（二）关于利率市场化

从人民银行的政策导向来看，利率市场化进程明显提速。从目前实施情况看，利率市场化影响是很明显的。第一是利差收窄，直接影响了利润增长。第二是市场风险，利率波动加大，重定价风险、收益率曲线风险、隐含期权风险显著增加。第三是信用风险，愿意接受较高利率贷款的客户，往往信用风险也较高。这就要求银行在客户选择时，需要做到科学地平衡定价和风险的关系。第四是流动性管理，资金的逐利效应增强，流动将更加频繁，带来存款等负债稳定性下降。这些问题都需要认真研究，制定应对预案。

从长远来看，利率市场化并不必然导致银行盈利能力下降，关键取决于银行能否主动调整业务结构、改变盈利模式。国际经验表明，利率市场化后，很多银行通过业务创新、多元化经营，增加了非利息收入，盈利能力反而进一步提升。要把利率市场化作为转型和创新的良好机遇，加快业务创新和结构调整，提升客户细分及定价能力，提升服务品质内涵。例如，小微企业、“三农”贷款、新农村建设及城乡一体化建设，银行有较强的议价能力，对于收益能够覆盖风险的情况，规模可以再做大一些。此外，个人住房、消费金融、投资理财、造价询价、国际业务以及其他中间业务也有十分广阔的发展空间。

（三）关于体制机制调整

一是推进网点“三综合”建设。网点“三综合”是增强营销服务能力，巩固和提升客户基础的关键。我们有1.37万个网点，但很多网点资源还没有完全利用起来，效果没有得到充分发挥。“三综合”就是综合性网点、综合柜员制和综合营销队伍，实质是增强综合服务能力，其中关键是充实和加强综合化营销力量。目前，很多网点已完成了前后台分离项目，为推进“三综合”奠定了基础。总行正在抓紧研究制订试点方案，主要是重组柜面业务流程，提高单一对私网点、私人银行专营机构对公业务开办率，组建综合营销服务团队。分支行要根据各地具体情况分期、分批加快推进。

二是优化城市行经营体制。城市行金融资源丰富，是我们战略发展的一个重要方面。目前总行确定的100个大城市占全行总业务量的3/4，而且增长空间很大。要通过优化城市行经营体制，进一步增强竞争力。进一步明确城市行定位，城市行要承担起直接经营职能，主要定位为经营行，直接面向市场、营销客户。北京、天津、上海等特大城市，可以有不同的模式，但也不能是单纯的管理行，应定位为经营管理行。城市行扁平化经营是大方向，可在完善中继续加强。要压缩中间层级、中间环节，做大做强“两头”，即做强分行、做大网点。要做好分层营销，明确各自的经营内容和侧重点。总行正在研究城市行经营模式问题，各分行对城市行的经营模式和机构调整，必须遵循总行统一的管理导向，未经批准不能随意调整和试点。

三是完善产品创新机制。进一步明确总行部门的产品创新职责，公司、个人、投资银行、金融市场部门要加强所负责领域的产品研发工作，各分行和各部门大力推进产品研发团队、产品经理队伍建设，充实配备高素质的专业人员。要加强对部门产品创新及其市场效果的评价，纳入部门KPI考核。总行将研究设立产品创新委员会，组织推动、统筹协调各部门及跨部门跨条线的产品创新工作。改进产品创新激励机制，鼓励各级行员工及时收集市场信息，了解客户需求，提出新产品创意，形成人人参与创新的氛围。

（四）加强重点建设

建设银行在长期发展中形成了一定的特色和竞争优势，但是随着业务的发展和竞争的需要，一些特色优势不再明显。面对市场竞争的严峻形势，需要着眼未来，打造新的竞争优势，提高市场竞争能力。

一是电子银行业务要迅速赶超市场同业水平。目前，经济和社会的网络化程度日趋深化，人们的许多消费、交际等行为转移到网络上，越来越多的企业通过互联网组织采购、生产、销售和流通。传统商务模式正在快速改变，线上、线下互动交易逐步成为主流。网络化对银行经营模式、盈利模式将带来革命性的变化。电子银行渠道的规模效应和成本摊薄效应，使得原先银行认为微利或无利可图的“低端客户”也能带来可观的收益。全行上下要提高认识、转变观念，加大电子银行资源投入，力争在手机支付、电子商务、供应链金融、金融社会化网络服务等领域抢占先机，赶上或领跑同业。

二是信息科技要加快研制开发，争取国内同业最优。要按照董事会、全行年初会议的要求，加快推进全行信息科技系统建设。目前，总行正在全力推进新一代核心系统建设，这是关系到建设银行未来长远发展和核心竞争力的重大工程，一定要高起点定位、高标准建设。一要有前瞻性，要瞄准国内领先水平，不搞跟随战略；二要打破部门壁垒，按照流程银行的思路来规划和打造IT核心系统，把IT系统建设与全行发展战略、业务流程再造有机结合起来；三要具备持续提升能力，能够支持和兼容未来的业务发展和创新；四要全覆盖，把各类业务、海内外机构、子公司都纳入系统规划；五要统筹做好数据中心、开发中心的整合，实现功能、人员的合理摆布和能力的最大限度发挥。

三是人才建设要着眼于建设银行未来需要，建立起人才开发、使用、提升效能的良好机制。认真落实全行组织人事工作会的要求，按照现代金融的发展规律和内在要求，加快推进人才强行战略。进一步完善干部员工的竞争机制，为优秀人才脱颖而出创造条件；大力推动干部上下交流，加快海外人才梯队建设，实现多层次、多岗位、海内外综合人才培养目标；完善人才发展机制，实施重点人才项目，打造高端核心人才队伍；优化激励约束机制，薪酬要向业绩突出的机构和个人倾斜，向一线业务骨干倾斜。做到感情留人、事业留人、薪酬留人，在全行系统形成想干事、干成事的良好局面。

四、加强党的建设和内部管理

发挥党建工作优势。当前经济形势复杂，全行工作任务重、压力大，各级分支行党委班子要“两手抓，两手都要硬”，既要抓好业务发展，更要抓好党的建设。要通过全面加强党的思想政治建设、组织建设、作风建设、反腐倡廉建设和制度建设，提升各级分支行领导干部素质，提升全行战斗力。坚持正确的用人导向，加强干部教育和管理。要进一步转变工作作风，避免浮躁情绪，全行干部要沉下身子，深入基层，加强调查研究，帮助基层行研究解决实际问题；要以身作则、廉洁自律，为广大员工作出表率。要深入、细致地抓好员工思想教育，弘扬爱岗敬业、遵章守纪、诚实守信的良好风气，鼓舞士气、凝聚力量，把精力集中到全行业务发展上来。

要继续加强各级分支行领导班子能力建设，不断提高领导班子思想政治能力、执行能力和市场表现能力，“一把手”还要提高抓班子带队伍的能力。最近，总行对2011年初以来一级分行领导班子的综合经营竞争力进行了评价。从市场表现、中间业务收入、考核税前利润等市场占有率指标来看，总体竞争力趋势为显著提升的有8家分行，总体趋势下降的有5家分行，2011年市场表现上升但2012年上半年显著下降的有4家分行。党委领导同志已与几家分行主要负责人进行了提醒谈话。做得好的分行要再接再厉，保持巩固优势地位；做得稍差一些的分行，要认真研究对策措施，迎头赶上。

提升内部管理效率。要在思想认识、政策制度、管理方式、业务流程、体制机制等方面主动进行调整，提高市场反应能力和反应速度。要进一步改进工作作风，提升内部管理的科学性、有效性。各分行要增强工作主动性，加强上下级行沟通协作，遇到问题不能相互扯皮推诿，要勇于担当、主动应对、善于解决。在对客户服务方面，提倡“首次接触责任制”，多办事少移交。在职责范围内的，要主动研究、主动解决，在职责范围外的，要主动协调、主动配合。为进一步提高全行的经营管理水平和经营管理效率，进一步梳理总行授权审批事项，按照“分级授权、有收有放、权责对等、风险可控”的原则，调整和完善审批事项，切实解决审批权限过多、重要事项缺乏审批以及以批代管的一些问题。通过调整和完善审批事项，提高基层行市场应对能力，提高总行管理水平。

全力做好安全维稳工作。最近，总行在本部机关和全行系统分别召开了安全维稳视频会，传达了中央维稳工作精神，部署了安全维稳工作任务。全行要认真查找工作中的不足和差距，梳理完善IT系统、核心业务、安全保卫、信访等各类突发敏感事件的应急预案，确保达到预防预控的目标。

同志们，2012年后几个月的工作更加艰巨繁重，全行上下要坚定信心、振奋精神、扎实工作，努力完成全行经营计划和经营目标，以优异的成绩迎接党的十八大胜利召开！

总行机关要作表率

——在创建“六型”总行党支部（总支）书记座谈会上的讲话

王洪章

（2012年9月5日）

同志们：

这是我第一次参加总行机关的座谈会。除了今天的座谈会之外，总行2012年还准备再召开业务骨干座谈会、处级干部座谈会和交流干部座谈会，主要是听取大家对总行工作和机关建设的意见，便于进一步改进工作。今天的座谈会开得很好，9位支部负责同志围绕本部门创建“六型”总行工作作了重点发言，提出了想法和措施，有的也见了成效。

作风建设是党的三大建设之一，作风系于发展、作风系于兴衰。胡锦涛同志指出：“领导干部作风建设是党的建设的重要战略任务”。由此看出，作风建设不是可有可无，而是已经上升到了党的建设的重要战略层面来加以认识和解决。机关作风建设的实质是围绕机关职能的履行，以增强干部员工的业务知识、转变思想观念、增强责任心和责任感为重点，以提高综合服务能力、组织领导能力和市场竞争能力为目的的一个建设活动。

作风首先是形象。一个单位的形象，主要是通过干部员工的作风来显现。一个单位工作的好坏，也与干部员工的作风息息相关。成在干部作风，败也在干部作风。古人讲，“民以吏为师”。总行机关干部对全行起着强烈的示范和导向作用。机关一般干部到基层去，基层同志都称为“领导”，基层行是这么看的，实质上起的作用也是这样。“政者，正也。子帅以正，孰敢不正?”，“其身正，不令而行。其身不正，虽令不从”，说的就是这个道理。所以，形象是作风建设的关键，也是作风建设的体现。基层、群众和客户看总行，就是看干部的作风、看干部的形象、看干部是不是身正和影正。

作风是力量。一个作风优良的机关往往具有很强的凝聚力，有很好的形象，其机关建设也是强有力的。一个作风不正的机关，就如同一盘散沙，各自为战，各自为政。从这个角度讲，作风是机关建设的软实力，体现的是竞争力。

作风是执行力。作风表现出来的是效率和能力，也是力量。2012年以来，面对复杂多变的经济金融形势和激烈的市场竞争，总行党委、高管层认真贯彻落实科学发展观，上半年业务保持了整体稳定的增长，实现了时间过半、任务过半。国务院领导同志和社会各界对建设银行取得的成绩给予了充分肯定。当前，银行的发展也面临着诸多困难和挑战，总行机关作为全行的“司令部”，首先要在作风建设上为全行做好表率。要切实通过加强作风建设，提高总行机关科学发展的能力和工作效率，不断增强执行力，带领全行渡过难关、迎接挑战。

总行机关经过长期的建设，特别是在股份制改革上市以后，具备了较强的组织领导和管理能力，具备了与现代商业银行经营相适应的专业水平和符合市场需要的竞争能力，得到了业界的认可。建设银行这支队伍具有很强的战斗力，能够很好地完成总行党委和管理层交给的各项工作任务，这些都要认真保持和发扬。同时，总行机关建设中也存在一些问题和不足，如在管理工作中，管理链条比较长、审批事项比较多、部门的职责和权限还不对等。有些事情大家抢着做，有些事情又无人做，有时出了问题还缺乏担当；在经营运作中，部门间的沟通和协调比较欠缺，效率不是很高；在领导干部形象上，个别领导干部思想水平不高，自身要求不是很严，群众有意见。这些问题如不有效地解决，势必影响总行机关领导力、战斗力的发挥，影响全行改革发展的大局，影响综合化、多功能、集约化战略的顺利实施，也会影响2012年计划的完成。2012年的任务还很重，虽然上半年利润同比增长14.5%，但下半年可能会更加困难。下面，结合大家的意见和建议，我谈四个方面的意见：

一、充分认识当前总行机关作风存在的问题及其危害

总行机关作风建设中的问题如不解决，将难以适应全行改革发展的新形势，难以适应国内外日趋激烈的市场竞争需要。这些问题仔细分析起来，主要有以下几个方面：

（一）精神疲软，竞争意识和责任意识不强

机关一些干部员工对建设银行如何发展、怎样取得良好的市场表现不够重视和关心，疏离基层，远离一线，市场观念比较淡薄，危机意识和竞争意识不强。对一些不必要的问题争论过多，规模不要、利润不要、几个核心指标也不重视，商业银行要什么？商业银行就是要市场表现，上市公司就是要追求利润最大化。也有的同志思想懒惰、怠于学习，对工作不积极思考，出了问题不能够主动承担。还有的同志缺乏创新意识，精神状态不佳，事业心和责任感不强，只求过得去，不求做得好。

（二）缺乏全局意识，主动服务协作不够

总行各部门总体上是尽职尽责的。我走了十五六个省，听说各部门的负责同志办完业务就往回赶，回来以后就加班，令我非常感动。但也存在总行机关在全局和协作方面的意识还不是很强，部门间的沟通有时费时费力，扯皮推诿的现象还时有发生。我刚来建设银行时听得最多的就是“领导没说，领导没交代”和“这件事情不归我管”这两句话。总行每个部门的职责是很清晰的，大家按照各自的职责去做就可以了，不能什么事情都要领导发话。前面一句说明大家对自己的职责还不够熟悉，后面一句说明总行分工太细、边界太清楚。分工太细、边界太清楚容易造成有的事情没人做。比如总行办公楼周围乱停车的问题，曾经一度影响了总行正常的工作秩序，也形成了一些安全隐患。就这个事情我问了几个相关部门，有的说不属于自己的职责范围，有的说只管行内不管行外。后来发了狠话，这才将问题解决。其实，只要大家树立全局和协作意识，凡是与自己职责有关的都可以主动去解决，不能眼看着某种现象任其发展，到最后出了问题再追究责任，希望大家一定要引起重视。

（三）机关行政化的作风比较突出，办事效率不高

我们虽然是上市公司，但工作中还存在着一些行政化管理的痕迹，某些方面表现得还比较突出。一是办事不够有力。有个基建项目由于总行内部办事程序的问题以及与区政府沟通协调的问题，一拖就是3年。这样的办事程序和效率，怎么来管理这么大的银行。办文也是，文来文去，大量时间都浪费在行文上。据行长办公室统计，2011年初到2012年6月底，总行对分行的下行文和分行对总行的上行文合计高达5.5万份，日均处理达145份。二是办理环节多，运转效率低。2012年上半年，分行上报请示的平均处理时间是2周，超过1个月的有816项，办理速度太慢。总行一个调研组到分行进行信贷调研，在当地了解了大量的情况，提出了很好的措施和建议，具有很强的操作性，回来以后写了签报，这个签报运转了一个多月才到我这里。这种事情可以直接向分管行长汇报，由分管行领导召开专题会解决，没有必要文来文去的。

（四）基层出现问题时，总行在深入查找原因，给予及时指导和补救方面做得还不够

“中江系”这么大的事件，30亿元这么大的损失，分行没有人主动表明自己在管理上有问题，在操作上有瑕疵。总行也没有部门结合自身的工作和业务来分析问题产生的原因，查找总行在管理中存在的漏洞和不足，制定堵塞漏洞的相关政策。“中江系”问题在全国非常具有代表性，又是非法集资民间借贷，又是违法、违规放贷，中间还有复杂的人为因素，这么复杂的现象，总行有关部门是不是应该专程去逐个条线地进行分析和研究。但我发现大家都不愿去，是不敢去还是不想去？如果以这种心态、这种思想和作风，很

难保证今后不再出类似“中江系”的事件，此外，“中江系”可能还有干部管理使用方面的问题。通过“中江系”事件，我认为现在的授信体制要作进一步的调整和完善，总行正在进行研究。除总行领导同志在想这些问题，总行各部门是不是也在想这些问题，分行是不是也在思考这个问题。问题出现在分行，主要责任也在分行，实质上总行在管理、风险、内控等方面也都有不足。对于分行出现的问题，总行也需要深入查找原因、认真分析、及时补救。

（五）责任认定和责任追究程序还不太合理

一个贷款损失案件需要长达一两年的时间进行责任认定，耗费大量的人力、物力和精力，时间长、成本高。贷款损失案件的责任很清楚，谁审批谁负责。贷款由分行审批就由分行提出处理意见，由分行对贷款损失形成的案件进行责任追究。处以下干部由分行进行处理，副行级以上的报总行纪检监察部门。检查工作也要按照“谁检查谁进行责任认定”的原则。否则，检查结束以后再移交给责任认定部门，再重新走一遍程序，不仅效率低，而且有时处理得还不规范。前段时间，一个部门的同志上班时间给河北发工作以外的邮件，耽误对公系统半天不能工作，这个问题是比较严重的。事情发生后，相关领导同志开会对其进行了严肃的批评。但仅仅批评是不够的，如果违反了纪律，就由机关纪委直接介入处理。党委会已经研究确定，今后实行“谁检查谁负责”，监督部门和业务部门在检查中发现违章、违规和违纪的，要直接提出处理意见和建议，并明确相关责任人员的责任。业务检查和内控检查必须对问题的性质、问题的判定和责任人的归属有一个完整的检查报告。检查报告由行领导批示以后，涉及处理违规人员时，按照干部管理权限交由纪委进行处理，中间不再进行责任认定。相关部门要尽快修改现在的责任认定程序和办法。

（六）总行集中的审批权限不尽合理，权责不对等

有些业务权限过多集中在总行，报批时间长，市场反应速度慢。行长办公室和资债部做了一次摸底，总行部门对分行的审批事项多达336项，可能还不止这些。除了审批事项之外，2011年和2012年上半年，总行共收到分行请示和报告4万多份，平均每个工作日105份。有七八个部门一年收到的请示超过千份，个别部门甚至达到五六千份。总行发文中60%是批复性的文件。这里面可能有很多是程序性的，程序性的可以采取备案制。2011年以来总行仍有500多份发文要求分行上报报告或报表，其中监管部门要求的不足10%，基层一线感到压力很大。总行2011年专门进行了布置，提出了要求，看来落实得还是有差距。要尽快对审批权限进行梳理，不该收的权限就放下去，应该收的权限必须收上来，特别是风险问题、重大项目、重大贷款额度、财务审批和固定资产的审批等。此次审批权限的清理，主要由分管行长来界定哪些可以下放、哪些需要保留。分管行长定不了的由行长定，行长定不了的由行长办公会定，重大审批权限由法律部门按公司章程作出审定意见。

二、找准问题的症结，以改革创新的精神狠抓整改

第一要从思想观念上查找症结，着力培育正确的世界观、人生观和价值观。思想观念深刻地影响着人们对客观规律的认识和把握，进而深刻地影响着人们的工作实践。股改上市后，全行员工的市场观念和“以客户为中心”的经营理念逐步形成，但也有一些干部员工的忧患意识、竞争意识和服务意识还不是很强，在一定程度上影响了工作质量、管理效率和总行形象。需要进一步加强对领导干部和机关员工的世界观、人生观和价值观教育，进一步强化总行机关员工的理想信念。总行机关全体党员干部要自觉加强党性修养，牢固树立社会主义核心价值观，把建设银行的愿景、使命、核心价值观作为自己的职业理想信念，积极推动思想观念的更新和转变，进一步增强危机感、责任感和使命感，不断提升竞争力和价值创造力。

第二要从管理方式上查找症结，着力提高工作质量与效率。要树立竞争意识和忧患意识，不要看重功名和利益，不要心态浮躁，要讲求事业心和进取心。在管理方式上，要按照现代银行要求，进一步转变工作作风，加强调查研究，解决管理中存在的“少、慢、差、费”等问题。在业务营销方面，认真落实首次接触负责制。对内监

督检查按“谁检查谁负责问题原因分析，负责责任认定和问题整改”的原则办理。要加强和改进发文管理，严格限制一般号召性文件，不发重复性文件、无实质性内容文件。签报字数不超过一千字，把请示的事情说清楚就行了。要加强沟通和协作，不要推诿扯皮，对分行的请示汇报要及时回复。会签文件一般不超过2个工作日，急件、特急件随到随办。要规范基层检查工作，布置开展检查工作由分管副行长和行长决定，部门不得自行安排各种形式的工作检查。要进一步减少报表数量，报表由信息中心统一归口管理。工作联系单保留与否，请行长办公室再听听大家的意见，最好还是以签报的形式由行领导来决策。同时，签报也要提高效率。

第三要注意从制度机制上查找症结，着力提高市场的应变能力。一是要进一步落实行长负责制。严格授权管理，战略问题董事长负责，经营问题行长负责。分管副行长要对分管的部门和业务负全责，高级管理人员负责日常的管理和营运，不能越俎代庖。特别是要坚持重大事项由分管行领导决定或者行长决策，超越权限的由行长办公会或党委会讨论决定。部门不能自定审批项目，审批事项的调整和设立要报总行领导批准，部门不能超越权限。要尽量减少审批权限，做到授权有限、权责对等。管理学权限划分主要体现的是分级授权，切忌越级指挥，不能以越级指挥代替扁平化管理。要在分级授权的基础上界定责任，有多大的权限就承担多大的责任。这次总行授信审批体制调整，要进一步明确责任，做到有效责任追究。要进一步减少审批事项，各部门上报减少的在10%左右，还有300多项，相关部门要尽快进行进一步梳理。另外，总行各部门要增强协作、协同、协调和配合意识，做到重要业务讲协作、对外营销讲协同、重大问题讲协调、日常工作讲配合，通过协作、协同、协调和配合养成良好的机关作风，真正形成全行“一盘棋”的良好局面。

第四要注意从机关文化上查找一些症结，着力塑造优秀的企业文化。建设银行成立近60年来，积淀和传承了大量的优秀企业文化精华，这些都是促进建设银行不断发展壮大的宝贵精神财富。但同时，总行机关一些干部员工对建设银行的愿景、使命、核心价值观及其理念的认知和认同度还不高。总行要进一步强化优秀企业文化的传承和培育，坚持把社会主义核心价值体系和建设银行核心价值观建设作为人本管理的首要任务，持续开展学习教育和岗位实践活动，培育全体员工的“共同价值观”。要积极搭建公平、公正、公开竞争的平台，激励广大员工勤奋工作、建功立业。要重视发现、培育和宣传先进典型，积极营造崇尚先进、学习先进和赶超先进的良好氛围，激发员工拼搏进取、干事创业的工作热情。

三、落实“六型”总行要求，努力实现四个转变

第一要由“部门思维”向“全局观念”转变。开阔胸襟、拓宽视野、协同作战，注意统筹兼顾和全局意识，同时要处理好全局利益和部门利益的关系、全行利益和群体利益的关系，打破条块分割、拆除部门壁垒，加快综合化经营转型，破除一切不利于建设银行科学发展的思想观念和体制、机制，充分发挥总行机关“司令部”的职能作用。

第二要由“被动工作”向“能动履职”转变。总行机关要着眼于全球市场的新趋势、客户需求的新变化和基层工作的新要求，主动深入市场、深入基层，在第一线发现问题、解决问题。要把客户满意不满意、基层满意不满意、员工满意不满意作为总行部门服务管理工作的衡量标准。

第三要由“集权管理”向“集约经营”转变。在集约经营方面，要加大金融市场、投资银行、托管、票据、信用卡、私人银行、大客户等直接经营力度，集中优秀资源和力量降低管理和运行成本，创造更大的价值，使总行更加贴近市场、贴近客户，提高整体效益。一些该下放的权限是要下放，有利于基层一线及时决策，抢抓市场机遇。

第四要由“被动服务”向“学习创新”转变。“六型”总行建设的第一条就是建设学习型总行。总行机关作为决策中枢，决定了领导干部和员工必须具备较高的综合素质、较强的领导决策和宏观掌控能力。提升能力素质的根本途径是学习，要学习新思想、新方法、新理论和新经验，使领导干部和员工在学习中成长，通过学习解决

市场竞争能力不足的问题。

四、机关建设需要抓好的几项工作

一要紧紧抓住机关党的建设这个根本。只有抓住机关党的建设这个根本，机关建设才能搞好，这是机关建设的灵魂和第一要务，要以机关党的建设来促进机关全面建设。要注重抓好党员群众的学习教育，特别是党的方针政策、党性、党风和党的基础理论知识的学习和教育，切实提高党的执政能力和党员的先进性建设。

二要切实加强机关党的制度建设。机关党委和各部门党支部要在组织制度上作出安排，确保党的建设取得实实在在的成效，进一步提高机关党组织的创造力、凝聚力和战斗力。进一步加强制度建设，以完善的制度避免党员干部犯错误。进一步夯实机关建设的基础，牢牢把握部门建设这个关键，紧紧围绕部门员工正确履职、科学履职和有效履职这个重点，注重加强员工的教育管理，规范员工的行为，通过多种形式充分发挥和挖掘每个干部员工的潜能和积极性，把员工管理好、培养好、教育好，在这个过程中不断提高员工的履职能力和绩效表现。

三要做到机关建设与业务工作两不误、两促进。要以机关建设的成果促进业务工作的发展，以业务工作的成效带动机关建设和机关党的建设。要通过机关党的建设解决业务发展当中的重大问题，在解决问题中体现党建工作的强大生命力。要以履职能力、绩效表现、管理水平、廉洁自律和遵守纪律为重点加强机关绩效考核，严格考核制度，不断推动机关规范化建设。

四要在机关建设中突出三个重点。一是发挥好领导干部的表率引导作用，要在求是、致用、务实、慎权和修德上做表率。二是总行机关要起带头作用。坚持正确的用人导向，把好选人、用人关，要凭德才和实绩用人，这样大家才会争先恐后干事业。若凭关系用人，就会有人到处钻营、拉关系。选用的人思想好、作风正，就会影响和激励整个队伍，带出一方正气。如果选用的人素质不高、作风不正，就会挫伤一大批干部员工的积极性。千万不能表扬了弄虚作假的、提拔了溜须拍马的、辛苦了当牛做马的、冷落了遵纪守法的，必须在干部管理和用人上防止这种倾向。三是加强机关党风廉政建设，打牢干部员工拒腐防变的基础，牢固树立正确的世界观、人生观、价值观，树立正确的权力观、地位观和利益观。要用好权、管好人，坚持从严治行，严肃党纪、政纪，不给违规、违纪的人以侥幸心理。通过从严治行，树立一种好的风气，带出一支好的队伍，形成机关良好的风范。希望通过机关建设，使总行机关进一步增强凝聚力、提高战斗力、增加执行力，以良好的风范、高效率的机制和优秀的员工队伍来带动全行完成党委、董事会和管理层交给的各项任务。

谢谢大家！

（根据录音整理）

以十八大精神引领建设银行再发展

——在中国建设银行秋季工作座谈会议上的讲话

王洪章

（2012 年 11 月 19 日）

同志们：

为传达贯彻党的十八大精神，安排部署岁末年初工作，研究落实下一步全行发展的重点任务，总行党委、管理层决定召开秋季工作座谈会。张建国同志、张福荣同志还要作重要讲话。这里，我先代表党委讲几点意见。

一、深入学习贯彻十八大精神

党的十八大经过7天紧张议程，于11月15日胜利闭幕。胡锦涛同志在会上作了题为《坚定不移沿着中国特色社会主义道路前进，为全面建成小康社会而奋斗》的报告。大会审议通过了《中国共产党章程（修正案）》，选举产生了新一届中央委员会和中央纪律委员会；十八届一中全会选举产生了新的中央领导集体，习近平同志当选为中央委员会总书记。

党的十八大召开世界瞩目，全国各族人民关注。为什么？胡锦涛同志说，这是一个高举旗帜的大会、继往开来的大会、团结奋进的大会。胡锦涛同志在报告中讲得非常清楚：这是在我国进入全面建成小康社会决定性阶段召开的一次十分重要的大会。我们党从成立以来，经过九十多年的艰苦奋斗，团结带领全国各族人民，把贫穷落后的旧中国建设成为日益走向繁荣富强的新中国，中华民族伟大复兴展现出光明的前景。

当前，世情、国情、党情继续发生深刻变化，我们面临的发展机遇和风险挑战前所未有。继续推动科学发展、促进社会和谐，继续改善人民生活、增进人民福祉，是摆在我们党面前的重要任务。这个任务是时代赋予的，既光荣又艰巨。

（一）报告回顾了过去五年的工作，并对十年工作做了基本总结

过去五年是我们经受住各种困难和风险考验、夺取全面建设小康社会新胜利的五年。五年来的成就是重大的，包括经济发展、改革开放、人民生活、内政外交等各个方面，都开创了新局面。对于存在的问题，报告也作了清醒的剖析，主要是：发展中不平衡、不协调、不可持续问题依然突出，制约科学发展的体制机制障碍较多，城乡区域发展差距和居民收入分配差距依然较大，一些基层党组织软弱涣散，一些领域消极腐败现象易发、多发，反腐败斗争形势依然严峻。

关于十年基本总结。报告指出，这十年取得的成就是历史性的，为全面建成小康社会打下了坚实基础。人们公认，这是我国经济持续发展、民主健全、文化繁荣、社会稳定的时期，也是民生改善、人民得到实惠最多的时期。

总结十年成就，最重要的就是我们坚持以马列主义、毛泽东思想、邓小平理论、“三个代表”重要思想为指导，勇于推进实践基础上的理论创新，形成和贯彻了科学发展观。报告用了很长篇幅，对科学发展观形成过程、重要作用以及党的建设在理论上、实践上所取得的重大成果进行了总结，指出这是党必须长期坚持的指导思想，必须把科学发展观贯彻到我国现代化建设全过程。报告强调了四个“更加自觉”：更加自觉地把推动经济社会发展作为深入贯彻落实科学发展观的第一要义，更加自觉地把以人为本作为深入贯彻落实科学发展观的核心立场，更加自觉地把全面协调可持续作为深入贯彻落实科学发展观的基本要求，更加自觉地把统筹兼顾作为深入贯彻落实科学发展观的根本方法。

同时，报告对以毛泽东同志为核心的党的第一代中央领导集体、以邓小平同志为核心的党的第二代中央领导集体、以江泽民同志为核心的党的第三代中央领导集体，在各个历史时期所作出的重大贡献、所起到的重要作用进行了高度概括和深刻总结。

（二）提出了全面建成小康社会和全面深化改革开放的目标

这个目标就是，确保到2020年实现全面建成小康社会宏伟目标。报告同时提出在十六大、十七大确立的全面建设小康社会目标的基础上努力实现新的要求，实质上也就是具体目标：经济持续健康发展，转变经济发展方式取得重大进展，在发展平衡性、协调性、可持续性明显增强的基础上，实现国内生产总值和城乡居民人均收入比2010年翻一番，人民民主不断扩大，文化软实力显著增强，人民生活水平全面提高，资源节约型、环境友好型社会建设取得重大进展。

（三）提出了加快完善社会主义市场经济体制和加快转变经济发展方式的五个方面要求和任务

报告指出，以经济建设为中心是兴国之要，发展仍是解决我国所有问题的关键。同时强调，必须坚持发展是硬道理的战略思想，绝不能有丝毫动摇。以科学发展为主题，以加快转变经济发展方式为主线，是关系我国发展全局的战略抉择。

在发展过程中，要坚持走中国特色新型工业化、信息化、城镇化、农业现代化道路。

为实现上述要求，报告指出要抓好五个方面的重要任务：一是全面深化经济体制改革，二是实施创新驱动发展战略，三是推进经济结构战略性调整，四是推动城乡发展一体化，五是全面提高开放型经济水平。

上述五个方面的任务中，涉及我们具体工作的主要有“深化金融体制改革”、“完善金融监管，推进金融创新”、“维护金融稳定”这几句话。关于经济体制改革，报告指出，这是加快经济发展方式转变的关键。经济体制改革的核心问题是处理好政府和市场的关系，必须更加尊重市场规律，更好地发挥政府的作用。关于推进经济结构战略性调整，报告强调，这是加快转变经济发展方式的主攻方向，必须以改善需求结构、优化产业结构、促进区域协调发展、推进城镇化为重点。要牢牢把握扩大内需这一战略基点，牢牢把握发展实体经济这一坚实基础，实行更加有利于实体经济发展的政策措施，包括支持战略性新兴产业、先进制造业、传统产业转型升级，建设信息产业，提高大中型企业核心竞争力，支持小微企业、城乡一体化、“三农”等。

（四）对政治建设、文化建设、社会建设、生态文明建设、国防和军队现代化建设、祖国统一、党的建设等重要问题指出了方向，提出了新的任务

特别是在党的建设上，强调要求提高党的建设科学化水平。同时指出，党在新形势下面临四个方面的考验（执政考验、改革开放考验、市场经济考验、外部环境考验），以及四个方面的危险（精神懈怠、能力不足、脱离群众、消极腐败）。会议要求全党要坚定理想信念，坚守共产党人精神追求；坚持以人为本，积极发展党内民主，深化干部人事制度改革，建设高素质执政骨干队伍，坚持党管人才原则，把各方面优秀人才集聚到党和国家事业中来。

各部门、各单位和各分行要按照中央要求，认真学习，深刻领会十八大报告提出的重要指导思想、奋斗目标。要把学习贯彻党的十八大精神与建设银行的改革发展，与中心组学习、干部教育培训、加强领导班子建设和基层党组织建设结合起来。要学以致用，紧密结合部门工作和岗位职责，统一思想、凝心聚力、履职尽责、勤奋工作，为建设银行事业发展和全面建成小康社会贡献力量。

二、抓好几项重点工作

结合实际学习贯彻十八大精神，关键是要把科学发展观和中央要求深入落实到全行各项经营管理工作中，落实到推进改革发展的实践中，落实到全行加强党的建设和人才队伍建设中。结合内外部形势及全行工作任务，要重点抓好以下工作。

（一）支持实体经济，把握发展机遇

十八大报告指出，要牢牢把握发展实体经济这一坚实基础，实行更加有利于实体经济发展的政策措施。支持实体经济既是中央的要求，更是银行自身发展的内在需要。2012 年以来，面对经济下行压力，全行认真贯彻中央和监管部门要求，加大对实体经济支持力度。截至 10 月底，基本建设贷款新增 1 552 亿元，占公司类贷款新增的 42%，支持了大批重点在建续建项目；小微企业贷款新增 888 亿元，增幅为 14.1%；涉农贷款新增 1 825 亿元，增速为 17.24%，高于全行贷款平均增速 6.4 个百分点；新农村建设贷款新增 407 亿元，增速达 121%；保障性住房开发贷款新增 256 亿元，增速达 97.11%；国内保理、应收账款质押等供应链融资类贷款达到 1 562 亿元。这些实实在在的举措，发挥了良好的社会效益和经济效益。

面对复杂的经济形势，既要看到风险挑战，更要看到市场机遇和新的增长点。近期各项指标显示，宏观经济开始进入企稳筑底阶段。党的十八大召开，为下一步经济社会发展指明了方向。随着新型工业化、信息化、城镇化、农业现代化进程的提速，我们将迎来很多新的业务发展机遇。如基础设施建设、民生和“三农”服务、城乡一体化、战略性新兴产业、跨境业务、居民消费等重点领域，商机很大，关键是要看得准、动得早、抓得住。一是在政策导向上，要把支持实体经济与推进信贷结构调整和业务转型结合起来，优化信贷投向，积极支持关系国计民生的重点领域、重点在建续建项目，加大对民生、小微企业和

"三农"等领域的政策倾斜，落实好"两个不低于"的监管要求。二是在具体措施上，要抓两头，既要毫不放松地抓"三大一高"客户，也要沉下去抓好小微企业、"三农"经济，抓好小客户、无贷户。抓住了两头，就能带动起各项业务，既能提升我行市场地位、支持经济发展薄弱环节，又有助于改善客户基础，提高利差和中间业务收入，更好地应对利率市场化。

（二）努力挖掘潜力，完成全年任务

2012年前10个月，全行实现税前利润2 234亿元，计划完成率达87.4%，较上年同期增长11.6%。考虑到第四季度费用及拨备支出进度安排因素，完成全年利润计划压力还很大。从分行层面看，利润计划完成进度很不平衡。有4家分行（宁夏、三峡、贵州、厦门）已提前完成全年利润计划，13家分行完成利润计划超过90%，但有8家分行完成利润计划不足80%（黑龙江、北京、青海、海南、上海、苏州、大连、浙江）。

中间业务收入减少、存贷利差收窄是影响2012年利润的主要因素。前10个月，全行中间业务净收入为750.8亿元，增速为1.5%，计划完成率达72.7%，完成全年任务困难很大。从业务条线看，财富与私人银行、养老金条线的中间业务收入已完成全年计划，信用卡、金融市场、房金以及投资托管条线的中间业务收入完成全年计划的80%。从分行情况看，绝大多数分行完成计划难度较大，有10家分行中间业务净收入同比负增长，13家分行计划完成率不到70%。

值得关注的是，我行贷款定价水平与同业相比还有差距。前三个季度，我行对公贷款加权平均利率（6.71%）处于四大行末位。虽然个人住房贷款加权平均利率（6.92%）居四大行首位，但个人其他类贷款加权平均利率（7.87%）居四大行第三位。从分行情况看，前三个季度定价水平前五位的是吉林省分行、宁夏回族自治区分行、浙江省分行、内蒙古自治区分行和安徽省分行。例如，吉林省分行，通过主动调整客户和信贷结构，加强定价管理和考核，其公司、个人住房、个人其他类贷款利率上浮分别达到18.87%、11.88%和35.86%。

年底前还有一个多月时间，各分行要努力增收节支、挖掘潜力，完成好全年计划。总行将按照"上不封顶、下不保底"的薪酬激励政策兑现奖惩。重点抓好以下方面：

一是将提高定价能力作为工作重点。培育和提升利率市场化条件下的定价管理能力，对增强银行的长期竞争能力尤为重要。总行要加强目标价格的指导和底限价格管理，严格考核，并配置专项资源激励分行提升定价水平。各分行要着力优化信贷组合结构，提高高收益贷款比重。除总分行战略性客户外，其他企业在满足信贷政策、符合底线要求的前提下，信贷资源配置优先要考虑定价水平、资本回报（RAROC）。

二是拓展中间业务收入来源。要通过产品创新、服务创新，丰富中间业务产品种类和服务内涵，增加中间业务收入。如常年财务顾问业务，前三个季度仅此一项我们与工行相差119亿元，要分析原因、找出差距，有针对性地改进产品和服务。中间业务收入要坚持"四有"要求和总行春季工作座谈会强调的"四个原则"，努力为客户提供增值服务。

三是控制费用和开支。虽然我行成本收入比控制，在同业中处于领先水平，但是仍有降低的余地。从总行到分行，还存在铺张浪费、花钱大手大脚的现象。要进一步严格财务制度，各项开支要有预算、有标准、有要求，加强费用预算管理和审核。要按照中央廉政工作会议以及最近财政部、审计署、监察部三部委文件的要求，减少不必要的迎来送往、宴请招待、公车使用等支出。举办各类庆典、奠基、开业等活动要简朴务实，节俭办事。这方面总行要制定标准、提出要求，并严格执行。

四是督促落后分行提升市场表现。2012年以来，有的分行竞争能力、市场表现不好，资产总量、各项存款特别是对公存款位次下滑或与后面的同业位次缩小。对于四大行排名靠后或者位次下滑的分行，总行要加强督导，认真落实领导班子竞争力考核有关制度。各分行特别是在系统内具有重要作用的大行，要珍惜大行的地位，发挥好带头作用。2012年各项指标同业落后的分行，要尽快扭转被动局面，努力促进业务增长，实现良性发展。

（三）优化体制机制，强化创新驱动

一是加快网点"三综合"建设。"三综合"

是网点战略转型的重要标志。前三个季度全行综合性网点新增425个，综合性网点占比达到72%。但与同业相比还有差距，其他三大银行综合性网点占比都在90%以上。要有紧迫感，加大推进力度。网点“三综合”既要形似，更要神似，其营运方式、内部机制、业务流程要符合市场竞争需要，要按照流程银行的要求进行调整，解决业务流程长、环节多、多头管理、协调难度大等问题。要加强综合营销队伍建设，做实首次接触责任制，“三综合”网点建设上也应实现“一点营销、联动服务、综合解决”。建立以业务、一线、业绩为主要标的的薪酬导向，从薪酬制度和配套激励上，鼓励机关人员、前后台分离人员向一线流动、向营销服务岗位流动，业务骨干向能够创造价值、发挥作用的领域流动。加强不同层级机构、不同岗位人员之间交流，增加员工锻炼机会。实现“三综合”建设目标的最主要瓶颈是培训工作，总分行对网点人员学习培训要专门研究，要有明确的规划和安排，加大培训力度，使更多的员工具备“三综合”所要求的业务素质和专业技能。

二是深化前后台分离。目前，前后台分离已取得阶段性成果，38家分行9 501个综合性营业网点全部实现柜面实时业务前后台分离。但与释放网点市场竞争力的战略目标还有差距，要继续推进，解放一线生产力。第一，要彻底分离。重点推进电子渠道分流。留在柜面的业务，能分离的都要分离；分离的项目要增加，分离的模式要彻底，力求一步到位。能够自动处理的，不要人工处理；能够集中处理的，不要分散处理；能够总行处理的，不要分行处理。第二，要抓“标准件”管理。缺乏“标准件”管理，前后台分离仅仅是把人工劳动从前台挪到后台，效果有限。要认真梳理研究各类业务的“标准件”模式，从一线、从凭证源头进行优化，做到规范化、精细化和标准化，提高计算机自动化识别水平和处理效率。第三，要高起点定位、高标准建设。前后台分离是建设银行改革发展的长远大计，开局标准要高、思路要新、设计要超前，要有战略眼光。后台基地建设和项目开发建设要满足大后台建设的需要，不能搞总行及分行“拼盘”项目。要舍得投入，争取用不长的时间，使我行前后台分离和后台基地建设适应综合性、多功能、集约化发展的需要。

三是整合电话银行服务。目前，我行电话银行客服中心分散在全国10个城市，集约化程度不高。95533客服与400（或800）信用卡客服独立运行，进线号码不一致，客户体验差。电话银行个人银行业务、信用卡业务、电子银行反欺诈与善融商务分属不同部门管理，培训内容有差异，服务规范也不统一。此外从话费成本看，95533只需承担电话线路租赁费，而400电话不仅承担线路租赁费，还承担客户异地拨打长途通话费，800电话则要承担本地通话费，仅800电话每年花费就达7 000万元左右。下一步，要按照有利于改善客户体验、有利于提高服务质量和效率、有利于集约化经营、有利于综合化服务、有利于降低营运成本的原则，研究推进电话银行业务功能和服务渠道整合。近期，先要抓紧整合客户进线号码，将95533作为主要客服号码统一对外服务，同时尽快实现电话银行培训管理、应答口径和服务标准的“三统一”。

四是优化授信管理体制。建设银行股改上市以来，授信体制不断完善，在服务客户、促进发展、管控风险方面发挥了很好的作用，但是也存在不足和缺陷。总行授信部牵头制订了一个初步框架。要抓紧研究论证、细化方案。总的要求：（1）授信集中。要通过集中授信，强化评估、评审。授信环节是信用风险总量控制的核心。要实现对集团各子公司、境内外机构、各产品线的统一授信。（2）流程简约。要做到市场快速响应，体现流程银行的要求，务求简捷、集约，有效地管控风险。进一步优化集团客户授信流程，落实好对“三大一高”客户的预审批和“直通车”模式，提高服务效率。同时，要明确总分行押品、贷后管理职责；强化信贷政策、信用风险的集中监控，补强短板。（3）审批专注。支用审批环节是信贷安全和风险控制的关键。要坚持和发挥建设银行授信审批专业、专注的优势，重点强化授信支用的审批把关，控制住实质性风险，落实好贷款条件。（4）政策统一。要优化授信政策的制定、执行和监督机制，确保全行信贷政策、风险政策以及信贷审批、营销指引等有机衔接，做到导向统一、偏好一致。（5）授权细分。要差别化授权，细分不同情况有收有放。对大额授信、高风险地区和客户，审批权限要上收。积极探索“客户授信、单笔支用、实际敞口”的三维精细化授权体系。（6）权责对等。要进一步明细授信各环节的职责，将责任落实到岗位、个人，在此基础上强化考核、兑现奖惩。

五是改进城市行经营模式。城市行特别是大城市行，集中了建设银行大部分业务量以及人力、财力和物力，关系到建设银行的整体竞争力和可持续发展，是经营管理的重中之重。目前，总行正在研究省会城市行、直辖市行、地市行的经营模式，要按照有利于市场竞争、有利于业务发展、有利于提高效率、有利于发挥人力资源效能的原则，进行分类指导和优化调整。要根据各地不同的省情、行情及竞争力状况，按照资源集约、高效使用的导向，着力提升营销服务能力和运行效率。

要重点加强县支行建设，努力提升经营水平，提高竞争力。重点要抓好三个方面：一是抓好机构网点发展和科学合理布局，加大电子银行在县域和乡镇的业务拓展力度。努力做好对县域经济、小微企业和“三农”的金融服务。二是进一步提高县级机构的经营水平，提高定价能力。三是抓好案件防控。

六是加大产品创新力度。十八大报告强调，要着力增强创新驱动发展新动力。银行业务发展和竞争力的提升，同样需要以创新驱动，产品创新是其中的核心要素。总行已决定成立产品统筹与创新委员会，负责全行各类产品开发、创新与推广，重点协调跨条线、跨部门的战略性产品创新。下一步要重点抓好以下工作：第一，要以开放的态度支持创新、鼓励创新。要加大对创新的激励力度，并给予一定的风险容忍度和试错空间。第二，进一步调整和完善产品创新政策和创新机制，要坚持自上而下与自下而上相结合，既要发挥总行产品创新主体责任，又要发挥分行在产品创新中的需求驱动作用，有效衔接客户与市场需求。第三，各相关部门、分行要组建专业化产品研发团队，承担收集需求、组织调研、研发产品、推广上市以及跟踪反馈等工作。第四，要把产品创新成果考核纳入总行部门和分行的 KPI 考核。建立支持和鼓励创新的机制，尽快扭转我行产品管理不集中、数量少、质量不高的现状，激发全行产品和业务创新活力。

（四）坚决守住底线，保障平稳运营

一是守住系统性风险、区域性风险的底线。自 2011 年下半年以来，经济下行压力加大、企业亏损面增加、风险暴露频繁，加之民间借贷、外部欺诈等因素，系统性风险、区域性风险的苗头开始显现，一些企业、行业不良贷款暴露。守住系统性风险、区域性风险的底线，既关系到银行的生存和发展，更关系到国家的金融安全和社会稳定。各分行要做到守土有责，把防范系统性风险、区域性风险放在突出位置。要加强风险监测和跟踪排查，提前发现风险苗头，制定针对性处置措施和预案。应该看到，面对同样的经营环境、同样的风险压力，有的银行同业做得比我们好；就我们内部来看，同样是处于风险高发区域，同样是发生了老板跑路等突发事件，有的分行就处理得很及时、很到位，最终基本没有形成损失。有的分行处理得不够好，这其中既有工作方法、工作力度问题，也有领导班子执行力、精神状态以及干部员工士气问题。

二是守住党风廉政建设和经济案件发生的底线。清正廉洁是保持党的纯洁性的基本要求，要常抓不懈。近年来，案件专项治理取得了显著成效，但是仍有个别领导干部和员工无视法纪，以贷谋私、商业贿赂、利益输送等案件仍时有发生，虽然案件数额不大，但影响极坏。各级党组织要认真执行中央关于党风廉政建设和领导干部廉洁自律的各项规定，严格落实“三个不放过”的要求，以党风廉政建设的优异成绩和良好局面实现建设银行的快速发展。

三是守住不发生重大责任事故、实现安全运营的底线。2012 年以来，全行发生了多起交通事故以及个别员工的极端行为，给我们敲了警钟。这也表明全行在安全教育、安全生产运营方面还存在漏洞和隐患，对员工的教育、管理、监督还存在不足。各级行要提高安全运营的责任意识，加强对员工经常性的教育、警示和排查，把安全运营放在重要位置。落实好安全营运责任制度，努力保护员工安全、客户安全、资金安全和国家财产安全。

守住三个底线，是各级行领导班子的重要职责，是总行党委对领导班子工作的基本要求。要充分发挥纪检监察、风险内控、审计、巡视、稽核检查等部门的作用，严格对分支机构的检查和管控，严格对领导班子监督和评价，避免再出现重大风险、案件及安全责任事故。因为不尽职、不作为，没有守住底线的，要严肃追究有关人员责任。

（五）加快整体布局，推进战略研究

年初提出综合性、多功能、集约化的战略定位以来，整体布局加快推进，目前已初步搭建综合化经营平台，非银行金融牌照种类领先于其他大型商业银行。子公司业务快速增长，盈利能力和市场地位逐步提升；海外布局取得新进展，迪拜、俄罗斯子银行以及多伦多、台北、旧金山、大阪和卢森堡等分行的机构申设和筹备工作提速；在港机构整合以及澳门机构模式调整等相关工作也正在按计划积极推进。电子银行、私人银行、投行、养老金、信用卡、金融市场、贵金属等战略性新兴业务快速发展，审价咨询、工程项目资金监管、住房贷款、房改金融、零售银行等传统优势持续保持，综合服务能力进一步提升。

下一步要继续加大力度，加强与监管部门沟通，争取尽快拿到证券、期货牌照，抢占综合化经营的先机。子公司发展要按照“五年前十，十年前五，银行系前两位”的目标，加快推进。研究推进集团一体化运行，逐步形成“一个客户、一个账户、多个产品、一站式服务”的无缝衔接流程。要重点加强集约化经营的研究，集中优势资源、降低管理成本、提高经营效益。

积极推进重大战略性问题的研究。2012 年总行建立了战略与创新研讨会机制，开展了子公司发展、流程银行建设等专题研究。建设银行作为全球市值领先的大银行，要具备战略眼光和全球视野，尤其是在战略方向的判断、大趋势的把握上，要有自己的研究成果、独到的分析和见解。战略把握不准带来的风险是大型银行面临的最大风险。下一步，要加强全行战略研究资源的整合，集中专业力量，形成研究合力，解决长期以来研究资源分散、研究和实践“两张皮”的问题。要加强对战略规划问题的研究，注重从实际工作出发，围绕建设银行发展的大局，为业务发展创新服务、为经营管理服务、为领导决策服务，进一步明确未来发展方向、市场定位、竞争重点，提高差异化竞争的能力和水平。现阶段，要重点研究集约化经营、电子银行发展、经营机制完善，以及资本管理、利率市场化、人民币国际化等重大战略问题。要鼓励全行员工积极参与战略性问题的研究，集中全行智慧，提升战略研究水平。

三、加强党的建设，深化人事制度改革

做好全行改革发展各项工作，党的建设是基础，人才队伍是关键。要深入学习贯彻十八大关于党建工作的新精神、新要求，从战略层面认识党建工作的重要性，全面加强党的思想建设、组织建设、作风建设、反腐倡廉建设、制度建设，进一步提高全行党建科学化水平。

切实加强党的建设。一要抓好领导班子能力建设。不断健全和完善领导班子能力评价制度、竞争力考核评价体系。二要发挥好基层党组织和党员干部的先锋模范作用。强化党员干部的党性观念、纪律意识和奉献精神，为促进全行发展提供强大动力。三要带好队伍。各级党组织、工会、团委以及人事、纪检监察部门要加强对员工的思想教育和行为管理，从严治行，增强全行员工的凝聚力和战斗力。四要做好廉洁自律工作。树立以廉为荣、以贪为耻的职业价值观，自觉遵守廉洁从业有关规定和要求。五要坚持科学民主决策。特别是对“三重一大”事项，必须集体研究决定，确保决策科学，提高决策透明度。

要继续深化干部人事制度改革。2012 年以来，全行认真贯彻组织人事工作会议精神，干部竞争上岗、上下级行批量交流、后备干部推荐等工作有序推进，成效明显。下一步要继续加大力度，全面贯彻民主、公开、竞争、择优方针，完善竞争性选拔干部方式，提高选人用人公信度。要以实绩评价干部表现、以实绩决定干部使用、以实绩兑现奖惩。全面落实人才战略，加强人才队伍建设，扎实推进“393”人才培养计划等工作，加紧培养一批能够覆盖各个层级、各个专业的经营管理人才。

要加大总行与分行之间、分支行之间以及部门之间的干部交流，实现双向流动。提拔干部要看基层工作经验，没有基层工作经验的同志要到基层锻炼。基层干部也要到管理行拓宽视野，培养多角度分析问题、解决问题的能力。通过干部

交流，既有利于培养和发现人才，激发干部队伍活力，同时也能够使管理行的政策制度更加符合基层实际，使基层行更好地理解执行上级行的政策制度，提高全行的经营管理水平。

当前各项工作任务艰巨繁重，全行上下要以学习贯彻十八大精神为契机，牢牢把握机遇、沉着应对挑战，振奋精神、锐意进取，努力实现建设银行各项业务的再发展。

在总行机关处级干部座谈会上的讲话

王洪章

（2012 年 12 月 4 日）

同志们：

我到建设银行工作一年多了，早就想开个座谈会。原计划安排与处级干部、业务骨干一起座谈，后来考虑如果这样安排，我接触的年轻人就少了。所以就分成两个座谈会，一个是我们处级干部座谈会，总行 42 个一级部和信访办都有处长参加；另一个是业务骨干座谈会。座谈会的目的：一是为了和大家深入交流，征求工作在一线工作同志的意见和建议；二是建设银行股份制改造以来，2012 年遇到的困难算是比较多的，建设银行的发展战略、业务政策、竞争策略、绩效考核、干部人事制度以及体制、机制调整改革等到了关键时期，大家既是政策的制定者又是执行者，想听听大家的意见；三是处长在建设银行的地位举足轻重，这支队伍相对年轻，建设好了，建设银行就大有希望。因此，希望大家对工作和自己的职业生涯以及事业发展、工作生活中的困难问题等畅所欲言，便于我们有针对性地改进工作，从而把处级干部这个层次建设好、管理好、领导好。

我原以为我们的处长很年轻，但发现大家岁数还真不小，有的 40 多岁了。从各位的年龄和工作经历看，大家是建设银行的中坚力量、中流砥柱，应该给大家更多的学习、成长空间。刚才听了大家的发言，我感觉同志们很成熟、水平高、能力强。下面，我谈几点想法。

第一，总行机关的处长要搞清角色定位，准确把握处长职责。

讨论中大家说，有的处长甚至有的一般干部，都可以批评分行。总行的处长在总行居于执行层面，是操作者、操盘手，但对基层行来说是领导。总行处长的角色定位，一是执行作用。总行党委、董事会、高管层的重要政策、战略意图更多的是通过处长这个环节落实执行的；总行的政策和战略意图能否真正贯彻落实，处长起着至关重要的作用，大家对这个责任一定要认识清楚。处长的一句话、一个表态可能就决定了某项业务是否能够顺利办成。二是参谋作用。处长在总行决策当中起着重要的参谋助手作用，很多重大决策都是出自处长，很多决策的依据、数据都是由处长提供的。所以不要小看处长这个角色，你们如果提供一个错误的数据、错误的案例，很容易造成领导决策失误。我们每天坐在办公室里就是看你们写的一些签报，学习你们写的一些调研报告，审阅你们提出的一些政策性、制度性的工作意见。三是指导作用。主要是把总行的要求准确地传达给分行。你们在研究问题、答复问题、解决问题时，就不能仅从一个处长的角度考虑，要考虑到全行政策的贯彻、落实以及全行业务的发展要求。在发挥这些作用时，要注意工作方法，不适当地批评分支行甚至颐指气使，造成的不良影响是全行性的。你们接触分支行的机会多，你们的话就代表总行，要知道分量的轻重，说话一定要准确。我听到基层行对业务问题的一些反映，有些是不对的。基层行说是总行的指示要求，我说我没看到这方面的制度规定和文件，基层的同志说是总行处长打的电话。说明有些处长的说法是不正确的。所以，我们当处长一定要把总行要求转达准确，把角色定位好、把职责履行好。

处长另一个职责就是做好思想政治工作。处级干部管理的一个处室团队，多的有20多人，少的也有五六人。虽然处长不同于县长、团长要管几十万人或几千人，但你所管理的团队是对全国建设银行一个业务条线负责的，可不仅仅是十多个员工。处长有责任掌握了解所辖员工的思想状态、精神状态和工作状态，处内员工思想状态不好，会影响一个方面的工作。这次总行竞聘干部就暴露了出一些员工的思想问题。一些员工写信反映情况，当然这本来正常，但有些情况不实事求是，甚至有些是恶意攻击。这反映了我们有些处室团队的员工思想复杂、不良想法较多，也说明处长的思想政治工作还很薄弱，细致的教育工作还不到位。大家在做业务的同时，还要做好员工思想工作，增进共识、形成合力，使大家专心致志搞业务，一心一意促发展。

处长也是身处一线的指挥员和身先士卒的战斗员。是指挥员就要求素质强、业务精、指挥得当；是战斗员就要亲自上阵，亲自动口、动腿、动手和动笔。处长的思想意识、思想表现和领导水平，对员工特别是新员工起着潜移默化的作用，有可能影响员工的一生一世。无论是当指挥员还是当战斗员，实际是起到榜样作用、表率作用。我刚参加工作时在人民银行总行，我的处长是位十二级干部，他第一次找我谈话就问我在总行工作应该培养什么样的能力？我不知如何回答，认为好好工作就行了。他说应该培养学习能力、组织能力、共事能力、分析问题和解决问题的能力。我说我是一般干部，为什么还要有组织能力？他说你负责全行某项业务，怎么能没有组织能力？在我日后的成长过程中，这几个能力始终给我留下了深刻印象。同时，处长的认真负责、兢兢业业的工作态度也一直激励着我。每当我工作遇到困难的时候、工作不认真的时候，我就想想当时处长对我的要求和教育。所以，处长的传帮带的作用、指挥员的作用、战斗员的作用、身先士卒的作用、对干部严格要求的作用至关重要。

第二，要学会想大事、会干事、干实事。

在座的处长在总行工作的时间短的有七八年，长的有20多年了，是我们建设银行的中流砥柱、中坚力量，要想大事、干实事。习近平同志讲“空谈误国、实干兴邦”。想大事就是思考我们建设银行改革发展的大事，这些大事的基础工作都是出自处长之手，而不一定出自董事长和行长之手。我们提出一个想法，加上充分的分析论证，最后形成完整的思路、方案和设想，到了处长那里，就要把这些战略上的要求转化成具体的行动措施和制度办法，这就是大事。妥善处理业务中的问题也是大事。对分行的请示报告未作认真判断之前，不能先入为主地说对或不对，要先研究分析，从有利于业务发展角度想一想这些业务是做还是不做，对建设银行的发展会带来哪些影响。在此基础上，慎重地作出回应，效果可能会很好；即使不同意的事情，也要从道理上回复清楚。有些事情自己觉得是个小事，但对分行来讲可能就是大事。我走了20多个省、市、区分行，召开座谈会时，基层网点员工、支行行长反映的一些问题，有很多并不是小事。有的网点员工向我反映100万元以上的存单要报总行审批的问题，有个客户办业务得开150张存单，3个员工用了半天时间还没开完。100万元的存单要总行审批，这是1996年的规定，作为总行已经习以为常了，作为处长每天都接触这些事情，应该进行分析研究和反映，并提出业务政策调整的建议，不能简单地按规定执行就行。其实这就是大事，因为如果不调整审批会严重影响客户。会后，总行反应很快，马上就调整了，也放开了权限，实际上保留这样的审批也没有道理。有个支行行长向我反映，分行上报两千多万美元的内保外贷业务，100%的保证金，客户还承诺增加6亿元人民币存款，总行一个多月没有批复。如果不办理这笔业务，客户6亿元的存款就不来建设银行了，而且这笔业务又是低风险业务。对分行来讲这是大事，对那位支行行长来讲可能算是天大的事！处长包括总行各层级的干部作为决策者和操盘手，一定要想这些大事。

第三，当好处长要注意以下几个问题。

一是要懂得如何更加成熟，做最好的自己。李开复38岁就当上了微软全球的副主席，他写了一本书叫《做最好的自己》。怎样才能做最好的自己？首先要成功。我认为在座的处长是成功的，在那么多人的竞聘中能脱颖而出就是成功的。在座的处长有的还参加了副总经理的竞聘，有的已经竞聘上了，有的可能没有竞聘上。竞聘上的是成功的，没有竞聘上的，我认为也是成功的。因为处长的位置本身就很重要，当你没有更好位置的时候，你现在的这个位置就是最好的。要知道有多少人想当你这个处长，有多少人羡慕你！你能在建设银行的这个业务条线当处长就是成功的。很多人都在期盼和向往着成功，但每个人对成功也有不同的理解。有的人觉得成功有时近在咫尺，有时又似乎遥不可及；有的人认为成功就是有财富、有地位，也有人认为能当个领导就是成功。我认为这两种想法都比较偏颇，如果陷入这种思维，就会带来很大的问题和危险。成功需要机遇和个人的成长轨迹，会受到一些因素限制。如果达不到预期就认为自己不成功，就会丧失自信、失去快乐，甚至可能走向迷惘和消沉。这不是危言耸听！有的人因为心态不健康加上身体有病而走向极端，我们行里就有这样的例子。希望大家对成功有一个正确的认识，要从不同的角度理解成功，选择自己应该走的路，发挥自己的特长，实现自己的价值，这才算对成功的正确理解。李开复说“不虚度此生就是成功”。我想你们一定在工作中享受到很多成功的喜悦。当自己的想法得到领导认可并形成制度规定，心中的喜悦一定不亚于提拔任职的喜悦，这就是成功！每个人可能有每个人的特点和潜质，走向成功的道路也都不一样，这需要自己主动去选择，不要被动被挑选，只要主动选择了，就会有成功的机会。但主动不是说自己得不到的东西非要得到，当不上的官非要当，不行就托关系、找门路，这样往往不能如愿，因为你还没有做到最好的自己，可能你的能力和潜质还没有达到这个水平。前中国科技大学校长朱清时院士，大学毕业后被分配到青海一个工厂当了一名普通工人。但朱清时坚持每天学习数理化和英语。其他同学都认为在青海连喘气都困难，还学什么，干脆喝酒玩牌，整天无所事事。结果在他工作6年以后，清华大学在那里搞项目，朱清时参与了这个项目，而且还搞成了。在同去的同学当中，他最先就被挑选出来。朱清时当时可能没有想到清华大学会给他项目做、会要他，后来他会当中国科学院院士、中国科技大学校长，他想的就是把数理化学好了，把英语学透了，做最好的自己。所以成功是自己把握的，而不是别人给予的，即使是别人给了你一个岗位，但如果自己不努力，今后再往上走也会很困难。所以要把握好自己的每时每刻、每个机会和每一次成功的条件。天上不会掉馅饼，即使会掉馅饼，也不会天天掉馅饼、次次掉馅饼！因此，首先要做好眼前的工作，当好操盘手，从基础做起，扎实走好每一步，当你做到最好的自己时，就可能被选中，你的才能就可能被激励出来。

二是要懂得智慧不仅仅是智商高，学会智慧地工作生活。我们在座的很多都是博士生、硕士生，最起码是本科生，而且多出自名牌高校，有很好的学习基础和基本条件。大家过五关斩六将来到建设银行，还当上了处长，初步实现了自我价值，这说明大家智商很高，也有智慧。但智商高不代表智慧水平高。1995年美国《时代周刊》有一篇文章专门讲智商，说智商最高的是亚裔，亚裔当中最高的是中国人。日本人智商是103，美国人智商是101－102，中国人智商最高是110。但中国人有这么高的智商，为什么在经济上、工业上等方面落后于美国和日本？除了体制、机制因素外，恐怕还需要发挥每个人的聪明才智，才会使一个集体更好地迸发活力，提高整体竞争力。毛主席等老一辈革命家讲，旧中国是一盘散沙，军阀混战、外强侵略；有了中国共产党，我们才建立起了一个统一富强的新中国，说的就是这个道理。因此，当有智商时，还要发挥好智慧的作用。当然，这并不是说智商、智慧的区别就会决定一个人一生的成效和贡献，但说明智商不是智慧，而且智商对智慧的影响是有限的、间接的。随着社会的进步，如果你只有智商没有智慧，那你可能就会败于自我，发挥不出聪明才智。有高智商，但不会正确、准确、科学地对待人、对待事情、对待工作，高智商可能还是个负面的东西，也就是大家常说的小聪明，会做出很多傻事、蠢事甚至坏事。王熙凤智商很高，但缺少智慧，最后聪明反被聪明误。所以要学会智慧地工作生活和处事待人，学会当智慧的领导者，做到识大局、知环境、认航向。此外，处长领导一个团队，还要做到大智若愚、大度包容、防止琐碎、难得糊涂。今后的老总、高管、行长、董事长等都可能从你们当中产生，如果事事斤斤计较，特别是遇到个人的事情走不出来，工作起来会很困难，也不会得到大家的认可。

三是要注意培养自省的习惯，不断改正不足。处长是个领导者，要有反省的能力和勇气，有改正不足的态度。今后的路还很长，不可能一帆风顺，是否有自省的勇气和态度，关系到你今后能不能在遇到失败时站起来。当处里所有的矛盾、问题都集中到你的身上时，如果不会反省自己、不会正确对待，不知道从挫败中吸取教训、纠正不足，今后再遇到挫折失败时就很难走出来，也就很难成功。这不仅仅是个人素质、修养问题，其实也是对自己有无信心的真实表现。对自己有信心和底气的领导者，都能够勇于承担责任、勇于自我批评，凡是出了问题推卸责任的人，其实是对自己没有信心。大家知道苹果公司乔布斯“二进宫”的故事吗？苹果机是乔布斯和几个人在一个仓库研发出来的，而且领先世界、风靡全球，但他起初就不会反省自己，从来不做自我批评，有了问题就往别人身上推，苹果公司的员工对他意见很大。最后是他亲自选的首席执行官说他不适合做苹果公司的领导者，并把他赶下台。公司董事会还专门做了个决议：今后不允许乔布斯在公司发挥决策者的作用。此后，乔布斯沉寂了多年，他非常痛苦地反省自己，并下决心改变自己，而且改变得非常好，后来苹果公司的员工、高管层、董事会又接受了他。他复出之后非常成功，公司股价在几年间翻了 12 倍。如果乔布斯没有深刻反省，一味埋怨苹果公司、埋怨首席执行官、埋怨董事会、埋怨其他人，他也不会第二次在苹果公司站立起来。因此，领导者只有学会反省自己，才能有进步，才能得到员工的认可和拥护。

四是要自信，自信是成功的关键。首先，自信建立在扎实的理论功底、深厚的实践基础之上，大家都有这个基础。不论是取得成功还是身处逆境，都要坦然面对，坚信靠自己的努力和潜能会走向成功，切忌自卑。刚才听了几个处长的发言，我觉得大家非常自信。我刚当处长时，别说是行长召集的座谈会，就是部门领导召集开会，我的发言都要做充分的准备，而你们谈吐自如，如果没有深厚的理论功底、没有对自己业务的熟练把握、没有对实际情况的熟悉了解，是不会这样自信自如的。但是我们在自信的同时，还不能心猿意马。辛弃疾有句话，“少年不识愁滋味，爱上层楼”，意思是说你不知道有烦事、有忧愁，不知道有多大的困难，没有任何顾忌，只知道凭着自己的锐气、知识和能力，朝着自己的奋斗目标前进。但是也不能“爱上层楼，为赋新词强说愁”，就是说你往上走的时候，不能觉得自己比别人都强，因为你可能会碰到一些问题、矛盾和困难；如果这时不是想着如何克服困难，而是想着如何把自己的乌纱帽保住，遇到矛盾绕着走、遇到困难躲着走、遇到责任往外推，这就不行！明哲保身、但求无过、顾左右而言他，这也不行。我们做人、做事要把握好自己，让自己更加成熟、更加智慧、更加善于自省、更加懂得自信，这些条件都具备了，我们就会成为很好的领导者和带头人。

最后，希望大家端正思想作风，正确对待名利。我们的岗位来之不易，要倍加珍惜、端正态度、积极作为。要加强能力锻炼，要了解基层，向基层学习，时刻为基层着想；切忌高高在上，太把处长当个官，这样会阻碍你的能力提升。总行将加强和建立处级干部正常的交流、锻炼机制，没有基层经历的总行干部要分期、分批下去锻炼。2012 年我们已经安排了一些干部到下面任职，同时也选拔了一些基层干部到总行工作，这主要是为了全面培养和锻炼干部队伍。只有熟悉了解基层、熟悉业务操作程序，加上我们深厚的理论功底、学习基础和对总行政策的把握，我们才能进步更快。要加强学习，学无止境。不仅要学业务，还要学经济、历史、人文等知识，全方位培养自己、锻炼自己。当你走向一个新的工作岗位时，才能克服本领恐慌和能力恐慌，应对自如。业务好，做思想工作行吗？当处长可以，但当副总行吗？在总行当领导能否和下面顺畅地共事交流？这些都需要我们方方面面的知识、能力和水平。大家可以仔细分析党员领导干部的几个基本条件，会发现每一条的要求都很高。掌握基础知识和基本业务只是领导干部基本条件中的一条，而不是全部。只有强化全面学习并深刻领会，才能解决好我们更上一层楼的问题。

今天的座谈会开得很好。有的同志专门写了书面材料，但发言时并没有照稿念，这样很好。大家提的很多意见和建议，可以整理出来请各位行领导看看。这样的座谈会，我们争取每年都开一两次，也可以分专题地组织处级干部座谈研讨。我们非常关注和期待大家的意见和建议，现在经常有处长和基层行的行长给我写信提建议，说明大家非常热爱建设银行、关心建设银行。建设银行的未来在你们身上，希望大家认真学习、尽心履职、努力工作，充分发挥聪明才智，努力把建设银行真正建设成“国内最佳、国际一流”的具有重要影响力和市场竞争力的现代化商业银行。

谢谢大家！

（根据录音整理）

凝聚全体员工智慧　加快建设银行发展

——在全行第三届职工代表大会第二次会议上的讲话

王洪章

（2012 年 12 月 11 日）

同志们：

党的十八大上个月胜利闭幕，今天我们在这里召开全行职工代表大会（以下简称职代会），恰逢其时，对全面学习贯彻十八大精神，凝聚广大员工智慧和力量，更好地推动建设银行改革发展，具有重要的意义。这里，我代表总行党委向职代会的召开表示热烈祝贺，向各位职工代表和全行员工表示亲切的问候！

今天上午，大会听取了章更生同志关于工会工作的报告，以及总行相关部门关于全行业务发展及战略实施情况的介绍，研究讨论了职工代表提案，审议了员工互助机制管理办法等文件。各位代表认真履职，积极建言献策，会议开得非常成功。借这个机会，我向大家简要通报一下全行发展的情况，并就学习贯彻十八大精神、做好工会和职代会工作谈几点意见。

一、全行改革发展取得新的进展

2011 年职代会以来，在全体员工的共同努力下，全行改革发展取得了新成效、新进步。五年规划顺利推进，综合性、多功能、集约化转型步伐加快，客户服务能力和市场竞争力得到很大程度的提升，在经济下行压力下取得了各项业务稳定增长的良好业绩。主要有以下方面。

（一）支持实体经济，信贷结构调整成效显著

2011 年以来，全球经济复苏乏力，国内经济下行压力增大。建设银行认真贯彻中央关于“稳中求进”、金融服务实体经济的要求，科学统筹信贷资源，优化信贷投向，大力支持国家重点项目以及经济社会发展的薄弱领域，取得了很好的经济效益和社会效益。截至 11 月末，全行各项贷款余额 7.25 万亿元，比年初新增 8 899亿元。其中，基本建设贷款新增 1 567 亿元，占公司类贷款新增的 41%，支持了大批国家重点在建续建项目，继续保持了我行在基础设施领域传统优势；小微企业贷款新增 1 009 亿元，增速为 16%（四部委口径），远高于全行贷款平均增速；涉农贷款新增 1 981 亿元，增速为 18.72%；新农村建设贷款新增 444 亿元，增速达 132%，既支持了城镇化薄弱环节，又提高了定价水平和服务能力；保障性住房开发贷款新增 284 亿元，增速达 110%；国内保理、应收账款质押等供应链融资类贷款达到 1 549 亿元。同时，实施主动授信管理，严控“两高一剩”、房地产等调控行业以及政策限制领域的贷款。与以往相比，2012 年全行支持实体经济、调整信贷结构的力度非常大，效果很好。

（二）把握发展重点，经营效益和市场表现良好

很多同志都感觉2012年是建设银行股改以来最为困难的一年。面对复杂的外部环境和激烈的市场竞争，全行按照年初工作会提出的“坚持发展不动摇、坚持效益增长不动摇、坚持创新转型不动摇”的要求，迎难而上，重实干、谋发展。在具体措施上，把握发展重点，着力抓两头：一是紧紧围绕“三大一高”客户，加大营销力度，强化总分行、前中后台联动，并依托供应链、产业链带动上下游客户，通过产品创新增强综合服务能力，提高客户的忠诚度和综合贡献度。二是扎扎实实抓小微企业、“三农”和县域金融服务，抓小客户、无贷户，既支持了经济发展薄弱环节，又改善了客户基础，提高利差和中间业务收入，为应对利率市场化赢得主动。通过抓两头，带动了各项业务发展和盈利能力的稳步提升。2012年前11个月，全行平均资产回报率（ROA）、股东权益回报率（ROE）分别为1.62%和23.65%，成本收入比为32.5%，NIM2.75%。与其他大型银行比较，建设银行的ROA、ROE、每股收益、资本充足率等核心指标继续保持领先，经营收入、拨备支出同比增幅在四大行中名列第一。在经济下行压力下，取得这样的业绩实属不易。

（三）优化资源配置，战略性业务快速增长

按照年初工作会和综合经营计划安排，2012年对战略性业务重点配置资源，加大考核和激励力度，促进了全行战略性业务快速增长。截至11月末，全行网银客户达到1.19亿户，新增3 286万户，增速达38%；手机银行客户达到8 119万户，新增3 424万户，增速达73%。金融资产500万元以上私人银行客户新增1.32万人，增幅为16.5%；客户金融资产增长1 224亿元，增幅为28.4%。养老金签约客户新增3 225户，增幅为32%；当年央企企业年金中标企业数市场占比约70%。金融社保卡新增1 021万张，增速达223%；财政公务卡新增80.8万张，发卡量保持同业第一。信用卡新增客户、卡均消费交易、卡均中间业务收入以及资产质量等指标四大行第一。

（四）加快整体布局，综合化经营格局初步形成

年初提出综合性、多功能、集约化的战略定位以来，各项推进工作进展有序、步伐加快。目前，已初步搭建了综合化经营平台，我行持有的非银行金融牌照种类领先于其他大型商业银行。各子公司按照服务集团、做大做强的要求，加快业务发展，盈利能力和市场位次进一步提升。其中，建信信托跻身行业前八；建信人寿收购整合仅1年，已进入行业前二十；建银国际IPO项目和并购项目居中资投行前列；中德住房储蓄银行、建信基金、建信租赁发展态势良好。海外布局取得新进展，迪拜、俄罗斯子银行以及多伦多、台北、旧金山、大阪和卢森堡等分行的机构申设和筹备工作提速，明年上半年还将有3－4家海外机构开业。同时，积极推进香港机构整合以及澳门机构模式调整，集中资源、集约管理，增强协同能力和市场竞争力。

（五）着眼长远发展，重点项目建设和重大课题研究扎实推进

2012年全行集中力量，按照“国内最佳、国际一流”的标准，以流程银行的理念建设新一代核心系统，目前已完成了五级现状建模等大量基础工作。新一代核心系统建成后，将可以满足我行未来10－15年业务发展的需要。同时，积极推进前后台分离项目，目前已有9 501个综合性营业网点实现了柜面业务分离，单笔业务平均处理时间仅125秒，比分离前节省了60%；着力推动网点“三综合”建设，全行新增综合性网点490个；固定资产支出向经营一线倾斜，营业机构新增371个，自助设备新增8 493个。此外，建立了战略与创新研讨会机制，开展了子公司发展、流程银行建设、集约化经营等重大课题的研究；积极探索省会城市行、直辖市行、地市行的经营模式，提升城市行竞争力。上述工作正有序推进，部分成效已开始显现。

（六）加强党的建设，干部员工队伍素质进一步提升

2012年以来，全行着力加强党的建设，以党的建设带动全行干部员工队伍建设再上新台阶。年初，总行召开了纪检监察工作会和组织人事工作会，对党风廉政建设和干部人事制度改革作出部署。2012年总行拿出40多个总行部门及一级分行领导岗位，在全行范围内公开竞聘选拔，从中发现了一大批优秀干部；扩大总行及分行干部批量交流，充实了一批高级专业技术岗位和领导后备干部，加快了海外人才队伍建设。同时，建立健全了领导班子能力评价制度、竞争力考核评价体系，实行“全面考核、压力均等、鼓励先进、惩罚后进”考核政策，严格落实责任、兑现奖惩，调动了广大干部员工干事业的热情。对于失职渎职、造成重大风险损失的领导干部，按照有关规定给予处分，严肃组织纪律和工作纪律。大力推进“393”人才培养计划，着力打造高素质的人才队伍，进一步激发全行员工的活力。

这些成绩是全行员工团结一心、辛勤工作、拼搏奉献的结果。这里我代表总行党委和管理层，向在座各位职工代表，并通过大家向全行员工表示诚挚的感谢！

二、深入学习贯彻十八大精神

党的十八大是在我国进入全面建成小康社会决定性阶段召开的一次十分重要的大会。十八大报告描绘了全面建成小康社会、加快推进社会主义现代化的宏伟蓝图。总行对学习贯彻十八大精神已作了具体布置，这里重点强调三点：

一是要原原本本地学习十八大报告和党章。十八大报告是全党和全国各族人民智慧的结晶，是夺取中国特色社会主义新胜利的政治宣言和行动纲领。全行上下要原原本本地学习十八大报告和新修改的党章，全面领会、准确把握十八大精神。报告提出了全面建成小康社会和全面深化改革开放的目标，以及加快完善社会主义市场经济体制、加快转变经济发展方式的五个方面任务，即全面深化经济体制改革、实施创新驱动发展战略、推进经济结构战略性调整、推动城乡发展一体化、全面提高开放型经济水平，为下一步发展指明了方向。十八大报告提出的“深化金融体制改革”、“完善金融监管，推进金融创新”、“维护金融稳定”的要求，也正是我们当前以及今后很长时间需要积极推进的重点工作。要通过学习十八大精神，统一认识、增强自信、提升士气、凝心聚力，把广大干部员工的思想和行动统一到十八大确定的战略目标上来。

二是要组织好学习宣讲。各级机构、各单位、各部门要加强领导，认真制订学习方案，组织开展多种形式的学习宣讲活动。各级党委要把学习十八大精神作为中心组学习的重点内容，开展集中、系统的学习和专题研讨。党校、培训中心要制订培训计划，以领导干部为重点组织好轮训工作。各级工会、共青团、青联等要积极开展知识竞赛、主题演讲、论坛交流等丰富多彩的学习活动。各级领导干部、在座的各位职工代表要做好表率，带头学习、带头落实。要充分利用建设银行的报纸、网站、信息专栏等加强宣传，交流学习成果，总结推广好的经验和做法，在全行营造浓厚的学习氛围，掀起学习的热潮。

三是要学以致用，解决发展中遇到的问题。要把十八大精神的学习成果运用到推动全行改革发展的各项工作中，解决发展中遇到的问题，切实提升建设银行的竞争力和市场表现。我们应该清醒地看到，目前全行发展还面临不少困难和挑战。在利率市场化、资本约束、竞争加剧、风险暴露等多重压力下，国内银行业很难延续以往年度高速增长的势头。2012 年前三个季度，建设银行净利润增长 13.87%，较上年同期回落 11.95 个百分点。部分客户及个别区域的风险开始暴露，前三个季度全行逾期贷款新增 288 亿元，增幅达 51%，不良贷款反弹压力巨大。同时，全行客户基础还不够牢固，存款和中间业务增长乏力，产品创新还无法满足客户和市场的需求。这些问题需要着力加以研究解决。

十八大已经为我国未来经济社会发展描绘出了蓝图。认真学习领会十八大精神，可以为我们思考和谋划下一步的发展方向、转型目标、市场重点打开思路、找到答案。全面建成小康社会以及新型工业化、信息化、城镇化、农业现代化进程的提速，将为商业银行带来很多新的发展机遇。只要我们抓住机遇，加快转型步伐、加大创新力度，一定可以克服困难，赢得新的发展。

三、进一步发挥好工会和职代会的作用

建设银行在金融系统中率先建立了职代会制度，健全了以职代会为基本形式的民主管理机制，规范了职代会议事内容、程序和规则，强化职工民主参与、民主管理和民主监督的职能。近年来，全行各级工会以职工民主管理、学习教育、劳动竞赛、帮扶救助、文体活动、职工之家建设为载体，开展了卓有成效的工作，为促进建设银行的

改革发展、完善公司治理发挥了重要作用。实践证明，建设银行的职代会制度符合中央的要求，符合建设银行的实际，符合广大员工的利益。对于做好下一步工作，章更生同志在上午的报告中提出了明确要求，会后希望各分行、各部门抓紧落实。这里，我重点就进一步发挥全行工会和职代会的作用提几点希望。

一是在健全民主管理、优化公司治理方面发挥更大的作用。党的十八报告明确提出，“健全以职工代表大会为基本形式的企事业单位民主管理制度，保障职工参与管理和监督的民主权利”。员工参与民主管理的权利，是我国《宪法》所赋予的权利，《公司法》、《劳动法》和《工会法》也有具体规定。各级工会和职代会是民主管理的组织载体，是广大员工行使民主权利、反映利益诉求的重要途径。广大职工参与民主管理，体现了我国现代企业公司治理的特色和优势，需要坚持和发扬。

各级机构、各级党委要从落实中央要求、完善公司治理的高度，积极支持和推动工会和职代会工作，加强配套制度建设，建立合理有效的诉求表达机制、利益协调机制、问题处理机制和权益保障机制，切实保障职代会的知情建议权、协商共决权、监督评议权以及选举权。职工监事和职工代表要认真履行义务，提高履职能力，做好广大职工的代言人，维护好员工权益，并为完善公司治理积极建言献策。要让广大员工都清楚地了解全行战略规划、发展重点、重大事项以及面临的问题，鼓励广大员工发表意见、提出建议、表达诉求、参与监督，进一步提升公司治理水平。这次职代会共收到提案92件，涉及全行业务发展、经营管理、产品创新等方方面面，提案质量高、针对性强，充分体现了我们各级机构广大员工的主人翁责任感。大家真正把建设银行事业作为自己的事业，把建设银行当成自己的家，这也正是建设银行蓬勃发展的力量源泉。总行相关部门对上述提案要认真研究，限期给予答复。希望各级工会、职代会继续努力，进一步调动广大员工参与公司治理的积极性。要积极探索在业务发展战略、经营计划、费用开支以及干部廉洁从业等方面，如何更好地发挥职工民主参与、民主管理和民主监督的作用。这些工作大有可为。

二是在加快发展、推动创新中发挥更大的作用。十八大报告指出，要“坚持问政于民、问需于民、问计于民”。加快落实建设银行发展战略，推动产品创新、服务创新、体制机制创新，这是一项艰巨复杂的系统工程，同样需要问计于民。各级工会和职代会要进一步发挥作用，把全行广大员工的主观能动性和创造性充分调动起来，群策群力，共同推动建设银行的发展创新。

具体工作中要重点抓好以下方面：第一，各级工会和职代会要紧紧围绕总行党委确定的中心工作，动员和团结广大员工投身到全行发展的事业中来，将个人利益与建设银行发展有机结合起来，将员工价值的实现与银行价值创造有机结合起来，在建设银行发展的大舞台中建功立业。第二，要努力营造奋勇争先的良好氛围，激励广大员工“比、学、赶、超”，挖掘潜力，努力完成工作任务和计划目标，提升市场位次和业绩表现。2012年总行将严格执行年初制定的“上不封顶、下不保底”的薪酬激励政策，对总行部门也要进行考核，考核结果与绩效分配挂钩。第三，要进一步激发广大员工的创新热情。要把全行30多万员工的聪明才智调动起来，发动广大员工出主意、想办法、提建议，创新产品、完善服务。尤其要把经常接触客户的一线员工的创新积极性调动起来，对于员工提出的“金点子”、好创意，要通过多种方式给予物质和精神鼓励。只有充分调动广大员工的创造性，全行产品和服务创新才能有持续不竭的动力。

三是在推进转型、完善经营管理机制中发挥更大的作用。经营管理转型和体制机制调整需要广大员工的积极参与和配合，也往往影响到员工的切身利益，各级工会和职代会要更加主动、细致地做好引导工作。例如，在推进前后台分离、网点“三综合”建设中，总行要求机关人员、后台人员要向基层机构和一线流动，薪酬分配要向一线岗位、重点营销岗位以及直接创造价值的岗位和条线倾斜。这其中将涉及很多员工的岗位调整、心理适应、技能提升等问题。工会和职代会要积极配合各级党委和管理班子把工作做实、做细，要深入宣讲、正面引导，将广大员工的思想统一到总行党委的要求上来；要加强培训、重点帮扶，帮助员工提升综合素质和业务技能，尽快适应“三综合”的要求。这方面总行也将加大配套支持力度，明年起将调增网点员工基本工资，平均增幅为单位薪点值的20%。希望各级工会和职代会都能通过深入细致的工作，成为全行推动转型的生力军，成为广大员工职业生涯规划的良师益友。

四是在关心关爱员工、维护职工切身利益上发挥更大的作用。十八大报告指出，要支持工会、共青团、妇联等人民团体充分发挥桥梁纽带作用，更好地反映群众呼声，维护群众合法权益。这也体现了以人为本的要求。近年来，各级工会和职代会在反映员工诉求、维护员工权益方面做了大量工作，成效显著。下一步，要进一步深化和细化。

第一，要加强员工教育和行为管理。更加主动地关心员工的工作、生活、思想状况，认真细致地做好对员工的教育、警示和行为排查，切实避免发生员工涉案事件、安全责任事故。2012 年以来，全行共发现员工参与民间融资事件 10 起，其中已查明涉案金额的风险事件 8 起，总金额达 3.3 亿元；发生了 6 起交通事故，造成多名员工伤亡。虽然原因是多方面的，但也表明我们对员工的教育、管理还存在不足。各级党组织一定要两手抓，一手抓业务发展，一手抓员工管理、案件防范和安全稳定。各级工会要积极协助党组织和管理层，把员工教育好、管理好，引导员工树立正确的价值观，自觉抵制社会上各种诱惑，履行好岗位职责。加强管理实质上体现了对员工的负责和爱护。

第二，要做好员工心理减压。要了解员工关注的焦点，开展多种形式的关爱行动、谈心交流、心理辅导等活动，形成常态化的员工关爱机制和诉求反馈平台，因势利导，提前化解矛盾，解决矛盾和问题，消除不稳定因素。2012 年全行发生了几起员工高坠事件，非常令人惋惜，希望全行上下都能高度重视，更加深入细致地做好员工日常的心理疏导，关心员工身心健康。

第三，要进一步优化、完善员工救助机制。近年来，全行职工互助基金在困难员工帮扶救助方面发挥了积极作用，要认真总结，不断完善，进一步体现社会主义制度的优越性，体现建设银行的集体温暖。除了用好现有的医疗保障、大病统筹、基金资助、工会补贴等机制外，要积极探索完善分层次、属地化的定向爱心互助机制，对于罹患大病、生活困难的员工，在某个二级分行范围内捐助解决不了的，扩展到一级分行范围；在某个一级分行范围内解决不了的，扩展到全行。同时，进一步完善信息公布、捐赠资金工会受托支付等配套制度。这次会议提交讨论的《中国建设银行员工互助机制管理办法》，希望大家要踊跃提意见，将其修改好。要通过优化完善制度，使全行救助机制惠及更多的困难员工。

五是在企业文化建设、打造学习型银行方面发挥更大的作用。近年来，全行在弘扬企业文化方面做了大量工作，建设银行核心价值观和文化理念逐步深入人心。各级工会和职代会要进一步发挥贴近广大员工的优势，在日常工作中加强企业文化的传播，使员工的价值取向、行为观念与建设银行的战略愿景、发展目标、核心价值观更好地统一起来，增强员工的认同感、归属感和责任感。同时，要着力营造良好的学习氛围，打造学习培训平台，促进员工素质的不断提升。

建设银行的未来充满着希望，全行员工要以十八大精神为指引，充分发挥聪明才智和力量，团结拼搏、锐意进取、勇于竞争，在新的起点上实现建设银行的再发展！

坚定信心 科学发展 推动经营管理水平再上新台阶

——在中国建设银行2012年工作会议上的讲话

张建国

(2012年1月17日)

同志们:

新年伊始，我们召开全行工作会议，是为了更及时地传达学习和贯彻落实中央经济工作会议、全国金融工作会议和监管机构的会议精神，总结回顾全行2011年工作，分析预判宏观经济金融形势，研究部署2012年经营目标和主要任务。这充分表明了总行党委和管理层对做好2012年工作的决心和信心。刚才，王洪章董事长做了重要讲话，简要全面、重点突出、深刻透彻，我完全赞同。会上，张福荣监事长还将作重要讲话，希望大家深入学习领会，认真贯彻执行。现在，我向大家报告2011年全行的经营情况，并对2012年的经营安排谈几点意见。

一、经营管理取得突出成绩

(一) 各项业务稳健发展，经营业绩表现良好

2011年，面对复杂多变的经营环境，异常激烈的同业竞争，全行坚定不移地推进结构调整和经营转型，各项业务平稳快速发展，盈利能力持续增强，整体经营业绩非常突出。2011年我行资产规模连续突破11万亿元、12万亿元大关，年末达12.14万亿元，增加了1.44万亿元。

负债总额达到11.34万亿元，增加了1.33万亿元。全口径存款新增为四大行第二，增量占比提升3.7个百分点。企业存款余额突破5万亿元，日均新增居同业第一。2012年前10天的数字表明，2011年我行没做时点做虚数，存款增长还是比较稳定的。

NIM稳中有升，增加22BPS至2.7%。实现净利息收入2 996亿元，增加507亿元，生息资产规模稳步增长，带动净利息收入同比增长20.4%。

盈利能力进一步增强。全行实现净利润1 689.7亿元(集团口径1 694.8亿元)，同比增幅为27.4%(集团口径25.5%)。平均资产回报率(ROA)、平均股东权益回报率(ROE)分别为1.48%和22.63%(集团口径1.47%、22.54%)，成本收入比为35.60%(集团口径36.19%)。成功发行400亿元次级债，资本充足率状况得到巩固。

(二) 严肃执行宏观调控要求，信贷结构进一步优化

2011年，全行坚决执行中央宏观调控政策和各项监管要求，扎实推进信贷结构调整。年末各项贷款余额达6.19万亿元，增加7 440亿元，其中，人民币贷款增加7 272亿元，新增居四大行第二，总量、进度及投向符合监管要求，信贷结构持续改善。

一是大力支持重点领域和薄弱环节的发展。

——发挥传统优势，基础设施贷款主要支持在建续建项目，新增2 058亿元，占公司类贷款新增的50%。个人住房贷款余额、新增均为同业第一，资产质量同业最优。新增的住房贷款中，“一人一贷”占比约99%。累计对66个受托项目发放公积金项目贷款188.76亿元，同业占比为71%。

——小企业、涉农、保障房贷款快速增长。小企业贷款新增1 483亿元，增幅达37%，高于各项贷款平均增速23.5个百分点，贷款余额、增长额及客户数量均为四大行第二。涉农贷款突破1万亿元，增长20%。新农村建设、保障房贷款分别新增248亿元、202亿元，增幅分别高达375%和365%。

二是严控限制性领域贷款投放。

——钢铁、水泥等产能过剩行业信贷余额比年初减少284亿元，余额实现连续7个季度下降。

——房地产开发贷款仅新增6.5亿元，为近五年来最低。

——政府融资平台客户数、贷款余额双降，分别较年初减少153户、1 065亿元。现金流全覆盖类贷款占比较年初提高20个百分点达86%，无覆盖类降至3.8%。

（三）经营转型持续推进，收入结构不断改善

实现中间业务毛收入902亿元，同比增长32.7%，收入总量居四行第二。中间业务净收入占收入构成比重达22.5%，较上年提升1.6个百分点。个人结算、财务顾问、单位结算、理财产品收入已超过或接近百亿元。重点推进产品增势迅猛，贵金属收入翻番，国内保理、信用卡等4个产品增速超过50%。投资托管业务位居同业第二。

账户数量快速扩大，客户基础日益坚实。单位结算账户新增37.54万个，增量为四大行第三，增速为四大行第二。其中小额无贷户比年初增长25.72万户，增幅12.5%。有资产个人客户2.2亿个，较年初增加1 483万个，增量创历史新高。高端客户较年初增加2.5万个，增长20%。

综合化经营有序推进，战略协同机制逐步深化。已建立5家境内子公司、3家境外子公司，开业16家村镇银行，整体业务发展势头良好。

（四）战略业务长足发展，竞争优势不断显现

1. 金融市场业务经营状况明显改善。实现收入977亿元，本币债券投资组合收益率为3.35%，提升了46BPS。我行自有品牌实物金交易量、账户金交易量市场份额分别达到60%、45%。

2. 养老金业务规模稳步增加。签约客户数9 966户，增长122%，业务规模保持同业第二。成功中标中铁股份、中国兵器等7家央企账户管理业务，央企中标客户数量居同业第一。

3. “民本通达”市场份额不断提升。民生领域存款增加1 215亿元，增长18%，成为我行存款新增的有力支撑。依托“文化悦民”子品牌，与文化部联合建立合作对接和信息共享机制。“八一工程”市场占比从五年前的4%提升至22.51%。

4. 投资银行业务规模继续扩大，收益率同业领先。实现收入189.5亿元，增长36.36%。短期融资券等四项业务承销量市场排名第一；新型财务顾问收入四大行占比第一，在财务顾问收入中占比超过50%。

5. 电子银行业务快速增长，客户体验反映良好。网上银行、手机银行、短信银行客户数及产品应用，多项指标居同业前列。电子银行与柜面交易量之比达到207%，同比提高65个百分点。个人网银客户满意度达84.7%，居同业首位。

6. 国际业务发展较快，海外机构申设顺利。外汇全口径存款突破500亿美元，新增居行业第一。跨境人民币业务市场占比从上年末的9%上升至13.83%。海外机构已覆盖13个国家和地区，多伦多分行、迪拜、巴西子银行申设以及莫斯科、台北代表处升格工作推进顺利。

7. 信用卡各项主要业务指标保持良好，产品竞争力增强。累计发卡3 225万张，客户总量达2 783万个，消费交易额达5 889亿元，增长45%，实现业务收入104亿元。

（五）风险内控不断完善，资产质量持续向好

1. 表外业务管理年、海外风险管理年活动成效初显，管理薄弱情况有所改善。通过清理无效业务节约资本占用，加强贷款合同提款期和信用卡承诺管理，表外业务风险加权资产减少200亿元，节约资本占用48亿元。海外机构资产质量大幅提升，不良贷款率为0.58%，下降0.89个百分点。

2. 不良资产处置力度加大。全年共处置不良资产365亿元，实现现金回收227亿元，回收已核销坏账13.7亿元，创历史最高。

3. 资产质量保持稳定。不良贷款率为1.05%（集团口径），下降0.09个百分点。拨备覆盖率、贷款拨备比率分别为249%、2.64%，均好于监管标准。

（六）基础建设得到重视，服务水平明显提升

全力推进业务流程优化。前后台业务分离项目已在15家分行切换上线。全行实施的491个流程优化项目，已完成251项。中后台作业效率和前台客户营销服务能力大幅提高。

稳步推进网点转型和专业化经营机构建设。全行所有符合条件网点的二代转型推广工作已经完成，转型后客户经理将全身心服务于VIP客户。建成个贷中心940家，小企业经营中心240家，私人银行专营机构245家，专业化服务能力大幅提升。

总之，过去的一年，在国内外形势复杂多变的背景下，我行经受住了宏观政策变化、部分企业客户困难、行业案件反弹、美银连续减持等一连串考验，业务平稳健康持续发展，经营管理成绩优异，在资本市场表现稳定，向投资者交出了满意的答卷，有力地支持了国内经济发展，很好地履行了社会责任，也因此获得了国际、国内50多个评优机构的赞扬。成绩来之不易，令人振奋。这些成绩和荣誉的取得，得益于党中央、国务院的正确领导，得益于监管部门的支持帮助，也得益于全体员工的辛勤努力。借此机会，我谨代表高管层向与会同志并向全行员工表示真诚的感谢！

二、经营发展面临严峻挑战和新的机遇

当前，我国银行业已进入一个全新的发展阶段。全社会对信贷投放需求强烈，各方面对银行业绩褒贬不一。宏观形势异常复杂，监管要求更加严格，同业竞争越发激烈。银行自身巩固改革成果、防控各类风险都面临着严峻考验。

（一）关注形势变化，把握新的机遇

进入新的一年，世界政治周期、商业周期、地区动荡三者作用叠加，多种矛盾及利益冲突不断升级。全球经济金融危机远未结束，市场依然充满变数，总体形势更为严峻复杂。美国、欧洲、日本等主要发达经济体复苏乏力，货币政策维持宽松。欧债危机向欧元区核心国和银行体系扩散，银行间市场形势紧张。新兴经济体面临“防通胀”和“保增长”双重压力。全球大宗商品和金融市场震荡不定，市场信心普遍动摇。能源资源竞争加剧、贸易保护倾向更加突出。我国出口增速急剧下降，外需减弱，外向型客户受到很大冲击。

国内经济总体运行平稳，呈现增长较快、价格趋稳、效益较好、民生改善的良好态势，但不平衡、不协调、不可持续的矛盾和问题仍然突出。经济增长下行和物价上涨压力并存。中央将2012年经济增长目标定为7.5%，十几年来首次低于8%，可以预判，未来经济增长会有所放缓。国内通胀压力虽稍有缓解，但仍面临输入性通胀和成本上升等压力，管理通胀预期任务依然艰巨。部分企业生产经营困难，能源、环境约束问题日益尖锐。此外，银行还面临房地产泡沫释放、地方融资平台集中还债、企业跨境投资风险加大等诸多风险，调整信贷结构和保持资产质量难度增加。

尽管如此，我国仍处于发展的重要战略机遇期。中央多策并举扩大内需，着力保障和改善民生，实体经济、民生领域、服务业、流通业、水利事业、新农村建设等都是银行新业务增长点；国务院研究部署加快发展下一代互联网产业，新一代信息技术、电子商务等战略新兴领域对银行来说也都蕴藏着宝贵商机。

（二）货币政策稳中有变，监管要求更趋严格

中央经济工作会议决定2012年继续实行稳健的货币政策，但会因时、因势进行预调、微调，经济稳中求进，信贷有保有压。确定2012年M_2预期增长14%，高于上年的13.6%，预示政策会稍有宽松，估计2012年贷款新增会达到8万亿元。前不久，存款准备金率下调，资金供给已有所增加。

全国金融工作会议和人民银行工作会议提出择机建立存款保险制度，稳步推进利率市场化，稳妥有序地推进人民币资本项目可兑换，在规范的基础上扩大人民币在跨境贸易投资中的使用；发展改革委正制定办法，规范银行收费。这些都要求商业银行提高资金营运、服务创新、合理定价的能力。

上周召开的2012年大型银行监管会议向五大系统性重要商业银行提出了新的监管要求，对银行未来发展影响深远。

要求大银行准确把握发展基调、服务方向、

改革重点和创新精髓，坚持稳健发展，支持实体经济，贯彻落实产业政策要求，提高服务水平，建立科学有效的激励约束机制和高效的运营机制。金融创新必须面向市场、贴近客户，确保将资金配置到最急需的行业、地区、项目和企业。

要求大银行准确把握风险防线。明确了“三长”的责任，强调了各部门的职责，要求五级分类要实、统计数字要准，促进风险早发现、早暴露。

要求大银行对平台贷款、房地产贷款、大型企业集团贷款开展动态压力测试；及时对押品进行价值重估，补足抵押担保。要落实“腕骨”监管指标体系要求，确保各项风险指标达标。

（三）重视差距不足，提升经营管理能力

1. 竞争能力有所减弱。在充分肯定成绩的时候，更要清醒地认识自身的差距不足。2011 年，银行间竞争空前激烈，我行在一些领域竞争力下降问题显现出来。

在基础业务领域竞争力下降。如存款，四大行存款份额自 2009 年以来逐年下降，近三年在全部金融机构中占比分别为 46%、38%、33%。自 2006 年起，我行存款新增连续四年保持四大行第一、第二，余额追至四大行第二，但 2011 年一般性存款新增四大行第四，甚至有一半分行没完成计划，在当地的市场份额下降。如中间业务，近几年我行保持总量、增量第二，增速第一，2011 年增速降至第三。

在有的新兴业务上失去先机。国家“十二五”规划提出五年间计划发行社保卡 8 亿张，2012 年发行 1.5 亿张。人保部和人民银行又宣布社保卡搭载金融功能，社保 IC 卡成为各家银行抢夺的重点。商业银行共发行金融 IC 卡 1 815 万张，其中工商银行 1 586 万张，中国银行 123 万张，我行仅发行 96 万张，相差太大。

在传统优势业务上地位动摇。我行具有房改金融传统优势，至今市场份额接近 60%，一枝独秀，但近些年有的分行在当地市场的竞争力逐年下降。

竞争能力减弱的原因有多种。一是网点偏少。我行比工商银行少 3 000 多个，比农业银行少 1 万个，使我们在竞争的基础上弱了下来。二是精神状态。2011 年二十多个分行领导调整后，绝大部分班子团结，队伍精神振奋，工作跃上了新的台阶，但是有的同志精神状态不佳，工作起色不大。三是机制问题。总行的定价、产品创新、激励约束等管理机制和工作措施需要进一步改进。

2. 授信管理能力有待提高。2011 年全行处置不良贷款 352 亿元，当年又新增不良贷款 387 亿元，年末不良贷款余额 680 亿元，不良贷款率为 1.07%（本行口径）。剔除新投放贷款增量稀释因素后，不良比率真实水平是 1.22%。不良额、不良率不仅没有下降，反而还在上升。而且重大信贷风险事件时有发生，小额不良更是频频冒出，潜在风险隐患令人担忧。

造成这种局面，既有外因也有内因，内因是主要矛盾。外部环境确实对部分企业客户影响很大，有些贷款客户超越能力投资，战线过长、隔行取利、管理混乱，参与非法集资和借入高利贷，而我行却未能及时发现并采取必要措施，甚至还在增加贷款。这反映出授信管理方面仍存在一些不足：

一是授信管理体制不够完善，职责不清，机制存在缺陷。二是贷款“三查”执行不严，尤其是贷时审查、贷后管理职责在有的分支机构得不到认真落实，新发生不良中因不负责任造成的问题较为突出。三是信贷队伍参差不齐。个别人利用权力搞关系贷款、人情贷款；以贷谋私、以贷谋利没有禁绝；甚至还有极个别人不惜铤而走险，帮助企业弄虚作假，利用信贷、委托贷款、贸易融资、理财产品等手段骗取我行资金。

3. 案件防控能力仍需加强。2011 年下半年以来，案件明显反弹，案发数量增加，引起了总行党委和高管层的高度重视。原因比较复杂：由于货币政策和市场环境变化，尤其临近岁末年初，以银行为目标的外部欺诈增多；也有个别内部人员经不起诱惑顶风作案；合规内控不严，防控案件能力存有欠缺之处。

三、坚定信心，稳中求进，坚持发展

（一）明确目标，准确把握业务发展战略

面对纷繁复杂的内外部形势，总行确定 2012 年的业务发展重点是大力支持和服务实体经济，以效益为中心、以客户为基础、以质量为重点、以安全为保障，稳中求进、科学发展，逐步缩小与市场领先者的差距，扩大与跟随者的优势。

主要业务发展目标：存款和中间业务收入要巩固现有市场份额，争取做到稳中有升。人民币全口径存款争取目标13 000亿元，增长12.5%；必保目标新增11 700亿元，增长11.2%；外币存款新增400亿元，增长9.9%，中间业务净收入1 061亿元，增长20%。

2012年的经营计划是基于对宏观经济形势、同业发展态势以及我行的经营能力认真分析研判、反复研究讨论、广泛征求意见后确定的，应该说是比较积极的，相信通过全行努力也是能实现的。商业银行的业务发展和市场地位如逆水行舟，不进则退。为保证我行的改革成果、竞争实力得到巩固，总行将采取科学合理配置资源，强化完善渠道建设、产品研发、服务创新等保障措施。全行各级管理人员也要对2012年的形势有清楚的判断，对完成任务采取有力行动。

（二）立足长远发展，打牢持续发展基础

1. 扩大客户基础。我行公司客户连续几年增量都位居行业前列，但至今仍与工商银行、农业银行两行差距很大，要努力缩小差距。近几年，部分分行积累了从源头做起抓客户、通过提供差异化服务和产品覆盖度增加客户、用信贷资金带动基本账户增加等经验做法，各分行要交流借鉴，总行要及时推广。目前，总行正在重新审视开户流程，提高服务效率。要树立更高标准，摆脱被动的业务跟随模式，创新产品服务与业务联动交叉销售相结合，旺季营销与精细化服务相结合，进一步巩固拓展客户，尤其是中小企业客户、民本通达重点客户、个人富裕客户和私人银行客户等。

2. 完善网络渠道。几年前，我们就强调完善的网络、合理的布局对于一家商业银行的重要意义，未来建设银行赖以与其他商业银行展开竞争最基本的资源是网络。监管机构会择机严控市场准入，再想增加网点将很困难。

2012年计划新增800个网点，这需要全行上下的共同努力。新设网点需要中国银监会和各地银监局的双重批准，各分行要把握时机、及时报告沟通，力争完成任务。珍惜资源闲置的牌照、歇业的网点，要充分利用，抓紧复业。创造条件，扩大综合性、多功能网点数量，丰富功能、完善服务，单一功能网点要逐步减少。争取尽快获得私人银行业务金融许可证，把私人银行专营机构建成经营中心。加强电子渠道建设，增加1万台自助设备。固定资产投资将向完善网络渠道倾斜，人力资源财务费用与之密切匹配。

3. 夯实IT工作基础。2011年，我们完成了IT基本架构规划，完成了企业级业务建模与数据建模的阶段性工作，并规划了实施路线图。2012年，在保障系统安全稳定运行、支持市场及监管要求的前提下，要集中业务与技术的优势力量，全面推进“新一代”信息系统建设。深入开展业务流程“五级建模”工作，统一全行业务需求管理；搭建“新一代”信息系统的技术平台，并在客户资产管理、托管、代理等领域先期释放功能，提升客户服务及新产品研发水平；实现在渠道服务层面大幅提升客户体验，体现我行创新实力；进一步加强IT风险管理，加快“两地三中心”基础设施建设；推进全行IT资源的统一管理与调配，加大开发中心“一体化管理”力度。

4. 完善机制基础。总行将优化激励约束机制，取消封顶保底政策，经营好的行不会吃亏，发展乏力的行不再给予资源配置上的保证和承诺。增加存款、客户、账户等核心业务指标在等级行评定、KPI考核和费用挂钩中的权重。加大一级分行信贷资源的支配权力，继续调整内部转移价格，向分行让利，鼓励分行增加客户、增加网点、增加存款。提升中心城市行和重点区域业务发展目标，加大支持力度。对重点分行进行“一行一策”试点。强化总行部门绩效评价，研究明确利益分配机制，密切总分行、境内外、本外币、条线间、分行间、母子公司间联动，发挥全行整体优势。

（三）发挥传统优势，深入调整结构，推进经营转型

1. 支持重点领域和薄弱环节，调整信贷结构，大力支持实体经济的发展。一是发挥在基础设施建设金融服务的优势，支持国家重点在建续建项目建设；支持保障住房建设，巩固个人住房金融服务的领先地位。二是坚持创新并推广成果，重点支持小微企业、民生领域、涉农业务的发展，支持文化产业、水利事业、新农村建设。三是坚决执行好产业政策，支持国家鼓励的行业产业发展，使平台贷款继续下降，继续控制房地产开发贷款，继续严控向“两高一剩”和限制性行业发放贷款，争取保持这类贷款余额持续减少的态势。

为保证深入推进调整信贷结构，总行将加强资金调度。2012 年国家有可能推出存款保险制度，我们要贯彻执行好，在保持合理流动性的同时，管好、用好信贷资源。人民银行将沿用差别准备金动态管理办法，实行逐季按月核定贷款计划。2011 年 12 月下旬，总行已把 2012 年 1 月信贷计划分配至各分行。我行人民币贷款新增计划暂按 7 000 亿元安排，增速为 11.6%。其中，信用卡消费新增 440 亿元，由信用卡中心统一管理。其余部分分配到一级分行。贷款季度投放节奏为 3:3:2:2。与以往的管理办法不同，2012 年信贷资源直接分配到分行，分行的自主调剂权更大。

明确信贷计划配置原则。一是存贷挂钩，重在通过贷款带动存款、中间业务及各项战略性业务发展；二是强化资本约束意识，提高资本运用效率和回报水平；三是维护地方关系，保障抗灾、救灾和灾后重建资金需要；四是维护一些分行在当地的竞争优势和市场地位；五是保障全行业务的急需，解决一些全行性问题和战略客户需要。

提升信贷经营能力。希望大家认真履职，主动选择客户，确定目标企业。总行要牵头完善体制、优化机制。

2. 打造中间业务服务品牌，保证收费业务健康发展。2012 年中间业务收入增长计划确定为 20%，与有些银行确定的目标大相径庭，这是审时度势作出的安排。第一，国家有关部委和监管机构正在制定管理办法，规范商业银行收费标准，整治贷款捆绑收费、强制收费、只收费不服务等现象。第二，全社会都在抨击商业银行向小企业不合理收费，不能顶风硬收。第三，要消化停收、免收 34 项服务收费和调整银行卡刷卡手续费的影响。

中间业务仍是我行经营重点之一，是实现收入结构调整和整体转型的重要载体。把具有特点优势和强大竞争力的产品服务打造成品牌，已经具备条件的业务要努力保持市场领先水平。保证我行中间业务整体市场地位，部分地位下降的分行不能拖全行后腿。努力改进服务，合理定价、规范收费，坚决执行好新的收费规定。

3. 高度重视抓住机遇，积极推进战略性业务发展。

第一类是投入产出暂不平衡，但现在投入未来获利、现在抓住市场客户就可以长期稳定的业务，如跨境人民币结算、养老金业务、消费性金融等。

——跨境人民币结算业务我行已有很好的基础，要通过合理定价、授信共享、币种转换、增加服务品种等方法，扩大客户群体，将在整个银行业的市场份额提高到 15% 以上。

——养老金业务我行一直保持市场第二位置，功能齐全，发展很快，但在行际间发展极不平衡，主要是认识和重视不够的问题。要提高认识、高度重视。

——消费金融是尚未被银行业重视的领域。我国经济长期以来之所以快速发展，依靠“三驾马车”，即投资、外贸、内需，今后会更依赖扩大内需，消费金融潜力很大。

第二类是我行领先、前景仍很广阔的业务，如民本通达、保障房建设、房改金融、电子银行等，要发挥我行在这些领域经验丰富、特点突出的优势，保持领先地位。

要以更高标准、更大力度发展电子银行业务。我行电子银行业务已跻身第一方阵，发展潜力和空间仍很巨大。要把握客户体验和安全两个基本点，提升渠道交易、平台销售、系统服务、业务创新和风险控制能力。

第三类是刚开始兴起、我行却已落后的业务，如金融 IC 卡等，2012 年是全国各地陆续启动的关键时期，要加大投入和营销力度，扭转落后局面。

（四）进一步增强风险意识，守牢风险底线

要深刻理解国务院领导同志的指示精神，充分认识到尽管欧美银行评级不断被下调，国内银行经营状况良好，但成绩能否长期保持值得深思。即使现在盈利能力很强，但是基础依然脆弱，潜在问题不少。要贯彻落实中央要求，切实增强风险意识、忧患意识，推进全面风险管理，确保全行经营管理改革发展的长治久安。

1. 完善授信管理体制、机制，提高授信队伍素质。总行领导非常重视这项工作，春节过后将加快推动。完善授信体制，必须把贷时审查、贷后管理真正管起来，把放款中心、信贷工程纳入管理范围，把授权搞得更完善。

2. 巩固抵质押物管理年、贷后管理年、表外业务管理年和海外风险管理年活动成果，由粗及细、由表及里地加强风险管理。启动金融市场业务管理年活动，开展建银国际及其下属公司的整顿。将风险管理的理念、制度、工具、措施、专门人才向整个集团各领域，包括子公司和海外机构推进。

3. 防范化解重大风险隐患。

一是平台贷款。我行平台贷款今明两年分别有1 262亿元、692亿元到期，要抓住中央“防范地方政府债务风险，妥善处理存量债务”的机会，提前制定“一户一策”措施，落实还款来源。对以后年度到期的，要努力提高现金流覆盖的水平，加固债权。

二是公路贷款。严控新的贷款和其他新的产品进入。在二级公路取消收费以后，要准确风险分类，及时处置和化解风险。

三是船舶垫款。金融危机爆发后，我行严控船舶制造业及相关的授信业务，但自2011年春天以来，个别产品出现了风险逐渐蔓延苗头。不仅要使贷款减少，也要严控担保类新业务的审批，存量加快退出。

四是房地产抵质押物。房地产价格下降是大势所趋，仅仅控制房地产贷款还不够，我行有超过10万亿元的抵质押物，其中很大比重是房地产。要密切关注抵质押物价值变动，价格下降，要及时补足。

4. 严防新的风险领域。

——警惕小贷公司、担保公司、典当商行等类似机构的风险。这些机构缺乏监管，风险较大。我行相关贷款余额已超过30多亿元，要严格执行好监管要求和总行制度。

——警惕我行贷款对象参与非法集资，通过地下钱庄等借入高利贷。对这类企业坚决不能提供新贷款，存量贷款坚决收回。

——警惕对同一个客户不同分支行多头贷款，只重贷款，而忽视了管理的问题。几个分行暴露出来的问题教训深刻。

——警惕曾经逃废过我行债务，又改头换面套取我行资金的问题，对这些企业和个人要记入黑名单，不能贷款。

5. 做实风险分类，及时报告问题。银行经营会有风险，就怕发现不了问题，就怕发现问题后欺上瞒下、贻误时机，最后形成损失。隐瞒不报，造成重大损失和严重后果的，要从严追究责任。

各级领导要坚持以人为本，强化责任文化，对全行利益负责、对员工负责，层层落实责任。加强培训教育和监督提醒，让基层员工了解规则，严格执行规则。

6. 坚决遏制案件反弹。重点分析2011年案发环节、细节，找出规律、堵塞漏洞。提高合规意识，管控员工行为，纠正不规范操作。加大防控案件排查，不走过场。完善预案，防范社会极端分子破坏行为。

7. 积极配合审计检查。自2008年开始，国家审计署已连续对我行做了四次审计检查调查。2011年审计署对我行开展的审计调查工作已接近尾声，还未就审计最终结果与总行交换意见。对审计署提出的问题，形成的审计结论，总行相关部门和分行要认真核实、及时沟通、积极整改。据了解，我行是审计署2012年确定的五个被审计检查单位之一，这次审计会更加全面和深入。审计检查是对银行合规经营的检验，也是发现问题、亡羊补牢的机会。要高度重视、早做准备、认真配合、自查自纠、抓紧整改。对于2011年内审检查发现的问题，尤其是屡查屡犯的问题，要提高整改的有效性，真正从源头、从深层次解决问题。

同志们，2012年是实施“十二五”规划承上启下的重要一年，让我们坚定信心、扎实工作、稳中求进，保持改革发展的良好势头，以优异成绩迎接党的十八大召开，向中央、向大股东、向社会各界献出一份新的厚礼！

在2012年海外工作座谈会上的讲话

张建国

（2012年1月19日）

同志们：

我每年都参加在年初全行工作会议期间套开的海外工作座谈会，在别的银行曾经做过和分管过这方面的工作，所以对国际业务感情深厚。下面我讲几点意见。

一、2011年全行重视，海外整体工作取得很大进步

2011年海外业务整体发展较快、质量提高、财务贡献进步显著，海外机构创建、整体风险管理水平及员工素质提升等方面也都取得了非常可喜的成绩。但是从更高层面上看，2011年取得的进步还远远不止这些。

第一，总行各部门、各海外机构从未像现在这样高度重视海外战略的顺利推进。在全行“十二五”规划中，依然将海外发展作为重大战略之一，并提高了在全行整体战略发展中的地位和作用。2011年下半年，国际部牵头草拟了落实“十二五”海外发展规划的具体工作方案，从更高层次和更广阔视野上对建设银行中长期海外发展作了描述，明确了未来努力的方向。

第二，2011年我行海外发展、品牌形象、作用影响等在国内广大客户和同业中的地位显著提升。特别是2011年11月下旬，中国银监会组织召开了建设银行国际监管联席会议，会上我们向各海外机构所在地的监管人员介绍了建设银行整体情况，描述了未来我行发展的目标。通过这次会议，各国监管机构对我行有了深刻了解，进一步认识到建设银行是全球第二大银行，经营业绩良好，从而扩大了我行的国际影响力。2011年我一共会见了130多个集团客户，其中许多都是我行的战略合作伙伴，都有与我行扩大海外业务合作的需求。

第三，海外的基础建设、客户培育、人才培养等都得到了进一步重视，有了明显的进步。我自2006年来到建设银行后，我就提出海外业务的健康发展必须依托强大的IT系统支持。前年初，新的海外核心业务系统（OCBS）率先在香港分行成功上线，但那时全行对于海外要不要上这个系统、这个系统究竟能发挥怎样的作用还是仁者见仁、智者见智。现在看来，没有那时的工作，就没有今天我们下定决心推动海外发展。

第四，所有海外机构高管人员的风险意识、风险管控的措施都有了很大提高。历史的教训十分深刻，现实的损失十分惨重，通过这些教训，让大家的风险管理境界提升到一个新的层次。因此，2011年海外业务风险管理年活动才有序推进，打下了海外机构风险管理的坚实基础。

二、2012年形势更加严峻，海外基础依然薄弱，要切实保证安全平稳运行

第一，标普对欧洲9国降低主权评级，在一定程度上反映出全球金融危机、欧债危机远未结束。无论全球经济危机、金融危机，甚至演化成财政危机，对中国经济、金融包括建设银行的影响终究还有一定限度，但是各家海外机构在市场化程度很高的国家和地区独立经营，感受到的市场冲击、危机影响可能更为深切。

第二，自身基础依然薄弱。我行自从设立第一家海外机构以来经历了二十年的发展历程，这其中有成功的喜悦，也有深刻的教训。我们总说“三道防线”，但曾经发生的损失和现存的风险令

人深思，它反映出即使2011年我们经营改善，但基础依然脆弱，尤其是风险管理，海外机构人员的风险意识仍亟待提高。

第三，尽管国际金融危机仍未过去，但是全行的海外发展战略还要坚持稳步推进，在新一轮危机影响过程中我们推进海外机构建设，需要有更优秀的人才、更好的抵御风险的基础和能力。

第四，2011年海外业务发展很快，尤其是几个产品构成了强大的品牌特点。但是要看到各地法律不同，要求很高。经常有行内同事警示我们有些业务结构存在着严重失衡，有的海外机构过分依赖于海外代付业务，使其资产负债表不匹配，有的甚至已经引起了当地监管机构的高度重视。当然，有的战略性业务，全行抓住了机遇，内外联动，取得了成效，比如跨境人民币业务。未来，全行要进一步重视海外机构发展，进一步坚定信心、加强联动，实现提升海外机构整体经营管理水平的目标。

三、海外发展任务艰巨，大家肩负着历史使命，要不遗余力地推进相关工作

第一，王洪章董事长来了以后特别重视海外业务，不断跟行领导交流沟通，现在确定下来用两种方式，即通过自身创建和抓住机遇适时并购，继续推进我行海外发展。2012年任务比较重，希望在申设方面能够取得重大突破。台北代表处到2012年4月就成立一年了，按照台湾地区监管机构的要求，代表处成立满一年就可申请设立分行，其他几个地方的申设工作也已启动，要抓住机遇，努力推进，确保成功。

第二，国际部起草了一个落实总行未来中长期海外发展规划的实施方案，小范围已经讨论过一次，近期我们将再讨论一次，并将由王洪章董事长主持召开党委会审定。如果确定下来将成为未来几年我行海外发展的基本依据，全行要抓好落实。

第三，我行人才济济，要加强海外人才培养。过去几年，总行加强了海外人才库建设，选了几百人，但总体看来，派往海外的人才与海外发展要求仍相去甚远。2011年11月，总行在北京外国语大学搞了第二期英语强化培训班，学员来自总行和各个分行，包括各个领域、各个条线，通过学习外语有了提高，但仍需刻苦努力才能适应海外工作要求。在发现人才、培养人才、大胆地使用人才方面，海外机构要跟总行联动，多接收一些总行派出的人员，为全行培养一批能够适应未来海外发展的优秀人才。建设银行事业百年大计、基业常青，需要有人来传承。

第四，加强制度流程、IT等基础建设。昨天全行工作会上，张福荣监事长重点讲了流程银行建设，监事长的讲话不光指境内分行，也包括海外机构，要认真贯彻执行。

第五，进一步加强内控，做好风险管理。2011年总行实施了海外业务风险管理年活动，整体状况不错，不良资产显著下降，业务规模扩大，盈利水平大幅提高，但潜在问题依然不少，随着时间推移有些风险还会暴露。大家长期担任海外领导职务，要带头执行好总行规则。银行经营的就是风险领域的业务，不可能不出风险，但发生问题后必须及时报告、积极应对、认真整改。

通过改革以来的共同努力，我行已成为国内规模巨大、结构完善、质量良好、资本充足、获利能力和竞争实力不断增强的商业银行，全行也期盼着我行海外机构取得更高的成绩，跃上更高的水平。

提振信心谋发展　稳中求进上水平

——在全行公司机构业务工作会议上的讲话

张建国

（2012 年 2 月 14 日）

同志们：

刚才陈佐夫副行长代表总行党委和高管层做了一个非常好的报告，我完全赞同。会议还有一天的时间，希望大家认真领会、集思广益、群策群力，研究提出细化落实措施。这次会议，总行四位行领导参会，公司业务部、集团客户部、机构业务部、养老金业务部四个部门共同筹备召开，各分行分管行领导、部门总经理也来了四五位，重视程度之高、规模之大前所未有。这次会议的主题是贯彻落实全行工作会议精神，总结 2011 年的经营管理情况，分析形势、研究问题，部署 2012 年的各项工作，我也完全赞同。围绕这个主题，我讲三点意见，供大家讨论。

一、2011 年全行经营管理业绩突出，对公条线贡献显著

对于中国银行业而言，刚刚过去的一年是极具挑战性的一年，国内外形势异常复杂严峻，国际金融危机余波未平，欧洲债务危机阴云又起，国内经济总体向好，但仍面临诸多挑战；同业竞争异常激烈，四大行存款等主要业务几近胶着；监管要求异常严格，"腕骨"指标体系、融资平台清理、信贷合规检查、贷款新规实施等全面推进。正是在这种形势之下，我们审时度势、准确判断、明确方向、突出重点、果断实施，整体经营管理表现良好。主要概括为 5 个方面。

（一）市场形象全面提升，盈利水平持续增强

2011 年底，标普将我行评级由 A－级调升至 A 级，工商银行的评级则维持在 A 级不变；在全球市值榜单中，我行继续位列全球第二大银行；在英国《银行家》杂志 2 月刊发的"全球银行品牌 500 强排名"中，我行以 154.64 亿美元的综合品牌价值首次荣膺中国银行业第一位，全球第十位，并跻身"亚太区银行品牌十强"第一位、"全球零售银行品牌十强"第八位。国际权威评级机构的信用评级、品牌价值及上市公司市值排名彰显了我行的国际形象、社会声誉。

全行资产、负债规模双双取得新突破。资产规模突破 12 万亿元大关，达到 12.14 万亿元，其中人民币各项贷款 6.02 万亿元；公司类贷款 4.35 万亿元。全行负债总额达到 11.34 万亿元，其中一般性存款 9.8 万亿元；企业存款 2011 年 6 月首破 5 万亿元大关。历史来看，企业存款从 1 万亿元增至 3 万亿元用了 7 年半时间，从 3 万亿元增至 5 万亿元仅用不到 3 年，进步巨大。

盈利能力进一步增强。2011 年，全行实现净利润 1 689.7 亿元，同比增长 27.4%。平均资产回报率（ROA）1.48%，平均股东权益回报率（ROE）为 22.63%。全行实现贷款利息收入3 393 亿元，其中，公司类贷款利息收入 2 555 亿元，对全行贡献超过 75%。特别是对公板块 7 月末实施利率机控以来，对公贷款定价水平一路走高，超过 90% 的贷款执行基准及上浮利率，对全行效益提升作出了巨大贡献。全行实现中间业务毛收入 902 亿元，增长 32.74%，在四大行中排名第二；中间业务净收入占主营业务收入比重达 22.5%，较上年提升 1.6 个百分点，转型成效凸显；其中公司中间业务收入表现不俗，全年实现 481 亿元（与工商银行可比口径），增幅为 33%，一举超过工商银行 5.81 亿元，首年跃居四大行首位，成绩巨大。造价咨询业务、单位人民币结算、

国内保理、银团贷款等重点产品亮点纷呈。

（二）执行政策严肃有力，总量调控表现优异

近年来，监管部门对信贷规模的管控日趋精细化，由2006年最早的年度控制、到季度管控、到2011年的逐月调控。不管是哪种管控方式，我们在总量安排、投向结构、节奏把握上，一贯严格执行国家货币信贷政策，在政策的敏感度上，在执行的力度和准确度上，都得到了监管部门的高度评价，有的媒体称我们是先知先觉的策略，我认为是有一定道理的。

2011年，在总量调控上，对公条线功不可没，“兜底”全行信贷总量，体现出了较强的大局意识、责任意识和坚决的执行力。全行贷款计划完成率达99.93%，对公贷款计划完成率达99.95%，33家分行基本是“零偏差”，管理之高效、调控之精准，靠的是全行，尤其是在座各位的努力和辛勤付出。

（三）信贷结构不断优化，监管部门高度评价

2011年，全行不折不扣地执行国家各项监管要求，扎实推进信贷结构调整，大力支持基础设施、小企业、涉农、保障房、新农村等重点领域和薄弱环节发展，严控6+1、政府融资平台、房地产、二级路等限制性领域贷款投放，信贷结构进一步优化。我行对“三农”提供的金融服务得到党中央、国务院领导的充分肯定；中国银监会在给国务院的一份报告中，指出建设银行平台贷款发现早、行动快、措施实；我们全面深入贯彻贷款新规，中国银监会在2011年4—7月对我行进行的全面信贷合规检查中，对我行贯彻落实监管要求总体情况给予了充分肯定和正面评价，2011年末，全行固贷、流贷“受托支付比例”均达到98%以上，超过监管部门80%的要求。

（四）经营转型持续推进，战略业务强劲增长

股改上市后，我们在深入分析金融业发展规律的基础上，明确经营转型战略，超前判断、创新模式、科学发展。凭借敏锐的市场洞察力和超强的战斗力，几年来，我们在基本建设贷款、结算业务、造价咨询等基础性、传统优势业务领域市场竞争力不断增强，在中间业务、零售业务、新兴业务等方面也取得了长足发展，培育出了新的特色优势。

网络银行领跑同业。从2007年到现在经过了几年的发展，网络银行从无到有，合作平台已有9家，覆盖了三流合一、第三方支付、电子政务等各类平台，累计发放贷款660亿元，累计服务客户超万户，综合收益水平达到平均上浮41%，风险控制良好。

机构业务市场影响力不断提升。“民本通达”、“八一工程”等品牌营销不断深入，相关业务领域不断取得新突破。金融社保卡业务快速起步、成功占据市场第二地位；与总后勤部签署账户和资金监管协议，推动解放军总医院银医合作系统成功上线。

养老金业务规模稳步增加。受托、账管、托管业务规模均保持同业第二；央企中标客户数量位居同业第一，是近三年来唯一一家中标同一大型央企受托人和账户管理人资格的企业年金管理机构；金融机构企业年金最大服务供应商。

投资托管业务总规模市场位次提升一位、居同业第二；全面打开大、中、小保险公司托管大门；以总分第一获《全球托管人》2011年度“中国最佳托管银行”称号；获和讯网2011年中国“最佳资产托管银行”奖。

投资银行业务同业领先。新型财务顾问业务收入、理财业务收入、非金融企业债务融资工具、短期融资券、超短期融资券、私募债券承销量及承销只数均列同业首位。

金融市场相关业务表现优异。记账式国债柜台交易、短融和中票合计发行额、贵金属业务收入同业第二位。推出个人实物金经销及代销、人民币账户银、铂交易、代客黄金远期交易等业务产品，贵金属业务产品线不断完善；成功发行次级债400亿元，市场反应良好。

电子银行业务各项指标良好。电子银行渠道交易量快速增长，2011年底，与柜面渠道交易量之比达到207%；个人网银客户、企业网银客户及交易量等主要指标增长都非常快，客户满意度也很高。

信用卡业务卡均交易额、不良率等质量指标同业第一，发卡量、贷款余额等规模指标同业第二。

（五）基础管理扎实推进，资产质量持续向好

内控建设持续强化。2011 年是我们按照监管要求实施《企业内部控制基本规范》的第一年，全行上下加强组织推动，全面梳理完善了内控体系，制定了内控管理及评价的有关制度，在全行范围内开展内控自我测试评价工作，内控规范实施工作初见成效。开展表外业务管理年、海外风险管理年活动；海外机构资产质量大幅提升。加强信贷基础管理，开展“八大突出案件”专项治理活动。完善贷后管理体系建设，深入推进贷后岗位分离，加强信贷经理队伍建设。探索贷后管理新模式，研究放款中心设立方案。

管理手段、工具日臻完善。近些年，我们陆续推出并完善了行业限额、压力测试、名单制管理、风险监测、风险提示与排查等内控管理手段与工具，内控管理能力不断增强。比如名单制管理，现在已经有 19 个行业，产能过剩行业已经全部涵盖，2012 年还会增加聚氯乙烯（PVC）制造行业、屠宰及肉类加工行业、乳制品行业等几个行业。2011 年公司部制定了信贷核准管理办法，流程和标准进一步规范。公司部、集团部等部门还经常给大家一些风险提示，强化指导。将行业名单制管理、政府融资平台标识等功能嵌入计算机系统，增强机控管理水平。这些都在风险防范、提高收益方面发挥了积极作用，要坚持，还要不断创新、强化。

“腕骨”指标执行良好，资产质量保持稳定。中国银监会七大类十三项指标“腕骨”指标，只有单一集团客户风险集中度还没有达到目标要求，但得到了中国银监会的首肯，其他十二项指标全面完成。集团不良贷款率为 1.05%，下降 0.09 个百分点；拨备覆盖率、贷款拨备比率分别为 249%、2.64%，均优于监管标准。

同志们，2011 年全行各项业务包括公司机构业务都取得了骄人的成绩，这些成绩的取得，是全体建设银行员工克服困难、甘于奉献的结果，充分体现了大家顾全大局、迎难而上、团结拼搏的精神，在此，我代表总行党委、高管层向你们并通过你们向对公条线的广大员工表示衷心的感谢！

二、认真研判形势，正视差距和不足

（一）国内外形势仍然比较复杂严峻

从国际看，主要发达经济体经济复苏乏力，失业率居高不下，美国失业率为 8.5%，欧元区失业率为 10.3%。欧债危机向核心国家扩散，有深化蔓延之势，法国 10 年期国债收益率升至 3.8%，与德国同期国债收益率价差超过 200 个基点，为欧元区创立以来首次。新兴经济体面临着增长放缓和通货膨胀的双重压力，2011 年第三季度，巴西、印度 GDP 同比增速分别比上季度回落 1.2 个、0.9 个百分点，而同期 CPI 分别达到 7%、9% 左右。部分地区政治社会局势动荡加剧了国际能源、金融市场波动。伊朗核争端日渐升级，一名核专家遇袭身亡、美国通过经济制裁与外交途径不断施压；叙利亚局势持续动荡，战火不断，已烧至首都大马士革；伊朗威胁对欧洲联盟断油 5－15 年，一旦伊朗兑现威胁，必将引起油价大幅上涨。全球贸易保护主义倾向日趋明显，2010 年 7 月至 2011 年 6 月底，世界贸易组织成员国共发起反倾销调查 169 起。世界经济远未走出全球金融危机的阴影，2012 年 1 月，国际货币基金组织（IMF）发布了最新年度《世界经济展望》报告，认为全球经济增长前景暗淡，下行风险加剧。受欧元区主权债务利率的上升、银行去杠杆化对实体经济产生的效应，以及进一步财政整顿的影响，2012 年全球产出预计将扩张 3.25%，比 2011 年 9 月的《世界经济展望》报告相比，下调了 0.75 个百分点。

从国内看，我国仍处于经济社会发展的重要战略机遇期，基本面没有发生变化，经济在较长时间内将继续保持平稳较快发展。从 2012 年形势看，要牢牢把握稳中求进的总基调，对于影响经济发展的有利因素和不利因素，都不能忽视。

有利因素包括：一是我国仍处于工业化、城市化加速发展时期，未来发展前景广阔。工业化水平的提高，农村人口不断向城镇转移，将激发巨大的投资和消费需求，持续拉动经济。2011 年我国城镇化水平达到 51.27%，城镇人口首次超过农村人口。二是中西部地区承接东部地区产业转移步伐加快。近年来，中西部地区依托自身产业基础和资源优势，不断承接东部地区劳动密集型产业转移，产业升级换代效应逐步显现。三是战略性新兴产业快速发展。在国家的大力扶持下，以装备制造业、高新技术产业为代表的战略性新兴产业持续快速发展，为经济增长增添了新的动力。四是投资有望保持较快增长。近年来，国家不断扩大民间投资准入范围，改善民间投资环境，民间投资增速持续快于全部投资，有望拉动2012年投资增长。五是2012年将召开党的十八大。党的十八大即将召开，必将激发各方面加快发展的积极性，为经济社会发展提供强大动力。

不利因素主要是我国经济发展中不平衡、不协调、不可持续的矛盾和问题仍然突出，尤其是近期经济运行中又出现了一些新情况、新问题：2011年第四季度工业、出口、企业利润等主要指标回落幅度有所加大，经济增长面临下行压力；国内劳动力、资源等要素成本上升呈长期化趋势，世界范围内流动性总体充裕，物价走势还存在反弹的可能；财政金融领域潜在风险不容忽视，部分在建项目资金出现缺口，房地产市场走势仍不明朗，地方政府债务问题凸显；部分小微企业生产经营困难依然突出，节能减排形势依然严峻；受2012年地方政府换届影响，各地投资热情高涨。这些新情况、新问题给我国2012年的经济走势增加了不确定性。

（二）货币政策稳中有松，监管要求更趋严厉

2011年12月以来，中央经济工作会议、全国金融工作会议、中国人民银行工作会议、中国银监会工作会议、大型银行监管工作会议相继召开，提出了金融工作、监管工作的重点和具体任务。

中央工作经济会议明确提出2012年继续实施稳健的货币政策，适时适度进行预调、微调。2011年12月5日，存款准备金率在中央银行2010年以来12次连续上调后，首次下调，大约释放了近4 000亿元资金。这次下调是货币政策的一个转折点，预计2012年存款准备金率还会继续下调，货币政策实际将保持适度宽松。

近年来，监管政策呈现出定量化、差异化、严格化、国际化的特点。2011年中国银监会全面实施“腕骨”风险指标体系，七大类十三项指标全部为定量指标，设了目标值、触发值。还提出了系统重要性银行，这套体系在大型银行中率先推行，一行一策、一年一定，差异化、精细化监管要求不断强化。同时，相关指标的监管标准也越发严格，比如拨备覆盖率的要求，2004年对大型银行的要求是80%，到2009年就提出了不低于130%，2011年给我们设的目标值是153%。另外，随着经济金融全球化步伐加快，作为国际大型商业银行，我们越来越多，也越来越深入的参与到国际竞争中。我们的监管部门也不断加强与国际监管机构的交流与合作，监管政策逐步与《巴塞尔新资本协议》（Basel Ⅲ）等国际金融监管新标准接轨。2011年，来自12个国家、地区的银行监管者参加了建设银行国际监管联席会议，共同把脉建设银行的经营管理和风险控制。

尽管2012年新的监管标准还没有发布，但可以预见，监管部门对商业银行，尤其是系统重要性银行的监管要求将更加严厉。温家宝总理在全国金融工作会议要求：对系统重要性金融机构设定更为严格的监管标准，强化外部约束；银行业要积极稳妥地推动实施国际新监管标准，建立全面、审慎的风险监管体系。中国银监会2012年监管会议也提出：要全面布控表外业务风险；加强对资产分类真实性监管核查；充分借鉴国际最新监管标准，制定和完善商业银行资本管理、流动性风险管理、公司治理和系统重要性银行监管等一揽子监管标准。

这些要求对我行的经营管理无疑将产生深远影响。

（三）竞争态势空前激烈

四大行重组上市后竞争能力都得到了明显提升。工商银行的业务规模、客户基础、IT建设等在中资大商业银行中排在前面，短期内难以超越，但从增长情况看，2011年企业存款新增被中国银行赶超；中国银行在境内外币业务、海外业务方面具有绝对优势，近几年大力拓展国内市场，一些重要指标已与我们相当，竞争实力不容忽视；农业银行利润增速最快，网点多、覆盖广，并且在经济发达地区保持了较高的网点渗透率，在“三农”服务等领域上赢得先机。另外，股份制银行、城市商业银行、外资银行的快速发展尽管短期内对我们不能构成根本性威胁，但竞争实力不容忽视。各位接近市场，对竞争的参与最为直接，感受应该也更加深刻。

另外，同业竞争的领域和手段也在发生着变化，领域更广、手段更先进。除贷款、存款等传统业务外，零售业务、民生工程、金融IC卡、网络银行、消费金融、“三农”事业、高端服务等新兴领域均已成为争抢重点。我们2011年金融IC卡发行不到100万张，工商银行近1 600万张，不在一个数量级，甚至不及中国银行。竞争的手段已经从柜台延伸到了网上，从依靠个人关系营销向依靠产品创新、IT支持、优质服务等客户综合营销转变。在当今竞争近乎白热化的情况下，我们稍有松懈，资产规模、贷款质量、存款总量、利差、中间业务等就会受到冲击，既有的优势地位就会受到挑战。各位，务必打起精神、主动竞争、提升地位。

（四）经营管理上还存在一些问题

1. 战略性、基础性、方向性业务仍待加强。近两年比较突出的是存款问题。2011年底，我们一般性存款余额已经被农业银行超越，下滑到第三位，比农业银行少了1 460亿元；在四大行中的占比25.2%，比2009年底下降了近1个百分点。1月，企业存款下降3 822亿元，月中最低点降了4 532亿元，历年来所没有，对全行的正常经营构成巨大威胁。

客户基础薄弱的状况还没有得到明显改善。公司机构客户总量仍落后工商银行和农业银行，尤其在中型客户方面。客户是基础，没有客户，各项业务就成了无源之水、无本之木。拜托各位，高度重视客户数量和质量。

还有渠道的问题。当前市场竞争是“渠道为王”，网点多、触角广，在存款业务、结算业务、代销代售、“三农”服务等方面都有优势，但我们的网点比农业银行少1万个，比工商银行少3 000多个，竞争基础已经弱于对手了。还有电子渠道，随着步入互联网时代，商业银行电子化经营趋势持续加深，电子渠道在客户拓展、收入增长方面发挥了越来越重要的作用，尤其在与电子商务相关的新兴业务创新领域，更是一片价值蓝海。我们的电子渠道建设与同业，尤其是工商银行、招商银行还存在不小差距。

2. 定价能力还有提升空间。2011年公司条线创新管理手段，将利率底线管理嵌入CLPM系统，狠抓定价管理，取得了显著成效。总行管起来了，要求分行去跟客户谈，低于利率底线不能发放贷款，利率水平就上来了，说明银行跟客户间还是有议价空间的。但还有一些分行在定价管理上确实还不够严格。跟自己比，我们利率水平有大幅提升，但放到同业中看，仍存在一定差距，从2011年新发生公司类贷款情况来看，我们的利率水平仍落后工商银行11个BP。

3. 内控管理和案件防范力度还要加强。近几年，我们持续加强内控，内控建设卓有成效。但从内外部检查以及相关案件风险情况来看，发现问题仍不在少数，近三年通过稽核监测，直接堵截的重复汇款、信用卡恶意套现等潜在资金损失事件涉及金额达57.6亿元。这些问题，有些是屡查屡犯，有些问题甚至不可容忍，这说明我们在内控管理方面还有漏洞。

贷款发放不合规、贷款条件没落实、资本金没确定到位就发放贷款，这些问题屡查不止，前几天审计署出具的“2011年新增贷款投向结构审计调查报告”中又发现了这类问题。贷前尽职调查不够深入，有的房地产开发企业经营资质及房地产项目“四证”没有有效核实，有的借款人实际经营情况和财务数据没有及时更新。如山东佳辰骗贷案件，2007年贷款之初，“四证”中有三证是假的；2010年转为不良，也没有引起高度重视；直到2011年审计署检查才暴露出问题的实质。贷后管理不到位，贷后检查流于形式，借款人生产经营情况、对外担保情况、资金回笼情况、押品情况等发生变化，没有如实进行反映。企业卷入民间高息借贷，发生老板“跑路”的风险事件也时有发生。还有信贷岗位员工接受商业贿赂，实施利益输送的案件。责任重于山啊！全行上下要高度重视，查找漏洞、梳理流程，防患于未然。

三、坚定信心，抢抓机遇，提高能力，科学发展

2012年，是落实“十二五规划”承上启下的关键之年，在纷繁复杂的国际、国内经济金融形势面前，我们要保持清醒的头脑，坚定信心、坚持发展，找准突破口和着力点，不断提高经营管理能力，努力实现对公业务的又好又快发展，为全行业务发展打下坚实的基础。

（一）树立大局意识，切实提高统筹发展能力

公司机构业务是全行的基础性业务，对全行未来发展的影响举足轻重。在联动营销方面，对公板块有着优良的传统，刚刚陈佐夫副行长讲到，2011年我们主动与国际、资金结算、电子银行等条线、首尔分行、建银国际等海外机构、建信人寿等子公司在多项业务领域开展了联动，都取得了很好的成效。对公板块要一如既往地坚持大局意识，主动联动，带动整个建设银行集团业务的协同发展。

畅通信息渠道。当今的社会是信息的社会，信息对于营销服务、产品创新、经营管理都至关重要。要搭建各种形式的信息平台，互通有无、充分共享。这次会议请了12家海外机构、3个子公司，就是给了大家一个平台，各位要把信息沟通充分、把项目对接好，回去后做好组织推动。

发挥集体整体优势服务客户。目前我们在国内有13 000多家分支机构，拥有14家海外分支机构，覆盖全球五大洲13个国家和地区，基本实现了全球24小时不间断服务。还有保险、基金、信托、租赁等子公司，综合化经营平台不断完善。大家要充分发挥这一优势，要通过全球现金管理、全球统一授信等产品，服务好跨国公司客户、“走出去”客户，提升综合金融服务能力。

（二）推动业务转型，切实提高战略规划能力

1. 坚定不移地实施“三大一高”战略。要在以客户为中心的前提下，抓住大行业、大系统中的核心客户，通过供应链融资服务，做大这些客户在我行的业务份额，密切、强化合作关系。对于高端公司类客户，要通过发挥建设银行整体优势，为其提供全方位综合化服务，强化客户对我行的依赖。

2. 加快新兴业务拓展。大力拓展网络银行业务，力争做到一个月新拓展一家电子商务平台，保持我行在网络银行业务领域的领先优势，做大品牌、扩大影响。抓住当前财政省管县，基础设施建设向县域转移机遇，加大新农村建设和涉农贷款投放力度。以商业可持续为原则支持保障性住房建设。打造“2012养老金市场攻坚年”，有效巩固和扩大养老金市场份额。持续拓展“民本通达”综合金融服务。加大金融社保卡投入和营销力度，抓源头抢占业务发展先机。

3. 加大客户和账户拓展力度。我行客户/账户基础相对薄弱，公司机构客户总量221万户，账户总量372万户，近三年市场占比虽有所提高，但与同业差距还是很大，尤其是账户总量不足、结构不优、效率不高，难以支持未来业务的可持续发展。全行对公条线，一是要大力拓展市场，扩大客户基础，抢抓客户源头，坚持大中小客户、有贷户和无贷户、存量和增量客户并举，真正实现客户总量增加、结构优化；二是要针对不同类型账户进行差别管理，以基本结算账户为核心，提升账户数量和质量。

4. 加强渠道建设，强化渠道支持。未来的世界是互联网的世界，将来网点柜面的服务功能有一大部分会被电子渠道所取代，电子银行将是银行业务竞争的制高点。对公条线要着力加大电子渠道应用，逐步将现有产品向电子银行渠道迁移，力争新产品在电子渠道、客户经理和柜面同步推出。2012年，网银客户率要达到75%，争取同业第一的位置。同时，网点渠道建设也不能放松，分支行和营业网点仍是市场营销的主要阵地。要筛选适合柜面人员销售的对公业务产品，逐步将柜面服务从支付核算型向产品销售与交易核算并重转变。要按照陈佐夫副行长部署的，加快推动对公金融中心建设，以对公金融中心建设为切入点，推动网点对公业务转型，提升对公营销服务能力。

（三）深化结构调整，切实提高贯彻执行能力

2012年，金融监管部门反复强调“守住风险底线”，不发生系统性和区域性风险，其中，平台贷款、房地产贷款、产业结构调整相关风险仍将是关注重点。同时，强调“服务实体经济”，要求商业银行优化信贷结构，“有保有压”，支持战略性新兴产业，加快产品和服务创新，提高服务实体经济的能力和水平。

一是坚决执行好产业政策，继续严控向“两高一剩”和限制性行业发放贷款，支持国家鼓励的行业产业发展，如新农村建设、水利建设、保障房建设、社保及民生建设、节能减排、战略新兴产业等。二是继续对政府融资平台贷款的“降旧控新”和清理整改工作。我行平台贷款今明两年到期比较集中，要以平台贷款全额纳入地方政府财政预算为契机，一户一策落实还款来源，加固我行债权。对存量二级公路贷款要继续清理、准确分类，及时处置化解风险。三是严格控制房地产贷款投放，防控房地产贷款不良反弹。2011年以来，房地产调控力度空前，全国房价下行是大势所趋，房地产行业客户违约风险增加。除了控制房地产贷款外，还要密切关注房地产抵质押物价值波动，及时采取补救措施。

（四）加强风险防控，切实提高基础管理能力

前年我们开展了“押品管理年”和“贷后管理年”活动，2011年是“表外业务管理年”和“海外风险管理年”，都取得了一系列成果。虽然专项活动结束了，相关工作还要继续坚持，继续加强管理，巩固活动成果。

近几年审计署、中国银监会的检查反映的问题多是合规性问题，暴露的一些重大风险事件也往往伴随着贷前、贷中、贷后各业务环节的重大违规行为，我们的信贷工作还不够细致、不够深入。全行对操作风险的防控力度要继续加大，各项管理要求要严格落实，规定动作要一丝不差地全部做到位。

2012年中国银监会对我们现场检查的重点有四个，即政府融资平台、房地产、理财业务和“影子银行”，大家要高度重视、提早准备、认真配合，切实做好整改。自2008年以来，国家审计署已连续四年对我行进行审计检查，据了解，2012年我们仍是审计署确定的检查单位之一，检查将更加全面、深入。大家要对以往内审、中国银监会检查发现的问题尽早落实整改，同时要积极配合审计工作，加强沟通和配合。

总行党委、董事会、监事会、高管层历来高度重视案件防控工作。2011年，总行多次召开党委会、行长办公会、专题会议对案件防控工作进行研究部署。新一届党委成立后，董事长主持召开的第一次党委会上就对当前我行案件风险防控工作进行了研究和部署，要求继续开展以防范信贷、贿赂、非法高息融资和柜面案件风险为重点的案件专项治理活动，对案件实行“零容忍”政策，体现了新一届党委对案件防控工作的高度重视。2012年初，我与总行各部门和各分行“一把手”签署了《案件防控工作责任状》。各部门、各分行对案件防控工作要持续保持高压态势，切实履行职责，采取有效措施防风险、防案件。

（五）加强体制机制建设，切实提高经营管理能力

1. 做好授信管理体制的优化。“严授信、宽支用”的授信模式在实际运作中会产生某些问题，如集团客户授信审批耗时过长、审批条件未落实即发放贷款等。要好好研究从信贷业务受理、贷前评估到贷时审查的全流程授信管理体制，进行流程重检。总行正在研究推动放款审核中心的设立和集团授信管理的优化，方案一旦下发，各分行要结合本地实际贯彻落实。

2. 落实票据业务集约化经营要求。总行正在研究直接经营票据贴现业务，以进一步提升信贷总量调控能力，完善服务功能，深化与大集团客户的合作关系。

同志们，过去几年，建设银行取得了不俗的成就，靠的是改革发展；今后要把建设银行打造成为国际一流银行，创造更加美好的明天，仍然需要改革发展。要以改革来解决影响发展的体制、机制问题，要以发展来实现股东价值、员工价值和建设银行自身的社会价值。“逆水行舟，不进则退”，我们不能躺在过去的成绩上安然享受，也不能在激烈的竞争面前裹足不前。要始终保持昂扬的精神，坚定信心、坚持发展，以更加努力的工作推动建设银行事业走向更大的辉煌，以优异成绩迎接党的十八大召开！

谢谢大家！

坚定信心　明确目标
推动全行业务持续稳健发展

——在中国建设银行春季工作座谈会上的讲话

张建国

（2012 年 5 月 14 日）

同志们：

刚才，王洪章董事长做了非常好的重要讲话，我完全赞同。会议期间，王洪章董事长、张福荣监事长等行领导还要做重要讲话，大家要认真贯彻落实。这次会议的主要任务是总结 2012 年以来的经营情况，分析当前宏观经济金融形势，部署下一阶段主要工作任务。我向大家报告前 4 个月经营情况，并对今后一段时间的工作提几点意见。

一、经营情况基本良好

（一）业务发展总体平稳，主要财务指标优良

截至 4 月末，我行资产规模达到 12.81 万亿元，比年初增加 6 645.6 亿元。

负债总额达 11.94 万亿元，比年初增加 5 978 亿元。一般性存款新增保持四大行第二位。人民币储蓄存款新增为四大行第一。外币全口径存款余额、新增为四大行第二。

NIM 保持平稳，为 2.67%。实现净利润 662.5 亿元，同比增幅为 7.5%。平均资产回报率、平均股东权益回报率分别为 1.59% 和 23.68%，成本收入比 31.73%。

（二）信贷投放平稳有序，结构调整扎实推进

全行认真落实国家宏观调控政策和各项监管要求，扎实推进结构调整，很好地服务了实体经济。4 月末各项贷款余额达 6.51 万亿元，比年初增加 3 240 亿元，其中，人民币贷款增加 2 825 亿元，新增居四大行第二，总量及进度符合监管要求，信贷结构继续优化。

1. 传统优势业务增长较快，重点领域投放力度加大。

——基础设施贷款主要支持在建续建项目，新增 879 亿元，占公司类贷款新增的 43%。个人住房贷款、房改金融保持同业首位，保障房市场金融服务稳步推进。

——小企业贷款余额达 5 784 亿元，新增 314 亿元，均列四大行第二。

——信用卡累计发卡量和消费交易额等指标居四大行第二。分期业务交易额达 178 亿元，同比增长 54%。

2. 限制性领域投放减少，信贷结构进一步优化。

——钢铁、水泥等产能严重过剩行业信贷余额为 2 609 亿元，比年初减少 9.35 亿元。

——政府融资平台客户 962 户，贷款余额为 4 604亿元，剔除政策变化影响，较年初实际减少 108 户、331 亿元。

——房地产开发类贷款余额比年初减少 17.4 亿元。

（三）客户拓展取得成效，客户结构持续改善

——账户数量增长提速。单位人民币结算账户比年初新增 16.97 万户，新增量、增速均居同业第二。跨境人民币结算客户 3 028 户，为上年同期的 3.3 倍，结算量市场占比为 20.63%，较上年增加 6.8 个百分点。小额无贷户新增 10.43 万户，计划完成率达 47%。一个月前，“工商验资通”系统上线，从源头上增加客户的做法在全行开始推广。

——客户数量增长结构优化。公司机构客户达210万户（不含不动户和零余额户），较年初新增6.95万户。现金管理客户新增12.7万户。个人有资产客户新增576万个，其中，大众富裕和富裕客户新增188万个，已超过上年全年新增数量；AUM500万元以上客户增长7%。

（四）战略业务有力推进，经营基础更加坚实

——“民本通达”市场份额提升。民生领域累计新增对公结算账户1.87万户。累计发行金融社保卡697万张。财政公务卡累计发卡313万张，市场占比第一。

——电子银行渠道优势显现。网银、手机银行客户数分别新增1 197万户、1 253万户。电子银行账务性交易量占比达67%，电子银行与柜面交易量之比达到215%。基金、理财产品销售电子渠道占比达44%、42%。

——金融市场业务稳步发展。境内实现收入369亿元，同比增长19%。投资托管规模增长1 265亿元，增长6%。

——养老金业务市场不断取得新成绩。对公签约客户数突破万户大关，新增签约个人账户数19.9万个。运营受托资产较年初新增22.4亿元，新增市场占比同业第一。

（五）风险内控管理加强，资产质量保持稳定

——信贷政策更加注重精细化、差异化。内控合规管理力量加强。实施《巴塞尔新资本协议》的基础性工作顺利推进。

——差别化授信审批全面推进。对38家境内分行开展完善授信审批现场调研，为一级分行安排对口的总行专职贷款审批人，主动加强业务沟通指导。建立差别化集团客户授信审批模式，申报审批用时大幅缩减。对于固贷业务建立预留额度机制，满足分行营销性额度需求。

——资产质量稳定。处置各类不良资产104亿元。不良贷款余额为706.82亿元，较年初减少2.33亿元；不良贷款率为1.02%，拨备覆盖率提高到254.32%。

（六）基础建设加强，服务能力提升

——前后台分离项目柜面业务集中处理系统切换上线，14家分行实现了全辖业务前后台分离。

——新一代核心系统建设进展顺利。完成了IT基本架构规划、企业级业务建模与数据建模等阶段性工作。

——机构建设稳步推进。机构新增了81个，升格153个，复业了8个。新增机构中已投入运营11个。

二、经营发展面临更大困难和挑战

年初以来，宏观形势更为复杂严峻。银行面临的压力和困难挑战不断增大，完成各项业务指标任务艰巨，考验着我们的经营管理能力和水平。

（一）宏观形势复杂多变，银行业面临严峻挑战

近期世界经济运行虽出现一些积极变化，但主要经济体增长动力不足，欧债危机再度恶化的风险依然存在，市场需求持续低迷、信心不振，地区动荡和多国政治大选都给世界经济复苏增加了变数。国内宏观经济运行总体平稳，但一些突出矛盾和问题开始显现。固定资产投资增速下降，外需不振，企业利润下滑，经济增速放缓，通胀压力犹存。29个省市自治区已披露第一季度经济数据，超八成较上年同期增速普降。广东、上海、北京等地低于7.5%，深圳仅5.8%。种种迹象表明，经济进入下行期。商业银行曾分享过经济高速增长的硕果，也经受了次贷危机、金融危机的冲击。当前，经济下行和市场变化的双重挑战，是对商业银行全新的、严峻的考验。

（二）货币政策保持稳健，监管要求更趋严格

继续实施稳健的货币政策，但按照总量适度、审慎灵活的原则，进一步增强针对性、灵活性和前瞻性。近期，国务院决定设立温州金融综合改革试验区，中央银行决定实行人民币汇率双向浮动并扩大浮动幅度等一系列金融改革相继推出，人民币国际化和利率市场化步伐加快，商业银行的市场竞争能力面临新的考验。

尚福林主席在中国银监会经济金融形势通报会上对银行经营管理提出了新的要求。

一是要求银行加强形势研判，做好政策储备和应急预案。要做到三个“心中有数”：对于宏观经济发展的趋势心中有数、对于宏观形势变化对银行的影响心中有数、对于中央和国务院的决策部署心中有数。

二是要求银行守住风险底线，防范系统性、区域性风险滋生蔓延。做好平台贷款规范清理和风险缓释工作，严控贷款总量，确保平台贷款余额只降不升。坚持房地产调控政策不动摇，实施差别化房贷政策，加强房地产开发项目风险排查，重点关注房地产企业集团的风险暴露。完善流动性风险管理，减少因激励考核不科学造成的存贷款大幅波动。加强案件防控工作，防范跨市场风险传染，做实贷款五级分类。

三是要求银行落实新监管标准，稳妥推进《商业银行资本管理办法》和《商业银行流动性风险管理办法》的实施。

四是要继续做好不规范经营专项治理工作，重点整改存贷款和服务收费两大领域的不规范行为。

（三）市场变化将贯穿全年，银行经营管理面临全新考验

前4个月，我行经营整体稳健，但是在一些领域、地区、环节仍暴露出不少问题。尽管我们在考核激励、资源配置和价格管理等方面有所调整，但局部竞争力依然有所下降，主要财务指标表现低于预期，利润增长在四大行中最慢，财务压力增加。

1. 发展速度回落，存款不稳。过去几年，得益于经济快速增长和宽松的货币政策，国内银行业实现了跨越式超常规发展。2008—2011 年，银行业存贷款规模和中间业务收入年复合增长率分别高达19.8%、20.3%和27.7%，几家大型银行的市值、利润等指标位居国际银行业前列。经济进入下行期之后，银行业发展速度将向正常回归。媒体称，房地产领域暴利时代终结，今后比的是质量、服务、产品和资金实力，银行也是如此。2012 年第一季度，银行业存贷款增速大幅下降至5.1%和4.4%，四大行中间业务收入、利润仅增长9.7%和14.6%，为近年来新低。

我行自身业务增长乏力、存款不稳。全行人民币全口径存款新增为四大行第三，中间业务收入、利润增速为四大行最低。存款稳定性极差，季月末时点突出，情况令人担忧。人民币全口径存款新增从3月末7 200多亿元的高点，陡然下跌至4月23日的730亿元，目前只回升到1 614 亿元。这种情况在过去几年从未发生过。

2. 维护利差艰难。一是利率市场化、人民币国际化进程明显加快，理财产品、结构性存款等替代性负债产品量价同增，同业存款付息率高企，负债成本不断抬高。二是金融市场业务收益率波动加剧，流动性管理、期限错配、久期安排等操作要求更为复杂。三是贷款定价很难提高，大企业议价能力强，银行处于谈判弱势地位。部分企业效益下降，财务成本负担能力减弱。小微企业受到保护，银行不能定价过高。银行业资产收益率增长大幅高于负债付息率提升的局面难以为继。第一季度，上市银行平均净息差环比收缩7BPS，我行下降8.5BPS。

3. 中间业务发展形势严峻。2012 年以来，全社会高度关注银行收费问题，多个监管部门密集安排整治检查。全国纠风工作会议明确，将清理整顿各种乱收费作为2012 年的重点工作。服务价格管理压力空前，四大行收费收入增速均大幅下滑。我行中间业务毛收入增量、增速均列同业第四，常年财务顾问、承诺费等与贷款关系密切的产品收入同比大幅负增长。

4. 信贷业务将会遇到有效需求不足。回顾2004 年春夏之交铁本事件之后，曾一度发生“惜贷”与“难贷”现象并存，2012 年后一段时间极有可能重现这种情况。2011 年以来新开工项目较少，固定资产投资增速急剧回落，一定程度上影响了中长期信贷需求，第一季度全社会中长期贷款持续回落。我行有效储备减少，3 月末已审批通过储备额和发放储备额比上年末减少2 330 亿元。小企业信贷投放难度加大，部分分行甚至出现了余额负增长。

5. 风险内控和案件防控形势严峻。部分企业和领域风险不断暴露，信贷风险事件时有发生。部分民营企业资金链断裂，企业主跑路，风险可能会逐渐扩散蔓延。统计媒体报道，2011 年4 月以来跑路事件有47 例，真正的状况绝不止47 例，其中涉及我行信贷资金的有17 例。平台贷款集中偿还压力很大，我行年内到期781 亿元，债权亟待固化。房地产调控政策还将持续，房地产企业经营困难，有的贷款质量可能恶化。产能过剩行业出现行业性亏损或利润大幅度减少，整体信用风险上升。年初以来，我行逾期贷款、非不良拖欠大幅上升、表外垫款增加1 倍，资产质量面临较大压力。

在高度重视信贷风险的同时，尤其要警惕其中潜伏的道德风险，防范信贷风险转化为案件风险。近期，银行业重大风险事件时有发生，涉及员工参与民间非法融资、商业贿赂、违法放贷、外部欺诈、柜面业务违规操作等多种行为。3 月末，中国银监会召开联席会议，通报银行业近一段时期以来暴露出的 9 起重大风险事件，涉及多家金融机构，我行涉及 6 起。案件防控工作任务艰巨。

产品风险不容忽视。近几年，银行理财产品呈井喷式扩张，总量巨大。无论是银行自营还是代销的理财产品，都关系到广大客户的切身利益和银行声誉，但整个金融业对于理财产品规范管理和风险防控重视不够，管理基础薄弱，多家银行陆续暴露出一些问题。我行各类理财产品、代理信托与私募基金及顾问类私募投资基金业务余额为 8 522 亿元，尽管总行多次强调，但底数仍不太准确，对有的合作伙伴和项目公司把关不严，必须警惕风险隐患。特别是代销理财产品，尽管银行是代销方，若到期无法兑付，最后也会面临承担兑付的风险责任，不能掉以轻心，香港雷曼迷你债券风波就是前车之鉴。此外，委托贷款、承兑汇票、贸易融资、保理等传统产品暴露出的操作风险也值得关注。

三、需要重点推进的几项经营管理工作

前不久，总行正式下达了 2012 年综合经营计划，这是经过审慎研究、反复沟通后确定的，符合全行战略规划阶段性要求和自身实际情况。虽然几个月来经济金融环境、同业竞争出现了一些新变化，我行经营遇到了一些新的问题和困难，但整体判断还没有发生大的变化，年初确定的计划任务全行要保质保量完成。

（一）增强发展意识，推动存款业务持续稳定增长

总行对存款业务的基本要求是确保存款市场份额不下降，防止大起大落，保证付息率水平基本稳定，合理控制资金成本。核心是抓好一般性存款。

储蓄存款重在改善客户服务。要通过便利的渠道、贴心的服务、丰富的产品不断扩大客户基础，不断提高“口袋份额”。顺应大众理财意识不断增强的大趋势，满足优秀客户合理需求，留住客户，实现双赢。关注股市变化，发挥 CTS 对储蓄的带动作用。

企业存款要找准突破口，完善产品服务。一是抓好核心客户和上下游企业，以供应链金融、现金管理、网络银行、代理政府资金结算为抓手，不断改进客户体验，提高客户资金系统内沉淀率。二是继续做好省、市级财政客户维护，重点拓展县域财政资金专户；积极推进第三方支付备付金存管、政府监管类资金、住房维修基金等新兴领域业务。三是做好工商验资通上线推广，上半年上线分行要超过 25 家。推出完善“汇贷赢”、“定活通”等市场需求旺盛的产品，做好已有产品的组合应用。

理财产品兼顾满足需求、控制成本和风险防范。合理安排保本型及“乾元”类等低风险理财产品供应。扩大合作银行授信，合理安排档期，平衡全行需求，提高审批效率。同时，在严格遵守审批流程的前提下，适度安排符合行业投向且风险可控的项目类理财产品。对纳入授信的战略合作伙伴加快审批，对积极争取的客户预先审批，对一般客户严格按流程审批。2012 年存款计划已安排保本型理财产品和结构性存款计划 1 500 亿元，分行超计划部分将在存款考核中剔除，绩效考核上总行与分行要合理分担成本。

做好同业存款的有效营销。鼓励通过高效资金结算网络和优质服务吸收活期同业存款，适当控制高成本银行同业定期存款。在综合付息率管理政策下，总行将以不超过货币市场资金运用价格为原则，对银行类（含信用社）同业存款按期限、品种设置外部利率上限，并视区域市场价格对经营需要灵活调整。

继续控制协议存款增量。实行新增额度和价格双向控制，综合考虑成本收益及维护战略合作伙伴关系，在增量计划内首选资金规模大的省级社保机构开展协议存款业务，有选择地对资金结余量较大的市级社保机构开展业务。保险公司以及全国社保基金协议存款由总行根据客户维护需要及贡献度情况统一办理。

（二）增强质量意识，保持资产业务健康发展

坚持发展质量。总行要加大对业务结构优化

策略的精细化研究，提高资金运用能力，增强对全行的有效指导；各分行要找准业务发展切入点和突破口，培养形成自身经营特色，筑建全行安全优质的资产结构。

深化信贷业务结构调整。用好信贷资源，带动各项业务全面发展，巩固并稳步提高贷款定价水平。发挥传统业务优势，优先支持国家重点在建续建项目，继续支持保障性住房建设，巩固个人住房贷款市场领先地位。加大新兴产业投入，重点支持民生领域、小微企业、涉农业务发展，落实好小企业贷款“两个不低于”和涉农贷款“增量占比不低于2011 年同期占比”的监管要求。

提高外币业务对全行 NIM 水平的贡献度。改善外汇资金运用，增加短期外汇贷款投放，稳步提高外汇资金收益，谨防客户利用我行外汇贷款套利。

有序推进平台贷款整改清理工作。严控平台贷款总量，提前落实到期平台贷款的还款来源。落实产能过剩行业退出标准，对“6 + 1”、房地产开发贷款、土地储备贷款名单实施重检和动态调整，及时清理不符合标准的客户。

加快推进区域差别化发展。探索实施重点分行“一行一策”，促进重点分行持续发展。发挥好中心城市行的龙头作用，落实资源投入和倾斜支持政策，带动周边地区共同发展。

（三）增强合规意识，坚持中间业务规范发展

要注意两种倾向：一种是思想麻痹或心存侥幸，检查不细致、落实不到位甚至顶风违规，给全行经营和品牌形象带来负面影响；另一种是对监管政策理解不够全面，该发展的业务不发展、该收的费用不敢收取。

按照“规范与发展并重，依法合规收费”的原则，坚持收入结构调整、经营转型的方向，努力提升服务能力，在规范的基础上大力发展实实在在的中间业务。严格遵守国家价格主管部门、监管机构和总行关于金融服务收费的政策规定，认真落实中国银监会提出的信贷经营“七不准”和“合规收费、以质定价、公开透明、减费让利”四项原则，规范收费行为，守牢合规底线。

具体来说，凡是总行价格目录中列示的项目，在提供服务的基础上都可以收费。对有贷款客户提供的中间业务服务，只要符合“有需求、有协议、有服务、有记录”要求的，均可以按标准收费。不符合“四有”要求，但符合利息收取标准的，在完善相关协议手续后以利息形式入账。我们将收费情况归纳为四类，第一类叫“有合同有服务”，占中间业务收入的 90% 以上；第二类叫“有合同没服务”；第三类叫“有服务没合同”；第四类叫“没合同没服务”。属于第一类的要坚持，第二类、第三类的要整改，第四类的坚决不能做。5 月底前，产品管理部门要将常年财务顾问、百易安、现金管理、贷款承诺、国际结算和贸易融资等产品的“四有”标准和规范性要求印发分行。

抓好重点优势业务。大力发展贷记卡、房改金融等业务，保持个人结算、代理保险、造价咨询业务传统优势；积极拓展国内保理、新型财务顾问、电子银行、贵金属交易等新兴业务。

考核口径不做调整，仍然以中间业务净收入在四大行中的市场份额为核心指标。对虽然没有完成收入计划但市场份额较 2011 年提升的分行，视同完成计划目标。

（四）增强机遇意识，加快战略性业务发展

对于处在市场培育、瓜分阶段的新兴业务，战略机遇期的把握十分重要，做好了事半功倍、长期受益，错过了时机则很难扭转落后局面。当前，全行要注意抓好供应链金融、银行卡、小企业、投行、现金管理、养老金等战略性业务的发展。

一是供应链金融。2011 年末，全国应收账款、存货规模都在 15 万亿元左右，中小企业总资产中 60% 为应收账款和存货。供应链金融是以大行业、大客户为核心，依据企业的供应链规模化拓展客户群、客户链。当前要以集团客户为起点，通过搭建供应链管理在线平台，提供支付、结算、融资、咨询等多种产品和服务，提高客户的覆盖面、忠诚度和贡献度。这项业务潜力巨大，要发挥优势、加强联动，尽快抓出效果。

二是金融 IC 卡。2011 年全行做了充分准备工作，2012 年已进入收效期，但与先进银行相比还有一定差距。2012 年力争新增发卡超过 1 232 万张。重视行业主管机构、行业协会和企业联盟的作用，以集中度高、规模较大的行业客户为突破口，力争实现以点带面。尤其要抓好金融社保卡、财政公务卡、军人保障卡、医疗保健卡的发行，优化金融 IC 卡的系统，进一步改善受理环境。

三是消费金融业务。我国消费信贷占 GDP 的 3%，不足美国的 1/5、日本的 1/4，增长空间很大。要深入挖掘和满足居民消费金融需求，顺应网络消费等新的消费方式，创新灵活多样、功能完善的产品服务，加快小额贷款、质押贷款等消费信贷产品发展。

四是私人银行业务。继续扎实推进私人银行、财富管理中心经营与服务转型，提高专业服务与经营能力。深化客户名单制管理，加快信托、留学等业务发展。

五是跨境人民币业务。越来越多的企业有此需求，尽管我行跨境人民币业务已占 20% 的市场份额，但仍有潜力。要加强境内外联动，深挖非贸易项下和人民币境外项目融资的业务机会，积极营销外资银行来我行开立人民币同业往来账户。

六是电子银行业务。从 2011 年 8 月开始，总行组织全行开展“E 商贸通”等五项电子银行重点应用推广工作，效果很好。要继续做好电商金融平台、E 商贸通、网上招投标、E 动终端、短信约定汇款、基金和理财产品电子银行渠道占比提升等多项重点应用的推广工作。

（五）增强全局和长远意识，不断夯实经营发展基础

完善网络渠道。中国银监会已批准我行 2012 年新设 624 个机构，前 4 个月的进展与总行要求还有一定差距。新设网点的筹建开业周期较长，需要银监、工商、公安消防等多部门审批，各分行要统筹安排、早作安排。调整优化存量结构，珍惜闲置的牌照资源，歇业网点要抓紧复业。推进分理处、储蓄所升格支行，增加综合性、多功能网点数量。加强电子渠道建设，新增 1 万台自助设备。人力、财务资源要与网络渠道建设密切匹配。对新网点的考核要实事求是，体现宽容。

拓展客户账户。各级领导要带头营销优质客户，以扩大客户基础为根本，在发展中进行结构调整。要从源头抓起，用新产品新服务实现新突破。加强资源配置和绩效考核，建立良性激励约束机制。

扎实推进金融市场业务管理年活动。全面梳理优化管理机制和业务流程，加强科技系统应用与技术模型研发，强化管理基础。将风险管理纳入金融市场业务全流程，切实防控风险，坚持金融市场业务稳健发展。

再造核心业务系统。当前是新一代核心业务系统建设的重要时期，相关部门要积极配合，确保各项工作高效有序推进。客户资产管理、托管、代理等模块将先行上线并发挥功效。

（六）增强风险意识，提升管控能力

经济转型时期，各级领导更要注重前瞻、敏感和责任。强调前瞻，就是要求管理人员研究把握经济发展方式变化的深远影响，消化“十二五”时期经济增速降至 7% 左右对银行资产质量的压力；健全全球统一授信管理体系，全面控制各类风险敞口。强调敏感，就是要求管理人员对各类风险苗头先于同业早发现、早处置，争取主动；强化客户筛选，控制信贷风险，防范区域性、系统性风险；加强对中央银行汇改政策研究应对，防范汇率风险。摩根大通近日因衍生品交易不当，暴出 20 亿美元巨损，此类风险不能小视。强调责任，就是要求管理人员履行好经营风险的职责，重检制度和流程，强化关键环节管控，严防风险事件和案件发生。

打好化解理财及代销产品风险攻坚战。抓住时机、形成合力，尽快化解潜存问题。全面清理、摸清底数，彻查基层行对个别产品风险隐瞒不报情况。对每个项目、每个信托公司、每笔兑付的资金来源逐一梳理、逐一评估，及时化解风险。重新明确理财及代销业务实行归口管理、统一授信、审投分离，确保稳健发展的措施决定。总行投资银行部、机构部分别归口管理我行自营、代销的各类理财产品，理财及代销产品投资决策纳入统一审批管理。

认真配合国家审计署、中国银监会等外部监管机构进行的各项审计检查。2012 年，国家审计署对我行实施两项审计：原法定代表人郭树清同志经济责任审计、全行 2012 年新增贷款情况专项跟踪审计调查，审计涉及面广、综合性强、持续时间长，第一次将子公司和驻港机构纳入重点审计范围。相关审计组人员已进驻总行、11 家分行和部分境内外子公司开展工作。各级领导人员要以高度的责任感，加强对配合沟通工作的组织协调，明确分工、落实责任。认真开展自查自纠和自我完善工作，坚持边审边改，举一反三。及时、全面、准确地提供有关资料和信息，按程序切实严格把关。

进一步做好稳定安全工作。重大事项必须及时报告总行，对各类突发事件完善应急预案，加强对舆情的关注，维护整体形象。

完成2012年任务困难不少，但有利条件更多，全行要坚定信心。即使进入经济下行期，7%－7.5%的增长目标在全球各经济体中也是很快、很高的。商机任何时期都有，快速发展时充满机会，市场跌宕起伏时有机会，即使经济整体下行期也机会多多，民生领域、服务业、流通业、新农村建设等领域依然商机无限。另外，第一季度我行净利润、中间业务收入增幅为四大行最低，除了环境变化，也有我行审时度势、主动调控原因，如试图均衡提取拨备等，预计第二季度情况会好于他行。2012年以来，总行已完成了建银国际整顿、海外布局、资源配置优化等工作，正在推进优化授信体制、完善绩效考核、率先实施理财产品整改等，这些举措都将为全行整体经营管理水平提高打下更坚实的基础。

同志们，自股改以来，我行经营基础、管理水平、竞争实力、获利能力越来越好；充满信心、专业敬业、迎难而上的建行人精神越来越饱满。让我们共同努力，确保时间过半、任务过半，以优异成绩喜迎党的十八大召开。

夯实基础 控制风险
推动小企业业务全面可持续发展

——在2012年小企业业务高级研修班上的讲话

张建国

（2012年8月14日）

同志们：

近年来，我行积极贯彻国家关于改进小企业金融服务的要求，将小企业业务发展作为改善自身业务结构、实现战略转型的业务加以推动，小企业业务实现了又好又快发展。年初，总行强调，小企业业务作为全行战略性、基础性业务，要大力发展。这次培训是小企业部成立以来我行举办的第一次小企业业务高级研修班，主要目的是想通过培训和交流，肯定成绩、分析形势和问题、明确思路，为下一步的业务发展提出方向，我觉得很有必要，也很有意义。下面，我谈几点意见。

一、业务发展屡有突破，对全行的价值贡献不断提高

积极发展小企业业务不仅是国家的要求，更是商业银行自身战略转型、提升内在竞争力的有效路径。近一两年来，全行上下逐渐转变思路、加大资源投入、强化基础建设，小企业业务发展成效明显。

（一）客户基础不断扩大，资产总量初具规模

客户是银行赖以生存和发展的基础，客户数量是衡量业务发展的关键指标和基础性指标。我行对公客户连续几年增量都位居同业前列，目前达242万户，但仍与工商银、农业银行两行差距较大。近几年，全行对小企业客户的拓展力度不断加大。2011年年中，小企业授信客户突破7万户大关，目前已达到75 810户，超过全部企业授信客户总数的70%，与工商银行只差几千户，逐步弥补了我行客户基础较为薄弱的短板。

小企业贷款总量稳定增长，近三年小企业贷款平均增长40%，累计向16万客户发放信贷资金

1.6万亿元，较好地完成了“两个不低于”的监管要求。小企业贷款以短期贷款为主，目前一年期以内贷款占比达到87%，对于优化全行资产结构，实现长、中、短期的合理配比有着积极意义。同时，小企业客户数量大、分布广、行业多，使我行客户集中度和行业集中度得到了改善，同时有效地分散了风险，为BASEL Ⅲ的实施打下了良好基础。

（二）产品创新步伐加快，基本涵盖了不同客户信贷需求

我行从发展小企业开始，就树立“以客户为中心”的经营理念，将产品创新作为我行发展小企业业务的生命力。经过多年培育，“成长之路”、“速贷通”两大拳头产品覆盖了绝大多数企业的信贷需求。特别是“成长之路”，通过近年来的持续创新，已形成了包括“诚贷通”、“租贷通”、“互助通”等30余项产品在内的综合性产品体系。目前，贷款余额超过4 000亿元，累计发放贷款超过1.2万亿元，服务客户约14万户。

2011年以来，我行又根据市场变化和客户特点，加快产品创新的步伐，如为融资需求急迫、能够提供银行承兑汇票等质押品的客户提供“小额贷”；在四大行中率先推出“信用贷”，为熟悉的、有着较好合作关系的小微企业提供信用贷款。至此，总行层面已基本形成了较为完善的产品体系，涵盖了不同客户的需求和各种风险缓释方式。同时，我们不断优化产品创新的体制、机制，充分发挥产品创新实验室的作用，通过丰富的服务内涵、快速的响应效率和良好的客户体验，树立了专业的小企业金融服务品牌形象和市场领先地位。

在总行提高创新服务能力的基础上，我们也看到，各分行充分发挥贴近市场、了解客户的优势，将小企业“散、频、急”的需求特点作为创新的内驱动力，紧密结合当地区域特点，在总行统一的风险偏好下，形成了自己的特色产品。如苏州分行以专利权质押作为补充担保方式推出的“助科赢”产品等，黑龙江省分行依靠粮食加工企业拓展的“粮贸通”产品等，都很有代表性。

（三）积极探索实践，逐步确立专业化的业务发展模式

通过近年来的积极探索，我们逐步找到了一条专业化发展小企业业务的路子，通过完善组织架构、设立专营机构、配备专职人员，形成了一套专业、专注开展小企业业务的体系。2009年，总行在四大行中率先组建一级部制的小企业业务管理部门，目前全行共有31家一级分行设立了一级部制的小企业业务部。2007年，总行创建了“信贷工厂”模式的小企业经营中心批量化业务运营模式。目前已在主要城市和部分百强县建立了244家“信贷工厂”模式的小企业经营中心，并逐步配备了一支相对成熟的专职人员队伍。

在专业化的运作模式下，小企业业务得到快速发展，价值贡献持续提升，风险基本能够有效控制。2012年前7个月，全行小企业贷款定价较基准利率上浮22.69%，高于全部企业类贷款十几个百分点；小企业业务收益高、资本占用低，按照每万元单位贷款计算，是目前全行盈利能力较强的信贷业务之一。同时，小企业业务作为联动的重要平台，有效衔接各类营销渠道，为客户提供整合的服务方案，以信贷产品带动其他业务的增长。上半年小企业授信户产品覆盖度较上年同期大幅提升，小企业客户带动“商务卡”客户新增94 300户，相当于1个小企业授信户新增带动23个商务卡客户新增，联动成效显著。

（四）加强精细化管理，风险控制能力明显提高

股改上市以来，我行各项业务实现了快速健康发展，资产质量始终保持较好水平，这与全行稳健经营的方针是离不开的，小企业业务也不例外。近几年来，全行小企业业务苦练基本功，不断加强制度、机制、流程和工具等精细化基础管理工作，全行小企业不良贷款率从2008年初的5.46%已经降到了2011年底的1.27%，尽管2012年有一定反弹，达到1.86%，但仍低于同业的平均水平。

2011年下半年以来，受民间高息借贷等因素影响，部分区域，如浙江省分行小企业信贷风险集中暴露。为此，总行党委、董事会高度重视，加强分析、及早预案；总行小企业部与风险板块联动，及早部署、密切关注，形成了具体、切实可行的风险控制措施及处置方案。同时，举一反三，有针对性地加强对江浙地区风险的管理，通过风险排查，尽量切断与民间借贷、企业主跑路的联系。初步看，目前宁波、苏州、福建等周边地区，小企业业务资产质量总体保持稳定。

为有效应对经济增长放缓，我们迅速增加了缓释风险的措施，比如增加抵质押贷款的占比，目前全行小企业抵质押贷款占比近60%，同比提高了8个百分点；同时，加强担保机构准入和管理，快速清理不符合条件的担保公司。

此外，为防范操作风险，结合“信贷工厂”优化升级，在经营中心里设置一个单独的反欺诈岗位，专门对因欺诈导致的内外部侵害做一个预案和管理，并以此引导民营企业主规范经营。

同志们，经过多年耕耘，我行小企业业务取得了优异成绩，向国家、向投资者、向全行交上了一份满意的答卷，也得到了各方面的普遍认同和高度认可。2008年和2011年，中央领导两次作出重要批示，对我行小企业工作给予了充分肯定。2011年下半年至今，中央电视台、《人民日报》、新华社等十余家中央媒体对我行小企业业务新闻报道达到30余次，不仅树立起了我行小企业业务的品牌，也进一步提升了建设银行的品牌形象。

成绩的取得，源于党中央、国务院的正确领导，总行党委的战略推进，小企业业务条线及各部门的协调配合，更归功于全行同志上下一心的共同努力和勤恳的付出，在此，我代表总行党委对在座各位，并通过你们向小企业条线的广大员工表示衷心的感谢！

二、认清形势，坚定信心，明确小企业业务发展方向

在肯定成绩的同时，也要看到，当前和今后很长一段时间，小企业业务发展面临着复杂严峻的宏观形势，同业竞争更是日趋激烈，对于我们巩固发展成果、防范业务风险提出了严峻考验。

当前宏观经济复杂多变，世界经济动能减弱，全球经济复苏的不稳定性和不确定性上升。美国经济复苏放缓，失业率居高不下，居民消费能力下降；欧元区经济衰退尚未见底，“深水炸弹”不断爆发，主权债务与银行风险之间的恶性循环等因素决定了欧债危机短期内难以化解，投资者“避欧”加剧流动性短缺。印度、巴西、俄罗斯等12个新兴经济体第二季度GDP增速继续放缓，CPI普遍回落至4%以内，全球市场需求低迷可能成为常态。

从国内看，经济运行总体平稳，仍处于发展的重要战略机遇期，但增速放缓。上半年全国GDP增速为7.8%，其中第二季度的GDP增速为7.6%，创13个季度新低；固定资产投资增速降至20.4%，为十年来最低水平；进出口增长8%，增速比上年同期回落17.8个百分点，企业去库存行为明显，有效信贷需求不足，对商业银行信贷经营产生了不利影响。

一段时间以来，受国内外宏观经济形势影响，部分区域小企业信贷风险集中暴露，全行稳增长压力加大。在这种情况下，不少同志对于为什么发展小企业、怎样发展小企业的认识产生了疑虑。关于这点，我主要谈三个方面。

（一）响应国家号召，满足监管要求

支持小企业，尤其是微小企业发展，对国家转变经济发展方式、促进经济结构调整，特别是当前克服国际金融危机影响，具有重要战略意义。近年来，各级政府和监管部门相继出台了200多项政策制度，鼓励、支持商业银行发展小企业业务，并在存贷比考核、资本计量以及不良贷款容忍度等多项信贷政策上给予优惠和支持，为小企业业务的发展营造了良好的环境。2012年7月的中央政治局会议上，胡锦涛总书记特别强调，要求加快小微企业发展。

监管部门也将商业银行小企业业务的发展作为一项硬性指标，提出“两个不低于”的监管要求，作为考核商业银行整体业绩、进行规模配置的重要考量因素。据测算，2012年“两个不低于”如果满足不了，明年我行或被扣减上百亿元的信贷规模，影响较大。

（二）增强内生动力，实现持续发展

2012年以来，中央银行已经二度非对称降息，释放出强烈的利率市场化信号。一方面，银行吸储成本越来越高，对大中型企业信贷业务的议价能力越来越弱，银行利差收窄，获利空间将不断压缩；另一方面，BASEL Ⅲ实施在即，对银行资本约束的监管越来越严，商业银行在资产规模扩张过程中，外源性资本筹措的难度也将不断提高，亟须从内部挖潜，从高资本消耗的规模扩张模式，转向资本节约的内涵发展模式，提高了单位资本的价值回报。

目前，小企业接受利率市场化的定价优势已经初步显现，随着国家对商业银行发展小企业业务支持力度的加大，以及资本占用、经济资本计量等一系列利好政策的执行，小企业业务的盈利空间和发展潜力大，为我们走资本节约的道路，实现规模扩大、效益提升提供了最佳选择，也有利于将我行长期以来以中长期贷款为主的格局向长期、中期、短期合理配比转变，有效分散风险，实现全行“资本、收益、风险”的平衡。

（三）扩大客户基础，打好业务发展根基

着力发展小企业业务，对于扩大客户数量、夯实业务发展的基础、创造价值源泉关系重大。“金融脱媒”势必造成商业银行与大企业的关系若即若离，甚至渐行渐远，而且大中型企业数量较少，基本已被市场“瓜分”殆尽，营销难度大、成本高。小企业则数量庞大、成长性好，市场竞争总体上处于起步阶段。在这一方面，我们抓住先机，起跑早、步子快、发展好，优质客户占比不断提高，为我们改善竞争格局提供了巨大的空间。

经过多年的发展，我行在服务小企业的过程中，逐渐将一批小企业客户培育成为大中型客户，并为其提供多元化的综合金融服务，不断增强客户与银行服务的黏合度，形成了较为稳定的客户基础。

几年来，我行小企业业务发展的机制、机构、流程、产品等基础工作相继建立并规范，专业经营、精细管理的水平不断提高，控制风险的能力逐步增强，为业务长期发展打下了良好的基础。在国家的高度重视和支持鼓励下，我们要保持清醒的认识，牢牢把握稳中求进的总基调，立足当前、着眼长期，认真分析当前形势，提高认识、做实基础、明确方向、做好规划。

三、夯实管理基础，有效防范风险，推动小企业业务全面可持续发展

2012年是落实全行“十二五”规划承上启下的关键之年，目前时间已经过半，小企业业务个别指标还没有完成任务过半。在纷繁复杂的国际国内经济金融形势面前，我们要提高认识、统一思路，找准突破口和着力点，不断提高经营管理能力，有效防范风险，努力实现小企业业务的又好又快发展，为全行业务发展打下坚实的基础。

（一）统一思想，进一步提高发展小企业业务的认识

各行要明晰当前可能存在的对小企业业务发展的模糊认识，坚定信心、坚持发展。在继续执行好国务院、监管机构相关政策，确保落实“两个不低于”要求的同时，进一步提高小企业业务对全行发展重要性的认识，妥善处理好三个关系。

一是处理好短期效益与持续发展之间的关系。与大中型企业相比，小企业规模小、抗风险能力较弱，个体发生风险的概率较高。同时，小企业业务目前总量相对较少，在当前的业务规模以及考核方式下，小企业业务对增加存款、完成中间业务收入等指标的作用有限，对发展小企业业务的需求不急迫，容易忽视。

但从长远来看，发展小企业业务既符合中央对解决小微企业融资难的要求，又有利于增加收益、创造价值、夯实客户基础，是我行新的业务增长点。各行要密切跟随当前经济特点和发展趋势，从我行战略转型和实现长远价值的角度出发，提高主动性、积极性，使我行的业务发展更加稳定、坚实，具有可持续性。

二是处理好风险管理与业务发展之间的关系。2011年下半年以来，少数分行不良贷款有所反弹，由此引发业务发展的畏难情绪，有的甚至因噎废食，将减少投放作为风险防控的手段之一。这样做反而限制了小企业的“大数法则”发挥作用，不利于风险的稀释。小企业不良贷款反弹的重要原因在于部分分行过于关注存款和中间业务收益，在业务结构上办理了许多风险敞口较大的表外业务，风险控制有所弱化。

小企业业务单笔风险大，还要不要发展？当然要发展，还要树立大局意识，统筹规划、快速发展，使业务发展上一定规模。以发展解决目前存在的各项问题，实现收益覆盖风险，“大数法则”才能真正适用。防范风险，一定要合规经营，不折不扣地执行监管部门、总行各项风险政策。要优化风险管理的方式、方法，提高管理效率，在确保风险可控的前提下促进发展。还要重视并加强与政府部门的合作，利用政府优势，帮助加强对小企业的风险防控。

三是要处理好小企业业务发展与人力瓶颈之间的关系。随着小企业业务向零售化的发展，规模持续增大，贷款金额小额化，期限短期化，现有人员的加工能力趋于饱和，业务发展遭遇瓶颈。为此，要切实转变发展观念和发展模式，建立支撑零售化发展的业务模式，适当增加人员数量，尤其是专职客户经理和产品经理队伍，加大存量客户营销，加强系统支撑能力，积极推进外包服务，推动小企业业务从简单依靠“人海战术”的劳动密集型模式向围绕“零售化”转型的操作简单化、销售网点化、营销批量化的模式转变。

在妥善处理好以上三个关系的前提下，各行尤其是发达地区分行，以及GDP增长较快的部分中、西部地区分行，一定要把小企业业务作为本行当前各项业务工作的重点，要有专门的行领导分工负责，落实好发展的责任，切实将各项工作落到实处。

（二）明确目标，坚定信心，有效发展小企业业务

一是年初确定的计划任务全行要保质、保量完成，尤其是落实好小企业客户增长计划、“两个不低于”的底线要求以及风险控制目标。年初制订的计划是经过审慎研究后确定的，是符合全行战略规划阶段性要求和自身实际情况的。各行要按照监管要求，在确保资产质量的前提下，加大信贷投放力度。

二是要明确区域战略定位，围绕“三大一高”抓好小微企业客户服务。既要服务大中型客户，又要围绕大客户打通供应链，上下级行联动，实现产品链、供应链的运行畅通，服务好各个层次的客户，形成稳定的客户结构和收益来源。尤其是大城市、总行确定的重点城市行，更要重视小企业业务的发展。将大城市作为小企业业务的主战场，发挥大城市有市场、有基础、有需求的资源优势，迅速形成区域竞争力，有效带动全行业务发展。

三是调整发展方式，重点抓好批量化平台建设。要积极搭建政府增信平台，以总行与工信部签约为契机，加快与地方经信委等政府部门的合作，推广“助保贷”产品。利用政府管理优势，组织贷款企业建立风险防范“资金池”，在有效控制风险的前提下批量拓展小企业客户；要结合服务实体经济，依托客户真实的贸易背景，围绕供应链核心企业，建立“一点切入、以点带面、1+N”批量拓展上下游企业的集约化营销模式；要立足专业市场、产业集群、社区商圈等搭建各类批量化营销平台，进行“一对多”的批量营销，提升平台营销能力，快速拓展优质客户群体。

（三）确定思路，加快向零售化转型的步伐

长期以来，我行的小企业业务基本采用传统的风险评价方式，依赖密集的人工作业，客户经理既要瞻前又要顾后，人力成本相对较高。随着经济增长放缓，银行的盈利能力和风险抵补能力也相应减弱，依托原有的信贷管理模式，人员紧张的瓶颈凸显，很难有效控制风险、降低管理成本，必须加快推进零售化转型。

推进零售化转型，一是有利于控制风险。通过贷款小额化，发展为数众多的小微企业，充分发挥大数定律的作用，有效分散风险。二是有利于降低人力成本。通过将贷款小额化、标准化，并主要采取以评分卡为主的评价方式，重点关注企业的履约能力、业主个人信用和资产状况，在系统的支撑下，实现批量化处理。同时，依托系统进行电话催收和到期提醒，进一步释放人力资源。三是有利于发挥与综合化网点有效衔接的优势。通过简单化操作和对存量客户的预审批，逐步将销售终端向网点柜面延伸，明确网点销售的职责，实现规模化发展。

零售化转型是一个渐进的过程，要实现零售化，我主要强调做好这样几项工作。一是加快零售小微企业评分卡、速贷通评分卡的开发进度，抓紧完善指标体系；二是加快相关系统的研究开发工作，争取年底前上线推广；三是建立完善的考核激励机制，形成合理的利益分配。

（四）保持既有优势，提升服务效率和批量化处理能力

我行“信贷工厂”模式的小企业经营中心从无到有，以专业化、流水线的作业流程，较好地支撑了业务快速、健康发展，在机构设置和经营模式的设计上领先于国内同业。但同时，小企业经营中心的内部决策职能被强化，营销及业务支持职能被弱化。因此，要进一步提高小企业经营中心覆盖面，持续进行优化升级，发挥专业、专注的优势，提高服务效率和批量化处理能力。

一方面，按照分级分类的原则，加快建立小企业经营中心。各行，特别是大的城市行，要重视提高小企业经营中心的覆盖面，在现有244家的基础上，增加经营中心的建设，力争实现所有发达地区、发达城市全覆盖。同时，要落实岗位职责，前、中、后台岗位要分离，并根据标准动作，适当增加关键岗位人员，使业务量与人员相匹配。要相应增加客户经理岗位，支持网点的小企业服务，提高小企业经营中心的业务辐射带动能力。

另一方面，要持续优化效率。信贷工厂最大的优势在于批量化、标准化、流水线作业。任何一个环节的拖延都会降低业务办理的整体效率，影响客户对我们高效服务的信心。审批上要多加支持，审批人要派驻到工厂中去，做到“四只眼睛看客户”，更好地与客户经理乃至客户本身进行沟通和交流，尽量减少上上下下的次数，真正发挥信贷工厂对业务支撑的作用。

（五）加强分析，降低成本，持续提高小企业业务价值贡献度

利率市场化对银行的收入带来挑战，小企业业务当前的价值贡献尚未充分发挥，还有很大的提升空间。各行尤其是重点城市行要切实做好以下方面：一是要理解总行2012年的计划安排，根据总行信贷资源的安排顺序，应优先满足小企业贷款的需求，使小企业业务尽快做大规模，提高盈利能力。

二是要学会精细化管理，加强成本控制。现在银行业竞争日益激烈，拓展一个新客户的成本已达到维护一个老客户的成本的6倍。作为国有大型商业银行，我行现有各类客户约3.6亿户，其中企业客户约270万户，存量客户拓展的潜力巨大。从我们熟悉的客户中寻找小企业业务发展和突破的机会，可以有效降低成本、控制风险。

三是要正确对待小企业服务收费管理。2012年中国银监会提出“两禁两限”的收费新规，对我们来说是规范发展的好事，只有在合理规范的基础上，业务发展才能实现长远价值。要“弯下腰”来去了解小企业的真实需求，按照有需求、有协议、有内容、有记录的“四有”标准，为客户提供真实有效的金融服务。

四是要加强产品和服务的创新。创新能提高竞争力、能带来效益。总行一直强调从总行、分行两个层面加强创新，并鼓励分行，在统一的风险偏好下，选择熟悉的市场及客户，积极创新。只有创新服务内容、丰富产品种类，才能不断满足客户日益增长的需求，增加产品的覆盖度，提高收益，从而不断扩大市场和客户基础。

（六）严格风险管理，确保业务健康发展

对于小企业业务而言，既要加快发展，实现收益覆盖风险；又要合规谨慎，以风控效果考察成绩。要从提高人员素质、强化基础管理、优化业务流程、加强精细化管理入手，处理好风险与发展的关系，实现发展与风险的有效平衡。

一是要端正经营思想，提高大局意识、责任意识，坚决执行中央政策和监管要求，落实全面风险管理要求。在当前竞争激烈的情况下，要增强机遇意识、发展意识，立足当前、考虑长远，推进结构调整和经营转型，大力发展战略性业务。在经济波动时期，更要增强风险意识、合规意识，树立正确的风险观，业务延伸到哪里，风险防范就跟到哪里，做到业务发展与风险管理能力相匹配。

二是要坚持科学发展，坚定信心，重点解决风险管理中的薄弱环节。要认识到，不敢发展、不善发展才是最大的风险。在内外部环境低迷时更要坚定信心，做到超前预见、胸怀全局、把握整体。尤其要不断提升贷后管理水平，加强抵质押物管理，做好发展规划，推进区域政策和行业政策的差别化、精细化管理，争取实现小企业风险管理的“一行一策”。

三是要进一步用好风险管理工具。行业筛选、客户筛选、定价测算、贡献度测算、营销管理、审批辅助、早期预警以及组合管理工具等都可以行之有效地帮助客户经理提高业务办理的效率，有效控制风险，从而提高小企业业务的风险管理水平。要不断优化完善，真正发挥好作用。

四是要全面排查与解决风险隐患。信用风险、操作风险、道德风险等方面的问题一直困扰小企业业务发展。对监管与审计提出的各项问题，要加强沟通，尽快整改。通过与资产保全部门的合作，加大对小企业存量贷款及新发放贷款不良的清收、盘活和核销等处置力度，采用有针对性、差异化且行之有效的处置手段，快速化解不良贷款，提高信贷资产质量。

小企业业务发展一定不能看单笔、单户风险情况，要把握全局，从收益覆盖风险的角度，以“大数定律”看待风险。为促进业务发展，根据监管部门的要求，总行可适当提高小企业不良贷款容忍度。各分行不能因此而放松管理，要增强主动控制风险的能力，保持资产质量稳定。

（七）加强机构队伍建设，为业务发展提供可靠支撑

多年来，小企业业务快速发展，为全行作出了积极贡献，也面临着人手不足对业务发展的瓶颈问题。为有效控制风险、促进发展，要从以下三个方面加强机构和人员队伍的建设。

一是在全行统一的发展规划下，有效充实小企业客户经理等一线业务人员，使人员数量、人均加工处理能力与业务总量相匹配；同时，有针对性地增加相配套的产品经理、风险经理，在提高业务创新能力的同时，实现业务发展与风险控制的平衡。

二是要加强专业化机构建设，有条件的分行要有自己的规划，逐级建立专业服务小企业的机构，加强对业务的指导和支持，提高专业化水平，较好地控制风险，提升在当地同业市场的竞争力。

三是要加大培训力度，提高业务人员专业素质。小企业业务相对较新，主要体现为机构新、人员新，培训工作显得尤为重要。要分级、分层开展培训，注重培训实效。

总行层面，要对全行小企业业务培训工作进行整体规划。要提高层次，加大培训的深度和广度，注意学习，吸收国内外发展小企业业务的先进经验，争取占据业务发展制高点。同时，还要尽快组建一支小企业业务培训师队伍，同步对其开展培训，不断巩固、放大培训成果。

分行层面，要加大培训的频率和受众面，尤其要加强对网点客户经理的培训，全面培养其客户服务能力，不断延伸业务办理的触角。各二级分支机构，要将培训纳入日常经营管理的范围，增加培训内容，特别加强对小企业从业人员职业操守的培养，为业务发展提供可靠的人力支撑。

同志们，小企业业务发展取得了很大的成绩。面对新的形势，全行上下要进一步提高认识、统一思想，从小企业业务实际出发，进一步夯实管理基础，有效防范风险，从战略的高度推进小企业业务持续、健康发展，为全行业务转型作出新的贡献。

坚定信心　稳健发展
全力做好各项经营管理工作

——在中国建设银行夏季工作（视频）会议上的讲话

张建国

（2012 年 8 月 15 日）

同志们：

刚才，王洪章董事长作了重要讲话，稍后张福荣监事长也将对全行工作提出明确要求，请大家认真领会精神，抓好贯彻落实。北京、吉林两个分行和总行集团客户部的交流发言也给了大家很多启发。按照会议安排，我向大家报告全行上半年经营管理情况，并对下一阶段工作安排谈些意见。

一、经营情况良好

2012 年以来，面对复杂多变的经济金融形势，按照中央“稳中求进”的总体要求，全行坚持科学发展不动摇，主要指标实现“时间过半、任务过半”，整体经营跃上了新的水平。

（一）业务发展总体平稳

截至6月末，资产规模（集团口径，下同）达到13.5万亿元，比年初新增1.2万亿元。负债总额达12.6万亿元，新增1.17万亿元。全口径存款新增1.06万亿元。储蓄存款日均新增计划完成率达111.4%，住房资金归集新增1 169亿元。

主要财务指标很好。上半年实现净利润1 065亿元，同比增长14.6%；NIM企稳回升至2.71%，同比增加了5BPS。平均资产回报率和股东权益回报率分别为1.65%和24.56%，成本收入比为32.73%（国际准则）。

（二）信贷投放稳健有序

人民币贷款增量及进度控制有序。6月末，人民币各项贷款余额达6.4万亿元，比年初新增4 072亿元，增速为6.8%，增量为四大行第二；其中，非贴贷款新增3 994亿元，为四大行第一。

重点支持领域贷款增势良好。基础设施贷款新增1 164亿元；涉农贷款增速高于各项贷款平均增速3个百分点；小微企业贷款（四部委口径）增长7.8%，四大行第一；保障房开发贷款增速达62%；个人住房贷款余额、新增保持同业第一。

调控领域贷款控制有力。“6+1”产能过剩行业信贷余额较年初减少79亿元，已实现6个季度连续下降。房地产开发类贷款比年初减少14亿元；政府融资平台贷款户数、余额分别较年初减少138户、86亿元。

（三）中间业务坚持规范与发展并重

严格落实规范整改要求，自查自纠、收费公示，明确“四有”原则，发展基础得到夯实。上半年，实现中间业务净收入501亿元，同比增长3.6%，收入总量为四大行第二，增量、增速为四大行第一。同业第一的分行达18家。

重点产品带动作用明显。银团贷款、个人结算及借记卡、贷记卡、房改金融、代客资金、贵金属、现金管理、投资托管等业务增长迅速，债务融资工具承销额、承销只数同业第一，短期融资券、私募债券承销量同业第一。

（四）战略性业务持续推进

电子渠道服务能力不断提升。典型应用案例推广效果显著，电子商务平台“善融商务”顺利上线。电子银行账务性交易量占比为68%，较年初提高9个百分点；基金和理财产品电子渠道销售占比均达45%。

金融市场业务收入稳步增长，管理年活动顺利推进。实现收入557亿元，同比增长18%。本币债券投资收益率为3.66%，较年初上升31BPS。外汇资金业务收入四大行占比较2011年底提升4.09个百分点。管理年活动确定的9大项工作51个子项正在有序推进，资产配置能力和风险管控能力有所提升。

“四卡”发行扭转劣势，推进顺利。金融社保卡新增398万张，增幅达87%，发卡范围扩大至15家分行。河南省分行、江苏省分行成为全省居民健康卡发卡银行。财政公务卡累计发卡量同业第一。其他金融IC卡新增351.3万张，较上年末增长303%。

养老金营销力度加大。养老金客户签约数较年初新增2 052个，计划完成率达66.4%。运营受托资产规模、托管资产规模、个人账户数快速增加。分行自主营销能力提升，中标包钢集团、福特汽车等多个重点客户。

跨境人民币业务市场份额升至同业第二。完成跨境人民币结算量3 566亿元，市场份额为19.5%，较年初提高5.7个百分点。

（五）基础建设得到加强

客户、账户基础继续扩大。公司机构客户新增21.2万户，增幅为9.6%。对公账户增幅为8.3%，高于四大行平均增幅2个百分点；新增民生领域各类基本账户7 315户。个人有资产客户新增1 010万人，个人客户金融资产新增5 070亿元。

渠道建设稳步推进。新增营业机构138个，同比多增111个；机构升格234个，长期停业机构复业16个。累计开业私人银行、财富管理中心260家。自助设备新增4 121台，总量近5万台。

（六）资产质量保持稳定

不良贷款依然实现“双降”。6月末，不良贷款余额为704.2亿元，较年初减少5亿元；不良率为1%，下降0.09个百分点。境内共处置不良资产169.5亿元。拨备覆盖率达262.38%，提高了20.94个百分点。

落实主动授信管理理念。推行集团客户授信及类授信产品差别化授信审批模式，建立信贷审批一次作业和重点客户额度调剂机制，全国性集团客户申报审批用时大幅缩减。

内控管理水平明显加强。完成了建银国际整顿。实施了理财业务整改，低风险业务优化流程加快发展，我行战略合作伙伴及主动争取客户理财产品预审批机制启动，其他各类理财产品的投资决策纳入统一授信管理，既保证了业务的稳健发展，又能控制住风险过高的信托机构、相关项目和关键环节。

2012 年上半年是我行股改上市以来，形势特别复杂、困难很多、挑战严峻、压力最大的一个时期，但全行认真贯彻中央精神，严格执行监管要求，准确预判、主动调整、应对得力，因此整体经营结构、季月节奏、各项指标在大银行中堪称最好，在困难面前巩固了改革发展成果，为做好全年工作奠定了扎实基础。成绩来之不易、难能可贵，需要格外珍惜、努力维护。

二、沉着应对困难挑战，牢牢把握发展机遇

（一）国际、国内经济增长趋缓，银行业面临更复杂环境

全球经济复苏乏力。美国经济继续徘徊在低迷状态，新兴经济体增速普遍放缓，欧债危机仍在发酵引起连锁反应。市场信心较为脆弱，突发事件随时可能发生，国内银行业也会受到波及影响，要保持警惕。

我国经济增速保持在年初预期目标区间内，但是结构性的矛盾仍然突出。第二季度 GDP 增速降至7.6%，上半年社会消费品零售总额增长同比回落2.4 个百分点，固定资产投资同比回落 5.2 个百分点，规模以上工业企业实现利润同比下降 2.4%。受经济增速放缓影响，2011 年第四季度以来，银行业不良贷款、关注类贷款连续三个季度上升。

（二）金融改革加快推进，银行业盈利模式受到挑战

市场化金融改革力度加大。年初金融工作会议明确指出，“坚持市场配置金融资源的改革导向”。国务院已批准设立温州金融改革试验区，在深圳前海建设我国金融业对外开放试验示范窗口，正加紧研究发展珠海横琴新区人民币跨境和离岸业务等金融创新政策。直接融资市场不断发育，银行业同业竞争激烈。如果多项改革措施集中出台，效应会叠加放大，短期内银行压力会很大。

货币政策稳中有松，利率汇率市场化进程加快。汇率形成机制改革不断深化，汇率市场化机制基本形成，人民币汇率波动加大，客户避险需求发生改变，银行定价难度增加。中央银行在一个月内连续两次降息并扩大存贷款利率浮动范围，超出市场预期，更标志着人民币利率市场化正式启航。银行定价策略将出现分化，未来利差收窄趋势明显，存款保险制度准备了十多年也随时可能推出，以存贷利差为主的传统盈利模式难以为继。这对商业银行在人才、产品、避险工具、信息技术等方面提出更高要求，银行资产负债管理、综合定价能力面临挑战。

（三）监管要求更新、更严，银行管理水平亟待提升

上个月，中国银监会召开了2012 年第二次经济金融形势通报会，中国银监会尚福林主席对银行经营管理提出了新的要求。

一是要求银行加强对重点领域的风险防范。（1）加强平台贷款风险管控，严格总量控制，落实平台整改条件，“分类管理、区别对待、逐步化解”。（2）加强房地产信贷风险管理，贯彻落实国家房地产调控政策。对个人住房实行差别化首付成数和利率政策，以及三套房停贷政策。（3）加强信用风险前瞻性管理。防范重点行业、重点区域风险，加强对新兴产业的研究。强化流动性风险、市场风险管理，切实防范民间借贷、非法集资等风险传染。（4）抓好案件风险防控。

二是要求银行更加有效地支持实体经济稳步增长。继续加大对国家重点建设项目、可持续运营的小微企业、“三农”、保障房等合理住房信贷需求、消费和出口等领域的支持力度。深入落实不规范经营专项治理各项要求。

三是要求加快推进银行业改革转型。着力加快银行差异化战略转型，全面加强风险定价能力建设。筑牢信息、数据等内部基础，提高管理能力。积极推动《商业银行资本管理办法》实施。

（四）经营管理存有隐忧，业务转型压力增大

1. 增长乏力，发展不稳。全行主营业务收入

增速放缓，个别指标低于预期。上半年，净利润增幅较上年同期回落，中间业务收入增速自股改上市以来首次大幅下降。外币业务出现亏损，多年以来前所未见。客户账户增势虽好但质量有待提高，公司机构客户新增21万户，但日均余额50万－5 000万元基本结算客户、5万－500万元非基本结算客户负增长。

存款不稳，大起大落。6月最后6日，企业存款、储蓄存款新增分别占当月新增的114.6%和95%。7月末较6月末，人民币存款下降4 863亿元。存款波动危害多多，冲时点不仅要多缴准备金，效益受损，而且加大了流动性管理难度，疲于向中央银行拆入资金，稍有不慎就可能酿成流动性风险。贷款有效储备下降，被迫月末集中投放，旬日间投放明显失衡。

2. 风险事件频出，风险隐患增大。

一是部分区域和行业风险凸显。仅浙江省分行上半年不良就增加了54亿元，不良余额超过150亿元，不良率超过3%。钢铁、建筑、建材、工程机械制造业等行业信用风险上升较快，钢贸等批发零售企业违约现象增多；棉纺、造船、光伏等部分出口导向型行业信用风险突出。

二是不良反弹压力较大。个人贷款、小企业贷款不良双升，承兑、信用证等表外业务垫款增加了一倍。非不良拖欠和当年新发放贷款及新增垫款形成的不良上升。

三是风险内控管理和案件防控难度加大。上半年各分行上报33起重大信用风险事项，是前两年的总和。对理财产品的规范管理和风险防控仍未引起足够重视，管理基础不够坚实，潜在问题短期内难以完全化解；操作风险明显抬头。

3. 经营环境越加复杂，经营压力越来越大。中间业务收费新政影响将会变为现实。《商业银行服务价格管理办法》将于10月1日正式实施，预计将影响我行四季度收入20亿元。中间业务收入持续增长局面难以为继。

银行定价将更加困难。由于利率变化、企业效益下降，大客户强势要求提高资金回报，要求贷款价格下浮；全社会要求对小企业的资金支持和金融服务合理定价。上半年我行新发生贷款利率水平居四大行末位，2011年NIM领先工商银行9BPS，2012年上半年已转为与工商银行持平。

分析问题、查找不足是为了正视挑战，在问题和不足面前不能畏难退缩。要全面估量形势，既要看到问题、困难和风险，更要坚定信心、把握机遇。

我们有足够的信心面对未来变化。我国经济基本面仍然较好，上半年国内生产总值同比增长7.8%的速度在世界范围来讲仍然是最高的。股改6年来，我行传统优势得到巩固，品牌形象、市场地位不断提升，发展基础更加坚实，结构质量持续改善，综合抗风险能力显著增加。2012年上半年的经营成果更加表明全行经受住了考验。

我们有足够的信心牢牢把握发展机遇。一是中央把稳增长放在更加重要的位置，推进“十二五”规划重大项目按期实施，启动一批事关全局、带动性强的重大项目，对已确定的铁路、节能环保、农村和西部地区基础设施等领域的项目，加快前期工作进度。二是不同区域面临不同的发展机遇。近期国务院发布浙江海洋经济发展示范区规划，进一步实施促进中部地区崛起战略；西部地区省份也保持了高速增长。三是我国仍处在消费结构升级的关键阶段，教育、旅游等领域商机无限。四是国家加快实施“走出去”战略。上述都是战略机遇，商业银行大有可为。

三、坚定信心，稳健发展，努力做好下一阶段工作

下半年，全行要扎实做好改革发展稳定各项工作。保持资产负债和主要业务市场份额稳定，推动存款平稳增长，力争实现全年任务目标；进一步优化信贷资源配置，贷款增量、进度和结构要符合监管要求；抓好中间业务重点产品和潜力产品，切实提高服务能力。加强风险定价和资本预算管理，巩固核心经营指标领先优势；不断增强风险防控能力，确保流动性安全，稳定资产质量和资本充足率水平。

（一）打牢基础，增强业务持续发展能力

一是坚持不懈地打牢客户基础。各级领导要带头营销优质客户，不断提高总分行直接经营能力。采取有效方法批量营销客户，加快工商验资通、“善融商务”的推广，利用授信带动基本账户增加。挖掘现有客户潜力，推动低效账户、零资产客户激活和客户晋级。加大考核激励力度，

引导分行优化客户账户结构。

二是高度重视完善网络工作。2012年机构新设、升格任务要确保完成，第三季度完成率争取达到70%；长期歇业机构要尽快复业，2011年筹建机构要在2012年第三季度全部开业，2012年新设机构开业率要达到60%。稳步增加综合性网点数量。

三是扎实推进新一代核心系统建设。在业务现状梳理的基础上，保持一定的前瞻性和先进性，推动系统设计开发分步上线。抓紧做好年内系统部分功能的释放，争取尽早发挥效益。

四是不断完善管理机制。进一步提高政策的稳定性、前瞻性和可操作性，确立清晰的目标和科学合理的考核机制。要把考核与战略方向、经营策略更紧密地结合起来，让好的分行从中获益，引导差的分行调整改进。

（二）抓好重点，推进业务稳健协调发展

努力巩固存款、中间业务市场地位。上半年成绩来之不易，但要守住市场份额任务更加艰巨。总行的基本要求不变，就是要确保存款、中间业务收入市场份额不下降。合理控制资金成本，抓好一般性存款。深入开展中间业务“增收挖潜”活动，加大培训和转培训力度，帮助基层行更好地掌握重点产品营销推广技巧，促进中间业务收入持续增长。

继续坚持信贷结构调整。大力支持实体经济，优先支持国家重点在建续建项目，重点支持民生领域、小微企业、涉农业务、绿色环保项目发展，巩固个人住房贷款领先地位。对国家调控政策要求必须令行禁止。通过理财和信托违规向房地产企业、“两高一剩”行业投入的做法已经得到纠正，2012年没有新发生，但存量问题也要引起全行特别是各级领导的高度重视，要抓住时机尽快解决。对于房地产贷款，在控制总量的前提下，增量计划优先安排用于保障房需要，其余适度支持央企集团房地产、省市级土地储备中心及战略合作伙伴的需要。

主动把握战略性业务市场机会。进一步做好“善融商务”的宣传推广，网络银行全年合作签约平台要达到20家左右。推动供应链融资业务发展，继续加大“四卡”拓展力度。坚持小企业业务“零售化”转型方向，落实好“两个不低于”的监管要求。加快私人银行牌照申请，提高私人银行客户收益水平和价值贡献。

积极推动外币业务健康发展。当前，全行外币资金充裕，可加强外币贷款投放力度，以提高外汇资金运用水平和回报水平。加强总分行及境内外联动、结售汇业务与贸易融资业务的联动，加快贸易项下跨境人民币、代客资金业务拓展。全行已经取得的成绩要能守得住，做得差的分行要赶上来，尽快扭转外币业务亏损局面。

（三）管控有力，努力维护资产质量

防控好信用风险。在经济增速趋缓时期，尤其要加强对重点行业产业、重点区域的风险管控。（1）对钢铁、船舶、多晶硅等调控行业持续进行监测和风险排查，继续严控“6+1”行业信贷投放。（2）严格平台贷款管理。严禁弄虚作假，不得对平台客户擅自发放贷款或者是为腾出空间急于退出。严格落实国务院和中国银监会相关要求，分类管理，控制住全口径平台贷款总量，确保年末时不超过年初数；严格执行监管类平台转为监测类条件和流程的相关规定，在不突破上年末余额的前提下，可发放新的平台贷款，但不得为未分类或维持类、压缩类客户新增贷款；做好新贷款需求分类排序，优先保证重点在建续建项目需求。（3）对民营企业跨行业跨区域扩张兼并项目的贷款需求，要严格准入管理；对于涉及非法集资和不计成本高息借贷的企业不得新增授信，更要加固债权，甚至及时退出。（4）对区域性风险上升明显的分行，加强帮助督导，集中处置不良资产。

执行好资本监管要求。经国务院批准，中国银监会颁布的《商业银行资本管理办法》将于明年1月1日正式实施。我行执行新资本协议准备工作任务繁重，各项工作正在有序推进。总行将在内部先行加强相关培训，明确部门职责，相应的工作小组要按工作方案抓紧开展工作，择时启动全行培训和实施准备。

遏制个别产品工具风险高发态势。严格执行承兑、贴现、国内保理和信用证业务的贸易背景真实性审查；掌握代客衍生产品业务客户信用状况和保证金到位情况，加大垫款催收力度。关注理财产品基础资产的信用风险和市场风险，及时对客户进行风险提示。

（四）强化责任，配合好外部审计检查

国家审计署正在对我行进行两项审计调查。其中经济责任审计项目，在重点审计总行本级、11 家一级分行、境内 5 家子公司、5 家在港机构、村镇银行的同时，还就有关审计事项对其他很多家分行或机构、相关企业开展了延伸审计。目前，审计工作已进入中后期，审计组反映或取证的相关情况和问题将比较集中。在此阶段，全行上下必须重视做好配合检查、沟通汇报和问题整改等工作。

一是强化责任意识和敏感性。自审计检查进点以来，绝大部分分行、子公司高度重视、积极配合、认真整改，取得了比较好的效果。但是，个别分行个别子公司前段时间依然重视不够，现场检查到 8 月 1 日已告一段落，但直到现场检查结束后，个别分行、个别子公司才把大量计入审计底稿的问题报告总行。各分行、在港机构、子公司和总行部门的主要负责人必须提高执行力，切实加大配合工作的力度，不得有推托、敷衍等消极行为。

二是积极组织并做好沟通汇报。要注重在经办机构层面，在分行、子公司和部门层面，加强与审计组的沟通和解释工作，既要有书面沟通，更要重视当面沟通。为审计人员全面、准确地了解我行情况创造条件，防止产生误解，避免被动。对重要事项，要专题研究，作为沟通重点，主动向审计组汇报。要及时向总行报告重要情况和各类信息。总行相关部门对审计关注的问题，特别是跨机构、跨产品、跨部门的问题，要加强指导和协调，全面梳理系统情况，共同研究解决措施，统筹安排反馈意见和处理方法。

三是及时有效地开展整改工作。对于审计署关注或发现的问题，要尽早整改，“亡羊补牢，犹未为晚”，争取在审计结束前整改完毕或取得阶段性整改成果，杜绝屡查屡犯的现象。

（五）确保安全运营，全力做好重要时段的维稳工作

十八大召开在即。十七大时，我行既积累了确保各项业务稳健发展、正确接受媒体监督的经验，也发生了 CTS 系统两次宕机的教训。既总结经验，发扬好的做法，也要吸取教训，坚决防控不稳定情况的发生。

近期，极端灾害天气频发，个别地方发生群体事件，个别业务系统运行不够稳定，涉及我行的敏感问题较多。对此，要切实加强组织领导，抓好员工行为管理，做好防抢防盗、防火、防爆和防汛工作，重视舆情监测和应对，完善应急预案，确保运营安全稳定。

同志们，当前困难挑战压力确实很大，但全行业绩良好、基础扎实、信心坚定。我们要坚持稳中求进、扎实工作，不断提升全行的服务水平、品牌形象和竞争能力，为经济的稳健发展作出贡献，并以优异成绩迎接十八大胜利召开。

贯彻落实十八大精神
努力提高全行经营能力

——在中国建设银行秋季工作座谈会议上的讲话

张建国

（2012 年 11 月 19 日）

同志们：

党的十八大刚刚闭幕，我们就召开秋季工作座谈会，是为了迅速传达贯彻十八大会议精神，联系我行实际研究部署岁末年初重点工作。刚才，王洪章董事长向大家传达了十八大会议精神，并对全行改革发展提出了要求，张福荣监事长还要做重要讲话。大家要深入学习、认真领会，会后要做好贯彻落实。按照会议安排，我向大家报告当前全行经营管理情况，对下一阶段工作安排谈几点意见。

一、整体经营平稳，转型步伐加快

（一）业务平稳发展，盈利水平符合预期

2012 年以来，我行认真执行国家和监管部门的各项政策，全行努力落实总行党委和董事会的决策要求，整体经营稳健向好。截至 10 月末，资产总额（本行口径，下同）超过 13 万亿元，比年初增加 10 137 亿元。

负债总额达 12.23 万亿元，比年初增加 9 016 亿元。一般性存款时点新增和余额市场占比较年初分别提升 6 个百分点和 0.2 个百分点。

主要经营指标得到巩固。前 10 个月实现净利润 1 731 亿元，同比增长 11.9%。平均资产回报率、平均股东权益回报率分别为 1.65% 和 24.18%；成本收入比为 33.24%；NIM 为 2.74%，稳中有升。与其他大银行比较，我行 ROA、ROE、每股收益、资本充足率等多项核心指标保持领先水平，经营收入、拨备支出同比增幅为四大行第一，表明我行总体发展和盈利状况更扎实、稳健。

（二）严格执行宏观调控要求，信贷结构调整取得新成绩

10 月末各项贷款余额达 7.17 万亿元，比年初增加 8 144 亿元，其中，人民币贷款新增 6 515 亿元，总量及进度符合监管要求。信贷结构进一步优化，传统优势及重点支持领域保持了较快增长。

——基础设施贷款主要支持在建续建项目，新增 1 552 亿元，占公司类贷款新增的 42%。个人住房贷款余额、新增保持同业第一。住房资金在四大行中占比为 57%，房改金融继续领先同业。

——小微企业贷款余额为 7 207 亿元，新增 888 亿元，增幅为 14.1%。小企业客户数量、贷款增幅均列四大行第二。

——涉农贷款余额达 1.24 万亿元，增加 1 825亿元，增长 17.24%。新农村建设全口径贷款余额达 743.75 亿元，新增 407.35 亿元，增幅121%。

——保障房贷款余额达 513.71 亿元，增长 97.11%。在 29 个试点城市受托对 79 个项目累计发放公积金项目贷款246 亿元，同业占比为70%。

——地方政府融资平台客户数比年初减少 183 户，全口径平台贷款余额为 7 435.99 亿元，减少 28.89 亿元；“监管类”余额为 4 277.85 亿元，减少 19.79 亿元。“监管类”余额中全覆盖类占比为 91.95%，较年初提高 6.26 个百分点。

（三）经营转型成效显现，收入结构持续改善

——中间业务收入总量、增量、增速保持四大行第二。实现净收入 751 亿元，同比增长 1.51%。信用卡收入翻番；贵金属、银团贷款、造价咨询增速均超过 30%；投资托管规模和收入双双增长；债务融资工具承销额超过工商银行，市场排名第一。

——客户账户快速增长。新增单位人民币结算账户 52 万户，多年来首次位居行业第一。现金管理客户、小额无贷户超额完成全年新增计划。个人有资产客户超过 2.4 亿人，年内新增 1 552 万人，其中富裕客户新增 62 万人。私人银行客户数达 90 326 人，增长 12.7%；客户金融资产新增 1 010亿元，增长 23.4%。

（四）战略业务有力推进，财务效益逐步显现

——电子银行渠道应用水平明显提升，电子商务稳步推进。电子银行与柜面交易量之比为 252%，较上年又提高 45 个百分点。网上支付业务交易额、交易量同比分别增长 36%、51%。“善融商务”开业四个月以来，注册用户数和成交量增长较快。

——金融市场业务管理年活动顺利推进，收入稳步增长。数十项工作已完成近三分之一，其余在年底前可如期实现既定目标。坚持稳健的投资策略与审慎的交易策略，前 10 个月实现金融市场业务收入为 917 亿元，同比增长 15.5%。

——“四卡”发行有序推进。32 家分行已具备金融社保卡发卡资格，当年新增 808.68 万张。财政公务卡净新增 72.81 万张，发卡量继续保持

同业第一。军人保障卡累计发行28.5万张，市场占比同业第二。居民健康卡在第一、第二批试点的14个一级分行推广顺利。

——外汇存贷结构优化，海外机构创建顺利。七次下调内转价格，实施外汇业务综合定价名单制管理，高成本存款得到有效控制，外汇各项贷款新增为四大行第一。墨尔本分行下周开业，多伦多分行、迪拜子行、俄罗斯子行、台北分行以及旧金山、大阪分行的境外申设工作积极推进。

——养老金业务市场拓展持续增长，客户服务质量不断提高。2012年以来，中标一系列具有市场影响力的项目。签约客户数新增3 109个，提前完成全年计划。运营个人账户数、受托资产规模、托管资产规模分别较年初增长18%、32%、26%。服务水平不断提高，近日获得业界唯一品牌大奖。

（五）完善风险内控管理，资产质量保持稳定

——开展主动授信管理。加强重点领域风险预警防控，强化逾期贷款管理，优化审批流程机制，提高审批质量和效率，风险管控能力不断增强。江西赛维LDK风险敞口大幅压缩；实现从无锡尚德集团“全身而退”；多家银行牵连其中的南通私营造船厂倒闭事件，我行无一户涉及。

——继续大力处置不良资产。处置不良贷款251.5亿元，其中呆账核销20.48亿元，现金回收145.4亿元；处置关注三级公司类贷款116.7亿元。不良资产处置和回收计划完成进度均快于时间进度。

——资产质量保持稳定。境内分行不良贷款余额为714亿元，不良贷款率为1.02%，较年初下降0.09个百分点。拨备覆盖率、拨备比率分别为268.92%、2.75%，均好于监管标准。

（六）基础建设加快推进，重点项目建设取得明显进展

——渠道建设加速推进。截至10月末，境内营业机构总量13 879个，新增298个，长期歇业机构复业13个，完成机构外部升格计划386个。自助设备总量达5.3万台，新增7 269台。

——网点综合化建设正式启动，前后台分离推进有序。总行召开了深化营运体制改革会议，研究部署网点综合化建设。领先同业实现柜面业务实时上收总行集中处理，全行共有9 501个综合性营业网点实现柜面业务前后台分离。

——新一代核心系统建设稳步推进。体系方案已较为完备，一期项目实施准备工作基本就绪。

——新资本管理办法实施准备和内控体系建设进展有序。我行已确定了资本管理办法实施工作机制，制定了内控组织架构和建设规划，正全面推进内控管理的科学化与规范化。

2012年以来，全行在党中央国务院的正确领导和监管部门的指导帮助下，团结一心、锐意进取，经受住了经济下行、市场变化、灾害天气等多重困难考验，取得了新的经营业绩，用优异成绩向十八大献了厚礼，我谨代表总行管理层向各位代表及全行员工表示衷心的感谢！

二、沉着应对挑战，主动把握机遇

（一）外部经济环境复杂，国内经济结构调整蕴涵商机

世界经济复苏缓慢，金融危机影响挥之不去。国际经济环境仍然复杂严峻，尽管主要经济体都推行了量化宽松政策，但是发达国家经济持续低迷，近日媒体报道部分欧洲国家陷入新一轮衰退，新兴市场国家经济增速放缓，美国“财政悬崖”悬而未决，一些国家的主权债务危机仍未得到解决，经济复苏依然乏力。

国内经济缓中企稳的迹象更加明显。8月以后，经济增速下滑势头得到遏制，在物价保持低位增长的同时，规模以上工业增加值、社会消费品零售总额、进出口总额、国内投资、居民收入呈现向上增长趋势。但是，经济趋稳的基础还不稳固，外需严重萎缩，部分区域、行业问题依然严重，产能过剩依然突出，部分企业收入效益下降，对银行的经营和资产质量将产生更深层次影响。

银行业面临难得的历史性发展机遇。十八大报告指出，推进经济结构战略性调整，这是加快转变经济发展方式的主攻方向，必须以改善需求结构、优化产业结构、促进区域协调发展、推进城镇化为重点，着力解决制约经济持续健康发展的重大结构性问题。我们必须牢牢把握住国家“十二五”规划实施和全面建成小康社会过程中的重大机遇，赢得主动、赢得优势。

（二）银行业增长趋缓，竞争格局面临新的调整

国内银行业效益增长放缓。上市银行季报显示，受全球经济低迷和中国经济增速放缓的影响，银行业不良贷款余额从2011年第四季度开始反弹，各行盈利增长总体显著下降。

外部政策调整将改变现有银行业务竞争格局，尤其是房改金融和财政社保领域更为突出。近期，国家启动《公积金管理条例》修订工作，加大公积金运用是大势所趋，试点城市和试点范围扩大。住房资金业务承办银行选择模式发生转变，同业均有机会进入公积金领域，我行房改金融一行独占、一家独大的优势面临挑战。受到财政国库资金改革、账户撤并、大额资金招标和地方政府“以贷定存”、社保基金投资途径扩大等因素综合影响，财政社保类资金在银行重新存放变化较大，特别是被地方性银行蚕食。

（三）监管要求更趋严格，银行管理水平有待提升

监管部门要求同业代付纳入表内管理，我行同业代付余额最大。这会对今后一段时间的信贷投放、海外代付等业务产生很大影响。

上月，中国银监会召开银行经营座谈会和经济金融形势通报分析会，尚福林主席两次对银行经营管理提出了新的要求。

一是要求银行加大对实体经济的金融支持。加大对国家重点建设项目、小微企业、“三农”和保障房的信贷支持力度，深入落实不规范经营专项治理要求。

二是要求银行开展重点领域风险排查，强化银行风险防范第一责任。着力加强对风险暴露较快、较多的行业和地区、平台贷款、房地产调控政策执行情况及贷款质量、表外业务风险、市场风险、操作风险及信息科技风险的风险排查。

三是要求银行加快推进银行业改革转型。加快推进新监管标准实施，提升全面风险管理能力，制订科学稳健的经营发展目标和战略转型方案。

四是要全力做好舆情应对和维稳工作。强化声誉风险管理，提高突发事件应对能力。

（四）经营管理面临新的考验，维护资产质量形势严峻

1. 部分业务竞争力下降。客户账户拓展整体情况良好但质量不高，对业务带动作用并未显现。我行单位人民币结算业务收入下降31%，在四大行中降幅最大。前三个季度，公司机构客户质量状况改善不大，小企业授信客户新增仅为上年同期的一半。

存款增长缓慢，资产负债管理持续承压。前三个季度，我行存款增量、增幅等多项存款指标滑落至四大行第三。扣除准备金后，一般性存款均值增长低于贷款新增，存款增长乏力已制约了主要业务的增长，并经常影响全行的资金营运。

定价能力相对下降，应对利率市场化难度增加。我国利率市场化改革进程提速，人民币汇率双向波动的频率幅度加大。我行存款付息率、贷款收益率长期以来均为大银行中最好，2012年以来这一地位受到挑战。如果贷款收益率提高0.1个百分点、存款付息率降低0.1个百分点，全行利润就可增加上百亿元，这是最大的“增收节支”的空间所在。

不良贷款环比增加，面临反弹压力。前三个季度，商业银行不良贷款增加513亿元，同比增加709亿元，增长17.5%。逾期贷款大量增加，余额超过不良贷款，改变了过去五年不良余额大于逾期余额的结构，预示着信贷资产质量变化的严峻趋势。截至9月末，我行上半年对不良贷款控制得很好，但第三季度增量各行最多。逾期贷款比年初增加288亿元，增幅高达51%，若不是第三季度采取断然措施，情况将更加严重。

2. 风险内控和案件防控形势严峻。

一是限制性领域贷款总量出现反弹。10月末，钢铁、水泥等“6+1”重点调控行业贷款比年初增加42亿元，在连续6个季度下降后第三季度首次出现反弹。房地产业贷款余额比年初新增267亿元，已临界300亿元的年度控制增量上限。能否控制住对这些领域的贷款，不仅考验我行的管理能力，更反映我行执行宏观调控政策的态度。

二是个别区域风险集中暴露，并有逐步扩散的苗头。新增逾期贷款近70%集中在长三角地区，全行不良贷款有四成集中在长三角地区。上半年该地区不良新增56亿元，分别是工商银行、农业银行、中国银行三行的2.1倍、5.1倍、1.8倍，可见有外部形势的因素，但更多是我们管理上的问题。

三是部分行业和客户风险状况堪忧。钢铁行业已发生巨亏，首当其冲地影响了钢贸行业。经过全行一年半时间的努力，至9月底，我行钢贸行业贷款较上年同期减少303亿元，余额仍高达833亿元。尽管错过了最好的退出时机，但仍需高度重视、努力压缩。光伏相关行业信贷余额仍有174亿元，行业性的亏损、减产导致银行贷款风险突出。船舶行业大面积亏损、被迫停产还会对资产质量带来冲击。新增逾期贷款的87%集中在制造业和批发零售业，88%集中在民营客户群体。

四是部分业务风险上升。小企业信用风险加快暴露，不良贷款较年初增加79亿元，不良率上升1.17个百分点。前三个季度银行业个贷客户违约率上升6%，我行个别分行也出现部分个人贷款集中违规、违约风险。承兑、信用证等表外业务垫款增加了66亿元，增加1倍，且全部成为不良。

五是内控管理仍存在薄弱环节。2012年是以贷谋私、员工参与民间非法融资、商业贿赂、利益输送等发案状况比较多的一年，重大风险事件也时有发生。在外审、“影子银行”检查中也查出了许多违反制度流程、不执行总行政策要求的违规行为。

三、做好重点工作，确保实现全年经营目标

我行贯彻落实十八大精神，要密切联系全行各项工作实际，体现在经营上，就是要振奋精神，采取有效措施，做好年尾各项工作，保证全年目标的实现，为未来发展奠定更坚实的基础。一些具体工作庞行长上周在全行视频会上已做了部署，不再重复，讲几个要点。

（一）多管齐下，全力抓好存款业务发展

存款关乎市场地位、客户基础和队伍士气。总行经过慎重研究，决定维持年初存款新增计划不变。各部门、各分行要认真分析市场、查找不足、制定措施，各级领导带头行动，努力完成全年人民币一般性存款新增计划，确保市场份额不下降；同业存款要做好量价平衡，总行将合理调控。

继续采取行之有效的措施，要抓好重点客户，积极跟踪获批的重大项目，抓好资本金开户工作；注重企业行业的上下游联动，批量营销客户，争取资金沉淀并在体内循环；做实客户基础，提高存量账户质量，争取客户拓展与业务增长协调同步。要抓住重点市场，业务资源丰富的省会城市行、中心城市行要加大工作力度。如时间可以，总行将召开中心城市行座谈会，部署有关工作。要抓好重点产品，依托供应链融资、现金管理、理财产品等，加强产品合理投放和有效使用，保证理财业务档期与存款相互衔接。要抓住有利时机，利用岁末年初市场资金充裕的机会，搞好旺季营销，巩固现有成果，奠定明年的发展基础。

继续严控付息成本，控制长期限、高成本的一般性存款，增强对一年期以下存款的吸收力度；细分同业存款结构，努力增加低成本同业活期存款。

继续加强网点建设，全行还有300多个机构新设、升格计划没完成，部分分行需下更大的力气，新设机构的开业率较低，相关部门要组织全行加快推进，保质、保量完成全年计划。

（二）严格落实宏观调控政策和监管要求，确保信贷业务健康发展

第四季度全行信贷资源供需矛盾更加突出。根据中央银行公式，全年人民币贷款新增计划7 607亿元，四大行增量第二、增速第一。但第四季度贷款新增计划为1 757亿元，较前三个季度均值减少约200亿元。信贷资源稀缺，必须管好、用好。因此，总行的要求是严格落实宏观调控和监管政策，有效利用信贷资源，深化信贷结构调整，着力提升定价水平。

各分行要严格将贷款新增控制在核定的计划内。坚持信贷资源配置与收益率、业务带动挂钩的政策，支持实体经济。一是优先支持国家重点在建续建项目、保障性安居工程；支持优质战略客户需求，加大对高端装备制造业客户的营销力度；鼓励发展“善融商务”网络银行贷款，继续实行专项支持计划。二是确保小微企业贷款、涉农贷款新增满足“两个不低于”的监管要求，确保年末平台贷款余额少于年初数的监管要求。三是要进一步加强管理，落实风险偏好，执行好制度流程。杜绝不符合国家宏观调控政策和监管要求的信贷投放；禁止违反流程、弄虚作假、不负

责任的贷款出账；避免对同一对象同城多个分支行混乱营销、多头贷款、内部竞争的问题发生。四是抓住旺季时机，增强项目和客户储备，争取明年初早投放、早见效。

不断提高贷款议价能力，总行将加强对各分行新发生贷款收益率同业排名的监测通报。对各分行贷款定价的要求是新发生公司类贷款加权平均浮动幅度当地排名不能低于上半年，排名后两位的分行须提升一个位次；新发生个人住房贷款加权平均浮动幅度四大行排名不低于第二位，单月不得突破九折底限；新发生个人其他类贷款加权平均浮动幅度四大行排名不低于第三位。

（三）坚定不移地发展中间业务，保持市场份额稳步提升

中间业务对推动全行经营转型、提升服务能力、改善收入结构具有重要战略意义。2012 年中间业务收入增长肯定会低于年初预期，但在同业中仍处于较好水平，要坚持业务转型和收入结构优化方向不动摇。2012 年的基本目标是确保中间业务净收入正增长，市场份额有所提升。市场份额提升且增速为正的分行，在考核时视同完成计划。

各部门、各分行要在新政策、新市场环境下，研究新思路、采取新举措。要优化产品结构，加大创新力度，深入挖掘中间业务新的增长点。一是扎实推动理财产品、借记卡、信用卡、资金结算、电子银行、代理保险、国内保理、造价咨询等重点产品发展。理财要以非保本理财产品为主，保本理财主要用来维护客户关系，稳步提高总行资产池收益率，解决理财产品总量、期限、收益率、档期平衡问题。二是抓好贵金属、资金交易、金融社保卡等产品的创新推广工作，保持债券承销市场的领先优势，形成新的业务增长点。三是做好百易安、现金管理、保理业务、常年财务顾问等产品的规范发展，大力发展新型财务顾问业务。四是加大培训和转培训力度，帮助基层行更好地掌握重点产品及其营销推广技巧。深入推进精准营销、“增收挖潜”、案例推广等活动，提升精细化管理水平。

（四）下大力气抓实风险防范化解，确保资产质量稳定

经济下行期更考验银行的信贷管理能力。全行要采取有效措施，切实防范信贷、类信贷业务风险，严控不良反弹，确保资产质量在优良水平上的稳定。

加快风险资产化解处置。一是个别分行要顾全大局、全行要全力以赴，确保实现年底不良贷款不超过 9 月底数字、逾期贷款要压缩到合理水平，存在困难的分行必须与总行逐一沟通落实。二是以防范系统性风险为抓手，加强重点区域、行业、客户、产品风险的监测和应对；要对所辖分支机构亿元以上授信客户逐行、逐户开展风险诊断，及时发现问题，制订风险处置方案。对预计第四季度新暴露公司类不良贷款，各分行要逐户上报专题材料。三是加大不良贷款处置核销力度，尽快组织核销要件，申报审批并进行账务处理。四是要从降低风险敞口和资产损失出发，采取灵活措施盘活重组，防止简单化的“一退就死”情况发生。

加强投资理财等类授信业务管理。2012 年上半年总行下力气搞了理财业务整顿，并下决心将其纳入授信审批管理，理财业务经营在清理规范之后取得了一定成效，但在管理上还要持续改进。总行了解到监管部门对这类业务的清理规范工作还会有新的要求，各级行要认真执行全行统一的政策和风险偏好，确保类授信业务规范健康发展。

（五）统筹安排岁末年初各项工作

努力增收节支，实现全年盈利目标。前三个季度，全行盈利增幅远低于上年同期。保证完成全年盈利任务是年底各行的一项重要工作，要进一步贯彻“以效益为中心”的经营导向，认真组织收入和费用安排。

认真做好年终决算。严格执行各项财务制度，确保费用列支的合规性，保证财务报告真实完整和信息披露质量。

保证新资本办法顺利实施。现在距离新办法实施仅一个多月时间，要抓紧制定好过渡期达标规划，完善落实相关制度，争取资本高级计量办法验收过关，做好系统建设和改造等。各部门、各分行要高度重视、协调配合。

编制好明年综合经营计划。这项工作已经启动，各级领导要认真分析国内外经济金融形势及同业竞争态势，研究解决制约业务发展的主要问题，以巩固并提升市场地位为目标，确定工作重点，提出业务发展目标、策略和措施。

重视外部审计和监管检查的沟通与整改工作。审计署对我行进行的两项审计检查、中国银监会“影子银行”关联业务及部分表外信贷业务现场检查已接近尾声。外部审计和监管检查揭示的很多问题，相关制度和办法都有明确规定，内外部审计和检查也反复提示，查出的主要是不合规问题。要加强对问题的整改并尽快取得效果；要加强梳理内控管理中的薄弱环节，加强对条线的指导和协调，全面改进内控管理。

防范案件和安全责任事故。2012 年以来，全行发生了 6 起交通事故，造成员工 10 死 8 伤、社会人员 1 死 7 伤；发生 5 起员工高坠死亡事件；接报客户在营业场所遭不法分子人身伤害案件 8 起，造成客户 2 死 6 伤。这些事件造成的损失十分惨重，教训非常深刻，必须引以为戒、痛定思痛。各级领导同志要坚持以人为本，对员工关心、关怀，做好思想工作，加强培训教育；要坚持从严治行，解决好少数员工在同一关键重要岗位长期任职不做交流，又疏于检查监控以致个别员工违规、违纪甚至违法的老大难问题。

抓好安全生产和维稳工作。截至 11 月，全行共监测到并应对处置了声誉风险事件 440 多起，涉及服务收费、信贷风险、代销产品、密码安全、IT 系统运行等诸多方面，反映出管理和服务还远不够完善。岁末年初，要确保系统运行稳定，为客户提供优质的金融服务，做好舆情应对，避免员工、行产、客户和我行声誉受到伤害。

同志们，十八大为全党全国指明了前进的方向，进一步坚定了我们搞好全行经营管理的信心和决心。全行上下要努力拼搏、扎实工作，圆满完成全年任务。

谢谢大家！

在中国建设银行工作会议上的讲话

张福荣

（2012 年 1 月 18 日）

同志们：

这次会议开了一天半，就要结束了。昨天上午，王洪章董事长和张建国行长都作了重要讲话，对全行学习贯彻党的十七届六中全会精神、中央经济工作会议精神、全国金融工作会议精神和中纪委第七次全会精神提出了总体要求，深刻地分析了当前面临的形势和经营管理的新趋势、新变化，系统地总结了全行 2011 年的各项工作，并对 2012 年的工作进行了全面部署，明确了工作思路、目标和任务。全体与会同志围绕两个讲话，结合本分行、本部门、本机构的实际，深入地进行了讨论，明确了方向、达成了共识、坚定了信心。大家在讨论中反映的意见和建议，经过汇总整理后共有 30 条，涉及九个方面。针对这些意见和建议，总行会认真研究和充分吸收，抓紧制定出具体的工作措施。总体来看，这次会议开得很成功，达到了预期目的。各分行、各部门、各机构要切实组织好本次会议精神的学习传达和贯彻落实，争取 2012 年各项工作起好步、开好局。下面，我讲几个问题，供同志们在工作中研究和思考。

一、关于会议的主要收获

2011 年以来，国际国内形势纷繁复杂，金融市场起伏动荡，同业竞争激烈，建设银行发展有喜有忧，许多分行同志反映压力大、困难多，认为总行的有些政策指向也值得探讨。会前，总行进行了广泛调研，党委召开专题会对 2012 年工作的主要思路、经营目标以及工作部署进行了研究讨论。由于调研充分、准备扎实，情况问题分析比较透彻，会议主题和重点突出，总体上较好地解决了大家遇到的困惑，同志们共同感受到的主要收获有以下几点：

一是进一步清晰了战略定位。2011 年制定的“十二五”规划指出了建设银行未来五年的发展目标和战略重点，是鼓舞人心的。这次会议对建设银行的战略定位进一步作了明确，即在实现五个转变的基础上，按照综合性、多功能、集约化的要求，把建设银行打造成“国内最佳、国际一流”的现代化大银行。同时，进一步明确了我们的市场定位，意义重大。

二是明确了业务发展重点。在建设银行网点、人数都不占优势的情况下，要保持一定的市场地位，无论是从近期看还是从长远看，都要把大行业、大系统、大城市和高端客户作为经营的重点。如果大行业、大系统抓不好，整体营销和业务发展就会出现更多困难。大城市业务上不去，建设银行的市场位次就要受到挑战。对此，大家有了深刻的认识，增强了拓展市场抓好重点业务的紧迫感。

三是增强了对风险内控重要性的认识。王洪章董事长和张建国行长在讲话中都对风险防范和案件防控工作提出了具体要求。尽管上市几年来我行风险内控水平有了明显提高，但是 2011 年发生的重大风险暴露和案件都对我们的风险内控管理水平提出了挑战，能不能经受住经济下行期的考验更是一个挑战。大家分析后普遍认为，受外部环境的影响，以及自身管理上的原因，违规违纪、风险损失和案件有上升的势头，有范围扩大的趋势，同志们更加强烈地感受到和认识到加强风险内控的必要性、重要性。

四是基础建设得到进一步重视。一些分行反映近年来我行市场竞争力相对有所下降，主要原因是我行的网点渠道基础、客户基础、IT 基础不够牢固，加大投入的力度实际还是偏弱，管理亟待加强。所以，全行上下的共识是，必须下大力气加强基础建设，夯实发展基础。

五是在加强领导班子建设、转变工作作风方面提出了新的要求。王洪章董事长在讲话中对分行领导班子建设提出了新的要求，就是领导干部要沉下心来干事业，集中精力谋发展，多联系基层，少“沟通”领导，认真解决所在单位和基层的实际问题。同志们认为这是在干部选拔、使用、考核方面向全行发出的清晰信号，引起了大家的共鸣。各级领导班子建设工作将得到更加有力的推动。

六是增强了信心、提升了士气。讨论中大家反映业务发展、不良贷款反弹以及案件防控压力大，但更加受到关注的是影响竞争力的体制、机制建设问题，这是大家深入思考的体现。总行正在进一步采取有针对性的措施，提高效率、加大投入、优化资源配置、完善考核机制，为全行的业务发展提供支持、动力。分行对此充满期待，同时也表示有信心完成好 2012 年的各项工作任务。

二、关于统一思想

2012 年是实施“十二五”规划承上启下的重要一年。当前，外部经营环境更趋复杂。我国经济发展中不平衡、不协调、不可持续的矛盾和问题仍然比较突出，经济增长下行压力和物价上涨压力并存，部分企业生产经营困难，节能减排形势严峻，经济金融领域存在一些不可忽视的潜在风险。

面对深刻变化的经济金融形势，我们既要正视面临的困难和挑战，增强忧患意识和危机感，又要看到有利条件，树立机遇意识，坚定加快发展的信心，积极适应宏观经济金融形势的变化，适应更加具有针对性、灵活性的货币政策变化，适应国家深入推进经济结构调整、加快转变经济发展方式的变化，增强发展的质量和水平，使建设银行的服务水平和管理能力提升到一个新的高度。

能不能适应市场形势变化，在激烈的市场竞争中稳中求进，主要取决于我们的观念和认识。思想上的统一是步调一致、实现健康发展的重要保证。当前最重要的就是统一全行思想，这是上下形成合力、做好工作的最基本的前提。统一思想就是统一到中央对经济金融形势的判断和决策部署上来，增强做好各项工作的使命感、责任感和紧迫感。从建设银行自身发展来说，就是要将思想和行动统一到这次工作会精神上来，进一步增强发展意识、开拓意识和风险意识，重点把握好三个方面：

一是把握好“促发展”这个根本。要坚持稳中求进谋发展，以创新的思维来开阔视野，采取更加有力的措施加快发展方式转变，不断提升发展的能力，提高发展的层次和水平，使发展建立在结构更优、效率更高、风控更严的基础上，实现发展规模、速度、质量和效益的有机统一，实现可持续的发展。

二是把握好“拓市场”这一关键。缩小与同业领先者的差距，拉大与同业跟随者的距离，核心指标力争保持同业领先，这个目标要坚定，不能动摇。一方面要靠全行上下共同努力，另一方面需要加大资源投入，优化资源配置，确保各种资源向重点地区、大中城市、重点县域等重点发展区域、新兴业务领域和中高端客户倾斜，使我行在关键领域占据更为有利的战略优势和地位。

三是把握好“控风险”这一生命线。全国金融工作会议深刻指出“要把防范化解风险作为金融工作的生命线”。在新的经营环境下，防范风险的责任更大、任务更重了。全行上下要树立守土有责的意识，进一步加强风险内控管理，努力形成风险为本的管理文化，确保在复杂、严峻的外部形势下保持稳定健康经营。

在统一思想的基础上更要保持一种良好的精神状态。良好的精神状态、奋发有为的工作状态，这是成就事业的内在要求，当前要特别防范精神懈怠的危险。一个部门、一个单位，以至于一个分行、一个机构，如果管理人员的精神状态好，就能带出好队伍，就会士气高昂，就能群策群力，高标准、高质量、高效率地完成各项任务，创造出一流的工作业绩来。如果精神委靡不振、抓工作精力不集中，甚至心思不放在工作上，这个地方就会暮气沉沉、松散疲弱、缺乏内动力、业绩上不去、管理出问题，这样的例子屡见不鲜，这是我们都不希望看到的，也是不能接受的。

作为一个管理者，需要具备方方面面的能力，其中一个很重要的方面就是带队伍的能力。能不能带好一支队伍，在很大程度上是一个领导干部、一个管理者成熟不成熟、能力强不强的表现。我们各级管理人员，特别是各分支机构、各部门的主要负责人，一定要珍惜组织上赋予的权力，珍惜自己的职业生涯，主动承担起责任来，一定要振奋精神、敢抓敢管、敢于担当，保持饱满的工作热情，脚踏实地地推动所在分行、所在部门、所在机构的业务发展，在建设银行的发展进步中实现自己的价值。

三、关于流程银行建设

流程银行建设是同志们很关心的一个问题，党委和高管层高度重视并组织力量推动这项工作，也已经有相当大的成效。流程银行就是银行的经营运转实现流程化管理。传统的部门银行以管理职能来区分内部职责和配置资源，往往纵向层级众多，管理链条很长，远离市场、远离客户。流程银行紧扣客户服务的全过程，基于市场驱动来组织资源，实现对客户、对市场的快速响应。通过流程再造和流程银行建设，目的在于实现业务流程与客户需求的有效匹配，提升银行的营运效率。流程银行建设既是银行软实力的重要内容，也是银行软实力强弱的重要反映。目前，我行已经搭建了比较完整的客户需求驱动和服务质量监测机制，几年来组建了专业化经营中心，完成了若干个流程优化项目，其中许多项目正在全行推广，而且已经收到很好成效，全行服务水平得到了很大提高。在这样一个良好的基础上，流程银行建设需要进一步推进。当前和今后一段时期里，要重点解决两个问题：

一是梳理整合现有流程。现在部门银行的色彩还是比较浓的，要下工夫，平稳有序地推进流程银行建设。重点是改变部门银行色彩的流程设计和设置，立足于客户、立足于市场、立足于风险的有效控制，通过梳理现有流程、优化柜面流程、加快前后台分离等举措，适时、适度地归并和整合，清淤除塞、去冗就简，建立起面向市场、具有竞争力的经营管理流程。流程建设的目标是，流程处理时间短于同业平均水平，力争短于同业先进水平。强调流程管理与规章制度并不矛盾，两者要相衔接、相协调，不能出现管理悖论，不能出现管理真空。流程整合完成后，要形成建设银行的流程图，尤其是涉及前台服务工作的客户经理、柜面人员等专业领域和岗位，应当有定期更新的流程手册，人手一册，便于使用、便于操作、便于管理。这项工作应提上日程，力争全行流程整合工作取得显著的成果。

二是建立流程改进的长效机制。流程银行建设是一项系统工程，流程问题涉及组织架构、产品管理、风险管理、人力资源管理、财务管理、市场营销管理等方方面面。流程的梳理是流程银行建设的基础和切入点，从后续工作来看，流程优化重点应当由一个专业或者单个领域上升到全行以至集团整合的层面，先简后繁、先易后难，包括对一些机构的职能调整、业务发展的布局等。新流程运作一段时间后，往往会因为业务发展、市场变化而出现不适应的情况，如果不能够站在集团和全局角度及时作出调整，就有可能会出现各部门都在管、各部门都不管的问题。流程银行建设中，我们还要更加注意流程的稳定性、连续性。流程如果只能管一时、管一段，那是不值得做的。要注意依靠流程自动化、程序精简化、技术现代化来实现流程的融会贯通，来提高流程的高度协同。

流程银行建设是体制、机制的重要变革，是一项涉及方方面面的综合性工程，不可能一蹴而就，需要因时而变、持续推进。我们一定要深刻认识到流程银行建设对全行未来发展转型的重大意义，认识到工作任务的艰巨性、繁重性和复杂性，以创新的精神下大力气加快推进流程银行建设，从根本上提高全行的服务能力和管理水平。

四、关于精细化管理

银行运营管理的精细化程度，决定了其发展质量、发展水平和发展后劲。精细化是一种理念、一种意识、一种技术，更是一种精益求精的企业文化，其基本要求是精确、细致、深入、规范，本质在于通过对战略目标的分解、细化和落实，使发展战略有效贯彻到产品、服务、运营的每个环节，全面提升执行力。建设银行的管理工作基础好，管理水平每年都有较大提升，但管理粗放的问题仍然不能小视，必须进一步从管理思想、管理方式、管理规范等方方面面，认真抓好精细化管理。

一要正确认识精细化管理。精细化管理的核心在于全程质量的控制。重视全过程管理，并不意味着就要在每个环节设置门槛，那样会使工作程序越来越烦琐、等级越来越强、效率越来越低，磨合成本很高。应当立足于规范化，以专业化为前提，以信息化为工具，实现经营管理的专业化、标准化、流程化，全面提升管理质量和工作效率。

二要确立精细化的目标管理。精细化管理的一个重要方面就是对战略决策和目标的设立，不能大而言之、大而化之或者笼而统之。要按照科学、合理的原则，建立纵向到业务线和产品，横向到客户经理和柜面人员，纵横交错的目标管理体系，将经营发展目标、管理控制目标落实到具体责任部门，明确责任人员和完成时限，使目标可辨、可查、可操作。在这一过程中，要抓住规划、分析、操作、核算、控制等各个要害环节，从多个角度和层面审视经营管理中出现的问题，加以持续跟踪和改进。

三要深化精细化的成本管理。开展经营、拓展业务要先算了做，而不是做了算。对每笔业务、每个客户都应力求计算业务的资本消耗和整体贡献，并以此来配置相关的费用和资源，做到每笔资产业务都讲究收益，每笔负债业务都讲究成本，每笔中间业务都讲究回报，通过精细化的成本管理，积极拓展高质量、高回报的客户和市场，稳妥地退出低效无效市场，从根本上提高经营收益。需要注意的是，精细化管理不能一味追求细节，甚至为了细节而去关注细节，一定要善于从大局和全局的角度来审视，辩证地处理好有关问题，做到以简驭繁。

五、关于风险内控工作

近一个时期以来，全行风险内控形势严峻，信用风险、市场风险、操作风险等方面都暴露出一些问题，需要引起我们高度警觉和重视。过去一度较快的信贷集中投放对信用风险防控形成了严峻考验，部分房地产、地方融资平台项目由于多种因素，还款来源堪忧。2011 年以来，信用风险事件多有发生，新暴露的不良贷款也在不断上升。欧债危机的恶化蔓延对全行自营和代客资产的安全带来很大压力，债券重估价值波动对收益水平形成直接影响，代客衍生交易中有些问题很值得关注。应该说，在国际金融市场动荡的大背景下，市场风险管理的压力越来越大，我们必须有更加充分的准备，风险意识要更强一些，工作安排要更细一些，应对措施要更具体一些。2011 年以来，操作风险损失事件也不时暴露，一些基层机构案防基础较薄弱的问题仍然没有明显改观，全行技术防控水平亟待提高。一些专门针对银行的新型犯罪不断出现，也在挑战我们的防控能力。

新的一年，全行要切实加强对政府融资平台贷款、房地产贷款、理财业务、新兴业务等重点业务、重点领域的风险防范，坚决防止不良贷款反弹。进一步强化信贷基础管理工作，一定要积极落实好国家宏观调控政策，优化信贷资源配置，提升信贷发展的质量，通过有力地推进信贷结构调整来促进国家经济结构调整，进而促进我们自身经济效益的增加。要加强市场调研、加强行业和客户分析，信贷政策的制定要充分体现国家宏观产业政策、本行的发展战略要求。当前特别要注重加强授信管理，要研究论证更加有效的授信模式，做到规范授信，同时要大力优化授信流程、改进工作方法、提高工作效率，提高对市场的反应能力、提高对客户需求的响应能力，促进业务发展。对优质客户的授信是不能间断的，必须保持对优质客户授信的连续性。2012 年，外部机构将加大对平台贷款、房地产贷款、代客理财、银行收费等业务的专项检查力度。我们要配合做好外部检查，重视和组织好自查自纠工作。

要加快推进内控体系建设，尽快改变目前总体偏弱的状况。要加大推进力度，尽早地使内控体系完整地搭建起来，并且理顺体制、机制，把内控工作真正做实、做细。从现在开始，应着手研究梳理建设银行已有的风险内控资源和技术，整合发挥纪检监察、风险管理、审计等条线和部门的合力，更多地运用流程和机控来提升内控工作水平。要保持案件防控的高压态势。对已发生的案件风险事项，严格按照相关规定进行责任追究，严肃问责，加大惩处力度，让违规、违纪者付出沉重代价。要把各项案防措施和内控工作要求落到实处，形成全员参与、上下联动的惩防工作体系和内控管理文化，切实提高全行的风险内控水平。

六、关于调动员工积极性

近年来，建设银行实现了连续稳定的效益增长，这其中凝聚着全行广大员工的智慧和辛勤劳动，他们才是建设银行的功臣，我们要尊重他们、关心他们、爱护他们、支持他们。我们把员工放在心上，员工才会有归属感，才会有使命感。实事求是地讲，我们在员工工作方面，还存在一些不尽如人意的地方。我们的员工在各自岗位上勤劳地耕耘和奉献，创造出可观的效益，他们是克服了很多困难的，他们是承受着很大压力的，部分员工甚至是在较差的工作条件和经营环境下坚持工作的，我们很不安。回馈员工的工作做得还不到位，还有非常大的改进余地。网点转型改造以后，员工工作环境有了相当大的改善，但仍然任重道远。在进行网点升级改造时，还要更多地考虑员工的实际需要。网点的布局和内部设计是否合理，不能靠拍脑袋，不能坐在办公室里闭门造车，一定要下去看，到现场去观察体验。涉及员工利益的工作环境、工作条件等问题处理得好了，就是真正把钱花在刀刃上了。

随着全行业务迅速发展，业务量在不断增长，员工尤其是一线员工的劳动强度、工作压力在增大，有的员工较长时间是在超负荷工作。在这样的情况下，各级管理者一定要高度重视员工工作，真正带着深厚的感情来做好员工工作，要落实在具体行动上，而不是在文件或者口头上。要投入更多的时间和精力，运用更加有效的方式、方法来开展员工工作，力争使员工工作有一个大的起色、大的进步。关心、关爱员工除了为他们创造较好的工作环境和工作条件，还要把员工诉求作为优化人力资本、提高价值创造力的专门课题加以认真研究，主动发现员工的潜在需求，积极创造条件响应和满足他们合理的现实诉求，让他们充分享受到全行改革发展成果。要改进人力费用与绩效挂钩分配办法，实现员工收入与公司价值、股东回报的协调增长。我们给员工压力，也一定要给员工更好的回报。各级管理人员要善于换位思考，主动改善员工的工作体验，深入一线帮助员工解决实际问题。要重视为员工成长、成才创造各种有利条件，加大各级各类人才的培养使用力度，为他们搭建良好的职业生涯平台和充分施展才华的舞台，稳定员工队伍，最大限度地调动干部员工干事创业的热情和积极性。

同志们，我们在新年伊始的时候开了一次非常重要的会议，开了一次鼓劲的会议，开了一次增强凝聚力的会议。我相信，在同志们的组织下，这次会议精神一定会得到很好的贯彻落实，在全行员工的努力下，2012 年的各项工作目标一定会胜利实现！

谢谢大家！

（根据录音整理）

在 2012 年海外工作座谈会上的讲话

张福荣

（2012 年 1 月 19 日）

同志们：

王洪章董事长、张建国行长刚才讲得很好，请大家结合实际消化好、落实好，使我们的海外业务发展能有新的起色和更大的进步。下面我想讲几个观点。

一、我行海外业务发展的成绩要充分肯定

我们确实是有成绩的。我看到一个材料叫“风雨二十年，求索二十年”，这就告诉我们建设银行的海外业务已经经历了二十年的风风雨雨。二十年走过来，建设银行的国际业务从无到有、从小到大、从少到多，非常不容易。这二十年，对建行人来讲是挑战也是考验。在我行二十年的国际化进程中，应该说所有从事这项工作的同志们都写上了浓重的一笔，贡献是不小的。二十年，我们的海外资产已经从零到现在的 680 多亿美元，我们的利润也达到了 3 亿多美元，这对建设银行国际影响力的提升、竞争力的提升、市场形象和地位的确立发挥了重要作用。我们能不能在二十年这个年度里，对建设银行国际业务工作有一个总结和回顾，我认为这对于我们在新的起点上发展壮大是非常有意义的。

二、我们要坚定地实施国际化战略

在我行“十二五”规划中，专门有一段关于海外业务的战略，这个战略我认为对于全行是有指导性的，是鼓舞人心的，也是可操作的、有前瞻性的。但是回头看一看，我认为还是比较稳健，或者说过于稳健了。规划中讲到五年后的海外资产达到 1 000 亿美元，利润达到 10 亿美元。对于这个规划，在 2011 年 9 月 27 日我和国际部的同志们座谈时就讲，过于稳健了，最近我又看到一个版本，我们的资产要到 1 200 亿美元，我认为还是太稳健了。

我认为海外的资产增长要充分考虑到我们的基数较小，增长幅度可以更高一些，我认为定 20% 是低了。我算了一笔账，如果海外年均资产增速在 35% –40% 的话，5 年后海外资产总额可以增长到 2 000 亿美元。同志们，这不是做不到的，不是在拍着脑袋想，我认为从这两年实际情况看是有可能的，这个是资产账。第二个是效益账，我们现在 3 亿多美元的利润，如果资产增长到 2 000 亿元左右，我们的其他业务再发展得更快一点，20 亿美元的利润也是可能做到的。我认为要坚定实施国际化战略，我们的目标一定是比较先进的，同时又是可以实现的，所以在这个问题上，我希望大家再做一点功课、做一点研究，使我们的规划能够体现建行人的意志和理念。

三、培养我们的发展能力，最重要的一条就是要坚持一行一策

因为我行海外机构在不同制度的国家、不同信用观念的国家、不同市场环境的国家发展，没有一行一策是做不好的。刚才王洪章同志讲了本土化的问题，其实本土化就是体现了我们发展的客观要求。我认为一行一策，首先各个分行、各个机构要思考清楚，我们的立足点、市场定位、发展目标和发展策略究竟是什么，在这个基础上，总行的责任是要制定出既符合建行战略发展要求，又符合本土化要求的一行一策，这个我认为是很重要的。如果不这样去思考问题，不立足于所在国家和地区去开展业务，我们是做不大的、做不

好的，也是做不强的。我们不能长期停留在一般的发展水平上，所以我们发展能力的提升要从实际出发，要认真地研究市场，锤炼我们的发展能力，不管是目前做得比较好的还是比较差的、不管是规模比较大的还是比较小的海外机构，都要重视解决好这个问题。

四、注重资源配置，支持海外业务发展

资源配置主要有三个方面。人力资源我认为是最重要的一种资源配置。首先要解决好海外机构的领导班子建设问题，解决职数过少的问题。我们的班子建设应该有建设银行的特点，要体现出海外业务发展的实际需要，班子职数的问题、人员配备的问题，要按照王洪章董事长强调的标准，力争2012年上半年内把它解决好。一个机构只有一个负责人是没有能力、没有精力把业务做好的。为了建设银行的长远发展，一是要把班子建设好，二是要注意人才的选拔和培养。这次会议之后，我希望人力资源部门重新做一个计划，在原来的基础上认真考虑各海外机构的班子配备问题，列出时间表来，合理进行结构搭配，包括年龄结构、专业结构、工作经历等，希望在这方面有一个进步。第二个资源就是科技资源。科技资源是海外业务发展的助手和推手，是最重要的基础。海外的科技系统建设，一定要坚持集中统一开发，分别维护，要全部靠总行维护是办不到的，但集中统一开发要坚持。现在我们的系统应该说还不是很强，对海外业务发展的支持力度还不够，这个问题一定要认真研究解决。在系统的支持问题上，要考虑各行的个性化需求，这一点我希望我们的技术人员要把海外的市场和情况摸透，在开发过程中能够解决具体问题。第三个资源就是财务资源。财务资源的配置一定要从有利于海外机构的发展上去认真考虑，作出科学的安排。我知道我们的部门已经很努力了，但市场在变化、情况在变化，对我们资源配置的要求应该说也在变化当中。目前，我仅知道约堡分行是基本落地了，其他分行基本就是几间办公室，或者是一层楼，这不符合建设银行的整体形象和发展需要。所以我认为资源配置要从大的方面考虑，不仅仅是一个费用的问题。

五、要加强风险内控管理

风险内控管理是建设银行发展的最本质要求，海外机构在这方面已经做了很多努力，从规章制度建设、人员配备、到流程设计都做了不少工作，但是我们要知道市场的变化是非常快的，对风险管理的要求也越来越高，所以在这方面还要下更大的工夫。我们要有专门的风险管理部门，要配备比较强的风险管理人员，风险管理人员我是主张从国内派出去。虽然海外也有这方面人才，有些国家对风险管理人员的配备还有专门要求，但是我想建设银行的机构应该有我们的人员参与到风险管理当中，这样工作才能更放心，才能使我们经营发展的理念和风险管理的理念得以实现。再就是我们的内控合规建设，各家机构一定要进一步梳理和细化规章制度，这对海外工作是一个非常重要的环节，要下点工夫把它做好。

关于审计工作，刚才王洪章董事长已经强调了，我想审计部门的同志要在原来的基础上加强对海外业务的审计，2012年的工作计划已经安排，这个计划要在审计部门的组织下实施好，也希望各个机构给予很好的配合，通过审计促进我们管理的加强和经营的不断发展。

在2012年审计工作会议上的讲话

张福荣

（2012年3月30日）

同志们：

我们这次审计工作会议的主要任务是贯彻落实全行工作会议精神，总结2011年内部审计工作，研究部署2012年的审计工作任务。静波同志将要作工作报告，对各项工作作出具体部署。希望同志们认真领会，抓好落实。

过去的一年，在总行党委领导下、在同志们的努力下，全行审计工作取得了很大的成绩，对此，总行党委是充分肯定的。总体来说，审计工作坚持了科学的审计理念，切实认真履行了各项审计职责，审计能力、审计效率、审计质量不断提升。审计的视野得到拓宽，责任意识和质量观念得以增强；审计人员力量不断充实，队伍结构不断优化；审计方式和手段持续改进，技术工具的应用水平日益提高；审计跟踪整改工作进一步加强。2011年开展的二十几个审计项目，审计成果十分显著，为全行夯实基础管理和风险内控、加强合规经营和稳健发展发挥了重要的促进作用。

能够取得以上成绩，是审计条线全体同志们辛勤努力的结果。在此，我代表总行党委，向全体审计员工致以诚挚的谢意！

2012年，建设银行面临着更为复杂的经营环境和日趋严格的监管要求。随着市场化程度的提高、同业竞争的加剧，各项管理要求越来越高，银行经营中的风险点不断增加。因此，内部审计工作的压力也越来越大，内部审计部门需要承担更多的审计工作任务。

作为全行一支重要的监督力量，内部审计有责任肩负起应尽的职责，坚持围绕中心、服务大局、创造价值、促进发展的工作目标，为建设银行的健康可持续发展发挥好支持和保障作用。为此，要重点把握好以下五个方面。

一、坚持服务全行战略发展大局

服务全行战略是审计工作的出发点，也是我们的工作定位，要通过找准定位来明确目标。在建设银行，内部审计既是公司治理结构的重要组成部分，也是风险内控体系中的一支重要监督力量。我们的审计工作内生于建设银行改革发展的需要，随着建设银行改革发展的历程而不断成长壮大。所以，审计工作与建设银行这一整体是密不可分的，是息息相关的，必须融入全行的大局之中。我们讲的大局，就是全行的战略目标、全行的发展重点、全行的中心工作。

2012年的全行工作会议结合建设银行“十二五”规划，进一步明确了全行的战略定位、发展重点和经营目标。会议提出，要在五个转变的基础上，按照综合性、多功能、集约化的要求，打造“国内最佳、国际一流”的现代化大银行。我们审计工作的目标和方向，必须统一到总行党委的决策和部署上来，统一到全行工作会议的各项要求上来，自觉服从、服务于全行工作的大局。要通过我们富有成效的审计工作，促进全行经营的转型、促进创新发展的加快、促进内控水平的提升，最终促进银行战略目标的实现。因此，我们审计工作一定要增强前瞻性、主动性和针对性。

一是适应经营形势的变化，增强前瞻性。我们虽然是银行的内部审计，但视角和视野绝不能因此受到局限，要关注到经济金融形势、关注到市场竞争环境、关注到监管政策导向、关注到同业变化等。当前，国内外形势变化很快，银行经营环境日趋复杂，金融领域潜在风险不容忽视。银行同业竞争激烈，案件防控、不良资产反弹的压力日益加大。特别是以银行为目标的欺诈事件增加，民间借贷蔓延，小额贷款公司、担保公司等中介机构蕴藏的风险，随时可能对银行的经营管理产生重要影响。针对上述这些情况及其变化，我们在经营管理上要总结和吸取经验教训，同时要在风险管理上给予更多的关注。审计部门要发挥自身优势，主动掌握信息，深入分析经营环境的特征和变化，结合建设银行的实际情况，提前预判对银行经营发展与风险管理的影响，增强敏锐性和前瞻性。

二是跟进各项业务的发展，增强主动性。随着建设银行战略规划的推进实施，全行业务在加速转型和发展，内部审计工作应该主动跟进，对各项业务的转型内容、发展方略和风险了然于胸。一方面，近年来，建设银行业务经营范围从国内不断拓展到海外，从商业银行业务逐步拓展到信托、基金、保险、租赁和投资银行，综合化、国际化步伐在加快，集团并表管理的要求更加严格。这些变化，会带来审计领域、审计对象和审计内容的不断拓展和延伸，需要我们主动应对、提前研究，储备好技术、方法、人才，积累经验。另一方面，不论是传统业务还是创新业务，在新的环境和形势下，其流程设计、风险控制、管理模式都在不断变化之中，审计工作应予以持续地关注。特别是一些新业务、新产品，技术性强、监管要求高、风险控制难度大，如果审计工作能主动地加强分析和研究，识别出流程的缺陷和制度的缺失，提出改进建议，就能防患于未然，就能起到推动流程银行建设和精细化管理的作用，就能在控风险、促发展中发挥更大的作用。建设银行的流程银行建设已经起步，但是需要做的工作还很多，在这种情况下，内部审计通过发现问题、揭示矛盾、提出建议，可以起到推动流程银行建设的作用。

三是突出风险内控的重点难点，增强针对性。实践证明，由于审计队伍人员数量等原因，审计工作不能面面俱到，也不能包打天下，不可能承担起所有的内控责任。所以，在审计资源十分有限的情况下，一定要理清思路、抓住重点，全力以赴地做好能够也应该承担的工作。当前，要注意识别和掌握不同区域、不同业务的风险特点，可以通过分类，把重点清晰地界定出来，抓住重要的风险隐患和薄弱部位来开展工作。同时，还要注意了解监管重点的变化，抓住监管关注的重要领域、重点问题。要注意捕捉业务经营管理中的盲区或容易忽视的部位，抓住改进业务运营、完善流程系统的关键环节。只有抓住了重点、提高了针对性，内部审计才能促发展、拓市场、控风险、增效益，发挥更好的作用，创造更大的价值。

二、坚持提高审计质量

审计质量是审计工作的灵魂。近年来，我们的审计工作能获得各方面的认可，赢得理解和尊重，主要是因为审计质量在不断进步和提高。所以，质量决定了审计的权威性和有效性。如果没有质量，审计工作就没有意义。审计系统一直十分重视审计质量工作，2011 年，加大了工作力度，采取了一系列的措施，促进了审计过程质量和报告质量两方面的改进和提升，体现了质量为重的理念和负责任的工作态度。在已有的基础之上，2012 年还要进一步重视审计质量的提高。

一要重视审前准备。实践告诉我们，高质量的审计成果需要从审计前就开始谋划，做好充分的准备。充分的准备就是要有充分的调研、细致的安排、具体的部署，不能匆忙上阵。审前准备的内容有很多，比如，审计的目标、范围，审计的重点、方式，审计的方法、步骤，还有如何来配置现有的审计资源，都将最终体现在我们的审计方案中。一段时间以来，我们开发和维护各类基础审计方案，就是为了做好审前准备工作，提高审计项目的效率。我们的每一个审计项目、每一次审计工作都有特别的背景，都有具体的要求，不可能拿一个方案解决所有的问题，我们对每个项目都应该有针对性地认真准备。在这个基础上，组织好审前培训，通过培训使项目组的同志能统一思想、分享智慧，共享审前准备阶段的研究成果，为高质量的审计工作奠定基础。在过去的一年中，我到一些机构做过调研，接触了一些审计人员，感到大家对审前准备工作非常重视、非常用心，应该继续坚持下去。

二要重视审计流程。经过多年的积累，我们制定实施了 13 项内部审计准则和若干审计业务规范，形成了比较全面的审计流程体系，这是非常宝贵的财富；各审计机构也结合各自的实际情况，不断细化了审计流程相关要求。我们要善于运用流程优化的理念和方法，抓住审计流程中的一些关键环节，提高和改进工作质量。审计工作流程的基本要求是，工作要依章依规，工作记录要清晰、完整，要经得起推敲和检验。对于审计工作流程，一定要立足实际、科学设计。要尽量减少不必要的环节来提高效率。我们讲流程化，一定要注意避免简单的程序化。应该进一步探索审计流程的规范化，包括流程的设计和管理。在条件允许的情况下，可以更多地发挥审计模型的作用。我们的审计机构已具备了一定的人才和能力基础，但是还需要下更多工夫。可以多借鉴审计署的审计检查方式，无论是对银行的检查还是对其他企业的检查，他们基本上是依靠模型开展分析。虽然模型不是万能的，不能解决所有的问题，但至少在一些重点的项目和领域上，可以促进审计效果提升和审计效率提高。

三要重视审计方法。好的方法能起到事半功倍的作用，从而更加有效地推动审计质量的提高。注重审计效果，就一定要注重先进的审计方法和技术的应用。这需要实践的摸索、需要经验的总结、需要提炼，也需要沟通交流，以达到共享应用。目前，我们以审计知识库、非现场审计模型库、审计管理信息系统等为载体，积累了不少有效的审计方法和思路，希望能够坚持下去，发挥作用。建设银行的非现场审计系统是非常成功的，需要进一步加大推广应用力度。尤其是在我们人力资源有限的情况下，通过非现场审计来发现问题，是非常有效的措施。要加快非现场系统的集中部署和优化改造。此外，还要进一步创新和完善，力求有更多、更适用的方法、技术和工具。提高审计质量是我们不懈的追求，保证审计质量是我们应尽的责任。如何不断地提高质量，保证每一个审计项目的质量都能经得起时间和历史的检验，是每一位审计工作者都应该考虑的重要问题。

2012 年总行安排布置的大额信贷等重点业务审计，是对这项业务比较全面和彻底的审计，对于审计战线来讲，是一次严峻的考验。大家能不能发现问题、及时反映问题，提供有价值的数据和资料，为总行的决策做参考，取决于我们审计工作的质量是否达到了应有的水平。2012 年的审计工作任务比较重，审计机构的负责人、主审人和参审人都要重视审计质量，在审计工作上采取更加科学有效的措施，进一步促进审计质量的提升。

三、坚持独立性，树立权威性

独立性和权威性是审计工作的性质和地位决定的，是全局工作的需要。审计工作一定要有强烈的责任心和高度的职业责任感，这既是最基本的要求，也是最核心的要求。我们的每一项检查、每一个发现、每一份报告都要对建设银行负责、对审计项目负责、对审计对象负责。

一要敢于揭示矛盾、反映问题。这是我们审计存在的根本。建设银行几年来建立起了比较彻底的审计垂直管理体制，保证了审计工作的相对独立性，这是机制的保证。建设银行的董事会、监事会、高管层，以及各分行、各部门，都十分重视并积极支持配合审计工作，这是环境的支撑。在这样好的环境下，我们更要坚持独立的态度和客观的立场，通过审计工作将该找的问题找出来，该揭示的矛盾揭示出来。2011 年我曾要求，审计工作中要做到既不缩小，也不夸大；既不掩盖，也不夸张；要实事求是、负责任地反映情况和问题。通过这一年的工作，应该说审计部门在对问题揭露的客观性和准确性上，比过去有了很大的进步。当然，审计部门也要加强与分行及业务部门的沟通和交流，充分听取他们的意见和建议，努力使审计结果、审计问题得到他们的理解和认可。要克服困难，坚持相对独立性，要有自己的判断和分析，不受外部的影响和干扰，更不能放弃原则，不能大事化小、小事化了，只有这样，我们才能在实践中保持审计工作的独立性，树立起审计工作的权威性。

二要全员提高责任意识。我们每一位参与审计的人员，从管理人员到工作人员，都必须切实强化责任意识，恪尽职守、敢于担当，直面困难和矛盾，尽其能、尽其责，认真细致地履行好工作职责。在审计工作当中，机构负责人、主审人要以身作则，不断提高自身业务素质和领导能力，强化和严肃审计工作纪律和业务规范，审计人员都要自觉履行自己的责任。可以尝试建立纠错、纠偏机制，一旦发现问题、出现偏差，要能够及时予以纠正，避免造成不利的影响。各审计机构负责人是审计业务的管理者，也是组织者和参加者，一定要更加切实负起责任，认真组织、参与到审计工作的各个环节，对上报总行或发送分行的包括审计报告在内的各类文件负最终责任。各级审计人员要提高执行力、提高业务水平，更好地承担起繁重的审计任务。

三要继续推进工作责任制。作为风险防范的第三道防线，审计工作要有责任制。我们已初步建立了制度，2012 年要进一步推进落实。所有审计过的项目，一定要清清楚楚。工作中不能放过每一个疑点和线索，如果有重要的问题没有发现、未能揭示，就应当按照相关规定查责和问责。对工作责任制不落实或者落实不到位的，上级审计机构应该认真指出，及时加以纠正。当前，审计任务非常繁重，工作压力很大，审计人员非常辛苦，长期出差，克服了很多困难。在这种情况下，如何坚持以人为本、如何实事求是地界定一般的工作偏差和工作责任、如何更好地处理纠错、纠偏机制和查责问责之间的关系，大家应做进一步研究探索。一方面，要注意避免审计人员承担不该承担的责任；另一方面，原则的问题要坚持不放过，触犯了原则和底线的，一定要追究责任。

四、坚持促进审计结果的运用

发现问题、反映问题不是审计工作的最终目的，我们的目的还是要解决问题。发现问题以后，要通过合理、适当的方式和方法，督促各个方面对审计结果能高度重视、充分运用，推动对问题的整改和经营管理的改进，最终实现审计的价值。当然，这不仅仅是审计一个环节的问题，还需要被审计单位自身重视，真正落实整改。审计部门一定不能一审了之、一报了之，要加强对整改情况的跟踪，督促审计结果的有效运用。

一是全行要重视和落实整改工作。从近几年的工作情况看，在审计结果的运用上，总行做得比较好。各个部门都比较重视整改工作，整改机制建设也在不断完善当中，整改工作的效果也是好的。但是从一些分支机构看，屡查屡犯、边查边犯的情况还比较突出，甚至个别机构发生案件后，仍反复发生同类问题。出现这些情况，既有制度、系统缺陷的原因，也暴露了一些经营机构自身风险意识淡漠、机构负责人缺乏管理意识和管理能力的问题。更不能容忍的是，我们有的个别机构对审计发现的问题熟视无睹，强调一些客观原因，或者强调一些子虚乌有的原因，这是一种极不负责任的态度。如果我们审计检查以后，当事机构和人员不能及时地改正和纠正问题，边查边犯、屡查屡犯，这是对审计工作的一种藐视，也是对审计资源的严重浪费。在这个问题上，我们的态度一定要坚决，就是要采取坚决的措施抓好整改。对整改不到位、整改不落实，对一些机构负责人不尽责、不负责的问题，要认真及时地指出，同时提请有关机构、有关部门进行追责。

二是审计部门要探索加强跟踪整改的有效方法。关于跟踪整改，审计部门一定要尽到自己的责任，当前的重点是研究探讨更有效的方式、方法，以促进整改机制完善和整改效果的提高。审计部门要注意仔细分析屡查屡犯问题产生的原因，区分哪些是需要进一步修订制度、完善系统和流程的，哪些是属于整改不负责和管理不到位的，并提出合理的建议。要在已有工作的基础上，继续加大审计跟踪整改的力度。特别是对重大问题的整改情况，要跟踪到底。跟踪整改也要落实责任制。审计部门内部要有分工，审计机构负责人要掌握跟踪整改的结果，对跟踪整改负最后的责任。

三是认真地做好经济责任审计的工作。2011 年，中纪委等六部委专门下发了意见，要求落实党政主要领导干部和国有企业领导人员的经济责任审计工作。文件下发后，全行认真贯彻落实六部委的要求，结合我行实际，加强了对经济责任审计工作的组织安排，也做了部署。2011 年，审计部门投入了很多精力、付出了很大努力来开展这项工作。全年实施了 1 400 多个经济责任审计项目，包括各级机构的负责人和一些重要岗位的管理人员。关于行内经济责任审计的范围，可以做一些深入的研究，并加以规范。

当前，全行普遍重视经济责任审计工作，但是在经济责任审计的作用发挥上还需要评估。全行各级机构和审计部门要进一步认识经济责任审计工作的重要性。一方面，一定不能规规矩矩走过场，一定要按照有关要求，把经济责任审计工作做细、做到位，保证经济责任审计质量；另一方面，要加强对经济责任审计成果的运用，经济责任审计应作为干部考核、任免、奖惩的重要依据。对于二级分支行主要负责人的经济责任审计，总行已出台了制度，各分行都要认真地执行，按要求做好报备工作。

五、坚持加强队伍建设

审计工作的发展进步，关键是靠审计人员较高的职业素质和能力来支撑，因此，加强队伍建设，既是现实的需要，也是未来的需要。

当前，我行人力资源管理的科学化和规范化水平在不断提升，但是也要看到，审计条线还存在一些亟待解决的问题。首先，以管理人才、专业人才为主体的关键审计人才队伍的引导作用有待进一步加强。其次，人力资源总量与结构性矛盾依然存在，人员的地区分布和专业分布还不够合理，人力资源配置的效率有待进一步提高。再次，集中统一的绩效管理体系和工资分配制度尚未完全形成，激励约束机制还需要进一步完善。最后，培训的针对性和质量问题还需要进一步解决。

大家要围绕全行的发展战略规划和审计业务发展的目标，进一步强化人力资源的集中统一管理，深化审计条线人力资源配置管理的力度，优化人力资源的配置。要进一步完善审计条线的组织架构。理顺内审机构的职能，规范和明确相应处室的名称和职能，进一步认真梳理相关制度规定，提高人力资源管理流程化和精细化的水平，强化审计条线垂直管理的执行力。要继续充实审计队伍，提高人员配置效率。进一步完善审计机构与驻地分行人员交流的长效机制，在保持核心人才队伍相对稳定的基础上，继续开展灵活、多层次、多渠道的人员交流模式，逐步建立科学合理的岗位流动机制，达到交流与稳定的动态平衡。要推进人才引进工作，通过公开招聘、择优推荐、岗位锻炼等多种方式来吸纳各类专业人才，使审计条线人员总量在2012年力争达到2 700人左右。要优化人员的素质结构，提高人力资源投入产出的效果。人力资源的配置应该投向重点业务区域和急需的关键岗位，特别关注引进人才的素质和能力，以有效提高人力资源配置水平。要注重强化审计机构领导团队的建设。适时开展有关岗位的人员选配工作，做好岗位职务聘任工作，根据业务发展的需要，逐步建立制度化、常态化的干部竞争性选拔机制。优化管理岗位职务职数的设置，有计划地开展管理岗位职务聘任，做好专业技术岗位职务管理工作。

我们审计条线的同志们一定要认清形势、明确目标、发挥优势、认真负责，高质量地完成2012年的审计工作任务。我希望，也相信我们2012年的审计工作一定会有新的进步。

（根据录音整理）

在中国建设银行春季工作座谈会上的讲话

张福荣

（2012年5月14日）

同志们：

这次会议是在2013年以来经营环境愈加复杂，面临多重挑战的情况下召开的，十分重要。刚才王洪章董事长和张建国行长分别作了重要讲话，深刻分析了当前的经营形势，总结了工作，同时也指出了经营管理工作中存在的主要问题，对于今后一个时期的工作做了全面的部署。

会后，各行、各机构、各部门要及早安排学习传达，深刻领会精神实质，尽快引导全行把思想统一到党中央、国务院关于当前经济金融形势的分析判断上来，统一到总行这次会议精神上来。既要清醒地看到经营发展面临的困难，增强忧患意识，又要看到经营发展的有利条件，增强机遇意识，增强做好工作的信心。要结合实际，找准工作的着力点，完善相关工作措施，统筹兼顾做好经营管理的各项工作。

2012 年以来，大家在经营中已经切切实实地感受到外部环境变化非常之快、非常之复杂，越是在这种情况下，越要加强研究分析，越要冷静地观察应对，只有这样，才能更好地把握复杂的局面，把握工作的主动权。尤其是关系全行经营发展的重大问题，在坚持总行既定战略的同时，要放在当前的复杂形势和市场环境中进行深入研究和思考，善于发现和捕捉机会、抓住机会，使我们的工作先人一步、快人一招，做到更具有针对性、有效性和前瞻性。

根据两位行领导讲话的要求，请大家围绕以下几个问题进行深入思考和认真研究：

一是要认真研究市场和客户拓展。对于银行来说，市场和客户就是我们生存和发展的根基，因此，无论在什么情况下，我们绝不能放松对市场和客户的拓展，要盯住市场、盯住客户。各行、各机构、各部门一定要认真规划、准确定位市场和客户。既有数量要求，又有质量标准，还要有时间安排，切实投入更多的精力和时间，加强组织、加大力度推动工作，更要研究制定更有针对性、更有市场和客户认同的措施。各级行管理人员要身体力行，坚持参与目标市场和客户的营销，带队摸市场、走企业、访客户；对当地市场和客户情况要做到了然于胸，尤其是对新市场和客户要保持高度敏感；对同业情况要做到知己知彼，确保实现、争取超额实现全年市场和客户的拓展目标。

二是要认真研究存款工作。当前社会资金总体较紧，存款工作的压力较大，一般性存款下降趋势明显。面对这样严峻的情况，全行上下一定要克服无能为力、难以作为的思想。组织存款工作就像拔河一样，一旦我们在关键时刻顶不住劲、冲不上劲，结果可能是会功亏一篑。要认真分析一般性存款下降较多，特别是企业存款下降更多的原因。一定要坚持抓企业存款不动摇，同时要进一步做好增加储蓄存款的文章，要采取合规、有效的应对性措施使储蓄存款保持一个稳定的增长势头。要保持存款政策的连续性，坚持存款增长机制的灵活性和有效性。我们一定要充分估计到流动性趋紧的状况短期内不会缓解，因此存款工作要立足当前、顾及长远。立足当前，就是要缓解资金紧张压力，保证资金供给。顾及长远，就是关注建设银行的市场地位。在经济下行期，在存款市场波动较大的特殊阶段，还要眼睛盯着存款增长的波动曲线，更要注重存款的结构摆布，合理地控制成本，采取各种有效措施提高一般性存款占比。全行应该为存款平稳持续增长作出不懈的努力。

三是要认真研究资产质量问题。2012 年以来，尽管全行的资产质量总体基本稳定，但不良贷款反弹压力增大，这个认识是一致的。一些行业潜在风险加大，这种情况是股改以来少有的，不能不引起我们的高度警觉。它表明，在当前经济增长趋缓压力加大的大环境下，银行的资产质量面临着较多劣变的可能。对此，我们要高度关注国内外经济发展变化情况；要高度关注行业周期性变化情况；要高度关注企业经营情况，提高对贷款分类为正常但逾期贷款增加的行业、企业的关注度，要有防范其在新的市场环境中发生突变的应对性措施；要高度关注房地产贷款的违约风险、融资平台的偿贷风险、民营企业的融资风险以及小微企业、涉农企业和表外业务风险，对这些敏感领域，要加强资产质量的跟踪与分析。要通过前移风险管理关口，加大贷后管理工作力度，果断采取处置措施，使我们的风险管理更加主动，更加有效，确保资产安全。

四是要认真研究结构调整。针对银行在服务收费等方面存在的问题，监管部门从 2 月中旬开始在银行业系统开展了大规模的整治不规范经营活动，这对于银行业规范自身经营管理、促进可持续发展是有意义的。目前，我行整治不规范经营工作已经取得了阶段性成果，但同时，我们一定不能因此而对全行结构调整的战略产生动摇或疑虑，不能放慢结构调整的步子。优势重点传统业务要持续抓好，中间业务增长的势头不能放缓，还应该有序地加快。我们要明确，总行结构调整的战略是一以贯之的，大家要把这次整治不规范经营行为作为结构调整的有利契机，在坚持合规经营的前提下，把收入结构作为结构调整的重点，把积极创新作为结构调整的有效手段，在各项新兴业务尤其是理财业务、消费金融、供应链金融、银行卡、电子银行、私人银行、投资银行等业务领域，切实加大业务和产品的创新力度，拓展市场，增加收入，实现拓展市场、客户和结构调整的双赢。

最后，我还想强调一下改变作风的问题。作为一家公众持股的大型上市银行，我们的行政化色彩还较浓，官僚作风也多有存在，以至于我们的工作效率、经营节奏远远不能适应市场变化，不能及时响应客户需要。对此，我们一定要有切肤之痛的认识和切实改进的决心。希望各分行、各机构、各部门的管理人员要带头改进作风，真正做到一心一意办银行，脚踏实地抓经营、抓管理，坚持为市场、为客户、为基层、为员工服务，优化工作流程，提高工作效率，讲求工作质量。如果我们上上下下在这些方面做好了、做到位了，全行的精神风貌将会有一个大的转变，各方面工作也就会有新的突破和更大的起色。

提出希望同志们认真研究和思考的问题，就是为了更好地贯彻落实王洪章董事长、张建国行长的讲话要求，推进全行可持续健康发展。希望通过这次会议，大家对形势的认识和把握更加明确，对工作的重点和措施更加明确，这样 2012 年的各项工作就一定会有序地推进，催人奋进的工作目标一定会圆满实现。

（根据录音整理）

在中国建设银行组织人事工作会议上的讲话

张福荣

（2012 年 5 月 15 日）

同志们：

刚才，王洪章董事长作了重要讲话，全面总结回顾了近年来全行组织人事工作，对认真学习贯彻全国组织部长会议精神，做好今后一个时期的组织人事工作，从六个方面作了全面的部署。王洪章董事长在讲话中明确了全行组织人事工作的指导思想，对完善机制、加强领导班子和队伍建设、实施人才强行战略、人才成长工程、规范组织机构管理、优化人力资源配置、深化人力资源管理改革、加强自身建设提高管理水平都提出了明确和具体的要求，这是全行今后一个时期组织人事工作应该遵循的原则，各行、各机构、各部门要认真学习，结合实际抓好落实，通过贯彻这次会议的精神，落实王洪章董事长的讲话，开创组织人事工作的新局面，全面推进和加强党建工作，为全行的改革发展提供组织保障和人才支持。根据王洪章董事长的讲话精神，下面我谈几点具体意见。

一、关于人才工作

人才是先进生产力，是推动全行科学发展的第一要素，人才竞争力是一个企业的核心竞争力。靠人才支撑的发展具有不可复制性，是一条可持续发展的道路。

（一）充分认识加强人才工作的重要性和紧迫性

近年来，在总行党委的领导下，全行人才工作取得了长足进步，建立了公开、平等、竞争、择优的人才选用机制，推行了公开选拔、竞争上岗的制度，为进一步激发人才工作的活力和生机发挥了重要作用。但同时，也应该清醒地看到，面对近些年日新月异的业务创新发展，全行人才工作还稍显滞后，人才的素质、结构还不能与业务发展相匹配、相协调，还存在着许多亟待解决的问题。主要是一般性的人才多，高层次的人才少；操作性的人才多，创新型的人才少；单一性的人才多，跨市场的人才少；熟悉国内业务市场的人才多，熟悉国际金融业务和规则的人才少，特别是具有国际执业资格的高端金融人才更是稀缺。当前，内外部环境发展变化很快，市场竞争日趋激烈，“物竞天择，适者生存”，要想在激烈的竞争中求得生存与发展，人才是关键。谁拥有了人才优势，谁就拥有了竞争优势，就赢得竞争主动权。人才的多寡优劣已经成为关系到建设银行兴衰的一个重大而紧迫的任务。希望各级行党委、各个机构、各个部门一定要认识到这一点，要以对建设银行事业高度负责的态度，从建设银行长远发展的大局出发，努力做好人才工作。要牢固树立人才资源是第一资源、人人都可以成才等先进的人才工作理念，切实加强对人才工作的领导和组织推动，通过实施政策、营造环境、整合力量、组织协调、提供服务等措施，为各类人才成长、成才和充分发挥作用提供有力支持。今后，总行将把培养选拔人才工作情况作为考察领导班子的一项重要内容，促使各级行提高人才工作水平，加大人才培养力度，努力形成我行的人才战略优势。

（二）加快形成适合建设银行特色的人才工作体制、机制

如何提升人才工作水平，关键是创新人才工作体制、机制，用创新的思维、创新的方式加快建立一套适合建设银行特色的吸引、培养、选拔、使用人才的机制，不断开创人才工作新局面。可以考虑从以下五个方面入手：一是创新人才选用机制。加大竞争性选拔人才的工作力度，使更多优秀人才脱颖而出、充分施展才能。同时，要打开人才选用视野，面向社会、面向全球公开招聘稀缺的高端人才，努力使建设银行成为一家能够吸引优秀人才、聚集优秀人才的银行。二是创新人才评价机制。要构建以业绩为核心，由品德、知识、能力等要素构成的考核评价人才的指标体系，把考评结果作为人才培养与使用、激励与约束的重要依据。要根据不同层级、不同岗位特点，分门别类建立各类人才资格准入和退出机制，把“资格”转化为激励人才的有效手段，使人才队伍成为一池活水。三是创新人才投入机制。没有投入就没有产出，对人才工作，不仅要保证而且要加大投入力度，并保持每年有一定的增长幅度，因为现在的投入意味着未来更持久的增长。同时，要注意提高人才的投入产出效能，不断提升人才的资本贡献率。四是创新人才配置机制。推进人才在全行范围内的集中统一配置，新增人才重点向金融资源丰富区域、战略性业务和经营一线倾斜，现阶段我们要从实际出发，加快充实一批产品、客户和风险经理，以及行业分析师、财富管理师、信息技术工程师和金融市场交易师等人才。五是创新薪酬激励机制。要统筹做好对各类人才的短期和长期激励，促使各类人才把自身利益与建设银行的长远发展更紧密地结合起来，最大限度地激发各级各类人才的主动性和创造性。

（三）抓好核心人才的培养

核心人才对全行创新发展具有重要的支撑作用，而且对整体推进人才工作具有很强的辐射带动效应。我们要把培养核心人才作为人才工作的重要任务来抓，完善核心人才工作机制和规划，从总行、分行、基层三个层次来推进核心人才队伍建设。一是经营管理人才的培养。各级行管理人才既是党的方针政策和总行党委决策的具体执行者，更是本级行经营管理的决策者，承担着组织、指挥、协调的领导作用，并且对其他各类人才有发现、培养、使用的责任，是全行整体人才队伍中的核心部分。要下力量优化管理人才结构，要建设管理人才后备库，并不断充更新补充，努力打造一支善于治行的高素质经营管理人才队伍。二是专业技术人才尤其是高端技术人才的培养。从总行层面要进一步建立健全岗位职务序列，争取2012年上半年搞出来，为专业技术人才打开扩宽职业发展的路径，力争5年规划期内，专业技术人员占比达到30%左右，高技能人员占比达到10%左右，基本满足全行业务发展需要。三是国际化人才的培养。扩充海外人才库储备，创新海外人才培养方式，加快海外人才培养，争取使海外人才占比在比较短的时间内达到1%左右的目标，同时大幅增加境外机构内派人员的数量。四是青年人才的培养。既要按政策规定办事，又要对特别优秀的青年人才留出“快车道”，省分行领导班子至少要有1名40岁左右的年轻干部。要制定专门针对青年人才的培养使用、有序流动等机制，让那些经过基层磨炼、实践证明优秀、有培养前途的大批中青年人才涌现出来，及时提拔到领导岗位上来，使中青年人才队伍建设走上制度化、规范化轨道。五是操作人才的培养。他们绝大多数处于业务经营一线，直接面对客户、面对市场，是我行人才队伍中的重要组成部分。要采取多种方式，以岗位练兵为重点，努力提高他们的专业知识和岗位技术水平，努力培养一大批技术精、业务熟、服务到位的操作型人才，以操作型人才素质的提升来保证全行整体服务水平的提升。

（四）加大对现有人力资源的挖潜力度

全行35万名员工，是我们最宝贵最可靠的人力资源优势。因此，我们一定要眼睛向内、坚持自主培养为主，高度重视对现有人力资源的教育和开发，充分利用现有的“一校四中心”等培训资源，加大教育培训力度，加快推动人力资源向人才资源转化。重点做好以下几个方面的工作：一是把全员培训作为一项重要工作任务，并使之制度化、长效化。适应全行改革发展和业务创新任务，分阶段制订培训计划，因人、因岗提出明确的培训目标、要求和工作措施，不能老用一个方案解决全部问题。二是使培训内容系统化。要立足当前、着眼长远，结合职业生涯发展规划，对不同年龄、不同学历层次、不同工作经历和不同工作能力培训对象的培训内容作出系统化安排。三是改进培训方式。在继续采取以往行之有效的培训方式的同时，建立健全脱产轮训制度，明确规定每个员工每年的脱产轮训时间和应达到的要求，特别是对在业务一线选拔的现职领导、业务骨干和后备干部一定要选派到党校、国内外著名学府进行重点培训。四是实行全员学习积分制度，尝试并明确规定每个人在一个年度或一定时期内必须达到的最低学分，督促员工自觉参加学习培训。同时要广泛采用现代化科学技术，大力开展远程网络培训，提高培训的覆盖面，方便基层员工学习。远程培训学习系统经过全行上下的共同努力，已基本建成，很快就可以投入使用。五是建立培训考核指标体系，对照确定的培训目标，从考试成绩、才干、思想素质修养等方面综合评价培训组织者和接受培训者的培训绩效，确保培训效果，提高培训的投入产出效益。通过大力加强培训，促进全行员工加快成长、加快成才。

二、关于加强基层党建工作

党的基层组织是党的全部工作和战斗力的基础，全行党建工作的重心在基层、创新在基层、活力也在基层。近年来，随着市场竞争日趋激烈，经营压力的加大不可否认，有的基层机构强调以数字说话、以业务说话、以发展说话，出现了重业务、轻党建的倾向，自觉不自觉地忽视了基层党建的基础性作用，弱化了基层党组织建设和党员的教育管理工作，以致业务工作与党建工作在一些地方出现了一手硬、一手软的现象，基层党建工作的主动性、积极性和创造性不够，个别党员甚至出现纪律作风涣散、违规违纪，等等，这些都程度不同地影响了基层党组织战斗堡垒作用和党员先锋模范作用的发挥，影响了各级党委领班子、带队伍、聚人心的实际成效。广大员工看党的作风，看建设银行的和谐发展，首先从身边看起、从基层看起。而看基层的状况，又首先看基层党组织的情况。各级党委要高度重视基层党建工作，针对存在的问题，从根子上找原因，从思想认识上查症结，根据不同层次和类别的基层党组织存在的问题，深入调查研究，加强分类指导，探索符合基层党组织实际的党建工作新方法、新途径，帮助基层党组织找到工作的切入点和结合点，增强基层党建工作的针对性、有效性和吸引力，让基层党组织和党员成为引领员工、促进和谐、竞争市场、推动发展的骨干力量。

（一）创新适应现代商业银行运作要求的基层党组织和党员发挥作用的方法

基层党组织和党员处在业务服务营销第一线，最具有创新、创造的活力。近年来，全行经营模式、管理方式、业务内容、资源配置等方方面面已经发生了深刻改变，基层党建工作一定要与时俱进，根据当前基层党组织承担的主要任务和党员队伍的新变化，紧紧围绕党的中心工作，推进基层党建工作改革创新。一要优化基层党组织设置。适应跨市场、机构调整增设、员工流动加快的趋势，合理调整设置基层组织，在新设机构时要建立党组织，调整经营管理机构时要调整党组织设置，配备经营管理人员时要配备党务工作人员，消除基层党建空白点，实现党组织和党的工作全覆盖，做到哪里有群众哪里就有党的工作、哪里有党员哪里就有党组织、哪里有党组织哪里就有健全的组织生活和党组织作用的充分发挥。关于境外机构的党组织创建与活动，要严格按照有关规定规范有序地开展。二要创新基层党组织活动方式。在当前新的形势下，基层党组织要找准开展活动、发挥作用的着力点，在扩大党员参与面、提高实效性上下工夫，增强创造力、凝聚力、战斗力。要运用一些现代企业管理的方法开展工作，使党组织的活动受到党员欢迎、收到实效。要注意与业务工作相融合，把解决业务经营中的难点、热点作为基层党组织活动的重点，用开展工作的成效作为重要检验标准，这样一来，党组织的活动就成为了服务链、业务链、价值链上的重要环节，有效地融入了经营活动当中。同时，要注意把服务理念引入基层党建工作，不仅要强调党员对党组织的责任和义务，还要强调党组织对党员的服务，从政治、思想、工作和生活上关心、爱护、帮助党员，特别是对一些劳务派遣用工党员、离退休老党员、生活困难党员等党员群体，更要给予更多关注，逐步形成上级党组织为下级党组织服务、基层党组织为党员服务、党员为群众服务的良性循环，凝聚起党员的力量，使基层党建工作开展得有声有色。三要创新工作机制。要结合实际，建立健全《党建工作量化考核实施办法》，要着重制定基层党组织建设有关规定，明确职责和任务，按照一级管好一级，抓到党小组、管到党员，抓好目标责任制的落实，通过量化的方法使党建工作落到实处。希望各级行要对基层党建工作落实情况进行一次全面检查，对那些组织不健全、不开展活动、不发挥作用的党支部，要及时进行帮助和必要的调整。

（二）形成创先争优长效机制

2011 年以来，全行按照中央统一部署，深入开展创先争优活动，取得了积极成效。当前要及时总结创先争优活动的好做法、好经验，并把它转化为制度和机制。要通过长效机制的建设，使创先争优活动成为一种常态和长期的工作。各行要不断巩固和扩大创建成效，并紧紧以此为抓手，进一步广泛开展党员责任区、党员先锋岗、党员窗口、以党员个人名义命名的品牌工程等活动，激励党员立足岗位建功立业，加强党性锻炼、发挥先锋模范作用搭建平台，把基层党组织和广大党员的积极性、创造性调动起来，确保基层党组织和党员队伍始终走在群众前列，成为先进性代表。

（三）加强党员教育管理

当前社会思想活跃化、利益诉求多元化、大众传播信息化，各种诱惑非常多。越是在这种情况下，越要重视加强对党员的教育管理。要以提高素质为重点，抓紧抓好党员队伍建设这一基础工程。要建立健全教育、管理、服务党员长效机制，激发党员增强光荣感和责任感，保持先进性的内在动力。要建立和完善党员目标管理体系，结合党员民主评议情况和经常性表现，对党员的政治信念、党性修养、理论素养、业绩表现、廉洁自律、思想动态等实行目标管理，实现党员管理工作的科学化、规范化。要建立健全党内民主集中制，完善和坚持党内生活制度。要重视做好发展党员工作，尤其注意吸收业务一线员工、青年员工和业务骨干中的先进分子入党，改善党员队伍结构、充实新生力量。要坚持加强教育同改进管理、严肃党纪相结合，疏通不合格党员的“出口”，纯洁党员队伍，使党员真正发挥模范带头作用。

三、关于做好员工工作

善于做群众工作是我们党的优良传统，对我们来说，做好群众工作就是做好员工工作，以人为本就是以员工为本。2011 年，在一次会议上就这个问题我谈过一些想法，今天，利用这个机会，我还想就这个问题再强调几点，希望大家把员工工作切实重视起来、放在心上。

（一）要增强做好员工工作的责任感和使命感

广大员工是建设银行最宝贵的财富。作为一个管理者，会不会做员工工作、能不能带好队伍，是一个领导干部成熟不成熟的重要标志，更是一种责任和义务，因为每个员工的成长发展不仅关系着员工自身，而且还关系着建设银行的未来。在座各位都是从普普通通的员工中成长起来的，也深切感受到组织的关心、爱护和激励在一个人成长过程中的重要性。我们要设身处地为员工着想，把员工的利益始终放在心上，把员工工作摆在更重要的位置，切实增强做好员工工作的责任感和使命感，通过提升员工工作水平，实现企业与员工的共同发展，使员工有成就感、有归属感、有终生服务于建设银行的忠诚度。今后我们要开展员工满意度测评，把员工是否满意作为检验各级行经营管理工作成效的一项重要内容。鼓励和引导各级行领导班子不仅要提高经营管理能力，还要提高带队伍、做好员工工作的能力。各级管理人员要适应时代和形势发展需要，自觉加强对党的群众理论的学习，并注意结合工作实际与时俱进地加以运用，丰富开展员工工作的方式、方法，在实践中不断积累经验、提升工作水平。

（二）要重视创新做好员工工作的方式、方法

我们到基层行调研，能感受到各行都很重视员工工作，在员工工作上想了一些办法、做了一些实事，取得了一定成效，但也感觉到创新的办法措施还不多，还不能适应员工思想多元化的需要。创新员工工作，要注意结合形势任务的发展变化，研究新情况、解决新问题、创造新经验，增强工作针对性、实效性和吸引力、感染力。要适应经济基础、体制环境、社会条件和传播方式深刻变化的新形势，以时代的眼光来审视员工工作的实践发展，以改革的思路来寻求加强和改进工作的新途径、新办法，不断丰富工作的内涵。要适应员工思想变化的新特点，广泛运用员工喜闻乐见、形象生动的教育形式，把思想性、知识性、趣味性统一起来。要适应大众传媒特别是互联网、手机等新兴媒体广泛普及的新趋势，有效利用员工经常接触、便于接受的传播渠道，更好地发挥大众传媒在员工工作中的作用。要更多地搭建员工乐于参与、便于参与的活动平台，吸引员工广泛参与，加强自我教育。要高度重视和密切关注员工的身心健康，及时做好人文关怀和心理疏导工作，引导员工培育奋发进取、积极阳光的良好心态。要把企业文化建设融入员工工作当中，总结提炼并不断完善建设银行的价值理念，增强企业文化对员工的号召力和影响力，激发员工爱岗敬业、奉献社会的热情。

（三）要重视增强广大员工的主人翁意识

越是深化改革，越要始终贯彻全心全意依靠员工的方针，尊重员工的主体地位，依法保障员工的政治权益、经济权益、文化权益、劳动权益，努力形成企业和员工利益共享机制，建立和谐的劳动关系。目前，全行35岁以下的青年员工有11万多人，已经占到全行员工的34%左右，总行本部35岁以下青年员工更是占到52.3%左右，这些青年员工的民主意识强、知识层次高，参与经营管理的积极性和热情普遍较高。要适应这种新变化，引导和发挥好广大员工尤其是青年员工参政、议政的作用，坚持和完善以职工代表大会为基本形式的民主管理制度，建立和完善职工监事制度，实行行务公开，开辟“员工之声”等专门通道，组织员工参与民主管理，鼓励员工积极建言献策，使员工合理化建议被充分吸纳，凝聚员工的聪明才智推动业务发展。尤其是在一些涉及员工切身利益的重大改革、重大决策、重大制度出台前，更要多方面倾听员工声音、多方面征求员工意见，充分尊重员工的知情权、参与权、表达权和监督权。要关心、关爱员工，满足员工改善工作环境、加强劳动保护、提高生活待遇等方面的合理要求，在解决实际问题的过程中解决好思想问题。工会、共青团等群众组织也要注意发挥更大的作用，结合各自特点和全行中心工作开展丰富多彩的活动，激发员工的责任感和主人翁意识，使全行紧紧依靠员工主体作用推动经营转型和改革发展。

同志们，当前是我行加快推进发展方式转变、实现可持续发展的关键时期，做好组织人事工作事关全局。我们一定要积极作为、扎实工作，全面推进和加强党的建设，进而为推动现代金融企业建设作出新的更大贡献。

在中国建设银行夏季工作（视频）会议上的讲话

张福荣

（2012 年 8 月 15 日）

同志们：

刚才王洪章董事长和张建国行长分别作了重要讲话，深刻分析了当前的经营形势，总结了工作，同时也指出了经营管理工作中存在的主要问题，对于今后一个时期的工作做了全面的部署。根据王洪章董事长和张建国行长的讲话精神，我再强调几个问题。

一、关于把握市场机会

2012 年以来，我国进一步加快了经济结构的调整步伐，在这一过程中，商业银行作为信贷资金的配置者和金融服务的提供者，应该正确理解认真贯彻宏观调控政策，把握机会，通过有效的信贷投放，支持实体经济发展。需要引起重视的是，在产业由东部向西部梯度转移的过程中，银行不仅可以为承接转移的区域提供信贷支持，选择其中有潜力、成长性好的客户予以支持，还可以为转出区域引进的新兴产业、高科技产业提供信贷支持。我们要牢牢把握其中的市场机会。

总行要加强行业、区域经济研究与分析的力量，增强信贷政策的针对性。要深入研究区域的资源状况和产业布局状况，明确梯度转移需要重点支持的行业类别和客户类型。要完善产业转移的评级授信，针对产业转移的发展周期、发展前景和风险预期，制定、细化不同的信贷准入标准和风险控制措施。要高度关注国家产业政策和转移产业不同区域间的发展联动状况。要积极关注产业集群带来的产业链融资需求，有针对性地提供金融服务。

要加强统筹协调和区域联动。由于产业转移项目大多涉及两个甚至更多地域，因此这类项目对于总行、各级分行之间的系统联动有着更高的要求。总行与省行之间、各级分行之间要加强协作，减少项目转移过程中的信息不对称，力争为客户提供高效、便捷的一揽子金融服务。总行要着重研究解决好转移双方分行包括收益分配等各种问题，以提高转移双方特别是产业转出地区分行在支持相关项目上的积极性。通过调研，与分行同志们座谈，更加感觉到建立省行间的联动机制非常必要。总行要加强协调，进一步加强针对产业转移项目的统筹规划，通过建立产业目录等方式确定重点服务领域和区域，拓展产业转移中的大客户、大项目。

要充分注意到，我国当前产业结构调整和梯度转移中多数为劳动密集型或者资源密集型的衰退性行业转移，低水平重复建设现象依然存在。一些行业领域的低水平重复建设问题，已成为我国当前产业结构优化升级的严重阻碍。对此，我们要高度关注，坚持新兴产业与优势产业并重原则，将产业转移与产业升级有机结合。严格防范产能过剩行业在产业转移过程中利用银行信贷资金扩大低效生产规模，避免低水平重复建设带来信贷风险。

要坚定不移地发展中间业务。2012 年以来，全行中间业务保持了较好的发展势头。同时我们也应该看到，开展整治中间业务不规范行为对这项业务发展的影响是客观存在的，但是不能因此而放慢发展中间业务的步伐，不能动摇发展中间业务的信心和决心。要正确处理整治不规范收费与加快发展中间业务的关系，坚持依法合规经营，坚持按章收费，保持中间业务持续健康发展。要根据市场变化，进一步完善中间业务激励机制，通过实践证明有效的政策和措施，要继续积极地执行下去，不要朝令夕改。要适应市场新变化，对市场加强研究。要坚持提高产品创新能力。要整合营销力量，提高营销水平。全行一定要充分认识到，只有通过大力发展中间业务，才能更好地实现结构调整，实现经营转型的战略目标。

要重视重点县域支行的发展。坚持抓大不放小，总行要进一步清晰重点县域机构发展的思路，要从加快自身发展更是支持县域经济发展、支持实体经济发展的高度，制订规划和目标，认真研究规划县级重点支行发展问题，培育新的利润增长点。我们要清醒地看到，近些年来，县域经济已经发生了重要变化，结构调整、城镇化的推进、经济多元化，都为金融资源聚集提供了条件，县域地区金融资源越来越富足。我们要抓住机会，做好重点县支行发展这篇文章。各分行都应该考虑从实际情况出发研究确定本地区的重点县支行，基本要求是，这些支行业务指标和增速应该高于全行平均水平或本地区平均水平，形成领先优势，发挥带动作用。总分行要在资源配置、激励机制、领导班子建设等各项措施上给予支持，切实提高重点县支行竞争发展能力。

二、关于重视利率市场化和资本管理

中央银行连续下调金融机构人民币存贷款基准利率，存款利率上浮，扩大贷款利率浮动下限，标志着我国利率市场化改革迈出了实质性一步。随着利率市场化进程的提速，银行业发展的整体格局已经和正在发生深刻变化，而且这些变化是长期的、根本性的，将给商业银行经营管理带来深刻影响。利率市场化是一项根本性的金融改革，是一次银行业残酷的洗牌，它将对经营架构、盈利模式、利润增长、定价能力提出严峻的挑战。我们必须积极应对，要适应利率市场化的新变革，着手研究建立有效的总行集中、总行主导、分行参与的利率管理体系，提高金融市场分析预测能力，确定风险成本和收益相互平衡的定价原则，在利率市场化变革中保持健康持续发展。

监管机构已正式颁布了《商业银行资本管理办法》，这进一步增强了资本充足率指标的国际可比性，有利于我国商业银行提高资本管理和经营发展水平。我们要清醒地认识到，在今后的经营发展中，资本管理的能力以及风险、成本的控制能力必然成为衡量银行竞争力的重要因素。银行资本的多少直接决定了银行承担风险的能力，资本不足将直接制约银行的信贷资产扩张；而风险管理能力则影响银行资本作用的发挥；成本则反映了银行的资本充足率和风险管理能力。如果银行负债的成本较高，必然要求银行用更高的资产收益来保证一定的利润率水平，这意味着要承担更大的风险。因此，在新的经营环境下，银行的资本、风险和成本三个因素的关联将更为紧密，相互作用，共同影响银行的长期可持续发展。同时要看到，应对监管资本改革和利率市场的挑战涉及银行整个经营方式的转变和管理能力的提升。我们要尽快完善相关管理工具，着手制定资本规划；要更加自觉地加快转变发展方式，推进经营转型和结构调整，使我们的发展建立在资本、风险、成本统筹平衡的基础上，使我们的发展更有质量、有效益，是可持续的发展。在不久前的党委会议上，王洪章董事长已提出了应对利率市场化和资本管理的要求，总行有关部门要做出安排，全行要及早介入。

三、关于进一步加强风险管理

随着经济金融形势的变化和业务发展、监管工作的强化，全行风险管理内容已经从过去以信用风险为主扩展到现在的信用、市场、操作、声誉、国别、集中度等各类风险领域，尤其在当前的经营环境下，风险的复杂性和相互关联度也在提高，外部风险也更容易向银行蔓延传递。这就要求我们必须进一步高度重视风险管理、强化全面风险管理理念，深入、准确地把握各类风险及其之间的关系，切实提高复杂环境下的风险管理水平。从2012年陆续暴露的风险事件看，风险管理压力并没有减轻，对信贷质量不宜过于乐观。

要持续优化全面风险管理的治理架构，切实发挥各个层面在风险管理中的作用，进一步完善风险管理战略，加强前瞻性风险管理和集团并表管理，不断提高跨周期、跨行业、跨境风险管理能力。要健全风险管理组织架构，构建起经营机构、各级风险管理部门、内控和内审部门互为作用的风险防控体系。要不断优化和完善风险管理流程，一定把风险管理的要求坚决地嵌入各项具体的业务流程之中。要及时、准确、全面地获取表内外、本外币、境内外各项业务和各类机构的风险信息，重视不同风险种类之间的相关性、传染性，加强对间接风险、交叉风险的识别和管理，加强对各类风险的一体化管理，提高对各类风险演变及其影响的分析判断和有效应对能力。

要防范各类重点领域风险。我们要注意到，近年来，一些行业、企业信用水平下降。如果我们的风险管理不到位，将导致信用风险不断上升和加速暴露，因此，当前的首要任务就是要保证信贷质量总体稳定。还要警惕企业，特别是一些中小企业和个人客户融资过度的风险，要加强借款人资质、抵押物和资金流向的管理。加强重点领域的风险防范和管控，要防止其他领域风险波及我行资产安全。在金融市场深刻变化、存款波动性加剧等复杂情况下，特别要提高市场风险管理、流动性风险管理的能力。

进一步加强内部管理。经营环境的复杂变化使各种诱发银行风险的因素增多，这给我们内部管理带来了严峻挑战。我们要主动地投入时间和精力，强化内部管理，通过完善业务授权管理、前后台分离等措施，增强全行经营管理的执行力和约束力。要从制度建设、流程设计、系统运行、检查监督等各个方面强化管理，力争把在发展速度较快时期所累积下来的潜在管理问题找出来，并加以解决。

四、关于需要关注的几项基础工作

银行的业务经营具有显著的“顺周期性”。这一特性使银行利润增长和风险暴露之间更容易产生错配。在银行资产规模和利润高速增长时，通常风险是不容易暴露的，一旦经济形势变化，潜在风险往往会集中显现。2012 年以来，银行的经营已经步入调整期，这对银行的经营管理提出了一系列需要思考和解决的问题。既要做好应对现实压力的安排，也要做好长期应对的准备，着眼未来，从经营模式、管理方式、运营模式、渠道建设、人才培养等方面入手，夯实工作基础。

调整优化经营模式。商业银行的经营模式体现了商业银行经营和发展方式的取向，选择不同的经营模式决定了获得金融资源的多寡、盈利能力的高低，因此要下决心调整优化经营模式。要注重根据经济周期走向及宏观经济政策调整优化信贷结构，加强对经济周期波动敏感领域的信贷结构调整，努力使商业银行信贷业务在经济周期波动中风险可控、质量稳定、经营稳健。要大力发展战略性业务和新兴业务，降低对高资本消耗业务和对利差收入的依赖。要注重发挥综合化经营对稳定集团利润、分散区域和业务风险的均衡效应。要通过国际化战略的实施，增强从多领域、多地区的获利能力和风险分散能力。

调整优化组织管理模式。商业银行组织结构是决定其经营状况好坏、经营效率高低和竞争能力强弱的重要因素。组织管理模式没有优劣之分，最适合的模式就是最好的模式。要根据我国银行业经营现状和建设银行实际，认真梳理全行各类机构设置情况，研究确定机构设置框架，明确各级各类机构管理模式，规范经营机构和内部机构设置，对机构实施统一管理，适时发布管理办法。要将以市场为导向、以客户为中心、效益最大化作为调整优化组织管理模式的出发点，加快推进这项工作，2012 年要见到成效。要通过组织机构的优化，使机构层次更清晰、效率更高、管理更有效、竞争力更强，为促进经营模式、发展方式转变，实现发展战略提供保障。要下决心减少没有效力的管理部门，减少冗员，增加经营机构的营销力量和柜面服务力量。

优化业务运营模式。业务运营模式的调整优化不是一蹴而就的。要进一步提高专业化的运营能力，提高运用信息技术处理业务的能力，提高综合化的服务能力。要进一步重视提高网点运营水平，要考核网均、人均效益，科学规划、合理布局、加快推进物理渠道建设。在渠道建设上内外部装修装饰要有统一要求，不能各领风骚，渠道建设要充分展现建设银行元素，总行要统一筹划发布。着力提升网点渠道的营销服务能力；提高自助设备的利用率，增强电子渠道销售和交易能力，使物理渠道、自助设备和电子渠道实现无缝衔接，互为补充，形成整体合力。

优化人力资本管理模式。人力资本是创造力最强的资本。要重视加强人力资本的深度开发与利用，提升人力资本的价值贡献度，形成与经营转型和业务发展相适应的人力资本总量和结构。要加强人力资本的科学管理，提高人力资本的投入产出效应。要坚决实施人才成长工程，重视和加强人才培养，突出提高素质和能力，培育忠诚度、增强归属感，激发员工的工作热情，大胆使用、及时起用各类人才，形成不可复制的竞争发展能力。

（根据录音整理）

在中国建设银行秋季工作座谈会议上的讲话

张福荣

（2012 年 11 月 20 日）

同志们：

这次会议开了一天半，就要结束了。昨天上午，王洪章董事长和张建国行长分别做了讲话，传达了党的十八大会议精神，总结了 2012 年前 10 个月的工作，分析了当前面临的经济金融形势，明确了岁末年初的重点工作。全体与会同志围绕两个讲话，结合本分行、本部门、本机构的实际，进行了认真的讨论，明确了方向、达成了共识，坚定了做好岁末年初工作的信心。大家在讨论中都认为王洪章董事长和张建国行长的报告各有侧重，与全行的发展及分行的业务实际契合度很高，回去后会抓紧传达落实。大家也对计划考核、信贷资源配置、贷款定价、网点建设等 12 个方面提出了意见和建议，充分反映了各分行、各部门强烈的改革意识、竞争意识和发展意识，总行将认真研究和充分吸收，抓紧制定出具体的工作措施。

总体来看，这次会议开得很成功，达到了预期目的。各分行、各机构、各部门要切实组织好这次会议精神的学习传达和贯彻落实，以党的十八大精神为指导，全面完成 2012 年的各项任务，为明年乃至今后一个时期的工作奠定坚实基础。

下面，我讲两个问题。

一、关于党的十八大会议精神学习贯彻问题

党的十八大主题鲜明地向党内外、国内外宣示了我们党将举什么旗、走什么路、以什么样的精神状态、朝着什么样的目标奋勇前进的重大问题，是我们夺取中国特色社会主义新胜利的政治宣言和行动纲领。当前和今后一个时期，摆在全行的一项重要政治任务，就是要学习好、宣传好、落实好党的十八大精神，把广大干部员工的思想和行动统一到党的十八大精神上来，把力量凝聚到党的十八大确定的战略目标上来，不断开创改革发展的新局面。

总行党委将结合建设银行的实际，研究确定并下发学习贯彻十八大精神的具体意见，全行各级党组织也要结合实际对学习作出安排。各级党委中心组要把党的十八大精神作为中心内容，集中系统地学习，专题进行研讨。要把党的十八大精神的学习贯穿到员工的教育培训当中，总行党校、分校要集中时间、集中精力组织好学员的学习和研讨。要以总行、分行和领导人员为重点，推动和带动全行的学习。要通过如座谈会等各种有效方式，使广大党员通过学习能够深刻地领会，正确掌握党的十八大精神的主要内容。要认真地研读党的十八大文件，原原本本地学习党的十八大报告和党章。有关部门要及时了解学习宣传，注意总结和交流学习经验，要把学习贯彻党的十八大精神与自身工作实践紧密地结合起来。全行要通过学习党的十八大精神，增强坚持走社会主义道路自信、理论自信和制度自信，为实现党的十八大提出的宏伟目标和工作任务而奋斗。

二、关于需要深入研究的几个问题

十八大报告在阐述全面深化经济体制改革任

务时，明确提出要“深化金融体制改革，完善金融监管，推进金融创新，维护金融稳定”，这从国家战略层面为我们银行业加快改革步伐，更好地服务于国民经济社会发展指明了方向。为实现这一任务目标，要深入研究和谋划未来全行的改革发展问题，要着重在以下几个方面加以研究和实践。

（一）深入研究进一步完善现代金融企业公司治理问题

加强公司治理，推进现代金融企业制度建设，既是全行深化改革的核心内容，也是全行健康可持续发展的重要基础。国际金融危机发生的一个重要原因，就是国际上一些大型金融机构的公司治理存在严重缺陷。党的十六大以来的十年是我国商业银行改革开放发展力度最大的十年。目前我国主要大型银行已经全面完成了股改上市，建立健全了公司治理机制，经营面貌发生了根本改变。建设银行就是从“技术上已经破产”发展成为了全球最赚钱的银行之一。应该说，国内的大型银行都已经站在了一个新的历史高度，处在一个新的历史起点。在这样一个良好的基础上，要切实加紧把完善公司治理作为增强核心竞争力、实现可持续发展的长期工程，在遵循稳健和透明原则的基础上，按照“职责边界清晰、制衡协作有序、决策民主科学、运行规范高效、信息及时透明”的要求，在构建中国特色大型银行治理机制上进一步取得实质性进展。要进一步完善“三会一层”制衡机制，厘清职责边界，把公司治理的要求真正落实在日常管理和风险控制中。董事会持续提高议事水平和战略决策能力，在经营战略决策、把握发展方向上将更能发挥重要作用。监事会加强财务、风险、内控等方面的监督，强化对董事会及高管层成员的履职监督，进一步探索有效的监督方法和手段，监督的科学化水平也会得以提高。管理层在结构合理、优势互补的格局下，着力提高经营管理能力和市场应对能力，将有力地保证发展战略和业务目标的实现。从公司治理角度要求还要细化关联交易和内幕交易管理，持续提高信息披露水平，遵照真实性、准确性、完整性和可比性原则，向社会详尽披露关联交易、薪酬激励、风险管理等重要信息，不断塑造良好的市场形象。要不断完善董事、监事、高管层成员的履职评价办法，随着公司治理的深入，还要不断完善公司治理监督评价体系和问责机制，切实形成董事会、监事会和管理层相互制衡、相互促进的良好局面。现代金融企业建设要从国情出发，很重要的一条就是要坚持党的领导，坚持充分发挥党委核心作用，确保党和国家大政方针的贯彻落实，确保党对大型金融企业的控制力和影响力。

（二）深入研究体制机制改革问题

要在完善现代金融企业公司治理的基础上，以更大的勇气、更多的智慧和更宽的视野，抓住机遇深化改革，破除体制、机制弊端，加快构建系统完备、科学规范、运行有效的制度体系、运营体系、管理体系和组织机构体系，促进全行有效运转、可持续健康发展。改革要坚持从实际出发，要明确改革的指导思想，确定改革的方向和具体目标。改革要有组织、有计划，改革要减少随意性，改革的思路一定要清晰，改革要抓住重点，改革的方案要充分论证，改革要坚持总行主导。当前和今后一个时期，要持续推进省会城市行经营模式在内的体制、机制改革以及完善、优化工作。通过改革要逐步建立高度适应市场、快速响应客户的经营管理模式，使改革成果尽快体现出来。昨天王洪章董事长和张建国行长都谈到了授信体制改革，这也是我们当前一项重要的改革任务。要加快推进授信体制改革，充分体现总行的发展战略，体现差异化的特点，建立一个完善、科学有效的统一授信体制。要稳步推进运营体制的改革，适应综合化、集约化发展的需要。要持续推进流程改造，立足于客户、立足于市场，形成具有竞争力的经营管理流程。要改革完善产品创新机制，形成持久竞争力，减少同质化，实现差异化发展。要深化人力资源管理改革，完善薪酬机制，加大人员交流力度，提升人员素质，为全行改革发展提供强有力的人才保障。

（三）深入研究提高金融服务水平问题

未来我国发展的有利条件、内在优势和长期向好趋势仍在延续，这为我们持续发展提供了广阔空间。随着我国加快转变经济发展方式和实施经济结构战略性调整，必将催生居民消费、新兴产业、现代农业、区域特色经济、城镇化及绿色经济等领域新的金融服务需求，也对银行加快调整信贷结构、有效配置信贷资源以及防控相关领域的风险控制提出新的更高要求。要始终坚持把自身的经营发展与国家战略发展的目标任务结合起来，努力提高金融服务水平，更好地满足实体经济发展的需要。要认真落实国家宏观调控政策，紧密结合经济运行周期特征，及时调整经营策略和信贷政策，实现我行信贷政策与国家产业政策的衔接配套和有机统一。改善信贷投向投量、优化信贷结构，在支持国家重大项目、重点工程建设的同时，大力支持战略性新兴产业、先进制造业、服务业特别是现代服务业发展，更加有力、有目的地促进经济结构战略性调整。

要大力推进金融创新，把金融创新作为提升服务水平的重要推动力，整体推进体制、产品、技术和管理创新，更好地满足实体经济和市场主体多方面、全方位的金融服务需求。要认真做好市场需求调查和客户需求分析，为客户提供有价值的服务。根据我们自身的能力，大力研发一些高附加值、高知识性、高易用性的产品，尤其要不断丰富和完善网上银行、手机银行、电话银行等电子银行功能，提高金融供给能力和服务品质，使金融服务创新的成果惠及广大客户。要通过优化网点布局和渠道建设，提高金融服务的覆盖面和快捷度。要把客户关切时刻放在心上，要抓住影响业务效率和流程运转的关键环节和难点问题，逐个突破和解决，简化业务流程和减少业务复杂程度，持续改善客户体验，提高效率，提高客户服务的满意度和贡献度。股改上市以来，我们增加机构、改造网点、配备设备，就是为了增加和改善服务功能。每年大量增加人员就是为了增强服务能力。要在功能和能力具备的基础上，进一步减少环节、缩短流程、减少客户等候时间、提高效率、提高服务品质，成为一家广大客户认同的服务优良的银行，这应该是我们服务工作的基本目标。

（四）深入研究有效防控金融风险问题

当前国际经济金融形势严峻复杂，我国经济运行中不平衡、不协调、不可持续问题仍然比较突出，保持大型银行资产质量健康稳定的任务尤为艰巨和重要。有研究表明，我国 GDP 每降低一个百分点，银行不良率将上升 0.4 个百分点。“潮退沙滩现，水落石头出”，经济上行期不易反映的风险隐患，在经济下行期将会充分暴露，潜在风险将成为现实风险。随着我国产业升级和结构优化深入推进，部分行业、企业必然出现调整。目前一些行业已经出现成本上升、利润下滑、经营困难增多等新情况，风险和损失已经开始向银行转移。而且随着金融市场的不断发展，风险在银行体系内的传染性和扩散性日益加强，银行内部的流动性风险、操作风险、市场风险和信用风险之间也可能相互转化，银行风险的复杂性和相互关联度越来越高。这就要求我们必须进一步强化全面风险管理的理念，由表及里、由此及彼、由点及面地准确把握各类风险及其之间的联系，切实提高复杂环境下风险管理的水平。要始终坚持依法合规、诚信经营，确定与全行发展战略相适应的风险偏好和风险容忍度，完善全面风险管理体系，完善风险管理政策，改进风险管理流程，加强信息系统建设和风险数据管理，培育良好的风险管理文化，有效防控金融风险，保障稳健运行和健康发展。要进一步明确风险管理的战略，健全内控制度，强化内控、内审体系和问责力度，真正使风险管理覆盖到整个集团。要强化风险的预测预警，根据经营管理中的苗头问题，开展风险的早期干预，防患于未然。要重视风险量化技术和科技手段在风险管理中的重要作用，做到对风险管理的计算机硬控制，提升风险识别的准确度。要高度关注重点区域、关键行业和重点客户的潜在风险，重视不良贷款反弹，逐户采取应对措施，做好风险排查和处置。要分析研究平台融资风险的新特征，不仅要关注表面的显性的风险，还要关注变相形成的贷款风险敞口。对理财业务存在的五类风险和承兑汇票风险要保持高度警惕，强化管理措施，进一步完善内控合规制度建设，有效防范操作风险、道德风险。要持续关注表外业务风险防范，摸清底数，治理风险源头。要把握大型国际金融集团的发展规律，高度重视加强集团风险管理，切实提高跨周期、跨行业、跨境风险管理能力。今后一个时期，小型及小微企业风险、理财业务风险、票据业务风险也将是防范的重点。为了实施有效的风险管理，风险管理架构、机制要根据不断变化的新情况和暴露的新问题进行总结，加以完善。

（五）深入研究保持健康可持续发展问题

这是深化金融体制改革的目标，也是党中央、国务院对银行业提出的根本要求。当前随着经济增长回落、资本要求提高、利率市场化改革加快推进和直接融资的发展，以及银行机构之间、银行机构与非银行金融机构之间的竞争加剧，银行的经营成本、客户基础、资产负债结构及市场发展空间等，都将面临较大的挤压，未来银行业难以通过规模扩张来实现利润的较快增长。股改上市以来，包括建设银行在内的一些银行每年利润保持20%－30%的增速，应该说是一个奇迹，有其必然性，但不可持续。对于持续健康发展问题全行要保持一个清醒的认识。人民银行在2012年6月8日、7月6日先后两次降息并扩大存贷款利率浮动范围，许多中小银行随即将存款利率上浮到顶，而社会有效融资需求不足又导致了银行贷款议价能力减弱，近几个月来金融机构贷款加权平均利率较6月利差收窄趋势明显；随着明年初对存量贷款重新定价，利差将有可能进一步收窄。同时，随着股票、债券市场以及第三方支付的较快发展，银行基于融资中介和支付中介这两大基本功能的传统业务市场将出现分流。由此可见，只有加快转变发展方式，调整经营结构，才能确保健康可持续发展。转变发展方式的核心目标就是要再造盈利模式，促进业务结构和收入结构多元、稳定和均衡，提高综合服务的水平和价值创造的能力，走集约型和资本高效利用型的科学发展道路。我们要根据自身的风险偏好、业务结构和发展现状，制定科学的转型战略，通过转型打造核心竞争力。要遵循商业银行经营原则，统筹发展的速度、规模、结构、质量、效率与效益，统筹国内发展和海外发展，统筹商业银行业务与基金、保险等综合化业务发展，优化资源配置，形成具有较强综合金融服务能力、均衡多元盈利增长的可持续发展格局，坚持走内涵式发展道路。我们的发展要保证有一定速度的发展，更要保证有质量的发展。

同志们，党的十八大描绘了我国改革发展新的宏伟蓝图，也指明了商业银行改革发展前进的方向。我们一定要认真学习贯彻党的十八大精神，在整体实力显著增强的良好基础上，抓住机遇、扎实工作，实现建设银行的新发展、新进步。

（根据录音整理）

围绕中心　服务大局
深入推进全行反腐倡廉建设

——在中国建设银行纪检监察工作会议上的报告

朱洪波

（2012年2月28日）

同志们：

这次会议的主要任务是认真贯彻十七届中央纪委七次全会和全行工作会议精神，总结2011年全行反腐倡廉工作，研究部署2012年的任务。上午，党委书记、董事长王洪章同志代表总行党委作了重要讲话，各级行党委、纪委要认真学习，切实贯彻落实。

一、2011年主要工作回顾

2011年，在中央纪委和总行党委的正确领导下，全行各级机构认真贯彻落实中央有关决策部署，紧密结合实际，按照“反腐倡廉抓班子，案件防控抓基层”的总体思路，以促进领导人员廉洁从业和防范案件风险为重点，认真抓好各项工作任务的落实，取得了新的成效。

（一）注重教育管理，全行廉洁合规从业意识进一步增强

反腐倡廉教育深入开展。全行组织开展“学规定、知禁令、作表率”主题教育活动，引导、督促各级领导人员深入学习贯彻廉洁从业规定，查摆整改存在的问题，筑牢拒腐防变的思想道德防线。各级机构坚持日常宣传教育不放松，结合党风建设要求和庆祝建党 90 周年，开展内容丰富、形式多样的教育活动，取得了较好的效果。一年来，全行围绕反腐倡廉教育共组织领导班子集体学习 12 029 场次，各类辅导授课 15 094 场次，现场参观学习 2 023 场次，学习效果测评 32 279人，各级领导人员对廉洁从业的相关规定进一步熟悉和掌握，自律和表率意识有了明显增强。

各项廉洁从业规定进一步落实。各级机构认真抓好廉政准则、国有企业领导人员廉洁从业规定及总行党委各项要求的执行，认真落实领导人员重大事项报告制度，坚持和完善廉洁从业谈话、述职述廉、礼金礼品登记上交等制度。总行党委补充提出领导人员廉洁从业“八严禁”要求，各级机构认真组织清查整改，纪检监察部门加强监督检查，领导人员廉洁从业的自觉性不断提高。一年来，全行共开展廉政谈话 24 851 人次，述职述廉 26 998 人次，领导人员报告个人重大事项 18 684人次，有 4 600 人次主动上交未能拒收的礼金、礼品，价值合计 1 128 万元。

员工从业行为管理不断加强。组织开展了以学习宣传和贯彻执行员工从业“禁令”为主要内容的教育活动，继续组织签署《廉洁合规从业承诺书》，引导员工加强自我约束和风险防范。深化员工行为动态管理，针对员工参与社会融资、高风险投资活动等突出问题，以及内外部审计、稽核监测、业务检查发现的相关问题，开展了多轮次的员工行为排查活动。一年来，共排查 66 万人次，发现问题 1 262 个，并及时采取了处置措施，进一步强化了员工的遵章守纪意识。

（二）加强监督制约，权力运行进一步规范

巡视工作不断深入。总行对 8 个一级分行及驻地审计机构开展了第二轮巡视，有 10 个一级分行开展了对 23 个二级分支机构的巡视。通过个别谈话、实地调研、走访外部单位、民主测评、问卷调查等方式，多层次、多角度了解情况、发现问题、提出整改意见，促进了被巡视单位班子建设的加强和管理水平的提高。总行制定了巡视工作规定、实施细则和操作规程，进一步完善了巡视制度体系。创新巡视工作方式、方法，运用信息技术手段实现民主测评和问卷调查网络化、巡视成果数据化，得到了中央巡视办的充分肯定。

信访举报工作不断加强。全行纪检监察系统共受理信访举报 894 件，其中总行受理 310 件。围绕反映比较集中的选人用人、授信业务、集中采购、资产处置、“小金库”、基层行员工权益等方面的问题，进一步加大核查力度。对性质严重、线索具体、可查性强，以及上级机关和总行领导批示查办的信访件，由总行和一级分行直接核查处理。加强信访举报信息分析，为领导决策提供参考和依据。全年共组织核查信访举报 523 件，通过信访核查处理 106 人次，提醒谈话 125 人次，对 172 个问题进行了整改。

“权、钱、人”环节的监督进一步强化。完善和落实我行“三重一大”决策制度，规范决策流程，保障决策质量。通过巡视、信访核查、纪委直接参与考察考核、领导人员任前征求纪委意见等措施，加强对选人用人的监督。加大集中采购监督力度，各级纪检监察部门严格审查把关，及时提出监督意见，促进了集中采购工作的规范运行。完善纪检监察特派员制度，充分发挥特派员职能作用，进一步强化了对基层机构及其负责人的监督，促进了基层机构内控管理的加强。全年各级纪检监察部门提供领导人员任职审核意见近 3 000 人次；对 1. 9 万个集中采购项目进行了监督，涉及预算总金额 250 亿元。

（三）整治预防并重，案件防控工作进一步深入

案件和重大风险事件得到有效查办和处置。全年共查处各类案件 8 件，其中内部人员涉案的操作性案件 4 件，金额 711 万元；贿赂案件 3 件，已判决 1 件金额 29. 5 万元；外部侵害案件 1 件，金额达 6 400 万元，全行案件数量和涉案金额继续下降。加强案件应急反应和调查处置，贯彻“防止资金损失、防止人员潜逃、防止恶意炒作”的办案策略，内部涉案的人员全部归案，资金风险得到控制。坚持“一案一整改”，案发机构和相关业务条线制订实施全面整改方案，并由纪检监察部门牵头对整改效果进行验收。比照案件管理的要求，全行还对13件重大风险事件进行了查处。各级机构共识别、堵截外部侵害事件723件，避免资金损失2.6亿元。

突出案件风险得到进一步整治。在深入分析案件特点、研判案件形势的基础上，全行以防控大案为目标，针对风险突出的信贷、柜面、信用卡、电子银行、票据、代客服务、贿赂、违规对外出具法律性文件等重点部位和业务环节，扎实开展“八大突出案件风险”专项治理，持续保持案件防控的高压态势。按照中国银监会深化“内控和案防制度执行年”活动的要求，组织针对大额不良贷款风险的全面排查，部署内控制度执行力突查，推进“防范操作风险13条”贯彻落实。针对案件风险反弹的形势，全行及时召开案件及重大风险事件防控工作视频会，部署全行开展重点整治。

案件防控长效机制建设进一步深化。继续组织签订《案件防控工作责任状》，层层落实案防责任。各级行按照监管部门的要求，研究制订案件防控工作考评方案，过程考评与结果考评并重，考评结果与分支机构KPI挂钩。坚持案件防控工作联席会议制度，定期研究推进案件防控工作。完善案件分析与风险提示制度，纪检监察部门及时发布风险预警信息，各级机构和相关部门有针对性地开展自查自纠，起到了防患于未然的效果。加强案件防控信息平台建设，总行定期编发《案件防控工作动态》，分行也通过各种载体加强信息共享，及时传导政策、交流经验、推进工作。在总结近年全行案件防控工作经验的基础上，总行制定了《关于加强案件防控工作长效机制建设的意见》，从深化责任机制建设、完善风险管控手段、夯实员工管理基础、强化案件防控工作考评、加强案件风险查处和信息分析预警等7个方面，确立了23项长效措施，各级行结合实际认真推进落实，案件防控长效机制得到进一步健全。

（四）强化责任追究，严肃执规执纪的要求进一步落实

违规失职行为的责任追究更加严格。根据新修订的违规失职行为处理办法，完善了与之相配套的责任追究操作规程。认真落实监管要求和总行有关规定，对案件和重大违规问题，坚持从经办、管理、领导3个层面严肃追究相关人员的责任，千万元以上的案件对一级分行负责人进行问责。加大上级行纪检监察部门对责任追究工作的审核监督力度，案件和重大违规问题责任追究一律报总行核准，保证了责任追究的严肃性。针对不良信贷资产损失较大而问责相对偏轻、偏软的问题，纪检监察部门配合风险管理部门进一步加强授信业务责任认定，做好责任认定和责任追究的衔接，强化了授信业务违规失职行为的问责。优化责任追究信息台账和统计报表，加强信息的归集、监测和分析，定期发布情况通报和指导案例，全行责任追究工作水平和质量进一步提高。全年共处理违法、违规、违纪3 805人次，其中，一级分行负责人8人，二级分行负责人168人，县级支行负责人799人；开除及解除劳动合同72人，留用察看47人，撤职30人。

轻微违规行为积分管理深入推进。对内外部审计、检查和稽核监测发现的问题严格进行积分。加强对积分情况与管理现状不相符机构和条线的重点督导，平衡推进前、中、后台的积分工作。全年共对74 930名员工累计积分210 345分，积分覆盖面不断扩大，各级机构对自查发现问题主动积分的比重不断上升，同一问题屡查屡犯的现象有所好转。部分分行探索建立奖励积分管理制度，对合规操作、防范风险的有功人员给予奖励积分，并相应增发绩效工资，较好地发挥了激励引导作用。

（五）落实“两个文件”，纪检监察组织建设进一步加强

各级行党委高度重视，继续贯彻落实关于加强纪检监察组织建设的中央四部委12号文件和总行党委3号文件。对“两个文件”的贯彻推进情况，全行组织开展了专项效能监察。总行分别召开城市行纪检监察组织建设座谈会、纪检监察特派员表彰暨工作座谈会，研究推进城市行组织建设，总结、部署特派员工作。在各级机构的共同努力下，全行纪检监察组织建设取得了新的进展。

组织机构更加健全。全行共设有纪委498个，纪检监察部门502个。设立党委的各级机构都设立了纪委和纪检监察部门；未设立纪检监察部门的基层机构，普遍推行了纪检监察特派员制度。

人员力量更加充实。按照配齐、配精、配强的要求，各级行通过横向交流、公开选聘等方式，调整和充实纪检监察人员，优化了队伍的年龄、专业结构。目前全行共配备专职纪检监察人员3 297人，其中专职特派员1 796人。

培训力度明显加大。总行举办了一级分行纪委书记、纪检监察部总经理、业务骨干、特派员4个培训班；依托中纪委的培训资源，继续对纪检监察人员开展轮训；不断完善六大片区联合培训制度，扩大培训的覆盖面；各分支机构也加大了培训力度。全年共组织各类培训64期，培训2 300人次。

为了加强全行反腐倡廉理论研究，2011年6月，我行成立了中国监察学会建设银行分会，在全行搭建了一个从事相关理论、政策研究的平台。分会成立后，在完成中国监察学会布置课题研究任务的同时，组织力量编写了《大型国有商业银行纪检监察理论与实务》一书，紧密围绕重点工作开展调研，对推动全行反腐倡廉工作实践起到了积极作用。

回顾过去一年的工作，全行党风廉政建设责任制进一步贯彻落实，惩治和预防腐败体系建设得到深入推进，工作思路更加明确、措施更加有力、成效更加显著。特别是通过2011年以及近几年来的努力，全行反腐倡廉建设取得了长足进步，积累了丰富经验，摸索出了一条符合建设银行实际的纪检监察工作路子。一是坚持把围绕中心、服务大局作为推进工作的基本原则。总结提出了纪检监察"融入业务、促进发展、创造价值"的理念，始终围绕全行中心任务谋划和部署工作，为全行改革发展提供了有力的支持和保障。二是坚持把统筹兼顾作为推进工作的重要方法。以科学发展观为指导，既抓住关键突出重点，提出"反腐倡廉抓班子、案件防控抓基层"，又按照惩治和预防腐败体系建设的要求整体推进各项工作；既注重突出问题的治理，又着力抓好长效机制建设，把治标和治本、惩治和预防结合起来，工作系统性和科学性不断增强。三是坚持把组织协调作为推进工作的有力抓手。积极协助党委做好反腐倡廉相关工作，推动党风廉政建设责任制落实，促进各级机构、各部门发挥积极性和主动性，实现了齐抓共管，形成了整体合力。四是坚持把开拓创新作为推进工作的强大动力。建立了纪检监察特派员制度，推行了员工轻微违规行为积分管理，不断探索创新反腐倡廉、案件防控的思路和方法。五是坚持把加强自身建设作为推进工作的重要保障。主动适应新形势，健全组织机构，充实人员力量，完善体制机制，拓展工作领域，提升履职能力，充分发挥纪检监察部门在反腐倡廉建设和综合内控管理中的职能作用，不断提升对全行改革发展的价值贡献。

这些成绩和经验的取得，是总行党委正确领导、全行上下共同努力的结果，也与各级纪检监察部门的辛勤付出密不可分。在此，我代表总行纪委向各级机构、各个部门和全体纪检监察人员表示衷心的感谢！特别是对前任纪委书记辛树森同志多年来作出的突出贡献表示由衷的敬意！

在总结成绩和经验的同时，我们也要清醒地看到，建设银行的资产、机构和人员规模庞大，当前又处于高速发展和全面转型的时期，同时宏观形势复杂多变，全行反腐倡廉、防范风险的任务十分繁重。在内部管理上，还存在一些薄弱环节：有的机构、部门党风廉政建设责任制执行不力，没有很好落实"一岗双责"要求，存在只抓业务不管人、只重发展忽视管理的现象；有的领导人员作风不实，开展工作不注意深入基层，不关心员工反映强烈的问题，不把主要心思和精力放在工作上；有的机构基础管理偏弱，规章制度不落实，案件和重大违规问题还时有发生，对违规问题特别是授信业务违规问题的责任追究偏轻、偏软；有的分行对纪检监察工作不重视，纪检监察人员的素质还不能完全适应新形势、新任务的需要。这些问题必须引起我们的高度重视，并在今后的工作中切实加以解决。

二、2012年主要工作任务

在1月召开的中央纪委七次全会上，胡锦涛总书记发表了重要讲话，贺国强同志作了工作报告。会议从党和国家事业发展全局和战略的高度，全面总结了党风廉政建设和反腐败斗争取得的新成效、新经验，科学分析了当前反腐倡廉形势，明确提出了2012年党风廉政建设和反腐败工作的总体要求和主要任务，深刻阐述了保持党的纯洁性的极端重要性、紧迫性以及总体要求、工作重点。我们一定要认真学习、深刻领会，并抓好贯彻落实。

根据中央纪委七次全会精神，结合我行实际，2012年全行要继续坚持标本兼治、综合治理、惩防并举、注重预防的方针，按照总行党委的要求，围绕中心、服务大局、推进廉洁从业、强化案件防控、严肃执规执纪、全面提升执行力，为全行改革发展提供有力的支持和保障。

（一）严明纪律，加强对重大决策部署落实情况的监督检查

严格执行党的纪律。维护党的纪律，是党章赋予各级纪委的神圣职责。要把严明党的纪律作为贯彻执行党风廉政建设责任制的重要内容，加强对遵守党的纪律情况的监督检查，督促广大党员员工特别是党员领导干部讲政治、顾大局、守纪律，坚决维护党的团结统一，保持党的纯洁性，提高党的战斗力。按照中央纪委七次全会的要求，当前，要着重抓好党的政治纪律、组织人事工作纪律的贯彻执行。在维护党的政治纪律方面，各级领导人员要与党中央保持高度一致，坚决贯彻执行中央的方针政策及总行党委的决策部署，带头讲政治、讲正气、顾大局，坚决防止阳奉阴违、泄露党和国家及建设银行的秘密等行为。在维护党的组织人事工作纪律方面，要贯彻执行中央及总行党委关于选人、用人的规定和要求，配合相关部门做好对拟提拔领导人员的考察考核，认真落实领导人员任前征求纪委意见等制度，加强对领导人员选拔任用全过程的监督，坚决防止跑官要官、买官卖官，防止“带病上岗”、“带病提拔”。

加强对总行重大决策部署落实情况的监督检查。中央召开经济工作会议和全国金融工作会议后，总行党委研究制定了一系列措施。各级纪检监察部门要通过巡视、专题调研、信访核查等途径，围绕2012年全行工作会议精神和我行“十二五”规划的推进落实，加强督促检查，促进总行党委关于全行战略定位、业务发展重点、严格控制风险、加强基础管理等各项要求和部署落到实处。

围绕惩治和预防腐败体系建设情况开展监督检查。2012年是全行贯彻落实惩防体系建设2008—2012年实施意见的收官之年。要对各级机构推进惩防体系建设的工作情况开展监督检查，系统回顾梳理各项措施任务的完成情况，对已经落实的，要跟进评估效果；对还没有完全落实到位的，要逐项督办推进，确保各项任务圆满完成。2012年总行将组织召开专题会议，全面总结和进一步推进惩防体系建设。要加强调查研究和科学论证，注重顶层设计，做好总体规划，谋划好全行下一个5年惩防体系建设的总体思路、目标任务和重大举措，力争在重点、难点问题上有新的突破。

围绕制度执行力开展效能监察。高度重视制度执行力建设。2012年，总行将组织开展“三重一大”决策制度执行情况专项效能监察。各分行要围绕本单位突出问题选题立项，对近年来廉洁从业、案件防控等重要制度规定的执行情况，开展效能监察。对于检查发现的问题，要认真分析原因和整改，确保各项制度得到有效执行。

（二）从严要求，增强队伍廉洁自律和遵章守纪的自觉性

组织开展“讲党性、重修养、守廉洁、作表率”主题教育实践活动。按照保持党的纯洁性的要求，通过加强学习教育、强化实践结合，积极引导各级领导人员进一步增强党性观念、坚定理想信念、增强宗旨意识、站稳政治立场、严守组织纪律，在思想和行动上同党中央保持一致；进一步提升道德修养，忠于职守、诚实守信、公道正派、情趣健康，做社会公德的实践者、职业道德的坚守者、高尚情操的引领者；进一步巩固廉洁防线，坚守拒腐防变底线不动摇，遵纪守法、克己奉公，时刻做到稳得住心神、管得住行为、守得住清白。为了搞好这次主题活动，总行将抓紧印发活动方案，各级行要结合实际精心组织实施。各级领导人员既是主题活动的参与者，又是活动的组织者和推动者，一定要带头学习提高、带头加强党性修养、带头保持纯洁，切实发挥好表率作用。

加强领导人员廉洁自律工作。全面执行中央及总行党委有关廉洁从业的规定和要求，重点抓好廉政准则、国有企业领导人员廉洁从业若干规定、领导人员报告个人有关事项、廉洁从业谈话、述职述廉等制度的落实。根据中央纪委七次全会精神，结合我行实际，重点查处和预防以贷谋私、于预集中采购、违规收受礼金礼品、利益输送、内幕交易，以及利用职权以委托理财等形式谋取不正当利益、违规配备使用公车、违规对外兼职等问题。

强化员工从业行为管理。加强对员工的爱岗敬业和遵章守纪教育，让员工注重职业操守、讲求职业道德、遵守职业规范，进一步提高员工合规从业意识和风险防范意识。密切关注员工思想行为动态，坚持日常排查与集中排查相结合，通过走访有关单位、系统监测、随机抽查等途径，及时了解和掌握各种倾向性、苗头性问题，早发现、早处置。加强对排查效果的分析评价，促进排查责任的落实，防止排查走过场。认真总结排查工作经验，加强日常指导和工作交流，不断改进排查方式、方法。将对员工的行为排查与对业务的风险排查结合起来，把审计和业务检查发现的相关问题纳入员工行为动态管理，提升排查的针对性和有效性。要继续围绕重点部位和环节、重点机构和人员、重点区域和时段开展排查，当前尤其要关注员工参与社会融资、高风险投资、与客户发生不正当资金往来等容易诱发案件风险的突出问题。在严格要求的同时，要注重人文关怀，关心员工身心健康，有针对性地做好帮扶和心理疏导，增强员工的认同感和归属感。

（三）强化监督，促进权力的规范运行

加强对重点部位、关键环节的监督。坚持将信贷业务和资产处置作为监督的重点，从造成重大风险和损失的不良贷款项目入手，深入查找分析贷前、贷中、贷后各环节存在的问题，督促配合相关部门完善制度、优化流程、加强管理、强化责任，将风险控制要求落实到位。加强对全行基建工程，装修等工程建设领域的监督，保证项目手续完善、程序合规、人员廉洁。加强对集中采购的监督，不断完善监督方式、方法，强化对供应商管理、采购方式选择、谈判过程等环节的监督，严格控制单一来源采购，促进廉洁合规采购。特别是我行规划“十二五”期间将大量新增营业网点，其中会涉及大量采购事项，有关部门和分支机构要研究制定相应措施，加强管理和监督，防止出现问题。要将公开作为监督和制约权力的重要手段，按照中央要求，积极推进党务公开，让党务活动和相关权力在阳光下透明运行，广泛接受监督。认真贯彻落实中央纪委《关于加强廉政风险防控的指导意见》，围绕权力运行的重点领域和关键环节，组织开展廉洁风险点排查和防控，实现对权力运行的全过程监督和廉洁风险的主动超前预防。

深入推进巡视监督工作。根据全行“十二五”规划确定的转型重点、业务战略和总行党委的要求，对上一轮巡视时间在2008年以前的5个一级分行及驻地审计机构进行巡视，并选择部分分行进行回访。积极推进一级分行对所辖分支机构的巡视工作，已经对所辖机构开展巡视工作的分行，要进一步健全机构、完善制度，选好配强巡视人员，确保取得实效；尚未开展此项工作的分行，也要结合实际，积极开展对所辖分支机构的巡视工作，在报经总行审批后组织实施。2012年总行将进一步研究改进、提升巡视工作的政策措施，并制定一级分行对所辖分支机构巡视工作的指导意见，明确相关要求。

不断加强信访举报监督。各级行要充分发挥信访举报工作职能作用，属于检举控告等方面的信访件，统一由纪检监察部门归口管理。高度关注信访举报反映的热点问题，总行和一级分行当前尤其要对授信业务、选人用人、集中采购、资产处置、营销费管理、员工参与社会融资与高风险投资等方面的举报加大直接核查力度，严肃查处违规、违纪行为，对经核查不属实的问题，应及时予以澄清，消除影响。要突出对领导人员的监督，对苗头性、倾向性问题及时提醒和处理。完善核查报告审核制度，加强督查督办工作，提高核查质量。进一步畅通举报渠道，完善网上举报管理措施，认真做好信访举报信息的筛选报送和分析工作。加强对分支机构信访举报工作的指导和检查，组织培训和交流，提高新形势下处理各类信访问题的能力。此外，由纪检监察部门承担信访维稳工作职能的26家分行，要认真履行职责，切实做好信访维稳工作。

（四）突出重点，不断深化案件防控工作

严格落实案件防控工作责任制，强化考评和激励。组织各级机构层层签署《案件防控工作责任状》，明确各级机构、部门的案防责任，将总行党委关于案件“零容忍”的要求传导到全行，并使之成为监督部门、业务部门、各级行领导班子特别是“一把手”经营管理上的重要安全底线。认真贯彻落实总行制订的案件防控工作考评方案和各分行制定的考评细则，通过案件考评，促进各级分支机构进一步强化案防意识、落实案防责任、提高案防工作水平。对堵截、检举和抵制违法、违规、违纪行为的员工进行奖励，积极推广设立案防奖励基金的做法，完善防范案件的激励机制。

深入开展案件专项治理。全行要以防范信贷、贿赂、非法高息融资、柜面业务等方面的案件风险为重点，以开展案件专项治理为主要抓手，深入推进长效机制建设，确保不突破中国银监会案件风险率监管指标，力争不发生重大、特大案件。坚持案件防控重点联系行制度，针对近年来案件风险集中的分行，由总行纪检监察部会同相关部门，帮助其全面诊断剖析，做好全面整改。各一级分行也要结合实际，对辖内管理比较薄弱、违规违纪问题较多的分支机构，加强督导和治理。

强化案件及重大风险事件的查处。严肃保密纪律，从严控制知情范围，不得向行内、行外无关人员泄露案件及重大风险事件信息，不得私自接受媒体采访。严格执行报告制度，严禁瞒报、迟报案件及重大风险事件信息。做好应急处置工作，出现案件及重大风险事件后，总行、分行要迅速响应，有序、有效地做好控人追逃、查账追赃、防止媒体炒作等工作。修订案件管理办法，进一步完善案件管理工作流程。坚持“一案一整改、一案一验收”制度，发生案件和重大风险事件的各级分支机构都要制订全面的整改方案，上级行要按照有关规定及时组织验收，责任人处理要报总行核准。

切实加强对违规问题的管理。完善纪检监察与审计、风险管理、法律合规以及相关业务部门的联动，建立健全违规问题的信息共享机制。纪检监察部门要全面掌握违规问题的信息，相关部门要积极支持、配合提供。加强对违规问题的全面分析，找出存在的普遍性、规律性问题，及时发布风险提示和预警，指导和督促相关部门加强整改，为全行经营管理提供决策参考。

（五）严肃执纪，继续加强责任追究和积分管理

健全责任追究机制。本着全面、严格、及时的原则，加大对内外部审计和监管检查发现问题的责任追究力度，将落实责任追究作为此类问题整改完成的必经程序，并将问责率纳入案件防控工作考核，与相关指标挂钩，着力解决责任追究不到位和偏软、偏轻的问题，维护铁的纪律。根据总行有关规定和属地、行业监管要求，督促指导境外机构和境内子公司健全内部违规、违纪、责任追究机制，满足建设银行内控管理统一要求。继续完善责任追究信息统计分析制度，加强责任追究工作监督指导，对执纪不严、问题严重的机构，要责令其整改，必要时总行将进行通报。

重点强化授信业务违规问题责任追究工作。针对近年来授信业务领域案件、重大风险事项和不良资产问题突出暴露的情况，进一步强化授信业务违规问题的责任追究工作。对大额不良授信业务违规问题的责任人处理，要严格按规定报上级行核准。为规范授信业务责任追究，防止出现畸重畸轻的现象，总行将研究制定公司类授信业务违规问题责任追究指引；同时加强对授信业务违规问题审理工作的具体指导，选取典型审理案例通报全行。

深入推进积分管理工作。采取有针对性的措施，完善轻微违规积分流程，不断深化“检查+积分+整改”的工作机制，强化各级机构和部门使用积分管理工具的自觉性和主动性，进一步提高主动积分的覆盖面，逐步解决一些分支机构积分与管理现状不符的问题。加强对违规积分数据的分析运用，有效整治屡查屡犯问题。结合奖励积分试行情况，深入开展调研，进一步完善奖励积分管理办法，并在适当时机向全行推行。

三、强化保障措施，确保各项任务落到实处

（一）严格落实党风廉政建设责任制，进一步明确任务和责任

党风廉政建设责任制是深入推进反腐倡廉工作的重要制度保障。全行要认真贯彻党风廉政建设责任制的有关规定，进一步落实“党委统一领导，党政齐抓共管，纪委组织协调，部门各负其责，依靠群众的支持和参与”的反腐倡廉领导体制和工作机制，“一把手”负总责，分管领导具体负责，部门抓系统，部门对分管业务负责，形成齐抓共管、上

下联动的工作格局。落实党风廉政建设责任制，当前尤其要注意抓好3个环节：一是抓好责任分解，把反腐倡廉各项任务分解落实到班子成员、职能部门和相关人员，特别是要注意发挥业务部门的专业职能作用，使每一项任务都有明确的责任主体。二是抓好责任考核，各级党委要对所辖行和部门的领导班子及领导人员执行责任制的情况加强考核，并将考核结果作为绩效考核、奖励惩处、选拔任用的重要参考。2012年总行将制定《党风廉政建设责任制量化考核办法》，促进党风廉政建设责任制的落实。三是抓好责任追究，各级党委要以身作则、敢抓敢管，切实承担起从严治行、严格管理、带好队伍的责任，维护责任制和纪律的严肃性，确保反腐倡廉各项制度要求和2012年各项工作任务真正落到实处。

（二）发扬真抓实干的作风，保证各项任务顺利完成

与往年相比，2012年反腐倡廉各项工作任务更加繁重。全行各级领导人员和纪检监察人员要进一步增强责任感和紧迫感，始终保持饱满的工作热情和昂扬的精神状态，进一步提高执行力，雷厉风行、真抓实干，毫不放松地做好各项工作。各级党委要突出重点、统筹兼顾、周密部署、科学安排，保证各项任务落实到实处。对2012年部署的重点工作，各级行要切实抓好落实和监督检查，一级抓一级，层层抓落实。各级党委要加强领导，积极支持纪检监察部门开展工作；各级行纪检监察部门要认真履行职责，充分发挥组织协调的职能，加强分类指导，对各项工作落实情况开展检查监督，务求实效，确保各项工作任务圆满完成。

（三）加强纪检监察自身建设，为反腐倡廉任务落实提供组织保障

继续深入贯彻中央四部委12号文件和总行党委3号文件精神，不断巩固和深化纪检监察组织建设成果。

进一步融入业务，不断探索具有建设银行特色的纪检监察工作路子。纪检监察工作要适应全行战略转型的需要，围绕中心、服务大局，进一步增强“融入业务、促进发展、创造价值”的意识，不断拓展工作领域，继续深化“五个转变”：由从侧重事后查处向事前、事中过程监督转变，关口前移，将主动预防的思想贯穿始终；由侧重一般性监督和程序性监督向实质性监督、深层次监督转变，增强工作实效；由侧重被动受理和查处，向主动发现和揭示问题转变，持续提高监督能力；由侧重监督约束向监督、保护、服务相结合转变，既当好监督者，又积极参与全行改革发展，更好地保障和促进中心工作；由侧重于经验和常规手段向加强理论研究和指导、重视运用现代先进科技手段转变，不断提升工作水平。

进一步健全组织，扩大监督的有效覆盖范围。各级行要对照“两个文件”的要求逐项梳理，进一步健全纪检监察组织机构，还没有落实的要继续抓好落实，已经落实的要巩固和深化成果。要适应全行组织机构改革、经营管理转型和业务发展的需要，积极推进子公司、专业化经营机构、实行垂直或单元制管理业务条线的纪检监察组织建设工作，未设立纪委和纪检监察部的，根据工作需要可设立纪检监察岗位或团队，建立工作联系，或由管理机构派驻纪检监察特派员或设立特派员团队实行巡察。顺应海外业务不断发展的新形势，在海外机构现有的合规、内控管理岗位中充实监察职责，并就案件防控、员工从业行为管理、责任追究等事项与总行纪检监察部建立工作联系机制。通过完善组织机构，强化工作职能，切实做到“党组织建到哪里，纪检组织就设置到哪里；业务工作延伸到哪里，纪检监察工作就跟进到哪里”，实现纪检监察监督工作纵向到底、横向到边。

加强人员队伍的管理。继续巩固和深化“做党的忠诚卫士、当群众的贴心人”主题实践活动的成果，引导各级纪检监察人员不断增强政治意识、大局意识、责任意识、服务意识和创新意识；牢固树立公道正派、严谨细致、严守纪律、甘于奉献和清正廉洁的作风。严格人员选用标准，防止安置性、照顾性进人，对不适合从事纪检监察工作的要坚决调整，进一步优化队伍结构。严格落实纪委书记的履职要求，纪委书记首要职责是做好纪检监察工作，不论是否兼任副行长，都要把主要精力放在纪检监察工作上，避免分管信贷、财务、集中采购、基建工程等与履行监督职责相冲突的业务。加大系统垂直管理力度，加强工作考核，坚持和完善分支机构纪委书记、纪检监察部门主要负责人述职述廉制度，不断促进各级机构提升纪检监察工作质量和水平。全面落实《特派员管理办法》，配套完善

《特派员工作手册》，研究制订特派员履职考核指导意见，认真执行特派员工作记录、督导检查等10项管理制度，增强特派员的履职能力。继续推进纪检监察条线的创先争优工作，在明年全行纪检监察工作会议上，总行将对纪检监察工作先进集体和优秀个人进行表彰。

加大培训力度。总行2012年计划举办5期培训班，继续依托中纪委3个培训中心对各级纪检监察业务骨干开展轮训，进一步完善片区联合培训。各分行要通过直接办班、参加外部培训、共享行内相关业务培训资源，不断拓展培训渠道，尤其是要注意对新从事纪检监察工作的人员加强培训。各级纪检监察人员要自觉加强纪检监察专业理论和法律法规、经济金融、信息技术等知识的学习，加强实践锻炼，拓宽工作视野，不断提高履职能力和工作水平。

当前，全行改革发展和反腐倡廉建设正进入一个新的阶段，全行纪检监察工作中有许多新情况需要研究，新问题需要解决，新领域需要探索，新成果新经验需要总结、提炼和深化。因此，要深刻认识加强理论研究的重要性，以中国监察学会建设银行分会为平台，紧密结合全行反腐倡廉实践开展研究工作。2012年要做好分会确定的24个课题的研究，力争推出一批新成果。围绕实践工作中的重点、难点和热点问题开展调查研究，坚持和完善纪检监察机构负责人调研制度。通过组织召开理论研讨会等形式，对理论研究成果进行交流和评选，促进成果转化和利用。积极参与中国监察学会的活动，开展与各团体会员、有关科研单位的交流与合作，提高分会的理论研究水平和学术影响。各级行要通过组织学习调研、专题研讨、开展经验交流等方式，及时把握工作发展的趋势、特点和规律，深入思考工作中可能出现的各种矛盾和问题，增强预见性，努力提高反腐倡廉建设科学化水平。

同志们，2012年全行反腐倡廉工作任务十分繁重而艰巨。面对新的形势和任务，我们要振奋精神、坚定信心，在新一届党委的领导下，扎实工作、求真务实、开拓创新，不断开创反腐倡廉建设的新局面，为全行改革发展作出应有的贡献。

在部分分行信访维稳工作座谈会上的讲话

朱洪波

（2012年6月1日）

同志们：

今天我们在南京召开信访维稳专题座谈会，主要任务：一是推进协解人员遗留问题深入解决；二是围绕2012年特别是十八大期间的信访维稳工作，请大家一起分析形势、交流情况、研究问题、提出意见和建议。十八大将在2012年召开，国家从上到下正值换届期，所以信访维稳工作就显得尤为重要。为了做好维稳工作，中央连续召开了多次会议，对2012年的维稳工作作出安排部署。信访维稳是全行维稳的重要组成部分，也是很难做的部分。怎样做好2012年的信访维稳工作，王洪章董事长、张建国行长都有过重要批示和要求。所以，我们召开这次座谈会，请大家坐下来认真研究讨论一下，从信访角度来看，影响稳定的主要问题是什么、从哪些方面入手、问题怎么解决。在现有工作基础上如何进一步加大力度，采取更加有针对性的有效措施，确保2012年不发生大规模集体进京上访、不发生极端恶性事件，为营造和谐稳定的社会环境作出我们应有的贡献。

当前，全国信访形势总体平稳向好，但信访总量仍居高不下，影响社会和谐稳定的问题仍然不少。2012年又是个特殊的年份，党的十八大将在下半年召开。以往的经验告诉我们，每逢重大活动、敏感时期都是群众进京上访的活跃期，我估计2012年群体上访很可能会成为一个常态。面对这样一个严峻形势，总行党委高度重视，对我们提出了很高的要求。

从全国信访维稳工作形势看，我们要特别关注以下三个方面的情况：一是要充分估计我国社会经济发展形势对信访工作产生的影响。经过持续30多年的快速发展，我国经济社会中长期积累下来的体制性、结构性矛盾进一步凸显，经济发展不平衡、不协调的问题仍然突出，各种社会矛盾特别是通货膨胀和民生问题，都会通过信访渠道反映出来，这必将给我们的工作增加新的压力。二是要充分估计网络微博等新兴媒体给信访工作带来的挑战。近年来，网络微博等新媒体迅猛发展，已经成为社会矛盾的"显微镜"和"放大器"，信访问题作为社会矛盾的集中反映，更容易受到关注和炒作。近年来，在互联网上对银行业的负面炒作呈上升趋势，这也使信访工作面临更大的难度，带来新的挑战。三是要充分估计敌对势力利用信访问题可能造成的恶劣影响。一直以来，一些西方反华势力和境内外敌对势力热衷于插手我国人民内部矛盾，利用信访问题挑起事端，竭力使信访问题复杂化、政治化，这就要求我们要增强政治敏感性，妥善处理好面临的信访问题，不给敌人以可乘之机。

做好信访维稳工作主要靠两条。第一条是落实责任制。要层层建立责任制，并切实抓好落实，谁出了问题谁负责。第二条是尽可能地解决问题。信访很多问题都是历史形成的，要强调把问题解决在基层，不能推、不能拖，应见到实效。

近几年来，我行党委高度重视信访维稳工作，按照党中央、国务院领导同志要求，积极慎重、妥善解决协解人员信访问题。党委主要领导王洪章董事长、张建国行长亲自过问、批示群众来信来访，部署、推动协解人员信访问题解决。各级分行党委、"一把手"和分管领导及信访工作部门的同志们在一线不辱使命、任劳任怨，带着深厚的感情，全力推进协解人员社保遗留问题解决，积极开展扶贫济困工作，取得了显著成效。截至2011年底，我行为10 413名协解人员补缴了社会保险单位欠费部分，支付补缴费用5 818万元，协解人员养老保险账户转移率达到94.4%，比上年提高了3个百分点；为1 800余名协解军转干部落实了解困政策，当年新增557名，落实率达到74.4%。湖南、江西分行的协解军转人员也于2011年全部享受到当地解困政策。黑龙江、陕西等分行绝大多数协解人员领取了失业金。应该说这几年总行党委按照国家信访局、中国银监会的要求做了大量工作，成效是显著的、成绩是突出的，我们的工作不仅得到了中央的肯定，而且也得到了大部分协解人员的理解和认可。近年来，进京群体上访得到了有效控制，并呈逐年下降态势。2012年"两会"期间，河北、内蒙古、辽宁等十几家重点行基本没有发生协解人员进京上访问题，这是我们工作成果最好的体现。

但是，协解人员的信访问题还没有从根本上得到遏制，尽管我们做了很多工作，也解决了不少问题，他们提出的诉求在现有政策框架内还很难得到满足，受多种因素的影响，他们还会以各种方式表达诉求。尤其是十八大临近，少数重点人还在策划组织上访活动，也不排除个别思想偏激的信访人采取极端方式相要挟，故意制造影响。如果我们防范处置不当，极有可能使问题扩大升级，严重影响社会和谐稳定，对此我们不能掉以轻心。面对2012年的新形势，这次会议主要围绕以下议题进行研究讨论。

第一，研究如何深入推进协解人员信访问题的解决。一是研究协解人员"三险"的补建、补交及接续转移还有多少没有解决，没解决的原因是什么，我们应该如何深入推进；二是研究当前协解人员生活面临的困难和问题是什么，我们能帮助他们做些什么，包括困难救助、低保待遇落实、解决再就业等；三是研究在政策上应如何把握，包括专项救助基金的使用。我行专项救助基金建得非常好，为解决特困协解人员的实际问题提供了一条渠道，但在实际操作中，各行在救助标准的掌握上还不尽一致，基金使用的进度也是有快有慢。既然有了钱，就要想办法花好，所以大家可以敞开来谈一谈。要从事后处理转变到超前谋划、主动解决问题。中央希望各行要抓住当前的有利时机，在力所能及的前提下，从源头上解决问题。我行在这方面做得比较好，党委决心也比较大，所以，我们要进一步深入推进协解人员问题的解决，主动化解矛盾，为营造良好的社会环境多做贡献。

第二，探讨如何加强源头治理，化解信访矛盾与积案。面对新的形势，2012年要把矛盾纠纷排查化解工作摆到重要位置，认真梳理当前存在的突出信访问题与历史积案，研究解决方案，实行一案一策，积极开展工作，做到未雨绸缪，防患于未然。我们要特别关注逐年上升的客户投诉类信访问题，研究如何从源头上解决问题，提高客户满意度，防止客户重信、重访和进京上访。

第三，研究完善2012年信访维稳工作预案。总行党委对做好2012年特别是十八大期间信访维稳工作提出了很高的要求。怎么做到严防死守，确保2012年不发生群体性进京上访和重大恶性事件，做好预案、明确分工、落实责任是至关重要的。一是舆情监测和信息掌控。要研究怎样通过各种渠道，千方百计了解和掌握信访重点人的动向，牢牢掌握工作的主动权，一旦发现苗头，能及时采取应急措施，把问题解决在初始阶段。二是充分借力，确保协调联动。要研究如何加强与当地政府信访、维稳、公安等有关部门的沟通协调，取得他们的支持和帮助；要调动一切积极因素，借助上访人员的家人及亲朋好友做好上访重点人的说服转化工作；要加强内部相关部门间的协调配合，提高解决问题的能力。三是严防死守，万无一失。要拿出切实过硬的手段和措施，确保把串联、组织上访的重点人，个别长期缠访、闹访人员稳控在当地，并做好耐心细致的思想疏导工作，标本兼治，严防矛盾激化、问题上行，造成严重负面影响。协解人员大多是社会基层，容易聚集，很难摸清楚他们的具体情况。2012年不管问题能不能彻底解决，但一定不能出事。因此，我们各个方面要协调配合，统筹兼顾，形成合力，确保十八大期间不出现到北京群访、聚访和重大恶性事件，比如上访人员自杀、自焚等恶性事件，以保证建设银行良好的社会形象。

第四，要把当前信访维稳工作中存在的主要问题和困难及解决的建议提出来。一是在处理信访事项和积案化解中，内外部环境方面存在哪些政策制度障碍，在顶层设计、政策制度协调出台等方面有哪些意见和建议；二是总行在政策方面还存在哪些缺失和缺陷；三是对做好我行2012年信访维稳工作有哪些好的意见和建议。

从我行信访维稳工作形势看，总体上是好的，但是，社会各种矛盾的关联性、聚合性、多发性不断增强，新旧不稳定潜在因素仍会反复出现，这些都会对我们的工作产生一定的影响。因此，我们要重视研究和把握当前形势，进一步增强政治意识、大局意识和责任意识，超前谋划，提早做好部署和安排。

我到建设银行工作时间不长，主要听听大家的意见与建议。

谢谢大家！

在部分分行案件防控工作座谈会上的讲话

朱洪波

（2012年6月28日）

同志们：

今天，我们开了一个很好的会议，议程紧凑，效果很好。18个单位的纪委书记共聚一堂，集思广益、畅所欲言，既回顾了过去半年的工作，又分析了当前的案件防控形势，还对下一阶段的工作进行了思考和研究。应该说，这次会议非常重要，开的时机也非常好。大家都知道，我行正处于一个改革发展的新时期，总行新一届党委成立后，提出了建设“国内最佳、国际一流”现代商业银行的奋斗目标。但是，当前国内经济处于下行期，经济结构调整和发展方式转变面临较大的压力。2012年又将迎来党的十八大的召开，维护稳定和谐的政治任务很重。总的来说，案件防控形势十分严峻。

通过这次会议，大家进行了经验交流和工作探讨，提出了很多好的建议，也分享了一些创新性的做法，这对于总行进一步理清案件防控工作思路很有帮助。本次会议主要体现了三个方面的效果：

一是进一步强化了责任。责任主要来源于压力。当前案件防控的压力主要来自两个方面。一方面，来自经济形势、社会公众和监管部门的压力。近期以来，我行的股价处于震荡下行的状态，市值已被富国银行超越，退居全球第三。整个金融板块也都呈现小幅震荡下行的情况，反映了社会公众对银行业未来盈利能力和风险控制能力的担心。监管部门的严格监管，对我们中间业务收入也造成了较大的冲击。中国银监会新的资本管理法规即将实施，把操作风险的资本计量也纳入进去。另一方面，新一届党委提出了“国内最佳、国际一流”的发展目标。要实现这样的目标，必然要求各个方面包括案件防控工作都做到最好。王洪章董事长对案件防控工作提出了一系列新的要求，为全行指明了方向，这也是对我们寄予的更高期望。虽然案件防控工作是一项全员性的工作，但是，纪委和纪检监察部要发挥好牵头协调作用。本次会议通过相互研讨和分析，大家对案件防控的形势、任务和要求都有了更为深切的认识，责任感得到了进一步增强。

二是进一步开拓了工作思路。这次会议气氛非常热烈，每位纪委书记都提出了很好的做法、思路和建议，非常有针对性。各位纪委书记思考深入、准备充分，大家的发言虽然侧重点不同，但都经过了充分的调研和认真的思考，凝聚着来自基层的实践经验和大家的工作智慧，资料很鲜活，思路很开阔，建议也很有价值，确实起到了信息共享、相互启发、共同促进的积极作用。每个行的做法都值得进一步提炼和总结，从而把一个行的有效做法变成惠及全行的政策、措施。

三是进一步增强了信心和决心。从上半年的情况来看，各级行按照总行党委的部署，做了大量卓有成效的工作。我认为措施是得力的，效果是明显的，对问题的处理是有效的，也为全年的案件防控工作打下了一个比较好的基础。我行的案件防控工作和党风廉政建设在金融系统内是走在前面的，全行负责案件防控工作的人员基础很好，队伍整齐、素质较高，特别是总行和分行党委对案件防控工作十分重视，思想认识和采取的措施比同业要好，我感觉很有信心，相信大家也坚定了信心和决心。

下面，根据总行党委和监管部门的有关要求，结合今天会议讨论的一些情况，我再讲三点意见，供大家参考。

一、正确分析和把握当前案件防控工作面临的复杂而严峻的形势

（一）经济社会环境复杂多变，银行案件面临巨大的反弹压力

当前，各种社会矛盾处于高度聚集期和暴露期，经济问题与社会问题交织在一起。经济面临进一步下行的压力，财政政策与货币政策的运用成本增大。社会矛盾复杂化和文化多元化，使整个社会的风险压力增加，特别是经济结构的调整，不可避免地带来社会利益的调整和变动，从而容易滋生一些社会问题。金融业内部的问题也比较多，银行在当前的经济周期下表现出了风险，同时外部侵害的事件也增多。2011 年银行业案件数量、涉案金额出现了近五年来的首次“双反弹”。2012 年第一季度，银行业案件数量为 12 件，虽然同比有所下降，但是涉案金额同比上升 14%，情况不容乐观。希望大家把严峻形势看得更重一些，尤其是在十八大召开前夕，案件防控不容丝毫疏忽。

（二）民间融资活动异常活跃，风险向银行体系蔓延

银行员工参与民间借贷的案件风险很大。根据最高人民法院的有关司法解释，不管员工是否利用银行的名义，是否使用银行的印章，最后一旦诉诸法律，银行都将承担一定的责任。对于民间借贷，我们必须有正确的分析，对其风险有充分的认识。合法的民间借贷应该有它存在的空间，国家推行的温州金融改革，也是想让它“规范下运作、阳光下操作”，但是，效果显现尚需要时间。非法的民间借贷则存在巨大的风险。现在的一些民间融资活动，往往跟银行联系在一起，如果跟银行员工发生联系就会变成非法借贷，如果

跟企业发生联系就会变成企业之间的借贷，一旦出现问题，往往又会牵涉银行。据有关媒体报道，浙江地区有80% -90%的民营企业涉及民间借贷，一旦资金链断裂，风险很容易向银行转嫁。由于非法民间借贷的高利性，很容易诱发银行员工涉入其中。员工参与民间融资活动，一旦形成案件风险，造成的负面冲击和不良影响极大，需要引起高度重视。

（三）信贷领域案件风险日益凸显，防控压力进一步增大

经济周期处于下行区间，导致的结果就是银行风险的增加和不良资产的增多。信贷领域历来都是案件发生的重点部位，银行的主要资产就是信贷资产，给社会提供的主要产品就是信贷产品。信贷领域最容易诱发案件风险，很多贿赂案件和操作案件都来源于此。2012年初中国银监会通报督办涉及我行的7起风险事件，有6起涉及信贷业务。从发生的案件看，信贷领域的案件风险从贷前调查开始向贷款支付、担保设置、资产处置等环节延伸。一些信贷项目中，信用风险、操作风险、道德风险相互交织，潜藏较大的案件隐患。一定程度上，2011年底以来暴露的信贷领域案件及风险事件，可能是集中爆发的前兆，需要引起全行的高度警觉。

（四）内部控制存在不足之处，案防基础尚不稳固

风险管理和内控管理的模式，五大国有控股银行都不一样。有的银行是大风险、小内控，有的是小风险、大内控。从我行情况看，尽管风险管理和内控管理取得了很大的进步，但是符合现代商业银行特点的一些理念、方法和工具尚没有得到充分和有效的运用，各家银行都面临这样的问题。操作风险管控的三道防线到底怎么设置，职能怎么定位和分工，三道防线之间怎么进行融合，后两道防线怎么嵌入第一道防线，这些问题还有待进一步清晰。一些风险管理和内控管理的方式、方法如何形成完整的体系，也值得进一步探索。这些问题如果不能得到很好的解决，就容易导致案防基础不稳固。

（五）监管更加严格、严密，对案件防控工作提出了更高的要求

中国银监会将"案件风险率"作为腕骨监管指标之一，每年对大型银行确定一个指标，前几年我行做得不错。2012年压力更大，中国银监会2012年给我行确定的"案件风险率"目标值为百万分之五，以2012年第一季度末我行总资产计算，全年案件金额不能超过6 600万元，一旦越线，就会受到监管处罚，并且可能会进一步打压我行的股价。在经济周期下行阶段和十八大即将召开之际，必须正确把握当前复杂而严峻的形势。

二、认真落实总行党委关于案件"零容忍"的要求

总行新一届党委成立以来，高度重视案件防控工作，旗帜鲜明地提出了对案件和重大风险"零容忍"的要求。王洪章董事长在总行党委会和全行纪检监察工作会议上对"零容忍"进行了深入阐述，提出了"三个不放过"的要求，即原因未分析透不放过，责任人未严肃追究不放过，堵塞漏洞的措施不到位不放过。张建国行长、张福荣监事长在全行工作会议和全行春季工作座谈会上也对全行做好案件防控工作提出了严格的要求。面对当前复杂而严峻的形势，全行必须把总行党委"零容忍"的要求理解透彻，落到实处，贯穿始终。

（一）"零容忍"要求各级机构和部门树立牢固的案防责任意识

"零容忍"首先体现的是一种责任，只有各级机构和部门都树立起高度的责任感，建立健全横向到边、纵向到底的严密而清晰的责任体系，在全行形成案件防控人人有责的责任文化，"零容忍"才能真正落到实处。在党的十八大即将召开的前夕，"零容忍"更是全行各级机构、部门包括每一个员工的政治责任，不容丝毫失误。从了解的情况看，全行各级机构、部门总体上能够按照总行关于建立健全案件防控工作责任制的要求，以高度的责任意识做好案件防控工作，并将责任层层分解、落实。但是，也有个别分支机构没有深刻领会和把握"零容忍"的要求，责任意识淡薄，忽视基础管理，经营策略急功近利，辖内风险隐患积聚，甚至连续多年案件高发。有的分支机构多年未发生案件，存有一定的麻痹思想和侥幸心理，令人担忧。对于这种情况，一定要认真纠正、彻底整改，必须把案件防控责任重于

泰山的观念传导、贯彻到位，不容丝毫含糊。

（二）“零容忍”要求各级机构和部门更加注重关口前移

解决关口前移，需要在体制、机制和工具方法上进行探索。我行长期以来坚持“反腐倡廉抓班子，案件防控抓基层”，坚持案件防控工作融入业务、关口前移。实际上，廉政建设的重点就是做好案件防控，案件防控的重点是基层机构特别是基层机构的负责人。现在，中纪委要求建立廉政风险防控机制。如何把廉政建设、案件防控和风险管理、内控管理、审计管理、营运管理有效结合起来，用廉政风险防控机制统领起来，如何在全员、全流程的防控体系中使各个部门分工协作，如何创造有效的信息共享平台，通过科技手段将几个板块串联起来，都需要进一步探索。中纪委已经印发了《关于加强廉政风险防控的指导意见》，我们要结合实际抓好落实，争取在这方面先走一步，取得突破性的成果，特别是要将案件防控工作纳入廉政风险防控机制进行统筹谋划，充分学习和运用风险管理、内控管理、审计的工具方法，以更好地实现融入业务、关口前移。教育好、管理好员工队伍是案件防控的源头性课题，要落实“管业务要管人，管人要管思想”的要求，为案件防控打下坚实的思想基础和制度基础，真正从源头防范风险。

（三）“零容忍”要求各级机构和部门有敢于揭露问题的决心和善于揭露问题的能力

要做到对案件“零容忍”，必然要求我们对一切违规违纪行为敢于“亮剑”，敢于主动揭露和查处，使各种违规违纪行为无处藏身，从而形成案件防控的高压态势和风清气正的良好局面。因此，敢不敢于主动揭露问题、敢不敢于深挖严查，是检验各级机构和部门能否真正落实“零容忍”要求的试金石。纪检监察工作往往是扮演恶人的角色，但是，如果我们不做恶人，就可能会成罪人，对坏人的容忍就是对好人的犯罪。这是纪检监察工作的责任所在，要贯彻好“三严”原则，即严格的程序、严肃的态度、严厉的问责。同时，当前更现实的问题是，要有善于揭露问题的能力。近年来的案件和重大风险事件多数都还是被动揭露的，特别是有一些案件，作案行为持续数年，作案手法并不高明，但是内部的监督检查却不能及时发现。这种情况必须予以改变，要通过持续改进监督检查工作，不断提升内控机制运行效率，切实增强主动揭露问题的能力，不给违规违纪者以任何侥幸的幻想。

（四）“零容忍”要求各级机构和部门对案件和违规问题进行严肃问责

要落实好总行党委提出的“三个不放过”要求，关键是贯彻“三严”原则，这是一脉相承的，是“零容忍”要求在问责工作方面的具体体现。根据犯罪心理学和犯罪经济学的研究成果，犯罪的收益和成本是成正比的。如果不从严问责，犯罪分子就会认为有利可图，就会存在侥幸心理。因此，要解决这个问题，必须落实好“三严”原则，特别是对存在违规失职问题的领导人员和管理人员要严肃问责，不姑息、不护短，真正做到从严治行。

（五）“零容忍”要求各级机构和部门对案件和违规问题进行彻底整改

发现问题后，必须做到问题必查、责任必追、漏洞必改。案件和违规问题的查处，落脚点是整改。只有认真彻底整改，才能将曾经的教训转化为防控上的经验和成果，才能使案件和违规的代价不白付，从而做到吃堑长智、亡羊补牢。如果出了问题而不去整改，就会让处理的效果大打折扣，让问题长期积累、发酵乃至放大，从而埋下案件隐患。做好整改工作，需要理顺各个部门的关系。总行大部分的整改职责在内控办，各个分行要根据自身实际去理顺整改机制。希望大家进一步理解和把握总行党委的“零容忍”政策、“三个不放过”原则和“谁检查、谁认定、谁负责督促整改”原则，并贯彻落实下去。

三、扎实做好下半年案件防控工作

（一）强化案件防控工作责任制的落实

2012 年初，总行张建国行长再次与一级分行和总行部门的主要负责人签订了《案件防控工作责任状》，各级分支机构也在辖内层层组织签订了责任状。要切实抓好责任状的贯彻落实，重点是落实各级机构“一把手”的第一责任和业务部门的条线管理责任，发生问题后要按照责任状的内容严格兑现。要做好案件防控工作的考评。案件考评虽然是在年底实施，但是平时就要做好跟踪监测。要对照总分行的考评指标，加强对分支机构和部门各项考评指标完成情况的日常监测、评估，对指标完成情况不理想的分支机构和部门要进行预警和督导，实现过程考评与结果考评并重。要加强对案件防控工作的监督检查。2012年上半年，总行纪检监察部会同风险管理部、安全保卫部、内控办，对部分一级分行案件防控工作开展了专项检查。从检查的情况看，多数分支机构能够按照总行部署，推进落实案件防控各项工作，但是，也发现个别分支机构工作不深不细、落实总行案件风险提示不到位、对违规问题分析整改不深入、责任处理偏轻偏软等问题，请相关分行对照问题，认真整改。下一步，各一级分行也要围绕一个时期以来各项案件防控工作措施、长效机制各项要求的落实情况，在辖内组织开展案件防控工作专项检查。对检查发现的问题，要认真研究、抓好整改。

（二）深入开展案件专项治理

2012年，总行部署了四个方面案件风险的专项治理，一些分行还结合实际增加了一些新的内容，这种做法非常好，希望大家把这项工作进一步做好。要加强对案件专项治理的组织领导，认真抓好各项措施的贯彻落实，深入研究破解重点难点问题的有效办法，定期了解、督办进展情况，及时开展调研、指导，确保专项治理工作在解决突出问题上见成效、在夯实内控基础上出成果。要结合实际，突出重点，发挥能动性，抓住关键环节，进行有针对性、集中式地治理，实现精确打击、对症下药，体现专项治理工作专、准、狠的要求。要在深入分析、准确评估的基础上，抓住辖内案件风险易发、内控管理薄弱的分支机构和业务条线，进行有重点地检查、督办、指导，实行差别化地帮扶和约束，切实提升其内控案防工作水平。要及时研究和敏锐跟踪案件防控的新形势和案件风险的新动向，增强前瞻性和预见性，研究采取切实有效的整治预防措施，提升专项治理的针对性和适用性。要结合专项治理工作，认真落实中国银监会2012年以来提出的案件防控系列要求。2012年，中国银监会印发了《关于落实案件防控工作有关要求的通知》，对重要岗位员工轮岗、对账、内部审计、员工禁止性行为管控作出了严格而具体的规定。总行也专门下发通知，对落实监管要求进行了安排部署，各级机构和相关部门要抓好落实。

（三）强化员工从业行为管理

当前，员工参与民间融资活动等违规行为比较多，员工管理和行为排查就成为一项很重要的工作。如何提供员工行为排查的针对性和有效性、如何改进排查的工具和方法还需要进一步探索。可以研究采取通过类似于问卷调查的方法，组织基层员工无记名投票，这样一方面可以让管理人员了解员工的想法，另一方面对基层机构负责人也是一种监督。今后，还要不断丰富和改进排查方法。要综合运用员工互查、系统监测、家访、走访有关单位等方式，深入了解和掌握各种倾向性、苗头性问题，做到早发现、早处置。对于排查发现的问题，要认真甄别、细致核查，构成风险隐患的，要立即采取调离岗位、停职接受检查、待岗学习等措施，果断控制和消除风险。在开展集中排查的同时，各级机构和部门要认真落实员工日常排查责任，按照“了解你的员工”的原则，切实加强对所辖员工的日常管理，及时掌握员工的思想和行为动态。近期，总行将在全行范围内部署开展员工“合规大讨论”活动，围绕员工在办理业务过程中遇到的服务客户与防范风险、追求效率与遵行制度之间存在的问题与困惑，引导员工开展思考和讨论，寻求合规与发展的最佳平衡点，也为业务制度和内控机制的健全和完善提供参考依据。

（四）加强对案件和违规问题的查处整改

案件查处特别是应急处置工作事关重大，必须以最快的反应、最有力的动员、最严密的措施来认真做好。一是信息报告。向外报告案件方面的信息，一定要经总行同意。案件（风险）信息分别由纪检监察部门和安全保卫部门归口管理，其他部门确需报告与案件有关的情况时，应会商同级纪检或安保部门，坚决防止多头报告的无序情况。二是应急处置。要不断增强案件应急处置能力，通过及时、有效的反应和处置，将风险消灭于无形。分支机构“一把手”要深入现场，靠前指挥，有序组织好各项应急处置工作。三是加强与地方党委、政府、监管部门和媒体的沟通协调。要与这些部门建立良好关系，多些尊重、多些走动、多些联系，再主动一点、再热情一点、再诚恳一点，不能临时抱佛脚；在发生问题后，要及时沟通、主动协调、争取理解支持、防止被动。

（五）做好安全稳定工作

党的十八大前夕，安保维稳工作任务重大。在座纪委书记多数都分管安保维稳工作，总行将在9月左右召开一个视频会议，就做好安全稳定工作进行研究部署。一定要按照董事长提出的“严防死守、万无一失”的要求，做好各项工作。认真落实安全管理责任，完善应急预案，全面排查隐患，加强员工、楼宇、消防、交通的安全管理，特别是要切实防范盗窃、抢劫、爆炸、行凶等暴力犯罪和各种事故。要做好信访维稳工作。我行有近10万的协解内退人员，压力比较大，要坚持属地管理、谁主管谁负责，深入推进协解人员问题解决，积极化解各类突出矛盾和信访积案，妥善处置群体性上访，防止大规模集体进京上访，坚决杜绝极端恶性事件。现在的媒体力量很强大，特别是微博、网络等新兴媒体渗透广、传播快、影响大，要特别注意与媒体的沟通协调，防止声誉风险。

同志们，上半年的案件防控工作取得了一定的成效，但下半年的任务更加繁重，全行各级机构和部门要一以贯之、再接再厉，以更加坚定有力的决心、更加扎实有效的措施，全面做好各方面工作，确保全年案防目标的实现，为全行的持续发展和稳定和谐作出更大的贡献。

深入开展“平安建行”创建工作 努力提升建设银行安全管理水平

——在全行安全保卫工作会议上的讲话

朱洪波

（2012年7月18日）

同志们：

这次安全保卫工作会议，适逢党的十八大即将胜利召开，在这个重要时刻召开这次会议意义重大。最近，中央先后召开第七次全国信访工作会议和全国维护社会稳定工作电视电话会议，对安全维稳工作进行了强调部署。在此时召开全行安全保卫工作会议，充分体现了总行党委对确保全行安全稳定运营的高度重视和做好安全保卫工作的坚定决心。这次会议的主要任务是回顾和总结近年来的安全保卫工作，认真贯彻落实新一届总行党委的战略部署和建设银行五年发展规划，以深入开展“平安建行”创建工作为主线，研究部署当前及今后一个时期全行的安全保卫工作，进一步提升全行安全管理水平。下面，我讲几点意见，供大家讨论。

一、充分肯定成绩，正确认识安全保卫工作面临的形势

（一）近年来的工作回顾

近年来，国际政治经济形势起伏不定，国内经济形势复杂、安全形势严峻，自然灾害、安全事故、恐怖活动等问题频频发生，给我国的安全稳定带来了较大威胁。我们经历了汶川、玉树大地震和南方雨雪冰冻灾害的考验，经受了西藏3·14、新疆7·5等事件及各种敌对势力的冲击，承受了举办奥运会、世博会等大型国际活动的压力。同时，也遇到了金融改革发展中出现的各种深层次矛盾和问题，特别是股改上市后发生的大量协解人员群体性事件，给银行安全稳定带来了较大影响。面对严峻形势和重重困难，在总行党委的正确领导下，全行上下特别是安保条线，以

对建设银行、对员工、对客户高度负责的精神，积极应对形势和困难的挑战，通过开展“平安建行”创建活动，加强安全防范基础建设，强化案件风险防控，妥善处理重大突发事件，有力地维护了全行安全稳定。

1. 平安创建初显成效。2007年，我行在银行业金融机构中率先开展了创建“平安银行”活动。各行按照总行的部署要求，积极开展平安创建活动，在实践中创新方法、积累经验，探索出一些具有示范效应的创建模式。如江西、湖南等分行建立了“大平台”模式，将业务安全、物理安全、信息安全、安全生产融合起来，强化基础管理、信贷管理和内控管理，推进安防设施达标建设。再如辽宁省分行创立了“标准化”模式，积极开展规章制度及操作规程手册化建设，明确基层网点、办公楼创建标准，推进基层营业机构创建工作流程化。截至2011年底，全行有84.2%的基层营业机构获评“平安建行”称号。这次总行表彰的153个先进集体和197名先进个人，就是在创建活动中涌现出来的先进典型和优秀代表，他们为全行树立了学习榜样。

2. 案防能力不断提升。各级行针对严峻的社会治安形势，认真开展案件专项治理活动，研究制定防范对策和措施，不断加大案件查处工作力度，举一反三、堵塞漏洞、加强整改、严肃问责。同时，积极协调公安机关抓捕疑犯、追缴赃款、减少损失。刑事案件发案数量和涉案金额明显减少，堵截成功率不断提高。2007—2011年，全行共立案查处已遂刑事案件11件，涉案金额为5.2亿元。与上一个五年相比，案件数量减少79件，降幅达88%；涉案金额减少0.6亿元，下降11%，发案数量和涉案金额总体呈现下降趋势。全行成功防范和堵截刑事案件260件，金额约4亿元。年平均堵截52件，金额为0.8亿元，年平均堵截成功率在94%以上，始终保持了较好的水平。

3. 安防建设稳步推进。全行营业办公场所安防设施建设持续加强，安防水平不断提升。截至2011年底，营业网点、金库、自助银行、自助设备的监控报警安装率、“110”联网率均达到了98%以上，近年来新建的办公楼均取得消防验收合格证书。在加强重点部位安防设施建设的同时，全行稳步推进远程监控系统建设，努力实现系统的网络化和集中控制。总行安保部“远程监控报警联网建设与运行成本研究项目”获得了2010年全行重点成本管理项目二等奖。天津等分行注重联网系统的功能拓展，建成了包括安全防范、内控监管、后台控制等功能在内的远程管理平台。截至2012年7月，我行已建成一级中心26个，二级中心159个，一个运用现代网络和视频技术，覆盖营业办公场所的远程监控系统已初步形成。

4. 守押委托效果明显。各分行根据总行统一部署，结合本地守押市场实际，坚持推进守押体制改革，守押风险得到了有效转移，分流人员得到了妥善安置，枪支数量大幅减少，降低了成本，减少了涉枪案件事故。截至2011年底，我行有95.7%的营业网点和49.6%的金库实现了守押社会化，有45%的金库通过远程监控系统实现了异地守库，有23个分行实现了零枪弹。经过几年的守押改革，守押人员、运钞车、防暴枪分别减至930人、472辆、751支，与2006年相比，减幅分别达到82%、77%、86%。2012年以来，又有4家分行实现了零枪弹，防暴枪减少到586支。

5. 制度建设趋于完善。经过多年的努力，总行制定完成了33个有效制度和规定，有安全保卫工作暂行规定、安全检查实施办法等安全保卫基本制度，有消防管理、守押管理、枪支管理等业务管理制度，有远程监控、计算机房、办公楼等重点部位安防建设标准，有保安员、守库押运员操作规程，有外部侵害案件、群体性治安事件、安全生产事故、自然灾害等突发事件报告和处置规定。同时，各级行也结合自身实际，制定和完善了大量的制度规定，为安保工作的有效开展奠定了制度基础。目前，全行已基本形成了覆盖安防建设管理、安全生产监管、安保事务操作、应急预案管理等工作领域的制度体系。

6. 改革创新步伐加快。2011年以来，总行安全保卫部在深入调研的基础上，加快推进改革创新。一是开展了“谋规划、摸家底、照镜子、保平安”四个专项调研，草拟了“平安建行”创建、安保考核、安全预警、京外机构安全管理等指导性文件。二是转变工作重点和管理模式。针对“被动应付、管理粗放、零敲碎打、信息不畅、反应迟缓”等问题，推动工作状态由被动向主动转移、管理重点由总行向分行转移、管理模式由结果向过程管理转移、信息传导由单边向双边转移。三是加大条线员工培训力度。2011 年举办了首期安保部门负责人深港培训班，2012 年又在全行组织开展了安保条线片区轮训班。四是创新安保工作机制和方法。创立了安全预警提示制度、“时间树”分析法、协查涉案账户工作机制等，这些制度方法在金融同业尚属首创，得到了监管部门和条线上下的认可。此外，还搭建了安全信息平台，建立了多种安全保卫工作信息媒介，有效地提升了全行安全管理水平。

同志们，全行安全保卫工作取得的成绩是显著的，对全行改革发展的保障作用是有目共睹的。这些成绩，离不开总行党委的高度重视和正确领导，离不开全行安全保卫条线员工的共同努力和辛勤付出。在此，我受王洪章董事长、张建国行长、张福荣监事长的委托，代表总行党委、高管层，向参加会议的同志、向受到表彰的先进代表、向安全保卫条线的全体员工表示亲切的慰问和衷心的感谢！

在充分肯定成绩的同时，我们还必须看到安全保卫工作还存在基础薄弱、发展滞后等问题。一是安全保卫理念陈旧，缺乏中长期发展规划，工作重心囿于传统治安保卫职能，向业务渗透、向安全管理转型落后于业务发展要求；二是条线管理和指导力度偏弱，没有建立起行之有效的考核评价体系，信息管理及传导效率不适应网络发展要求；三是少数分行不够重视安全保卫工作，重业务、轻安全的思想还比较突出，安保资源配置相对匮乏，基层安全隐患及问题不容忽视，远程监控等技防建设跟不上形势发展要求；四是机构队伍建设滞后，有的分行合并或裁减安保机构存在随意性，安排人员存在照顾性，基层安全管理力量十分薄弱，安保人员配置不足，年龄和知识结构失衡，职业发展通道狭窄，这是近年来制约安保工作发展的主要瓶颈。

（二）正确把握当前的安全形势

当前，国际政治经济局势充满变数，动荡加剧。我国处于经济下行、结构调整的关键时期，社会矛盾错综复杂，诱发违法犯罪和影响社会安全稳定的因素大量存在，银行面临的安全形势较为严峻。

从外部看，安全形势日趋复杂。国际政治经济形势充满不确定性，金融危机、欧债危机蔓延，金融市场波动剧烈，新兴市场通胀压力加大，能源、粮食、气候等各种不安全因素互相交织，局部冲突和热点问题此起彼伏，社会不满情绪加剧。我国正处于体制改革和结构调整的攻坚阶段，伴随经济结构、利益格局的深刻变化，经济发展不平衡、城乡差距、贫富差距等新旧矛盾错综复杂，一些地区群体性事件、暴力犯罪案件、恐怖袭击活动时有发生，对国内安全稳定造成严重威胁。2011 年，西藏、新疆等地就发生多起非法聚集、打砸抢烧、暴力恐怖等事件，破坏了地区安全秩序。银行业受到国内经济下行，以及货币政策、信贷政策、监管要求等多种因素变化影响，业绩增长放缓，信贷风险有所抬头，不良率出现反弹。社会非法集资活动、民间借贷风险向银行蔓延，一些地区案件风险急剧增加。根据中国银监会通报，2011 年，全国银行业案件数量和涉案金额同比出现“双升”，案件风险高发、频发态势仍然没有得到根本遏制。

从内部看，安全形势不容乐观。2009—2011 年，全行发生内部案件 9 起，风险事件 37 起，仅 2011 年就发生风险事件 16 起，上升势头明显。一是信贷欺诈风险仍然突出。房地产四证、项目文件成为造假焦点，伪造报表、合同、票据能够以假乱真，信贷真实性管理屡遭突破，2011 年发生的山东佳辰骗贷案就是非常典型的信贷欺诈案例。同时，团伙犯罪、法人犯罪、违法放贷、内外勾结、共同作案成为信贷欺诈的突出特点，“银主资金”、存款及柜面欺诈等事件也是屡屡发生。二是非接触型犯罪呈高发态势。涉及电子银行、电话手机、自助设备、银行卡等领域的违法犯罪层出不穷，风险金额急剧扩大。案件技术含量高，跨地区、跨行业、跨渠道作案特点突出，赃款转移迅速、侦破十分困难。2012 年 3 月，我行协助公安机关破获的犯罪团伙攻击网银案就是典型的高科技犯罪案例。三是暴力侵害案件影响巨大。暴力伤人、侵财案件频发，手段日趋残忍，不仅对银行、员工、客户的人身财产安全造成严重威胁，也极易受到媒体舆论炒作，引发声誉风险。2011 年湖北武汉爆炸案被媒体广泛炒作，

2012 年重庆以爆炸物胁迫客户取款案，若处置不当后果不堪设想。四是维稳形势十分严峻。我行自股改上市以来，协解人员聚集上访甚至滋事闹事问题日益突出，组织化、择机性增强，协解人员和客户纠纷上访事件数量占上访总数的 90% 以上。仅 2011 年，总行本部就处理群体上访事件 37 批、503 人次，这些事件不仅严重破坏了正常的办公营业秩序，也给各级安全保卫部门带来了巨大压力。

当前和今后一个时期，安全保卫工作面临的形势日趋复杂，承担的任务更加艰巨，工作职能已经远远超出传统局限范围，我们应当重新审视其地位和作用，不断增强做好安保工作的责任感和使命感。新时期的安全保卫工作不单纯是“看家护院、维护秩序”，也不仅仅是“站岗放哨、守押操作”，而是商业银行内控和风险管理的重要组成部分，属于操作风险管理范畴，是通过实施有效的安全管理，预防、应对和控制外部侵害、安全事故、自然灾害及群体事件等安全运营风险，最大限度地减少人员伤亡和财产损失，维护银行的安全稳定运营。因此，我们要站在全局的高度，充分认识安保工作的重要性，增强紧迫感、责任感和使命感，坚定信心、把握机遇、开拓进取，积极应对新形势、新情况和新问题的挑战，推进安全保卫工作体制、机制、制度和方式方法的改革创新，努力完成总行党委交给我们的各项工作任务。

二、明确目标和思路，深入开展“平安建行”创建工作

今后一个时期，我行“平安建行”创建工作的总体目标要求是：坚持科学发展观，紧紧围绕建设银行发展战略和全行中心工作，以保障建设银行资金和员工人身安全、保障客户财产和人身安全为总体目标，通过拓展安保职能定位、提高系统管理效率、推进重点工程达标、提升案件防查效能、加强机构队伍建设，努力实现“无重大恶性案件，无重大安全责任事故，无重大群体性事件”，确保我行安全稳定运营。要实现这些目标要求，我们必须采取系统化、科学化和行之有效的创建思路和措施办法，以改革创新的精神推进“平安建行”创建工作的深入开展。

（一）在思想观念上，要确立四项原则和五个理念

首先，要坚持安保工作“四项原则”。一是“以人为本”，要坚持生命至上，把保护员工和客户生命安全摆在首位，同时也要保护好银行资金及客户财产安全。把安全管理纳入依法、规范、有序、高效的发展轨道，大力培育以“关爱生命、关注安全”为主旨的平安文化。二是“预防为主”，要坚持关口前移、重心下移，努力夯实基层和基础安全防线，从源头上防范遏制案件事故。全面落实安全管理主体责任、监管责任、属地责任和领导责任，加强全方位、全过程精细化管理，坚决守住安全运营这条红线。三是“融入业务”，要坚持将安全保卫工作融入银行各项业务、渗透到业务流程的各个环节。正确处理安全与发展速度、质量效益的关系，将安全管理与业务发展各项工作同步规划、同步部署、同步推进。四是“科技兴安”，要坚持“科技化、信息化、集约化”的发展思路，充分发挥科技支撑和引领作用，重视和加快安全科技成果运用，加大技防设施建设投入，努力提升技术防范水平。

其次，要牢固树立五个理念。一是树立“安全重于泰山”的理念。各级领导和广大员工要从全局和战略的高度出发，始终把保障全行安全稳定运营作为安保工作的出发点和落脚点，认真履职尽责，切实肩负起神圣职责和历史使命。二是树立“安全就是效益”的理念。安全是效益的前提和基础，没有安全就根本谈不上效益。要把“安全就是效益”的理念植根于决策者和一线员工的脑海中，贯穿于新业务、新产品的开发和推广中，融入各项业务中，使之成为平安文化的一个重要组成部分。三是树立“防范人人有责”的理念。要把安全管理融入每个营业机构、每一项业务环节、每一枚印章、每一组密码、每一把钥匙中，提高每个员工的安全意识、责任意识和防范能力。四是树立“风险有效转移”的理念。坚持“花钱买平安”的思路，积极推进守押社会化改革，加大业务外包力度。同时，要坚决防止和纠正“一包了之”的错误观点，加强委托业务指导、检查和管理，确保其与安全监管的无缝对接，实现风险的有效转移。五是树立“案件事故零容忍”的理念。要清醒地认识到案件事故对银行、

员工和客户人身财产的巨大危害性，不遗余力、不留死角地做好案件、事故和重大风险事件防控工作，坚持对非自查发现重大恶性案件实行“一票否决”制度，最大限度地降低发生几率。

（二）在工作方式上，要推进安全保卫工作实现“四个转变”

一是职能定位由传统治安保卫向安全管理转变。随着安全形势变化和业务快速发展，安保工作要在履行好治安保卫职能的同时，将工作重心放到防范和化解安全运营风险上，渗透到各个业务环节中，积极探索安全顾问、运作管理及合约管理等工作方式。要突出抓好业务领域的案件防控工作，既要防范传统信贷业务、信用证等领域欺诈风险，又要化解新机构网点、新渠道产品、新服务方式的案件风险，确保全行安全稳定运营。二是工作模式由“人盯死守”向以科技防范为主的综合防范转变。彻底改变“人盯死守、看家护院”的陈旧模式，加大技防资源投入，注重新技术、新产品在安防领域的应用，完善“技防、物防、人防”综合防范模式，努力提升我行安防科技含量和智能化水平。三是案件防控由结果管理向全流程管理转变。针对诈骗、盗窃、抢劫等刑事案件及案件风险发生、发展规律，以案件防控为核心，建立事前、事中及事后的全流程安全管理机制。事前抓好预警和预案建设管理；事中做好案件报告、处置和声誉风险防控；事后加强调查分析，督促落实整改，严肃责任认定和追究。在此基础上，对案件风险在全行范围内进行再预警，进而实现案件防控工作的全流程闭环管理。四是条线管理由松散粗放向制度化、标准化、精细化转变。针对过去条线管理和指导力度偏弱、管理方式相对松散和较为粗放的情况，进一步加强安保条线管理，加强制度建设、标准管理和政策指导，强化监督检查和考核评价，注重管理效能和质量，健全适应网络高速发展要求的信息传导机制，做到政策指导到位、监督管理到位、信息传导到位，考核评价到位。

（三）在管理模式上，要构建安全保卫工作“六个体系”

一是构建“层次清晰、结构完整、适用性强”的制度体系。建立健全涵盖平安创建、案件防控、重大事件处置等安保业务领域的制度，夯实安全管理工作基础。推动安保规章制度的手册化、流程化建设，为基层提供简单易懂、易于操作的安保制度图表手册，提高基层安全制度执行力。二是构建“纵向到底、横向到边、人人有责”的责任体系。坚持“一把手”负总责，层层签订安全目标责任书，建立无盲区、全覆盖，以岗定责、动态调整，纵向到底、横向到边的责任体系，形成全员防范、人人有责的局面。三是构建“分类齐全、反应灵敏、运转高效”的应急体系。按照“统一规划、分级负责、科学管理”的要求，丰富和完善刑事案件、自然灾害、安全事故、群体性事件等应急预案。健全和完善应急管理组织体系和工作机制，加强应急预案演练和员工培训教育，提高应急处置能力和应急管理水平。四是构建“人防到位，物防达标，技防领先”的防卫体系。突出抓好重点部位安防、消防设施建设和管理，形成抵御外部入侵的坚固屏障。坚持按照国家行业标准和总行要求，开展安防、消防设施的达标化建设，加强设施运行管理维护。积极运用先进产品和技术，确保我行“防卫体系”持续处于同业领先水平。五是构建“定量为主、定性为辅、科学有效”的考核体系。围绕“案件和事故、定量杠杆指标、安全保卫重点工作、安全检查结果”等重点内容，采取定性与定量相结合的方法，建立健全安全管理工作激励约束机制，将工作考核与安全检查结合起来，进一步提升安保条线管理水平。六是构建“机构健全、队伍优化、经费充足”的保障体系。要重视和加强安保组织机构设置，充实安保队伍，解决机构弱化、人员不足等突出问题。建立“门类齐全、技术领先、行业带头”的安保专家库，健全“内外结合、上下互动、区域协作”的培训体系，打造“结构合理、专业专注、素质优良”的安保队伍。要确保安防、消防设施建设经费、应急安全检查车等安保基础资源的投入，为“平安建行”创建提供强有力的保障。

（四）在机制建设上，要建立“四级管理，五极防范”长效机制

首先，要围绕加强条线管理，建立总行、一级分行、二级分行和基层支行的四级管理长效机制。按照“抓基层、强基础、防案件、保平安”的要求，坚持一级抓一级，逐级抓落实，确保总行党委决策部署和总行相关政策要求能够贯彻落实到基层。四级管理目标一致、各有侧重，总行侧重于安全政策研究和宏观指导，一级分行侧重于区域安全政策研究和监督指导，二级分行侧重于基础建设、制度执行和监督检查，基层支行侧重于制度落实和日常安全管理。四级管理重在基层，要确保基层安防设施建设达标、安全管理责任到人、管理制度落实到位、安全教育警钟长鸣。其次，要围绕加强重点部位安全防范，构建“点、库、楼、房、区”五极防范长效机制。按照“谁使用、谁主管、谁负责”的原则，强化营业网点、金库、办公楼、计算机房、自助区五大重点部位安防、消防和人防达标建设，推动基层安全管理工作向制度化、标准化、精细化的方向发展，提高“防盗、防抢、防骗、防火、防汛”五防能力。重点部位的安防、消防设备设施建设必须符合或高于国家、行业标准。要严格执行各项规章制度，加强五极防范安全检查，及时排除安全隐患，确保重点部位安全稳定。

（五）在手段运用上，要充分发挥“三大系统”的重要作用

远程监控系统、安全预警系统和安全信息系统“三大系统”是强化“四级管理、五极防范”的重要平台和技术支撑，具有无可替代的重要作用。一是充分发挥远程监控系统作用。依托远程监控系统将“五极防范”重点部位纳入实时监控，对高风险部位和要害环节加强监督检查。构建覆盖“五极防范”重点部位的“全过程、全天候”的远程监控系统，充分发挥其在安全管理、内控合规、事后监督和文明服务等方面的作用。二是充分发挥安全预警系统作用。依托安全预警系统将“四级管理、五极防范”整合起来，加强对自然灾害、案件风险、安全隐患的预防管理。要逐步构建总行为一级预警平台、分行为二级预警平台，风险分级分类、信息互通共享、条线上下联动的安全预警系统，针对安全保卫类风险实现快速预警。三是充分发挥安全信息系统作用。依托安全信息系统使“四级管理”实现信息直通和共享，提高条线管理的决策能力、执行能力、应变能力和工作效率，避免和减少信息不对称、信息梗阻和信息孤岛等现象和问题。要加强安全保卫信息平台建设，进一步优化安全管理信息系统，完善各级安保部门网站，使之成为安全管理信息交流的“快速通道”和业务宣传的“主阵地”。

深入开展“平安建行”创建工作，是应对复杂安全形势的需要，是提升安全管理水平的途径、确保全行安全稳定运营的有效载体。各级机构和领导人员要站在战略的高度，充分认识“平安建行”创建工作的重要意义，以“平安建行”创建工作统揽全行安全管理，将其作为安保工作的重要平台和有力抓手。要切实将思想统一到总行关于平安创建工作的部署和要求上来，结合自身实际，认真加以贯彻落实。要加强平安创建工作的考核评价和总结表彰，树立典型、创先争优，推动平安创建工作深入持久地开展。要尊重和发挥基层首创精神，积极开展形式多样的主题实践活动，大力培育平安文化，深化广大员工对平安文化的认同感，进一步增强我行的社会公信力和客户满意度。

三、扎实推进各项工作，努力提升安全管理水平

当前和今后一段时期，全行要以“平安建行”创建工作为主线，坚决贯彻总行党委的部署和要求，切实抓好安全保卫各项工作，保障全行安全稳定运营。

（一）从政治和全局的高度做好全行安全稳定工作

1. 认真做好迎接党的十八大各项安全稳定工作。党的“十八大”是全党、全国各族人民政治生活中的一件大事，国内外敌对势力很可能会借机发难、制造事端，各类不稳定因素也很可能会集中爆发。各级领导一定要站在政治和全局的高度，深刻理解做好迎接十八大安全稳定工作的重要意义，将这项工作列入党委重要议事日程，坚持“一把手”亲自抓，认真落实安全管理责任制，按照总行和当地党委、政府、维稳办的要求，全力以赴地做好安全稳定工作，确保不发生重大突发事件。2012 年，要结合深化“平安建行”创建工作，积极开展建设“平安年”主题活动，努力营造安全和谐的氛围。要认真排查不稳定因素，做好重点人员稳控工作，力争将矛盾和问题化解在基层、解决在萌芽状态。要把握好涉及客户切

身利益、社会影响大的新业务政策出台时机，防止发生群体性突发事件。要做好进京上访人员的劝返工作，一旦发生群体性进京上访事件，有关分行的分管领导必须亲自带队来京，配合公安机关及地方政府驻京办，迅速劝返上访人员，尽快平息事态。

对做好十八大前的安全维稳工作，总行还将专门召开全行视频会议进行部署。在十八大前的这段关键时刻，从总行到分行，我们整个系统都要高度重视起来，提前安排、提早部署，加强矛盾和隐患的排查，确保这段时间不出纰漏、不出问题，平安和谐地迎接党的十八大胜利召开。

2. 努力加强社会治安综合治理工作。要建立健全“内外结合、统筹兼顾、齐抓共管、一岗双责、共同治理”的社会管理机制，将我行的治安管理工作融入当地综治体系，形成综合治理合力。要建立健全群防群治的内部治理格局，完善“一把手”负总责，分管领导具体负责，各部门分工负责，一级抓一级，层层抓落实的综合治理机制，加强矛盾的源头治理和动态管理。要构建和谐有效的外部环境，积极维护与银监部门、人民银行等方面的“监管关系”，维护与社会管理、消防交管等方面的“社会关系”，维护与公安机关、国安机关等方面的“司法关系”，争取各级政府部门的理解支持，进一步深化警银合作，打击刑事犯罪，保护银行、员工及客户生命财产安全。

3. 切实抓好安全生产监督管理。一是加强消防安全管理，确保要害部位的消防设施设备充足完好。加强基建、装修施工的防火管理，积极开展防火宣传，组织消防疏散演练，提高员工的防火意识和火灾自救能力。二是加强交通安全监督管理，强化交通安全教育，杜绝酒后驾车、肇事逃逸等交通违法违规行为。规范公务车辆的管理，积极做好极端天气安全预警和行车安全管理。特别要注重做好重大集体活动、自行押运的行车安全管理，防止发生群死群伤事故。2011 年，我行发生了多起交通事故，造成了较大人员伤亡和财产损失，教训十分深刻。三是积极做好自然灾害的应对工作。近年来，极端天气等自然灾害频繁发生，北京的雨水也比较多，各行要提前做好应对工作，降低自然灾害对我行造成的影响。四是认真落实特种设备、易燃易爆物品的管控措施，加强对相关设备、设施和操作岗位的检查，及时排除安全隐患。

4. 积极做好重大突发事件的报告和处置工作。要健全和完善重大突发事件应急机制和处置流程，规范突发事件报告工作。发生重大突发事件时，要按照“领导亲赴现场、做好危机沟通、快速准确上报、有效应急处置、风险排查部署、总结经验教训、严肃问责整改”的要求，确保要第一时间报告真实情况，领导人员要第一时间赶赴现场，有效把控处置局面，最大限度地降低人员伤亡、财产损失。对瞒报、迟报、虚报及泄密导致不良影响的，要严肃追究相关人员的责任。要加强与当地党委、政府及宣传主管部门的沟通，积极做好媒体应对工作，防止发生负面报道或媒体炒作。

5. 加大安全检查和隐患整改力度。一是加大安全检查力度，提高检查频率和覆盖面。完善安全检查机制，推进安全检查常态化、规范化。二是进一步创新安全检查方法，研究制定安全检查评分办法，探索建立系统化、模块化、标准化的安全检查工具，提高发现安全隐患的能力和水平。三是强化安全检查成果运用，加强对整改过程和结果的跟踪，及时通报和预警问题隐患，加大责任追究力度，减少屡查屡犯、此查彼犯等问题的发生。

（二）继续保持案件事故防控工作的高压态势

1. 抓好安全保卫类案件风险防控工作。各级行要认真排查安全保卫类风险隐患，关注审计署审计发现的重大案件风险，关注民间高利借贷、中小企业信贷领域风险，关注侵害银行和客户资金案件风险，切实做好办公楼、营业场所、自助设备、数据中心等重点场所、重点部位的防范工作。要严防信贷业务领域欺诈案件，积极做好支付结算、银行卡、网上银行、电话银行、手机银行等业务环节的案防工作。要建立健全案件防范联动机制，及时进行风险预警，确保运营安全和人员财产安全。

2. 加强立案管理和案件查处工作。有的一级分行立案管理存在一定的随意性，监管部门通报涉及我行的案件及案件风险信息有的并不属于案件风险，有的总行尚不知情，给建设银行形象和声誉造成影响，使总行陷入被动。各级行要按照“内外有别、归口管理”的原则，加强立案管理，对内要按照规定的报告制度和路径，及时向总行报告情况；对外报送案件风险信息或案件确认信息，需经总行牵头管理部门认定和同意。在很多会上我都强调，案件管理必须记住两条原则：第一条，立案工作是件严肃的事情，未经总行同意，任何一级分行不得自行立案。要将这条原则作为一条纪律，对随便立案的要追究责任。第二条，要强化属地管理，提升风险事件的处置能力，处置好就能有效化解风险、降低影响，处置不好就会小事变大，造成银行工作被动。对发生的案件或案件风险，要按照有关要求，立即成立调查组，启动调查程序，梳理过程、清查账务，积极配合公安机关抓捕犯罪嫌疑人、保全银行资产。

3. 加大案件事故责任追究力度。要认真落实总行党委提出的“违规原因未分析透不放过、责任人未严肃追究不放过、堵塞漏洞措施不到位不放过”的“三个不放过”原则，对暴露出的问题要确认性质、督促整改和追究责任。特别是对重大恶性案件和重大安全责任事故，要按照“快处置、快处罚”的监管要求，快速处理相关责任人员，并尽快处理到位。对于情节严重需要给予党纪政纪处分的，按照干部管理权限处理；对触犯法律的，移送司法机关处理，决不姑息迁就。责任追究也要讲究目的性，不能简单地为了处理人而处理人，而是要通过严肃责任追究，对上对下都有交代，达到分析问题、解决问题和堵塞漏洞的目的。出了问题一定要快处置、快处理，如果拖延就可能会拖出问题来。外部审计监管检查发现问题，如不快速处理，就可能会使事情复杂化，造成难以控制的后果。

（三）切实做好安全保卫基础管理工作

1. 规范安全防护设施建设和管理。全行仍有部分办公楼、营业场所的消防、安防设施尚未达标；有18.4%的老旧办公楼没有取得消防合格证，特别是还有一些闲置办公楼安保力量薄弱，容易出现一些风险问题；有些自助银行及设备的110联网报警设施形同虚设，在遭到外部入侵时没有及时报警。各行要按照公安部的标准和要求，继续加强安防设施达标建设，营业场所、金库等重点部位安防设施建设，必须与整体工程项目同步设计、同步施工、同步验收。要重点加强老旧办公楼的消防设施整改、隐患排查和日常管理，解决110联网报警系统失灵等问题，确保各类设施设备的正常运行。通过加强安防设施的建设和管理，把基础防护工作做好，扎牢我们的“篱笆”。

2. 加快远程监控系统建设。我行远程监控系统还存在建设进度不一、异地守库率不高、软硬件标准不统一等问题。要加快系统建设速度，积极推进远程异地守库，逐步运用智能识别、控制技术，实现监控方式由人工监控向智能监控转变。要探索研究“统一规划设计、统一技术标准、统一产品设备、统一操作系统、统一管理方式”的“五统一”技防管理模式，着手为远程监控系统升级做好准备。过去，我行的远程监控系统主要依靠分行自行建设，一个行一个版本，一个行一个软件，系统不兼容，维护很麻烦，改造升级成本很高、难度很大。所以，我们必须花大力气，切实把“五统一”的问题解决好。此外，远程监控系统不是单一系统，要与业务后台的其他系统紧密结合起来，融合到一起，实现协同共享。要按照“资源共享、高层统览、物理隔离、分业查视、报警优先、职责清晰”的思路，整合相关业务需求，有效发挥系统的集约效应。董事长非常重视网点的“三个综合”转型，即综合性功能转型、综合柜员制转型、综合营销队伍转型。网点的“三个综合”转型必然要对业务后台的集中处理提出更高要求，保卫系统要与业务后台集中处理系统衔接起来，实现有效的协同共享，这也说明我们安保工作需要有全局的眼光。

3. 积极推进守押社会化改革。要按照总行有关部署要求，坚定不移地推进守押体制改革，具备条件的地区押运社会化率和金库守护社会化率必须达到100%。今明两年，枪支保有量较多的分行原则上每年减少不低于50%，全行枪支保有量每年减少不低于20%，力争使我行早日实现零枪弹，彻底消除守押操作和涉枪案件风险。要加强委托事务监管，提高委托事务谈判能力，规范委托合同管理，明确责任界限和损失赔偿条款，严格监督履约情况。妥善处理好与受托企业的关系，保证外包业务的服务质量和合理价格。要加强枪支弹药使用管理风险点的控制，严格执行守押人员“六条禁令”，严防涉枪案件事故的发生。

4. 深化应急预案建设和演练。各行要结合重点部位、重点环节面临的不同风险，制定相应的突发事件应急预案。根据形势变化和业务发展，不断充实调整应急预案，增强预案的操作性。要积极开展应急预案的演练，充分模拟可能面临的复杂风险场景，提高演练频率和覆盖面，增强各级机构特别是一线员工的安全意识、应急处置经验、应急处置能力。要将营业网点预案建设和演练情况作为指导、检查、考评的重点内容，督促基层机构落实预案建设和应急演练工作。

5. 加强总行京外机构安全管理工作。近年来，总行京外机构快速发展，目前已有21家，从业人员达到8 500多人，然而京外机构安全管理工作发展相对滞后。要按照属地化管理原则，建立“四位一体”的安全管理体制，落实京外机构主体责任、当地分行属地监管责任、总行部门领导责任及总行安保部监管责任。京外机构安保工作要对总行部门和属地分行双重负责，签订双向责任书，实行双线报告制度。属地分行要将京外机构与辖属机构的安保工作同部署、同要求、同检查、同考核。总行要将京外机构安全管理纳入对属地分行的考核内容，确保管理责任落到实处。

（四）加强安保机构和队伍建设

1. 重视和加强安全保卫机构设置。要按照《企事业单位内部治安保卫条例》等规定和监管部门要求，根据安全管理面临的严峻形势和实际需要，加强安全保卫机构建设，坚决制止和扭转安保机构弱化的趋势。要统筹考虑各地区的实际情况，科学合理地设置安全保卫机构和岗位编制。一级分行应单独设立安全保卫机构，具备条件的二级分行也应单独设立安全保卫机构。其中，地区安全形势复杂、边疆及少数民族地区以及地域广阔、网点数量较多、管理幅度较大的二级分行必须单独设立安全保卫机构，为确保一方平安奠定组织基础。要把安全保卫机构设置工作做在前面，不要等到出了问题才想到设置机构和增加人员。刚才我们也分析了今后的安全形势会越来越紧张和复杂，我们必须通过加强安全保卫工作、强化机构建设和增加人员来应对。

2. 着力改善和优化管理队伍结构。要加大安全管理队伍建设和人才引进力度，拓宽队伍来源渠道，通过多种途径充实安全管理队伍，缓解人员不足问题，改善队伍年龄结构和专业结构。积极探索建立安全保卫条线专业技术岗位序列，提倡报考银行从业资格和社会职称，拓宽职业生涯发展路径，加强员工履职能力和工作业绩考核，激发队伍士气和活力，努力建设适应现代化商业银行需要的安全管理队伍。

3. 培养和打造安全管理专家团队。要加快培养和打造安全管理专家队伍和高端人才，整合内部资源、借助外部资源，逐步建立门类齐全、技术领先、行业带头，涵盖安全防范、消防管理、案件防控等领域的安全管理专家库，充分发挥专家团队在安全顾问、专业咨询、案件调查、教育培训、设施建设等方面的权威和指导作用，为提升我行安全管理水平提供科技保障和人才支撑。

4. 加大安保条线全员培训力度。建立和完善内外结合、上下互动、区域协作的培训体系，按照“管理人员重点培训、专业人员强化培训、基层人员普遍轮训”的原则，加大培训力度。要拓展境外培训，拓宽安全管理思路和视野；加强区域协作，健全安全保卫片区培训制度；丰富培训方式，推行案例教学、网络培训和岗位练兵。要推进安全保卫规章制度手册化进程，修编安全保卫培训教材，为安保岗位教学和考试创造条件。

5. 加强保安员和兼职安全员的管理。各级行要督促和协助保安公司加强对保安员的管理，开展遵章守纪和职业道德教育，促使保安员努力学习安保基本知识、值勤规范，掌握应急技能。要加强对驻行保安员岗位操作的监督检查，增强履岗能力，做到文明值勤、礼貌值勤。要切实加强兼职安全员的管理，建立健全奖惩机制，夯实安全管理基础，筑牢基层安全防线。

同志们，全行“十二五”规划已经开始实施，我们安全保卫工作面临新的机遇与挑战，全行安全保卫条线的员工要上下一心、开拓进取、奋力拼搏，努力开创建设银行安全保卫工作的新局面，为建设“国内最佳、国际一流”的现代化商业银行作出新的贡献。

谢谢大家！

在部分一级分行巡视工作座谈会上的讲话

朱洪波

（2012 年 9 月 13 日）

同志们：

这次会议是建设银行自 2004 年开展巡视工作以来的首次座谈会，意义不同寻常。会上，大家围绕中央和总行党委关于巡视工作的部署和要求，结合自身情况，进行了深入研讨。听了以后，感到大家的发言准备充分、内容丰富、重点突出、各具特色，既总结了成绩和经验，又分析了问题和不足，并提出了一些很好的意见和建议，令人深受启发。对大家的意见建议，总行巡视办会后要认真归纳梳理、分析研究并吸收运用到今后工作中去，同时还要根据大家的意见建议，修改好《关于一级分行对所辖分支机构开展巡视工作的指导意见》。

我感到这次座谈有两点主要收获：一是提高了对开展巡视工作的认识，坚定了信心。思想认识是第一位的，巡视工作的开展取决于党委特别是“一把手”的认识。通过这次会议，大家比较全面地学习和理解了中央、总行党委对巡视工作指示要求和工作部署，比较深刻地体会到了中央和总行党委对巡视工作的高度重视和殷切期望，进一步提高了对巡视工作重要性的认识，增强了责任感、使命感，大家都表示要坚定信心，把本行巡视工作持续推向深入。二是交流了经验，拓宽了思路。在讨论中，大家分享了各行的工作经验，还对工作中遇到的问题和困难展开了讨论，提出了很多很好的建议。大家相互启发、集思广益，进一步理清了工作思路，找到了今后加强和改进工作的方向和着力点。

下面，我根据总行党委的工作部署，结合大家的讨论，谈几点意见，供大家参考。

一、对全行巡视工作的简要回顾

总行的巡视工作是从 2004 年开始起步的。总行党委根据党中央的统一部署和要求，紧密结合建设银行实际，坚持“在实践中探索，在探索中完善”，有力有序地持续推进。到 2009 年底，完成了对 38 个一级分行及驻地审计机构以及两个培训中心的第一轮巡视。从 2010 年起，又完成了对 18 个一级分行和驻地审计机构的第二轮巡视，并对 5 个分行进行了回访。

2007 年，河南省分行率先对二级分行开展巡视。到目前，全行已有 16 个一级分行正式开展了对二级分支机构的巡视，另有 8 个分行也计划在年内开展巡视工作。2012 年上半年，总行巡视办对各分行的巡视工作开展情况进行了汇总梳理，近期又派出 2 个调研小组对 6 个分行的巡视工作情况进行了调研。从分行上报的材料、总行调研的情况和今天大家座谈交流的情况看，一级分行巡视工作总体上有以下几方面特点：

一是组织体系逐步健全。到目前，已经和准备开展巡视工作的一级分行都成立了以分行党委书记任组长、多部门参与的巡视工作领导小组，并设立了日常办事机构巡视工作办公室和专门的巡视组，基本形成了党委统一领导、纪委组织指导、巡视机构具体实施、有关部门共同参与的工作格局，为开展巡视工作提供了坚实的组织保障。

二是制度体系基本形成。各分行都比较重视巡视工作的制度化、规范化。在开展巡视工作之初，都根据中央《巡视工作条例》及总行《巡视工作规定》，结合本行实际制定了实施细则或操作规程，为巡视工作的规范有序开展提供了制度保障。一些开展巡视工作较早的分行，目前已经开始着手巡视整改效果评估、巡视人员绩效考评等更为精细化的管理办法的健全完善。

三是监督作用得到有效发挥。初步统计，全行开展巡视工作一年以上的11个分行，几年来先后派出57个巡视组，对所辖103个二级分支机构及部分县级支行进行了巡视，对其中36个进行了回访，共向分行党委提出建议167条，向被巡视单位提出整改建议535条。根据巡视结果，分行党委共调整了二级分支行行级领导39人，对存在苗头性、倾向性问题的领导人员进行了提醒或诫勉谈话。实践证明，巡视工作对发现和推动解决突出问题，促进分行党委重大决策部署的贯彻落实，推动分支机构领导班子建设和反腐倡廉建设，促进分支机构科学发展发挥了重要的、不可替代的作用。

四是结合实际不断探索创新。各分行在巡视工作实践中积极探索、不断创新，摸索出了一些具有本行特色、行之有效的做法。例如，山西省分行、云南省分行党委高度重视，有效协调相关部门积极支持配合巡视工作；重庆市分行注重把巡视工作与业务检查紧密结合，发现并推动解决了很多操作、管理中存在的问题；湖北省分行注重成果运用，有效地加强了二级分行班子的建设；青海省分行针对地域广、管理半径长的特点开展巡视工作的探索等，这些好的经验和做法都值得进一步总结。

多年来，各分行坚持以改革创新精神和求真务实作风推进工作，边实践边总结、边巩固边提高，在开展巡视工作中积累了宝贵的经验。概括起来，有以下几个方面：

一是党委特别是"一把手"重视是做好巡视工作的关键。巡视工作是"一把手"工程，党委和"一把手"的决心和态度很重要。各分行党委把做好巡视工作摆在重要位置，列入党委重要议事日程，主要领导亲自抓，纪委书记具体抓，党委成员共同参与。各分行党委在组织领导、机构设置、人员配置、制度建设等方面给予巡视工作大力支持，有力地推动了巡视工作整体水平的不断提高。

二是着力发现和推动解决问题是巡视工作的生命线。巡视工作的根本目的，在于通过发现和推动解决问题，促进被巡视行改进工作、推动发展。为此，各分行党委都明确要求巡视组和巡视人员把主要精力和时间放在发现和推动解决问题上，通过巡视前精心准备、巡视中深入了解情况、巡视后认真起草报告，以及强化巡视成果运用等手段，着力发现和推动解决问题，取得了良好成效。

三是有效运用巡视成果是做好巡视工作的根本。各分行党委都十分重视运用巡视成果，有的分行根据巡视结果，对一些精神状态、能力素质、经营业绩、班子团结等方面存在较大问题的单位"一把手"进行了坚决调整；有的分行党委根据巡视中了解到的二级分支机构班子成员配备不齐、结构不合理，以及班子成员中存在的个人问题及困难，及时研究调整，有效提高了领导班子的整体实力和工作水平；有的分行党委根据巡视组发现的业务发展、基础管理、干部选拔任用、党风廉政建设等方面的问题，及时分析研究，责成相关部门和被巡视行认真整改，对推进被巡视行科学决策、规范经营、民主管理、群众监督发挥了重要作用。

四是坚持以改革创新精神推进工作是巡视工作保持旺盛生命力的保证。巡视工作作为党内监督的一项创新实践，没有现成经验可供借鉴。多年来，各分行坚持在"实践中探索，在探索中完善"的思路，结合本行实际，因地制宜、大胆实践、勇于创新，积极探索符合实际、体现本行特点的巡视工作方式、方法。在上午和下午的座谈交流时，各分行介绍了本行一些行之有效的经验和做法，这些经验和做法要很好地总结梳理，并坚持下去。

总之，通过大家这些年的共同努力，我行的巡视工作体系逐步完善、领域不断延伸、作用日益显现，得到了总、分行党委的充分肯定和广大员工的广泛认可。在此，我代表总行党委向大家并通过大家向广大巡视人员致以诚挚的问候，向关心支持巡视工作的各级党组织和广大员工表示衷心的感谢！

当然，我们也要看到，我行的巡视工作开展时间还不长，各分行的起步时间有先有后，总体上仍处在探索提高阶段，还存在一些问题。如组织管理还不够精细、方式方法还有待改进、发现问题的能力有待提高、巡视成果运用有待强化、巡视队伍整体素质和工作水平还有待提升、一些分支机构负责人对巡视工作的认识还需提高、自觉接受监督的意识需进一步增强等，这些都需要我们在今后工作中切实加以解决。

二、对下一步工作的几点要求

2012年以来，总行新一届党委高度重视巡视工作，王洪章董事长在年初全行纪检监察工作会议上明确提出："要加强巡视队伍建设，配齐配强巡视干部，加大巡视力度，拓宽巡视范围，一级分行对二级分行的巡视也要积极推进。"在前不久召开的总行第17次党委会上，专门研究了进一步加强和改进巡视工作的有关问题，总行党委再次强调：要按中央有关要求，进一步做好巡视工作，加强对被巡视单位执行党的方针政策和重大事项的监督检查，加强对被巡视单位领导班子建设情况和领导人员履职情况的监督，加强对被巡视单位深化改革、强化管理、加快发展中重大问题的督促检查，不断提高巡视工作质量和水平，切实帮助和促进被巡视单位解决重大和实际问题。

目前，总行正在抓紧落实党委要求，组建4个专门的巡视组，着力提高巡视工作的专业化水平。同时，进一步强化巡视办的支持、协调、管理职能，着力提高巡视工作的精细化管理水平。今后，总行将进一步加强对各分行巡视工作的支持、指导和管理。根据大家关于加强巡视人员培训的建议，总行考虑，将在年内举办一期巡视工作培训班。

各分行在下一步的巡视工作中，要根据中央及总行党委的部署要求，坚持以科学发展观为指导，以"服务大局、强化监督、反映实情、促进发展"为根本任务，以二级分支行领导班子及其成员特别是主要负责人为监督重点，积极探索创新，不断提高巡视工作科学化、专业化水平，为推动党的路线方针政策及总分行党委的决策部署的贯彻执行提供有力保证。关于巡视工作的有关具体要求，在《指导意见》中都作了规定，会后将根据讨论意见进一步修改完善，尽快印发给大家。在这里，我想重点再强调几点。

（一）要高度重视，加强组织领导

建立和完善巡视制度，是党中央从加强党内监督、提高党的领导水平和执政能力、保持党的先进性和纯洁性的战略高度作出的一项重大决策。加强对下级组织及其领导班子的监督管理，是党章和《中国共产党党内监督条例》赋予上级党组织的重要责任。一级分行对二级分支机构开展巡视，是全行巡视监督体系的重要组成部分，符合中央精神，也是总行党委的明确要求。各分行党委要高度重视，将巡视工作纳入重要议事日程，建立健全巡视工作领导机制，加强组织领导和工作指导，及时听取巡视工作情况汇报，精心安排部署年度和阶段巡视任务，研究解决巡视工作中遇到的重大问题，选好巡视干部，推动巡视工作有力、有序地开展，确保取得实实在在的效果。

（二）要健全体制机制，确保巡视工作规范有序

考虑到建设银行实际，特别是城市行的实际，对于各一级分行开展巡视工作，总行研究提出了原则性的意见：各省、自治区分行原则上要在明年内开展对所辖二级分支机构的巡视工作；各直辖市分行、总行直属分行及其他城市行可根据实际需要，决定是否对所辖二级分支机构开展巡视工作。

开展巡视工作的分行要进一步建立健全巡视工作领导小组，加强对巡视工作的组织领导，协调相关部门支持配合巡视工作。要进一步强化巡视办作为领导小组日常办事机构的职能，切实履行好组织协调、服务保障、监督管理等职责。要建立健全巡视机构与纪检监察、组织人事、审计、财务、风险、合规等部门的信息共享和协调配合机制，增强巡视监督的综合效应。要注意把巡视监督与其他监督检查、专项治理工作结合起来，使各方面的监督优势互补、良性互动、相互促进，形成监督合力。要建立健全专门的巡视人员考核评价、选拔任用、激励惩处、交流轮岗机制。

（三）要围绕中心，突出巡视工作重点

围绕中心，服务大局，既是中央和总行党委对巡视工作的基本要求，也是巡视工作取得实效的根本途径。巡视中，各分行要增强政治意识、大局意识，注意联系实际，贴近业务，做到与中心工作紧密结合、相互促进。

各行巡视中，在全方位关注被巡视单位班子建设和业务发展状况的同时，要突出抓好以下五个重点：一是重点了解和掌握被巡视单位领导班子建设存在的主要问题，为分行党委提供真实情况。二是重点了解和掌握影响被巡视单位科学发展的突出问题，促其班子厘清发展思路。三是重点了解掌握被巡视单位基础管理的薄弱环节，促其班子进一步强化控制力。四是重点了解掌握被巡视单位广大员工反映强烈的突出问题，促其班子重视并维护员工切身利益。五是总结典型经验，重点了解发现优秀干部人才，为分行党委及相关部门加强干部队伍建设提供参考。

（四）要准确定位，着力发现和推动解决问题

“了解真实情况、发现突出问题”是巡视工作的基本任务，也是巡视工作不同于其他工作的独特价值贡献，是巡视工作的生命线。作为上级行党委，都非常迫切地需要准确地掌握下级单位领导班子在自身建设、经营管理、改革发展等方面的真实情况和存在的突出问题。因此，巡视工作的一项重要任务就是客观、真实、准确、全面地反映被巡视单位班子建设的整体情况，既要反映揭示问题，又要总结典型经验；既要能发现问题，又要能拿出解决问题的办法。

大家在工作中，要不断强化发现和推动解决问题的意识，牢固树立有重大问题发现不了就是失职、有重大问题没有如实反映就是渎职、发现问题但督促整改不到位是没有尽职的观念。特别是在当前发现问题难度增大的情况下，把发现和推动解决问题作为一项硬指标，作为对巡视机构和工作人员的业绩考评的重要依据。

要不断提高发现和推动解决问题的能力。巡视前要精心准备，做足功课，加强与相关部门沟通，全面收集并深入分析有关情况，带着问题下去，提高发现问题的前瞻性和针对性。巡视中要深入了解情况，少开会多谈话，少听汇报多深入实际，科学组织针对不同员工的分类民主测评和问卷调查，扩大抽样比例和覆盖面，将定性判断和定量分析结合起来，确保全面、客观、真实地了解掌握情况。巡视调查后要认真起草巡视报告，要把提高巡视报告质量作为推动巡视成果运用的关键，既要如实反映成绩，又要真实反映发现的问题和矛盾；既要“原汁原味”，又要有分析判断；既要抓住问题的症结，又要提出改进的意见建议。尤其对涉及的重大问题，要科学甄别、慎重研究，确保巡视结论符合实际，经得起检验。

要运用好巡视成果，积极推动解决问题。巡视工作不是报告一交，万事大吉，从某种意义上讲，后期的成果转化更为重要。各行要高度重视后期工作，认真做好巡视反馈和巡视回访，要把巡视反馈和回访作为一项规定动作，督促被巡视单位抓好整改落实，并做好效果评估。同时，要按制度流程将巡视成果移交相关部门具体处理，使巡视成果与业务发展、风险管控、业绩评价、资源配置、选人用人、绩效分配等结合起来，增强巡视监督的综合效应。

（五）要加强管理，打造一支高素质的巡视队伍

建设一支高素质的巡视队伍，是做好巡视工作的组织保障。巡视监督的对象是党组织领导班子及其成员，巡视工作人员只有具有很高的政治素质和业务能力，才有资格、有可能做好巡视工作，这就要求我们的巡视队伍做到“四个过硬”：一要有过硬的政治素质。每一位巡视工作人员都要准确掌握党的路线方针政策以及总分行党委的决策部署，要具有高度的使命感、责任感，本着对党负责、对建设银行事业负责的态度，以高度的政治责任感投入巡视工作中。二要有过硬的业务素质。“内行看门道，外行看热闹”，要真正能够通过巡视发现和推动解决被巡视单位的重大问题和实际问题，没有过硬的业务素质是不行的。我们巡视人员不能仅仅是一个普通的党务工作者，还必须是银行经营管理的“行家里手”；不仅要熟知党的“三重一大”民主决策制度、干部选拔任用制度等，还要全面了解掌握全行的发展战略和业务状况，熟悉业务的基本操作、基本规定，了解和掌握被巡视单位所在地的市场情况、竞争态势。三要有过硬的工作作风。巡视工作很辛苦，可以说是个苦差使，是个得罪人的工作，光满足于听汇报、看材料，走一走、看一看，是做不好巡视工作的，这就要求我们的队伍必须具有过硬的工作作风，要有实事求是、求真务实的工作态度，深入基层、密切联系群众的工作作风，不仅要能打“攻坚战”，还要能打“持久战”。四要有过硬的思想品格。巡视工作人员尤其是巡视组成员，一旦派出，代表的是派出单位的党委，每个巡视人员都要以更高的标准严格要求自己，自觉遵守巡视工作纪律，秉公办事、勤勉敬业、廉洁自律、勤俭节约、谦虚谨慎、平等待人，在思想品格和工作纪律上为被巡视行树立榜样，作出表率。

为此，各分行要进一步加大巡视队伍建设。要严把“入口关”，切实把政治素质好、业务能力强、作风过得硬、敢于坚持原则的优秀干部选配到巡视工作岗位上，不能把巡视机构作为安置干部的地方。也就是说，要舍得在巡视岗位上用干部，可以把巡视岗位作为培养和锻炼优秀干部的平台。对巡视人员的配置标准和待遇问题，《指导意见》意见中已做了原则规定，在实际操作中，对巡视组组长的安排，各行可以考虑从任职时间较长、管理经验丰富、综合素质较高的二级分行行长、分行部门总经理中择优选任；副组长可以考虑从后备人才中择优选任；对巡视办和巡视组的骨干人员配置，有条件的分行可以适当配置1－2名专职人员，并保持巡视队伍的相对稳定。同时，要加大培训力度，不断提高巡视干部的政治素质和业务能力，并给予必要的时间和经费保障。要有严格的纪律约束，可以考虑像外部审计那样，在巡视结束后，请被巡视单位对巡视组在遵守纪律方面作出评价和反馈。要对巡视人员严格教育、严格管理、严格监督，督促巡视人员秉公办事、廉洁自律。要从政治上、工作上、生活上关心爱护巡视干部，及时帮助解决实际困难，为他们集中精力开展工作提供保障。

（六）要加强指导和工作交流，做到全行“一盘棋”

总分行的体制要求我们必须有“一盘棋”的观念，大的原则和制度，需要由总行来统一规范；分行工作中遇到的困难和问题，需要总行来协调和及时指导。作为总行而言，一是要统一规范制度。要完善规章制度，制定全行统一的操作程序、制度和办法。例如，巡视机构的名称、民主测评和问卷调查抽取样本、巡视组的组成、巡视汇报的程序、反馈的主要内容等，使全行的巡视工作有据可依、有章可循。二是组织经常性的巡视培训。巡视工作不同于一般业务检查和调研，政策性强、涉及面广，对人员的素质要求高。同时，各分行由于信息掌握不全、师资力量不够、教材比较缺乏，难以靠自身的力量培训巡视人员。因此，需要总行统配全行资源，把巡视培训纳入经常性培训的内容，每年组织全行性的巡视业务培训。三是要加强分行间的业务交流。各分行在总行的框架下，根据各行的实际和特点，在制度、办法、操作规程、方式方法等方面进行了有益的探索和实践，都总结出了适合分行特点的措施和办法。我个人感到，这些经验和办法需要拿出来供大家借鉴和参考。总行巡视办每年要组织类似的经验交流和座谈会，大家一起讨论交流，把全体的智慧贡献给大家，只有这样才能真正促进分行巡视工作的开展。

同志们，巡视工作任重道远，我们要认真贯彻落实中央的有关精神和总行党委的部署要求，进一步增强责任感和使命感，以更加积极的态度、更加扎实的工作，把巡视工作不断推向深入，为建设银行持续健康发展作出应有的贡献。

谢谢大家！

（根据录音整理）

在部分重点分行信访维稳工作座谈会上的讲话

朱洪波

（2012年9月25日）

同志们：

2012年以来，总行党委高度重视做好十八大期间的信访维稳工作，坚决贯彻落实党中央、国务院要求和部署，专门研究贯彻落实具体措施，先后召开总行机关维稳工作会议和全行维稳工作会议部署维稳工作。王洪章董事长要求全行高度重视维稳工作，要增强大局意识和责任意识，做到思想上再重视、措施上再细化、责任上再明确、工作上再深入，确保中央部署和总行党委的各项要求落到实处。上半年我们还召开了专题座谈会，研究部署十八大期间的信访维稳工作，并相继在全行范围内开展信访积案化解、条线评先表彰、业务检查调研等工作，多方面推动工作扎实开展，应该说整个上半年信访工作做得非常好。但是，我们不能掉以轻心。当前，我国面临经济下行压力，2012 年又是个特殊的年份，一个小小的导火索就可能导致很严重的社会问题，影响社会和谐稳定。我们在十八大即将召开的关键节点再次召开由部分重点行参加的信访维稳工作座谈会，主要内容是围绕总行党委的要求和部署，请大家一起分析研判当前信访维稳形势，汇报交流贯彻落实的具体措施，摸清可能影响稳定的情况和问题，听取大家的意见和建议，以利于更加扎实稳妥地做好当前及今后的信访维稳工作，确保将总行党委的要求部署落到实处。下面，我先讲几点意见，供大家讨论。

一、多措并举，我行信访维稳工作取得了积极成效

2012 年以来，面对复杂严峻的信访维稳形势，我行信访维稳工作在总行党委的正确领导下，紧紧围绕为党的十八大胜利召开创造和谐稳定的社会环境这一目标，不断创新工作理念，完善制度机制，全力推动解决信访问题，预防化解矛盾纠纷，信访维稳形势呈现趋稳向好的良好态势。2012 年下半年以来，全行个体访明显减少，没有出现大规模集体进京上访问题，为维护社会和谐稳定作出了积极贡献。

一是较好地处置了一些重大信访事项。上半年，我们较好地完成了“两会”期间的信访维稳工作，十几家重点行基本没有发生协解人员进京上访问题；在总行相关部门和公安部门的支持帮助下，对个别人员实施了成功稳控，确保了股东大会的顺利召开；总分行合力妥善处理了“5·23”银行系统协解人员进京集体上访，9 家分行 30 几名上访协解人员全部被及时劝返接回，没有人员长期滞留和回流；全行各级机构妥善处置了一批发生在当地的集体访、非正常访，有力地维护了社会稳定。

二是妥善化解了一批信访突出问题和历史积案。2012 年上半年，总行对近年来群众来信来访反映较突出的信访矛盾纠纷进行了排查分析，梳理出一批突出信访问题和历史积案，责成相关分行在规定时限内做好化解工作。许多分行对本行受理的信访遗留问题和积案进行了排查梳理，围绕重点领域、热点问题加大查处化解力度。通过总分行的共同努力，较好地化解了一批突出的信访问题和历史积案，部分信访事项实现了息诉、息访，有效地减少了信访存量和不稳定因素。

三是持续推动协解人员问题解决。在总行党委的统一部署下，各行从履行社会责任和对协解人员负责的高度出发，持续帮助更多协解人员纳入社会保障体系，努力改善他们的现实生活状况，帮助协解人员实现再就业。2012 年上半年，全行养老保险补建补缴新增 16 人，转移新增 28 人，接续新增 68 人；医疗保险补建补缴新增 34 人，转移新增 5 人，接续新增 56 人，领取失业金人员新增 91 人，领取失业证或再就业优惠证新增 7 人。截至 2012 年 9 月，我行累计帮助办理养老补建补缴、转移及接续新增 1.54 万人，续保人数达到 6.7 万人；帮助办理医保补建补缴、转移、接续新增 4 923 人，续保人数达到 5.2 万人，累计为协解人员支付社会保险补缴费用 5 255.5 万元。大量生活困难的协解人员从三级职工互助基金得到了不同程度的救助，我们的工作也得到了大部分协解人员的理解和认可。

四是进一步完善了工作机制。2012 年以来，总行完善了十八大期间信访维稳应急处置工作预案；拟定了信访维稳风险信息报送、信访维稳联席会议、非正常上访情况应急处置等制度办法；加大了全行范围内的检查通报力度；进一步加强了与中国银监会、信访局以及北京市公安、内保等部门的协调联动。同时，各分行重视加强信访维稳机制建设，进一步增强了工作的主动性和责任感，收到了良好的效果。

在取得良好工作成效的同时，我们也注意到，工作中还存在一些问题和不足，如少数机构对做好敏感时期信访维稳工作的认识有待于进一步提

高，工作安排需增强预见性和主动性；有的对重要信息不够敏感，处置应对措施不够有力；信访问题的查处力度还有待于进一步加大，反馈信访人的方式有待于进一步规范。这些需在今后的工作中认真加以研究改进。

二、认真分析研判形势，进一步增强做好工作的紧迫感和责任感

当前，全国信访形势总体平稳向好，信访量逐年下降，突出问题明显缓解，大量合理诉求得到解决，信访秩序明显好转，但信访总量仍在高位运行，影响社会和谐稳定的问题仍然不少。一是上访追逐利益最大化的倾向比较明显。主要表现为“心里过不去”，而非生活过不去，希望能够通过信访过得更好。二是信访问题转化为群体性事件的因素增加。具有相同利益诉求的上访人，认为单人访不能解决问题而向集体访方式转化。三是择机上访的心态很突出。你越着急他越来，你越有事他越来。四是信访积案化解难度大。有的认定有困难，有些政策界限不好把握。五是敌对势力插手，以“维权”名义炒作个案，企图使利益问题政治化。正如胡锦涛总书记说的：在当前社会矛盾多发的情况下，信访问题是回避不了的，信访工作必须坚持不懈地抓下去。

对银行业而言，社会金融需求日渐多样化，人们对金融服务的要求和期待日渐提高，对银行不规范经营行为越来越难以容忍，银行高利润可能成为社会“仇富心理”的发泄对象，这些应引起我们的高度警觉。

经过全行上下不懈努力，我行信访维稳形势基本保持了趋稳向好的良好局面，但全行信访总量仍处高位：上半年全行共接待上访 303 批次、694 人次，总行本部接待 78 批次、121 人次，批次和人次分别占全行的 26% 和 17%；受理各类来信 1 053 件，其中，总行本级受理 456 件，占全行的 43%。部分省区分行信访维稳压力仍然较大，协解人员矛盾依旧突出，客户上访问题日益凸显，部分历史积案仍有待妥善化解。加之十八大即将召开，个别群众择机上访、闹访心态进一步增强，少数重点人还在组织策划上访活动。最近一段时期总行连续受理了进京闹访、滞留和“扬言信”等带有过激色彩的信访事项，不排除个别思想偏激的信访人采取极端方式相要挟和故意制造影响。这些都表明，在当前形势下信访工作面临着大量不确定因素，我们必须进一步提高认识，增强做好工作的紧迫感和责任感，重在当前，兼顾长远。

三、准确把握、认真落实中央和总行党委的决策部署

2012 年 7 月以来，中央先后召开了第七次全国信访工作会议、全国维护社会稳定工作电视电话会议，中国银监会召开了信访和舆情工作会议，要求各地区各部门全力以赴做好当前的信访工作，确保十八大期间不发生大规模集体进京上访、不发生极端恶性案件、不发生重大群体性事件，坚决维护全国尤其是北京地区的和谐稳定。

2012 年 8 月，我行召开了总部机关维稳会议和全行系统维稳会议，王洪章董事长要求：信访维稳工作要处理好非正常信访，非正常信访事项要纳入应急处置预案范畴；要分析排查信访苗头和不稳定因素，将重点人员稳控在当地；要加强与地方党委和政府的联系沟通，借助政府力量做好处置应对；要处理好初信初访，加大信访核查力度，解决好历史遗留信访问题。

大家要深刻领会和准确把握中央和总行党委对当前信访维稳工作的决策部署，在贯彻落实中做到思想上特别清醒、政治上特别坚定、准备上特别充分、工作上特别扎实、反应上特别灵敏，绝不能有丝毫松懈麻痹。

这次会议是一次座谈会，主要想了解各行当前的具体情况，听听大家的意见与建议，欢迎大家畅所欲言。

加强管理　完善服务
全面提升公司机构业务的竞争力

——在全行公司机构业务工作会上的讲话

陈佐夫

（2012 年 2 月 14 日）

同志们：

大家上午好！我们这次会议的主要任务是贯彻落实全行工作会议精神，总结和回顾 2011 年工作，分析当前面临的形势和机遇，明确我们的工作思路，部署 2012 年公司机构业务的各项工作。就像刚才章更生委员讲的，总行党委对这次会议非常重视，张建国行长亲自到会，一会儿还要作重要讲话。受张建国行长和章更生委员的委托，我先讲三个方面的意见，供大家讨论：一是 2011 年公司机构业务的回顾；二是经营环境发生较大变化，机遇与挑战并存；三是明确工作目标，提升各项业务的市场竞争力。

一、2011 年公司机构业务的回顾

2011 年，全行公司机构业务条线认真贯彻执行国家宏观调控政策和监管要求，按照总行党委的工作部署，面对复杂的形势和激烈的市场竞争，攻坚克难、创先争优，各项业务总体运营良好，市场地位持续巩固，对全行的业绩贡献不断提升，主要有以下七个方面。

（一）服从大局，认真执行了宏观调控政策

1. 总量调控张弛有度。大家都知道 2011 年监管部门提出了贷款投放均衡、比例控制的信贷要求。对公业务承担了全行贷款总量“兜底”的任务，条线员工充分发挥了对公业务执行力强的优良传统，严格执行总行计划和监管要求，周密安排、灵活调度，保证了全行贷款的有序投放，圆满完成了“兜底”任务。

2. 信贷结构持续优化。严格执行国家的“进、保、控、压、退”的产业政策，对敏感行业的信贷投放控制有力。

我行“6 + 1”行业信贷余额减少 283. 6 亿元，贷款余额连续 7 个季度下降。政府融资平台贷款减少 1 122 亿元。压缩、退出类贷款减少 1 100 亿元，超额完成全年退出计划。房地产贷款投放得到有效控制，2011 年贷款新增 6. 5 亿元，这是上市以后最少的一年。

（二）突出重点，优势业务持续发展

在信贷规模紧张的情况下，我们重点支持在建工程、支持重点项目建设，加大对“三农”、保障性住房等薄弱环节的支持力度，也包括加快保理业务发展。

——基础设施贷款新增 2 058 亿元，占公司类贷款新增的 50%，支持了铁道部主业贷款、高等级公路贷款。

——国内保理业务也得到进一步发展，2011 年新增 604 亿元，对流贷替代率达到 8. 8%。存量客户达到 1. 5 万户。

——服务“三农”工作得到中央领导高度评价。涉农贷款余额超过 1 万亿元，新增 1 784 亿元，增幅达 20. 5%；新农村建设贷款在 10 家分行进行试点，现在正在稳步推进。

——在商业可持续原则下大力支持保障房建设，贷款余额达 257. 3 亿元，同业第一；重点支持拆迁安置房、经济适用住房建设。

（三）工作扎实有效，存款市场地位得到巩固

面对客户基础薄弱、存款竞争激烈的情况，在总行领导的高度重视和亲自指导下，公司机构业务条线上下一心、积极努力，实现了对企业存

款、同业存款的地位巩固。

人民币企业存款余额稳步增长，2011 年 6 月突破了 5 万亿元大关，当时张建国行长还亲自致信祝贺，极大地鼓舞了全行的士气。2011 年底新增 4 364 亿元，余额在四大行中名列第二，日均新增 4 988 亿元，在四大行中排名第一。同业存款余额达 7 364 亿元，新增 2 485 亿元，在四大行中排名第一。

（四）开拓市场，营销联动全面推进

积极践行“以客户为中心、以市场为导向”的经营理念。

1. 市场营销成果喜人。

——与优质大型集团客户签订银企战略合作协议 62 份，新建集团客户资金结算网络 198 个。

——公司机构贷款储备达 3.6 万亿元，客户和项目储备都非常充分。

——第三方支付备付金存管客户达到 89 家，其中获人民银行支付牌照 37 家，占全部获牌机构的 37%，领先于同业。

——CTS 客户总数连续 7 年保持第一，存管客户总数达 2 125 万户，其中新开户 177 万户。

——2011 年还成功中标代理中央国库集中支付业务，在财政部中央财政授权支付业务综合考评中，建设银行获得第一名。

——成功中标 7 家央企年金业务，获得 8 项资格，涉及年金资产 32 亿元，个人账户 81.5 万个，同业第一。特别是 2011 年成功中标中国中铁受托、账管双资格，成为近三年来唯一中标同一央企两项资格的机构。

2. 业务联动成效显著。主动加强条线和区域间业务联动，提高客户的综合贡献度。

——通过代发企业工资，带动新增个人工资账户 838 万户；带动新增发卡 130.7 万张，主要是信用卡。

——通过网络银行，带动小企业客户新增 2 734户，占小企业客户新增的 24%；带动企业网银客户新增 33.8 万户。

——通过战略集团客户，带动投行业务发展，成功中标中航集团 100 亿元私募债券；与首批超短融企业合作，成功发行 455 亿元。

——带动跨境人民币结算 2 673 亿元，市场占比超过 13%。

——信贷业务流程系统在香港成功上线，迈出了支持海外业务发展的重要一步，组织珠三角境内外机构 158 个项目，有力地支持了我行海外战略实施。

（五）加快转型，战略性业务有效推进

1. 战略性业务快速发展。

——网络银行业务继续领先同业，合作平台达到 9 家，累计服务客户数超万户，发放贷款 419 亿元。

——“民本通达”累计新增 1.1 万客户、1.6 万账户。成功拓展《光明日报》等文化领域新客户。新增社保账户 1 074 个，社保存款新增超过 1 000亿元；金融社保卡发卡 458 万张，在市场中居第二。

——“八一工程”也得到持续发展，与总后签署账户和资金监管协议，推动解放军总医院（301 医院）银企合作系统上线；2011 年军队武警存款市场占比增至 22.5%，继续保持同业第二。

——代理信托业务收入也达到 16.5 亿元，在四大行中占比超过 60%，同业第一。

——养老金业务签约客户数累计 9 966 户；企业年金受托资产达 165.7 亿元，管理个人账户 203.9 万户，均为同业第二；签约受托资产达到 194 亿元，签约个人账户 404 万个。

2. 创新产品工具效果显现。

——制定下发了产品创新直通车、银企联动创新管理办法，形成了对公产品创新的三大工具，对公产品创新向引领型、全员创新、银企联动创新转变。

——圆满完成了“e 点通”、“e 棉通”、旧城改造贷款、金融机构人民币结算账户透支、代理中央财政授权网上支付业务、同业借款业务以及鑫存管一站签约等创新产品。

（六）夯实业务基础，支持保障能力加强

积极做好客户、账户拓展，打造贷后管理核心竞争力，不断提高信息系统对经营管理的支持能力。

1. 客户/账户基础更加坚实。2011 年，我们组织开展“公司机构客户/账户拓展年”活动和旺季营销活动，通过抓源头、抓链条，客户、账户数量稳步增长。公司机构客户总数达 221 万户，新增26.5万户，客户总量与同业的差距缩小。单位人民币结算账户372万户，新增38万户。其中，基本结算户超过50%，比年初提高1.5个百分点。

2. 贷后管理不断加强。2011年制定贷后管理工作指引；推进贷后岗位分离，在全行配置信贷经理3 321人；开展了信贷诈骗、票据业务、客户经理违规代客等风险排查和评估工作。

3. 优化完善了业务系统。在业务系统中嵌入贷款利率底线管理、客户名单制管理、融资平台标识这样一些功能。

（七）贡献突出，经济效益不断提升

2011年全年我们实现对公中间业务收入及贷款利息收入3 028亿元，占全行的70.5%，整个业务板块仍然是建设银行贡献最大的业务板块。

1. 公司中间业务收入同业第一。实现公司中间业务收入473亿元，增幅达35%，高于全行平均水平。其中，单位结算收入74.3亿元、造价咨询业务收入54.7亿元，都是创历史新高；国内保理、代理保险、百易安三项业务收入都超过20亿元。单位人民币结算、境内保证、银团贷款这三项产品收入都居四大行首位。

2. 定价管理日趋完善。2011年新发放贷款利率实行机控，全年新发放贷款加权执行利率为6.55%，较基准上浮3.59%，新发放贷款三分之一的贷款利率是上浮的。

综上所述，2011年公司机构业务成效显著，许多业务和创新也得到了党中央、国务院领导及中国银监会和总行党委的充分肯定。这些成绩的取得，得益于总行党委的正确领导，得益于全体员工的共同努力，而我们在座的每一位同志都作出了自己的贡献。在此，我代表张建国行长，章更生委员，向你们并通过你们向全行公司机构业务条线的每一个员工表示衷心的感谢！

成绩值得肯定，但是我们要看到在业务发展当中还存在着一些不可忽视的问题。一是存款的稳定性还比较差，大起大落在季末、年末还非常突出。二是客户基础依然薄弱，总量在四大行中排第三，结构有待优化。三是精细化管理还有待加强，包括资金流向监控还不到位、授信管理等许多业务流程还有待优化。这些都需要我们在今后的工作中加以完善。

二、经营环境发生较大变化，机遇和挑战并存

在2012年的工作会议上，王洪章董事长、张建国行长对当前面临的宏观形势都做了全面分析。这里我就点一下题，总体上，世界经济还没有完全走出低谷，发达国家财政紧缩、货币宽松、部分国家和地区局势不稳，危及我国海外业务安全。国内经济有利因素及不利因素并存，经济增速放缓，我国对外出口、输入型通胀压力增大，经济转型和改变经济发展方式进入关键调整时期。货币监管政策出现新变化，需要进一步增强资本约束意识和政策敏感度，不断提升我们的经营管理水平。

（一）把握机遇，开拓市场

尽管形势复杂多变，但总的来说我国经济还处于重要的战略机遇期，全行公司机构业务需要进一步分析形势、研究市场、找准方向、抓住商机，促进业务发展。

1. 把握市场变化带来的三大机遇。一是战略新兴产业前景广阔。《国家战略性新兴产业发展“十二五”规划》即将出台，为我行调整客户结构，营销高端客户带来了新的机遇。二是企业的兼并重组、海外并购机会增多。煤炭、石油、交通运输、钢铁、水泥等行业并购重组步伐将继续加快，人民币国际化稳步推进，为企业国际投资和并购带来便利。三是节能减排将持续推动绿色信贷增长。“十二五”末，万元GDP能耗要较2010年下降16%，直接触发企业节能技改和环保投资需求，这些都会为我们带来新的商机。

2. 把握政策投向带来的四大机遇。一是保障性住房建设规模继续增长。2012年新开工建设700万套保障房，投资总额大概是1万亿元，社会和金融融资需求将超过7 000亿元，为发挥我行房地产、工程造价咨询业务专业优势，积极开展保障房业务提供了广阔的市场空间。二是社会保障支出快速增长。2012年中央财政相关保障支出将达到5 300亿-5 500亿元；“十二五”期间企业年金规模将超过1万亿元，市场机会非常充足。三是大型水利建设投资要大幅增加。未来10年全社会水利投入总规模将超过4万亿元，这方面，我行可以发挥传统业务优势，积极参与大型

基础设施融资，包括水利设施。四是新农村建设需求旺盛。“十二五”期间，农村基础设施和工业园区建设以及土地整理开发都有信贷配套资金需求，这也给我们带来商机。

3. 科技发展带来的三大机遇。一是在互联网领域，电子商务的扩容；二是在物联网领域，包括各种电子收费，包括汽车不停车收费；三是在移动支付领域，将给商业银行带来更多的金融服务、金融创新和资金沉淀。

（二）强化管理，应对挑战

全行公司机构业务在迎来重大发展机遇的同时，在基础管理、系统性风险防范、流程优化等方面也面临着艰巨挑战，需要我们振奋精神、积极应对。

1. 基础管理仍然存在一些薄弱环节。一是多头贷款问题依然较多，在一个分行内的一个客户甚至是一个项目多的有20几个经办行共同贷款。二是贷时审查不严，对贸易背景、票据、抵押物的真实性没有认真核实，甚至有些是完全作假的，在全行工作会上，王洪章董事长和张建国行长都专门说了这个问题。三是贷后管理要求没有真正落实，贷后检查、客户回访都流于形式，最近出现的很多风险、案件，包括浙江“中江系”出现的问题，总行和分行相关管理部门都是在风险完全暴露以后才得知情况的，甚至有一些案件都是在审计、公安发了案以后才通知我们有关部门，在这个过程中，相关的经办和管理岗位都是完全的失职，这方面我们的管理基础非常薄弱。

2. 当前需要关注一些领域的系统性风险。一是地方融资平台贷款债权亟待固化。根据监管部门的统计，未来三年之内有35%的政府平台贷款到期，今明两年，我们建设银行政府融资平台贷款分别到期1 262亿元和692亿元，平台贷款集中偿还压力巨大。分行要以平台贷款全额纳入地方预算管理为契机，逐户落实还款来源，保障我行债权。二是房地产开发贷款偿债压力显现。可以预见，2012年国家对房地产业的调控还将继续进行，各地的限购政策现在还没有松绑的迹象，有的地方曾经想松，但目前看来国家还是比较严的，可以想象，房地产企业的经营将十分困难。2011年12月，我行公司类不良贷款突然增加60亿元，其中很大一部分是来自房地产业。因此，我们要求特别关注房地产业贷款，发现问题及时化解。三是民间借贷出现的问题开始向银行体系蔓延的风险上升。这里再明确两点：一是要密切关注、核查授信客户是否有参与民间集资的问题。根据监管部门的要求，对于有参与民间集资的企业，一律不得增加新的授信，而且存量贷款还要逐步退出。二是要严格支用管理，银行的信贷资金一律不得参与民间融资，一经发现，总行将严肃追究责任。

3. 业务流程还有待优化。一是授信管理体制还不完善，以客户为中心的业务流程还没有真正地建立起来，授信时间长、效率低、客户体验差。二是有些业务流程冗长、复杂，有些业务流程执行缺失，严重影响了服务效率。这样的问题在今后的工作过程当中进一步优化。

三、明确工作目标，提升各项业务的市场竞争力

按照全行工作会议精神和我们的业务发展实际，2012年公司机构业务工作思路：以支持和服务实体经济为重点，以巩固资产质量为核心，坚持科学发展、稳中求进，全面提升公司机构业务的市场竞争力。

主要业务目标：缩小与市场领先者的差距，扩大与追赶者的优势，这是我们全行工作会提出来的。企业存款新增6 000亿元以上，同业存款新增700亿元；实现公司机构中间业务收入418亿元；公司机构客户新增25万户，对公结算账户新增31.4万户；养老金受托资产新增50亿元，个人账户新增50万个，托管资产新增140亿元，客户新增3 000户。

要全面贯彻落实全行工作会议精神，按照“三大一高”的经营策略，着重抓好以下工作。

（一）确保全面完成2012年的各项任务

2012年的经营形势非常严峻，各项工作任务非常艰巨，我们要发挥公司机构业务条线“敢打硬仗、打苦仗”的优良传统，全面、高质量地完成全年各项任务目标。

1. 全力以赴打好稳存增存攻坚战。2012年企业存款形势非常严峻、竞争非常激烈，需要我们付出更加艰辛的努力。

2012年上班的第一天，我看了一下我们的报

表，企业存款是负增长4 400多亿元，我们几个分管的同志，包括许会斌总监以及相关部门老总都感觉压力很大。来之前我看了一下报表，企业存款还负增长3 888亿元，形势非常严峻。应该说现在存款形势对信贷业务的正常经营、对企业存款全年计划的完成构成了很大压力。我们分析这其中有春节因素，但也与我们的工作不努力有很大关系。张建国行长在工作会上也讲到工作精神状态很重要，我们认为现在个别同志的精神状态不佳、工作起色不大是主要原因。前段时间，公司部以总行名义下发了紧急通知，任务和要求已经很明确了，2012年总行还将安排4 500万元的条线统筹费来支持各行加强营销。总行要求各分行“一把手”和分管行长要真正重视和负起责任来，拿出强有力的措施抓好负债业务！如果第一季度企业存款目标完不成，实现不了我们的目标，按照总行要求，就会请各位到北京谈话去，有些差距比较大的，按照王洪章董事长和张建国行长要求，由“三长”找你们谈话。对于对公存款，要着重抓好以下六个方面工作。

一是要抢抓源头。总行工商验资系统计划在2012年2月上线，各分行要加大对工商部门的营销力度，做好与它们的衔接，尽早实现全行范围上线，从源头上抓客户、抓存款。同时，还要加大第三方支付机构备付金存款的营销力度，密切与信用卡条线的协调联动，争取相关资金的沉淀。

二是要抓产品。要根据市场形势，尽快推出期限灵活的“定活通”存款产品；优化资金证明业务，提高办理效率；要增加公司机构客户保本型理财产品的供应，确保带动1 500亿元存款新增，同时要防范同业对我们存款的冲击；要加快研究ETC智能交通结算业务服务方案，抓好通行费资金结算，通过科技创新、新业务的发展带动存款的增长。

三是要抓机构客户。要服务好各级财政系统客户，留住转移支付下拨资金，延长资金沉淀时间；跟进“省直管县”和“乡财县管”的改革步伐，使县域财政存款成为我行财政存款的“蓄水池”和“稳定器”；力争发行“金融社保卡”800万张，拓展社保存款；同时深入推进“八一工程”，实现军队武警存款新突破；关注资本市场变化，优化我们的业务价格，包括市场价格，引导同业存款稳定增长。

四是要抓客户链条。要通过供应链融资、网络银行、国内保理、现金管理等产品，做好对核心企业上下游客户、关联客户的营销，增加资金的循环与沉淀；积极营销集团型高端客户，包括我们讲的大系统、大行业客户，从而形成从总部到末梢的客户营销链条。

五是要抓大城市行。在2012年的工作会议上，张福荣监事长指出来，“大城市业务上不去，建设银行的市场位次就要受到挑战”。大城市企业总部密集、政府机构部门集中，如果存款抓不好，相关辐射区域的存款都会被撼动。所以我们要总结多年来中心城市行的经营发展经验，做好大城市企业存款营销工作。

六是要抓联动。要强化存贷联动，做好借款人受托支付对象在我行的开户工作，提高贷款资金体内循环沉淀比例；要加强本外币联动，积极发展“汇贷赢”等保证金质押信贷产品，深挖保证金存款增长的来源；密切各条线联动，抓好直接融资的投资银行客户，包括企业年金客户等。

2. 千方百计扩大有效客户和账户数量。突出抓好“三大一高”客户，不断充实客户/账户总量，优化结构。

一是2012年要实现客户/账户总量的突破。2011年我们搞的几项活动，客户/账户拓展工作搞得有声有色，效果还是很好的。今天数字虽然没有出来，但和上一年相比，新增客户30多万的目标基本能够完成。所以2012年我们还要把客户/账户的拓展放到更加突出的位置，并且给予适当的资源倾斜。

二是要确立“三大一高”优势。要继续发挥我行服务大客户、大项目的传统优势，抓住大行业、大系统中的核心客户，通过供应链融资服务，抓住上下游客户，同时通过发挥建设银行的整体优势，为客户提供商业银行、投资银行、租赁、保险等全方位的综合化服务，强化客户对我行的依赖。

三是完善服务，实现账户质量提升。要与资金结算条线密切配合，推进结算账户开户和签约流程便利化，优化资金证明等业务流程，提升客户体验，促进账户增长，减少账户非正常流失。会前，赵欢副行长还特意嘱咐我，要求2012年公司机构条线要加强对无贷户的稳定和服务，希望各行加以重视，包括小额无贷户和有潜质的无贷客户的营销和服务。

3. 确保中间业务领先优势。发展中间业务，是我们建设银行战略转型的重要内容。2012 年收费形势严峻，要下大力气抓好、抓实这项工作。

一是要加强组织推动。总行 2012 年将继续开展结算、保理、造价咨询等各项中间业务的营销竞赛，并要配置专项费用。各分行要做好竞赛组织，科学细化激励政策，确保竞赛的激励效果；当然也要落实好收费监管要求，调整收费策略。当前社会上对我们银行的收费颇有微词，要保证收费的合理性，注重客户培育，改善客户感受，防止出现只收费不服务的现象。

二是完善中间业务销售渠道。要打通柜面对公、对私业务，配置网点客户经理、结算经理，增强网点中间业务销售能力；落实好电子渠道销售双边记账的有关要求，抓住有利时机，强化激励考核，提升电子渠道的销售能力。

三是要提升重点产品贡献度。丰富结算服务产品系列，加快研究池保理等新产品，巩固造价咨询业务品牌形象，提高财险业务收入份额，拓展交易资金监管业务，促进代理信托资金计划收付业务发展。

（二）梳理完善业务流程，提升客户服务能力

我们今天还是强调，要践行“以客户为中心”的经营理念，按照“以人为本”的原则，优化业务流程，完善和合理化各项服务，改善客户体验，提高客户满意度，具体有以下几方面要求。

1. 进一步梳理业务流程。在控制风险的前提下，通过提高效率、降低成本，以同业一流为目标，改造我们的业务流程。

一是要落实好总行“宽授信、严支用”制度。要强化服务意识，提高市场响应速度，我们要求先把客户“请进门”，再制订相应的授信方案给予授信。但在支用阶段，则严格落实信贷审批条件和我行信贷政策，进行从严管理。

二是要推进授信管理体制完善。要以新的集团客户授信管理模式为重点，逐步完善授信管理体制。要按照差别化管理原则，对不同风险类型客户确定不同的授信模式，包括积极开展跨国公司客户全球统一授信，为客户提供境内外一体化的综合服务。

2. 逐步建立“流程银行”。要按照建立“流程银行”的要求，建立标准化的体系，每一个客户或一项业务，进入银行即进入相应的业务流程，实行首问责任制。各部门要互相配合协调，在流程中解决问题。

3. 完善服务链条。以重要客户为中心，连接上下游客户，形成一条龙、全覆盖的服务。要为客户提供多样化的产品和服务，尤其是要落实总行提出来的“三大一高”客户战略，要为客户提供个性化、定制化的金融服务方案。

（三）不失时机抢占战略性新兴业务领域

要把战略新兴业务作为打造我们建行核心竞争力的重要一环，抓好信息化、城市化、民生保障与文化发展等领域展现的新机遇。

1. 推动网络银行实现业务的“五化”，即客户多元化、平台多样化、产品标准化、管理专业化、服务品牌化。要加大企业网银推广力度，要求公司机构客户电子银行渗透率要达到 75%。

2. 重点推进供应链融资业务。为我们的核心企业提供供应链融资产品，将业务向核心企业上下游延伸，通过推广行业链、企业链、产品链等“链式营销”模式，发挥各子公司的作用，形成建设银行集团合力，为客户提供综合化产品和服务。

3. 要扩大第三方支付存管业务范围。要紧跟市场发展步伐，主动拓展客户。

4. 要稳步推进新农村建设贷款业务。2012 年准备稳步扩大新农村建设贷款试点区域，加大对农村基础设施建设，包括农业现代化企业、特色农业经济的支持力度，继续扩大我行在服务“三农”方面的市场影响力。

5. 要加大保障性住房建设贷款支持力度。总行要求，按照商业可持续原则，加强与省级保障性住房建设平台的合作。我们的支持重点主要是直辖市、计划单列市、省会城市的保障性住房建设项目。

6. 要加快推进“八一工程”。要充分发挥任务型团队的优势和作用，建立分行“一把手”负责制。要求各级行、各部门协调配合，加大对总后、总装、武警总部的营销力度，王洪章董事长来了以后，对机构业务军队武警业务高度重视，到行时间不长，已经参加了好几个总部营销活动。总行要求以点带面，辐射全局，做好军人保障卡的推广工作，实现军队武警客户存款新的突破。

7. 要提升社保卡市场份额。要加强与金融社保卡主管部门的沟通，从源头上抓住客户，提升市场占比，充分发挥社保资金对存款稳定增长的作用。

8. 要实现养老金业务的突破。要加大对央企营销力度，全力保持2011年在这项业务上的优势，力争打赢2012年养老金市场攻坚战。这也是在王洪章董事长在视察养老金部时提出的要求。

（四）积极推进产品创新

要完善产品创新管理体制，用好各类创新工具。

1. 要以三大工具推动产品创新。落实产品创新直通车制度，提高产品创新效率；充分应用银企创新联动模式，提高产品创新针对性和客户需求契合度；要扩大产品创新试点范围。要以服务类产品和融资替代产品作为创新重点，努力降低资本占用，提高市场竞争力。

2. 要持续完善产品基础管理。要做好产品整体规划，包括明确发展方向和发展重点；建立产品的准入退出评价体系，强化产品生命周期管理。

3. 要加大重点产品营销力度。2012年还准备组织召开造价咨询、供应链融资、网络银行、第三方支付等专项营销推介活动，提升产品市场认同感，包括继续大力推广我行“养颐乐”等企业年金集合计划产品。

（五）持续优化信贷结构，提升贷款质量

要落实好国家的产业结构调整政策和我行信贷政策，持续深入开展信贷结构调整工作，主要有以下几个方面：

1. 加大重点行业和领域营销力度。落实中央提出的金融服务实体经济要求，支持经济增长方式调整和产业升级。

重点支持国家在建、续建重大项目，全力营销水利、交通、能源等民生型基建项目；积极扶持战略性新兴产业，包括技术比较成熟，已成功实现产业化的集团客户，积极支持新兴制造业；充分运用并购融资，积极参与国家的煤炭、石油等资源性行业优势客户的兼并重组；加大对低碳经济、节能减排、循环经济等绿色信贷领域的支持力度；积极营销文化领域客户，探索服务客户新模式。

2. 切实加强敏感性行业管理。

一是要细化“6＋1”行业管理要求。继续严控“6＋1”产能过剩行业信贷总量。2012年公司部也制订了一个计划，要加快压缩落后产能客户存量业务；坚持名单制行业管理政策，而且要将名单制管理范围扩大到聚氯乙烯（PVC）制造、肉类加工、乳制品、汽车零配件制造等行业。

二是要做好政府融资平台贷款清理整改工作。前面讲到了2011年我们做了很多这样的工作，2012年还是要继续抓好这样的工作。要继续推进合同补正、抵质押整改、补充现金流等工作，包括对融资平台实现“全覆盖、定性一致、三方签字”要求，稳妥整改；要以平台贷款纳入地方政府财政预算为契机，落实还款来源；要加大对二级公路贷款的退出力度。

三是要加大对房地产类贷款结构调整力度。要严控房地产开发贷款投放节奏，借此机会调整全行的房地产贷款区域结构、项目投向，细化客户名单制管理要求，提高准入门槛，我们还是强调按照过去的要求，有所为有所不为，择优审慎支持房地产企业。

（六）不断强化基础管理，规避操作风险

1. 要加强制度建设。结合近期监管、审计检查发现问题，进一步规范国内保理、同业代付、信托计划资金收付这样一些新兴业务管理。要优化流程、规范操作、强化业务督导力度，尤其是总行业务部门要加强对相关业务的督导力度，提升公司机构业务条线管理水平。

2. 要加强贷后管理。要严格执行信贷业务“三查”制度，全面了解客户及项目的实际控制人变化信息。现在有很多项目，款贷出去以后，客户的经营状况，包括客户的实际控制人出现变化，我们都不知道。要做好抵质押物现场状态核查及抵押登记工作，特别是要加强押品管理，如实评估押品价值，确保押品的真实性和有效性。继续推进贷后管理岗位职责分离，按业务量和比例充实信贷经理队伍。2011年在总行的支持下，增加了相应的信贷经理、产品经理、客户经理3 000多人。

3. 要强化风险案件防控。全国金融工作会议提出，“要把防范化解风险作为金融工作的生命线”。王洪章董事长在全行工作会上提出了对案件和违规违纪实行“零容忍”的要求，总行部门、各分行“一把手”在会上与总行签了责任状。因此，要继续保持对风险案件的高压态势，重点监控新暴露不良的区域和业务，做好重点业务部位的案件防控，加强授信业务真实性管理。2011 年底，按照监管部门要求，专门组织了全行信贷包括授信的检查，效果不是很理想，38 个分行，只有 12 个行报告提出来相关问题，有 20 多个行认为通过核查没有发现任何问题。

4. 要加强系统支撑。要加快信贷业务流程系统海外上线步伐，支持和规范海外业务发展，继续系统四期开发，将新的信贷政策和新产品嵌入系统，实现对信贷资金流向的体内监控。

（七）全面提升专业化、精细化管理水平

按照总行五年规划要求，2011 年总行开展了公司机构业务转型与客户细分课题研究，提出了未来公司机构业务转型的思路和方向，按照为“合适的客户”通过“合适的方式”提供“合适的产品和服务”的目的，有关部门制订了初步的实施方案，在总行批准的前提下，推进这项工作。

1. 要加快对公金融中心建设。王洪章董事长来了以后，多次提出要求，以对公金融中心建设为切入点，开展网点对公业务的升级。我们要依托二级分行营业部和城区综合型支行，2012 年计划要建立 1 000 家对公金融中心，作为公司机构产品的综合展示平台和销售渠道，为对公中高端客户提供差别化、“一站式”服务。我们建的对公金融中心也是对公服务的综合部门，功能较为完善。

2. 要加快放款中心建设。以同城业务全覆盖为原则，在各分行公司业务条线设立放款中心，统一承担贷款发放最后一道关口的职责，提升贷款发放的管控水平，切实防范风险。有时候我们的贷款通过审批以后，客户情况、市场情况发生变化，但是我们的款还是照样发出去，所以要建立统一的放款中心来把好最后一道关。

3. 要加快对公产品研发中心建设。按照“市场导向、集中管理、专业专注、提高效率”的原则，有效整合全行对公条线及中后台创新资源。下一步设想，在对公板块考虑设一个对公产品的研发部门，负责对公产品的创新管理和跨条线、跨部门对公产品的研发工作，提高产品的竞争能力。

4. 要加快推进本级直接经营。要加大总行直接经营力度，扩大战略性集团客户直营范围，完善相关业务考核机制；王洪章董事长来了以后也强调了这个事项。要研究票据业务总行直接经营方案，重点是实现转贴现集中经营。要逐步推进总行转变，之前主要偏重于管理，下一步我们将是管理和经营并重。

同志们，2012 年形势更加复杂、任务更加艰巨，我们一定要坚定信心，牢牢把握稳中求进的总基调，积极应对各种变化，抓住发展机遇，迎接新的挑战，坚持不懈，扎实工作，不断进步，为建设一流的商业银行作出我们应有的贡献。

谢谢大家！

在部分分行企业存款客户账户座谈会上的讲话

陈佐夫

（2012 年 5 月 23 日）

刚才大家的发言很精彩，简明扼要、重点突出，提出了很多很好的意见和建议，包括从源头增加账户、抓供应链、抓企业链、抓无贷户、抓产品等，很受启发。会后，请公司部把大家提出的意见和建议进行整理，向总行有关管理部门反映、转达和推动、协调。总行管理部门可以调整的，要及时进行调整；暂时调整不了的，也要进行认真研究，至少要记录在案，要尽可能对一线部门和分行给予支持。

根据春季工作座谈会议精神和总行近期工作要求，结合大家的意见和建议，我讲几点意见，供大家参考。

一、认清形势，自加压力，坚定信心

从宏观经济金融形势看，2012 年总的经济形势不容乐观。前两天温家宝总理在武汉召开部分省市区的座谈会，会上大家反映了很多具体问题、真实情况，经济下行压力非常大。同时，中国银监会等管理部门的监管条件和标准越来越严，同业市场竞争越来越激烈，银行经营环境越来越艰难。

尽管有客观方面的因素，但 2012 年中央明确经济工作的总基调是“稳中求进”，强调的是要发展、要进步，全行工作会也要求贯彻落实中央精神。“稳中求进”不是求慢，不能求停，更不能退。各行一定要准确把握稳中求进，推动包括企业存款在内的各项业务持续健康发展。

从建设银行自身情况看，股改上市后，我们在经营管理各方面都取得了很大进步。在王洪章董事长上任的时候，我们的老领导王岐山副总理专门提到这一点，对建设银行在管理、资产质量、盈利能力、服务等方面取得的进步给予了充分的肯定。各行一定要珍惜来之不易的成绩，要坚持发展，决不能拖整个经济发展的后腿，要坚定不移地朝“国内领先，国际一流”的目标迈进。

二、分析原因，找出差距，扬长避短

我们经常讲，现在面临很大的经营压力，包括体制方面的，包括机制方面的，包括我们的客户基础，包括我们内部的产品开发供应，存在很多问题；也包括我们的定价政策可能有些欠缺。实际上，说一千道一万，这些因素都是历史形成的，不是今天才有的。所以我们在强调客观原因的同时，一定要找找我们主观上存在什么问题，从主观上分析原因、找出差距、扬长避短。

一是我们在四大行中率先上市，上市时享受的“政策红利”，包括与市场、客户的“蜜月期”都已结束，“顺风车”、“顺风船”已经没有了。而我们的竞争对手通过股改上市，现在开始发力了。面对焕发出活力的同业对手，竞争只能是越来越激烈，各行要清楚地看到我们面临的形势。

二是在市场环境相同、基本制度一样、客户同质化的情况下，同业竞争变成了综合实力的竞争，其中主要是内部机制的竞争。所以现在是对各家银行的考验，内部机制、综合实力、综合竞争能力如何，在这个时候就体现出来了。

三是全行业务发展不平衡。包括股改上市前几年和 2012 年相比不平衡；对公对私业务不平衡，现在我们存款对公、对私正负相加是 5 千多亿元，最多的时候差 1 万亿元；分行之间不平衡，不同地区间差异很大。全行处于同样的经营环境，面临同样的经济背景，有的行做得比较好，有些行就不太理想，大家一定要找出原因、找出差距，对症下药。

三、明确目标，落实责任，务求取胜

2012 年全年对公存款新增目标是 6 864 亿元，将近 5 个月过去了，整个任务的完成情况非常不理想，很多行在水面上下浮动；而且根据预测数，部分行预计在 6 月底仍在水面以下，刚才有的行长发言也讲到了，你们的理想目标就是出水面，这和我们 2012 年的新增任务相比，差距太大。

2012 年的任务目标，总行党委在春季工作会上已经明确：要采取一切措施，务求完成工作任务，具体的要求“时间过半、任务过半”。对公存款也不例外，总行有总的目标，各行也要明确具体目标，并落实责任。在 2012 年初的工作会上，王洪章董事长已经讲得很清楚，各行的“一把手”、分管行领导都是主要责任人。落实到我们对公条线也是一样，存款任务，各行的“一把手”责无旁贷，分管行领导、分行相关部门、总行的相关业务部门主要负责人都是责任人；按照责任明确的要求，可以说对公条线人人都有责任，从我到许会斌总监都负有责任。

大家要按照总行的要求，明确责任和任务。任务完成、奖励有份，任务落空、难辞其咎。

2012年的对公存款要打一场硬仗、打一场攻坚战，而且要求务求取胜。

四、总分联动，相互支持，全员营销

面对艰巨任务，希望全行都要动员起来，包括我们整个对公条线和相关方面，一定要做到总分行相互支持、相互配合、相互协调，动员所有的力量、所有的资源投入到这场攻坚战中去，投入到营销和服务中去。

刚才大家发言中提到总行和分行在体制、机制、效率、价格上有很多问题，希望总分行一起来努力，使出真功夫，拿出真本事，共同解决这些问题，只有这样，我们才能去争取业务、争取客户、赢得市场，才能改变我们目前被动的状况。

五、调整结构，坚持创新，完善服务

要做到三个坚持，即坚持调整结构、坚持不断创新、坚持提升服务。一方面，目前国民经济和金融发展都处于调整转型期，处于这样的时期，我们的业务必须要做相应的调整，只有坚持调整，才能适应市场、适应客户，才能符合竞争的要求，才能更好地服务实体经济。另一方面，在同一市场、同一环境、客户相同、业务同质的环境下，竞争中制胜的法宝就是不断地创新和提升服务，提升银行核心竞争力，即创新能力和服务质量。

提升创新能力。以前我们总讲创新，讲的是“人无我有”、“人有我优”、“人优我先”，但现在反映出来的是要先解决人有我无的问题，尽快摆脱被动状况。关于创新，要防止两种倾向：一是防止统得死、限制多，导致动力不足、创新慢，适应不了市场和客户，无法和同业去竞争；二是防止走过去的老路，一讲创新就遍地开花、各自为政、标准不统一、五花八门、政出多门，导致一家银行在不同地区的服务完全不一样，客户体验非常差。我们讲的创新应该是合理化建议，创新思路方面是散发的，但在开发服务方面应该相对集中和统一。

所谓思路和合理化建议是散发的，就是全员都要有创新意识、创新理念，而且鼓励在具体的业务工作中提出新的思路，提出合理化建议，包括及时反馈客户的一些合理意见和建议，反馈同业一些新开发的产品和服务。

所谓开发服务相对集中和统一，就是创新思路要变成具体的产品和服务，要统一进行开发、上线、推广，这主要集中在总行和分行。现阶段，重点是要发挥分行的创新积极性，总行要及时沟通各行的创新情况、创新效果，加大支持、协调、推广力度；通过及时沟通各分行的情况，取长补短，把合适的产品、服务推广到全行。要统筹兼顾效率和成本，既要防止重复开发，又要防止丢失时机、丢失客户。

提升服务质量。金融企业是服务业，服务是金融企业的核心竞争力。尤其在竞争激烈的特殊时期，全行应该要在服务提升上狠下工夫。判断服务的好坏、服务的优劣，只有一个标准，就是客户依存度和客户满意度。依存度就是要保证客户不流失、不断增加新客户。满意度的评价一定要客观，在客观评价的基础上，还要和同业相比。希望各行在做好其他工作的同时，要把服务质量的提升提到重要日程上来，甚至要列入考核体系，从根本上提高核心竞争力。

今天的会议既是为了贯彻落实全行春季行长座谈会精神，是一次讨论会、交流会、征求意见和寻求共识的会议，也是一次督导会、提示会、有特殊含义和明确要求的会议。

所谓督导，是督导全行要完成全年的工作任务，包括全年任务总量和“时间过半，任务过半”的进度要求。

所谓提示，2012年初总行主要领导明确讲了，对任务完成不好的分行，总行有两次诫勉谈话，第一次是分管领导，第二次是主要领导。今天会议不算是谈话，只是提示。到半年的时候，我们看结果，对于完成任务不好的分行，要到总行来做第一次谈话。在这个基础上，2012年下半年，第二次就找主要领导来谈话了。二次谈话以后还是没有大的改观的，按照主要领导的说法，可能就要做适当的调整。

我们大家都面临很大的压力，我、许会斌总监，以及在座的总行部门老总也是一样的。面临这样的艰巨任务，希望大家和我们一样，都要有紧迫感、责任感。还是那句老话，让我们大家共同行动起来，群策群力、共同奋战，通过扎实的工作，完成好2012年全年的工作任务，共同促进2012年全年对公业务胜利完成。

谢谢大家！

夯实基础 加快转型 精益管理 努力实现全行零售业务新的突破

——在全行零售业务工作会议上的讲话

朱小黄

（2012年2月23日）

同志们：

龙年首季，我们齐聚上海，召开全行零售业务工作会议。今天是农历二月初二，是“龙抬头”的日子，希望通过这次会议为全年业务发展开个好头。本次会议的主要目的是贯彻落实全行工作会议精神，总结分析2011年的成绩与问题，全面部署2012年的工作重点。下面，我就2011年业务发展作简要回顾，对2012年的发展方向以及要重点抓好的工作谈几点意见。

一、2011年各项工作的总结回顾

2011年，在总行党委、董事会和管理层的正确领导下，零售条线围绕国家“十二五”规划和我行五年规划要求，以“促转型、抓基础、提升市场竞争力”为目标，扎实推进各项工作。经过一年的努力，在提升价值贡献、推进业务转型、增强市场竞争力和稳固发展基础等方面成效显著。

（一）在提升业务价值贡献上实现了新的突破

根据初步测算结果，零售业务全年实现净利润约660.2亿元，同比增长69.3%，比全行增速快41.9个百分点；全行占比39.1%，较2010年提升9.7个百分点。零售业务价值贡献的提升，既为全行经营目标的完成作出了重要贡献，也为逐步打造零售业务在我行的支柱地位奠定了坚实基础。

（二）在加快发展转型上取得了新的进展

一是信贷资源倾斜力度加大，零售贷款新增4 605亿元，全行占比61.9%；截至2011年末，贷款余额2.2万亿元，全行占比36.0%，较2010年末提升3.6个百分点。二是吸收客户资金由主要依靠存款转变为存款和理财“双轮驱动”，个人客户资金新增6 570亿元，是历史第二高点。三是私人银行功能转型成效显著，全行已有228家私人银行设立内部独立机构号，有16家持有独立营业执照。四是网点二代转型全面完成，累计完成7 800家，理财中心“空心化”问题基本得到解决。五是个贷业务专业化经营深入推进，个贷中心建设覆盖地级以上城市和百强县市。六是小企业客户趋向微小型化，户均贷款由820万元下降至765万元。七是信用卡扁平化管理初见成效，有71家城市行实现审批扁平化，办卡时间缩短4个工作日。

（三）在增强市场竞争力上收获了新的成绩

一是住房金融业务同业领先地位继续巩固，个人住房贷款余额和新增在四大行占比第一，市场份额分别较2010年提升1.3个和10.3个百分点，资产质量在四大行中最优，房改金融同业领先优势巩固。二是个人类中间业务产品同业竞争力强，个人借记卡结算、代销基金和代理人身保险等6项主要产品市场份额全部高于工商银行，其中3项产品收入在四大行中位列第一，6项产品总收入网均在四大行中位列第一。三是信用卡业务卡均交易额、不良率等质量指标同业第一，发卡量、贷款余额等规模指标同业第二。

（四）在夯实发展基础上凸显了新的成效

一是客户基础显著增强。有资产个人客户新增1 817万人，创历史最好水平；私人银行客户超过8万人，增长29.4%；新引入个贷客户166万户，人均覆盖6个以上产品；小企业授信客户

超过7万户。二是渠道基础继续夯实。完成新设网点装修310个，创近五年新高；自助设备运营新增5 771台，交易量分别是柜面和电子渠道的2.6倍和1.3倍；电话银行客户超过9 500万人；私人银行、个贷中心分别达245家和940家。三是产品基础不断稳固。存贷款、支付结算和投资理财全面发展，满足客户多元化需求，借记卡新增创历史新高；私人银行开放式综合产品服务平台功能不断完善；"小贷通"等小企业产品快速发展，同业率先试点移动支付业务。四是质量管理再上新台阶，完成产品创新计划372项，实施流程优化和评估项目531项，开展产品评价项目113项。五是持续打造队伍基础，零售业务客户经理人数已超过23 000人，全年培训各类零售业务人员近13 000人次。

（五）在谋划未来发展上明确了新的方向

提出"抓好细节管理，抢占新制高点"发展方向，推动精细化管理和人性化服务。推进个人客户服务能力评价体系建设，研究改进网点零售业务绩效分配机制，建立基于数据分析的名单制和事件式营销模式。私人银行业务的战略与定位明确，小企业零售化模式逐步形成。积极谋划消费金融"大发展"，认识和研究逐步深化，发展方向初步明确。

总的来看，过去一年全行零售条线全面落实了全行五年规划要求，顺利实现了2011年武汉工作会主要目标，为"十二五"时期的快速发展和全面转型开了好头。尤其是2012年1月，我行个人存款新增3 960亿元，在四大行中占比38.2%，排名四大行首位，为全行存款业务的稳定发展作出了贡献。这些成绩的取得，得益于总行党委、董事会和管理层的正确领导，得益于全行各部门的大力支持，得益于全行15万零售业务员工的艰苦努力和拼搏。借此机会，我代表管理层向与会同志及全行零售条线员工表示诚挚的感谢！

在肯定成绩的同时，零售业务发展中还存在一些不容忽视的问题，要引起关注、亟须解决。

一是零售业务基础整体薄弱状况还未得到根本改观。我行零售业务起步较工商银行、农业银行晚，20世纪80年代中期才开始"大办储蓄"，而工商银行、农业银行都已有几十年的历史，我行基础还需加快积累，具体表现在：客户基础薄弱，虽然近年来有资产个人客户增速快于工商银行，质量好于农业银行，但总量分别不到工商银行和农业银行的80%和60%，在城镇化区域、优质代发工资客户等方面差距明显，私人银行客户数量占比低。渠道基础薄弱，我行营业机构数在四大行中占比21.3%，在2011年差距还有所拉大，工商银行计划新增700家、实际完成421家，我行计划新增291家、实际完成166家。消费信贷基础薄弱，我行除房贷外的个人贷款上年新增规模仅是工商银行的27.8%，在四大行中占比14.4%，认识观念亟须深化、业务推动亟须加快、管理机制亟须理顺。

二是零售业务转型理念还需深化。发展和经营个人客户理念在分行间落实的差异性很大，部分分行对拓展和维护个人客户重视不够、措施不多、成效不明显。小企业业务在一些分行还没有设置专门的管理和经营机构，个别分行发展小企业客户"求大"、贷款规模"求多"，零售化和小额化的经营理念贯彻落实还不到位。私人银行业务的资产管理能力和人员综合素质与国际先进水平还有相当差距，个别私人银行专营机构的业务办理功能还不具备；一些分行在县域地区单纯强调私人银行机构覆盖，还没有树立"布局合理、功能完善和服务达意"的经营理念。

三是重点地区发展步伐还需加快。存款增长方面，2011年珠三角和环渤海地区新增在四大行中占比分别为16.7%和15.4%，均低于全行水平，分别较2010年下降7.0个和3.6个百分点，是全行下降最多的地区。截至2011年末，我行个人存款余额比工商银行少1.6万亿元，其中在北京、上海、浙江、山东和广东"五大行"合计少1万亿元，占差距总量的60%以上。这一差距主要源于我行在这些地区网点、客户等方面的历史差距，需加快推进、缩小距离。渠道建设方面，我行五个特大城市2011年新增网点28家，比工商银行少增35家，甚至比中国银行少增4家。截至2011年末，在五个特大城市合计比工商银行少536家网点，直接影响了同业竞争力。小企业、信用卡业务的少数重点分行重视不够、推动不力，重点城市行间发展不平衡。此外，城市行的经营运行能力还需提升，管理元素和资源的整合模式还需探索。

四是部分业务和产品还不能准确核算利润贡献。因系统功能开发等原因，一些业务条线还不能准确计算收入、成本和资本占用。部分产品经营还主要关注收入，对成本的关注和精算不足。这一方面是由于当前ERPF等系统的功能还有待优化；另一方面我们自身业务系统的开发和数据统计工作也要加快，业务决策要“用数据说话”，不能“讲故事”。2011年零售业务运行成本全行占比近70%，这既是业务发展的客观特点，也有控制和降低空间。关注“算账”从短期来讲，关系到零售业务价值贡献能力和支柱地位的打造；从长远来讲，是实现科学发展和精益管理的必然之路。

二、坚定信心、奋发有为地提升市场竞争力

2012年是加快零售业务发展和转型尤为关键的一年。全条线要深入落实全行工作会议精神，按照五年规划战略要求，围绕“提升市场份额和价值贡献”目标，加快转型、细化管理，抢占新的制高点。

一是要深刻认识发展机遇。全行工作会议对我行未来业务发展环境做了深刻分析，就零售业务而言，机遇挑战并存，机遇远大于挑战。未来十年将是零售银行业务的重要战略机遇期和“黄金时期”。城镇化以年均1个百分点的速度推进，相当于每年1 300万人“进城”，各项个人金融业务的客户基础不断扩大。工业化进程与发达国家相比仍处于中期阶段，国家大力扶持小微企业发展，小企业业务空间广阔。收入分配改革和经济结构调整不断提速，居民收入增长和消费持续提升，将使消费金融、私人银行等业务成为主要增长点。信息化进程加速推进，新支付结算工具不断涌现，是一次新的市场“洗牌”，金融IC卡、移动支付有很大机遇。

二是要全面统一发展思想。要把思想紧紧统一到全行工作会议精神上来，统一到“拉近与市场领先者距离、扩大与跟随者优势”目标上来，统一到“综合性、多功能和集约化”战略定位上来，统一到“三大一高”客户目标上来，树立积极向上的发展基调，全面抓好零售业务发展和转型的关键一年。务必树立提升市场竞争力的决心和信心，使全行零售条线呈现出奋发有为的良好精神状态。

三是要加快推动业务转型。要巩固已有转型成果，个人金融精益化、私人银行经营化、小企业零售化和信用卡扁平化等转型工作要抓出实效，“不要走回头路”。社区金融理念要持续深化，零售信贷资源投放要不断加强。要探索未来转型方向，消费金融、金融IC卡、移动支付和精益化管理等问题需要着重关注和研究，要在2012年有大的成效。

四是要确定积极的发展目标。2012年全行的经营计划已经明确，是一个以“促发展、拓市场、控风险”为目标，积极稳妥的计划。要深刻认识“逆水行舟、不进则退”的竞争形势，要“提要求、讲任务”。尽管2012年对银行收费的监管日趋严格，但还是要积极发展，确保实现以下目标[①]：

——个人有资产客户新增1 000万户，其中大众富裕和富裕客户新增150万户，私人银行客户新增2.1万户，个人贷款客户新增150万户，小企业授信客户新增1.6万户，信用卡客户净新增900万户。

——个人存款新增5 400亿元，市场份额稳中有升。

——全条线实现牵头中间业务收入323亿元，同比增长21.3%。

——个人消费类贷款新增规模力争翻番；保持并扩大个人住房贷款市场份额；小企业非贴贷款[②]新增1 150亿元；信用卡贷款新增950亿元。

——新增营业网点624家，自助设备净新增1万台，新建个贷中心300家，新增私人银行90家。

——个贷、小企业和信用卡贷款不良率分别控制在0.27%、1.6%和1.5%以内。

三、2012年要抓好的重点工作

各部门的具体工作要求已陆续通过发文等形

① 该目标为综合经营计划“二上”阶段数据，最终目标以计划下达值为准。

② 不含网络银行和保理。

式做了部署及安排，会议还将用一天的时间讨论研究。这里，我主要对2012年业务发展中需要重点关注并落实的方面做具体要求。

（一）零售业务发展战略的四个问题

首先谈几个需要大家关注、思考和推动的战略问题。希望全行零售条线能够从战略角度出发、基于全球视野观察零售业务、基于全行角度策划零售业务、基于整体框架推动零售业务。

一是零售业务要明确战略定位。就大型综合性商业银行而言，零售银行应成为业务发展的主要基础、社会形象的主要载体和应对经济增长波动对银行经营影响的“主要地带”。一方面，商业银行的客户发展、机构布局和社会形象主要建立在零售业务基础上；另一方面，比起对公业务，零售银行业务对客户的“黏性”更强，受经济增长波动和个别客户流失的影响更小。随着我国经济发展转型的不断深入，零售银行业务将成为商业银行的主体业务，成为客户资源和收益创造的“主要地带”。

二是零售业务要有全球框架。王洪章董事长前不久指出，我行的海外业务要“落地”，这一论述十分深刻，指明了零售业务海外发展的方向。一方面，产品和渠道要覆盖海外客户，比如在越南等国家，客户支付结算还主要使用现金，不常使用信用卡，这就是“落地”的机会；在欧洲等发达地区，也可考虑拓展相关的业务。另一方面，我们树立全球框架更重要的原因在于，我行国内客户特别是高端客户的活动范围、业务需求和经济关系已经“全球化”和“发散化”，要构建全球化的服务和产品体系，提升客户感受。我们计划在发达国家和地区收购私人银行经营牌照，就是构建全球框架的重要举措。

三是零售业务要推动资产结构调整。要结合我国经济发展方式转型的大背景，综合考虑各类贷款的资本占用、定价能力、EVA实现和风险权重等因素，确定批发和零售贷款的合理比例。一方面，要维护好大客户，考虑我们信贷经营队伍的能力现状；另一方面，也要在小微企业、消费金融等领域加大投放，“弯下腰来”经营好零售贷款。总的来看，可以基于“促短抑长”方向，适当增加短期贷款。

四是零售业务要创新城市行经营模式。西方银行的发展经验表明，一家大规模的银行主要由强大的总行和有力度的城市行及辖属经营网点构成。我们要积极研究并逐步形成以中心城市行为主体的集约发展模式，在城市行内整合经营信息、营销资源和客户经理队伍。

（二）抢占零售业务新的制高点

1. 大力发展消费金融业务。王洪章董事长、张建国行长在全行工作会议上对消费金融业务发展都提出了期望和要求，指出这是“业务发展的重要创新营销方向”，是“抓住市场客户就可以长期稳定的业务”，是“尚未被银行业重视的领域”。全条线要深入领会，做好落实，在工具、产品和客户等方面“做出文章”。发展好消费金融，需重点回答以下两个问题：

一是怎样看待消费金融业务。

对消费金融的认识和评价，源于所在国家经济发展节奏和结构的变迁，经济发展时期不同，认识和推进也有差异。就当前我国经济发展环境而言，消费金融发展“正当其时”，其对经济增长的原动力作用愈发显现。

首先是经济驱动力演化使然。投资、进出口和消费作为经济增长的“三驾马车”，消费将逐步成为经济发展“火车头”。从投资来看，其对我国经济增长的贡献度一直稳定在60%以上，但目前中东部地区基础设施建设和现代工业体系已趋于饱和，像贵州这样的西部地区，高速公路覆盖也逐渐完备，投资对经济拉动的作用不可持续。从进出口来看，近年来贡献度趋于零甚至负值，外汇储备已超过3万亿美元，强制结汇带来的本币占用和输入性通胀的负面效应愈发明显，发达国家经济不确定性很大，经济增长不能依赖进出口。从消费来看，消费对经济的贡献度一直稳定在30%－40%，空间巨大，将成为新的经济驱动力。

其次是人口结构变化使然。我国是世界第一人口大国，能支撑很大的消费总量。过往来看，劳动人口多、供养人口少，储蓄率不断高企；但劳动人口数预计最晚于2015年末到达历史峰值，其后老龄人口将不断增加，到2020年预计将达2.2亿人、2030年达3.4亿人。人口结构的变化，将推动与消费金融有关的市场和服务快速发展。

最后是城镇化推进使然。目前我国城镇化率

已近50%。发达国家的经验表明，城镇化率超过50%之后，城镇消费将有大的发展，与之密切相关的存贷款、支付结算产品有很大发展空间，消费金融将有“大舞台”。我们发展业务要判断未来，做好充分准备，用五年甚至十年的长远眼光来全面谋划。

二是怎样发展消费金融业务。

重点是要用全局、长远和创新的视角，研究和推进消费金融的功能、服务领域和风险防控等几个关键问题。

首先是创新实现功能。消费信贷从本质上讲就是弥补客户消费需求与现实支付能力之间的“时差”，通过信贷“助力”消费。消费金融不仅是消费信贷，更主要的是体现在支付服务上。要全面发展好银行卡、电子银行和移动支付等各类支付结算产品，架起个人消费需求与现实支付能力之间的“桥梁”。我们常说美国消费者“敢花明天的钱”，这不仅是因为有强大的信贷支持，更重要的是成熟商业银行能够根据客户的生命周期为其提供有效的支付手段，这点值得我国金融业关注和思考。

其次是延伸服务领域。消费金融服务“无处不在”，涵盖旅游、医疗、教育、娱乐以及衣食住行各方面。所有消费都有对价，有对价就需要支付，有支付就需要银行。因此，对银行消费金融业务而言，最高境界就是“处处离不开银行，处处看不到银行”。我们不能“一贷了之”，然后“跟在客户后面数钱”，而要创造并运用先进工具，借助强大的支付和管理平台进行科学管理。消费金融这个“舞台”，客户是“主角”，银行要做好“幕后的导演”。此外，还可以合理延伸高端客户增值服务，比如旅行策划、艺术品鉴别和投资移民服务等，满足其中的消费金融需求。

最后是科学地看待风险。要关注消费金融业务的操作风险和道德风险。消费金融业务风险是可控、相对较低的，这主要因其具有两个风险特征：一个是小额信贷、风险分散，一个是与自然人声誉密切相关。抓住了这两点，就能科学地看待和处理风险。懂风险的人都知道，分散的风险整体上比较安全和可控。要基于“大数定律”，不拘泥于个案得失，关注损失率、不良率和违约概率等关键指标，如果超过容忍度，可以适当调整客户准入标准和业务运营流程。信贷能否及时归还，涉及客户个人声誉，绝大多数人不会“拿自己的身家当儿戏”，我们的信用卡业务也有一套行之有效的管理工具，比起人工谈判弹性小、道德风险低。

2. 抓住金融IC卡和移动支付“市场洗牌”机遇。金融IC卡、移动支付业务潜力巨大，对我行零售业务具有重要战略意义：“它是发展的新趋势”，IC卡的出现，使支付结算与行业应用愈发密切，社保金融IC卡将成为老百姓各类收入账户的主要载体，卫生部最近提出大力发展全国医疗就诊通用、具备金融功能的健康卡，覆盖城乡八成居民。“它是功能的新创新”，带来银行卡使用方式的颠覆，移动支付通过在手机中嵌入IC卡，客户可以很方便地进行商户POS近程支付和手机客户端远程支付，是传统支付功能的优化和创新。“它是客户的新竞争”，社保客户超过8亿人，如能很好地抓住市场先机获得同业领先地位，将从根本上夯实我行零售业务的客户基础。

要把握这一机遇，重点要抓好三个方面。一抓认识。要从战略高度进行谋划，其发展成败关乎我行零售业务的可持续发展。二抓投入。要“算大账”，“一次投入、长久受益”。初步测算主要有两大块，一个是发卡成本，另一个是营销成本，未来10年总投入在50亿元左右。乍一看规模不小，但仔细算账还是要坚定投入。零售业务具有规模经济特征，保本点随着规模的扩大不断降低，比如说我们如果能拿下四分之一的社保客户，也就是两亿人，那么盈利压力不大。此外，这50亿元投入放在10年来考虑，平均每年的投入是5亿元，考虑到投入后的客户基础扩大，我行能够承担得起而且必须足量投入。三抓营销，这类产品的行业应用特点很强，很多营销工作都要对公部门来牵头。零售条线一定要发挥主动性，全力做好联动和支持。

3. 加快推进私人银行业务发展和转型。全行工作会议提出了“三大一高”的客户定位。要全面理解“一高”，它不仅包括私人银行客户，同时也包括零售条线各个部门所辖的高端或优质客户。要抓好高端客户经营，需要私人银行部和其他部门共同推动。私人银行业务发展的意义、方向和策略，我在不同场合已系统强调过多次，这里再强调以下几点：

一是继续深化认识。私人银行业务不仅仅是个人金融业务的高端化，它有独特的发展规律。金融需求多样、综合和开放，服务关系稳定长久。一定要打造开放式的产品平台，要构建成其久远的客户关系。

二是牢牢坚持转型。私人银行业务部门要从服务部门转变为经营部门，私人银行机构要从“服务会所”转变为经营机构，能够办理业务，能够提供全面服务。上述定位要像“人要每天喝水、太阳每天升起”一样，根植在零售条线特别是私人银行部门中。

三是注重打造能力。我们讲零售业务要有全球框架，这点在私人银行业务上尤为关键。要形成全球统一的服务标准和模式，要形成强大的中后台，着力打造交易办理、专项服务和资产管理三大能力。要形成合理、清晰的差异化服务定位，大众客户主要由网点服务，大众富裕和富裕客户由理财中心服务，理财中心的差异化主要体现在客户经理的专业服务能力上，必须充足配备。存款达600万元以上的高端客户主要集中在私人银行服务。私人银行机构不是越多越好，而是要布局合理、功能完善和服务达意。

（三）进一步明确“以客户为中心”经营理念，加大力度抓好客户拓展与维护

“以客户为中心”经营理念随着我行经营发展进程在不断深化和转变。20世纪80年代明确提出这一理念，90年代逐步确立，这几年在资源配置上倾斜很大。王洪章董事长近期多次强调了这一理念，指示我们要做好“落地”。我想要贯彻落实这一理念，重点要做好以下几项工作：

一是深化“社区金融”理念，加强资源和功能整合。2011年我们大力贯彻落实“社区金融”理念，客户发展数量和质量均有较大成效。“社区金融”通俗来讲就是要“扫楼”，要成立专门营销团队，深入研究周边市场各类客户的金融需求。比如说小商铺客户，就可以综合覆盖信贷、结算和代发工资等各类产品；比如说大企业客户资源，网点服务不了的，要及时上报，提供详细客户信息，这也是“扫楼”。美国很多先进零售银行都采取这一模式，客户经理的主动性和营销能力很强。

二是要着力扩大客户群体，优化客户结构。要抓住城镇化契机，不断扩大有资产个人客户群体，着力提升资产规模，切实做好存量客户维护。要重点发展私人银行客户，建立稳定、久远的服务关系。要经营好住房金融客户，提升客户价值贡献。要以小微企业为重点扩大小企业客户规模，力争早日赶超工商银行。同时，要在优化客户结构上做足文章，2011年以来我们推动私人银行、小企业业务发展，就是在优化结构、提升贡献。下阶段，还要重点发展富裕客户、优质个贷客户和信用卡客户。

三是要打造拳头产品，巩固和拓展客户基础。要大力推动金融IC卡、移动支付、公务卡和商务卡等战略性产品创新，完善私人银行的财富管理、综合金融产品服务和专享增值服务三大功能。住房金融要跟进客户不同生命周期需求，围绕“住房—消费—经营”延伸产品链，开展有针对性的创新。要围绕“信用贷”、“网易贷”等产品做好小企业产品创新，提高贷款周转速度。

四是要持续提升客户服务质量。一方面要提供体面、得体、方便和尊重的金融服务，同时也要把握好度，避免过度服务带来的纠纷。要创建个人客户服务评价体系，在做好星级网点评定的基础上，从宏观层面评估一级分行的服务能力和质量。要使用好质量管理科学工具，发挥客户满意度、神秘人调查等工具的“质检”作用。要建立客户问题快速反应机制，统一原则、流程和标准，明确牵头部门，有条件的分行要建立专家团队。要发挥电话银行外呼功能，从源头上快速、主动应对突发批量客户问题事件。要营造人性化的网点服务环境，于细微处彰显服务品质，总行制定了营业网点人性化服务措施，各行要抓好落实和推广。要体现大行风范，积极主动地处理客户投诉。确属我行责任的，要勇于承担，第一要务是安抚和维护客户，以人性和文明的观念处理问题，“不纠缠，不怕担责任，不盲目责怪员工”；其他原因带来的投诉，也要以理服人的做好解释和安抚。近年来，微博等新兴媒体快速发展，容易引起误导和虚假信息大范围传播，我们要做到“三及时”，即及时了解、及时澄清、及时处理。

（四）全面加快各类经营渠道建设步伐

一是要加快营业网点新建和布局优化。全行工作会议对渠道建设工作提出了明确要求。王洪章董事长最近调研时强调，网点是抓好负债业务的重要基础，我行网点数目少、综合型功能有待完善，自助和电话银行也要加大赶超同业力度。要全力推进综合型网点建设，加强组织领导；要寻找新的经济增长点，优化布局，加大在大市场、强县和经济发展较快、人员密集区域的网点布放。未来两三年内网点投放力度很大，要提前谋划，使用网点选址模型等工具做好项目储备。不能忽视防火、防盗等物理形态安全建设，火灾等属于低概率、高损失事件，一定要投入到位，做好预防。

二是完成私人银行机构转型。私人银行功能转型是私人银行业务发展战略真正落实的关键环节，全行上下还要继续“洗脑”，必须坚持转型方向毫不动摇。要加快机构建设特别是独立经营型机构建设，突出市场营销能力，私人银行不能和现有网点“同质化”。要加强人员配备，独立型机构至少9人、非独立型机构至少6人，增加在财富规划、产品开发和投资分析等中后台岗位设置，支持前台专注营销。

三是大力推进自助业务专业化管理。目前我行自助业务管理分工在一些方面还存在“部门银行”特征，还没有完全根据服务流程进行分工和合作。下一步，希望各行积极探索研究自助业务在设备布局、市场界面、交易处理和后台支持等方面的分工原则和实施办法，满足专业化管理需要。

四是加快电话银行交易功能建设。近期，王洪章董事长对电话银行业务发展作出了重要指示，强调要独立运行、完善功能，建立强大的市场营销界面。一方面，要继续巩固电话银行在客户咨询服务和问题处理工作上的重要作用；另一方面，要加快交易功能建设、丰富交易种类、提升活动客户率，将电话银行逐步打造成我行重要的交易渠道。

五是继续加快电子渠道业务分流。全行电子渠道的发展，零售条线“责无旁贷”。各行要主动配合做好产品交易功能的迁移，积极营销电子银行产品。要重点做好“房e通”、“网易贷”等产品和平台的创新、推广。2012年综合经营计划对电子渠道发展的部门联动提出了更高的要求，各行要整合各类营销资源、加大投入，确保指标任务的完成。

六是加强个贷业务渠道建设和互动。建立以个贷中心为主渠道，传统物理渠道和新兴电子渠道交叉融合的渠道体系，全面提升个贷营销服务能力。持续丰富房e通和电商平台的个贷电子化渠道功能。

（五）深入推进小企业业务零售化和专业化转型

一是充分认识战略地位。小企业业务是一项潜力大、不可替代且具有特殊性的“大生意”，是我行新的业务增长点。要明确方向，围绕零售化、小额化目标，开展批发集群营销，重点发展小微企业，信贷资源重点投向在我行开立基本户的客户，成为小企业客户的“唯一银行”。要规范管理，目前还有8家分行没有建立一级部，2012年上半年除个别地区外要确保建立“小企业业务部”，各分行要将小企业业务逐步纳入零售板块管理。要规范收费，发展小企业业务要“讲情怀，讲共赢”，要深入贯彻落实国家有关政策要求，除贷款利息以外，对未公布或未提供实质性服务的项目不得收取客户费用，不得将利息收入转化为收费。

二是加强小企业经营中心规范化建设。目前一些分行小企业经营中心还存在岗位职责落实不到位、人员配备不足和场所建设不规范等问题。总行近期将下发相关建设方案，各行要严格按照要求进行整改和优化。

三是探索建立服务外包机制。小企业客户数量庞大，运用传统管理模式成本高、效率低。合理的服务外包，有助于释放前台营销能力，有助于提升经营效率。要积极探索将抵押登记、水电表监察、税务查询等非核心业务环节交由第三方专业机构。

四是建立适应零售化转型要求的风险管理机制。2012年国内经济增长存在下行压力，部分小企业经营困难，民间高息借贷风险可能进一步暴露，风险防控难度增大。要适当调高风险容忍度，基于“大数定律”做好风险防控。要重点做好客户选择，迅速隔断与民间高息借贷的一切联系；

要全面掌握企业实际控制人的个人品德、日常行为等软信息，有效控制企业现金流；要提高速贷通等抵押贷款的比例，定期重检抵押物，充分发挥其在经济下行周期的资金保障作用。

（六）继续推动信用卡业务战略转型

要围绕“六个转变”推动信用卡业务战略转型，打造信用卡消费信贷平台，专业化和扁平化管理2012年要更有成效。重点要做好以下三方面工作：

一是完成扁平化和集约化改革。2012年100家中心城市行都要实现扁平化管理。稳步推进分行专营中心建设，打造专营中心旗舰店。通过集约化管理压缩运营层级，缩短办理时间，降低运营成本和提升客户体验。信用卡业务的经营重心要放在城市行，实现总行与城市行的有效协作。

二是做好“算账”，规模与效益并重。信用卡业务经过多年的发展，已进入盈利周期。2012年要建立全成本的核算体系，做好投入产出分析，建立以盈利为导向的产品评价和决策机制，推动规模与效益平衡发展。

三是做精商户收单业务，为发卡、用卡创造良好环境。商户收单是商业银行竞争的焦点，要充实商户收单专业队伍，加大市场拓展。要集中优势资源拓展中心城市市场，抓住第三方支付牌照发放、IC卡产业升级等市场机遇，拓展电子商务商户，加强与第三方支付企业的营销合作。

（七）确保零售业务信贷资源足额投放

一是要适应2012年信贷资源配置模式变化。年初人民币贷款预分配7 000亿元，其中预留440亿元用于信用卡消费及分期①，其余均配置到一级分行。信贷资源配置和传导机制进一步透明，主要根据各分行风险调整后资本回报率、存贷比、一级分行KPI、风险管理能力和中心城市行发展等因素配置经济资本和贷款资源。对分行信贷规模的配置，总行只提供思路、政策要求和算账方法，各行要会“算账”。总行计划主管部门要加强指导，分行也要考虑自身资产结构和资本占用承受能力，实现效益最大化，确保风险可控。例如，目前深圳市分行大中型企业、小企业和个贷规模“三分天下”，这一比例在当地就比较合理。建设银行做批发业务“轻车熟路”，做零售还要学会“弯下腰来”。

二是各类零售贷款投放规模较上年应有所增长。小企业要存量倾斜、增量提升，满足监管部门“两个不低于”要求。住房金融要巩固市场地位，领先的分行要扩大优势，尚未领先的分行要加大力度，力争第一；要守牢房改金融优势，抢抓公积金项目贷款试点扩面机会。消费金融要把握市场机遇，大力推动发展，加大消费、助业、支农、购车及安居分期投放，给予充足的信贷资源保证。

三是对零售贷款占比提高的分行加大资源倾斜，对零售贷款占比降低的分行实施业务“制裁”。总的思路是，运用各种考核激励工具，支持和鼓励零售贷款规模做大的分行。2012年零售贷款占比提升的分行，总行在产品创新、营销费用、信贷规模和重点发展行选择等方面将加大倾斜。

（八）全面夯实业务发展管理基础

一是要积极探索城市行经营运作模式。城市金融资源集中、地理区域相对较小，重点要做好资源整合。要实施“大零售”策略，搭建统一的信息管理平台，网点要能办理各类业务，客户经理团队要能提供各类服务。要在城市行形成强大的中后台，总行重点抓资源配置，城市行抓好具体经营，发挥好各类专业机构的营销作用。就城市行而言，并不是层级越多风险控制能力越强，我们要优化业务流程，减少不必要的管理环节。

二是深化前后台分离，进一步释放前台销售服务能力。前后台分离的步伐还要加快，思路还要拓宽。一些后台能够集中完成的服务和营销工作可以分离，一些行之有效的新技术、新工具要大胆尝试。比如，有的分行设置“空中银行”，集中处理中高端客户的短信发送等工作；在后台成立专门团队，运用微博等平台统一组织客户营销宣传活动，这些都值得借鉴。前后台分离的目的是减轻前台负担，让客户经理等人员全身心地接触客户，做好服务和营销。

三是要改进网点零售业务员工绩效考核分配

① 不含购车、安居等专项分期业务。

机制。网点绩效考核和分配简单使用“买单制”工具，容易导致过度、误导甚至欺诈销售。“买单制”在市场拓展初期有其合理性，随着业务的成熟要做好优化。零售业务员工绩效分配不能简单地与产品销售量挂钩，而要使用“综合积分”工具，全面评价员工在服务、销售和合规等方面的综合表现。

四是要加快私人银行、小企业业务系统建设。系统建设是当前制约私人银行和小企业业务发展转型的重要因素。要推进私人银行IT系统规划与建设，以开放式产品平台为重点，建立产品货架管理基本流程，全面推广订单流程应用。要完成小企业小额信用贷评分卡等工具立项开发，持续优化CP系统各项业务管理功能。

五是建立产品准入退出机制，实现产品规范化管理。王洪章董事长前不久强调，产品与质量管理部的工作必须加强，不能削减，要发挥重要作用。要发挥“质检局”作用，尽快建立并实施产品评价和驱逐机制。2011年质量部牵头建立了全行产品目录，今后零售条线开发的新产品都应统一备案。要把市场和客户的需求作为准入必备要素，杜绝重复低效创新。从2012年开始，由质量部牵头，要明确产品退出标准，研究制定操作规程，坚决驱逐一些无效产品。各部门、各分行也要纠正认识误区，驱逐产品不是“揭丑”，而是“治病、卸包袱”，花点代价、做些工作是值得的。

六是建立业务流程关键能力指标体系，实施生命周期管理。业务流程是银行合规操作的基础，需要不断梳理和优化，保障可持续发展。要探索建立流程关键能力指标体系，查找现有问题，重点抓“客户排队等候时间”、“柜员工作负荷”和“前后台分离运营效率”等课题。

（九）不断优化品牌建设和广告宣传模式

一是品牌建设要有全球视野。这符合我行“国内最佳、国际一流”现代化大银行的战略定位。私人银行、信用卡等业务要放开视野，可以探索研究在全球进行广告营销。品牌建设要提前布局，形成全球统一的理念、形式和风格。

二是宣传营销策略要精细化。零售业务种类多、受众广、客户差异大，宣传营销的策略、方式和工具要有针对性。大众客户要运用社区金融理念，“主动上门”，走通俗易懂、量大面广的路子。私人银行客户要重在与客户产生共鸣，弘扬“欲要成其久远，必得源远流长”理念。房金业务要“房字当头”，继续巩固“要买房、到建行”优势，打造国内最有价值的住房金融品牌。小企业业务可以考虑邀请成功企业代言，共建“重诚信”经营环境，树立“以诚相贷，建设未来”品牌。信用卡业务可以借鉴VISA等国际组织发展经验，探索与具有国际知名度和影响力的精英运动员合作。

三是广告投放要集约化并开展科学评价。要“用图表数据说话”，通过市场调研、客户访谈和数据跟踪等手段科学评价广告效果。要有市场分析和同业数据，不能靠“讲故事”评价广告投放效果。

（十）高度关注内控风险防范

一是要继续对案件和违规违纪行为“零容忍”。“零容忍”不是说“零发生”，而是说要严肃看待已经发生的问题，必须做好后续的总结和修正。2011年个别分行零售业务领域案件有所抬头，在柜面现金、自助设备管理等方面出现了性质恶劣的资金挪用案件。各行要深入剖析、引以为戒，切实开展有针对性的防范措施杜绝再次发生，发现潜在风险苗头的要及时堵漏。抓好内控风险防范，关键在于制度流程“先行”，要全面梳理柜面操作风险的业务制度和流程现状，认真分析，加以整改。

二是要高度关注非法民间融资。民间借贷活动近来引起社会各界的高度关注，在浙江、鄂尔多斯等地区非法融资活动风险已开始向银行业转移。民间借贷交易隐蔽，容易滋生非法集资和洗钱犯罪，要高度关注，防止“掮客中间倒”，使用我行小企业贷款等信贷资源进行非法民间融资。

三是要切实做好网点操作风险防控。风险控制要从“结果管理”延伸至“过程控制”，风险检查要关注重点业务、流程和环节历年检查问题的整改情况。要建立基层机构操作风险评价体系，加强柜面风险检查辅导队伍建设，建立长效防控机制。

（十一）持续做好各级员工的培养和关爱工作

一线员工是银行向客户提供产品和服务的主

要“媒介”，他们的专业素质、服务态度和道德素养决定了我行的核心竞争力。他们工作时间长、压力大，承担着大量的销售和服务任务，很不容易。各级行领导特别是一级分行行领导，一定要培养好、关爱好员工，将各项措施落到实处。

一是要加大培训力度。零售条线人员多、分散广，要让一线人员享受到培训资源。尽管总行每年都在加大培训投入，但仅凭现场集中办班很难满足需要。要充分利用全行远程学习平台，积极开展在线网络学习方式。要做好网点经理、客户经理轮训，提升专业素质。要积极关心青年员工发展，零售条线“80 后、90 后”比重很大，对那些踏实肯干、积极进取、见解独到和富有创新精神的业务尖子，要创造条件助其成长。

二是要体现人文关爱。要把员工当做亲人来关爱，让他们感受到温暖、有归属感、爱岗敬业。要切实落实网点员工人文关怀的十条规定和严格管理的十条军规。电话银行业务人员多、工作强度大，要继续积极了解、掌握一线员工的困难和诉求，缓释员工压力，创造和谐的工作氛围。

三是要加强行为管理，严肃处理违法乱纪行为。零售业务工作重复程度高，天天做同样的事情，很容易产生管理疲劳，要通过活动、检查和教育等多种方式加强员工行为管理。合规意识不足的员工，要严肃教育；屡教不改的，要调离关键岗位；造成客户和银行损失的，要追究责任；对于那些品行不端、心术不正、恶意碰触法纪“高压线”和道德底线者，一经查实，要严肃处理，立即清理出队伍。

同志们，2012 年是国家“十二五”规划和我行五年发展规划向纵深推进的重要一年，更是加快零售业务发展及转型尤为关键的一年。形势催人奋进，工作任重道远，2011 年打基础开局良好，2012 年要实现重点突破。让我们坚定信心、奋发进取、扎实工作，努力实现全行零售业务新的突破！

谢谢大家！

在 2012 年部分分行资产保全工作座谈会上的讲话

胡哲一

（2012 年 3 月 31 日）

同志们：

大家好。2012 年，我们改变了以往年度召开全行资产保全工作会议的一贯做法，组织 19 个不良资产处置任务重、压力大、难度高的重点分行召开座谈会，进行面对面的讨论和沟通，主要目的就是要促进总分行之间的沟通协调、信息传导，反馈和交流好的经验，集中集体智慧，更好地推动保全工作。从一天半的讨论情况来看，会议效果不错，达到了预定目标。会上，大家充分交流了情况、沟通了看法，也提出了一些很好的意见和建议，对当前资产保全工作形势有了一个比较统一的认识和理解，对全年资产保全工作目标和主要措施安排也达成了共识。会上，大家普遍感觉到 2012 年保全工作压力较大、困难较多，但是从全行经营大局出发，大家还是下定决心，积极开拓，努力完成全年工作任务。讨论中，大家不但研究了保全业务中的一些问题，还对信贷管理流程和部分产品的风险点进行了思考，提出了很多建设性的意见。可以说，本次会议收获很大，总行将进一步研究有针对性的措施，加强管理、提高效率，为各行更好地开展保全工作提供科学的指导和更有力的支持。

2011 年，在总行党委和高管层的高度重视和正确领导下，在相关部门的大力支持下，在各分行的密切配合下，资产保全条线认真贯彻总行各项工作要求，多策并举，努力克服外部经营环境带来的各种困难和不利影响，出色完成了全年各项目标任务。

一是境内分行不良资产处置取得了良好成绩。群策群力，综合运用多种手段加大处置力度。全年境内共处置不良资产365亿元，为全行资产质量的持续优化、为全行经营业绩得到社会和投资者认可作出了重要贡献。

二是海外不良贷款处置管理取得突破。保全部门积极贯彻总行党委和高管层的要求，向本外币结合、境内外结合的综合化管理方向发展，制定下发了海外不良贷款处置管理办法，加大了业务指导力度，建立了明确的海外机构不良贷款处置管理机制。

三是已核销资产管理和处置实现规范化、制度化。进一步加大催收处置力度，全年共现金回收已核销资产13.7亿元，是上年的1.2倍。

四是提前化解关注三级公司类贷款潜在风险。加快该类贷款处置进度，防止贷款形态的进一步恶化，全年处置额达到94亿元，高出年初余额近20亿元。

五是流程化、精细化管理水平迈上新台阶。梳理和完善资产保全业务流程。编写完成资产保全业务管理系统（三期）操作手册和运维手册。集中开展系统缺失数据补录工作，系统运行维护水平显著提高，信息维护率达到90%以上（其中，基础数据维护率达100%）。

2011年资产保全工作取得了较好成绩，达到了总行年初确定的目标和要求，为全行经营发展作出了重要贡献，对此，董事长等行领导给予了充分肯定。这些成绩的取得离不开总行党委、高管层的正确领导和相关部门的大力支持，更离不开各分行的高度重视和组织落实，也是全行保全条线员工智慧和汗水的结晶。为了做好不良资产处置工作，大家克服了很多困难，承受了很大压力，想了很多办法，付出了巨大的努力。借此机会，我向在座的各位及保全条线全体员工表示衷心的感谢。下面，我就当前资产保全工作形势和全年主要工作讲几点意见。

一、认清形势，统一思想，切实增强进一步做好保全工作的责任心和紧迫感

2012年是我国“十二五”时期承上启下的重要一年。总的来看，我国在较长时期内保持经济平稳较快发展具备坚实的基础和很好的条件，包括工业化、城镇化和农业现代化快速推进；消费结构和产业结构升级，市场潜力巨大；经济结构处在转型期，存在新的发展机会；企业竞争力、国家经济实力和宏观调控能力不断增强等。但我们也要看到，我国经济社会发展仍然面临着不少严峻的挑战和突出的问题。在这个大形势下，商业银行也是机遇与挑战并存，有时甚至面临着竞争的危机。当前形势对保全工作的压力主要表现在以下几点：

第一是经济增速下行的压力。从2010年第二季度起，我国GDP增速连续7个季度放缓。研究表明，GDP增速与银行不良贷款率存在明显的反向相关关系，GDP增速每下降1个百分点，不良贷款率将上升0.29个百分点左右。而且随着经济结构的调整和经济发展质量的提高，我国经济在一定时期内难以再现高速增长的态势。

第二是经济结构调整的影响。2012年GDP预期增长目标的下调向我们释放了一个强烈的信号，即经济发展主要矛盾不再是速度问题，越来越是结构和质量的问题，我国将把更多的精力放在调结构、转方式上。这就意味着一大批产能过剩、产能落后、排放严重的企业将被淘汰，一些传统的优质客户群体和业务领域将发生较大变化。大家要看到，我国成功迈过中等收入陷阱，最关键的两个因素：一是经济领域的结构调整和增长方式转变，二是社会管理领域。这其中，商业银行既有业务发展机遇，更多的则是压力和挑战。

第三是市场资金持续紧张。虽然2012年2月人民银行下调存款准备金率0.5个百分点，但外资流出趋势难以逆转，银行贷款增速也低于市场预期。同时，市场对资金的需求较为旺盛，资金紧张的局面没有得到根本扭转，部分实体企业仍然面临着较大的资金压力。另外，通胀压力依然较大。一方面，油价大幅上涨，水、电、气等基本服务产品的价格也存在较大的上涨冲动；另一方面，1－2月CPI同比涨幅回落，但环比还在上升，总体物价水平仍然较高。在这种情况下，宏观调控力度短期内不会有大的松动，市场资金紧张、需求旺盛的压力还将持续。

第四是部分行业企业风险较大。受宏观调控、

外需不振等因素影响，房地产企业、中小企业、政府融资平台等风险持续增加，特别是快速扩张、跨地区跨行业经营、家族式管理的民营企业风险更是不容忽视，2011 年以来这些领域已经出现了风险集中暴露的问题。另外，大家还要未雨绸缪，对目前没有出现但未来可能出现的风险保持警惕。随着经济发展保持平稳、结构调整将持续深入、宏观调控政策不放松，一些批发业、制造业企业特别是低端、低附加值企业的风险还会进一步暴露。大家要结合全国形势，根据各省市的具体情况，有针对性地对尚未形成不良的项目加强跟踪监测，做好风险防范工作。

2011 年末，国内商业银行不良贷款余额为 4 279亿元，不良率为 1.0%，分别较 2011 年第三季度末上升了 201 亿元和 0.1 个百分点，标准普尔等机构预计 2012 年中国银行业不良贷款将继续呈上升趋势。在我行 2012 年的业绩发布会上，资产质量问题也是媒体最关注的重点之一。可以说，在未来一段时间内，资产保全工作任重道远。各分行对此要有清醒的认识，要在达成共识的基础上进一步做好保全工作。共识主要有两个方面：

一是认清保全工作的艰巨性，增强紧迫感。这种艰巨性和紧迫性主要表现在：第一，在 2008—2009 年信贷投放激增、当前经济增速放缓的大背景下，不良贷款反弹压力大，下一步的处置任务也要增加；第二，受企业经营困难、政府干预、遗留的“硬骨头”多等因素影响，不良贷款处置难度将加大；第三，在经济下行的宏观形势下，不良资产处置的价格、收益和回收率都会有所下降；第四，不良贷款当年新增、当年处置的压力加大。

二是认清保全工作的重要作用，增强责任心。保全工作是商业银行的重要组成部分，对全行的经营发展担负着重要责任。第一，保全工作是资产管理和经营的最后防线，是防范风险、减少损失的最后机会。这项工作做好了，确实可以减少损失、挽回声誉、增加利润，实现“真金白银”的收入，为全行经营业绩的增长作出贡献。第二，保全工作是调整优化信贷结构、提高资产质量的重要手段和途径，而且还有助于为分行挖掘经营潜力、增加发展实力、拓宽增长空间。从实际情况来看，哪个分行保全业务做得好，这个分行的发展就多了一项助力、多了一分空间、多了一个有利条件。第三，保全工作是我们反思过失、总结教训、指导未来、提升整个信贷经营管理水平的重要一环。我们说，做银行不怕有风险，做人也不怕犯错误，但不能犯同样的错误，保全工作就是我们“吃一堑，长一智”的最重要的机会。保全条线要真正认识到自身工作的重要性，进一步增强责任感，充分发挥应有的作用，对全行业务发展尽到应尽的责任。

总之，我们一定要对不良贷款反弹保持足够的警惕，对不良贷款处置保持高度的重视。各分行领导，尤其是“一把手”，要从全局出发，从动态发展的角度出发，重视发挥保全业务对全局工作事半功倍的良好功效。会后，大家要把会议上好的意见和建议及时向分行领导班子汇报。在具体工作安排上，各分行要不断加强贷款管理，及时发现风险苗头。一旦出现风险，保全部门就要及时及早介入，与贷款经营部门密切配合，共商对策，采取积极有效的补救措施，努力减少损失、消除风险、吸取教训、提升水平。同时，进一步加强不良资产处置力度，确保完成全年资产保全各项目标任务，为 2012 年可能进一步暴露的不良贷款腾出空间，为全行经营发展创造更好的条件。

二、紧跟形势，服务全局，扎实、高效、开创性地做好 2012 年的保全工作

《2012 年资产保全工作要点》已经下发各分行，明确了 2012 年资产保全工作的主要目标、措施安排及配套激励政策。目前的主要任务就是各分行要根据实际情况，组织落实。在当前的复杂形势下，各分行要勇于克服困难，与时俱进，进一步加大资产保全工作力度，确保完成全年目标任务，努力为全行发展作出更大贡献。下面，我重点强调以下几项工作。

（一）深入推进不良资产集中经营

集中化、集约化、专业化是现代商业银行的基本特点。我行在这方面有了很大进步，但还有很大差距。实施科学的、有计划的、有针对性的、有步骤的、有试点的集中，是达到商业银行各项业务专业、规范、高效开展的根本途径。这既是总行党委反复研究、充分肯定的方向，也是总行

下一步调整、改进、改革的重点。通过集中，减少中间环节，减少相互扯皮，减少低效劳动和交叉管理，提升全行的战斗力和市场竞争力。保全条线贯彻落实这一改革方向，在科学集中方面积极探索，走在了前面。2005 年以来，在总行大力倡导和各分行积极推进下，保全条线在不良资产集中经营、提升专业化处置水平方面做了大量工作，逐步形成了有优势的保全业务创新机制，推动了全行不良资产处置效率的稳步提高。2012 年 2 月，董事长在听取总行保全部工作汇报时，指出资产保全集中经营是正确的选择，要坚持、要推进，这样不但有利于实现全行不良资产处置的专业化、科学化、规范化，而且有利于全行保全技术的集中和专家培养，有利于全行不良资产处置能力的进一步提高。

经过几年的探索实践，保全条线在不良资产集中经营方面取得了较好成绩。全行对公不良资产集中经营度已经达到了80%以上，有16 个一级分行集中经营所在城区不良个贷，北京、重庆、云南、厦门等分行更是实现了辖内对公及对私不良资产的全部集中。2012 年，资产保全条线要进一步深化不良资产集中经营，并针对集中经营遇到的新问题，研究配套措施。各分行要切实落实全部不良贷款移交保全部门进行专业处置。各一级分行所在城市对公不良资产集中经营度要达到100%，辖内其他地区单户 500 万元以上不良贷款要全部集中。对不良个贷，也要逐步集中到保全部门处置，通过批量委外、集中诉讼等手段提高不良个贷催收处置的专业化、规范化、集约化水平。同时，保全条线要深入研究更有效的集中方式，减少中间环节，运用好数量有限的人员，运用好科学技术手段，探索更高效的不良资产处置方式，解放二级分行和基层行的生产力，提高工作效率。

（二）加大力度处置不良贷款

2012 年资产保全主要业务计划均较 2011 年有所增加，其中，不良贷款处置计划增加了 20 亿元，达到 260 亿元，全年处置任务更加艰巨，而且这是一个比较保守的任务数字。如果 2012 年宏观调控不放松，不良贷款处置任务可能还会增加，同时，明年的处置任务也将更重，2012 年还要为明年的工作打下基础。根据存量及预计新增不良贷款的可处置情况，年初总行分解下达了 206.5 亿元的不良贷款处置计划，其余部分作为待分配计划，将在年中根据各分行不良贷款变化及实际新增等情况另行下达。各分行不要局限于总行下达的计划，要根据本行不良贷款新暴露情况、处置能力和条件，进一步加大保全工作力度，努力多处置不良贷款，做到提前工作、提前处置、留有余地，以应对未来的不确定情况。对风险已经显现、符合不良条件的项目，要及早认定为不良，为处置留出时间。

各分行保全部门要继续坚持运用重点联系行、专家诊断、大额项目直接经营、项目名单制管理等行之有效的保全工作措施，加快不良资产处置进度。主要抓三个方面：

第一是要抓重点、克难关、攻山头，加大不良贷款处置力度。

第二是要适当增加投入，综合统筹，增加必要的资源和条件。保全部门要与前台部门加强联动，综合运用行内资源，集中优势兵力打不良资产“歼灭战”。

第三是要积极创新，开拓不良资产处置的新手段、新方式。一方面，要立足自身加快处置回收不良资产；另一方面，要积极探索运用批量转让手段处置长期无法消化的疑难项目。近期，监管部门出台了《金融企业不良资产批量处置管理办法》，总行也正在研究制定内部管理办法，组织开展不良资产梳理分类工作，结合全行资产质量形势、外部市场环境以及不良资产处置工作需要，适时启动批量处置工作。要创新工作机制，积极开展不良资产的市场化营销。对大额不良项目，尝试由总行牵头，开展面向机构投资者的集中推介。要强化不良资产联动处置机制。保全工作是全行信贷管理和风险控制的重要环节，必须要与前台经营部门密切配合，充分利用前台经营部门的客户资源处置不良资产，并妥善解决与我行重点客户有关联的不良项目处置问题，既维护好重点客户关系，又能有效处置不良资产。要加强同业沟通协调与合作，学习借鉴同业先进处置手段和经验，开展相关业务培训。

（三）积极开展不良贷款教训的沟通反馈工作

王洪章董事长指出：“资产保全业务是维护

建设银行合法权益的重要手段，是强化风险控制的重要环节”、“要加强不良贷款教训的总结”。资产保全部门要充分挖掘不良资产处置经验的价值，在回收资产的同时，回收不良贷款的形成教训，这是2012年保全条线的一项新任务，更是一项很有价值的任务。保全部门要主动与风险管理、授信管理、公司业务、个人业务等部门进行沟通，加强协调配合，开展多形式的交流，争取支持，形成合力，共同促进全行信贷风险防范能力的提高。

要加强不良资产处置信息的挖掘和利用，从保全的角度发现我行在信贷经营管理、政策制度、内控流程等方面的问题和缺陷，提出优化措施建议。同时，建立制度化的不良贷款教训沟通反馈机制，定期或不定期地就不良贷款典型案例与相关部门进行沟通和报告，为改进全行当前和下一步信贷管理提供针对性的警示和参考。总行已经召开了一次沟通会，效果不错，要向各分行推广。保全部门既要总结历史教训，辩证地对待过去的问题，分析反复上演的历史问题，更要加强对当年新增不良贷款教训的总结，提高总结的现实性，做到既有事后的提示和提醒，又有前瞻性的预判与预警。各分行在培训过程中要将不良贷款损失案例作为相关业务条线的培训内容之一，提升信贷管理水平。

（四）落实保全业务激励机制

对于保全业务的激励，可以在现有政策的基础上调整和细化费用结构，导向上能够直接兑现到保全部门，更有效地调动处置人员的积极性。大家都知道，不良资产处置除了依靠知识、技术外，更要靠提高每个人的责任心，最大限度地发挥每个员工的积极性和主观能动性，迎难而上，动用各种社会资源和条件，尽心竭力地回收贷款、挽回损失。国内外相关管理实践已经表明，要做好不良资产处置工作，就要有必要的、科学有效的激励机制，出台特定的、差别化的激励政策。保全工作既需要团队的共同努力，又需要员工个人想办法、找路子、出主意，只有激励到位，员工的积极性才能得到更好的发挥。从我行保全业务激励政策的实际执行情况来看，凡是激励机制落实到位的分行，在不良资产处置成效方面都取得了明显的进步，也为分行用较小的成本争取到了更多的资源和更大的发展空间。各分行要看大局、算大账，正确对待保全业务的激励问题，对保全部门条线员工的工作成效进行科学奖励，最大限度地调动员工积极性。

（五）强化风险控制和案件防范

2012年审计署进驻我行开展全面审计工作，总行也将组织开展以防范信贷、贿赂、非法高息融资和柜面案件风险为重点的案件专项治理活动。各分行要高度重视保全业务风险防控，加强员工风险教育，保证业务合规运行。处置不良资产是为别人看病、治病、纠错，如果在处置过程中出现违规问题，发生操作风险甚至是道德风险，就是错上加错，其性质更为严重、责任更为重大，对全局发展、对行风建设更是雪上加霜，绝不能允许。2012年资产保全风险防范的重点工作：一是完善制度。要对不良资产经营管理流程进行全面梳理和重检，重点研究制定不良贷款押品管理、营销推介等规章制度。总行组织编写《资产保全业务操作手册》，提供保全业务全面、流程化的工作指引。二是加强信息系统建设。继续做好系统信息维护和功能完善，以系统为依托，靠科技提升保全业务精细化水平，实现通过系统管项目、通过系统管流程、通过系统管操作。三是落实问题整改。2012年资产保全业务检查第一阶段的工作已经完成，下一步，各分行要对检查发现的问题积极落实整改、堵塞经营漏洞、消除风险隐患，使各项工作经得起检查、经得起审计。要把检查发现的问题和整改要求作为专项培训内容，提示各级行、各级工作人员在实际工作中举一反三、遵章守纪，避免类似的问题再次发生。同时，检查不是一次性的，而是动态的、经常性的、多种形式的，要把集中检查与常规检查、平时检查与突击检查、全面检查与专项检查、现场检查与非现场检查、总行检查与分行检查结合起来，及时发现问题，及时落实整改。检查不是搞运动，不能“毕其功于一役”，就像锻炼身体一样，要日积月累，养成好习惯，才能增强体质。四是加强员工思想教育。开展法纪教育和职业道德教育，引导员工爱岗敬业、注重职业操守、遵守职业规范，工作讲程序重规则，确保不发生大的风险、不出案件，这既是挽回资产损失、实现最大效益的体现，也是对保全部门责任心、专业能力、工作业绩和质量的考验。

（六）大力培养资产保全专家队伍

保全工作是一项专业性和综合性都很强的工作，保全人员的素质应该更高、知识面更广、业务水平更精，要把资产保全部门的员工当成专家来培养。近年来，总分行在保全队伍建设方面下了不少工夫，取得了一些成效。特别是在培训方面，每年都保持了较大的培训规模，培训覆盖面逐年提高，并针对一线人员的实际需求举办各类专题培训，提升了保全队伍的专业素质和水平。2012年，保全业务培训要巩固以前年度的成果，采取条线统一培训、区域专项培训、分行自主培训和专题交流的形式，保证培训力度不减。在培训内容方面，要合理安排培训课程，开展公司财务、行业产业政策、法律实务等方面的系统性培训，加强不同领域的专业知识储备。在培训的组织上，要区分不同级别、不同岗位员工的不同需求，分层开展有针对性的培训，进一步提高培训质量和效果。同时，各分行要重视保全条线专业技术职务聘任工作，充实和储备多层次的资产保全专家队伍。

最后，我要强调，保全工作虽然是信贷管理的最后环节，但不能因此局限了我们的眼光和思路，要做到眼光更宽、思维超前，研究分析和讨论谋划在前面。虽然我们处置的是过去形成的不良资产，但要想的是当前的形势、当前的任务和要求、当前经营的新变化和新趋势。保全工作要想更好地服务整体，就必须深刻理解和坚决执行总行的各项要求，紧跟全局经营的新变化、改革发展的新动向。要针对全行经营环境和总行在发展战略、经营策略、工作要求、目标任务方面的新动态、新趋势，提前研究工作思路，及时跟上总行的新步伐。总行已经确定了综合性、多功能、集约化的发展方向，并正在研究完善全行信贷体制、机制和流程的问题，对这些管理动向，保全条线要积极思考、提前预判、早做规划，确保跟上总行经营和改革发展的新要求。

同志们，本次会议即将结束，这里，我再次对大家的努力工作和辛勤劳动表示感谢。2012年资产保全工作形势严峻、任务艰巨、压力很大，各分行一定要认真落实总行的各项部署和要求，高度重视资产保全工作，加强组织领导，高效处置不良资产。希望大家结合本行实际情况，将会议精神和会议交流的好经验、好做法尽快贯彻和应用到工作中去，进一步提高工作质量和水平，为实现全行经营目标作出更大贡献！

坚定信心　把握机遇　加快转型
促进小企业业务进一步发展

——在2012年小企业业务高级研修班上的讲话

胡哲一

（2012年8月14日）

同志们：

这次培训是总行举办的第一次全行系统的小企业业务高级研修班，总行对这个培训班非常重视，张建国行长亲自参加会议并看望大家，等一下还要做重要讲话。对于张建国行长的讲话，大家要结合这次高级研修班所学的内容，深刻领会、相互交流、提高认识、增强信心，把讲话要求真正落到工作的实际中去，推动全行小企业业务更好地发展。

一、充分肯定近年来小企业业务发展取得的成绩

近几年来，全行上下达成共识，将小企业业务作为战略重点加以推动，小企业客户基础不断

扩大，贷款投放屡创新高，收益贡献日益显著，资产质量持续提升，产品创新能力和经营管理水平进一步提高，有效地带动了全行战略转型和结构调整。特别是2012年以来，面对复杂的经济形势，在总行党委的正确领导和全行上下的共同努力下，全行小企业业务条线面对经济增长放缓，企业特别是小企业经营困难、利润下滑，风险控制难度加大的不利局面，克服人员紧缺、系统功能有待完善等诸多客观困难，不断努力，取得了新的成效。主要表现在以下几方面。

（一）贷款稳步增长，业务总量不断扩大

——截至2012年6月末，我行小企业贷款余额5 873亿元，占全部贷款的9.1%，与年初持平；新增403亿元，新增占比9.9%，占比有所提高；增幅为7.37%，高于全行各项贷款平均增幅0.61个百分点，确保了一个“不低于”。

（二）客户数量持续增加，与同业差距明显缩小

——截至2012年6月末，小企业授信客户75 445户，比年初新增3 992户，客户新增在四大行中排名第二。授信基本户新增占比大幅提高，较年初增加3 143户，占全部小企业客户新增的78.7%，高于上年同期32.7个百分点。

——江苏、山东、广东省分行授信客户数新增均超过了500户，位列前三。

（三）贷款定价水平较高，创收增收能力不断增强

——2012年1－6月新发放小企业贷款利率相对基准利率上浮达22.86%，比上年同期水平提升了11.29个百分点。

——小企业贷款经济效益较好，小企业业务经济资本回报率高于全部企业平均水平6.41个百分点。

——截至2012年6月末，小企业授信客户产品覆盖度为4.2%。其中，全行小企业条线营销的信用卡客户新增94 300户，完成全年计划的一半左右，其他私人银行、代销基金、理财等联动营销也取得了丰硕成果。

（四）结构调整初见成效，进一步趋向合理

——小企业贷款户均余额为778.45万元，较上年同期略有下降。其中，单户贷款余额低于500万元的授信客户41 294户，占全部授信客户的比重为54.7%。

——一年期以内小企业贷款占比从上年的82.6%提高至87%。

（五）初步建立较为完善的产品体系，主打产品贡献突出

——“信用贷”于2012年2月研发完成，标志着我行基本形成了包括“成长之路”、“速贷通”、“小额贷”、“信用贷”在内，涵盖抵押、质押、担保、信用等各类担保方式的较为完善的小企业产品体系。

——两大拳头产品贡献突出。“成长之路”和“速贷通”的业务占比、客户数都在增加，零售化产品初见成效。

——各分行根据区域特点，创新特色产品。例如，陕西省分行的小企业“文保通”业务、黑龙江省分行的小企业“粮贸通”业务、湖北省分行的“中百易贷—供应贷”、甘肃省分行的“药融通”金融服务方案等，都实现了产品创新的综合服务效应，取得了较好的成效。

（六）专业化机构体系基本建立，对业务发展起到良好支撑

——截至2012年6月末，全行共有31家分行成立了一级部建制的小企业业务管理部门。

——全行组建含“信贷工厂”的小企业经营中心244家。

——小企业经营中心优化升级，通过“五个集中”节约了成本、提高了效率、提升了专业化水平。

（七）渠道建设不断完善，批量化营销能力进一步提高

——2012年上半年，新建各类批量化营销平台86个，总数达508个，通过平台实现新增授信客户3 268户，新增贷款71.79亿元。

——2012年3月，张建国行长代表我行与工信部签署战略合作协议，并与中小企业协会签约，将合作引向了更高的层次、更广的平台、更宽的领域。在各类平台中，以与工信部合作为主的政府平台拓展客户占比72%，贷款占比65%，战略性合作带动了全行小企业业务发展，取得了理想的成效。

——围绕核心企业，设计应收账款池融资模式，批量化拓展上游小微企业的“供应贷”业务，已在山东、河北等分行实现投放。

——拓展电子银行渠道，通过网络循环贷款为小企业客户提供服务。

（八）信贷风险总体可控，风险管控能力不断加强

——截至2012年6月末，全行小企业不良贷款余额为109.2亿元，较年初新增39.5亿元。小企业不良贷款率为1.86%，较年初增长0.59个百分点，与社会环境和经济形势基本吻合，还处于风险控制的可控范围内。

——总体来看，目前全行小企业不良贷款增加主要集中在部分沿海东部地区的个别省份，其他地区资产质量基本保持平稳态势，全行风险总体可控。从业务发展和增速来看，部分重点区域增长略有放缓，中西部部分地区开始发力。

（九）加强机构建设及人员培训，适应零售化转型的人员数量增加、质量提高

——2012年上半年，与战略合作者——美国银行和桑坦德银行分别开展“小微企业信贷流程再造”战略协助项目和业务培训。

——2012年5月、6月分别组织召开中国香港、新加坡小企业业务负责人及业务骨干培训班。

——2012年6月，小企业业务部与产品质量管理部联合组织举办小企业业务产品经理培训班。

——2012年7月，组织召开小企业业务骨干暨培训师培训班，有针对性地开展各层级小企业业务培训师的培训和选拔工作。

——上半年各类系统性培训覆盖的人员总数超过3 000人，对业务发展起到了很好的推动作用。

（十）小企业业务继续获得社会认可，品牌和社会影响力不断提升

上述成绩的取得，得益于总行党委、董事会、监事会、高管层的科学决策和正确领导，更源于全行上下、各分行、各部门、小企业条线的不懈努力。在此，我谨代表总行小企业条线对在座各位以及小企业业务条线全体员工表示衷心的感谢！

二、当前业务发展需要解决的主要问题

（一）对小企业业务的认识不够深入

小企业业务是全行的战略性业务和基础性业务，但目前仍有部分分行、部分部门和部分条线对小企业业务发展的重要性、必要性、紧迫性认识还不够深刻、全面，还存在一些思想认识上的误区，这些误区有些是条线的，有些是部门的，还有些是各级分行的。

一是对小企业业务比较轻视。认为小企业业务从规模和收益的角度都可有可无，大点、小点无所谓，对全局影响不大。所以负担一重就往后退缩，碰到紧急情况就干一下，没有紧急情况就放一放。小企业业务是不是要作为战略性业务来做、是不是要作为新的增长点来做、是不是要作为必须要做的事情来做，可能很多地方也没有弄清楚。

二是存在担心情绪。许多同志一提小企业业务，就有“一朝被蛇咬，十年怕井绳”的心态。前几年，我行在小企业贷款方面走过一些弯路，吃过一些亏，在座的很多分行同志都有切身体会。现在一提发展小企业业务，很多人就皱眉头，简单地认为小企业风险较大，难以有效控制，能回避就回避，能少干点就少干点，缺乏主动性，总是怕吃亏，没有坚定的信念和想法。

三是对业务发展茫然。不知道怎么找准新的增长方向，业务探索还不够多，基础还不够牢，流程、机制、产品、人员还不够完善，对小企业业务发展的规律没有掌握，不清楚应该如何工作，抱着走一步看一步、慢慢走不着急的心态。这些思想之所以存在，还是因为我们对发展小企业业务的重要性、必要性认识不足，对业务发展的规律认识还不够深刻。

（二）小企业业务发展很不均衡

近几年来，我行小企业业务经过持续探索、创新、吸收借鉴同业先进经验，业务发展逐步驶上快车道，但发展不均衡现象也比较突出。

有的分行，如广东省分行、深圳市分行、河北省分行、安徽省分行等，通过不断做大业务量，在有效控制风险的同时，实现了效益的提升，对本行的价值贡献显著。但也有分行，发展小企业业务畏首畏尾，在业务发展上不愿意做大的投入，特别是一旦出现零星风险，就裹足不前，业务规模始终较小，价值贡献难以显现。

另外，有的地区业务没发展上去，但是风险已经显现。总体上看，2012年以来，小企业不良贷款反弹的区域较为集中，主要在长三角地区。

这些分行由于过分关注存款和中间业务收益，办理了一些风险敞口较大、缺乏有效担保措施的银行承兑汇票、信用证等表外业务来增加存款和中间业务收入，风险控制有所弱化。

还有一些分行的机构、队伍、机制建设迟缓，业务发展滞后，到现在客户数增加都不多，贷款余额一直很少，且徘徊不前，贷款占比甚至还在不断下降，与其在全系统中其他业务的贡献度和等级行的地位很不相称。

（三）专业机构建设差异较大

目前，小企业客户营销拓展仍主要采取一对一的“单兵作战”模式，面对庞大且分散的客户群体，不仅营销成本高、效率低、上量难，而且风险防范难度大、隐患多，特别是在当前经济增长放缓、企业信贷需求和经营状况下行的情况下，矛盾显得更加突出。近几年来，我行小企业业务的办理主要依托“信贷工厂”模式的小企业经营中心进行，但还有个别分行和部分省会城市没有实现“信贷工厂”“零”的突破，小企业业务仍主要沿用大中型企业做法，影响了业务办理的效率和对风险的控制。前期的摸底调查显示，在全行已建的“信贷工厂”小企业经营中心中，符合总行一类标准的不足10%，不少分行将小企业经营中心搞成小办公室，“信贷工厂”的岗位职责和人员配备没有落实到位，标准化和流水线作业的程度不够，影响了“信贷工厂”的运作效率，迫切需要优化改造。

（四）人员队伍相对不足

人员队伍在数量和质量上都跟不上业务发展需要。一方面，目前全行小企业专职客户经理约2 000人，人均服务客户超过35个，部分业务量较大地区的小企业客户经理人均管理客户超过100户，业务人员满负荷工作，严重制约了对存量客户的风险管理、深入营销和新客户营销拓展。另一方面，现有的人员素质与业务发展需要不匹配，跟不上业务快速发展的步伐，比如绝大多数小企业从业人员不适应向“零售化”转型的要求。

在人员配置上，有一个两难问题。部分分行的想法比较纠结，仍然徘徊在“先有人”还是“先有量”的问题上。现实情况是，不上人就上不了量，上不了量就见不到效益，见不到效益，成本就偏高，成本高分行就更不投入资源。这样就形成了人员配置和业务发展的两难选择。部分分行总是想等到多一点资源再发展业务，没有“主动创造条件也要上”的勇气和决心。

上面提到的这些问题有些是客观因素，有些是主观上的认识不足，有些是历史遗留问题，有些是现实中存在的困难。对这些问题要高度重视，采取措施，在发展过程中逐步解决。

三、提高认识，坚定信心，明确方向和定位

（一）如何真正重视和落实小企业业务发展

可以概括成九个字：必须干，有得干，能干好。

一是必须干。国家对小企业保持鼓励、支持的态度，无论是中央银行、国务院的政策支持，还是“两个不低于”等监管政策要求，都是鼓励我们大力发展中小企业业务，发挥小企业在经济发展、稳定社会、增加就业、提高税收、技术创新中的重要作用。国有银行要不要服务这个大局？在“两个不低于”执行方面，建设银行不能居于四大行末位，不能别的业务走在前面，而小企业业务落在最后。这就是银行发展的大局。建设银行要走在相对先进的位置上，小企业业务发展要力争第一，达到平均线以上，这样才符合建设银行的大局意识，符合建设银行的社会责任和文化传统，符合建设银行的改革发展需要。所以这件事必须干。

二是有得干。对商业银行特别是建设银行而言，小企业有几个特点是必需的。银行业务要综合化，也就是大、中、小企业业务综合发展。长期以来，中长期贷款是我行的传统优势业务，但目前全行企业类贷款期限平均长达4.7年，5年以上的贷款占比33%，不仅增加了资本占用，也加大了风险管理的难度。从贷款结构、资本占用来看，小企业贷款期限短、流动性好，对于全行资产优化，信贷均衡、合理、交叉配备，提高整体效率，防范风险都是有好处的。从客户来看，现在建设银行最大的弱点之一就是客户基础薄弱。建设银行总客户数在四大行中排名第三，而小企业客户数在四大行中占比是位列第一军团的，仅与市场第一位的银行有千余户的差距，而且优质

客户占比不断提高。扩展客户数既要关注“三大一高”和中型企业，也要关注小企业。从收益来看，我行对小企业的议价能力比较高，在当前的困难情况下，新发放小企业贷款利率相对基准利率上浮22.86%，比上年同期水平提升了11.29个百分点。银行对小企业的议价能力较强，贷款利差较大，获利较高，可以成为新的利润增长点。在实现专业化、批量化、稳定健康地发展，并形成规模的前提下，小企业业务能够体现出巨大的收益。所以说，对商业银行而言，小企业业务有得干、值得干。

小企业客户与大中型企业客户要优势互补、取长补短、相互融合，提高整体效率。大、中、小企业之间有密切的不可切断的业务联系，发展小企业业务要将这种联系进一步加强到大中型企业，甚至加强到个人客户。小企业业务的这种直接效益和间接效益，对商业银行是十分重要的。

三是能干好。我们要把握业务发展的规律，包括业务的规律、营销的规律、管理的规律、风险防范的规律，处理好经营、收益、风险三者之间的平衡关系。在前两点认识的基础上，掌握以下这几个原则，是可以做到这一点的。一是“大数原则”，也就是专业化、批量化的原则。只有实现批量化，才能使小企业业务的议价能力在量上显示出来，使业务风险整体覆盖，业务成本逐步下降。没有量的保证，小企业业务的优势根本无法显现。二是优质原则。小企业客户数量广、选择机会多、空间大，客户选择是一个沙里淘金的过程，一定要优中选优。三是特殊性原则。不同地区、行业的小企业差别很大，面临的信用环境、制度环境和人文环境也不尽相同。由于小企业有地域、行业、条件的特殊性，我们也要依据这个特殊性来开展工作。

只要能够实践这几个原则，把握小企业的风险特点和规律，相信大家是能够实现“做得好”的。总行大的方向是明确的，资源投入是倾斜的，大家做小企业业务的方式方法、思想思维也要进一步改进，以达到“做得好”的目标。

（二）明确战略定位

1. 明确客户战略。

（1）做好客户结构发展规划。重点服务我们熟悉、了解的存量客户；坚定不移地推进客户拓展，围绕向“零售化”转型，以社区金融为切入点，依托综合市场、社区商圈、产业集群、居民小区等，推进批量化营销；挖掘客户潜在的金融需求，利用有限的信贷资源，带动业务联动和产品交叉销售，增强客户对我行产品的使用频率和依赖，提升为客户综合服务的能力。

（2）注意做好对成长后小企业的持续服务。本着差别化对待、稳健性过渡的原则，对达到中型企业标准的小企业客户，在其信贷需求没有超过存量余额的情况下，原则上可给予两年过渡期，并由小企业业务部门继续管理，适用小企业相关信贷政策。要把小企业成长的后续服务搞好，使有效益的成长企业继续成为建设银行客户。

（3）加强对小企业的退出管理。重点是不符合国家产业政策、能耗高、污染重、达不到环保要求的小企业；公司治理混乱、主营业务不突出、生产工艺落后、融资成本过高、盈利能力不足、信用状况持续恶化、抵质押不足的小企业；受宏观政策影响大、抗经济周期风险能力弱的成本推动型出口加工小企业和销售渠道过于集中的外贸小企业；存在商业欺诈、贿赂等违法违规行为，且道德风险较高的小企业。只有坚定退出，才能进一步沙里淘金。

2. 明确行业战略。重点支持符合产业升级方向、契合区域资源优势以及集群化发展和为核心企业配套的小企业；积极培育科技研究、软件信息服务、现代物流、文化创意等新兴产业小企业；选择低碳环保、绿色节能等符合国家导向、发展前景广阔的行业。

3. 明确产品战略。一是在继续做好成长之路、速贷通等传统优势产品的同时，着重推广“小额贷”、“信用贷”等更加切合小企业特点的零售化产品，提高500万元以下小额贷款的占比。二是大力发展与政府合作的“助保贷”产品和与供应链核心企业合作的“供应贷”产品，在批量营销客户的同时，利用其独特的核心地位优势，及时发现并有效控制风险。

4. 明确渠道战略。一是在坚持小企业经营中心和小企业客户经理主渠道地位的同时，要根据当前经济发展特征，重点推进电子银行渠道建设，这是批量化、专业化的一个重要方面。一方面，要结合总行推出“网银循环贷”产品的契机，把原先在线下办理的贷款申请、支用、还款等手续移至线上，使客户通过网上银行实现自助办理；另一方面，要在近期推出依托电子商务平台的小企业专属网络银行产品，为“善融商务”等电子商务小企业提供授信服务。二是要提高对网点的利用效率，通过对小企业经营中心进行优化升级，强化对网点的业务支持和网点对小企业经营中心的营销支持，真正建立起全体系、全方位、全覆盖的小企业营销渠道。

5. 明确区域战略。一是在总行层面，结合“三大一高”，重点推进大城市，特别是省会城市小企业业务发展。二是在一级分行层面，要优先选择民营经济比较发达、小企业比较活跃、信用环境和法律环境良好、机构经营管理水平较高的区域，作为重点支持的中心城市，迅速打造在当地的竞争优势。三是在二级分行层面，也要根据上述要求，结合本地区特点，按照突出重点、集中资源优先发展的原则，选择确定本行的小企业业务重点发展地区，特别是全国“百强县”和各省除“百强县”外的重点县，要一个一个进行分析、筛选和确定。

四、下半年的重点工作

（一）打造批量化营销模式和平台

加快转变传统的营销模式，从单个客户拓展，转向寻找利益共同体的第三方，搭建合作平台，批量营销客户，协同控制风险。

一是与政府合作，搭建银政合作平台。建议一级分行行长亲自出面搭建本省主要的、重点的银政合作平台，要利用我行与工信部签约的契机，积极加强与政府合作，利用政府的管理优势，筛选并优先获取优质客户。当前，要重点依托“助保贷”产品，利用政府对小企业的资金支持，组织贷款企业建立风险补偿“资金池”，打造有别于传统抵质押和担保的新型小微企业信贷模式。将大中型企业和小企业产品、信贷与非信贷业务进行组合营销。

二是与大企业合作，支持实体经济，发展核心企业的配套小企业。供应链融资贷款基于真实的贸易背景，风险可控，且符合经济发展趋势，市场前景广阔，因此要重点针对供应链，大力发展“供应贷”业务，通过为核心企业提供付款等现金管理服务，针对性地批量营销其上游小企业在我行办理应收账款质押贷款等业务，建立起“1+N”的批量化营销模式。河北省分行就针对华北油田等核心大企业，批量化地梳理其上下游小企业客户，将60%以上的优质上游客户都发展成了我行的信贷客户。各分行小企业业务部要与公司业务部、集团客户部、机构业务部等多部门联动，由行领导牵头成立推进领导小组，开展高层营销，并通过多层级、多部门合作联动，实现供应链上的客户批量化拓展，争取在年底前每个一级分行都实现围绕核心企业建立“供应贷”平台。

三是与社区管理机构合作，利用小企业“抱团发展”的特点，开展批量营销。原有的联贷联保是一种适应这一特点的服务方式，但风险相对较大，目前更应发挥协会、商会、市场管委会、创新园区等“准政府”机构的作用，积极推行“市场通”业务模式，进一步探讨联贷联保在新形势下的特点，进行改进。

（二）加快推进零售化转型

总体上看，小企业业务仍然沿用大中型企业业务的运作模式，这种模式已难以有效支撑，成本高、效率低，议价能力高、增长快、综合收益率高的优势难以发挥，劣势却凸显出来。因此，要提倡小企业新形势下的零售化转型，改变小企业业务发展的模式、机制、流程等，推进小企业业务向零售化转型。

一是建立以评分卡为主的小企业评价方式。根据小企业贷款金额小、笔数多、时效强的特点，重点对500万元（含）以下小额贷款客户，转变过去按照大中型企业模式、关注企业财务报表和盈利状况的评价方法，针对小微企业特点，采用与企业履约能力、企业主个人信用、资产密切相关的关键要素和指标进行评价，并通过标准化的评分卡设计，实现操作的简单化、处理的自动化和销售的网点化，进而降低成本，提高操作和风险控制的效率。目前，评分卡的设计开发已进入尾声，年底前将实现单机版上线运行。

二是建立预授信制度，有效挖掘存量客户，提高审批效率。我行现有各类客户约3.6亿户，其中企业客户约270万户，占全国企业总量的约20%，年日均存款超过5万元的有效客户约80万户，潜力巨大。而围绕供应链核心企业还有很多的客户资源可以挖掘。各行要根据这些客户主要集中在网点的特征，通过强化对网点的业务支持和联动，从现有资源中筛选适合的对象，如年度日均存款在5万元以上的客户，向其推荐“善融贷”产品，以日均存款、账户活跃度为依据，依托评分卡为客户进行一般在200万元以下的预授信，主动吸引客户到我行办理业务，并建立起一次授信，多次支用的模式。此项工作预计在9月底完成推出，分行要积极落实与配合。

三是以新一代系统建设为契机，打造适应零售化转型的支持保障体系。小企业业务零售化模式和制度的建立，必须依靠科技系统的支撑，因此，要尽快完善系统需求，抓紧开发，实现小企业评分卡、业务自动化处理等的上线运作。由于新一代核心系统预计要到2014年方可最终上线，在此期间，各分行也要结合自身实际，同步加快适应业务发展的本行系统建设，有效解决客户筛选、考核激励、风险控制、统计分析等多方面的需求。

（三）加快专营机构建设

一是要进一步完善小企业经营中心职能。要赋予小企业经营中心客户营销、对外展示和客户关系管理的职能，并建立适应批量化营销的管理机制，通过适时将产业集群、专业市场等社区管理机构代表以及担保公司等引入小企业经营中心，达到“不出小企业经营中心，实现小企业批量服务”的目标。

二是要强化小企业经营中心对网点的业务支撑。各小企业经营中心要明确所服务网点的范围，并制定小企业经营中心与营业网点进行对接的营销管理岗、业务受理岗等关键岗位职责和业务衔接流程。要在物理建设上体现业务支撑功能，即网点和小企业经营中心要通过互设工位等形式适当相互嵌入，实现物理上的有效衔接。

三是要进一步优化现有流程，针对500万元以上、非标准化小企业信贷业务，区分信用、抵质押、第三方保证等不同风险缓释方式，全面优化小企业业务流程。对可进行信用评级的客户、抵质押充足的客户、有担保的客户，要采用不同的有效方式区别对待。

四是提高经营中心覆盖度，分类分级加强建设，有效充实岗位人员。根据王洪章董事长“小企业经营中心可以做到全覆盖”的要求，分层、分类地建设经营中心精品店（约20家）、标准化经营中心和简约版经营中心，除西藏外，小企业经营中心要基本实现所有城市全覆盖。要进一步充实岗位人员，根据业务发展情况和各岗位工作量合理配置人员数量，并根据岗位技能要求配备适岗人员，不兼容岗位确保专人专岗，持续提高业务办理效率。

（四）积极推进产品创新

目前，由总行牵头进行的大类产品研发相应完成。下阶段，主要从提高创新实效、提升创新效率、建立产品创新后评价机制三个方面来积极推进产品创新。

一是要寻找客户最为集中、迫切的需求，并结合总行、一级分行在产品设计上的功能优势，及时开发贴近市场、贴近客户的产品；确保创新产品能够有效带动中间业务发展、增加衍生收益，如小企业现金管理产品等。

二是要适当扩大分行产品创新权限，鼓励分行在遵循总行统一风险偏好的基础上，研发具有当地特色、符合客户需求、有一定市场影响力的产品。还要建立总行牵头，跨部门、跨层级的“产品创新直通车”制度，加快对小企业客户市场需求的响应速度才能提供有效的服务。在某种程度上，应比对大企业客户市场需求的响应速度要快得多。

三是要完善产品创新后评价体系，总行应加快这方面的工作，建立相应的制度和流程。

（五）制定小企业业务的合理定价并提升价值回报

随着利率市场化，定价管理能力的高低，特别是小企业的定价管理将成为未来银行竞争力的关键。没有定价管理就没有成本的收回、没有利益的分担、没有风险的覆盖，如果小企业业务定价比较高这个优势发挥不出来，就等于是走过场，这是我们小企业业务发展的关键。

一是要根据市场状况、企业信用级别、风险缓释方式等进行多维度科学定价。要做到定价方法多样化、定价参数精细化、定价条款设计灵活化、定价基准多元化，确保定价策略与市场地位和业务目标一致。对AA级及以上的小企业、具有全额抵质押的小企业以及助保贷、供应贷等风险可控的零售化小企业产品，贷款定价上浮水平可适当低一些，其他的如信用贷等风险相对较高的业务，定价上浮水平一定要高一些。

二是要通过全面金融服务和综合定价来提高收益。除贷款外，小企业还有多项业务需求，包含 IPO、PE 等在内的直接融资以及国际业务、投资银行业务、财务顾问、现金管理等多种金融服务。由于小企业在这方面所知较少，更依赖于银行的服务，因此银行将大有可为。我们要帮助客户挖掘其他金融需求，争做客户的“第一银行”，通过实行综合定价，实现客户满意和银行盈利的有机统一。

（六）加强风险防范和控制

由于小企业跑路较快、关门较早、发展较灵活，因此要从单个和批量小企业两个方面加强风险认识和控制。

1. 加强客户识别，做好客户选择。一是把好行业关口和客户关口。二是优先选择抵质押方式，严格控制关联担保。三是加强客户需求及贸易背景等的真实性管理。现在的小企业风险中大多源于没有实体经济和真实的贸易背景，而由于行业性下滑或经济环境变化造成小企业大面积垮台的情况一般不会出现，大企业由于流程严密、链条大，风险较小，而小企业道德风险较大。四是加大对小企业银行承兑汇票业务和钢贸小企业银行承兑汇票贴现等易发生风险的业务的管控力度。

2. 抓住关键环节，提高风险预判能力。一是要充分利用小企业早期预警工具，提高预警工具的使用频率。二是加强贷后管理，加大客户经理对客户的走访频率，对中小型企业，应至少每两月进行一次客户走访；对小微型企业，一个季度应至少不低于一次，可由各个地区灵活掌握，底线是对企业有基本的了解，能够实时跟进企业的情况。三是可探索建立非核心业务外包机制，将水电表监察、信用状况查询等环节交由第三方专业机构。

3. 重视审计发现问题的整改。2012 年 2 – 5 月，审计部组织驻地审计机构对河北等 18 家分行小企业信贷业务进行了审计，发现不少问题。这些问题都很有针对性，是阻碍小企业业务管理能力、风险防范能力提高的重要问题。要积极组织总行、分行层面开展整改工作，落实整改要求，消除风险隐患。

（七）与保全部门密切合作，加快处置化解小企业不良贷款

一是要针对 2012 年上半年小企业不良贷款明显反弹的状况，全行小企业业务条线要进一步加强与保全部门的合作，加快处置已经形成的不良贷款。特别是浙江省分行、湖南省分行等不良率超标的分行，要制订细化的工作方案，有明确重点、有具体措施，确保实现回收目标。

二是要提高对小企业不良回收处置工作的重视程度。不要因为小企业不良贷款金额小、投入产出比低就不重视，不以单纯的考核数额大小为衡量指标，应加大在小企业不良贷款回收处置工作上人力、精力和资源的投入。如果做不好不良回收工作，将影响拓展新的业务，会增加大家对这项业务发展的疑虑和担心。

三是加快小企业贷款的核销工作。充分利用国家对小企业不良贷款差别化的优惠的核销政策，例如，对 1 年以上的存量小企业不良贷款，符合条件的要在 10 月底前尽快进行责任认定，加快不良核销的进度。要进一步完善对小企业业务尽职免责的管理，把尽职免责、防范道德风险和科学考核激励结合起来，缺一不可。

四是要积极探索尝试多样化的不良处置方式。加快对小企业不良贷款打包出售方式的研究，9 月底前争取拿出方案，年底前打包出售一部分小企业不良贷款，争取多处理一些。同时，要在小企业不良贷款集中区域配备专业人员来加强这方面的工作。一定要做到科学、周密、严谨、可靠，既做好这项工作，又防范风险。

（八）完善队伍建设和考核机制

一是要进一步充实人员数量。要按照和业务发展相匹配的要求，加快配备小企业业务人员，同时可以通过增加客户经理助理，分担客户经理的事务性工作，让客户经理更好地营销，做好专业化的市场性工作，提高整个小企业团队的效率。要更加重视小企业产品经理、风险经理和业务培训师人员队伍的建立。在人员问题上，大家要转变思想观念，小企业业务更靠近市场、更靠近一线、更靠近经营，因此需要增加一些业务发展上必要的人员。

但要注意，对增加的人员要用好，综合用人，有为才有位，要作出业绩才能增加人员。在“用好人”方面，要把大、中、小企业的客户经理相结合，让大企业的客户经理和小企业的客户经理优势互补、信息畅通、相互协调，从供应链核心企业入手，实现人少、多办事。还要把人的潜力调动起来，要确保重点地区、重点城市、重点网点，保证有限的人能够形成“拳头”。对民营企业发达、小企业市场大的地区，要保证最低的人员要求。

二是进一步加大培训力度。重点组织零售化转型新产品、平台产品的培训及转培训。小企业业务的转培训工作很重要，能够通过师傅带徒弟，发挥很大的效用。小企业客户经理的综合素质和业务素质更需要提高，更需要加强培训。如果个人的素质、道德品质和业务能力不行，人数多了也无用。以后总行每年都要组织几期小企业业务境内外培训班，2012 年下半年还要组织召开至少一期产品经理培训班，并完成小企业客户经理教材编写工作。各分行可根据自身的情况，组织进行小企业业务专题培训和转培训，确保每人每月都有参加培训的时间。

三是继续探索建立小企业客户经理绩效考核机制。小企业业务涉及面广、关联度强、产品覆盖和综合贡献高，因此，小企业客户经理的贡献往往不局限于小企业客户和小企业业务，这就需要研究建立能够有效解决跨部门、跨条线的利益分配机制。总行 2011 年已经下发了《小企业客户经理绩效管理指引》，各分行要继续深化落实，结合本行业务发展实际，在不同的地区要采用差异化的考核，细化指标，逐步建立适应零售化转型的小企业客户经理绩效考核机制，有效地、最大限度地调动客户经理积极性。

我相信，在总行领导的高度重视和正确领导下，在各分行、各条线的共同努力配合下，一定能把小企业业务越做越好，使小企业业务的经营管理水平大幅提升，在奠定建设银行综合化经营、多元化增长、整体持续健康发展等方面作出小企业条线新的、更大的贡献。

谢谢大家！

在珠三角地区协调委员会 2012 年例会上的总结讲话

胡哲一

（2012 年 11 月 14 日）

同志们：

今天的会议开得很必要、很及时、很有成效。珠三角地区各分行与香港机构及建信信托、建信租赁高度重视联动工作，认真总结联动经验，充分交流联动心得。从大家介绍的情况看，珠三角地区的联动工作取得了突出成效，有力地促进了境内外业务的共同发展和综合竞争力的提升。同时，针对联动工作中存在的问题，各机构、子公司提出了很多宝贵意见和建议，总行相关部门也作出了回应。

珠三角区域联动起步早，在联动客户、联动创新、联动机制方面取得了较好的成效，走在全行区域联动工作的前列，为全行业务发展作出了积极贡献。联动协调会开得也很实，得到了行领导的充分肯定和表扬。联动范围不断拓宽，从珠三角分行、境内外机构拓展到总分行之间的联动，联动层次不断提升，从单一到多元，从项目到产品，从产品到机制，实现了多角度、全方位、深层次、跨领域的联动，联动工作很有成效。珠三角地区各机构要继续加强对国家支持政策的研究，深入分析市场，把握发展机遇，推进联动创新，持续提高区域市场竞争力，成为全行改革创新、业务转型的表率。下面我重点讲三个方面的内容。

一、充分肯定成绩、总结经验，把珠三角联动工作做得更快、更好、更实、更新

（一）珠三角地区各项业务稳步发展，亮点突出

2012年以来，面对复杂的国内外经济形势，珠三角地区各分行和香港机构紧紧把握发展机遇，深化联动工作，加大营销力度，促进区域各项业务的持续发展。截至2012年9月底，珠三角区域各分行主要业务（存款、贷款、中间业务）取得了14项业务在四大行中位列第一的好成绩，比上年增加3项，区域综合竞争力持续提升。

一是存款业务稳中有升。珠三角各分行存款余额达18 701亿元，列工商银行（19 037亿元）之后排第二；存款新增1 427亿元，列农业银行（1 531亿元）之后排第二。福建省分行、厦门市分行、深圳市分行存款余额和存款新增均在四大行中位列第一。

二是贷款业务稳步增长。珠三角各分行贷款余额达11 479亿元，列工商银行（13 042亿元）之后排第二；贷款新增917亿元，列工商银行（972亿元）之后排第二，增幅为8.7%。福建省分行、厦门市分行、深圳市分行保持贷款余额在四大行中位列第一，厦门市分行、深圳市分行贷款新增在四大行中位列第一。

三是盈利能力不断增强。珠三角各分行实现中间业务收入152亿元，列工商银行（155亿元）之后排第二，其中福建省分行、厦门市分行、深圳市分行中间业务收入保持四大行第一；珠三角区域中间业务收入占其营业收入之比为31%，高于全行平均水平9.3个百分点，持续提高了对全行的贡献；实现利润310亿元，占全行利润的20%，是三大重点区域利润增长最快的。

四是资产质量持续向好。珠三角地区不良贷款实现“双降”，不良额为80亿元，较年初下降4亿元，不良率为0.66%，低于全行平均水平0.26个百分点。

五是跨境人民币结算业务成效显著。截至2012年8月底，在全行跨境人民币结算实收实付业务量中，珠三角地区各分行跨境人民币结算量1721亿元，占全行总量的39%；结算量10万元以上的客户，珠三角分行拥有2 235户，占全行客户数的33%。珠三角地区是全行跨境人民币结算业务发展最快的重要区域。

从珠三角地区的业务联动来看，有效地促进了境内6家分行和香港3家机构的经营发展，希望新加入的建信信托和建信租赁能尽快从业务联动中受益，收获更多的成效。

（二）深化业务联动，取得了突出成效

总行进一步加强对珠三角地区业务联动的指导，年初下发了加强联动工作的通知，明确具体要求。珠三角地区各分行及香港机构积极推进业务联动，在集团授信、银团贷款、产品创新、人员培训等方面取得了突出成效。截至2012年9月底，联动项目已完成124个，正在推进71个。

公司业务方面，珠三角地区分行联动推进集团客户授信和内部银团贷款，挖掘联动商机，为区域分行服务客户找到切入点，提升了客户满意度。为大客户进行了集团授信，如为华为技术有限公司、比亚迪股份有限公司、中国海外集团有限公司等客户授信金额超过400亿元；对一些重点客户组建了内部银团贷款，如粤海铁路有限公司、光耀集团有限公司、中海海盛船务有限公司、南广铁路项目、万科三亚森林公园项目、福能风力发电项目等。

国际业务方面，珠三角各分行在跨境人民币结算、内保外贷等业务量占全行总量均有较高的占比。特别是在跨境人民币结算产品创新方面取得了突破，带动业务快速发展。截至2012年9月底，香港分行及建银（亚洲）通过与珠三角各分行联动，跨境人民币结算量达到661亿元，占全行总额的39%。

投行业务方面，建银国际与珠三角各分行密切合作。截至2012年9月底，建银国际开展的境内外投资银行业务已签约34笔，实现收入2 681万港元；通过投资银行业务带来的新增存款55亿元，实现中间业务收入3 460万元，维护和拓展企业56户和个人客户28户。珠三角各分行拥有海外资产的高净值客户20人，参与建银国际投资项目近1.5亿港元。

个人业务联动方面，通过优势互补，推动私人高端业务发展。珠三角各分行与建行亚洲在香港投资移民、见证开户、内房按揭、海外信托等

业务合作，取得了长足进步。截至2012年9月底，投资移民申请人数达到了203户，其中投资1 000万港元以上的移民客户有19户，资金量为1.9亿元；见证开户2 540户，实现AUM客户6.78亿港元；内房按揭已审批19户，总贷款额达992万港元。

这些联动业务的拓展和深化，取得了很好的经营效益、客户效益和社会效益。

（三）完善联动机制，提高联动工作效率

境内外机构加强联动创新，完成联动产品创新14项。在跨境人民币业务创新上取得多项突破，成功推出了支付宝6号、代付通、内保内贷、跨境授信通、港元按揭贷款等；香港分行推出了跨境人民币双边贷款、背对背信用证业务、人民币信用证项下贴现、跨境供应链融资等；建行亚洲推出了代付盈系列、结汇通系列、票据保付等产品，极大地促进了区域跨境人民币业务发展。

珠三角地区分行高度重视联动培训，完成联动培训8期，重点培训创新产品。境内分行邀请建行亚洲、建银国际专家讲授香港投资移民、个人客户境外开户、债券融资等产品，将培训工作向基层行延伸；选派业务骨干赴港进行顶岗学习，学习新产品和业务流程，分享优质客户资源和服务经验。

完善联动机制，建立联络人制度。境内各分行选派业务骨干派驻珠联办集中办公，香港机构指定联络人，联动工作责任到人，督导推进联动项目；搭建信息联动平台，建立了珠三角联动工作月报和联动信息季报制度，共享优质客户联动需求。

激励表彰先进，营造联动创优争先的良好氛围。珠三角区域联动从业务推进、产品创新、机制建设等方面取得了比往年更好地成效，珠三角6家分行、在港机构和境内机构积极参与和大力推进，总行相关部门给予指导和帮助，珠三角联络办做了大量细致和有成效的工作，广大基层员工默默耕耘和无私奉献，对此，总行给予充分肯定和表扬，在珠三角各分行及香港机构的推荐下，经总行公司部审核，报经行领导同意，总行决定对珠三角地区20个先进机构和30个优秀个人进行表彰，分别授予“2012年中国建设银行珠三角地区联动先进机构、优秀个人”的荣誉称号。在此，对获奖的集体和个人表示热烈祝贺。希望受到表彰的集体和个人珍惜荣誉、再接再厉，以崭新的面貌和开拓进取的精神，在珠三角地区业务联动中再创佳绩、再立新功。

在充分肯定成绩的同时，也要清醒地看到形势的复杂性和竞争的激烈性，看到新挑战和新机遇，我们在业务联动中主要存在三方面的问题：一是对国家政策和市场变化的反应敏锐性尚需提高。珠三角和港澳地区优越的地理位置、开放程度高、经济最活跃的特点，客观上体现为实体经济的需求旺盛，为我们搞好区域联动、改革动向提供了发展空间。因此，我们要深刻理解国家政策、区域特点和市场特点，加强研究、抓住机遇，真正把联动工作推向深入。二是联动呈现四多四少现象。即联动项目多，联动产品少；单边联动多，双边联动少；被动联动多，主动联动少；友情客串多，机制规范少。联动工作要坚持机制为主、友情为辅，机制是基础、友情是保障。三是缺乏针对“走出去”企业的整体营销、授信审批、贷款发放和贷后管理的制度办法和业务流程，服务“走出去”企业的业务联动、考核和管理机制不明确。未来我们要进一步加强联动工作质量、提升层次、拓宽领域、增加反应灵敏性，提高珠三角联络办的工作能力、水平和层次，创造更大的综合效益。

二、把握机遇，深化联动，持续提升珠三角市场竞争力

（一）深刻理解珠三角联动工作的重要意义

珠江三角洲地区毗邻港澳，在全国经济发展中处于重要地位。2012年以来，国家先后批复了珠三角地区多项发展政策，进一步加大了对金融创新、服务创新、综合试验区创新的政策支持力度，提出了到2020年的发展目标，金融产业将成为广东经济的重要支柱产业，金融增加值占广东国内生产总值的10%以上，建立与香港金融中心紧密合作，以金融产业为支撑、具有国际竞争力和全球影响力的重要金融合作区域。着力打造前海、横琴、南沙三大创新平台，成为引领全国金融改革创新和开放发展的重要引擎。

面对珠三角地区经济金融发展的新政策、新

形势和新变化，根据总行已批复支持前海、横琴新区和珠三角金融改革创新综合试验区的意见，各分行认真研究国家和地方的支持政策，准确理解、明确方向、长远谋划、坚定不移，在防范风险的前提下，发扬敢于创新、勇于探索的精神，积极先试，拼抢第一，加大联动创新力度，创新出拥有自身特色、具备竞争优势、引领全行发展的新路子。

珠三角地区各分行要充分认识加强区域联动的重要意义，一是共同提升区域发展能力的纽带和内在需要。通过联动合作、优势互补、共促发展，用建设银行的区域联动获得最大、最好的整体效益，更好地参与和服务珠三角区域经济发展，走在区域科学发展的前沿。二是建设银行实现国际化战略的桥梁和重要手段。做大做强港澳地区，覆盖东南亚和欧美是建设银行实施国际化的战略举措。香港机构要做大做强，除自身努力外，与境内联动，特别是珠三角分行业务联动密不可分。珠三角业务联动是为建设银行国际化作贡献，其战略意义不只在境内，还在于国际。一方面，我们大量的客户、业务优势在国内；另一方面，我们现在海外业务大头在香港，香港是联系国内与国际的桥梁，如果不能在香港这个桥头堡实现突破，就难以实现建设银行国际化和整体做大做强。所以说联动是实现建设银行国际化战略的重要手段。三是全行实现业务转型和创新发展的先导。珠三角地区的产品创新、机制创新走在全行前列。珠三角联动中存在的问题是最前沿的问题，联动中要解决的事、要满足的需求，是建设银行要探索、要创新解决的事，是全行未来要解决的普遍问题。联动创新既要明确需求，又要经过检验，创新不能造成大的风险和波动。珠三角地区是需求最强烈、最活跃的地方，管理体制上既有省市分行、大小行，又有发达行和欠发达行，具有普遍的代表性。如果联动创新工作做成了、做通了、做好了，就有归纳总结、系统推广的价值和意义。珠三角区域联动不只是“6+3+2”的事，从经验总结和推动创新发展上讲，受益者是更多的分行乃至全局。在新的形势下，珠三角联动工作的意义重大。

（二）珠三角联动工作要在三个层次上做好、做实、做快

珠三角联动工作的总体思路：以国家批复的规划和支持政策为导向，紧扣珠三角地区发展和港澳国际市场动态，以跨境人民币结算、境外发债、境外双向贷款等创新为重点，加大联动创新力度，拓展联动范围；以前海、横琴等重点地区为突破，带动珠三角地区各项业务持续发展，走在同业前列。

第一层次是加强重点项目联动，推动联动工作向纵深发展。要明确联动项目重点，联动不仅要增加项目数量，更要提高项目质量。珠三角地区正推进的联动项目有71个，其中集团授信18个，内部银团15个，投资银行项目21个，其他业务11项。珠三角地区各机构要明确牵头分行、指定专人，加大营销力度，组建营销服务团队，制订综合服务方案，定期沟通情况，积极推进。总行有关部门要积极支持集团授信、银团贷款等业务，对分行提出的业务请求尽快予以答复。

第二层次是从项目提升到产品，加强产品创新，拼抢市场第一。产品的联动，体现了联动的最新发展需求。目前区域联动产品创新推进的有15项，其中包括公司业务参与跨境双边贷款1项，国际业务跨境人民币结算3项，投资银行海外融资及资产管理2项，个人贷款涉外抵押登记1项。对于产品创新，为避免分行间重复创新，各分行要将产品创新计划报总行有关部门和珠三角联络办备案，珠联办不仅要协调项目，还要协调产品联动创新推广。同样的需求，哪个分行需求最大、进展最快、创新能力最强，报总行相关部门协调后，就明确为产品创新的牵头行，相关分行指定专人负责，组建产品创新团队，也可组成总分行攻关小组，加快创新进程。

第三层次是规范联动机制和业务流程，推进业务发展。联动是建设银行的业务发展战略，必须常态化、科学化，因此，建立健全机制尤为重要。区域联动搞得好，对建设银行建立跨区域整体营销机制是一个很好的探索。我们应在机制探索上体现高标准，对有规律性的联动工作及时总结，形成机制，予以固定和推广。积极鼓励分行创新产品，建立产品创新直通车和银企联动创新机制，总行有关部门加强创新指导，对国家确定的重要创新产品，选择珠三角分行先行先试，总行要牵头组织推进。同时，加强与客户沟通，邀请客户参与产品创新，如与高校、券商、保险公司、基金公司等共同研发，提高产品的实用性。

加强创新产品经验和信息共享。产品、经验和信息共享是决定联动质量和水平的重要方面。珠三角各分行将产品创新试点及创新成果及时上报总行相关部门和珠三角联络办，总行主要负责创新产品的制度办法、业务流程、标准选择的规范管理，珠三角分行重点做好创新试点的推进，联络办定期通报产品创新的推进情况，搭建创新产品经验共享平台，真正做到启动一件事、探索一件事、总结一件事、推广一件事，努力打造以创新产品引领业务发展的新格局。

三、把握机遇，正确引导，开创跨境人民币业务新局面

（一）2012 年前三个季度跨境人民币业务成绩突出

截至 2012 年 8 月底，我行完成跨境人民币结算量 3 877 亿元，境内同业占比 19.62%，超出工商银行 0.84 个百分点。珠三角地区分行和香港机构的跨境人民币结算量占全行系统的 40%，作出了重大贡献。但是保持现有市场份额面临新的挑战，近期中央银行连续两次降息，境内人民币存款收益降低，境外人民币筹资成本提高，跨境人民币业务量可能大幅萎缩。我们要坚定信心，清醒地认识到跨境人民币结算业务是全行的战略性业务，其发展过程与人民币国际化的曲折过程、与中国和平发展的崛起过程相辅相成，我们的工作方法可以随着市场波动有所调整，但是它的方向和长远价值是不会改变的。有战略眼光的银行和银行家必须看到这一点。因此，我们的重视程度、做的事情不能因为波动而有所放松，要坚定信念、抓紧工作、抢占份额。

（二）做好跨境人民币工作的要求

总行一直高度重视、充分肯定跨境人民币业务发展。为鼓励各分行开展旺季营销工作，总行组织开展了“2012 年跨境人民币专项竞赛”，配置 2000 万元专项费用，对业务发展快、市场占比大幅提高的分行，以及为跨境人民币业务发展作出突出贡献的单位和个人给予奖励。各分行应结合本行实际，制订细化方案，将各项活动安排落到实处，切实有效地推动跨境人民币业务发展。

（三）做好海外代付替代产品创新

总行相关部门要在符合监管要求的条件下，加强海外代付替代产品的研发工作，满足市场和客户需求。珠三角地区各分行要积极提建议、提创意，协助总行做好产品研发工作。同时，要加强境内外联动，充分利用海外机构的信息优势和渠道优势，加强与总行部门的沟通，相关创新产品经总行批准后方可办理，确保业务合规。

（四）做好大中型客户的跨境人民币业务营销

积极营销我行的存量大中型客户，挖掘客户需求，提高存量客户的承办率和业务量。各行要成立以主管领导牵头的营销小组，分行的公司部和国际部要积极联动、调查梳理、加强营销，重点拓展跨境人民币结算在当地排名前 100 家的目标客户，提高我行的市场份额。

总行马上就要召开秋季工作座谈会，主要有两个重点内容：一是传达党的十八大会议精神，结合建设银行使命和责任，贯彻落实各项工作要求；二是部署安排全年经营发展工作，谋划明年全行工作。首先，大家要把这次会议精神及时传达下去，继续重视支持珠三角区域联动，把本次会议要求落实到实际工作中去。其次，大家要在秋季工作座谈会上积极反映目前形势下区域经济发展的动态特点、客户和市场需求变化等情况，协助总行把明年的工作计划做得更加科学、更具有可行性。

同志们，总行对珠三角地区业务发展寄予厚望，希望大家齐心协力、迎接挑战，在服务珠三角区域经济建设中，坚持优势互补、探索创新，继续加大联动营销力度，推动区域业务持续发展。祝愿珠三角 6 家分行在系统发展中勇当好生力军和排头兵，希望香港机构和 2 家子公司在联动中有所贡献和发展，希望珠三角联络办继续努力做好工作，也请总行各部门继续指导和关心支持珠三角联动工作，团结一致，齐心协力做好联动发展，为全行作出更大贡献。最后，我代表总行感谢广东省分行对本次会议的支持。

谢谢大家！

（根据录音整理）

在2012年全行计划财务工作会议上的总结讲话

庞秀生

（2012年3月2日）

同志们：

这次计财会议开得很好、很实、很有意义。曾首席在工作报告中作了全面的总结和部署。张建国行长昨天对计财条线的工作和队伍给予了充分肯定，包括工作理念、工作的方法论、专业精神和专业素质，以及在支持引领业务发展中的贡献。张建国行长的充分肯定，代表了总行党委和高管层对计财工作的一致判断。王洪章董事长刚到建设银行没多久就听取了财会部和资产负债管理部的汇报，给出的评价是，建设银行的计财工作在同业领先，队伍素质很高。

我们这样一支队伍做出的工作成绩之所以得到这样的评价和赞扬，我觉得这既是建设银行多年培养的结果，也是大家在工作中锻炼成长的结果。有三方面因素对计财队伍的成长很重要，即不断进取迎接挑战的精神、服务引领业务的理念以及学习和创新意识，这是人才成长的重要因素。

在近年的多次计财会上，总有一些分行同志说起，每年感觉都很累、很苦，解决了很多难题，好像也颇有成绩，可一到总行计财会，总会有许多更新、更高的要求，总感觉还有不少差距，压力很大。这就对了！整个建设银行在发展中、在市场竞争中面临着巨大的压力和挑战，作为全行运营调度中枢的计财条线，就是要承担更大的压力和挑战。我们知道难、知道有压力、知道很有挑战性，但是我们不畏难、不犹豫、不彷徨，我们有坚强的意志和充分的信心，我们会在建设银行科学发展的过程中有所作为，我们会始终走在中国银行业计财管理的最前列。下面我具体讲四个问题。

一、关于计划和预算衔接情况

应该说经过“两上两下”，大家已经充分沟通。但分行提出了一些问题，各地也确有自己的困难，计财会后总行将根据各行反映的实际情况和具体问题，对分行计划和各项指标进行一些适当调整。下面说几个大家关心的具体问题。

（一）贷款规模

这是分行反映最多的问题。昨天张建国行长已经说得很清楚，人民银行并未像以往一样，对建设银行2012年贷款规模明确一个大致的总量数额。总量尚未确定，且全年将面临较多变化，年度计划分配新增7 000亿元是有风险的。但为让分行更好地安排工作，总行还是按7 000亿元的计划分配。而2011年贷款增长了7 300亿元，一对比，2012年计划新增总量就比上年低；并且2012年总行调整了贷款分配方法，有的分行较上年增加，那么就有分行较上年减少得更多，压力就更大。

对这个问题的认识，要注意两点：一是目前安排分行的贷款增量只是初步计划数，我判断，到年末，全行实际贷款增量超过上年的概率比低于上年的概率应该会大一些。二是目前贷款增量计划对分行来说，可能是一张饼，因为真正拿到手的，要每个季度根据业务运营情况核定。2011年贷款分配方法的缺陷在于年初将贷款增量固化分配，有的分行全年存款业务不佳，但贷款增量基本未受影响。2012年方法变了，总行将按照分配模型，全年持续按月、按季跟踪，分行不要死盯年初计划数，因为如果做不好，连年初计划增量都拿不到，更不用说与2011年比了。贷款增量安排要与业务发展结合起来、与风险调整后的资本回报结合起来，争取在业务发展中解决贷款规模问题。

另外，2012 年的贷款规模压力究竟有没有那么大，还不确定。因为市场在变化，客户需求在变化，经济增速包括投资增速在下降，2009 年开始的新一轮基础设施建设至少高潮已过，走入平缓阶段；股市不牛，房市不热，高利贷引发的事件不少，且随经济增长和资金需求的下降，高利贷已不像2011 年那样火热。2012 年客户贷款需求究竟如何，请大家注意分析、盯住市场，关注整体形势变化。

此外，不要再一味地争夺贷款大项目，认为多贷款就多盈利、多得绩效，这样的判断有问题。根据测算，按目前的经济资本占用和内部转移价格，贷款对经济增加值的贡献相当有限，大家为什么总有这么大的劲头去做贷款？实际上存款和中间业务对经济增加值的贡献很大。将注意力集中在贷款上有点问题。

2012 年总行调整了贷款分配方法，引起了一些误解，包括媒体的误解，认为我们下放了贷款规模的控制权，其实不然，全行信贷安排仍然是矩阵式，由部门和分行进行矩阵式的讨论安排，变化在于过去矩阵式以部门为主商分行，2012 年以分行为主商部门。同时，将贷款增量分配与经济资本分配结合起来，更多地考虑资本回报要求。

以往贷款分配方法有利之处在于：一是总行部门可以进行有效、精确地控制，一定能将差异控制在个位数，不行就关系统（当然这不是好方法）。二是总行的结构调整要求能够精确传导到位，但也有弊端，就是分行结合当地情况进行调剂的能力受到限制，对客户需求和市场作出恰当反映和做好优先排序的能力受到限制，而总行对市场和客户需求的了解不可能那么细致。

2012 年贷款分配方法的调整既要考虑总量控制和结构调整要求，又要支持分行根据市场情况进行合理排序，做好分行规模内的调剂。2012 年能不能做好这项工作有四个挑战。第一个挑战是能否确保总量控制。要知道人民银行的贷款增量规模为指令性，如果以总行部门为主分配能控住，而以分行为主就控制不住，这说明我们的能力有问题，分行有责任，总行部门也有责任。第二个挑战是能否确保贷款结构的合理调整。新的业务增长点能否做好？如小企业和微小企业贷款、“三农”贷款、新的供应链融资，这些业务是否合理较快增长？相反，一些需要控制的贷款能否控制住？这也是一种考验。第三个挑战是能否真正按照资本回报的要求去倾斜安排配置。第四个挑战是总行部门和分行的协调如何。分行如何分配，如果总行部门不知道，这就是问题，条线和区域要很好地协调，这也是对我们的考验。希望这次新的、实际上是优化而不是根本性改变的规则，能够很好地运行。

（二）存款业务

总行会考虑分行的合理建议，必要时计划指标可以调整。存款发展的考核要求是什么？我想主要是看日均存款同业市场占比如何、是否提升，就是努力缩小与领先者的差距，扩大和追随者的距离。存款业务是否做得好，就是看这一点上的表现，而且主要是看一般性存款的市场占比和变化。不要总在存款计划上争论过多，也不要在时点上使劲往上冲，总行要的是真正的实力提升和经营效益。如果占比有提升，那么计划考核就可以视同完成。

我大致测算一下，总体感觉，一般性存款日均新增达到时点新增完全可能。如果同业存款，特别是一些协定存款和定期存款，日均新增达不到时点新增，可以理解。在考虑存款整体状态的同时，主要应考虑一般性存款的日均新增状态。

（三）中间业务

这个问题将在稍后具体讲，但总的来说，不确定性很大。计划的安排和调整要有一定余地，计财会后，将根据分行沟通情况作出留有余地的安排，不会逼得很紧，年度中间随着政策的变化可能还会进行调整。

（四）表外业务

有些分行反映表外资产的增长计划偏小，合理的建议可以考虑，但总的来说，要将表外业务的控制与资本预算的安排更好地结合起来，资本预算有余地，表外资产的灵活性可以加大。但有些表外业务不仅不能增加，还要下降和压缩，主要是2011 年同业之间相互掩护绕规模的业务，比如同业代付和代付同业，要抓紧清理，到期之后不能再做。

（五）员工费用

要注意两个变化。第一个变化是2012年计划的增长肯定低于2011年。因为按照财政部和股东的要求，全行利润增长与员工费用增长要按1:0.6控制。2011年全行利润增长27%，按1:0.6一折算，员工费用增长就是16%，而2012年全行利润增长即使达到计划的18%，一折算，员工费用只能增长10.8%，我们这次安排了10.9%的增长，是这些年在年初安排最积极的。有分行提出疑问，为什么2012年任务更重、经营更难，员工费用和工资增速甚至绝对额反而下降？很简单，因为你创造利润的速度不如2011年，要多创造利润才能多涨工资。第二个变化是2012年政策和2011年不一样，既不保底，也不封顶。真正对自己有信心的分行，就能多创造利润多得工资，不设封顶；2012年是强激励，分行要改变过去那种有保底不担心的意识。过多期望总行保底的分行，很大程度上表现出自己对业务发展的信心不足。

只要全行业务发展得好，总行当然会考虑员工利益。下半年看情况，如果确因一些特殊因素导致全行员工费用增长很不理想，总行准备承担一些。要让做事的人能够得到合理激励，很好地保持我们的士气。

（六）资本性支出

2012年全行安排资本性支出270亿元，在四大银行中最多，其他三家银行都为200亿～250亿元，但分行还是反应如此强烈。2012年的特殊情况是全行要增加600多个网点，并希望提高网点自有率，要做好网点建设的相关安排。除非有特殊的市场机遇和特殊的专项投资，全部资本性支出像网点建设支出一样的整体增长不太现实。总体来说，总行安排已经很满。网点建设安排125亿元，一定要保证600多个新增网点建设顺利实施，当然，这些网点不一定全要买，有的还买不着，只能租。

要统筹协调安排好，一些事项可以有一定灵活性，比如营业网点、个贷中心、私人银行以及小企业中心的建设，总行从不同渠道逐项分配，分行在具体实施安排摆布时可以有一定灵活性，可以按照事情的轻重缓急排序统筹安排，但要正确理解总行意图，对网点基础建设和战略能力建设要给予充分考虑。

（七）资产质量和减值准备

计划衔接中还提到资产质量，尤其是减值准备问题。减值准备是一个计划性的安排，与不良资产的控制数挂钩，但减值准备不是按预算数控制的概念，年末不良贷款增加，该提多少就提多少，预算可以调整，这方面并不是控死的。

二、调度把握好全行业务运行

2011年全行制定了一个很好的“十二五”规划，总分行给予了一致的好评。2012年初，总行又召开了一个很成功的年度工作会议，我感觉会议气氛很好，有一种积极竞争、积极进取的精神，让人心里振奋，对2012年工作充满希望。总行始终关注着业务运行状态，希望整个政策能够保持稳定，整个业务运行能够保持稳定，不出偏差。

2012年年度工作会议的重要管理要求是要努力缩小和领先者的差距，扩大和追随者的距离，总行在各个方面的政策上和资源上都进行了相应安排。目的是什么？同业竞争。怎么竞争？要扩展客户基础，对客户需求很好地把握和作出反应，给客户良好的体验，去推动业务的良性发展；而不是要拼指标的时点数，不要不惜代价去拼指标，或者用传统的老一套去高价拉存款。总行的要求不是几个指标，而是要特别关注整个战略规划的落实，特别是一些战略性业务的发展。计财条线作为全行业务运行的调控中枢，心里要有数，既要考虑2012年的日子，也要考虑长远的日子。如何保证银行整体持续有竞争性？单纯靠一时冲时点没有可持续性，要靠业务基础和业务能力的建设，要靠服务客户、满足客户需求、给客户良好体验的能力。

总行明确提出“三大一高”战略，怎么理解？我觉得“三大一高”战略就是我们“十二五”规划中对客户战略、行业战略和区域战略的高度概括。“大城市”大家都知道，我们目前与领先者差距较大的就在几个大城市。实际上，“大城市”是中心城市行战略的进一步概括和提升，就是要在一些差距比较大的特大城市能够有突破，甚至像2012年北京市分行提出的争取有所超越。什么是“大行业”、“大系统”？我理解就是大的客户群和客户链，不能用过去大项目、大企业的概念来理解。大的集团及其众多的关联企业、构成上下游的相关产业链上的客户群、供应链服务、消费金融服务、民生服务（包括民本通达）、社保系统、高校师生等这些大的客户群和客户链，都是我们说的“大行业”、“大系统”。“高端客户”比较容易理解，就是最有价值的客户，我们一定要重点服务好，并希望在对普通客户的良好服务中培养出更多的高端客户。我们要服务好所有客户，这么大一个银行，两亿五千多万个人客户，要为所有个人客户提供良好服务，当然也要知道最有价值的客户所在，要对不同的客户给予不同的服务，也就是说，要对每一个客户群提供恰当的服务，这里面没有任何重此轻彼的意思。

什么是“综合性”、“多功能”、“集约化”？这是行长会强调的又一个要点。“综合性”、“多功能”就是要发挥集团包括子公司整体的功能优势，为我们的客户群、客户链提供他们生产经营或者生活场景中所需要的各种金融服务，提供一个他们所需要的金融服务的综合解决方案，而不是像过去一样，向客户卖贷款、存款或某一产品。这不仅仅是对一个客户提供的服务，而是对一个互相联系的客户群提供综合性的解决方案，满足他们的各种金融服务需求。这就是我理解的“综合性”和“多功能”。“集约化”就是全行有统一的、简捷的、可共享的业务流程和数据交互，能够给客户更好的体验，减少不必要的差异化，让我们的客户在不同地区、不同渠道都能得到共同的良好的建设银行服务体验。同时也要求我们能够集中全行之力，抓住市场上的一些新机遇，积极拓展新业务和新市场，争取以比同业更早、更快的步伐进入业务发展的新领域，保证全行“十二五”规划中的业务发展转型能够得以实现。

三、中间业务的收费检查问题

不要简单地认为我们规范中间业务仅是为应对外部检查和社会舆论评价，其实更是为使中间业务走上健康发展的轨道，有一个更合理的、更可持续的商业模式，使我们的业务发展能走得更远。所以，要正确理解、认识到外部检查是对我们工作的推动，这也是一个契机。当然，确实可能会因为外部检查而面临罚款问题，虽然我们都希望减少损失，包括财务损失和声誉损失，但我们更要正确理解，在配合应对检查的过程中，理顺我们的工作，使中间业务发展更加规范和健康。

大家要求总行有比较明确的应对措施，这个前提是总行要了解实际情况，充分了解建设银行整体的实际状态。现在自查工作正在进行，总行对情况的了解和信息的把握还不充分，但已经陆续地作出一些反应，最近有发文，对一些事项要求从严把握，个别的甚至要求停止。随着清理工作和自查工作的不断推进，全行要根据自查和外部检查发现的问题，不断规范业务发展，2012 年要盯住这件事。从前几天开始，我对发展改革委对湖北省分行的检查情况进行了一些具体了解，启发很大，感觉情况比预想的严重。不论是从维护客户利益的角度，还是从巩固我们和客户之间的关系，或是业务本身的良性发展出发，都需要全行作相应的调整、实事求是的调整。其他地方的情况了解得不多，但我可以对湖北省分行的检查情况做一个简单的判断。

对发展改革委在湖北省分行的收费检查结论，我们有需要沟通和商量的地方。用个别推论一般的方法，只要我们拿出有说服力的事实证明个别不代表一般，大家都会尊重。对强制销售的认定，也不是简单的事，如果我们用事实说明我们不仅和企业签订了合同和协议，而且提供了基于客户需求的真实服务，就能站得住脚。

我想说另一个判断，就是发展改革委的检查很专业，准备很充分，对工作的安排留有余地。他们一来就抓八个点，且不说事情大小和轻重程度如何，但抓得都很准。湖北省分行反映，我们曾提供过一个做得比较好的新型财务顾问的清单，人家连看都不看，一个都未抽查，因为人家知道我们这些做得比较好。新型财务顾问的同业规则都不一样，所以一般了解银行业务的人，也未必知道建设银行在新型财务顾问上的特别之处，可人家知道，在检查的时候，心中要有数，显然经过专业人士的周密思考策划。他们检查开始时，可能并未刻意安排出重拳，但在需要的时候，他们能够做到选择出重拳还是出轻拳。

相比之下，我们的应对明显不够有效，也不够重视。从发展改革委材料列举的情况看，在支行访谈中，我们不管客户经理还是支行行长，对收费的解释，均以同业惯例作为理由；甚至辩解，客户贷款的利率未上浮，没有收高息，所以这些收费是正常的；或者我们与客户签订协议，双方你情我愿。这些不靠谱的辩解，等于自证有问题。我们分支行对发展改革委的检查情况、访谈情况、访谈企业的回答均不够了解。自己的回答和辩解有些文不对题，发展改革委这次检查的重点是针对银行绑定贷款、强制销售、未提供真实服务，有六个重点问题集中于此，可我们回答和辩解的重点却总落在形式上，比如业务是经过批准的、收费是怎么备案的、费用标准是怎么公示的。关键是，发展改革委并不认为这些形式和程序有问题，甚至认为建设银行做得还好。但是法律的逻辑是实质重于形式，人家说我们实质上是与贷款捆绑，实质上是强制销售，实质上未提供真实服务。我们提供的事实和作出的解释不充分，不要回避这些实质问题，不要只谈程序上形式上的要件问题。要很好地应对检查，需要认真对待检查和清理工作，包括我们的自查，要充分了解情况，找出问题的症结，作出恰如其分的应对，否则我们的工作会越来越被动。

对发展改革委在湖北省分行检查的八项业务，我简单说一下。一是速汇通定价，发展改革委认为速汇通是汇兑业务，属于基本结算服务，而汇兑业务应执行国家指导价，如果多收，就违背《价格法》。我觉得这确实是一个可讨论的问题。我们认为它是汇划业务，但不是汇兑，不属于基本结算服务，是市场化定价产品。发展改革委在研究这一问题，我们要有两手准备。

二是销售凭证。人民银行定价 3.9 元的凭证，我们卖 4 元。

三是对个人贷款收取理财费用。据房金部门的同志说的情况，对应产品定义，总行规定的收费及收费标准或许还有一定道理，但湖北省分行按个人贷款额的 1% 收费，与贷款绑定收费，几乎无可辩解，就是违规收入。这项业务全行要停，不要再对个人贷款收取理财费用。

四是对房地产开发企业按照个人贷款收取服务费。这项业务中确有一些真实服务，但如果简单地按贷款余额的百分比收费，一经判定就是与贷款捆绑的收费。这项业务究竟怎样提供有效服务，请有关部门详细研究。如果仅仅因为我们提供按揭贷款就收取费用，显然不合适。我们和房地产开发企业有很多合作，该做什么业务就做什么，不要再按照按揭贷款额向房地产开发企业收费。

五是对公业务的贷款承诺。涉及 1 000 万元，其中 700 万元认定违规不合适，属于出具信贷证明收费，即为投标客户提供证明，如果其中标，我们将提供贷款，这不能简单认定是与贷款绑定，因为我们为客户承担了风险和责任，只要客户一中标，我们就必须提供贷款，否则对招投标企业均违约。既然承担了风险，做了实际工作，怎么能认定是不合理收费？并且这项服务内容清晰可证。

但湖北省分行被检查的三笔贷款承诺确实存在问题。贷款承诺并非不能收费，但湖北省分行的三笔贷款承诺漏洞明显，比如贷款国庆节后即支用，却在 9 月 30 日签合同时收取承诺费，这怎么解释？所以，总体判断，贷款承诺本身是一项合理业务，但具体执行中有问题，这种事情要停止。

六是传统财务顾问费。我相信传统财务顾问中有好业务，客户也有一些真实的财务顾问需求，但目前需要详细证明，需要进行区分。总行投资银行部要确定这项业务的实际价值所在以及业务合规的基本要件。根据这些界定，湖北省分行要将传统财务顾问划分四类：第一类具有充分的、真实的服务，并向发展改革委进行说明；第二类虽具有针对性服务，但服务尚有不足，要向发展改革委建议将此类认定为需要改进和提高服务水平，不能认定为非法收入；第三类虽有合同协议，但缺乏个性化和针对性的实质服务；第四类甚至没签订合同或协议。后两类要叫停。

七是账户管理费。账户管理是一项重要中间业务，一定要做。因为客户有需求，需要我们帮助进行现金管理，归集资金和控制账户，如果真正去做，没有一点问题，问题在于没有真正去做这项业务。一开始，我觉得这项业务不存在问题，很简单，因为现金管理有业务系统，只有通过系统才能完成业务，而且控制参数必须由客户提供，否则银行不知道客户的控制和归集要求。但有了解情况的同志反映，有的现金管理业务其实只收取费用，而并未提供真实服务。我们要帮助客户管理资金，这非常重要，真正提供服务的还要继续大力发展，但不提供真实服务的要赶紧停下来。

八是百易安。百易安是国际上都有的一个好产品，昨天总行机构业务部刘仁刚总经理也讲得很明白。真实的百易安对客户有价值，能为客户增信，能够保证客户各种交易中的对价得到很好的控制。但我们个别地方基于贷款来做百易安，没有提供真实的服务。

最近，总行将在清理之后发文调整和明确政策。总行各部门要注意，多数业务可以继续办理，只有涉及收费标准问题的少数几项需要调整，其他业务需要注意的地方在于这项业务的真正价值在什么地方、客户的真实需求在什么地方、提供的服务是否真实。并且要解除与贷款的绑定，这并不意味着贷款客户不能收费，而是不能仅因为提供了贷款就要收费，属于贷款“利转费”要坚决调整，真正有价值的业务还要继续开展。

在应对外部检查和内部规范管理的过程中，还要特别注意持续创新产品和提升服务，不能因为一检查就什么都不做，回到过去专业银行的模式，按照人民银行的规定用一些老产品去做一些简单服务，这绝对不行，既不适应客户的有效需求，也不符合我们的发展意志。创新产品、提升服务，是2012年中间业务中要继续做好、继续抓好的工作。同时，还要注意，对一些战略性业务的收费，要有长远眼光，既要让业务在市场上具有竞争力，也要考虑客户的习惯和接受程度，不要一开始就让客户有高收费的感觉。部门产品的创新不要再与国家指导价格打擦边球，要离得远一点。

全行收费项目要进行清理整顿，方案已上报中国银监会，收费项目从2011年的六七百项，减少到2012年的400多项，有的项目是进行了归并理顺，有的项目是真正减掉了，2012年也要尽可能地少推出新的收费项目。希望经过2012年一年的工作，该归并的归并、该梳理的梳理、该削减的削减，明年收费项目减少到300多项，并且清楚地告诉客户，什么项目有优惠、什么方式更省钱，让客户做出符合自己需要的选择。

此外，考核政策上也要作适当考虑，要调整中间业务考核的计量口径，将与贷款关联度较高或者明显由贷款利息派生转化并且可识别区分出来的收入从考核目标中剔除，以进一步引导中间业务规范健康发展。

总体上，全行中间业务要走上良性循环，能为有真实需求的客户提供很好的解决方案，为客户创造价值，让客户得到良好体验，银行则根据自己的付出和承担的风险得到合理回报。不规范地发展，则达不到一个合理商业模式的基本要件，将不可能实现可持续发展，也谈不上有利于为客户创造价值并巩固客户关系，所以全行要从可持续发展和健康发展的角度，理顺2012年的中间业务。

当然，工作经常是知易行难，压力比较大。2012年中间业务会不会因此负增长？有人这样担心。但我总体感觉，2012年中间业务整体还是有希望保持一定增长，只是增长率会有所降低，其中一些中间业务仍将保持较高增长，如信用卡、国际结算等。如果真感觉完不成全年增长18%的董事会预算目标，管理层将向董事会申请调整中间业务计划。如果工作主动，且监管检查部门能够给一个大致合理的空间，我们就有可能做到在规范管理的同时，保持中间业务有一个大致说得过去的增长水平。

四、计财职能转型问题

关于计财职能转型，曾首席在工作报告中已经从理念、方法论、工作要求、能力建设等方面讲得全面明确，我在这再简单强调一下。

怎样才能服务和引领业务发展？一个重要方面，是要实现财务战略和业务战略的一体化，达成业务和财务在全行从上到下的默契配合，实现总分支行及网点的一盘棋，这一点对银行整体竞争和业务发展的影响重大。我们进行过不少尝试，也取得了很多进步。2011年以来计财条线进行了很多探索和推动，业务部门也积极沟通配合，但总体来看，与希望的目标还有一定距离。这并非否定大家的工作，认为大家做得不好，而是因为建设银行要真正提升竞争力，这种财务和业务的默契以及全系统计财管理的默契非常重要。建设银行计财管理能不能持续领先同业、能不能在同业中建立新优势、关键在这一点上，要争取比别的银行做得好一点。

这次计财会上，我们特意安排了一个题目，就是在电子银行业务的整体性财务资源配置方面进行一些改进和探索。大家要明白，并不是因为我分管，就将财务资源投向电子银行业务。我的主要目的是要研究一下财务资源的战略性配置问题，或者说战略性业务的财务资源配置问题。说实话，这次有些仓促，也很有难度，但昨天我与一些计财处长还有同时分管计财和电子银行的行长交流，他们都高度肯定，评价很高。如果这次开了好头，我们将再挑选一些重要的战略性业务继续探索。有分行担心，如果总行这么一块一块地配置财务资源，加起来超过100%怎么办？可以放心，总行当然不会让这样的事情出现。战略性业务的财务资源配置，总行可以探索，分行也可以探索。这种业务和财务的默契是双方的，是整个银行的，而不仅仅是财务部门的愿望，这需要财务部门和业务部门很好地沟通，很好地研究和评估一些问题，达成更多的共识，对我们的业务发展战略有更一致的理解，然后再进行恰如其分地对接，并且在这个过程中，增加更多的理解和主动配合。希望我们2012年再前进一步，努力达成业务和财务默契、一致性、一体化、一盘棋的局面，要向着这个目标大踏步地前进。

（根据录音整理）

在电子银行重点应用推广经验交流会上的讲话

庞秀生

（2012年8月2日）

同志们：

这次经验交流会有两个目的：一是上半年全行电子银行重点应用推广很有成绩，“文武之道，一张一弛”，借这次会调整身心状态；二是交流经验，判断问题，研究对策。借此机会，我再谈几点看法。

一、全行电子银行工作的进步和转变令人高兴

王洪章董事长、张建国行长、张福荣监事长以及总行党委和高管层的各位领导说起电子银行，一是高度重视，二是认为电子银行做得不错。总行电子银行部不善于汇报成绩，我讲得比较多的都是差距、不足和问题，我想这些都是各部门、各分行汇报的。成绩不错不光指几个数字，比如开户多少、交易量多少、中间业务收入完成多少，这些数字很重要，但有比这更重要的。

一是工作方式的转变。不再是“为了开户抓开户，为了交易量抓交易量”，而是有针对性地挖掘客户需求，给客户提供更好的供给，改善客户感受，从而不断巩固客户基础。从这个角度看，电子银行所做的事，是建设银行更急迫的事情，是“十二五”规划和战略执行中最重要的内容。电子银行重点应用推广，客观上带来了客户数和交易量的增加，但最核心的是以客户为本，给客户提供感受比较好的、功能比较丰富的服务，满足客户需求。党中央要求我们支持服务实体经济，这本身就是贯彻中央的要求。

二是全行抓电子银行业务的整个状态和面貌发生了令人可喜的转变。各部门、各条线、各级行，从领导班子到一般员工，都大力发展电子银行业务，对电子银行的重视程度比过去确实更高、更充分。很多部门、分行在业务发展中都将电子银行放在了相当重要的位置。全行都已经认识到电子银行的重要性。

三是产品创新和技术进步令人高兴。近期技术进步更大一些，不只是功能上的优化和丰富，而是有计划、系统性的创新。新的应用推出与全行五年规划的要求紧密联系起来。今后还将持续推出，保证每个季度都有一个系统性的推出，每个季度都有一个大的应用在全行营销，形成良性循环。只有做到动态地不断创新、不断推广，才

能走在同业前面，才能给市场、给客户留下深刻印象。

四是电子银行条线工作的主动性、创造性和攻坚克难的精神面貌有很大进步。电子银行部门作为全行的渠道支持部门和综合协调部门，在整个电子银行工作推进中起着至关重要的特殊作用。刚才，山东、安徽等分行分管电子银行工作的行领导都提到电子银行部人员少，经常加班加点，这本身就是令人高兴的精神面貌，体现了主动性和创造性。

二、距离“第一”仍然有差距，还有很多事要加紧推进

虽然全行电子银行工作取得了很大的进步和成绩，但还是要更冷静一些。

一是距离同业第一还有差距。目前我们最多只能算第一团队的前列，距离“第一”还有差距。明年年末能否达到同业第一，就现在的工作状态来说，还很难说，还没有把握。

二是我行电子银行业务与整个中国电子商务的发展理念以及银政电子、金融电子的支付需求相比还不是超前的。

此外，与国际先进银行相比，我们还有很长的路要走。前不久刚到瑞典银行考察，有一些感想。瑞典总共600多万人口，电子银行非常普及。不仅银行员工都会使用，而且普通民众都主动使用。瑞典银行发给客户的培训教材和发给员工的都一样。瑞典的很多客户不再使用自助柜员机，瑞典银行已经在研究自助柜员机的慢慢退出。在瑞典，70多岁的老年人都不愿意去银行排队，而是使用电子购物、电子支付。这表明银行业有一个趋势，就是银行逐渐不做现金业务了，现金业务由社会公司做。我们可能要换一代人才能达到这种程度。

虽然有些事情不能硬推，但是与发达国家相比，我们电子银行的潜力还很大，能做的事情还很多。我们的现有能力、现有产品马上就会面临挑战，很多事情还得加紧推进。不管是个人客户还是公司客户，电子银行服务的供给与需求都要匹配，所以工作任务又急又重。

第一，各级行领导要真重视、真抓。各级行“一把手”、分管电子银行工作的行领导及分管其他工作的行领导都要真重视、真抓。机会是丰富的，只要真抓、抓到位，一定能做成事，不只是电子银行的几个指标，全行业务发展都将大有收获。2012年给我留下深刻印象的有江苏省分行、山东省分行、安徽省分行，分行党委重视，分管行领导亲自协调，各业务部门主动参与，产生了明显效果，进步很大。

第二，电子银行条线要不断提高专业水平。做到既能把握住方向，又能主动、专业地支持配合各业务部门工作。总行“一部两中心”和分行电子银行条线，要建立多种方式和各部门充分沟通交流，进行信息和经验共享，互相启发，举一反三。电子银行部门要做有挑战性的事情，不断研发和推广新东西。要养成习惯，一个功能开发时就要想到营销推广，充分考虑客户体验和客户需求，实现一体化的设计，开发出来进行宣传推广时，首先让柜员和客户经理熟悉，再向客户推广，内外部客户都接受时，就继续研发和推广新应用。

第三，尽快想办法提高全行30多万员工对电子银行的了解和参与程度。2012年这方面做得不错，除了电子银行部负责人到30家分行巡讲外，还参与到多个部门的培训中，包括总行的党校学习。各分行也要想办法参加县级行、基层干部的培训，参加各业务部门、各条线的培训。全行30多万人的员工队伍，对电子银行的了解和参与程度最终决定电子银行能否成为“同业第一”。

第四，进一步研究管理流程和机制问题，不断改进和调整。机制要灵活地适应各个条线、各个部门的业务发展和工作需要，怎么打最有效果就怎么打。有的时候可以是“侦察兵”，有的时候是“特种部队”，有的时候做做“后勤部队”也行。

第五，“信息科技十二五规划”和“电子银行十二五规划”的内容要不断更新、丰富和补充。目前全行政策和资源配给绝对不是过了，要真正走在业务转型和技术进步的前面，还要加倍努力。

三、电子银行重点应用推广要抓住不放，明年推广的几项新应用现在就要抓紧准备

2012年正在推行的几项重点应用要抓住不放，一以贯之。目前已经看到效果，下阶段要乘

胜追击，打个漂亮仗。如果具备条件，“E商贸通”、“网上招投标”等几项应用推广可以考虑移交给对应的业务部门。移交以后，分行的综合经营计划仍然进行考核，电子银行部仍然是综合协调部门，仍然需要积极配合推进。电子银行部比较传统的业务，如手机银行和短信金融的应用，要继续推进，不断提高市场影响力。

2013年电子银行条线的新的重点应用推广不少于五项，包括“善融商务”、“悦生活”、“学生惠”、“金融社会化网络服务”（FSNS）、“建行应用商店”（CCB Store），以及其他新的应用。

2012年的重点应用推广给了我们一个教训，应用一推出来，需要几个月时间改进优化。“E商贸通”等五项应用从2011年8月推出后，各分行传导培训花了一段时间，2012年春节之后才有效果。2013年要推的新的重点应用，现在就要准备。产品和功能反复推敲后，要提前改进、完善和充实，从培训、营销宣传、营销话术、工作方法等方面做好准备，争取明年一炮打响。

“善融商务”下阶段应用推广的目标是拓展有效的商户、有效的交易和有效的金融服务（包括支付和融资）。目前，商户已经有一定数量，金融服务尤其是融资服务，公司部、房金部、小企业部、信用卡中心都下了很大决心。下阶段，关键要认真研究如何把“有效交易”做上来，如何拓展优秀的商户、原厂正牌的商户以及有强烈意愿使用“善融商务”平台的商户。“有效交易”不仅指交易量这个数字，而是要让商户在“善融商务”平台上有生意可做。技术部门要好好研究，找出让B2B商户在网上做生意的根本解决方案。“善融商务”原来的设计，不管是平台、技术的设计、功能的设计，还是政策制度的设计，都可以调整，要充分发挥大家的创造性，不断优化和完善流程、制度和规则。商户数不求大多，有一批商户交易活跃起来就可以，比如B2B有50户、B2C有近200户交易活跃就行。交易活跃起来后，支付和融资的问题将迎刃而解，“房e通”、信用卡分期也将随之活跃起来。

“悦生活”、“学生惠”、“金融社会化网络服务”（FSNS）和“建行应用商店”（CCB Store）这四项应用推广要从现在开始做准备。这几项应用如果能有效推广，对全行业务发展很有帮助。因此，要站在客户角度，提前发现和解决客户问题，力所能及地发挥建设银行优势，满足客户需求。“悦生活”应用推广还有一个目标就是要逐步取代分行特色系统。分行特色不能全国适用，已经成为全行的负担，例如，跨省缴费在建设银行系统做不了，且上线新东西与同业比要花费更大力气和更长时间。因此，必须下决心消灭分行特色系统，整体上改进客户体验。“学生惠”应用推广，思想可以再解放一些，如学生毕业后优惠继续保持、为学生假期提供旅游支付服务、加入一些非金融性服务、给交易活跃的学生提供实习机会等。

四、认真思考问题，着手研究制订2013年的工作计划

要从10月开始着手研究2013年电子银行工作计划，包括综合经营计划、电子银行工作计划、资源配置计划等。在此之前，希望大家认真思考和探讨以下六个问题。

第一，目前电子银行业务发展中究竟还有什么亟待解决的问题？包括重点应用推广问题、产品流程问题、资源配置问题、考核问题、体制机制问题等。

第二，如何持续做好电子银行重点应用推广？比如2012年正在推广的“E商贸通”是否具备条件移交给公司部、“网上招投标”是否移交给机构部、“E动终端”和“短信汇款”（含缴费、信用卡还款）是否移交给个人部，此外，还有移交哪些内容、电子银行部门和业务部门分别承担哪些职责、如何联动、如何考核等。

第三，如何创新发展，持续保持手机银行和短信金融业务的领先优势？随着移动电子商务的迅速发展和智能手机终端的普及，手机银行将很大程度上影响商业银行零售业务的竞争版图。各家银行都十分看重，纷纷投入大量人力和物力。如何更持续、更有影响力地发展手机银行和短信金融业务，对未来的竞争至关重要。

第四，电子银行营销宣传如何做得更好？包括借用哪些宣传媒体、投入哪些宣传资源、如何开展有效宣传等。电子银行是否可以在公益活动上做点事情，如发起救灾捐款活动、发一条短信回复“Y”即可捐款等。总之，要通过各种方式

充分发挥各个渠道的营销优势。

第五，电子银行如何实现全行参与？全行员工的认识关系到电子银行业务的发展和推广。比如，手机银行要想做好，30万人必须都要了解和使用。系统内的培训工作如何做得更实、力度更大、范围更广，尽快地普及全员，尽快让30万人都懂电子银行。

第六，如何考核更科学？明年可以考虑重点考核有效客户增长，不再考核客户新增；电子银行收费返还各业务部门，只下达大口径电子银行业务收入计划，不再下达小口径电子银行业务收入计划；电子银行交易占比指标还是核心考核指标。

总之，希望全行在业已形成良好氛围的基础上，各部门、各层级加强有效沟通和交流，共同推动业务发展。

（根据记录整理）

在信息系统安全运营工作（视频）会议上的讲话

庞秀生

（2012年9月5日）

同志们：

全行各级领导、信息技术条线全体员工及各部门对信息系统安全稳定运行都十分重视，针对管理薄弱环节和技术缺陷采取了几千项安全防范措施，全行信息系统安全性得到大幅提升。2012年以来没有发生三级以上的事件，四级、五级事件下降了72%。从这些数据来看，成绩是比较理想的，这要感谢全系统员工、各级领导人员和信息技术条线员工的努力。

但是我们过多关注成绩，还不是很有底气。党的十八大即将召开，确保全行信息系统安全运营的任务重大。下面我重点谈一下当前信息系统安全保障面临的主要问题和管控思路。

一、当前存在的问题

（一）我行管理中存在的问题

7月16日，我行上海市分行现代化支付系统出现问题，引发人民银行系统堵塞，不仅影响了人民银行和我行网络的互联，而且影响了人民银行和其他银行的交易。该事件暴露了我行的诸多问题。

一是内部报告不力。张建国行长曾几次批评，事件发生后内部报告不力。这次事情发生五小时后，我还不知道。

二是老从外部找原因。这次上海市分行事件，人民银行刘士余副行长说我们的工作人员不是在检查自己的问题，像在推卸责任。我马上派人去上海，了解到确实是建设银行的问题。

三是反应很不力。事情发生几小时，都没有怀疑“防火墙”，据说总行派出的专家组说“防火墙”可能有问题，但是也没有被重视。直到晚上7点，才开始怀疑“防火墙”，才开始采取措施。

四是事后分析研究有待加强。上周，我看到人民银行上海总部及清算中心与上海市分行关于该事件的会议纪要，非常清晰地指出具体问题在什么地方，很专业。可是，事情发生一个月后，我没有看到我们的同志提交类似的专业分析报告。

五是向监管部门汇报不力。事件发生后，我行没有向人民银行科技司汇报，结果人民银行清算总中心先入为主，说了建设银行很多问题。我们解释工作十分费力，就是因为没有及时、准确地汇报。

（二）信息科技领域固有的问题

2012年8月，英国金融时报中文网站连续刊登了3篇金融行业信息系统危急性事件的文章，影响都非常大。第一篇是关于骑士资本集团的。骑士资本集团是美国规模最大、技术最先进的经纪自营商，因为新安装的软件出现了一个小小的故障，结果导致大量交易数据错误，造成4.4亿美元的损失，损失额度超过其现金资产头寸（3.65亿美元）。事情发生后，公司第一天股价跌了32%，第二天跌了53%，打击很沉重。

第二篇是关于美国第三大证券交易所的母公司的。事件发生在骑士资本集团事件前2个月，该公司首次公开发行（IPO）时，开盘价是15.36元，1秒半的时间，跌到了0.001美元，一分不值，只得停止交易，IPO失败，教训惨痛。

第三篇是关于美国交易市场的。事件发生在2010年5月，美国整个股市发生了一次闪电暴跌，很短的时间内，道琼斯指数暴跌650点。什么原因？是信息技术造成的错误。在这次事件中，和我们有过很多合作的埃森哲公司股票跌到1美分，损失惨重。

这些虽说是小概率事件，但确实都活生生地发生了。为什么？因为信息科技领域既有摩尔定律，更有墨菲定律。做IT工作的人都知道摩尔定律——计算机硬件价格会不断下降，速度不断提升，性能不断优化。但是，大家并不了解摩尔定律仅适用于计算机的软硬件，不适用于人，连做计算机工作的人也不适用。人对计算机认知水平的提高永远不可能跟上计算机进步的步伐，许多事情都超越了我们的认知水平和能够控制的水平，因此，人一定会有失误，计算机也一定会放大你的失误，这就是西方所说的墨菲定律——“可能出错的事情一定会出错，出错之后的影响会令人震惊”。

美国骑士集团首席执行官事后说：“这都是因为一个软件缺陷，只不过碰巧是一个严重的软件缺陷”。如果说是碰巧的事情，是极端的小概率事件，为什么信息科技领域经常发生这类极端的小概率事件？坦率地讲，在信息科技领域，所谓的极端小概率事件是不存在的，正如墨菲定律所说——可能出的问题就一定会出。前面提到的“上海市分行事件”是我们影响人民银行，而前几天，两个券商的系统出问题也影响了我行的银证交易系统。我们会影响别人，别人也可能触发我们的风险，信息科技领域的这种特性值得我们认真思考。

二、改进的思路

面对信息科技领域的特性及目前信息科技管理存在的问题，我认为核心任务还是要打造一支专业素质高、训练有素、做事谨慎的队伍。

一是提高专业素质。IT人员要努力强化专业素质，数据集中后，分行IT人员学习和实践机会减少，强化人员专业素质的难度更大，这就需要总行和分行想办法使大家能有更多的机会来学习和实践。另外，目前还有很多事件是简单的错误造成的、是人为因素造成的、是非IT人员的人为因素造成的。全行员工、各级领导也要对IT知识多一点理解，对IT操作多一点实践经验，这对整个银行信息系统的安全运行至关重要。

二是要训练有素。为什么老是一发生错误，不是想如何去应对，而是想这不是我们的事情，是外部的事情，是第三方供应商的问题。谁的问题？归根结底是我们自身的问题，是训练不足的问题。训练有素这一点是至关重要的。

三是做事要严谨。首先，开发测试管理要严谨。信息系统晚几天上线可以忍受，一定要充分测试后才能上线。目前看来，测试不充分的问题还具有一定的普遍性，业务部门测试工作做得不严谨，业务功能测试和非功能测试都有问题。另外，开发管理也有问题，听说我们架构、开发有100条铁律，有一系列的规则，是不能突破的，可是执行上还有问题，开发环节的错误、版本过程控制的错误还在不断发生。

其次，业务需求管理也要严谨。我前两天听说，我行理财产品资产管理模块，经过业务部门、技术部门、成都开发中心大约一两年的努力，开发完成了，但不用了，又想要买新软件，原因是开发完成就发现业务需求和功能比市场上的很多软件差很多。所以说，我们业务需求管理要严谨一点，别急急忙忙开发系统。

再次，外购软件更需慎重。买个软件行不行？也行，因为事情已经很紧急了，你说不买怎么办？但是，别忘了我们一直在强调提高自主开发设计、自主运维的能力。昨天董事长开会还在说，一定要坚持自主研发。为什么一定要坚持自主研发？

第一，买来的软件，我们不知道里面装的是什么，其交易处理模式、风险防范能力、运行效率我们一概不知，要是知道，我们就能写出来好的业务需求，就能自主开发了，也就不用买了。另外，买来后，大家没有压力去学习和创造知识，出了问题还得找软件商，还得再花钱，花了钱如果软件商服务反应慢，我们还没有办法。

第二，我们有些买来的系统，仅提供业务急需的一些交易处理，业务管理、风险管理等模块都没有，需要和全行很多系统开发接口，这都需要投入大量的精力。可是软件商一升级软件，我们的接口就不行了，只好不升级，买来这样的东西是不是很遭罪？

第三，我行还有一些买来的系统，功能很多，但没用上，就像苹果手机，里面有很多功能，其实人们通常只使用了电话、短信等几个功能。我们买了很贵、很好的东西，但用不上，也不知道怎么用，浪费很大。

因此，我行信息系统还得依赖自身业务能力的积累，依赖自身提出好的业务需求，依赖自身提升自主设计、自主开发、自主运维能力。我们不排除买软件，但是买软件要特别注意。

最后，特色开发也需慎重考虑。我行所谓的特色系统，好多上线后没怎么用，有的只是很少的几个部门、几个人员在用，有的仅用了一段时间就不用了，有的甚至根本没用过。这些特色系统不能一概否认，但好处是局限的。为了一点好处，每次全行新系统上线都要把各分行特色系统的差异找出来研究、解决，系统上线往往要一两年的时间，付出的代价远远超出大家的想象。现在分行特色系统还会因客户和监管的需求、市场的变化等因素，有优化的任务，真的说特色系统不再开发也是不妥的，但是特色系统开发要少搞，尤其在十八大前，重要生产系统以及与重要系统关联的系统，包括特色系统的变更都要停下来，凡是影响总行重要生产系统运行的变更都要暂时停掉。

除了上面提到的核心问题，我还想说一下改进采购、基础环境和员工管理的问题。

一是要加强采购管理。IT设备管理不仅仅是数据中心的工作，与各部门都有关系，刚才通报中提到设备故障率这么高，我们在采购中是怎样控制的？后续是怎样跟踪管理的？我行最近“防火墙”出了问题，公司也承认有问题，但是问题出在什么地方？怎么解决？目前的控制方式、反馈效率都有问题。别以为设备一出问题，是第三方的原因，就没事了，对银行来说完全是自身的问题，造成的影响、带来的损失，都需要我们自己来承担。所以各部门一定要充分重视，要特别加强采购管理工作，加强供应商的管理，要思考如何才能够买来好东西、如何管好供应商，确保整个系统的安全、稳定运行。

二是机房及配套管理决不能出乱。7月21日暴雨过后，总行几个领导都高度关注，当天晚上，董事长、行长、主管安全的朱洪波行长都过问这件事情，张建国行长亲自赶到洋桥查看情况，组织整改应急及防备工作。最近一段时间，特别是在十八大即将召开的情况下，总行党委对机房管理这件事是高度关注的，全系统各级领导也要高度关注，机房及其配套管理方面绝不能添乱。

三是员工安全教育要加强。有一个通报过的案件，刚才没说，在这里再通报一次，是关于员工管理的。总行集团客户部的一名员工，在上班时间利用擅自安装的软件，向河北省分行一台办公终端传输与工作无关的、较大的视频文件，造成了突发的异常流量，导致总行到河北省分行的一级骨干网线路带宽利用率达到了100%（正常情况下利用率只有50%），使客户体验变慢，操作速度下降。我们有些员工好像稍懂得一点信息技术，但是对整个系统网络的承受能力并不了解。类似问题要特别注意，要加强员工教育，防止这类意外事情。另外，对于这种超大视频文件的传输，技术上也要采取必要的控制措施。

同志们，全行务必高度重视信息系统安全运营工作，我们不能说重视就能保证不出问题，但是只要我们高度重视，就能减少问题的发生，就能对发生的问题作出更有效的反应。

谢谢大家！

在深化营运体制改革暨网点综合化建设工作会议上的讲话

庞秀生

（2012年9月26日）

同志们：

大家下午好。推动网点综合化建设，全行从上到下都高度重视，多次讨论，已达成共识。这件事值得做，但涉及网点的基础性变革，一定要做得有把握一些、稳当一些。这两天的会议收获很大。总的来看，大家对于网点综合化的方向是充分支持的，对其意义的理解也很深刻。下面，我结合会上大家所提建议，就如何贯彻落实总行党委综合化建设工作要求讲几点意见。

一、网点综合化建设工作开展已具备条件

一是前后台分离为网点综合化建设奠定了坚实基础。深化前后台业务分离项目在2012年7月28日完成了全行38家分行切换上线；到9月底，32家分行完成全辖推广，8 600个网点实现了前后台分离，也就是90%的网点分离业务集中到总行处理，日集中处理业务量高达34万笔。30多万笔业务集中处理，使基层网点的处理时间大大缩短，保守地说每笔业务客户等待时间减少了50%，对公业务减负成果非常明显。

前后台分离项目实施后，网点对公业务复杂度也大大降低。柜面业务交易自动化处理能力提升，信息录入处理较大幅度后移，反洗钱数据补录量显著减少，原有网点基于实物印鉴卡手工折角验印模式再造为总行集中批量电子验印，对网点人员交易处理素质要求降低，为开展网点综合化试点提供了重要前提。

二是电子渠道快速发展为网点综合化建设创造了有利条件。近年来，电子、自助等渠道发展迅速，对网点业务起到了显著的分流作用。网点渠道交易量自2008年下半年以来一直在减少。2010年柜面的账务性交易量是16.4亿笔，2011年下降到了14.9亿笔，下降了9%；2011年上半年柜面的账务性交易量是7.8亿笔，2012年上半年同期数据则是6.6亿笔，同比下降15%。在整体客户交易量每年增长20%的基础上，我们柜面交易总量的绝对值呈现了下降趋势。

随着电子银行和自助渠道交易量的快速增长，我一直关注着我们的网点是不是还那么黑压压地在排队。近期很多调研反映，网点排队情况确实大大缓解。我们的网点业务结构、渠道处理能力、业务处理效率等都在不断发生变化，这是又一个网点综合化建设的重要前提。随着情况的变化，我们才有条件作出一个比较恰当的转型变革安排。

二、网点综合化建设工作的重要性与紧迫性

一是业务发展面临的压力要求推进网点综合化建设。目前，我行网点数量在同业中占比21.3%，客户数量占比21%，业务占比25%，中间业务占比29%，也就是我们用20%多一点点的网点份额，拿到了20%多一点点的客户份额，拿到了25%－30%的业务占比。在四大行中，我们的网点做得是最好的，但与一些优秀的股份制银行相比，我们的存量网点在网均存款、人均收入等方面还有相当大的提升潜力。

从经营范围看，我们的网点一开始做的就是简单的会计核算产品，相应的劳动组织分工也很简单。但是现在建设银行业务发展非常复杂了，产品越来越多，不可能要求网点员工什么都会，靠单独销售是不行的。形势的变化发展，迫切需

要我们的网点建立基本功能丰富的综合团队。就像篮球队，综合团队中各成员有分工、有侧重、有交互，不是每个人什么都懂、都强，可以侧重对公或对私业务，可以有产品专家，大家作为一个团队，充分交互、成果共享。

二是网点经营需要进一步提高整体效能。我们还存在一些现象，比如网点等客上门的色彩比较浓厚，真正主动销售做得还不够；又如其他三大行综合性网点占比都在90%以上，而我们的占比为72%，很多网点不能办理对公业务。部分网点中确实存在着资源分割得比较清楚、调度不够灵活的问题。我们的一个网点伸出去的时候是五根手指，而没有握成一个拳头、形成合力，网点的经营更像是几个板块拼在一起的平台。

现在的网点组织体系，历史传承的色彩稍微多了一点，整个工作机制和体制僵化了一点，迫切需要在网点整体性、系统性建设方面下工夫，着眼于提高网点总体效能做点变化和调整。我觉得对于提升网点潜力来说，不光是指硬件的事情，优化经营机制这样的软件是更需要下工夫的地方，而且还需要更长的时间。我们得抓住机会开始做，使网点人员、面积、功能越来越完善，使我们的网点逐步做得更好、更强、更大一些，从而提升建设银行的市场竞争力。

三、积极稳妥，有序推进网点综合化建设

关于网点综合化建设要点，刚才赵欢行长已经讲了很多意见，比较专业、客观、实际，我很赞同，希望大家认真地学习、传达和贯彻。结合会上大家所提的建议，就如何贯彻落实总行党委综合化建设工作要求，我也讲几点具体想法。

一是要坚持以人为本、以客户为中心原则。网点综合化建设要把客户和员工的实际体验作为检验标准，始终围绕客户和员工的体验来开展整个综合化转型。网点功能布局、资源复用等具体工作实施中都要充分考虑客户需求和柜员体验，既要使我们所有的目标客户在这次转型中都要有好的体验，也要让建设银行几十万在基层网点的员工都有好的体验。

这次总行特别关注员工的体验，从薪酬、培训等各方面都有具体措施。从明年开始，我行将调增网点八个岗位员工的基本工资，增加额为当年单位薪点值的20%。上调的基本工资部分，总分行共同承担，逐步消化：明年总行承担80%、分行承担20%；2014年总行承担60%、分行承担40%；2015年总行承担40%、分行承担60%。这是这次改革的一个非常重要的方面。之所以下这么大的决心，就是要真正地关心员工，要让员工干事时感觉能够容易得到各方面的支持，是整个团队在共同努力，最终达到一个良好的综合化效果，即简洁方便的柜面服务、机动灵活的营销团队、融洽默契的员工协同。

二是要从实际出发，追求实际效果，在总体规范的基础上有序推进。网点综合化建设成果如何，不能光看指标高低，不是全部柜台都综合化。也要留出一些专业柜台，保证客户体验。《若干意见》中两个50%的目标是总体方向性引导，这两个指标是让大家知道这件事做起来是有潜力的。一年增加600个网点很难，50%单功能对私网点综合化转型，也就是说我们一年新增2 000个网点开始办对公业务了，这是不小的事情。50%的对公柜台，大体将近新增7 000个柜台能够开始办理对私业务了，这对于我们缓解对私柜面排队状况也是很大的帮助。综合化转型对于建设银行实力的提升是非常有意义的，非常值得我们去做，相比一年新建600个网点的实施难度，这件事情做起来相对容易，效果更加明显，将有助于全面提高建设银行网点的综合竞争力。

这里再强调一下，网点综合化也不是要走到绝对化的程度，而要结合客户需求与业务实际情况。大多数客户的基本业务，客户确有需要，就可以在网点办，但如果网点确实没有对公业务需求，就没有必要为了开办而开办。另外，网点主要负责营销对公小额和对私普通客户、销售标准化的产品和服务，复杂业务就不用在网点办，如特别重大的授信业务，网点可推荐给管辖行专业团队负责。

总行出台的是原则性的规范，不能简单地追求指标，要给分行保留适当的灵活性。多听基层和网点的意见，不搞“一刀切”，实事求是地提出推进意见和建议。分行要从实际出发，全面摸清家底，从研究网点内部的特定结构、功能和环境着手，综合网点客户资源、功能分区及面积、

人员数量等因素，逐一确定转型网点和转型方式，上报网点综合转型计划。

三是要转变观念，把交互融合的系统科学思想引入管理实践中。这次改革不是内部组织机构的调整，不能按照部门银行惯性思维去考虑，其核心是站在建设银行整体利益的角度，用系统、科学的思想去管理我们的网点。俗话说，“集大成、得智慧”，我们要做的就是要把“三个臭皮匠”变成“一个诸葛亮”，要把从不同的广度、高度、深度上的观察和思考，理性充分地互相沟通、交互集成。

具体到网点综合化建设上，就是要跨条线、跨板块、跨功能点和流程地来思考问题。不能站在某个部门的角度来看，而是需要部门间交互和融合，改变网点多头管理、政出多门的现状，追求网点总体效能最大化，哪怕是稍许变化，对我们来说都具有很深的意义。

网点综合化建设初期，我们想把事情做得更有把握一些，对现状的影响小一些，其实对私、对公条线来牵头都有各自的优势，但从综合协调的角度考虑，总行还是希望找一个综合的中立部门来牵头，并最终明确总行由营运管理部牵头，负责网点的综合管理，重点承担跨部门业务的组织协调。分行已实现统一管理的，可继续由原部门牵头管理；未实现统一管理的，需明确网点的综合管理牵头部门。我们要通过不断总结经验，进一步理顺管理机制，强化网点运营的统一管理，完善网点清晰、科学的管理体制。

四是要平稳、平滑地推动。网点综合化建设是一项较为复杂的系统工程，涉及的部门和改革内容较多，推进的过程应该循序渐进，不能一蹴而就，更不要声势浩大，做这件事要“随风潜入夜，润物细无声”，要在确保平稳的情况下逐步推进、不断优化，不断进行适应性调整。网点综合化建设推进工作，牵头部门要做好总体的分析、论证、协调、组织工作，各业务条线也要积极参与、协调配合，共同落实好各项具体工作。要通过试点对方案进行完善，明年初全行部署推动，在强调“稳”的情况下一步一步地往前走，2013年总体有些效果，2014年硬件到位后要见成效，在一个比较长期的时间里帮助我们提高市场综合竞争能力。

五是要高度重视风险控制。网点综合化管理后，风险控制也要加强统一管理，综合部门要担负起执行操作的责任；个人和结算、公司等部门要担负产品和业务流程设计、制度设计的责任；安保、审计等部门也都要根据自身职责主动承担责任；各有关职能部门要做到恪尽职守、尽职尽责、敢于担当。同时，在综合化推进过程中，不能先拆后建，要先立后破，过渡阶段网点原有管理不能放松，只有把风险管控落地了，其他变革才能配套往前走。

此外，网点的风险管理要逐步向着人控和机控结合的方向发展，要更多地考虑技术手段、优化机制，营业网点办理业务所涉及的业务规则、力争交易处理规则力争实现系统自动控制，减少人工作案的可能性，强化网点风险管理的有效性与针对性。

六是要战略引导网点建设。前两次零售网点转型很成功，有效的成果要继承下来。但是，也存在一些问题，比如选择网址和网点内部功能布局时，相对关注个人业务，对公业务兼顾不充分。对此，我们要正确认识、合理调整。在后续网点建设中，要以个人存款与投资部门为主，资金结算、公司业务、营运管理等部门协助，其他相关部门各司其职。

在网点建设上，本着节约实用的原则，持续投入，既要考虑多买一些网点，又要考虑面积适当提高。如果新建或迁移的话，建议多买一些400－500平方米的网点。同时要适度提高网点自有率，对于网点自给率不足50%的，要重点关注这方面的工作。在网点改造搬迁中，要根据城市经济中心的变化做好相应的网点调整，做到网点布局有序、资源搭配合理。

七是要继承和发挥原有改革发展成果。近年来，通过零售网点转型、电子银行发展、重点成本项目研究等工作的开展，我们的网点发生了可喜变化，取得了很好的成绩。我们还有很多好的做法，比如我们的手工报表清理、大规模压缩反洗钱补录数据、减少现金操作和纸质操作等，所有这些既解放了网点生产力，又提高了管理的专业性和管理水平，提高了数字化程度和精细化程度。

围绕网点减负，我们可做的工作还有很多，

可以发挥的潜力还很大，各部门、各条线、各级行都要多方面想办法，积极开展工作。网点的事务性工作要进一步集中到管辖行，《若干意见》中明确的分流、上移和分离工作原则上要全部落地，涉及系统开发与优化的，各部门要做好与新一代核心系统建设的衔接，技术条线要优先给予开发资源支持，持续做好网点减负工作，支持网点综合化建设。

八是要完善考核激励机制。网点综合化之后，需要更多地强调团队作用，强调交互的贡献，这不仅要强调业务资产和利润的结果，还要强调业务量，包括交易笔数和金额等，做到既强调过程，又强调流程。所有这些内容，需要全行在工作中摸索、积累经验，各一级、二级分行人力、财会等部门要会同业务条线抓紧研究，为今后建立与网点综合化运营相适应的科学考核评价体系打好基础。

九是要抓紧组织试点。前后台业务分离上收网点较快的北京、河北、上海、山东、河南、湖北、深圳7家分行先行试点，尽快启动，2012年底前完成100个单功能对私网点转型为综合性网点、100个单一对公柜台开办对私业务。非试点分行也要尽早行动起来，提前着手网点调研、培训等个别尝试工作，为明年的全行推广做好准备。

分行的试点实施可灵活安排，抓住某一个点来开展。比如说可以先从解决综合柜员问题开始，或者解决对私网点办对公业务的事情，或者是新建网点和迁建网点的事情等。总之，大家可以充分发挥灵活性，结合自身实际去探索、实践，各级领导一定要提供有力的组织保障。明年春节前总行要组织召开试点汇报会，重点要听试点分行对试点情况的客户与员工体验变化报告，还要听取由分行内控部门牵头对试点工作的风险内控评价报告。希望通过试点总结经验、发现问题，进一步完善网点综合化建设方案。

最后有一点小担心，强调综合、强调各部门的交互协同后，有可能出现新的情况，增加了一些综合程序，增加了一些参与部门，可能影响工作效率。因此，在网点综合化建设工作推进中，要尽可能简化决策流程，要特别注意保持决策的效率。牵头部门在组织、协同各条线推进工作中，可灵活实行阶段性集中办公等方式，加强沟通与决策效率。

希望全行上下高度重视，全面贯彻落实总行党委网点综合化建设要求，积极探索、积累经验，通过试点实践动态优化调整，逐步深化认识，稳妥、扎实、有序地推进网点综合化建设，支持全行业务持续健康发展。

（根据录音整理）

在新资本办法全行视频培训会上的讲话

庞秀生

（2012年11月9日）

同志们：

早上好。今天我们召开全行新资本办法视频培训会议。临近年末，大家工作都很忙，工作头绪都很多，我们在这个时候召开这样一次涉及面比较广的会议，说明这个会议很重要，而且时间上很紧迫。2012年6月，中国银监会发布了《商业银行资本管理办法（试行）》（以下简称《新办法》），这个办法曾经两次提交国务院讨论，多次征求商业银行和国务院多个部门的意见，整个征求修改的时间大概有一年。按照如此谨慎的程序推出的这个办法，要从明年1月1日开始正式实施，总行党委、高管层曾经多次讨论过这件事情，包括在夏季行长会上几位领导也都讲过这个事情。董事长、行长、监事长对这件事都很重视，其中的一条就是要加强培训，让全行更多地了解这套办法，并强调要培训分行和部门的主要负责人，所以我们今天的会议请各分行、各部门的主要负责人都来参加。下面我讲几点认识和要求。

一、实施新办法的重要性

为什么要很重视这套办法，很重视这项工作的落实，我讲三点认识。

第一点，这套新办法确定了未来银行业监管的基本框架。新办法跟过去的概念不同，不只是资本充足率的监管要求、风险和资本计算合规的问题，它是一整套的框架，包括各项业务如何界定、如何计算风险以及计算的方法论。银行适合哪套方法论需要充分的证据和数字证明，计算流程、应用有严格规定。不仅包括风险的计量和资本化，还包括工作的组织、过程和规则，包括对计量结果的压力测试和跟踪评估，包括信用风险、市场风险之外的各类风险的计量和资本化（如声誉风险、流动性风险等），都要有一套经得住检验的计量方法和评估方法。所以，未来的监管不仅要看银行资本充足率的目标要求和结果（目标目前还不确定，要根据计量方法、评估结果来确定），而且要看工作过程中的方法，涉及整个银行经营管理的方方面面，所以新办法是相当完善且覆盖面很广的监管框架。

第二点，新办法是现代商业银行管理的基本框架。这套办法对银行管理给出了一个世界标准、世界水平的整套的管理框架，从业务组织到客户选择、产品组合、风险计量、风险缓释、资本配置、效率评价等一整套系统的思路、方法论和管理框架。我最近感触越来越深，我们在落实这个办法中发现有一系列的体制、机制、制度、规则、标准上的问题落实起来有困难。这些困难刚好是管理上的薄弱环节，是管理不到位、管理不够清晰的地方。也就是说，对这个办法不适应的地方正是我们的管理与国际一流标准相比不足的、有缺陷的地方。不要仅仅把这套办法看成是执行监管规定，消化后会发现它是现代银行管理者怎么管银行的一套方法论和基本框架。所以贯彻执行办法的过程，一定是提高管理能力和管理水平的过程，是提高银行的管理效率、经营效率、价值创造能力的过程，针对办法贯彻执行过程中的问题采取的措施就是加强管理的措施。

第三点，新办法也是关于如何聪明做生意的方法论和基本框架。银行首先要解决把生意做得热热闹闹的问题，这是产品、客户、渠道管理和营销策略的问题，但是究竟能不能赚钱、赚多少钱、与同业比是不是更有价值创造力，涉及是否会算账的问题。这套办法给了很多算账的诀窍和门道。而且银行跟一般的商业生意不一样，银行把产品卖出去之后，卖给谁、用什么办法卖、客户怎么用，都跟我们最后赚不赚钱至关重要。真正懂的人和大致懂的人做起来是不一样的。

我们结合新办法和以前的经验可以举几个例子：一笔风险权重100%的贷款（按过去的权重法计算），100万元贷款就要占用13万元资本，按照彭博公布的中国银行业平均资本回报率，13万元资本的成本大约就是1.5万元，所以放这笔贷款去掉资金成本、预期损失成本和财务管理费用之后赚1.5万元才等于把本钱的成本赚回来。但是不同的贷款，贷给不同人、不同企业、不同方法，回报都是不一样的。比如说，贷给小微企业资本成本打七折，占用的资本由13万元变成9.1万元，需要资本成本由1.5万元降为1.05万元，所以赚钱就会多一点。再比如，发放个人房贷占用资本和资本成本减半，也就是说贷款定价时，一笔个人贷款利率下浮了一点，比某些对公贷款利差少，但是其资本成本要少7 500元，所以说如果个人住房贷款定价比一般公司贷款少1个百分点，（考虑所得税后）最后的经济增加值是一样的；如果定价只比一般公司贷款少0.6个百分点，由于资本成本少0.75个百分点，（考虑所得税后）则会多赚0.3个百分点。这也说明为什么最近一直强调要增加小企业的贷款，要保证个人贷款的投放。这是两个很简单的例子，还有更复杂的。比如贷款承诺，如果是367天，信用转换系数是50%，如果贷款承诺100万元，367天，占用6.5万元资本，资本成本就是7 500元；但是如果只承诺364天，信用转换系数就是20%，占用的资本成本只有3 000元。整个管理的门道不仅在此，我再举一个例子。比如信用卡有5万元的透支额度，透支额度只要够365天，银行就要付成本，资本成本比重很高；但是如果每360天就重新审查，核定透支额度，则占用资本和资本成本都大大减少。不仅这些，做同一个客户的同一笔生意，只要采取的风险缓释措施不一样，占用的资本和资本成本也不一样。所以做同样额度的生意，只要卖的方法、管理的方法不同，采取不同的措施，甚至只有期限上几天的差异，占用的资本和资本成本大不一样，赚的钱也就大不一样。如果全行把这套方法研究透，我们的价值创造能力和资本回报能力就会明显提高，整个经营效率、资本配置的效率就会明显提高；反之，我们就比别人有劣势。

所以，新办法是对银行管理、如何更聪明地做生意至关重要的一套文件。办法涉及的面很广，也很复杂，有很多有启发的东西。全行员工更多地理解并运用到实践，对新经营管理、业务转型和管理变革至关重要。对办法的学习、理解并融入经营管理活动的程度，将在相当程度上影响到各个银行之间的竞争力和经营结果的变化，长期看可能改变各个银行在市场竞争中的格局。目前新办法实施的情况，大家公认工商银行领先，建设银行也相当不错。但是要想取得竞争优势就必须要做得更好，更快地跟工商银行的水平拉齐，达到中国银行业真正的一流水平。这一点很重要，希望引起大家的重视。

二、实施新办法的几点要求

（一）执行新办法实质重于形式

执行新办法和执行法律、执行国际会计准则一样，有一个核心的原则是实质重于形式，也就是说究竟怎么落实，不是看怎么说、怎么写在文件上，而是看实际怎么做。举两个例子，比如有条件可撤销贷款承诺占用资本高，而无条件可撤销贷款承诺占用资本低，除了要在文件中规定和在合同中约定，如果客户的财务状况恶化，贷款承诺将无效，不再执行，而且实际业务也要如此操作。内部和外部都要实际检验，系统中和业务实践中是否定期对客户的财务状况进行检视，是否根据检视结果作出财务状况的判定，对财务恶化是否确实没有履行承诺，要根据事后的穿行测试来证明。只有上述做法被证明是真的，这个做法才能成立。再比如按照现行资本办法，一年期以上的信用卡承诺占用资本高，一年期以下占用资本低。我们原来对授信额度一年重新认定一次，现在改成11个月重新认定一次。同样，系统中必须确实这样操作，并且确实不是每个客户都根据上次给的额度重新认定，而是根据客户的不同情况作出有差异的认定。只有真的这样做才是执行了新办法。所以各部门贯彻规则的时候要讲究实质，要真实、合理地利用规则，不能是形式上、口头上、文件上的利用规则，那是违规的，一个审慎的银行是不能这么做的。

（二）执行新办法要依靠全行的努力

我要特别再强调这一点。有同志认为，风险如何计量是总行定的，计量后如何资本化是总行定的，如何在系统中操作也是总行定的，跟分行都没有关系。新办法的关键是执行，且不是几个人的执行，不是一级分行各部门的执行，而是全行员工的执行。再回到我举的两个例子上来。比如无条件可撤销承诺涉及三点：第一，要告诉客户我们营销的是无条件可撤销承诺。这不是每个客户都答应的，而且也不能客户不答应就不做。有些好的客户坚持要做有条件可撤销承诺还是要做，有些客户建设银行有谈判能力就去做无条件可撤销承诺。所以必须真的懂客户，而且主观能动地去做这个工作。第二，对客户财务状况的变化、恶化要有数据。要了解客户、了解情况，数据变化能够恰如其分地反映到监测结果中。第三，客户财务状况恶化了就不能执行承诺。这些都需要全行去做。再比如信用卡，对客户要差别地给予授信，涉及怎么解决客户体验问题。要告诉客户，如果你是好客户，你需要突破授信时，我会很快给你追加授信。这样客户就不担心了，建设银行的资本占用少了，也不影响客户体验。这件事说起来简单，但做起来却很困难。一是系统数据要能够支持在客户透支额度不够、客户打400电话时，我们能马上给予提高，必须做到这一点。二是全行员工要理解，而且能向客户说明，不能只是信用卡部知道。全行员工营销中要把事情说清楚，还要把握好说明的尺度，不能违反工作规定。所以为什么强调全行一定要多学习、多理解，涉及几十万员工，就在于此。

（三）工作结果要在管理中合理、逐步、符合实际地应用

有些同志担心，风险和资本计量调整了，总行的管理涉及很多政策变化，包括经济资本的管理、经济增加值的管理，如果都这样执行是否符

合实际，毕竟我们管理还没有这么成熟，简单的执行会带来一系列问题。这种担心不无道理。所以我们强调的是要逐步地、合理地、符合实际地去运用。我要说明两点：一是必须尽可能充分地去运用。如果计算出来的结果不用，那么我们的管理无法指导实际。因为不用的数据大家都不重视，数据的真实合理性有没有问题也无法反映，整个银行数据积累、知识积累就会很缓慢。二是每一处运用要经过慎重的判断，全行管理政策、重要参数的调整是否符合客户、市场的实际，是否和同业的竞争态势相平衡，每进一步的运用都要谨慎地进行研究和测试，能用的才可以用。有时要分步地运用，先向一个方向走一步，然后再讨论别的因素，逐步带入管理实际中，不要给经营管理、市场反应、客户服务带来过于强烈的冲击。能不能做到这一点，与总行各部门对事情真正的深入研究和在此基础上的判断有关。同时也需要全行员工正确地理解和配合。

新办法马上要推行，各个部门做了很多工作和准备。从硬件标准看，从明年1月1日开始就可以顺利推行。中国银监会正在验收评估我行的资本计量高级方法，估计基本能够通过，明年开始能执行，但是这些还不够。这次大范围召开会议，就是要使全行更多人充分理解，特别是让客户、产品、渠道经营部门的员工理解，并融入工作实践中。如果融入得好，明年工作中就能看到一些效果，更重要的是长期效果。中长期看，对新办法的理解和落实得如何，对银行竞争结果至关重要。这次培训主要是引导性和启发性的，大家有时间可以把这套新办法看一看，如果没有时间看全部附件，就把资本管理办法正文本身以及和工作联系比较大的附件读一读，这些都很重要。希望通过边学、边做、边讨论的过程，未来每个部门、每个分行都能有几名对这个新办法了解比较多、比较透的人。

（根据录音整理）

开拓创新　强化管理 扎实推进金融市场与投资托管业务又好又快发展

——在全行金融市场与投资托管业务工作会议上的讲话

赵欢

（2012年3月9日）

同志们：

我们这次会议的主要任务是贯彻落实全行工作会议精神，总结回顾近几年尤其是2011年金融市场及投资托管业务工作，分析当前经营形势，研究工作思路，明确2012年的工作目标、任务和措施。我讲五点意见供大家讨论。

一、充分认识金融市场和投资托管业务的重要性，全面推进战略性业务发展

这次会议是金融市场和投资托管业务历史上第一次全行系统工作会议。金融市场和投资托管业务以前主要是总行集中经营，但现在这两项业务与分行联系得比较紧密。金融市场业务，狭义的是指金融机构之间的业务往来，如投资交易等；广义的包括我们通过金融市场为广大客户提供代理金融服务，如即期、远期结售汇和外汇买卖、贵金属、理财产品及金融衍生产品等，代客业务的客户都集中在各级分支机构，与分支行广泛联系在一起。投资托管业务是资产管理业务的重要组成部分，产品供应、投资管理和资产托管业务整体构成资产管理，托管是中间的重要一环。经过这些年的发展，我行的托管业务品种已发展到

基金托管、专户理财托管、保险资产托管、信托资产托管、理财产品托管、QFII 和 QDII、养老金资产托管八大类。这块业务发展非常快，很大一部分是分行托管业务发展贡献出来的，比如说信托理财、股权投资基金、银行理财、养老金业务的托管等。这些托管业务也已经广泛与分行联系在一起。

金融市场和投资托管业务是我行重要的战略性业务，其重要性是由于市场结构正在发生重大变化带来的。某家国有大行用“贷款债券化、存款理财化”形象地概括市场结构性变化，并作为该行制定未来发展战略和推进业务转型的基本判断。我们还可以从以下几个方面简要分析：

一是直接融资快速发展。直接融资就是在市场上发行票据、债券、股票。企业可以在证券交易所发行公司债，在银行间市场发行短融、中票和超短融。这几年直接融资发展速度很快，每年总量约是银行贷款的 20%。这对我行的影响更大，因为发行企业大多是我行重要的战略性优质客户，尤其是北京、上海等分行体会更为深刻。过去大型客户从信贷市场获取资金，现在更多地从公开市场获取。中央经济工作会议也提出，要继续大力推进债券市场发展。

二是利率市场化以及汇率形成机制改革为我们带来了大量的管理市场风险需求。客户从银行获得固定利率贷款，未来面临利率下降的风险；如果是获得浮动利率贷款，未来利率上升时会增加债务成本；如果持有外汇资产，汇率变化会面临资产贬值的风险。客户对这些问题会越来越关注。外汇买卖、远期结售汇、外汇掉期、利率掉期等都是客户规避市场风险的重要工具。随着利率市场化和汇率形成机制改革，客户规避市场风险的需求会越来越大，为衍生产品业务发展提供了强大的市场基础。

三是财富增长使理财需求快速发展，规模巨大。现在客户将银行理财产品当做抗通胀的措施，作为利率市场化过程中追求更高收益的手段。我行 2011 年就发行了 4 万亿元的理财产品。最近，监管部门对理财业务的总量、节奏、产品、投向都有新规定。由于市场竞争压力，分行创新的积极性很高，尤其是做结构性存款。存款理财化主要是由于存款利率低，客户希望通过理财赚取更高收益，这为理财和托管业务的发展提供了强大的支持。

四是《巴塞尔新资本协议》的实施，推动我们走资本节约型的发展道路。金融市场业务的一部分产品是轻资本的，如国债和央票；一部分有信用风险需占用资本，如信用债和衍生产品交易对手的信用风险。总体上，金融市场业务相对传统的信贷业务而言是轻资本的，即花较少的资本能做更大的规模，资产回报率相对较低但资本回报率相对较高。这是未来转变发展方式和业务转型的重点之一。

金融市场和投资托管业务的重要性还体现在当前业务规模已经很大。我行金融市场业务投资规模达 2.8 万亿元，金融衍生品的规模约 8 000 亿元，投资收益率每提高 1BP，利润就增加近 3 亿元；提高 20BP，就多 60 亿元的利润。这仅是变化的收益，还不是总体收益。2011 年，金融市场业务收入 970 多亿元。我行托管资产规模超过 2 万亿元，年托管业务收入 19 亿元。所以，金融市场和投资托管业务发展对全行的利润贡献、投资回报和市场地位都有重要影响，是全行重要的战略性业务，大家要高度重视。

总行党委、总行领导对这两项业务给予高度重视与支持。2011 年，董事长、监事长召开过专题会议，张建国行长专门召集我们进行研究。金融市场部在上海设立二级部，增设三个处和二十多人，2012 年在人力资源部的支持下又要增加几十人，投资托管深圳分部也批准设立，这些都离不开总行党委的战略决策，得到了总行董事会、监事会和高管层的强力支持。这种支持也是基于金融市场和投资托管业务是重要的战略性业务的判断之上的。

希望大家能够充分认识金融市场和投资托管业务的重要性，举全行之力大力推进金融市场和投资托管业务又好又快地发展。

二、金融市场和投资托管业务近年来取得长足进步，为未来发展奠定了基础

（一）经营管理体制逐步完善

金融市场业务方面，一是逐步形成了总行集中经营的业务模式。2001 年总行成立资金部，是

金融市场部的雏形，负责全行本外币投资组合管理、自营及代客资金交易等金融市场业务，并在香港设立了外币资金交易室。2009年，总行在纽约和伦敦派驻交易员，国内同业中率先实现了黄金、外汇交易24小时全球运营。2011年设立商品与期货交易部，进一步强化了贵金属与大宗商品交易的力量。二是实现了前、中、后台严格分离。根据监管机构的风险控制要求，2008年总行成立了市场风险管理部，专为金融市场业务提供风险监控和服务。三是金融市场产品服务逐步延伸。金融市场业务逐步渗透到分行及基层行，贵金属、理财和金融衍生品业务，大部分是分行发起、总行集中对外平盘交易，这些业务的经营主要在分行。为了更好地服务客户，上海、北京、广东、深圳等金融市场相对发达地区的分行设立了金融市场部，提高了产品终端销售和支持服务能力。

投资托管业务方面，1998年，总行成立基金托管部，主要为证券投资基金提供托管业务。2006年，基金托管部更名为投资托管服务部。随着实业投资托管、企业年金托管业务的快速发展，越来越多的分行参与了托管业务的经营，逐渐建立了一些业务机构。上海、深圳、北京、辽宁四家分行成立了托管分部，主要承担经总行授权的产品营销、运营等职能。其他分行在对公业务部门设立了托管业务团队或机构，负责托管业务的市场营销与管理；在分行营业部或支行设立了托管运营分中心，负责年金托管运营。

（二）竞争能力不断提升

产品线快速延伸，产品创新与服务同业领先。金融市场业务的本币投资与交易产品已涵盖了货币市场、债券市场的几乎所有品种，总计达4大类21种、数百个产品。代客业务包括结售汇、外汇买卖、利率与货币掉期、贵金属交易、债券结算代理等，2011年开办了人民币对外汇期权、人民币对外汇货币掉期业务，成为第一批泰铢的做市商；贵金属交易范围从黄金拓展到白银、铂金等品种，相继推出了人民币账户银、人民币账户铂、代客黄金远期交易；推出了多款面向对公、对个人客户的基于货币市场、债券市场、外汇市场等本外币理财产品。

托管业务在证券投资基金中首先引入托管人机制。通过托管资产的所有权、使用权与管理权"三权分离"，使得投资人、管理人和托管人之间形成一种相互制约的关系，防止托管资产挪作他用，有效地保障资产安全。如今，资产托管业务范围已超越最初狭义的基金资产托管，覆盖至各种证券类投资资产托管及实业类投资财产保管等领域。目前，我行成为国内托管业务品种最齐全的商业银行之一。投资托管业务涵盖基金、保险、券商、养老金、银行理财、信托、QFII和QDII等二十余种产品，托管业务也从证券类投资应用至实业类投资，从境内投资延伸到境外投资，从公募产品扩展到私募产品，形成了能够满足各类投资者需求的托管业务体系。

（三）市场地位更加巩固

作为主要的投资人与做市商，金融市场业务多项经营指标在同业中名列前茅。本币投资与交易规模位居市场第二，国债承销、公开市场业务连续多年综合排名第一，实物金交易量持续保持市场第一，短融和中票合计承销金额市场排名第二、合计承销只数市场排名第一，连续多年荣获银行间债券市场"最佳做市商"称号、银行间外汇市场"最佳衍生品做市商"和"最佳交易规范会员"称号。

投资托管业务超常发展，规模总量、增量和增速均在四大行中居第二。证券投资基金托管规模稳居同业第二，新增托管基金只数跃居同业第一；保险资产托管取得飞跃，全面打开与大、中、小保险公司的托管大门，托管规模翻番，达到2 700亿元；券商受托资产规模继续保持同业第一；企业年金基金托管规模市场第二的地位更加巩固。我行专业化托管服务能力也获得了国内外认可，以总分第一获国际权威杂志《全球托管人》2011年度"中国最佳托管银行"称号。

（四）经营业绩持续提升

2005年上市以来，我行金融市场业务资产规模持续增长，组合时点余额由2005年的1.03万亿元增至2011年末的2.79万亿元，年均增速达15%，占全行资产规模的23%左右；经营收入由374亿元增至977亿元，年均增速达15%，约占全行收入的20%；收入贡献结构不断优化，中间业务收入占比由4%提高至7%。

投资托管业务以超常的速度发展，我行托管

资产规模和托管费收入分别从1998年的21亿元和342万元发展到2011年末的2万亿元和19亿元，在短短的十余年间托管规模增长了近1 000倍，托管业务收入增长超过500倍。

2011年金融市场和投资托管业务经营业绩和亮点主要有以下几方面：

1. 债券投资收益率快速提升，与同业差距显著缩小。2011年末本外币债券组合投资收益率为3.35%，较上年末上升46个基点，预计与工商银行、农业银行两行的差距由2010年底的18个、12个基点缩小至5个基点左右，比农业银行、工商银行分别提高了7个和13个基点。这是我行利润增长、利润水平、资产回报率和资本回报率保持市场领先地位的重要因素之一。

2. 贵金属业务迅猛增长。全行贵金属业务交易总量同比增长759%到9 752吨；实现收入15.15亿元，同比增长100%，其中分行实现收入13.56亿元，计划完成率达140%。这项业务增长潜力巨大。

3. 代客资金和理财业务发展迅速。2011年代客结售汇及外汇买卖业务总量同比增长28%至3 951亿美元；业务收入同比增长16.6%至41亿元，是2005年的4.2倍，年均增速达27%，在四大行中占比较上年增加3.2个百分点到20.63%，超过工商银行位列四大行第二。全年金融市场条线累计发行理财产品926期，合计发行额达8 021.74亿元，同比增长91%；实现收入2.8亿元，同比增长183%。作为我行理财业务的重要补充，不仅有2.8亿元的理财收入，更重要的是8 000多亿元的发行量维护了我行的客户群体。

4. 投资托管业务呈现良好的发展格局。2011年我行投资托管规模突破2万亿元，增幅达57%；实现托管费收入19亿元，增幅达11%。在基金、券商受托资产托管业务继续保持市场优势，保险资产托管等短板业务取得历史性突破的同时，分行自主经营的托管业务蓬勃发展，达到1.28万亿元，规模占比提高到62%，首次超过总行直接经营规模，收入占比提升到24%，托管业务开始呈现出良好的发展势头。

5. 激励机制惠泽子公司，推动集团利益最大化。分行卖建设银行托管的基金，托管收入返还分行。2011年，基金销售共计返还托管费收入3.61亿元，其中，返还建信基金销售激励的托管费收入0.57亿元，支持与促进了建信基金公司的发展，服务和服从了建设银行的整体利益。

6. 市场研究工作得到加强。近年来，总行加强了市场研究与对分行营销的支持力度，2011年直接向分行与客户提供针对利率、汇率和大宗商品价格走势的研究报告540多篇，撰写了大量的各产品线的专题分析报告，同时，总行在人手紧缺的情况下积极参与分行各类业务营销活动，全年达35人次。

这些成绩的取得，得益于总行党委的正确领导，得益于全行员工的共同努力，借此机会，我想重点提出表扬的是，浙江、深圳、广东、福建、北京等分行在贵金属业务方面作出了重要贡献，广东、浙江、上海、江苏、山东等分行在代客结售汇业务方面贡献较大，北京、上海、深圳、广东、江苏、吉林等分行在托管业务方面表现突出，成为全行同类业务的排头兵。在这次会议上，还要对在金融市场和投资托管业务的先进集体和先进个人给予表彰。我代表总行感谢同志们对金融市场和投资托管业务作出的贡献！

三、正视差距和不足，努力消除金融市场和投资托管业务又好又快发展的障碍

尽管我行金融市场和投资托管业务发展很快、成绩很大，但是要始终保持清醒的头脑，正视存在的问题与不足。从2011年的经营管理情况看，有四个方面的问题应该引起我们高度的重视。

（一）部分业务竞争力有所下降

一是结售汇市场份额下降。虽然结售汇整体市场份额只下降了0.24个百分点，但问题在于我们是此消彼长，而且结售汇收入占我行金融市场中间业务收入的绝大部分，哪怕下降一点点，都是大问题。市场份额方面，中国银行一枝独秀，工商银行比我行超出2个百分点，我行差距明显。在38家分行中，除15家分行上升外，其余23家分行在当地的市场份额出现下跌。排名前十家的分行收入合计27.9亿元，约占全行收入的69%，这些分行在当地份额仅为6%－7%，远低于全行平均水平，说明我行结售汇业务在重要市场、重要阵地表现并不好。

二是贵金属业务比工行落后。我行贵金属业

务起得早，也赶了早集，但现在落后了，主要是因为白银业务发展较晚。工商银行2011年贵金属业务收入达31亿元，其中白银收入为15亿元。我行贵金属业务收入15亿元，大部分收入来自黄金，少量来自白银。我行贵金属业务收入仅是工商银行的一半，品种也比工商银行少。我们做得比较好的是账户金、自有品牌实物金业务，但白银业务、代理金交所业务赶不上工商银行。

三是我行一些托管业务与领先同业差距大。如保险资产托管，虽然2011年我们取得了长足增长，但总体上与农业银行差距近9 000亿元，与工商银行差距4 500亿元。这既是我们的差距，也是我们的潜力所在。股权投资基金托管市场占比和排名也下降。整体收入中，基金托管收入一枝独秀的尴尬局面仍无法摆脱。证券投资基金无论是首发还是存量规模，都是我们增加中间业务收入的重要手段。2011年因资本市场波动影响大，我行因基金净值缩水而少收托管费近3亿元。

（二）行际间发展不平衡

贵金属业务主要集中于少数几家分行。排名靠前的三家行合计占分行端收入的36%，排名靠后的17家分行收入合计甚至比排名靠前的一家分行的收入还少，说明有不少分行并没有看到这项业务的潜力和战略意义。总行非常重视贵金属业务发展，增设了机构、增加了人员、加大了配置资源。2012年计划从行长奖励基金里拿出1 000万元，用于贵金属业务的客户拓展。但是，有的分行对这块业务的重视程度远远不够。

在黄金租借业务方面，有16家分行开办了此项业务，北京、深圳两家分行的租借余额就占全行余额的50%以上。

与同业比，即使业务发展比较好的分行在当地市场份额占比也很低，2011年我们仅有西藏、甘肃、厦门三家分行在当地业务收入占比高于工商银行，其他分行全面落后；广东、北京、上海、江苏、山东、河南等贵金属市场重点地区，我行的市场份额均比工商银行低30%以上。

投资托管业务的行际间业务发展也极不平衡。北京、上海、深圳、广东、江苏、吉林等分行托管业务发展较快，但有的分行托管业务起步较晚或尚未起步。

（三）风险管理需进一步加强

一是对产品的认知度需提升。金融市场业务与传统存贷业务的产品风险特征不一样。由于认知不到位，我们的存量业务发生过重大风险，造成重大损失，尤其是衍生品业务。2011年我在衍生产品座谈会上谈了几点学习体会，材料已印发全行，建议分管、从事衍生交易的领导同志、部门负责同志和业务员翻看一下。由于对产品的风险特征理解有偏差，我们在产品设计、销售、风险、策略方面都出现了一些偏差。一些客户在我们这里做衍生交易，前期收入几千万元，后期赔了几亿元，出问题客户有二十来个。问题不仅出在结构性衍生品，还出在外汇买卖业务，这与我们的产品、操作、认识都有关系。衍生品对大多数行还是新的业务领域，总行金融市场部要做好培训、资格认定、考试等工作。2012年要对业务的分管领导以及交易人员、销售人员分不同层次，先就金融市场业务、产品、风险特征、经营策略和基本知识做个测试，根据测试情况，再来研究下一步培训工作的重点。

二是规章制度没有严格遵守。有的分行与客户叙做交易时，没有严格执行总行和监管机构的规章制度和操作流程，客户选择、盯市操作和强制平盘制度执行不到位，埋下了诸多风险隐患。管理好的银行对这方面要求是非常清晰的，比如工商银行，严格要求广义类的金融衍生品不给客户授信额度支持。客户做衍生交易要交保证金，银行要做好盯市和估值工作；如果合约叙做，则要追加保证金，否则强制平盘，这样才不会有交易对手风险。我们也有这方面的要求和相关规定，但在操作过程中有的分行不按规定就给予客户授信支持，盯市操作时发现客户保证金不够，没有强制平盘，形成了较大的风险和损失。这种风险，首先是损失客户的，如果客户没有能力支付，就转移到银行身上。过去我们有些分支行理解代客业务无风险。其实，我们是背靠背的平盘，建设银行参与了两笔衍生交易，只要两个交易对手中有一方不交割，风险都在我们身上。有的衍生品合约开始是小损失，客户不支付又想再博一把，与银行叙做，损失从几千万元到几亿元，一直到客户承担不起，风险最终由银行承担了。还有一些衍生交易是大的优质客户做的，大客户赔了但不支付，我们还不好打官司，并且给银行带来声誉风险。

三是对客户的投资教育要加强。有很多客户对衍生交易的风险意识不足，看到美元 CMS30 利率过去 20 年来均在 4% 以上，就跟外资银行对赌：如果未来十年还高于 4%，外资银行付钱，客户收钱；反之，如果某一个时点低于 4%，客户付钱，外资银行收钱。当时，看起来未来十年高于 4% 的概率很高，客户赚钱几率很大，但金融危机来了，美国开始实行低利率政策，并延长到 2014 年，美国长期债券利率跌到 2%。这样，客户最开始只收了几千万元，后来却赔十几亿元，这不是套期保值，风险未能对冲。客户有投机的需求，我们要教育客户认识投机所面临的风险。如果是套期保值，市场多大的风险都没关系，因为现有的现金流和资产负债有对冲机制，如果未来市场不利，损失也能够承担得起。如果是投机，赌对了赚小钱，赌错了赔大钱。刚开始，看上去赌对的概率大，赌错的概率小，但是我们并没有足够的能力对衍生品工具定价、分析、判断，所以 2012 年还有个重要任务是处理好历史遗留下来的衍生产品风险敞口问题。

（四）基础建设比较薄弱

一是对市场、产品、客户的系统性研究不够。目前主要是对宏观经济、利率、汇率及大宗商品价格等要素的初步分析，没有准确判断的能力。如果没有研究能力，谈何设计产品、安排产品结构和估值？所以，研究是金融市场业务非常重要的基础。要弄清楚现有的模型适用什么样的市场环境、模型参数如何设置合理、能够多准确地预测市场未来走势，这与研究能力有直接关系。

二是 IT 运用能力比较低。我行过去购买的金融市场业务系统很多，系统之间没有联系，系统里的模型是黑匣子，前、中、后台之间全都线下操作。金融市场理财业务总分行都是手工记账，没有估值，没有系统技术运用。托管系统也存在手工操作风险和效率低的问题。这是因为我们过去主要依靠外购系统来解决业务急需，简单拿来就用、先用了再说。这些状况必须要改变。

三是专业服务能力有待提升。金融市场与投资托管业务对专业技能和专业人才素质的要求高，独特性比较强。不是会做贷款业务的天生就会做衍生品交易，就会制定债券投资策略。如 2012 年外币投资采取防守型策略，人民币投资采取积极稳健的策略，这都是基于我们对这些业务和未来市场的判断，再与 2012 年经营目标和风险底线结合，制定出一个合适的策略，这与做贷款不一样。做衍生品交易，还存在国际上一些大的交易商操纵市场的问题。你不能控制、不能预测、没有把握的业务不要去做，有能力就做，没能力就应该放一放。

四、金融市场业务和投资托管业务 2012 年的目标和任务

（一）认真分析形势，把握发展机遇

在 2012 年的工作会议上，总行领导对宏观经济金融形势做了全面分析，并结合“十二五”规划对我行未来的战略定位、发展重点、经营目标提出了明确要求，我们要认真执行总行的战略部署。从国际形势来看，世界经济复苏的不稳定性和不确定性上升，主要发达国家的经济增长动力不足，全球市场需求低迷可能成为常态。欧洲主权债务危机短期内难以有效解决。从国内形势来看，经济发展中的不平衡、不协调、不可持续的矛盾和问题仍很突出。中央明确提出 2012 年经济社会发展的总基调是“稳中求进”，经济增速回落与物价涨幅仍处高位相互交织，宏观调控更趋灵活，监管要求也将会更加严格。从金融市场来看，大宗商品、能源、贵金属价格将跌宕起伏，国际主要货币的汇率趋势复杂多变，人民币国际化和利率市场化步伐加快。

上述形势变化既给金融市场与投资托管业务带来了诸多挑战，也蕴涵了很多机遇。客户对规避风险和保值、增值的需求上升，将为贵金属交易、结售汇、债券投资和投资托管等业务带来商机。

（二）2012 年的主要工作目标

金融市场业务和投资托管业务 2012 年总收入要达到 1 100 亿元，其中金融市场的投资业务收入要达到 1 000 亿元。这虽然有一定困难，但通过策略执行，把握时机，还是有可能实现的。一是希望 2012 年全行存款增长能使金融市场投资规模增加 2 000 亿 - 2 500 亿元。现在看来难度大，因保本理财产品、存款增加，但是我们不仅没有

拿到资金，还要交准备金。二是提升收益率。通过组合安排、结构安排，2011 年抓住重要时机，调整投资结构，增加了将近 100 亿元收入，估值上升很多，即使未来收益率下降，债券投资收益还会上升，带动 2012 年投资组合收益整体提升。

中间业务收入方面，金融市场中间业务收入要力争达到 70 亿 - 80 亿元，托管业务收入要超过 20 亿元。根据综合经营计划的讨论情况，总体要求：金融市场中间业务收入计划增长 20%，其中贵金属业务收入增长 46%，账户贵金属业务收入增长 100%，这些都要靠我们分行找更多的客户、销售更多的产品；代客结售汇和外汇买卖业务收入增长目标将不低于 17%。

2012 年金融市场和投资托管业务收入增速要超总行中间业务收入整体的平均水平，因为这两项是重要的战略性业务。2012 年，发展改革委要在全国检查收费业务，最近抽查了几家分行，大家压力很大。过去收的财务顾问费、账户管理费、现金管理费，现在都会受到限制。但投资托管业务是按同业标准收的，金融市场业务更多的是市场波动的价差收入，比如贵金属和结售汇都是价差业务，这些既是我们的战略重点，也是政策适应性强的业务，有条件要把它做大做强。

从市场目标上看，人民币账户金市场占比要保持市场第一；代客外汇资金业务收入市场占比、账户贵金属和黄金租借业务收入在四大行占比、黄金租借业务市场占比均要保二争一；代客结售汇业务量市场占比保三争二，份额不能下降。托管业务 2012 年要确保总规模市场第二；保险资产托管规模要提升一个市场位次，托管规模新增 2 800亿元，证券投资基金托管规模和新增市场占比第二；券商受托资产托管规模和新增市场第一。力争打造具有明显竞争优势的托管品牌。

完成上述目标有不小的难度，任务艰巨，希望大家共同努力。完成这些目标，要把握几个重点工作，给予高度重视。

在金融市场业务方面，要把握好三个重点：

1. 提高投资回报率。要优化资产配置结构，加大国债、优质信用债券投资，分行要加快优质发行体债券授信额度的集中申报和审批工作，如果明年企业债券投资分项额度不足，原则上不得发起新增债券投资；要保持组合长期基本稳定，密切关注市场走势，抓住机会，适度认购中长期债券。2012 年债券组合收益率要提高 25 个基点以上，力争市场排名进一步提升。在合理安排好全行工作情况下，积极扩大货币市场规模，通过开展 1 - 3 个月的债券逆回购和存放同业业务，提高货币市场业务收益。

2. 实现贵金属业务跨越式发展。一是拓展新客户。以新客户拓展为抓手，要实现全年全行账户贵金属新增开户数 60 万户，第一季度末账户银日均交易量力争超过 150 吨，交易量由现在工商银行的 1/3 提升至超过 1/2，全年账户银收入争取达到 2011 年工商银行的 70%。黄金租借业务客户开户数增加 40 家，总数达到 200 家，实现账户贵金属、个人实物金 38 家分行及其辖内机构全覆盖。二是进一步丰富产品线。2012 年将开展 12 项创新产品的开发推广工作，即将推出代理金交所交易业务、美元账户贵金属等产品，正在启动实物金对公销售、实物白银、实物金回购、黄金积存产品、账户金提取实物等产品，这对于抢占市场、巩固客户、提升收入很有必要。此外，还要密切关注商品市场的最新发展，加快大宗商品的研究创新。现在我国客户对商品的套期保值需求很大，要尽快研究并适时推出的燃料油、原油等大宗商品为标的的期权和互换类金融衍生工具，进一步确立市场领先地位。现正与国际部联合，争取尽快推出贸易融资过程中的物权、抵押物套期保值。

3. 积极推进代客结售汇及外汇买卖业务。2012 年外汇存款不错，有条件推动贸易融资业务发展，带动我们的国际结算以及结售汇业务的发展。对一年期以上的外汇远期及掉期业务，实行核准制度。更重要的是市场销售，尤其是重点地区。建议各分行明确自身贵金属业务和代客结售汇业务在当地市场的变化和差距，希望参加会议的行领导 2012 年要重点抓好贵金属业务和代客结售汇业务。

在托管业务方面：

1. 要全力提升市场份额。全力提升保险资产托管市场份额，实现超越中国银行提升市场位次，完成 2 800 亿元新增计划。总行已下达北京市分行、上海市分行和深圳市分行新增计划分别为 1 500亿元、800 亿元和 500 亿元，分行要努力完成。广州、大连、重庆等分行要负责本地保险资产托管营销，各分行要积极销售有托管资产保险公司的产品，支持我行托管业务与保险公司各项业务的整体协调发展。同时，加快发展分行托管业务。理财产品托管方面，各分行要加大对辖内不具有托管业务资格的中小商业银行的营销工作，积极争取其理财产品托管业务。信托财产保管方面，重点营销信托产品发行排名靠前的信托公司。股权投资基金托管方面，各分行要像抓基本结算户一样，下大力气抓好股权投资基金的托管业务。2012 年总行下达各分行股权投资基金托管规模新增230 亿元、信托实业投资财产保管规模新增575 亿元计划，两项指标已列入条线 KPI 考核，各分行必须完成。

2. 增强基金、券商资产托管持续营销能力。提高与大基金公司、优质券商的合作比例，大、中、小基金公司的合作比例分别为 50%、30% 和 20%；提高产品选择能力，以债券型、指数型和创新型产品为主；从全行利益最大化出发，重点销售建设银行托管基金产品和建信基金产品；证券公司所在地分行要当好主办行，做好券商集合产品的主承销，确保券商受托规模同业第一。

3. 打造我行托管业务品牌。我国托管行业 13 年的发展能有今天的规模与业绩，与持续创新密不可分。结合市场的需要和同业现状，2012 年力争实现两项创新：一是配合银行理财产品托管需要，在监管许可的前提下尝试与国开行理财产品托管主会计外包增值服务，拓宽托管增收渠道；二是借助道富银行、安永会计师事务所等全球领先的合作伙伴以及国内权威研究机构的经验、专业以及资信，在股权投资基金领域，研究、设计有竞争优势的托管专业品牌，并逐步培养专业估值团队，提供估值参考，提升托管服务的价值含量，丰富和完善我行的托管业务产品线，提升专业能力。

五、以金融市场业务管理年为契机，全面提升金融市场和投资托管业务的经营管理水平

金融市场业务要加快发展，必须建立在强大的管理基础之上。总行经过慎重研究，决定 2012 年开展金融市场业务管理年活动。要严格按照金融市场业务管理年的实施方案，全面梳理规章制度、业务流程和内控体系，补齐经营管理短板，夯实管理基础，强化内部风险管控，促进合规高效运营。要下大力气解决历史遗留的风险敞口问题，纠正不规范行为，彻底排查风险点。总行将定期通报金融市场业务管理年工作的落实和推进情况。金融市场业务的重心在总行，但业务已经延伸到全行，各分行要高度重视起来，认真组织好活动的实施，按工作进度抓好落实。通过金融市场业务管理年活动，实现“体制机制健全、制度职责清晰、风险控制有力、业务发展稳健、技术支持良好”的目标，促进金融市场业务的健康发展。

2012 年，在金融市场业务管理年活动中，我们要在四个重点方面取得明显进展：

1. 夯实基础。一是队伍建设。总行非常重视金融市场和投资托管业务专业队伍的建设，在机构、人员和培训方面给予专业支持。不要求每个分行都要成立专门的部门，但每个分行都要有明确的部门来承担金融市场和投资托管业务的经营和管理职责，并要有专业的人员。在金融市场集中的地区，如北京，成立金融市场部很有必要。有金融市场部的分行，由金融市场部总牵头；没有金融市场部的分行，各位行长要指定一个部门总牵头。贵金属业务，零售条线的销售和组织由个金部牵头，对公条线的销售和组织由公司部牵头。另外，做专业产品一定要有专业人员，要经过测试、培训、资格认定才能去销售产品和与客户签订交易合约。没有这方面的专业人才，就不能做这项业务。

二是信息技术的应用。金融市场和投资托管业务系统可能会成为新一代系统的先期推出成果，2012 年就要见效。托管业务在第一批项目里排在前面。金融市场业务抓紧做五级建模，2012 年金融市场业务管理年必须有进步、有成果。理财系统总行投资银行部已经在牵头研究，金融市场部要配合好。

三是制度的完善。尤其是托管业务，有一半以上的托管业务由分行经营，内部控制机制安排、操作流程、作业标准、制约关系一定要清晰，否则因制度不健全，容易出现操作风险。金融市场理财业务资金的归集、运用和返还也要有严格的风险控制机制。这几年，我行金融市场业务没有出现大的操作风险，并不意味着这项业务没有大

的操作风险。某地方银行金融市场部因利益输送，被连锅端。某国有大型银行金融市场部曾经的一个部门负责人也出了问题，这都是操作风险。我们要借金融市场业务管理年活动全面梳理制度，制度不健全，业务压力再大也不能蛮干。

2. 完善机制。一是总分行联动机制。总行每年都给金融市场和投资托管业务重点产品安排营销费用，这些费用要用于重要市场和重点客户。2012 年总行牵头部门将在全国分地区组织贵金属业务、结售汇业务、托管业务专项营销活动，希望有关分行积极主动配合，组织好重要客户参加，并做好持续营销工作，争取取得好的效果，相关收益都归分行。

二是部门协调。这些年来，金融市场和投资托管业务快速发展，得益于总行各部门的支持。金融市场业务要加强与个金部、国际部和投资银行部的协调，互相支持、联合行动。个金条线对贵金属产品的销售很重要，总行专项支持贵金属业务发展的费用可由个金部统一配置。要与国际业务部一起合作，研究推动结售汇业务发展的措施。投资银行部作为理财产品的总牵头部门，对理财业务总量、节奏做了总体安排，金融市场部要配合好、执行好。托管业务要加强与个金部、机构部和养老金部的协调，协调好托管基金的销售、托管费的返还政策和重点产品的推进，希望分行层面也建立好协调机制。2011 年，金融市场部与个金部、机构部等部门在保险公司资产托管、理财产品销售和次级债销售方面沟通协调得非常好，2012 年要继续做好。总行托管部将企业年金托管业务营销职能转移给养老金部后，要做好配合工作，确保养老金托管业务的市场份额上升，继续加快发展。

三是利益分配机制。简单说就是利留基层问题。凡是基层销售的，尽可能把利益留给基层，总行部门不和分行争，要进一步完善利益机制，调动总分支行和各业务线的积极性。纵向看，利益要往下走、横向看，利益要共享。

3. 提升能力。一是研究能力。研究能力主要在总行，不仅金融市场部要建立自己的研究能力，还要联合总行的研究部、委员会的牵头部门、各子公司的研究力量，使对资本市场、货币市场和外汇市场的未来判断更加准确，使销售、产品设计和结构安排建立在科学的基础之上。每个业务线的研究工作都很重要，金融市场业务属于市场敏感型业务，研究工作更加重要。前两天黄金价格大跌，交易量一下子上去了。如果黄金价格固定不动，交易不会活跃，交易量就不会有大的增加。如果我们有较强的研究能力，预判经过一段时间的上涨，黄金价格短期内有大的下跌空间，建议客户先卖，再在低位买进，客户一买一卖，交易量就上去了。贵金属也是属于价格十分敏感的产品。

二是产品创新能力。要尽快推出贵金属新产品，抓紧研究结构性存款产品。如果符合政策，我们也可以做，但总体上商业模式要赚钱。希望总行金融市场部牵头，资债部和投资银行部一起来算好这个账，跟监管部门做好沟通。结构性存款不算理财产品，其他行已经启动了。我们要不要启动主要看一是有没有好处，二是违不违规。如果又有好处，又不违规，那我们肯定要做，而且要尽快推出来。金融市场部要研究推向市场的商品期货产品。

三是定价能力。定价能力以总行为主，总行金融市场部要加强与资债部、财会部等部门沟通配合，把估值模型搞透，拿历史数据进行分析，掌握规律，提升我们的定价能力。

四是风险识别和控制能力。金融市场和投资托管业务有共同的操作风险，金融市场业务还有交易对手的风险，过去对这个问题重视不够。前面我讲到，代客业务不是没有风险，客户赔得多的时候，容易客大欺店，所以我们不要为了小的手续费而赌得太大。遗留的风险敞口问题是因为当时没有弄清产品的风险点，现在不能再出现此类的风险问题。要做好金融市场和投资托管业务，我们首先要识别风险，然后对不同风险采取不同的策略。外资银行与境内客户做衍生品交易，为什么一定要与境内银行做背靠背平盘？他们采取了风险转移策略，付出了很少部分利益，把交易对手风险转移到境内银行。前面讲到盯市、保证金、强制平盘都是风险缓释工具，可以规避风险。只有确定适当的风险策略和投资策略，才能做好业务。

4. 切实加强风险管理。一是 2012 年要基本消化历史遗留的结构性衍生品和不规范的外汇买卖业务的存量风险和损失。全行共有二三十户，有的行动快，已经消化掉了，有些行还在做方案，有的行还没有动。现在人民币利率还没有完全市场化，银行有一定的消化历史风险的资源，无论是和解或有限补偿都要合法合规，不能留下后遗症。在市场明显好转时，要让市场消化。

二是落实好衍生品的风险提示、盯市、保证金补充和强制平盘机制。少数大客户做的衍生品，预期未来极值损失不大的情况下，我们可以提供授信支持；再好的客户，如果极值损失大，应该采取盯市、补充保证金和强制平盘机制。总行要进一步明确风险管理政策，全行要严格执行。有的分行采用变通办法，利用衍生品展期操作，通过新合约掩盖过往损失，连续展期几年，损失几千万元的累积到了几亿元。今后坚决不能再出现类似问题。

三是做好信用类债券的投资管理。总行要投资信用类债券，分行必须要有授信额度。对于总行不想投资，而分行为了维系客户关系要总行投资的信用类债券，要密切关注发行体的信用风险，特别是关注平台类和房地产风险。分行要严格按照总行信用债券的投后管理要求，做好风险跟踪管理，承担相应责任。总行要研究风险责任与风险收益挂钩事宜。

四是操作风险。全行要严格执行业务操作流程和作业标准。要加强交易员的授权管理，规范交易员行为。坚持不相容岗位管理规范，不越权、不串岗、不代办。各行要加强制度建设，防范操作风险，并进一步加强业务流程的监督和检查。2012 年总行审计部将对金融市场业务进行全面审计，不仅包括总行金融市场部，也包括分行经营管理的金融市场业务。希望各分行提前自查，做好整改，迎接总行的检查。

同志们，2012 年的市场形势更加复杂，任务也更加艰巨，希望全行金融市场业务和投资托管业务条线能够齐心协力、鼓足干劲，认真落实好各项政策举措，全面提升经营管理水平，实现各项任务和目标，为建设银行实现“国内领先、国际一流”的目标作出更大的贡献！

在村镇银行工作会议上的讲话

赵欢

（2012 年 8 月 2 日）

同志们：

根据总行党委的要求，今天召开建设银行村镇银行工作会议。会议主要任务是传达、贯彻和落实总行党委关于调整村镇银行管理模式，进一步明确当前村镇银行发展思路的决定，同时就调整村镇银行管理模式的相关安排进行说明，明确总行有关部门、分行各自的职责，部署下一步工作任务。

2012 年 3 月 15 日，总行党委召开了 2012 年第 7 次党委会议，听取了村镇银行管理委员会的汇报，研究了村镇银行发展思路以及管理模式等相关问题。会议决定，下一阶段村镇银行发展的总体思路是缓建机构，稳健经营，打造精品村镇银行，积累经验，再图发展。对现有的管理模式进行调整，实行“统分结合”的管理模式，在统一规范的前提下，强化分行属地管理职责。5 月 9 日，总行第 47 次行长办公会审议了《村镇银行管理办法（暂行）》（以下简称《管理办法》），对加强村镇银行公司治理、资本管理、风险防控、业务流程管理，以及完善重大事项审批决策管理和防范关联交易风险等方面提出了进一步要求。会后，村镇银行管理委员会在征求总行相关部门、有关分行意见的基础上，对管理模式调整安排进行了细化。经总行党委、高管层同意，《管理办法》已正式印发执行。刚才顾主任从宏观和微观两个层面对村镇银行业务进行了分析，对村镇银行未来发展有重要指导作用，值得大家认真思考。下面，我受总行党委的委托谈几点意见。

一、经营稳健，村镇银行管理工作成效显著

近年来，建设银行响应中央号召和监管部门要求，尝试通过设立村镇银行来拓展对“三农”和小微企业的服务，在管理模式上进行了有益探索。截至2012年6月底，已有20家村镇银行开业，资产规模达87.28亿元，不良资产保持为零。村镇银行经过几年的发展，形成了较为健全的制度、较为规范的管理，经济效益也初步显现。

在村镇银行建设发展中，总行有关部门、有关分行做了大量的工作。总行管委会成立以来，明确工作思路、把握工作节奏、着力解决关键矛盾，在以下几个方面取得了明显成绩：一是正确把握村镇银行发展方向，坚持服务于县域小微企业和“三农”客户的基本定位，同时积极引导村镇银行探索本地化的服务模式，在产品设计、客户分析、贷款管理等方面都有创新；二是把“打基础、控风险、稳发展”的工作思路较好地贯彻到了各项工作中，在规范公司治理、统一管理制度、集中信息技术系统建设与运营等方面取得了显著成绩；三是积极探索村镇银行集中管理与自主经营相结合的新模式，在制度安排、人员交流、权责分配等方面积累了有益经验。

相关各一级分行也在总行的统一部署下，在村镇银行筹建和日常经营管理中发挥了重要作用。在充分利用建设银行管理优势的同时，积极协调少数股东、监管机构和地方政府关系，支持村镇银行树立良好品牌形象，取得了稳健的经营业绩。同时，各级分行通过客户营销联动、结算服务联动、新农村建设服务联动，实现村镇银行与建设银行客户资源共享和服务优势互补，战略协同取得实效。村镇银行也利用自身优势，积极探索差异化经营模式，业务拓展能力和管理水平不断提升，发展势头基本符合预期。

对于这些工作和成绩，总行党委给予了充分肯定。对于建设银行总行、分行从事这项工作的同志，对派驻村镇银行工作的同志，我代表总行党委，对你们辛勤的工作表示衷心的感谢！

二、正确认识，准确把握总行党委决定的精神实质

第一，调整村镇银行管理模式是从当前管理的实际情况出发，为改进和加强村镇银行管理作出的实事求是的安排。建设银行发展村镇银行业务的基本设计是设立一家子银行，作为投资、经营、管理村镇银行的平台，发起设立100家左右的村镇银行。这家子银行受托对村镇银行的风险、财务、人力资源、信息技术和业务运行进行统一规范，并尽可能集中管理，通过控制风险成本和财务成本，提高村镇银行的盈利能力。可以说，设立子银行是整个设计的核心。按照申设子银行与设立村镇银行同步进行的工作思路，建设银行在这两个方面一直积极工作，但基于集中管理模式的大规模、批量化的村镇银行建设一直面临政策上的不确定性。我行村镇银行发展的核心设计——控股子银行迟迟没有得到批准，使得集中化的管理构架和支持平台难以到位。由此带来的问题，一是单点村镇银行依靠自我管理，面临较大的风险管控和营运效率方面的缺陷和挑战；二是总行在管理机构、管理团队方面的过渡性安排，也面临人员稳定性和管理持续性的挑战。因此，有必要对外部环境进行审慎评价，对村镇银行管理模式和工作重点进行实事求是的调整。总的来说，就是利用建设银行现有管理框架，对村镇银行进行有效管理，同时也充分照顾到村镇银行运营的特殊需要。

此次的管理构架调整，总行股权部、信息技术部、营运部分别承接了村镇银行的投资管理、集中业务管理、信息系统开发运维和业务运行等相关工作，有关分行则要承接派出人员管理、日常业务监督、重大业务控制，以及预算管理、业绩考核等日常管理责任。要把对村镇银行的管理纳入建设银行目前的管理构架，分行必然要承担比过去更多的责任。在开展村镇银行建设的初期，考虑到总行难以很快形成集中管理能力，因此一直采取总行、分行分工负责的方法。在村镇银行管理上，已经基本形成了总行、分行、支行、村镇银行共同管理的格局。此次调整在坚持这样一个基本分工格局的前提下，进一步充实了分行的权责，把控股股东的日常管理职责更充分、更明确地赋予分行。这样的安排，可以更有效地发挥建设银行的系统优势，缩短管理和决策链条，使村镇银行的公司治理效率更高。

第二，以打造精品村镇银行为核心管理目标，

要求把精力更多地转移到提高村镇银行经营管理素质和质量上来，增强建设银行作为控股股东的管控能力，强调内涵式增长。建设银行发展村镇银行本身就是一项探索，打造精品是总行党委赋予这个探索的方向性要求。从某种程度上讲，这个任务更为艰巨、更具有挑战性、更带有根本性。毕竟，无论规模多大、数量多少的村镇银行，最终必须是管理优异、具有社会责任、能够创造价值的企业。因此，村镇银行不能单纯强调规模，还要精耕细作，在市场定位、产品服务、运行机制等方面做到差异化和特色化。同时，村镇银行仍然要坚持服务小微企业和"三农"的方向，这是我行设立村镇银行的初衷，也是村镇银行立足之本。下一步，总行和分行还要继续加强管理和引导，通过经营计划的管理和考核来实行严格的贷款投放管控，确保村镇银行支农支小、小额分散的定位。

第三，继续做好支持"三农"和小微企业的落实工作。这项工作是党中央、国务院的政策要求，是中国经济社会和谐发展的重要措施，也是建设银行实现战略转型的现实要求。2011 年中央财政"三农"支出超过 1 万亿元，促进农业稳定发展和农民持续增收、积极稳妥地推进城镇化也已列入 2012 年政府工作的主要任务。与"三农"相关的生产、加工、储运及其带动的诸多行业蕴藏着巨大的金融机会，是有待深入开发的广阔业务领域，其中的小微企业也极具活力，对建设银行有战略价值。近年来，建设银行在这些领域一直给予资源倾斜，2012 年上半年，建设银行小微企业贷款余额达 5 873 亿元①，新增 403 亿元，增速为 7.37%；涉农贷款余额达 11 703.71 亿元，新增 1 119.52 亿元，增速为 10.58%。多项管理措施和制度安排有效地保证了业务的快速稳健发展。

暂缓增设村镇银行是在规模化发展条件不具备的情况下，基于稳健的考虑，把进度缓一缓，把更多的管理资源运用到已设村镇银行的业务发展中，更充分地利用建设银行系统资源促进这项业务的发展。各行切不可因此对于既定的发展战略和业务计划产生疑问，对于支持"三农"和小微企业发展既定措施产生疑问。对"三农"和小微企业金融服务要一如既往地重视，工作不停步、力度不减弱，把握住农业这一大行业中客户链、产业链的不同环节，利用建设银行和村镇银行两个平台，发挥建设银行集团整体优势，积极探索大银行支农、支小的经营管理机制。

三、做好新模式下的管理工作

总行党委对村镇银行工作高度重视，王洪章董事长曾专门听取了村镇银行管理委员会的工作汇报，就村镇银行管理工作作出了明确指示；张建国行长多次对村镇银行管理工作作出重要批示；张福荣监事长曾专门召开村镇银行工作座谈会，了解村镇银行经营发展情况。对村镇银行管理模式的调整，总行党委意图明确、措施具体，总行各有关部门、各有关分行要认真领会，做好落实工作。在执行过程中，要特别注意处理好以下几个方面的关系：

一是分工与协作的关系。模式调整后，村镇银行的管理职责根据重要性、常规性在总行、分行之间进行了具体划分，总行相关部门和分行要在此基础上，分解工作任务，细化工作规则，落实《管理办法》的各项要求。村镇银行的股权管理、日常管理、IT 系统建设等工作是紧密相关的，在强调分工的同时更要加强协作，注意协调处理好内部管理关系、明晰管理流程，确保总行部门、总行与分行在管理中步调一致，各项责任切实落实。

二是依法合规与有效管理的关系。一方面，要切实尊重村镇银行的独立法人地位，各项管理措施的落实必须尊重其公司治理要求的各项程序。无论总行还是分行，都不能以建设银行的决策代替村镇银行的决策、以建设银行的流程代替村镇银行的流程。尤其在业务往来或涉及双方利益时，更要注意尊重村镇银行的决策程序。另一方面，也不可忽视对村镇银行的管理，甚至在履行股东责任时采取放任的态度。要明确认识到，对于单点村镇银行这样的小型金融机构，作为具有银行经营管理经验的控股股东，必须承担必要的管理

① 行内统计口径。

责任，而不能把自己的责任等同于一般投资人。既要做好管理，又不能越界，妥善处理这两方面的要求，关键是要掌握公司治理的规则，学会运用规则。要善于通过股东会、董事会审议议案的方式，通过派出管理人员的方式，通过提供咨询帮助、培训等方式，灵活、有效地履行股东的管理责任。

三是管理与服务支持的关系。对村镇银行的管理既不同于对支行的管理，也不同于对其他子公司的管理。单个村镇银行所固有的规模小、财务资源有限的特点，决定了它们至少在发展的初期难以形成系统化的管理能力和业务发展能力，必然需要控股股东给予充分的管理支持，甚至是受托做一些具体的管理工作。具体来说，在业务发展上要做好渠道分享、客户资源共享和必要的融资支持；在管理上要协助做好制度流程建设、管理工具改进和培训，以及对重大决策事项的审核把关；在人员配备上，要选拔有较强工作能力、有创新精神的干部推荐到村镇银行任职。总之，对村镇银行的管理，要提要求、有考核，但更多的是要通过支持和帮助的方式来实施。

四是业务发展与稳健经营的关系。虽然经过几年的探索，村镇银行在经营管理上积累了一些经验，业务发展态势也较为良好，但总的来看，村镇银行仍处于初创时期，多数已开业村镇银行经营不满两年，人员队伍还有待充实、培养，管理经验还有待积累，不同行业的小微企业业务和风险规律还有待分析、总结，要根据市场环境和管理能力的实际情况，合理地、有区别地确定发展目标。要强调平稳增长、稳中求进。特别是以下几个方面的问题，在村镇银行的发展过程中要特别关注：（1）在业务模式方面，要坚持小额分散的原则。刚才讲到“支农支小”，是个政策问题、方向问题，实际上“小额分散”还是一种控制风险的业务模式。目前已开业村镇银行的平均单户贷款额超过100万元，相对于平均不足1亿元的资本金，贷款集中度还是过高。对于单笔贷款额超过资本金一定比例、客户又没有几家大银行授信的，可以考虑请当地建设银行帮助审核咨询。（2）在信用风险管理方面，村镇银行的经营地域有限，要选择熟悉、有真实需求的客户，但要防止人情贷款，特别是对涉及关联人的贷款，不能放松标准，要有统一的评价。（3）在内控管理方面，分行要特别重视防范操作风险。一旦在操作环节出现问题，形成重大事故或是案件，损失往往不仅是金钱上的，还会对村镇银行甚至建设银行的声誉产生不良影响。各分行要切实抓好内控管理，结合村镇银行的特点，帮助其建立必要的内控制度，通过合理的岗位制约、流程控制和决策监督防范操作风险，村镇银行也要把合规教育作为经常性工作，对于违规行为要坚决处理。（4）在考核方面，总行、分行对村镇银行的预算建议要区别对待，充分考虑经营时间、管理能力、市场环境等因素，既要鼓励发展，增强资本回报考核，也要注意使发展目标与发展能力相适应。

四、平稳实现职责移交，确保村镇银行业务经营稳定

《管理办法》已经对村镇银行管理职责进行了明确划分，下一步的重点工作是要确保交接工作顺利，做到人员到位、职责到位，不能因为交接出现工作上的断档、管理中的真空，对村镇银行的经营和系统运营产生不利影响。在此，我特别提几点具体要求：

一是基础准备工作要做扎实。总行管委会要牵头做好这项工作，包括文档整理、费用入账、设备清点等事项要做细、做实，确保移交手续齐全、责任清晰。对《管理办法》中有待进一步细化的内容，请股权部统筹协调落实。

二是管理职责要落实到位。总行股权部、信息技术部、营运部要尽快进入角色，将责任明确到处室、明确到责任人，并在IT系统、设备、场地等方面做好相应准备，请相关部门予以积极配合。总行其他职能部门也应做好交接工作，相关政策的传达要考虑到村镇银行，特别是对涉及利率、存款准备金调整等货币政策变化事项，要及时通知相关部门调整村镇银行系统参数。分行作为村镇银行属地管理主体，将承担比以往更重要的责任，各分行会后要尽快明确牵头管理部门，配备必要人员。由于涉及的管理内容较多，且多属日常事项，分行应进行认真梳理，根据工作事项逐一明确工作流程，尽可能实现制度化。

三是人员做好统筹安排。管委会办公室借调工作人员原则上返回原部门或分行，但对于从事

IT 系统运行工作的同志，也可根据需要人随事走，本着对工作负责、对员工负责的态度，实事求是地做好统筹安排。请人力资源部牵头，商相关部门解决落实。对涉及人员变动的重要岗位，要有一定的并行期，直到接手人员能够独立开展工作为止。

四是确保移交过程中沟通渠道的通畅。模式调整需要一定时期的磨合，也会出现一些新情况、新问题。村镇银行管委会的工作在会后就基本结束了，股权部作为今后的牵头部门，要与管委会协商建立过渡期的沟通渠道和应急机制。总行、分行和村镇银行之间的信息沟通渠道要顺畅，必要时可建立支持保障的联系人制度，在出现紧急事件时确保响应时间快速、及时。

同志们，村镇银行管理模式的调整是一项细致的工作，希望大家顾全大局、协调合作，平稳顺利地做好管理职责交接，保证各项管理工作的连续性，在新的管理构架下支持村镇银行业务有效健康发展。

最后，借这个机会强调一点，各分行的领导同志要对审计署正在开展的对村镇银行审计工作高度重视，指导和帮助村镇银行加强与审计组的沟通，确保对审计事项定性准确，对审计中发现的问题及时整改到位，维护好村镇银行的形象，巩固好村镇银行的发展基础。

谢谢大家！

在深化营运体制改革暨网点综合化建设工作会议上的讲话

赵欢

（2012 年 9 月 26 日）

同志们：

下午好。非常高兴有机会参加这次会议。我参加这次会议的主要任务就是组织个人条线、资金结算条线贯彻落实总行党委对网点综合化建设的工作要求。受大家讨论启发，我想谈三个方面的体会。

一、为什么要推动网点综合化建设工作

在讲网点综合化建设前，先谈谈我个人对网点的理解。首先网点是一个物理渠道，我们讲网点增设计划、网点改造，都是针对物理渠道而言。对网点的第二层理解，是建设银行交付产品的综合平台，即把银行产品交付给客户，网点交付的产品既有公司产品，也有个人产品、小企业产品、私人银行产品等。第三层理解是，网点是一个经营中心，不仅要向客户交付产品，也承担业务增长、客户拓展、风险控制、经营业绩等多方面的经营目标。

我们推进网点综合化建设主要有三个方面的原因。一是一些网点功能不全，对客户的服务范围窄，影响了客户服务与拓展；二是一些网点对公与对私柜员忙闲不均，影响了客户体验；三是网点联动不够，主要是条线之间产品交叉销售、资源整合力度不足。网点综合化建设，就是要解决上述三个问题，就是要实现资源综合利用、客户综合开发、客户价值综合挖掘三个方面的目标，从而提升客户的综合贡献度，提升客户对建设银行的满意度。

二、我们需要什么样的网点综合化

在银行经营中，批发和零售业务经营方式差异大，要区分考虑。批发业务主要是单笔业务额度大、风险敞口比较高、发生频率较低，客户需求个性化强，需要银行整合资源为客户提供综合服务，营销优势在一二级分行；零售业务主要是单笔业务额度比较小、风险敞口比较小、发生频

率较高，客户需求个性化弱，服务方式上以标准化为主，重在整体市场拓展。国外银行经验和我行近年来实施的客户分层经营，都是把大中型企业的批发业务经营中心不断上移，包括小企业业务在内的零售业务经营中心不断下沉，取得了很好的成效，要坚持下去。

营业网点综合化建设，要在延续原有差别化营销服务的基础上，把网点打造成为交付产品的综合化平台，业务范围涵盖对公与对私，重点营销个人客户和小微企业、小额无贷户，主要销售的是标准化的产品。凡是周边客户有需求、具备条件的网点，都要做综合化，以方便客户直接选择就近网点办理业务，满足客户需求。此外，大中型企业客户主要由管辖行的专职客户经理去营销，网点配合做好日常维护服务，客户个性化产品定制需求由产品设计部门或专业中心承担。

三、对网点综合化建设中几个重点问题的认识

一是关于营业主管的角色定位和委派问题。营业主管的定位是对柜台交易的顺畅、安全及客户满意度负责，其角色应该具有组织者、控制者、监督者、辅导者四个功能："组织者"包括对网点劳动组合、配置、综合柜员调度、业务开关门等综合工作的组织；"控制者"包括对网点需要批准的授权、特殊交易等处理；"监督者"指对柜面业务操作风险的现场监督；"辅导者"是要让网点柜员了解每一个业务的流程与要求。关于营业主管的委派，建议统一由上级行营运条线委派，或是结合分行试点情况再明确。

二是关于营销团队角色定位问题。要解答这个问题，首先要对营销团队中各岗位的角色定义清楚。客户经理负责维护客户关系、牵头整合资源为客户提供服务，并参与网点产品销售；产品销售经理负责产品的设计、制造和销售支持，在网点层面产品经理往往还直接负责销售；此外，在市场层面还有市场经理，负责制定某个市场的营销策略。基于以上岗位定义，网点综合营销团队的角色定位就取决于这个团队承担什么样的经营责任，通过各岗位人员合理配置、有机协同，使团队整体扮演好相应角色。比如承担中型客户或者财务类客户的维护职责，那么该团队就该多配客户经理；如果职责以大厅营业为主，其主要任务就是要把标准化的产品销售给客户，那么这个团队就应该以产品销售经理为主。

三是关于网点渠道牵头建设问题。涉及网点渠道管理的事项多，部门也多，在接下来的工作中，要按照网点综合化建设规划来开展，重点是要研究建立起一个有效的机制，靠机制来协调、调动各方面的积极性。各相关部门都要参加，牵头部门要组织好大家共同研究。比如在网点增设、选址、搬迁、结构调整过程中，各个部门都要参加，做好市场调查与投入产出分析，然后共同研究决定。

四是关于网点人力资源配置和培训问题。网点综合化建设需要增加网点综合服务人员，特别是需要增强柜面综合营销力量。除了原有网点综合营销人员以外，还可以通过三个渠道充实网点营销队伍：下沉小企业客户经理和信贷经理、前后台分离节约人员，以及各级行管理部门调剂人员。关于培训，无论哪个岗位，都应该坚持先培训后上岗原则。业务部门要主动做好条线培训工作，做到对员工负责、对业务负责、对建设银行的长远发展负责。关于理财中心，要进一步整合，有利于建设银行共享资源，鼓励私人银行客户带动相关企业资源，各分行都可以创造一些新模式。

庞秀生行长还要代表总行党委对网点综合化工作做进一步部署，希望全行对私条线和资金结算条线的人员要全力以赴、全面配合、主动参与，落实好总行党委对网点综合化建设作出的部署和要求，积极推进网点综合化建设的各项工作，为建设国内领先、国际一流银行作出更大的贡献。

（根据录音整理）

稳固基础　提升能力　再造优势
推动房金业务发展再上新台阶

——在全行住房金融与个人信贷业务座谈会上的讲话

赵欢

（2012 年 10 月 25 日）

同志们：

这次会议的主要目的，是总结房金业务前三个季度工作，分析市场和业务形势，研究部署下一步工作，确保圆满完成 2012 年各项任务，为明年工作打好基础。下面我讲几点意见，供大家参考。

一、2012 年前三人个季度工作和经营情况回顾

前三个季度，在总行党委、董事会和高管层的领导下，房金条线在复杂的形势和激烈的竞争中，贯彻落实“稳中求进”的发展方针，主动应对、共同努力、扎实推进各项工作，基本实现了业务运营平稳、收益平稳和质量平稳的“三个平稳”目标，各项任务完成良好，为全年工作打下了良好基础。

（一）个人贷款保持良好发展势头，住房贷款领先地位得到巩固，消费经营类贷款稳步增长

——截至 9 月末，全行个人贷款余额达 17 805亿元，在全行各项贷款占比 27%，同比提升 1 个百分点；比年初新增 2 002 亿元，居同业首位。前三个季度，新发放个贷客户 128 万户，完成客户新增计划的 85%。

——截至 9 月末，全行个人住房贷款余额达 15 910 亿元，比年初新增 1 723 亿元，两项指标均居同业首位；不良率为 0. 23%，质量为四大行中最优；当年新发放贷款中一人一贷占比 99%，平均首付比例为 44%，全行存量个人住房贷款平均抵押率为 49%，抵御市场风险的基础总体稳固。前三个季度累计向 5. 12 万户中低收入居民发放 94 亿元保障房个人贷款。

——截至 9 月末，全行个人助业贷款余额突破千亿元，达到 1 005 亿元，比年初新增 218 亿元；个人消费贷款余额达 812 亿元，比年初新增 37 亿元，扭转了 2011 年以来的负增长态势；个人支农贷款特色试点扩大到 15 个分行，余额达 78 亿元，比年初新增 24 亿元。

（二）房改金融传统优势巩固，经营表现突出

——截至 9 月末，全行住房资金在四大行中占比 57%，市场领先优势巩固。全行住房资金归集新增 1 719 亿元，其中，住房资金存款余额达 5 688亿元，比年初新增 619 亿元，在我行对公存款新增中占比超过 20%，有力地支持了我行贷款投放和流动性。公积金个贷余额达 7 247 亿元，当年新增破千亿元，达 1 084 亿元，上述指标均已完成全年计划。前三个季度房改金融实现中间业务收入 16. 01 亿元，完成全年计划的 92%，支持了全行中间业务收入目标的实现。

——公积金项目贷款试点争办工作抢占先机。截至 9 月底，在 259 个已确定承办银行的试点项目中，我行获得 188 个项目承办权，涉及资金 619. 82 亿元，项目同业占比 72. 58%，资金同业占比 70. 17%。目前已在 28 个试点城市受托对 74 个项目累计发放公积金项目贷款 236. 68 亿元，同业占比 70. 13%。

（三）业务收益平稳，综合贡献显著

2012 年前三个季度，全行新发放个贷、房贷加权平均利率均超过基准水平，消费经营类贷款利率在基准水平上浮 20% 以上。个人贷款、住房

贷款、消费经营类贷款加权平均利率分别为7.26%、7.02%、7.86%，分别是基准水平的1.09倍、1.03倍、1.23倍。截至9月末，全行实现个贷利息收入792亿元，房金中间业务收入23.47亿元。新发放个人贷款客户户均覆盖6个产品。联动实现净增信用卡客户50万户，计划完成率为111%。

（四）资产质量总体保持平稳，表现优于同业

截至9月末，全行个人贷款不良贷款余额为50.18亿元，不良率为0.28%，与年初基本持平，比四大行平均水平低0.19个百分点。其中，住房贷款不良率为0.23%，消费经营类贷款不良率为0.73%，个人贷款、住房贷款、消费经营类贷款不良率均保持四大行最低。个人关注类贷款比年初双降，余额为60.84亿元，比年初下降3.9亿元，关注类比率为0.34%，比年初下降0.07个百分点。个人贷款也是全行核销比率最低的贷款产品。2004—2012年，住房贷款每年回收比率都在12%左右，平均7年多周转一次；每年回收12%，意味着抵押率相应降低12%，安全性提高12%，风险敞口持续降低，抵御市场波动能力持续提升，这是我行非常优质的生息资产。

（五）创新工作加快推进，电商平台建设取得突破

——加快产品创新和流程改进。总分行积极创新推广"学易贷"、"财富贷"、"家装贷"、个人黄金质押贷款、"房易通"小额贷等产品服务，针对存量房贷客户试点推出主动授信小额贷款服务流程。

——电商平台创新和推广应用工作进展顺利。"房e通"网站上线和运营工作持续推进，当年新上线城市52个，全国上线城市达到111个，中心城市分行全部开通。建设银行"善融商务"平台配套个人小额贷款和个人权利质押贷款产品顺利实现投放。电商不仅是一个平台，如果做得好，甚至可能改变二手房市场的经营模式和行业格局。现在我们通过"房e通"平台为房屋买卖双方提供信息，提供购房、金融支持等一揽子服务，使我们"要买房、到建行"的内涵有了实质性的丰富和深化。下一步要加大市场推广和宣传力度，一方面继续加大"要买房、到建行"的广告宣传力度，另一方面可考虑用"建行房e通，买房真轻松"来扩大市场影响，未来还可以由此拓展中间收入渠道。

（六）科技开发应用工作扎实推进

——取得独家承担国家住房城乡建设部住房公积金银行结算数据采集系统IT研发任务，6月成功完成研发任务，并于6月底率先上线，公积金业务科技支持优势进一步巩固。

——个贷系统建设和技术工具开发深入推进。销售管理平台（PLSS）系统应用推广工作深入推进。个贷流程系统计划在年内选择三家分行试点上线。依托借记卡开发个贷融资服务和支付结算功能的"借贷通"贷款卡项目开发取得突破，年内可上线应用，将为提升客户贷款支付便利性和银行加强贷款资金管理提供重要支撑。积极组织参与新一代核心系统建设和专题研究工作。链接和打通"房e通"、网银、贷款卡、网络消费平台的项目进入实质性开发阶段，将进一步提升电子渠道客户服务体验，丰富服务内容。

前三个季度，全行房金条线员工积极工作、奋力拼搏，各部门、各分行紧密配合、相互支持，全行上下共同努力，取得了优异的成绩。我代表管理层对在座的各位以及全行员工，尤其是奋斗在一线的房金条线员工表示诚挚的感谢！

临近岁末年初，在总结成绩、坚定信心的同时，也要看到存在的问题和不足，对照经营目标找差距。

一是行际发展不平衡。有的分行在巩固市场地位方面仍需努力，有的分行收益水平尚有差距。利率定价水平不能简单对比历史，重点要和当地市场同业比较，市场地位巩固且利率水平高，就说明服务比他行好、效率比他行高、客户关系维护和市场营销策略得当。但有些分行房贷利率水平低，在四大行中居三、四位，应当尽快提升定价能力，提高利率水平和同业位次。有些分行中间业务收入距全年计划仍有差距，个贷产品中收增长能力不足。

二是少数分行不良额持续反弹，个别地区暴露集中性风险问题和隐患。9月末全行个贷不良额比年初增加7.2亿元，月度反弹势头仍未得到有效遏制。浙江、上海、江苏、深圳、宁夏等少数分行反弹较大，宁夏等个别地区暴露的重大风险隐患尚未消除。截至9月末，全行个人类损失贷款7.6亿元，前三个季度仅核销9 149万元，损失类核销申报和长期遗留历史存量不良贷款处置工作进展不快。当前谈不良反弹，并不是说我们资产质量不好，而是要分析为什么现阶段反弹较多，是暂时性还是长期性问题，是个案还是系统性、趋势性风险，如果是后者就要高度重视，政策和策略必须调整和完善。中国银监会近期通报银行业个贷客户违约率上升了6%，房金部要加强分析，明确是哪一类产品违约上升较快，如果是全行性的问题，就要对客户门槛、准入标准作出适应性的调整。

三是审计检查中发现少数分行在经营管理中存在违反基本政策和“打擦边球”的现象，有可能被定性为违反国家宏观调控政策。各行发展个贷业务要有所为有所不为，切勿因小失大，要尽可能避免此类情况和问题，同时加强与监管部门的沟通和协调。

四是电商领域创新推广和科技开发应用工作力度还要加大，向现实生产力的转化能力仍需加快。

二、当前主要面临的形势

（一）住房市场运行趋于平稳，未来发展空间稳定

——住房市场保持稳定，发展趋势依然向好。近年来，国家出台多项金融、税收、限购政策，持续加强房地产市场调控，国家调控政策的基调是有保有压，是挤出投资投机需求、加大保障性住房供应、促进住房市场走向理性和健康发展。城镇化进程、居民收入水平提高，以及人口红利等因素，有力地支撑着市场刚性需求持续稳定增长。经济区域战略的实施以及开发企业主动调整区域布局等因素，促使市场布局加快向中西部、二三线城市和县域梯级传导，这些区域成为全国住房市场总体持续增长的重要支撑。关注住房市场，不能仅关注一线城市、大中城市，还必须关注快速成长的数百个二级地市、上千个县域，关注行业变化中优质企业的战略布局。要顺应大势、有所准备、适时跟进，优选合作客户和项目。

——当前及今后一段时期住房市场运行基本平稳，主要表现是供求稳定上升，结构持续调整，房价过快上涨基本得到遏制。在稳经济增长、保市场健康的基本方向下，预计住房政策基本会保持平稳。持续调控促使开发企业主动调整经营策略，有利于改善供求关系、促进行业稳定。商品房竣工面积年初以来保持了高速增长，近两年2 000万套保障房计划用地和开工的落实大多也将在明年实现，今后一段时期供应继续保持稳定上升。大中城市二手房成交呈大幅上涨态势，存量房市场放量成长空间显现。住房市场交易和住房贷款市场总量保持稳定上升，刚性需求持续稳步释放。但是，2012年以来全国房地产开发投资和商品房新开工面积增速持续回落，明年至后年初期可能会出现住房供应减少的短周期。大家要提早储备优质项目，争取竞争的主动地位，为明年业务打好基础。

——同业竞争激烈，保持量价平衡压力加大。市场竞争激烈，主要同业第三季度明显加大了营销力度。9月，我行房贷当月新增落后工商银行、农业银行，如果第四季度落后的态势得不到扭转，同业第一的优势在年末就可能会丢掉，同业价格竞争促使利率下行，巩固市场地位和稳定收益水平压力加大。

总体来看，住房市场政策敏感性强、关联度高、影响形势的因素较为复杂。要加强研究，提高对形势的把握能力，既要坚定对发展空间的信心，把握当前相对稳定形势下的机遇，也要认识形势的复杂性，积极应对市场竞争，持续加大营销储备工作，巩固市场地位。

（二）房改金融业务面临重大变革，传统优势面临挑战

——住房公积金重大政策制度变化，对商业银行承办模式和现有格局产生深远影响。国家已启动《住房公积金管理条例》修订工作，并积极推进公积金归集和贷款业务规范编制工作。修订的重点是住房公积金制度的运作机制，以及资金使用效率和监管问题，涉及中长期规划、顶层设计和政策长期演进方向，将对商业银行的承办资格、角色和作用等重新定位。同时，国家加快构建住房公积金监管系统，实现从生产环节全面、实时采集住房公积金银行结算数据，加强对公积金资金的监管，系统推广以后对住房公积金电子支付结算和承办银行格局将产生深远影响。我们

只有积极主动地适应变化，参与到政策制度的设计过程中，才能把握先机，在变化中保持传统优势，巩固市场份额。

——公积金项目贷款试点扩面，争取公积金项目贷款承办形势紧迫，住房资金稳存、增存压力凸显。

国家加大公积金运用已是大势所趋，公积金项目贷款试点扩面，国家已经正式启动第二批公积金项目贷款试点工作，试点城市从29个增加到93个，试点项目从121个增加到403个。2012年第四季度到明后年，将会有大量的项目贷款投放和资金运用，我行作为住房资金归集份额和规模最大的银行，面临资金运用和向他行分流的压力。加上日渐迅猛的公积金个贷投放，全行住房资金存款增长在第三季度已显著趋缓，住房资金稳存、增存压力凸显。

按照项目资金运用制度安排，住房资金业务承办银行选择模式发生转变，同业均有机会进入公积金领域，部分地区已开始采用招投标来选择承办银行。目前同业已经认识到公积金项目贷款的综合效益，抓住利用公积金项目贷款业务切入公积金市场的机会，加大资源投入开展营销，争取承办项目贷款资格，对原有的同业市场格局产生重大冲击。403个项目中，一些已确定承办银行的项目我行还未获得承办资格，还有144个项目未确定承办银行，亟须加快争取承办。进一步加大工作力度，确保获得项目贷款承办资格，防止资金向他行分流，巩固传统份额优势的形势紧迫。抢抓项目贷款争办，其意义不仅在于委托贷款本身，而在于抓住整个保障房金融服务市场和链条。尽管委托贷款发放降低了住房资金存款数量，但只要抓住项目开发商、施工方，就能将其纳入我行体内循环，我行企业存款、支付结算业务就会增加；相反，如果没抓到，就会导致与他行双倍的差距。这项工作必须积极争取，需要全行上下、各级行、对公条线的共同努力。会后请大家向“一把手”报告，与分管对公业务的行长交流，房金部门积极推动，对公条线主动工作，确保优势巩固。

（三）经营形势复杂，风险隐患增加

国内外经济金融形势较为复杂，经济运行面临诸多挑战和困难，一些行业、企业经营波动加大，个人收入不稳定现象增加，市场风险和信用风险加大，既在客观上增加了借款人的违约概率，导致逾期拖欠和新暴露不良增加，也容易引发系统性、区域性、集中性风险。当前形势下，尤其要关注和防范集中性风险和重大风险事项的发生。例如，在经济增速放缓、房地产市场持续调控的背景下，要关注由于开发问题、项目违约引发客户纠纷等原因导致个人房贷集中违约的风险，要对开发商实力、项目建设进度有很好的把握，出现风险要及时解决；在宏观经济和产业政策波动的影响下，要关注助业贷款客户集中度较高的专业市场、合作担保机构的风险和民间融资集中、债务连锁反应的区域性风险；消费贷款的关键是贷款的真实性，要对批量办理的消费信贷业务多打个问号，关注资金紧张形势下可能滋生的虚假套贷、贷款挪用等风险。要加大系统数据运用，开展对集中性违约特征的分析。例如，总行通过对同一合作方下新发生房贷违约较为集中的楼盘的分析，发现截至9月全行拖欠贷款余额超过1 000万元且拖欠率超过5%的楼盘项目35个，主要是由于开发商资质差、资金紧张导致不能按时建设交付或质量问题引发纠纷，或者定位客户群资信差、收入不稳定而导致群发性风险。

个贷风险的特点是相对分散化，违约面和量的扩大，需要更强、更快的监测和催收处置能力，而面对复杂形势下的市场系统性风险和集中性风险，亟须提高风险敏感度，加强个贷风险防控和应急处理机制建设，及时梳理和调整政策制度，加大风险防范力度。个贷业务的特点是分散化，如用对公贷款定期回访和跟踪管理的办法则成本太高，应当加快建设远程监控模型和系统，要从风险事项中总结、研究、抽象出监测模型，运用科技手段嵌入系统，通过系统远程监控楼盘、市场、群体的风险状况，及时有效地发现问题、处置风险。上述工作房金部要加快落实。

（四）从战略高度认识和把握电子商务发展的商机

近年来，我国电子商务发展迅猛，网络消费交易量呈现倍数级的增长。2012年中国网络零售额预计将超过万亿元大关，其中蕴涵的消费金融服务空间巨大，潜力无限，已经成为传统金融机构和新兴网络金融企业的必争之地。互联网及网络经济极大地促进了经济、社会和居民生活模式的转变，居民网络消费行为习惯及其相应的消费金融需求，同步对金融服务模式、产品、流程、技术、手段、工具都提出了全新的要求。电子商务中的资金托管、支付清算、消费信贷业务是商业银行电子商务领域的金融服务机会。房金业务作为重要的零售业务，积极把握蓬勃发展的电子商务市场机遇和新兴金融服务需求，既是战略机遇和战略要求，更是现实、紧迫的工作要求。

三、打牢基础、提升能力、再造优势，努力做好下一阶段工作

临近岁末年初，是做好年末收官和明年起步的关键时期。前9个月房金工作进展顺利，各方面表现和工作目标相一致，还要再接再厉，确保完成全年各项任务目标，要早谋划、早动手，为明年工作打好基础。要持续加强能力建设，再造业务优势，推动经营再上新水平、业务再上新台阶。

（一）做好年末收官工作，确保实现“三个平稳”

总体目标是抓住第四季度关键时期，围绕实现年度经营计划和经营目标，确保房金业务运营平稳、贷款收益平稳、资产质量平稳。一是确保客户新增、中间业务收入等关键考核指标和综合经营计划的实现。二是确保住房贷款和房改金融市场地位巩固，房贷新增、余额首位必须要保，房贷平均利率水平至少保持同业前两名的位次，确保实现预期收益目标。三是控制新发生不良，加大违约贷款催收处置，遏制不良反弹势头，确保年末个贷不良额、不良率在年初水平上基本稳定，有效控制重大风险问题和隐患。做好审计整改工作，对审计定性比较严重的问题，要确保整改到位，并查找流程内控中的薄弱环节，进一步夯实基础管理。

各分行要对照经营计划和目标，巩固既有成果，弥补差距和不足，加大力度，扎实抓好各项工作的落实。其中，年末前控制不良额持续反弹压力最大，除加大对不良贷款压缩处置外，还必须继续加强逾期、关注类贷款的精细化管理，加强监测、及时催收、减少波动。个贷核销要求严，实际损失少，但也有规范的程序和要求，要加快损失类贷款核销处置，该核销的要核销。不良反弹较多、质量波动较大、质量控制情况距年初目标差距较大的分行更要全力以赴，实现控制目标，保证质量平稳。

（二）打好基础，推动业务再上新台阶

下一阶段，围绕收好官、起好步，坚决巩固住房贷款和房改金融优势，稳健发展消费助业贷款，重点抓好以下工作：

1. 坚定信心、把握机遇，巩固住房贷款传统优势。

——持续抓好楼盘营销和客户储备工作。楼盘营销和客户储备工作必须常抓不懈，尤其是要抓住岁末年初旺季营销有利时机，抓早、抓好。当前贷款储备与信贷资源计划相比较为充足，但是，短期内住房市场形势较为复杂，同业持续加大了竞争力度，巩固市场地位形势严峻。做好楼盘和客户的选择，选好楼盘首先是选好开发商，坚持与经营稳健的大中型开发企业合作，重点面向符合市场需求、适销对路、销售良好的楼盘，把项目主体结构封顶和保证建设交付质量作为把握贷款投放时机的重要因素，严格执行差别化住房信贷政策，支持居民购房自住需求。

——巩固市场基础，把握新兴市场空间，促进业务可持续增长。重点是积极跟进市场结构调整，谋划布局，巩固传统基础，提高新兴区域、市场和客户的市场竞争力。巩固大城市市场竞争力，加快布局中小城市和重点县域市场，提前布局未来的重点市场；巩固开发楼盘合作优势，积极挖掘存量房市场金融服务潜力；巩固商品房市场服务能力，抓住保障房市场增长空间；抓好自营与公积金贷款组合服务，提升住房贷款服务整体竞争力。要重视公私联动，房金条线也要积极开拓新的楼盘，同时，还要加快二手房贷款发展，几个方面共同作用，才能保证我行房贷业务优势。要把二手房贷款作为重要的业务增长点，积极探索改进二手房贷款模式，根据二手房业务客户分散化和差异化的特点，重点抓好扩充客源、丰富渠道和改进流程工作，发挥我行网络渠道、客户资源和“房 e 通”网站等优势，提升对存量房市场需求的把握和贷款服务能力。“房 e 通”在完善功能、落实各项准备工作的基础上，下一步应加大广告投放和宣传力度，增加客户源头，扩大

市场影响。具体投放时间、渠道和范围可以再研究。

——促进量价平衡发展。继续坚持差别化定价策略，继续做好对各分行机构的差别化价格授权以及目标和底线管控。要坚持差别化定价的政策底线，坚持不打价格战、持续跟踪同业、盯住市场动态调整的原则，既始终保持竞争力、巩固市场地位，也区分地区、项目、客户、时机等因素，保持定价策略的灵活性，提高差别化定价和实际议价能力，努力保持平均利率水平的稳定。

2. 巩固市场、加强营销，坚决守牢房改金融优势。房改金融对建设银行改革发展的贡献有目共睹，至今来之不易的优势承载着建行人的心血和付出，总行党委和高管层一直高度关注和支持巩固房改金融优势工作。面对住房公积金领域已经和即将发生的重大变革，全行必须高度敏感，积极主动地有效应对，充分认识政策制度变革和发展趋势对这一领域产生的长期影响，把握当下急迫和关键工作，快速跟进，研究应对措施，积极推进各项工作。要抓住关键时点，参与公积金政策制度设计、系统开发，积极谋划、献计献策，动用全行上下的人力、物力、财力，要比竞争对手投入更多，巩固已有优势，拼抢新兴市场份额。

——全力抓好住房资金管理部门营销工作，持续稳固合作关系。要发挥建设银行长期服务于各级住房资金管理部门的传统合作优势，持续抓好总对总、分对分，高层营销、联动服务的工作。继续加强以行领导和首席客户经理高层营销、房金部牵头直接营销、主办行协助对口营销的三级营销服务体系建设，加强客户关系维护，提供全面金融解决方案、产品套餐和组合服务，深化和增进战略合作伙伴关系。要利用岁末年初的有利时机，组织实施多层次营销活动，深化和增进与住房资金管理部门客户的战略合作伙伴关系。各级行领导要亲自抓好高层营销工作。

——全力争办公积金项目贷款承办资格，发挥建设银行整体优势，确保住房资金在建设银行体内循环。总行已下发试点扩面中的项目贷款名单，各级行要根据名单，加强营销，及时跟踪掌握当地试点项目的动态，积极跟进未落实项目，力争首家、独家承办。部分地区已开始采用招投标来选择承办银行，要及时跟进模式变化，设计全方位的住房资金综合服务方案，务必中标。总行要加大经验分享力度，将部分分行的标书、经验整理成案例下发全行。对涉及全局的市场营销活动，总行各部门要积极参与，必要时可请总行领导出面，发挥建设银行整体优势，围绕保障房开发建设销售链条，要抓资金、抓客户，全面推进存款、贷款、中间业务发展，加强集团战略协同和全方位联动，发挥投融资综合优势，确保住房资金在建设银行体内循环，提升综合贡献。在执行中，务必注重规范，严格公积金项目贷款机构及操作人员准入，控制操作风险，杜绝违规支付。

——加大住房资金归集力度，积极培育新的增长点。加大住房资金归集力度，扩展优质住房资金缴交单位和职工客户群。积极拓展住房维修基金、物业质量保修金等新兴住房资金领域。提升存款定价、议价能力，发挥全行综合金融服务能力，为住房资金管理部门客户设计资金保值、增值和综合金融服务方案，保持沉淀资金稳定。

——继续发挥利用科技锁定合作的优势，加快系统建设和应用。跟进金融服务监管要求的变化，借助承担国家住房公积金银行结算数据采集系统优势，创新和丰富住房资金电子支付结算产品服务功能，加快优化和推广住房资金客户端和银行端，尽快与监管要求全面对接。从同业竞争的手段看，价格竞争最容易被打破，产品、服务、流程也易于模仿，最大的优势实际是技术壁垒。信息技术应用模仿和跟进难度较大，因此，技术合作是绑住客户的最有效手段。

——加强基础管理，确保业务规范稳健运行。按照监管要求，进一步完善客户管理和机构管理，加强住房资金管理部门客户基础信息管理，理顺账户核准机制，规范开销户审核流程，梳理和归并客户账户，提高集约化经营水平和客户服务效率。加强经办机构管理，强化专业经营和内控合规操作管理，夯实经营基础。

3. 坚持基本定位和信贷原则，稳健发展助业贷款。深刻认识助业贷款的个人属性、小额、分散的零售信贷特点，坚持“优质个私客户 + 有效资产抵押 + 稳定现金流”的基本业务定位，坚持基本的信贷原则，把好客户源头和准入关，根据风险形势及时调整政策制度，规范贷款方案设计。

当前经济波动对小微企业影响最大，不适合逆势大力发展，应根据当前市场的风险特点，进一步夯实助业贷款管理基础，优化经营模式，等待市场转机。在筑牢基础、防范风险的前提下，稳健发展助业贷款业务。

——把好客户源头和准入关。个私经营涉及各行各业，助业贷款对客户经营的把握难度大，要坚持做熟悉和可把握的客户。重点面向小微企业主、个体工商户中的优质客户群体，以客户在当地持续稳定经营、长期居住、有自有房产，在我行有结算户、有稳定结算量和经营现金流为基本准入门槛，重点面向做实体生产经营和贴近民生行业的专业市场和个私经营商户。要加强专业市场、合作机构的选择，纠正过度依赖市场和合作方、轻客户选择和准入的倾向，严格执行专业市场、保证人资格和客户准入要求，加强持续监测、定期重检，有准入、有退出。

——坚持以有效资产抵押为主的模式，严格控制差别化保证方式贷款。继续严格执行保证类贷款方式授权、准入制度，严禁未获授权、违规开办，原则上一个城市和一级、二级分行机构的保证方式助业贷款占比不能超过25%的比例，控制保证类贷款的总规模；加强担保合作方资格审查和持续监控，有准入、有退出，纠正过分强调差别化、依赖担保放松准入管理和风险基本要求的倾向，避免保证方式贷款集中度过高、单一市场融资过度，防范过度的互保和联保，防止出现系统性、区域性和集中性风险，超出可承受能力和可控范围。

——规范贷款方案设计，把握客户经营现金流和还贷能力。助业贷款客户的经营规模较小，一般不具备完整的现金流量表，要把握还贷能力就要坚持基本结算户，坚持在我行有稳定的存款和结算业务，坚持小额特点，控制单笔、单户贷款额度，合理确定贷款期限，确保额度、期限与客户实际经营需求和还贷能力匹配。规范还款方式的使用，原则上要分期还本，防止贷款存续期间只还息不还本，到期时风险集中暴露。

4. 围绕客户、创新、渠道，稳中求进发展消费贷款。消费贷款要坚持“优质个人客户＋真实消费用途”的定位，按照小额、分散的特点，主动辨识和把握目标客户，围绕居民真实可控的消费需求，利用流程改进、手段创新和营销组合，打造可持续发展的基础平台。

——要坚持能力先行，稳步发展，不要走老路。历史的风险教训和内外部审计检查显示，消费贷款以前暴露的问题主要是风险合规意识和管理能力问题，在把握用途方面不能坚持真实性的信贷原则，放松客户准入，过度强调客户灵活便利，又缺乏基本的用途审查和资金监控能力，导致风险失控。特别关注采取集中批量方式办理的个人消费贷款，审查工作不能完全依赖合作或中介机构来办理。总行房金部也反思要求是否明确、规则是否清晰、作业标准能否执行。发展消费贷款，既要看到客户巨大的消费需求增长空间，又必须以风险可控、经营合规为前提。坚持能够有效把握“用途真实性＋支付合规性＋资金流向可监测”的前提下，选准优质目标客户、服务真实合规需求、稳步发展业务。

——结合目标市场特点，抓好流程改进、提升营销服务能力。继续围绕居民生活改善和消费升级中的住房装修、汽车、教育、旅游以及综合性消费，做好流程改进，加大家装贷、学易贷产品的推广，加快改进其他产品服务流程。高度重视电子商务市场空间，把握关键环节，有针对性地开发产品、改进流程，提升对电商市场消费的融资服务能力。

——抓住目标客户，推进重点创新的设计应用。针对全行存量个人客户，通过提升客户信息共享和主动评价授信能力、改进流程设计，提供方便、灵活的小额信贷产品支持，重点满足客户日常综合消费和电商消费融资需求。对按揭贷款客户，重点推进已主动授信小额贷款的使用和住房抵押额度产品应用服务。深入研究借贷通卡的产品和流程设计，加快开发应用，利用卡介质、账户和渠道，提升客户贷款服务能力，提升对贷款用途和资金流向监控的能力。消费贷款、助业贷款的最大风险点在于交易真实性审核，要实现控制就必须贷前大量做尽职调查，贷后做资金流向监控，管理成本很高。总分行要群策群力、集思广益，参考借鉴同业先进做法，研究创新具体的工具、流程、措施，切实防范真实性风险，并获得监管部门的认可和支持。

（三）加强能力建设，再造业务优势

按照全行业务转型的要求，围绕风险管理、渠道建设、客户经营、业务创新，重点抓好“四个能力建设”，推动经营再上新水平，全面提升业务价值贡献。

1. 提升风险监测预警和防范化解能力，确保质量平稳、风险可控。

——充分挖掘不良压缩空间，多途径保质量平稳。在当前复杂形势下，市场波动带来的信用风险持续抬头。要继续保持个贷较低的不良率，防止不良额持续反弹，必须防范新风险和压缩已违约贷款并举，监测催收工作中不良和非不良拖欠控制并重，降不良工作中催收处置与及时核销多管齐下，将重大风险常规催收手段与应急处置措施结合，提升风险和不良控制工作的精细化管理能力。

——加快科技开发应用，提升风险自动识别、监测和预警和控制能力。要建立一套完善的科技防控风险的机制，利用系统、数据模型和计量工具等科技手段，加强对早期风险预警到最后保全处理的全流程风险控制。下一步重点是抓住薄弱环节，通过加强风险研究和风险排查分析，针对易暴露风险部位和主要风险问题，加快科技系统、手段、工具的开发应用，建立风险自动识别、监测和预警模型，增强系统对违约预警、执行制度流程规定和贷后管理的“机控”能力，为日常化、常态化的风险管理，为实现贷前、贷中、贷后全流程及精细化风险管理提供有效的科技支持。

——构建完善的贷后管理体系，提升贷后管理的集约化和精细化水平。这几年个贷业务利用催收管理平台实现催收管理系统与短信、95533 外呼平台对接，成效明显。下一步，既要利用技术手段和资源共享提高催收效率、节省成本，进一步加强贷后催收处置的数据共享、渠道整合和任务管理集中，理顺个贷中心与电话银行外呼中心、保全部门的业务流程，实现标准化催收手段的无缝衔接，也要加大贷后管理岗位人员的配备，保障基本的人力资源支持，适应迅速增长的贷款和客户规模。

——提高风险敏感度，重点加大系统性、集中性和群发性风险防控。要保持个贷业务风险分散化的本质和特点，避免暴露或卷入系统性、集中性、群发性等风险和问题。尤其是依托某一市场、外部渠道或合作平台批量营销客户的，更要在加强资格准入、认真做好单个客户审查的同时，防范批量集中办理业务可能导致的疏于客户调查、单一渠道客户风险集中度过高问题。防范单一渠道客户风险集中度，并不意味着不去抓重要的楼盘、专业市场和中介机构，关键是把握个贷小额度、多笔数的特点，尽可能不要批量集中办理业务。这方面，住房、助业、消费贷款都要认真梳理、加强研究、重点防范。

2. 加强渠道建设，提升渠道经营能力，带动业务增长。渠道建设的方向，是按照转型要求，构建完善渠道体系、加大建设力度、加快功能转型、加强渠道联动和综合经营。

——打造全方位、多元化、立体式的渠道体系。个贷业务渠道要实现传统物理渠道和新兴电子渠道交叉融合、互为支持、相互带动，拓宽产品销售和客户服务渠道，促进市场与产品、客户与服务的有效对接。物理渠道要以个贷中心为主渠道，将触角延伸至营业网点、财富中心、理财中心、私人银行以及外部合作机构等传统物理渠道，其他渠道要承担个贷营销、收单和推荐环节。目前利用 PLSS 系统前端销售受理个贷业务的功能已在私人银行、财富中心部署应用，下一步要加快向其他网点和渠道部署。电子渠道要以房 e 通网站为核心，以电子商务平台为依托，实现与网上银行、建设银行“善融商务”、行外网络电商平台、电话银行、手机银行等多渠道的串接和互动。

——提升个贷中心经营水平，加强渠道联动，加快功能转型。个贷中心既是所在城市个贷直接经营、专业化经营的主渠道，也是联动其他业务渠道、销售其他产品的渠道，后者在向个贷客户交叉销售产品的工作中已经得以体现。在现在的渠道建设架构和业务转型的方向上，个贷中心都是全行重要的员工渠道和客户服务渠道，在全行推进网点综合功能转型和前后台分离工作中都发挥着非常重要的作用。下一步，一方面是继续提升个贷中心专业化经营和精益管理水平，提高流程化、标准化作业能力，提升贷后管理的精细化水平；另一方面是加快经营转型，持续推进个贷中心在客户综合经营和加强渠道联动等方面功能的丰富和水平的提升。

——加大个贷中心建设力度，加快完善布局。在确保全部覆盖大中城市和百强县的基础上，适应城镇化趋势，考虑城市生活地理和经济金融格局变化，有选择地向经济发达、人群密集、社会活跃的中小城镇、市县郊、城乡结合部布局，重点是围绕优质客户资源聚集区，如大型社区、专业市场、个私经营户集群，加快中心建设，结合客户特点突出服务特色。这一点不单是个贷中心，包括个人网点的布局问题，都要综合考虑到城镇化进程、郊区大型社区的建设。这两年建设的力度很大，我行必须提早布局。

3. 提升经营客户的能力，全面提升价值贡献。巩固客户基础、加强客户综合经营、不断提升定价能力和价值创造能力是全行重要的战略方向。房金业务虽在这方面有基础、有优势，但也面临新要求、新挑战。

——继续发挥个贷客户特点和优势，持续提升综合贡献。近几年，房金条线充分发挥个贷客户“高价值、高增值”的特点，围绕个贷客户抓产品交叉销售，个贷客户产品覆盖持续提升，个贷客户已经成为零售业务抓客户、抓资金的重要抓手和着力点。交叉销售贡献是否准确核算，记在哪个条线、哪个部门账上不重要，重要的是给全行整体带来了多大的贡献。下一步要继续发挥个贷高价值客户优势，持续挖掘新增和存量客户潜力，完善联动营销机制，加强与各部门及对公、对私条线的联动，交叉销售各类产品，继续保持对借记卡、信用卡、理财和电子银行等产品的高覆盖。

——强化资源整合和业务联动，做好客户综合经营。个贷客户要关联带动其他产品，也要用好其他业务条线的客户资源，其他业务条线也要交叉销售个贷产品，实现客户、产品和渠道的互为运用，利用产品服务组合提升客户整体金融服务能力。下一步，要站在全行的高度，进一步向企业级和客户级经营转型，配合和利用新一代核心业务系统的建设，推动市场、渠道、工具、信息、客户资源共享，努力促进全行业务联动和战略协同，实现客户综合经营能力的提升。

——持续提升差别化定价能力，稳定直接收益水平。2008 年房贷七折利率政策促使房贷业务先行试水，接受利率市场化挑战，在接近 4 年的时间里，经历了重大的考验，房贷业务差别化定价意识、定价能力显著提高，定价手段和要素逐渐丰富。下一步，要把握好价格策略，应对同业价格竞争，保持量价平衡和收益稳定。把握提升差别化定价能力的重点，加大数据分析和量化工具的运用，把丰富定价要素工作做深、做细，使定价进一步体现客户差别化。

——创新增收来源，促进中间业务收入可持续增长。房金中间业务收入主要是靠房改业务，个贷业务增收能力偏弱。一方面是由于监管对合规合理收费要求严格，个贷涉及居民百姓、千家万户，收费比较敏感；另一方面也确实存在中间业务创新不足和增收来源较窄的问题。下一步要认真研究创新增收来源的工作，但一定要注意合规、合理、合法。

4. 提升科技支持创新的能力，把握新兴市场机遇。电子商务市场和科技开发应用的重要性已毋庸赘述，总行高度重视，各项工作加快推进。这方面，房金业务在建设开通“房 e 通”网站、创新电商融资服务、开发技术工具、加大科技开发应用等方面取得了明显的进展，成绩可喜可贺。关于技术应用，再讲几点想法。

——产品流程的设计开发要有针对性。要高度重视客户体验，产品流程设计一定要符合电商平台模式的特点，符合目标市场、目标受众的行为习惯和需求特点，要注重细节，给客户提供良好的、一致性的体验，否则就没有吸引力、影响力，不但起不到应有的作用，有时还可能导致客户纠纷等问题。一些新兴手段工具的开发应用，在考虑给客户以便利性的同时，要高度重视风险合规控制，产品制度流程设计要配套，技术手段运用要合理成熟。

——要充分利用创新和科技支持，提升精准营销能力。精准营销既需要准确定位客户、准确了解和评价客户，又需要提供更有针对性、更有效和便捷的产品服务和流程设计。要利用创新和科技为精准营销提供有力支持。2012 年，个贷业务依托评分卡，针对存量房贷客户设计开发了主动授信、主动营销的小额贷款产品，为建设银行“善融商务”平台客户提供配套融资产品。这种定向设计产品、主动精准营销就是很好的创新。下一阶段，要重点围绕我行存量个人客户以及电商平台用户、商户和交易买卖方做好文章：利用系统实现客户信息挖掘、客户资源共享和整合；利用客户评分卡工具提升准确评价授信能力，改进流程设计推动主动授信、预授信工作；利用贷款卡增强客户支付贷款资金的便利性、提高银行监控资金用途和流向能力；利用“房 e 通”平台与其他网络技术渠道的串接互动，开展产品服务宣传、及时响应客户需求、提升精准营销水平。

——要加大市场宣传和推广应用力度，加快创新成果向现实生产力的转化。现在已经做好、可用的，要加大宣传，加快深度应用，这样才能发挥创新工作效能，才能在实践中检验发现不足，加快在后续设计开发持续提升和完善。总行正在牵头推进的“房 e 通”、电商平台、贷款卡等创新和信息技术应用工作，各部门、各分行要高度重视、密切配合、互相支持、共同努力，加快扎实推进各项工作。已先期试点分行更要加大投入、认真部署、真抓实干，要在市场上有反响、有动作，在业务上有产出、有回报。

同志们，要抓住第四季度这一关键时期，巩固好已取得的成果，努力克服困难、改进不足、坚定信心、扎实工作，确保完成全年经营计划和目标，要再接再厉，提升能力，努力推动房金业务发展再上新台阶！

谢谢大家！

抓住机遇　开拓进取
实现信用卡业务新突破

——在 2012 年全行信用卡业务座谈会上的讲话

赵欢

（2012 年 11 月 22 日）

同志们：

今天召开全行信用卡业务座谈会，主要目的是贯彻落实全行秋季工作座谈会精神，对 2012 年的工作作简要回顾，研究判断当前信用卡业务发展的市场形势，进一步明确明年信用卡发展的总体思路，安排部署明年重点工作。下面，我讲几点意见供大家讨论。

一、信用卡业务经营发展成效显著

2012 年以来，市场环境复杂、同业竞争激烈，在这样的双重压力下，全行上下共同努力，信用卡业务实现了跨越式发展，业务规模、市场地位、经营收入等方面都表现很好，全行信用卡业务保持了健康、快速、良好的发展势头。概括起来有 6 个方面：

一是主要业务指标快速增长。前 10 个月，全行信用卡净增客户数 617 万户，同比增长 73%；净增发卡 680 万张，同比增长 87%；消费交易额达 6 704 亿元，同比增长 47%；贷款新增 576 亿元，同比增长 80%。全行净新增客户数、账户活动率、户均营业收入等指标已提前完成全年计划目标，计划完成进度全行领先。

二是市场地位进一步提升。当年净增客户、净增发卡、新增贷款、卡均消费、卡均收入、贷款综合收益率、资产质量 7 项关键的业绩指标四大行第一。累计发卡量、消费交易额、贷款余额三项总量指标四大行占比进一步提升，分别较年初提高 1.3 个、0.9 个、2.8 个百分点，规模指标保持同业第二。

三是业务创新进一步加快。新业务快速推进，电子化营销渠道建设进一步加快。手机申请办卡、网银申请方面同业领先，前 10 个月网络渠道发卡 58 万张，积分兑换网上渠道占比达 67%，现金分期推进顺利，账单分期覆盖所有电子渠道，网上购车分期、网上车险分期正式推出。这些新渠道的拓展为信用卡业务发展打开了广阔空间。

四是收入贡献明显提升。前10个月实现业务收入111亿元，同比增长73%。其中，中间业务收入78亿元，同比增长90%，增速全行第一。信用卡中间业务收入全行占比10.1%，在个人条线中占比27.5%，较年初提高8.5个百分点，有效地弥补了零售条线由于政策原因中间业务收入负增长缺口，成为全行提升中间业务收入的主要产品之一。

五是客户质量进一步提高。截至10月底，户均消费1.97万元、同比增长17%，户均贷款0.46万元、同比增长42%，额度使用率达33.87%，同比提高6个百分点，我行户均消费额继续保持四大行第一，高端产品无限卡和白金信用卡客户数量规模保持同业领先，客户基础进一步夯实。

六是资产质量保持良好。逾期90天以上贷款不良率为0.69%，较年初下降0.12个百分点，资产质量继续保持同业领先。88家城市行实行审批扁平化，审批效率进一步提高。

应该说，全行信用卡业务经过这么多年的快速发展，业务基础是稳固的，收入贡献不断提升、市场地位保持领先，这些成绩是在总行党委、董事会、高管层的正确领导下，全行上下共同努力的结果。在此，我代表总行党委和高管层向参加会议的各位代表，并通过你们向辛勤工作在信用卡一线的广大员工表示衷心的感谢！

二、认清形势，牢牢把握信用卡业务难得的发展机遇

当前，无论是政策层面还是市场层面，信用卡业务均面临难得的发展机遇。

一是国家宏观经济政策将长期利好信用卡业务发展。刚刚结束的党的十八大提出要扩大内需、刺激消费、改善民生。“三驾马车”中，消费拉动内需这种发展模式是全球均衡发展，是我国经济未来增长的一个更重要的动力，十八大报告中提出的居民收入倍增目标，目的就是要扩大内需，使消费成为经济持续增长的动力。2012年我国消费对GDP的贡献率将首次超过投资，消费增长已进入快车道。同时，城镇化进程加速，人口持续向城市转移，将长期推动信用卡目标群体的快速发展和受理环境的进一步改善。目前我国城市化率已经超过50%，城镇人口5.6亿，相对于我行近4 000万张的信用卡，渗透率仅7.1%。而且要达到国外的城市化率70%以上的水平，我国城市化的人口还会进一步提升，信用卡市场的基础会不断扩大。同时，信用卡消费在社会消费品零售总额的占比从2009年的26.4%上升到2011年的41.7%。信用卡业务经过多年辛苦的努力，已经进入了一个快速增长的阶段。国家政策也支持加快城市化进程、支持消费拉动经济的增长，为信用卡发展提供了良好的机遇，信用卡产业大有可为。

二是巨大的消费金融需求为信用卡打开了新的发展空间。我行个人客户有2亿多，与之相比，信用卡客户的渗透率仅为20%，比例还很低。过去年龄小的无法准入，年龄大的量入为出，都不是信用卡目标客户，如今倾向信贷消费的“70后”、“80后”、“90后”已经逐渐成为社会消费主力，居民消费意愿、消费观念和消费习惯发生了显著变化，为信用卡业务的发展提供了更好的、更高质量的客户基础。前三个季度全国消费金融贷款增速高出其他贷款16个百分点，新增消费贷款中70%以上通过信用卡实现。同时，消费结构不断向“富裕型”升级，奢侈品、汽车等大宗消费需求日益高涨。信用卡消费金融市场空间广阔。

三是支付创新为信用卡业务发展提供了新契机。近年来，第三方支付、网上支付、电话支付、手机支付、远程支付等支付创新模式层出不穷，信用卡支付将通过支付创新彻底摆脱时间、空间的限制，支付和信贷功能将进一步延伸，向更加人性化、多元化、便捷化的方向发展。IC卡、云技术等新技术应用也将提高刷卡交易的安全性和快捷性，降低交易成本，加快信用卡在社会管理领域的应用，为信用卡市场发展带来新变革。

四是市场竞争为信用卡业务发展提供了强大的外生动力。当前同业继续加大信用卡市场争夺，邮政储蓄银行、外资银行新加入了发卡行列。其中，邮政储蓄银行作为全世界最大的银行，在网点数量、区域覆盖面上都有明显的优势，特别是惠农政策的实施及农村经济的发展，为其提供了良好的发展机遇，发卡竞争将更加激烈。IC卡大规模推广应用将引起发卡市场的重新洗牌，《巴

塞尔新资本协议》对信用卡授信和额度管理提出了更高要求，人民银行即将出台的《银行卡收单业务管理办法》将引发收单市场的重新布局。从我行看，发卡量四大行占比不到1/4，分期交易四大行占比仅1/5，商户收单交易量市场份额约9%，我们只有迎难而上，才能争得应有的市场地位。

总之，信用卡业务发展正处于并且还将在较长阶段处于发展机遇期，消费结构、客户群体的变化以及技术的进步，为信用卡业务发展创造了更好的条件。全行要充分认清形势，切实增强业务发展的紧迫感和工作的主动性，克难攻坚，努力实现国内领先的发展目标。

三、抓住机遇，开拓进取，实现信用卡业务新突破

明年信用卡业务发展目标：

——净增客户数突破600万户，净增发卡1 300万张，累计发卡力争5 300万张。

——消费交易额突破1.1万亿元。

——分期交易额突破1 300亿元。

——贷款新增1 000亿元。

——中间业务收入突破140亿元。

——贷款不良率控制在0.8%以内。

总的来说，明年信用卡发卡量、消费交易额、分期交易额、贷款余额、中间业务收入等核心经营指标要继续“保二争一”，四大行占比稳步上升，客户满意度、资产质量同业领先。这个目标是总行在认真分析了内外部形势，结合我行实际制定的，尽管任务重，但经过努力是可以做到的。这里我再强调几方面的工作。

（一）要统一思想，进一步提高对信用卡业务重要性的认识

总行党委历来高度重视信用卡业务的发展，提出要从抢占零售业务制高点的高度发展信用卡业务。张建国行长在多次重要讲话中都提到将信用卡作为全行战略性业务加快发展。全行五年规划中明确提出，信用卡指标要至少保持同业前两位。2012年，王洪章董事长在听取信用卡部门汇报时又对信用卡业务作了重要指示，指出“今后主要靠信用卡发展消费信贷业务”，强调“对于信用卡要在资源配置上有所倾斜”，同时明确“信用卡就是多功能发展的一个重要组成部分”。十八大期间，王洪章董事长接受采访时指出，“由于利差收入增长的难度加大，以后将要多做一些其他方面的业务”，第一个提到的就是信用卡。我认为，总行党委之所以如此重视信用卡业务，主要基于以下几方面的考虑：

一是信用卡是获取和维系中高端客户的重要工具，我行信用卡客户中AUM值20万元以上的在全行的客户渗透率超过42%，AUM值100万元以上的客户渗透率超过54%，对高端客户的拓展和维护起到重要作用。

二是信用卡是利率市场化形势下保持高收益的重要来源，在当前利差空间不断收窄的趋势下，信用卡综合收益率达到11%，其中分期业务贷款年化收益率达到8.6%，比一年期贷款基准利率上浮37%。而且信用卡消费是分散的，适用大数定律，风险控制的技术和方法比较成熟，并且法律上受到《刑法》的保护，这也是把信用卡作为发展消费信贷主渠道的原因所在。

三是信用卡是中间业务收入的重要增长点，2012年信用卡中间业务收入预计达到100亿元，同比翻番增长，而全行前三个季度增速为1.6%，全年预计不超过3%；明年信用卡中间业务收入还将保持40%以上的增速，真正成为全行中间业务收入的主要增长点之一。

四是发展信用卡是实现全行网点转型的重要方面，要推进网点“三综合”建设，发展信用卡业务就是打造综合性网点和综合营销队伍的重点之一。同时，信用卡业务还能带动客户关联存款、收单对公客户资金沉淀等的增长，联动成效非常明显。

因此，我们一定要提高认识，认真领会、深入贯彻总行党委要求和行领导指示精神，加强组织领导，进一步完善和加快中心城市行信用卡专业机构建设，随着卡量、消费、信贷业务的增长，零售业务的经营重心是要下沉的，要调动城市行的积极性，稳步推进专营中心建设，通过集约化管理压缩运营层级，实现总行与城市行的有效协作。要充实信用卡客户经理、产品经理和审批人员队伍；加大资源倾斜和考核激励力度，分行要专门配置开展信用卡业务的激励费用，做到有目标、有考核、有奖惩，扎扎实实地推动信用卡业

务更好、更快地发展。

（二）要强化市场意识，把市场竞争力作为业绩评价的主要标准

衡量业务发展，要有科学的业绩评价观。我行信用卡经过这些年的发展，核心指标在四大行数一数二，取得了较好的市场地位。这个评价是把我们的发展放在信用卡行业发展的大背景下，放到和竞争对手的比较中，比质量、比规模、比效益综合得来的。没有比较就没有鉴别。从全行来看，各地信用卡业务发展还很不平衡，我们有6家分行发卡四大行第一，11家分行消费信贷余额四大行第一，但同时也要看到，有14家分行发卡四大行排名第三、第四位，17家分行消费信贷余额四大行排名第三、第四位，与建设银行的市场地位不相称。有的分行信用卡业务在系统内排名靠前，有的分行信用卡业务和其他业务比排名靠前，但拿到当地市场上和竞争对手比、和先进的同业比，还有不小的差距，还没有达到“国内领先”。因此，我们要进一步强化竞争意识、市场意识，始终把自己放在竞争的市场当中，始终把自己同国内外领先的对手相比较，找到自己的标杆，有了标杆才有目标，才会有压力和动力，才能保持清醒，找到差距、明确目标、寻求突破。

今后，要把市场竞争力指标作为信用卡业务指标考核的重中之重，只要是市场排名跨入第一的分行，总行将发贺信表示祝贺。市场排名第四的分行，要排出时间表，在什么时候做到第三，排名第三的分行要拿出时间表，在什么时候做到第二，第二的分行要排出时间表，如何做到第一。各分行要进一步强化竞争意识、市场意识，尤其是落后的分行要增强发展的紧迫感，要关注同业、研究市场，为信用卡业务发展提供不竭的动力。

也许有人说这些要求只讲规模，而不讲质量、不讲风险，那就错了，因为零售业务的模式就是规模化，只有规模化才有大数定律，只有大数定律才能覆盖风险，所以零售业务注重规模是讲质量、防风险的前提，如果不讲规模，那会成本高、风险大，少数客户出了问题就会导致总量出问题，那不是零售业务发展的模式。零售业务的发展模式就是标准化、规模化，通过规模化的大数定律来控制风险。零售业务每单风险控制的机制与批发业务相比是完全不同的模式、不同的流程、不同的机制以及不同的技术和方法，零售业务控制风险的基础之一就是大数定律，就是规模化。

（三）要依靠创新驱动，进一步增强业务发展推动力

面对超越同业的竞争压力，面对新技术、新渠道的深化应用，面对新政策、新对手的严峻挑战，我们只有依靠创新才能求得生存、求得发展。

一是要加快产品创新，有些产品要早布局、早安排。比如住房公积金卡、社保卡，以后社会上最大的两块资金就是住房公积金和社保资金，如果被同业占领了这个市场，我们信用卡再去争抢就要付出更大的成本、更多的精力。明年将是IC卡发展的关键一年，2012年我们已经做了一些准备，与公安部合作的交通龙卡已在5个分行上市，与高速公路ETC整合的IC信用卡也有5个分行已经推广，总行公司部还牵头对27个省交通主管部门召开推介会，重点介绍了信用卡的ETC应用项目。全行要抓住IC卡费用无负担、安全性更好的发展契机，充分认识到IC信用卡业务发展的紧迫性，分行领导要亲自挂帅成立项目争办和推进小组，拓展IC信用卡在市民卡、社会保险、城市公交、高速公路、石油石化、移动支付等行业和社会管理领域的应用，要加快交通龙卡、高速公路ETC项目等重点应用项目的营销推进，年内确保发卡150万张，明年各行要消灭空白，把IC卡项目的争办和推广放到更加突出的位置，确立龙卡IC信用卡的市场领先地位。要贯彻“三大一高”战略，把新产品和大行业结合起来，行业发卡要由分行领导亲自挂帅，直接营销，从高层、上层营销，推动信用卡发展。必须整合建设银行内部资源，由主要的客户部门牵头，信用卡中心做好产品支持、营销服务工作。

二是要加快渠道创新，重点加强互联网、手机等电子渠道的应用。在支付领域，要抓住支付创新的脉搏，有选择性地与大型网站和第三方支付机构开展合作，开拓新的支付和受理渠道，延伸服务内涵；在消费信贷领域，要进一步加快网络分期、龙卡益贷卡、现金分期业务推广，抢占网络渠道消费金融市场；在服务领域，要提升电子渠道和自助设备的利用率，重点开发和用好短信平台，实现服务的自助化、经营管理的集约化。

三是要加快管理创新，总行全面梳理并精简

了审批事项，包括把一定幅度的价格审批权和定价权放给分行，分行可以根据当地情况灵活掌握。信用卡大部分权限已经下放，在责、权、利对等的情况下，分行业务发展的动力和压力就会配套起来，有利于业务的发展。我们要关注市场、研究市场、分析市场、应对市场，要研究好效益和市场的关系，一味地高价和一味地拼业务量都不行，具有竞争力的价格才是我们把握的重点和方向，对市场的反应要快。要提升定价的水平和能力，寻找合理的价格策略，既能发展业务提升竞争力，又能提升效益、控制成本。

四是要加快机制创新，要建设专业化的创新队伍，有目标、有任务、有考核；要加强科技应用保障和系统支持，加快创新向现实产品的转化，加快形成拳头产品；要密切跟踪行业发展，关注市场、研究市场，如利率市场化、第三方支付和消费金融的发展方向以及由此带来的市场影响，及时作出应对；要营造专注创新、鼓励创新、支持创新的良好氛围，从而实现引领市场，真正将创新转化为信用卡业务发展的核心竞争力。总行已经成立了产品创新委员会，信用卡可以成立一个由总行、分行和基层组成的创新团队，在信用卡业务创新上作出表率。

（四）要加快优质客户拓展，毫不动摇地夯实业务发展的基础

客户是我们经营的基础，客户规模既是决定收入的关键，也是控制风险的基础，没有足够规模的优质客户群体，要想发展那就是无源之水、无本之木。面对还在壮大的目标市场，面对日趋激烈的同业竞争，我们在客户发展上不进则退，稍有松懈就可能被中国银行、农业银行赶超，对此我们要切实增强忧患意识和紧迫感。有的同志觉得这些年联动发卡行内资源挖掘得差不多了，担心没有客户来源，其实，我行丰富的客户资源还远远没有被充分利用。我看到一份资料，提到招商银行客户信用卡的持有比例达到54%，而我行个人客户在通过网点预审批营销办理信用卡的渗透率不到24%，如果我们充分认识了信用卡业务对各项业务的促进和带动作用，充分激发了广大员工营销信用卡的积极性，客户发展的巨大潜力就会被充分释放出来。联动发卡、网点发卡、电子渠道发卡还是有很大潜力可挖的，要深度推进条线联动，对符合“三大一高”战略要求的优质企业实施名单制营销，分行领导要直接营销，从高层、上层营销，推动从整体上争办项目，推动发卡，提高目标客户渗透率。同时，我们还要加快电子渠道申请体系建设，大力拓展与互联网接触的行内外客户群体，简化申请审核流程，提高营销效率和客户体验。明年电子渠道要新增客户100万户，实现翻番增长。

（五）发挥我行网点主渠道作用，打造信用卡销售和经营平台

目前全行正在加快推进的网点综合化建设，我认为，网点不仅是个物理渠道，更应该打造成产品销售和客户经营的全功能平台，也理应成为信用卡产品销售和客户经营的全功能平台。

之所以我们过去网点信用卡客户营销渗透率还不高，原因首先是一些网点负责人认识不够，没有将信用卡业务放到一个重要位置；其次是多数网点人员对信用卡业务不了解，对产品有什么功能、如何还款、如何查询等问题不清楚，销售怕开口、服务怕出错，生怕销售了信用卡客户来咨询给自己带来麻烦。据调查，致电800咨询信用卡的客户有49%曾到过分行网点，但网点难以准确回答。

要发挥好网点主渠道作用，必须首先解决对信用卡知识的了解问题，总行决定明年初在全行范围内开展一次信用卡业务知识竞赛，鼓励员工开展“五个一”体验，即使用一次短信所有的查询功能、做一次网上银行的查询和还款业务、用手机银行申办一张信用卡、使用自助设备做一次信用卡的查询、办理一笔信用卡分期业务。通过业务培训、亲身体验等方式，加深全行上下对信用卡业务知识的理解和掌握，达到“我学、我用、我营销、我服务”的目标。

在此基础上，要进一步提高网点营销产能，明年网点信用卡营销必须达到“1日1点2户”，并且要通过定期通报考核坚持下去。要充实预审批数据库，用好预审批系统，行内客户渗透率达到27%以上。

要深化网点信用卡销售和服务的内涵，不仅要销售信用卡，还要营销信用卡消费信贷产品，比如上海市分行在网点开展账单分期一句话营销，将分期业务纳入网点考核机制，分期业务同比增速达到130%，取得了很好的效果。要充分利用和积极引导客户利用网点自助设备实现客户还款、查询等服务，提升客户满意度。

（六）加快商户拓展，打造优质的受理和服务平台

商户收单是银行卡支付的核心环节，一个商户就是一个窗口，客户在商户刷卡的时候好不好用、优惠多不多、专享权益有没有，都将直接影响客户对我们产品的体验，所以，做好商户业务不仅是一个受理环境建设问题，同时更是体现我行信用卡竞争力的大问题，关系到能否吸引客户、留住客户、提升品牌和客户忠诚度的成效。

目前我行商户收单业务同业比较相对落后，主要是历史客观原因，尽管近几年加大了力度，但是与领先行相比还差20万-30万户，而且明年收单业务收费下调，将影响我们几亿元的中间业务收入。假如我们收单量不涨上去，各分行明年的这块中间业务收入估计没法增长，还要下降几亿元，解决办法就是去拼抢更多的商户，以量补价。

总的来说，我行收单业务在信用卡各项业务中是一块短板，当前我国第三产业企业有880万户，能受理银行卡的联网商户仅有388万户，商户收单业务发展潜力还很大。随着《银行卡收单业务管理办法》即将出台，一家商户将允许多家机构收单，各行要抓住市场重新洗牌的有利时机，加快发展。

一是要充实商户发展专业人员，加大商户拓展力度，力争实现收单商户新增量翻番增长、收单交易量达2万亿元的目标。二是要公私联动，充分利用我行的整体优势抢占市场份额，稳定我行优质商户，加大全国性集团商户的争办力度，抢占市场份额。三是要有效应对第三方支付牌照发放带来的市场变化，加快拓展新的收单商户渠道，加快发展外卡收单业务。四是要抓好特惠商户业务，切实提高特惠商户客户知晓度和参与度，充分发挥与品牌商户优惠活动的带动作用，加强商户监督执行，提高客户消费体验。

（七）大力发展消费信贷业务，打造国内领先的消费金融品牌

发展信用卡消费金融是发展消费信贷业务的重要方面，相比传统的消费信贷产品，信用卡目标客户群体更好、业务流程更方便快捷、风险管控手段更有效，深受客户欢迎。各行要充分认识到发展信用卡消费信贷业务的重要战略意义，牢牢把握信用卡的信用贷款属性，大力发展个人消费信贷业务，集中力量做大做强。

一是要加快产品和业务模式创新，覆盖客户消费金融需求，强化渠道拓展和流程优化，不断提升客户体验。二是要抓住大众富裕客户旺盛的消费金融需求，发挥协同优势，加大与房金、私人银行部等联动营销；积极与公司、小企业等部门开展联动营销，加大与厂商、汽车销售集团开展总对总的洽谈合作力度。三是要实施灵活定价策略，从经营客户的角度进行客户细分，实施差异化的价格。四是要加快组建专业团队，打好业务发展的坚实基础。结合信用卡业务扁平化管理要求，充实与业务发展相适应，且具有消费信贷营销、经营管理、审批等经验的专业岗位人员。五是要建立相对独立的风险管理机制，以保障消费信贷业务快速健康发展。

（八）践行全流程客户服务理念，从客户服务中创造价值

从信用卡价值链看，发卡只是价值创造的开始，信用卡的利润、收入都是在客户后续不断使用中实现的。从申办、刷卡、还款和积分兑换等环节，到客服热线、网点、互联网和手机等渠道，信用卡有上百个客户接触点，只有让客户在每一个接触点都有顺畅美好的体验，客户才会持有并使用我们的信用卡。从这个意义上讲，信用卡的服务不是一项可有可无或者锦上添花的辅助工作，而是信用卡业务价值创造的核心过程，是我们的立业之本、发展之基、效益之源。根据第三方调查结果显示，虽然我行信用卡客户的满意度在四大行中排名第一，但与招商银行相比，在“准确把握客户心理，恰当满足客户需求”方面还存在差距。要提供最佳的客户体验，就必须达到甚至超越客户的期望。除了网点客服工作外，还要做好以下两方面的工作：

第一，要牢固树立全流程客户服务管理的理念，把客户体验管理融入产品设计、发卡营销、商户管理、风险管控等各个环节中去。从客户的角度设计产品、策划活动、制定政策、开发功能，要重新梳理那些习以为常的流程，减少客户体验不畅的环节。要通过销售来提供服务，通过服务促进销售，只有服务现在才能营销未来。

第二，要有效化解客户投诉，防范涉媒声誉风险。现在媒体、公众对银行的服务高度关注，我们不仅要提高敏感性，更要高效、妥善地处理客户问题；不仅要按照流程为客户解决问题，更要从客户和建设银行整体的长远利益为客户寻求最佳解决方案；不仅要处理好客户投诉，更要总结优化，从投诉的个案中看到流程改进的空间，持续优化；客户之声、员工之声是银行最宝贵的财富，要从客户咨询中及时总结问题，是我们的解释不一致，还是条款表述难懂，需要找到原因、滚动改进，进一步改善客户体验。

（九）加强风险管理，为业务健康发展提供坚实保障

当前外部经济金融形势复杂多变，经济下行压力较大，随时可能出现不良资产反弹，大家要引起重视。一是要严控发卡风险，准入标准是信用业务发展的基础，持卡人和商户的准入标准在任何情况下都不能放松，更重要的是真实性要保证，若真实性出问题，就会酿成案件，会给银行声誉、给员工家庭带来无法估量的损失。“三亲见”每一“见”都不能马虎，这是风险控制的源头，再琐碎也必须执行到位。二是要严格执行审批作业流程，业务量再大、审批任务再重，也必须坚守各作业环节的规范操作，同时要加大交叉检查力度，切实防范操作风险。三是加强商户管理，要采用先进的科技手段加强欺诈风险监测，提高技防能力，杜绝套现风险发生。四是要抓好信贷管理，尤其是分期业务，2012 年以来快速发展，要防止盲目追求发展速度，把夯实风险管控作为发展的基础，进一步加强业务背景真实性和还款能力审查；要建立完善的贷后管理机制，明确贷后管理职责，提前预警风险。信用卡业务要快速发展必须建立在强化内部基础、练好内功、提升好能力的基础上，既包括我们策略层面上的，也包括我们操作层面上的。策略层面上的事情必须由总行部门及一级分行把握好，比如发展信用卡消费信贷业务，掌握当前信贷资源紧张及季节波动规律，与其他行错峰发展，既能做大业务量又能提高价格，这就是定价策略问题。银行是经营风险的企业，分行对于出现的风险一定要早处置、早化解、早解决，尽可能地将损失减到最小。

同志们，到年底还有一个多月的时间，各行要认真贯彻落实秋季工作座谈会精神，全力以赴，确保完成全年的各项信用卡任务。同时，还要认真组织好岁末年初的旺季营销工作，实现明年业务开门红。相信在全行的共同努力下，我们一定能够再接再厉，推动全行信用卡业务再上新台阶！

谢谢大家！

在总行本部推进人力资源管理专项工作会议上的讲话

章更生

（2012 年 4 月 25 日）

同志们：

大家上午好！

今天我们召开这个会议，目的是通报和部署近期总行本部即将开展的几项人事方面的工作。前期，组织人事部门在进行充分调研、反复分析论证的基础上，形成了关于组织人事工作有关问题和建议措施的汇报材料，就加强总行本部机构和人员管理、系统干部管理、加强机构改革和分支机构内设职能部门管理、完善绩效考核制度等内容向总行党委进行了汇报。根据党委会议有关精神，现决定在总行本部启动和实施人力资源管理的几项重要工作，主要包括：第一，启动总行本部部门职责、内设处室和人员的梳理工作，第二，开展总行本部部门级副职后备干部选拔工作，第三，进一步加强对总行部门级领导人员的聘期管理，第四，改进和优化总行本部部门和员工绩效考核，第五，进一步规范分支机构职能部门设置工作。

李卫平同志稍后将就这几项工作进行具体说明和布置，下面我谈几点意见，供大家参考。

一、近年来我行人力资源管理工作所取得的进展

近年来，总行不断加强干部管理制度建设，加大干部选拔任用工作力度，在党的建设、组织机构管理、人员管理、薪酬管理、培训管理等方面做了大量工作，进行了很多积极、有益的探索与尝试。主要表现在以下几方面。

（一）深入推进人力资源集中统一管理

为进一步提升人力资源管理的专业化、精细化水平，2011 年组织人事部门研究制定了一系列规章制度，其中，《总行管理的领导人员选拔任用提名办法》探索了多种提名方式，鼓励多渠道推荐干部，广开举贤荐能之路，扩大了提名工作民主；《新任职领导人员跟踪考核办法》为及时了解掌握新任职领导人员适应新岗位、履行新职责情况，加强管理与监督提供了依据；《一级分行领导班子综合经营竞争力监测办法》从全面、科学地评价一级分行在市场上展现出的综合竞争能力情况入手，为实现建设银行的战略发展目标增添动力。此外，还制定了《组织（人事）部门选人用人工作监督办法》、《组织人事工作保密规定》等制度办法，进一步加强了对全行选人用人工作的监督，防范和纠正选人用人上的不正之风，提高了选人用人公信度，为全行发展营造了风清气正的用人环境。

（二）进一步规范党组织建设

为规范党组织建设，充分发挥基层党组织的作用，2011 年制定下发了三个意见：《海外机构党组织建设指导意见》、《境内子公司加强党组织建设的意见》、《中国建设银行加强新形势下基层党组织建设的意见》，这三个意见对全行加强党组织建设进行了规范、提供了指导。

（三）创新人事工作方法

一是组织实施总行本部竞争性选拔工作。按照总行党委对干部队伍建设的总体部署和考虑，拿出 3 个部门正职职位和 9 个部门副职职位在全行公开竞聘。通过竞争性选拔，拓宽了总行党委选人用人的视野，提高了选人用人工作的满意度，促进了我行对优秀年轻干部的培养，对树立正气也起到了良好的导向作用。中组部部长李源潮同志对此评价道：“建设银行部门正职竞争上岗效果很好，超出预期，应很好地总结建设银行的经验，在各金融企业推广”。

二是启动了全行绩效管理项目。改过去单纯的绩效考核为员工共同参与的绩效制定、绩效辅导沟通、绩效考核评价、绩效结果运用和绩效目标提升的持续循环过程，这是我行员工管理上一次重大的改革，相信通过试点全面铺开后，必将会使队伍管理规范化，使队伍的战斗力进一步提升。

三是做好干部配备工作，完善人才梯队建设。2011 年，根据分行班子建设需要、缺职情况、后备干部成长及分行党委推荐情况，按照总行党委会议定事项，对 19 个分行及培训中心主要负责人进行调整，涉及 29 人；对 25 个分行副职进行调整，涉及 58 人；对总行部门级领导人员职务调整共 86 人次。加大了总分行干部的交流力度，扩充海外人才储备总量达到 500 人。通过以上举措，初步实现了全行干部队伍结构调整和优化，进一步完善了各方面人才梯队建设。

四是抓好培训工作，多渠道加大培训力度，提升员工素质。根据全行发展战略，从发展战略驱动、业务创新驱动、岗位能力提升驱动出发，2011 年全行累计开办 2.8 万期培训班，参加培训的人数达 134 万人次，完成培训工作量 310 万人天，投入培训费用 8.98 亿元。培训对象向一线人员倾斜，同时重点开办了井冈山、延安党性修养培训班和英国牛津大学、美国乔治城大学高级研修班等。

（四）以“为民服务创先争优”活动为抓手，着力解决我行经营管理中存在的实际问题，得到了中央的充分肯定

根据中央统一部署，积极推动我行全面开展“为民服务创先争优”活动，力求把工作做实、

做细、做出实际成效。一是研究制定了我行活动指导意见，全行1.3万多家分支机构紧密联系自身实际，精心设计活动载体，积极参与到活动中来。二是通过深入开展“三亮、三比、三评”活动，广泛收集群众意见，着力解决包括客户体验不够一致、产品研发相对滞后、流程持续优化、服务能力提升和基层员工实际困难五个方面问题。三是创新活动载体，加大宣传引导。鼓励基层党组织和广大党员争创优质服务品牌、客户满意窗口和优秀服务标兵。活动开展以来，共刊发活动简报109期，包括中央电视台、人民日报在内的主要中央媒体和上级主管部门均对我行活动情况进行了大量的宣传报道。2011年9月16日，中组部部长李源潮同志到我行调研窗口为民服务创先争优活动情况，充分肯定了我行在组织推动活动开展、解决实际问题、提高服务效率等方面取得的成绩，极大地提升了全行士气，这也是李源潮同志到金融部门所做的唯一一次创先争优调研。

此外，在全行用工管理、薪酬管理等诸多方面，我们也做了很多工作。做好全行员工总量调控，积极推进劳务人员转制工作，制定定向辅助岗位员工管理办法，完善员工内部等级体系；积极解决协解人员遗留问题，妥善平息群体上访事件；整合全行招聘资源，统一组织机考、统一组织校园走访和面试，塑造建设银行统一的校园招聘品牌，在整合资源、降低成本的同时很好地宣传了建设银行的形象；积极探索岗位管理，初步完成全行岗位体系方案设计，统一绩效管理流程和方式。

二、为什么要开展此次人力资源专项工作

近年来，我行人力资源管理工作虽然取得了一些成绩，但应该看到，与我行的业务发展和经营效益的增长速度相比，与中央和总行党委、股东大会、董事会、监事会的要求相比，与各业务条线和部门的发展管理需要相比，与广大员工的预期相比，我们的人力资源管理还有很多工作要做。因此，总行党委经过慎重研究，决定在总行启动有关人力资源专项工作，进一步完善制度体系、健全机制、创新工作方法、提升人力资源管理的科学性和系统性，这对全行的改革发展具有重大意义，意义表现在以下几方面。

（一）这是适应各业务条线快速发展，健全和完善我行经营管理的需要

总行2005年制定下发了《中国建设银行组织机构改革与设置方案》，该方案系统梳理了总行各部门的主要工作职责，并明确了各部门内设机构名称和数量。但随着我行的快速发展，一些业务条线和部门的职责定位、发展方向发生了一定的变化，虽然机构和内设处室调整、人员划转也随时在进行，但目前总行对部门职责和处室已有较长时间没有进行系统性、全面性地梳理，出现了少数部门间职责交叉不清、个别工作责任不明的情况，少数部门内设机构设置与业务开展的实际情况有一定的脱离，部门内设机构名称不够规范，部门内部员工调配情况未能及时反馈给组织人事部门，组织人事部门对有关人事信息掌握得不够准确。因此，亟须尽快梳理和完善总行各部门主要工作职责，按照近年来所核定的总行各部门内设机构现状确定总行各部门、二级部、处室（中心）等内设机构。今后，总行各部门不再保留前期未经发文确定的临时性团队设置，有关人员应安排转入相应处室。

（二）这是不断完善我行人才队伍建设、为我行发展提供充足人才储备的需要

人力资源是第一资源，建设一支高素质的人才队伍，储备和培养优秀年轻人才，是实现我行战略发展目标的客观要求。目前，总行本部一些部门领导班子配备还存在缺职，少数部门领导人员年龄结构、专业结构不够合理，配齐、配强领导班子的需求比较迫切。总行对于一级分行副职后备干部的选拔和培养已经做了大量工作，但对总行各部门副职后备干部尚未建立明确的选拔培养机制。因此，要在核定后备干部职数的前提下尽快启动总行部门副职后备干部的选拔工作，力争培养、造就一支素质优良、数量充足、结构合理的总行本部部门级领导人员后备干部队伍，以适应总行本部部门级领导人员配置需要和中长期梯队建设需要，使后备队伍建设切实为业务发展和部门建设服务。

（三）这是加强领导人员管理，强化领导人员责任意识的需要

根据中央干部选拔任用工作条例和关于选人、用人工作的一系列政策制度，我行初步建立了一

套领导人员管理的规章制度体系。特别是近年来，对干部选拔任用、培养、考核和监督等方面发布了很多规章制度、意见和办法。根据《中国建设银行领导人员聘任管理办法》有关规定，2003 年对总行管理的领导人员重新进行发文聘用，并在聘任文件中明确了统一的聘期。但随着领导人员队伍规模和聘任调整数量的不断增加，为减少重复性工作，提高工作效率，总行曾下发通知，规定在领导人员聘任文件中不再明确聘期，聘期届满自动续聘。从这一做法的实践情况看，虽减少了重复性、操作性工作，但降低了领导人员目标责任管理的有效性和强制性，不利于加强领导人员责任意识、不利于将领导人员绩效管理落到实处。因此，经研究，总行决定对总行本部部门级领导人员强化聘期管理，重新明确聘期，实施聘期目标责任考核，对于聘期届满的领导人员应当在实行聘期考核后重新履行发文聘任程序。同时，加强领导人员交流任职力度，对于在同一机构、同一岗位连续任职满两个聘期的领导人员，原则上应交流任职。

（四）这是不断提高绩效管理精细化水平，完善激励约束机制的需要

近年来，总行对本部部门、负责人和员工分类别、分层级实施绩效考核。在部门考核方面，建立了对部门 KPI 和重要工作事项实施部门自评、部门互评和行领导评价相结合的考核模式，考核结果分为 A、B 两档，并增加了激励力度，适当向前台经营部门倾斜。在部门负责人和员工考核方面，按照干部管理权限分层级实施年度考核，考核结果分为 A、B、C 三档。对于处级以下人员，赋予部门一定自主权。但从实际情况看，绩效管理工作的精细化程度还有待提高。一是总行部门偏重于风险控制和计划完成率，分行更多地考虑市场份额，总行与分行间的目标和导向有时不尽一致；二是员工个人考核结果与所在部门考核结果挂钩不够紧密，与薪酬挂钩力度也不够，没有形成强有力的责任约束机制；三是各层级员工考核评价还不够精细，考核压力相对较小，重考核结果、轻过程管理，动态监控不到位；四是考核结果档次较少，员工之间差距不够。

针对这一现状，需要进一步改进和完善总行本部绩效管理制度，加大考核评价力度，建立责任分担机制，适当拉开部门及员工之间的差距，从而逐步建立全员性、全流程、精细化的绩效管理制度，构建强有力的激励约束制度。加强对前台经营部门 KPI 的考核，加大部门考核结果与部门负责人及员工考核结果的挂钩力度，细分考核档次，逐步拉开薪酬差距，完善管理流程，加强目标制订、计划执行及考核反馈等各环节的过程监控。

（五）这是规范全行组织机构管理，树立流程银行规范化形象的需要

机构管理是一级法人体制建设和完善业务经营管理体制的一项基础工作。股改上市以来，我行实施了一系列业务管理体制改革，业务发展重点出现了一些新变化，总行和分支行的组织机构设置也进行了一系列调整。但目前，分行内设部门设置出现了一些新情况和新问题，表现在：一级、二级行内设部门数量普遍超标，内设部门数量没有体现不同类型行之间的差异；分行与总行对应设置内设部门，分行内设部门总行化趋势明显；分行二级部的设置随意性强，缺乏有效管理。分行反映，总行一些职能部门下文件要求分支行成立对应机构、配备相应人员，对分支行的人力资源总量控制和人员配置造成较大压力。政出多门，也造成管理上的混乱。

针对这一现状，总行研究制定了《中国建设银行分支机构职能部门设置管理办法》，明确了分支机构职能部门设置工作由人力资源部归口管理。上级行职能部门不得以任何形式干预下级行职能部门的设置和人员配置，包括要求下级行对口设置职能部门或者提高对口职能部门规格，以及要求增加对口职能部门岗位和人员等涉及人力资源管理事项。总行职能部门需要分支机构对口设置部门的，在充分论证、提出方案报人力资源部后，提交总行党委会审议，通过后由人力资源部统一办理。总行职能部门下发文件或召开会议原则上不要涉及部门职责、部门设置及人员配置事项。

三、开展专项工作的几点要求

（一）高度重视，认真组织实施各项工作的开展

鉴于此次专项工作的重要性，请各部门务必高度重视，迅速对有关工作要求作出响应，积极协调配合职能部门，精心安排，把这几项工作抓实做好。同时，要正确处理业务发展与专项工作的关系，不能因为专项工作的开展而影响本部门日常经营管理，做到专项工作与日常工作两不误。

（二）各部门及部门负责人要切实承担人力资源管理和改革的责任

总行人力资源部是全行组织人事工作的归口管理部门，此次各项工作的开展，人力资源部作为具体职能部门，要加强人员力量调配，投入充分的精力和努力，制订切实可行的操作方案，与各部门充分协调沟通，加强过程控制和管理，提高工作质量和效率，推动有关工作的顺利开展。总行各部门承担着本部门人力资源管理的直接职责，部门主要负责人要作为本部门人力资源管理的第一责任人，切实负起责任，深入贯彻落实总行党委决策，积极配合职能部门组织实施各项工作。

（三）做好本部干部员工的思想政治工作

只要是改革就会触及部分人的利益，因此，做好员工的思想工作十分重要。要尽快将有关制度政策传达到每一个员工，重点要做好政策传导和解释工作，引导广大干部员工正确认识，将大家的思想统一到总行党委的决策上来，正确对待此次人力资源改革，自觉地参与改革。要密切注意工作中员工思想动向，遇有不正常、不正当的言行，要及时引导疏导，同时要及时反馈工作推进过程中遇到的困难和问题。

（四）增强大局意识，确保平稳、按时完成工作任务

这次根据总行党委要求开展的几项工作，既是在总行组织机构和人员管理制度建设方面进行的有益尝试和突破，又属阶段性任务比较集中的专项工作。在具体实施过程中，各部门要以我行战略规划和发展目标为依据，加强计划性、强调平稳性，在对目前的现状不做大的变革和调整的前提下组织实施各项工作。如梳理部门职责，对于认为职责与其他部门有交叉不清的、不属于本部门职责的、属于本部门职责而未划入的，要以文字形式交人力资源部。核定内设机构数量时，不能借机无理由、无限制地提出增加处室和人员的要求，要实事求是，按照服从大局、考虑现状、注重效率、便于操作的原则，确保各项工作顺利推进，不扯皮、不折腾。

这次总行党委决定在总行本部开展几项人力资源管理专项工作，顺应我行改革发展趋势，符合广大干部员工的共同愿望，充分体现了我行事业不断前进的客观要求。我们要紧紧地围绕建设银行的发展战略目标，加强领导、统筹规划、精心组织，全力做好各项工作，努力实现总行党委的既定目标。

谢谢大家！

（根据录音整理）

在全行声誉风险管理工作（视频）会议上的讲话

章更生

（2012 年 8 月 29 日）

同志们：

这次会议是根据王洪章董事长的要求召开的，主要是对全行声誉风险管理工作作出布置和动员。之所以开这么大范围的会，特别是要求二级分行及以下机构的班子成员都参加，一直到网点的负责人，就是因为声誉风险管理问题十分重要，而且越来越重要。声誉风险管理问题涉及全行 30 多万员工，每一名员工都负有维护建行声誉的责任和义务。下面我讲几点意见：

一、为什么要重视声誉风险管理

声誉是指个人或单位乃至一个国家的声望和名誉。企业声誉是指企业给社会公众的综合印象，是企业无形资产的综合。声誉管理就是对企业声誉进行创建、维护和发扬，它是以科学决策为核心，通过各种有效手段，建立并维持与社会公众信任关系的一种现代管理方法。企业声誉管理主要有四个特性：一是目标的明确性，即建立企业与公众之间相互信任的关系；二是价值的增值性，即良好的声誉作为无形资产，其价值会不断增加；三是独特的补偿性，即良好的声誉会弥补企业在突发事件和危机事件当中造成的负面影响；四是管理的艰巨性，即良好的声誉需要企业用心来设计、用心来培育、用心来维护。

简单划分，声誉管理的内容主要有两大类，一是声誉的提升增值，也就是通过声誉的创建，使声誉升值；二是声誉的受损减值，也就是声誉的风险。今天我要讲的主要是第二个，声誉风险问题。

所谓声誉风险，按照中国银监会的定义，就是指由商业银行经营、管理及其他行为或外部事件导致利益相关方对商业银行负面评价的风险。声誉风险管理在国外被大型跨国公司纳入战略高度予以重视，它是影响企业成功的重要方面。就其对银行的重要性而言，至少包括以下三个方面：

第一，声誉风险管理是银行持续健康发展的需要。声誉关系到银行市场形象和地位，银行保持良好的声誉就能受到客户长期的信赖、支持和帮助，从而有利于提升经营效益。同时对银行内部来说，良好的声誉有助于形成良好的文化氛围，提升银行的凝聚力。

第二，声誉风险管理是银行提升竞争力的重要方面。前面说了，良好的声誉能够增加银行的无形资产。就公司市场价值而言，有70% -80%的公司市场价值来自无形资产。声誉影响着市场对银行的预期，这关系到股价和市值的问题。声誉竞争是未来银行竞争的重点，所以很多银行不惜血本，投入重金通过电视、报刊、网络等媒体进行广告宣传。反之，银行声誉的好坏一定程度上也体现出它的经营管理水平。声誉还是银行所拥有的独特资源，它无形地支撑着银行各方面业务在市场上的竞争力。

第三，声誉风险管理是银行适应监管监督的需要。《巴塞尔协议Ⅲ》将声誉风险作为商业银行必须妥善管理的八大类风险之一。银监会于2009年8月25日出台了《商业银行声誉风险管理指引》，第三条中要求“商业银行应将声誉风险管理纳入公司治理及全面风险管理体系，建立和制定声誉风险管理机制、办法、相关制度和要求，主动、有效地防范声誉风险和应对声誉事件，最大限度地减少社会公众造成的损失和负面影响”。声誉风险体现出企业的社会责任，是要受到公众监督的。作为一家商业银行，只有尽可能地承担起应承担的社会责任，才能赢得社会各界和广大客户的认可，才能受到他们的尊重、支持，才能使银行的经营有良好的社会环境。

二、我行目前声誉风险管理上存在的问题

梳理近年来我行声誉风险管理中存在的问题，主要有五个方面。

（一）内部规章制度、业务流程、业务系统等方面的问题

这是声誉风险的主要根源之一。一是个别内部规章制度不够合理，有的还违背有关监管要求。例如，我行发展财务顾问业务，这应该是经营转型、优化收入结构、适应市场竞争的需要，是银行以其信息、技术等优势向客户提供的一种有偿服务。但是，有的机构在向企业收取顾问费之后既没有“顾”也没有“问”，服务工作跟不上，使得银行蒙受乱收费之嫌，埋下了产生法律纠纷却又难以胜诉的隐患。

二是部分业务流程过长，手续烦琐，使客户产生不满。不满的积累就容易激化我们与客户的矛盾，招致客户的投诉。

三是业务系统上的缺陷。例如2012年7月，某报刊登载了“建行拖延支付红利被起诉，客户获赔孳息0.29元”的报道，起因就是我行相关系统参数设置出了问题，少支付客户利息，该客户因之将我行告上了法庭。

（二）应对客户投诉和咨询不当造成的问题

由于声誉风险管理的培训做得不好，使得我们有些基层网点负责人及员工对客户提出的问题

回答不当，有的态度过于生硬，遭到客户投诉后被媒体曝光。2012年初，媒体曾多次报道我行停办存折的问题。实际上，我行并没有完全停办存折，但由于一些网点员工不做解释或解释不到位，被客户误认为强制停办存折，导致诉诸媒体。

（三）有意识和无意识泄密造成的问题

《中国建设银行保密管理办法》规定，建设银行员工不得泄露将对建设银行的声誉或财产造成损失并影响建设银行经济效益的管理信息、经营信息和技术信息，并明确了相应的处罚办法。但从执行情况来看，仍有内部员工有意或者无意中向媒体透露不利于我行声誉的相关信息，甚至还有内部文件的文号和具体内容。像2012年针对我行“中江系”事件的众多报道中，外部媒体就掌握了所谓“接近建行的人士”披露的大量内部信息，这些情况的发生，反映了少数员工保密意识不强，纪律意识不强。

2010年以来，微博作为一种全新的网络沟通方式在我国异军突起，已成为信息传播和商业营销的重要渠道。据国家工信部统计数据显示，2011年底全国微博注册用户已超过5亿。在这样的大背景下，我行也积极开展微博营销，如“建行电子银行”在新浪、腾讯及搜狐微博的粉丝总数已超过60万。微博对银行是一把双刃剑，既有积极的方面，也存在一定的法律风险。银行主动利用微博进行宣传和营销，可以以较低的成本吸引客户，但是如果行为不当也可能引发相关法律风险和声誉风险。

（四）应对媒体出现的问题

由于各级行一般都有零媒体负面报道的硬性要求，各级分支机构在应对媒体时往往习惯于运用各种渠道对负面报道进行“打压”，对媒体采访采取避而不见的做法，这就往往使得我们在媒体应对中处于十分被动的尴尬境地。此外，遇到媒体采访和暗访时，部分员工由于缺乏相关的媒体应对技巧，要么简单地谢绝采访，失去了话语权，要么应对不当，被媒体抓住把柄，大肆炒作。例如2012年4月，某媒体暗访我行数家网点代收现金缴纳电费情况。在回答记者询问时，柜台员工有的说“不行，得有建行的卡或存折”，有的说“我们这儿从来没办过这项业务”，有的说“银行有银行的难处，我们的主营业务还忙不过来，根本没时间去接待办理交电费的业务”等等，这些员工的随意回答，经记者报道后造成不好的影响。

（五）舆情监测、报告制度执行不力的问题

2012年3月，全行启用了统一的舆情监测系统。但是在实际使用中，个别分行不重视、不使用。截至6月30日，有的分行4个月才登录使用5次。特别是一些舆情较多的分行，也很少使用舆情监测系统。按舆情报告制度，总行明确了1小时、4小时报告的要求。但有的分行事发几天以后才报告，这给舆情后期处置造成了很大的被动。

2012年以来，全行各类负面舆情呈上升趋势。据统计，上半年总行共指导分行处置负面舆情386起，主要涉及银行卡被盗、存单变保单、银行“暴利”、理财产品、信贷风险等方面，数量为2011年全年处置总数的4倍。全行化解潜在声誉风险事件652起，其中总行牵头化解了32起，也较2011年同期大幅增加。在总分行的共同努力下，虽然大部分负面舆情得到了快速、圆满的解决，但客观上讲，仍有部分舆情处置不力，给我行声誉带来了伤害，给日常经营带来了较大影响，教训十分深刻。以前面提到的“建行拖延红利被起诉，客户获赔孳息0.29元”一事为例，为了两毛九的事，我就牵头开了两次会，一件小小舆情对我们的工作带来了多大的影响！

三、产生问题的原因

原因是多方面的，但主要有以下几个方面。

（一）思想上重视不够

这是最根本原因。在声誉风险管理工作中，“声誉风险无小事、声誉风险人人有责、声誉风险重在预防”的理念还没有深入员工之心，一些领导和人员在思想上重视不够，很多人认为声誉风险与自己没有关系，或者认为声誉风险不像其他风险可计量，不会造成多大影响和损失。殊不知，在互联网日益发达、媒体监督越发突出的今天，一个负面报道就有可能让一个企业发展受到致命的伤害，有的甚至倒闭。比如说2008年的“三鹿奶粉事件”就是一个典型例子。当然，也有化解比较好的，2012年北京“7·21”特大自然灾害，北京市政府对舆情的处理、应对就非常好。

目前，部分分支机构、个别负责人还存在着思想麻痹、责任心不强、行动迟缓的问题，对声誉风险可能给建行整体利益带来的危害和损失缺乏足够的认识，往往因小失大。比如某省分行银行卡被盗刷事件，9 000 多元的事情，由于处置不当，被法院判决败诉后还被媒体热炒，有 400 多家网站进行了转载，仅在网易就有 3 万多人参与评论，绝大部分都是负面的，不仅造成客户对银行卡安全的质疑，也对我行声誉造成了很大的负面影响。

（二）制度、流程和系统等存在的问题没有及时得到改进

在已发生的负面舆情中，有关银行卡被盗、ATM 机吞钞、存单变“保单”以及理财产品亏损、系统出错乱扣费等负面舆情重复发生。如部分分行系统屡次出现扣费错误问题，造成客户对我行系统安全的质疑；2011 年初，某分行系统参数设置错误，导致部分客户账户被清零；2012 年 5 月，某分行因参数设置错误，致使客户公积金龙卡被扣除小额管理费；2012 年 7 月，某分行公积金缴费系统出现问题，致使数百客户账户被重复扣费；8 月，某分行公积金缴费系统出现故障，导致客户无法缴费。

以上诸如此类的情况屡屡被媒体曝光，如果在第一次出问题后就对系统进行优化维护，我想后面重复的问题是不会发生的。

（三）对员工应对特殊情况的技能培训工作不到位

我行的员工包括节假日在内天天与客户打交道，我行的产品和服务时时刻刻都在被客户体验和使用着，难免会出现客户投诉和各种突发情况。由于缺乏应对特殊情况的技能培训，使得员工有时不知所措，有的应对失当，从而引发声誉风险事件。希望相关部门立即着手，先制定针对一些特殊情况的应对手册，在此基础上再加强对员工的培训。

（四）信息共享、沟通协同机制不健全

声誉风险作为次生风险，是从其他各类风险衍生而来的。有效做好声誉风险管理工作，需要打破条块分割、层级分隔，建立起通畅的信息共享机制和高效的沟通协同机制。但目前这种机制还不完善，主要表现在：一是信息不共享、不对称。一些信息，直到媒体报道了，公关部门才知道，影响了对声誉风险的提前预判和有效处置。二是协同处置机制的效率还有待提高。对舆情报告时间，总行是有明确规定的，但实际执行情况不理想。三是缺少风险责任共担机制。在处置负面舆情时，公关部门、当事的分支行以及相关部门的沟通协调和支持配合不够，联合作战能力有待提升。

（五）媒体关系维护不到位

这指的是公关宣传条线的问题。随着信息技术的不断进步、新兴媒体的迅猛发展，媒体格局发生了深刻变化，出现了跨媒体、跨行业、跨区域的发展趋势，媒体关系管理的难度越来越大，压力也越来越大。在维护媒体关系上，全行还没有将媒体关系当做客户关系来维护，有的对地方大型媒体一年到头都不接触一次，存在着日常维护力度不够、层次不高、手段单一的问题，对于一些反复报道我行负面的媒体，分行没有引起足够重视，致使舆情多发、频发。

四、全行声誉风险管理面临的新形势

银行面临的声誉风险形势是越来越严峻，表现在以下几方面。

（一）银行与百姓生活的联系越来越紧

金融服务从来没有像今天这样广泛深入地融入普通老百姓生活，媒体对金融服务的关注也从来没有像今天这么密切。比如银行房贷政策的变化、服务收费的调整等问题，都是外界极其敏感和媒体高度关注的热点。服务收费的调整也是被反复炒作。目前银行提供的产品和服务超过2 000余种，既包括传统的结算服务，也包括新兴的理财业务、电子银行业务、代缴费业务、支付业务等。银行提供的金融服务极大地方便了人民群众，已经深深地影响了人民群众生活的方方面面。银行与百姓生活联系越紧密、面越广，受到的关注度就越高，出现声誉风险的频率就越大。

（二）经济波动期银行的压力越来越大

当前，我们正面临着复杂的国际国内经济形势，经济波动导致银行的经营压力越来越大。一方面，银行要支持实体经济发展，不少企业经营困难急需资金，但是按照风险防范的原则，有些企业我们还不能给予支持；另一方面，我们要积极调整信贷结构，“两高一剩”及房地产业等我们只能持谨慎的态度，这些都可能招致个别企业对银行的不满。同时，企业的经营效益在经济波动期表现不好，与银行经营利润继续保持一定的增长形成了鲜明的对比。比如说2012年上半年，我行的利润增长是14.5%，而同期不少企业是亏损的，有的是巨额亏损。社会上出现了银行“垄断论”、“暴利论”等言论，说明有些人对银行有些“红眼”，再加上银行员工的收入相对于社会上一些企业的收入要高，有的还高出不少，更容易惹来是非。

（三）客户对服务的要求越来越高

随着经济社会的发展，不少客户到银行来早已不满足于能办理业务，他们对网点员工的服务态度、服务能力、服务效率和服务质量提出了更高甚至是苛刻的要求。银行的服务比以往任何时候都要受到挑剔，而且今后会越来越挑剔。比如网点出现排队现象，就可能有客户抱怨服务效率低下；网点员工轮休吃饭，就有可能被客户误解为少开窗口怠慢客户；网点员工业务方面解释不到位，就可能遭到投诉；员工态度不够热情，也可能被客户认为冷漠。面对诸如此类情况，我们的员工如不能正确对待和应对，就很有可能与客户发生不愉快的事情。

（四）客户依法维权意识越来越强

随着维权意识提高，客户对银行的服务提出了越来越高的要求。一旦对服务不满意或者银行服务有瑕疵，就有可能诉诸司法、诉诸媒体。例如2012年7月，某分行一客户为了维护自己0.29元的权益，就告上了法庭。事后我也了解了一下，当时我们的一线员工认为0.29元是个小事，这就是个经验判断问题。你想，这个人为了0.29元，跟你搅和半天，那这个人绝对是一个“难缠”的人，那你就要加倍注意了。还有客户因为质疑个别柜员收费时分币的四舍五入法，诉诸媒体。还有客户因为ATM卡钞、吞钞后平账不及时，诉诸媒体。而一些媒体的“民生热线”、“行风在线”、“投诉专栏”、“金融消费投诉平台”等，也为客户表达诉求提供了平台。

（五）监管部门对舆情的处置要求越来越严

中国银监会专门发布了《商业银行声誉风险管理指引》，督促各家银行进行有效的声誉风险管理，并要求每个季度报告声誉风险管理情况。2012年以来，声誉风险管理工作已成为银监会月度监管会谈的主要内容。在日常工作中，监管机构还建立了舆情报送和监测系统，通过电话提醒、函件提示等形式要求各行加强声誉风险管理工作。监管部门希望银行负面舆情尽可能少发生。实际上根据第三方监测，2012年以来建行的负面舆情在四大行之中是少的。

（六）少数媒体的商业意识越来越浓

目前，市场化程度较高的主要是都市类媒体、财经类媒体以及网络媒体。这类媒体存在“抓眼球”、追求“轰动效应”的现象，他们对待银行哪怕是很小的一点问题，往往小题大做，以夸张的标题、有违客观事实的内容进行炒作，来吸引公众眼球，扩大其影响。另外，有些市场化媒体通过负面舆情吸引大型企业尤其是银行的注意，继而提出广告合作、建立舆情公关“绿色通道”等商业化要求谋取利益。有的记者就把报道我行的负面稿子拿在手上，公开说，你要做“广告”多少万元，如果不答应，明天此稿就见报。但我们不能这么做，我们不能助长这种不良风气的滋生和蔓延，而且这么做也不符合我行的规章制度。

报网结合是当前媒体主要发展形态。现在很多报纸、电台、电视台等传统媒体都自办网站，或向门户网站提供内容，平面媒体新闻已经网络化。一些没有实力的报纸也与门户网站签订转载合约，借助网络扩大其传播影响，从而达到其商业化经营的目标。

从当前舆情发展路径看，负面舆情的原发报道大都源自纸质或电视媒体，但传播扩散、影响发酵主要通过网络。其中，门户网站是最主要的传播渠道。正是借助网络，小媒体也会有大影响，小事件也可能酿成大事件。

（七）好事多事的人越来越多

近年来有个别人打起了银行的主意，甚至出现了一些欺诈犯罪的苗头。例如，某分行发生了两个表兄弟客户用信用卡诈骗案件。社会上还出现了一些职业投诉人，专门研究银行、保险、证券在日常经营管理中存在的法律漏洞和不当行为，通过偷录员工销售时的不当语言等手段，向媒体投诉，到法院起诉，对银行施加压力，最终达到谋取利益的目的。还有个别媒体出于商业利益，也热衷于报道银行负面消息，通过提供信息费等方式向大众征求舆情信息。有的人唯恐天下不乱，本来事情与自己毫不相关，也在那里兴风作浪、推波助澜。

（八）银行点多面广问题防控越来越难

我行有13 700个网点，每天要接待数百万客户。我行拥有数亿客户，每天都在体验和使用我行超过2 000种的金融产品和服务。全行的产品、服务、制度、政策、合规、案件，甚至是员工个人行为出现问题，都可能引发声誉风险，而且基于声誉风险的放大作用，稍有不慎，就可能造成很大的负面影响。

五、关于做好下一步工作

（一）提高认识，高度重视

全行各级机构、各机构内设部门、每位员工都要自觉维护建设银行声誉。总行党委对当前全行声誉风险管理工作非常重视，2012年以来，王洪章董事长、张建国行长、张福荣监事长多次对全行声誉管理作了批示，提出了新的更高的要求。声誉风险管理也已作为重要内容，纳入了全面风险管理体系以及KPI考核体系。各部门、各分支机构、各附属机构和全体员工，都负有维护建设银行声誉的责任和义务。各级负责人要从讲政治、讲大局的高度重视声誉风险管理工作，切实将总行有关声誉风险管理的要求落实到日常的经营管理之中。只要思想重视，树立声誉风险意识，脑中绷紧这根“弦”，就能在日常工作中付诸行动，有效地防范和控制声誉风险。此外，舆情问题不光是给建设银行某一级、某一个机构带来风险，同样也会给我们全体30万员工带来风险，一不小心说了不该说的、做了不该做的，经媒体报道后对建设银行形象都可能产生负面影响。所以声誉风险与每一个人都息息相关。

（二）明确职责，守土有责

1. 明确条线分工。一是抓源头治理。属于业务制度上的问题，特别是已经引起过纠纷的，制度牵头部门要立即修订完善；属于流程过长、过于烦琐、影响服务效率，造成客户不满的，流程管理部门要立即优化；属于系统缺陷的，由业务部门反映到信息技术部门，信息技术部门要抓紧完善。要抓源头，这个问题不解决，等媒体报道后再去“灭火”，是远远灭不尽的。

二是抓客户服务。一线人员，特别是柜面人员的业务素质要通过培训尽快提升上去。前面讲了，希望各个条线抓紧制定处理特殊问题的小手册，这个手册还需要保密。制定手册后，各分管条线要抓紧培训。同时，希望各有关部门以后出国特别是到美国银行，要注意考察他们在这方面的好经验、好做法，以资借鉴。此外，在处理客户投诉上也要注意方式方法，有的可以采取和解的方式，以便腾出精力用在业务发展上，用在抓创收上。

三是抓媒体维护。属于应对媒体不当的，公关宣传条线要注意认真总结经验，同时要维护与媒体的关系。要向客户部门学习，把媒体当客户关系去进行日常维护。

2. 明确总分行分工。维护好各级媒体关系至关重要，总行公共关系与企业文化部负责中央级媒体的沟通与维护，一级分行新闻宣传主管部门负责省属、省级直管媒体的沟通与维护，二级分行负责总部所在地的媒体沟通与维护。二级分行要加强这个方面的工作，因为那些商业利益色彩浓的媒体大都在二级分行所在的地区。

3. 各级机构要守土有责。要认真贯彻落实好行内各项规章制度，重大问题各级一把手要亲自过问，要成立由行领导牵头、各相关部门参加的应对处置小组，要严格落实总行舆情监测报告和处置的有关制度规定。各级分行党委要把声誉风险管理纳入到中心组的学习内容之中，各级行领导尤其要带头学习，提高认识。要加强基础管理，将声誉风险管理关口前移。

（三）加强信息共享和沟通协同

从2012年舆情处置情况看，由于各部门与公关部门、上下级行之间信息传递、沟通不够好，有时公关部门不掌握相关风险和案件等信息，在媒体报道后才介入处置，陷入被动，处置效果也不理想。今后，总分行各部门、上下级行之间要加强信息共享和沟通协同，以便公关部门提前参与，制订应对口径和工作预案。

（四）提升应对客户纠纷与媒体的能力和技巧

研究数据显示，60%的声誉危机为积发型，声誉风险事件从酝酿、发展、发生必然要经历一段时间，如果能够引起充分重视、及时有效处置，构筑全行员工、职能部门和声誉风险管理部门“三道防线”，就能够将潜在声誉风险扼杀在萌芽状态。在这里我提醒大家，媒体有其特殊性。就新闻效应而言，媒体没有级别概念，一些企业也许就会被一个小报一篇文章、几个报道轰倒。对于记者今后也不要有等级观念，即使是一个刚工作不久的记者，如果你对他（她）不客气，那没准就要找你麻烦，因为谁都希望被尊重。

在应对客户纠纷方面，一是对客户对我们的服务不满，我们的网点和员工要以积极改进的态度，耐心解释，依法合规，尽量第一时间予以平息。如果真是我们的问题，不要回避，该道歉的要立即道歉，该认错的要立即认错。回避责任，只会把问题搞得更复杂、更糟，甚至造成不可收拾的局面。二是妥善处置一些客户非理性的投诉。在工作中，柜台员工经常会遇到因客户对我行的制度、产品、政策不了解和不理解等产生的投诉，有的投诉不一定合理。遇到这种情况，我们仍要热情接待，把问题解释清楚，千万不能简单化地处理，更不能得理不饶人，避免因言语不当而引发新的矛盾。在这里我要提醒一下，我们银行是第三产业，也就是服务业，我们吃的就是服务饭，所以搞服务就要受得了委屈，这是个基本功，这个关一定要过。2012 年 7 月 11 日，承德新闻网报道“客户在承德建设银行广场支行办理业务时遭到了与 VIP 客户的差别对待，营业厅内的业务窗口全部只为 VIP 客户服务”的新闻，引起了广大网友的热议。经核实，这个新闻有失实和偏颇之处。实际情况是，VIP 窗口只有一个，且没有 VIP 客户时就会受理普通客户业务。承德市分行对这个舆情及时回应和澄清，并将改善排队情况的措施及时向社会公布，表示会听取网友的意见，为广场支行增加人员和自助配备，并将最优秀的柜员和大堂经理调配到广场支行，满足普通客户的需求。这种认真倾听客户呼声的态度化解了声誉风险，得到了客户的认可。这就是一个正面例子。如果不是这样，那有可能出现反面情况。

在媒体应对方面，工作虽然困难，但也并非没有规律可循。简而言之就是四句话，即真诚接待（记者前来采访不躲避而真诚接待）、有效沟通（了解记者的身份和真实采访意图，然后根据他的意图我们既要坚持原则又要灵活地沟通，取得他们的理解和谅解）、及时报告（按规定报告路线向上级主管部门报告）、善于处理（按照上级部门的要求妥善地处理采访事宜）。如果我们每一个人都能强化程序意识和纪律意识，严格按照上级行确定的媒体应对策略进行处理，严格按照上级行确定的统一口径进行答复，而不是简单敷衍或信口开河，就不大可能因媒体应对失当而出现争议或负面报道。例如 6 月 1 日，某报刊登了题为“建行储户账户被扣费三年 竟为他人支付有线费”的报道，实际情况是客户和有线电视收费公司的流程存在瑕疵，不是我行原因，我行只是履行代扣费的职能。记者询问我们的员工时，我们的员工没有积极协助客户解决问题，而是简单一句话回答“用户是与歌华签约，并没有和建行签约，因此与建行无关”，道理是这么个道理，但是人家听起来不太舒服，就因这样的话直接将记者顶了回去，本来没我行什么事，结果媒体把矛头直接指向了我行。

（五）严肃纪律，加强责任追究

一是完善追责机制。以后凡出现负面舆情，对我行声誉造成损害的，特别是重大损害的，是各有各的账。制度不合理的是制度部门的账，流程不合理的是流程设计部门的账，系统不合理的是系统部门的账，前台应对不合理的是前台的账，如果媒体报道以后应对不当，那是公关宣传条线的账，所以都要打板子。如果要处分是都有责任，只是有轻有重，谁也逃不了干系。

二是严肃宣传和保密纪律。总行再次重申，各级机构的宣传工作要严格按照“归口管理，统一对外”的原则，加强对外信息发布的管理。全行员工要切实强化保密意识，严禁通过任何形式，包括微博，擅自对外透露任何有关行内文件或经营管理的相关信息。未经授权，任何人不能擅自接受媒体采访。

三是加大问责力度。对于思想麻痹，缺乏责任心，化解客户投诉不及时、应对突发情况不当导致声誉风险事件的，对声誉风险事件应对不及时、处置不得力等行为，要严肃追究相关人员的责任。

四是提高员工微博风险防范意识。我行每个员工不要使用“建设银行”、“建行”或其他容易让公众联想到我行的用户名来开设微博，希望员工们不要自行以建设银行员工的名义进行个人的身份认证。某银行有一个员工，因在个人微博发布了银行福利的消息，短短几个小时就被转发了上万次，评论极为负面。现在有的博主，粉丝达到了千万以上，也就是说一旦负面舆情在他的微博上出现，那么点击量就是上千万次，传播速度太快了，所以我们的员工在这方面一定要注意。

同志们，距离党的十八大召开时间已经不长了，在这段时间，各级行、各部门务必“严防死守”，切实避免或减少我行负面舆情的出现；同时，要加大正面宣传的力度，将我行推动经济建设、支持民生、服务“三农”、助力科技创新等方面工作亮点，认真总结归纳，形成稿件，通过媒体进行报道，这也是中央所希望的。今天在这里对全系统在十八大之前的宣传工作做一个部署。会后，各一级分行、二级分行和支行都要积极组织一批稿件，在当地的媒体进行正面报道。如果觉得非常好的，可以与总行公关部（党委宣传部）联系，推荐给中央级媒体进行报道。总行公关部要加强对正负面两方面舆情的监测，统计各分行舆情报道的情况，并在十八大之后向全行通报。希望各行认真对待，以我们越多、越好的正面报道，展现建设银行的风采，迎接党的十八大胜利召开！

拜托大家！谢谢大家！

在中国建设银行离退休人员思想政治工作座谈会上的讲话

章更生

（2012 年 9 月 18 日）

同志们：

我们这次离退休人员思想政治工作座谈会，开得很及时，也很有必要。党的十八大即将召开，我们需要创造一个良好的氛围。上午听了同志们的交流发言，很受启发，下面我结合建设银行实际，就新形势下如何加强和改进离退休人员思想政治工作谈几点意见，供大家参考。

一、为什么要加强老干部思想政治工作

一是中央的要求。中组部李源潮部长、沈跃跃常务副部长近年来就老干部工作多次发表重要讲话。2012 年初，中组部把老干部的思想政治工作从整个老干部工作中突出地提了出来，要求各级、各层、各条线都要加强老干部的思想政治工作。

二是建设银行改革和发展的要求。我们的改革与发展需要一个相对宽松的环境，老同志的学习和生活情况也是各级行日常工作中的重要组成部分。如果我们的老同志因为个人的事有意见，或者对当地行甚至对社会上的一些做法有看法，而去找当地主要领导反映情况，那么必然要分散各级领导的精力，在我们的在职员工中也会形成不好的影响。做好老同志的工作既是企业文化的重要组成部分，也是一个企业品牌价值的重要部分。试想如果说一个企业连自己过去的老员工，特别是有功劳的员工服务都做不好，那么从何谈社会责任和企业责任，长远来看也会影响到公众对企业的看法。

三是社会经济发展的要求。随着社会经济的变化，老同志身上也随之发生一系列变化，主要有三点：

其一，思想观念多样化。经济社会转型时期往往伴随着思想的多变性、差异性、独立性和选择性，老同志的思想变化主要表现在：一是追求公平、民主的意识增强。过去的老同志们是一切听党的话，一切服从组织安排，表现出对组织深厚的情感；现在越来越多的老同志，在仍然保有上述情感的同时，也表现出越来越强的民主和维权意识，追求公平、公正的政策和社会地位。二

是收入落差导致心态失衡。我们将心比心，这种心理落差是存在的。薪酬制度改革后，新退下的老同志收入下降幅度会比较大。如果是更早退下来的老同志，那么他们当初的收入和现在在职员工收入相比，几乎是不成比例的。实事求是地讲，他们没有赶上好时候，更多的是奉献，我们现在好的生活，相当程度上得益于前人打下的良好基础。

其二，生活方式多样化。老同志们对提高晚年生活质量的愿望，可以说比以前更加强烈，“求知、求健、求乐、求为”的需求不断提升。比如说在老年文体活动方面，老同志们已经不能满足于传统的棋牌、书画、歌咏等活动，旅游、收藏、电脑、养生等一些新的文体形式也开始走进老同志们的生活中，这同十年、二十年前相比，可以说发生了巨大变化。

其三，年龄心理差异化。随着越来越多的老同志退下来，离退休队伍结构发生很大变化，对我们的服务管理工作提出了新的挑战。截至2011年底，全行退休人员已占到离退休人员的95%，这些新退下来的老同志相对年轻、文化程度高、身体条件也好，他们的观念、兴趣、爱好、志向、需求同其他老同志相比有较大差异。但是同时也有越来越多早年退下来的老同志进入了“双高期”，即“高龄期”和“疾病高发期”，“空巢”家庭和孤独现象比较突出，老同志们的晚年生活服务已经成为日渐突出的一个大问题。这是讲的为什么要加强离退休人员的思想政治工作，有其必要性和迫切性。

二、如何加强离退休人员思想政治工作

加强新形势下离退休人员思想政治工作，在方法、渠道、措施和形式方面肯定是多样的，而且不同的单位根据其特点也可以采取不同的方式。我认为，在新形势下以下几个方面需要进一步加强。

（一）要加强离退休人员党组织建设

我在总行开过两次离退休人员座谈会，这也是老同志的普遍诉求，他们不仅需要精神生活，也需要政治生活。他们对组织有着深厚情感，特别是年龄大的一些老同志，几乎把自己的一生都交给了组织，对组织的归属感极其强烈。因此，要在离退休人员中组建完全是离退休人员党员在内的党支部或党小组。

通过老同志支部建设，将老同志们凝聚在一起，通过支部发挥作用，起到让老同志自己管理自己，并通过支部、党小组这个载体来做思想政治工作。实践证明，这是非常行之有效的手段之一。在上午的交流发言中，上海市分行的同志提到，有些话让老同志们自己来说，往往能起到很好的效果，因为他们不是对立的关系，不是矛盾的对立面，是矛盾的统一体，大家都是离退休人员，这样做工作可能更有说服力。

成立党支部、党小组，需要选好书记以及相关的支部委员和组长。党支部、党小组领导不论是什么级别，要公信度高、热情办事、乐于奉献。我们要把党支部、党小组的建设作为我行做离退休人员思想政治工作的一个重要载体。

（二）要加强政治理论学习

离退休人员支部建设要做什么，其中最重要的一条就是要加强政治理论学习，要让老同志继续关心国家和建设银行大事。实际上，加强政治理论学习是思想上正确引导的一个重要抓手，让大家想大事、想正事。人的思想总是要有地方安放的，不想正事，就会胡思乱想，不仅给家里添麻烦，也有可能就要给单位、给社会添麻烦。

实际上，老同志对政治理论学习也是渴望的，因为他已经习惯了关心国家大事。再者，如果说退休以后不工作了，再没有一个组织把他们组织起来进行政治理论学习，他会感觉被边缘化了，会产生不同程度的失落感。

政治理论学习一定要选好题、安排好内容，这是非常关键的。学习贵在形成一个制度，一个月学一次或者半个月学一次，形成制度后就要坚持下去。加强政治理论学习，不管是过去、现在和将来都是思想政治工作不可缺少的一个形式。

（三）要充分发挥先进典型的示范作用

做思想政治工作有时是无声、无形的，树立一个榜样，他就会知道怎么回事，榜样是这样做的，他没有这样做，心里就会有触动。为此，要通过支部和党小组，在日常工作中要充分发掘老同志（也可以是社会上的）当中爱党、爱国、爱行、爱家、关心他人、相互帮助、克服困难、战

胜困难的先进典型，在广大老同志当中通过一定形式进行宣讲。需要说明的是，这个典型一定要真实，是什么样就是什么样，如果不真实，那就起不到正面的示范作用，反而起负面作用。为此，我觉得各级老干部工作部门可以做得活一些，可以开展一些评先活动，开展评先可以多设一些项目，各级行以精神奖励为主，可以适当给予物质奖励。

（四）要广泛开展谈心活动

谈心是思想政治工作重要的手段之一，老同志之间、从事老干部工作的同志与老同志之间，都可以开展谈心、谈话活动。在这里，我也希望所有从事老干部工作的同志将来都能成为沟通高手，做思想政治工作的能手，说白了就是会讲道理，会做老同志思想工作。此外，还可以请专业人士进行集体和个体的心理辅导等。有时候外来的和尚好念经，可信度可能更高，所以请专业人士谈也是一个方法。我认为，开展谈心活动也是老同志的迫切需要，对家里的、社会上看不惯的事，他也需要化解。我们每个人不管是谁，他生气的时候，也知道自己不该生气，或者说，这个气生得不对，但是没有人给他化解。有时候自己生气了，也希望找个人聊聊，就能拨云见日了，这都是人之常情。从一定意义上讲，物质上给予老同志的，有时候还不如话语的关怀，俗话说“好言一句三冬暖”就是这个道理。

那么开展谈心活动，需要注意几点：第一，一定要注意倾听，老同志有时啰唆一些、车轱辘话多一些，但一定要不厌其烦，不管他说的对还是错，都要耐心倾听，这是基本功；第二，一定要怀有关爱之心，过去他们是我们的战友，是我们的老上级，也可能是我们的叔叔辈，有的是我们的爷爷辈，他们对建设银行作出了巨大贡献，我们应该有这个爱心、有这个情怀。本着这么一个心理，与他们进行沟通、交谈，往往能取得较好的效果。你要发自内心，所以真情以待是非常重要的，有些事情说清楚了，“结”也就解了。我在总行召开两次座谈会，老同志们提出很多好的意见或建议，我们立即着手解决，有些不能办的也和老同志们解释清楚，包括我们是上市公司需要依法合规等原因，一讲大家基本都能理解了。

（五）要创新思想政治工作的方式

做好老同志的思想政治工作不能拘泥于习惯的方式，要勇于创新。例如，可以举行一些报告会、故事会等，还可以请一些在职员工不定期地讲讲，通过这些激烈的市场竞争中非常精彩鲜活的故事，让老同志们感到现在的建行人也着实不容易，取得老同志的理解。只有理解了，他才能够体谅，才能从侧面支持我们的工作。要让老同志知道我们今天的建设银行成为市值和利润总额位居全球前列的大银行多么来之不易，是多么艰辛换来的。同时，还可以请一些有关人士，以报告会的形式，讲讲当前的政治经济形势，这也是做思想政治工作非常好的形式之一。

（六）要尽可能解决离退休人员生活中的实际问题和困难

前面讲的五条都是思想政治工作，这一条似乎与思想政治工作没有什么关系，但我要说这很有关系，如果这一条做不到、做不好，将大大影响前五个方面的效果。解决离退休人员生活中的实际问题和困难，这是我们建行人应尽的责任和义务，这也是体现有中国特色的股份制银行的特点。西方国家企业的员工退下来后，生、老、病、死都是社会上的事，我想我们建行人不能这样，否则离我们的传统文化相差太远。如果说这点做不到，“只说不练”，时间长了，老同志也就不相信我们了，前面的五条就要失效。

需要说明的是，我们解决问题必须要在一定的政策范围内，如果说突破了政策，老实说那就是“违规”，严重的就是“违法”，那肯定是不能做的。一旦“违规”，那就要受到相关部门的处罚。我们是香港和内地两地上市的公司，每一笔开支都要经过严格的审计检查，不该开支你开支了，等业绩发布时，股东和外部机构就要提问。如果真的到了这一步，我想这也是我们绝大部分老同志所不愿意看到的。

三、进一步做好新时期离退休人员的工作

好不容易开一次会，各分行都来人了，尤其是有几名老同志代表参加，我想在这里就全行老干部工作，主要针对老干部条线的同志提几点要求。

建设银行的老干部工作，在历届党委和领导的高度重视下，特别是在辛树森书记的领导和推动下，打下了很好的工作基础。较之于工商银行、农业银行、中国银行三家银行，总体上讲，我们在老干部组织建设、机制的建立、活动的开展以及福利待遇等方面，应该说都做得比较好。我们所有从事老干部工作的同志要在现在良好的基础上继续努力，将离退休人员工作做得更好，要将尊重、关心、关爱老同志真正融入建设银行企业文化中，要通过我们的努力，打造成为建设银行的一个品牌。这个品牌指的是对上要得到中央的肯定，中央主要有两个部门，一个是中组部老干部局，一个是中央国家机关工委，中组部已经把建设银行列为建立退休制度30周年的课题研究成员八个单位之一，金融系统就建设银行一家，这说明我们的工作已经得到中组部的认可。此外，要让总行党委放心，最终要让老同志舒心。

下面就进一步做好老干部工作讲几点意见：

一是要把握好离退休工作的定位。离退休工作是党的组织工作和干部工作重要组成部分，这是中央对离退休工作的政治定位，坚持围绕中心、服务大局，这是中央对离退休工作提出的工作要求，我们必须清醒地认识到，离退休工作是政治性很强的一项工作，它不是中心但牵动中心，不是大局但影响大局，绝不能把它视同于一般事务性工作来对待。这也是一条十分重要的政治经验。各级行党委要高度明晰离退休工作的定位，把离退休工作放到改革和发展的大局中来统筹安排，保证离退休工作和全行工作共谋划、同部署、同发展。

二是要将老干部满意作为工作的出发点和落脚点。要满怀感情、满腔激情做好离退休服务管理工作，坚持不懈地为老同志办实事、办好事、解难事，努力保证老同志安度晚年、颐养天年、益寿延年，做到让总行党委放心，让老干部满意。以上是我们老干部服务管理工作的落脚点和出发点，是离退休工作的最终目标。各级行要从老同志的实际需要出发，继续坚持落实各项老干部工作政策和工作制度，切切实实地解决好离退休工作的困难和问题，全心全意维护离退休人员的切身权益，要关注社会经济生活的发展变化给老同志们的生活、学习带来的影响，采取及时有效的措施，力争使老同志的实际生活水平和医疗保障水平不降低，要充分考虑到老同志日益增长的物质和文化的需要，下大力气搞好老干部活动和学习阵地的建设，丰富和活跃老同志们的晚年生活。

三是要将创新作为推动离退休工作发展的不竭动力。我们建设银行老干部工作的发展过程，充分体现了解放思想、实事求是、与时俱进、改革创新。在社会保障制度改革，在建设银行内部机构、人事制度改革等重要关头，建设银行的离退休工作坚持与时俱进、因事而定，通过不断创新工作体制和机制，积极落实老干部政策，较好地稳定了老干部队伍。当前离退休服务管理工作还面临许多新情况、新问题、新挑战，我们要继续坚持观念创新、制度创新、方法创新，努力把离退休工作不断提升到新的水平。特别要指出的是，我行退休人员每年以9% -10%的速度增长，退休队伍结构也出现了根本性变化，如何适应新情况，加强对退休人员的服务管理工作，中央即将出台管理意见。我们在贯彻执行好中央要求的同时，要结合自身实际，不断探索、深入研究，切实将离退休人员服务管理工作做好。

四是要将构建统筹协调管理机制作为离退休工作的重要支撑。当前，随着经济社会发展和改革的深入，离退休管理服务工作的内容、对象、需求已经发生了变化。在新形势下，离退休工作已经不是一个机构、一个部门能够独立承担的任务，因此，构建统筹协调机制，形成有效的离退休工作管理格局既是当前离退休工作的迫切需要，也是创新离退休工作的重要举措。近年来，总行也多次要求各级行成立党委领导下的离退休工作领导小组，逐步形成党委统一领导，组织人力资源、离退休部门具体负责，相关部门协调配合的离退休工作运行机制，及时解决离退休工作中出现的困难和问题，推动离退休工作健康发展。各行要高度重视和发挥离退休工作领导小组的作用，分管离退休工作的领导要认真履行职责，定期听取汇报，加强统筹协调，解决实际问题；组织人力资源部门要认真做好涉老政策的制定、调整、落实和协调工作；离退休部门要充分发挥服务管理职能，加强对相关部门的沟通与协调；计财、工会、机关党委、企业文化、总务等相关部门要切实负责起各自的责任，发挥职能作用，为离退休工作提供强有力的支持和保障。涉及离退休人员的政策问题，组织人力资源部门要向离退休老同志积极做好沟通和解释工作。

五是要加强离退休管理部门的自身建设。建设一支组织素质好、工作能力强、作风过得硬、离退休人员信得过的工作队伍，是总行党委的一贯主张。多年来，我们的离退休工作人员爱岗敬业、无私奉献，积极做好离退休服务管理工作，效果显著、成绩突出，总行党委是满意的。在此，我代表总行党委向大家致以崇高的敬意，感谢大家！

下一步要继续加强离退休工作队伍的建设，各级党委要创新观念，拓宽用人思路，在离退休工作这项政策性很强的岗位上，积极选配合适的人员，提高工作队伍的工作效率和整体素质。大力推进学习型队伍建设，强化教育培训工作，加强政治学习和业务指导，提高离退休工作人员的思想政治素质，提高政策运用能力和服务管理能力、调查研究能力、改革创新能力。继续深入抓好作风建设，鼓励工作人员深入基层、深入老同志中调查研究，宣传党的方针、政策。同时，要关爱离退休工作人员。离退休工作事无巨细，十分繁杂，不少同志还经常面对生、老、病、死，身体压力和心理压力都比较大，各级党委要关心他们的工作、学习和生活，为他们的职业发展创造良好的空间，做到以事业留人、以感情留人、以适当待遇留人。要认真落实好党和国家关于离退休工作人员配备的有关规定，保持离退休工作机构的相对稳定，编制和人员配备必须与承担的工作任务相适应。

同志们，做好新形势下的离退休工作责任重大、使命光荣，让我们以进一步加强离退休人员思想政治工作建设为重点，以改革创新为动力，求真务实，努力提高工作科学化水平，以优异的成绩迎接党的十八大胜利召开。

谢谢大家！

（根据录音整理）

在2012年全行机构业务工作会议上的讲话

章更生

（2012年9月20日）

同志们：

刚才刘仁刚总经理做了一个很好的报告，对全行机构业务进行了回顾，就当前机构业务所面临的形势进行了认真分析，同时部署了下一阶段工作，提出了要求，讲得很全面、很细致、很具体，我都赞同。下面借这个机会，我讲几点意见，供大家参考。

一、要充分认识机构业务的重要性

我们的机构业务是以负债和中间业务为主，而负债的表现形式主要是存款。存款对于银行的重要性可谓不言而喻，是各家银行任何时候都要去争取的。当然，也有所谓的存贷比过高的问题，也就是存款过多，如果因之影响经营效益，那只能说明一家银行资金运用能力不足，至少目前这个阶段是这样。中间业务是中国银行界业务转型的重点，它具有良好的发展空间，是未来的一个重点领域。可以说，机构业务是连接公司与个人、投资银行类和资金类等业务的重要桥梁和纽带，它不仅可以承载目前银行的基本产品和功能，同时具有很强的业务延伸性和扩张性。基于以上，机构业务必定具有广阔的发展空间和美好未来。

特别是总行“三大一高”业务发展战略中的“大客户”和“大系统”，在机构业务上体现得尤为明显，例如，目前我行“财政系”存款就约1万亿元。总行领导对机构业务高度重视，在各类会议上经常提及机构业务发展的问题，总行“三长”在机构业务签报和其他资料中多次做过批示，并亲自参与机构客户的营销。

就当前来说，由于经济下行带来的整个银行负债业务形势比近几年任何一年都要严峻，2012年竞争最为激烈。一些银行过分强调规模扩张、资产业务扩张，造成了其资金十分紧张，逼着它必须甚至不惜代价和长远利益来抓存款。在这种情况下，给我行存款业务带来了极大的压力，从一级分行领导一直到总行领导都感觉到非常大的压力，或者说我们是付出了比过去大的力量，但是效果可能还是不尽如人意，没有达到以往的投入与产出效益。在2012年这种情况下，机构业务存款及账户新增对全行负债业务发挥了突出作用和替代效应。因此，在当前特殊时期，我们机构业务条线要挺身而出，一定要通过努力来改变目前的严峻局面。

如果我们在机构业务条线工作的同志还认识不到以上这些，我想那是在工作当中缺乏责任感和使命感的表现。没有责任感和使命感，可能就会影响到我们工作的热情、激情和干劲；而没有热情、激情和干劲，我们的工作就很难出色地完成好。所以，我们做这项工作的同志务必要认识到我们所做工作的重要性，这是做好工作的前提条件。

二、要解决的几个问题

2012年以来，全行机构业务取得了较好的成绩。前8个月在各级领导的高度重视下，在各相关条线的大力支持和配合下，经过我们机构业务条线全体员工的共同努力和辛勤工作，使得全行机构业务取得了令人满意的成绩，具体的数字刚才刘仁刚总经理都已说了，我就不再重复。在此，我谨代表总行党委对全体机构业务条线的员工们，为全行特别是在2012年这个特殊时期的业务发展所付出的辛勤劳动、所作出的突出贡献表示感谢！同时，也对各级领导、各相关条线对机构业务的重视、支持和帮助表示由衷的感谢！

虽然我们前8个多月的工作取得了良好的成绩，但也要看到还存在需要进一步重视和解决的问题。下面几点，有的可能是具有共性的，有的可能只是一些行存在，有些可能情况比较严重，但都需要我们今后下大力气去解决。

（一）要解决“攻得下、守得住”的问题

这实际上说的是我们机构业务长期性和稳定性的两个方面，也就是说对于我们做得好的，要能够守得住；对于做得不好的，想攻要能够攻得下。在攻得下的方面，我们发现对有些大客户的勘探能力不足，一些具有重要资金量的大户，有的我们甚至还不知道，如果这样就更难说攻得下了。为了更好地做到“攻得下、守得住”，总行也采取了一些措施。

措施之一：实行了“总战”和“总重”两级客户。确定了总行直接营销的机构客户是107户，这实际上就是总行战略性客户；总行支撑牵头营销的机构客户2 072家，这实际上就是总行重点客户，以后统称为机构类“总战”和“总重”客户。

措施之二：推行客户经理制。我们在工作当中有许多是阶段性而非长期性的，并且阶段性工作有时还没有明确到具体的人头上。有些经过高层营销或者其他方式争取到的客户，由于没有专门的客户经理进行维护，所以顶多成了阶段性成果或者说一次性成果。今后营销下来的客户，必须要固化到某一层级客户经理身上，责任包干到客户经理，并且要做好日常的关系维护、进行任务考核等。

措施之三：业绩公布制。我们将38家分行分管的行领导和机构部总经理也列出来，并且将业务指标情况进行排列，以便相互比较、互相促进。

措施之四：对于某阶段、某项、某几项或者是整体做得不太好的、排在后面的几个行进行谈话，帮助其分析上不去的原因，并采取相应措施。

所以，对于怎么能够“攻得下、守得住”，从总行层面至少采取了四条具体措施，当然，还有待于今后进一步完善，如这几条措施还不行，我们就要采取更进一步的措施。各分行也要根据自己的情况提出一些招数。

（二）要解决工作力度不够的问题

我这样一说，大家可能觉得委屈，我也承认大家可能在工作当中确实付出了艰辛的劳动，下了很大的力气，但我要说不是所有的行，也不是所有的人都是这样。再者，我们的工作力度看是跟谁比，跟自己比、跟我们建设银行的其他分行比可能还行，如果要跟那些小银行比，我们的工作力度就未必有它们大了，当然，我并不赞同一些小银行不择手段的做法，那样会带来很多风险隐患，但是至少人家的工作力度是摆在那儿的。

工作力度实际上解决的是执行力的问题。从主观上讲，要解决力度不足的问题，关键是要提高对工作重要性的认识，然后让大家在工作当中更加紧张起来。要想加大力度的话，还需要我们各级行都要量任务、晒业绩、排名次。要想把工作力度加强，还需要进行考核，然后运用考核结果，一来直接与收入挂钩，二来也是作为用人的一个重要参考方面。能力强不强，要拿实际业绩来说话，否则停留在口头而没有业绩，那只是纸上谈兵。

（三）要解决工作中的方式、方法问题

这是一个方法论的问题。我希望今后大家，特别是在座的高级经理，要把它当做一个非常重要的思考项，不但要自己思考，还要指导下属在工作的方式、方法上进行改进。方法的问题就像杠杆原理，方法越好，杠杆的支点越靠近物体，我们的力臂就越长，力臂越长就越能撬动更大的物体，这有个事倍功半和事半功倍的差距。

在方式、方法问题上，首先要打破思想上的禁锢，不要受传统习惯的东西所左右。我们内部的一些规章制度、内部的一些业务流程，也有可能是因形势的变化变得不尽合理、不切实际，我们要敢于突破它、修正它，如果禁锢了，那就永远也走不出旧制度的条条框框。

在方式、方法上，需要我们具体问题、具体分析。可以说很难找到所有的事情都能够按照一个方法做的。同样做一件事，在不同的地方可能都要用不同的方法，因为环境不一样，需要我们具体问题具体分析、具体对待。

在方法上，注意要善于寻找突破口。尤其是对于那些非常困难、非常棘手的事情，我们一定要善于寻找突破口。有时候就像迷宫一样，只要找对了进口，就能够到达目的地。方法需要有针对性，比如说，对于有些我们可以做整体合作的构思，要善于利用信贷、发债等其他资源，来为机构业务做资本。如果说单一的拿不下来，我们可以提供综合的服务，这无疑也增加了谈判的砝码。有的可能整体合作不行，那么就要抓关键人物、关键人脉。还有的可以迂回作战，正面拿不下，通过其他的方式、其他人际关系解决。在方式、方法上是永无止境的，大家要充分开动脑筋。

（四）要解决产品研发不足的问题

在日常接触中，我认为比较欠缺的一点是要解决产品研发不足的问题。客户与银行打交道主要是通过购买银行产品来进行的，从这个意义上说，谁的产品好、谁的物美价廉，客户就可能到那个银行去买，也就是去做业务。

过去，客户对产品不是太关注，一是各家银行产品都比较少，二是产品的同质化，到哪个银行都差不多。随着竞争的加剧，现在各行都把产品研发当做业务开拓的重要手段，银行的产品可谓五花八门，可供客户选择的实在很多，再加上现在客户的效益观念、理财观念都比过去大大增强了，所以对于产品的需求更加强烈。往往一个好的产品能够从市场上或者从其他银行搬来大量的存款，比如有些银行做的新产品，每逢月末、季末，一个分行存款一下子就可以进账几百亿元甚至上千亿元，靠的就是产品创新。至于这些做法对不对那当另说。

应该说，过去我们建设银行在机构业务产品研发上做了大量的探索，也做了不少的工作，见到了很好的成效，但是如果从市场激烈竞争的要求或是与某些银行的产品表现来看，实事求是地讲，我们还有很大的改进空间。各行要把产品研发工作往前更加符合实际地、符合客户需求地推进一步。对此，一定要有明确的机构业务产品经理，我不知道是不是所有的分行都有配备。

我们要根据市场的变化情况，以及客户不同时期的需求情况，实时地、快速地研发出一些新产品。同时，一定要注意研究他行的产品，一方面做到了知彼知己，另一方面这也有可能就是一个捷径，就像以色列对从美国购得的军事武器进行改进，其性能比原产的还要强，这是一种很聪明的做法。

对于产品推向市场以后，要进行跟踪、评价、推广和拓展，不能推出去就完事了。因为据国外一些先进银行的统计，他们产品的成功率也不过50%。那么，对于哪些产品真正给我们带来了收益、哪些产品需要更新替代或优化改进，都需要产品经理运用专业技能进行持续维护跟踪。

机构业务的产品经理主要是针对相关客户群体开展产品综合管理、产品营销支持和业务创新，以及提供综合化的产品金融服务，专业化的技术支持、业务分析研究和产品营销推介支撑工作，目的是增强机构业务产品覆盖度、提高业务盈利水平、增进产品创新能力、提升业务精细化管理水平。

对于产品经理，我想要设计一套有针对性的，能够真正衡量其业绩的考核办法。不考核不行，并且也要与其收入等挂钩，主要目的是给压力、出成绩。

（五）要解决力量不足的问题

我发现，有些行虽然非常重视机构业务，也都知道机构业务是对公类存款的好抓手，但是一方面重视，另一方面又舍不得配置力量。这个力量的配置包括人力、财力、物力以及基础设施等。当然，人是最主要的，有了人，我们对主要竞争对手一对一可以胜出，但以一当十实际上很难做到。有了人，还需要有武器。这里的武器是什么？就是费用。但我们说财力、物力，是要讲投入产出的。如果投入得不到应有的产出，那也不能多投入。

对于这个问题，要明确任务，要能够讲清楚贡献，只有在这两个基础之上，你去要人、要钱、要物，领导才有可能赞同你的要求，否则只是盲目说要增人，没有说服力。同时，最好了解一下工商银行、农业银行、中国银行等其他行的机构、人员和经费情况，多做一些横向比较。要经费、要物资，还需要做好各方面的沟通，比如跟领导的沟通、与有关部门的沟通，并且做事要有依据。

以上五点是今后需要解决的问题，也是我们的潜力所在，只要把这五个问题解决好，我相信今后的机构业务就能够得到更快发展。

三、下一步工作要注意的几个问题

（一）总行和分行机构部门要注意加强对所属的工作指导

这是我们总行和分行两级机构部门的工作职责所在。我们不能只布置工作任务，还要结合调研有针对性地对所属进行帮助和指导。比如说哪个行是整体弱了还是某些项目弱了，弱在什么方面，有哪些原因，要帮助一起分析和研究。

因为总行和分行机构站得高，可能就看得更远一点，看到的面更宽一些，同时接触得越多，见识就越广。要把这个优势变成对下面进行指导、提高工作效率的一个措施。尤其是对于一些重大“战役”，部署一些重大策略、重大事项，一定要加强指导，不仅需要“指挥部”前移，而且需要指挥部要沉下去。“指挥员”有时候要亲临现场，因为只有这样才能了解一线的真实情况。

指导一些什么呢？比如说业务发展方向是否正确、方法是否得当、措施是否得力、突破口选择是否准确、产生的问题及问题的原因是哪些等，这些都是要知道，如果只靠上级对下级、只布置任务下指标，而不做指导的话，时间一长你自己对于下面的情况也会不太了解，长期下去，你布置的工作有可能要脱离实际。

（二）要注意搭建综合业务平台

这实际上讲的是要有整体意识问题。整体意识强，是我们建设银行的优良文化，也是我们建设银行在激烈竞争中取得良好业绩的一个非常重要的方面。所以，以后机构部门开会，要尽可能把相关的部门请过来，要有这个意识。一定要搭建一个好的舞台，让其他部门都能在这个舞台上来唱戏。把这个舞台不但要搭建好，而且还要通过客户经理等把这个舞台维护好。所以在这个问题上大家一定要有大局观、整体观、长远观。

在搭建平台上，要体现出上下联动、横向联动。其实机构业务自身离不开其他条线的支持，也要借助上下的力量和横向各部门、各条线的力量。从一定意义上来说，搭建一个好平台，相互都可以借力。所以，今后我们的机构业务客户经理要变经营业务为经营客户，这是理念上的转变，不要单纯经营存款、贷款和中间业务，经营客户需要整体思维，需要长远打算，持久地进行客户关系管理，而不是一锤子买卖。

（三）要关注同业的动向

我们在市场上做业务实际上有一个相对性问题。说自己的业务好、业绩好，跟自己比是一个方面，最重要的是要跟同业比。比较就要有一个参照物，我们的参照物要抓住主要的竞争对手，就是工商银行、农业银行和中国银行。实际上在市场上都有一个此消彼长、此长彼消的问题。

同业就是我们的作战对象，你不关注他能行吗？他的一举一动，我们都要进行分析，他的一招一式，可能带来对我们业务的重要影响。我们要关注对手的政策、举措和打法，要关注其“金矿”所在，也就是他们存款的大客户在哪里，关注“金矿”的同时要想办法挖它。尤其对主要的竞争对手，挖他一个亿，我们就多一个亿，里外里差两个亿。

还要关注市场的份额，这实际上是一个市场坐标问题，我们必须要关注。以后一定要有一个“四大行”的概念，包括汇报工作、上报材料等，都要有一个市场份额的概念，除非确实比不出来，能比得出来的都要有。今后，我们要数字，余额主要是比自己，新增要与同业比，不能回避，这要作为一个必需的汇报项。

（四）要注意实际风险、实际效益和最终风险、最终效益问题

对于实际风险和实际效益，在我们日常业务当中有很多例子。从表面上看没有风险，但它实际就是有风险；从表面上看有效益，有可能实际上它根本就没有效益；从表面上有的时候可能风险很大，也可能实际风险并不大；有的时候从表面看效益差，实际上它可能并不差。

最终风险和最终效果是一个时间跨度问题，指的是不能只顾眼前，也不能只孤立地看问题。比如说像代理业务，我们纯粹是一个中间商，合同都写得很清楚，一切风险都由甲方承担，跟我们一点关系都没有，但是你要知道有时候老百姓不这样认为，通过银行过手他就找你，这就是最终风险。

我们经营业务在一定程度上就是经营风险和收益的平衡，尽力做到风险尽可能低，而收益尽可能高，这是我们做业务的价值取向。

（五）要注意抓重点

在人力、物力、财力有限的情况下，就有一个在哪里使用的问题。那么要想用在关键上，你首先要了解哪些是重点，如果弄不清这个问题，那还是不行。就目前来看，以下几点应是重中之重：

1. 财政大系统。要重点关注其系统作用和辐射作用，要有效地带动预算单位以及上下游客户群体的业务合作，要加强对上下游的充分了解，提出有针对性的措施，在这个方面要注意信息的及时沟通。

2. 社保业务。一要更加关注金融社保卡业务的推动，对于这项关乎建设银行长远发展的战略性业务，因为一招得手，若干年发挥效益，要加大力度推动发卡工作的开展；二要做好新增账户的拓展工作，特别是省、市级别的养老、医疗类等含金量高的账户；三要切实做好社保存款保存量、扩增量的工作，确保账户规模达到应有水平；四要部分与客户签署社保合作协议的分行，对于客户在协议中承诺的存款、开户等内容，要紧盯客户协议落实情况，确保存款及时到账、账户开立到位。此外，各行还要做好社保业务的合规经营工作，严控各类风险。

3. 军警业务。一要发挥团队营销的积极作用，各成员单位应各司其职、目标明确、责任到人，确保横向、纵向信息沟通和响应的及时性和有效性；二要加强存量客户的维护和挖潜，探寻新的业务增长点，确保客户关系和市场份额的稳定和牢固；三要着重对辖区客户的整体梳理，找出客户上下级、资金上下游的关系树，在关键龙头客户上发力、在关键环节上发力、在关键人脉上发力，确保业务的整体提升和拓展。

4. 事业法人客户。一是加大对事业法人客户的存款营销拓展力度；二是对纳入教育、卫生、文化相关领域的总行直接营销客户和支撑营销名单的客户细分到人，落实牵头营销职责分工；三是持续跟进各地居民健康卡的进展动态，做好银医一卡通的市场推广工作；四是通过资产业务带动负债、中间业务的发展，多维度探索综合化产品服务体系，提高以客户为中心的产品配置能力；五是要结合“学生惠”、“悦生活”、银医服务等电子银行产品的推介，积极开展客户营销活动，不断推进教育、卫生、文化领域系统性营销工作，增强教育客户综合竞争能力。

5. “四卡”业务。一是加大业务指导与推动力度，进一步加强部门间协调与配合，理顺并优化金融社保卡业务流程，做好项目储备。二是大力推广分行成功合作经验，对居民健康卡采取源头营销的方式，积极跟进做好居民健康卡的推广工作。三是充分借助公务卡强制结算目录实施的推进，采取多种措施提升客户服务质量，提高卡片使用率和贡献度。四是围绕武警军人保障卡改革积极拓展业务，稳固武警客户市场，为武警军保卡发卡做好准备。

四、切实加速提高全体机构业务员工的素质

如同打仗靠的是人，发展机构业务也是如此。人的素质高低与业务发展有着直接的关系，一定程度上决定着业务发展的快慢、好坏。因此，今后大家要将提升所属人员的素质当做一项长期性、经常性的重要工作来抓。那么，员工的素质如何提高？员工素质包括很多方面，重点要抓以下几个方面：

一要打好基础。也就是说工作要做到规范化，岗位描述要标准化。比如说客户经理要怎么做，都要有一整套的标准。前不久总行机构部已制定出标准化的客户经理制度，各行可以根据自身特点进行修改运用。

二要加强日常的培训和引导工作。这主要是培养员工好的服务意识，好的业务观念、理念。

三是日常带兵一定要严格。有一句话叫做“严师出高徒”，员工素质的高低和领导要求严不严格有密切的关系，要求不严很难带出高素质的兵、高水平的人才来。

再有，前面也提到过的工作方式、方法上的指导问题。我希望大家带出来的兵善于思考、善于分析、善于用心做事、善于用脑工作。只有用心做事，才能把事做仔细，才能够提高工作的质量；只有用脑工作，才能充分发挥人的智慧，才不至于盲从。

毛泽东同志说过，正确的路线确定之后，干部就是决定的因素。这是个真理。在座的各位同志都是机构部门的高级经理，你们所处的岗位在全行机构业务发展当中是一个非常重要的环节，因此你们自身的素质如何，对于全行的机构业务发展至关重要。

9 月 10 日，我们在成都开了小型座谈会。实事求是地讲，我在听大家发言时，发现了大家一些问题，据此对大家履职提几点要求：一是一定要把情况搞清楚，做到有的放矢；二是要目标明确，知晓同业和竞争对手的“金库”在哪里；三是思路要清晰，这是衡量领导人能力高低的标准；四是方法要得当，这是做好各项业务的关键所在；五是措施要到位，当然，采取的措施一定是要有针对性的、有效的、得力的；六是要运用好方方面面的资源，做好资源配置；七是做好激励和约束，激励是正向，约束是负激励，主要是考核、奖惩、调动积极性方面；八是监督指导，所有的方法、措施、资源配置、激励约束机制都到位了以后，还一定要监督、指导。在日常工作当中，大家可以像体检一样，看看在这八个方面做得怎么样，如果注意了这八个方面，你的工作质量我想应该就会提升。

同志们，2012 年还剩下 3 个月的时间，而这 3 个月又是机构业务的黄金季节。党的十八大即将召开，希望大家从讲政治的高度，调动各个方面的资源，加大工作力度，用好的业绩来迎接党的十八大的召开，同时确保年终收官有一个更好的数字，以此来庆祝党的十八大胜利召开。

谢谢大家！

（根据录音整理）

团结动员广大员工
为全行又好又快发展而努力奋斗

——在全行第三届职工代表大会第二次会议上的工会工作报告

章更生

（2012年12月11日）

各位代表、同志们：

在全党认真学习贯彻党的十八大精神、深入开展创先争优的形势下，我们迎来了中国建设银行第三届职工代表大会第二次会议的胜利召开。总行党委对开好这次会议非常重视，王洪章董事长多次听取会议筹备情况的汇报，并作出重要指示，对本次会议召开有着重要指导意义。下面，受中国建设银行第一届工会委员会委托，我向大会作工会工作报告，请各位代表审议。

一、三届一次职代会以来的工作回顾

一年来，全行系统工会在各级党委的正确领导下，深入贯彻落实科学发展观，围绕中心、服务大局、发挥优势、凝心聚力，扎实推进工会工作，团结动员广大员工为实现建设银行“十二五”规划目标任务建功立业，为全行改革发展营造和谐稳定、积极向上的内部环境，充分发挥了工会组织联系党和职工群众的桥梁纽带作用。

（一）深化员工学习教育，提升员工队伍素质

一是开展社会主义核心价值体系主题教育，提高员工的政治思想素质。全行各级工会按照总行党委加强学习型组织建设的要求，充分发挥工会“大学校”作用，以员工职业道德建设、“创建学习型组织、争做知识型职工”、“女员工素质提升工程”以及开办“员工书屋”等活动为载体，深入推进员工素质建设。通过开展形势政策教育和革命传统教育，引领广大员工认真学习社会主义核心价值体系，坚定理想信念，树立“诚实、公正、稳健、创造”的核心价值观；通过开展员工职业道德教育，激励员工艰苦奋斗，筑牢拒腐防变的思想道德防线，提高员工政治思想素质。我行有5个单位、个人被评选为金融系统“十佳职业道德先进集体”、“十佳职业道德先进个人”。

二是围绕业务发展和价值创造，开展多种形式的劳动竞赛活动。各级行工会积极与相关业务部门密切配合，紧紧围绕全行业务发展战略，以提高服务质量、拓展营销渠道、优化业务流程为抓手，深入开展多种形式的业务竞赛活动。按照全国总工会、中国金融工会的部署，总行在全行组织开展了以建功“十二五”为主题的“对公柜面业务技能竞赛”、“个人客户经理理财能力大赛”、“营运条线岗位能手竞赛”和“电子银行典型案例应用推广竞赛”4个条线的劳动竞赛，引导广大员工积极投身产品创新、流程改造、窗口优质服务、技能练兵，推动全行比创新、比服务、比业务、比技能、比贡献的良好氛围，促进了“以客户为中心”经营理念的深入落实，提升了客户服务、产品创新、风险控制能力，在全行上下形成了创先争优的良好局面。

三是评选表彰先进典型，大力弘扬劳模精神。一年来，各级行选树在劳动竞赛、创先争优等活动中涌现出来的先进典型。总行向全国总工会推荐表彰各类先进集体和个人3个，向中国金融工会推荐表彰各类先进集体和个人61个；各级行分别通过以荣誉激励机制建设引导员工立足本职建功立业、举办基层员工先进事迹报告会、开辟《员工风采》专栏、设置荣誉室、组织开展创先争优征文以及举办先进人物专题演讲、举行先进颁奖典礼等形式宣传先进典型的事迹，大力弘扬

劳模精神，进一步营造学习先进、崇尚先进、关心先进、争当先进的良好氛围，在广大员工中引起了积极反响。

（二）加强员工民主管理，维护员工合法权益

一是完善职工代表大会（以下简称职代会）制度，提高员工参政议政能力。各级行大力加强以职代会为基本形式的民主管理建设，民主管理渠道不断畅通、民主管理形式不断活跃、员工的主人翁意识不断增强。总行相关职能部门对2011年11月召开的第三届职代会第一次会议涉及的5个方面97件提案进行了认真研究，推动了相关工作的改进。本次职代会收到职工代表提案92件，内容主要涉及经营管理、人力资源、产品创新、科技开发等多个方面；征集的提案更具广泛性、代表性，提案质量进一步提高，广大员工参政议政意识越来越强。各级机构也认真落实职代会制度，积极组织召开职代会和联席会议，规范职代会的程序、丰富职代会内容、完善职代会议事规则，并通过职代会做了很多诸如对优秀提案给予通报表彰和物质奖励、以行发文形式将提案答复情况下发全行、通过职代会审议通过涉及员工切身利益的规章制度等深入、细致的工作，保护了员工建言献策的热情。2012年，我行有11个单位被授予金融系统职代会制度建设示范单位。

二是积极探索行务公开，搭建日常民主管理平台。各级行不断完善行务公开相关制度机制，通过多种途径，为员工提供多样化的沟通平台。各分行通过设立行长接待日、召开“员工恳谈会”、对各基层单位行务公开实施情况进行检查、开展以“建言献策促和谐，同舟共济谋发展”为主题的基层调研活动等方式，对经营发展计划、员工绩效分配、重大人事调整、大宗商品采购等关系员工切身利益和建设银行重大改革事项实行行务公开，着力解决广大员工反映强烈的焦点、热点问题，使员工在经营管理中应有的知情权、参与权、表达权、监督权基本得到落实。这些民主管理和维权举措扩大了职代会的内涵与外延，使全行的民主管理意识不断提高。

（三）积极推进关心、关爱员工工作，构建和谐的劳动关系

一是加大关爱员工力度，积极寻求关爱员工工作的手段、方式与途径。各级行党委高度重视关心、关爱员工工作，各级行工会不断探索深化关爱员工工作内涵，从文化、生活、身心等多方面关心员工，为员工做实事、办好事，营造温馨和谐的工作氛围。有的分行深入推进民主管理、标杆管理、情绪管理、学习管理、文体管理、帮扶管理等一系列凝聚员工合力的活动；有的分行实施“温暖工程”，想办法为青年员工解决周转房、探索用工管理新模式、实施人才“成长工程”、行龄贡献普惠晋升制度、改善一线员工就餐、特殊群体员工关爱、患病员工关爱、单身青年员工关爱、员工心理关爱减压、领导定期接待日制度等；有的分行坚持“以人为本”，采取了举办员工答谢专场电影招待会，开展“送小家、送文化、送知识、送快乐、送健康、送关爱”的“六送”活动，制定关爱员工措施制度，聘请专家为员工定期提供心理辅导和咨询服务等多种举措，着力构建关爱员工长效机制，把思想关爱、工作关爱、成长关爱、健康关爱、家庭关爱这“五关爱”落到实处。

二是深入开展帮扶活动，切实为员工解决生活困难。各级行认真贯彻总行党委关于帮扶救助工作指示精神，持续深入开展送温暖献爱心和互助基金特困救助活动，为生活困难员工排忧解难。各级行工会2012年元旦春节期间共慰问困难职工12 396人次，慰问金额达2 185万元。总行举办了女员工代表与单亲困难女员工结对子帮扶活动，通过“一对一结对子”帮扶慰问、赠送书籍及电子书、邀请困难员工参与联谊活动等形式，深化送温暖活动的内涵。一年来，全行各级互助基金救助特困员工13 833人次、救助金额达6 184万元，其中总行互助基金救助特困员工355人次、救助金额达2 008万元。目前，总行正在完善《员工互助机制管理办法》（以下简称《办法》），《办法》主要明确了分级、属地化救助，一事一办等救助原则，增强救助的及时性，《办法》将要在本次会议上讨论。有的分行通过在工会下设并成立长期患病员工关爱管理办公室，统一管理长期患病员工。有的分行在特大灾害过后，第一时间了解、掌握受灾员工的生活情况和遇到的实际困难，及时为受灾严重的员工发放困难补助。山西省分行与山西省总工会联动推出“晋工龙卡”，融合我行借记IC卡的各项金融服务功能，向山西省13万建档困难职工发放，山西省总工会致信总行并王洪章董事长，感谢我行服务经济发展、履行社会责任、致力民生改善的理念风范。一些分行还组织了帮扶点困难村救助、地球公益日植树、为地震暴洪灾区捐款献爱心以及义务献血等社会公益活动。

三是重视和关注员工工作生活，提升员工幸福指数。针对员工劳动强度和工作压力增大等问题，各级行充分听取员工意见，积极协调解决基层网点通风、降温、保暖等工作环境、一线员工午餐、工间休息等问题，关注、关心员工劳动保护。定期开展员工健康体检和咨询，冬送温暖夏送清凉慰问一线员工，员工生病住院及直系亲属去世，及时送去慰问金，带去组织的温暖。有的分行还为员工生日、结婚、生育、子女升学等送祝福、为孕期女员工发防护服，为单身员工举办联谊活动，加强不同员工群体的人文关怀，积极营造宽松和谐的工作环境，切实把关爱员工工作落在实处。

四是创新开展员工心理辅导活动，帮助员工缓释压力。各级行工会积极探索建立心理援助、咨询、疏导工作与员工思想工作相结合的平台，从更为专业的角度，以人文关怀为核心关爱员工，引导员工培育奋发进取、积极阳光的良好心态。通过组织心理健康专题知识讲座、心理测试、开通心理咨询热线和咨询邮箱等多项心理辅导活动，帮助员工缓释心理压力；通过实施“一线青年员工成长帮助计划”项目，全面、系统地开展对一线员工的心理辅导，在系统内产生了示范推广效应。

（四）广泛开展文体活动，丰富员工业余生活

一是结合各自特点开展丰富多彩的活动。各级行以庆祝中国共产党成立91周年和迎接、庆祝党的十八大等为主题，弘扬主流文化，组织开展了文艺演出、演讲比赛、书画摄影、文学创作、员工运动会、球类比赛、工间操普及等多种形式的群众性文体活动，缓解了员工工作压力，丰富了员工业余生活，进一步推动了员工的艺术创作热情和全民健身运动的开展。

二是文体活动融入银企联谊、大客户营销。各级行工会充分发挥具有影响力的文体协会的作用，不断扩展文体活动的外延，配合业务部门开展以维系客户关系、拓展市场份额为主要内容的银企、银政联谊活动，搭建与客户的交流平台，提高了客户和员工满意度。分行举办的已成为当地知名体育赛事的“建行杯”公司、机构客户与员工的各类球赛、警民共建友谊赛，组建合唱团、管乐团参加高端客户营销和答谢活动等，受到总行领导和大客户的高度肯定和好评。很多分行在继续巩固传统协会的同时，还根据业务部门和员工需求，积极完善协会种类，增加满足员工时尚、现代、娱乐性强的活动项目。

三是组织参加上级工会、地方工会等组织的竞赛活动。各级行工会积极参加上级工会、地方工会等组织的文体竞赛活动并取得优异成绩，为建设银行争得了荣誉。总行组织参加金融系统女员工“舞动健康 激情飞扬”健美操（舞）展示赛，北京市分行组队代表我行参加比赛荣获一等奖；组织参加了金融系统2012年员工羽毛球赛，河南、湖北、广东、广西、四川等分行组队代表我行参加比赛荣获第一名，并获优秀组织奖。北京、天津、黑龙江、福建、四川等分行承办总行第三届职工羽毛球赛，内蒙古自治区分行承办全行优秀员工集体休养活动。总行委托云南、甘肃分行分别承办了金融系统先进模范疗休养活动和女员工代表“手拉手、面对面、心贴心”结对子帮扶活动，得到了金融工会的高度肯定，充分展现了我行良好的企业形象和员工积极向上的精神面貌。

（五）加强女工工作，提高女员工综合素质

一是深入开展女员工创争活动。各级行工会以“创客户满意窗口，争做服务明星”为主题，广泛动员和组织女员工积极参与“巾帼建功”活动，展示了新时代女性奋发有为、拼搏进取的亮丽风采。活动开展以来，我行有2个集体获得全国金融系统“女职工文明示范岗”荣誉称号。

二是维护女员工合法权益，关心女员工生活。组织全行宣传学习贯彻《女职工劳动保护特别规定》，提高女员工依法维权的意识和自我保护能力，维护女员工的合法权益和特殊利益；推进女员工权益保护专项集体合同的签订，截至目前，河北、辽宁、湖南、贵州、西藏、云南、青海、新疆等分行已签订了女员工权益保护专项集体合同。

三是开展富有特色的女员工活动。利用庆祝“三八”国际妇女节活动契机，各级行领导通过慰问信、座谈会、联谊活动等向全行女员工致以节日的问候，充分表达了各级党委对女员工的关怀。各级行女工委还组织关爱女性健康的体检、讲座、参观学习以及适合女员工特点的多种形式的文体活动，受到广大女员工的好评。

（六）加强自身建设，增强工会组织活力

一是健全工会组织。围绕全行机构改革和干部调整，及时完成了工会组织的法人资格登记，推进落实选举制，完善工会组织办事机构设置和专职干部配备，加强会员会籍管理，健全工会分会、工会小组和工会积极分子队伍。加大工会干部培训力度，提高培训的针对性和有效性，举办了工会管理干部、财务经审、女工等多种培训班；总行举办了一级分行领导干部和女工干部培训班。

二是加强员工之家建设。以开展“面对面、心贴心、实打实服务职工在基层”活动为契机，拓宽思路、丰富内涵，提升“职工之家”的软硬件建设水平。分行通过开展调研、制订方案、召开现场会、组织验收、推广好的经验做法、改扩建活动场所、统一配发运动器具等措施，开展“职工之家”和基层网点“职工之家”创建活动，丰富了员工的活动空间与内容。通过强化民主管理、开展劳动竞赛、丰富员工业余文化生活等一系列“建家”工作，增强了基层工会组织的凝聚力。

三是规范工会制度建设。为加强基础管理，各级行工会结合工会工作职责和性质，建立健全了工会工作规范化考评、评选表彰、职代会、职工之家等管理办法，规范了工会财务和经审工作，理顺财务管理体制。总行完善、健全了员工互助机制、体育协会章程等制度建设。

过去的一年，全行系统各级工会组织紧紧围绕党委中心工作，找准切入点和结合点，服务基层、服务员工，助推业务发展，工会各项工作均取得了积极进展。在此，我谨代表总行党委和工会，向出席会议的全体代表，并通过你们向全行系统的广大工会干部致以崇高的敬意！向重视支持工会工作的全行各级领导和广大员工表示衷心的感谢！

在肯定成绩的同时，应该看到，我们工作中也还存在一些问题和不足。主要表现在：精细化服务还需要进一步加强；转变作风、主动服务、统筹协调等需要进一步改进；工会的制度化建设和考核管理还有待完善；工会干部的创新意识和学习能力还需要进一步提高等。对此，需要大家高度重视，并在今后工作中切实加以努力改进。

二、关于下一步工作

下一步工会工作主要围绕全行中心目标，着力抓好以下工作。

（一）认真学习贯彻十八大精神，凝聚智慧力量，不断提高围绕中心、服务大局的自觉性

党的十八大是我国进入全面建成小康社会决定性阶段召开的一次十分重要的会议。大会报告是全党全国人民全面建成小康社会的行动指南，是我行改革发展的指南，也是我行工会工作的指南。各级工会要把学习、宣传、贯彻党的十八大精神作为当前和今后一个时期首要政治任务，深刻领会十八大报告有关工人阶级和工会工作的重要论述，确保工会工作始终沿着正确的政治方向前进。要深入研究学习实践科学发展观，进一步统一思想、提高认识，不断增强做好工会工作的责任感、使命感。要认真学习贯彻中国工会十五大、全国总工会十五届六次执委会和中国金融工会三届四次会议精神，找准工会工作的切入点，不断提高围绕中心、服务大局的能力和水平。进一步激发广大员工的主人翁精神，凝聚广大员工的智慧和力量，更好地为推动全行各项业务再上一个新台阶积极贡献力量。

（二）深入推进员工关爱工作，维护员工合法权益

推动党的全心全意依靠工人阶级的根本方针贯彻落实，是各级工会组织和广大工会干部的神圣责任。各级行工会要认真贯彻落实总行党委关于“要坚持‘以人为本’，在更高层次、更大范围做实、做细员工关爱工作，最大限度地调动每一个员工的积极性和创造性”等指示精神，持续深入、细致多元化地做好关心、关爱员工工作，维护员工的政治权益、经济权益、文化权益、劳动权益，形成企业和员工利益共享机制，构建和谐稳定的发展环境。

一是着力围绕提升员工队伍整体素质发挥作用。通过开展各种形式的主题教育活动，引导员工牢固树立中国特色社会主义共同理想和正确的世界观、人生观、价值观，开展以爱国主义为核心的民族精神和以改革创新精神为核心的时代精神教育。扎实推进以爱岗敬业、诚实守信为主要内容的职业道德建设和以廉洁从业为重点的廉洁文化建设，增强员工的职业精神和廉洁意识。充分发挥工会“大学校”作用，围绕业务发展广泛开展劳动竞赛、岗位练兵、技能培训等活动，组织和动员广大员工立足本职建功立业，努力培养更多的知识型、专业型、技能型、创新型员工，为推动科学发展提供智力支持和人才保证。加强先进典型的选树、表彰和关爱，大力宣传先进典型的事迹，扩大先进典型的社会影响力，激励员工学习先进、赶超先进，为服务中心工作作出积极贡献。

二是着力围绕员工民主管理发挥作用。在全行秋季工作座谈会上，王洪章董事长再次强调了坚持民主决策的重要性，我们要进一步完善员工民主管理机制。继续巩固和完善职代会制度，要进一步丰富职代会的议事内容；完善职工代表提案审查委员会建设，建立健全巡查制度，规范做好提案征集、审查、回复等工作，强化民主监督的职能；结合职代会制度建设，推动建立健全集体合同制度。进一步推进行务公开，要在党委领导下，将涉及行内重大决策、经营管理以及员工切身利益等方面重大问题，通过适当的形式向广大员工公开，确保广大员工更好地参与决策、融入管理和行使监督。畅通各种诉求渠道。要坚持开辟“行长接待日”、“行长信箱”、“员工之声”等通道，搭建好员工表达合理诉求的平台，认真倾听员工心声、关心员工诉求。要建立建言献策常态化机制，对于员工合理化建议进行评选奖励。

三是要发挥好文化和文体活动作用。总行党委高度重视和密切关注员工的身心健康，各级行要探索新形势下员工文化建设的新思路、新方法，满足全行系统员工日益增长的精神文化需求。要充分发挥文体协会作用，开展员工各种喜闻乐见的活动；不断创新文体活动的内容和形式，提升业务攻关的层次和品牌效应。要通过丰富多彩的文体活动，培养员工健康情操，规范员工行为管理，营造温馨、和谐、健康、向上的企业氛围。加强人文关怀和情绪疏导，有效缓解员工压力，要深入开展员工的心理疏导工作，引导员工培育奋发进取、积极阳光的良好心态。加强对新入行员工的人文关怀，增强对企业的归属感和认同感。注重一线员工和基层管理人员的情绪压力释放，帮助解决员工面临的隐性压力和心理问题。明年要召开金融系统职工运动会，希望各行积极发现人才，并提早进行准专业化的训练，力争赛出好成绩，为行争光。

四是重视和关注员工工作生活。要继续关注员工的劳动保护、工作环境和生活待遇等方面的诉求，把关爱做得更细心，结合实际逐步改善劳动环境。要协助做好基层取暖、降温、降噪、卫生等劳动保护措施；利用网点改造、职工之家场所建设等契机，积极配合解决员工就餐、工间休息、文体设施建设等问题；另外，要特别重视女员工特殊劳动保护，切实维护女员工的合法权益和特殊权益。不断加强困难员工帮扶工作，继续完善对困难员工尤其是对遭遇重特大疾病、意外事故灾害员工的帮扶工作，加大对特困劳模、单亲女员工的救助力度，将物质帮扶与精神抚慰和心理关怀相结合。要结合实际积极组织开展员工互助募集捐款活动，增强救助的及时性和实效性，努力构建送温暖和帮扶工作的长效机制。

（三）以改革创新的精神加强工会自身建设

新的形势任务、市场竞争的加剧，对加强和改进工会自身建设提出了新的更高的要求，全行各级工会组织要加强基础管理，不断强化履职能力。

加强工会组织建设，推动依法建会，全面落实选举制；配齐、配好、配够工会干部；进一步完善工会组织办事机构，加强经费审查委员会和工会女职工组织建设；要积极争取党政领导和有关部门的重视和支持，推动解决机构、人员等制约工会组织建设的现实问题。抓好工会领导班子建设，要真正把政治上可靠、责任心强、作风好、有创新意识、热爱工会工作、善于为员工办事、年富力强的干部充实到工会领导岗位上来。健全和完善工会的有关制度办法，如考核激励机制、集体合同、劳动竞赛、评先表彰、职工之家等管理办法，不断提高工会工作的科学化、规范化水平。拓展工会培训的形式和内容，注重新知识、新业务的吸纳学习，扩大行际、区域交流学习，不断提升工会干部服务水平、履职能力。要加强“职工之家”活动场所建设，以基层网点“职工小家”为重点，加大员工餐厅、员工书屋、员工活动室等文体活动和生活设施的硬件投入；把“职工之家”建设作为提升工会工作、联谊客户的平台和载体，提升“职工之家”的软硬件建设水平。切实加强和改进工会系统作风建设，把“面对面、心贴心、实打实服务员工在基层”活动作为一项长期的任务继续扎实做好，推动解决员工最关心、最直接、最现实的利益问题。建立健全工会干部联系员工，为员工办实事、做好事、解难事的长效机制。深入探索做好工会工作的新思路、新办法，推动工会工作创新发展。

各位代表，党的十八大为我们展现了壮丽灿烂的前景，全行系统改革发展的各项工作正在扎实推进，我们肩负的使命光荣、责任重大。让我们在总行党委的正确领导下，深入贯彻落实科学发展观，坚定信心、锐意进取、勇于竞争，在服务大局中展现新作为，在和谐建设中作出新贡献，在促进发展中见到新成效，努力开创工会工作、职代会工作新局面！

谢谢大家！

CHINA 中国建设银行年鉴 2013
CONSTRUCTION BANK ALMANAC

第三部分　改革发展与内部管理

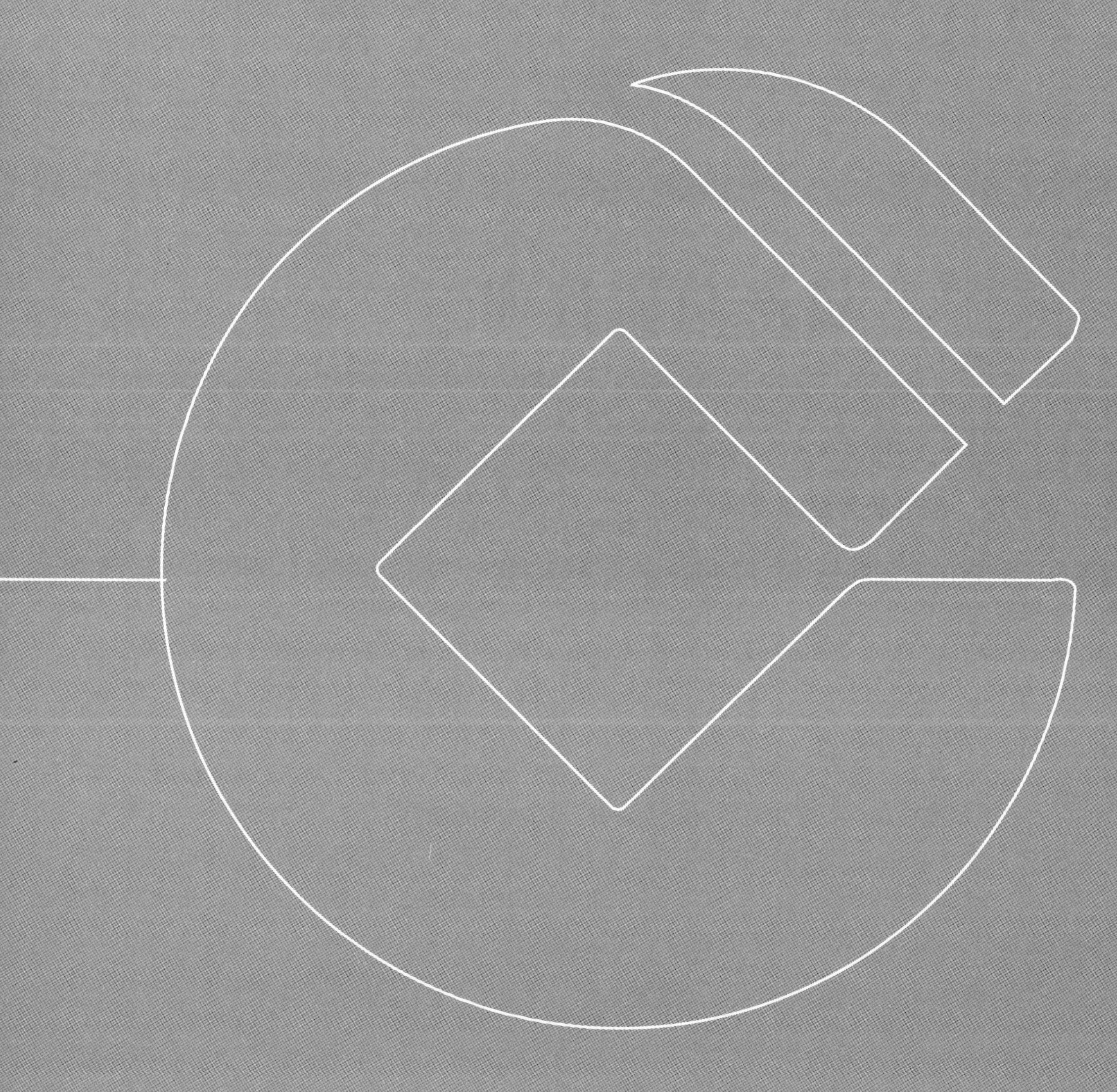

一、改革创新与业务发展

资产负债管理

一、加强计划管理，推进业务健康发展

2012年人民币一般性存款新增12 460亿元，超额完成计划，余额四大行占比提升0.6个百分点；同业存款实现余额保有8 000亿元的目标；人民币贷款新增7 639亿元，增速为12.7%、在四大行中排名第一。实现中间业务净收入936.25亿元，同比增长6.74%，总量、增速、增量同业第二，四大行占比超过28%，较上年提升0.5个百分点。表外业务加权风险资产余额8 650亿元，较年初下降0.25%。

（一）合理配置信贷资源，贷款计划管理扎实细致

试行《经济资本配置管理操作规程》，以公开、透明的配置模式，将提高资本回报、加大增存力度等战略导向和管理重点传导至分行，减少总分行间博弈。在不采用关系统和季末紧急调度的情况下，保证了各季度贷款新增均符合监管要求，年度新增较人民银行计划仅余1亿元。积极争取监管部门在贷款总量和进度安排上的支持。经与人民银行和银监会多次沟通获得421亿元存量同业代付延至2013年6月纳入表内核算的政策支持；第二季度提前投放200亿元，提升了全行收益；年末争取追加信贷计划33亿元。

（二）灵活运用价格手段，根据经营需要有效调控同业存款

通过跟踪市场、分类管理、明确目标、灵活报价等多种方式，管理同业存款，保证了控制成本，有效满足流动性、保投资和时点数据的需求；在年末同业活期大幅波动的情况下，完成了年末时点同业存款8 000亿元的任务。

（三）加强调研分析，推动解决和落实部门与分行反映的问题

组织召开了四次综合经营形势分析，及时抓住业务发展中的难点和重点，并提出相应的管理建议。牵头梳理并积极推动《关于促进业务发展若干管理规定调整的通知》和2013年经营思路与发展策略访谈涉及的共计108个事项的落实，切实解决了部门和分行反映的问题。牵头制定西藏、河南、新疆、广东、深圳等分行的综合政策支持。牵头制定《2013年业务发展指引》，明确2013年的工作重点。

（四）积极推动服务与产品创新，确保中间业务健康发展

通过比较分析，梳理了全行277个地市级分行的十项中间业务产品数据，推出“2012年中间业务挖潜增收活动”。开展了600人次12期县支行行长培训。通过标杆管理活动，交流分析了30多个重点案例。针对重点中间业务产品发展中出

现的问题，及时牵头协调分析、推动改进。定期分析通报38个分行的中间业务发展情况，完成《关于推进理财产品发展的建议》等重大问题分析材料。

（五）巩固“表外业务管理年”活动成果，推进表外业务精细管理

建立“按月监控、按季分析”的分析制度；推动业务部门修订完善表外产品管理制度；配合监管部门完成多项表外业务调查；梳理基础数据，规范统计口径，实现定期自动提取各表外产品主要监控数据。表外加权风险资产持续下降，业务结构进一步优化。

二、积极应对利率市场化，服务价格公示同业领先

（一）多策并举应对利率市场化冲击

针对2012年6月8日与7月6日存款利率可上浮10%和贷款利率可下浮30%这一自1986年利率市场化启动以来对银行业影响最强烈的改革举措，坚持“守住贷款利率、灵活处理存款利率”的工作思路，做到了贷款利率基本没受冲击，存款利率上浮得到有效管理。在对全行净利息收入、利润、NIM受利率冲击的影响程度进行多情景量化测算，对利率体制变化对建设银行经营的全面影响进行分析，形成了《利率改革的影响与对策》，并及时向董事会和高管层汇报的基础上，推出了建设银行基准利率、调整授权、明确定价目标、优化改造系统、迅速回应客户需求、细化计结息管理等一系列管理对策。

（二）加强净利息收益率分析预测，及时跟踪主要业务定价情况，引导全行NIM止跌回升

按月跟踪、通报新发生贷款利率。针对第一季度NIM同比、环比降幅较大的情况，完成《外币存贷利差和NIM报告》、《发展保本理财需关注的几个问题》、《加强NIM管理的若干意见》等专题报告，及时提出压缩银行类同业定期存款、调整外币业务结构和价格等政策建议，引导全行NIM止跌回升，保证了全年NIM2.75%，高于上年。

（三）精心做好服务价格梳理和公示，圆满完成监管要求的“整治不规范经营“工作

一是按照规范、科学、精简的要求梳理服务收费项目，全行收费项目从645项大幅精简为332项，并明确了70余项免费项目。二是精心组织设计服务价目表和答疑手册，周密部署媒体和客户投诉应对、系统收费参数调整、全行统一公示等系列工作，全行服务价目表首次实现由内部使用向全社会公开的转变，公示渠道覆盖建设银行企业网站和全行13 600多个网点，公示工作处于同业领先水平，整个过程平稳顺利，获得了客户与监管部门的高度认可。三是圆满完成银监会提出的“整治不规范经营”工作，按照四有原则，牵头完成“百易安、贷款承诺、财务顾问、外汇综合服务”等产品的管理制度、服务流程和协议文本的梳理完善，为这些业务可持续发展奠定了良好的基础。精心筹备两次全行视频会，周密部署全行自查自纠工作，组织所有分行开展自查并完成向监管部门的报告，组成两个总行调查组完成对江苏、安徽两家分行抽查，出具了详尽的检查报告。

三、牵头组织新资本办法的实施，完成内部制度流程建设；推进资本精细化管理和集约化经营，资本充足率水平继续保持同业领先

（一）牵头组织推动新资本办法的实施

在分析研究的基础上，完成《〈商业银行资本管理办法〉的影响与实施工作建议》，及时向董事会和高管层汇报。组织制定了13大项68小项工作推动计划，逐项分解落实到责任部门并定期跟进落实情况。制定完成了《资本充足率管理办法》、《内部资本充足评估程序管理办法》等8项制度办法。尝试开展内部资本充足评估程序并形成报告；组织开展高级方法下资本充足率压力测试并形成报告；完成第二支柱资本要求自评估报告；制定《2013—2018年资本充足率达标规划》。推进新资本办法系统内培训，先后举办了全行视频培训、总行业务部门负责人和处室主管等层面的培训。开展对新资本工具发行的研究，派专人专职参加银监会新资本工具研究推动小组工作，参与人民银行组织的课题研究。

（二）推进资本精细化管理和集约化经营

加强对资本占用和风险加权资产项目分析，

合理降低资本占用。推动保险公司次级债出表工作，节约资本占用94.5亿元；细化代客保本理财业务的交易对手和期限，节约资本占用165亿元；对香港地产整合、债券承销等提出资本占用优化建议；制定表外风险加权资产指令性计划、资金业务风险加权资产限额等，实现对风险加权资产的有效管理。牵头组织在香港发行10亿元人民币普通金融债，开创性地完成募集资金在香港当地运用的相关账务处理、资金划转、外债登记等工作。在年底集中发行情况下先于同业完成400亿元次级债券的发行。

四、不断改进流动性管理，人民币日均备付率进一步下降

在人民银行两次下调存款准备金率、持续通过公开市场操作释放流动性的政策环境下，通过加强日常资金头寸匡算与预测、合理调控四项流动性资产规模等方式，2012年人民币日均备付率为1.63%，同比下降15个BP；四大行排名第二，与工商银行的差距从上年27个BP缩小到9个BP，分别领先农业银行、中国银行44个、78个BP；日均头寸节约172亿元，增加收益5.18亿元。通过更新资金管理应急预案、定期组织开展压力测试、加强分行资金管理人员培训等，不断完善流动性风险管理体系，在《亚洲银行家》杂志主办的“2012年零售金融服务卓越大奖和中国风险管理大奖”评比中，荣获“中国最佳流动性风险管理银行”大奖。

五、大力推动机构建设，多项指标位居同业第一

全年新增机构540个，位居同业第一；机构新设计划完成率为99.4%，位居同业第一；升格计划完成率为111%，较上年提高41个百分点，位居同业第一；长期停业机构全部复业；新设机构当年开业率为61%，较上年提升13个百分点，上年筹建机构（154个）全部开业。主要工作：牵头组织年度机构计划的编制与实施，积极与中国银监会沟通汇报，争取政策支持；协调总行相关部门出台配套政策，帮助分行解决计划执行中的困难；按月通报各分行进度，发现问题及时督导。

六、改进考核管理，促进政策落实，推动中心城市行优先发展

2012年，中心城市行存款、贷款分别增长13.1%和12.8%，中间业务收入、利润全行占比分别达到75.7%和82.6%，同比稳步提升。主要工作：修改完善考核办法，实行年度考核排名与通报；拟定中心城市行年度发展指引，按季度监控落实情况并上报行领导，组织各省分行出台差异化支持政策；牵头协调人力、财会等部门研究制订中心城市行奖励和处罚方案；举办中心城市行行长培训班，组织召开“2012年度中心城市行行长座谈会”。

七、积极参与新一代信息系统建设，研发综合定价模型

圆满完成了定价、资本及流动性三个业务领域的五级流程建模。共梳理和定义了18个三级活动、152个四级任务，561个五级步骤；提交了监管资本和经济资本多维度对比分析、流动性新监管指标自动计量等操作型需求。完成价格信息结构化、对公定价模型和流程优化两个主题的核心系统建设需求研发，从企业级角度，对利率、费率和汇率参数在IT系统中的部署和应用提出从数据到流程的一揽子详细解决方案。研发出具备落地基础的综合定价模型和快速测算模板。

八、高质量完成定期报告编制，评级工作顺利开展

严格遵循监管要求，按时完成定期报告中英文版本的编制，确保定期报告的真实、准确、完整。评级工作顺利开展，三大评级公司对建设银行评级维持在A级或以上水平。

九、严格公文督办，运转效率进一步提高

全年受理分行请示事项平均办理天数为2.72天，居总行部门前列（如图1所示）。

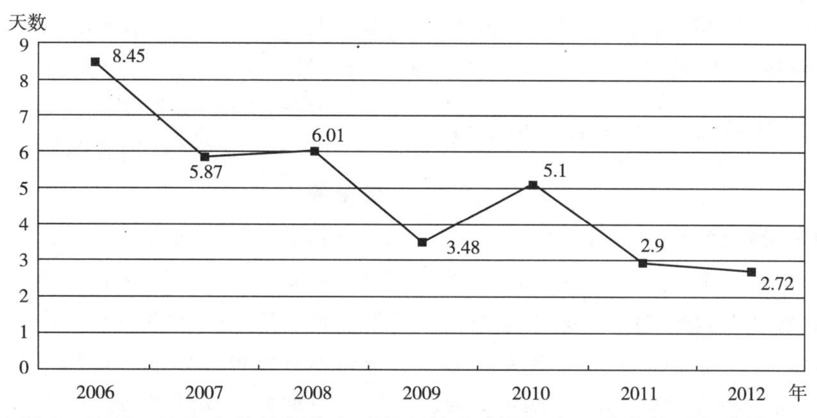

图1　2006—2012 年资债部收文（分行请示事项）年平均办结时间曲线图

执笔：张芳

财务会计管理

一、持续优化资源配置，有效促进业务发展和盈利增长

（一）全面组织完成 2012 年综合经营计划

2012 年综合经营计划通过机制安排、目标管理、合理配置和评价考核等工具的综合运用，通过向管理层及时提供核心信息和分析，通过对主要财务事项的预测和管控，有效支持全行的经营决策、业务发展和盈利增长。

（二）创新资源配置方式

员工费用执行强激励政策，“上不封顶、下不保底”，激励费用拉大差距，推动分行业绩的提升；非员工费用重点加强基础运营保障和业务营销拓展；战略性费用配置突出向“有效客户”倾斜，将客户拓展由总量增长向有效客户增长转变，增强银行长期竞争力；改进条线统筹营销费用配置政策，提升总行经营部门统筹集中营销组织能力。

（三）加大重点领域资源投入

在保障各项业务正常运营和业务发展的基础上，重点支持“新一代核心系统”建设、电子银行、生产基地及其他基础设施建设和新兴战略业务发展。固定资产投资规模始终保持四大行领先，2012 年固定资产投资实现购建支出金额、网点建设支出金额和固定资产预算执行率“三个创纪录”，有效改善了建设银行机构规模总量偏小、网点自有率较低等历史问题，推进完善机构网络布局、构建长效发展基础。

2012 年 3 月 1 日，建设银行计划财务工作会议在天津召开。

（四）加强对计划执行的动态分析监控

动态掌握计划执行情况，加大损益监控的频度和密度，按月向分行下发计划执行相关数据，年末根据经营形势和盈利预测，适时适度调整相关政策，既严格执行年初相关政策，又进一步支持了全行业务发展和营销拓展。

二、改进和完善绩效考核体系，引导全行落实发展战略

（一）持续改进分行绩效考核指标体系

引入风险控制指标，引导分行加强风险内控管理；提出“有效客户”经营理念，多维度界定有效客户，促进客户、产品和渠道等业务发展基础的协调和整合；通过指标设置与口径调整，客观反映客户全面贡献，真实反映竞争力水平。

（二）探索实施总行经营部门业绩评价

贯彻“全面考核、压力均等”的管理要求，探索实施总行经营部门业绩评价，从经营效益、风险控制、业务发展和联动创新四个维度设置指标，突出部门业务市场份额考核和部门的联动责任，调动总行部门的积极性。

（三）对战略性业务配套绩效考核方案

制定产品创新专项预算财务政策和管理要求，落实财务资源对业务创新的支持和推动作用；明确电子银行考核和财务资源配置总体指导要求，大力推进电子银行业务的健康快速发展。

（四）按照“一行一策”制定海外机构的绩效考核政策

对海外分行跨境贸易人民币、银团贷款等业务实施重点激励，同时，战略与效益并举，对战略发展、经营效益等多方面进行综合考核。2012年，海外机构的资产规模和效益双创新高，再次创造历史性突破。

三、加强专业分析与研究，为经营转型提供有力支持与服务

（一）不断加大财务分析深度和广度

发挥数据信息集中优势，深入挖掘数据，先后完成同业经营分析、新拓展客户的成长性分析等专题分析报告，运用杜邦分析法对2011年财政部绩效评价考核结果进行分析，为建设银行提升经营绩效评价水平提供决策参考。

（二）为产品创新和流程优化提供核算支持

积极参与产品创新和流程优化，积极响应业务部门需求，及时研究制定电商平台、海外代付、保本理财产品等会计核算办法，配合“金融市场业务管理年”相关工作安排，完善会计核算制度，为金融市场业务发展提供配套技术支持。

（三）针对重点热点问题，深化财会专业支持服务

积极参与供应链融资、大客户综合定价、综合金融服务试点等方案的研究工作；完善社保业务项目管理，推动项目投入后评估工作，确保资源投入合理可控；推进信用卡积分兑换善融商城电子券业务，促进电商券兑换的顺利完成。

（四）开展估值专题研究，优化估值方法，提升量化分析能力

成立估值团队，按会计准则要求对金融工具的公允价值进行入账估值。通过对建设银行现状展开全面摸底，建立日常估值流程；通过对现有估值方法和参数的重检，提出优化方案并付诸实施。加强估值理论和损益分析研究，形成涉及20多个产品细类的估值指引，将估值和量化分析作为风险政策和投资策略制定与调整的依据，提高估值的科学性，准确反映建设银行的风险和收益，为业务和管理决策提供更好支持。

（五）开展经费流程管理标准化研究，推动共享中心集中

对全行经费业务流程进行梳理分析，初步确立建设财务审批平台的框架方案。有序推动全行共享中心一级分行集中，已有5家分行完成。

（六）为海外发展战略提供提供专业财会支持

牵头研究在港机构整合财务处理，拟定股权交易会计处理方案、账务整合与结转方案等。协助海外分行开展税务筹划，制定香港发行人民币金融债券账务处理方案，协助新设海外分行的核心系统筹备上线。

四、不断完善财会相关制度，夯实财务管理基础

（一）加强集团统一财会管理

根据准则修订情况，对全行统一会计政策进行全面补充完善，对企业合并、合并财务报表等涉及集团财务报告编制的重要内容进一步细化要求，对金融工具、风险管理、公允价值等金融危机之后准则修订的重点进行强化，并在全集团印

发执行，会计政策首次实现集团全覆盖。

（二）建立估值制度体系

对国内和国际会计准则、国内外监管规定进行深入研究，制定全行估值管理政策，明确相关部门的管理职责，规范估值流程，建立完整的公允价值估值管理内部控制体系，以此为基础，起草公允价值估值管理办法、估值指引、入账估值操作手册等具体规范性文件，形成了全面完整、层次清晰的估值制度体系。

（三）进一步规范财务管理

明确客户纠纷和财务处理规则和流程，在依法合规维护建设银行权益的前提下，积极改善客户体验；对全行造价咨询业务财务处理进行规范，强化资金管理和风险监控；规范薪酬支付业务流程，防范操作风险；落实财政部要求，制定下发负责人职务消费管理的相关文件；梳理和精简财务授权审批事项，提高工作效率。

（四）完善固定资产财务管理制度

根据国家基本建设管理有关规定，结合建设银行实际情况，制定综合业务用房购建管理相关办法，全面规范和细化综合业务用房购建管理，指导全行综合业务用房依法合规购建。结合对分行网点建设管理的调研，制定营业网点建设财务相关标准，提升工作规范化、制度化和程序化水平。

（五）深入研究税收政策，圆满完成税收优惠政策的退税工作

密切跟踪国家税收制度，对新出台的税收政策法规及时进行分析、研究，并做好全行的贯彻落实；圆满完成涉农和中小企业贷款损失准备金税收优惠政策的退税工作。

五、深入推进战略成本管理，打造全行成本竞争优势

（一）有效推进重点成本管理项目研究实施

推进第二批重点成本项目实施，部分项目已基本完成并取得实际成果，对于解决建设银行当期经营管理中十分迫切的问题、改善客户和员工的体验、提升建设银行整体管理和竞争能力有重要意义。

（二）推广运用管理会计方法促进成本管理精细化

研究电子渠道基础评价模型，完善信改进用卡成本计量，继续支持业务部门作业与成本效率研究，支持业务转型和成本管理。

（三）加强总行本级战略成本管理

强化费用支出标准，严格执行集中采购制度，对全年实际支出情况进行滚动测算，使总行本级预算管理由静态管理向动态管理转变，增强财务资源配置的前瞻性和灵活性。

（四）明确海外机构成本控制标准

制定下发境外机构筹备、设立工作财务管理相关规程，拟定境外开业庆典费用预算标准，严格控制海外机构成本支出，规范海外机构财务管理工作。

六、狠抓整改落实，财务内控风险防范水平持续提升

（一）建立分级负责的检查机制，切实做好内外部监管检查整改工作

创新检查方法，通过非现场数据与现场检查的联动的方式，对分行进行抽查，并督促分行对下级机构开展财务会计检查，着重加强对发现问题的动态跟踪，督促分行认真整改，对普遍性和重大问题深入分析，不断完善制度和流程。

（二）规范和加强全行自有房产管理，对发现问题进行彻底整改

组织全行对自有房产和土地进行了逐笔清理核查，对清理中发现的问题逐笔记录，全面分析权证不全、闲置资产、账外资产和账实不符等问题及成因，并督促整改落实并监控后续风险，明确管理要求。

（三）建立健全会计信息质量非现场监控机制

扩展会计信息监控范围，定期对暂收暂付类挂账款项等重要会计事项开展监控，对监控发现的问题定期予以通报，将总账数据监控作为防范案件风险、提高核算质量的重要手段。

七、优化财务报告编报，提升财务会计信息质量

（一）圆满完成各期财务报告编报工作

组织开展各期外部审计（审阅），按时保质完成定期财务报告的编制，并形成备忘录。按照财政部要求，完成2011年度金融企业国有资本保值增值情况报表以及财务决算报表的编报。

（二）顺利实施 XBRL 项目并通过财政部校验

有计划、有步骤地组织实施按照通用分类标准编制 2011 年度 XBRL 财务报告，首次创建了建设银行扩展分类标准和实例文档，拟制 XBRL 未来内部应用规划，顺利通过财政部校验，在同业中成绩名列前茅。

（三）清理压缩手工报表数量

梳理财务报告所需基础数据表，分析模板数据，清理数据来源，改进业务系统以实现自动取数，境内分行填报基础数据表数量从 2011 年的 75 张减少到 38 张，极大地减轻了分行工作量。

（四）完成集团国有资产产权登记工作

根据财政部相关要求，重新梳理集团下属企业产权登记证办理情况，组织以前年度已申办但未获得产权登记证的企业进行补充申报，基本解决了历史遗留问题。

八、以新一代核心业务系统建设为契机，加强财会管理的信息化与系统化建设

财务会计部积极参与新一代核心系统建设，牵头新一代核心系统建设会计核算专题，落实“交易与核算相分离”的要求，组织编写“会计核算专题能力需求解决方案”，内容覆盖全行会计核算管理的整个过程，包括会计科目、会计引擎、内部账管理、中间业务收入计量、税金计量、金融工具价值重估、集团单一总账视图、集团财务报告编制八项子主题，在明确未来会计管理整体架构的基础上，对建设银行会计管理中存在的问题有针对性地提出解决办法，并形成了基于 IT 系统的技术改造需求。此外，借鉴国际领先实践，完成新一代管理会计能力解决方案，提出新一代框架下的管理会计建设的需求，研究机构等多维度盈利计量、成本转移、标准成本法、业绩分成等详细解决方案。

与此同时，持续完善现有信息系统功能，做好系统的日常运营维护。组织完成内部账管理系统上线运行，优化管理会计系统局部功能并提升源数据质量，持续完善 CCBS 系统的计税功能。认真履行 ERPF 系统运维职责，严格实施系统监控，做好参数维护，及时协调解决各类问题，较好地保障了 ERPF 系统的正常运转和功能优化，顺利完成 ERPF 系统 2012 年的总结工作。

九、加强条线管理与人员培训，增强财务人员专业服务意识和服务能力

2012 年，财务会计部继续按专业板块组织培训，集中组织 12 期培训班，内容涉及财会管理的方方面面，对培训班的课程设置、师资力量、培训课件、参训学员等进行严格把关，同时打破集中培训对时间、空间和人员的局限，利用网站、OA 系统等渠道扩大培训人数，促进分行之间沟通交流，对于增强整个财会队伍的凝聚力和战斗力，提高财会人员支持服务水平有重要意义。此外，财会部还派业务骨干为业务条线进行培训，对于提高全行员工财会水平起到积极作用。

执笔：张歌　杨立斌

资金结算经营管理

一、主要业务指标完成较好

（一）单位人民币结算收入增长低于预期，总量保持四大行第二

2012 年，单位人民币结算业务实现收入 76.98 亿元，同比负增长 17.62 亿元，降幅为 18.63%，总量保持四大行第二；其中考核口径 5601 科目实现收入 55.65 亿元，计划完成率为 63.02%。全行共有 20 家分行单位人民币结算收入实现正增长，中西部地区分行占到 13 家。与同业比较，单位人民币结算业务收入总量四大行第二，四大行占比为 26.71%，同比下降 6.08 个百

分点。

（二）单位人民币结算账户增长步入快车道，增量跃居四大行第一

截至12月底，全行单位人民币结算账户总量436.06万户，新增63.88万户，增幅为17.17%；人民银行统计口径下①，全行单位人民币结算账户总量339.53万户，新增53.89万户，增量自2008年以来首次跃居四大行第一，增速第二，四大行占比为21.42%，较年初提高了1.12个百分点，进一步缩小了与领先银行的差距。账户新增的四大行占比为30.30%，高于计划7.7个百分点。

（三）客户新增超额完成全年计划

截至12月底，现金管理客户达155.17万户，新增48.64万户，计划完成率为161.34%；现金管理业务系统客户达到20.31万户，新增13.71万户，计划完成率为194.74%；小额无贷客户221.43万户，新增40.69万户，计划完成率为183.7%。

（四）重点结算产品超额完成全年目标任务

截至12月底，资金结算重点产品覆盖度82.04%，较年初提高了22.5个百分点，高于计划5.07个百分点；单位结算卡新增40.16万张，计划完成率为138.45%；密码器通兑客户新增43.98万户，计划完成率为191.51%。

二、主要工作亮点

（一）账户增长四大行第一，客户基础不断壮大

2012年，通过组织小额无贷户营销服务经典案例推广交流，开展营销竞赛、简化调整开户和产品签约流程、降低收费标准、建立销户挽留机制等手段，有效推进了单位结算账户增长。在小额无贷户增长的带动下，全行单位人民币结算账户增长跃居四大行第一，增速四大行第二，四大行占比持续提升。

（二）现金管理业务快速发展，客户规模不断扩大

一是“三大一高”客户拓展取得新突破。截至12月底，总行级战略客户中已有68家与建设银行开展现金管理业务合作，覆盖率达到57.14%，其中2012年新发展5户。同时，新拓展了中国人寿、中国铁建、中国平安等一大批知名企业的现金管理业务，市场占有率进一步扩大。二是全球现金管理步伐加快。2012年，建设银行与摩根大通签署了双向主机直联战略合作协议，双方合作有序展开。三是品牌影响力不断提升。2012年度，建设银行现金管理荣获《首席财务官》、《财资中国》、《企业司库》等杂志评选的现金管理专业奖项，“禹道”现金管理品牌市场影响力不断扩大。

（三）重点产品营销取得新突破，盈利能力和市场竞争力逐步显现

2012年，收入超过1亿元的资金结算产品17个，超过5 000万元的产品23个，较2011年增长2个。其中，国内信用证客户4 806个，较年初增长28.13%，实现手续费收入3.56亿元；电子商业汇票签约客户6 406户，较年初增长183.33%，实现业务收入5 865.52万元；单位结算卡累计发卡68.72万张，本年新增发卡40.16万张，实现业务收入9 801.55万元；一户通签约客户7.9万户，新增5.3万户，实现业务收入6 541.25万元；电子回单柜本年收费客户105万户，新增23万户，实现业务收入2.03亿元。

（四）产品创新和流程优化取得新进展，客户和柜员体验得到提升

一是完成资金证明、回款通、以收定支、跨行国内信用证、单位结算卡优化五项产品创新；二是面向全行征集了418条产品创新创意，完成其中5个优秀创意的集成，并围绕现金池、跨行现金管理、单位银行卡、信息报告四个主题进行了竞争力分析；三是推出新版开户和支付结算产品服务申请书/协议，创新互联网渠道客户自助填单签约和免填单方式，客户填写申请书数量由18个减少到5个，盖章次数可由38枚减少到2枚；四是推进网点会计资料电子化管理，10种纸质凭证和13种会计登记簿实现电子化处理；五是完成“基层机构（对公）作业分析”及“柜面（对

① 人民银行统计口径：不含因存款人名称、工商营业执照号码、组织机构代码、税务登记证号等重要因素缺失的久悬银行账户。按人民银行规定，此类账户暂不纳入人民银行账户管理系统管理。

公）业务分流研究”成本项目，从业务制度、流程、系统等多个角度提出了优化改进措施。

（五）系统功能不断优化，渠道服务能力进一步加强

2012年，积极推进新一代企业现金管理项目实施，完成现金管理五级流程建模和数据建模、项目实施需求确认等相关工作；完成对公网络系统新增功能172项，优化功能166项，包括财资管理、中央财政、网银交易路径控制、网银循环贷、新股申购、企业年金等功能点；推动中石油司库项目、中央财政业务、总后勤部单位账户和资金监控系统等重要项目优化工作；推出第三方支付机构备付金存款系统，系统提供账户管理、收款、付款、监管报表等功能，有力地支持了第三方支付备付金存管市场营销。

（六）操作风险防控能力进一步提升

一是组织开展资金结算业务专项检查、重点业务或事项的非现场专项检查，先后组织开展“对公柜面岗位权限设置合规性”、“单位结算卡业务柜面操作合规性”、支付结算业务、柜面操作风险等专项检查活动；二是加强账户风险排查工作，按季度对公人民币银行结算账户常态化风险排查的通报，对发现问题及时组织可疑交易申报，通过网银等电子渠道存在非法集资、洗钱嫌疑的账户，按人民银行规定关闭渠道功能，协助有关机关打击了犯罪活动；三是建立以数据模型为基础的常态化风险监控模式，开展非现场检查模型的试点及全行推广工作；四是组织修订核心业务系统、现金管理系统和重要客户服务系统业务应急预案，开展应急演练，确保系统稳定运行。

（七）人员队伍素质进一步提高

首次组织人员参加了国际财资管理师资格认证考试。全行105名从事结算与现金管理业务的各级管理人员、客户经理、产品经理参加了考试，其中，79人通过考试并获得认证，通过率达75%，高于全国平均通过率6个百分点；持续开展高强度业务培训工作。从发展战略驱动、业务创新驱动、岗位能力提升驱动入手，继续组织高强度业务培训，共举办13期培训班，参加培训1 385人次。培训内容涵盖资金结算业务发展、对公小额无贷户管理、营销能力提升、现金管理业务营销等，有效推动了业务发展。

三、主要工作措施

（一）举办“财资论道”业务推介活动

2012年总行分别在黑龙江、苏州、福建举办了3次以“财资论道”为主题的现金管理业务推介会，参会客户达76家，成功营销并签约了港中旅等30家财务公司，取得了较好的效果；条线共举办推介活动470多次，并通过专题营销、品牌营销等方式，加大了客户营销力度，带动了业务发展。

（二）组织业务竞赛

通过举办以“拓客户，增账户，推产品，创收入，保安全”为主题的对公结算业务营销竞赛活动，有效推动了全年任务目标完成；组织完成“全行对公柜面业务技能竞赛”，提升了资金结算条线员工业务素质和专业能力。

（三）抓好客户账户营销

以供应链核心企业为突破口，利用对公一户通、现金管理系统等产品优势，成功营销一大批客户的分子公司、上下游供应商和经销商与建设银行建立合作关系，链式营销成效显著。强化了部门、总分行联动营销，成功中标了润英联、泰科等一批有影响力的跨国公司现金管理项目。加快“工商验资E线通”推广步伐，从源头上拓展客户和账户。

（四）强化小额无贷户经营

一是总行下发《关于加强对公小额无贷户发展的实施意见》、《关于加强对公小额无贷户营销管理的通知》和案例汇编等，并根据小额无贷户的经营特点和银行产品需求特点，进一步调整和明确了营销管理模式；二是各行落实了小额无贷户的经营责任，强化了网点营销职能，并通过强化部门协同联动，有力保证了任务目标的完成；三是依托网点和电子渠道，各行以家具、建材、服装等有特色区域的批发市场为切入点，选择制造、批发和零售等重点行业开展精准营销，取得较好成效。

（五）加强业务管理

一是总行制发了现金管理业务收费的“四有”原则和相关规定，各行认真贯彻落实，加强了资金结算业务的收费管理，落实了监管要求；二是科学配置资源，强化激励考核。2012年总行将小额无贷客户、现金管理客户新增等纳入条线KPI考核，对小额无贷账户新增、单位结算卡新增等配置了战略激励费用，各行结合本行实际，合理确定考核激励政策，有力推动了业务发展。

（六）切实抓好对公柜面操作风险防控

总行组织开展了1次专项检查，6次重点业务或事项的非现场专项检查，按季度组织柜面操作风险检查、账户常态化风险排查和对账工作，落实了问题整改责任制，发现问题整改率达98%以上；对外部监管机构检查和内部审计发现的问题及时进行了整改；完成反交易欺诈远程监控预警/检查模型试点并在全行推广。

执笔：全丽萍

信息管理工作

一、主要工作成果

（一）发布企业级C模型基线版本，基本建成企业级数据标准体系

企业级数据模型共有9个一级主题域，1 939个实体，16 588个属性，涵盖了建设银行全部基础数据实体、属性和实体关系，用于指导和规范新一代应用信息系统数据模型设计，提高应用系统的开发效率和灵活性，保障全行数据的一致性，切实提升数据质量。建成包括参与人、产品、合约、账户、事件、渠道、资源项、其他公共等主题的完整的企业级数据标准体系，截至2012年底，制定的数据标准达到1 802项，基本涵盖了建设银行全部业务领域，企业级数据标准体系基本建成，为全行提供了完整的基础数据规范。

（二）制定企业级指标体系，编制企业级数据字典

完成了电子银行、金融市场、海外分行、现金管理、监管合规、信用卡、托管业务、财富管理、信息中心等近千份业务报表的分析，定义了1 600多个根指标、6 200多个组合指标、2 700多个派生指标，初步建立了企业级指标体系，形成了规范的指标定义、指标业务口径、指标数据口径、指标与维度的组合关系等，为实现统一的指标管理、避免指标数出多门等问题打下了良好基础。编制企业级数据字典，收集和发布了12 209项数据元素，支持各类数据规范的落地实施。

（三）完成企业级数据应用项目业务需求分析并立项开发实施

根据新一代一期5个应用和8个组件的实施计划，分析涉及的业务报表、报告需求，初步收集了对公现金、托管、金融市场、家庭现金等业务报表，形成了企业级数据应用项目的业务需求，企业级数据应用项目已进入开发实施阶段。

（四）全行手工报表清理成效显著，基本完成消灭境内分行固定性手工报表的目标

先后下发了《关于大幅精简手工报表 建立报表统一管理机制的通知》、《关于进一步取消手工报表 加强报表集中管理的通知》，累计取消总行各业务部门对下布置的281张手工报表，定义了900余个手工补录指标，通过指标补录平台进行补录，在全行进行共享使用。2012年底开始，总行布置的全部固定性手工报表全部取消。38家一级分行累计取消对下布置的手工报表达8 400多份，节约的报表制作时间超过300万小时。进一步加强数据服务深度和服务水平，成立数据服务团队，挖掘现有系统数据资源，支持各级管理层的数据需求。

（五）银监会新资本充足率报表顺利实施

对RWA系统持续进行针对性的优化改造，基本满足BII、BIII报表的编制，为资本充足率报告编制提供支持；改进优化SMIS系统（并表管理信息系统），提升了附属公司数据报送质量及效率。组织了多次新资本充足率（BII、BIII）报表的试填报和定量测算工作。根据银监会资本计量高级方法验收工作要求，组织开展 RWA 系统验证工作。制定新资本充足率报表管理制度和统计制度，根据监管要求编制了《中国建设银行股份有限公司资本充足率报告编制工作规程》和《中国建设银行股份有限公司资本充足率报告模板》，已经通过董事会审议并正式发布。按照资本充足率报告模板，组织试编写了资本充足率披露报告。制定下发《中国建设银行监管资本计量数据质量管理实施细则（试行）》，规范了资本充足率计量数据的管理流程，为数据质量改进和提高提供制度保障。完成巴塞尔委员会baselⅡⅡ定量测算和全球系统重要性银行定量测算工作。

（六）落实银监会良好标准现场评估检查整改

根据《中国银监会办公厅关于建设银行 2012 年统计现场检查评估意见书》，会同相关业务部门制订了整改工作计划，将整改责任落实到部门，指定了具体整改负责人。按照“高标准、认真落实”的要求，截至 12 月底，银监会检查组提出的 49 处具体错误问题已完成整改，70 项整改建议已整改完成 22 项。依托新一代核心系统建设，着手研究监管统计管理工作整体方案，从问题产生的根本原因入手，按照“国际一流、国内领先”的管理目标，设计了全行监管统计数据管理体系，从完善统计基础体系、建立数据管理能力框架、完善统计工作流程等各角度出发，从根本上提升建设银行数据质量管理水平。

（七）人民银行征信管理工作

完成人民银行布置的机构信用代码推广工作。征信数据质量管理、客户异议处理、征信系统应用成效报送工作在人民银行各季度考核中均达标，被评为“2011 年度企业征信系统数据质量工作优秀机构”和“2011 年度个人征信系统数据质量工作优秀机构”。完成征信查询渠道整合，完成了全行统一的信用报告查询平台优化建设工作，实现了接口方式查询银行专业版信用报告等功能，较好地支持了建设银行相关业务系统的数据支持需求，为细化查询费用管理提供了技术手段。

（八）监管数据报送工作

按期完成总分行非现场监管报表报送工作，全系统未收到一次银监会的“四单”警示。为减轻分支行监管统计报表报送压力，总行统一加工生成了 41 580 张分支机构报表，分发分支机构报送使用。全年共向人民银行报送日报、周报、旬报、月报、季报以及临时性调查等各类统计报表总计 573 张（批次）；人民银行缴存表 65 期；国家外汇管理局月报、季报共计 178 张；西城区统计局月报、季报共计 26 张。共报送人民银行理财产品基本信息 4 279 笔、募集信息 27 120 笔、终止信息 5 195 笔；资产池基本信息 1748 笔、资产负债信息 7 356 笔、资产池终止信息 3 274 笔。组织开展数据质量专项治理工作，全行客户风险统计数据质量持续提升，建设银行上报银监会的客户风险信息中，“名称偏离度”、“股东缺失情况”、“资产负债连续 6 个月不变率”、“错误数据未修改率”等考核指标逐月向好。

（九）数据挖掘分析及信息服务

依托数据仓库整合的数据，基于 ODSB 建立了电子银行客户信息平台，总行每日统一加工生成数百个电子银行业务指标直接下发分行。积极探索分析、挖掘仓库的海量数据潜力，加工生成了电子银行业务关注的、一些有价值的数据，支持电子银行客户营销。基于数据仓库为总行多个业务部门提供月报、季报、半年报等经营分析所需报表数据和固化报表，提供大量灵活查询数据服务；满足财会部和资债部综合经营计划、KPI 考核和日常管理需求的数据服务。组织分行开展资产信息延伸成全服务，指导分行模板编制、规范模板发布流程、监测模板质量、考核分行服务效能等方式，各分行在 CMISII 系统发布数据应用模板达 539 个，提升了分行信息应用技能和服务效能。推动建立全行资产类信息共享应用机制，CMISII 本年扩充、维护共享应用指标 106 个，占全部共享指标的 11%；CMISII 系统本年全行查询量达 63.5 万次。充分发挥门户系统的宣传作用，配合各部门开展各类网络营销活动。

（十）外部资讯统一管理及统一用户管理工作

加强外部资讯信息共享工作。编制《经济信息文摘》，向各部门进行共享；对通用外部资讯信息通过资讯服务系统（ICSP）面向全行员工以及下游信息系统提供服务；对总行采购的 13 种外部信息通过 ICSP 平台实现全行信息共享。加强全国统一用户管理，提高用户信息准确性。

二、主要工作举措

（一）依托新一代核心系统建设，建立数据规范体系

根据新一代先进的方法论体系，建立企业级数据模型和标准体系，将数据模型与流程模型进行对接，建立了完整的基础数据规范，并通过严谨的项目实施方法确保数据规范在项目中的落地实施，为提升全行数据管理水平打下坚实基础。

（二）进一步完善制度体系

按照银监会监管统计数据质量管理良好标准的要求，搭建覆盖总分行、表内外、境内外、法人和集团、行内经营决策和外部金融监管等多维度统计制度体系，包括《中国建设银行金融监管统计工作报备管理暂行规定》、《中国建设银行监管资本计量数据质量管理实施细则（试行）》、《中国建设银行个人信用报告查询应用管理办法》、《中国建设银行股份有限公司资本充足率报告编制工作规程（试行）》等。

（三）进一步完善数据质量考核机制

2012 年在一级分行 KPI 指标中增加了信息质量指标，考核内容包括数据源录入质量、人民银行金融统计数据报送、银监会监管数据报送、征信数据质量、数据应用与报表的系统生成情况等，充分发挥 KPI 考核对全行数据质量提升的促进作用。

执笔：刘贤荣

研究工作

一、积极响应总行党委和高管层的关切，全力完成多项重大专题研究

针对日趋白热化的同业竞争，总行党委高瞻远瞩，提出要重点加强金融同业分析和金融市场研究。研究部积极响应党委要求，2012 年初即组织骨干力量开展四大行业务比较研究。经过深入探讨和反复论证，撰写了题为《四大银行业务发展优劣势初步分析》的研究报告，得到有关行领导好评。

为解决建设银行改革发展中面临的难点问题，总行党委创设“战略与创新专题会”机制，研究部组织骨干力量全程参与流程银行专题和集约化经营两项专题研究，并完成《流程银行：特点及构建》、《流程银行建设》等多份研究材料，并为相关部门阅提关于流程建设和集约化经营中存在的公司治理、企业文化、绩效考核等方面的意见，为专题汇报材料最终形成作出了应有贡献。

2012 年，总行党委提出“要明确战略定位”的工作要求。按照有关行领导指示，研究部组织力量，攻坚克难，撰写了题为《加快“三化”建设，积极推进建设银行向综合性、多功能、集约化战略转型》的专题报告，得到行领导的较高评价。

2012 年 10 月 16 日，王洪章董事长作出重要批示：“要尽快研究出新的资本补充工具，在此基础上争取银监会的支持和认可”。研究部迅速响应，组织力量，深入研究当前国内外监管形势和政策、国际大型银行的资本状况和资本工具创新趋势以及国内银行业资本结构特点和资本补充工具现状，经过反复讨论，充分酝酿，并广泛征求相关的部门意见，形成了《把握监管趋势，借鉴国际经验，创新建设银行资本补充工具》的研究报告，并提交行领导，得到王洪章董事长等行领导的良好评价。

二、紧紧围绕全行改革发展实际，组织开展热点问题研究

研究部一直非常重视业务发展热点问题研究。2012 年，完成了《大型银行信贷资源优化配置研究》专题研究，并形成《西方大型银行信贷资源优化配置的经验》、《建设银行信贷资源配置存在的问题》和《优化建设银行信贷资源配置的建议》3 份专题研究报告。从国际经验出发，针对建设银行实际，对在经济发展方式转变、资本监管标准趋严背景下，如何有效配置信贷资源，实现集约化发展，提出了有价值的对策建议。

2012 年，研究部还推出了《建设银行基层机构改革发展研究》专题，形成了《建设银行基层机构改革成效及存在问题》、《建设银行基层机构与同业比较》和《建设银行基层机构发展的对策建议》3 份专题研究报告。对全行上下普遍关注的基层机构改革问题进行了全方位探索，并提出了相应对策建议。

2012 年，研究部选择房地产业与上游行业运营景气关联性分析以及行业信贷政策基础框架等热点专题开展深入研究。针对上半年房地产行业起伏较大，相关上游行业运营景气水平也深受影响的问题，搜集了房地产及工程机械等若干上游重要行业在投资、盈利等方面的重要数据，开展相关性分析，并形成阶段性成果。行业信贷政策基础框架也是研究部 2012 年关注的重要专题。研究部从信贷资源配置效率的可比性、一致性、实用性角度，以新模式开展了多项研究，形成了一些共识和进展，并得出一些阶段性研究成果。

三、密切追踪同业竞争形势变化，主动提出对策建议

随着银行业竞争日趋激烈，研究并把握同业竞争动向和发展趋势，已经成为银行研究工作的重中之重和制定竞争策略的重要依据之一。2012 年上半年，在部领导亲自指导下，研究部按时、保质保量地完成了《中国商业银行发展报告（2012）》。该报告以 15 章篇幅，对商业银行面临的经营环境、发展趋势、改革、创新、风险管理、渠道建设等方面进行了全面系统分析研究。并从五大商业银行、全国性中小股份制商业银行、城市商业银行、农村商业银行、外资银行等角度，对当前金融同业发展状况和未来趋势进行了分析和预测，为全行制定同业竞争策略提供了有价值的参考。

四、努力提高宏观经济形势分析水平，为经营决策提供重要依据

2012 年，研究部牢牢把握经济工作“稳中求进”总基调，深入分析、准确研判国内外宏观经济金融形势变化，多维度完善分析方法，不断提高分析判断能力。先后完成《我国经济正处于下行后筑底阶段，银行面临的挑战和压力仍然巨大》、《改制转型、提高经营效率是我国银行利润增长的根本原因》、《利率市场化及其对商业银行的影响》等研究报告。与此同时，完成 2012 年、2012 年后三个季度、2012 年下半年和 2012 年第四季度经济金融形势分析报告共计 10 期，撰写《经济金融国际要情》45 期。这些研究报告为全行把握国际国内宏观经济形势和政策走势、妥善安排有关工作提供了重要的参考依据。

五、深化行业发展动态研究，为行业信贷经营和结构调整提供重要支撑

加强行业研究，跟踪行业发展动态，把握行业运行规律，对于建设银行准确掌握行业机遇和风险，适时拓展市场、防范风险、调整和优化信贷配置具有重要意义。2012 年，遵照有关行领导“加强商品研究”指示，研究部加强相关行业走势分析，提出《需求稳定增长，成本大幅降低，轮胎行业走出低谷》、《煤炭库存再创新高，行业走势不容乐观》等研究报告。全年重点针对房地产业、转型升级行业、战略新兴产业等展开深入研究，撰写、发布《行业动态专报》31 篇。这些报告为全行市场拓展、信贷审批和风险控制等提供了决策参考。与此同时，研究部积极探索行业研究新思路新方法。2012 年 3 月，在郑州组织召开行业研究网上论坛座谈会，江苏、浙江、安徽、福建、河南、湖北、湖南、广东等分行有关专家和分管负责人参加了会议，针对“如何提高建设银行行业研究水平、增强行业研究的预警性、加强总行研究部与总行其他部门和分行的联系机制、进一步发挥行业研究网上论坛的作用”进行了讨

论，与会者提出的建议和设想正在落实中。

六、积极参与对外交流，提升建设银行声誉和品牌形象

2012年，研究部继续加强对外交流工作，致力于提升建设银行品牌形象和改善外部经营环境。代表建设银行参与中组部调研任务，撰写并提供《提升中国企业家国际影响力的意义及需要进一步增强的几个方面》等报告。参与中组部“提升企业家国际影响力”培训班会务材料组工作，撰写有关领导的会议主旨演讲、动员讲话、总结讲话等材料，得到中组部领导肯定。参与中组部科学发展观案例素材征集工作，与相关部门一同完成《推进网点转型升级，全面提升客户服务水平》案例编写工作。接受《欧洲货币》、《新华财经》、《环球金融》、《第一财经》、穆迪、国际货币基金组织、国际金融协会、瑞穗证券、第一生命保险公司、韩国大信证券、新加坡驻华使馆等数十家机构采访、到访，积极介绍中国经济形势和建设银行改革发展情况，对维护建设银行与外部友好关系起到积极作用。

七、博士后工作取得一定成效，品牌形象逐步确立

自2007年博士后工作站成立以来，研究部始终坚持博士后培养与建设银行改革发展紧密结合的工作宗旨，致力于为建设银行选拔、培养和输送高端人才。一是博士后研究立项突出攻关性。博士后选题紧紧围绕建设银行改革发展中面临的突出热点和难点问题。二是博士后培养机制突出务实性。博士后人员进站后，先交流到业务部门参与实际工作，交流归来后由相关处室负责联合培养，参与研究部具体工作。三是博士后培养模式日益规范。并严格遵循进站开题、中期考核、出站专家论证和答辩等培养流程。四是细化培养计划。在实践中摸索出细化课题研究，将研究项目分解为数个子专题、长期课题研究与短期专题研究相结合的研究方式。五是品牌形象逐步确立。创造条件并鼓励博士后人员参与学术交流，积极扩大建设银行博士后工作站社会影响。博士后工作站成立六年来，为建设银行培养、输送了十几名高端人才，全部成为各部门业务骨干。提交的数十份项目研究及出站报告，着眼于解决建设银行改革发展中的战略性和长远性问题，达到了一定的研究水准。

执笔：孙永红

战略规划与股权投资业务

一、改进子公司管理，持续提升并表管理能力

2012年，围绕落实综合性、多功能和集约化战略定位，大力推进集团战略协同，改进子公司管理，推动子公司做大做强。

（一）推动子公司做大做强，取得重大成效

建设银行积极推动各子公司落实集团综合化经营战略要求，明确发展目标和路径，加强集团各成员业务联动和战略协同，有效实现客户交叉销售、境内外服务对接、产品服务互补、信息资源共享等，在复杂的经济环境下保持了子公司各项业务保持良好的发展态势，各子公司资产质量良好，监管指标达标。

2012年，子公司经营取得令人瞩目的业绩。2012年，子公司的资产规模和利润增长显著高于集团平均增速和行业平均增速，全年实现净利润20亿元，同比增长50%；ROE同比提高1.3个百

分点；总资产增长31%至2 587亿元，管理资产增长81%至4 670亿元。子公司市场地位大幅提升，建信信托提升4位，跃升行业第2位；建信人寿提升17位，并购一年半即排名第18位；建信基金提升4位，行业排名第11位。子公司经营取得令人瞩目的业绩，进一步印证了建设银行推进综合化经营发展战略的前瞻性和必要性。

2012年9月19日，建信金融租赁股份有限公司与中国商用飞机有限责任公司在北京举行C919客机用户协议签约仪式。

（二）优化子公司管理顶层设计

完成改进子公司管理专题研究，经总行首次战略与创新专题会讨论，确立了子公司发展定位和方向，明确了子公司管理目标、模式、内容和手段，全面修订并颁布新的《子公司管理暂行办法》，从顶层设计的角度将子公司管理架构和管理机制予以清晰化和制度化，为促进子公司快速健康发展，实现集团战略目标奠定制度基础。

（三）提升子公司管理精细化水平

出台子公司综合考评、信息报送等基础性制度办法，完善子公司管理配套制度体系；规范重大议案审核流程，通过公司治理机制实现对子公司重大事项的管控，审核境内外子公司董事会和股东会议案；指导子公司制定中长期发展规划，落实集团对子公司的战略定位要求。

（四）加强战略协同机制体制建设，协同效应显著提高

从制度层面明确协同责任、考核激励及计划管理，首次单独制定联动KPI考核办法，并通过多种形式促进母子公司在市场拓展、交叉营销、产品研发和资源共享等方面协同联动。年内共有16个总行部门统筹部署专项协同措施，共有37家分行与子公司开展业务联动，代销子公司金融资产规模较上年增长114%。

（五）全持续提升并表管理能力

研究制订并表管理年度工作计划，梳理形成工作任务，分解落实到相关部门，推动集团各并表要素及事项管理；全面落实银监会现场检查提出的监管意见，整改工作报告得到监管机构的认可；制定建设银行改进并表管理研究纲要，并上报银监会；组织开展并表管理培训，提升并表管理人员专业能力。

（六）成功联姻社保基金，圆满完成建信人寿增资

2012年，在行领导多次亲自协调下，克服时间紧、任务重、工作难度大等困难，促使全国社保基金加快评估和决策，确保建信人寿引入战略合作与股权投资和增资工作如期完成，不但增强建信人寿的资本实力，提升了市场形象和品牌价值，而且也为建设银行实质拓展与社保基金的业务合作开创先例，后续建信信托成功入围社保基金信托贷款合作伙伴，承揽了社保基金2012年单笔金额最大的湖南保障房贷款项目。

（七）梳理子公司对外股权投资，提升财务管理水平

为规范子公司对外股权投资，股权部对境内外7家经营性子公司的对外股权投资情况进行了全面调研和梳理，并根据新的资本监管要求，向子公司下发了进一步规范股权投资管理的通知，指导子公司对外股权投资行为。同时，不断提升对子公司财务监测水平，借助子公司综合经营计划编制工作，加强对子公司财务管理的广度和深度，进一步完善跨行业、跨发展阶段的子公司预算编制、审核流程和方法，强化年度经营计划的规范性。

二、深化战略协助合作，支持全行战略转型

（一）深化战略合作，积极引进核心技术

与美国银行续签战略协助协议，期限延长至2016年底。根据“服务发展战略，解决关键问题”的原则进行项目选择与资源分配，协助内容由理念、经验的分享转向模型、方法、工具等核心技术

的引进，有力地支持了新兴业务和战略性业务的发展。初步构建了私人银行数据挖掘和建模的能力；再造小微企业信贷业务流程，推进建设银行小企业业务零售化转型；改进电子银行反欺诈在线风险监控系统，直接避免客户损失约2 700万元。

（二）扩大战略协助受惠面，努力满足全行需求

在美国银行专家资源下降的情况下，通过在计划内项目中穿插不占用资源的经验分享和培训，2012年协助项目仍达43个，涉及总行16个部门、18个试点分行，建设银行共计129名项目成员和美国银行170余名专家参加，保持了历年的平均水平。安排131名业务骨干赴美参加跟岗培训，成为战略合作以来参训人员最多的一年。此外，与淡马锡开展了8期培训和咨询项目，与桑坦德完成了1期小企业业务培训。

执笔：丁小培　武腾　吴琼

公司业务

一、公司业务成绩优异

（一）企业存款奋进拼搏，时点新增勇夺第一

一是四大行排名创历史，时点新增超预期。人民币企业存款余额58 281亿元，新增5 842亿元，计划完成率达112%。时点新增超工商银行178亿元，超农业银行1 446亿元，第一次夺得四大行第一，体现了公司部和全行公司机构条线的大局意识、强大的执行力和敢于争先的能力，行领导也给予了高度肯定。

二是公司客户存款贡献提高。公司部（含集团）企业存款新增2 891亿元，同业第一。公司新增客户存款占建设银行企业存款的50%，建设银行在公司客户存款方面的竞争力明显增强。

（二）中间业务持续发力，收入蝉联第一

一是公司中间业务收入连续两年第一。全年实现公司中间业务收入398亿元，超工商银行71.74亿元，再次荣膺榜首，且全年12个月连续稳居四大行第一，四大行占比达35.1%。

中间业务收入超上年11亿元，增速为2.76%。其中，公司部（含集团）牵头的中间业务收入超上年14亿元，增速5.8%，顺利完成了总行同比正增长、份额不下降的要求。

二是重点产品表现突出。建设银行特色产品造价咨询一枝独秀，实现收入81.82亿元，单位人民币结算、国内保理两项产品收入超30亿元，境内保函、承诺、银团贷款、单位电子银行等四项产品收入超10亿元。

2012年2月14日，建设银行2012年公司机构业务工作会议在湖南长沙召开。

境内保证和承诺两项产品收入在四大行中排名第一，单位人民币结算、银团贷款、国内保理三项产品收入在四大行中排名第二。

（三）客户增长历史最多，账户占比提升

一是客户/账户数量快速增长。全部公司机构客户265万户，新增44.5万户。按考核口径，客户244.5万户，新增41.4万户，超计划14.57万户，增幅达20.36%。历史上首次增幅超20%。单位结算账户436万户，新增64万户。按考核口径，账户283万户，新增48.5万户，超计划14.8万户，增幅20.7%。账户四大行占比为21.42%，

2012年7月3日，建设银行与陕西省政府在西安签署战略合作协议。

较年初提升了1.12个百分点。

二是结构持续优化。基本结算客户173.84万户，新增31.59万户，增幅达22.21%。基本结算客户占全部客户总数的65.52%，较上年末提升了1.11个百分点。基本结算账户224.03万户，新增38.7万户，增速达20.88%。基本结算账户占全部结算账户的51.38%，提升了1.37个百分点。基本结算账户四大行占比为20.14%，提升了1.16个百分点。

2012年8月28日，中国建设银行荣获中国银行业协会2012年度银团贷款最佳业绩奖和最佳交易奖。

（四）集中支持实体经济，大力推广新兴产品

一是基本建设贷款新增1 565亿元，新增占比为37%，增速为8.89%。

二是票据贴现新增256亿元，增速达22.53%，收益率达到了6.84%，实现了总量调控和业务收益的最佳平衡。

三是涉农贷款新增2 164.8亿元，同比多增414亿元，增速高于各项贷款5.6个百分点，远超“两个不低于”监管要求。新农村建设贷款实行备案制管理，试点行推广到25家，贷款新增526亿元，增幅达156%，综合收益相当于基准上浮23.41%，无不良贷款。

四是保障性住房建设贷款新增334亿元，增速达130%，贷款余额591亿元。

在美国《环球金融》杂志“2012年度中国金融之星”评选中，中国建设银行荣膺“最佳基础设施贷款银行”大奖。

五是国内保理新增294亿元，综合收益率为8.56%，相当于基准上浮52.86%。流贷替代率为10%，较上年提升1.18个百分点。

六是网络银行累计发放贷款952亿元，累计发放客户1.57万户。合作平台新增12家，完成了行领导每月拓展一家的要求，新增合作平台会员20万户。

（五）结构调整坚决彻底，敏感行业令行禁止

一是“6+1”产能过剩行业贷款余额减少，信贷余额连续8个季度下降。本外币贷款余额1 884亿元，比年初减少12亿元，圆满完成贷款余额不超过年初数的目标任务。

二是平台贷款整改成果显著，总量减少，结构优化。有贷款余额的全口径平台客户1 328户，较年初减少215户。贷款余额7 287.79亿元，较年初减少177.09亿元。从客户分类来看，“支持类”客户贷款余额占比较3月份开始三分类管理时，提高了3.1个百分点，“维持类”、“压缩类”客户贷款余额占比持续下降。从现金流结构来看，全覆盖平台贷款3 798.7亿元，占比为93.8%，较年初提高了8.11个百分点。

三是房地产开发类贷款余额减少，资产质量历史最优。房地产开发类贷款余额4 158亿元，占对公非贴现贷款的8.98%，比年初下降0.64个百分点；余额较年初减少34亿元，为近五年来最低水平。不良贷款额、不良率分别比年初减少12亿元和0.28个百分点，贷款质量历史最好。

四是退出计划提前超额完成。全行共退出贷款496.45亿元，计划完成率达165.48%，涉及退出客户2 467户。持续加大监测和督导力度，提前5个月完成全年退出计划，38家分行均超额完成计划。

（六）资产质量顶压趋好，利润贡献大幅提升

一是大中型公司客户不良"双降"。大中型公司客户不良贷款额390亿元，比年初减少46亿元，不良率为0.87%，比年初下降0.23个百分点，成功抵御了经济下行的压力，实现了"双降"。对公逾期贷款569亿元，比9月末减少38亿元；外部审计调整后，大中型客户新暴露不良149亿元，控制在300亿元目标之内；大中型客户纯新发放不良率为0.17%，控制在0.2%目标之内。

二是效益水平持续走高。对公主营业务收入3 531亿元，占全行的67.3%，增幅达20%。其中，对公贷款利息收入3 065.8亿元，比上年增加了560.6亿元，占全行各项贷款利息收入的72.68%。公司类非贴存贷利差为4.70%，高于全行平均0.37个百分点，连续三年持续提升。

二、主要工作举措

（一）研究形势把握机遇，营销联动成效显著

一是经常性开展机遇研究，加强业务指导。年初制定下发营销指导意见，明确了三方面10大机遇；第四季度根据十八大和中央经济工作会议精神，提出了五方面的16大机遇，紧跟形势，体现实效；下发工作要点，以及企业存款、内控管理等单项业务和产品等共18个指导性文件，出台了清洁发展机制、智能交通等7篇行业研究报告；深入研究了海洋滩涂经济、城镇化等新兴市场机遇；定期发布互联网发展动态。

二是市场营销适时有力，贷款储备充足。行领导亲自带队开展高层营销，公司部加强组织推动，与山西、福建、贵州等12个省、市政府签署战略协议；组织开展企业存款、客户/账户拓展等6个专项营销活动，举办珠三角重要客户、工程造价咨询业务等5场客户/产品推介会。年末实现贷款储备4.6万亿元，新增1.03万亿元；其中已审批通过的有18 409亿元，新增2 529亿元。

三是主动联动取得突破。组织召开珠三角地区联动例会，完成联动项目124个，组织区域内各分行开展项目对接，确保了落实。

主动联动个人、信用卡、租赁、保险等条线，配置联动营销费用，组织举办贷记卡、代发工资等专题营销活动及重要客户产品推介会，完成企业网银客户新增56万户（计划53万户）、信用卡发卡新增66万户（计划45万户）、代发工资855万户（计划718万户），均超额完成计划。

（二）产品管理创新锐意进取，品牌体系逐步建立

一是创新计划圆满完成。完成网络银行"e链通"、内部银团贷款优化等五项产品创新计划。完成沿海滩涂资源开发贷款、一票通等四项新产品研发。共修订了国内保理、承兑等八项产品管理制度。

二是"三大工具"运用得心应手。产品创新试点行共29家，覆盖度由年初的50%增至77%；产品创新直通车覆盖27家一级分行的69个二级分行，上报创意55个，有效创意10个，与中兴通讯、泰德煤网等客户组建银企联动创新团队19个。公司部牵头的7个产品渗透率达242.8%，较年初增幅15.4%，超额完成10%的增幅计划。

三是加强产品管理和品牌建设。梳理出三大类、13个产品线，共计148个公司业务产品，编制完成涵盖13条产品线、75个重点产品的《中国建设银行公司业务产品手册》。在"善建者行"母品牌下，研究建立对公产品子品牌，打造"专业专注、注重创新、智慧解决"的金融服务能手形象。通过制作网络银行业务、供应链融资产品、第三方支付、银团贷款等产品视频宣传片及广告折页，提升市场知名度。

（三）体制机制日臻完善，管理质量全面提升

一是强力推动企业存款增长。针对年初企业存款增长不力的局面，提请行领导对6家分行进行了诫勉谈话，组织召开了两次企业存款座谈会和总行部门调度会，部领导包干督战，确保了年末存款任务的顺利完成。利用工商验资通系统抢抓源头客户，完成上线分行30家。第三方支付备付金存管客户168家，新签约79家，市场份额占比为60.4%。开展低效账户激活、零余额账户激活及提升活动，激活低效账户。

二是实现票据业务量价最优目标。修订下发银行承兑汇票贴现、商业承兑汇票贴现操作规程。撰写《总行票据贴现业务直接经营方案》。做好贴现价格管控和业务额度维护工作，全年调整贴现价格控制底限14次，维护金融机构贴现业务授信额度142次，确保业务良性有序开展。

三是队伍建设更重质量。全年共举办23期培训班，累计培训1 629人次。顺利完成了《公司客户经理能力提升教材》和公司客户经理能力提升课程、网点负责人轮训课程的开发工作。完成了中国建设银行第六届公司及机构百佳客户经理评选，对优秀客户经理进行表彰和鼓励。

四是系统建设助推管理水平提升。完成了CLPM系统优化75项，完成CBD系统两次优化升级。完成网络银行标准化项目一期开发和两项功能优化。实现了人民币企业存款月末实时监测、资金流向按月监控功能。为子公司在CLPM系统中设立专门用户，并配置了差异化的查询权限。组织开展了CLPM、CBD等重要业务系统的应急演练，确保无突发事故，确保十八大期间安全平稳。

（四）强化内控基础管理，有效提升保障水平

一是案件防控到位，资产质量稳定。落实案件专项治理工作方案要求，组织开展对公大中型客户信贷合规管理自查工作；重检对公授信业务不相容岗位（职责），明确不相容岗位26组。坚持对案件“零容忍”，明确政府融资平台、房地产、产能过剩、民营及钢贸企业等重点行业、客户群信贷风险防范要求，针对重点产品提出加强授信业务真实性管理、防范信贷欺诈的工作措施。规范了多头贷款、异地贷款管理，开展了人民币同业代付（委托行）业务、中介非法介入银行信贷业务情况调查研究。下发了房企“退市”风险提示，对全行民营房地产客户进行了摸底调查，提出了政策建议。监控舆情，指导分行化解了多起重大信用风险。

二是积极配合内外部审计检查工作。内审方面，反馈审计需求17项，处理涉及公司业务的190个问题及相应审计取证单。外审方面，成立新增贷款专项跟踪审计调查配合协调小组及工作组，共处理各项审计需求85项，协调安排13个部门及子公司接受访谈，配合开展代开承兑汇票、东北装备制造业、政府融资平台、土储贷款等四项五次专项现场调研，协调沟通取消审计取证单25项、金额47.8亿元，确保建设银行问题最少。

三是综合事务日趋规范，后勤保障全面有力。全年共办理公文7 921份，日均20余份，流转零差错。其中，下发公文416份，处理分行请示1 653份，收到其他部门联系单及便函2 963份，向其他部门发送联系单、反馈单、便函1 147份，向行领导和其他部门签报164份。

执笔：杨璐

集团客户业务

一、充分发挥集团客户对全行业务发展的五方面支撑作用

（一）支撑客户账户基础

一是客户账户整体较快增长。2012年，紧紧围绕“三大一高”抓客户，从集团总部、重要成员企业和项目、上下游产业链等多个层面开展营销，进一步巩固了客户账户基础。截至2012年底，全行集团客户7 390个，成员单位68 188家。基本户达20 641个，较年初增长16.7%，其中118家总行级战略性客户基本户达4 009个。积极关注国家行业发展战略和优质新客户、新项目设

立，成功营销神华集团19个国家重大能源储备基地、中石化两大煤制气核心项目、宝钢湛江和武钢防城港钢铁基地等一大批有重要影响的账户和三星电子、通用电气、卡特彼勒和博世集团等全球500强企业在华重大投资项目主办行资格。

2012年5月28日，建设银行与国家烟草专卖局（中国烟草总公司）在京签署战略合作备忘录。

二是财务公司客户关系拓展迅速。抓住多家财务公司加速组建与发展的机遇，全力推进营销工作。年内新开立财务公司总部基本户3个；先后获得7家拟建财务公司的咨询顾问业务资格，为客户提供筹建期全程辅导；为21家财务公司上线现金管理系统；票据集中、单位结算卡、理财、信托、信贷资产回购等业务取得全面进展。

三是单用途商业预付卡带动客户账户拓展。获悉商务部2012年11月实施预付卡管理办法后，总行及时捕捉商机，召开视频会议，下发工作通知，建立信息发布机制，迅速部署全行发起银行存管账户和预收资金的营销工作，为商业企业账户及数千亿元资金的争夺赢得了先机。

（二）支撑传统业务发展

一是存款立行。2012年末，全行集团客户存款余额14 895.35亿元，较年初增长2 188.54亿元，增长率为17.2%，高于五年规划发展指标。其中，总战客户存款余额6 329.94亿元，增幅达21.7%，较全行对公存款高9.5个百分点。在存款营销中，适应市场形势，积极跟踪客户资金流，特别是加强了财政支付和直接融资专项资金营销，仅总战客户的这两类存款新增就超过600亿元。

二是信贷支持实体经济。2012年末，全行集团客户贷款余额34 476.26亿元，占全行对公贷款的67.6%，较年初增长14.4%。其中，总战客户贷款余额11 020.34亿元，较年初增长15.4%，较全行对公贷款高2.5个百分点。坚持以信贷支持实体经济，总战客户基础设施类贷款新增792亿元，余额占比达到65%；全行集团客户“6 + 1”行业贷款余额则下降25.4亿元。同时，积极转变观念，以有限的信贷资源为杠杆，撬动存款等各类业务综合发展。

三是资产质量持续优良。2012年末，全行集团客户不良贷款余额250.66亿元，不良率为0.73%，较年初分别下降3.42亿元和0.12个百分点。其中，总战客户不良贷款12.14亿元，不良率仅为0.11%，较全行对公不良贷款低0.89个百分点。

2012年6月25日，建设银行与中国石油天然气集团公司在京签署战略合作协议。

（三）支撑战略性业务综合发展

一是供应链金融突飞猛进。在电子商务平台领域，铁路客运电子支付业务后来居上，短短1个月时间内赶超工商银行等所有对手，以互联网单日交易额23%的市场占比领跑同业；铁路货运电子商务平台成功签约；中国煤炭交易中心营销全面领先，签约客户数占比达46%，保证金存款占82.8%。在销售金融网络领域，优化一汽集团服务方案，突破回购条款限制，首次完成核心厂商及下游销售商捆绑额度授信，大力拓展上游供应商电子商业汇票业务，成功实现产业链全覆盖。

二是现金管理持续推进。新组建集团客户跨区域或全球资金结算网络32个，签约账户1 280个，扩大了集团客户在建设银行的资金结算量和沉淀。

三是债券承销硕果累累。积极抢抓债券市场大规模扩容和持续创新的机遇，为客户开辟多元化融资渠道，提高建设银行中间业务收入水平。全年仅总战客户的承销量就达到115笔2 547.3亿元，较上一年增长42.1%，占全行非金融企业债券承销总量的74.9%，其中超短期融资券更是占到96.6%。

四是企业年金再创佳绩。2012年成功中标12单企业年金业务，保持央企中标数量同业领先。截至2012年末，总战客户年金业务账户管理162.4万户；托管资产375.6亿元；受托资产41.7亿元，年增长超过75%。

五是龙卡业务捷报频传。与中国盐业、比亚迪联合发行名企卡，与国航联合发行知音龙卡并在业内首推全程商旅服务，与中移动联合发行卓越卡2 200张；为宝钢集团发行金融IC卡7万余张；为中国供销集团量身定做龙卡联名卡方案并与客户达成合作意向。

（四）支撑海外及子公司业务发展

一是深化境内外联动，提升全球金融服务能力。积极贯彻海外发展规划，将海外业务作为集团客户业务的重要组成部分，形成境内外金融服务的“无缝链接”。一是支持海外分行做大做强。与中国联通签订50亿港元融资协议，支持香港分行做大资产规模；拓展跨境人民币业务，仅四大油商业务量就达730亿元人民币。二是创新实践《全球授信管理办法》，先后对三星电子、恒基兆业等跨国企业开展全球授信。三是引领全球金融服务创新。争办中石油境外资金归集项目，开创建设银行境外资金池业务先河；创新流程，向中海壳牌发放建设银行首笔跨境人民币双边贷款，并成功实现服务品牌化；中标卡特彼勒“跨国公司总部外汇资金集中运营管理试点”合作行、通用电气全球保函系统业务，在全球资金流经营管理方面迈出实质性步伐。

二是加强战略协同，提升非银行金融服务能力。与子公司联动开展战略协同和交叉销售，全方位满足客户非银行金融服务需求，努力实现建设银行集团利益最大化，在境外IPO与发债、飞机与设备融资租赁、产业基金、信托理财、意外伤害保险等业务领域取得了多项重要成果。

（五）支撑综合效益增长

在业务量持续增长的同时，集团客户业务经营效益也在不断提升，发展与效益实现有机统一。2012年，118家总战客户全年实现主营业务收入285.89亿元、税前利润143.21亿元、经济增加值17.04亿元。总战客户以不足0.5%的客户数占比，实现税前利润占全部公司银行业务利润的12.1%。

二、开展四项创新，在多方面实现新突破

（一）创新经营模式，实现客户经营管理新突破

构建立体化营销模式，进一步加强银企关系。一是加强高层营销，抢占银企关系制高点。2012年行领导、高管层150人次以上出席重要集团客户营销活动超过100次，力度和频率远超同业。二是加大总行直接经营力度，将总战客户打造为贯彻“三大一高”战略的重要抓手，将名单扩充至118家，按户制定营销规划；首创“密切拉链式”营销模式，全年举办30多期重要客户银企交流会，实现从客户总部到分支机构再到其上下游企业的全方位对接和贴身服务。三是将总战客户经营模式向分行推广，出台《分行级战略性客户营销指引》。

试点综合金融服务模式，集约产品和客户经营。举办全行集团客户综合金融解决方案评优活动，促进综合服务理念推广和先进经验交流。2012年下半年开始，选取6家分行的7家客户开展综合金融服务方案试点工作，实行“一户一策”，按集团客户维度配套差别化政策，实施一揽子方案审批，首次打破了传统的产品组合营销模式，实现从单一客户到集团客户整体经营、从单一产品营销到多产品综合覆盖的转变。

推广综合定价模式，突出客户价值创造。研究开发综合定价快速测算模型，首次实现以产品为中心单一定价向以客户为维度综合定价的重大转变，选取多家集团客户开展试点，按RAROC指标设定差别化定价授权体系、价格底限和考核目标，将发挥优质客户、稀缺资源的带动作用，更好地实现量价均衡。

创构供应链金融模式，拓展上下游链条业务。

开展供应链金融业务的系统性研究和整合工作，建立传统评级与指标打分卡相结合的优化评级模型，创新核心企业为虚拟主体、上下游利益共同体为授信主体的授信模式，选择北京、江苏、大连的三种类型8家企业开展试点，编制完成《集团客户供应链金融业务推进方案（讨论稿）》，并加紧开发资金流、物流、信息流合一的全过程电子化可视平台。

（二）创新管理机制，实现业务流程优化新突破

优化集团授信组织申报机制，提升客户体验。为落实主动授信管理理念，切实提高集团授信效率，集团客户部2012年初组建了4个授信专业团队，直接负责组织授信申报，结合不同授信客户特点制订年度计划、逐户落实责任、优化授信流程、实施定期通报。授信团队成立以来，A类、B类客户申报平均用时76天，C类客户申报平均用时87天，分别较2011年缩短19天和115天，授信效率和客户体验有明显提高。

率先落实首次接触负责制，提高市场响应速度。按照“一点营销、联动服务、综合解决”的要求，集团客户部及时研究并在总行本部率先出台了部门首问责任制操作流程，规范了客户需求传递、服务方案制订、进度跟踪、重大事项汇报和沟通反馈等各个环节的职责和时效，有效提升了市场反应速度和联动服务能力，加快了集团客户业务从“部门银行”向“流程银行”的转变步伐。

推广现金管理利益调整机制，加强全行协同服务。为有效调动主办行与协办行的积极性，增强建设银行重要集团客户现金管理业务的市场竞争力，对基于CCBS财资管理和集团理财功能模块组建的87个现金管理网络开展利益调整工作，涉及38家一级分行、1 880个分支机构、7 418个分账户。同时进一步研究和推动实施存款返还方案。

（三）创新产品应用，实现服务能力新突破

研究制定相关制度流程，规范业务发展。一是会同相关部门制定《全球授信业务操作规程（试行）》，明确了三种授信模式下的差别化流程，为集中境内外之力开展全球服务打下基础。二是下发《关于加强建筑业集团客户BT项目贷款管理的通知》，规范BT项目贷款管理，对部分实质性风险可控的、由优质客户承建的优质项目给予差别化政策。

研发优化IT系统，提升对客户的信息化服务水平。与信息技术和产品部门积极配合，创新开发中石油“大司库”和海外资金归集系统、中石化非上市企业系统直联、通用电气全自动付款功能现金管理系统、国际航协货运财务结算网上银行系统等多个项目，对未来信息化环境下大客户的集中体验和使用具有示范效应。

推行客户服务统一标准，打造成功范例。积极适应集团客户统一服务标准的新需求、新趋势，率先在通用电气综合服务上实现统一价格，遵照“有升有降，整体收费水平不降低”的原则，为其在华50余家企业28项金融服务制定了全国统一价格，成为统一标准经营管理的成功范例。

（四）创新队伍建设模式，实现员工综合能力新突破

探索多种培训模式，提高条线人员战斗力。一是继续加大条线培训力度，共组织各类培训23期共计1 800人次，并将海外机构纳入培训规划；出版《集团客户经理能力提升培训教材》，并开发9门标准化课程；通过培训和考核，建立168人兼职师资队伍；创新举办行业研讨班，贴合业务发展需要；开展海外跟岗培训，开阔眼界的同时带动了境内外联动工作。二是首次建立集团客户业务专家信息库，为调动条线力量开展业务创新、专项研发、工作交流、培训教育奠定基础。

强化内部挖潜，提高总行客户经理履职能力。一是增强敏感性，加强对形势、行业、业务和管理的研究，形成25篇专题研究报告，为高层管理人员提供决策依据，有效指导业务实践。二是优化信息交流与商机管理，编发《集团业务动态》154期，对供应链、商业预付卡、铁路电子支付等重点推进业务和煤电、钢铁等重要行业进行实时信息发布。

执笔：马龙

机构业务

一、通过“四抓”、“三保”，促进机构类存款健康稳定发展

以抓期限结构、抓付息率成本、抓客户基础稳定性和抓客户合作深度为主要手段，充分发挥机构业务一般性存款在对公存款中的支撑作用。贯彻落实董事长提出的同业存款“保流动性、保声誉、保效果”的战略定位，合理发展同业存款业务。

2012 年末，机构类全口径存款突破 3 万亿元大关，达到 31 643 亿元，在全行占比超过 25%。一般性存款新增 11.5%，计划完成率达 132%，时点余额和新增均列四大行第二；一般性存款新增在全行对公条线中的贡献突出，时点占比 40%，日均占比超过 50%；有 19 家分行的机构业务存款在本行对公新增中的占比超过 50%；机构客户一般性存款平均付息率 1.81%，较对公存款平均付息率低 0.04 个百分点；同业存款余额 7 439 亿元，位居四大行第二，与年初保持基本稳定，完成了总行控制目标。

2012 年 8 月 28 日，建设银行与中国太平保险集团在香港签署战略合作协议。

二、圆满完成各类考核指标，业务发展成效显著

2012 年，机构业务条线圆满完成了包括存款新增、“民本通达”重点账户新增、“八一工程”账户新增、金融社保卡发卡量新增、CTS 新开户数、银期直通车签约客户数、产品创新、不良贷款和不良率等条线 KPI 经营指标。

三、以“四卡”为抓手，全面带动新兴业务有效拓展

通过抓金融社保卡、居民健康卡、财政公务卡和军人保障卡等“四卡”业务，有力地抢占了财政预算单位、社保、军警、教育、卫生等领域的市场先机，实现了包括存款、账户、客户合作基础在内的综合营销的突破。

金融社保卡克服部分区域停发的政策因素影响，新增发行 1 278 万张，完成全年发卡计划的 101.17%。财政公务卡当年新增 89 万张，位居同业第一。军人保障卡累计发行 29.31 万余张，排名同业第二。居民健康卡在同业中率先全国首发，卫生部陈竺部长亲自致信王洪章董事长表示感谢，树立了建设银行支持国家卫生事业发展的良好形象。

四、业务质量、结构不断优化，实现了“低风险、高效益”

从存款结构看，机构业务一般性存款活期占比达到 67.21%，较全行对公存款和全行一般性存款分别高 5.07 个百分点、14.8 个百分点。从贷款质量看，机构类贷款余额 2 293 亿元，以支持教育、卫生、文化、水利等国家重点支持的民生领域为主要方向，其中教育、卫生领域信贷业务多年稳居市场第一，持续保持不良“双降”，不良率由 2012 年年初的 0.56% 降至 0.24%，资产质量创历史最好水平；与同业客户累计开展资产运用 2 070 亿元，年末余额 809 亿元，连续多年保持同业资产零不良率。从收益水平看，全行机构类贷款收益率

2012年12月12日，财政部在北京举行中央财政非税收入收缴代理银行项目招标活动，建设银行再次成功中标中央财政非税收入收缴代理银行项目。

6.60%，较对公同口径贷款收益率高0.05个百分点。从客户结构看，AA－级及以上客户占比达到90.60%。

五、贯彻落实“三大一高”战略，不断夯实机构业务发展基础

过去一年里，机构业务深入落实“三大一高”战略，抓好机构业务“大系统”客户上下游，实现资金体内循环，通过客户经理制的推动和落实，在工作方式方法上实现了“三个转变”，即由单一产品向提供综合服务转变，提高了服务的针对性、有效性；由简单地向分行提要求向总行直接营销、总行支撑营销两个维度的客户经理制推行转变；由总行“单打独斗”向搭平台、强调链条、上下游以及关联领域的合作、互动转变。

面对财政收支矛盾、国库集中收付改革深入推进、财政账户清理整顿等外部政策的不利影响，及早研究财政客户的经营定位，做好财政源头维护，强化对财政部和中央预算单位的系统性营销，充分发挥财政大系统的源头辐射作用。通过对总后勤部的营销突破，稳定了建设银行系统内全军各大单位的后勤账户，取得了在军队装备系统发行公务卡的资格，为全行拓展军队装备条线创造了条件。通过提高社保大系统营销精准度，上抓省级财政统筹账户，下抓地市资金落户账户，保持了全行社保存款18%的高速增长，为全行对公存款稳定增长发挥了重要支撑作用。

六、实现了重点业务领域和排头兵客户的营销突破

2012年，与总装备部、301医院、人民网、国家开发银行、中组部千人计划联谊会、太平保险集团、长城资产管理公司等行业排头兵客户签署了战略合作协议。成功中标财政部中央财政非税收入收缴业务代理银行资格；三峡后续发展资金营销取得阶段性突破，重庆、湖北、三峡分行开立三峡后续发展资金账户；争取到三江源生态保护基金会唯一主办银行资格；获得中央汇金公司证券投资账户唯一归集行资格；取得信达资产管理公司唯一现金管理行资格；成功营销新三板交易所基本结算账户；四大行中首家为中国证券金融公司、中国证券登记结算公司提供额度授信，为建设银行深度参与全国中小企业股份转让系统、融资融券业务奠定基础。

七、以产品创新、渠道优化和客户细分为手段，提高综合金融服务能力

“民本通达”综合金融服务方案已在同业中形成品牌，截至2012年末，实现客户新增1.7万户、账户新增2.6万户，基本账户占比35%，签署客户合作协议1 600余个，产品覆盖度不断提高。

抓住北京、上海、深圳三个金融机构最集中地区，结合银、证、期等不同金融客户类型再选择四家分行，积极推行“3＋4”工作模式，压缩高成本定期存款，在圆满完成年末“保声誉”任务的同时，付息率特别是定期存款付息率得到有效控制。第四季度为4.25%，环比下降18BPS，基本实现量价平衡。

八、客户基础和账户基础获得有效提升

在继续秉承过去一些好的经验做法的基础上，把握业务发展的重点和根本，进一步夯实业务基础，在客户的种类、形态、账户性质、含金量、贡献度方面均取得了有效提升。

2012年，机构业务结算账户达到37万户，较上年增长了5.96万户，其中：基本结算户增长1.66万户，专用账户增长2.38万户，其他账户增长1.91万户。在一些主要业务领域，账户基础得到进一步夯实。2012年，全行社保基金新开账户数795个，新增账户计划完成率为121%；军队武

警结算账户数达到6 108户，较年初增加了164户，计划完成率为191%，其中基本结算账户占比达到74%；财政及政府机构客户日均存款50万元以上重点账户增长398个；财政预算单位零余额账户增长12 615户，增幅24%；民生领域事业法人客户结算账户新增2 266户，计划完成率为116%。

九、市场竞争力不断提高，11项重点业务位列市场第一

与同业相比，机构业务在11项重点业务领域保持了市场第一：中央财政非税收入收缴代理业务、教育和卫生行业贷款市场份额、证券第三方存管客户总数等4项业务从2005年起连续8年市场第一；公务卡累计发卡量、武警客户账户数、代理保险网均收入等3项业务从2008年起连续5年位居市场第一；代理信托收入等业务从2010年起连续3年市场第一；中央财政授权支付代理业务、代理国家开发银行市场份额、银期直通车签约客户数等传统优势业务，已经保持10年以上的市场第一。

十、全面推行客户经理制和重点客户名单制管理

2012年下半年，通过在总行本级推行客户经理制，在全行实施重点客户名单制管理，将客户名单、区域管理、经营指标细化分解到每个客户经理、落实责任到人，激发客户经理的工作积极性和主动性。总行部门负责人带头，处长和客户经理参与，直接对107家战略性客户进行牵头营销。抓一点带全面，抓总部带全辖。同时，拟出了全行2 072家重点机构客户进行名单制管理，实行总行支撑、分支行精准营销。通过客户经理制的实施推动，重点排头兵客户、重点总部级、中字头客户有所突破，包括总装、总后、301、人民网以及各主要金融机构总部等。

十一、加强风险防控和基础管理工作，机构业务平稳安全运营

2012年，机构业务条线不断加强风险防控工作，特别是加强重点业务风险排查，确保机构业务平稳可持续发展。一是开展代销理财产品风险排查，完善制度和流程，全年代理信托业务等未发生垫款。二是对单位委托贷款调控总量，优化投向，全年单位委托贷款总量下降834亿元，投向房地产企业的占比显著下降，积极配合审计署和银监会等检查。三是重检信贷政策，夯实管理基础。下发教育卫生行业信贷准入退出标准和客户名单，完善审核工作，完成政策重检，做好信贷风险防控工作。四是加强操作风险自评估工作，规范代理类业务，提高各项代理业务工作质量。

在制度建设方面，2012年共出台各类管理办法、操作规程等基础性规章制度15个。在组织培训方面，2012年共组织实施了15项培训课目，培训机构业务人员1 185人次，完成培训工作量4 360人天，并成功编写了《机构业务客户经理能力培训教材》。

执笔：李华

国际业务

一、多项业务取得突破

10项指标排名四大行第一：跨境人民币业务市场份额新增、外汇贷款新增及增速、外币贸易融资新增及增速、外汇存贷比及增幅、转贷款余额及项目新增和出口信贷再融资累计签约额等

指标。

3 项指标位次提升：跨境人民币开户数、外币贸易融资余额和外汇存贷比。

境内跨境人民币业务市场份额上升了 3.85 个百分点，达到 17.68%，超过计划 2.68 个百分点，境内外跨境人民币业务量突破万亿元。

国际结算额突破万亿美元，达到 10 378 亿美元，三年时间实现翻番，同比增长 23.25%，高出全国外贸增速 17 个百分点；国际结算收入 45 亿元，较年初实现正增长。

海外机构总资产 878 亿美元，商业银行类海外机构考核口径资产 736 亿美元，税前利润 4.81 亿美元，分别较年初增长 40% 和 52%，大幅超过 35% 和 25% 的年度计划和战略目标。

墨尔本分行作为首家海外二级分行顺利开业，伦敦子行在中资同业中率先在伦敦发行人民币债券，东京分行在自设机构中首家开办零售业务。

贸易融资投放突破万亿元人民币，利息收入同比增长 41%，在同业中率先推出大宗商品融资套期保值、跨境换币转通知等独创性产品，获得“中国最佳贸易融资银行”、“最佳商品融资服务银行”和“最佳国际供应链融资银行”等奖项。

二、重点产品保持市场优势

国际融资业务同业领先，多项指标位居前列。国际融资签约额 11.3 亿美元，较上年提高 5%；实现转贷费收入 6 673 万元，同比增长 15%；转贷款余额 20.49 亿美元，余额新增和签约额新增均列四大行第一；出口信贷签约额 7.48 亿美元，比 2011 年提高 11%，其中出口信贷再融资签约额在四大行中排名第一。

国外保函业务稳居四大行第二，收益水平有所提高。余额 218 亿美元，融资性和非融资保函各占一半，实现中间业务收入 5.3 亿元，同比增长 6.02%，支持了三峡集团香港子公司并购葡萄牙电力公司和三一国际香港全资子公司采购大型配套设备。

代理外币清算业务积极推进，跨境人民币开户数排名前进两位。与 1 421 家境外注册商业银行建立了总行级代理行关系，覆盖 135 个国家和地区，建立了 2 400 个代理行密押关系；111 家金融机构在建设银行开立各币种清算账户 188 户，清算笔数 8.8 万笔，同比增长 36.2%，清算量 6 933 亿美元。开立跨境人民币同业账户 130 个，交易量 3 468 亿元，同比增长 415%。

三、产品和流程创新取得积极进展

积极应对政策和市场变化，贸易融资市场地位更加稳固。根据客户需求，完成了质票融资、汇贷盈、贸易融资保证金保本理财、进口保理、场外期货保值、远期信用证买方付息贴现等多项创新产品，制定了大宗商品场外套保融资办法，研发出口应收账款非买断型风险参与、三方协议委托付款等产品，与境外机构合作推进福费廷和国际保理业务，建立了出口账款境外催收和债务确认机制。

扩充了国际融资产品系列，多渠道拓展资金来源。积极探索飞机融资业务模式，成功推出海外分行贷款、境内分行转贷款创新产品，获得了东航两架空客飞机的融资主办权。

境内外汇现金管理网络全面投入运营，全球现金管理迈出第一步。为中国冶金科工集团、中航工业集团、海航集团、德国朗盛集团、海南泛洋航运集团等客户提供了外币现金管理服务；积极竞标中石油集团境外资金池项目，通过与卡特彼勒集团合作，成功进入跨国公司外汇资金集中运营管理试点银行名单。

交易币种日趋丰富，小币种服务能力显著提升。新开立新西兰元、澳门元、兰特、韩元等小币种外汇清算账户，基于业务需求发展海外机构账户行网络，为海外分行在境内外银行开立人民币和外币账户提供支持。

单证中心建设步伐加快，上收速度创历史新高。顺利上收了 11 家机构的国际结算单证业务，境内集中机构已达 24 家、境外机构 5 家，2012 年以来处理单证业务 33 万笔，同比增长了 55%，单证业务操作效率和质量大幅提升。

四、外币资产负债管理能力有所增强

外币存贷款结构趋于均衡。大力压缩高息保证金存款及同业存款，加大贷款投放，外币资产负债结构不断调整优化。外汇全口径存款余额 649 亿美元，外汇贷款余额突破 500 亿美元，达到 524 亿美元，新增及存贷比增幅均列四大行第一。

外汇效益状况逐步好转。通过7次下调内部资金转移价格、加强分行存贷款价格监控、取消“以存定贷”、推出境内同业存放业务、为海外机构增加临时资金拆借额度等手段，抑制高息存款，增加贷款投放并扩大外币资金运用渠道，资金收益稳步提升。

服务全行重点客户发展战略。支持重点客户综合定价，开展外汇存贷款业务名单制定价管理，简化了审批流程，提高了市场反应速度和竞争力。

五、经营风险得到基本控制

认真落实全面风险管理要求。根据中国银监会大型银行监管工作要求，梳理部门应急预案，配合做好内外部审计、内控及风险管理工作。加大风险排查和业务督导力度，组织贸易融资风险排查和现场检查，建立了风险预警报告制度，多个维度对内保外贷存量业务进行风险分析，贸易融资业务有效遏制了区域性风险蔓延，内保外贷业务未发生不良。

做好国家/地区和境外金融机构风险管理。一是关注国际局势变化。针对各类风险事件发布风险预警提示19次。二是健全制度建设。配合风险部制定了“国别风险监控应急规程”和“国别风险评级管理规程”。三是加强额度管理。境外金融机构授信156家，总额度613亿美元，一方面大力支持符合授信条件的需求，同时根据风险防控需要及时开展额度调减或冻结。四是规范代理行建押标准。及时更新代理行名单，从源头控制与外资银行合作风险，2008年金融危机以来倒闭的银行中无一家是建设银行代理行。

严格执行监管部门要求。认真执行监管部门要求，进一步规范收费及价格；牵头组织执行外汇管理规定有关工作，配合国家外汇管理局开展常态化、高频率外汇业务检查，确保了各项业务合规经营。

六、海外业务发展和机构布局全面提速

海外发展战略加速推进。一是顺应形势提升目标。制定了《关于落实“2011—2015年海外发展规划”的工作方案》，明确了十二五期间年均资产规模增速35%、利润增速25%的业务发展要求和机构网络布局目标。二是业务指标圆满完成。确立了“以资产战略增长为中心”的年度经营策略，实现资产和利润增速“双超”目标。三是机构布局多线并进。建设银行在海外的第一家二级分行—墨尔本分行顺利开业；迪拜子银行、俄罗斯子银行、多伦多分行境外申设进程加快；中国台北分行、旧金山分行、大阪分行、卢森堡分行和子银行审批工作取得阶段性成果。

境内外联动进一步深化。一是搭建了高层次、多区域的境内外联动平台。牵头组织环渤海、珠三角和长三角五次联动营销会，成功营销200多家国内战略/重点客户，实现超百亿美元联动业务对接；利用参加培训及会议的机会，积极推介联动产品、强化联动合作。二是积极推进集团总部营销。会同集团部共同推动海外机构办理中海油收购尼克森60亿美元的俱乐部贷款和香港联通50亿港元融资等业务，全力争取中石油全球现金管理行资格。

落地业务快速发展。一是完善计划考核体系。首年在海外综合经营计划和绩效考核方案中建立了落地业务发展考核体系。二是升级机构牌照功能。东京分行在自设机构中首家开办零售业务，新加坡分行以代理行模式推出本地私人银行服务，实现建设银行伦敦分行和建银国际欧洲投资银行业务的机构整合，推进在港机构资源整合和增资流程。三是全球授信能力显著提升。牵头筹组南非标准银行在伦敦、香港两地的银团贷款，获得2012年度英国权威媒体国际银团最佳交易提名，组织长江、太古、怡和、嘉吉等大型外资跨国集团全球授信。四是战略业务重点突破。在伦敦成功发行首只中资银行人民币债券，确立了建设银行在欧洲市场离岸人民币业务的领先地位。

基础工作扎实推进。一是积极推动港澳机构整合与调整工作。完成《澳门地区机构设置及业务模式调整的可行性研究报告》并有序推进。二是推动海外产品创新和资源整合。成立了海外业务产品创新专家组，着手编写《海外业务产品手册》；启动海外资产簿记中心试点工作。三是完善海外机构管理机制。梳理简化授信业务核准政策和流程，提高海外机构授信审批权限；出台海外机构申设筹备工作规程，进一步健全规章制度体系。四是提升信息技术水平。海外企业网银在香港分行成功上线，实现海外核心业务系统

（OCBS）全球现金管理功能；开发海外机构管理信息系统（MIS）、优化升级海外数据管理系统，超半数海外手工报表实现自动化生成。

七、外事服务能力和管理水平不断提高

2012年共审理全行各类因公出访团组576个；安排境内外会谈406场，接待外宾1 382人次，为全行各类外事会谈提供6 306小时口译支持，笔译和审核16万余字；接待国外政府、金融监管机构、银行同业、非银行金融机构、全球500强企业、知名媒体等高层来访，为建设银行走出去战略实施及海外业务发展提供了支持和保障。

执笔：展佳

投资托管业务

一、主要业务指标完成情况

（一）圆满完成年度收入计划，实现规模和收入双增长

投资托管业务规模2.7万亿元，增幅达31%；托管费收入20.48亿元，计划完成率为100%，增幅为7%。

（二）证券投资基金托管新增市场领先

新增托管基金61只，市场排名第一；新增托管基金份额1 553亿份，市场排名第二。托管基金净值6 231亿元，市场排名第二位。

（三）保险资产托管跨越式增长

保险资产托管规模两年增长3 000亿元，2012年末达到4 195亿元，增幅达55%。

（四）QFII资产客户新增8家，取得历史最好成绩

成功营销美国IDG私募、台新投信和上投摩根等8家QFII客户资产机构，并在中国台湾地区和PE机构领域确立国内同业领先优势。

（五）分行超额完成投资托管业务KPI指标

信托实业财产保管规模新增718亿元，计划完成率为125%；股权投资基金托管业务规模新增261亿元，计划完成率为113%。养老金托管规模突破1 600亿元，其中企业年金托管规模突破600亿元，当年新增159亿元，计划完成率为114%。

（六）囊括国内外托管行业奖项，赢得品牌声誉

2012年建设银行以行业最高分再次获得英国《全球托管人》权威专业杂志“中国最佳托管银行”奖，同时还赢得国内《每日经济新闻》“最佳基金托管银行”奖，以及和讯网“最佳资产托管银行”奖。

（七）全部完成重要工作事项

2012年，如期完成海外托管业务发展、新一代托管系统目标建设、两个生产中心的管理与建设和投资托管业务制度建设等总行绩效目标任务书规定的重要工作事项。

二、主要业务工作

2012年，在经营方面坚持两手抓，一手抓总行直接经营能力提升，一手抓分行业务开拓。在做好经营工作的同时，扎实推进基础管理建设，着眼业务未来可持续发展。

（一）“抓客户、抓产品、抓创新、抓运营”，提升总行集约化经营能力

贯彻“三大一高”发展战略，做好基金、保险、QFII等重要客户营销，客户结构明显改善，市场能力进一步增强。一是高层营销和基础营销相结合，产品营销和渠道营销相结合，集中营销与日常营销相结合，全面发展优质客户，大力改善客户结构。在基金托管业务领域，努力提升大公司的合作比例，积极争夺战略客户。2012年新增61只基金中，前二十大公司产品占比为52%，

较上年提升了7个百分点，大客户贡献度明显改善；全市场当年首发规模超过100亿元的基金有11只，建设银行托管了4只，剔除因为政策因素建设银行不能托管的3只建信基金后，市场占有率为50%；先后与他行战略客户易方达基金、嘉实基金、户汇添富基金公司建立或加深了托管合作关系。二是深入推进“一户一策”，差异化营销保险客户，改变了保险托管分布格局。与渠道部门一起采取差异化营销策略，重点营销直接影响市场格局的七大保险集团未托管资产。同时，利用建设银行渠道优势，积极争取中小保险公司，实现托管资产最大化。当年建设银行新增托管大保险集团资产1 100多亿元，新增托管中小保险公司资产400多亿元。三是QFII营销成效明显。2012年，重点营销欧洲、中国台湾、日本、韩国等国家和地区的客户30余家，新获得8家QFII客户（其中2家RQFII客户），创历史最好水平。建设银行为中国台湾地区QFII客户数量最多的中资银行，确立了市场领先优势；建设银行是市场唯一一家实现PE类QFII客户托管的中资银行。

以市场为导向，以产品为抓手，及时调整产品策略，增强了市场主动性。2012年，根据投资者从追求相对收益向固定收益转变，建设银行迅速将权益类为主的产品向低风险、短期和固定收益类转移。新增的61只基金中，短期和固定收益类产品占比达41%；建设银行托管的工银瑞信债券型理财基金首发募集规模近400亿元，民生加银货币市场基金首发募集规模145亿元，这两个产品都创了市场同类产品首发之最。

创新产品、服务、流程与机制，整体提升内在发展动力。一是产品创新。第一个在市场发行债券型理财基金——华安月月鑫首发规模182亿元，引起轰动。唯一一个在市场上报（华夏）五个行业系列指数ETF基金，同时还首批上报了黄金ETF、国债ETF基金等创新型产品。二是服务创新。以流程银行为理念，设计出基于托管平台的股权投资基金一揽子服务方案，增加中间业务收入的同时，带动存款业务和中小企业、高端客户相关业务发展，提升业务综合贡献度。建立前后台一体化服务模式，一揽子解决工银瑞信理财债券型基金发行募集和投资运作需求，实现最短时间内密集开户、客户当天拿批复当天可投资、基金当天成立当天可运作的高效服务。三是流程创新。建设银行率先在市场实现货币基金直销赎回资金提速到T+0.5日到账并可用（行业惯例是T+1日）流程机制，极大提高了客户资金的周转使用效率。研究明确了跨市场ETF基金清算待处理垫款的解决机制，彻底解决跨市场ETF基金托管中有关现金替代款交收问题。四是机制创新。进一步完善托管费收入返还机制，激励分行积极销售建设银行托管的基金、券商、保险产品，使基金主代销占比由上年的29%提高到50%。

（二）多策并举，扎实推进分行开展投资托管业务

分类指导与业务督导相结合。明确总行准入的32家A类信托客户为信托财产保管业务重点营销目标，根据贡献度和发展潜力，制定营销措施和任务要求，指定分行逐一落实。总行组成督导小组先后赴30家分行，指导分行攻客户、挖产品，奋战2个月，实现股权投资基金托管业务规模新增261亿元，计划完成率为113%。信托实业财产保管规模新增718亿元，计划完成率为125%。

明确激励机制、构建营销网络，境内外联动营销托管业务取得突破。制定《海外机构QFII托管业务营销激励方案》，建立海外机构QFII营销激励机制；实行海外分行QFII营销联系人制度，指导海外分行发展托管业务。2012年首尔分行和香港分行分别成功营销了一家QFII客户和RQFII客户。

2012年，分行托管业务规模1.6万亿元，较上年增长3 580亿元，增幅28%，托管业务收入7.6亿元，较上年增长2.9亿元，增幅达62%。

（三）建制度、控风险、重培训，提高了托管业务的基础管理能力

1. 推进制度建设，确保业务发展有章可循。2012年建设银行制定下发《保险资金实业投资托管业务暂行管理办法》等4部基础性业务管理制度，以及《企业年金基金受托财产托管账户业务操作规程》等5部业务操作规范与指引。

2. 加强业务管理与风险防控，确保营运质量与效率。制定了《托管业务生产运营中心业务管理暂行规定》，完善了上海、深圳两个生产运营中心的日常管理，明确了职责分工、运营管理、业务检查、风险控制等方面的管理规范；指导上海、深圳生产中心开展操作风险自查。同时，制定了《中国建设银行投资托管服务业务工作检查实施细则》，将内控检查和风险管理工作半径扩大至全行，2012 年还专门组织合同签署、产品审批、运营管理、客户准入等内容的全行托管业务风险排查活动。

根据业务量猛增带来的生产营运压力，在清算环节首次设置“指令接收核对岗”，建立经办、复核、主管三级审核机制，确保指令接收完整，避免漏收、错收和重复收，基本实现了安全运营无事故。

3. 业务培训点面结合，增强了培训实用性。举办股指期货、融资融券、香港结算规则、SWIFT 系统应用等一系列专业技术培训；举办 3 期信托、理财、股权和养老金托管业务分行管理人员和专业人员培训班；执业资格培训对象从总行本部扩大至全行托管条线人员，累计培训 1 000 人次；首次为全行托管业务人员编写托管业务培训基础教材。

（四）着眼集约化和全球化，推进托管业务基础性战略规划与建设

1. 统筹生产布局，推进托管运营集约化建设。除了上海生产中心之外，2011 年末启动深圳生产中心建设，2012 年 1 月开始实现业务初步生产运营，正式员工 12 名，但是人均能力已经基本达到上海中心水平，业务范围涵盖了企业年金基金、证券投资基金和 QDII 基金三大类产品，托管资产总净值超过 350 亿元。以总行管理与控制，上海、深圳两地生产运营的格局正在逐步形成。

2. 认真组织，圆满完成新一代托管业务系统阶段性建设任务。在新一代项目组统一规划下，托管部项目组认真组织，先后完成 56 个三级活动的四级任务标准化、27 个三级活动 154 个四级任务的现状建模、29 个三级活动 202 个四级任务（含托管资产风险管理与绩效评估功能）的目标流程建模。10 月末完成新一代托管项目一期（证券交易与交割，即“清算”）立项，成为新一代系统第一批功能释放的五个应用产品之一。目前，项目各时点控制目标均顺利完成，包括 20 个活动，108 个任务，254 个功能点的系统分析及设计工作。

3. 立足国际化发展，打造全球资产托管营运能力。启动全球市场结算规则研究，完成美国、日本、中国香港、德国、中国台湾等国家和地区第一批重点市场结算研究，撰写了翔实的研究分析报告。积极推进香港地区市场托管业务准备，确定了 RQFII 托管业务“两步走”发展模式，即短期内联合全球托管行（道富银行），未来依靠港机构自设信托公司的托管运作模式。

执笔：杨增亮　王云鹏

养老金业务

一、主要工作

（一）养老金业务各项指标全面超额完成全年计划

2012 年，养老金业务各项指标全部超额完成，平均计划完成率为 128%，平均增幅达 36%。签约养老金客户 13 879 户，较年初新增 3 913 户，增幅达 39%，计划完成率为 126.6%；运营养老金受托资产 245.52 亿元，较年初新增 79.75 亿元，增幅达 48%，计划完成率为 159.5%；运营养老金托管资产 640.87 亿元，较年初新增 159.5 亿元，增幅达 33%，计划完成率为 122.7%；运营养老金个人账户 255.77 万户，较年初新增 51.85 万户，增幅达 25%，计划完成率为 103.7%。

2012 年 10 月 12 日，建设银行荣获首席财务官杂志 2012 年度中国 CFO 最信赖银行评选“最佳养老金品牌奖”。

（二）受托资产新增规模首次位居同业第一

2012 年，建设银行三项业务规模与市场领先者（工商银行）的占比均有所提高，受托资产规模对工商银行占比提高了 10.4 个百分点，受托资产规模新增首次超过工商银行，位居同业第一；账户管理个人客户数对工商银行占比提高了 2.2 个百分点；托管资产规模对工商银行占比提高了 0.6 个百分点。

（三）中标中央级客户数继续保持同业第一

2012 年，中央级客户营销取得丰硕成果，成功中标 8 家中央级客户的 11 项年金资格，比 2011 年增加 1 户、3 个资格，中标中央级客户数继续保持同业第一，具体企业和资格情况如表 1 所示：

表 1　中标中央级企业名称和业务资格情况

序号	企业名称	业务资格		
		受托	账管	托管
1	中国邮政集团公司			✓
2	中国信达资产管理股份有限公司	✓	✓	
3	中国电子信息产业集团有限公司			✓
4	中国保利集团公司		✓	
5	中国核工业建设集团公司		✓	
6	中国金币总公司		✓	✓
7	中国化工集团公司		✓	✓
8	中国烟草集团公司	✓		

（四）分行自主营销能力显著提升

2012 年，存量账管中地方企业占比由 2011 年末的 32% 提升至 36%；存量受托中地方企业占比由 2011 年末的 18% 提升至 23%。从计划完成情况看，2012 年共有 17 家分行完成全部四项条线 KPI 业务指标，10 家分行完成三项条线 KPI 业务指标；33 家分行完成一级分行行长 KPI 养老金客户数指标。

总分行业务发展不平衡状态明显改善、分行间业务发展不平衡的状态有较好改观。2012 年初，总行先后召开了长三角、珠三角和北方地区三个片区座谈会，吹响了攻坚战的号角。同时，成功组织了“万龙争春 打响养老金业务攻坚战”和“龙腾虎跃 养老金营销百日攻坚战”2 个大型专项营销活动。各分行积极参与，陆续成功中标包钢集团、开滦集团、江苏交通控股、广州港集团等一系列大型地方客户养老金业务管理资格。一些分行在单一受托、账管、托管业务及类年金业务领域实现“零”突破或大单突破。

2012 年 11 月 20 日，建设银行荣获经济杂志第三届全国服务业公众满意度专项调研新闻发布盛典大会“金典奖”——中国养老金融服务公众满意最佳典范品牌奖。

分行业务发展措施和管理手段不断丰富。许多分行在加大考核激励力度、细化业务指引、开展专项营销活动、梳理目标客户、加强联动营销、加大培训力度等方面做了大量工作，成效显著。

（五）产品创新开发初见成效

研发“养颐四方—专享 A”、“养颐四方—专享 B”新产品并成功推向市场。“养颐四方—

专享 A”产品是发挥建设银行集团优势，加强与建信基金公司协同联动的成功案例，标志着类年金产品研发获得突破；“养颐四方—专享 B”产品成功实现代理工银瑞信一对一专户理财业务，标志着养老金业务部正式开始开展代理专户理财类业务。

编制员工福利计划咨询文件。为满足养老金客户日益增长的各类养老保障与福利计划咨询服务需求，总行编制了第一批《员工福利计划咨询文件》，咨询文件的推出进一步完善了建设银行养颐四方系列产品的计划咨询功能，提升了客户服务专业水平，增强了市场拓展能力，开辟了业务收入来源。

分行创新主动性增强。上海市分行设计了福特汽车员工储蓄计划产品，实现了类年金产品外资客户的首单突破；江西省分行成功与东华理工大学签订了职业年金委托管理合同，实现了类职业年金产品的首单突破。

（六）养老金资产投资业绩明显提高

2012 年，建设银行管理的企业年金受托计划实现投资收益 6.43%，超出业绩基准（三年期银行定存利率 4.24%）2.19 个百分点；建设银行员工年金计划取得了 6.85% 的优异投资业绩，全部投资组合均大幅超过业绩基准。

（七）养老金品牌建设成果显著

2012 年，建设银行在产品创新和客户服务方面的优异表现获得了市场的良好反映和认同，首次荣获《首席财务官》杂志“最佳养老金品牌奖”、《经济》杂志“全国服务业公众满意度调查—金典奖—中国养老金融服务公众满意最佳典范品牌奖”等奖项。

二、持续完善基础管理工作

（一）持续完善制度体系，初步形成制度全覆盖

2012 年养老金业务部加大力度完善养老金业务规章制度体系，全年共印发了《中国建设银行养颐四方 1 号产品管理暂行规定》、《中国建设银行企业年金基金受托管理业务操作规程》、《中国建设银行企业年金账户管理运营操作指引（2012 年修订版）》、《养老金业务应急响应及恢复预案》等 20 个重要规章制度，涉及产品、运营、风险等各个方面，确保了制度完整覆盖各业务环节，初步形成“全覆盖”的制度体系。

（二）运营体系不断完善，业务流程持续优化

完成养老金业务北京运营中心建设。为提高北京运营中心项目运营与客服能力，2012 年 4 月，养老金业务北京运营中心正式迁入新址，在充实人员和优化流程后正式投入运营，为探索建立集中运营的养老金运营体系积累了宝贵经验。

加快大项目推进组织工作。2012 年先后完成了航天科工、中国中铁（北京企业）、信达资产、中核工业、中电投、国家开发银行等大项目的运营前准备工作。

加强受托投资管理。对五年期银行存款、定向债务工具（PPN）、中小企业私募债等品种投资的合规性、可行性进行了研究分析；以建设银行员工年金计划为主，加强与投资管理人的交流与沟通，组织对 6 家投资管理人的现场座谈；建立投资管理人定期业绩通报机制，促进了受托计划投资业绩提升；完成建设银行员工年金计划 2011 年度投资管理人考核评价工作；完成国寿、南方组合更换与资产移交工作。

持续做好运营客户服务工作。针对已运营的铁路、电力行业重点客户和地方大型企业客户，先后举办内蒙古铁路客户座谈会、重庆电力行业客户座谈会、三峡运营客户座谈会，上门回访了沈阳、南昌铁路局，成功接待乌鲁木齐、太原铁路局的现场调研。

（三）系统建设继续推进，系统管控有力

进行了三次较大规模的系统优化升级。一是完善系统功能。二是优化操作流程、提高批量处理能力。三是渠道建设得到扩展，建立起与中国人寿养老保险公司的第一批数据直联接口。四是根据建设银行密码安全要求对企业年金业务信息系统进行了优化，增加了对密码长度、复杂度等的强制控制，提高了用户密码的安全等级。

启动养老金业务系统咨询项目，顺利实现一期咨询项目目标。完成了对市场趋势和战略理解、领先实践、业务现状评估和未来业务模式设计文档的编制工作；设计编制了“新一代核心系统养老金业务专题”并通过新一代核心系统工作小组的评审；完成了对养老金目标四级（任务）流程的梳理；确定了包括账务核算在内的多个关键问题的解决方案。

（四）坚持全面风险管理，确保可持续发展

持续进行操作风险自评估工作。2012年6月，养老金业务部下发《关于开展2012年度养颐四方2号产品操作风险自评估工作的通知》（建养金〔2012〕43号），选取养颐四方2号产品作为操作风险自评估对象，进一步提高了养老金产品操作风险自评估覆盖的范围。

编制养老金业务应急响应预案。为完善养老金业务应急管理机制，组织编制了《总行养老金业务应急响应及恢复总体预案》、《总行养老金账户管理业务应急响应及恢复部门预案》和《总行养老金受托管理业务应急响应及恢复部门预案》，对突发事件的应急响应进行了明确规范要求。

开展养老金业务大检查。2012年7月，养老金业务部下发《关于开展2012年养老金业务检查的通知》（建养金〔2012〕51号），在全行范围内组织开展了养老金受托和账户管理业务运营专项检查，未发现重大风险事项和违规情况。

（五）加大培训深度和广度，开展重大课题研究

加大对养老金业务人员培训的深度和广度。一是依托行内培训资源组织完成了全年培训计划，全年共举办5期培训班，培训人员350多人次；二是建立了分行人员到总行跟岗培训机制，共有18家分行的23名学员参加了培训；三是加强对分行培训工作的支持，先后为20多个分行举办培训班讲授养老金业务知识；四是在部内建立转培训机制，共完成8次部门转培训工作，涉及测算、产品、投资、美国银行、香港、清华、井冈山等培训内容；五是建立新员工岗前培训机制，对2012年新来的4名员工进行了岗前培训。

开展重大课题研究工作。为提高总行战略管理水平，总行对事关养老金业务发展的战略问题进行了专题研究，完成了《养老金产品的价值评价与选择策略》、《企业年金业务运营体系研究》二个重大课题。此外，《养老金业务发展五年规划》课题研究也已完成初稿，取得阶段性成果。

（六）密集宣传，提升市场影响力

利用各种渠道及时密集宣传养老金业务。全年在各类媒体发布宣传信息240多条，其中建设银行报48篇，部门主页78篇，养老金业务动态16期，全方位地宣传了养老金业务营销成果，交流了总分行业务发展经验。

及时修订了养老金业务各类宣传材料。完成了养老金业务宣传册的修订，完成了“养颐乐”系列集合计划宣传册修订，配合完成了“如意养老3号”宣传册的修订等。

（七）文化建设大发展，激活部门生产力

充分发挥党支部和团支部作用，增强党支部、团支部凝聚力。部门先后组织了“笃信念、讲团结、比奉献”盘山烈士陵园主题党日活动、“缅怀抗战先烈，打赢百日攻坚战”铁道游击队及台儿庄大战纪念馆主题党日活动、北京市通州区潞城镇敬老院学雷锋志愿者服务活动等三次大型部门活动。

开展形式多样的文化活动，极大地激发了员工的工作热情。组织了“坚定理想信念”主题演讲比赛，以“建立信任，承担责任”为主题的团队建设专题讲座，拍摄了“创先争优”部门事迹宣传片，积极参加了总行机关党委组织的“五四”龙舟比赛、保龄球比赛、篮球比赛、拖拉机比赛、摄影绘画作品展等文体活动并取得较好成绩。开展员工关怀，对结婚、生子、生日、患病手术和直系亲属去世等情况，均有相应的人文关怀措施。

执笔：刘伟

个人存款与投资业务

一、业务指标情况

（一）客户数量和金融资产增长取得历史最好成绩

全行个人有资产客户超过2.4亿人，全年新增2 005万人；客户金融资产6.4万亿元，新增8 156亿元；客户数和金融资产新增规模均创历史最好水平。2011年以来，个人有资产客户已累计新增3 822万人，两年时间完成五年规划目标的76%。

大众富裕和富裕客户呈现显著“三大一高”的特征，两类客户数量仅占全部客户的10%，金融资产贡献达75%。两类客户年内增速为13%，高出全部客户增速的4个百分点。

（二）个人存款的市场竞争力和行内贡献明显提升，增速和日均新增①均居四大行第一

个人存款余额达50 768亿元，新增6 618亿元、新增规模创历史最好水平；年内增速为15%，居四大行第一。建设银行新增个人存款四大行占比为29%，同比提升了11个百分点，新增市场份额与工商银行差距缩小了10个百分点，较中国银行的优势扩大了25个百分点；个人存款余额四大行占比②为24%，提升近1个百分点。个人存款行内贡献提升。新增占一般性存款新增总量的53%，高出余额占比（46%）7个百分点。

个人存款增长较同业更加稳定，全年日均新增4 671亿元、在四大行中排名第一。同业在年末大规模冲时点，建设银行相对平稳。年末5日，工商银行新增1 741亿元，占全年新增总量的22%；农业银行新增2 021亿元，占全年新增总量的25%。建设银行新增515亿元，占全年新增总量的8%。2013年前10日，工商银行、农业银行均下降超过700亿元，建设银行继续稳中有升，新增近500亿元。

（三）主要指标网点单产四大行第一，领先优势扩大

个人人民币存款网均余额3.7亿元，较2011年增加0.4亿元，增幅在四大行中最大；全年网均新增4 784万元，在四大行中排名第一，增速在四大行中最快。

中间业务收入前11个月七类同业可比个人中间业务产品网均实现收入119万元，在四大行中排名第一，收入水平是工商银行的1.4倍、农业银行的1.3倍。

（四）网点建设、自助设备和电话银行三大渠道的建设运营成效显著，电子银行联动任务超额完成

全年新设网点获得银监会筹建批复631个，是2011年的2.1倍；已有389个网点对外营业，是2011年的2.7倍；全年开展网点装修项目2 497个，同比增长27%。

自助设备运行5.7万台，年内新增11 323台、新增规模创历史最好水平。自助渠道是全行最大账务性交易渠道，全年完成交易31亿笔，占各类渠道交易总量的41%。

电话银行客户1.2亿户，年内新增2 812万户。客户服务和问题受理主渠道作用凸显，来电量4.6亿通，同比增长14%；受理客户问题74.2万件，协助客户挽回损失业务1.2万笔。

个人网银高级客户新增3 472万户、手机银行客户新增3 695万户，KPI计划完成率均超过

---

① 计算口径为2012年日均余额，2011年时点余额。

② 数据来源于同业初步交换，人民币口径。

120%；基金电子渠道销售占比为48%，比年初提升12个百分点。

（五）金融IC卡、贵金属等战略性业务高速增长

其他金融IC卡发卡达2 376万张，规模是2011年的21倍，完成全年新增计划的184%，已实现38家分行全覆盖。新兴贵金属产品销售高速增长，账户银、铂合计销售1 192亿元，是2011年的8倍，在贵金属总销量中占比已近四成。银行理财业务稳健发展，全年合计销售金额3.7万亿元，同比增长6%，对客户维护和金融资产提升的作用显著。

（六）子公司业务联动跨越式发展

基金方面，建信产品全年认购金额525亿元，是2011年规模的8倍；建信产品认购金额在全行所有基金产品中占比为40%，较2011年提高了23个百分点。着力抓好第四季度的营销活动，销售金额373亿元，计划完成率达124%。

人身保险方面，建信产品销售金额46亿元，是2011年规模的10倍；在只有8家分行①开展合作的条件下，建信产品销售金额在建设银行所有合作公司中排名第3位，2013年7月起，建信产品单月销售金额在合作公司中稳居第1位；建设银行与建信人寿全年新增准入产品12款，在所有合作公司中排名第1位。

建行亚洲方面，见证开户业务实现38家分行全覆盖，全年为建行亚洲推荐金融资产百万以上的客户853户，客户资产新增6亿港元，境内外协同为客户多元化配置资产取得新突破。

二、重点推进工作

牢牢把握“拓展和维护客户、增加客户金融资产”核心目标，紧密围绕部门绩效任务书要求，全面推进各项工作。

（一）狠抓客户维护与拓展

活动抓客户。重点开展旺季营销、零资产客户激活和客户资产升级等营销活动，充分把握年末奖金发放、春节和元旦节假日资金充沛的有利时机，拓展客户、吸收资金。客户增长稳定，每季度新增均超过400万人；资金流入量大，在第一季度旺季客户金融资产新增5 027亿元，为全年工作取得良好成绩打下坚实基础。

产品抓客户。继续加强与银行理财产品设计部门沟通合作，做好到期兑付资金衔接和销售计划预安排；以保本理财为抓手，重点投向高贡献客户群体；持续开展“基金万里行”活动，主动维护和服务客户，积极应对资本市场低迷形势。

机制抓客户。制定下发《中国建设银行个人客户服务评价体系建设实施方案》，对分行客户服务工作及其成效进行了半年度评价，加强分行经验共享，推动长效机制建设。

（二）精细化管理抓渠道建设

网点建设方面，制定下发网点建设综合考核评价方案，按月通报并在年末加大建设进度督导力度；网点13项人性化客户服务措施基本实现全覆盖；开展网点建设调研检查，全面推进全行新一轮网点视觉形象优化工作。

自助渠道方面，分期统计分行设备安装需求，指导分行加快设备安装和投产；在第四季度贯彻落实行领导加快设备采购和投放重要指示，圆满完成全年计划；开展低效自助设备效率提升活动，减少低效设备近3 000台。

电话银行方面，牵头推进全行电话银行业务整合，形成初步整合方案；上线新功能22项，产品功能创新不断加快；继续发挥好电话银行渠道在客户问题搜集、分析和处理上的重要作用，定期报送重大客户问题。

（三）加强产品创新与优化

重点抓金融IC卡。牵头推动其他金融IC卡业务，业务制度日趋完善，发展模式逐步形成；指导分行拓展行业运用，协助推动金融社保卡发卡，做好个人客户服务。贵金属业务方面，保持实物金自有品牌领先优势，不断丰富建行金种类；账户银、账户铂业务开始发力，销售规模高速增长；上线推出个人美元账户贵金属业务。

与子公司业务联动方面，充分发挥集团综合化经营优势，在网点资源、考核激励和竞赛活动方面加大对建信基金、人身保险销售、建行亚洲客户推荐的支持，取得显著成效。

① 建信人寿目前也仅在这8家分行所在地区设立机构。

（四）开展风险检查与防控

一方面重点防控个人业务柜面操作风险，检查等日常管理常抓不懈，防控手册等机制建设已有成效，制定下发《个人业务柜面操作风险点防控手册》，全年个人业务领域未发生重大风险案件；另一方面，建设银行代销产品管理相对同业有较为规范和成熟管理机制，没有出现“飞单”、信托产品未能到期兑付等风险事件，目前正在牵头进一步集中排查。

（五）员工队伍建设

一方面全年举办个人存款与投资业务各类培训超过100期，培训人数超过5 000人，圆满完成年度计划；另一方面着力抓重点，举办个人客户经理培训20期，培训人数超过1 200人；成功举办全行个人客户经理理财能力大赛，发现一批优秀人才，总结一系列好的经验；推动全行网点经理轮训，约1.3万名网点经理基本轮训完毕。

三、存在的困难和问题

个人存款与投资业务发展中还面临一些困难和问题：

一是中间业务收入小幅负增长。2012年个人条线实现中间业务收入233亿元，较2011年减少收入5亿元。从客观条件看，银行服务收费规范、低费率渠道交易分流和资本市场低迷是主要原因，合计减少收入影响23亿元。2013年，如果商户收单手续费率下调、银行服务政府指导价格目录推出不利因素集中显现，全年减收额可能超过50亿元。下阶段，个人业务以银行卡及账户结算为主要收入来源的发展模式亟须转型。要在银行理财、贵金属等新兴理财产品创新上缩小与领先者差距；要通过为客户提供综合理财咨询和规划服务，推动“融资增收”向“融智增收”转型。

二是银行理财产品对关键时点存款增长支撑作用弱于同业。12月当月，工商银行、农业银行和建设银行个人存款分别新增3 201亿元、2 174亿元和776亿元，我行原有大幅领先优势被“蚕食”。从第二、第三和第四季度末四大行个人存款增长态势来看，工商银行、农业银行竞争策略明确，“放日常，抓时点”；竞争措施有力，农业银行年末推动客户赎回开放式理财产品，工商银行产品大量集中在年末时点到期。此外，农业银行对存款年末超计划完成的支行加大了激励力度。2012年最后20天，建设银行个人非保本银行理财产品余额反而增加了约200亿元，资金回流作用有限；加之明年保本理财考核政策不尽明确、反复变化，一些分行年末存款增长乏力。

三是满足富裕客户需求的新兴投资理财产品创新迫在眉睫。

银行理财、贵金属等产品创新工作明显加强，产品种类、资金衔接等方面都在逐步缩小与同业的差距。但从客户需求和基层行反应来看，工作还要加快推进，建设银行在争夺高价值客户工作上面临产品竞争力不足这一“瓶颈”。

执笔：赵鸿

财富管理与私人银行业务

一、业务发展主要成果

（一）私人银行客户高速增长，客户质量大幅提高

截至2012年底，全行私人银行客户总量比上年增幅为19%；客户金融资产比上年增幅为30.37%；私人银行客户存款余额比上年增幅为11.82%；财富卡、私人银行卡累计发行比上年增幅为83.14%；全行私人银行条线中间业务收入大幅提升，收入来源进一步丰富，比上年增幅为40.47%。

（二）私人银行市场竞争实力持续提升

据《中国证券报》等权威媒体报道，按管理资产规模、客户总量以及人均金融资产等指标评价，建设银行私人银行业务已与工商银行和招商银行共同进入全国同业第一阵列；客户认可度和品牌价值进一步提高，荣获“2012 年度最可信赖私人银行”、“2011—2012 中国资产管理金贝奖”、“2012 年度最佳财富管理银行”等多个奖项。

（三）私人银行产品创新和精细化经营管理取得良好成效

全年完成综合财富规划、香港投资移民、“留学鑫”、财富贷、客户资产证明、公务机服务、家庭理财培养和贵金属专营 8 个产品服务创新项目，2012 年 5 月在同业首创私人银行专属网银，部分创新已产出成效。代销伦敦奥运会特许金近 5 亿元，实现中间业务收入约 6 000 万元；香港投资移民签约客户 400 多人，共可归集投资资产 45 亿港元，每年每个客户可实现中间业务收入 20 万港元，在移民资产存续 7 年间，将累计贡献 6 亿元中间业务收入；从客户、产品、渠道等多个维度入手强化精细化管理，创新采取了客户增长计划管理，客户名单制和产品精准销售，事件驱动销售、客户保有专项营销竞赛等一系列经营措施，加大战略客户集约化经营，推动实施首席客户经理制度。

（四）私人银行专营机构的自主经营能力取得长足进步

截至 2012 年底，全行已开业经营私人银行专营机构 311 家；全年组织各类私人银行人员能力提升培训班，开展 AFP、CFP、EFP、CPB 等资质培训认证，持续提高客户经理和财富顾问的专业能力，并推进经营能力和业绩提升，通过私人银行网银发售专享理财产品以及远程财富交易活跃度进一步提高。

（五）私人银行流程化建设成效凸显

建立客户需求采集、分析、传递及响应的标准化联动流程，强化客户需求驱动的前台、中台、后台联动业务运行机制；全面推广应用事件驱动及销售机会管理系统；加强业务数据和客户信息的挖掘与分析，加速推进新一代核心项目组中“产品运营—财富管理专题”，涉及个人现金管理、客户订单管理、客户名单制管理等 6 个主题和 16 个子举措方案，启动私人银行部牵头的个人资产管理、客户驱动营销专题项目开发，个人现金管理系统开发已作为“新一代项目”第一批功能上线推出。

（六）全方位、多层次联动合作，发挥整体协同优势

基于私人银行客户个人、家庭和企业多元化需求，主动与投资银行部、金融市场部、个金部、机构部、小企业部、信用卡中心、房金部联动合作，推出专属理财、“财富贷”、“财富保”、“财富之星”、专属黄金专营、安居分期、私享礼遇等创新产品，共享互荐优质客户资源，交叉销售产品，并优化业务流程设计，规范运行制度，为私人银行客户提供尊贵、便捷服务体验；与建信信托、建信基金、建信租赁和建信人寿紧密合作，搭建业务平台并联合推出“财富通”等产品服务，满足客户投资和资产配置需求，发挥集团综合经营优势，增加业务收益；与建行亚洲、建银国际等海外机构开展跨境合作，推出香港投资移民、海外投资、境外保险等一系列产品服务，满足客户境内外资产配置需求；联动新加坡分行，完成私人银行业务模式设计和开业方案，并加速推出新加坡投资移民服务。

二、采取的主要工作措施

（一）创新发展私人银行客户经营模式

实施 31 万全量目标客户提升发展计划和新客户开发拓展计划，将 WPPS 中的全量客户及两卡客户“圈定”为重点目标对象，通过客户名单制精准产品销售，从潜力客户提升、存量客户保有、降级客户挽留升级三个维度，有效匹配产品服务，促进客户及 AUM 增长；加大总分行直接营销重点目标市场和直接经营重要战略客户的集约化力度，深化客户分层分类经营管理，推动首席客户经理制度；与波士顿咨询公司合作完成《2012 年中国财富报告》和《2011—2012 年客户细分分析报告》；与全国工商联及其直属分会合作，批量营销拓展潜在客户，定期召开“全国工商联—中国建设银行金融服务交流研讨会”，并组织分行举办多场《聆听经典》系列私人银行客户营销活动；全面应用客户驱动销售管理流程工具，健全深化高端客户关系管理，强化客户签约和客户流失管理。

（二）构建私人银行产品平台和机制，全面提升产品创新和销售能力

研究制定《关于建立并实施私人银行业务产品平台和机制的通知》，搭建产品平台，总行、分行分别建立“私人银行产品研发、供应和销售联动团队”，梳理产品清单，指定联动岗位，落实联动目标、责任和任务，实现产品创新研发、集成交付和足量优先供应；优化产品销售策略，建立从客户需求到产品供应的“产品链”，制订理财产品滚动销售计划，提交产品部门组织供应和安排档期，确保优先供给；大力发展理财产品定制化，优化财富管家、产品定制工作流程，联动产品部门落实产品配置；重点推进财富保障和传承、贵金属定制、海外保险、投资移民、家庭理财教育培养等客户化综合解决方案创新。

（三）深入推进私人银行前台、中台、后台协同联动机制建设

突破制约前台能力充分发挥的瓶颈，建立强大的中后台与相应的流程机制。落实“客户需求驱动”的产品需求计划、理财产品定制计划、综合产品服务方案设计、开放式产品架构以及专业咨询顾问服务等，建立贯穿前台、中台、后台的客户需求采集、传递、加工、交付和反馈流程，明确客户需求规范，需求实现路径和责任岗位以及反馈响应时限，完善“前店后厂”式的流程化、功能性组织体系，实现向真正以客户需求为驱动、产品服务快速准确响应、客户价值与银行价值共成长的经营与服务模式转变；采取充实人员，联动合作，外聘专家团队等措施逐步解决投资机会研究、财富规划、数据挖掘分析等中后台专业人才缺乏的问题。

（四）提升私人银行条线、渠道和人员的专业化经营能力

推进私人银行业务中台建设，提高人员集约使用效率，优先建立以财富规划、产品研发、营销策划、数据分析等为重点的专业支持岗位与团队，增强对前台营销、销售支持力度；把提升专业经营能力作为渠道建设的重点，着力培育市场客户拓展、产品营销、理财方案定制、客户关系管理、风险控制和绩效管理等能力；加强队伍建设，完善私人银行客户经理、财富顾问等专业技术岗位职务序列；以业务为驱动，建立私人银行各岗位能力素质模型和分级能力提升阶梯，编制印发《私人银行业务岗位培训教材》，依据模型开发一系列教材、课程和考试，完善“上岗—履岗—高绩效”的能力提升模式，记录培训积分，组织考试，开展内外部资质认证。

（五）严控私人银行产品销售和操作风险

研究制定了声誉风险、反洗钱以及客户信息保密等制度文件；建立声誉风险及舆情监测机制，制订应急响应及恢复处理方案；建立内部常规化检查与督导机制，将私人银行业务风险内控检查纳入全行检查体系，并综合运用现场检查和非现场检查手段，全年实现38家私人银行和254家专营机构全覆盖；研究制订私人银行反洗钱操作流程，认真履行私人银行反洗钱义务，并已全面引入反洗钱监测系统。

严格审查第三方产品供应商资质及产品风险特性，严格按行内统一规定制度流程报有权审批部门审批，做好产品准入第一道关口。加强产品存续期管理，跟踪产品运作情况，按时保质披露信息并及时与投资管理人沟通，妥善处理客户投诉，做好应急事件预安排；严控产品销售环节，在“了解你的客户”基础上，充分、清晰、准确地向客户介绍产品及揭示风险。优化销售流程，规避误导客户、违规承诺收益以及客户对产品不满产生的投诉和法律纠纷等；严防操作风险，有效防范各种违规代办、违规推荐销售、“飞单”、泄露客户信息等违法违规行为。

（六）推动业务流程与IT系统建设，提升数据分析基础能力

通过实施“私人银行客户数据分析与挖掘”战略协助项目，建设私人银行业务数据SAS分析视图，能够对全量私人银行客户、金融资产合计及细项构成的月度汇总数据进行加工处理，基本具备了支持各级经营管理机构实施名单制管理、“31万客户发展提升计划”的能力；每月定期开展私人银行业务经营情况全面分析，进一步改善提升了私人银行业务数据基础和分析能力。

执笔：王娟

住房金融与个人信贷业务

一、2012年业务发展成果

2012年，建设银行住房金融与个人信贷业务持续健康发展，实现业务运营、收益增长、资产质量“三个平稳”的总体目标。个人贷款保持良好增势，贷款新增、定价水平、资产质量高于同业，个人逾期贷款实现双降，个人贷款不良率比年初下降，个人住房贷款余额、新增、质量继续保持同业领先，房改金融业务市场优势进一步巩固，房e通等电子渠道创新推广进展显著。

（一）个人贷款增长平稳，住房贷款保持同业领先

个人贷款圆满完成全年计划目标。截至2012年底，全行共发放个人贷款168万笔，个人贷款余额达18 399亿元，比年初新增2 595亿元，新增个人贷款居同业首位。其中，个人住房贷款余额达16 502亿元，在四大行占比为30.48%，比年初提高0.42个百分点，比年初新增2 315亿元，新增在四大行中占比为33.38%，余额、新增额均居同业首位。个人消费经营类贷款稳健增长，余额达1 897亿元，比年初新增281亿元。

2012年5月4日，总行房金部员工参加总行本部五四龙舟比赛。

（二）产品、区域、客户结构得到进一步优化

截至2012年底，个人住房贷款新增额占全行个人贷款新增额的89%，重点支持居民购买自住房需求，一手房、二手房贷款新增占个人住房类贷款新增的93%；个人助业贷款余额达1 018亿元，比年初新增231亿元；个人支农贷款当年累计投放达82亿元，新增13亿元，贷款余额达67亿元。

全行个人贷款新增主要集中于管理水平高、资产质量较优的分行，个人贷款新增前十位的分行合计新增占全行的48.71%，平均不良率仅为0.25 %。西部分行个贷平均增速高于全行，有力地支持了西部地区的发展建设。

2012年10月25日，建设银行住房金融与个人信贷业务座谈会在福州召开。

（三）个人贷款资产质量保持稳定，持续同业最优

截至2012年底，全行个人逾期贷款余额为156亿元，比年初下降3亿元，占全部个人贷款余额的0.85%，比年初下降0.16个百分点。个人贷款不良额为47.89亿元，比年初增加4.91亿元，不良率为0.26%，比年初下降0.01个百分点。个人住房贷款不良率连续7年下降，不良额为34.1亿元，比年初增加1.9亿元，不良率为0.21%，比年初下降0.02个百分点。个人消费经营类贷款不良额为13.79亿元，比年初增加3亿元，不良率为0.73%，比年初上升0.06个百分点。

（四）房改金融业务领先优势巩固，中间业务收入再创新高

截至2012年底，住房资金四大行占比达57.14%，稳居同业首位；住房资金归集新增2 409亿元，同比多增近400亿元；住房资金存款余额为5 780亿元，比年初增长710亿元，增幅为14%；公积金个人贷款余额7 813亿元，比年初增长1 651亿元，同比增幅为66%。保障房金融服务稳步推进，公积金项目贷款营销取得先发优势，获得已确定承办银行的试点项目中224个项目的承办权。公积金龙卡累计发放超过2 100万张，住房维修基金签约客户超过7 400家，住房资金客户端已在350余家住房资金管理部门上线运行。2012年，房改金融中间业务收入21.28亿元，同比增幅为31.68%。

（五）个人贷款利率执行水平稳步提升，综合收益贡献显著

新发放个人贷款加权平均利率水平稳步提升，2012年新发放个人贷款加权平均利率为7.11%，较上年提高2.7个百分点。个人贷款业务综合收益个人贷款显著，当年新引入个人贷款客户人均覆盖产品数量近6个，100%覆盖存款和电子银行产品；当年新引入信用卡新增客户63.4万户；全年实现个人贷款利息收入1 081亿元。

（六）率先布局电子商务，渠道建设显现成效

截至2012年底，房e通平台上线城市118个，比年初新增88个，实现中心城市全部上线；房e通平台注册用户达41.4万户，发布房源信息58.1万条，合作机构2 389个，合作楼盘2 997个；通过房e通平台成功发放贷款34 393笔，达140亿元。开通善融商务个人小额贷款、善融商务个人权利质押贷款网上全流程自助融资服务，初步实现善融商务、房e通与网上银行渠道的互连互通。

二、主要工作措施

（一）积极强化市场营销，全面提升品牌形象

以“龙腾拓新篇，房贷惠万家”和“拓市场、抓客户、促发展”为主题，加大营销力度。主要开展住房资金稳存增存、项目贷款试点扩面、“服务社区 助您成长”助业贷款、“新春贺新禧 消费更给力”消费信贷进社区等专项营销活动。重点面向优质开发企业、楼盘项目、专业市场、住房资金管理部门做好社区金融营销和服务，以进楼盘、进门店、进市场、进企业为重点，丰富合作内容，挖掘潜力市场，抢抓优质客户。实现“要买房、到建行”品牌宣传广告在中央电视台一套及新闻频道黄金时间段的投放；加强在外部媒体和内部渠道宣传消费金融、房e通电子商务平台、保障房金融服务等重点和创新产品。

（二）努力拼抢房贷市场，领先优势得到巩固

以优质楼盘储备为基础，开展“买房卖房都到建行”个人住房贷款营销活动，确保对优质企业和项目的信贷支持，全年营销楼盘超过13 000个。推进结构调整，与优质中介联合开展“我要购房贷款”主题活动；加强对房e通渠道和房易安工具的应用，积极拓展二手房市场；加大对城市中心地带商业旺铺、专业市场商铺的按揭投放；以存量客户为主，加大个人住房抵押额度贷款的投放。推进“巩固东部、拓展中西部”的经营策略，在巩固东部份额的同时，大力拓展二线、三线城市及中西部市场，适时跟进和支持经济发达地区县域和城乡结合部的住房市场需求。

（三）抢抓市场变化机遇，努力提升房改金融服务能力

建设银行独家承担住房与城乡建设部住房公积金银行结算数据采集系统的研发并率先上线。开展住房资金归集和稳存增存竞赛、公积金项目贷款试点扩面营销、住房资金科技服务营销推广等活动，推进公积金龙卡升级金融IC卡工作，举办住房资金客户高层研讨班，加强高层营销，深化战略合作。积极拓展住房维修基金、物业质量保修金等新兴市场，培育住房资金新增长点。严格规范建设银行与住房资金管理部门客户签约行为，加强住房资金客户账户和基础信息管理，理顺账户核准机制，规范审核流程，严格经办机构管理。

（四）提升经营客户能力，提高客户价值贡献

在定价过程引入客户评级、首付比例、关联贡献、客户信用和还款计划等因素，在稳定总体利率水平的基础上，加强定价的差别化和灵活性。大力推动联动营销，以存量优质客户的再服务和潜力挖掘为重点，保持对银行卡、信用卡、理财和电子银行等产品的高覆盖。将中间业务作为重点来抓，丰富对个人贷款客户实质性服务，深化和延伸金融服务和非金融服务内容。通过善融商务、房e通等新兴渠道和服务中挖掘收入新的增长点。

（五）努力压控不良贷款，确保资产质量平稳

围绕保持质量稳定目标，不断加大风险排查力度，强化逾期贷款管理，推动“保稳定、固基础、防风险”质量提升活动。从重点分行、重点项目入手，细化控制目标与措施，梳理、会诊不良项目及大额不良贷款，加快盘活处置。

梳理调整信贷政策，完善产品制度，先后下发《个人消费贷款管理办法》、《个人助业贷款操作规程》、《委托性住房金融业务系统操作运行管理办法》。积极配合审计、检查，做好自查整改。个贷档案影像管理系统在全行上线，实现个贷档案电子化、集约化管理，有效控制档案管理环节的操作风险；个贷流程系统试点上线，有效支持营销、贷前、贷中和贷后环节业务操作的流程化、任务化。

（六）提升个贷中心建设水平，加强电子渠道建设

2012年新建个贷中心308家。郊区县和二线、三线城市的城区前端专业中心建设得到加强。重点强化一级分行城市所辖郊县、县级市及其他中心城市所辖个贷业务量较大、经济增长潜力快、人口密集的郊县的个贷中心建设。加强在城市发展新区、经济活跃的城乡结合部增建前端专业经营中心，加快建立以二手房、助业或公积金服务为主的专业经营中心。加强个贷中心直接面向市场、面向客户的交叉营销和综合服务能力。

房e通平台全年实现3次优化升级、3次站点扩容，推进贷款申请、查询、贷后服务等环节网络化，提升客户体验和界面友好度。大力拓展开发商、二手房中介、建材经销商、汽车经销商等房e通合作机构；为客户和商户提供信贷、咨询、资金监管等金融服务及信息共享等服务。丰富电子渠道产品体系，加快推进善融商务个人小额贷款、善融商务个人权利质押贷款在线全流程操作，打通小额信贷产品电子支付渠道，推进电子商务平台个人融资产品开发应用。

加强传统物理渠道和新兴电子渠道互相支持。在个贷中心增设电子渠道支持服务岗位，配备专职及兼职人员负责电子渠道贷款及服务的落地响应。

（七）加大产品创新力度，持续提升服务能力

围绕提升服务能力、培育业务新的增长点，积极推进产品创新。开展“房易安”房屋交易资金托管业务优化工作，拓宽服务方式和内容。完善住房金融与个人信贷业务产品体系，推出善融商务个人小额贷款、善融商务个人权利质押贷款、“家装贷”住房装修贷款营销服务方案、“和兴贷”供应链个人助业贷款等产品和服务。借贷通基础功能在试点分行上线。实现个贷在网银、自助设备的查询、还款和支用等功能。个贷销售服务平台（PLSS）在个贷中心前端、财富中心、CCOB等物理渠道以及房e通等电子渠道的运用加快，支持客户自助从“房e通”、“善融商务”等电子渠道发起个贷业务申请，支持财富中心通过PLSS推介贷款。

（八）扎实开展教育培训工作，提升业务能力和服务水平

通过多种形式扎实开展业务培训，进一步提升员工队伍业务能力和服务水平。与人力资源部合作，成功举办全行首批兼职师资培训试点项目——房金客户经理兼职师资培训班，共有82名业务骨干通过评审被人力资源部发文聘任为兼职培训教师。与美国银行合作组织经验分享交流会，学习和借鉴先进经验提升经营管理水平。2012年面向房金条线经营管理人员、专业技术人员以及基层从业人员举办各类培训班17期，累计培训近

1 300 人次。大力推进资格考试，组织对考试题库进行修改完善。本年全行房金条线共有 4 021 人通过参加相关考试获得专业技术资格及上岗资格。

执笔：孙晓龙　刘颢

小企业业务

一、2012 年小企业业务运营总体情况

2012 年初，总行明确全年小企业业务发展目标：确保小企业贷款新增完成“两个不低于”的监管要求；有效发展客户群体，特别是大力拓展基本户；在有效控制风险的前提下，提高贷款定价水平及小企业业务综合收益。

同时，进一步明确信贷政策。在区域上，主动压缩存在潜在风险地区的资源配置比例，如长三角地区信贷资源配置从 38.7% 降到 31.7%，降低对该地区业务发展的过度依赖；在行业上，严格管控国家产业政策限制、低水平重复建设的“十一小”行业、“6＋1”敏感性行业、钢贸行业等；在产品上，提高抵押类贷款和半年至一年贷款占比，严格控制小企业银行承兑汇票等表外业务。通过上述信贷结构的调整，较好地实现年初既定的各项目标。

2012 年 3 月 16 日，建设银行与工业和信息化部在北京签署中小企业金融服务战略合作协议。

（一）客户基础逐步夯实，占对公客户的比重持续提升

截至 12 月末，小企业授信客户突破 8 万户，达到 82 012 户，新增突破 1 万户，达到 10 559 户；小企业授信户占全行企业授信客户的 78.2%，较年初提高 3.6 个百分点；小企业授信客户新增占全行企业授信客户新增的 101.5%；小企业授信基本户取得新的进展，达 38 476 户，占全部小企业授信户的 46.9%；基本户新增 6 995 户，占客户新增的 66.2%。

（二）业务总量不断扩大，较好地实现“两个不低于”

截至 12 月末，内部管理口径小企业贷款余额 6 277.0 亿元，占各项贷款余额的 9.25%，较年初提升 0.17 个百分点。贷款新增 807.0 亿元，增幅为 14.8%，高于全行各项贷款平均增幅 2.1 个百分点。四部委口径的小微企业贷款余额 7 454.5 亿元，较年初新增 1 135.6 亿元，同比多增 353.9 亿元；增幅 18.0%，高于各项贷款平均增幅 5.25 个百分点，较好地实现了“两个不低于”目标，且贷款增速位居四大行前列。

（三）贷款收益率持续提高，价值创造力进一步增强

截至 12 月末，全年新发放小企业非贴贷款利率相对基准利率上浮 20.07%，同比提高 5.64 个百分点，高于年初计划 8.07 个百分点；实现中间业务收入 34.65 亿元，综合贡献度相当于基准利率上浮 31.8%，比 2011 年全年水平提高 12.5 个百分点。

（四）联动营销成效显著，综合服务能力进一步增强

小企业授信户产品覆盖度4.1，较年初提高0.2。全行小企业条线带动信用卡客户新增27万户；推荐给私人银行的个人高端客户1 672户。

2012年4月18日，建设银行与中国中小企业协会在北京签署中小企业金融服务战略合作协议。

（五）不断加强业务创新，夯实管理基础

优化业务流程，初步建立批发和零售业务模式并行的适应小企业和微小企业客户特点的经营模式。一是完善批发业务流程，持续提高业务办理效率。对规模相对较大的小企业客户，一方面采用评级、授信、支用“三位一体”的综合申报流程；另一方面，依托政府、核心企业、担保公司等搭建合作平台，实施批量化营销。共搭建各类批量化营销合作平台596个，服务客户20 720户，贷款余额2 215亿元①。二是适应零售化小企业特点，在四大行中率先建立依托评分卡②进行评价的零售化业务流程。重点关注客户履约能力、个人信用以及资产状况等，采用系统自动审批与人工审批相结合的方式，并建立起依托网点的小微企业产品销售机制。三是持续推进小企业经营中心及相关业务流程的优化。围绕“网点三综合”建设，在赋予小企业经营中心客户营销、对外展示和客户关系管理职能的同时，进一步提高“信贷工厂”集约化管理水平，实现“五个集中”③。

2012年8月13日至14日，建设银行在北京举办2012年小企业业务高级研修班。

完善产品体系，适应市场需求不断加强产品创新。一是设计研发小微企业“信用贷”产品，重点针对建设银行高端客户拥有的小企业，利用企业和企业主的信用积累，通过评分卡进行风险评价，发放贷款，逐步形成了“成长之路”、“速贷通”、“小额贷”、“信用贷”四大产品体系，基本覆盖客户各类风险缓释措施和信贷需求。二是设计开发信用贷项下“善融贷”产品，着重发掘在建设银行开立结算账户两年以上，具有一定信用积累的存量客户，并根据其日均金融资产，通过主动授信，在挖掘客户需求的同时，有效控制风险。三是研发“助保贷”产品，旨在经济增长放缓时期，大力开展与政府的合作，依托政府在管理、补贴资金等方面的优势，与政府共同组织贷款企业组建资金池，既帮助企业克服抵押难、担保难，又有效防范在经济放缓情况下可能带来的风险。四是研发“供应贷”产品，旨在企业经营风险相对加大的时期，瞄准供应链，通过与核心企业合作，以应收账款质押贷款为切入点，主动介

① 注：数据截至2012年9月末，全年数据正在统计中。

② 注：其中单机版信用类申请评分卡已于9月上线，网络版信用类申请评分卡，抵押、担保类申请评分卡，行为评分卡等相关系统将陆续上线。

③ 注：即抵（质）押登记集中管理、集中放款审核管理、非现场监测集中管理、集中档案管理、批量营销集中处理。

入其上下游小企业的资金流、物流管理，以有效掌握其真实贸易背景和交易诚信记录，从客户经营交易的源头上防范风险。

以“善融商城”为平台，全力打通电子银行渠道。一是大力发展“善融商城”客户。截至目前①，“善融商城”共认证企业商户7 998户，其中小企业条线推荐并认证商户3 559户，占比44.5%；累计成交金额6.8亿元，占平台总成交金额的25.6%。二是积极研发“善融商城”专属产品。在已经开发“网银循环贷”、“善融贷”等产品基础上，根据“善融商城”客户交易特点，研发专门适用商城客户的“善融通”小企业专属产品，实现贷款资金的随借随还，降低融资成本，提升客户满意度。

进一步加强风险控制，打造适应小企业特点的风险管理模式。一是牢固树立做企业“唯一银行”的理念。通过为客户提供综合服务，交叉销售产品，提高客户的忠诚度、诚信度和黏合度，防范企业多头授信和过度授信风险。二是以科技系统为支撑，实现差异化的贷后缺陷管理。进一步优化了小企业早期预警系统，并正在开发小企业行为评分卡，主要通过非现场监测，实行无缺陷系统管理，有缺陷分级管理。同时，推动95533电话中心、短信平台统一进行小企业信贷业务的预警、催收工作，提高风险管理的效率。三是建立良好的伙伴关系，实现对客户风险的协同管理。一方面，加强与优质担保公司及保险公司的合作，特别是开展与保险公司的合作，充分利用其依托资本规模形成的风险抵御优势以及相对完善的客户评价及风险控制体系，有效分散和缓释风险；另一方面，探索开展对水电表查询、信用状况查询等非核心环节进行外包，利用专业公司的人员和业务优势，提高风险管理效率。

不断加强培训，持续提高人员素质。2012年，由总行牵头，连续举办了两期小企业业务骨干暨业务培训师培训班，针对性地开展各层级小企业业务培训师的培训和选拔，初步选择了100名小企业业务培训师，推动开展转培训工作，持续扩大培训覆盖面。在分行层面，共组织超过150期辖内培训工作，累计培训人员超过4 000名，对提高条线人员的业务素质起到了积极的推动作用。全行小企业业务的创新、发展，得到了社会各界的持续认可。银监会授予我行全国小微企业金融服务特色产品、先进单位、先进个人三项奖；中央电视台于2012年10月将“服务小微企业最佳创新成就奖”授予我行；《首席财务官》连续第五年将我行评为“最佳中小企业服务银行”；中小企业协会将我行评为“优秀中小企业服务机构”，中小企业商业协会连续第二次将我行评为“全国支持中小企业发展十佳商业银行”。

二、存在的主要挑战

（一）长三角地区部分分行，特别是浙江省分行不良贷款增加较多

截至12月末，小企业不良贷款余额167.5亿元，较年初新增97.9亿元；不良率为2.67%，比年初提高1.4个百分点。不良贷款反弹主要集中在长三角地区，特别是浙江省分行。截至12月末，该行不良贷款余额77.0亿元，较年初新增53.8亿元，占全行不良贷款新增的55.0%；不良率为6.84%，高于全行平均水平4.17个百分点。剔除浙江省分行，全行不良贷款只比年初新增44.1亿元，不良率为1.76%，较年初提高0.7个百分点。

针对长三角地区，特别是浙江省分行不良反弹的问题，从2011年底开始，由总行牵头，提出“控（帮）”、“救”、“转”等不良处置的差异化措施，要求分行严控2005年以来纯新发放不良率超过3%的二级分行的信贷投放业务；对具有还款意愿，暂时还款能力不足的客户，有条件进行转贷；加快小企业零售化转型等。经过近一年的严格管控，目前，浙江省分行已经逾期贷款的风险已充分暴露，全行小企业业务发展对浙江省分行过度依赖的程度也有所减弱。目前，全行除长三角、珠三角地区以外，其他地区风险总体可控，截至2012年末，共有13家分行不良实现双降。

（二）部分分行小企业业务快速发展与人员紧张的矛盾日益突出

部分分行专业化队伍建设还有待加强，专职人员数量与业务发展不平衡现象较为突出。如业

① 注：数据截至2012年12月14日。

务量较大的江苏省分行，2012 年第一季度才成立小企业业务一级部，在专业化的组织架构、人员队伍建设方面相对滞后，业务人员超负荷工作。随着小企业贷款金额持续小额化，业务量及客户数的增长与人员紧张的矛盾日益显现，影响了业务发展，不利于实现对风险的有效控制。

执笔：郭菲　惠晓

信用卡业务

一、工作成果

（一）各项业务指标快速增长

信用卡累计发卡 4 032 万张，当年净增 806 万张，同比增长 87%；累计客户 3 498 万户，当年净增 715 万户，同比增长 68%；实现消费交易额 8 518 亿元，同比增长 50%，其中分期交易额 859 亿元，同比增长 113%；贷款余额达到 1 778 亿元，当年新增 804 亿元，同比增长 91%；实现收入 139 亿元，同比增长 70%，其中中间业务收入 98 亿元，同比增长 86%。信用卡各项指标全面完成年度计划，其中净增发卡完成率超过 160%，净新增客户、中间业务收入、户均营业收入等指标完成率超过 120%。当年净增客户、净增发卡、消费交易额、业务收入四项指标增速为近三年之最。

（二）市场竞争力明显增强

2012 年净增客户、净增发卡、新增贷款、卡均消费、贷款综合收益率、资产质量 6 项关键业绩指标位居同业第一；卡均收入位居四大行第一，净增发卡、新增贷款、分期交易 3 项指标同比增速在四大行中排名第一，特别是净增发卡，增速和增量多年来首次取得同业第一，超过工商银行、农业银行、中国银行 250 多万张。建设银行累计发卡量、消费交易额、分期交易额、贷款余额、中间业务收入等主要指标同业排名第二，四大行占比进一步提升。

（三）盈利能力进一步提升

2012 年信用卡业务经济增加值、拨备前利润进一步实现减亏，成本收入比 125%，同比下降 66 个百分点。综合收益率为 10.6%，较全行平均水平高 3.9 个百分点，其中分期业务“低风险、高收益”特点继续发挥，年化收益率为 8.53%，比一年期贷款基准利率上浮 42%。信用卡中间业务收入在全行占比为 10.2%，在零售条线占比为 27.7%，较年初分别提升 4.3 个、8.7 个百分点。信用卡中间业务收入较 2011 年增长 45.5 亿元，对全行中间业务收入增长的贡献占比达到 74%，已成为全行中间业务增速和占比提高最快的产品。

（四）品牌影响力进一步提高

财政公务卡、汽车卡、百货卡发卡总量超过 1 000 万张，标准白金卡、汽车卡、财政公务卡发卡规模位居同业第一，通过产品权益优化升级，钻石卡、汽车卡等金牌产品的吸引力和市场影响力持续提升；龙卡信用卡品牌价值获得行业内外广泛认可，先后获得“2012 年度最具品牌影响力信用卡领袖奖”、“2012 年最受青睐信用卡品牌”、“信用卡最佳服务奖”等多项荣誉，市场美誉度不断提高。

（五）消费金融业务稳步增长

实现购车分期交易额 595 亿元，同比翻番增长，开展抵押担保购车分期、在线购车分期、车险分期和厂商认证二手车分期试点等业务，不断延伸汽车消费信贷服务领域，当年全国每千辆乘用车中有 45 辆由建设银行信用卡购车分期业务提供支持，较年初增长 61%；当年龙卡商城实现销售额 14.8 亿元，日均点击量突破 300 万次，商品数量、交易金额、客户满意度位居同业第一；全年新增考核口径收单商户 3 万户，计划完成率达 118%，净增分期商户近 1 万户，高端、集团商户拓展力度不断加大，商户整体质量和盈利能力进一步提高。

（六）资产质量保持良好

2012 年全行信用卡逾期 90 天以上贷款不良率 0.59%，较年初下降 0.22 个百分点，比同业平均水平低 0.46 个百分点，资产质量继续保持良好。分期贷款不良率 0.18%，低于行业平均水平，其中购车分期贷款不良率 0.11%，为同业中最低。

二、主要工作举措

（一）加快优质客户拓展

加强组织推进与业务创新，推动信用卡客户拓展跨越式发展。在网点主渠道方面，提高预审批系统营销效率，实现网点日均营销产能“1 日 1 点 2.3 户”；在电子渠道方面，先后推出网络、手机、平板电脑、短信、邮件、电话等电子办卡渠道，实现电子渠道新增发卡 82 万张，平均出卡处理时间较网点缩短 9 个工作日，电子申请渠道体系建设同业领先；创新联盟渠道营销模式，通过合作方网站、店面及销售人员营销信用卡；发挥条线联动优势，推动信用卡与联动条线协同发展。继续巩固和扩大重点产品优势，汽车卡、财政公务卡、百货卡发卡保持同业领先地位，IC 卡发卡超过 150 万张，世界旅行卡发卡 118 万张，成为建设银行首年发卡最多的新产品；着力提高客户质量，加快中高端客户营销，信用卡高、中价值客户 1 917 万户，占比 55%，较年初提高 7 个百分点，白金及以上等级信用卡客户规模同业领先。

（二）加强新技术创新应用

在推进 IC 信用卡行业应用方面，以重点领域、重点项目为抓手，在交通信息管理、高速公路电子不停车收费（ETC）、城市公共交通、中高端联名伙伴会员信息管理等多个公共服务领域实现创新突破，包括应用于机动车电子行驶证管理领域的交通龙卡项目，高速公路电子不停车收费（ETC）项目，具备中高端联名伙伴会员信息管理应用的“东风日产龙卡”等产品，被中国银联授予“IC 信用卡行业应用推进突出贡献奖”。在推进信用卡移动支付方面，及时跟进市场热点，对各种业务模式进行探索，积极推动与各地区移动运营商的业务合作，首个 SIM 卡模式的移动支付产品“深圳天翼龙卡”已于 2012 年 12 月在深圳成功上市。

（三）加大促销活动影响力

围绕“龙年就要用龙卡”宣传主题，统一策划“刷龙卡信用卡，满千返千，月月享金喜，千万大回馈”全行年度主题促销活动，各分行结合地区优势开展促销活动 876 个。一方面以连锁餐饮促销活动为突破口，做大做强促销活动声势和影响力，推出“刷龙卡信用卡 天天食惠”大众连锁餐饮促销活动，涉及近千家门店、100 多个城市，超过 50 万人次享受到优惠，在活动期间商户消费笔数同比增长 6－8 倍。另一方面加大百货、超市、商旅和旅游等主流消费促销力度，通过挖掘客户消费行为特征，组织开展全国大型百货、超市类专题促销活动，持续开展“玩转世界”系列境外旅游促销活动，提升境外消费营销精准度，加大重点产品营销力度，促进消费额增长并改善消费结构，促进贷款和收入的全面增长。

（四）加强分期产品创新与渠道拓展

在产品创新方面，在家装、旅游、培训、婚庆等家庭消费基础上，不断丰富以“家”为中心的安居消费信贷金融服务内涵和外延。在渠道拓展方面，全国首家推出龙卡商城购车分期业务，为客户提供“一站式”便捷服务，实现汽车金融业务网络渠道突破，以 1 小时审批和最快当天申请当天提车的高效率奠定了直客式网络购车分期业务基础；推出龙卡商城现金分期业务，满足持卡人小额资金需求；创新账单分期受理渠道，短信、IVR、网银等多个自助受理渠道交易占比达到 77%，业务便捷性同业领先。

（五）夯实和优化收单商户基础

加强高端商户拓展力度，通过下发分行目标高端商户发展名单，全面部署开展名单制营销；运用酒店收银一体机（PGS）和动态货币转换（DCC）等产品，大力拓展高星级酒店等高收益商户；通过集团商户收单手续费收入二次分配方案，合理分配主办行与协办行收单收益，增加分行商户拓展积极性；与公司部联手开展结算账户、收单商户“双开户”旺季营销活动，培养并提升对公客户经理营销收单业务积极性；针对手续费调整等新形势，统一部署安排，抢抓机遇，进一步优化商户结构、加大优质商户拓展。

（六）进一步提高风险管理能力

树立平衡风险、收益与资本的全面风险管理

理念，建立以风险调整后的贷款收益率为核心的风险策略体系，支持与保障业务的快速健康发展。一是加强对外部经济走向的研判，主动监测信贷质量变化情况，有效防范外部经济波动风险；二是制定统一风险偏好的授信政策，明确目标客户定位，并根据外部经济环境适时调整准入标准，满足市场需求的同时夯实业务稳健运行基础；三是实施精细化的风险管理策略，在有效控制风险的前提下，应用风险计量工具细分客户群体，采取针对性的策略满足客户用卡需求，提升客户体验；四是深入分析客户用卡特征，优化主动批量额度调整策略，对部分长期不活动客户进行额度调减，有效提高资本使用效率；五是持续加大欺诈风险防范力度，加强对新型欺诈手法的研究，及时调整侦测与防控策略，防范与堵截欺诈风险。

（七）进一步提升客户服务水平

强化“服务创造价值、服务促进业务发展”的客服理念，围绕降低投诉、提高接通率、改善客户体验等关键环节，狠抓落实，通过持续提升精细化运营能力，增强客户问题解决能力，提升全行基础运营能力，提升差异化服务能力，提升电话催收成效，实现信用卡客户服务能力的明显提升。2012年先后荣获中国银行业协会800客服中心“优秀创新奖”以及《金融界》“2012领航中国金融行业年度评选”的“信用卡最佳服务奖”。

执笔：徐斌

金融市场业务

一、金融市场业务经营情况

2012年全行（境内）金融市场条线实现收入1 093亿元，完成计划101.6% 。条线中收达70亿元，完成计划104.5%，同比增长22.2%，于全行中收占比提升1个百分点。

（一）主动调整组合结构，债券投资收益率大幅提升

一是准确把握利率走势，合理安排投资节奏，在利率相对高位加大债券投资力度。二是适度延长债券投资组合久期。三是优化品种结构，优先认购信用债券，积极参与国债投资，提高免税收益。四是在二级市场交易加大利率波段操作。

（二）加强流动性管理，确保全行流动性安全

2012年本币市场整体处于“紧平衡”状态，建设银行存款增长乏力，春节、年中及年末时点性资金波动大。金融市场部通过加大融入、融出双向操作力度，熨平头寸波动，既保证了全行流动性安全、又满足了债券投资的资金需求。年末本币日均超额备付率（含现金）为1.63%，四大行排名第二。

（三）主动减持风险较高的外币债券，降低信用风险敞口

积极贯彻行领导“规避风险，减少损失”的指示精神，2012年主动减持外币债券，调整外币债券投资组合，有效降低欧债危机对建设银行外币投资的影响。

（四）外汇资金业务收入和业务量四大行占比双提升

多策并举，推进代客外汇资金业务收入快速增长，市场份额稳步提升。一是采取积极的做市策略，灵活报价，扩大分行定价权限。二是积极产品创新，推广人民币对外汇期权及其组合业务，直通式平盘的对公结售汇业务币种增至18个。三是推进全行结构性衍生交易处置和垫款清收工作，降低垫款余额。

（五）贵金属业务客户拓展和产品创新取得突破性进展

全年新增账户贵金属客户数530万户，增长

2.66倍；账户贵金属客户端收入3.64亿元，同比增长80.33%。新增浙江、湖北和贵州三家分行开办黄金租借业务，全年租借净收入5.27亿元，同比增长102.63%。推出美元账户贵金属交易、白银租赁等多项创新产品。开展贵金属“百家千场”培训，培训分行100余名贵金属业务专家（培训师）。2012年贵金属业务全口径收入18.3亿元，同比增长21.1%，收入保持四大行第二。

（六）理财产品余额大幅增长，收入超额完成计划

2012年，总行先后批复深圳、厦门、甘肃和浙江等7家分行开展金融市场条线理财业务；制定《金融市场条线保本理财产品债券资产配置方案》，将保本理财产品资产配置范围扩大至国债、央票、政策性金融债和优质信用债券等；将存放同业交易对手信用风险纳入全行额度授信统一管理。金融市场条线理财产品全年累计投放规模1.48万亿元，实际募集资金1.19万亿元，年底余额2 208.27亿元，同比增长83%；实现收入8.76亿元，完成计划的244%。

（七）行领导亲自营销，圆满完成400亿元次级债券发行任务

在行领导的亲自营销的鼓励与带动下，员工克服了2012年下半年利率水平走高、银行次级债密集发行等不利因素，加强调研和市场营销，通过多阶段路演，有效把握投资者需求，圆满并低成本完成了400亿元次级债的发行工作。

二、主要工作措施

（一）科学制定经营策略，为全年业务发展奠定基础

积极分析市场，明确发展重点，提出可行措施。制定下发《2012年代客资金业务策略》、《贵金属业务策略》、《2012年海外机构金融市场业务策略》，对境内外分支机构相关业务开展进行策略指导。

（二）扎实推进管理年活动各项工作，圆满完成既定任务目标

按照《金融市场业务管理年工作实施方案》，搭建总分行“管理年”工作机制，金融市场部牵头协调20个成员部门、38家境内一级分行和12家海外机构共同推进九大项、51个子项工作。除涉及增设处室和系统建设等4个子项将于2013年继续推进，其余47个子项工作如期完成既定目标。

（三）深化风险内控管理，促进合规经营

一是配合风险管理部对利率衍生产品、黄金租借等业务实施风险审核嵌入业务流程管理；配合开展每周重检，有效减少交易录入差错和操作不合规。二是适应市场和业务发展需要，及时调整授权。三是有序完成审计署、银监会、审计部的审计检查。建立以部门负责人牵头的联系小组，专人负责监管协调。四是制定下发《金融市场业务交易记录修改暂行规程》；修订《金融市场部授信额度管理规程》、《前后台对账实施细则》等规程，规范业务操作；梳理6大类、83项主要产品，形成产品手册。五是加强检查督导。开展每周重检42期。组织境内外分支机构开展业务自查，对部分一级分行债券投后管理、衍生产品业务和黄金租借业务进行现场检查；对6家海外机构进行现场调研，形成《关于海外现场调研及境内外分支机构自查情况的报告》。

（四）加强总分行联动营销和条线督导，有效夯实客户基础

2012年举办外汇、贵金属等总行级重点客户营销会议5场，挖掘客户需求。开通贵金属“网银、电话、短信、布谷鸟、网点晨会”五个渠道，建立布谷鸟论坛，形成总行部门间、总分行间、跨业务条线的实时沟通。加强数据跟踪，每季度对38家一级分行出具贵金属“诊断书”，指导分行精准营销。优化网银界面并增加贵金属报价走势图，提升客户体验。后四个月开展“二一一行动”账户贵金属分行达标赛，落实中间业务“增收挖潜”工作。

（五）积极推进信用债券投资额度申报、审批和投后管理工作

一是建立超短期融资券投资快速审批机制，对二级市场投资实施名单制管理。二是加强人民币信用债券风险监测和投后管理。针对发生信用等级下调、经营亏损严重以及其他重大风险事项的发行体，进行逐户分析和风险重检，并采取有效应对措施。三是夯实信用债券投后管理基础，将投后管理范围从专项投资扩展至全部信用类债券投资。

（六）提高分析研究能力，提升服务分行和客户水平

整合北京、香港、上海三地研究资源，建立

总分行和客户研究成果共享机制。不断丰富研究报告体系，累计完成《国内金融市场每日快讯》、《金融市场研究周刊》、《建行报》供稿等11类研究报告418篇，发布《金融市场信用风险分析报告》30期。

（七）加强业务能力和需求研究，积极推进系统建设

金融市场部牵头相关单位以全行企业建模及新一代建设为契机，第一批次完成了“精细化的投资组合管理”、“实现资金交易全流程直通式处理”、“构建金融市场业务定报价平台”和“拓展金融市场产品与交易服务”共4大能力需求解决方案，建立了覆盖总分行金融市场全业务全产品的四五级现状及目标流程模型。同时，组织完成CFETS至POMS、EBS和DEALING至Kondor+系统接口建设，有效支持总行本级外汇、债券及贵金属业务直通式处理水平，提升交易效率并有效降低操作风险。

（八）积极创先争优，构建六型部门

注重统筹兼顾和全局把控，积极创新，努力实现“四个转变”。我部被评为总行本部创先争优先进单位；本币投资管理处被授予全行“青年文明号”；荣获“银行间债券市场金融债券优秀承销商奖及特殊贡献奖”；获“2011年度黄金成交总量十大企业奖”、“2011—2012年度黄金市场统计监测工作一等奖”；获“银行间市场特别贡献奖”1人、优秀主管2人、优秀交易员6人。

（九）加强人员管理和培训

一是引导职业规划，开展岗位交流。组织员工开展职业生涯规划调查，推进员工处室间轮岗12人次，外派海外机构岗位轮换7人次；启动与风险管理前中台岗位学习交流机制，首批轮换4人次。二是加强人员培训管理，举办高级研修班和金融市场讲座，提升专业技能。

执笔：姜胜木　王金石

投资银行业务

2012年全行投行条线实现收入200.20亿元，比2011年增长5.55%，全面完成业务发展计划（如表1所示）。投行业务收入占全行中间业务收入比重达到20%，为全行中间业务稳步发展作出贡献。

表1　2012年投资银行业务收入情况

收入类别	2012年收入（万元）	计划完成率（%）	2011年收入（万元）	同比增幅（%）
财务顾问	1 012 828	85.34	1 039 969	-2.61
其中，常年	344 807	64.09	515 175	-33.07
新型	668 021	102.97	524 794	27.29
债券承销	117 374	117.87	88 021	33.35
理财	791 323	88.72	730 710	8.30
其中，管理	398 270	70.46	460 122	13.21
销售	270 429	82.79	270 588	-0.06
小计	1 921 525	88.21	1 858 700	3.38
债转股	80 510	—	38 067	111.49
合计	2 002 036	—	1 896 768	5.55

一、业务发展情况

（一）债务融资业务实现多项市场第一

2012年我行债券承销业务实现收入11.74亿元，完成年初收入计划的117.87%，同比增长33.35%，同业排名第一。我行各类债券当年合计承销额达到3 411.45亿元，比2011年增长893.06亿元，增幅达35.46%，市场占比为13.08%，排名第一，延续了2011年的市场领先优势。我行承销额四大行占比为30.50%，比2011年提高1.5个百分点，发行只数也位列四大行之首（如表2所示）。短期融资券、中期票据、私募债券承销额均居同业第一，超短期融资券承销额同业排名第二（如表3、表4、表5、表6所示）。

2005年交易商协会推出短期融资券承销业

务，八年来，我行四次实现承销额同业第一，2011—2012年，连续两年位居同业第一。中期票据承销业务推出于2008年，2012年我行承销额首次实现同业第一。私募债券承销业务同业第一。各类债券承销额和2011年同期相比，私募债券增长350.15亿元，中期票据增长234.66亿元，超短期融资券增长428.5亿元，短期融资券减少126.65亿元，中小企业集合票据增长6.4亿元。

表2　　2012年债券承销统计

市场排名	承销商	承销额（亿元）	市场占比（%）	发行只数	2012年四大行占比（%）	2011年四大行占比（%）
1	建设银行	3 411.45	13.08	156.5	30.50	29.03
2	工商银行	2 925.98	11.22	96.5	26.16	28.93
3	中国银行	2 549.3	9.78	121.5	22.79	23.26
4	农业银行	2 298.85	8.82	119.5	20.55	18.78
5	国家开发银行	2 184.55	8.38	133	—	—
—	其他机构	12 705.36	48.73	1 139	—	-
—	合计	26 075.49	100.00	1 766	100.00	100.00

表3　　2012年短期融资券承销统计

市场排名	承销商	承销额（亿元）	市场占比（%）	发行只数
1	建设银行	1087.45	12.98	68
2	工商银行	950.35	11.35	38
3	中国银行	873.25	10.43	65
4	农业银行	703.75	8.40	61
5	兴业银行	640.65	7.65	95
—	其他机构	4 120.02	49.19	483
—	合计	8 375.47	100.00	810

表4　　2012年中期票据承销统计

承销商	承销额（亿元）	市场占比（%）	发行只数
建设银行	915.45	10.78	43
工商银行	840.65	9.90	34.5
国家开发银行	828.7	9.76	46.5
中国银行	817.05	9.63	35.5
农业银行	694	8.18	32.5
其他机构	4 392.45	51.75	376
合计	8 488.3	100.00	568

表5　　2012年私募债承销统计

市场排名	承销商	承销额（亿元）	市场占比（%）	发行只数
1	建设银行	510.65	15.54	25
2	兴业银行	478	14.55	38
3	国家开发银行	416.5	12.68	25
4	光大银行	390.5	11.89	21.5
5	农业银行	266	8.10	12.5
—	其他机构	1 223.65	37.25	96
—	合计	3 285.3	100.00	218

表6　　2012年超短期融资券承销统计

承销商	承销额（亿元）	市场占比（%）	发行只数
工商银行	1 005.5	17.27	16.5
建设银行	888.5	15.26	17.5
中国银行	750	12.88	14
农业银行	625.5	10.74	10.5
国家开发银行	417.5	7.17	8
其他机构	2 135	36.67	58.5
合计	5 822	100.00	125

（二）理财业务稳居市场第二

在经济增长速度放缓，市场竞争激烈，监督力度加大的不利环境下，我行理财业务仍然稳居市场第二。2012 年，我行自营理财产品全年共发行 5 548 期，同比增长 37.46%；发行量达到 54 461亿元，同比增长 14.14%；年末理财产品余额为 8 901.73 亿元，同比增长 24.63%；全行实现理财业务收入 87.89 亿元，同比增长 16.12%。

截至 2012 年末，我行理财产品余额四大行占比 29.05%，比 2011 年末提高 1.14 个百分点，余额及增量均居四大行第二。其中，保本型理财产品余额达到 3 576 亿元，余额及增量排名四大行第一；非保本型理财产品余额 5 326 亿元，排名四大行第三。理财收入及银行收益率均居四大行第二。

表 7　　四大行理财业务比较

银行	理财产品			保本		非保本	收入（亿元）	银行收益率（%）
	年末余额（亿元）	比年初增长（亿元）	四大行占比（%）	年末余额（亿元）	比年初增长（亿元）	年末余额（亿元）		
建设银行	8 902	1 760	29.05	3 576	1 967	5 326	87.88	1.13
工商银行	10 040	2 374	32.76	2 050	840	7 990	133.16	1.32
农业银行	4 674	1 651	15.25	1 913	1 414	2 761	31.53	0.62
中国银行	7 027	-729	22.93	1 598	-3 992	5 430	43.16	0.51

注：理财收入为我行自营理财业务收入，未包含代理信托收入。

（三）新型财务顾问业务快速发展，收入排名同业第一

2012 年财务顾问业务收入实现 101.2 亿元，其中，新型财务顾问收入 66.8 亿元，比 2011 年增长 27.29%，在财务顾问收入中的占比达 66%，排名同业第一。2012 年，应对经济环境变化，新型财务顾问业务产品结构迅速调整，我行通过“全面金融解决方案”（FITS）等新型财务顾问业务，为更多企业，尤其是中小企业，提供更为丰富的金融服务，“其他新型财务顾问”收入增长较快，同比增长 207.27%。

二、持续推动产品创新，满足多方需求

创新推出资产收益权类理财产品，以企业拥有的特定资产或特定资产收益权为投资标的，可以提高我行综合收益率和投资者预期收益率。为相关分行设计低风险资产组合型理财产品，满足中投公司的理财需求。与电子银行部合作，推出“手机银行专享”产品、“夜市网银专享”产品，提升我行手机银行的客户认知度。与个人存款与投资部合作，推出系列化、持续化的“白金客户专享”理财产品，为大客户量身定做“独享型”理财产品，提升高端客户的忠诚度。快速响应分行营销客户需求，差别化调整上海等市场化程度高的分行开放式产品价格。为浙江等分行定制多期固定期限理财产品。成功发行区域集优中小企业集合票据，引导社会资金扶持中西部地区中小企业的发展，开创中小企业融资新渠道。积极参与地方政府自主发债，参与承销浙江、广东和深圳共计 200 亿元的地方政府债券，获得地方政府高度认可，进一步加强我行与地方政府的合作关系。创新推出 QDII 海外投资类产品，运用公募基金 QDII 通道，投资于海外 SPV 公司票据后间接投资于境外拟上市公司。研究推出“私有化后再上市”（PPP）财务顾问业务，为优质境外上市公司重返国内上市提供顾问支持。积极参与人民银行重启的信贷资产证券化试点工作。

三、进一步加强业务管理及风险防控

投行业务切实加强经营管理、优化业务流程、加强风险管控，不断提高业务管理水平，为业务稳健发展保驾护航。

（一）加强业务指导，推动全行投资银行业务稳健发展

总行投行部加大对分行投行业务指导力度，及时发现解决问题，通过召开座谈会等多种形式，指导改进工作，加强交流经验。通过召开全行投行业务座谈会，研究如何进一步加强理财产品风

险管控、存续期管理和理财资金回收等，探讨理财产品创新思路和业务流程优化措施；研究经济下行中存量债券后续管理工作措施；分析财务顾问业务发展存在的主要问题，研讨未来财务顾问业务发展举措和建议等。

（二）优化业务流程，提高理财业务管理水平

积极配合行内理财产品审批流程调整，加强磨合沟通，确保理财资产按时入池，提高理财资金使用效率。为提高分行基础资产入池积极性，增加分行收益，调低总行资产池转移价格。加强流动性资产管理水平，提高债券类资产配置比重，提高资金使用效率。发布《资产组合型理财产品资产估值操作指引》，进一步修正资产组合型理财产品资产估值模型。贯彻最新监管要求，对开放式理财产品及固定期限理财产品单独开立托管户，进行专户托管。完善相关管理制度，下发《关于加强股权及另类投资类理财产品精细化、规范化管理的通知》等，从档案管理精细化、资金支用规范化、押品管理专业化、法律文本规范化等方面提出严格要求。下发《投资银行类理财产品风险评级操作指引（试行）》，指导分行对理财产品涉及的信用风险、市场风险、流动性风险、政策风险、法律风险和管理风险等进行综合评估。下发《关于继续推进票据理财业务有关事项的通知》，指导分行重新上报审批此类业务，进一步规范业务操作流程。

（三）加强风险排查，采取措施化解风险隐患

加强对自营理财存量业务的风险排查，调整理财业务资产结构。控制高风险资产配置，提高低风险资产配置比重。从严管理理财资金行业投向，严禁理财资金投入“6+1”行业、房地产、监控类政府融资平台，对“铁公基”和监测类平台项目，逐笔向银监会报备后发行，避免政策风险。开展行内理财产品抵（质）押物风险排查，重点核实抵（质）押品的真实性及有效性。逐笔与发行分行沟通，指导分行做好临到期产品兑付资金归集工作。对存在风险隐患的项目，要求安排专人密切跟踪项目进展，制定“一户一策”的风险化解预案，督促分行通过多种方式开展项目处置工作。通过以上措施，已收回相关资产7.1亿元。截至2012年末，全行已出现违约垫款或可能出现违约风险的资产仅剩4笔，余额共计8.5亿元，占全行理财产品资产余额的0.10%，占全部信贷及股权类高风险资产余额的0.40%。对分行担任财务顾问的私募基金财务顾问业务及进行风险排查，全面了解分行在押品评估、抵（质）押措施落实、资金监管和项目投后管理方面的措施。

（四）贯彻监管要求，规范财务顾问业务发展

贯彻落实《中国银监会关于整治银行业金融机构不规范经营的通知》，组织全行财务顾问业务合规收费的风险排查。通过下发《关于投行部门配合做好自查自纠、贯彻落实规范经营要求的通知》，严格规范协议签署、协议履行、服务提供、服务记录等各个环节，纠正各种不规范行为。下发《关于进一步加强新型财务顾问业务规范经营的通知》，要求分行充实服务内容、丰富服务方式、规范服务过程、完善服务档案、优化服务收费。指导全行规范发展财务顾问业务，下发财务顾问服务方案和档案管理实例，指导分行提升财务顾问服务质量，完善财务顾问业务流程。鼓励分行根据客户需求，加大与券商合作的力度，积极开展与资本市场相关的财务顾问业务。

（五）开展管理检查，严控债券承销业务风险

2012年，对存续期的发债企业开展两次风险排查和两次压力测试，分别完成281份后续管理工作报表、66份风险排查报告、15份压力测试报告，风险排查及压力测试的内容涉及主要经营情况、主要风险点、募集资金用途、偿债措施等。此外，结合宏观经济的变化和部分行业政策的调整，对存续期的债务融资工具进行了两次专项风险排查，分别为“建筑材料行业的债务融资工具发行人专项调查”和“基础设施建设业务发行人专项调查”。风险排查结果显示，我行承销的债务融资工具的风险基本可控。2012年，我行共督导发行人披露80起重大事项，截至年末，由我行牵头承销的各类债务融资工具中，有68期短期融资券到期，1期中期票据到期，80期中期票据付息，1期中小企业集合票据付息，均已按期足额完成本息兑付工作。

执笔：总行投资银行部

资产保全业务

一、主要工作成果

全年共处置境内外不良资产420.5亿元，全面超额完成目标计划。其中：处置境内外不良贷款387.4亿元，处置比率达到67%，连续8年稳步增长；处置非信贷33亿元，较上年多处置6亿元。

全年处置关注三级对公贷款164亿元（现金回收107.8亿元，盘活迁徙56亿元），是2011年的1.7倍。

全年实现不良资产现金回收219.7亿元，其中，实现超值现金回收67.4亿元，有效挽回资产损失。同时，现金回收已核销资产15亿元，创历史新高。

全年共核销呆账资产73亿元（信贷类60.7亿元，非信贷类12.3亿元），较上年增加33.5亿元。

二、主要工作措施

（一）加大处置力度，为保证全行资产质量持续改善创造有利条件

为了应对不良资产反弹压力，年初即确定“力争提前超额完成全年计划，为全年工作留出余地”的工作目标。按照不同客户类型、行业类别、贷款种类、经营状况等制订差别化的处置措施，并对呆账核销、中小企业不良、个贷不良、待结案诉讼费处置等提出了具体工作要求，全力加快处置，不留余地。具体措施如下：一是加强基层调研指导。总行先后派出122人次深入21个分行进行现场调研，开展现场办公和培训，帮助分行解决实际问题。就全年工作思路、政策建议、重点项目处置等进行非现场调研，充分了解各分行资产保全工作的新形势、新特点、新动向，有针对性地指导分行开展工作。二是坚持重大项目诊断。全年组织不良资产集中专家诊断9次，诊断项目209户、191亿元。其中，针对民营企业、房地产业、钢贸行业等不良项目开展集中诊断6次；针对浙江温州地区不良项目和辽宁金德系不良项目组织3次专场诊断。截至2012年底，诊断过的不良项目中，111户处置取得进展（39户处置完毕）。三是多策并举提高处置能力。加大重组盘活和转让力度，全年重组盘活不良贷款134.5亿元，通过债权转让实现了33户、32.7亿元不良贷款的本金全额回收。与房金部联合下发开展个贷资产质量主题活动的通知，联合组织部分分行进行大额疑难个贷项目诊断，全年处置不良个贷95.3亿元。四是非信贷资产处置不放松。加快处置逾期抵债股权和房产，清理处置逾期抵债资产3.7亿元。运用全额列损消化有账无实抵债资产14笔，共计739.5万元。单列债转股资产处置计划，加大对分行工作的督导力度，对重点项目倒排处置日程表，落实进度。全年处置债转股资产10户，共计13亿元。五是限时审核、审批、申报项目。在风险可控的前提下，实行不良资产申报项目的随时受理、即时组织会议、即时起草纪要、即时完成批复。其中，对超部门权限项目，优先予以安排审查，为大额资产保全业务审批会议审批留出时间。全年共审核885户项目，组织资产保全审批人会议64次，对822户不良资产项目处置进行了审议审批。

（二）深挖处置潜力，坚持“抓大不放小、抓多不放少”，全面提高不良资产处置成效

一是“抓大不放小”。继续实施项目名单制管理。对1 500万－5 000万元、0.5亿元－1亿元、1亿元以上大额公司类不良项目分别采取按户监测、逐户掌握、直接经营等措施，年内共处置256亿元，占公司类不良贷款处置额的90%。重点监督100笔，每笔200万元以上个人类重大

不良项目，年内处置40笔，共计1.6亿元。针对500万元以下的小额项目、无本有息户及待结诉讼费，开展专项清理，年内共清理处置1.3万户（笔），占年初户（笔）数的54%。二是“抓多不放少”。积极落实重点联系行制度，将辽宁、黑龙江、江苏、浙江、湖北、湖南、深圳、宁夏等8个不良多、反弹压力大的分行作为重点联系行，由部门负责人分别牵头、对口指导。年内8个分行共处置不良贷款163亿元，占全行的43%。同时，加强对不良资产少但处置难度大的分行的指导力度，多次派人实地参与不良项目的处置方案制订、项目谈判等，推动处置工作。

（三）突出重点区域、重点行业、重点项目、重点业务，攻坚风险集中暴露和风险化解难点问题

一是突出重点区域。针对浙江省分行不良贷款反弹压力大的实际情况，成立专门团队专项帮扶，赴实地参与中江系不良资产处置工作，指导分行通过贷款抵（质）押物处置、依法诉讼、核销等加大处置力度。年内共处置不良贷款48亿元，是上年处置额的1.7倍。二是突出重点行业。加大对信贷结构调整重点行业及小企业不良贷款的处置力度。全年共处置制造业不良贷款89亿元、房地产业不良贷款50亿元、公路行业不良贷款32亿元，处置小企业不良贷款54亿元。三是突出重点项目。对太澳高速、锦化氯碱、新广国际等3亿元以上重大项目及周天宝系、华源系、海龙系等项目，总行派人全程参与处置方案制订与执行，并就处置过程中遇到的突出问题与监管部门、政府、法院、债委会等进行直接沟通协调，与分行共同推动项目处置取得进展。四是突出重点业务。2012年初，资产保全条线经营管理的表内不良资产总量达到689亿元，其中，不良贷款585亿元，占到表内不良资产总量的85%。由此，确定2012年保全条线工作主线为以不良贷款处置为重点，通过强化集中经营、加强业务指导、按户督导等加快处置。全年处置不良贷款379.5亿元，占表内不良资产处置总额的92%。

（四）深化海外不良、“关三”贷款和已核销资产管理职能，提升不良资产精细化管理水平

一是深化海外不良管理职能。协助约堡分行开展存量8户不良资产处置工作，年内7户处置取得进展（6户处置完毕）；指导香港分行开展乐洋电力、新进科技等重点项目处置工作。全年共处置海外机构不良贷款7.9亿元人民币。二是深化“关三”贷款管理职能。集中或牵头经营关注三级公司类贷款，加大管理处置力度，积极做好风险化解工作。全年共处置关注三级公司类贷款163.8亿元，是上年的1.7倍，有效防止了贷款形态的下迁。三是深化已核销资产管理职能。在2011年清理工作的基础上，完成了全部11万户、1 040亿元已核销资产的清理分类工作。将其中有管理责任的9.4万户、723亿元项目，划分为A类、B类、C类，对A类资产逐户制订处置方案，加大回收力度，收到较好的效果。同时，下发已核销资产表外销案及B类资产委外催收等制度办法，与此前下发的已核销资产管理处置、清理分类、委外催收规程等办法，共同构建了完整的已核销资产管理体系。

（五）强化业务流程化管理，加强保全团队建设，提高风险防控能力

一是组织编写《资产保全业务操作手册》。全面梳理业务流程，按照“源于现在、高于现在、指导未来”的原则编写流程化的《资产保全业务操作手册》。历时9个月，完成公司业务、个人业务、非信贷业务、呆账核销业务和已核销业务5个分册、近30万字的手册编写工作，为保全业务标准化提供了操作指引。二是坚持开展条线业务检查。2012年检查重点是呆账核销、减免息、抵债资产收取与处置项目的合规性、授权审批执行、中介机构准入管理和已核销资产清理等情况。在审计署审计中，保全业务发现问题较少，且无案件。三是组织开展多层次业务培训。培训课程覆盖全部业务品种，全年共组织全行性资产保全业务培训班9期，区域培训6期，累计培训员工804人次。同时，完成美国银行58天跟岗培训项目。

（六）深化保全业务研究，进一步提升不良资产处置专业化水平

一是开展保全业务成本效率分析课题。采取问卷调查与实地调研相结合的方式，对15个分行3年的历史数据进行调查，比较分析成本效率，研究影响处置效率和成本费用的关键因素，探讨优化保全业务的合理建议。二是进行不良资产处置专题研究。在开展专家诊断的基础上，对商用物业抵押贷款、保理业务、民营企业不良贷款、房地产业不良贷款等专题进行研讨，完成“商用物业抵押贷款风险状况与管理建议”、“国内保理业务风险分析及完善建议”、“民营企业不良贷款风险化解研究”、“我行房地产业不良贷款风险状况分析与化解措施建议”四个专题报告。三是研究个贷减免息政策调整需求。细分个贷减免息需求，重点分析以法院为首的现实有效需求，研究草拟《关于国有商业银行零售信贷资产实施有条件减免息政策的请示》，拟与工商银行、农业银行、中国银行、交通银行等银行同业联合报财政部，针对一套房处置难的问题，草拟《一套房政策研究报告》，提出了充分利用当地经济适用房、廉租房等资源，尝试以大换小、卖房租住等具体方式协调解决一套房处置。

（七）加强 SARM 系统优化与运维，提升保全工作效率和信息化管理水平

一是成功上线信贷资产核销减值准备拨付及其自动账务处理功能模块，改变了手工操作环节多、手续繁杂、耗时长、容易出错的问题，工作效率大幅提升。二是强化系统运维管理，完善资产保全业务管理系统应急及响应预案，督导信息补录和维护，基本解决不良资产指标项缺漏和数据不全的问题。三是完成“资产保全”和“统一催收管理”主题研究和需求编写，前瞻性地提出了保全业务和相关系统功能的未来发展方向。

执笔：王鑫

信息技术管理

一、确保了全行信息系统的安全稳定运行

在制度规范、能力建设、资源配置、考核激励、支持保障等方面采取措施，力保安全生产这一首要任务。一是发布了《信息技术操作水平协议管理规定》，组织签署安全运维操作水平承诺书，全面落实安全运行目标责任。二是持续推进重要系统风险整改。总行、分行及基础设施风险点整改完成率分别达到90%、82%和68%，消除了系统风险隐患。三是严格投产与变更管理。从第二季度开始问题版本率持续为0，变更成功率不断创造历史最好水平。四是全年发布版本1126次，保证了电商平台、工商验资通等一大批重点项目的按时投产。五是召开了20期安全生产例会，落实了86例生产事件、11例运行问题的解决。六是实现“大运行”运维模式管理覆盖130套系统，节约了50%的现场值班人员，提高了工作效率。七是对重点分行进行现场检查和分行自查相结合、强化值班监控和现场支持力量等有效措施，确保了“十八大”等重保期间的系统稳定运行。

在业务较快发展、各主要系统交易量屡创新高、外部监管和舆论压力不断增长、网络促销交易高峰逐渐常态化的情况下，全行安全运维管理水平取得长足的进步，CCBS等重要系统的可用率均达到99.99%，网上银行、国际卡、龙卡网络、证券等系统达到100%。全行未发生三级及以上生产事件，五级及以上事件同比下降7成，有力地支撑了全行的业务发展。

二、新一代核心系统建设工作进展顺利

举全行之力，严格遵循企业级工程方法，推进新一代核心系统业建设。将业务转型举措形成75个研究主题，已经提交建模的主题共47个，逐步形成了企业级业务架构基础。企业级建模基本完成主体工作，37个主题的目标建模形成了71份应用、92份应用组件开发需求定义文档，产品

建模定义了123个基础产品、291个产品组件、2 229个产品条件，用户体验建模形成员工界面设计标准及框架需求定义、手持设备界面框架需求定义。数据管控制定了企业级C模型基线版本，完成了数据标准体系化、业务化，制定了数据要求说明书模板、数据字典及数据管理流程，基本建成企业级数据标准体系和指标体系。

技术平台完成了现金管理、客户信息、机构员工、企业及代收代付在12个应用平台上的原型开发，12个应用平台程序的编码和验证测试，制订了基础设施建设方案，初步建成了包括测试规范、方法和工艺全流程的企业级测试管理和实施体系。项目组织与实施完善了未来三年的实施路线图，确定了一期释放现金管理、托管、金融市场、产品研发、定价管理、客户渠道整合等13个项目，各项目已陆续进入设计阶段；构建了企业级、多维度、全方位、一体化的实施和质量管控体系，确保项目实施的各项工作顺利开展。

三、一批重要科技创新项目按计划投产

集中有限的科技资源，重点保障了一批重点项目建设和投产。全年完成总行项目立项30项，下达非项目开发任务93项；获得专利9项，累计获得专利38项、软件版权登记63项。

善融商务平台2012年6月28日正式对外推出，构建了全流程、综合性电子商务金融服务平台，面向企业和个人客户提供专业化的电子商务和金融支持服务。系统交易快速增长，成交额累计突破30亿元。柜面业务集中处理系统（COS_T）完成38家分行推广，在9 501个综合性营业网点实现了17项主要实时业务产品总行集中处理，进一步释放了前台柜面资源，日交易峰值达34.98万笔。工商验资通完成8家分行推广，上线了2 148个工商机构，系统运行稳定，较好地推动了客户和账户增长。国家住房城乡建设部委托IT研发项目2012年6月23日正式上线，满足了该部对公积金结算数据的监管需求。电子银行推出“悦生活”、“学生惠”等服务平台，手机银行首创二维码非接理财产品、ATM无卡特约取款等服务，ATM金融服务创新全球首家推出取款冠字号追踪服务，一体化签约大幅度简化柜台签约流程，单笔签约耗时减少40%。金融IC卡应用拓展完成移动支付交易整合，提供统一的特色交易接口灵活支持新业务部署，全年发行量4 000万张。反洗钱监测分析系统进行了3次优化改造，全行数据补录量下降82.58%，可疑交易报告数量下降74.93%，有效降低了基层员工的工作量。

此外，信息系统整合上收取得新成效。综合前置系统集中上收完成32家分行前置上收，系统交易路径平均缩短了30%，前置类开发成本降低50%，开发周期缩短25%；龙卡网络整合项目建立了新龙网应用平台，替换了老系统不掌握源代码的核心模块，系统运行效率、可维护性大幅上升；企业网银整合上收分3批圆满完成；实现20家分行历史数据平台的停机下线、29家分行个贷管理信息系统（PMISB）下线，进一步简化了全行信息系统结构。

四、启动全行IT一体化管理并取得良好开局

推进开发中心、支持中心一体化管理。一是颁布了中心《员工行为管理规范》、《开发实施管理指引》等16项规章制度，统一了各中心日常管理工作流程、标准和规范；二是建立了开发中心、支持中心统一岗位体系，以解决员工职业生涯发展和晋升问题；三是建立了集中的运维平台和接入点，初步实现了中心间二级运维的统一管理、共享和协同；四是推进了中心项目财务一体化管理；五是建立了统一的中心内设处室及职责方案、员工能力素质库及专业人才库。

加大了总分行一体化管理力度。一是结合总行实际统筹考虑分行项目，审查完成65个分行项目并批准42个；二是实现了PC机、打印机和10KVA及以下UPS设备的总行集中采购，提高了采购议价能力和采购效率；三是制定了分行技术产品配置和部署标准，集中提出了分行服务器、存储、网络和安全设备的详细配置需求；四是组织开展分行信息安全检查并落实发现问题整改，提升整体风险管理水平；五是持续完善海外核心业务系统（OCBS）及周边系统，实现海外网上银行在纽约、香港分行上线，完成墨尔本分行IT基础设施与网络建设，以及法兰克福、首尔及东京分行网络优化改造，大幅提升了海外业务发展支撑能力。

五、加快了南北数据中心物理整合及灾备建设

推进南北数据中心核心业务系统物理整合，先后完成了主机设备采购、系统功能测试、高可用测试、应用功能测试等实施准备工作，成功将南中心 CCBS 前置系统整合至北中心 CCBS 前置，项目整体进度和测试情况良好。项目投产后，将有效简化“新一代”核心系统切换工艺和数据转换，降低系统实施风险。

一体化灾备管理体系建设按计划推进。武汉南湖生产基地建设完成了需求分析、总体策略制定、方案设计等工作，完成了新一代核心系统灾备策略和各应用平台及技术组件的灾备需求；发布了《系统技术应急响应及恢复预案模板》，组织全行开展了 473 次应急演练（其中实战演练 330 次），全面提升了系统应急处理能力。

六、加强了企业级 IT 能力建设

一是实施了企业级 IT 管理流程建模。目前四级任务模型通过了新一代流程组评审并定稿，五级建模工作按计划稳步推进。

二是稳步提升了自主研发能力。通过组织中心间自主研发技术经验交流、推进中心间系统移交确立中心专业化发展方向、组织完成了 16 期的管理及专业技能培训、完成社会招聘及系统内招聘共到位 439 人等措施，进一步提升了自主研发能力。2012 年，开发中心整体自主率达到了 48.5%、系统平均自主率达到 56.1%，较好地完成了年度计划目标。

三是强化了企业级风险管控能力。制定了《信息系统用户管理办法》等制度规范，推广应用数据安全管理系统，加强邮件系统敏感信息泄露监测与拦截控制，完善了全行安全管理体系；组织开展信息科技操作风险评估；配合国家审计署金融审计平台推广及银监会现场检查等内外审计检查，落实审计发现问题的整改情况，提升了风险管控水平；推进二代网银盾选型测试和推广，加强网上银行钓鱼资金诈骗案件应对并配合公安部门抓捕了 17 名犯罪嫌疑人，成功防范了电子银行发生大额案件以及案件大规模爆发。

四是初步建立了企业级测试体系。上线了测试环境资源服务平台（RSP）实现了测试资源的统一展现和调度，完成了 8 个中心配置系统的集中上收及与实施过程管理工具的整合，实施了开发测试网络扩容及 NAS 存储专网建设，新部署的测试系统套数同比增加 65%，实现各中心全年 2421 项集成测试任务全部纳入了总行统一管理，测试计划申请和处理效率提升了 7.3 倍，版本检验时间同比减少 3 周，保证了“新一代”相关开发测试工作的顺利实施。

五是增强了架构管控能力。完成了集成开发测试环境四个技术框架的统一设计和各框架基础版本的开发工作，开发了交易线管理工具，实现交易接口报文和交易线的统一集中管理。

执笔：马龙　彭四林

营运管理

一、完成深化前后台分离项目全行推广，持续推进前后台业务分离改革

完成深化前后台分离项目全行推广。完成 38 家分行全部 9 501 个综合性网点 17 项产品推广上线，完成对公开户、信用卡进件等 6 类柜面复杂业务分离，分离范围拓展至对私及渠道业务。系统运行平稳，集约化效果逐步显现。项目同业领先，荣获我行“2012 年度金融科技进步特等奖”。

推进前后台业务深度分离研究。贯彻落实董事长“彻底分离、高度集中”指示，制定了《营业网点前后台分离高度集约化工作方案》，提出34项深度分离网点业务事项。

2012年9月17日，总行营运管理部派员赴美国银行进行现钞业务管理经验共享项目交流。

推进总行后台中心建设。完成成都中心场地布置改造，扩大后台业务中心生产能力，确保上收业务后台顺畅处理。协调北京中心场地等资源，稳步推进后台中心建设。

会同相关部门研究反洗钱改进，取得显著效果。与2011年1－9月数据相比，大额交易日均需补录工作量下降84%，日均确认可疑交易报告数量下降85%，可疑交易日均需补录工作量下降90%，人民银行反洗钱数据质量评比第一。

二、牵头网点综合化建设，推进网点综合化转型

组织开展网点综合化建设试点。牵头制发《关于推进营业网点综合化建设的若干意见》（建总函〔2012〕809号）、《营业网点综合化建设试点方案》（建营运〔2012〕105号），试点取得初步成效。7家试点分行单功能对私网点综合化转型完成220个，单一对公柜台综合化新增315个，网点综合营销团队组建544个，综合柜员新增2 190个。全行综合性网点较年初增加832个，综合性网点占比提升到73%。

启动网点综合化建设专题研究。组建专题研究团队，完成综合性网点建设、综合营销队伍建设、网点事务类工作分流上移、柜面业务检查等专题研究，形成营业网点综合营销团队建设指导意见等13个网点综合化建设专题材料。加强柜面业务凭证整合和统一管理，形成了《柜面业务凭证优化整合方案》。

2012年12月10日，来自北京市分行和厦门市分行的代表参加国务院反假货币工作联席会议颁奖仪式，并领取了荣誉证书。

研究落实网点员工激励政策和培训。会同人力资源部、财务会计部等部门研究确定纳入补助的营业网点人员范围、补助标准及相关管理要求等。会同人力资源部研究制订2013年网点八岗位员工培训方案，启动培训教材编写。

三、加强生产组织管理，提高柜面业务集约化水平

平稳高效完成全年生产任务。有效组织武汉、成都处理中心与离场外包基地协同生产，全年累计处理3 238万笔柜面业务，经受住了业务量快速增长、大幅波动、最高峰值达45万笔的考验，业务运行平稳，实现了全年生产安全无事故。客户立等业务平均处理时间2分钟，客户等候时间大幅降低，客户体验感觉良好。

着力推进生产集约化效能释放。不断提升业务集中度和自动化处理能力，加强预测分析、生产规划、监控调度与应急处置，统筹规划后台业务集中层级与业务布局，集约化生产能力较年初提高近30%。所有标准作业环节已上收总行集中外包处理，专业判断环节由2011年的5家分行扩展至28家分行上收总行集中处理。

2012 年 12 月 21 日，营运管理部成都处理中心组织外地员工在冬至集体包饺子。

四、推进现金实物流转战略成本项目与日常管理并重，提升现钞业务和配送管理水平

完成现金实物流转战略成本项目研究。完成“现金备付管理”、“集中维护自助设备密码管理”等 8 个战略成本项目研究，形成现金实物流转全过程改进策略和实施方案，探索出未来五年现钞和贵金属业务管理机制改革重点。着手整体研究解决贵金属保管问题，制订实物黄金优化库存方案；集中维护自助设备应用动态密码锁，效率提升 22%，风险点由 33 个减为 5 个；款箱出入库交接应用无线射频技术，效率提升 90% 以上；现金备付管理综合考虑资金占用和现钞调运成本最低，备付率由 0.67% 下降到 0.50%，超额完成全年备付管理计划。

持续扩大配送业务覆盖面。构建覆盖全行所有网点的现金集中配送体系，一级、二级分行城区配送体系建设基本完成。截至 2012 年底，全行现金集中配送覆盖网点 13 946 个，集中配送率为 89%，同比上升 0.4 个百分点；全行集中维护离行式自助设备 13 509 台，集中维护率为 95%，同比上升 0.9 个百分点；全行现金集中整点覆盖网点 12 955 个，集中率为 94%，同比上升 4.3 个百分点。

完成集中配送成本分摊试点。组织 3 家分行完成集中配送成本计量与分摊试点，强化了网点配送成本意识，促进了配送资源的合理利用，为成本计量与分摊积累了经验。

货币反假工作取得好成绩。全行建立起“各部门协作、总分行联动”的立体反假货币工作机制，并利用各类座谈、培训、检查机会，加强反假宣传。在 2012 年召开的国务院反假货币工作联席会议第五次会议上，我行 3 家分行、7 名个人分别被授予“全国反假货币工作先进集体”和“全国反假货币工作先进个人”称号。

五、完善业务运维体系，提升支持服务保障能力

做好业务运维支持工作。及时准确完成各类参数维护，加强监测分析与业务部门沟通，全年参数“退单率”保持在 1% 以下。业务运行平稳，无重大业务运行责任事故。牵头对网上支付跨行清算系统异常查询进行遏制，妥善处置 5 起支付应急事件。承接村镇银行系统运行作业和参数维护，完成 7 家代理村镇银行支付系统的上线支持。承接卡 BIN 参数维护和发布监控。承接 ACRM 系统运维，为客户分析平台提供支持服务。

优化系统运维功能。优化系统实现中国联通账户公对私电子渠道跨行转账分行集中补录。优化利率、国债等参数变更流程，提高准确率。将总行级理财产品账户总分行维护模式变革为总行批量集中维护，工作量降低 60% – 80%，错账和风险减少。优化保本理财产品系统，实现自动记账，缓解系统核算压力。提出开通银期直通车外币结算和夜盘交易后台服务需求，为业务创新提供支持。优化银联调账平台、理财卡境外交易等系统后台功能。

有序推进二代支付系统项目建设。完成人民银行四轮联调测试和一次模拟运行。积极应对人民银行延期投产影响，配合技术部启动一代支付系统集中工作。

完成数据协查系统全行推广上线。数据协查工作由单笔、手工、分散作业转变为批量、自动、集中处理，效率提升 20 倍，总行层面受理查询 3 474户，为分流前台网点压力、提升后台处理效率提供了有力支持。

二代支付项目——网上支付跨行清算系统、大额支付系统应急平台、营运及内部账管理系统分别荣获我行 2012 年度金融科技进步一等奖、二等奖和三等奖。

六、加强稽核监测管理，提高风险和案件防控能力

研究确定稽核监测集中改革方案。全面梳理现行操作流程，借鉴国际先进商业银行反欺诈管理及数据采集挖掘、分析应用的经验方法，完成跨渠道、跨产品、跨账户，智能化、精准化、专业化的企业级稽核监测能力需求方案，构建全方位、多层级的操作风险防控体系。明确提出在完成企业级稽核监测架构体系建设的基础上，总行确定了未来三年稽核监测业务的集中改革方案和路线图。

提高稽核监测模型预警准确率。建立模型运行评估和优化退出机制，解决前台反映的稽核监测预警信息核查工作量大的突出问题，经全面梳理优化，模型发现问题准确率从千分之四提高到千分之七，提升65%。制定下发核查指引、模型管理办法等制度文件，实行预警信息分级分类核查处理。前台核查工作量减少53%，后台工作量减少54%。

紧跟风险热点问题开展专题稽核。研究制订专题稽核方案，组织全行开展网上银行、现金管理平台、信用卡、自助设备等电子渠道业务的专题稽核，共发现虚假网银签约、虚假电子渠道交易、信用卡及POS商户非法套现、虚假验资（增资），涉嫌高息集资、非法洗钱等问题2.2万个（笔），涉及账户1.39万个、交易金额累计451亿元。制定下发《关于对柜面业务集中处理系统稽核监测的指导意见》，加强COS_ T业务稽核，堵截了柜员更换票据、无效票据付款等风险事件。

推进核对类稽核标准化作业管理。制定下发了《核对类稽核标准化作业管理办法》，统一核对类稽核作业标准，推动人手紧张分行实施外包作业管理，解决营运人员短缺问题。

七、加强基础管理，提升营运精细化管理水平

修订单证、印章管理制度。发文明确了单证、印章与会计凭证的管理职责调整事宜，有关牵头管理职责移交营运管理部后，及时组织重要单证、会计印章等管理办法修订。

优化会计档案等系统。组织存取款凭条清分两家分行试点，牵头完成了会计档案管理系统、会计凭证影像采集系统及营运稽核系统优化开发、测试及试点上线。

落实案件专项治理要求。组织并完成20家一级分行营运业务检查，首次整合了核算、运行、配送3个模块检查队伍，实现检查人员共享。将金库特别检查延伸至网点，并进一步扩大到自助设备，对全行70座金库和500台集中维护的自助设备实施了特别检查。统一部署现金出纳业务专项检查，共发现涉及网点问题563个，整改率达95%；涉及金库问题57个，整改率达88%。全行金库保持了连续8年无案件发生的良好态势，9家黄金指定代理库获得上海黄金交易所的多项表彰。组织营运条线风险评估、整改和内控体系建设，督促分行对营运条线内外部审计及监管机构检查发现的问题及时整改，全面风险管理能力大幅提升。

强化业务培训。总行组织了营运风险、个人类系统运行、柜面业务集中处理综合管理、稽核监测业务、反假货币、核算中心主管等10期培训，参训人员达908人次。组织部门内部业务培训31期，参训人员达300人次。通过培训，促进了分行之间、各模块之间业务知识与经验共享，提升了营运条线人员综合业务素质和操作技能。

八、提高总行本级交易核算水平，支持海外机构及金融市场业务发展

全力支持金融市场业务发展与创新。积极介入金融市场业务产品流程设计、会计政策制定和系统开发，支持开办美元账户贵金属业务。完成“代客黄金远期”等2个产品的前后台直通，实现我行与中央结算公司系统直联。全年手工完成结算清算业务8.1万笔，增长49%；完成衍生产品交易确认法律条款审查1 300多份，增长150%；创新交易检查核对手段，实现全年26 000多笔手工核算准确无误。牵头开发了以中债直联为核心内容的“资金交易接口处理系统”，成功作为中央结算公司第一批参与者上线运行。

持续支持海外机构业务拓展。承担海外分行支付清算和资金后台业务的系统支持与保障，完成迪拜等4家新设分行清算业务需求分析，新加坡等4家分行资金交易功能优化及上线，在港机

构“资金业务系统整合”方案，约堡分行监管报告等多项清算系统日常优化。新增伦敦子行英镑清算接力作业，延长服务时间6小时。获得外汇交易中心“银行间外汇市场最佳后台支持做市商奖”。资金业务后台处理系统优化及海外机构推广项目荣获我行“2012年度金融科技进步二等奖”及《亚洲银行家》杂志“最佳后台系统奖”，海外清算系统建设及推广项目荣获我行“2012年度金融科技进步二等奖”。

高质量完成本级账务核算工作。准确完成各项常规核算业务处理，加强日常检查，圆满完成2012年度年终决算，确保全年资金运营安全。加强暂挂类资金监控与清理，完成老龙网历史挂账清理3 460余万元。取消内部明细账打印，大幅降低报表手工打印和纸张使用量。撰写证券系统与CCBS系统直联项目需求，组织项目开发，项目上线预计日均可减少总行本级CCBS系统人工核算量约300－400笔。

九、积极参与新一代主题研究，全力支持新一代建设

按照全行统一部署，积极参与新一代核心系统项目研究工作。在新一代75个主题中，牵头组织建立机构的统一视图、建立员工的统一视图、员工权限管理、本外币一体化清算、实现零级清算、现金配送电子化、现钞流通一体化、稽核监测、会计档案、深化前后台分离、员工服务响应及知识库等主题研究，主题通过了新一代总体组及部门评审，进入实施阶段。配合参与金融市场、员工渠道主题研究，积极推进新一代项目建设。

执笔：胡忠

电子银行业务

一、总体发展情况

（一）网上银行

2012年个人网上银行围绕网络创新和服务差异化，不断优化、完善功能，推出私人银行专属网银、e账户等产品。丰富了个人结售汇、储蓄国债等投资理财功能，拓展了银医、社保等生活应用，着力完善了在线客服等基础服务。截至2012年底，个人网银客户数达1.19亿户，当年新增3 472万户，比年初增长41%；实现交易43.4亿笔，同比增长7.4%；累计交易额达23.4万亿元，同比增长40.1%。

企业网上银行完成分行系统集中上收工作，解决了制约服务水平和业务发展能力的瓶颈问题，完善了企业网银繁体版、英文版。海外版企业网银已在香港分行内部试运行，一期实现了查询、转账汇款、代理清算等功能。优化了电子商业汇票，创新推出了小企业循环贷、外汇汇款、百易安、新股网下申购、证券资金划转等产品服务。截至2012年底，企业网银客户数达213万户，当年新增75万户，比年初增长54.1%；实现交易13亿笔，同比增长34%；累计交易额达78.7万亿元，同比增长18.4%。

（二）手机银行

为打造建设银行在智能移动终端上的服务入口，推出新版手机银行客户端。完善了手机远程支付体系，安卓系统手机最新版UC浏览器实现内嵌式支付；加强基于手机特性的业务创新，在同业首家推出理财产品二维码销售；上线了手机客户端“摇一摇”账户余额查询、ATM无卡取款、网点地图排队情况查询等服务；通过同步部署外汇买卖、代理贵金属交易、理财产品、债券、基金等多项功能，基本完善了手机银行客户端的传统银行投资理财功能。截至2012年底，手机银行客户数达8 389万户，当年新增3 694万户，比年初增长79%；实现交易3.8亿笔，同比增长90%；累计交易额达

14 259亿元，同比增长87%。手机银行客户数及交易规模继续保持同业第一。

（三）短信金融服务

大力推广“短信汇款”应用，创新推出本人手机充值、网银签约账户转账等服务。实现通过网上银行、手机银行、网站、柜台等渠道开通短信汇款，对低风险交易免签约；新上线的短信人工以及智能客户服务实现短信渠道人工应答服务和智能机器人自动应答服务同步；推出95533和106980095533服务号码的彩信发送服务，扩充理财资讯短信服务，推出基金、贵金属等理财资讯服务；实现定期账户变动、账户状态变动通知服务；实现按服务独立签约，套餐组合计费功能；实现短信彩信账单服务。截至2012年12月31日，短信金融客户达15 840万户（信用卡4 031万户），当年新增4 035万户，比年初增长43%；新增1 900万短信汇款客户；短信业务收入突破20亿元。

（四）国际互联网网站

2012年国际互联网网站总访问达8.4亿人次，单日最高页面浏览量突破5 500万，同比增长64.0%；全行全年累计发布信息9.9万条。

国际互联网网站新增“小微企业客户”首页，为小企业业务提供产品宣传展示窗口；开通手机网站服务，方便客户通过移动互联网了解产品和服务；推出“悦生活”生活服务缴费平台，为客户提供基于生活场景、以缴费支付业务为主的全渠道、全景化信息与金融服务；新增账户贵金属和理财产品交易直通服务，支持客户通过网站无缝跳转，提升了国际互联网网站的销售能力和服务水平。

（五）电子支付

电子支付业务继续保持稳步发展的势头。截至2012年底，网上支付商户数达3 457户，当年新增1 035户，比年初增长42.7%；实现交易7.02亿笔（单向统计），同比增长39.3%；累计交易额达2 919亿元（单向统计），同比增长49.7%。企业级电子商务支付服务“E商贸通”新增商户数达226户，当年累计签约达214户。

（六）善融商务

2012年6月正式对外推出电子商务金融服务平台“善融商务”，成为国内首家拥有电子商务支付工具的商业银行。该平台为从事电子商务的企业和个人客户提供产品信息发布、在线交易、支付结算、分期付款、融资贷款、资金托管、房屋交易等全方位的专业服务，以建设银行客户资源和品牌资源为依托，为参与善融商务的企业、个人客户提供便捷、实惠、全面的金融服务，解决小微企业融资难、融资贵的问题，支持实体经济和小微企业发展。

指导分行在善融商务推广过程中规范操作，制定并下发善融商务业务管理办法、产品服务管理规定、跨行支付业务管理规定等制度，以及善融商务风险控制白皮书。

二、电子银行管理与创新

（一）风险管理推陈出新

在安全产品认证体系框架下，推出二代网银盾，进行了低风险收款账户优化，上线大额交易活期转账电话确认功能以及短信二次验证服务。深化电子银行业务反欺诈管理，完成企业级客户交易反欺诈专题的先进性研究，推进企业级反欺诈策略实验室的实施工作，重点推进借记卡、信用卡及善融商务反欺诈能力需求的快速释放。开展善融商务风险监控，完成B2B、B2C、商城账户监控接口改造，建立准实时风险监控模式。建立电子银行低风险账户，减少交易安全验证环节，提高客户安全体验。

（二）营销活动有声有色，信息宣传和典型应用案例推广兼顾并抓

电子银行市场营销工作贯彻全年，活动组织形式推陈出新。行外活动方面，“交易返还网银盾”由“建行电子银行”官方微博配合开展宣传语征集，并通过威客网号召广大网友创作相关宣传连环画，重点推介了建行网银安全产品；“手机银行刷一刷 奔驰 smart 开回家”和“用建行网银 购心爱之物”活动采取商品“荷兰拍”的营销模式，降价竞购商品增强了活动本身的趣味性。行内活动方面，面向行内员工开展的“迎新春，电子银行快乐购”活动和“体验电商平台，1元秒杀商品”活动进一步扩大了电子银行在员工中的影响力；“企业客户上建行网银”活动在提高企业网银发展速度的同时，宣传了小企业业务部新推出的小企业网上循环贷款业务。

推出了面向高校客户群体的专属营销品牌——“建行学生惠”，为分行在高校开展业务提供有力的切入点。

面向全国客户发行了64期电子银行专享理财产品，包括与CPI指数挂钩的“跑赢CPI”、在节日前后发行的“节节高”、面向上班族的“理财夜市”、面向私人银行客户的“私享”以及机构客户专享产品等，累计募集资金达1 015.5亿元。

通过新闻宣传向客户、媒体、社会介绍电子银行业务创新、优质服务和营销活动，在全行范围内大力推广电子银行典型应用案例。全年《建设银行报》刊发了关于E动终端、E商贸通、短信汇款、网上招投标、电子银行代缴费五个电子银行典型案例的专题纪实报道。

下发《中国建设银行电子银行信息宣传积分指引》（以下简称《指引》），组织分行按照《指引》要求开展信息宣传工作，对全行电子银行条线信息宣传工作实行统一管理。

三、客户体验与对外项目合作

（一）扎实推进客户体验工作，科学开展客户研究

坚持并强化客户之声问题快速响应机制，持续收集来自网站留言、网银邮件、95533客户服务等多渠道的客户之声信息，并由专门的团队进行分类、分析，找出客户关注的焦点问题，并制订方案加以解决，提升整体满意度。2012年全年累计收集客户之声问题24万余条，经过分类整理，共提炼焦点问题80个，已解决59个。

持续开展客户满意度监测工作，组织实施了个人网银客户满意度专项研究，数据显示，2012年建设银行个人网银满意度位居四大行之首。

规范了电子银行可用性研究流程，制定并实施了《中国建设银行电子银行产品服务可用性研究管理办法》，建成全行第二家电子银行可用性实验室。

进一步丰富电子银行界面设计标准库，完成了企业网上银行界面设计标准库，并上挂至电子银行界面设计标准网站。

（二）进一步提高电子银行服务区覆盖率

针对前期电子银行服务区终端可监控率低的问题，提升个人网上银行终端监控率至91%，手机银行终端监控率至56%。同时，推动服务区终端的功能应用，实现网银终端支持二代盾、活动抽奖，手机终端支持网上银行交易等功能。截至2012年底，累计部署电子银行服务区终端22535台，覆盖率超过90%。

（三）深入推进对外项目合作

通过与美国银行战略合作，实施了个人网银营销模型建设、电子银行反欺诈、客户体验提升三个项目。在个人网银营销模型建设方面，初步建立了个人网银精准营销模型，推动建设银行网上银行从“交易平台”向“交易+营销服务平台”转变。在电子银行反欺诈方面，建立了风险监控能力规划模型和监控规则有效性测量法。在客户体验方面，引入客户之声问题根本原因分析法。在可用性研究方面，首次引入客户特征模型的可用性研究方法，完成了4个“80后”、“90后”的客户群体模型。

执笔：里薇拉

境内子公司改革与发展

一、建信基金管理有限责任公司

（一）主要经营成果

一是基金规模持续增长，行业排名大幅提升。截至2012年末，基金资产管理规模952.17亿元，基金份额1 034.05亿份，同比增长分别为95.53%和71.45%，基金资产管理规模在70家可比基金公司中排名第11，较2011年提升4位。特定客户资产管理业务规模为69.68亿元。另外，公司取得受托保险资金管理资格。

二是投资业绩表现良好，处于行业前列。公司荣获《中国证券报》等机构评选的“金牛基金管理公司”称号，荣获《上海证券报》评选的“2011年度金基金·TOP公司奖”和《证券时报》“三年期持续回报明星基金公司奖”。建信稳定增利债券基金荣获“三年期债券型金牛基金奖”，建信优势动力封闭基金荣获“2011年度封闭式金牛基金奖”。

三是营业收入和净利润较大增长。2012年，公司克服市场低迷、竞争加剧的不利环境，通过加大新基金发行规模、全面控制各项费用支出等措施，实现净利润13 055万元；ROE 24.61%，较2011年提高0.51%，ROA19.55%，较2011年提高0.31%。2012年公司向股东分红5 000万元，累计分红3.35亿元，分红率达167.5%。年末公司总资产为7.21亿元，净资产为5.75亿元。

（二）主要经营管理措施

一是加快新基金发行，推动规模增长。2012年公司公募基金规模增长量达到465亿元，行业排名第五位；增长率为95.5%，行业排名第六位。全年公司新发基金规模586亿元，发行规模行业排名第三位；发行数量7只，行业排名第七位。

二是加强投资管理，投资业绩持续优良。一方面加强市场研判，及时捕捉市场机会，提高投资业绩；另一方面加强团队建设，引进外部核心人才，优化内部行业覆盖，不断巩固和提升公司的投资研究综合实力。

三是强化风险及合规管理，保证业务平稳运行。高度重视合规文化建设，通过开展教育培训，强化规章制度和风险防控的执行力；加大对重点业务的梳理和优化，对业务关键节点做到随时跟踪，进一步提高公司内控水平；加强专业委员会的运作，夯实风险防控机制。全年未发生任何违法、违规事件，在监管层检查中获得好评。

执笔：建信基金　黄莹

二、建信金融租赁股份有限公司

（一）主要经营成果

一是经营业绩稳步提升。截至2012年末，公司资产总额为402.88亿元，比年初增加42.65亿元，增长12%；实现净利润3.56亿元，较上年增加1.45亿元，增长68%。全年累计租赁投放98亿元，ROA、ROE为0.93%和6.85%，分别比上年提高0.23%和2.61%。

二是贯彻落实总行战略，大力支持实体经济。截至2012年末，累计向建设银行西部地区12个分行中的8个分行的客户投放租赁款约169亿元，全部用于支持能源、交通、制造业等实体经济领域。同时，积极支持民生工程建设项目，为城市地铁、医院、水处理、供气和发电等保障和改善民生的项目提供融资服务支持，累计投放租赁款约194.39亿元，占全部投放的38%。

三是飞机租赁业务取得突破性进展。加大对飞机租赁业务的营销力度，完成了深圳航空和东方航空项目5架飞机交机；南方航空融资租赁5架飞机和深圳航空经营租赁均已进入最后一轮招标；与中国商用飞机有限责任公司签订了《C919客机用户协议》，意向性采购50架C919客机，成为C919客机最大的用户订单。

（二）主要经营管理措施

一是推动“银租联动”，深化战略协同。公司举办南方地区和北方地区租赁业务推介会，深入交流和探讨了租赁业务产品、“营改增”税制改革影响，以及加强母子公司战略协同等问题。同时，公司通过经验交流会、项目对接会、高层拜访、客户走访、培训等联动营销活动，进一步加强与母行的战略协同和业务联动。

二是加快研究新产品和新业务。制定并印发《建信金融租赁公司指定承租人航空器租赁业务管理办法》，积极研究营业税改增值税、设立海外项目公司开展飞机租赁业务、经营租赁等问题，完成相关调研报告，进一步推进了公司新产品、新业务的发展。

三是拓展筹资渠道，优化负债结构。通过多种形式营销各类金融客户，争取更多的授信额度及授信品种；通过开发新渠道、新产品，拓宽公司资金来源；主动调整负债结构，优化资金配置，在保证公司流动性的基础上，通过增加同业拆借比例、缩短同业借款期限、提前偿还借款等方式降低筹资成本，并定期进行流动性压力测试。

四是强化风险内控管理。出台并完善租赁业务管理办法和操作规程，进一步规范融资租赁业务操作、客户准入，提升项目评审效率；加强对重大风险、突发事件及声誉风险管理，并持续组织开展租赁资产质量大检查；强化重点行业风险研究和揭示，提高审批的针对性和质量，加强租赁资产组合管理，防范行业和客户风险；制定并下发《建信金融租赁公司内控规范工作实施方案》，认真对照建设银行总行的评价依据开展内部控制自我评价，形成专项报告。

五是研究制定飞机经营租赁定价体系。根据市场情况，调整、确定了定价基准，研究并构建了飞机经营租赁的风险收益分析和评估框架，形成了飞机经营租赁的报价和定价体系。

六是加强人力资源管理。完成2012年20名新员工的招聘及相关培训工作，并积极推进人力资源管理和员工职业规划等相关工作。

七是推进业务信息化建设。制定并完善有关业务信息管理办法，进一步优化INFOLEASE合同管理系统，顺利上线并试运行RAPPORT业务管理系统。

执笔：建信租赁

三、建信信托有限责任公司

（一）主要经营成果

一是业务规模快速增长。2012年末受托资产规模达到3 508亿元，较年初增加1 601亿元，增幅达84%。信托资产规模跃居全行业第二位，较上年前进4个位次。

二是盈利水平大幅提高。2012年实现营业收入10.88亿元，同比增长81%；实现净利润5.86亿元，同比增长78%，完成全年预算的129%。

三是综合管理能力有效提升。银监会对公司的最新监管评级由3C级上升为3A级，在由《证券时报》主办的优秀信托公司评选活动中，再次被评为“中国最具成长性信托公司”。

（二）主要经营管理措施

一是着力打造优势和特色业务。第一，着力优化和推广“财富通”系列类基金型产品。继建信财富通之后，相继推出民生荣享财富通、光大财富通等产品。2012年末，“财富通”系列产品存续规模达到165亿元，成长为公司的特色拳头产品。第二，巩固银信合作业务领先地位。2012年末，传统银信合作业务规模达到3 131亿元，行业排名第一位，当年新增1 448亿元，为有效提升公司市场地位起到了重要支撑。第三，积极推进中小企业信托业务加快发展。在安徽、江苏、北京、天津等重点区域，不断加强与政府相关部门的对接，发行和储备了一批项目。全年共推出中小企业信托产品8期，发行规模共计7.54亿元。

二是积极加强业务创新拓展。积极探索基金类产品创新。与中国供销集团合作设立供销产业基金，规模达11.8亿元；设立了龙波湾地产基金，规模4亿元；与中国中铁合作设立产业基金、与信达资产管理公司合作设立并购基金均取得阶段性进展。在总行相关部门支持下，开发了多只高净值客户单一信托产品，中标了总行30亿元资产证券化项目，设计开发了“养颐四方员工福利单一资金信托计划”。启动了股指期货业务资格申请工作，设计和储备了一批债券型产品。稳步推进股权投资基金业务，三只股权基金运营稳健，投资额已达7.5亿元。

三是构建多元化市场营销体系。认真贯彻建设银行集团综合化经营战略，主动融入集团营销体系；积极探索与民生银行、光大银行、招商银行等金融机构的业务合作模式；同时自主直销工作开始起步。“建行渠道为主、其他合作渠道为辅，自主直销为补充”的营销体系基本形成。

四是持续强化风险管理能力。认真落实总行统一风险偏好要求，完善风险管理体系，业务结构调整初见成效，资产质量明显提升。进一步加强项目后期管理，制定出台了《集合资金信托项目风险差别化管理办法》，对自主管理项目按风险程度实行分类管理。2012年，公司固有业务经营稳健，信托项目均能够按期清算兑付。

执笔：建信信托 高朝晖

四、建信人寿保险有限公司

（一）主要经营成果

一是公司2012年实现规模保费收入60.6亿元，同比增长300%，市场排名跻身寿险业前二十（第18位，提升16位）。

二是全年投资收益率4.92%，同比提升0.85个百分点。实现净利润4 964万元，同比增长49.55%，连续第七年盈利。

三是成功引入社保基金作为战略投资者，公司注册资本增至44.96亿元。截至2012年末，公司总资产达到177.7亿元，同比增长224%，公司偿付能力充足率为1 292%，达到监管充足Ⅱ类标准。

公司在《21世纪经济报道》发布的《2011年亚洲保险公司竞争力排名研究报告》中，在国内寿险公司竞争力排名第八位；在第五届中国保险业权威评选活动“中国百万中产家庭首选保险品牌榜”中被评为“最佳成长性保险公司”；荣获“第十届中国财经风云榜·保险业战略发展峰会”的“最具成长力保险公司奖”。

（二）主要经营管理措施

一是建立健全激励约束机制。发布分支机构等级评定办法，建立分公司关键业绩指标考核评价体系，通过“金钥匙奖”和“励志奖”评选活动促进分支机构良性竞争，全面改革并建立起以业绩为导向的薪酬制度。

二是狠抓业务发展。银保渠道业务规模快速提升，“建信人寿龙卡”联名卡全年发卡超过14万张，与总行完成全面合作协议的签署，建设银行外渠道的拓展工作取得实质性突破。团险渠道初步建立与建设银行多条线的总对总合作模式，意外险主打产品“贷无忧”的业务规模逐月递增。个险渠道启动代理人“混合合同制”试点工作。新渠道业务蓄势待发。

三是大力推进产品开发。全年完成25款新产品的开发上市，初步形成“保障额度高、保障范围广”的产品特色。为建设银行客户量身定做专属保险产品，成功促成亿元大单的承保。

四是积极完善客户服务。建立投诉案件限时处理机制，规定重大客诉案件和重复投诉案件由总裁亲自督办。推进重大紧急事件的先行赔付机制和小额案件简易快速处理机制。成都中心正式投入使用，初步实现运营管理集约化。

五是扎实推进机构布局。成功获得四川分公司、湖北分公司的批筹许可，已开业地区的机构布局得到进一步完善。截至年底，公司拥有分公司8家（含上海业务总部）、中心支公司/营业部15家、营销服务部20家。

六是增收节支、强化资管。完善预算管理和集中采购制度，实现费用支出的大幅节约。资金投资稳中求进、灵活应变，取得良好收益，同时不断加强内功建设，为中长期资产管理业务打下基础。

七是全面强化风险管理。着力治理销售误导，公司持续保持未受监管机关销售误导处罚的良好记录。启动全面风险管理体系建设，授权与转授权体系搭建完成，各类风险应急预案陆续出台。紧抓关键风险点建章建制，重点推行零现金制度和保全作业流程的修订完善。开展全面风险排查，有效完善重点风险的应对措施。

执笔：建信人寿　金洁

五、中德住房储蓄银行有限责任公司

（一）主要经营成果

一是住房储蓄业务合同销量及存款新增双双再创历史新高。全年累计销售住房储蓄合同金额63.14亿元，实现住房储蓄存款考核新增11.44亿元，同比增加7.7亿元和1.23亿元。

二是个人住房贷款年末余额77.83亿元，较年初新增33.37亿元，个人住房贷款当年新增在天津的中小商业银行中排名第一、在天津地区的全部商业银行中排名第三。

三是房地产开发贷款年末余额72.01亿元，其中保障房开发贷款余额43.07亿元，占中德银行全部开发贷款的比重为59.81%，保障房开发贷款在天津市场的余额占比排名第三。

四是负债业务结构进一步优化。2012年公司加强与中小银行、非银行金融机构的合作，非建行同业存款保有余额45.21亿元，占全部同业存款的43%，母行负债依存度由上年度的50.19%下降至34.43%。

五是经营效益持续、快速提升，首次突破亿元。2012年实现税后净利润1.02亿元，同比增长0.43亿元，增幅达72.88%。资产质量优良，不良贷款率仅为0.0025%，无不良房地产开发贷款。

（二）主要经营管理措施

一是创新促发展。作为全国首家也是唯一一

家兼具住房储蓄、按揭、公积金三类住房融资业务于一身的商业银行，中德银行在不断改进住房储蓄业务的同时，正在探索基于多种业务组合，为客户量身定制住房信贷精算方案的营销服务模式，并围绕上述目标，开展了相应的产品创新、流程优化、包装推广等工作。在帮助客户轻松实现购房融资的同时，逐步建立起独具特色的业务模式和品牌形象。

二是风险管理与内部控制保发展。在国家持续开展房地产市场调控的大背景下，中德银行审慎开展房地产开发贷款业务，切实强化信贷基础管理，同时深入开展信用风险管理，完善授信管理体系；为进一步规范和加强内部控制，提高经营管理水平和风险防范能力，2012 年中德银行在全行范围内开展“内部控制管理年”活动，通过对内部控制体系的梳理、完善，使全行内控管理水平和全员内控意识显著提高。

三是服务管理促发展。进一步提升电话服务效率与品质，建立健全服务奖惩监督机制，持续深化提升服务品质工作。加强基础建设，完成了新住房储蓄业务系统、对公信贷业务系统的开发、上线，实现了现有业务的全流程自主系统支撑；大力推进销售中心建设；整合培训资源，加大培训力度。

中德银行首家分行于2011 年底开业，2012 年中德银行积极探索专业银行总行—分行管理模式的构建以及异地分行与当地建设银行的合作模式，并实现了中德银行首家分行的平稳起步。

执笔：中德住房 王博君

六、建银国际（控股）有限公司

（一）主要经营成果

一是战略转型成效进一步显现。投资结构进一步优化，固定收益投资在金融资产的比重上升 6.93 个百分点，权益类投资占比下降 9.84 个百分点。收入结构进一步优化，利息收入同比增长 66.65%；投资收益同比大幅增加；手续费及佣金收入基本实现对经营成本的覆盖。

二是保荐承销业务在中资银行系投资银行中位居前列。以主承销商角色完成项目 7 个，在中资银行系投资银行中排名第一位。公司担任联席账簿管理人和联席牵头经办人的中国人寿保险项目募集资金约 276 亿港元，成为当年港股新股集资最多的项目。

三是并购业务竞争力增强。累计完成并购项目 7 单，涉及并购金额达 44 亿美元，继续在完成数量及交易金额在四大中资银行系投资银行中排名第一。实现重大项目的突破，协助首次参与国际市场并购的中国长江三峡集团成功中标购得葡萄牙电力公司股权。

四是债券融资业务实现突破。全年累计完成 16 笔债券发行项目，合计涉及发行规模约 452 亿港元。成功完成总行在港定向私募发行 10 亿元人民币债券项目以及在伦敦发行的 10 亿元人民币债券。

五是资产管理和财务顾问业务稳步发展。资产管理规模达 174 亿港元，继续保持银行系领先优势。为总行提供“资产池”流动性管理，持续取得良好收益。在中资银行系投资银行中首家成功获得上海市外商投资股权投资企业（QFLP）试点资格。

六是战略协同联动成效显著。2012 年与分行联动完成项目 54 个；协助集团吸引存款超过 300 亿港元；给分行带来的中间业务收入直接分成超过 4 000 万港元。推进了参股青港证券交所场外衍生产品结算所、开办期货经纪业务的工作，为集团搭建了平台。积极为集团维护拓展客户，联动营销国新控股开立账户，首批资本金 40 亿美元存入我行。

七是品牌形象进一步巩固。获得《财资》的“年度香港本地最佳投行”、《中国证券报》的“金牛最佳海外中资投行奖”和《经济日报》的“中国私募股权最具投资价值机构”、中联办“植根香港，服务社会”等多个奖项，品牌形象和市场影响力不断提升。

截至年末，公司资产总额达 232.27 亿港元，负债总额为 149.75 亿港元，股东权益为 82.52 亿港元，全年实现净利润 1 亿港元。

（二）主要经营管理措施

一是继续推进战略转型，优化业务、收入结构，大力发展收费类业务，拓展 Post - IPO 业务，加快产品创新，降低市场波动对业绩的影响。

二是狠抓风险管理和内部控制，实施“管理

提升年”，按照国有银行投资银行属性要求进一步加强风险内控管理，加强合规建设，积极配合外部监管机构进行检查及内部审计。

三是坚定贯彻执行总行“综合性、多功能、集约化”经营战略要求，充分发挥投资银行平台在集团战略的重要价值，全力推进与集团的战略协同联动。

执笔：建银国际

村镇银行的设立与管理

截至2012年末，我行已开业村镇银行共26家，注册资本26.2亿元，我行出资13.26亿元；存款余额71.12亿元，贷款余额69.87亿元；不良贷款率为0.07%，拨贷比为2.19%；贷款投放体现支农支小的特点，主要为县域小微企业和“三农”提供金融服务，涉农贷款占比为91.75%；当年实现净利润1.30亿元。

2012年我行新发起设立村镇银行10家，投资比例均为51%，分别是：山东诸城建信村镇银行有限责任公司、江苏高淳武家嘴建信村镇银行有限责任公司、浙江丽水莲都建信村镇银行有限责任公司、山东邹城建信村镇银行有限责任公司、江苏武进建信村镇银行有限责任公司、重庆万州建信村镇银行有限责任公司、黑龙江肇东建信村镇银行有限责任公司、浙江淳安建信村镇银行有限责任公司、江苏锡山建信村镇银行有限责任公司、山东文登建信村镇银行有限责任公司。

2012年我行对村镇银行管理模式进行了调整，将村镇银行管理职责按照其重要性和常规性，在总分行之间进行了划分。其中，总行负责村镇银行股权管理和IT系统运营管理。分行则负责派出人员管理、日常业务监督、重大业务控制，以及预算管理、业绩考核等日常管理责任。为确保新管理模式运转顺利，2012年7月24日总行制定和颁发《中国建设银行村镇银行管理办法（暂行）》（建总发〔2012〕144号），界定了建设银行与所投资村镇银行的关系，明确了总行、分行对村镇银行的管理、监督和服务、协助职责。

执笔：股权部　何西军

海外业务

一、2012年海外业务管理

（一）海外业务经营概况

截至2012年末，海外机构资产总额878亿美元，同比增长164亿美元，增幅达23%；其中商业银行类海外机构管理口径资产736亿美元，同比增长209亿美元，增幅达39.57%，超过资产增长战略目标（35%）4.57个百分点；全年实现税前利润5.02亿美元，同比增长4.36亿美元。其中商业银行类机构税前利润4.81亿美元，同比增长1.64亿美元，增幅达51.87%，超过利润增长战略目标（25%）26.87个百分点。

海外商业银行类机构贷款总额541亿美元，同比增长134亿美元，增幅达33%，“十二五”的前两年已实现翻番；其中双边贷款299亿美元，同比增长95亿美元，增幅达46%，资产占比为35.26%；贸易融资212亿美元，同比增长46亿美元，增幅达28%，资产占比为25%；银团贷款30亿美元，同比减少6.48亿美元，减幅为18%，资产占比为3.58%。

海外机构主动负债（含客户存款、发行存款证和同业拆入）594.98亿美元，同比增长193.52亿美元，增幅为48.20%，其中客户存款290.02亿美元，同比增长42.54亿美元，增幅为17.19%；存款证发行166亿美元，同比增长84.29亿美元，增幅达102.99%。

截至2012年末，海外机构不良资产1.67亿美元，同比减少1.51亿美元，减幅达47.63%；不良资产率为0.20%，同比下降0.27个百分点。不良贷款1.53亿美元，同比减少1.51亿美元，减幅达49.73%；不良贷款率为0.28%，同比下降0.5个百分点。海外不良额和不良率连续三年“双降”，不良率连续两年保持在1%以下。

（二）海外机构申设进展情况

2012年，海外机构申设及筹备多个项目齐头并进，取得诸多阶段性成果。境内审批方面，台北分行、旧金山分行、卢森堡分行和子银行（建设银行欧洲）正式获得中国银监会批准；墨尔本分行、大阪分行获得中国银监会无异议函。境外申设及筹备方面，我行首家海外二级分行——墨尔本分行于2012年10月底试营业并于11月30日正式举行开业仪式；迪拜子银行、多伦多分行、俄罗斯子银行、台北分行、旧金山分行、大阪分行的各项申设及筹备工作全面推进，并均已向境外监管机构递交了申请，计划在2013年开业；卢森堡分行和子银行已启动境外申请材料准备工作，计划第一季度递交申请并力争在2013年上半年开业。海外市场研究方面，完成了《蒙古国市场研究报告》、《哈萨克斯坦市场研究报告》和《关于澳门地区机构设置和业务模式调整的可行性研究报告》；启动了在新西兰和智利设立经营性机构的可行性研究工作并就下一阶段我行在南美和非洲地区的布局策略提出建议。此外，海外并购相关工作也严格按照董事会、高管层确定的方向，本着审慎理性的原则积极稳妥推进。

（三）2012年重点工作

2012年，我行结合全行2011—2015年五年规划的整体要求，制定了《关于落实“2011—2015年海外发展规划”的工作方案》，明确了未来海外业务的总体定位、发展目标、重点工作和保证措施。总行相关部门认真贯彻落实各项要求，制订了详细的工作计划和实施方案，确保了2012年重点工作按计划完成。

完成资产增长计划，为全面贯彻五年战略规划奠定基础。一是根据市场形势和战略要求及时下达并调整海外综合经营计划，明确战略发展目标；二是指导海外机构加强自主负债能力建设，在资产快速增长的同时也大幅降低了对总行拆借资金的依存度，年内海外机构基本实现总体资产负债平衡发展；三是召开公司及同业客户营销会和项目对接会，开拓市场，推广创新产品。

进一步优化联动机制。一是搭建了高层次、多区域、跨条线的境内外联动平台，2012年总行分别在环渤海、珠三角、长三角和中西部地区成功举办多场次针对公司及机构类客户的境内外联动营销会，实现超过百亿美元的联动业务对接，对中石油、中石化、中海油等国内重点客户的集团授信能力不断提高。二是通过各种措施推动离岸人民币业务快速发展，市场份额显著提升，2012年海外机构累计办理跨境人民币结算量5 611亿元，同比增长3 596亿元，增幅达178%，10月末离岸人民币业务市场占比为19.79%，同比增长超过10个百分点。三是推动海外机构间进一步加强合作，香港分行充分利用区位优势，配合约堡分行在伦敦、香港两地成功牵头筹组南非标准银行银团贷款；伦敦分行于2012年11月成功发行欧洲首笔中资银行离岸人民币债券，债券由总行担保建银国际牵头承销发行，在伦敦证券交易所挂牌上市交易，金额10亿元人民币，期限三年，收益率3.2%。四是加大了产品创新力度，根据境内外经济金融形势的变化情况，及时调整了产品和业务结构。

进一步加强基础建设。总行各部门加大了对海外业务的条线化管理和支持力度：一是出台《中国建设银行海外人才库管理暂行办法》，通过多种渠道加大海外人才选拔培养力度，进一步完善海外机构管理层人员提名机制和考察任用程序，充实海外机构领导人员队伍；二是优化“一行一策”考核方案，修订并进一步细化完善海外机构考核指标体系，加大对战略重点工作和重要产品的考核力度；三是持续推进海外核心及周边系统功能优化，海外网银在香港分行成功上线，各新设机构的IT系统建设也全面推开；四是出台一系列规章制度，通过完善体制机制，进一步强化了海外机构的风险管理和内部控制，实现跨国集团客户统一授信管理并初步确立了差别化的授信管理模式；五是指导和督促海外机构完善内审职能，完成对在港机构、约堡分行、东京分行、首尔分行、纽约分行和建行伦敦的审计工作；六是通过下发《海外机构不良贷款处置管理办法（试行）》，建立健全海外不良资产处置管理制度，积极推进海外不良资产处置工作。

此外，在港机构整合全面启动。根据总行党委的总体部署和要求，在“在港机构整合与调整工作领导小组”的统一领导下，总行相关部门组成人力资源、财务、风险和审计、IT四个工作小组，稳步推进在港机构整合调整细化工作方案的制订。目前已基本完成总行层面工作并成立在港机构整合调整工作实施小组。下一阶段，将与两地监管机构进行充分沟通并进一步完善细化工作方案，在履行行内外各项必要审批程序后，依法合规地推进各项工作。

二、各海外机构业务开展情况

（一）香港分行

1. 业务开展情况。截至2012年末，分行总资产337.10亿美元，较上年增长46.24%①；实现税前利润2.26亿美元，较上年增长107.37%，主要业务指标均创历史最好水平。

人民币资产占比快速提高。截至2012年末，香港分行人民币资产达860亿元，增幅达124%，资产占比为41%，较上年末提高16个百分点，新增贷款80%以上为人民币贷款。

跨境人民币结算量再创佳绩。2012年香港分行人民币跨境结算量3 372亿元，比上年末增长2 103亿元，基本实现两倍增长，市场占比为15%。

市场占比快速提高。香港分行总资产占香港银行体系总资产（香港认可机构2012年11月底数据）的1.79%，比上年提高0.44个百分点，增速高于香港市场平均水平30个百分点以上。

2. 主要工作措施：

（1）深化银企关系，加强战略性客户服务。2012年，香港分行与一批重量级的总行战略客户建立并深化了业务合作关系，延伸了对战略性客户的服务链条。一是实现与“三大油”境外合作，增强境内外一体化服务能力。主要包括为中油香港和中油国际新增6.4亿美元综合贸易融资额度，为中油财务（香港）新增3亿美元流动资金贷款，大力推动中石油集团境外资金归集项目；给予中石化盛骏20亿美元授信额度，提款使用率基本在90%以上，客户关系进一步提升；为中海油收购加拿大NEXEN公司新增20亿美元银团贷款。二是战略性客户营销成效显著，传统战略性客户营销取得新突破。为联通（香港）新增49.5亿港元流动资金贷款，成功为三峡集团收购葡萄牙国家电力融资7.6亿美元，争取国新控股有限责任公司在香港分行开户并建立友好合作关系并叙做35亿元内保外贷业务。

（2）加速落地，本地客户基础不断拓宽。分行积极贯彻总行海外业务本地化发展战略，制订本地化发展方案，梳理本地化客户名单，锁定本地化目标客户，有效落地客户数达516个。

（3）深化境内外联动，提升跨境人民币结算量市场占比。截至2012年末，联动业务资产1 296.48亿港元，占分行信贷资产的70.27%，其中内保外贷347.48亿港元，海外代付375亿港元，信用证贴现业务496亿港元。

（4）巩固“海外风险管理年”成果，继续加强风险基础管理。一是完善贷后管理机制。制订分行贷后监控实施细则，设计ACCESS贷后监控、分类数据库，落实总行贷后监控及信贷资产分类要求。二是进一步完善政策制度建设，对分行信贷政策和流程进行了全面修订。三是建立全面风险责任制和开展风险排查工作。

① 剔除总行清算资金后增速，下同。

（5）高度重视审计整改，保障业务健康持续发展。针对2011年内部审计提出的审计发现，制订整改时间表，逐项进行整改工作，并通过完善规章制度从根本上解决问题。内部审计发现整改率为99%，外部检查发现整改率为100%。

（二）建银国际

1. 业务开展情况。截至2012年末，建银国际实现净利润1 290万美元。

2. 主要工作措施：

（1）推进战略转型。一是投资结构调整初见成效，固定收益投资余额占金融资产比重为38.7%，较年初上升6.93个百分点；权益类投资余额占比为50.4%，较年初下降9.84个百分点。二是收入结构进一步优化，利息收入增幅达66.65%；投资收益同比增加7.38亿港元。

（2）发展保荐承销业务。以主承销商角色完成项目7个，在中资银行系投行中排名第一位。担任联席账簿管理人和联席牵头经办人的中国人保项目募集资金约276亿港元，成为当年港股新股集资最多的项目。

（3）加快并购业务发展。完成并购项目7单，项目数量及金额在中资银行系投行中位居第一。

（三）建行亚洲

1. 业务开展情况。截至2012年末，建行亚洲资产总额227.35亿美元，较上年增长30.92%；实现税前利润1.21亿美元，较上年增长26.77%。

2. 主要工作措施：

（1）对私业务方面，一是本地业务发展迅速，市场份额持续提升。零售存款较上年末增长12%，其中人民币存款同比增幅达72%。汽车贷款较上年增长40%，新增市场占有率排名第三。信用卡贷款较上年增长11%，税务贷款较上年增长5倍，中间业务收入较上年增长11%。个人客户数量按年增长14%，突破20万人。信用卡发卡突破63万张，成为香港主要的信用卡发卡银行之一。“智Smart儿童储蓄户口”、“新一代Eye信用卡”等创新产品赢得众多新生代客户的青睐。再次成为财政部在香港发行人民币国债的联席牵头行和簿记行，负责零售部分国债的承销。零售银行的卓越表现赢得了广泛认可，荣获数家香港权威测评机构颁发的5项大奖。二是境内外联动业务势头良好，前景喜人。香港投资移民服务人数414名，到位资金6.23亿港元。见证开户业务拓展到38家一级分行，客户较上年增长34.92%，沉淀资金达12.48亿港元，陆港通龙卡开卡数量较上年增长48.86%，达到3.9万张。内房按揭、内存外贷、境外保险等创新业务取得突破。

（2）对公业务方面，积极开展联动特别是跨境人民币业务，战略协同取得较好效果。截至2012年末，中国业务相关对公贷款余额564亿港元，增幅达41%；对公存款余额97亿港元，增幅达45%。全年完成跨境人民币结算量1 558亿元，较上年大幅增长1 175亿元，增幅达307%；年末人民币贷款余额270亿元，较上年末增加211亿元，增幅达358%。

（3）风险管理方面，坚决贯彻总行风险管理相关政策，资产质量在香港同业中保持领先，不良贷款率由上年的0.22%下降至0.14%，拨备覆盖率上升35个百分点至273%。

（4）人力资源方面，认真贯彻总行绩效管理政策，推行“按绩付酬”企业文化，优化考核激励办法；加强人才培养工作，2012年新招聘员工有80%均充实到前台业务部门。

（四）新加坡分行

1. 业务开展情况。截至2012年末，新加坡分行总资产29.34亿美元，较上年增长49.46%，实现税前利润2 768万美元，较上年增长52.19%。

2. 主要工作措施：

（1）推广创新产品，贸易融资和跨境人民币业务持续增长。新加坡分行积极推广人民币远期信用证贴现、委托付款、背对背信用证等贸易融资创新产品，加强对落地客户的营销，在确保完成经营指标的同时，有效改善了客户结构和业务结构。同时，加强联动业务发展，为“走出去”客户提供全面金融服务。与上海市分行联动，创新转贷款模式，为东方航空公司提供长期飞机融资；与宁波市分行合作办理马来西亚的第一笔资产业务。

（2）成立海外簿记中心。2012年，我行第一家海外簿记中心于新加坡分行正式成立，开办海外机构的离岸资产簿记业务，为海外机构发展提供了重要的支持平台。新加坡分行年内与胡志明市分行就多个合作项目进行了沟通，且进展顺利。

（3）2012 年，新加坡分行获总行批准开办私人银行联动业务，通过搭建战略合作平台，依托总分行联动，为高净值客户提供财富管理、综合金融和专享增值服务为核心的全面金融解决方案。2012 年，成功与北京市分行联动，为某高净值客户完成了新加坡投资移民业务的申请，为探索开拓新业务迈出了坚实的一步。

（4）加强财会、IT 等基础管理工作。加强计划和财务的精细化管理；对 IT 基础设施进行清理，对新加坡分行本地维护的重要系统进行单点风险改造，对 EXIMBILLS 系统及灾备中心的基础设施进行必要的升级，并完成 2012 年灾备演练工作。

（五）法兰克福分行

1. 业务开展情况。截至 2012 年末，法兰克福分行总资产 29.46 亿美元，较上年增长 15.85%；实现税前利润1 564万美元。

2. 主要工作措施：

（1）着力拓展当地优质企业客户，推动落地业务发展，持续优化资产业务结构。2012 年，法兰克福分行贯彻执行总行落地发展的战略要求，积极扩大与当地优质企业特别是与中国有密切经贸往来的德国企业的双边业务，根据客户需求，提供配套金融服务，挖掘新的业务增长点。拓展包括银团贷款、双边贷款、应收账款在内的资产业务，建立稳固的双边客户群。

（2）加强境内外合作，深化业务联动，促进联动业务快速发展。2012 年，法兰克福分行先后开办“远期信用证买方付息贴现业务”、“资产转买业务”、“融证通”、“汇付通”及“协议融资业务”等多种产品，累计办理福费廷业务 20 笔，金额 3 024 万美元；办理远期信用证买方付息贴现业务 48 笔，金额 9 585 万美元；办理协议融资业务 53 笔，金额 1.87 亿美元。

（3）强化风险管理，夯实合规基础，信用评级进一步提高。通过积极防范和化解各种风险，四年来无新增不良资产，截至 2012 年末无不良资产。基于法兰克福分行良好的经营业绩以及风险管理水平，2012 年 12 月德国银行协会评级公司将法兰克福分行的评级由 A－提升为 A。

（六）约翰内斯堡分行

1. 业务开展情况。截至 2012 年末，约翰内斯堡分行总资产 20.78 亿美元，较上年增长 16.15%，拨备前税前利润为 2 513 万美元，较上年增长 21.52%，并完成总行下达的税前利润指标。

2. 主要工作措施：

（1）主动进行结构调整，资产负债结构持续优化。利用约翰内斯堡分行“落地”客户优势，认真落实存量授信客户重检，大力拓展新增信贷客户，信贷资产规模创历史新高。超额完成新增开户数指标。截至 2012 年末，约翰内斯堡分行累计月均新增存贷款客户 24.67 户，超额完成总行年初下达的月均新增 10 个客户的 KPI 指标。全年先后上报总行项目 16 个，涉及金额 20.5 亿美元。先后完成了南非最大的石化企业 3 亿美元、南非最大的交通运输企业 1.3 亿美元、南非政府股权投资公司 1 亿美元等存量信贷的授信重检工作，较好地延续了与上述公司多年来的合作关系。通过向关系到当地国计民生的行业和企业提供金融服务有力地支持了当地经济发展，目前约翰内斯堡分行已拥有一定数量的优质存款、贷款客户群。

（2）在本地化基础上，加强业务联动。约翰内斯堡分行加强同国内分行的内外联动和与其他海外分行的外外联动，同时注重其他重点产品的拓展。内外联动业务主要包括内保外贷、海外代付等，较好地满足了优质客户延伸金融服务的需求。同时，积极落实总行“跟随”战略，新增国内客户开户取得较好的发展势头，2012 年新增客户中有 4 户中央企业走进南部非洲的公司，国内客户联动信贷资产规模持续上升。

2012 年约翰内斯堡分行累计新增 4 户南部非洲金融机构的人民币同业往来账户。同时，成功营销南非当地最大的传媒公司在建设银行纽约分行开立了美元账户。

（3）积极营销存款，存款余额创历史新高。分行积极提高在当地市场吸收存款的能力，主动减少对总行资金的依赖，当地存款稳定、快速增长。截至 2012 年末，新增存款客户 18 户，在当地吸收存款 11.42 亿美元（97 亿兰特）。在分行新增的客户结构中，其中有当地知名度较高的落地客户，如全球排名第四大的黄金生产企业、全球知名的股权投资公司等。

（4）努力处置不良资产，取得较大成效。不良贷款余额从上年5 868万美元压缩到4 010万美元，不良贷款率从上年的3.53%下降到2.29%。不良贷款户从年初的8户下降到2户。

（七）东京分行

1. 业务开展情况。2012年末，东京分行总资产27.52亿美元，较上年增长58.35%，实现税前利润1 712万美元，较上年增长126.69%。

2. 主要工作措施：

（1）多策并举，点面结合，持续深化业务联动。积极实施产品创新，全面提升业务服务能力。逐层递进，重点突破，加快拓展落地业务。以存款业务为突破，积极营销当地公司、机构客户。鉴于日本企业独特的主办银行制度，东京分行采用分层递进方式对当地大型公司、机构客户进行营销。

（2）机构迁址，进一步提升品牌形象。2012年7月成功实施了东京分行经营场所的整体搬迁。搬迁后，东京分行新址周围不但汇聚日本三大银行总部及主要外资银行在日本的分支机构，同时也是东京地区的旅游门户及交通枢纽。在经营条件得到明显改善的同时，东京分行也在日本核心金融区大手町立地生根。

（3）成功开办零售业务，批发和零售业务双轮驱动。东京分行经过与日本金融厅反复沟通，在不断完善零售业务开办初期的相关基础设施建设后，成功取得日本金融厅颁发的综合零售业务经营许可，成为持有全功能银行业务牌照的外资银行分行，这标志着东京分行成为建设银行第一家在真正意义上实现机构、客户、业务同时“落地”的自设海外机构，东京分行也从此由经营批发业务为主，迈向综合化、集约化、本地化发展。

（八）首尔分行

1. 业务开展情况。截至2012年末，首尔分行资产总额33.19亿美元，较上年增长36.71%，税前利润1 654万美元，较上年增长16.06%。

2. 主要工作措施：

（1）积极推动人民币跨境结算业务开展。2012年，首尔分行加强了人民币业务的推广和营销力度，目前已营销韩国国民银行、新韩银行、友利银行、全北银行4家韩国本地银行在总行开立了人民币账户，13家韩资企业在首尔分行开立人民币账户，当年人民币结算量达204亿元人民币。

（2）加强本地业务拓展，积极开展总部营销。大力开展韩国客户的总部营销和维护，多方合作，实现境内外联动的互惠共赢，客户主要包括三星集团、现代汽车集团、现代重工、LG集团、SK集团等世界排名500强企业。通过对三星电子总部的营销，三星电子西安项目成功落户建设银行陕西省分行，并在建设银行开立了资本金账户和人民币基本结算户，实现特大型客户三星物产落户北京市朝阳支行，以及若干家中型企业落户境内分行并开展业务。

（3）加强产品服务创新。汇款业务中的“中韩汇款即时通”、“人民币预结汇”等业务开展情况良好，已成为首尔分行主要特色业务；在韩中资银行中第一家开办了韩元现钞的跨境缴存业务；开展美元/人民币互拆业务，既缓解了分行的流动性，又保证了境内分行资金需求；利用委托付款和离岸短期贷款业务服务境内重点客户，在很大程度上弥补了海外代付停办后带来的资产缺口。

（4）重点加强结构调整，努力提高中间业务收入占比。积极推进分行资产结构调整和业务转型力度，进一步完善内部制度建设、强化内部管理，提高分行的综合经营管理能力和经营效率，努力探索存贷业务和中间业务并重的业务发展模式和盈利增长模式，大力推动贸易融资、汇款、国际结算、代客外汇买卖、人民币结售汇等中间业务的开展。

（九）建行伦敦

1. 业务开展情况。截至2012年末，建行伦敦资产总额8.14亿美元，较上年增长0.41%，实现税前利润1 573万美元，较上年增长123.70%。

2. 主要工作措施：

（1）积极营销目标客户，积极走访与中国有业务往来的当地企业。2012年8月，总行将建行伦敦信贷审批权限上调，并在12月试点进行子行管理，将建行伦敦业务经营区域扩展到其他6个欧洲国家，大大促进了建行伦敦的业务发展。2012年8月以来，建行伦敦新增大宗商品融资客户3个，新增授信5 100万美元。

（2）2012年，建行伦敦继续推进资金业务，拓宽流动性来源，开发、推介与人民币相关的新产品，为国内分行和客户提供资金交易类服务。充分发挥地处伦敦金融市场的优势，积极营销潜在客户，共发展新客户 9 家，完成跨境结汇（代客 CNH）业务交易量 373.73 亿元人民币，NDF 业务新增客户 5 家，完成交易 18.22 亿美元。

（3）伦敦离岸人民币债券发行。作为争取伦敦离岸人民币清算行地位的重要举措，2012 年 3 月，由总行、伦敦子行和建银国际等建设银行机构共同组建了伦敦人民币债券发行团队，克服重重困难，完成了大量开创性工作，历经 8 个多月的努力，最终于 2012 年 11 月在伦敦成功发行了 10 亿元离岸人民币债券，这也是迄今为止中资金融机构在伦敦市场上发行的首只离岸人民币债券。此次人民币债券的成功发行得到英国政府的高度评价，驻华大使亲自致函表示祝贺，我行成为在欧洲发行人民币债券的第一家中资银行。

（十）纽约分行

1. 业务开展情况。截至 2012 年末，纽约分行总资产 111.70 亿美元，较上年增长 50.23%；税前利润 2 822 万美元，增幅达 290.92%。

2. 主要工作措施：

（1）强化美元清算业务。2012 年，分行在保证清算质量的同时，实现了清算业务的高速发展。全年实际美元清算业务量 80.5 万笔，较上年增加 10.3 万笔；全年美元清算汇入业务 34.7 万笔，金额达 3 058 亿美元；汇出业务 45.8 万笔，金额达 2 499 亿美元；汇入、汇出笔数分别较上年增长 22.91% 和 9.18%；实现清算手续费收入 546 万美元，较上年增长 11%。2012 年美元清算交易量在 CHIPS 系统中排名第 21 位，较上年前进 4 位，在中资银行中排名第二。

（2）大力拓展本地客户贸易融资业务，贸易融资资产实现大幅增长。年末贸易融资贷款（不含海外代付）余额 9.9 亿美元，增幅 45%；全年实现跨境人民币结算量 77.4 亿元，较上年增长 70.11%；办理跨境人民币业务的核心客户由上年的 4 家增长至 7 家。实现落地与跟随相结合，深化与客户的合作关系。纽约分行着力加强与优质跨国公司的合作，参加了卡特彼勒公司、嘉吉公司、迪士尼公司的备用银团贷款，深化了客户与建设银行在境内外的双边合作关系，在供应链融资、信用证融资等方面取得突破或实现扩展。同时，积极营销北美地区中资企业客户，以内外联动业务为依托，继续深化与中石化、北大荒集团等优质中资企业下属公司的合作关系。

（3）加强主动负债。纽约分行积极拓展筹资渠道，加大在纽约当地美元市场发行存款证力度。存款证的发行对象既有银行同业，也有美国当地非银行金融机构，建立了良好的发行记录并获得市场认可。截至 2012 年末，纽约分行发行存款证 16.95 亿美元，较上年增长 81%，占负债的 68.35%。

（4）监管现场检查维持“满意”评级。2012 年 7 月，纽约州金融服务管理局（原纽约州银行局）对纽约分行进行了现场监管检查，检查的正式结果为：整体运营评价为“满意”（2 级），其中风险管理、营运控制和合规等评价均为“满意”（2 级）、资产质量评价为“强”（1 级）。

（十一）胡志明市分行

1. 业务发展情况。截至 2012 年末，胡志明市分行总资产 2.58 亿美元，较上年增长 475%，实现税前利润为 -149万美元，亏损控制在年初制订的计划范围内。

2. 主要工作措施：

（1）推进联动业务全面发展。成功办理第一笔内保外贷业务，金额为 300 万美元；转开保函 36 笔，金额为 2 447 万美元；信用证通知 176 笔，金额为 7 136 万美元；海外代付 7 笔，金额为 3 182万美元；远期信用证买方付息贴现业务 43 笔，金额为 1.7816 亿美元。

（2）不断丰富产品服务。积极创新产品，丰富胡志明市分行产品线，其中包括“结构性延期付款保函项下的出口托收贷款”、向越南国家银行成功申请 的“越南境内保理及进出口保理（福费廷）业务牌照”、针对越南二线商业银行推出的“IFC 担保项下融资产品”，以及为满足越南企业从中国进口重型设备而推出的“回购担保项下的设备抵押按揭贷款”等产品。

（3）夯实业务基础。制定了 20 个产品流程和内部制度，确保每项业务有章可循、有据可依。实现前后台分离，明晰权责，确保主要工作落实执行到位。进一步健全和完善内控组织机构，对风险管理委员会、信贷审批委员会及资产负债委员会职责及规程进行了细化、明确。

（十二）悉尼分行

1. 业务开展情况。截至2012年末，悉尼分行总资产20.33亿美元，较上年增长56.00%，实现税前利润1 683万美元，在第二个完整经营年度即实现大幅盈利。

2. 主要工作措施：

（1）提升风险管控水平，确保稳健发展。悉尼分行根据当地监管和总行制度要求，进一步完善内部风险管理架构及管理措施。截至2012年末，贷款均为正常类信贷资产。悉尼分行建立了全面风险管理组织架构体系，重新梳理风险管理政策制度性文件，进一步完善流动性管理、市场风险管理、业务对账机制等内部管理政策流程；信用风险管理方面，成立了信贷管理委员会，负责信贷审批工作，建立了客户信用评级模型，加强对客户信用风险的日常监控，强化总行关于贷后管理及信贷资产风险分类相关政策的执行力度；市场及流动性风险管理方面，制定并实施了市场风险管理流程和每日监控报表制度，建立市场风险管理模型，运用情景分析法开展流动性风险管理；监管方面，年内先后与澳大利亚审慎监管局进行3次会晤，进行意见交流，及时改进工作，确保合规发展。

（2）积极开拓市场空间，促进联动业务发展。首先，加强与境内分行的联系，定期探讨金融需求和产品动向，掌握市场前沿信息；其次，了解市场需求，加大产品研发及营销力度，以完善的产品结构及快速的反应机制赢得市场；最后，推出了每日报价、倒班制度等举措，不断提高服务水平，以高质量服务作为维护市场的重要手段。目前与悉尼分行合作的境内分行已达25家。截至2012年末，悉尼分行落地资产占全部生息资产的比例为47%。

在拓展本地业务方面，一是通过参加当地各种金融研讨会、举办营销会等方式积极宣传现有产品及优势，扩大在当地市场的影响力；二是突出重点产品，利用中资银行人民币产品的优势，向客户着重推介人民币信用证换币种贴现等产品；三是积极联系走访客户，了解企业经营发展情况和金融服务方面的需求，掌握市场动向；四是积极与境内分行联系，利用国内的客户网络来开拓澳大利亚市场。

（3）调整贸易融资资产结构，逐步实现业务转型。分行适时推出多种海外代付替代产品，包括委托付款、远期信用证买方付息贴现、福费廷转买等，有效地维持了资产规模的稳定。其中，委托付款年末余额5.41亿美元。全年实现跨境人民币结算业务量184.46亿元，在澳大利亚当地的市场份额持续提升。

（4）创造高速筹建机构纪录，建立首家海外二级分行。2012年，悉尼分行开始筹建建设银行第一家海外二级分行——墨尔本分行。从办公地点选址、办公室装修、IT系统建设、组织架构搭建、业务政策及流程制定、员工招聘、业务培训到正式开业运营，用时仅六个月。

（十三）台北代表处

2012年5月，总行成立台北分行筹备组，赴台北开展分行筹备工作，与台北代表处协同作业，共同推进。主要工作措施如下：

（1）推动经营性机构申设工作。加强与申设中介机构协调配合，补充机构申设各类资料，主动向台湾金融监管机构表达我行申设分行的明确意愿。8月23日，台湾“金管会”银行局同意对我行设立台北分行的申请资料进行预审核。为进一步推动我行机构申设工作，王洪章董事长亲自到访台湾，并与“金管会”银行局和“中央银行”就我行经营性机构申设事宜进行沟通。

（2）推进营业办公场所装修。2012年4月台北代表处与国泰人寿签订了位居一楼的约1 000平方米房屋租赁协议，在完成交付后，于11月正式启动装修和人员招聘及IT系统建设等工作。向总行上报内设部门和人员配置方案，与当地猎头公司合作招聘人员；与当地IT集成商和服务商开展采购洽谈，先后完成IT基础设施及网络建设项目集成商和监管报表系统整合平台、本地清算系统服务商的采购等工作。

（3）了解市场，抓客户储备。积极开展商情搜集与信息研究工作，一方面加强与知名台商企业总部、大陆企业驻台机构间的联系与交流；另一方面积极拜访台商在大陆投资较为集中的上海、广东、山东、福建、厦门等分行，探讨联动机会。此外，多次拜访台湾银行、第一银行等银行同业，营销跨境贸易人民币账户开立。截至2012年末，第一银行、国泰世华银行等机构已与总行签订跨境贸易人民币业务的同业账户开立协议；台湾银行等机构已与总行洽谈有关协议条款。

（十四）莫斯科代表处

2012年，莫斯科代表处（俄罗斯子行筹备组）全力推进俄罗斯子行的申设工作，主要工作措施如下：

（1）筹备子行董事会，建立公司治理结构。在总行地指导下，全面推进设立董事会、完善相关材料等各项工作，召开了子行第一届董事会，形成子行创建文件，标志着子行筹备进入了新的阶段。

（2）落实俄罗斯央行申设要求，完成全部申设材料地提交。推进基础设施建设，努力加快开业进度。推进办公楼购置工作，提前进场设计，加快开业进度；在硬件系统搭建、软件系统建设、网络系统安排等方面与总行、供应商进行深入沟通，找到最优解决方案。

（3）做好客户储备，制定业务发展策略。深入开展市场调研，初步确定了子行的市场定位，与中国国航、中国电信、中国有色等大型中资企业达成初步合作意向，与俄罗斯最大的资源类企业之一EN+集团及下属俄罗斯铝业建立了密切联系。

执笔：卢大明

二、内部管理与风险控制

办公自动化与基础工作管理

一、2012 年工作成绩

（一）保障党务行务系统平稳运转

对外加强与党中央国务院以及人民银行、中国银监会等有关部门的联络，对内做好与总行各部门、各分支机构的联系。全年共收转和处理外单位来文、来函、来电 78 万件。OA 系统覆盖境内外各级机构，保障了全行上情下达、下情上传。全年昼夜在岗值班，及时报告处理急务要务。

（二）保障全行政令畅通

组织全行年度工作会议和 3 次季度工作座谈会；筹办 30 次党委会、18 次行长办公会和碰头会；提供视频会议支持 720 次。从会议筹备、议题归集、材料准备、宣传报道到任务分解、督办落实等全流程工作扎实细致，保证总行决策部署迅速准确地传达落实。

（三）保障服务协调到位

2012 年，行领导出席党中央国务院以及人民银行、中国银监会等上级领导机关召开的会议 60 余次；高层营销及访问交流活动 210 次（其中接待省部级领导 22 人次、大企业高管 109 人次）；听取总行部门、子公司工作汇报 40 次，赴分行、子公司调研百余次。行长办公室周密做好相关协调安排和服务。

（四）保障重大决策的执行力

对党委会、行长办公会以及工作会部署事项做到件件督办，逐项通报，全年共立项督办 179 项。将分行落实情况及时报告行领导和各部门。做好对下级行请示文件的分办及督办；跟踪到具体承办人，及时提示，抽查、通报办结情况和质量；全年立项督办下级行请示 1.9 万件，日均 80 件。

（五）加强信息服务和宣传引导

发挥好建设银行报、每日动态、值班动态、建设银行年鉴、投资研究五大载体作用，全年共发行 802 期，发布信息 2 万条，及时有力地宣传报道全行重要会议精神、党委工作部署、转型调整举措，交流、反映基层经验做法和意见建议，引导全行统一思想、深化改革发展。

（六）提升办公管理水平

把好用印关，全年审核用印近 8 万次。把好公文关，总行收文发文 5 万余件，审核发文和签报 5 362 件，推行跨级直发，公文从总行传递到网点由两三天缩至 10 分钟，数量减少 45 万份。把好保密关，加强涉密文件和载体的检查管理，全年未发生涉密案件。把好档案管理关，总行本部归档 48 600 件，提供营业执照等实物档案复印件 5 800 份，全行线上线下档案查询 107 万次，组织鉴定销毁过期档案 1 235 万卷。

2012年，行长办公室工作取得一定成绩，也为建设银行赢得了荣誉：党中央、国务院授予行长办公室“全国扶贫开发先进集体”；国务院连续9年授予行长办公室公文管理处优秀交换集体和优秀交换员荣誉称号。还被评为全行企业文化建设先进单位，2010—2012创先争优先进基层党组织。在总行机关篮球赛中，取得了第三名的好成绩。

二、主要做法

（一）打牢基础，创新方法

全行性会议涉及面广人多事杂，易出纰漏，我们将会议组织标准化、流程化，梳理成10个阶段、72个环节、156个操作细节，做到事事有人盯、件件能落地。优化整合OA系统，开发印章管理、公文字数控制和点击率统计等功能模块，研发启用智能文件交换系统，用科技手段提高办公管理的效率和准确性。

（二）主动沟通，兜底补位

遇到问题及时沟通报告，遇到急事难事把先解决问题放在首位，不推诿不扯皮。对分行的请示和部门要求，做到急事急办、特事特办、难事帮办。对一些上级机关时间要求紧、涉及部门多的复杂事项，主动承担牵头责任。两年多来，按月汇总并向中国银监会报送我行援疆工作的开展情况，并做好相关地沟通衔接。主动研究改进工作作风措施办法，第一时间响应党中央号召，按党委要求拟定中国建设银行党委关于贯彻落实改进工作作风密切联系群众的十项具体措施。

（三）为部门服务，替员工着想

独立承担总行行政值班任务（其他银行均为总行部门共同承担），长期以来，党员同志在春节等传统佳节牺牲阖家团聚在岗值守。对部门提出的紧急文件印发、用章用印等需求，下班时间也都安排专人留守。与业务部门沟通工作时，主动上门，尽可能将地点选在兴融中心。业务部门需要借出重要档案原件时，及时派出专人上门服务并全程跟随配合。在服务行领导活动之外，为20多个部门提供摄影支持服务。遇到寒潮降雪恶劣天气，协调总务后勤及时清扫积雪铺设防滑地毯，延长供餐时间让员工吃上热饭热菜。

执笔：路志凌 刘汝娇

采购管理

一、采购效率进一步提高，差别化采购保障了业务急需，为中心工作的服务保障增强

2012年全行完成采购预算为382.2亿元，较上年增长113亿元，增幅达42%，完成采购项目首次突破2万个。其中，总行本级采购业务量首次突破百亿元，达到164.8亿元，同比增长70亿元，增幅达73.8%；分行采购业务量首次突破200亿元，达到217.3亿元，同比增长43亿元，增幅达24.7%。按同口径计算，总行本级采购预算完成率和采购项目完成率双双达到100%；分行分别达到97%和95.5%。

全行采购量的迅猛增长及时支持了快速发展的业务需求，也体现了采购集中度的大幅提高。全体采购员工克服人手少的困难，勇于面对高速增长的业务量，发扬敢打硬仗的精神，全面完成了采购任务，经历了一场严峻的考验，锻炼了队伍，保持了同业领先。

总行本级采购项目的平均天数由上年的26天缩短至19.5天，采购效率同比提高33%；分行采购项目的平均天数由上年的35天缩短至29天，采购效率同比提高17%。

要完成快速增长的采购业务量，提高效率是

关键，差别化采购是加速器。在2011年下半年，采购部就提前启动了2012年的流程超长、谈判艰难的大宗项目采购，争取了时间。针对全行大上网点的形势，充分发挥各分行的积极性和优势，特事特办，加快网点采购进度。对于全行社保、医保等重要客户营销需求的采购，改进流程、简化办事手续，最终将带附件表的采购事项审批压缩到3小时以内完成；将总行办公楼改造的采购项目的审核时间压缩到15分钟内完成。

二、采购质量不断提高，单一来源大幅压缩，突出采购的竞争性以保持防错优势和争创效益

2012年总行本级采购中单一来源采购占比压缩到5.6%，较上年下降30%，超额近1倍完成了年初计划控制在10%范围内的目标，连续五年保持占比下降。严格控制单一来源采购是总行对集中采购的主要监测指标和业绩考核线，也是检验采购质量的晴雨计，更是以竞争促质量提高，以竞争防错和防腐的有效工作抓手。

由于采购竞争性的提高，采购成本和价格下降的成效更加显现。全行节约成本43.3亿元。平均节约率为11.3%，总行本级的节约率高一些（为15.7%），分行稍低一些（为8%），说明在节约成本方面还有空间，还要进一步提高全行集中采购的精细化操作和扩大竞争力度，力争把分行采购节约率提高到10%以上的水平。2012年单一来源采购节约率为16.9%，首次高于平均节约率，是坚决贯彻行长严厉批示的成效。此类采购虽然来源单一，但也充分加入了竞争机制。既采购了我行急需的物品和服务，又大幅度降低了成本和价格，改变了以往单一来源采购价格居高不下的问题，有效地堵塞了在单一来源采购环节易藏腐败的漏洞。

2012年在配合审计署审计中，审核了总行五年的采购项目，总行本级采购的操作全部按制度和流程进行，无一违规操作。这也是总行集中采购十年来，严格采购操作的继续，严格控制了操作风险，保障了总体的采购质量和效果。

三、加强采购的规范化操作，严格供应商管理，防止采购腐败，保持廉洁采购

审计结果表明总行本级采购长期没有操作违规和事故，主要得益于我行在抓管理时着重抓操作的流程化管理和精细化管理。供应商管理既是优质高效采购的基础，更是保持廉洁安全采购的关键环节。我行始终坚持选用在金融同业中一流的供应商群体，又针对不同的供应商个体加强监测、评价和管理。2012年重点监测供应商514家，特别提示340家。向全行通报禁用退出供应商58家，其中10家禁用，48家退出，力度之大，在同业中少有，对供应商产生了很大的震慑力，促使供应商积极改进供应质量，提高服务水平。

四、深化全流程管理，加强条线的基础工作，为保障全行的采购供应建立坚实的支撑力量

采购的全流程管理已连续推行三年多，其理念被广泛宣传和日益深入，其方法被熟练掌握和充分运用，为支撑全行的采购任务发挥了重要作用。2012年总行调集业务骨干组成6个工作组，对全行41个采购单位进行了现场指导和检查。工作组采取现场模拟演练，对发现的问题及时分析指导，进行自查自纠和完善，全面整改和补录流程。对条线的专项指导活动带动和督促了条线自觉、认真地按全流程要求开展工作，既控制了整体的操作质量，又解决了个性的问题，提高了条线采购人员操作的准确性。

提高全流程执行的协调性程度，使每项采购都快速地经过每个环节，完成采购，同时减少和避免操作差错，将全行日均1亿余元的采购任务完成好。

五、提高队伍的素质和能力，建设爱岗敬业、廉洁高效、攻坚克难的采购队伍

总行本级采购既承担管理条线的职能，又直接操作组织500多个百万元以上的全行性集中采购项目。抓管理、带队伍始终是采购部的重要工作。采购部既科学地运用激励约束机制来考核广大采购人员的业绩和能力，又发挥思想政治工作

的作用以鼓励大家为我行的发展贡献智慧和力量，培养和锻炼了一大批爱岗敬业、乐于奉献、清正廉洁、扎实工作的采购人员，初步形成了采购条线队伍可靠、执行有力、氛围良好的风格，坚决有力地承担着全行日益增长的采购任务，为全行采购事业的健康发展作出了贡献。

执笔：潘涛

风险管理

2012 年，在外部环境艰难复杂的形势下，全行资产质量依然保持基本稳定，贷款拨备比率稳步提高，实现信贷退出 496 亿元，钢贸、光伏、船舶等重点领域累计压缩风险敞口 612 亿元。业务结构得到优化，传统优势业务不断巩固和加强，积极支持经济发展中的薄弱环节，小微企业贷款、涉农贷款新增满足“两个不低于”是监管要求。2012 年独家获评《亚洲风险》“年度中国最佳风险管理银行”，成为自 2005 年上市以来，唯一一家四次获选该奖的中资银行。

一、信用风险管理

2012 年，全行将降低资产质量波动风险、坚实管理基础作为信用风险管理的重点。面对不利形势，采取主动管理措施，逾期贷款、非不良拖欠贷款大幅反弹态势得到有效控制，基础设施、房地产及建筑业贷款质量持续改善，产能过剩行业贷款余额减少，潜在风险客户及大额风险客户处置稳步推进。

（一）积极应对经济下行，确保资产质量稳定和运营安全

——抓住重点，实现主动管理，严防系统性区域性风险。分层次、分类别地对重点区域进行现场诊断评估和非现场检查，对大额授信的潜在风险客户逐一进行风险诊断，对可能引发系统性风险的突出风险因素进行分析研判，制定可行有效的应对化解措施，实现主动管理和精准打击。

——加强风险监测分析，增强风险管理的前瞻性。持续监测区域、行业、产品等信用风险趋势变化；定期分析逾期贷款、非不良拖欠贷款、关注类贷款等资产质量预警性指标变动情况，评估实质性风险程度，对逾期贷款进行逐行提示、逐户督办、逐月通报，取得显著成效。对光伏、钢贸、航运、联贷联保、民营企业、非金融企业财务风险等风险突出领域下发风险提示，提前做好应对处置。

——加快风险处置化解，增强风险管理的有效性。明确各一级分行 2012 年不良贷款和逾期贷款的控制目标，要求以降低风险敞口、减少资产损失为原则，结合各区域风险暴露的实际情况，采取提前回收、转让、重组、增强风险缓释等措施加快风险处置化解，避免蔓延扩大，应对处置效率显著提升。

（二）完善信贷政策，促进结构优化和经营能力提升

根据全行统一的风险偏好，按照“突出管理重点、简化政策维度、强化资本导向”的方针，制定 2012 年信贷政策，明确投放重点，实现主动信贷退出，腾挪空间以巩固扩大市场竞争优势，促进信贷结构优化和经营能力提升。并根据经济形势和市场变化，及时进行重检和调整，增强政策适应性。充分发挥区位比较优势，完善区域差别化信贷政策，提高精细化管理水平。整体上看，政策执行良好，结构持续优化，优质客户占比提高。

（三）及时调整信贷授权，提高精细化管理水平

完善授权对包括理财业务、委托贷款在内的客户综合风险敞口的全面管控，加强对单一客户风险敞口的综合管控，规范分支机构的转授权管

理。根据业务发展实际变化，及时调整分支机构和信贷业务审批授权权限，为业务的健康持续发展提供有力支撑。

（四）深化风险管理工具建设和运用，提升组合风险管理水平

优化完善经济资本和行业限额管理，实现对所有表内外业务统一的经济资本计量和管理，扩大行业限额管理范围，充分发挥经济资本和风险调整后资本回报率（RAROC）在客户选择、产品配置、贷款定价、授信审批、资源配置和绩效考核中的作用，促进资产组合结构优化。开发和优化对公客户评级模型和零售客户各类评分卡，有效支持客户选择、额度授信、审批、产品定价、贷后管理和零售化转型。信用风险压力测试系统在全行上线，系统覆盖全行信贷资产组合，多项功能在业内处于领先水平，先后完成宏观经济、房地产、地方政府融资平台等压力测试，为经营管理决策提供有力支持。

二、市场风险管理

2012 年，全行积极应对利率市场化、人民币汇率改革，强化市场风险监控和评估，市场风险管理能力得到提升；金融市场业务风险稳中有降，组合结构优化；信用风险趋于缓和，人民币信用债占比、债券收益率、发行体质量和拨备率上升；代客衍生产品风险敞口下降，市场风险状况总体保持稳定。

（二）完善市场风险政策和制度体系，夯实基础管理

优化金融市场业务风险政策和限额方案，明确政策导向和风险承担边界，强调限额与资本的关联性。重检市场风险管理政策，进一步明确市场风险管理职责分工，规范管理流程。制订重大市场风险应急预案及监控细则，规范对重大事件的预警和报告。优化新产品风险管控机制，开展新产品认定、重检和风险审查，支持业务创新。将信用类债券投资纳入全行统一授信管理体系，细化完善人民币信用债券准入标准，加强信用类债券投资审批和投后管理，完善交易对手信用风险管理。

（二）创新风险监控方法，推进风险管理嵌入业务流程

每周对总分行金融市场业务进行全面重检，及时预警和整改，强化合规监控，降低操作风险和交易差错率。加强金融市场业务的持续监测、分析和报告，建立每日结售汇敞口的监测制度，积极应对利率市场化、人民币汇率改革形势，为金融市场业务安全合规运营提供有力保障。全面推进风险管理融入业务流程工作，在代客利率衍生产品、黄金租赁、新产品审批等方面，做好风险管理嵌入业务流程的试点和推广。

（三）推进计量工具和系统建设，提升市场风险计量能力

完善商品计量工具，提高市场风险计量精细度，将计量范围扩展到法人口径（含海外分行）。对我行外汇敞口情况、债券定价和 EVA 计算方法进行尝试性研究。完成 Numerix 系统金属、农产品和能源产品的估值模型验证，平行开发 22 种估值模型；完成 FMBRM 系统市场数据交叉验证、新增头寸和交易数据质量检查，以及全部海外分行交易数据质量检查和验证。

三、操作风险管理

2012 年，全行上下着力强化操作风险治理，操作风险状况总体保持稳定。操作风险损失事件、暴露金额双减少；立案查处操作性案件、外部侵害案件双下降；积极防范业务中断风险，确保全行运营安全，全方位的业务连续性管理政策制度体系及预案体系在国内同业中处于领先水平。

（一）及时捕捉操作风险新特点及趋势性问题，提高应对的主动性和针对性

针对经济下行期凸现的外部欺诈风险，评估总结授信业务、票据业务等 14 个外部欺诈风险高发业务的 453 个关键风险点，指导全行加强关键环节管控，促进落实授信业务真实性和反欺诈管理要求。针对银行卡、个人柜面、小企业信贷、理财产品销售、监管合规等领域的现实风险，及时总结特征规律及表现，下发风险提示，指导分行提前做好应对。

（二）深化操作风险管理工具应用，增进管理的有效性

深入开展操作风险监测分析，及时调整关键风险点检查重点，加大授信业务领域风险点的检查范围和深度，加强新产品、新业务及印章管理等方面操作风险的监督检查。深化操作风险自评估，实现全行主要业务产品的覆盖，并将自评估成果转化为管理工具，发挥对分行风险管理的指导作用。针对人员、流程、系统等操作风险的主要诱因，建立企业级关键风险指标体系，持续监测分析。完善操作风险考核评价，引导分行提升管理的有效性。

（三）积极提升操作风险计量能力和 IT 管控能力

探索操作风险量化管理，积极研究操作风险高级计量法，开发出符合我行风险特征、科学合理的操作风险高级计量法模型。调研分析分行 IT 应用，查找出主要业务系统在支持操作风险管理中存在的问题，提交新一代核心系统项目组加以解决，完善 IT 对操作风险管理的支持功能。

（四）推进业务连续性管理

研究制订《商业银行业务连续性监管指引》实施方案，修订《业务连续性管理政策》，指导全行有序开展业务连续性管理工作。开展对主要生产系统应急预案体系、全行供配电管理体系、灾备体系的风险评估，推动集团层面应急预案体系规范化和标准化建设，加强突发事件和重大风险事项应急预案地管理，重点防范“低频高损”风险，确保全行运营安全。

四、大力推进建立全面风险管理框架体系

（一）完善全面风险管理框架体系

结合监管要求和业务发展需要，制定全面风险管理办法，明确各类风险的识别计量、监测控制与报告流程。在全面梳理各类业务和各领域风险的基础上，制订方案，推进建立覆盖全员、全流程、全机构和各类风险形态的全面风险管理责任制，为健全完善全面风险管理体系搭建良好基础。探索建立各类风险的监测分析机制，丰富全面风险报告，开展全面风险管理视图研究，提升整体风险预警和管控能力。

（二）配合综合化、多功能和集约化战略定位，完善基础环节的风险管理

研究制定表外业务风险管理政策，明确表外业务风险选择和准入底线。完善海外机构风险管理组织体系，统一规范海外机构贷款风险分类和贷后管理，开展海外机构重点贷款的风险排查分析。完善国别风险管理体系，科学进行国别风险准备金计提。修订押品管理办法，完成押品系统二期优化，有效支持押品重估和监测。制定理财业务风险管理政策，明确行业投向、客户标准等要求，并将理财业务纳入全行统一授信审批管理。推进集团并表风险管理工作，将全行统一的偏好、政策、限额、标准、评级等传导覆盖到子公司，加强跨境跨业机构风险管理。

五、顺利通过资本管理高级方法评估验收，为 2013 年实施资本管理办法奠定坚实基础

新资本协议实施工作历时数年，在有效支持实际业务发展、强化资本约束导向、提升经营能力和风险管理水平方面取得显著成效。2012 年，在保持对 27 个对公客户信用评级模型运行维护和持续监测的同时，我行有针对性地完成批发零售业、新成立小企业等客户评级的优化工作，开发小微企业申请和行为评分卡、信用卡业务反欺诈管理评分卡等技术工具，9 张信用卡及个贷评分卡的优化上线应用，有力支持自动审批和批量监测，市场竞争力和客户满意度显著提升。目前我行已具备风险计量工具自主开发能力，资本管理高级方法实施水平基本与国际先进银行接轨。

执笔：徐霞　卢娜

授信管理

一、深入践行主动授信管理理念，全面优化授信业务流程，支持全行授信业务和理财业务发展

2012 年，总行授信管理部在全行信贷审批条线积极贯彻落实主动授信管理、强化实质性风险判断的管理理念，先后下发《关于认真落实主动授信管理要求 促进全面提升信贷经营能力的通知》和《关于进一步加强授信审批管理 促进各项业务全面发展的通知》，一方面要求全行审批部门全面落实主动授信管理理念，提高市场反应速度和响应能力，与信贷经营部门共同做好客户选择和风险管控工作；一方面严肃审批纪律、强调实质性风险判断、确保审批质量。

优化信贷审批流程、审批方式，提高审批流程的精细化管理水平，大幅提高了全行审批效率。平均审批用时同比减少 5.83 天，特别是跨一级分行集团授信组织申报到审批用时由原先 6 - 7 个月大幅缩减为 1 - 2 个月；理财业务预审批流程环节由 6 个精简为 2 个，审批效率由 11 天缩短为 3.5 天。

采取了十三项措施，分别是主动开展完善授信管理流程专题调研、建立集团客户差别化的授信审批模式、将各类理财产品、信托计划、私募产品的投资决策统一纳入授信审批、建立重点联系行制度与授信业务预沟通机制、针对固贷项目建立预留额度机制、建立额度调剂机制、对政策例外事项实现审批一次作业、差别化安排审批方式、审批人员、审批决策机制、加强异地授信及异地担保管理、建立差别化的理财业务审批模式、建立决策征询机制、强化集团统一授信管理。通过上述十三项措施，大幅提高了全行审批效率，保证了授信审批工作质量、效率双提高。

二、全面落实逆周期监管要求，大力推行前瞻性风险管理，狠抓信贷风险监控，确保信贷资产质量基本稳定

一是狠抓信贷资产质量监控，严控不良贷款。通过连续发文、逐月通报、现场督导、约谈沟通、拨备考核、管理评价等一系列手段狠抓信贷资产质量监控，动员全行各条线力量共同努力，控制信贷资产质量稳定。

二是坚决遏制逾期贷款反弹趋势。下发《关于进一步加强逾期贷款管理的紧急通知》、《关于进一步加强信贷资产质量管理的通知》和《关于进一步加快信贷资产风险处置化解的通知》，对压缩逾期贷款提出明确要求。

三是主动实施逆周期、前瞻性风险管理，深入推进信贷结构调整。全年针对存在风险隐患的行业、区域、产品、客户下发多个风险提示；对于风险较为突出的钢贸、光伏、船舶等重点领域组织专项排查，督促强化风险管控；主动退出未来前景不乐观的客户。

四是加快存量风险释放，进一步夯实资产质量基础。将钢贸、光伏行业客户中存在逾期、停止经营生产、实际控制人跑路、只能通过诉讼催收的贷款调整为不良，加快了存量风险释放、夯实了资产质量基础。

五是以拨备为管理手段，加强贷后管理和推进信贷结构调整，风险抵御能力进一步增强。同时，进一步改进拨备计提差别化方法，发挥拨备计提对信贷管理的引导作用，促进分行调整信贷结构。

六是组织全行贷款风险分类偏离度检查，确保贷款风险分类合规、结果真实。按中国银监会办公厅要求，组织全行开展贷款五级分类自查，彻底查清风险底数，及时处置贷款风险并整改发

现问题，促进全行信贷业务持续健康发展。

三、全方位提升评估评价业务指导和技术支持，全行评估评价工作质量和效率明显提高，有力地支持了授信业务审批决策

一是实施项目评估技术支持，解决全行重大、疑难项目的评估难题。下发《中国建设银行固定资产贷款项目评估技术支持管理规定》，规范实施项目评估技术支持的具体方式和程序；下发《关于认真落实主动授信管理要求 进一步提高项目评估工作质量和效率的通知》，优化项目评估业务流程和作业机制，进一步提高项目评估工作的质量和效率。

二是加强全行评估评价业务沟通交流，组织召开“贷款项目评估工作调研座谈会”，总结项目评估技术支持工作的做法和经验。并将实施情况和好的经验做法整理成案例，编制下发《授信管理工作动态》，持续深入推动项目评估技术支持工作。

三是探索实施贷款项目跟踪评价和后评估工作。从已完成技术支持的个案中总结行业性、类别性规律，延伸拓展同类型项目评估思路和方法。

四、加强重点领域和大额授信风险事项风险分析、排查和预警，防止系统性、区域性风险蔓延

一是不断优化信贷结构调整监控工具。细化行业限额监控分析，促进完善限额管理制度；重点加强“两高一剩”和淘汰落后产能等领域投放情况分析；在全面监测信贷结构调整情况的基础上，突出海外分行、并表附属机构、重点风险行业和热点风险产品授信投放、大额信贷业务审批支用等方面的信息，及时发现问题，提出政策建议，支持决策参考。

二是开展热点、敏感性行业风险研究。全行共组建25个专题研究团队，完成发布光伏产业、城市地铁、供应链融资等13个信贷业务审批指引，促进提升信贷从业人员主动选择客户、配置产品能力以及授信审批决策水平。同时，制定下发审批指引体例格式，促进审批指引研究工作的规范化和标准化。

三是加快30大客户的风险处置进程。在总行的督促下，分行通过压缩回收、资产处置、核销等方式，全年共计压缩30大客户贷款余额34.36亿元。

四是强化集团并表监控，积极推进集团层面统一授信。进一步加强对集团境内外并表机构、信用风险相关产品的统一监控。强化客户和行业层面风险集中度监测并针对并表机构风险较为突出的业务领域展开调研分析。下发《关于进一步规范子公司信息报送和请示报告事项的通知》，对并表机构提出管理要求。

五、加强制度建设和人员队伍建设，提高履岗能力和专业素质

一是加强内控制度建设，提升合规经营能力。按照五部委及行领导重点加强管理制度建设、明确未来工作目标和具体工作任务的要求，编制全行授信条线三年内控规划及年度工作计划进度，并按照工作职责对三年规划进行了工作分解。

二是规范重大信用风险事件管理制度，加大重大信贷风险事项的处置管理力度。下发《中国建设银行重大信用风险事件报告和处置管理规定》，针对现存问题，进一步加强和规范全行重大信用风险事件报告、监控和处置工作，细化分级管理标准和要求，强化主动应对管理。

三是集中优势资源，实现培训工作“差别化、专业化、精细化”，提升培训对业务发展的促进作用。2012年共举办各类培训班26期，培训各岗位人员1 600余人次，培训覆盖面不断扩大，培训针对性不断增强，建立健全起“差别化、专业化、精细化”的长效培训机制，持续不断地提高全行授信审批、评估评价、风险管理等岗位人员综合素质，有力地促进了全行业务发展。

四是持续加强审批条线的制度化、规范化和专业化建设。逐步建立专职贷款审批人配置与业务发展需求相匹配的长效工作机制，并完成了2012年总行本部贷款审批人选拔聘任工作。

六、推动授信和风险监控业务信息化建设，提升管理能力和系统化管控水平

一是开发完善贷后风险监控工具，加强数据挖掘利用。完善CRMS系统贷后风险监控功能，根据不同行业或客户的风险特征，拟订十二级风

险分类背景材料模板平台开发需求，为后期提高开发奠定基础；完成准备金系统三期开发上线，并获得了知识产权，提高贷款减值准备计提与信贷资产管理精细化水平。

二是落实行领导建立集团范围内机构和业务全覆盖的全面授信管理和风险监测平台要求，牵头负责新一代信息系统中“对公客户统一额度管理”、“授信风险统一监测”主题，通过建立我行集团层面的对公客户额度统一管理框架，健全优化各类客户和业务的额度管控流程，实现对公客户授信管理和风险监测的“机构全覆盖、客户全覆盖和业务全覆盖”。

执笔：李雪　廖琛

内控合规管理

2012 年 9 月，总行内控合规部正式成立。10 月，总行进一步明确将原法律合规部所负责的合规管理职责及相应处室整体划转内控合规部。

一、以政策制度和内控体系建设规划为基石，搭建内控合规管理总体框架

一是制定并经董事会审议下发《建设银行内部控制基本规定》。重点解决了监管部门多次提出的建设银行缺乏内部控制基本政策的问题，针对我行内控管理薄弱环节，明确了各层级的内控职责与管理架构，统一和规范了风险评估、控制措施、信息沟通、内部监督的基本程序、内容与方式等内部控制基本规定，从制度上搭建了全员、全面、全过程的内部控制整体架构。

二是制定内控评价管理办法与评价标准。积极探索具备我行特色的内控有效性评价方式，全面梳理各业务条线关键控制点及三年来内审外查发现的问题，精心研究提炼了内控评价指标体系，设定包括过程评价、结果评价与修正评价三类指标 700 余个，并依据管理重点和变化不断补充、更新。

制定了《内部控制评价办法（试行）》，以内控评价为内控管理的有效抓手，进一步明确了内控评价的范围、内容、程序、方式，突出流程控制，将内控评价结果纳入绩效考核，着眼建立强化内控管理的长效机制，促进内生动力的产生。

三是研究编制内控体系建设三年规划。为落实监管要求，深入分析国际先进理论、领先实践及我行内控薄弱领域，组织各业务条线研究编制了内控体系建设三年规划，确定了 52 个关键领域的 132 项目标任务及近 900 项内控管理工作措施，涵盖完善公司治理到具体的产品、流程与 IT 系统，通过内控体系建设三年规划的目标管理，分步实施，力争使全行内控有效性状况发生明显改善。

将内控体系建设规划中亟待开展的内控管理工作，以工作思路的形式下发了各分行，各一级分行都已制定了 2013 年本行内控管理工作要点和工作措施，有效推动了全行内控合规工作的整体推进。

二、以内控评价为抓手，推动内控管理工作的全面展开

一是实施全行内控状况非现场评估。按照王洪章董事长关于对全行内控状况进行评估的有关批示，采用非现场方式，揭示了部分带有普遍性的内控薄弱和内控缺陷问题，提出了进一步改进内部控制的对策与建议，为全行现场评价奠定了基础。

二是精心组织实施全行内控评价工作。

定标准。根据管理重点和关键控制要求，研究设计了 2012 年度内控评价点 295 个，其中现场评价点 135 个，非现场评价点 160 个。

选人员。从 38 家分行挑选了来自 8 大业务条

线的165名业务骨干，与内控合规部业务骨干组成19个测试工作组，每组负责两个一级分行。

培训先行。集中培训研讨3天，使测试人员能够熟练掌握现场评价点的标准和评价方法，统一评价尺度。

质量控制。现场测试组根据不同业务条线人员的业务专长，明确分工、落实任务、责任到人，并对测试结果进行交叉复核。

完成现场测试工作，测试有效样本97 893个，发现缺陷样本2 297个，缺陷占比为2.35%，形成工作底稿654份，一级分行内部控制测评报告38份。在此基础上，后续采取调阅资料与填报调查问卷的方式进行非现场评价，已向总行各部门调阅审计报告、业务检查报告、自评价资料等382份，向一级分行调阅资料456份。

落实整改。本次评价侧重于客观地反映内部控制管理水平及其运行有效性，现场测试中对制度设计缺陷和运行缺陷进行了分类整理，针对发现的问题与业务条线沟通的情况，督促进行制度完善。

完善工具。为解决内控评估手工操作量大、效率较低和难以准确统计分析的问题，对市场上成熟的评估工具进行甄选，组织对公司产品进行测试，目前已完成评价工具的集中采购。

三、以内控专题纳入新一代核心系统建设为契机，提升全行自动化控制水平

认真组织落实行领导的批示要求，专门组建了内控专题小组，配合新一代核心系统流程建模，提出了“七步规范、三条主线”的内控管理工作能力提升方案，将标准化内控要求嵌入业务流程，实现业务实现与内控管理的有机融合，使新一代核心系统建设的后发优势更为明显，有效提高全行的机控水平。

2012年，完成了研究设计的内控标准化工作流程、控制标准库模型、流程特殊控制模型、流程风控矩阵，统一了控制语言。同时初步设计了三级标准化控制规则，从500多条系统控制措施中提炼了可通过新一代核心系统实现的84条通用性的系统控制规则，设计出了适合我行的25个系统控制模型；初步建立了金融市场、客户资产管理和渠道管理三个试点领域的共用控制标准；将企业级和领域级控制规则嵌入钞箱配款、债券投资业务等9个试点流程中，形成流程级特殊控制。此外还初步建立了风险识别与评估的程序、方法模型及风险热图，统一了风险评估和监控的标准。

四、以融入业务、贴近控制为出发点，支持协助业务条线完善控制措施

通过派员赴业务部门跟岗、建立动态联系机制、深入分行专题调研等方式，将内控工作贴近业务流程。一是完成金融市场业务内控有效性和电子商务金融服务平台风险评估。二是从内控合规角度分析了相关省分行网络银行业务在平台准入、受理、申请、合同签订、贷后管理、制度和产品设计、联贷联保产品控制风险能力七个方面存在的问题，提出了具体整改建议。三是参与了金融市场业务CSA项下抵押品管理流程优化工作。四是协助投资托管部、投资银行部制定了本条线的内控管理制度，全方位、多角度对业务部门予以内控专业化支持。

下发了2012年海外机构与子公司的内控规范实施工作方案，深入推进海外分行与子公司内控规范实施。目前，绝大部分海外分行与子公司完成了内部控制梳理工作，部分完成了内控手册的编写工作，海外内控规范实施工作取得了实质性进展。

五、以完善整改标准为核心，提升整改工作效能

一是为有效解决屡查屡犯问题，会同审计部、公司业务部，在河北等5个分行开展了整改工作小组负责制试点工作，设置了问题复发容忍度标准和同类问题复发监测期，共同分析问题成因，制定整改标准，推动试点分行在整改的真实性、持续性和系统性上下工夫。

二是调整整改工作评价指标权重，将屡查屡犯问题复发情况指标、整改状态偏离度指标在整改评价中的考核权重大幅提高，淡化“具体个案整改率”，加强对多发问题治理工作的重视，加大对虚假整改的处罚力度，彻底改变问题复发率与整改率均很高的畸形状况。截至2012年末，会同个金、房金业务条线持续开展的20类屡查屡犯问题整改治理中，有15类问题年度复发问题数量

降幅超过50%，其中5类问题降幅在90%以上。

六、探索新的反洗钱管理模式，持续优化操作系统

一是针对基层员工反洗钱数据补录压力过大这一困扰我行多年的突出问题，先后6次优化了反洗钱系统，反洗钱数据补录量下降82.58%，可疑交易报告数量下降74.93%，平均每天全行节约4 518个工时，解放了一线生产力。

二是积极推动反洗钱合规管理模式转变。按照监管精神，指导河北、山东、上海等分行先期开展了反洗钱集中试点，将反洗钱数据处理从基层行上收到上级管理行，大大提高了工作质量和效率。

三是提出反洗钱能力提升的解决方案。通过梳理现状、剖析根因、对比差异、借鉴领先实践，总行初步完成了新一代反洗钱专题研究工作，设计了涵盖客户身份识别等6大功能模块的反洗钱业务架构，设计了将反洗钱控制要求嵌入到所有业务过程和各个操作环节中的一体化方案，提出了以专业化队伍和集中式运营为核心的反洗钱组织架构，形成了具备前瞻性、一体化、专业化、集中化和风险为本五大特点的反洗钱管理体系。

七、加强关联方的识别与梳理，提升内部交易集约化管理水平

一是组织多种形式的风险提示与风险检查。持续监测集团关联交易风险，按月发布关联交易风险提示，按季度向关联委汇报关联交易管理情况并对外报告披露，针对每一位建设银行董事、监事、高级管理人员印制关联交易、内部交易及内幕交易知识问答，提示全行关注相关风险。对九家分行进行了关联交易和内部交易检查，并通过“分行间跟岗培训”等方式督促分行提升管理水平。

二是运用科技手段提升关联交易和内部交易管理水平。认真落实关联委推动关联交易管理前置的指示精神，与新一代、业务部门积极配合，启动了新一代关联交易主题工作，研究将关联交易监控功能嵌入业务流程中。优化了关联交易系统功能，减轻了基层人员工作负担。

八、加强宣传与培训，推进内控合规文化建设

推出部门主页网站，通过工作动态、政策制度、风险提示、内控合规业务参考等渠道，及时传导行领导对内控合规工作的要求。在建设银行报组织进行了内控基本规定、关联交易、问题整改、内控评价等专题（版）宣传，推动培育合规文化。发布工作简报11期，业务参考5期，及时传导了外部监管动态、总分行工作动态，组织分行间经验交流与信息共享。

认真组织参加金融业反洗钱岗位准入培训，已完成三批的参训7 601人次，平均合格率达99.71%。共制作了20期原创漫画形式的“反洗钱小知识”，取得了良好反响。

与监管部门及国有大型商业银行均建立了定期沟通交流机制。作为内控规范实施活动组织圆满、成果突出的唯一一家银行代表，在北京辖区上市公司监管工作会议上进行了内控规范实施工作经验介绍。

执笔：总行内控合规部

内部审计

2012年，在建设银行有针对性地组织实施了25个（类）系统性审计项目，1 896个自选审计项目，发现重要风险隐患218个，提出审计建议6 800余条，为规范经营管理、强化风险防控、促

进业务发展发挥了积极作用，有效实现了内部审计价值。

一、突出重点，兼顾全面，认真履行审计职责

（一）加大了对重要领域和区域的审计力度

关注了高风险行业、客户和机构的信贷业务，有效揭示了风险隐患。突出集团化管理要求，开展了部分海外机构和子公司的审计工作。配合全行“金融市场业务管理年”活动，开展了总行本级债券投资业务审计。积极关注信息技术领域，实施了 CLPM 系统应用控制等 4 项审计。各审计机构结合驻地分行业务和区域风险特征，有针对性地开展了多个领域的自选项目，加大了对重点监控二级机构的审计力度，更好地体现了对驻地分行的支持与服务。

2012 年 3 月 30 日，建设银行 2012 年审计工作会议在上海召开。

（二）强化了对监管重点和基础管理领域的审计工作

根据监管评估意见，及时开展新资本协议项下操作风险管理等 3 项审计。全面落实银监会要求，实施了房地产贷款、政府融资平台贷款、理财业务和影子银行 4 类业务的检查。加大了对基础管理领域的审计力度，开展了个贷审批及贷后管理、对公存款及结算业务、营业机构印章权证支付密码器管理使用等项目。

（三）认真组织实施了不同层级的经济责任审计

全年实施一级分行及总行部门级负责人经济责任审计 45 项，二级分行及以下机构负责人经济责任审计 1 711 项，通过修订办法、完善信息库

2012 年 9 月 10 日，审计条线高级管理人员培训班在上海复旦大学举办。

建设等多项措施，突出了关键环节的质量管理，提高了报告质量。

（四）加强了审计跟踪和审计结果运用

专题开展内部控制改进与跟踪分析，加强了立项管理，拓展了审计跟踪深度。在各类审计项目中，注重跟踪以往发现的问题，关注了整改机制、工作流程、职责分工以及整改效果，初步实现了审计跟踪的常态化。研究分析系统性整改不足的成因，专题调研审计跟踪的组织管理等课题，进一步规范和指导审计跟踪工作。

2012 年，审计部门在揭示风险隐患和管理漏洞的同时，加强了审计信息的分析利用，有效促进了具体风险事项的防范和整体风险的管控。各审计机构全年上报各类审计报告 865 份，审计信息 768 份。审计部审核、汇总后向总行领导呈报重要报告 54 份，向总行部门发送重要审计信息 222 件。

针对审计发现的问题和情况，总行领导多次作出重要批示，多次召开行长办公会议或专题会议，研究部署整改工作。各业务部门和分行及时响应，通过出台管理规范、完善制度流程、优化信息系统、及时纠正具体问题等方式，积极落实了整改工作。

二、强化责任，完善机制，不断提高审计质量

（一）着力提高全员责任意识

加强对机构负责人和各级审计人员的教育和要求，不断强化责任意识。采取多种方式，督导

各级审计人员恪尽职守、敢于担当，厘清细化各工作环节的责任，提高了审计队伍的执行力，提高了审计工作的有效性。

（二）全面开展审计机构内评估工作

以6大类20个指标为基础框架，组织39家审计机构开展了内评估工作。内评估促进了各机构正视自我、剖析不足、挖掘潜能和提升能力等工作，也有利于总行加强整体掌控、确定发展思路和管理措施。

（三）制定内部审计工作“十二五”实施计划

围绕科学计划、组织运作、专业研究、质量控制、成果运用五项重点工作，突出队伍、专业、技术、规范和文化五项建设，确立了内部审计发展目标，为提升内部审计实力明确了方向。

（四）完善审计工作流程和机制

研究建立审计项目纠错纠偏机制，督促审计机构和审计人员，完善相关机制，加强流程控制，尽能尽责。注重方案编制、审计报告意见征求等基础环节，研究不同类型审计项目的程序控制要求，全系统开展项目质量讲评140余次，促进项目质量管理。完善审计系统工作考评方案，增加经济责任审计和审计跟踪工作考核权重，突出重要审计发现和审计工作质量等内容。

（五）加强审计机构内部管理

组织对8家审计机构基础管理情况的现场检查，传导总行要求，改进机构管理。总行相关部门共同努力，加强了审计机构的人员和财务基础管理，积极推进绩效管理试点工作。开展了9家海外机构和5家境内子公司内部审计情况调查，全面了解相关机构自身内审情况，加大了集团内部审计协同工作力度。

三、夯实基础，强化专业，卓有成效地开展“审计能力提升年”活动

“审计能力提升年”活动，以“三查、三评、三实践”为载体，以提升组织协调、高效执行、分析研究和审计查证四项能力为重点，与全年工作紧密结合，影响面大，参与度高，既促进了当期审计成效，又提升了审计专业能力，夯实了未来发展基础。

（一）强化系统组织，推进了审计专业化建设

召开全行审计专业化建设研讨会，全面系统地部署和推进专业化建设工作。组织调整专业体系架构和专业机构群，完善成果管理方法，探索专业化建设常态运行机制。加强审计知识库的应用和维护，增强了知识库对审计工作的支持。

（二）强化分析研究，增强了审计履职效能

提升审计人员的分析能力，采取措施将专业研究的效果体现在审计过程、审计发现和审计建议中。鼓励审计机构全面梳理业务特点和审计方法，发挥专业研究对审计项目的基础支持作用。密切关注内部控制的风险点、外部监管要点以及重大业务事项和相关薄弱环节，开展分析研究工作。

（三）强化技术建设，改进了审计工具和方法

启动非现场审计系统（OAS）总行集中部署工作。扩展非现场审计模型应用范围，开展海外数据调研工作。提升全员非现场技术应用能力，38家审计机构通过A级、B级、C级、D级人员总体占比①超过年度目标。持续加强数据信息安全管理，提高全员信息安全责任意识，实施终端电脑全盘加密措施，研发系统日志检查工具。研究并尝试基于流程的审计技术和方法。

（四）强化队伍建设，优化了人员素质和结构

积极稳妥地实施审计人员交流和增长计划，有针对性地补充紧缺专业人才。2012年末审计系统总人数达到2 722人。落实新员工融入计划，加强新员工的培养和使用。下发《2012—2015年内部审计人员培训工作要点》，逐步建立和完善分类型、分专业、分层次的培训体系。全年共举办短期集中式培训班805期，各类审前培训588期，派员参加总行其他部门及驻地分行的培训280期，人均参训达到12.2次。

---

① 截至2012年底，38家审计机构共有A级审计人员89人，通过率为3.4%；B级审计人员313人，通过率为12%；C级审计人员1 168人，通过率为45%；D级审计人员2 249人，通过率为86%。

四、尽职尽责，积极协调，较好地完成了配合审计署的审计工作

2012年，审计署对我行开展了经济责任审计。审计部作为牵头配合部门，以对建设银行高度负责的态度，认真落实总行领导要求，积极协调总行有关部门和相关分行，做了大量深入细致的沟通配合工作，保障了审计的顺利开展，较好完成了有关工作任务。

执笔：陆君　王婷婷

产品创新与管理

一、加强统筹，明确全行流程银行建设和产品管理方向

（一）开展流程银行建设专题研究

围绕“推动理念变革、形成战略思路、引导管理创新”的要求，深入解析“流程银行”的提出背景、内涵、要求和实施路径等，提出进一步推进“流程银行建设”的总体思路、推进策略、范围界定以及通过新一代核心系统建设推动流程银行建设等相关建议。

（二）履行产品统筹与创新委员会办公室工作职责

拟定《产品统筹与创新委员会议事规则》，筹备统筹委第一次会议。

（三）制定全面推动产品创新工作的若干意见

提出近40项创新发展措施及要求，包括指导思想、总体原则、机制建设、重点领域创新、考核与激励、产品经理和创新人才培养等内容，制定时间表，发挥创新抓手作用。

（四）完成《我行与工商银行产品功能比对分析报告》

组织14家分行开展了与工商银行产品的全面比对，首次较为系统地进行了同业产品对比分析，形成了两家银行产品功能竞争力比较的大致视图。比对涵盖了我行可销售的500余个产品，明确了打平、优势、我行独有、需功能补齐和同业独有产品，形成了创新需求来源。

二、多措并举，全面推进产品创新管理

（一）加强产品创新、流程优化项目计划管理

编制下达2012年创新计划，实施计划的动态管理，按月监控全行创新计划执行进展，配合客户之声专项调查，定期通报全行创新工作情况并实施备案管理。2012年全行完成产品创新348项，其中总行完成76项，同比增长100%；完成流程优化项目378项，其中总行16项，同比增长77.78%；员工新提出产品创意7 812条，同比增长20.69%。

（二）开展产品创新主题系列活动

在全行范围开展产品创新主题系列活动，围绕资金结算、小企业、投资托管、财富与私人银行、投资银行、金融市场、电子银行等7个业务领域，共收集有效创意2 529条，集成28项产品创新方案，组织撰写总分行产品竞争力分析报告23篇，评选出107条优秀创意和10个优秀分行，奖励金额16.9万元，在全行范围初步营造了鼓励创新、参与创新的氛围。

（三）推进创新经验交流和优秀成果推广

梳理汇集了天津“E商贸通”、河北小企业融资、山东孔子龙卡、宁波科创金缘宝等分行产品创新成果案例，向全行发布13期工作简报。重点在小企业、住房金融与个人信贷业务、金融市场等领域，组织推动了产品创新的经验交流与推广

应用，组织专题培训3期，参训180人次，推介17个产品，初步探索出“部门联合、总分行联动”的创新成果推广模式。

（四）推动产品评价、产品监测及退出

初步建立自评价、审计评价与独立评价相结合的产品评价工作模式。全行全年共完成50项产品自评价报告。探索开展审计评价，配合审计部开展深圳市分行产品创新与管理审计调查项目，完成10个产品审计评价报告。印发了《关于部分产品退出的通知》，对“维萨虚拟卡”、“吉祥存单”、“理财钻石卡”三个产品实施退出。

（五）优化同业产品信息收集分析工作

印发《关于进一步加强同业产品信息收集工作的通知》，加大信息监测收集力度，优化信息发布渠道，全年共收集202条同业新产品信息，提出124条业务建议，并在总行信息网站首页按日发布同业产品信息。

（六）加快实验室创新成果产出和应用

发挥全行6家实验室的区域优势和自主创新作用，加强与各地实验室的创新联动和组织管理。主动开展前瞻性研究，深入开展Bank2.0研究，构想未来银行应用情境，提出建设策略。自主或联合开展新产品创新研发，其中，北京实验室与业务部门和分行联合研发，完成了小企业“节能贷”新型合同能源管理融资产品、代客保管黄金租赁理财产品设计等产品试点、供应链金融项目调研、理财产品二手交易平台可行性论证。

三、健全机制，夯实产品基础管理

（一）制定企业级标准《产品目录》

经与新一代项目组和总行各相关部门的多轮征求意见，并经产品统筹与创新委员会审核，制定了第一版按结构化、模型化方式建立的企业级产品目录，包含12个产品线、44个产品组、124个基础产品、1 171个可售产品以及16个维度的产品信息，为客户营销、产品创新与管理提供了重要保障。

（二）加大考核激励

制定《产品创新与流程优化奖励办法》，设立年度产品创意奖、产品创新奖、流程优化奖、最具创新力奖，年度奖金总额500万元。对总行产品部门的创新工作进行综合评价，并将产品创新纳入总行产品部门和分行的KPI考核，进一步激发了全行的创新潜能。

（三）提升全行创新能力建设

邀请微软、苹果等公司进行创新理念和实践经验交流，与美国银行开展“产品经营运行监测与报告体系设计”经验分享，配套持续的产品创新、客户之声工具技能和企业级建模流程能力培训，为近千名创新骨干提供了了解创新前沿动向、提升创新认知水平和提高执行能力的学习机会。

四、规范监测，扩大产品、服务改进驱动

（一）持续开展“神秘人”调查

规范分行“神秘人”调查次数，修订网点等渠道调查评价标准。每半年开展一期网点、理财中心、自助渠道和五星级网点等物理渠道地调查，完成2012年95533客服中心调查。2012年“神秘人”调查在规范执行、标准建设、覆盖渠道、同业监测范围、样本数量和考核评价应用等方面取得显著进展，对渠道服务质量改进的驱动作用进一步增强。

（二）加强客户满意度监测

持续监测我行和同业客户满意度，辅以借记卡、信用卡、个人理财、现金管理及支付结算等产品满意度专项调研。在不断提高调查报告可读性的基础上，加快报告发布频率，强化对分行的服务改进指导。2012年全行个人客户满意度64.5%，较上年度提升0.4个百分点，继续保持稳中有升态势，且高出同业平均水平1.2个百分点；对公总体客户满意度92.9%，较上年提升2.4个百分点。

（三）加强数据质量监控

制定《客户之声调查执行质量内部监控指引》，加强对客户满意度的跟踪与测评，提升客户调查结果的准确性。扩大分行的服务质量KPI考核差距，从0.6分调整至1.2分，进一步加大考核力度。

（四）深入开展竞争力比较

开展与招商银行个人类产品服务深度比对分析，从产品设计、业务流程、营销宣传和服务规范等不同维度深入挖掘分析存在的差异，为改进

我行个人客户服务提供直接线索。开展“百步之内看银行服务”活动，深入金融街区域各银行网点，亲身体验同业产品和服务，进一步挖掘服务改进线索。

五、选择重点，持续推进流程评估、优化与标准化

（一）加强流程评估

围绕“客户排队排在哪里”、“柜员辛苦苦在何处”，组织9家试点分行推进零售网点柜面流程评估，指导分行按照规范方法收集柜面常见业务交易量、流程处理时间、日始日终耗时、客户调查结果等数据，深入分析影响客户排队等候和员工负担的关键因素，提出了加强渠道分流、完善授权等10条建议。

（二）加大流程优化项目指导

重点支持前后台分离、小微企业信贷流程再造等项目，按季度跟踪分行项目进度，汇总项目经验与成果。

（三）建立关键流程能力指标体系

根据客户关注点和内部管理的要求，结合企业级建模三级流程模型，建立起包含582个活动、791个关键质量指标及其测量方法的关键流程能力指标体系。

六、加强研究，全力支持新一代企业级建模

（一）积极参与新一代企业级建模

研究制订企业级建模项目筹备、模型管理、产品建模、流程建模、需求管控及产品管理专题能力需求实现方案，目前已初步构建成功全行业务标准化、层次化、结构化统一描述的企业级业务模型。模型包含20个业务经营和管理领域、77个用户业务领域、115个逻辑应用组件、66个一级流程、261个二级流程、819个三级活动、4 168个四级任务、20 593个五级步骤，123个基础产品、2 230个产品条件、1 993个数据实体、2 578个需求。企业级模型将成为承载全行业务架构，分析业务需求，支持业务执行和IT实施的坚实基础。

（二）构建产品模型

借鉴工业企业模块化制造思路，基于企业级建模产出的高阶产品目录，优化产品分类结构，梳理并解析可售产品的具体规则、限制、约束，形成291个产品组件、2 236个产品条件、3 832个产品条件取值，并已基本建成与五级步骤的关联。结构化、标准化的产品模型，为下一步通过选择产品条件和条件取值快速组装新的可售产品、为客户提供个性化服务，奠定了模型基础。

（三）研究需求管控长效机制

在新的需求管控模式下，探索出一套基于统一客户视图能将客户（市场）需求迅速转化为以流程、数据、产品为载体，以最新技术实现优质服务，且能调整适应流程变革的组织架构和管控模式。

（四）组织推进产品管理专题研究

开展工厂运行模式、产品目录发布与维护、优化产品快速创新流程、产品评价、可销售产品视图等产品管理能力研究，提出了利用结构化产品模型进行快速产品创新的解决方案，搭建了支持产品目录动态维护、及时发布与灵活应用的IT实现框架，完善了适应差异化创新需求的快速产品创新流程及配套政策，重构了能实现多层级、多维度产品评价和全周期指引的产品评价模型。

执笔：何静

法律事务管理

一、深度介入产品创新与重大项目，为经营管理决策提供有力法律支持

2012年，全行法律部门积极介入建设银行各项业务发展，进一步加大对产品创新和重大项目的支持保障力度，努力提供更为全面深入的法律支持保障，有效防范化解了各业务领域的法律风险。

努力做好创新产品推出前的法律风险论证和把关工作，优化产品法律结构，总行本部全年共参与90余项业务创新及重大项目，在促成业务目标达成的同时实现了法律风险的有效管理，受到了业务部门的高度评价。参与的业务创新主要包括国内保理、海外代付替代产品、养颐四方系列产品、善融商务电商平台、私人银行客户资产证明业务、个人商务卡、网上支付互联业务等。

2012年5月24日，建设银行法律工作座谈会在江西南昌召开。

积极参与重大项目，防范重大项目法律风险，维护银行权益。参与了伦敦子行离岸人民币债券发行项目、并购巴西某银行和并购印尼银行两个重大海外并购项目、财富架构美国银行专家派驻项目、香港地区机构整合与调整、对公人民币账户开户和签约便利化、俄罗斯代表处海外购置不动产等众多项目工作，确保了项目依法合规顺利推进。

积极参与业务谈判，2012年参与了GE中国授信项目谈判、黄金寄售交易协议谈判以及众多采购业务谈判，综合运用法律知识和谈判技巧，力争我行需求最大限度得以实现，有力维护了我行合法权益。

广泛开展面向前台、中台、后台各部门的法律审查服务，实现法律风险防范工作全覆盖。截至2012年12月31日，全行38个一级分行各级法律部门审查各类法律性文件共计18万份，涉及金额约6.8万亿元，法律意见全部采纳率为96.19%。其中，总行法律事务部对总行本部5 000余份法律性文件进行了合法性审查，有效防范了合同风险。

二、有效化解法律纠纷，着力维护建行声誉，“避风险、增效益”作用更加突出

2012年，法律条线共办理各类民事诉讼案件共计31 524件，涉案总金额为630.45亿元（其中新发生案件12 485件，涉案金额为307.42亿元）。经过努力，共计办结案件12 018件，结案金额为188.57亿元，胜诉率为99.08%，其中起诉案件通过诉讼手段回收62.86亿元，被诉案件通过诉讼减免财务赔偿支出10.86亿元，两项合计实现效益73.72亿元，法律工作创造价值作用更为突出、对全行综合效益的贡献更为明显。

妥善处理各类重大敏感法律纠纷，维护银行声誉、有效保全资产。总行直接处理重大法律纠纷30余件，总行直接作为当事人的10余起案件由总行本部员工自行代理且全部胜诉，标的为2 000万元的天棉公司诉新疆维吾尔自治区分行扣款侵权案等总行直接管理重大案件取得胜诉，由最高人民法院审理的案件的综合胜诉率连续第九年保持同业第一。

加强重大法律风险事件管理，总行参与处理了陕西小寨营业部违规转让、中江系以及发生在湖南、黑龙江、辽宁等省的重大风险事项，部分已取得阶段性成果或初见成效。

积极运用和解手段，快速有效化解纠纷。总行通过和解机制处理了新疆、青岛、河北、湖北等分行5笔代客衍生品交易纠纷，各分行也积极采用和解手段处理了大量存款纠纷，实现了减少损失与促进银企合作双赢。

三、加大知识产权保护工作力度，提升银行核心竞争力

2012年，我行知识产权工作取得新进展，知识产权申请的技术含量进一步增加。全年新取得21件专利、15件注册商标、35件计算机软件版权登记。截至2012年底，全行拥有商标938件、专利227件、计算机软件版权登记271件。除专利数量位居同业第二外（仅次于工商银行），商标和版权登记数量均位居第一。

跟进产品创新，提供知识产权保护，开展了“善融商务”名称的合法性论证，为“信用贷”、“留学易”等130余项新产品进行了商标检索和分析，成功撤销了在先注册的障碍商标以使我行的“乾元”商标顺利注册。

积极开展商标复审、异议以及专利答辩工作，总行完成了“中国建设银行”商标在台湾以及“房易通”、“冠军足球卡”等10余件重要产品商标在国内的复审申请工作，组织66件被临时驳回专利申请的答辩工作。

妥善处理微博图片版权等侵权事件。办理了山东省分行向总行转让孔子龙卡等两项外观设计专利事宜以及《投资研究》商标转让到总行名下的工作。组织完成全行第六次知识产权奖励。知识产权保护工作的有效开展，进一步促进了银行核心竞争力的提升。

四、加强授权工作科学化、动态化管理，确保总行经营决策和管理意图有效传导

深入开展规章修改授权清理，强化授权变更管控，维护行长授权的权威性。组织总行30多个部门对2011年授权书生效以来发布的规章及规范性文件进行了全面排查和彻底清理，对清理发现的40余项不规范的授权变更事项，逐一梳理，确认授权变更内容，及时发文明确相关授权变更事项和效力，以保证规章与现行授权书的一致性，便于分支机构执行和操作。同时统一授权变更形式，优化授权变更流程，提高授权变更效率。

加强授权工作的管理、指导与监督检查，不断提高授权精细化管理水平。拟订“授权管理操作手册”，涵盖授权管理要求和各类业务授权操作要求，针对五项主要授权管理工作和六大类31项业务授权提出了百余个管理或操作要点，并对境内分行227项授权事项，逐一明确了权限大小及限制性要求，转授权与再转授权范围和权限，并有针对性的提示主要风险点和授权操作记录，为分支机构授权操作提供指导。召开部分分行授权管理工作座谈会并对两家分行的授权工作开展了调研。

积极支持业务发展，全力提供授权保障，总行本部全年审核并制作各类授权书80余份，协助相关部门调整授权累计104项，保证了经营决策和管理意图的顺利传导。

五、深化合同文本体系建设，进一步满足监管要求和业务发展需要

持续开展中英文合同文本体系建设，总行制作完成了流动资金贷款、固定资产贷款、并购贷款3类10种合同文本英文本；制定下发了《计算机硬件产品采购合同》等8份信息技术类采购合同和《产品采购框架合同》等3份非信息技术类采购合同示范文本，初步搭建了我行采购类示范文本体系框架。

根据总行业务部门需求，制定了全套《公司及机构客户人民币法人账户透支业务合同文本》；对现行20余份个人信贷类合同文本中的费用承担条款进行全面修订，及时了满足监管要求。

组织开展全行“合同文本使用及法律性文件审查专项检查”，通过检查16万份法律性文件，发现并纠正了各级机构在合同文本使用、填写、审查及签署环节存在的问题，强化了全行依法合规经营意识。

六、深入研究当前热点难点金融法律问题，强化工作指导

撰写《房地产抵押设立与登记法律问题指导意见》、《关于我行网络银行融资业务相关法律问题的指导意见》、《关于信用保险融资业务法律风险的分析报告》、《涉及民间融资的银行纠纷处理指导意见》、《当前保函诉讼的主要问题和应对策略》、《涉及犯罪行为的贷款损失案件分析报告》等一批指导性文件，有效指导业务实践。

据统计，2012 年总行法律事务部围绕业务发展重点开展法律课题研究，先后出台 3 份指导意见和 10 份分析研究报告。

七、做好立法征询工作，为银行发展营造良好外部环境

积极参与国家立法，对《消费者权益保护法修正案》等法律草案提出意见，从维护银行利益角度提出合理建议。

做好监管规章及相关部委规章意见征询、法律问题讨论与调研，如参加住建部《房屋登记办法》调研座谈会、银行业协会《银团贷款合同示范文本》及前端文件修订研讨会、人民银行《人民币银行账户管理条例（草案）》专题课题小组等，提出有针对性的法律意见，努力营造有利于我行发展的法律及政策环境。

八、加强法律工作基础建设，提高精细化管理水平，促进法律工作纵深发展

组织召开 2012 年全行法律工作座谈会，总结上一年度工作、部署下一阶段工作任务，并对 2011 年法律工作先进集体和先进个人进行了表彰，福建、江西、广西、云南、青海五个分行获得法律工作先进集体称号，王众等 80 名同志获得法律工作先进个人称号。进一步规范重大法律风险事件管理，下发了法律类重大风险和突发事件应急处置预案，为相关工作开展提供指导。

加强对行内规章制度的合法性审查，2012 年总行本部共审查各部门规章制度草案 200 余件，保障了与国家法律法规、监管规定的一致性、符合性。积极为总行各部门提供各类法律咨询服务，有效支持各部门工作开展。

不断加强法制宣传与培训，针对业务发展过程中重要、疑难法律问题，总行举办了 4 个系统性法律培训，为总分行 20 余个培训班讲授法律课程，进一步提升了人员履岗能力与法律素质，促进依法治行进程。

执笔：邱纪成 宁欣

安全保卫

一、业务开展情况

（一）紧紧围绕“十八大”顺利召开全力以赴做好全行安全稳定工作

一是在全行安保工作会上重点部署“十八大”各项安全稳定工作。7 月，总行安保部在沈阳召开全行安保工作会议，就全行安全稳定工作作出部署，明确提出各级行要从社会治安综合治理、安全生产监督管理、案件防控、安保基础管理等方面扎实做好维稳工作。

二是召开总行本部和全行系统维护稳定工作视频会议。十八大前夕，总行接连召开本部和系统维护稳定工作会议，从落实安全管理责任制、重点部位防火防汛、妥善处置群体性突发事件以及加强本部办公楼出入管理四个方面对全行提出具体要求。

三是下发通知提出贯彻落实总行维稳会议相关要求。及时下发《关于贯彻落实总行机关维护

稳定工作会议精神的通知》，对总行机关各部门做好维稳工作提出具体要求。

四是下发安全维稳工作重要文件，部署全行安保条线安全维稳工作。下发《2012 年安全保卫工作要点》、《关于加强车辆安全运营管理积极预防交通事故的通知》，转发公安部《关于做好党的十八大期间银行业金融机构安全保卫工作的通知》，就确保全行安全稳定和安全运营提出明确要求。

（二）高效处置案件和风险事件，案件防查工作能力水平切实提升

一是严肃查处各类案件和风险事件。案件和风险事件主要涉及信贷、信用证、票据、银行卡、自助设备、营业网点等方面。

二是深入分析研究高科技和营业场所案件防控工作。加强自助设备伪卡犯罪案件研究，形成《关于加强自助设备（银行卡）违法犯罪活动的报告》、《有关防范网络钓鱼犯罪的风险提示》、《关于营业场所抢劫伤害案件法律问题分析报告》等文件材料，指导分支机构妥善应对类似事件。

三是积极协助公安机关打击各类违法犯罪活动。创新司法查处工作机制，制定《总行协助公安部开展重大案件涉案账户查处工作机制》。协助公安机关查处重大案件，积极主动维护国家金融安全和社会政治稳定，有效履行企业社会责任。

四是妥善应对各类安全事故。妥善处理重大安全事故，防止发生不稳定事件，对事故暴露出的问题隐患，责成分支行认真整改，消除事故的负面影响，并向总行报告整改情况和责任人处理情况。

（三）加大安全检查和业务培训工作力度，着力提升系统安全管理水平

一是根据新编制的《中国建设银行安全管理标准——安全隐患分级分类标准 JAB 800—2012》，总行安保部先后组织 13 个检查组，运用新的检查标准和工具，对天津等 13 个分行及成都 95533 等 6 家京外机构进行安全检查，对检查发现的隐患问题及时进行整改，有效扭转隐患易发频发态势。

二是积极探索和创新培训体系，加大培训力度。根据“管理人员重点培训、专业人员强化培训、基层人员普遍轮训”三项原则，继续加大培训工作力度。利用多种方式，总行安保部全年共组织举办 10 期安全保卫业务培训班，培训学员 934 人，培训人数达到 2011 年的 5 倍。圆满完成 2012 年度培训计划，培训力度大幅提升，培训形式持续创新，培训效果明显增强。

三是继续推进远程报警监控联网系统建设和应用。首先，做好方案审批和验收工作。分别对广东等 5 家省分行上报的方案进行指导完善；对厦门、青岛分行已建成项目，组织有关专家进行现场竣工验收。其次，制定《中国建设银行安保报警监控联网网络建设指导方案》。规范安保报警监控联网系统网络规划、架构、设计及技术标准。最后，制定《营业机构对公柜面业务远程监控检查指导意见》，完善对公柜面监督检查机制，拓宽系统应用范围。

四是协调配置应急安检专用车辆，为系统安全管理工作提供资源保障。在调查摸清一级、二级分行安全保卫部门安检专用车辆配备情况基础上，与财务会计部门共同形成应急安检专用车辆配备原则、标准和管理要求，向全行安全保卫条线统一增配应急安检专用车 123 辆，切实保障一线安保业务工作有效开展。

二、重要工作举措

（一）圆满召开全行安全保卫工作会议，明确新时期安全管理发展思路

7 月 18 日至 19 日，全行安全保卫工作会议在沈阳圆满召开。总行副行长、纪委书记朱洪波在会上作题为“深入开展‘平安建行’创建工作，努力提升全行安全管理水平”的重要讲话。总行领导从平安创建初显成效、案件防控能力不断提升、安防建设稳步推进、守押委托效果明显、制度建设趋于完善、改革创新步伐加快六个方面回顾总结了近年来的安保工作，指出了安全保卫工作存在的深层次问题，系统分析了安全保卫工作面临的严峻形势，明确了以深入开展“平安建行”创建工作为主线，转变观念、改革创新，扎实做好当前及今后一个时期全行安全保卫各项工作的总体思路和工作部署。各一级分行以及哈尔滨、常州培训中心分管安全保卫工作的行（中心）领导，一级分行安全保卫部主要负责人和总行有关部门代表共 101 人参加会议。

（二）以深化“平安建行”创建为主线，研究确立新时期全行安全保卫工作思路理念

全行安全保卫工作会议确立了新时期安全保卫工作思路理念。主要是在思想观念上，确立“以人为本、预防为主、融入业务、科技兴安”的四项原则和“安全重于泰山、安全就是效益、防范人人有责、风险有效转移、案件事故零容忍”的五个理念。在工作方式上，推进职能定位、工作模式、案件防控和条线管理的“四个转变”。在管理模式上，构建安保工作的制度、责任、应急、防卫、考核、保障“六个体系”。在机制建设上，建立总行、一级行、二级行、基层行的四级管理和点库楼房区的五极防范长效机制。在手段运用上，充分发挥远程监控系统、安全预警系统、安全信息系统“三大系统”的作用。这些平安创建工作思路、目标任务、工作方法为全行做好新时期安全管理工作打下了坚实的思想基础。

（三）突出抓好制度建设，安保工作规范化、科学化水平大幅提升

紧紧围绕重点难点问题，研究制定一系列重要规章制度和规范性文件。印发了《关于深入开展“平安建行”创建工作的意见》、《中国建设银行安全预警工作暂行规定》、《中国建设银行一级分行安全保卫工作考核办法（试行）》、《中国建设银行加强总行京外机构安全保卫工作的意见》、《一线员工应对和处置抢劫案件要点》、《自助银行（设备）案件应急处置暂行办法》、《总行协助公安部等司法机关查处涉案账户工作机制》、《中国建设银行总行本部信达大厦地面停车场管理办法》等规范性文件。

（四）以“四级管理”、“五极防范”为重点，努力推动体制机制创新

一是创新安全检查工作机制。在同业首创银行业安全管理标准——《中国建设银行安全管理标准——安全隐患分级分类标准 JAB 800—2012》，将一级分行、二级分行、基层支行三级管理和点、库、楼、房、区五极防范重点部位细分成306大项、800条款的标准条款，实现安全检查工作标准化管理，有效提升系统安全管理工作水平。

二是初步建成安全预警系统。自2011年5月初创预警系统以来，共下发安全预警提示100期，其中案件和风险事件类44期，安全事故类9期，自然灾害类30期，恐怖袭击类1期，重大活动类3期，隐患问题类13期。

三是安全信息平台作用凸显。全年编报安全保卫要情快报21期、安全保卫信息快报83期、安全保卫部工作周报44期、安全预警提示74期。

（五）表彰平安创建活动先进集体和先进个人

2012年7月18日，在沈阳召开的建设银行安全保卫工作会议上，总行首次对“平安建行”创建活动先进集体、先进个人进行表彰。天津市分行等4家一级分行、河北省保定市分行等38家二级分行、北京市前门支行等111家基层营业机构和197名个人分获先进集体、先进个人荣誉称号。会上，安徽省马鞍山分行、重庆观音桥支行东和春天储蓄所、浙江金华分行安保部经理杨琛等获奖单位和个人的代表作了发言；江西省分行、辽宁省分行、福建省分行、天津市分行、上海市分行在会上作经验介绍。通过表彰，进一步鼓舞了各级机构和广大员工的士气，对推动平安创建工作深入持久开展起到了积极的促进作用。

执笔：李勇

三、党建工作与队伍建设

人力资源管理工作

一、加强基层党组织建设

一是做好创先争优活动收尾工作。深入开展“三亮三比三评”活动，建立责任区1.7万多个，示范窗口1.5万多个，先锋岗、示范岗2.6万多个，各级组织党员互评1.6万多次，群众评议近1.1万次，编发活动简报147期，积极推进创先争优长效机制建设，受到中组部领导高度赞扬。

二是完成党的十八大代表选举工作。按“三上三下”程序开展选举工作，严格代表资格，及时沟通汇报，召开全行党代表会议，选举产生4名出席党的十八大代表。

三是深入推进基层组织建设年工作。全行共有党组织11 828个，比2011年增加2 115个。浦东分行党委、福州城东支行党委被中共中央组织部授予“全国创先争优先进基层党组织”称号。

四是组织开好党员领导干部民主生活会。加强指导，认真组织，严格规范会议程序，切实提高民主生活质量。

五是做好党员教育管理工作。全行共有17.8万多名党员，比上年增加1万多名。编写《党支部组织工作手册》等5部教材，河南省分行典型材料被用于全国组织工作培训教材。培训基层党组织负责人和业务骨干2 000多人。拨付480万元慰问资金，慰问4000名生活困难党员、老党员和老干部。

二、加强干部队伍管理

一是完善干部管理制度。修订领导人员聘任管理办法，规范领导人员聘期管理；修订分支机构领导人员职数管理暂行规定，规范各级机构领导人员职数管理。

二是加强分行领导班子建设。对28个一级分行、3个审计机构的领导班子进行了调整补充，共计职务任免90人次，涉及“一把手”调整的8个单位。

三是加强总行本部、海外机构和子公司部门级人员管理。办理职务任免91人次。组织总行部门级副职后备干部选拔，共68人。组织总行部门处级干部考察聘任，新提聘163人。

四是开展干部竞争性选拔工作。在全行范围内公开选拔总行部门总经理1人、副总经理18人、一级分行副行长6人、风险总监1人，总行部门副总经理级专职贷款审批人10人。

五是加大后备干部队伍建设。全行副行级后备干部再次集中调整工作基本完成，队伍规模达336人，平均年龄44岁。举办3期后备干部党校培训班，共173名后备干部参加培训。

六是实施分行领导班子综合经营竞争能力监测。组织完成首次监测评分工作，并及时查找原因，研究措施方案，不断提高市场竞争能力和风险防控能力。

七是进一步加强干部监督工作。继续开展全行干部选拔任用工作监督检查，完成2011年干部选拔工作民主评议及新提拔干部的民主测评。

八是完成中组部等上级部门交办的各项任务。配合中组部完成我行领导班子和领导人员年度考核、干部“一报告、两评议”、十八大“两委”人选考察、部分高管人员考察等工作，配合统计局完成干部满意度测评。

三、加强各类人才队伍建设

一是组织召开全行组织人事工作会议。就进一步加强全行干部、人才队伍建设，深化人力资源改革等明确部署和安排。

二是推进全行专业技术人才队伍建设。全行专业技术人才队伍总量持续增长，到2012年底5.8万人，较上年新增2 117人。

三是组织开展二类、三类行资深专业技术岗位职务聘任。完成岗位设置、员工报名、资格审核、综合评价、分行党委推荐、专家评审、组织考察等程序，将建议人选提交党委审议。

四是加强分行专业技术岗位职务聘任方案指导审批。共7个分行，三四级268人、五六级140人。

五是组织全行2012年高师评审。534人取得高师资格。确定各类中级专业技术资格224人，初级专业技术资格254人。

六是开展我行2012年享受政府特殊津贴人员推荐工作。共推荐4名同志报国家人社部审批。

七是完善专业技术岗位职务管理制度。制定资深专业技术人员考核实施方案，会同业务部门，修订公司机构客户经理、个人客户经理竞聘考试大纲。

八是与美国银行开展人力资源信息系统战略合作。

四、加强机构岗位绩效薪酬管理

一是规范分支机构职能部门设置管理。制定《分支机构职能部门设置管理办法》，控制分支机构职能部门数量，规范分支机构职能部门名称和决策流程。

二是研究省会城市行机构规范设置。制定《关于省会城市行机构规范设置的指导意见》，增强省会城市行综合实力，培育持续竞争优势。

三是优化全行岗位分类分级体系。按机构层级差异设置总行、一级分行、二级分行、支行及以下四个层次标准化岗位名录，形成全行统一的岗位视图。

四是完成总行本部“三定”工作。重新核定处级干部职数，对处级干部重新发文聘任，统一职务名称。

五是完善总行本部考核。推行一部一表，适当拉大考核差距，细分部门和员工考核档次，明确责任人员和完成时限。

六是强化全行人力费用管理。完成全行工资预算，涉及121个单位，约222.27亿元。

七是开展全行薪酬支付管理大检查。梳理薪酬支付流程，优化薪酬支付系统，切实杜绝支付风险。

八是做好总行各级人员薪酬服务工作。完成年度绩效工资清算3 000余人，约2.35亿元。年薪制人员清算报告544份。做好2011年董事、监事、高管薪酬分配清算，提请董事会薪酬委员会审议，并配合做好信息披露。

九是实施总行本部员工疗养计划，完成总行本部年度补充医疗保险投保、员工纳税申报，五险一金办理等工作。

五、提升培训工作质量

一是大力开展员工教育培训。全行共举办各类培训班43 220期，培训2 302 424人次，完成培训工作量3 207 003人天，参训学员对培训的平均满意度为4.6分（5分制）。

二是组织实施重点培训项目。举办井冈山培训班、高级研究班、二级分行行长、网点经理培训班共36期，培训2 002人。通过转培训，对全行1.3万名网点经理实现全部轮训。

三是认真开展境外培训。全行共举办境外培训班131期，培训4 950人次。

四是推广应用网络学习系统。开发上线电子课件291个，学习资料277个，电子书5 020本。员工注册网络课程4万多人次，完成课程学习2万多人次，学习时长1.8万多小时。

五是规范教材开发及兼职师资评聘。成立教材编审委员会，制定教材开发管理办法，开发12本教材。分专业对兼职师资进行统一聘任，实行名单制动态管理，共评聘740人。

执笔：张洋

反腐倡廉与纪检监察工作

一、加强教育和严格管理相结合，进一步增强全行廉洁合规从业意识

开展“讲党性、重修养、守廉洁、作表率”主题教育实践活动。以“三学、三评、三走、三建”为主要载体，在全行领导干部中开展形式多样的教育实践活动。组织员工参与评议79 147人次，领导干部参加客户体验55 219人次，为基层解决实际问题14 206件。在增强领导干部党性观念和廉洁意识、改进管理和服务、提升员工和客户满意度方面收到良好效果。

2012年2月28日，建设银行纪检监察工作会议在京召开。

认真落实中央及总行党委关于廉洁从业的规定和要求。严格执行领导干部报告个人有关事项、述职述廉、礼金礼品登记上交等制度，全行领导干部报告个人有关事项19 462人次、述职述廉20 710人次。

健全党风廉政建设责任制。根据中央有关精神，完善党风廉政建设责任制办法，进一步明确各级领导班子和领导干部的责任。分支机构通过签订党风廉政责任书、开展考核，促进了责任制的落实。

加强员工从业行为管理。认真贯彻中国银监会有关员工从业行为管理的规定和我行员工从业行为禁令，通过宣传、教育和检查，督促员工守牢从业底线。坚持开展员工行为排查，在做好日常排查的同时，对员工参与非法民间融资等禁止性行为开展集中排查，共排查60余万人次，发现并及时处置问题和线索4 165个，风险隐患得到了消除。

二、加强日常监督和重点监督相结合，进一步规范权力运行

加强和改进巡视监督。总行对部分分行进行了巡视，22个一级分行对所辖173个分支机构开展巡视，提出改进工作建议879条。总行跟踪督促2011年被巡视的8个分行进行全面整改，一级分行对70个分支机构进行了巡视回访。通过巡视监督，进一步加强了被巡视单位班子建设，推动了总、分行决策部署的贯彻落实，促进了合规经营和健康发展。

发挥信访举报的监督作用。对群众反映突出的选人用人、信贷管理、费用开支等问题进行严肃查处，处理了124名责任人，发现并纠正违规违纪问题和消除风险隐患126个。对领导干部存在的苗头性问题，提醒谈话152人次。信访举报在监督权力运行、维护和谐稳定等方面的作用得到进一步发挥。

强化对“权、钱、人”重点领域的监督。各级机构进一步完善和落实“三重一大”决策制

度，规范决策流程，提高决策质量。严格执行领导干部任职前听取纪委意见等规定，加强对选人用人的监督，提供领导干部任前廉政意见 3 248 人次。充分发挥特派员职能作用，强化对基层机构及其负责人的监督。坚持开展集中采购监督，对 2 万多个项目的程序合规性进行了审查，涉及预算总金额 188 亿元。组织全行对 2011 年以来的基本建设和集中采购项目开展专项效能监察，其中，总行和一级分行共检查综合业务用房购建项目 46 个，营业网点购置项目 277 个，集中采购项目 1 064 个，提出改进管理建议 857 条，促进了规范化管理。

三、严肃查处和主动防控相结合，进一步提升案件风险防范能力

严肃查处案件及重大违规违纪事件。全行立案查处内部操作性案件 2 起，案件风险率符合中国银监会监管指标要求。同时还严肃查处违规违纪问题，把案件风险"零容忍"的要求落到实处。对重大典型案件，及时通报全行，发挥案件查处的警示效果。坚持"一案一整改、一案一验收"，案发行和涉案业务条线认真开展案件整改，总分行对整改工作严格验收把关。

扎实开展案件专项治理。针对信贷、贿赂、非法民间融资、柜面业务四个方面的突出案件风险，总行制定了 41 项针对性的措施，在全行开展专项治理。一些分行结合实际开展"安全年"、"内控合规年"等活动，丰富治理内容和措施，取得了实效。各业务条线坚持常态化排查机制，围绕突出风险，定期组织业务排查。全行共识别、堵截案件和风险事件 723 起，避免资金损失 2.1 亿元。

推进案件防控长效机制建设。层层签署《案件防控工作责任状》，不断强化案件防控责任意识。完善案件防控工作考评，考评结果与 KPI 挂钩。一些分支机构结合实际，设立案件防控专项奖励基金。总分行将案件风险较为突出的下级机构确定为重点联系行，实施差别化的督导帮扶措施。坚持案件防控联席会议制度，纪检监察部门与业务部门共同研究案件防控工作。坚持案件风险分析预警制度，及时发布风险提示、编发案件防控动态，推动业务条线和各级机构及时采取防范措施。有的分行开发了案件防控监测系统、员工廉洁合规知识测评系统，运用信息技术提升案件防控能力。

四、严格问责和正面引导相结合，进一步加强从严治行

加大对案件和违规问题的问责力度。全行处理违规违纪责任人 3 065 人，其中，一级分行负责人级 13 人，二级分行负责人级 147 人，县级支行负责人级 725 人。针对不良信贷资产损失较大而问责偏轻偏软的问题，总行制订了授信业务违规问题审理标准，避免随意从轻减轻处理。向监管部门移送 45 名已调离建设银行责任人的处理建议，防止调离人员逃避责任。

进一步规范对检查发现问题的问责。按照"谁检查、谁认定、谁负责督促整改"的原则和"三个不放过"的要求，督促各级机构对内外部审计、检查发现的问题及时问责，并将问责率纳入案件防控工作考评。通过现场检查、定期通报、台账监测、编发典型审理案例等方式，加强对责任追究工作的督促指导。

推进轻微违规积分管理。通过定期通报、考评、专题研讨交流、重点帮扶等方式，各级机构主动运用积分手段加强基础管理的主动性进一步增强。全行对 84 135 人进行轻微违规积分，促进了全行员工遵章守纪、合规操作。

加强正面激励引导。制定奖励积分指导意见，鼓励员工合规操作和抵制违规行为，共有 15 302 人次获得奖励积分，兑现奖励 576 万元。落实堵截、检举和抵制违法违规行为奖励办法，兑现奖励 308 万元。

五、健全组织和提升能力相结合，进一步推进纪检监察自身建设

加强纪检监察组织建设。继续推进中央四部委 12 号文件及总行党委 3 号文件的贯彻落实，全行纪检监察组织机构和人员队伍在机构改革中基本保持稳定。完善纪委书记和纪检监察部主要负责人述职述廉制度。加强对纪检监察特派员的管理和考核，充分发挥特派员在基层机构反腐倡廉和案件防控中的作用。在纪检监察条线开展创先争优，对近年来纪检监察工作先进集体和个人进

行评选表彰。

加大纪检监察人员培训力度。总行举办一级分行纪委书记、纪检监察部总经理、业务骨干、特派员等培训班12期。坚持片区培训制度，基层纪检监察人员逐年得到轮训。举办了首期全行巡视工作培训班。选派业务骨干参加中纪委一院两中心8期培训。各分行通过自办培训班、共享相关业务培训资源，加大了培训力度。全行共培训2 000多人次，促进了纪检监察队伍专业素质提高。

发挥中国监察学会建设银行分会的平台作用，深入开展反腐倡廉理论研究。组织全行围绕工作中热点、难点问题，开展了3类21个课题的调研，形成78篇调研成果，进行交流、评选和表彰。《运用科技手段强化商业银行内控监督和风险防范》的调研课题，获得中国监察学会“2012年优秀理论研究成果一等奖”。分会组织编写的《国有控股商业银行纪检监察理论与实务》出版发行，填补了相关研究领域的空白。

执笔：赵向永

公共关系与企业文化建设

一、适应新的形势和要求，创新工作思路与方法

一是坚持制度先行，夯实了管理基础。认真落实总行党委章更生委员关于“职责、权限、依据、程序”工作四要素要求，修订了《声誉风险管理办法》，制定了《声誉风险事件应急响应及恢复预案》，建立了《媒体舆情快速联动应对机制》，发布了《年度社会责任报告编制披露工作规范（试行）》，修订了条线工作考核方案，确保了各项工作有章可循、有规可依。

二是大兴调研之风，拓展了工作思路。由总行牵头，深入基层、市场开展调研近20批次。对7家分行的视觉形象开展专项检查调研，对首都机场、高速铁路、户外LED屏等广告资源进行了实地考察研究；对贫困高中生、贫困英雄模范母亲等长期公益项目管理进行了回访检查。围绕声誉风险管理、企业文化培训教材、思想政治工作课题研究、一线员工成长帮助计划（EAP项目）推进等分别召开了专题座谈会，并与工商银行、中国银行、交通银行及美国银行等开展了业务交流，提高了工作决策的科学化水平。

三是建立沟通机制，提升了业务支持力度。主动加强了与业务部门的沟通联系，在加强日常沟通外，举办了总行部门通讯员联席会、广告人联系例会，按季度征集业务部门广告投放需求，每月邀请业务部门专家举办讲座。针对重点舆情应对、专项广告营销需求等举办专题沟通会，提高业务支持的有效性。

2012年5月4日，建设银行青年联合会成立暨“五四”表彰会议在京召开。

四是创新宣传模式，增强了工作实效。开创体验式新闻宣传新模式，邀请媒体“走进建行网点，当一天大堂经理”。转变文风，在银行宣传中“既见数字又见人”。在十八大专题宣传中加

2012年9月26日，建设银行“中国贫困英模母亲——建设银行资助计划”项目总结大会暨资助金发放仪式在京召开。

2012年7月，由建设银行捐赠的母亲健康快车为宁夏地区的老百姓进行义诊，图为医生和接受义诊的村民在母亲健康快车前合影。

入大量我行普通基层员工素材，展现了我行发展成就和员工精神风貌，少了宣传腔，多了人情味。重视通过中央主流媒体宣传，并加大了网络和市场化媒体宣传力度；通过总分行联动开展集中宣传，扩大了宣传声势和社会影响。

五是工作亮点突出，成绩显著。对全行改革发展成果的正面宣传效果进一步提升；各级机构对声誉风险的重视程度和舆情应对能力在实战中不断增强；广告宣传在形象、内容、信息的集中统一上初见成效；企业核心价值理念更加深入人心，我行历史上也是同业中首部《企业文化培训教材》正式付印；思想政治工作在疏导压力、激发动力、温暖人心方面取得积极成效；全行有28个青年集体和优秀青年获中央金融团工委以上荣誉称号，居金融系统前列。全行在2012年获得国内外奖项荣誉91项，其中包括美国《环球金融》、香港《亚洲风险》、《金融时报》、《中国经营报》等国际国内媒体评选的唯一年度最佳大奖。品牌价值不断提升，在Interbrand“2012最佳中国品牌价值排行榜”中以1 120.28亿元的综合品牌价值位列榜单第二，较上年上升一位，稳居银行业首位。

二、围绕中心，服务大局，大力支持业务发展

一是迎接、学习、宣传党的十八大，及时传递中央及总行党委精神，营造浓厚的学习氛围。印发《关于认真学习宣传贯彻党的十八大精神的通知》，推动各级机构组织举办专题学习和实践活动。十八大召开后第一时间对外报道全行员工反响和总行党委贯彻落实举措，在《人民日报》等15家纸媒和新浪、凤凰等6家网站宣传我行支持实体经济、服务客户的举措与成效。

二是宣传全行改革发展新成果、新特色、新亮点，针对新形势加强了声誉风险管理。首先，积极适应新形势下市场媒体特点和规律的变化，在《人民日报》、新华社和《英国金融时报》、路透社等国内国际主流媒体刊发新闻稿件21 900多篇。先后组织策划了“两会”专题访谈、“十八大会议精神”专题报道，开展了“走进建行网点，当一天大堂经理”等重点报道。其次，注重机制和流程再造，声誉风险规范化管理取得新成效。召开了上市以来首次以声誉风险管理为主题的全行工作（视频）会议，建立健全制度机制，规范风险识别、监测、报告、处置；启用了覆盖全行的新一代舆情监测系统，对总分行、子公司、海外机构舆情进行24小时不间断监测，全年全行处置各类负面舆情827起，处置并化解潜在舆情1 312起，据第三方机构监测，我行发生的负面舆情数量在四大行中处于第三位。

三是持续推动品牌管理和社会责任工作，传播建设银行良好形象，有力提升了建设银行品牌价值。首先，集中资源，统一形象，重点宣传了多个业务品牌。全年广告投放执行率为99.60%。不断优化投放渠道，深化对主渠道研究，购得央视主标段广告及套售广告资源。全年设计制作40多支平面广告，3支电视广告及10支视频宣传片，设计水

准和传播效果有明显提高。其次，以事件营销为抓手，开展整合营销宣传。连续四年组织全行开展旺季营销宣传活动；奥运期间重点投放金融IC卡广告，推动发卡量增长；开展“龙年用龙卡”、“赛龙舟 用龙卡”等主题活动，整合推广多种银行卡产品。开展“旺季营销微博活动”、“2012微总结活动”互动营销活动。再次，持续巩固“蓝色银行”品牌形象。对多家分行开展企业视觉形象检查调研，指导协助分行、子公司推进蓝色银行形象建设；筹划修订网点视觉形象建设标准，启动了私人银行环境视觉形象项目；更新了行旗样式；论证完善了“善建者行”宣传语，维护“善建者行”商标权益，下发方正字库字体，强化知识产权管理。最后，社会责任管理与宣传取得新成效。编制发布了《2011年度社会责任报告》，举办了公益摄影大赛，组织开展“建行公益行”，扎实推进“母亲健康快车”等长期公益项目的实施，截至2012年底，累计资助贫困高中生、少数民族大学生9.2万人次，资助贫困英模母亲9 000人次，援建希望小学38所；在甘肃、青海、新疆贫困县捐赠48台“母亲健康快车”；贫困英雄模范母亲项目获民政部颁发的“中华慈善奖”。

四是深入开展企业价值引导、员工思想教育和心理疏导工作，增进全行凝聚力、向心力和工作活力。首先，开展主题系列活动，推进企业文化建设“三项工程”，为业务发展注入强大精神动力。组织开展“践行核心价值观，服务合规促发展”主题系列活动，全行开展“走、转、促”调研活动10 597次，解决实际问题3 418个；全行开展“四比”活动共1 150场；征集“三大一高”服务营销创新案例共1 281篇。推进企业文化建设“典型示范工程”、“培训教育工程”、“评估工程”，重点打造了湖北武汉百步亭“社区银行”等服务品牌。编写完成了《中国建设银行企业文化培训教材》，开展企业文化评估试点项目，并就深入开展《国有及国有控股企业文化工作评价指标体系及实施细则》进行了试点。其次，深入推进员工思想教育与文明创建工作。组织全行围绕13个重、难点问题开展“思想政治工作课题研究与实践”活动。开展“员工身边故事”宣传教育活动，34个普通员工的感人故事得到广泛传播。组织中央和地方媒体对第三批全国文明单位、第三届总行级文明单位进行了宣传报道。配合旺季营销，指导多家分行举行文明单位揭牌仪式。组织开展了文明创建“六个一”展示活动。“老干部口述行史”摄制工作进展顺利。我行开展的“喜迎党的十八大”读书竞赛活动被中宣部授予“组织奖”。最后，落实党建带团建要求，不断创新工作载体，引导和服务青年员工成长成才。成立了中国建设银行青年联合会，组织策划了“喜庆十八大，建言促发展”和“百点调研、百企联谊”青联主题活动，积极搭建青年成才交流平台。开展“十杰”和青年岗位能手评优、青年志愿服务等一系列青年活动。持续实施“一线员工成长帮助计划”，编印了《EAP推进手册》、《员工减压手册》，总结了基层EAP落地模式，对全行40个网点进行了落地推广，有效地缓解了员工压力，提升了工作活力。

三、加强基础管理，提升了专业化精细化水平

一是管理与考核更加精细。拟定了《部门2012年度绩效目标任务书》，修订下发了《全行公共关系与企业文化工作考评方案》，开展了半年工作总结和考核，按季度梳理了培训、会议等计划执行情况，修订了部务管理规定和员工考核方案，明确了工作导向。

二是培训的质与量同步提升。全年开展了8个培训项目，培训对象向基层倾斜，内容更具针对性，强调经验交流与现场演练。在与外部机构合作开展EAP项目和企业文化评估项目时，逐步锻炼、培养我行专业人才队伍。

三是信息平台建设得到加强。改版了《公关工作动态》和企业信息网公关部主页，全年编辑下发《公关工作动态》25期，编发领导讲话、员工故事等专刊9期，发布网页信息2 550篇，有力促进了条线工作的指导与交流。探索总行环形LED平台的日常维护与宣传工作，打造成为重要的形象宣传窗口。

四是作风建设取得明显成效。组织了业务讲座和部内交流活动，开展了先进党员评选表彰和经验交流，开展了“回顾革命历史 坚定理想信念”主题党日活动和团队拓展活动，坚定了理想信念，增强了团队凝聚力。组建跨处室任务团队，

共同完成十八大宣传、舆情处置等重要紧急任务。旗帜鲜明地开展表扬和批评，激发了队伍的工作积极性和创造力；反复强调公关条线“七要七不准”，不触红线，不破底线，保持了队伍廉洁从业的本色。

执笔：唐孝佳

总行机关党建工作

一、着力推进思想教育和企业文化工作

一是认真组织坚定理想信念教育。为迎接党的十八大胜利召开，机关党委按照中央国家机关工委的部署，组织开展了坚定理想信念主题教育活动，以“三进三察三提”学习实践活动为载体，组织90名总行优秀党团员及员工代表第7次走进新疆和广西，开展“爱心助学和民族大团结”实践活动。这一做法得到了社会各界的高度赞誉，被工委授予“中央国家机关优秀学习品牌”。此外，机关党委还组织约800人次参观了“科学发展，成就辉煌”和“复兴之路”大型图片展览，组织约2 000人次观看了教育片《苏联亡党亡国20年祭》和《忠诚与背叛》。

二是大力宣传党的十八大精神。实时利用电子大屏、企业网刊发了十八大报告要点及员工撰写的学习体会约300篇。结合建设银行改革发展实际，组织召开了总行机关处长、业务骨干和民主党派成员学习贯彻十八大精神座谈会，王洪章董事长亲自参加了机关处长和业务骨干座谈会并发表重要讲话。组织了“机关大讲堂”系列专题教育，邀请知名专家学者，分专题分层次对十八大精神、黄岩岛、钓鱼岛等热点焦点进行了深入解读，并为每名员工购买了《十八大报告辅导读本》等学习书籍，积极推动学习型总行建设。组织青年员工参加了团中央推出的“千网联动学习十八大”专题网页在线互动、“感悟十八大·青春正能量”微博编创传播和总行团委组织的“喜庆十八大，建言促发展”活动，丰富和拓展了学习教育的方法手段。期间，工委《信息交流》、紫光阁网站累计刊登建设银行宣传稿件60余篇；企业网和电子大屏播出了机关党委自制的多媒体课件170个。

三是加强和改进思想政治工作。针对个别部门的领导班子不团结和干群关系紧张等问题，与支部的主要成员进行了面对面沟通、心贴心交流，千方百计化解矛盾，苦口婆心消除误解，最大限度凝聚共识。积极推进“员工成长计划”，邀请专业机构共同研究员工心理辅导方案，举办了心理学培训班，发放了员工心理关爱卡，开通了心理咨询电话服务，积极探索新形势下思想政治工作的专业化手段。结合全行第三届职工代表大会第二次会议，组织了总行职工代表的增补调整，广泛征集职工代表提案建议，推动员工民主决策，维护员工的合法权益。

四是深化企业文化建设。牢牢把握王洪章董事长提出的六型总行建设要求，从加强和改进机关作风抓起，不断深化企业文化建设。组织各支部制定了创建六型总行工作规划措施；以改进工作作风、创建六型总行为主题，组织召开了机关党支部书记座谈会，王洪章董事长到会并讲话；利用《机关党建工作动态》宣传了集团客户部、个人投资与存款部等11个部门的创建六型总行的经验做法；印发了《总行机关加强和改进工作作风的有关规定》，坚决贯彻落实中央、总行党委关于改进工作作风，密切联系群众的规定要求；组织了“了解与理解”主题实践活动，有效增进总行部门间的相互了解和团结协作。组织参加了全行企业文化建设先进单位和先进工作者评选活动，行长办公室、集团客户部和电话银行武汉中

心等3个单位及2名员工获得荣誉称号。

二、着力加强总行机关的党团组织建设

一是精心组织十八大代表的推荐选举。根据中央和总行党委部署，机关党委及时编制了《总行本部党代表会议筹备情况报告》、《总行本部党代表会议选举办法（草案）》，组织召开了总行本部党代表会议，选举产生了参加总行党代会的15名会议代表；及时制定下发了《总行本部党的十八大代表选举工作方案》，选举产生了总行机关参加党的十八大的5名代表候选人。

二是精心组织在创先争优活动中开展基层组织年活动。按照中央和总行党委要求，机关党委制定下发了《关于总行本部直属机构基层党组织设置的通知》，明确了直属机构基层党组织设置的具体形式和工作职责。组织开展了"走进基层党支部，推广支部工作法"活动，建设银行报记者常青采写的《贴近是一种态度——中国建设银行集团客户部党支部"三贴近"工作法》，被工委评为"优秀手记"，机关党委获"优秀组织奖"。认真落实创先争优评比的有关要求，按照"好"、"较好"、"一般"、"较差"四个等级，对所属63个党支部进行了分类定级。在此基础上，组织召开了总行本部创先争优表彰暨先进事迹宣传大会，全面总结了经验成果，宣传表彰了17个先进基层党组织和350名优秀共产党员。表彰大会内容丰富、形式新颖，先进事迹感人至深、催人奋进。

三是认真组织党员发展工作和领导干部民主生活会。先后举办2期共115名入党积极分子参加的党的理论培训班；在完善党员发展记实制的基础上，推行了票决制和公示制，加强和改进了党员发展工作，全年共接收预备党员71名，审核了100名党员发展对象的档案材料，审议批准了105名预备党员转正；组织了新党员的入党宣誓仪式，加强党员队伍的教育管理。组织征集了总行党员群众对总行党委及班子成员的意见和建议52条；参加并指导了部分党支部的领导干部民主生活会。

四是坚持党建带团建。召开了总行机关第九次共青团代表大会，选举产生了第九届总行机关团委会，指导7个团支部进行了组建和改选。对总行各基层团组织进行普遍调查摸底，编写了机关团委工作流程。以传承五四精神、坚定理想信念为主题，组织召开了纪念建团90周年青年员工座谈会，总行党委委员章更生同志出席会议并讲话。五四青年节期间，表彰了44名优秀共青团员、37名优秀共青团干部和17个五四红旗团组织，共有3个团支部和6名青年员工获得全国级、总行级荣誉称号。组织青年志愿者在牛街敬老院开展敬老助老活动，为打工子弟学校捐赠电脑60台和现金1万元；组织了"弘扬爱国精神，表彰先进青年"等一系列主题团日活动。

三、着力强化总行机关党风廉政建设和反腐败工作

一是积极推进廉洁文化建设。为深入贯彻落实中央、总行纪检监察工作会议精神，机关党委组织了"讲党性、重修养、守廉洁、作表率"主题教育实践活动，以"开辟一个学习专栏、搭建一个学习平台、开展一次理想信念教育、召开一次典型表彰大会、开展一次警示教育、举办一次教育成果展示"为主要内容，重点对领导人员以贷谋私、干预集中采购、收受礼金礼品、利益输送、内幕交易等问题进行了警示教育。先后刊发了举办专题讲座6次，展出教育成果展版90幅，举办纪检干部培训班1期。

二是不断完善党风廉政制度建设。机关党委制发了《总行本部新任职领导人员廉政谈话实施方案》，组织新提拔任职的151名处级干部进行集体廉政谈话，并下发了中央、总行关于领导人员廉洁自律的有关文件资料，不断强化领导人员廉洁自律、拒腐防变意识。制定下发了《总行本部重大事项舆情及重要信息通报制度》，积极构建加强信息沟通、妥善处置突发事件的工作机制，确保总行机关安全稳定。严格落实党风廉政建设责任制，督促各支部公开党内事务，加强民主监督，推进廉洁政治。

四、着力围绕建设和谐型总行组织多彩活动

一是积极开展关爱员工活动。先后为员工办理北京市公园、郊区景点年票4 800余张，发放电影娱乐卡约2 300张，并向各部门拨发了集体活动经费；先后为11名员工申请和发放了互助基金救助款49万元，并分别为本部员工和援疆干部

办理了交通伤害保险和人身意外伤害保险；组织员工子女开展了六一节联欢活动，并积极与西城区中小学校共建合作，为员工子女上学创造条件；对250余名复转军人进行了八一节日慰问；邀请专业机构为800余名员工测试了体质；先后7次组织约1 000人次参加了“热爱土地，亲近自然”采摘劳动，并实施了蔬菜配送计划；先后6次联合国家发展改革委等单位组织了青年联谊活动，为单身员工婚恋交友搭建平台；先后5次组织了华尔街英语培训、戴尔电脑等优惠团购活动。

二是积极开展丰富多彩的文体活动。机关党委先后组织成立了乒乓球、摄影、瑜伽等13个文体协会，做到了重大节日有晚会、不同季节有赛事、业余时间有活动。先后组织举办了7场（次）迎文艺晚会员工书画摄影作品展览；组织了首届总行器乐演奏大赛；组织了总行第三届五四青年节龙舟大赛，组队参加了第四届金融街龙舟大赛，并夺得冠军；组织了三八节妇女踢毽比赛和第六届保龄球比赛；组队参加了全行第三届羽毛球比赛和中央国家机关第九届“公仆杯”乒乓球、网球联赛，并取得优异成绩；组织了瑜伽、拉丁舞、“超鲜英语”培训以及“增强安防意识，提高应急能力”青年拓展活动等。

执笔：王斌

离退休人员管理工作

一、服务机关本部离退休人员，提高满意度

一是服务于细。顺利筹办了2012年总行本部暨离退休老同志新春团拜会、座谈会，离退休老同志春游、秋游、参加总行运动会等大型活动的组织、服务工作；圆满完成了老同志各阶段生活补贴、节日补助等福利待遇的落实发放工作，完成了医疗卡公园门卡的办理、发放工作。组织老同志参加北京市多届门球比赛并取得较好成绩；完成老同志回顾行史采访工作。顺利完成中组部委托举办的中组部离退休老同志支部书记培训班的工作。顺利完成了老同志及在职人员的取暖费、物业费、差旅费、公园年票等各种费用电子录入和收集申请报销工作。完成了2012年经费预算申报工作。

二是温暖于情。圆满地办理老同志去世后的丧事及善后工作。在日常工作中认真走访患病孤寡老人，代表组织送去温暖；陪同老同志检查身体及时发现问题，积极反映情况，使得离休干部反应强烈的问题得以妥善解决。针对患重病的老同志积极与有关部门联系，争取重病困难补助。

二、组织召开离退休人员思想政治工作座谈会

根据建设银行离退休工作发展的新情况、新形势确定了组织召开全行离退休人员思想政治工作的工作思路，对会议材料进行了精心研究精心准备。工作报告紧紧围绕深入贯彻落实全国老干部工作双先表彰大会和中组部总结干部离退休制度建立30年工作座谈会会议精神，回顾总结建设银行股改上市以来离退休人员思想政治工作取得的经验和成效，分析研究了当前离退休工作新情况、新问题、新特点，部署了下一阶段全行离退休人员思想政治工作的任务。突出务实性、可操作性、时效和前瞻性。筛选的经验材料注重从各个思想政治建设的各个侧面选取典型经验，包括了党委重视、齐抓共管、支部建设、活动场所建设、文体活动开展、加强服务管理、解决矛盾凝聚人心、调查研究、自我管理、离退休个人事迹、退居二线员工事迹等，全方位展现建设银行离退休人员思想政治工作取得的成果。确定了9篇大

会交流材料，11 篇书面交流材料。会议对进一步加强和改进老干部思想政治建设和离退休人员党支部建设以及维护稳定大局等方面发挥了积极的推动作用。

三、顺利举办了离退休工作业务培训班

第四季度，在哈尔滨培训中心举办了离退休工作业务培训班，参加培训人员有一级分行离退休人员管理部负责人和工作骨干，以及部分二级分行专（兼）职工作人员，共计 90 人。聘请了有关专家、学者亲授我国人口老龄化面临的现实挑战与应对策略；传授老年心理学及自我心理保健知识；请总行人力资源部有关同志介绍了我国和我行养老体制基本情况；结合各行离退休工作的开展情况，进行了离退休服务管理故事分享交流活动。培训抓住了当前离退休工作人员共同关心的问题。通过培训和交流更新了知识，对于从事离退休工作多年的同志，进一步提高了解决矛盾和处理问题的能力，对于刚刚从事离退休工作的同志，通过培训和交流感觉很有收获，学习了政策，掌握了方法，吸取了经验，增强了信心。

四、组织对部分分行的离退休工作进行了督查调研

总行离退休人员管理部组织了三个督查调研组，于 7－8 月赴江西、湖南、青岛、云南、甘肃、海南、宁夏、新疆、青海等省分行，通过听取专题工作汇报、召开离退休干部座谈会、实地查看等方式，对各分行贯彻落实党的十七大以来老干部政策情况进行了重点调研督查。通过督查调研，建设银行离退休工作的总体情况是好的。各分行按照中央和总行老干部工作要求，进一步加强离退休干部党支部建设和思想政治建设，落实和完善离退休干部政治、生活待遇，组织老同志开展丰富多彩的文体活动，不断改进离退休干部服务管理工作。在老干部问卷调查中，满意度达 86% 以上。建设银行的离退休工作呈现出以下特点：领导高度重视，形成齐抓共管的工作局面；落实好政治待遇，思想政治建设深入开展；落实好生活待遇，老同志共享改革发展成果；活动场所逐步改善，文体活动丰富多彩；重视队伍自身建设，服务管理工作跃上新台阶。

五、做好年度报表工作及日常综合工作

一是及时准确完成上报中组部年度报表工作。及时、准确的完成对中共中央组织部统计局 2011 年度的离休干部信息及离退休人员统计报表的上报工作，并获得了 2012 年 12 月中组部下发的组厅子〔2012〕44 号文关于《通报表彰 2011 年度离退休干部统计全优报表和优秀报表单位名单》中的全优报表单位（这是我部自中组部通报表彰报表工作以来连续 12 年获得的荣誉，为我行、我部门在此项工作中赢得了荣誉）。对全系统离休干部信息管理库进行了维护和更新，调整了提高待遇人员和本年去世人数的变化情况，为 2012 年年度报表工作做好了准备。

二是制定完善绩效目标任务书。为落实总行人力部《关于总行本部 2012 年度部门绩效考核方案的通知》精神，完成制定了 2012 年度的绩效目标任务书，完善了主要工作职责内容，内设机构及人员分配情况，并上报人力资源部。

三是完成日常工作。按照行长办公室的要求，保质、保量地完成了全年的公文运转工作，全年的纸质文、机密文件、事务签报、发文等公文的运转、整理、登记和立卷；及时完成了每日电子文件（包括 oa）的处理传阅、转发及落实，电子信箱的处理、转发、传阅。全年起草下发的建离退字文件 15 个，建总函字的各类文 7 个，各类签报、事务审批、便函 15 个，部内传阅文件、各类通知等几百条。

执笔：康静

党校（高级研修院）培训工作

一、2012年培训工作概述

2012年，总行党校（高级研修院，以下简称为“党校”）培训量再创新高，培训各类班次学员共17 777人天，较上年增幅为17.6%；同时，指导哈尔滨、常州两分校圆满完成了年度培训任务，“一校三地”总计培训学员118 787人天，培训质量、教学管理及后勤保障等各项工作赢得各方面的高度认可，再次被中共中央党校表彰为教学管理先进单位。

二、2012年培训工作亮点及主要做法

（一）总行党委高度重视后备干部队伍建设

2012年，总行党校共举办3期干部进修班，培训对象均为一级分行（培训中心）副职后备干部、总行部门副职后备干部。办班期间，总行党委成员、高管人员多次亲临党校，与学员座谈交流、亲自授课，使学员既直接聆听到总行高管层的声音，又能面对面地汇报学习收获和对一些问题的思考意见。

2012年9月19日，总行党委书记、董事长王洪章亲切看望了第26期干部进修班学员，并以“推进体制机制创新、提高市场竞争力与盈利能力”为主题，与学员们进行了座谈与交流；王洪章于2013年1月29日在《关于党校第27期干部进修班情况报告》上作出批示：“党校教学工作卓有成效，要继续加强软、硬件建设，适应未来发展需求。”

2012年9月1日，总行党委副书记、行长张建国在中央党校学习期间，看望了参加中央党校2012年秋季学期开学典礼的第26期干部进修班学员，嘱咐大家要深入学习领会时任中央党校校长的习近平总书记讲话精神，珍惜学习机遇，努力提高理论素养，加强党性锻炼，全面提高履职能力，还要加强身体锻炼，以便于为党的事业，为建设银行的科学发展担当重任，并不断作出新的贡献。

2012年4月9日、7月9日、9月9日，总行党委副书记、监事长、党校校长张福荣出席了三期干部进修班开学典礼并作重要讲话；在第25、第27期干部进修班毕业论文答辩中担任答辩委员会主任评审；先后于2012年7月19日在《关于党校第25期干部进修班情况报告》上作出批示：“请组织部备考（存）”；于2013年1月25日在《关于党校第27期干部进修班情况报告》上作出批示：“请洪章、建国、更生同志阅示。”“感谢党校同志们2011年一年尽职尽责的工作。各个方面是高度认同的。党校倾心培养了一批又一批人才将长久惠及建设银行。”

三期干部进修班办班期间，总行党委成员、高管人员为学员授课达20人次，总行部门负责人先后到党校座谈交流或参与课题答辩活动达87人次。

（二）高标准地实现了3期后备干部进修班的培训目标

较好实现“四个结合”。把遵循党校办学规律与符合建设银行后备干部成长规律有机结合，把理论学习、党性教育和能力训练、行动学习等有机结合，把教育培训与考察考核有机结合，把落实党校姓党、从严治校的要求与探索建立科学有效的培训管理机制有机结合，使学员以优良的学风，圆满地完成了党委赋予的学习任务。

实现“两个提高”。一是学员综合素质与履职能力有明显提高。业务培训和专题讲座，使学员在夯实理论基础、拓展世界眼光、培养战略思维和加强党性修养等方面都有了长足进步。二是学员理论水平与研究能力有明显提高。精心指导学员运用所学的科学理论与方法，联系全行改革发展管理中的重点难点问题，开展课题研究，形

成了6篇具有较高的研究水平、具有现实的参考和指导作用的课题报告：《浅谈如何提高建设银行精细化管理水平》、《实施“三大一高”战略若干问题思考》、《加快经营转型 提升竞争能力——建设银行应对市场利率化的主要措施》、《中国建设银行经营模式优化研究》、《建设银行战略性集团客户群综合金融服务能力问题研究》、《关于提升我行重点县域市场竞争力的研究》，已印发总行党委成员、高管层和各部门、各一级分行领导参阅，并刊登在内部网页上。

（三）上级党校给予了较高荣誉

中国建设银行党校被中共中央党校表彰为2010—2012年度教学管理先进单位，总行党校和哈尔滨、常州两个分校的王博之、孙平生、庄晓方、叶亚庆、董彤、潘伟等同志被表彰为教学管理先进个人。《中共中央党校分校工作简报》重点宣传了建设银行党校的办学经验。总行党委副书记、监事长张福荣于2012年10月31日批示：“请洪章、建国、更生同志阅示，向党校和获奖同志致贺。登网讯”；2012年11月5日总行党委书记、董事长王洪章，党委副书记、行长张建国，以及11月3日党委委员章更生分别对《关于对中央党校分校2010—2012学年教学管理先进集体和先进个人进行表彰的决定》（中校厅发〔2012〕8号）作了圈阅。第27期干部进修班学员代表在中央党校中央国家机关分校组织的教学成果汇报会上做典型发言，介绍了我校的办学理念、做法、效果，受到了上级党校和其他分校的广泛好评。

（四）正确把握办班的指导思想及有关要求

认真贯彻落实全国党校校长会议及总行党校第11次校委会精神，坚持“实事求是”的校训和“党校姓党，从严治校”的办学方针，以学习贯彻十八大精神为首要任务，以提高学员综合素质和履职能力为目标，以增强教育培训质量与效果为根本，以加强学风校风建设为关键，以强化党性锻炼、保持党的纯洁性先进性为重点，坚持把遵循党校办学规律与符合建设银行党员干部成长规律有机地结合起来，既严格执行中央党校的教学计划，做到“规定动作”不走样、扎实有效，又认真贯彻总行党委对后备干部培训、培养与考察、考核的具体要求，做到“自选动作”少而精、适合需求、富有特色。

（五）积极探索与创新培训与管理的方式、方法

坚持把理论学习、党性教育和能力训练、行动学习等新的培训理念、方法有机地结合起来，贯穿于教育培训全过程。在注重分析研究党的事业需求、建设银行科学发展的需求和学员自身需求的共性与个性等培训需求的基础上，创造条件、扩大高层次面授，大力推行研究式教学，综合运用讲授式、案例式、模拟式、体验式等教学方法，通过创新主题、思路、方法，增强培训互动性、实践性和实效性。通过搭建平台、创新载体，探索建立与党校学员主体地位相适应的教学实施和运行机制，把学员的学习需求、兴趣、优势有效地引导好、发挥好。如学员党支部成员及组长通过公开竞聘、直接选举方式产生，“竞”出了人才，“选”好了班子，进而优化了管理，带出了学风，体验了“政改”。开展课题研究与答辩，以学员策划、组织、实施、研讨、点评等生动活泼的研究式教学，开展领导力与管理能力专题策划与训练活动（包括人才培养、领导力与执行力、战略管理、绩效管理、风险管理、流程银行建设、业务创新、声誉管理、反腐倡廉、基层党的建设、企业文化建设11个专题）。组织部分学员学习考察“右玉精神”，既使学员受到生动实际的“宗旨意识”、“发展观”、“政绩观”、“价值感”等党性教育，又探索了以提升履职能力为目标的体验式教学活动。开展了与外交部党校共同举办学员论坛活动，共同交流我国外交形势、金融改革与建行发展等话题，为校际交流作了有益尝试。开展“基层行长管理创新专题”、“蟒山夜话”、“从全局观的角度回顾与反思文革”、“心理健康与减压”、“集团授信与供应链融资”、“书香会友、余味共赏——读书会”等专题研讨活动。通过每天一名学员轮流值日并担任课堂主持等教学活动，有效地调动了学员学习的主动性与创造性。通过组织开展以“比较与欣赏”为主题的读原著学习体会与笔记观摩交流活动，以此促提高、促自觉，培养良好的读书习惯及欣赏心态。通过单元研讨以及学员自办的《学习简报》、《文体快报》、墙报专栏等载体，及时交流在夯实理论基础、拓展世界眼光、培养战略思维、加强党性修养、提升素质能力，以及研究探讨现实课题等方面的收获与感悟。

（六）培训质量与效果、教学管理与服务工作赢得学员认可

总行党校三期干部进修班通过采取无记名方式，由全体学员参与全方位评估，共进行综合评价、培训作用、教学质量与效果、教学管理、学员管理、学员党支部工作、文秘服务、餐厅服务、公寓服务、用车服务、网络服务、安保服务、校园环境13个方面、90项内容的测评，总体结果非常满意率为90.11%，满意率为9.10%，基本满意率为0.79%（主要集中在硬件设施上）。第27期干部进修班毕业典礼时，学员以自编自拍的《了解与理解——学员眼中的党校》主题短片，用典型、生动、朴实的镜头抒发了党校生活的体验与感动，展示了在党校大熔炉的特殊经历及丰硕成果。学员党支部写下了这样结语："党校是熔炉，学习是熔炼。经过学习，我们实现了对自己、对组织的承诺：进来的时候是铁，出去的时候成钢，而且是用特殊材料制成的特种钢"。

（七）"一校三地"共7期干部进修班取得了丰硕的学习成果

7期干部进修班共撰写各类课题报告14篇、论文400篇，其中74篇次被评为"优秀论文"，并得到了总行党委的高度评价。总行党委副书记、监事长、党校校长于2012年11月15日在《关于党校第26期干部进修班情况报告》上作出批示："总结报告的建议部分要落实。数次阅读了研究报告，感到这两篇研究报告紧密联系实际，思考深刻，思路清晰，反映了较高的研究水平，具有现实的参考和指导作用。可印发党委及高管人员参阅"。

执笔：卿劼

工会工作

一、深化员工学习教育，提升员工队伍素质

（一）开展主题教育，提高员工政治思想素质

全行各级工会按照加强学习型组织建设的要求，充分发挥工会"大学校"作用，以员工职业道德建设、"创建学习型组织、争做知识型职工"、"女员工素质提升工程"以及开办"员工书屋"等活动为载体，深入推进员工素质建设。通过开展形势政策教育和革命传统教育，引领广大员工认真学习社会主义核心价值体系，坚定理想信念，树立"诚实、公正、稳健、创造"的核心价值观；通过开展员工职业道德教育，激励员工艰苦奋斗，筑牢拒腐防变的思想道德防线，提高员工政治思想素质。我行有5个单位、个人被评选为金融系统十佳职业道德先进集体、个人。

（二）围绕业务发展，开展多种形式的劳动竞赛活动

2012年8月26日，建设银行工会女职工代表结对子帮扶联谊座谈会在甘肃举办。

按照全总、中国金融工会的部署，在全行组织开展了以建功“十二五”为主题的“对公柜面业务技能竞赛”、“个人客户经理理财能力大赛”、“营运条线岗位能手竞赛”和“电子银行典型案例应用推广竞赛”四个条线的劳动竞赛，引导广大员工积极投身产品创新、流程改造、窗口优质服务、技能练兵，推动全行比创新、比服务、比业务、比技能、比贡献的良好氛围，促进了“以客户为中心”经营理念的深入落实，提升了客户服务、产品创新、风险控制能力。中国金融工会常务副主席张东风、副主席宋平、部长王海光亲临“对公柜面业务技能竞赛”总决赛现场指导。

（三）评选表彰先进典型，大力弘扬劳模精神

各级行选树在劳动竞赛、创先争优等活动中涌现出来的先进典型。总行向全国总工会推荐表彰各类先进集体和个人3个，向中国金融工会推荐表彰各类先进集体和个人61个；各级行分别通过以荣誉激励机制建设引导员工立足本职建功立业、举办先进事迹报告会、开辟《员工风采》专栏、设置《荣誉室》等形式宣传先进典型的事迹，营造学习先进、崇尚先进、关心先进、争当先进的良好氛围。

2012年12月11日，建设银行第三届职工代表大会第二次会议在北京召开。

二、加强员工民主管理，维护员工合法权益

（一）完善职代会制度，提高员工参政议政能力

各级行大力加强以职代会为基本形式的民主管理建设，民主管理渠道不断畅通，民主管理形式不断活跃，员工的主人翁意识不断增强。12月11日，组织召开了建设银行第三届职工代表大会第二次会议，全行系统195名职工代表参加，共商建设银行改革发展大计。董事长王洪章作了题为《凝聚全体员工智慧，加快建设银行发展》的讲话，工会主席章更生作了题为《团结动员广大员工，为全行又好又快发展而努力奋斗》的讲话。本次职代会收到职工代表提案92件，内容主要涉及经营管理、人力资源、产品创新、科技开发等多个方面；征集的提案更具广泛性、代表性，提案质量进一步提高，广大员工参政议政意识越来越强。各级机构也认真落实职代会制度，有22个一级分行组织召开了职代会和联席会议。我行有11个单位被授予金融系统职代会制度建设示范单位。

2012年7月，总行在内蒙古举办全行优秀员工代表集体休养活动。

（二）积极探索行务公开，搭建日常民主管理平台

完善行务公开相关制度机制，通过多种途径，为员工提供多样化的沟通平台。各分行通过设立行长接待日、召开“员工恳谈会”、对各基层单位行务公开实施情况进行检查、开展以“建言献策促和谐，同舟共济谋发展”为主题的基层调研活动等方式，对经营发展计划、员工绩效分配、重大人事调整、大宗商品采购等关系员工切身利益和建设银行重大改革事项实行行务公开，着力解决广大员工反映强烈的焦点热点问题，使员工在经营管理中应有的知情权、参与权、表达权、监督权基本得到落实。

三、积极推进关心关爱员工工作，构建和谐劳动关系

（一）积极寻求关爱员工工作的手段、方式与途径

不断探索深化关爱员工工作内涵，从文化、生活、身心等多方面关心员工。有的分行深入推进民主管理、标杆管理、情绪管理、学习管理、文体管理、帮扶管理等一系列凝聚员工合力的活动；有的分行实施“温暖工程”，想办法为青年员工解决周转房、探索用工管理新模式、实施人才“成长工程”、行龄贡献普惠晋升制度等；有的分行坚持“以人为本”，采取了举办员工答谢专场电影招待会、开展“送小家、送文化、送知识、送快乐、送健康、送关爱”的“六送”活动、制定关爱员工措施制度等多种举措，着力构建关爱员工长效机制。

（二）深入开展帮扶活动，切实为员工解决生活困难

各级行工会2012年元旦春节期间共慰问困难职工12 396人次，慰问金额2 185万元。总行举办了女员工代表与单亲困难女员工结对子帮扶活动，通过一对一结对子帮扶慰问、赠送书籍及电子书、邀请困难员工参与联谊活动等形式，深化送温暖活动的内涵。一年来，全行各级互助基金救助特困员工13 833人次、救助金额6 184万元，其中总行互助基金救助特困员工355人次、救助金额2 008万元。山西省分行与山西省总工会联动推出“晋工龙卡”，融合我行借记IC卡的各项金融服务功能，向山西省13万建档困难职工发放，山西省总工会致信总行并王洪章董事长，感谢我行服务经济发展、履行社会责任、致力民生改善的理念风范。

（三）重视和关注员工工作生活，提升员工幸福指数

积极协调解决基层网点通风、降温、保暖等工作环境、一线员工午餐、工间休息等问题，关注关心员工劳动保护。定期开展员工健康体检和咨询，冬送温暖夏送清凉慰问一线员工，员工生病住院及直系亲属去世，及时送去慰问金，带去组织的温暖。有的分行还为员工生日、结婚、生育、子女升学等送祝福、为孕期女员工发防护服，为单身员工举办联谊活动，加强不同员工群体的人文关怀，积极营造宽松和谐的工作环境。

（四）创新开展员工心理辅导活动，帮助员工缓释压力

积极探索建立心理援助、咨询、疏导工作与员工思想工作相结合的平台，从更为专业的角度、以人文关怀为核心关爱员工，引导员工培育奋发进取、积极阳光的良好心态。通过组织心理健康专题知识讲座、心理测试、开通心理咨询热线和咨询邮箱等多项心理辅导活动，帮助员工缓释心理压力；通过实施“一线青年员工成长帮助计划”项目，全面、系统地开展对一线员工的心理辅导，在系统内产生了示范推广效应。

四、广泛开展文体活动，丰富员工业余生活

（一）结合各自特点开展丰富多彩的活动

各级行以庆祝中国共产党成立91周年和迎接、庆祝党的十八大等为主题，弘扬主流文化，组织开展了文艺演出、演讲比赛、书画摄影、文学创作、员工运动会、球类比赛、工间操普及等多种形式的群众性文体活动，缓解了员工的工作压力，丰富了员工的业余生活，进一步推动了员工的艺术创作热情和全民健身运动的开展。3月，在全行推广普及第九套广播体操；5月，组织了全行第三届职工羽毛球赛；组织开展“金融职工文化月活动”。

（二）文体活动融入到银企联谊、大客户营销

充分发挥具有影响力的文体协会的作用，不断扩展文体活动的外延，配合业务部门开展以维系客户关系、拓展市场份额为主要内容的银企、银政联谊活动，搭建与客户的交流平台，提高了客户和员工满意度。分行举办的已成为当地知名体育赛事的“建行杯”公司、机构客户与员工的各类球赛、警民共建友谊赛，组建合唱团、管乐团参加高端客户营销和答谢活动等，受到总行领导和大客户的高度肯定和好评。

（三）组织参加、悉办上级工会组织的竞赛活动

总行组织参加金融系统女员工“舞动健康 激

情飞扬”健美操（舞）展示赛荣获一等奖；组织参加了金融系统2012年员工羽毛球赛荣获第一名，并获优秀组织奖。我行承办了金融系统先进模范疗休养活动和女员工代表“手拉手、面对面、心贴心”结对子帮扶活动，得到了金融工会的高度肯定，充分展现了我行良好的企业形象和员工积极向上的精神面貌。

五、加强女工工作，提高女员工综合素质

（一）深入开展女员工创争活动

广泛动员和组织女员工积极参与“巾帼建功”创建活动，展示了新时代女性奋发有为、拼搏进取的亮丽风采。活动开展以来，我行有2个集体获得全国金融系统“女职工文明示范岗”荣誉称号。

（二）维护女员工合法权益，关心女员工生活

组织全行宣传学习贯彻《女职工劳动保护特别规定》，提高女员工依法维权的意识和自我保护能力；推进女员工权益保护专项集体合同的签订，我行有8个分行已签订了女员工权益保护专项集体合同。

（三）开展富有特色的女员工活动

利用庆祝“三八”国际妇女节活动契机，各级行领导通过慰问信、座谈会、联谊活动等向全行女员工致以节日的问候，充分表达了各级党委对女员工的关怀。各级行女工委还组织关爱女性健康的体检、讲座、参观学习以及适合女员工特点的多种形式的文体活动，受到广大女员工的好评。

六、加强自身建设，增强工会组织活力

（一）健全工会组织

围绕全行机构改革和干部调整，及时完成了工会组织的法人资格登记，推进落实选举制，完善工会组织办事机构设置和专职干部配备，加强会员会籍管理，健全工会分会、工会小组和工会积极分子队伍。

（二）加强学习和交流

加大工会干部培训力度，提高培训的针对性和有效性，总行举办了一级分行领导干部和女工干部培训班，中国金融工会常务副主席张东风在一级分行领导干部培训班上亲临授课，对我行工会工作给予了极大关怀和指导。2012年6月，总行在广州召开了工会工作座谈会，章更生主席出席会议并做重要讲话，对工会工作做了具体要求和部署，进一步厘清了工作思路。7月，召开了集体合同专题座谈会，组织了对劳动竞赛、职工之家、职工文化建设等重点课题调研。8月到人民银行总行工会重点就“爱心救助”机制、业务竞赛、评先表彰等方面进行了学习交流，开阔了眼界，拓宽了工作思路。

（三）加强职工之家建设

拓宽建思路，丰富建家内涵，提升“职工之家”的软硬件建设水平。分行通过开展调研、制订方案、召开现场会、组织验收，推广好的经验做法、改扩建活动场所、统一配发运动器具等措施，开展“职工之家”和基层网点“职工之家”创建活动，丰富了员工活动空间与内容。通过强化民主管理、开展劳动竞赛、丰富员工业余文化生活等一系列“建家”工作，增强了基层工会组织的凝聚力。按照金融工会部署，对我行4个省份职工之家建设给予了资金支持。

（三）规范工会制度建设

为加强基础管理，各级行工会结合工会工作职责和性质，建立健全了工会工作规范化考评、评选表彰、职代会、职工之家等管理办法，规范了工会财务和经审工作，理顺财务管理体制。总行完善、健全了员工互助机制、体育协会章程等制度建设。

执笔：鞠红洁

CHINA 中国建设银行年鉴 2013
CONSTRUCTION BANK ALMANAC

第四部分　境内分行改革与发展

北京市分行

北京市分行行长　田惠宇

一、业务发展概况

【经营效益】全年实现账面利润 110.18 亿元。

【资产负债业务】截至2012年末，本外币总资产12 243.82亿元，比上年增加1 765.33亿元，增长16.85%；本外币全口径存款余额12 064.5亿元，比上年增加1 738.77亿元，增长16.84%，其中人民币全口径存款余额10 892.44亿元，比上年增加1 717.63亿元，增长18.72%；本外币贷款余额3 836.21亿元，比上年增加542.09亿元，增长16.46 %，其中人民币贷款余额3 576.98亿元，比上年增加449.31亿元，增长14.37 %。

【中间业务】23项主要金融产品中间业务收入超过亿元，实现中间业务净收入54.25亿元。

【资产质量】五级分类口径不良贷款余额18.68亿元，比上年减少7.71亿元；不良贷款率为0.49%，比上年下降0.31个百分点；逾期贷款余额21.02亿元，比上年减少7.54亿元。

【公司业务】由分行统一经营已有的集团客户及成员单位，对电力、石油石化、铁道三个行业由专业支行专业经营，通过直接有效的服务方式，提供方便的融资模式和简捷的审批流程。直营专营后的大行业、大系统客户，口袋份额和贡献度明显提升。整合本外币、投资银行、金融市场、投资理财、资金结算等业务领域的产品、渠道和人才资源，为客户提供全方位、多元化的综合金融服务。截至2012年12月末，已确定135户目标客户，并一对一成立了综合金融服务任务型团队，为132个重点客户制定了综合金融服务方案。与年初相比，重点客户存款新增600.67亿元，贷款新增375.02亿元，综合收益增长6.53亿元。通过开展链式营销，变"点对点"服务为"点对面"、"点对链"，由"1"家核心企业，深入到其整个供应链"N"家企业。截至2012年末，完成供应链案例238个，拓展其上下游客户142家。人民币企业存款（含保本理财）时点余额6 117亿元，比上年增长1 257亿元；人民币对公贷款（含贴现、含小企业）余额2 905亿元，比上年新增360亿元。

2012年2月8日，北京市分行举行北京中关村分行开业仪式。

【个人金融业务】倡导"客户金融资产"概念，即将存款、理财、保险、基金等诸多指标统一起来，以客户全量资金来衡量个人业务发展的规模实力，向集约化、主动式和精准营销转变。同时，从"态度、效率、能力"三方面入手狠抓

2012年8月1日，北京市分行与北京环境交易所签订战略合作协议。

服务，建立并完善个人客户中高端服务体系，不断强化职业化、专业化的工作方法。强化产品创新，一是针对利率市场化导致的利差收入降低，大力发展信用卡、结算类等“日进斗金”产品。全年信用卡实现分期交易额36亿元，增速达450%。二是针对金融脱媒，抓住“融资”龙头，加大投资银行、信托等产品创新营销力度，通过债券承销、理财、信托等多渠道为客户融资2 400亿元。三是针对网络经济等新兴业态，着力发展电子银行、网上银行、手机银行等业务。个人电子银行客户新增512万户。四是满足客户投资理财需求。理财产品日均发行规模达到1 100亿元，有效维护并强化了与客户的合作关系。本外币个人存款（含保本理财）年末时点余额2 958.31亿元，当年新增399.83亿元，存款、非保本理财、信托合计新增458亿元，其他产品销售量428亿元。全年个人网银、手机银行、短信通、电话银行客户净新增分别为144.6万户、154.4万户、124.7万户、133.4万户，电子银行和自助设备账务性交易量占比分别达到86.96%和71.94%，较年初分别提升了7.63个和6.04个百分点。推出“理财直通车”微博应用营销平台，铁路客运电子支付项目正式上线，并开办手机银行彩票业务。发行“建行ETC卡”。301医院银医服务平台二期功能拓展实现覆盖北京市医保人群。调整消费信贷业务营销架构，将消费信贷业务营销延伸至所有分支机构。自营性个人贷款余额比上年增加88.60亿元，累计发放贷款212.98亿元，客户数量比上年新增37 212户；自营性个人不良贷款余额比上年减少0.31亿元，不良率下降0.12个百分点；政策性个人（公积金）贷款余额比上年增加188.24亿元。

2012年9月17日，北京市分行与北京首都农业集团有限公司签订战略合作协议。

【投资银行业务】推出“园区建设基金”，先后与丰台、通州、门头沟区政府合作，通过设立专项基金，累计募集资金近36亿元，有效地解决了传统信贷业务产品无法满足的融资需求；与多家优质企业签约，创立建设银行北京市分行股权选择权业务品牌；发行“乾元”北京区域定制资产组合型（保本）人民币理财产品，以满足投资者稳健的理财投资需求；截至年末，理财产品发行量3 938亿元，较年初新增622.62亿元。全年承销各类债券总额2 196.2亿元，同比增幅达54.26%；债券承销业务实现收入6.7亿元，同比增幅达88.8%。

2012年12月19日，北京市分行与北京市金融工作局、人民银行营业管理部、北京银监局联合召开2012年政银企沟通交流专题会暨综合金融服务体系支持北京市中小微企业发展专题会。会议现场北京市分行介绍了中小微企业善融贷产品，与5家中小微企业签署了3 620万元信贷放款协议。

【国际业务】以“做深做透国际贸易项下供

应链融资服务，打通境内外两个市场服务平台”为主题，深入开展“融会贯通”贸易融资暨跨境人民币业务专项营销活动，提升综合服务能力，实现国际业务健康快速发展。截至年末，外汇对公全口径存款新增113.61亿美元；外汇贷款比年初新增15.17亿美元；实现中间业务收入3.97亿元，同比增幅达36%；跨境人民币结算量达到733亿元，同比增幅达188%；国际结算量突破千亿美元。

【私人银行业务】开展私人银行业务创新，推进产品服务定制化，打造综合非金融服务平台。在专注客户金融需求的同时，不断扩展非金融服务范围，力求为高端客户提供更加全面、开放、创新的综合平台服务。加强品牌宣传，突破传统平面媒体宣传模式，借助参与“艺术北京2012经典艺术博览会”大力推介私人银行产品与服务，全年围绕“新客户加入计划”、“艺术季”、“成长季”和“感恩季”开展活动，共举办各类特色客户营销活动60余场，活动覆盖客户近6 000人次。截至年末，分行服务个人高端客户6 229名，管理客户资产超过418.76亿元。

【信用卡业务】转变营销模式，大力拓展连锁类、平台类和集团类客户，快速提升市场份额和业务收入。实现中间业务净收入5.23亿元，同比增长85%；风险调整后的贷款收益率为9.32%；消费交易额371亿元，同比增速54.17%；实现分期交易额41.28亿元，实现了7倍的增速；信用卡客户新增60.8万户；新增收单和分期商户9 047家，同比增长85%。

二、主要工作举措

【现金服务工作进一步深化，服务效率显著提高】

集中城区5座现金业务库，覆盖344个网点，单座金库网点覆盖率较集中前增长幅度达214%，网点正常缴提款配送时间平均减少约50%；465台离行式设备集中维护，1 106台附行式自助设备由金库集中供钞，网点清机时间缩短60%以上。上门收款采用信用封包和金库集中处理，较集中前节约人力成本约50%，2012年新增94个收款点，增长率达到131%。启用“款箱出入库电子控制系统”，通过为款箱安装统一规范的身份标识，实现随时监控掌握款箱状态及数据、出现异常自动预警等功能，平均每天每个金库可节省款箱交接时间约1.2小时。解决“清机提速”难点问题，实现清机加钞无纸化流水操作，单台设备清机时间节省约4分钟。狠抓反假货币、反洗钱工作，严格履行“从建设银行提取现金决不出现假币”的公开承诺，被国务院反假货币联席会议评为“全国反假货币先进集体”，被人民银行评为年度人民币管理先进单位。

【大力推广综合柜员制，利用科技手段提升服务】

总行前后台业务分离项目在分行成功上线，实现了利用技术手段完成业务流程重组的目的，简化了柜面业务操作，强化了风险的流程控制，降低了人员培训难度。通过对网点的劳动组合模式现状、业务特点、物理布局、人员结构等问题进行全面摸底调研，将调整劳动组合模式、再造业务流程、整合人力资源、创新网点平面设计等手段充分结合，推进综合柜员制，实现柜面对公客户、对私客户业务受理一体化，形成整体柜面板块，搭建对公、对私业务综合服务平台。158家综合营业机构完成了综合柜员制的推广实施工作。客户信息档案管理系统成功上线，实现影像的采集、保存、查询、发布、快速填单等功能，并研发了“一次高拍、反复调用”的功能，使网点工作效率平均提高88%。

【优化运营机制，提高综合竞争力】

推动部门集约化、专业化运作，实行网点功能定位，对距离相近的网点进行适度整合，使分行经营管理的整体把握能力、前台市场拓展能力、中后台支持保障能力、各项工作运转效率和专业化经营能力得到大幅提高。认真倾听员工声音，着力解决员工关注的突出问题。行长信箱收到员工来信246封，年末信件办结率达88.2%。通过内部流程用户之声（VOPA）系统，征集员工有效建议245条。提高全辖的服务水平，全年组织了78期近5 000人参加的服务礼仪培训。

【员工队伍建设】

一是为员工打开管理岗位、专业技术职务和专业等级三种晋升通道。专业技术岗位回归专业化本原，鼓励员工走专业化发展道路，专业技术职务的职数向前台一线、向创造价值、向专业性强、难以替代的岗位倾斜。二是设立专业岗位后备人才库，员工根据自身特点爱好自主选择专业技术岗位的发展方向，报名“入库”并接受培训、竞聘上岗，引导员工自主规划职业生涯，向专业技术岗位主动转型。三是建立基于岗位的员工绩效考核机制，打破员工的机构属性，同类岗位在全辖范围内实现考核方式、标准和分配规则的统一，实现同类岗位在全辖范围内的“赛马”。四是加强人才培养，实施管理岗位后备人才培养工程，启动卓越人才、管理英才培养计划。分行前台人员占比从77.8%增至83.1%；支行前台人员占比从86.7%提升至95.7%。以岗位为核心，以能力提升培训为重点，深入实施员工大规模培训，完成各类脱产轮训24 879人天，支持员工取得专业证书1 512人次，在线学习超过15.6万人次。以“凝聚合力、激发活力”为主题，举办健步走、羽毛球、乒乓球等比赛和员工趣味运动会等文体活动十余项，分行合唱团首次举办无伴奏专场音乐会并赴台演出。

【进一步加强廉政建设】

开展“讲党性、重修养、守廉洁、作表率”领导人员主题教育实践活动，开展讲党课、观看警示教育片、支行行长当一天大堂经理、参与社会公益事业等形式多样的教育实践活动；探索建立巡视监督制度。在基层机构及营业网点建立了“内控案防每周一讲”制度；针对信贷、商业贿赂、柜面业务、员工参与民间借贷四个方面的突出风险，制订了51项防控措施，并制订《案件防控工作考评实施细则》、《重大突发案件应急预案》；开展“合规服务，从我做起”主题教育活动，编写《员工从业行为规范手册》，举办“以案为鉴”案例巡讲活动。在城区26家未设立党委的支行派驻特派员，修订了《纪检监察特派员管理实施细则》。全年特派员巡访、指导工作1 000余次，参加支行行长办公会、案防联席会等400余次，参加支行“内控案防每周一讲”、晨训200余次，与员工谈话3 000余人次。

执笔：何冰

天津市分行

天津市分行行长　高德高

一、业务发展概况

2012年末，分行业务规模显著增长。对公存款较年初新增123.5亿元，余额1 163.18亿元，新增额、余额均位列四大行第二，余额在四大行占比提升至26.49%。个人储蓄存款较年初新增105.92亿元，名列四大行第二，余额782.56亿元，四大行占比提升至18.78%，历史性地超越中国银行摆脱了四大行末位的局面。公司类贷款净新增98.15亿元，余额1 533.96亿元，居四大行第二。个人住房贷款全年新增44.36亿元，新增四大行占比为60.98%，列第一位；余额257.36亿元，四大行占比为28.95%，与同业领先者农业银行的差距缩小至6.48亿元。

各类客户增长情况良好，基础薄弱局面有所改善。对公人民币全部结算账户和基本结算账户分别较上年增长6 363户和3 826户，增幅分别为16.85%和23.7%，四大行占比分别提升至

2012年9月6日，天津市市分行与渤海化工集团举行全面战略合作签字仪式。

11.11%和14.47%。个人一般客户全年新增52 124人，完成总行下达新增计划的192%，截至2012年11月末，私人银行客户新增295户，高端客户金融资产新增20.12亿元，增长率在系统内分别列第二、第四位。

全年实现中间业务净收入17.16亿元，同比增速达23.28%，远超系统平均水平，四大行占比为26.31%，稳居第二。年末非利息收入与主营收入之比达到22.89%，较上年提升2.13个百分点，收入结构进一步改善。全年共实现拨备后利润48亿元，同比增长27.94%，再创历史最好水平。

2012年11月15日，天津市分行成功承办第二批试点公积金项目贷款，图为天津市分行与北京住房公积金管理中心北京铁路分中心就住房公积金支持保障性住房建设举行的委托贷款协议签字仪式。

二、主要工作举措

【深入推进结构调整，零售板块成绩突出】

个人金融业务条线在超额完成存款年度新增计划的同时，牵头中间业务收入增速连续第三年列系统内第一位。圆满完成30个网点新增和20个网点升格工作，使分行基层机构不仅从总量上缩小了与同业领先者的差距，而且布局更加合理、功能更加完备。在绝大多数新建网点第四季度才正式营业的情况下，全行网均存款余额和网均中间业务收入仍分别较上年实现9%和3.5%的增长。

住房金融业务全年实现新增4 585万元。住房公积金归集业务继续保持100%的市场份额，年度新增住房资金70.93亿元，占全行人民币对公存款新增总量的64%，公积金贷款余额和新发放占比均稳定地保持在90%以上。此外，积极推进保障房金融服务，继续独家承办保障房贷款、公租房租金及保证金的代收代付业务，累计发放公租房龙卡10 331户，实现资金沉淀7 672万元。

信用卡业务圆满完成年度发卡净新增18万户的任务指标，累计发卡86.76万张，位列同业第二。网点预审批发卡成功率、产品覆盖度等指标在系统内位列前茅。全年共实现消费交易额84亿元，同比增幅达31%。分期交易业务保持快速发展势头，全年实现交易额8.86亿元，同业排名由上年的第七位升至第二位。信用卡业务条线中间业务收入9 933.53万元，较上年增长53%。

小企业业务条线基础性建设工作取得实质性突破。分行层面进一步完善“信贷工厂”岗位设置、优化业务操作流程、大力加强制度建设，支行层面全部组建起小企业经营中心并配备不少于三人的专职小企业客户经理队伍，为小企业业务走上专业化、规范化发展轨道，进而大幅提升对分行业务贡献度奠定了坚实基础。

【不断深化战略转型，业务创新成效显著】

严格执行收费管理要求，在坚持依法合规经营的基础上努力提升发展中间业务的真实能力和水平。公司、个人、投资银行、住房金融业、信用卡等主要业务条线中间业务收入计划完成情况良好，收入结构进一步改善。

投资银行业务方面利用总行资产池设计出一系列定价吸引力强、期限灵活多样、风险可控的差异化理财产品，在满足客户多元化理财需求的同时，也为带动分行存款增长发挥了积极作用。

工程造价咨询业务方面充分发挥自身品牌优势和专业技术优势，多方采集项目信息，积极进行市场开拓，为天津市一批重点建设项目提供了高质量的服务。电子银行业务继续保持快速发展势头。个人网银、手机银行、短信银行客户规模均突破百万元，渠道贡献度持续提升。电子商务推进有力，在系统内处于领先地位。国际业务方面，努力克服进出口增速放缓、汇率利率波动等不利因素影响，带动国际结算和外汇资金业务同步增长。资本项下跨境人民币业务成功破冰，同业市场份额保持第二。欧贷盈、换币转通知、信用证远期付息贴现等创新产品的应用对增加业务收入、树立我行外汇业务品牌形象起到积极助推作用。新兴业务领域拓展取得喜人进展。牵头组建天津市公租房、旧城改造、“煤改燃”等多个民生改善领域银团贷款项目，深入推进新农村建设贷款试点工作，与机构类“大系统”客户合作成果显著。

【精细化风险管理，资产质量稳步提升】

认真落实内部、外部监管要求，积极跟进形势变化，强化政策导向和工具应用，主动加大对资产质量的考核和督查力度，进一步提升信用风险管理精细化水平。组建分行评估评价团队，统一受理市内六行①贷前平行作业及全行项目评估工作，形成贷前平行作业集中化、专业化管理机制。严格落实贷款投放和贷后管理各项工作要求，将滚动风险排查与单项重点排查相结合，对重点关注行业、领域和内外部审计发现问题的客户实施重点监控，对存在风险特征的客户及时下调分类，对预判前景不乐观的客户加大压缩退出力度。

继续发挥资产保全条线专业化经营优势，进一步加快存量不良贷款项目地处置并取得积极进展，同时，采取有效措施提升已核销资产催收处置效率，使资产保全工作的价值贡献度不断提高。全年共处置各类不良资产2.72亿元，实现不良资产现金回收1.48亿元，实现不良资产超值现金回收1.08亿元，截至2012年末，不良贷款余额7.05亿元，不良贷款率为0.39%，分别较上年减少1.93亿元和0.15个百分点。

【不断夯实基础管理，内外部服务质量进一步提升】

继续按照总行要求深入推进营运管理体制改革，对33个营业机构实施完成岗位及劳动组合优化工作，有效缓解了支行人员不足的压力，并在其中22个营业机构中以拓展功能、提升综合化营销能力为重点，开展“三综合”试点工作。

高度重视内控体系建设在经营管理中的基础作用，以业务条线监督检查为主导，不断加大各项审计检查发现问题的整改工作力度，及时消除风险隐患。继续重点推进案件专项治理工作，充分发挥“轻微违规积分”和“奖励积分”在案件防控中的作用，促进员工强化合规操作和风险防范意识，提高自我约束和按章办事的自觉性。深入推进“平安建行”建设，认真做好维护稳定和安全运营管理工作，成功实现全年不发生案件、不发生重大安全生产责任事故的目标。

继续大力加强内外部服务质量建设，全年共完成对公授信流程优化、重要空白凭证集中配送等6个流程优化项目，对于提高工作效率和客户满意度发挥了重要作用。进一步改善IT基础运行环境，提升系统运维能力，实现全年各系统可用率99.99%的运行质量目标。不断加强项目开发建设和服务响应体系建设，信息技术对业务发展的支撑保障作用得到更加充分体现。持续加大督办工作力度，强化行务执行力考核，行务运行效率得到进一步提升。

【持续加强队伍建设，和谐氛围更加浓厚】

认真落实“基层组织建设年”各项工作要求，消除辖内党员空白点，基层党组织从123个增加到200个。开展“讲党性、重修养、守廉洁、作表率”主题教育活动，制定实施分行《党风廉政建设责任制实施细则》。从满足业务发展需要的角度出发，积极做好人员补充和调配工作。采取校园招聘、定向招聘、社会招聘等方式，大力开展人才引进，有效缓解一线人员紧缺的压力。进一步完善员工队伍管理机制，完成642名专业技术岗位人员和769名经办岗位人员聘任工作，完成202名劳务派遣制员工择优转制工作。

坚持以人为本，让全体员工共享改革发展成

① 市内六行指：天津市分行和平支行、河东支行、河西支行、红桥支行、南开支行、河北支行。

果。2012年，分行人均工资和福利费用分别增长10.9%和24.43%。认真执行上级有关离退休人员的各项政策规定，全面落实好离退休人员政治待遇和生活待遇问题。组织开展多层次、多类型脱产培训1 222期，累计参训49 693人次。在分行信息站新设企业文化板块，并与内刊《蓝本》、团刊《青·瞰》一起，成为展现员工精神风貌的平台。从关爱员工健康、关心员工生活、关注员工成长的角度出发，积极组织开展丰富多彩的劳动竞赛和文娱活动，使广大干部员工的向心力、凝聚力进一步增强，和谐奋进的良好氛围更加浓厚。

执笔：吕树楠

河北省分行

河北省分行行长　李秀昆

一、业务发展概况

截至2012年末，全口径存款余额4 892.36亿元，比年初新增490.25亿元，新增额居系统内第十位、同业第二位；各项贷款余额2 683.41亿元，比年初新增337.94亿元，新增额居系统内第七、同业第二位。实现中间业务收入34.37亿元，居系统内第九、同业第一位。实现账面利润76.72亿元，创历史最好水平，比上年增长21.32%。五级分类口径不良贷款额12.78亿元，比年初减少0.8亿元；不良贷款率为0.48%，比年初下降0.1个百分点。

【公司业务】至年末，对公人民币存款比年初新增171.11亿元，市场占比为41%；对公存款时点余额、时点新增、日均余额和日均新增继续保持同业第一。对公人民币贷款比年初新增166.01亿元，同业第二，其中非贴贷款新增额居系统内第八位。实现公司牵头口径中间业务收入13.35亿元，同比少增0.79亿元。

【机构业务】机构客户人民币全口径存款新增51亿元，其中人民币同业存款新增控制在总行计划内。总行考核口径中间业务收入实现2.98亿元。累计发放机构客户贷款13.86亿元，其中教育、卫生行业贷款信贷余额继续保持同业领先。

2012年2月9－10日，河北省分行在石家庄组织召开全省建设银行第二届职代会第二次会议暨2012年工作会议。

【小企业业务】小企业贷款余额238.7亿元，比年初新增53亿元，其中非贴贷款新增54.7亿元。小企业非贴贷款累计发放270.6亿元，同比增幅达23.3%。实现中间业务收入3.18亿元。

【个人金融业务】个人存款余额2 703.18亿

元，比年初新增307.87亿元，新增市场占比为26.04%，保持同业第二。实现个人中间业务销售收入10.2亿元，居系统内第七位。AUM1－20万元客户新增15.25万户，居系统内第十位，比上年同期提升8个位次；AUM20－500万客户新增3.87万户，居系统内第七位。

【住房金融业务】房地产开发贷款余额125.58亿元，比年初新增13.99亿元，新增同业第一。个人贷款余额649.26亿元，比年初新增136.19亿元，新增同业第二。实现中间业务收入3.51亿元。

【国际业务】对公外汇存款余额3.52亿美元，比年初新增0.41亿美元。实现中间业务收入2.72亿元。完成跨境业务结算量76.77亿元，市场占比为30%，居同业第一；跨境人民币实收实付项下结算量48.52亿元，市场占比为27.54%。强化贸易融资风险管理，全年无新增不良与垫款。

2012年9月28日，建设银行河北交通龙卡IC信用卡首发揭卡仪式在邢台举行。

【信用卡业务】当年净新增客户38.53万户，存量客户141.96万户；新增发卡同业第二。实现业务收入2.24亿元，同比增长192%。消费交易额369亿元，同比增长73%。账户活动率为56.67%。逾期90天以上贷款不良率为0.37%，低于系统内平均水平0.22个百分点。

【电子银行业务】个人网上银行、手机银行和企业网上银行签约客户新增均超额完成总行确定的目标，均居系统内第四位和同业第一位。直接业务收入1.64亿元，同比增长8.60%。电子渠道账务性交易量比率为55.67%，比上年末提高12.99个百分点。典型案例推广取得明显进展，发展“善融商务”专业市场16户，居系统内第二位，发展下属商户630户，居系统内第三位；签订E商贸通协议9户，其中5户已上线；签订网上招投标协议10户，其中6户上线；办理移动签约229.2万笔，居系统内第五位；新增代缴费商户54户。

【资产质量与风险控制】不良资产处置6.86亿元，完成总行计划的167%；现金回收4.14亿元，完成总行计划的342%。全年未发生案件和重大风险事件。

二、主要工作举措

【立足竞争发展，主营业务稳中求进】资产业务实力增强。深入贯彻为实体经济服务要求，认真落实总行与省政府签订的战略合作协议，将重要基础设施建设、特色优势产业、环首都经济圈、新农村建设、战略性新兴行业等作为重点拓展领域，认真做好项目储备，促进贷款有序投放。继续打造“民本通达”服务品牌。针对工业园区、重点产业集群、大型卖场、物流供应链条、私人银行五类营销目标，推进小企业批量化发展。积极开展社区金融服务个人贷款客户营销、房改金融及住房保障服务营销，加快消费经营类贷款发展。建立常态化定价机制，持续优化审批流程，严格落实贷款条件，确保信贷安全，提高产品覆盖度和信贷经营能力。负债业务稳步提升。探索建立存款增长长效机制，加强本外币联动。积极抢抓大型项目建设专项资金、大型企业注册资金、保险公司等大额存款来源，强力营销资金结算量大、沉淀资金较多的大型商贸流通企业专项资金，大力拓展省、市级财政社保下拨资金承接单位，营销保障性住房、农田水利、社会事业、节能环保等重点领域和项目的落地资金。试点发展社区金融，狠抓代发工资业务营销拓展与维护，做大银行卡规模，促进存款和理财业务协调发展。积极营销城市商业银行、农村信用社、财务公司等客户的资金，拓展省外客户存款。中间业务规范发展。组织开展不规范经营自查整改，规范收费行为；及时制定出台中间业务发展指导意见，制定产品创新激励办法，研究中间业务发展长效机制，不断挖掘产品和客户潜力，拓展收入渠道和客户群体。大力推进审价咨询、国内保理、百易安等信贷相关类中间业务产品合理规范发展，加快 CTS、国际结算等非信贷类中间业务产品发展，提升市场份额。战略业务取得突破。拓展电子银行应用，强化售后服务支持，实现电子银行渠道分流、业务联动、案例推广三项重点突破。加快金融 IC 卡推广，着力推动私人银行经营转型，加快推进安居、消费、账单和龙卡商城等分期业务顺利开展。统筹推进跨境人民币业务有效开展，大力发展新型财务顾问、资产收益权、票据收益权、融资租赁等投资银行产品，创新推出中小企业集合票据项目。

【立足长远，业务发展质量提升】一行一策成效显现。从财务资源配置和绩效考核、信贷政策和授权、机构管理、人力和培训等方面加大对中心城市行的支持和激励力度，强化分类指导，中心城市行价值贡献度进一步提升。组织召开县域支行“一行一策”交流推动会，通过典型带动，促进县域支行“抓特色、出亮点、上台阶”，争当目标市场和目标客户的首选和唯一银行。对不同二级分行制定差别化政策，并不断进行探索完善和动态调整。

结构调整推向纵深。以信贷结构调整为重点，在客户结构、渠道结构、产品结构、区域结构等方面多管齐下，进一步夯实业务发展基础。加强增量客户营销，毫不放松地抓好“三大一高”客户，并依托大行业、大系统优质核心企业，积极拓展上下游、左右邻等中小型客户，同时，沉下去抓好小微企业和无贷户，进一步改善客户基础。按照“三三三”原则做好信贷结构调整，主动压缩退出受控行业客户、发展前景暗淡、竞争力较弱的客户，继续加快发展小企业贷款、个人消费助业贷款、贸易融资等资本占用低、风险低、收益高的产品。加快网点建设，加强对客户经理的统一考核管理，推动电子渠道跨越式发展，加大自助设备投入，积极推进自助设备集中专业化管理，提升运行效率，延伸对外服务能力。

体制机制增添活力。按照综合性、多功能、集约化发展要求，深入推进事业部制改革，并深入开展各项制度、流程的整合与优化。加快零售业务和批发业务发展方式的转变，加强两大板块之间和各个板块内部的联动，整合资源，共享信息，提高服务效率。加快网点“三综合”建设，分类确定转型网点、转型内容和转型重点，提高网点资源利用效率和市场综合拓展能力。继续深化前台、后台分离，健全集中处理点业务处理及风险防控机制，后台业务平均处理时间缩短至 133 秒，其中立等和加急类业务平均耗时 42 秒，在系统内处于领先地位。持续推进 COS_ T 系统优化、新产品测试、上线工作，扩大集中处理业务品种范围，进一步减轻前台柜员的手工交易数量，释放营销服务能力。

内控管理持续加强。强化资产质量管控，建立完善信贷资产风险事项快速反应机制，加强对存量贷款，尤其是钢贸、光伏、房地产、平台等行业贷款的监测检查和预警提示，对关注类客户以及监测发现的风险隐患客户进行重点管控，逐户制订风险化解方案。实施资产质量计划管理，继续实行不良还原考核，加大不良贷款清收、转化与处置力度，资产质量持续改善。加强全面风险管理，建立健全案防和安全运营全员责任制，完善优化操作风险管控机制；改进稽核监测作业手段；切实抓好案件防控措施的落实，持续加大案件和违规问题查处，增强廉洁合规从业意识，强化员工从业行为管理，提高案件专项治理效果。积极配合审计工作，建立整改评价机制。积极创建平安建设银行，以维护稳定、保障安全、迎接“十八大”胜利召开为主线，加大对重大活动和节假日期间的巡查力度，加快技防设施建设，完善应急处理机制；强化 24 小时值班和行领导带班制度，深入排查化解各类信访矛盾和信访积案，积极配合地方做好维稳工作；强化声誉风险管理，确保重要时段的舆情平稳。妥善处理客户投诉，维护建设银行良好的社会形象。有效防范 IT 风险，信息系统保持平稳运行。和谐氛围日益浓厚。以迎接党的“十八大”为主题，深入开展创先争优活动，探索建立创先争优长效机制，推进各级党组织建设。进一步强化各级领导班子思想、作风和组织建设，加大干部管理、选拔、交流力度，加强二级分行领导班子综合经营竞争力监测，有效提升领导干部的综合素质、管理能力和领导水平。组织召开二届二次职代会，做好职工代表提案、质询、建议的答复落实；深化行务公开，加强民主管理；制订关爱员工20条措施，签订女职工权益保护专项集体合同；全覆盖、多角度地开展员工培训，广泛开展特困劳模、特困党员、特困员工优抚慰问活动，认真落实离退休人员待遇。

执笔：赵亚旗

山西省分行

山西省分行行长　马卓
（2012年1月免，改任资深专家）

山西省分行行长　高强
（2012年1月任）

一、业务发展概况

2012年，山西省分行系统内等级行排名列第9位，近年来首次进入二类行，KPI考核列系统内第7位，较上年上升17个位次；所属吕梁分行以总排名第四、分组排名第一的成绩，新晋100个中心城市行。

【经营效益】实现账面利润35.4亿元，同比多增9亿元，系统内排名第23位。员工平均工资增幅达16%，高于系统平均增幅近一倍。

【资产质量】不良贷款余额9.14亿元，不良贷款率为0.827%，不良率首次好于全国平均水平，四大行中最优。处置各类不良资产5.4亿元，其中不良贷款处置4.6亿元；不良资产现金回收4.1亿元，实现超值现金回收1.3亿元。

【负债业务】全口径存款余额2 495亿元，新增367亿元。一般性存款余额2 450亿元，新增366亿元。其中企业存款余额1 146亿元，新增159亿元；个人存款余额1 304亿元，新增207亿元。同业存款余额45亿元，新增1亿元。

2012年4月10日，山西省分行与山西国际电力集团举行战略合作签字仪式。

【资产业务】各项贷款余额达1 105亿元，新增134亿元。其中对公类贷款余额达998亿元，新增106亿元；个人类贷余额达107亿元，新增28亿元。“三类贷款”余额为158.7亿元，占全部贷款的14.36%，较年初上升4.7个百分点；新增56亿元，占全部贷款新增41.79%，较上年提升14.32个百分点。

【中间业务】实现中间业务毛收入 14.77 亿元；市场占比为 30%，同比增量、增幅均居四大行第一；中间业务净收入同比增幅系统内排名第 13 位，上升 8 个位次。

2012 年 6 月 27 日，山西省分行与山西省总工会共同举办"晋工龙卡"发放仪式。

【房金业务】个贷新增 27.8 亿元，贷款增速达 35%，系统内排名第二位，为全行平均增速的 2.2 倍。其中，个人住房贷款新增 24 亿元，同业第一，个人消费贷款新增 3.7 亿元，首超工行，同业第一。住房资金存款余额 190 亿元，新增 34 亿元，系统内排名第 12 位，余额、新增均居同业首位；住房公积金贷款余额 66 亿元，新增 18.6 亿元，余额、新增均居同业首位。

【国际业务】完成国际结算量 27.6 亿美元，同比增加 6.3 亿美元，同比增幅达 29.7%；营销外汇账户 110 户，实现国际结算量 1.87 亿美元；完成结售汇量 15.4 亿美元，同比减少 1.8 亿美元，同比降幅达 10.34%。

【机构业务】社保存款余额 199 亿元，系统内排名第九位，新增额 51 亿元，系统内排名第五位；社保资金账户新增 67 个；金融社保卡发卡 384 万张，累计和新增均居系统内第一位；争得太原和晋城两地区的新农保发卡资格，市场份额提升至 40%；代理省级财政集中支付业务占比为 35%，同业第一。

【其他业务】投资银行业务融资 167 亿元，较上年增加 33 亿元。其中，发行项目投资类、股权收益权类新型融资理财产品 5 笔 19.5 亿元；发行信托贷款、资产收益权类等信贷类理财产品 9 笔 32.7 亿元；发行票据受益权理财产品 14 笔 2 亿元；发行保本型理财产品 3 笔 9.9 亿元；发行短融、中期票据、私募债 9 笔 102.5 亿元。兑付到期理财产品 34 笔 81 亿元，无 1 笔理财产品发生逾期与违约。电子银行业务账务性交易量比为 61%，系统内排名第 22 位；电子银行与柜面比为 202%，系统内排名第 18 位。悦生活交易总量 35.7 万笔，系统内排名第一位；网站注册会员数 30 万，系统内排名第一位；电子渠道基金销售占比为 73.9%，系统内排名第一位；个人电子银行客户新增排名同业第一；电子渠道销售账户金占比为 99.8%，理财产品销售占比为 69.7%，系统内排名均为第二位。"学生惠"签约客户新增 14 万户，系统内排名第一位；开通学生惠高校 101 所，覆盖率达 90.99%。票据业务承兑汇票直贴余额 7.3 亿元，同比增加 3.3 亿元，增幅达 85%；累计直贴 18.7 亿元，同比增加 10.3 亿元，增幅达 123%。累计贴现 186 亿元，同比增加 45.5 亿元，增幅达 32%。信用卡业务净增发卡 20.9 万张，同比增长 98%，同业第一；净增客户数、新增特约商户计划完成率分别为 150%、202%，系统内排名均为第二位。新增钻石卡 66 张，系统内排名第 10 位；新增白金卡 624 张，新增汽车卡 2.5 万张，系统内排名均为第 12 位；公务卡累计发卡 12 万张，同业排名第二位，新增 3.6 万张，同业第一，系统内排名第四位。信用卡分期贷款余额 7.7 亿元，新增 5.5 亿元，余额为上年的 3.5 倍。

二、主要工作举措

【又快又好，践行核心理念】全面践行"以敢为人先的精神，以合规经营的行为，以又快又好的发展，打造服务最好的银行，创造公平公正的环境，让员工享受发展成果"的核心理念，牢固树立"客户至上、员工为本"的意识，大力弘扬"敢为人先、敢于超越"的精神。研究制订分行 2012—2015 年业务发展规划，确立了大发展、快发展的工作目标。2012 年明确提出"当年进入二类行"的目标，经过努力已经成功实现。

【把握机遇，密切银政合作】2012 年国家批复山西省国家资源型经济转型综合配套改革试验实施总体方案，设立晋陕豫黄河金三角产业示范区，新出台的中原经济区发展规划以及《关于大力实施促进中部地区崛起战略的若干意见》，均覆盖或者涉及山西。王洪章董事长在山西省调研期间，与时任山西省省长王君、常务副省长李小鹏座谈并签署了战略合作协议。分行紧抓难得的发展机遇，及时与朔州、阳泉、吕梁、忻州、运城等多个市政府签订合作协议，进一步密切了银政关系。

【狠抓负债，牢固发展之本】对公存款制定营销考核办法，将主要工作重心放在财政、社保、住房公积金等客户群体上，有效拓宽资金来源；全年新增对公客户 11 512 户，进一步夯实了对公存款基础。个人存款以“社区金融”为创新着力点，按照以产品配置维护客户、以标准服务打动客户的发展思路，全力争市场、抢份额、扩规模。2012 年，一般性存款新增四大行占比为 37%，全年持续保持同业第一。其中，个人存款新增四大行占比为 31%，位居四大行第二；对公存款四大行占比为 49%，位居四大行第一。

【着力调整，三类贷款提速】积极贯彻执行总行“三大一高”战略，加强对各级政府、机构客户、大中型集团客户，以及商会、企业联合会的营销工作。将调整资产结构作为业务发展的重中之重，加大重大客户项目营销，发力个人贷款业务，快速拓展小企业业务规模，着力推动业务转型。

【合规经营，加强风险防控】坚持加强基础管理，从严执行制度，提高合规经营意识，加强风险防控。实行对违规、违纪行为“零容忍”，加大问责处罚力度。树立“抓住不落实的事、追究不落实的人”的观念，全面传导责任意识，培育责任文化。召开“内控合规年”万人动员大会，安排部署内控合规工作，连续三年实现“零案件”目标。

【优化机构，创新发展模式】以“三化、三压缩、三提升”为目标开展组织机构优化调整，省分行本部部门由 43 个压缩至 30 个，二级行本部部门由 20－30 个压缩至 10 个，直营机构 4－5 个，400 多人充实到客户经理队伍，前台人员占比提高 4 个百分点；探索省会城市经营新模式，形成“省分行＋省分行营业部＋6 个综合型城区支行”的组织架构，有效提升机构覆盖度和市场竞争力；开创渠道建设新局面，对网点建设重新规划，自助设备布放全面加速，新增网点 14 个，新增自助设备 500 台，新增量超过了以前年度的所有存量；开拓金融服务社区新路子，与太原钢铁集团签署协议，全面承办 97 个社区 40 万人社区自助服务，成为其五年内唯一一家金融合作单位。

【做实基础，加强客户建设】将客户发展战略定位于“大、中、小客户齐要”、“抓大不放小”，将中小客户、小额无贷户培养成为中坚客户，推动客户结构从“倒金字塔”向“正金字塔”转变。陆续出台对公、对私条线客户经理管理办法，着力提升客户经理队伍综合素质。

【转变作风，提升发展动力】大力提倡到基层调研，鼓励分行中层干部到基层体验，本部部门与基层网点“结对子”，并出台十一条密切联系群众改变工作作风的措施。通过整合报表、压缩检查，加强效能建设，改善工作环境，提高福利待遇，将关爱员工工作落到实处。通过表彰先进、举办文体活动，缓释工作压力等举措，激发员工工作热情，提高员工的归属感、凝聚力和向心力。有序推进信访维稳、声誉风险管理工作，为业务发展创造良好环境。

执笔：赵建伟

内蒙古自治区分行

内蒙古自治区分行行长　黄先俊
（2012 年 6 月免）

内蒙古自治区分行行长　邱书民
（2012 年 7 月任，3 月任主要负责人）

一、业务发展概况

【经营效益】2012 年，实现拨备前利润 50.8 亿元，同比增加 6.14 亿元，增长 13.77%。拨备前利润位居四大行第一。实现税前利润 45.04 亿元，同比增加 0.18 亿元，完成总行计划的 103.44%。实现经济增加值 20.86 亿元，同比增加 3.07 亿元。经济资本回报率为 28.85%，同比提高 1.14 个百分点。

【资产负债】存款市场占比提升，余额跃居四大行第一。截至 2012 年末，全口径存款余额 2 047亿元，新增 240 亿元，增长 13.29%。全口径存款时点余额四大行占比 29.08%，排名第一；新增占比 37.67%，四大行排名第一。

信贷业务稳步增长，余额继续保持四大行第一。截至 2012 年末，各项贷款余额 1 482 亿元（不含信用卡类贷款），新增 128 亿元。贷款余额四大行占比为 28.76%，排名第一。

【中间业务】2012 年，实现中间业务毛收入 17.86 亿元，同比增加 0.59 亿元。中间业务净收入四大行占比 37.31%，同比提高 1.61 个百分点，排名第一。

【资产质量】截至 2012 年末，不良贷款余额 4.57 亿元，比年初增加 239 万元，控制在总行核定计划内。不良贷款率为 0.31%，比年初下降 0.03 个百分点。共处置不良资产 36 815 万元，完成 KPI 计划的 217%。现金回收处置、超值现金回收、已核销呆账资产现金回收等均超额完成计划。

2012 年 2 月 8 日，内蒙古自治区区分行召开 2012 年工作会议暨二届二次职工（会员）代表大会。

【战略性业务】2012 年实现投资银行业务收入 5.62 亿元，同业第一，理财业务收入、新型财务顾问收入、债务融资工具承销收入四大行占比第一。

信用卡业务快速发展。信用卡累计发卡量、当年新增发卡量、消费交易额、分期交易额、贷款余额、资产质量等均居同业第一。累计发卡68.03万张，当年净新增客户18.34万户。实现消费交易额242亿元，同比增长60.31%。实现中间业务收入2.67亿元，同比增长138.4%。主要业务指标在系统内排名靠前，其中卡均消费交易额列第二位、信用卡资产质量列第二位、账户活动率列第三位。

“民本通达”市场份额不断提升。机构客户新增503户（折算前），计划完成率为144%。社保金融IC卡发卡量68.4万张，计划完成率为114%。公务卡签约、消费结算、代理财政国库资金存款等多项指标同业第一。教育领域、医疗卫生领域贷款余额位居四大行第一。

企业年金业务实现新突破。企业年金受托资产规模新增1.03亿元，完成总行计划的172%；托管资产规模新增1.12亿元，完成总行计划的488%；企业年金个人账户新增29 257户，完成总行计划的127%。

电子银行业务快速发展。电子银行客户709.5万户，新增270万户，增速61.42%，系统内排名第三位。电子银行账务性交易量比54.87%，提高15.95个百分点。

【公司业务】截至2012年末，对公存款余额983亿元，新增37亿元，对公存款余额、新增额四大行排名第一。对公贷款余额1 213亿元，新增72亿元，对公贷款余额连续四年同业排名第一。当年累计投放公司类贷款497亿元，同比增加76亿元。公司条线实现中间业务收入3.53亿元。新增单位人民币结算账户13 339户，四大行占比为44.91%，排名第一。

【个人金融业务】截至2012年末，个人存款余额939亿元，新增186亿元，新增额四大行占比为32.85%，排名第一，增速在系统内排名第二位。个人贷款余额269亿元，新增56亿元，增长26.31%，个人贷款新增四大行占比为51.46%，排名第一。新增个人有资产客户44万人，增长10.3%。个人客户金融资产新增205亿元，增速在系统内排名第二位。借记卡存量、全量贵金属交易额、基金、国债等主要产品销售均实现同业第一。

【国际业务】截至2012年末，全口径外汇存款余额10 443万美元，四大行占比为35.5%，排名第二。贸易融资额77 928万美元，四大行占比为33%，排名第二。边贸业务结算量84 413万美元，账户结售汇总量8 381万美元，市场占比为40%，同业排名第二。外汇同业存款2 030万美元，同比增长130%。国际结算业务量、国际融资签约额、转贷款余额、外汇中间业务收入等超额完成全年计划。

二、主要工作举措

【持续扩大客户规模，进一步夯实发展根基】一是突出“三大一高”发展战略。立足自治区资源优势，以重大客户、重大建设项目为重点，加大对煤炭开采和洗选业、非金属矿采选业、有色金属矿采选业及电力、交通等大系统的营销力度。逐一筛选各行业核心企业，梳理其上下游客户，提高营销效率。二是多措并举拓展个人客户。加强对存量客户细分和产品关联度分析，提升客户产品覆盖度、购买频率度和产品渗透率。对观察关注类客户和流失倾向较强的客户实行名单制管理。加强部门联动，建立了客户推荐、产品交叉销售和利益共享机制。三是持续加大账户营销力度。加强账户动态管理，及时分析区域、行业资金流向，加强信息捕捉、需求分析和综合金融服务，提升账户活跃度，增加客户资金沉淀量。实施网点“每周一户”客户增长目标，先后推出12个资金结算优惠套餐，促进优质客户业务快速发展。

2012年5月30日，内蒙古自治区分行与阿拉善盟行政公署举行战略合作协议签字仪式。

【持续完善内控管理，进一步增强价值创造能力】一是持续强化全面风险管理。加强风险分类和逾期贷款管理，强化重点关注领域风险排查和授信业务风险监测力度，提高信用风险精细化管理水平；认真开展金融市场管理年活动，深化经济资本应用，提高市场风险管理水平；持续加强贷后管理，加强对各类管理工具的应用，提高贷后风险持续监测和早期预警能力。二是持续强化合规管理。组织开展“内控机制建设强化年”活动，加大自评估推广力度，深化各层级主动识别与管理操作风险的内在机制。内部审计和外部监管检查项目问题整改率均达到100%。三是持续强化党风廉政建设和案件防控工作，实现无案件、无重大风险事件的目标。以“平安建行”常态化建设为主线，认真落实安全管理责任制，为业务发展提供有力保障。

【强化创新驱动，进一步增强可持续发展能力】一是持续优化薪酬分配和考核激励机制。重新确定二级分行资源禀赋系数，强化分项EVA全量激励，进一步加大KPI考核薪酬分配的挂钩力度。台阶式增配战略性资源配置总量，提高基层网点战略性产品买单力度。在二级行KPI考核体系中，增加了风险控制评价等指标，充分发挥等级行、KPI考核体系对业务发展的引领作用，并加大对客户账户和风险调整后资本回报率的考核力度。二是进一步加大产品创新力度。建立以产品与质量管理部、业务部门、产品经理为主的产品创新体系。推出保本型、资产收益权类理财产品，并在系统内率先推出民营企业私募债等。三是依托分行特色平台，强化科技创新。完成了校园一卡通、财政惠民卡、社保一卡通、内蒙古财政非税新旧系统迁移等开发上线工作。

【持续加强基础建设，进一步提升客户服务水平】一是持续推进渠道建设。2012年，新增营业机构15个，网点自有率60%，高于系统内平均水平。建成私人银行6家、标准化个人理财中心162个。累计创建“五星级网点”16家，系统内排名第九位。自助设备总量2 173台，自助银行总量599个，继续保持四大行第一。二是持续加强客户经理队伍建设。共配备营业网点专兼职对公客户经理390人，个人客户经理327人。三是大力推进前后台业务分离。完成全辖239个综合性网点的前后台业务分离项目切换上线，业务处理效率提高57.5%。

【持续加强员工队伍建设，进一步增强核心竞争力】一是积极开展人才交流和岗位交流。审计条线与分行相互交流14人，二级行交流到分行24人。二是落实人才强行战略，优化人力资源配置。全年共完成人员招聘3次，新录用员工591人。新增人员50%以上分配到呼和浩特、包头、鄂尔多斯地区，97%分配到基层网点，有效缓解了柜面人员紧张的问题。三是持续加大培训力度。全年举办各类培训项目751期，培训员工56 246人次。四是持续加大员工激励力度。对22名优秀基层机构主要负责人进行特别奖励，对32名突出贡献员工进行了表彰奖励。

【持续加强党的建设，为发展提供坚强的组织保障】坚持规范基层党组织设置，加大党员发展力度，扩大基层机构党员覆盖面，确保基层网点无党员“空白点”。深入开展划分党员责任区、设立“党员示范岗”、创建党员服务品牌等活动，加强党员教育管理，督促党员发挥先锋模范作用。

执笔：梁桢　其木格

辽宁省分行

辽宁省分行行长 杨文升

一、业务发展概况

【主要业务指标完成情况】2012年，分行主要指标继续领先同业。全口径存款和一般性存款日均余额和新增额、时点余额和新增额在四大行中排名均为第一位。全口径存款日均余额3 173亿元，日均新增326亿元。各项贷款余额1 781亿元，新增256亿元，在四大行中排名第一位，增速高于系统内平均水平2.4个百分点。实现中间业务净收入20.5亿元，增幅达11%，在四大行中排名第一位，市场占比为33.11%。实现税前利润54.99亿元，增长32.43%。创造经济增加值28.21亿元，增长55.6%。净利息收益率提升0.26个百分点，贷款收益率提升0.61个百分点，资产净收益率提升0.21个百分点。

【公司业务】对公存款日均余额1 278亿元，四大行占比为36%；新增118亿元，四大行占比为45.6%。对公贷款余额1 303亿元，新增167.5亿元，在四大行中排名第一位。其中对公非贴贷款余额1 146亿元，比年初新增118亿元，创历史最好水平。对公非贴贷款累计投放885亿元，比上年多投放258亿元。其中，大中型企业累计投放689亿元，小企业客户累计投放196亿元。对公非贴贷款加权平均利率为6.48%，加权浮动利率水平为基准上浮5.25%，加权平均综合收益为基准上浮12.3%。全年公司机构客户数量新增4 655户。实现对公中间业务毛收入12.17亿元，同比增长1.12亿元，增速达8.7%。

2012年2月2日至3日，辽宁省分行在沈阳召开全省建行2012年工作会议。

【个人金融业务】个人存款日均余额1 691亿元，日均新增214亿元（等级行考核口径），计划完成率为113%，在四大行中排名第一位。个人贷款余额461.4亿元，新增78.8亿元，计划完成率达150%，余额占比继续保持四大行领先地位。全量个人客户1 246.27万人，其中有资产客户792.08万人，比年初新增36.12万人。私人银行客户2 597人，比年初新增488人；客户金融资产145.68亿元，比年初增长35.28亿元。电子银行账务性交易量比为56.28%，较年初提升8.17个百分点。信用卡分期交易额21.1亿元，实现翻番增长。实现个人中间业务毛收入9.05亿元，同比增加1.19亿元，总行计划完成率达104.74%。单项收入超过千万元的产品达到12个，其中超亿元产品2个。

【房地产业务】房地产贷款全年累计发放36亿元，贷款余额43.8亿元，增长13.7亿元。房地产客户39个，增加12个。个人贷款余额461.4

亿元，新增78.8亿元，计划完成率达150%，余额占比继续保持四大行领先地位。住房资金存款余额247.6亿元，新增37.1亿元，比2011年同期多增8.6亿元，计划完成率达148%，余额在系统内排名第五位。实现房改金融中间业务收入9 819万元，计划完成率达109%，比上年增加1 444万元，系统内排名第七位，同业排名第一。

【中间业务】实现中间业务净收入20.5亿元，增幅达11%，在四大行中排名第一，领先工商银行2.8亿元，市场占比为33.11%。积极营销供应链产品，国内信用证开证165亿元，为上年的10.5倍，系统内排名第二位。代理资金信托计划取得新进展，实现收入3 000万元。实现工程造价咨询收入1.3亿元，增幅达87.5%。房改金融业务继续保持同业第一，实现中间业务收入9 819万元。实现信用卡中间业务收入2亿元，增幅达123%。向私人银行客户销售理财产品150亿元，为上年的2.8倍，实现中间业务收入3 937万元。

2012年11月5日，辽宁省分行与省高速公路管理局举行高速公路电子不停车收费IC卡项目合作签约仪式。

【国际业务】累计完成国际结算量107亿美元，实现历史性突破；外汇中间业务收入2.26亿元；跨境人民币业务实现全省覆盖，完成客户119户，增速达205%；完成跨境人民币结算量37.9亿元，市场占比为37.62%，系统内排名第三位。外汇资金收入首次超过1亿元，四大行占比第一，占比指标在系统内列第一位。沈阳地区国际收支量、结售汇量、国际业务收入超过中国银行，继续保持同业第一位。

【资产质量与风险控制】累计处置不良资产14.93亿元，实现现金回收4.39亿元，实现超值现金回收2.64亿元。资产质量显著改善，不良贷款率自股改上市以来首次低于系统内平均水平。不良贷款余额17.14亿元，比年初减少6.88亿元；总行考核口径不良贷款率为0.97%，比年初下降0.62个百分点。

二、主要工作举措

【突出三项重点，竞争力显著提升】一是落实“三大一高”战略，客户基础进一步夯实。对公客户新增4 576户，个人客户新增37.17万户。围绕核心企业拓展供应链客户706户。大力开展系统性营销，省水利厅结算中心下属单位和辽西北供水公司相关企业全部在建设银行开户，以财政为核心延伸营销财政专户9户、授权支付账户24户。深入推广“工商验资通”，2 802户转为基本结算户。私人银行客户、大众富裕客户、富裕客户增速均高于全量客户。二是狠抓存款新增，全口径存款成功突破3 000亿元。积极克服企业资金紧张、社保走款等不利因素，实现对公存款必保100亿元的新增目标。注重丰富增存手段，以现金管理服务沉淀存款310亿元，成功中标社保定期存款40亿元，发行保本型理财产品吸收行外存款25亿元。加大个人存款营销、考核与调度力度，积极拓展代发工资业务，存款新增创近三年新高。三是落实监管要求和总行“四有”原则，有效做大、做实中间业务，新业务和特色业务实现较好发展，进一步巩固了市场领先地位。

【积极拓展战略性业务，可持续发展能力进一步提升】初步建立相对统一、规范的私人银行经营模式，16家私人银行投入运营，无私人银行的直属支行均配备了专职客户经理和专属渠道。跨境人民币业务发展加快，大力推广跨境人民币出口代付、换币代付等创新产品，累计拓展客户119户，结算量市场占比系统内排名第三位。养老金业务稳步推进，账户管理数量新增2.58万户，托管资产新增11.1亿元，余额在四大行中排名第一位，系统内排名第二位。消费金融业务快速发展，个人贷款新增、投放均创历史新高，余额继续保持四大行第一位。累计拓展分期商户1 343家，交易额增幅达109%。金融IC卡项目取得新突破，朝阳分行社保IC卡实现发卡10万张；成功营销ETC信用卡发行项目，并已正式对外发售。办理供应链融资贴现76亿元，电子票据直贴投放同比增加 20.5 亿元，“自由贴”业务实现零的突破。

【深入推进精细化管理，经营管理水平进一步提升】一是客户服务进一步精细化。进一步推广向大客户提供综合金融服务方案的经营模式，对中小企业客户实施抓供应链、抓专业化市场的批量营销，特别是通过供应链金融增强核心客户、小企业与建设银行的关联度，实现存贷款和中间业务的全面发展。创新建设现金管理产品体验中心，提升服务质量和效率。二是经营管理进一步精细化。分行部门指导更加清晰、准确、有效，指导、服务、保障能力大幅提升，条线、部门、上下级之间形成有效联动。启动上线流程管理平台，完成深化前后台业务分离项目推广任务。三是算账谋划能力增强。抓住价值创造主线，在管理和考核上充分体现投入产出效率，各层级、各机构算账能力明显增强。46 个客户 RAROC 提高到 11% 以上。从完善管理体系、整合管理流程、加强重大财务事项决策机制建设入手，强化财务管理，取得明显成效，三年外审“零调整”。

【强化风险意识，风险管控能力进一步提升】一是信贷结构进一步优化。重点支持交通运输业、电力和制造业，房地产贷款实现恢复性发展。退出贷款 9.07 亿元，惩罚口径平台贷款减少 37.91 亿元，特别是主动退出抚顺电厂和锌业股份，得到总行的充分肯定。二是贷后、投后管理得到加强。逐户研究大额民营企业风险状况，制定差别化信贷政策。制定《大中型对公客户贷后管理操作手册》，推进信贷岗位分离，建立投资银行平行风险管理机制。三是不良资产处置取得明显成效。核销锦化氯碱不良贷款，解决了仙人岛平台贷款现金流覆盖不足的问题，清收了沈阳自来水公司陈欠多年的贷款。深化不良个贷集中经营，收回不良个贷 1.2 亿元。

【继续深化战略转型，客户结构和渠道结构进一步优化】在客户结构上，围绕核心企业上下游、专业化市场、门市房抵押三条线，新增小企业非贴贷款客户 363 户。个人助业贷款坚持“优质客户 + 有效资产抵押”，增速达到 188%。在渠道结构上，电子银行主渠道作用日益突出，电子银行交易量比提升了 8.2 个百分点。电子渠道功能日益丰富，重点推广了代缴费、E 动终端、E 商贸通等典型案例，对公电子渠道高级客户新增居四大行第一，个人网银客户新增居四大行第二。

【优化机制，激发干部员工的积极性】调整绩效考核机制和资源配置政策，重新设计等级行、KPI 考核办法，推行员工绩效 EVA 全量挂钩配置，将沈阳地区条线考核模式改为层级考核，赋予层级充分的调配权。制订分行领导人员选拔任用提名办法和选拔聘任实施方案，28 名同志被择优聘任为中层领导干部。

【加强党的建设和队伍建设，“风清气正、和谐进取”的企业文化深入人心】深入开展创先争优和基层组织建设年活动，平稳有序推进基层党务公开制度。全面贯彻落实中央和总行党委关于改进工作作风、密切联系群众的规定。在全辖分层分类组织开展大规模培训，着力提高培训的针对性和实效性。开展关爱员工调研和“三个一”活动，共解决各类问题 243 个，帮扶困难员工 647 人。

执笔：杜柳潇

大连市分行

大连市分行行长　林忠治

一、业务发展概况

【本外币全口径存款】日均余额1 269亿元，同比提升了0.8个百分点，新增134亿元，增速达12%，增速在系统内城市行中排名第二位。时点余额1 315亿元，四大行占比为27%，新增131亿元，增速达11%，增速在系统内城市行中排名第二位。

【各项贷款】时点余额865亿元，新增120亿元，增速达16%，增速在系统内排名第11位，在城市行中排名第二位。

【中间业务总量继续保持地区四大行排名首位】全年实现中间业务收入9.75亿元，同比新增0.78亿元，增速达8.73%，计划完成率为100%。

【经济效益完成总行计划指标】主营业务收入43.35亿元，账面收入在系统内排名第31位，同比增速达22%，计划完成率为106%。

【经营效率持续提升】存贷款利差3.96%，较年初提升了0.51个百分点，在系统内排名第34位；贷款收益率为6.26%，同比提升了0.77个百分点，在系统内排名第37位。

【有效应对资产质量突发事件】不良贷款余额13.83亿元，不良率为1.6%，较年初上升了0.72个百分点。累计处置不良贷款2.65亿元，其中现金回收1.33亿元。妥善处理实德突发事件，积极与大连市政府、土储中心及企业沟通，寻求最优解决处置方案，以最大程度避免建设银行资产损失。

【20项经营指标在当地四大行中排名第一】分别是各项贷款新增、中间业务收入总量及新增、企业存款日均余额、企业存款时点余额、人民币同业存款时点新增、外汇全口径存款时点余额新增、外币同业存款时点余额及新增、跨境人民币结算量、外币贷款新增、对公中间业务收入、投资银行业务收入、储蓄存款网均余额新增、个人贷款新增、个人住房贷款余额及新增、住房资金归集余额、公积金个人贷款余额、基金、国债及实物黄金销售保有量、借记卡卡量余额、信用卡专项分期交易额、电子银行客户新增。

2012年5月8日，大连市分行与大连市甘井子区人民政府签订城乡一体化建设全面金融合作协议。

2012年，分行在当地的影响力进一步提升。个人客户满意度在四大行中排名第一，对公客户满意度达95.9%，较上年提升了7.1个百分点。被授予大连市“创新力机构”、“最受市民信赖理财机构”，并获得“企业社会责任金奖”等多项荣誉，

二、主要工作举措

【深入落实“三大一高”发展战略】

不断夯实客户基础。公司业务实施大中型目标价值客户全流程管理，大力增加价值客户；个人业务以抓个人储蓄存款为中心，强化联动、批量营销，积极做大客户总量。截至2012年末，分行公司机构客户2.1万户，个人有资产客户224万户，私人银行客户新增231户，信用卡客户新增8.75万户，电子银行客户新增108万户。

持续优化信贷结构。严格落实总行信贷政策，合理调配信贷资源，重点支持地方重点项目及信用等级高、财务状况良好、综合收益高的客户，持续提升基础设施等重点业务占比。2012年，分行固定资产类贷款余额新增14亿元；保障性住房贷款余额新增6亿元。限制性领域贷款得到控制，产能过剩行业贷款实现净下降7亿元；房地产类贷款余额占比较年初下降0.42个百分点；政府融资平台贷款余额较2010年最高值减少77亿元。

推动业务创新发展。一是新农村建设贷款品牌得到广泛认可。在大连市金融局的大力支持下，与甘井子区政府、保税区管委会签订新农村贷款全面合作协议，完成旅顺、庄河新农村贷款授信和贷款投放，积极推进与金州新区、普湾新区政府的合作；成功设立城乡一体化建设发展基金。二是民生金融服务实现突破。成功营销大连市卫生局系统整体金融业务；与大连市人力资源与社会保障局合作，率先发行金融社保IC卡；顺利推出银医服务。三是供应链金融服务进一步加强。国内保理业务预付款流贷替代率14%；创新研发协议付息保理业务与融资租赁保理业务，与中国融资租赁公司、大连船舶交易中心、泰德煤网三家企业建立了银企联动创新团队；推进了动产质押、金银仓业务地发展。四是银行卡品牌影响力不断增强。以“龙年就要用龙卡”为主题，推动“一人双卡”；大力推进联名卡项目，金融IC卡业务实现零的突破，发卡8.4万张。五是重点业务快速发展。全年跨境人民币结算量同业市场占比为24%，在系统内排名第一；小企业贷款定价管理能力进一步增强，价值贡献度持续提升；年金业务运营个人账户较上年增长164%；票据买入返售业务较上年增长96%；委托性住房金融业务保持同业领先。六是推动创新发展战略落实，构建产品创新激励长效机制。实施《产品创新积分管理办法》，对全员的创新行动与创新成果以量化的形式进行积累；制定《产品创新项目管理办法》，加强对产品创新项目工作的组织推进；组建分行产品创新专业评审委员会，加强创新创意整合工作，促进产品创新向创效的转化。

2012年7月10日，大连市分行与大连市医科大学附属第一医院联合举行银医合作预约挂号暨健康龙卡发行启动仪式。

加快经营渠道建设。年内新设机构网点8个，完成网点建设项目49个。电子渠道与自助渠道快速发展。电子银行账务性交易量比提升3.33个百分点，自助设备账务性交易量比提升3.62个百分点，在线运行现金类自助设备新增82台，总量达到490台；自助设备交易强度保持四大行第一。

提高综合化服务水平。表内表外业务并重，积极开展票据类及信托贷款类理财业务；推进中德住房储蓄银行在大连的机构设立工作；坚持联动营销，推行公私条线关联考核，提高全面金融解决方案的服务能力。

【健全体制机制，夯实管理基础】

试点推动网点综合化建设。提前推进网点综合化建设人力资源战略性布局；明确网点开办对公业务的流程及政策，编制对公网点建设规划，完善网点动态管理机制，推进网点综合化基础工作。

强化集约管理。完成前后台业务分离项目，简化流程，提高效率，顺利完成47个对公网点推广上线，柜面业务集中处理系统运行平稳，客户体验得到不断提升。

推进干部人事制度改革。完善干部管理制度，强化统一管理。推出《分行营业机构负责人岗位贡献及职务等级目标管理办法》，创建岗位贡献与职务等级挂钩考评制度，搭建了激励与约束并重、能上能下的选人用人平台；开设专业顾问类岗位，进一步完善不同序列岗位职务之间的转聘工作；加大领导干部竞争性选拔力度，制定《分支行内设机构及营业网点负责人竞争性选拔工作办法》，形成科学、规范的竞争选拔制度。年内完成89个网点负责人公开竞聘工作，并启动常规性公开选拔工作。

加快人才培养。进一步充实人员总量，新招入行员工112人。开办对公业务和对私业务大讲堂，开发新行员培训课程体系，重点实施网点负责人培养计划。全年举办业务类培训1 303天，管理类7 185天，人均参训天数4.2天。

【强化风险内控，加强合规经营】

加强全面风险管理。进一步完善内控机制，推行风险保证金制度，完成中后台部门业务流程与关键风险点梳理工作；制定《风险条线管理模式调整方案》，组建风险评估评价中心，实现风险条线管理下沉；小企业客户授信业务流程引入平行作业机制；加强风险调整后收益管理工具应用，风险调整后收益率较年初提升1.35个百分点；加强押品管理，押品重估比例为99.76%，同比提升19个百分点，高出系统内平均水平6.76个百分点。

加强“平安建行”创建工作，实现全年安全运营。开展“廉洁合规从业教育到基层”主题活动，全员签订《案件防控工作责任状》。提升反洗钱精细化管理水平，获得“反洗钱工作先进单位”荣誉称号。

【推进企业文化建设，营造积极向上的良好氛围】

加强班子队伍建设。强化各级领导班子思想建设、组织建设、作风建设、制度建设和反腐倡廉建设，加强“讲党性、重修养、守廉洁、作表率”主题教育实践活动。

推动核心价值观宣传，加强员工对建设银行文化的认知认同。组织开展“寻找在平凡中坚持和创造的基层员工”和“建功立业创先争优”劳动竞赛活动；组织“比照先进、学习同业、超越自我”建设银行报学习讨论活动。

落实员工关爱举措。举办各种有益健康文体活动；关注员工诉求和潜在需要，重视内部流程用户之声系统的常态化应用管理。

推动作风建设。倡导“严、快、新、实”工作作风，深入开展“作风建设年”活动；积极推进行务、费用、干部使用“三公开”工作。

执笔：大连市分行行长办公室秘书组

吉林省分行

吉林省分行行长　张勤

2012年，吉林省分行围绕“创建区域和系统最好银行”发展战略目标，真拼实干，奋勇争先，KPI考核列系统内第八位，等级行考核列系统内第10位，率先在东北地区进入一级行。

一、业务发展概况

【经营效益】实现拨备前利润43.75亿元，新增8.84亿元；实现经济增加值21.54亿元，增长62.73%。账面利润列同业第一位。

【资产负债】全口径存款余额1 760.1亿元，

新增187.46亿元，增长11.92%，余额和新增额在四大行中排名第二位；一般性存款余额1 677.09亿元，新增186.05亿元；同业存款余额83.01亿元，新增1.41亿元。各项贷款余额1 062.53亿元，在四大行中排名第一位，新增122.37亿元，在四大行中排名第二位。

【中间业务】中间业务收入创历史新高，实现中间业务净收入20.20亿元，列系统内第16位，增长19.84%，增幅列系统内第八位，四大行占比为46%，连续三年保持第一。理财产品、财务顾问、个人短信、实物金、国内保理等12项产品在四大行中排名第一。

【资产质量与风险控制】不良贷款额1.94亿元，不良贷款率为0.18%，资产质量排名列系统内第二位，在四大行中排名第一位。非信贷不良资产总额0.05亿元，不良资产率为0.01 %。个人贷款不良率为0.05%，拖欠率为0.24%，均为系统内最低。

2012年9月20日，吉林省分行与吉林省人力资源和社会保障厅签署吉林省社会保障卡金融服务项目合同书。

【公司业务】企业存款余额784.05亿元，新增48.27亿元，增长6.56%，余额在四大行中排名第1位，新增额在四大行中排名第2位；公司类贷款余额751.56亿元，新增65.59亿元，增长9.57%，新增额四行排名第1位。

【电子银行业务】加快"善融商务"、"E商贸通"等电子银行典型应用，个人网银客户新增53.11万户，企业网银高级客户新增1.65万户，新增手机银行客户54 183户，电子银行账务性交易量比为7.47%，提升17.05个百分点，增速在系统内排名第2位。

【投资银行业务】积极创新投资银行产品，投资银行收入保持快速增长。全年完成理财产品及新型财务顾问业务71期，总金额96.28亿元；成功发行2期并购融资类理财产品，募集金额9亿元；成功发行4期资产收益权类理财产品，发行金额5.88亿元；实现条线中间业务收入7.14亿元，完成总行计划的118%。

【个人金融业务】个人存款余额893.04亿元，新增137.78亿元，新增额在四行排名第1位。个人金融产品销售707亿元，新增160.87亿元，其中理财产品累计销售319亿元，实现理财产品收入6 552万元，在四大行中排名第1位。AUM500万元以上个人高端客户新增600户，列系统内第8位，个人高端客户AUM新增42.1亿元，完成计划的140.33%。大力推进银行卡发展，发行金融IC卡60.27万张、借记卡132.43万张、信用卡84.7万张，实现信用卡消费交易额136.5亿元，分期付款交易额15.2亿元。

【住房金融与个人信贷业务】个人贷款余额300.28亿元，其中，消费经营类贷款余额98.97亿元，比年初增加30.55亿元。新增个人贷款50.22亿元，其中，消费经营类贷款占比为60.83%。余额系统内排名第5位，在四大行中排名第1位。

2012年3月5日，吉林省分行与中国移动吉林公司签署合作协议。

【国际业务】外汇全口径存款时点余额2.4亿美元，同比增长23.85%，完成全年新增计划的279.64%。其中外汇企业存款时点余额为1.77亿美元，同比增长18.68%，完成全年新增计划的168.55%，在四大行中排名第2位。

【资金结算业务】重点产品创收能力大幅提

升。电子回单柜、支付密码器、人民币结算卡等公司机构有效客户产品覆盖度4.65，列系统内第3位，同比提高1.25，提升幅度列系统内第1位。

二、主要工作举措

【落实“三大一高”战略，集聚扩充高收益信贷资产】一是将稀缺的信贷资源向“资本占用少、风险权重低、经营效益好”的业务倾斜。紧密结合区域发展实际，服务实体经济，挤出低收益资产，注入高收益资产。对议价能力弱、综合收益低的特大型、大型客户尽量通过授信装入总行资产池或组织银团贷款，在银团中争取牵头行或代理行地位；重点与风险可控、议价空间较大且具有相关贡献的中型客户建立紧密的信贷合作关系；对小企业业务，重点与分行可占主导地位且具有议价优势的核心企业链条上的小企业和具有区域经济特点的粮食收储加工企业建立紧密的信贷合作关系；个贷业务重点发展定价较高的个人经营消费类贷款。二是深化信贷结构调整。截至2012年末，大中型和机构类客户贷款比例为58%，比2009年末下降16个百分点；小企业小微企业贷款比例为13%，比2009年末上升10个百分点；个人类贷款比例为29%，比2009年末上升6个百分点。三是加强对一汽集团、轨道客车、吉煤集团、大成集团等集团客户和重大项目的全面金融服务，并将服务延伸至上游供应商，进一步扩大合作范围，重点做好整体授信、金融服务网络、财务顾问、电子银行、贸易融资、票据业务、供应链融资等服务。当年累计为一汽等集团客户授信576亿元，提供信贷支持150亿元。

【以创新增效为龙头，全面增强价值创造能力】一是积极实施产品创新，建立以投资银行部门为核心的产品创新和价值创造链条。以公司部、小企业部为原料供应商，以投资银行部为产品生产商，以个人部、私人银行部为成品经销商，成功创设推出多款创新型理财产品及全面金融解决方案。量身定制符合中小企业需求的“信联融”、“轿运融”、“政采融”等产品和服务项目，研发“林富通”、“地利融”、“大果仁”等系列经营类贷款产品；通过组建合伙企业制的私募股权基金，连续发行有市场竞争力的短期票据理财等多种产品，为中小企业提供“融票通”、“汽贸融”、保理、票据贴现等金融业务。2012年通过产品创新

2012年6月15日，吉林省分行举办信用卡分期车展。

实现收入84 526万元。二是增强议价能力，全力提高资产收益。对贷款价格管理权限实行高度集中，准确把握市场行情，及时通过行长专题会议确定不同时期、不同客户群、不同贷种的价格底线，各经营条线客户经理据此营销适合的客户。近两年贷款加权平均利率和平均浮动比例均居四大行及系统内首位。三是多轮驱动，大力提高中间业务收入水平。在大力发展传统中间业务的基础上，重点推动投资银行、信用卡、电子银行等有潜力的业务，全力扩大相关板块产品覆盖度。2012年公司机构有效客户产品覆盖度4.65，列系统内第3位，个人产品覆盖度2.76，列系统第15位。中间业务收入连续三年保持同业第一。四是持续加强账户营销，夯实客户基础和利润源头。截至2012年末，人民币对公结算账户68 471户。其中，基本账户44 820户，基本账户总量、新增量历史性跃居同业首位；个人客户702万户；个人高端客户（AUM300万元以上）3 921人。

【深入推进“三综合”建设，实现多元化金融服务】加快网点升格和布局调整，完善营业机构经营职能，推动柜面资源整合，着力打造旗舰、精品营业机构。通过迁址、购置和原址改造，80%以上的网点面貌焕然一新，功能分区更趋合理。全辖196个对公机构全部实现前后台业务分离，开办对公业务的营业机构已达277家，综合化占比达到92.95%。在支行层级打通个人和对公资产客户经理职能边界，通过顶岗培训、交流培训等方式，全面提高柜员综合服务能力，客户

综合服务水平大幅提高，基本实现综合网点、综合柜员和综合营销队伍目标。

2012 年 8 月 29 日，吉林省分行与长春市住房公积金管理中心签订合作协议。

【优化资源配置，提高集约化和专业化水平】一是积极推进网点渠道建设。优化渠道布局，物理网点、自助渠道、电子渠道协调发展。全年营业网点建设资本性投入 6.26 亿元，为历年最高。购置租赁网点 56 个，整体装修网点 78 个，局部改造网点 22 个，网点自有率达到 71%。二是完善资源配置和激励机制。完善“效率优先，兼顾公平”的绩效考评办法，鼓励价值创造。打破层级考核模式，由省分行直接考核到基层机构及客户经理，按价值创造挂钩分配绩效工资，实行同量同价。三是深化内部人力资源市场机制，促进人才使用价值最大化。全年共举办各类公开招聘 14 场，为 63 名员工重新配置了岗位，有效促进了人才合理流动。

【全面强化风险管控，全力提高合规经营水平】全面开展“合规文化推进年”主题活动，风险、授信、贷后、合规、纪检、企业文化等各环节齐抓共管，全面增强依法合规经营意识，构建全面的内控合规评价体系。围绕“加强结构调整，提高资产质量”，完善全面风险管理体系建设，针对风险点建立全业务流程的风险管控制度。推动信贷资产排查，强化贷后预警跟踪管理，加大无效资产清理压缩力度。积极配合内外部审计和监管检查，对发现问题进行认真整改，坚持风险文化与合规文化平行推进。健全案件防控工作长效机制。全年无抢劫、盗窃、诈骗案件，无安全责任事故和群体性事件发生。

2012 年 12 月 18 日，吉林省分行离退休活动中心落成。

【强化党建工作，打造和谐向上的行风】深入贯彻“十八大”精神，推进“创先争优”活动，所有新升格支行都健全了党组织。制定下发分行改进作风、密切联系群众十二条要求，省分行和二级分行建立了包保行制度，帮助分行、支行加强党的建设，改善经营，加快发展。认真开展廉政教育，提高全员廉洁从业意识。通过电子期刊、员工关爱温心卡、心理咨询热线等载体，引导员工树立积极健康的工作理念和生活理念。成立长期病员关爱管理办公室，改善离退休人员活动中心条件，加大困难职工帮扶力度，提升员工队伍的正能量，营造健康和谐的工作氛围。

执笔：吴立新

黑龙江省分行

黑龙江省分行行长　鲁可贵

一、业务发展概况

【经营效益】税前利润31.32亿元，同比增长3.6亿元，增速达13%，完成总行计划的100.88%。资产回报率为1.08%，比上年末提高0.06个百分点；经济资本回报率为33.07%，比上年末提高2.65个百分点；净利息收益率2.43%，同比提升0.23个百分点。

【资产负债】全口径存款余额2 288.37亿元，新增237.22亿元，增幅达11.56%。一般性存款余额2 245.37亿元，新增238.02亿元，增幅达11.86%，完成计划的103.16%，其中企业存款余额1 001.69亿元，新增104.22亿元，完成总行计划的90.05%；个人存款余额1 243.67亿元，新增达133.8亿元，增幅达12.05%，完成总行计划的116.35%。全口径存款、一般性存款、企业存款和个人存款新增均列四大行第一位；企业存款余额保持四大行第1位，个人存款余额升至四大行第2位。住房资金存款余额突破200亿元大关，市场份额达80%。

贷款余额937.82亿元，新增72.87亿元，增幅为8.42%，其中公司类贷款（含小企业）余额708.79亿元，新增40.57亿元，增幅为6.1%。外汇贷款新增2.4亿美元，增速达98%。个人类贷款新增32.3亿元，增幅达16.42%。三类贷款增幅均高于人民币各项贷款平均增长水平。对公涉农贷款新增30.8亿元，增幅达33.6%；投放小额农贷9.21亿元；“贷农家”小额农户贷款产品获得“黑龙江省银行业协会双十佳特色产品”称号。

2012年3月30日，黑龙江省分行举行南岗建行私人银行开业庆典。

【客户发展水平】公司机构人民币客户（不含零余额客户）5.17万户，新增8 595户，增幅达19.93%，完成总行计划的168.76%。小额无贷客户新增1.03万户，增速为25.7%；小额无贷账户新增1.32万户，增速达29.96%，均大幅超过年度计划目标。对公结算账户新增1.45万户，四大行新增占比为77.31%，居第1位。个人资产客户总量1 007万户，新增86.7万户，增幅为9.42%；个人客户增长质量（折算后）14.2万户，增幅为9.02%，完成总行计划的102.8%。

【中间业务】中间业务净收入13.7亿元，占主营业务收入的21%。在26个同业可比重点产品中，分行有23个产品排名前两位，同比增加3个。

【战略性业务】电子银行个人客户突破500

万户；电子银行账务性交易量比为49.9%，同比提升6.12个百分点。小企业全口径贷款73.75亿元，较年初增加7.89亿元，小企业贷款新增在系统内排名第25位。小企业业务产品覆盖度平均达到4.1个；贷款利率相对基准利率平均上浮达22.45%，高于系统平均水平2.16个百分点，在系统内排名第15位。借记卡存量规模突破1 000万张，新增179.32万张，完成总行计划的123.67%，其中金融IC卡发卡27.5万张，计划完成率达275%。信用卡净新增客户23.62万户，完成总行计划的118%；客户规模达82.16万户，在系统内排名第15位；信用卡收单商户规模、新增发卡量居同业第1位。资金结算卡新增发卡1.28万张，累计发卡2.91万张，结算卡覆盖率达45%。养老金运营受托资产规模取得历史性突破，新增5 656万元，完成总行计划的162%。

【资产质量】不良贷款保持“双降”，不良贷款余额14亿元，下降3.67亿元；不良贷款率为1.49%，下降0.55个百分点。政府融资平台贷款余额比年初下降7.5亿元。处置公司类不良贷款5.9亿元，完成总行计划的129%；处置个人类不良贷款0.58亿元，完成总行计划的417%；处置非信贷不良资产1.01亿元，完成总行计划的156%。退出客户贷款15.6亿元，完成总行计划的264%。实现不良贷款清户12户，不良贷款户数降至历史最低。

二、主要工作举措

【坚持存款立行，确保存款稳定增长】一是狠抓企业存款。努力拓展社保存款和住房维修基金等新兴领域，积极营销第三方支付机构；加强对核心企业上下游产业链分析，做好客户资金流的监控，争取资金流在体内循环；积极服务各类财政客户，留住转移支付下拨资金，及时跟进“省直管县”改革步伐，有重点地强化县域财政存款业务。二是个人存款以提升整体资金流为目标，切实抓好季度旺季营销，强化代发工资、联名卡、结算通和CTS业务营销，重点抓中高端优质客户存款；充分发挥开放式理财产品的蓄水池作用，推进理财产品的整体销售，努力实现个人存款增长和理财产品销售的协调发展。三是进一步加强对银行同业、证券、保险等客户的营销服务，拓宽同业存款增存渠道。

【深入调整信贷结构，大力支持实体经济发展】坚持发挥传统优势与产品服务创新并重，提升议价、定价能力，加大优质项目储备。加大对战略性新兴产业、现代服务业、民生、“三农”、新农村建设、保障性住房建设、文化产业、水利事业和节能减排等相关领域优质客户和重点项目的贷款投放，重点支持振兴老工业基地和先进装备制造业、现代农业；加大对“6+1”等产能过剩行业控制力度，控制房地产开发贷款，压缩政府融资平台贷款。加快小企业贷款的“速贷通”、“成长之路”、“小额通”业务发展，积极推广粮食、钢材、煤炭等动产质押业务。强化个人住房贷款优势地位，加快发展个人消费类贷款和个人助业贷款，加大“贷诚嘉”、“财富贷”和“学易贷”等新产品的推广力度，稳步推进小额农贷业务。信贷资源重点向中心城市行、重点城市行、黑龙江省重大产业项目建设所在地倾斜。

【全力扩大客户规模，夯实业务发展基础】密切与发展改革委、工商、税务、人民银行等政府部门的合作关系，抓住营销源头，确保“工商验资通”产品在所有二级分行上线运行。强化存量账户维护管理，提高二次营销效果。通过供应链融资、国内保理等金融服务，加大对存量优质客户上下游及关联客户的批量营销，延伸客户链。进一步加强小额无贷户增长率、流失率、激活率、转化率管理和产品推广应用，提高综合贡献度。以发展借记卡业务为依托，全力拓展个人客户，重点营销个人富裕客户和私人银行客户。

【强化合规经营，持续提升中间业务整体规范发展水平】严格落实监管部门开展整治不规范经营工作要求，成立了专项整治领导小组，全面梳理服务价格，下发新版价格表，做好价格公示工作。着力开展中间业务产品“破零增收”活动，加强中间业务重点产品地发展。

【加快业务转型步伐，促进战略性业务快速发展】一是推进电子银行业务发展。“善融商务”企业商城B2B商户交易额在系统内排名第11位，其中黑龙江国际木材交易中心专业市场成功入驻97户B2B商户，被总行列为重点商户；个人商城客户交易额在系统内排名第14位。创新校园e缴费项目合作模式，签约应用校园e缴费高校扩大到20家。依托E动终端成功将金融服务延伸至尚未设立网点的农村市场，为开辟农村金融市场提供了新思路。成功取得“电子交警互联网处理平台”独家代理资格。实现9大类、22细项的电子代理收缴，电子渠道占全部缴费交易量的65.10%。二是优化小企业信贷流程，提高“信贷工厂”集约化管理水平。陆续推出助保贷、善融贷、供应贷等新产品，并在重点粮食产区大力推进粮食动产质押业务。自主研发设计“粮贸通”、“龙市贷”产品，受到客户的好评。三是推进民生金融服务。教育、医疗、社保等民生领域存款、贷款同比分别增长17亿元和28亿元；民生领域客户新增488户。积极介入医疗卫生领域，加强与哈尔滨医科大学附属第一医院和附属第三医院的合作，为其量身定做了医疗健康卡项目。成功与齐齐哈尔医保系统对接。加强对保障房信贷支持力度，先后为哈尔滨市保障房项目、铁路职工保障房项目提供资金支持。双鸭山、佳木斯等6个地市获得金融社保卡的发卡资格。哈尔滨和大庆上线开通“房e通”房产交易服务平台。四是研发组合型创新外汇产品“欧贷盈”；自主创新并推出了付汇交易通1－4号产品；成功办理建设银行系统第一笔JP摩根自动外汇付款业务。

【深化风险和案件防控工作，不断提升内控管理水平】加强动态风险监测与滚动排查机制建设，对风险防范、业务监控进行常态化管理。建立巡视监督工作制度，并制定《黑龙江省分行案件应急响应预案》。充分发挥对公预警客户跟踪管理、押品管理及整改信息等系统功能，组织开展柜面业务与信贷业务合规检查，加大对检查发现问题的责任追究和整改力度。深入开展以防范信贷、贿赂、非法高息融资、柜面操作及违反财务制度虚列费用、私设“小金库”等为重点的专项治理工作。深化“检查＋积分＋整改”的工作机制，对零积分、低积分以及积分与管理现状不相符的分支机构进行重点督导检查。强化对案件防控有功人员的奖励，调动基层机构和员工参与案件防控工作的积极性。全年成功堵截各类案件或协助公安机关破案82起，抓获嫌疑人11名，其中共堵截电信诈骗案件65起，为客户挽回经济损失251.29万元。

【夯实基础管理，增强精细化管理能力】一是优化机构网点布局，打造立体化营销服务渠道。成立贵金属中心，哈尔滨南岗私人银行，牡丹江私人银行，绥化财富管理中心，佳木斯财富管理中心等专营机构；新增现金类自助设备442台，购置网点17个，装修网点40个，21个机构升格为网点型支行；11家网点被总行评为“五星级营业网点”。推动“三综合”建设步伐。共审批新开对公业务网点148家，现有对公业务网点总数达386家，占比为87.93%。在总行网点客服评价中，分行客户满意度、服务质量、服务能力和综合得分等指标均名列前茅。二是扎实推进前后台分离项目。提前完成294个网点COS_ T系统推广上线计划，完成率达114%；自主编创了“COS_ T系统六步工作法”，其中《柜面业务集中处理系统电子书》被总行采纳，作为蓝本向全行推广。三是加强成本管理。分行用于市场营销拓展的费用增幅达103.32%，占业务管理费比重为22.74%，同比提升10.23个百分点；一般及行政费用同比下降24.66%。

【切实加强党建和企业文化建设】认真组织全辖学习贯彻党的十八大精神，深入开展基层组织建设年活动，不断夯实党建工作基础。党组织数量从年初的316个增加到337个，党员空白点保持为零。对13个哈尔滨城区支行领导班子成员进行交流调整，进一步优化各级领导班子结构。启动基层一线员工轮训项目，实现全辖网点100%参训。共举办培训489期，培训量73 723.5人天，人均培训6.7天，员工培训满意度4.71分（满分5分），在系统内排名第5位。丰富职工文化生活，开展帮扶解困送温暖活动，对2 021名特困职工、内退和老党员进行了走访和慰问。加强与地方政府沟通，全力化解历史遗留问题。已有1 302名协解人员领取了失业金，并解决了分行38名协解军转干部领取生活补助金的问题。

执笔：王玉明

上海市分行

上海市分行行长　王江

一、业务发展概况

2012年，上海市分行业务发展保持相对领先同业的优势，主要业务市场份额全面提升。实现账面利润112.83亿元，增幅为2.53%；拨备前利润137.5亿元，增幅为7.63%；税前利润120.46亿元，增幅为3.83%。人均税前利润112.6万元，提高1.78万元，连续两年超百万元。实现经济增加值57.69亿元，增长0.83亿元。截至年末，本外币全口径存款余额8 538亿元，新增796亿元；如考虑表外非保本理财，本外币全口径存款资金总量新增1 082亿元。考核口径人民币一般性存款余额新增904亿元。分行考核口径人民币全口径存款时点和日均份额提升水平均居四大行第一位。本外币各项贷款余额（含信用卡分期）4 004亿元，新增649亿元。人民币各项贷款余额3 450亿元，新增311亿元。本外币各项贷款新增列四大行第一位。

【公司业务】企业存款余额4 438亿元，新增422亿元，新增额在四大行中排名第一，其中机构存款新增252亿元，占对公一般性存款新增的59.7%。同业存款余额1 431亿元，新增125亿元。人民币公司类贷款余额2 673亿元，新增194亿元。外币贷款余额新增54.71亿美元，增幅达160%。新发放对公非贴贷款加权平均利率6.41%，在同业中领先。

2012年2月16日，上海市分行与虹桥商务区管委会签订全面战略合作备忘录。

【个人金融业务】个人存款余额2 670亿元，新增249亿元。个人类贷款余额752亿元，新增100亿元。信用卡分期余额25亿元，新增16亿元，增幅达183%。零售类贷款新增占比为44.8%，余额占比提升1.42个百分点。

【中间业务】实现中间业务净收入58.57亿元，增幅为8.24%，高于系统内平均增速1.5个百分点，收入总量提升至系统内第三位。中间业务净收入总量、同比新增和增速均为四大行第二，市场份额为29%，上升0.66个百分点。中间业务净收入占主营业务收入比例为27.41%，比上年下降0.93个百分点。对公和对私条线中间业务收入增速均超过系统内平均增速，银行卡收入增长39.4%（贷记卡收入增长79%），造价咨询收入增长35.5%，金融市场收入增长31.7%。

【其他业务】外币贷款余额新增54.71亿美元，增幅达160%。跨境人民币结算611亿元，增长220%。国际结算量1 550亿美元，增长51%。通过投资银行产品为客户融资超过172亿元，发行各类理财产品共募集资金超过3 200亿元。托管业务量增长52%，承担了全行七大类共77%以上的托管业务。养老金签约客户新增完成总行计划的151%，养老金业务受托管理规模在四大行中排名第一。电子银行账务性交易量比为81.76%，提升6.12个百分点；自助设备账务性交易量比为71.11%，提升3.39个百分点。贵金属业务实现收入3 461万元，增长248%。

2012年5月23日，上海市分行与上海市黄浦区政府签署战略合作协议。

【资产质量和风险控制】处置不良贷款16.85亿元，超值现金回收1.18亿元。不良贷款保持“双降”，不良贷款余额23.01亿元，下降0.58亿元；不良贷款率为0.58%，下降0.13个百分点。不良贷款和不良贷款率均控制在总行计划内。

二、主要工作举措

【强化市场营销，改善客户基础】将抓户增存作为“一把手”工程，强化分层营销和联动营销，大力推进“百、千、万”户工程，公司机构客户新增1.65万户，对公产品覆盖度3.16，提高0.3。加强与政府机构、财政、社保、军队武警、保险、医院、高校、文化行业和电子商务平台的合作，大力拓展第三方支付机构客户备付金存管业务、单用途商业预付卡资金存管业务。抓住国库单一账户改革机遇，大力营销本市各级财政预算单位零余额账户和公务卡业务。开启与主管部门的新一轮战略合作，继续保持商品住宅维修资金独家归集地位，独家承办住宅物业保修金配套服务，大力推广网银公积金新缴存方式，扩大公积金缴存面，住房金融存款新增91亿元。推进“大零售”业务联动营销，提升网点销售能力，加强个人客户数据分析平台建设，深化数据挖掘分析，强化个人目标客户的精准营销，取得显著成效。金融资产1万元以上客户新增14.6万户，完成总行计划的186%。金融资产500万元以上私人银行客户新增超过1 800人，增长40.31%。信用卡新增居系统内和同业第一。信用卡客户净新增89万户，完成计划的186%。个人网银和手机银行客户新增双双突破100万户，个人网银签约客户增长60%，手机银行客户增长72%；企业网银客户新增突破4万户，增长61%。对私产品覆盖度2.72，提高0.16。

【支持实体经济，优化信贷结构】重点聚焦重大基础设施项目、保障性住房建设、战略性新兴产业、小微企业发展和旧区改造，加快新农村贷款推广应用，信贷支持力度保持同业领先。与11家银行一起与上海市政府签署了《信贷资金支持实体经济投资意向合作备忘录》，将连续三年滚动提供总额6 600亿元融资支持。在上海市51个有融资需求的重大建设项目中，对其中35个项目承贷超过300亿元。承诺意向性提供500亿元信贷资金支持区域经济发展。保障房贷款余额302亿元，新增160亿元，保持同业领先。推进小企业业务“零售化”、“小额化”转型，创新小企业集群贷款方案营销模式，推出“小微信用贷”、“网银循环贷”、“善融贷”，小微企业贷款新增70亿元，增幅达29.9%。推进消费经营类贷款发展，推出“财富贷”高端客户信用贷款、“学易贷”个人留学贷款、“融易贷”优质存量企业主助业贷款、个人黄金质押贷款和小额信用贷等业务。

【强化产品创新，推进业务转型】积极争取成为总行创新试点行，完善“创新直通车”机制，发挥上海产品创新实验室平台作用，努力打造创新实验基地。推出非现金池现金管理、人民币资金境外放款、黄金租借、“双汇通”、“财富之星”、自动理财账户等新产品，创新“境外分行贷款、境内分行转贷”的飞机融资结构模式，积极拓展银团贷款、应收租赁款及定向保理、代理保险、资产托管业务，推广单位人民币结算卡、对公一户通、对公账户通存通兑等新型支付结算产品。拓展新型投资银行业务，新型投资银行业

2012年6月6日，建设银行上海市分行与上海市供销合作总社签署战略合作协议。

务收入占比为88%。发挥建设银行品牌优势，营销了一批具有较大市场影响和社会关注度较高的重点工程和保障房项目。依托同业首款加载公交行业应用产品，成功争办多个区县车改卡业务。

【推进全面风险管理，实现规范经营】增强信贷风险管理的前瞻性、敏感性、主动性和针对性，落实重点行业、重点领域风险排查和监控，提前规避并有效控制和化解风险。重点做好平台贷款、房地产贷款、钢贸行业贷款、光伏企业贷款和个别理财产品的风险控制。监管类平台客户67户，贷款余额469亿元，下降19亿元。房地产开发贷款总体履约率良好，年内到期的83.3亿元存量房地产开发贷款全部回收；对公房地产不良贷款余额5.47亿元，不良贷款率为0.8%。优化信贷管理流程，成立放款中心，实现授信项下审批偏好统一、贷款条件落实统一、押品管理统一、合同文本填写统一、会计核算统一、档案管理统一。开展"合规从业、远离风险"案件防控教育学习季活动，坚持营业网点"内控案例每周一讲"教育制度，实施员工职业道德养成计划，引导员工形成"人人讲廉洁，事事讲合规"的操作习惯。做好突发事件的应急处置，保持生产系统的安全运行。落实案件防控工作责任制，前移案件防控关口，突出重点，多管齐下。加强对基层网点和员工的监督检查，开展了3次全员行为排查工作，重点关注员工涉及民间高息融资和信贷业务中的利益输送，有效遏制了案件和重大风险事件发生。

【完善客户服务，保护消费者权益】落实"以客户为中心"的理念，努力提高窗口服务质量和客户满意度，提升客户体验，保护消费者权益。将客户满意度监测数据列入经营单位KPI考核，修订《分行窗口服务质量规范》，明确分行所有客户服务渠道对外业务窗口的服务质量要求。在网点开展规范服务创先争优系列活动，推进星级网点建设，在网点配备无障碍通道、手语服务人员和便民服务设施。认真履行"讲诚信、保安全、促消费"倡议承诺，开展金融服务进社区活动，及时、准确公示服务价目表，强化网点价格管理员职责，认真履行收费事先告知义务，加强收费政策的沟通和解释，规范保险和理财产品销售，有效防范不恰当营销产生的风险。同时，抓好客户投诉、信访接待，做好声誉风险管理，维护建设银行整体形象。

【推进渠道建设，优化业务流程】推进网点转型和网点对标管理，实现网点二代转型128家，总量达到309家，网均个人存款新增同业第一。加快网点建设，新设网点18家，其中小微企业专营支行9家。全年新增对外营业网点22家，实际营业网点总量达到346家。新增财富管理中心3家，另有4家正在建设中。以营业网点"三综合"建设试点工作为契机，推进前后台分离，完善营业网点营销服务体系，结合区域特点，调整网点功能定位和营销力量配备，实行对公、对私业务一体化经营。适应市场竞争需要，将开户审批权限下放经营单位，加快了开户速度。全年共完成13个流程优化项目，其中"基金一分钟诊断项目"当年财务效益达6 000万元。

【推进人才高地建设，完善关爱员工机制】组织在分行历史上规模最大、参与人员最多的后备人才公开选拔，建立了总经理级后备、副总经理级后备、加速培养后备三个层级的后备人才库共166人，并加快了后备人才的培养使用速度，提拔22名后备人才充实到各单位领导班子。制定了《分行后备人才管理办法》，对后备人才根据发展定位，有针对性地设计培养方案。完善高等级专业技术岗位职务人员岗位职务设置和选拔模式，完成三级、四级专职贷款审批人和四级造价咨询师岗位竞聘工作。全面推行"新人启航计划"和"英才实习计划"，落实"一线青年员工成长帮助计划"。以关注、关心、关怀、关爱的

"四关"工作为主线，完善关爱员工的机制。开展"送小家、送文化、送知识、送快乐、送健康、送关爱"的"六送"活动，送小家以搭建职工交流平台，送文化以提升职工文化品位，送知识以提高职工学习能力，送快乐以丰富职工文化生活，送健康以增强职工身体素质，送关爱以解决职工实际问题，营造和谐的企业氛围。

执笔：尤飞

江苏省分行

江苏省分行行长　杨毓

一、业务发展概况

截至2012年底，实现全口径存款余额6 570亿元，较年初新增770亿元，增速13.27%；各项贷款余额4 540亿元，新增546亿元；实现拨备前利润167亿元，较上年新增35亿元，增速26.4%。

【公司业务】公司贷款余额3 352亿元，新增394亿元，增幅为13.3%。新增贷款投放重点支持制造业、批零业和建筑业为主体的实体经济，以及"三农"、保障性住房等民生领域，合计新增407亿元，占比为103%。新农村建设贷款新增107亿元、保障性住房贷款新增68亿元；创新推出了适应小微企业需求特点的系列信贷产品，小企业贷款新增73.4亿元，增幅为13.2%，高于各项贷款增幅1.3个百分点。不断加大产品整合和创新力度，多渠道满足实体经济需求，债务融资规模245亿元，同业第一。

企业存款余额3 317亿元，新增332亿元，同业第一。客户新增2.1万户，较上年多增8 069户，其中基本户新增13 679户，非基本户新增7240户。账户新增2.5万户，其中基本户14 148户，非基本户10 863户。

【个人金融业务】储蓄存款余额突破3 000亿元，达到3 050亿元，新增429亿元。不断强化存款基础地位，通过提前抓旺季、扩大理财产品发行等手段，全年储蓄存款保持高位稳定运行，新增始终处于系统、同业领先地位。

个人贷款余额1 188亿元，新增152亿元，系统和同业均居第二位。个人住房贷款余额超千亿元，达到1 045亿元，新增141亿元，占个贷新增的92.7%；住房贷款平均利率及浮动水平列同业第二，个人非住房贷款平均利率及浮动水平居同业第一。

2012年4月17日，江苏省分行与江苏省农垦集团在南京签订战略合作协议。

【中间业务】坚持规范与发展并重。认真执行监管部门整治不规范经营要求，规范管理，完善手续，深化服务内涵，加强产品营销，中间业务收入稳健增长，系统和同业位次双提升。实现中间业务收入70.99亿元，同比增长7.56亿元、同比增速达11.92%，总量在系统内排名第二、比上年提升一位；收入总量、同比增量、同比增速均为四大行第二，排名比2011年提升2位，份额提升1.83个百分点。

【国际业务】完成国际结算量711.84亿美元，增长7.04亿美元。完成跨境人民币业务量390亿元，是上年同口径业务量的4倍多。完成代客外汇资金交易225亿美元，增长25亿美元，增幅达12%。全口径外汇存款时点余额36.47亿美元，较年初增长11.28亿美元，增幅达44.79%，日均余额38.89亿美元，较上年日均增长20.32亿美元，增幅达109%。外汇贷款（不含转贷款）余额29.68亿美元，增长13.85亿美元，增幅达87.4%。贸易融资余额24.09亿美元，增长14.52亿美元，增幅达151.68%，连续两年实现翻番。

【资产质量】资产质量总体稳定。不良贷款额47.05亿元，比年初上升4.66亿元；不良贷款率为1.04%，较年初下降0.02个百分点。保全集中经营成效明显，全年处置压缩不良贷款26亿元，处置债转股资产6亿元。

2012年4月17日，江苏省分行与江苏省农垦集团在南京签订战略合作协议。

【其他业务】抢占电子银行制高点，加大政策支持力度，企业网银客户、个人网银高级客户、手机银行客户新增均居系统前3位，电子银行账务性交易量比为66.42%，较上年提升12.62个百分点。信用卡累计发卡量系统内第三、同业第二，新增同业第一，实现信用卡消费额系统第五、同业第二。社保卡累计发卡市场占比提升3.4个百分点，分行成为全省社保卡合作银行之一。使用现金管理系统的客户总量和核心客户数均居系统内第一位。养老金业务折算客户数增长520户，位列系统第三位。私人银行客户资产总量当年新增82.37亿元，资产总量和资产新增均居系统内第四位。

2012年7月13日，江苏省分行召开"依法治行 从严管理"警示教育（视频）大会。

二、主要工作举措

【做实做细"三大一高"战略】组织开展"围绕三大一高，走进市场、走近客户"营销活动，明确提出了"十大行业、六大系统、百个重点项目、千名高端客户"以及提升重点城市、强县支行系统贡献的总体目标，省分行成立了活动领导小组，行领导分片包干，牵头开展高层营销，各部门分兵把守，按照"谁主管、谁负责"的原则，落实责任，明确分工，扩大营销，全面推进。自8月活动开始以来，新增大行业、大系统客户740户，个人高端、白金信用卡客户604个，完成重点项目签约142个，成效显著。

【加快重点区域发展】采取"抓两头、促中间"区域发展策略，加强重点地区的发展研究和资源投入，提高回报要求，重点地区整体竞争能力明显提升，在总行2012年中心城市行考核中，省分行所辖10家分行中有9家分行排名大幅提升，其中南京、南通、扬州、徐州分别获得所在分组进步第一名。打造一批规模超百亿的强县支行，提出同业位次"确保第二、力争第一，不欢迎第三、不容忍第四"的发展目标。引入标杆管理，激励各行争先进位，做大做强。截至2012年末，10家强县支行存款超百亿元，较2011年新增5个，其中江阴、武进支行突破200亿元。

【深化改革创新】调整南京地区经营管理体制。恢复组建省分行营业部，按照集约化、扁平化、专业化要求，将南京地区九个综合型城区支行调整为营业部统一管理，实现了风险不出、管理不乱、人心不散、市场不丢的目标，基本形成了市场反应快速、运作简洁高效的经营管理体制，提升了南京地区竞争能力，全口径存款、各项贷款余额、中间业务收入市场份额分别较年初提升1.54个、0.66个和2.02个百分点。在2012年总行中心城市行考核中列第23位，升幅75位，是排名上升最快的行。深化人力资源管理改革。制定进一步加强组织人事工作的22条意见，出台客户经理管理、新行员培养、定向招聘员工内部等级晋升等办法和措施，开展省分行部门副总经理公开选拔，为吸引、培养、储备优秀人才提供了良好条件。建立“人、事、薪”一体化考评体系。按照“以岗位为基础、以业绩为导向”的原则，在改革二级分行行级领导年薪制的基础上，实施省分行部门KPI考核，改革本部薪酬制度，更新薪酬管理理念，让员工理解收入必须与贡献相匹配，积极引导员工找到胜任的岗位。持续增强产品创新能力。省分行成立产品创新委员会，组建跨部门专家小组，加快创意转化速度。强化考核激励，将产品创新纳入省分行部门KPI考核，定期组织创新产品的分析和评比；开展产品创意金点子征集活动，创建产品创新直通车模式，加强供应链融资、负债拉动型产品创新。全年提交创意超过2 200条，占全国建设银行提交创意总数的三分之一；12个项目列入总行产品创新计划，列系统第二位；全年研发新产品26个，为上年的5.5倍。

【稳步推进网点“三综合”】将网点“三综合”作为提升产品销售能力和客户服务能力的重要手段和核心内容。召开网点“三综合”建设推进专题会议，坚持“先试点、后推广”，以点带面、分类推进，实现柜员一专多能、人员综合复用、公私联动营销、流程高效顺畅，为客户提供一点介入的一站式服务，改善客户和员工体验，促进业务加快发展；试点工作成效已初步显现，基本实现了资源有效整合，提升了客户满意度，为全面深入推进奠定了良好的基础。

【加大案件防控力度】认真落实总行对案件和违规违纪违章“零容忍”的要求，坚持依法治行、从严管理，全面落实案件防控责任，以强化全员教育、强化制度落实、强化行为排查和强化考核监督为重点，多策并举，积极化解和防范案件风险。组织召开一竿子到底的“依法治行、从严管理”万人警示教育大会，引导和教育员工坚持合规经营、依法按章操作。深入推进惩治和预防腐败体系建设，加强党风廉政建设，妥善处理各类信访矛盾和问题。积极配合内外审计和监管检查，加大对屡查屡犯问题的整治力度。通过多种措施，从源头上逐步减少内部案件的风险隐患。全年未发生案件和重大违规违纪事项，未发生重大信访事件。

【强化信贷风险防控】坚持将防范化解风险作为生命线，创新实施风险会诊制，召开钢贸、房地产、民营企业、理财产品、光伏行业、逾期贷款等风险会诊会，进一步增强风险管理主动性、前瞻性、敏感性、有效性，防止贷后管理中出现“不知退、不愿退”的真假“近视”问题。坚持实施信贷政策重检制度，加强逾期贷款风险防控，着力强化风险缓释管理，突出加强重点行业、重点客户、重点产品、重点区域风险管理；加大保全处置力度，提升处置效率和效益。

【加强班子队伍建设】进一步加强作风建设。按照中央和总行党委要求，结合分行实际，制订改进工作作风、密切联系群众的补充意见，切实推进工作作风转变。推进学习型队伍建设。深入学习贯彻党的十八大精神，严格按照中央要求和总行统一部署，做好十八大精神的学习宣传贯彻工作。增进班子团结，加强干部培养。坚持民主集中制原则，充分沟通、密切配合，重大问题集体研究、集体决策。拓宽干部交流渠道，有计划、分期分批推进跨部门、跨地区、跨层级干部交流；建立人员双向流动机制，加大机关人员下基层、基层优秀员工进机关，前台去后台、后台转前台的交流力度，全年共交流331人。关心关爱员工。持续改善员工工作环境；继续强化员工培训，全行人均培训天数和员工培训满意度均超过总行考核标准和平均水平。畅通职工利益诉求表达渠道，鼓励职工积极建言献策；建立“员工之声”专门信箱，最大限度地保障员工的知情权和民主管理监督权，有效激励员工参与管理的积极性。

执笔：徐松桃

苏州分行

苏州分行行长 岳鹰

一、业务发展概况

【资产负债】一般性人民币日均存款余额1 853亿元，占比22.61%，列四大行第二，较年初提升0.91个百分点，提升幅度居四大行首位；日均新增215亿元，占比为33.17%，列四大行第二。一般性人民币时点存款余额2 052亿元，占比为22.96%，列四大行第二，较年初提升0.69个百分点，提升幅度居四大行首位；时点新增255亿元，占比为29.37%，列四大行第二。各项贷款余额1 855亿元，占比为23.05%，列四大行第三。

【经营效益】实现税前利润48.8亿元，同比增幅为4.25%；存贷利差3.92%，比年初提高13个基点。

【中间业务】实现中间业务收入30.7亿元，占比为26.65%，列四大行第一，较年初提升0.37个百分点。

【资产质量】不良贷款率为0.76%，控制在总行下达的计划之内。

【消费金融业务】个人客户产品覆盖度2.68，比年初提升0.24，年内新增个贷客户人均覆盖产品6.35个，系统内排名第3位。重点挖掘个人结算业务潜力，结算通卡发行量突破25万张，年结算量首破千亿元，带动金级以上客户新增1.12万名，占分行年内新增数的68%；建成苏州首家贵金属投资理财“一站式”服务中心，发行系统内首套园林特色金“苏州风韵”，账户贵金属交易有效客户22万户，列系统内第4位，贵金属业务收入列苏州同业第一；基金销售放量增长，基金资产月均保有量56亿份，完成率居系统内首位；手机银行、个人网银客户新增均列四大行第一。

二、主要工作举措

【围绕“三大一高”，再造竞争优势】

供应链撬动“大行业”。针对苏州电子、纺织等优势行业，梳理114家核心企业和244家上下游企业，建立四类标准化模型，年内成功与59家核心企业和106家上下游企业开展供应链金融服务，发放资金58.5亿元；联合复旦大学和苏州赛富科技公司成立“供应链金融研究院”；将“善融商务”电商平台与供应链金融相结合，短短3个月实现B2B商城交易量10亿元，列系统内第1位；成功营销全国知名的羽绒服生产商雅鹿集团、全国最大的通信器材制造商亨通集团、全国最大的印染服务提供商盛虹集团等一批核心企业开启线上交易。

资金流延伸“大系统”。成立专业团队分析财政、社保资金支付流向，督促二级分支行建立支行层级的任务型团队，通过银政良好合作关系和综合性服务进行链式营销。2012年，分行社保存款新增额列系统内第6位，建立社保基金代理缴费平台——“社银平台”，为苏州市本级4.8万户参保个人代理缴纳社保费用，日均沉淀储蓄存款1.68亿元。搭建金融机构多元化业务平台，如为苏州银行申报150亿元授信方案，争取代理业务份额升至40%；与中德住房储蓄银行和建信租赁合作项目6个，新增投放24.6亿元；在下辖3区县全面代理进出口银行“统借统还”业务和银团直贷项目，成功拓展7家大中型企业、15家小企业。

金钥匙开启财富门。创新经营私人银行客户大额现金101押运服务、大额实物黄金定制服务、境外资产配置服务等六项专属业务；通过“私享理财”完成首单总行战略级私人银行客户产品定制，成功匹配个性化理财需求5 300万元；以私人银行业务为突破口开展“综合化经营”，认购单笔最大4 000万元项目基金，后续成功营销注册资金6亿元的项目公司。

【立足特色经营，夯实客户基础】

“城乡一体化”配套金融服务持续深化。整合公司、造价咨询、小企业、投资银行、个人金融等业务，构建“市、县、镇、村”四级金融服务网络，形成完整的“城乡合”系列金融服务品牌。分行为苏州“城乡一体化”累计提供配套建设资金超过200亿元，其中2012年信贷投入85亿元，占全年新增贷款投放的41%，理财产品投入32.8亿元；加强县域网点建设力度，县域新设网点15家，占全年新设网点的60%；代理发放拆迁款超百亿元，发行“名镇卡”12款共计52万张；陆续组建156人的“村镇业务顾问”团队并建立绩效考核机制，以宣传员、联络员和信息员的角色，提高在富裕村镇的品牌认知度，扩大在政府、企业和个人客户中的影响力。

“本外币一体化”联动效能继续提高。立足长远，咬定“本外币一体化”不动摇。提高二级分支行KPI考核中外汇业务权重，设立“跨境市场份额”、“外汇业务3 000强承办率”、“结售汇占比”等过程性关键指标，外汇3 000强企业有效开户率达23.7%，提升2.43个百分点；外汇客户对分行对公存款余额贡献度47.9%，提升10.6个百分点；跨境业务市场份额32.6%，系统内重点区域分行中排名第1位，总量突破300亿元大关，份额提升10个百分点。与11家境外分行全部建立业务关系，完成36个跨境项目对接，海外代付余额系统内排名第3位；加强外汇业务队伍建设，以“产品沙龙”搭建产品经理交流平台，以“破冰行动”提高客户经理综合营销能力，以《合规手册》为柜面人员提供操作指引；加大产品创新力度，13项新产品增强市场冲击力，境外远期结汇产品“收汇通二号”苏州首创。

投资银行业务创新层出不穷。高度重视银行间债券市场业务。行领导带头营销，年内成功发行债务融资工具5期共16.8亿元，储备债券承销业务超过200亿元；主承销苏州首只区域集优中小企业集合票据，已通过交易商协会审批，将于2013年初完成发行；创新推出全国首个“城乡一体化”产业投资基金，提供资金支持32.8亿元；成功发行系统内首只影视产业基金，首期投资于电视剧《头牌》；成功发行分行首单以景区门票收费权为基础资产的资产支持型理财产品，实现资产证券化类理财产品突破；成功发行系统内首单定向资产管理类理财产品，开创“银证合作”新模式。全年实现投资银行业务收入首次超过10亿元，系统内排名第6位、标杆行排名第1位。

【完善体制机制建设，提高经营效率】

强化城市行直接经营能力。实施“行领导首席客户经理制”，将192家重点客户、57家发债企业、26家大额授信客户与分行领导班子成员直接挂钩，提高市场冲击力，年内挂钩客户日均存款和时点存款分别新增54亿元和79亿元，成功争取各类债券承销业务22亿元，无不良、无逾期，保持良好资产质量；深入推进基层网点联系挂钩制度，行领导及中层干部“一对一”挂钩基层网点，定期实地调研并解决问题；把分行直接经营的大型集团客户由37家增加至48家，进一步提高集约化经营管理能力和风险控制能力；成立票据中心，直接经营票据转贴现、同业存款及理财产品资金询价业务，全年累计办理各类票据业务64亿元，吸收同业存款680亿元，存出对公理财产品资金187亿元，实现利润2 754万元；分行私人银行中心直接拓展和经营客户80名，管理金融资产2.75亿元。

完善激励约束机制建设。完善《主要经营指标管理办法》和《问责办法》，全面、客观评价分支行领导班子综合竞争能力；强化中层干部聘期管理，对聘期考核排名后6名的分行部门副职作公开述职交流，激发其工作责任心和主动性；

深化员工绩效管理，对综合考评不合格的26名员工不再续签劳动合同；规范客户经理离职管理，防范发生潜在风险。

初探流程银行以提高效率。建立“首触负责制”和“全程督办制”，明确跨部门事项的汇报路径和处理流程；持续发挥产品与质量部对流程银行建设的牵头作用，编撰系统内首本《柜面常用产品与流程标准化操作手册》（SOP）并每年更新；完成流程优化项目22项，其中“信用卡征信审批资信协查流程优化项目”使分行信用卡平均办卡周期从15.34天降至7.6天。

推进网点“三综合”建设进程。指定一名领导班子成员专门负责推进，加强统一指挥和协调；紧抓小企业业务零售化转型契机，提高柜面对公产品销售能力；建立员工轮岗机制，提高基层员工业务素质和综合销售水平。2012年末，分行对外开业的214个网点中有205个能够办理对公业务，占比为95.8%；已配备对公客户经理的网点95个，占比为41.9%。

【提升风险管理和案件防控能力，确保平稳运营】

在二级分支行全面设立风险管理部，在分行组建贷后督导管理团队，系统内首次组织全辖2 800多名员工参加操作风险在线考试；加强重点领域风险监控，开展16项风险滚动式排查，钢贸、光伏、平台贷款余额分别下降8.55亿元、7.92亿元和5.33亿元；退出问题担保公司45家，提高小企业贷款抵（质）押率4.25个百分点；围绕信贷资产质量开展“控不良、压逾期、稳质量”专项活动，下半年非不良逾期贷款客户和金额持续下降，年末低于9月底的控制水平；狠抓支付清算纪律，综合退票率下降2.59个百分点，2012年在全省65家支付系统直接参与者中考核排名列四大行第一位；高度重视审计工作，全年完成内外部专项审计项目21个，实现对离职客户经理经济责任审计全覆盖，审计发现问题的整改深度和有效性全面提高。

全方位开展廉洁合规教育，全年累计对1 941人轻微违规积分7 282分，积分覆盖面41.52%，系统内排名第1位；创新开设违规违纪人员培训班，对52名员工进行强化培训。

【加强队伍建设，打造核心竞争力】

强化员工结构调整，坚持“批量进入、批量培养”，全日制本科及以上学历员工比例由2009年的18%提高至40%，列系统内第3位；加快选拔培养优秀年轻干部，全日制本科及以上学历中层干部比例为56.33%，比2008年提升19.88个百分点，平均年龄下降1.26岁。

实施“新员工快速启航计划”，开展入职培训、“百炼成钢”和金融课程培训，提升履岗能力；积极推广知识管理系统，构建核心岗位“学习路径图”，引导员工有针对性地开展学习和提升；在30家网点开展网点服务能力“2+5”培训，提高服务标准化水平。

【深化党政工团工作，加强业务保障】

全面开展文明创建，分行首次荣获“苏州市2009—2011年度文明单位”，分行团委被评为“全国金融五四红旗团委”。

执笔：林红

浙江省分行

浙江省分行行长　崔滨洲
（2012 年 6 月免）

浙江省分行行长　黄先俊
（2012 年 6 月任，3 月任主要负责人）

一、业务发展概况

【存款增长乏力】截至 2012 年底，分行全口径存款余额 5 375 亿元，比年初下降 594 亿元。其中，企业存款余额为 3 141 亿元，比年初下降 213 亿元；个人存款余额为 2 138 亿元，比年初下降 58 亿元；同业存款余额 96 亿元，比年初下降 323 亿元。

【贷款投放趋缓】截至 2012 年底，省分行各项贷款余额为 5 056 亿元，比年初新增 314 亿元，增幅仅 7.6%。同比少增 178 亿元，增幅同比回落 4 个百分点。贷款新增四大行占比为 21.3%，系统内比重 3.7%。

【资产质量形势严峻】截至 2012 年底，省分行不良贷款余额 181 亿元，不良率 3.6%，按照审计调整后口径，比年初分别上升 75 亿元、1.4 个百分点。其中，对公不良贷款 176 亿元，不良率为 5.1%；个人不良贷款 5.2 亿元，不良率为 0.33%。

【经营效益欠佳】截至 2012 年底，实现拨备前利润 158.8 亿元；实现税前利润 42 亿元，同比少增 75 亿元；实现中间业务收入 54.2 亿元，同比少增 16 亿元。

2012 年 5 月 21 日，浙江省分行与丽水市人民政府举行支持低丘缓坡开发利用项目建设暨服务实体积极发展合作签约仪式。

二、主要工作举措

【明确发展目标，转变发展方式】

以明确的发展目标来推进发展。2012 年面对困难，为更好地理清发展的方向和思路，省分行确立了“五个满意”的工作目标，即让总行满意、让地方党委政府满意、让监管部门满意、让客户满意、让员工满意。在“五个满意”的目标导向下，全分行上下主动调整自身的精神状态，理性看待困难和问题，各个层面各司其职、各尽其责，责任感有了较大增强，在逆境中努力拼搏的精神状态有了较为明显的起色。

以正确的发展方式来推进发展。全分行上下统一认识，努力改变高度依赖信贷风险扩张获得业务量、获得收益的发展方式，坚持以刚性的合规、真实作为硬约束，着重以强化考核为手段来提升业务量和做业务的能力，扎扎实实通过做优客户、做全产品、做通渠道、做强服务来拓宽业务基础。坚持以“六个结合”为业务发展导向，即业务发展要与浙江的发展方式转变相结合；与结构调整、服务实体经济、转型升级相结合；与提升消费、提高人民生活水平相结合；与增加就业、改善民生相结合；与浙江特色优势产业相结合；与浙江急需解决的发展“瓶颈”相结合，顺势而为，推进各项业务健康发展。

【加强全面风险管理，全力压降不良资产】

开展“基础管理年”活动，着力解决风险控制、合规经营中存在的问题。全分行上下积极查找管理漏洞，排查风险隐患，加强制度建设，落实合规经营，推进精细化和标准化管理，全分行风险管控能力和合规经营意识有了较为明显的提高。同时对规章制度开展了全面审查，2012 年共确认有效的规章和规范性文件 1 195 份，废止或失效的规章和规范性文件 436 份；对查找出来管理上的薄弱环节，修订完善和建立相关规章制度 69 项。

以大局为重，竭尽全力压降不良。多措并举，全力扼制资产质量恶化趋势，出台了一系列风险化解措施。如创新“公司类风险客户特殊化解机制”，得到了总行的批准；建立资产质量帮扶联系制度，重点区域重点帮扶；实施不良回收处置专项费用激励措施。在风险化解上坚持四点要求。对潜在风险和不良贷款客户实行一户一策化解，要求做到“四个落实”。全年处置和化解不良贷款和风险客户贷款约 160 亿元。

坚持强化操作风险和案件防控。一是强化对重要岗位、重要环节、重要凭证的监督和管理。全年成功堵截案件 190 起，避免和挽回资金损失 1 220 万元。二是开展全面风险排查，加强员工行为管理。对违规行为严肃查处，切实做到“三个不放过”。全年通过风险排查发现问题 6 850 个，处理违规责任人 1 005 人。三是积极化解“中江系”风险事件、上虞程钢案件、杭州经开支行叶敏案件、平阳“泰宇花苑”事件等案件和风险事项，尽最大努力将损失和影响降到最低。

【积极拓宽业务基础，主动调整业务结构】

客户拓展上突出量质并举，重点拓展“三大一高”客户、作为资金供应方的无贷户以及能够沉淀资金的源头性和系统性客户。截至 2012 年底，公司机构结算账户达 19.3 万户，年增长 11.8%；对公小额无贷户新增 10 315 户；个人 AUM1 - 500 万客户（折算前）较年初新增 16.5 万户；纯新增私人银行客户 2 556 户，居系统第 4 位；新增信用卡客户 59.1 万户，同比多增 10.8 万户。

产品营销上努力提升覆盖度。截至 2012 年底，公司机构客户产品覆盖度 3.16，个人客户产品覆盖度 2.67，与上年同期水平相比分别提高了 0.51 和 0.18。

渠道建设上全年完成网点购置项目 19 个，网点改造装修 72 个，存量网点迁址调整 43 个。自助设备净新增 401 台，总量达到 3 059 台。电子银行账务性交易量比、与柜面交易量之比均列省区分行第 1。

服务提升上加大对优质客户的走访，深入了解客户需求，实实在在地帮客户解决问题，把部分已经疏远的大客户重新营销回来。加强业务培训，提升员工对产品与业务的熟悉度，员工对客户的综合服务能力得到提升。

结构调整上着力改变中型较为集中的橄榄球状信贷客户结构，通过向“两头延伸”以实现大中小客户的合理布局。一是大力支持关系国计民生的浙江四大国家战略项目和四大建设项目，与相关政府签订了低丘缓坡等一系列重大项目合作协议。大企业、大项目贷款余额 1 806 亿元，占各项贷款比重为 35.8%，比年初提升 2.4%。二是支持有利于解决就业、改善民生的小微企业。与省工商局共同搭建“工商事务金融服务通”平台，推动 240 万个体户“个转企”工作，批量拓展小微企业。规范、创新网络银行电子商务贷款模式，更好地满足了小微企业的线上金融服务需求。三是支持新农村建设。新农村建设贷款余额 212 亿元，较年初新增 100 亿元。6 家村镇银行贷款余额30亿元，其中涉农贷款占比达到90%。四是退出“软柿子”风险客户，压缩不合规的承兑业务。全年共退出贷款59.7亿元，计划完成率达200%。承兑汇票控制在649亿元，比年初下降356亿元。

【着力推进创新，优化体制机制】

调整优化经营管理模式。一是重点对杭州经营管理体制进行了优化。这一优化体现了“倒三角”的设计思想，实现了“管理上扁平化、经营上立体化”。二是在杭州体制优化基础上，纵向推进了省分行部门的调整优化，解决了部门职责范围内工作有效性的问题及省分行对营业部在管理和服务支撑方面的问题；以联动的思想重新界定部门职责，要求做到职责划分到位，任务落实到位，资源配置到位，考核激励到位。三是横向将杭州的优化成果推广至各二级分行。在二级分行本级成立放款中心，通过强化职责、流程制约、流程控制进而实现风险控制；设立业务检查中心，通过集中检查，发现问题，督促整改；对中后台部门实施合署办公，在同一业务条线解决不相容岗位混岗的问题，在不同业务条线上有效落实兼岗；将资金结算部改造成纯粹的营销部门，拓展小额无贷户，营销对公产品。将柜面风险管理职能转至中后台部门。四是提升经营层次。把集团客户、大客户的经营层次提升至省市分行本级层面；对公有贷户的经营层级上移到二级分行、综合性支行层面。五是按照“三综合”要求深化网点转型。要求实行综合柜员制，原则上不再区分对公和对私柜台；增加网点人员配置，组建综合营销团队。

健全完善激励约束机制。薪酬方面，增设岗位薪酬，提升固化薪酬比重，在此基础上强化绩效薪酬的差异化，充分体现“保障有度、激励有力”，向核心人才、一线及战略性业务倾斜的薪酬分配政策。在人力费用颇为紧张的背景下，依托总行的理解支持，分行积极挖潜，保证了普通员工薪酬有一定幅度地增长。考核方面，一是改进了对中后台部门的考核评价，围绕履职有效性，对其设置了业绩目标和管理目标。同时，引入部门充分履职难易系数，作为绩效分配的依据之一。二是在存款上用一般性存款新增考核口径进行四大行占比考核，实行波动倍数控制，同时根据目标市场份额实行超额累进激励，引导全分行在真实能力提升的基础上提高份额。三是配合结构调整，建立重大贷款项目收益平滑利益调节机制。对真实中间业务收入和利转费收入分别考核，利转费收入与信贷结构调整和客户选择有内在逻辑、相匹配、协调地增长。

【加强队伍建设，提高员工满意度】

进一步拓宽员工职业发展生涯。一是通过六职、七职等管理岗公开竞聘，对杭州地区支行行级领导进行公开述职测评等工作，对干部能上能下进行了实践。公开竞聘已成为干部选拔的重要形式，全年通过这一形式选拔的干部占比为49.1%。二是建立员工晋升长效机制。制订非管理岗位人员职务晋升三年规划，九职等及以上非管理职务职数将增加一倍以上，十职等及以下职数不再设置最高限，进一步畅通了员工晋升通道。在三年规划的引导下，先行开展了符合3A晋升条件的362名员工的择优晋升。

优化人力资源配置。一是加大交流力度，提升综合履岗能力。省分行营业部成立之时，4名强县支行行长交流到杭州城区支行当行长，从省分行本部交流至营业部105人，从杭州交流到省分行本部28人，省分行本部前后台交流11人。二是加大培训投入。2012年培训共投入费用6 782万元，人均参训时间8.7天。三是大力开展劳务派遣工择优转签建设银行，2012年转签占比达73%，转签后劳务派遣工比例从10.8%降为2.9%，切实增强了员工归属感。

加大对干部员工的关爱。不断改进基层员工的工作环境，对网点员工开展了送冬衣、送暖气、送午餐等活动。切实提高对青年员工、妇女员工、离退休员工以及交流干部等重点群体的关注度，有针对性地出台了系列“暖人心”的举措。出台了员工离职管理办法，一方面体现关爱员工，对好的员工做好挽留工作；另一方面也是对关键岗位加强控制。对各级困难职工的慰问金超200万元，大病员工医疗救助金额77万元。

加强企业文化建设。开展“奋进——为了同一个梦想”主题文艺晚会等格调高雅的文体活动，营造积极向上、奋勇拼搏的企业文化。2012年全年，全分行共荣获各级“巾帼文明岗”、“巾帼建功标兵”、全国金融“五一劳动奖章”、浙江省“工人先锋号”等集体和个人先进荣誉称号47个。苍南村镇银行被浙江银监局评为“浙江省标杆村镇银行”，并被中国银监会推选为“全国标杆村镇银行”。

执笔：浙江省分行办公室

宁波市分行

宁波市分行行长　苏克

一、业务发展概况

【经营效益】截至2012年底，实现拨备前利润34.49亿元，税前利润29.94亿元，完成总行年度计划的116.08%；实现经济增加值11.84亿元，超额完成年度计划；存贷利差4.44%，比2011年末提升0.24个百分点，高于同业平均0.12个百分点。

【资产负债】全口径存款时点余额1 190.3亿元，比年初新增141.5亿元，居四大行第二，其中企业存款时点新增居四大行第一。各项贷款余额1 222.7亿元，较年初新增119.6亿元，其中人民币贷款新增99亿元，严格控制在总行计划内；不良贷款余额8.85亿元，不良率为0.72%，较年初下降0.02个百分点，资产质量同业第一。

【中间业务】实现中间业务净收入14.27亿元，市场占比为25.98%，较年初提升1.12个百分点，总量、增量、增速均居四大行第二。

【战略性业务】投资银行业务：实现收入超3.6亿元，占比全行中间业务收入23.4%；保本理财产品稳存增存成效突出，募集金额达135亿元。国际业务：实现国际结算164.9亿元，结算收入创历史新高。外汇客户数量新增261户、质量新增1 930户。小企业业务：搭建批量化营销平台28个，新增贷款35.8亿元，增速达17.5%，圆满完成两个不低于监管目标，荣获市政府考评一等奖。个人金融：借记卡发卡量首次突破500万张，新增突破百万张，其中社保卡近69万张。住房金融：房e通个贷频道试点取得新成效，六个支行中标“物业维修资金专户”。信用卡：信用卡消费交易额近百亿元，实现中间业务收入首超亿元。

2012年4月6日，宁波市分行与宁波东方集团有限公司签订银企战略合作协议和银企联动产品创新合作协议。

二、主要工作举措

【结合实际，认真贯彻总行战略】

分行认真研究总行“综合性，多功能，集约化”战略部署以及“三大一高”发展重点，并立

2012年9月28日，宁波市分行与国家开发银行宁波市分行举行全面合作签约仪式。

足区域积极贯彻执行。围绕综合性，分行积极与建信租赁等机构开展业务联动，大力推进村镇银行地发展；围绕多功能，分行高度重视投资银行、消费金融等战略性业务发展，取得良好成绩；围绕“集约化”，分行着力加强资本集约管理、提升资源利用效率，不断推进专业化经营和流程银行建设。围绕“三大一高”，分行持续提升临港工业等区域优势行业的服务水平，持续加大财政、社保系统、高端客户等营销力度。总体来看，“综合性，多功能，集约化”银行建设成效初显，“三大一高”服务水平有效提升。

【拓展业务，全力以赴增份额】

以提高份额为核心，着力抓好存款增长。公司存款上，大力拓展优质客户群体，与15家重要客户签订合作协议，以综合金融服务提升客户存款贡献度。强化行领导的首席客户经理定位，组建重点客户营销团队84家，新增企业存款超22亿元。机构存款上，密切关注宏观调控政策影响，稳定财政非税资金，推动机构存款持续增长。全力营销资金流量大、稳定性强的社保存款，提高社保领域市场份额。实现社保存款新增18.6亿元，新增社保账户4户。个人存款上，成立综合营销支持团队，加强条线资源整合和分析指导，进一步提高存款营销合力。深入拓展代发工资业务，实行代发工资名单制营销，促进资金体内循环。2012年末，个人存款新增市场份额28.45%，份额提升值在四大行中排名第一。外汇存款上，主动创新外汇产品组合，抢抓时机推出欧元结构性等产品，吸收外汇存款6.2亿美元。强化本外币联动营销，运用汇贷盈、换币海外代付等产品，联动营销人民币存款近21亿元。

以促进转型为重点，着力抓好中间业务。投资银行业务上，全力营销资产收益权理财等新产品，加大对新型财务顾问、债券承销等重点产品的推广力度，新型投资银行业务实现收入2.96亿元，以明显优势居四大行第一。国际业务上，加快推进跨境人民币业务，累计跨境结算131.2亿元，居同业第二。密切跟踪市场机遇，及时营销海外代付等业务，实现外汇业务收入2.6亿元。个人业务上，大力促进私人银行转型发展，持续推进基金、寿险、黄金等重点产品销售，提升一线网点营销能力，全年理财业务收入市场份额居四大行第一。

以塑造品牌为依托，着力抓好特色业务。树立海洋经济先发优势，促进总行与市政府签订战略合作协议，为全面对接海洋经济发展奠定扎实基础，累计营销政府背景客户94户，对接宁波市重点项目88个。提升电子银行品牌，一方面坚持柜面业务分流，推进虚拟渠道和物理渠道同步战略；另一方面坚持重点产品推动，大力推广总行典型案例，打造品牌特色。加大“三农”金融支持，全面增强农村金融服务，“涉农”贷款新增74亿元，高于贷款平均增速13.7个百分点。其中新农村建设贷款新增31亿元。养老金业务，积极推进养老金业务攻坚战，有效拓展国企、大中型客户、机构客户等年金业务，成为唯一一家受总行表彰的城市分行。

【改革创新，多策并举增活力】

稳步实施管理体制改革。一是推进城区经营机构整合。积极探索契合城区实际的网点管理模式，明确各支行的经营界限，完善城区行的辐射和综合功能，在城区形成了统一、清晰的层级管理架构。二是强化激励约束机制。明确各重点行的市场定位，制定并实施差别化经营政策和业务发展目标，全面提升对全行的规模贡献。实施联动考核，建立公私条线考核共担、激励分成、利益补偿的激励考核体系。三是强化中后台支撑保障。保留中后台集中统一管理成果，持续推进综合性、集约化经营管理机制改革；实施前后台业务分离，搭建适合分行业务发展的后台业务处理中心，为网点“三综合”建设打下坚实基础。

大力加快渠道建设步伐。一是加强网点布局和新建。以总行加快网点新建为契机，加大对新设机构的政策支持和管理力度，将网点建设工作纳入支行行长责任状，并实行相应的奖罚措施。全年网点数量净增18家，超额完成总行计划。二是加快网点转型和升级。通过制订详尽的网点升格推进计划，实现网点向交易结算与营销服务并重的转变。实施二代转型网点22家，升格网点7个，促进网点服务能力的大幅提升。三是加快自助渠道建设。持续加大自助设备的投放力度，扩大网点的服务半径和服务效率。积极扩大电子银行客户群体，年末个人电子银行客户净新增继续保持同业第一，电子银行的主渠道作用进一步凸显。

加强流程优化和产品创新。一是完善产品创新机制。加强产品创新工作的常态化管理，充分发挥产品创新试验点优势，全面推进融资、结算、投资理财等领域创新，7个产品创意获总行优秀奖。二是大力推进“流程银行”创建。推行“年初计划、年中盘点、年末总结”的工作模式，统筹管理流程优化工作。全行完成流程优化项目45个，其中3个列入全行推广项目。三是开展柜面流程质检。修订营业网点服务质量评价标准和积分管理实施细则，全面对接总行神秘人调查评价新标准。

【防控风险，坚定不移保安全】

抓紧信贷风险防控。一是加强政策解读和信贷准入。推进“送培训到基层”活动，发布《风险管理政策制度解读》7期，统一全行风险偏好。实时调整信贷准入要求，严格执行政策底线，有效防范信贷风险。二是加快信贷结构调整和转型。严格执行总行“进、保、控、压、退”的政策要求，优先保证重点在建续建项目信贷需求。12月末，优先支持行业贷款比重较年初提高0.41个百分点；审慎控制类行业贷款比重较年初下降0.91个百分点。三是加强贷后管理和风险防范。实行定期风险巡查、二十大风险隐患客户跟踪管理等制度，提高风险预警、化解能力和贷后管理水平。以查促管，通过各类综合性检查、专项检查、快速排查等方式发现客户风险，确保信贷风险早控制、早退出。

抓实案件防控和内控关键。一是加强合规文化建设。积极迎接总行内控评价工作检查，将检查作为检验分行合规工作的有效途径，提升全行内控管理水平。强化营业网点等级基础管理，对15个复验单位组织全面检查和监控，提高一线网点的合规意识。二是加强案件防控机制建设。重点对执行八项禁止性规定提出明确要求，组织专项检查，确保案件专项治理工作取得实效。强化案件防控考核，建立从业人员违规信息监测制度，坚持违纪必查、违规必究。三是加强问题整改。推行整改约谈制度，落实全辖“一把手”整改责任，层层落实整改。召开整改会商会议，加强业务部门、审计部门及整改单位之间的沟通交流，发挥整改合力。

【夯实基础，以人为本抓管理】

加强领导干部队伍建设。一是规范干部选拔聘任流程。坚持干部提名、任免、组织建设等重大事项的民主决策，完善拟任干部聘前谈话和廉政谈话机制，不断规范选人用人工作，保证干部选拔工作的公开公正。二是探索新型干部选拔和交流机制。通过公开选拔、竞争上岗等方式，鼓励优秀人才脱颖而出；开展支行副职领导人员领导力测评和履岗述职，增强支行副职领导人员的履职能力。三是全面启动作风建设活动。组织召开专门研讨会，制订下发作风建设实施意见和作风建设文集，强化领导干部《每日动态》制度等措施，积极向上的工作氛围有效形成。

加强员工队伍建设。一是推进人员结构优化。坚持总量控规模、存量调结构、增量保质量的原则，加大人力资源向一线倾斜的力度。全年招录各类新员工383名，92%以上分配到基层一线工作。制定出台基层津贴政策，每年核拨400余万元专项资金用于发放柜面员工基层津贴。二是畅通员工晋升通道。完善新行员跟踪培养制度，持续实施“扬帆计划”，鼓励优秀青年员工脱颖而出。加大择优转制力度，全年短期合同工转为中长期、劳务派遣转签劳动合同的员工总数超过了历年总和，极大地增强了一线员工的归属感。三是创新培训方式。改进新行员入职培训模式，启动柜面员工岗前培训流程优化和模拟银行筹建工作，大幅减轻基层行培训压力。

加强实事工程建设。一是积极为基层减负。进一步开展“关爱员工，给力发展”主题活动，研究制订思想关爱等五方面35条员工关爱措施，出台86条减负计划，为基层实实在在地减负。二是积极开展帮扶关爱活动。建立健全困难职工动态档案，完善分行互助基金的筹集、使用和管理，形成帮扶困难职工的长效机制。

执笔：张凯锋

安徽省分行

安徽省分行行长　戴跃明

一、业务发展概况

截至2012年末，全口径存款余额2 763亿元、新增391亿元，其中一般性存款余额2 669亿元、新增388亿元。各项贷款余额1 741亿元，新增235亿元。中间业务收入18.25亿元。实现税前利润48.5亿元。不良贷款余额7.8亿元，不良贷款率为0.45%。

【公司业务】客户成倍增长，对公客户总量达到7.335万户，是2011年新增量的4倍多，新增居全国第六；单位人民币结算账户新增2.1万户，增幅为35%，系统内排名第六；小额无贷客户新增1.81万户，系统内排名第六；对公批量付款账户新增2 548户，系统内排名第一。全辖对公存款余额达1 374亿元，比工商银行余额多41亿元，年末存款余额首超工商银行；对公存款新增174亿元，在四大行中排名第一。对公贷款总量实现千亿突破，贷款结构持续优化。

【个人金融业务】个人存款取得新突破，全年新增213亿元，增速为19.68%，网均新增和增速均居四大行第一；个人结算账户总量突破1 000万户，超越工商银行，同业第一；销售各类理财产品931亿元，实现收入同比翻番；代发工资业务稳步提速，代发单位规模接近6 000户，全年累计代发501亿元，较上年增长30%，全年累计代发至个人账户1 918万笔；连续三年实现个人客户满意度在四大行中排名第一；同时，新增网点23家，升格30家，新建成12家私人银行或财富管理中心，新增自助设备1 340台，离行式自助银行超过220家。

信用卡共实现消费交易额169.13亿元，特约商户当年新增1 927户，实现分期交易额13.8亿元，其中专项分期付款交易额11.4亿元，较2011年同期增长5.74亿元。

2012年2月17日，安徽省分行与合肥海关签订合作备忘录。

【房地产金融业务】以“发展客户、吸收存款、抢抓楼盘、拓展中收”为主线，通过开展各类营销活动以及市场宣传，扩大了市场影响，提升了市场竞争力。2012 年，个人住房贷款余额 636.3 亿元，四大行占比为 31.7%；新增 128.6 亿元，四大行占比为 37%。个人住房贷款余额、新增市场占比“双第一”。

【中间业务】全面实现了同比正增长、份额不下降的目标要求。中间业务收入余额 18.25 亿元，比上年增加 1.84 亿元，比上年增长 11.19%。全行对公条线实现中间业务收入账面 9.65 亿元，比 2011 年增加 1.04 亿元，增幅为 12.1%。其中造价咨询业务收入突破 3 亿元大关，达到 3.1 亿元，比 2011 年增长 1.75 亿元，增长率为 128.8%。全国系统排名由 2011 年的 16 位跃至第 7 位。实现个人条线中间业务收入 8.6 亿元，比 2011 年增加 0.8 亿元，同比增长 10.19%。

【国际业务】一般性外汇存款新增余额 2.3 亿美元，增幅为 36.96%；12 月末，一般性存款新增、对公存款新增在四大行中排名第二；外汇贷款余额 5.36 亿美元，比年初增加 3.2 亿美元，增幅为 147.54%；12 月末，各项外汇贷款总额、现汇贷款、转贷款新增三项指标位居四大行第一。累计完成国际结算量 70.5 亿美元，增幅为 24%；累计完成代客资金交易量 33.3 亿美元，增幅为 4%；表内外贸易融资累积发生额 25.5 亿美元（含进口开证），比上年同期增加 3.9 亿美元，增幅为 17.9%；累计办理跨境人民币业务 8.1 亿元，增幅为 44.8%；外汇业务客户新增 213 户。

【投资银行与电子银行业务】投资银行业务共发行保本理财产品 53 单，募集资金 521 亿元，系统内排名第四位。其中对公销售 129 亿元，对私销售 392 亿元，年末余额为 95 亿元。电子银行业务客户增长 63%，收入 1.08 亿元，首次破亿元；7 项指标同业第一；电子银行重点应用获 26 个总行奖项，全行排名第二。

【资产质量与风险控制】重点开展三类贷款风险化解和清收工作。年末不良贷款余额 7.8 亿元，不良率控制在 0.45%，良好类逾期贷款较年初下降。全年共处理重大信用风险事项 24 件，涉及贷款余额 13.39 亿元，其中上报总行 5 件，涉及贷款金额 5.39 亿元。

二、主要工作举措

【以发展为主题，做大规模】一是加大客户营销力度。在全行开展客户大走访活动，截至 2012 年底，全行登记走访对公客户 31.4 万次，人均走访次数 35 次。与合肥、淮南、淮北市政府签订银政合作协议，与海螺集团、合肥海关、安徽省能源集团、省人社厅成功签订银企合作协议，广搭批量化营销平台，实现批量营销。二是提升客户服务水平。2012 年在总行通报中，分行连续三年个人客户满意度排名居当地四大行首位。支持贫困地区改善金融服务条件，以支持金寨县农村金融综合改革为突破，在金寨新城区开设了第一家金融服务机构——建设银行江店支行；联动服务和批量服务，与行业协会、各地商会以及园区市场投资管理方进行合作，对小企业客户进行批量营销服务，对分散的个人客户提出了“零售业务批发做”，成立专门营销团队，推进“社区服务”；大力加强渠道建设，加快理财中心、财富中心和私人银行建设，加强自助设备布放和电子银行拓展；通过一系列的措施，柜面资源得到释放，客户经理队伍得到充实。三是拓展服务领域。一方面，结合贯彻落实总行“三大一高”发展战略，进一步细化措施。根据全省每个市 GDP、财政收入、产业结构和经济特点等量身定做综合金融服务方案，并主动送上门，与全省所有地市政府开展全面战略合作；对安徽区域所有大的行业、大的系统、大的客户列出名单，分行领导逐户拜访；另一方面，重点拓展县域农村金融市场，支持全省县域经济发展。省分行成立课题组，研究具体措施，对全省 59 个县支行，实行“一行一策”，明确定位和目标，加大投入和支持力度。出台拓宽“三农”市场实施方案，加强对县域支行地发展以及“三农”市场地拓展。四是大力进行服务产品创新。创新研发小企业专利权质押、“餐饮通”和城乡小额保证保险贷款三项新产品，自主设计开发的“乾元”精选投资类 2012 年第 1 期理财产品成功发行，新农村建设贷款、“回款通”、跨境人民币换币转通知业务等多项产品取得应用。“小企业之家”新型服务模式正式运营，为众多高端个人和法人客户开启“一站式”全方位金融服务的新里程。新农村建设贷款新产品投放市场，为密切银政合作，拓展县域经济开拓了新的增长点。成功开办全国第一笔小企业“信用贷”，“助保贷”产品推广运用成果显著。

【以管理为保障，做优质量】在抓业务发展的同时，注重强化管理，坚持双轮驱动，提升业务发展质量。一是发挥资源配置导向作用。通过资源向一线和前台经营部门倾斜，在全行积极倡导价值凭业绩体现、业绩靠数字说话的价值观；将等级行、KPI 各项指标作为工作抓手，加强经济资本管理，优化资产结构，将贷款规模优先用于个贷、小企业；加强经济资本研究，一行一策分析，提高经济资本回报率，向精细化管理要质量、要效益。二是完善管理机制。继续深入推进各项改革，坚持由计划财务和两大事业部共同配置资源，充分调动层级和条线两方面的积极性；将客户交给客户经理，鼓励客户经理走出去；不断调整完善十大考核办法，充分发挥绩效管理的促进作用。三是夯实管理基础。加大会计与营运基础管理，全行综合性营业网点中，会计基础等级一级占比超过 50%，实现“全辖综合性营业机构 50% 以上达到一级水平”工作目标。同时，有序推进前后台业务分离项目推广以及强化自助设备专业化管理。四是有效整合资源，加强联动机制，努力形成条线联动、前中后台联动的高效工作格局。五是高度重视声誉风险管理，坚持正面宣传和舆情管控两手抓。六是切实落实反腐倡廉各项规定。积极开展领导人员思想教育，认真做好惩防体系自查与效能监察，严格落实案件防控目标责任制，认真开展案件专项治理；加大对违规违纪行为的查处力度。强化安全管理、操作风险管理、合规教育以及加大审计发现问题的整改力度。全行全年没有发生案件和重大风险以及安全责任事故。

【以氛围为烘托，做强文化】大力加强企业文化建设，在全行营造积极向上的良好文化氛围。一是倡导基层文化。省分行领导班子成员以身作则，首先是行领导、其次才是分管领导，尤其是在一些重要时点，行领导全部深入基层，与大家一起想办法、共同抢市场。省分行本部各部门分别与合肥城区基层网点实行一对一结对子，长期联系；本部各部门总经理在旺季营销中都深入基层蹲点一个月，本部副总经理又全部深入基层蹲点二十天，将基层蹲点活动制度化、常态化。二是鼓励创新文化。创新金融服务产品，增强市场竞争力；创新优化服务流程，改善管理，提高效率；创新推进加快县支行发展战略；创新推动服务转型，加快由信贷资金提供者向“综合金融问题解决者和金融服务提供者”转变；推进网点转型和服务机制创新，通过“三综合”改革，促进实现网点三代转型，促进网点的综合营销和服务能力大幅提升。三是着力打造关爱的文化。举办全省建设银行首届运动会、“关爱之歌”和“中秋家宴”等活动；师徒制不断完善发展，截至 2012 年末，全行结对师徒 1 655 对，占全行员工的三分之一；确定了当年关爱员工十件大事，形成制度，逐一落实。关爱内容延伸到员工生活、工作和职业生涯发展的方方面面。龙年春节期间，在全行开展“员工家中行”活动。主动承担社会责任，全行员工主动捐款成立了“爱心基金”，金额达 500 多万元。已在中国科技大学设立奖学金，在岳西捐建了希望小学，广大员工自愿结对子帮扶，认捐贫困学子 1 000 人。此外，还把服务社会作为承担企业社会责任。四是大力弘扬向先进典型学习的文化。举行“因您而精彩”颁奖盛典，隆重表彰全行各条线 325 个先进集体与 900 名先进个人。分别挖掘、提炼和表彰了黄山市分行、桐城支行、马鞍山湖东路支行和刘丽等不同层面的典型事迹，举行专场报告会，并特邀了全国建设银行系统先进典型李向党和王红梅传授经验。

【以人才为支撑，巩固根基】实施人才战略，明确“人人都可以成才、人人都应该成才、人人都拥有舞台”的人才理念，让每一位员工看到成才希望。制定人才培养“131”目标，构建了具有安徽省分行特色的“人才圈”，建立起开放的、融合的、动态的人才体系。人才并不仅限于管理者，还应包括广大专业技术人员、高技能人员、先进典型和优秀师徒。人才战略注重为员工的进步搭建更多的事业平台，为员工的成长建立培训机制，注重把合适的人放到合适的岗位，体现向基层倾斜、向经营倾斜、注重业绩、论年龄但不唯年龄的用人导向。

执笔：王文兵　凌云

2012年1月6日，建设银行青岛市分行在结对学校——青岛重庆中路第一小学举行关爱新市民子女志愿活动，向该校学生赠送礼品。

2012年1月7日，建设银行西藏自治区分行举行“强基础　惠民生”物资车出发仪式。图为第一批驻村工作组整装待发。

2012年1月15日，建设银行福建省分行举办福州城区建行2012年新春晚会。

2012年2月3日，建设银行天津市分行为答谢客户，举办建行之春——《东方情韵》大型音乐舞蹈晚会。

2012年2月28日，建设银行云南省分行举办“先进的力量”——创先争优先进典型与职工代表面对面访谈活动。

2012年3月5日，建设银行贵州省分行团委组织青年志愿者参加“3·5”学雷锋扶贫助教活动，向织金县自强乡自强中学捐赠学习用品。

2012年3月12日，建设银行四川省分行组织“学雷锋我们在行动”活动。

2012年3月14日，建设银行山东省分行营业部走进山东电子职业技术学院，向学校师生宣传介绍“学生惠”专属优惠品牌。

2012年3月31日，建设银行天津市分行参加“世界地球一小时”公益环保活动。图为天津市分行营业部工作人员为客户讲解活动内容。

2012年3月31日，建设银行甘肃省分行信贷支持庄浪县联村联户富民活动，促进特色农业发展。图为贷款发放现场。

2012年4月7日，建设银行吉林省分行与长春新文化报联合举办“龙腾长春”创意DIY中国龙爱心风筝大赛。

2012年4月9日，建设银行山西省分行开展小微企业金融服务集中宣传月活动。

2012年4月10日，建设银行宁波市分行在分行大楼前广场举行全国文明规范服务百佳示范单位揭牌暨“真情服务微笑建行”主题活动启动仪式。

2012年4月17日，建设银行内蒙古自治区分行与内蒙古自治区银监局共同举办迎接建团90周年主题植树活动。

2012年4月20日，建设银行海南省分行电子银行部和团委在海口联合举办了“青春激情e路通”电子银行产品体验竞赛活动。

2012年4月20日，建设银行贵州省分行开展小微企业宣传月活动，现场为客户咨询解答。

2012年4月20日，建设银行西藏自治区分行举办个人助业贷款及财富贷产品宣讲会。

2012年4月23日，建设银行河南省分行在省人民会堂举办迎五四——“青春炫服务，满意在建行”青年风采大赛。

2012年4月25日，2012年度中国建设银行云南省分行少数民族地区大学生成才计划奖（助）学金颁奖仪式在楚雄师院举行。

2012年4月27日，建设银行深圳市分行举行全城热购龙卡IC信用卡发布仪式暨新闻发布会。

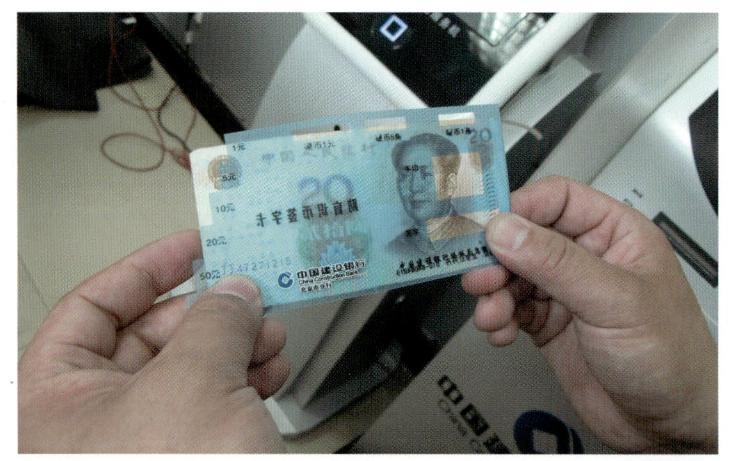

2012年4月28日，建设银行北京市分行举行“青春炫服务、岗位展风采”建行青年服务主题活动暨金融助盲卡捐赠仪式，图为金融助盲卡。

2012年4月28日，建设银行江苏省分行与江苏交通控股有限公司在南京共同举办苏通龙卡首发仪式。

2012年5月12日，建设银行深圳市分行举行“喜迎行庆三十年 青春建功展风采”第九届“五四”登山活动。

2012年5月15日，建设银行甘肃省分行深入到联村联户联系点漳县贫困农户家庭开展帮扶活动。

2012年5月15日，建设银行青海省海西分行员工深入草原牧区营销金融产品。

2012年5月17日，建设银行河北省秦皇岛市分行在市文化广场举办“e路通”电子银行杯摄影展。

2012年5月18日至20日，建设银行湖南省分行成功参展第七届中国中部投资贸易博览会。

2012年5月23日，建设银行青海省都兰支行员工深入矿区，为矿区职工提供金融服务。

2012年5月24日，建设银行四川省分行组织私人银行客户开展“走进西昌、让梦飞翔”扶贫助学系列活动。

2012年5月26日，建设银行内蒙古自治区分行举办首届田径运动会。

2012年5月29日，曾受建设银行吉林省分行资助的学校送来“尊师重教 百年大计 爱心助学 功在千秋”锦旗。

2012年5月30日，建设银行山西省分行为阳曲县杨兴乡学校捐款。

2012年6月6日，建设银行上海市分行黄金回购中心正式开业。

2012年6月12日，建设银行江苏省分行在南京举办2012年个人客户经理风采大赛。

2012年6月26日，建设银行青岛市分行参赛队在中国人民银行青岛市中心支行举办的全市银行青年“喜迎十八大，建功十二五”群星璀璨青年风采大赛决赛中荣获亚军。

2012年6月30日，建设银行海南省分行营运管理部党支部赴文昌市南阳小学开展“缅怀先烈　为革命老区贫困小学献爱心”活动。

2012年7月2日，建设银行海南省三亚分行组织开展“蓝丝带”海洋保护活动。

2012年7月5日，建设银行三峡分行召开中国建设银行年工30周年授勋大会。

2012年7月10日，建设银行福建省分行举办“练技能　比服务　强内控　促发展”对公柜面业务技能竞赛。

2012年7月13日，建设银行辽宁省沈阳融汇支行20年来始终保持零案件记录，通过坚持开展网点突击检查，督促网点合规操作，有效地防范了案件风险。

2012年7月18日，建设银行河南省分行乐家·乐业卡发卡暨银行卡助农取款服务开通仪式在信阳举行。

2012年7月20日，建设银行广西壮族自治区言辞区分行实施“八一工程”，又一个新的军民合作自助银行开业。

2012年8月7日，建设银行西藏自治区分行参加西藏自治区广播电台“政风行风”热线活动的代表在直播现场。

2012年8月8日，建设银行云南省分行与大理州人民政府签署金融战略合作协议。

2012年8月9日至10日，建设银行湖南省分行举办第一届理财师风采大赛。

2012年8月10日，“2012亚太金融高峰论坛·贵州首届金融博览会暨投资理财节”在贵阳生态会议中心开幕。图为建设银行贵州省分行工作人员为客户解答咨询。

2012年9月15日，建设银行山东省分行举办首届趣味运动会。

2012年9月18日，建设银行湖南省分行开展夯实基础管理，加强基层管理“我与双基”系列竞赛活动。

2012年9月24日，建设银行河北省分行工会举办的“喜迎党的十八大暨庆祝中华人民共和国成立六十三周年”职工书法绘画摄影展开幕。

2012年9月25日，建设银行湖南省分行举办“风雨同舟三湘情”，个人存款余额突破2000亿元客户答谢晚会。

2012年10月27日，建设银行三峡分行在CBD商务中心开展反假货币宣传活动。

2012年11月1日，建设银行江西省分行“2013年建行校园招聘宣讲会”在江西财经大学举行。

2012年11月10日，建设银行大连市分行举办第七届“建行杯”公司·机构客户及员工羽毛球赛。

2012年11月10日，建设银行上海市分行举办“关爱健康 和谐奋进”职工第九套广播操比赛。

2012年11月17日，为营造“敬业爱岗、健康生活、精彩人生”的良好文化，建设银行浙江省分行营业部组织“抢占制高点”登山比赛。

2012年11月18日，建设银行深圳市分行举办2012年职工趣味运动会。

2012年11月22日，建设银行广西壮族自治区分行与南宁百货大楼共同举办全面战略合作签约暨百货联名信用卡发卡仪式。

2012年11月22日，建设银行辽宁省分行推出粮食动产质押贷款，解决了粮食流通小企业的融资难题，开辟了小企业业务发展的新渠道。

2012年11月28日，建设银行贵州省分行、贵州省红十字会在贵州大学举行中国建设银行少数民族地区大学生“成才计划”2012—2013学年奖(助)学金发放仪式。

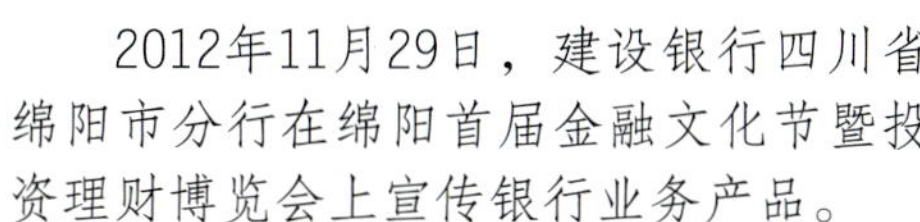

2012年11月29日，建设银行四川省绵阳市分行在绵阳首届金融文化节暨投资理财博览会上宣传银行业务产品。

2012年12月2日，建设银行北京市分行举办第九届职工运动会第九套广播体操比赛。

2012年12月10日，建设银行大连市分行举办“妇基会阳光龙卡”发卡启动仪式。

2012年12月13日，建设银行浙江省分行举行“普陀山金”全球首发仪式。

2012年12月25日，建设银行江西省分行举行2012年“1%工程”资助江西服装学院贫困学生助学金发放仪式。

福建省分行

福建省分行行长　彭洪明

一、业务发展概况

截至2012年底，各项存贷款余额和新增、中间业务收入等主要业务指标在当地四大行均居首位。全口径存款、一般性存款余额在当地四大行中独家突破3 000亿元，分别达3 331.4亿元和3 075.9亿元，新增分别达到399亿元和396.2亿元。各项贷款余额2 455.5亿元，新增301.7亿元。实现税前利润80.8亿元，完成总行下达计划的104.9%。实现经济增加值43亿元，完成总行下达计划的108.9%。

【公司机构业务】新增公司机构结算账户19 827户（人民银行口径），四大行占比为28.5%。对公存款新增172.7亿元，余额1 375亿元，余额在全省8个地市全部居当地四大行首位。对公贷款余额1 493.5亿元，新增157.9亿元。公司机构客户产品覆盖度5.61，居全国建设银行系统第1位。小企业授信客户3 931户，新增378户；小微企业贷款新增102.2亿元，居四大行首位，并成为系统内首家与省政府共同建立助保金池的一级分行。

【个人金融业务】个人有资产客户增加63.4万人，总量达854.2万人；其中财富管理与私人银行客户新增740人，总数达5 283人。个人存款新增223.5亿元，余额1 700.9亿元。借记卡新增234.1万张，其中金融IC借记卡新增153.1万张，居当地四大行首位；财富卡和私人银行卡达10 420张，交易额2 934.1亿元，分别列全国建设银行系统第4位和第1位；开展香港投资移民业务206单，占全国建设银行系统的65%；信用卡净新增客户（按考核口径）47.1万户，累计发卡204.1万张；当年消费交易额达630.3亿元，列全国建设银行系统第2位；信用卡分期交易额102.8亿元，实现递延前中间业务收入9.6亿元，居全国建设银行系统首位。个人客户产品覆盖度3.4，居全国建设银行系统第1位。

2012年1月11日，福建省分行与中国进出口银行福建省分行签署战略合作协议。

【房地产业务】住房资金归集新增79亿元，累计余额433.6亿元，余额四大行占比为70.3%。个人贷款新增143.9亿元，余额962亿元，其中个人住房贷款年新增130.1亿元，余额799.4亿元；个人消费经营类贷款新增13.8亿元，余额162.6亿元。

【中间业务】实现中间业务净收入44.6亿元，四大行占比为35.07%，较上年提升1.3个百分点。收入数在全省8个地市均居四大行首位，实现了“满堂红”。

【国际业务】完成跨境人民币结算量153.2亿元，完成总行下达计划的191.5%；四大行占比当年提升7.28个百分点，达到31.17%。

【电子银行业务】新增个人网银高级客户145.5万户，手机银行客户149.3万户，个人短信银行客户129.2万户，企业网银客户2.6万户，个人网银、个人短信银行客户覆盖度均居全国建设银行系统第1位。电子银行账务性交易量比达71.8%，排名全国建设银行系统省级分行第2位。发展电商平台商户4 403户，居全国建设银行系统首位。

2012年3月20日，福建省分行与福州市人民政府在福州举行战略合作框架协议签约仪式。

【其他业务】发行各类理财产品160.7亿元，收入四大行占比51%；作为主承销商为客户发行债券15亿元，协助企业上市募集资金23.9亿元。新增养老金客户986户，新增托管资产规模27.6亿元，均居全国建设银行系统第2位。实现造价咨询业务收入2.9亿元，创历史新高。

【资产质量与风险控制】不良贷款额10.57亿元，比年初减少0.27亿元；不良贷款率为0.43%，比年初下降0.07个百分点，年末信贷资产质量在四大行中最佳。重视经营中相关问题的发现和整改，内控水平持续提升，实现了“不发案、不误人、不伤企业”的目标，并被总行评选为“平安建行”创建活动先进集体。

二、主要工作举措

【明晰发展思路】将王洪章董事长来福建调

2012年6月21日，福建省分行与武警福建省总队在福州举行资金安全管理全面合作协议签约仪式。

研时提出的“高举旗帜，勇立竿头，保持先进，再创辉煌”的明确目标与成为“当地最好、系统领先”银行的工作思路紧密结合，并在日常工作中注重加强对政策、市场、客户以及自身优劣势的研究，牢牢把握发展的方向。坚持把夯实发展基础、增强发展后劲，办“百年老店”作为工作要求，把“转方式、调结构、深服务”作为工作抓手。同时，在深化“五大战略”的基础上，增加“大福建”战略，提升与厦门市分行共同拓展全省市场的能力，进一步提升建设银行的竞争主动权和市场话语权。

【调整发展策略】注重深化银政合作，认真落实总行与省政府签订的战略合作协议，先后与福州、泉州、宁德三地政府签署战略合作协议，积极支持地方经济发展，主动参与政府主导项目的建设，并从中寻找自身发展机遇，既支持了地方经济，赢得了社会声誉，又争取到地方政府的更大支持。注重提升对形势变化的适应性，全年召开全辖性的工作会议或经营形势分析会达6次之多，根据形势变化，及时调整发展策略和工作要求：针对持续多年保持领先发展，存在思想松懈的现象，要求自我加压。年初，强调巩固市场地位唯一的方法就是把“守业”变成“创业”，把“拼”作为工作的主旋律，着力于拼发展能力、拼创新能力、拼管理能力、拼合规能力、拼持续能力；年中，面对发展中遇到的困难，号召全辖坚定信心，强调“不动摇、不盲目、不松劲、不推诿”的要求，以攻为守、用“争”来“保”；年尾，针对收官阶段的严峻形势，强调为形象、为责任、为生存、为长远而战。相关经营策略的调整，适应了形势变化，有力推动了业务发展。

【持续优化流程】在机构设置上，完善小企业经营中心管理模式，调整网络银行部、电销中心等二级部的部门归属，不断优化“流程银行”体系；统一规范全辖私人银行管理模式，在全国首家成立海外金融服务中心，促进全行私人银行业务发展；成立客户投诉管理中心和国际业务单证处理中心，撤销泉州信贷审批中心，提高经营管理集约化水平。在运作模式上，深入实施“六大战略”，全年通过信用类表外业务和非信贷方式解决客户资金需求 975.7 亿元；福州、泉州的双龙头作用进一步发挥，两个地区主要业务指标占全行的比重稳中有升。在人力资源管理上，出台《二级分支行领导班子综合经营竞争力监测办法（试行）》，修订领导人员年度考核暂行办法，继续强化对领导班子和领导人员的管理与监督、激励与约束；坚持新增人员向经营集约化程度高、金融资源丰富、发展潜力大、竞争力强的区域和机构倾斜，并引导存量人员向一线营销服务岗位流动，进一步优化人力资源结构。

【坚持创新发展】坚持把创新作为破解发展难题、提升客户服务水平、培育新的竞争优势、实现又好又快发展的一项根本性工作来抓，努力通过创新来突破重围、甩开对手。专门召开全行性的创新大会，成立省分行创新领导小组和创新后评价领导小组，明确省分行各部门和各二级行在创新中应承担的责任，大力推动和鼓励创新。强调创新既包括借鉴国外、系统内、同业已有成果实施的改造与仿造相结合的创新，也包括在此基础上进行的原创性创新，还包括在现有产品上的延伸，扩大种类、完善系列。要求重点着眼于价值创造，以客户需求为出发点，适时推出相适应的新产品和新业务。一年来，陆续推出“存贷宝”、投资移民、车位分期、公安便民龙卡等一系列新产品、新服务，由于认识到位、工作扎实、力度匹配，各项业务均在系统内居领先地位。此外，还与省政府签订了共同支持小微企业的“助保贷”合作协议，是该项业务系统内首家与省级政府合作的分行，为小企业业务的后续发展夯实了基础。

【不断调整结构】在信贷结构方面，准确把握总行政策及偏好，从行业入手、立足于客户、落实到产品，不断调整优化信贷结构。优势行业信贷占比不断提升，调控行业（房地产、公路、钢贸等）信贷占比不断下降，“6+1”产能过剩行业贷款较年初减少 2.8 亿元，信贷较年初减少 9.3 亿元。AA-及以上客户（含 aa-级以上小企业客户）信贷占比为 87.47%，较年初提高 0.09 个百分点；退出名单客户累计退出金额 20.9 亿元。在收入结构方面，把中间业务收入作为重中之重，正确处理规范与发展的关系；同时积极提升贷款定价水平，不仅确保了中间业务收入比上年增长近 2 个百分点，收入数也比位居第二的竞争对手多达 9.4 亿元。

【始终严防风险】建立全面风险管理责任制，积极开展风险管理评价工作，全面推进放款中心建设，积极强化押品管理，进一步加强信用评级，客观开展责任认定，不断夯实风险管理根基。采取加强风险调研分析、突出资产质量控制计划考核导向、加强风险分类基础管理、完善风险监控措施手段、强化风险排查和报告制度等措施，强化风险前瞻管理，盘活处置了一批逾期多年的不良贷款项目，保持资产质量平稳趋好的态势。强化经济资本管理，提升计量分析能力，持续强化工具推广应用。截至 2012 年底，信贷业务经济资本平均占用比例 4.6%，居全国建设银行系统第 3 位。通过提高评级覆盖率、压缩贷款承诺、数据质量清理等措施共节约经济资本 2.5 亿元。

【加强案件防控】坚持“反腐倡廉抓班子、案件防控抓基层、惩防并举抓条线”的工作思路，深入开展案件专项治理活动，深化“讲党性 重修养 守廉洁 作表率”主题教育实践活动，健全党风廉政建设责任机制，推进效能监察，开展巡视试点，各项工作扎实推进，连续第 5 年实现“不发案、不误人、不伤企业”的目标。组织教育演练，加强与公安机关的联动配合，严防营业场所暴力抢劫犯罪活动，防范打击自助设备盗窃、破坏和短信诈骗活动，并以防火、防交通事故、防自然灾害为重点，防止责任事故发生。

【强化队伍建设】认真落实民主集中制，严格贯彻党委工作规则、行政工作规则和会议制度，对重大问题和重要事项，广泛征求意见、听取建议。推动民主管理，完善职工代表大会制度，通过“行长信箱”、95533、职工座谈会、内部网站等平台，引导员工参与民主管理和决策。将员工培训成长指标纳入各二级行 KPI 考核，将培训基础管理工作纳入省分行各部门考核，进一步健全培训考评机制。完善员工职业生涯规划和青年员工交流锻炼工作机制，加大优秀人才的选拔聘任力度，强化客户经理配置，加强理财师队伍建设，不断拓宽员工职业发展渠道。加强对基层工作的指导，持续优化薪酬激励制度，进一步完善帮扶机制，并通过组织优秀员工外出疗休养、为各类员工送温暖、开展文体活动、关爱离退休老同志等活动，着力为员工办实事、解难事、做好事。

执笔：罗长武

厦门市分行

厦门市分行行长　刘丽华

一、业务发展概况

2012 年，厦门市分行各项业务保持健康快速发展，主要业务指标超额完成总行下达的年度计划，经营效益稳步提升。一是财务效益稳步增长，全年实现主营业务收入 40.26 亿元，税前利润 25.57 亿元，实现经济增加值 12 亿元；中间业务净收入 10.33 亿元，四大行占比为 38.5%，份额提升 0.5 个百分点。二是存款增长顺利完成计划目标，人民币和外币一般性存款日均和时点加权新增分别为 71.4 亿元和 1.35 亿美元，计划完成率分别达到 111% 和 211%；一般性存款日均新增、储蓄存款日均和时点新增均位居四大行首位。三是贷款有序投放，用足总行规模，个人类贷款年新增领先同业位居首位。四是资产质量保持较优水平，较年初实现双降。

2012 年，厦门市分行文明建设成效显著，荣获“省级文明单位”、“创建第三届全国文明城市先进单位”、“厦门市志愿服务工作先进单位”等称号，获得多个省、市级文明行业示范窗口。

二、主要工作举措

【创新引领发展 厦门银行业首家存款突破千亿元】

为厦门特区建设拓宽融资渠道。2012 年，厦门市分行全口径存款余额突破 1 000 亿元，达到 1 025亿元。一般性存款余额 975 亿元，其中储蓄存款余额 475 亿元，以上指标均居同业首位，在历年较高起点上实现了持续增长，与此相适应，厦门市分行 2012 年对厦门相关企业（业主）、居民和项目授信量累计达 1 000 亿元。

厦门市分行通过产品创新和改进服务，促进存款增长。如在办理公司业务过程中，通过现金管理、保本理财等带来存款超过 40 亿元，此外，对小额无贷户的拓展初见成效，也带来了近 4 亿元的存款。再如国际业务中，通过内保外贷、存美贷欧、汇财盈等结构性外汇产品，有力带动本外币存款新增，当年末产品增存余额达 40 亿元。2012 年，分行共完成业务创新 145 项，其中产品类 21 项，流程类 36 项，产品创新与流程优化得到加强。

【投资银行助推转型　发起设立建信金圆

（厦门）股权投资基金】

新兴的投资银行渠道，实现快速发展。2012年6月28日，厦门市分行与国际信达和当地政府强强联合，发起设立建信金圆（厦门）股权投资基金。该基金集政府、央企、银行、投资银行和资产管理五大资源于一体，投资区域立足海西，辐射全国，建信金圆基金平台的设立，进一步完善了建设银行对于拟上市企业在上市前、上市中和上市后的全链条金融服务。首期募集认缴金额35 750万元（到资50%），拟投资于优质的拟上市企业。分行作为基金的全程财务顾问，为基金所投企业提供相关增值服务。秉承“熊市投资、牛市收获”的投资理念，由厦门市分行创新的股票逆回购理财产品，为存在业绩考核压力或市值管理需求的上市公司及国有集团提供了全新的金融解决方案。该融资模式已通过总行审批，为系统内首创。

厦门市分行不断推出资产收益权、票据收益权等理财产品拓宽企业的融资渠道；进一步巩固和发扬建设银行的债券承销业务传统优势，成功为厦门辖内多家大型国企发行短期融资券和中期票据等债券，市场份额居四大行第一；加大保本理财产品发售量，全年规模超百亿元，为企业提供多元化、个性化的保值增值服务。体现了银企、银客间理念相近、利益相关，你中有我、我中有你的新型关系，受到相关企业普遍欢迎，有较强的生命力，也与厦门经济和企业结构调整的需求相吻合。

【个人贷款余额全市首家突破300亿元　为厦门市民理财赚钱最多】

2012年末，厦门市分行自营性个人贷款余额303亿元，在同业中首家突破300亿元。分行加大创新力度，率先开办“限价房”按揭贷款业务；助业贷款等消费经营贷款得到加强，对排名前1 000名的POS刷卡商户进行助业贷款营销；创新信用卡分期和车贷组合贷款办法，拓展高端车市场，全年带动信用卡发卡近7 000张；拓展个人养老保险贷款，全年发放养老贷款1 974万元。

最佳个人理财银行品牌逐步成型。2012年，分行个人理财业务迎难而上，在创新中不断发展。在系统内首家推出了自动理财账户业务，当年累计归集批次达115次，金额92亿元，为分行理财业务及存款业务作出了重大贡献。截至12月底，累计销售个人理财产品464亿元，涨幅达65%，创收超9 000万元，成为分行存款可持续增长的基础，同时也为厦门市民创造收益约5亿元，连续多年成为厦门当地为客户赚钱最多的银行。

【服务实体经济步伐强劲　小企业授信客户突破千户】

厦门市分行服务实体经济步伐强劲，2012年成为厦门轨道交通一号线银团贷款牵头行，与东南国际航运中心、中交海西区域总部等重点单位签订战略合作协议；创新推出第三方支付托管、新农村建设贷款等产品；军队、武警、教育、卫生等行业市场份额进一步提升；跨境人民币业务实现突破式发展；工程咨询业务持续规范诚信经营，受到了《人民日报》的专题采访宣传。2012年，公司客户账户基本户超越主要竞争对手位居同业第一。

2012年，分行小企业授信客户数首次突破千户，达到1 140户。小微企业金融服务继续获得社会广泛认可，社会影响力进一步提高，获得市经济发展局、市财政局、人民银行厦门市中心支行、厦门银监局联合授予的“2012厦门市小微企业金融服务工作先进单位”（连续第5年获得），并获得2012年厦门市政府88万元风险补偿金和12万元奖金，补偿金和奖金合计金额连续2年名列厦门金融同业第一；分行小企业业务部获得《厦门晚报》2012年中小企业最佳服务团队（连续第2年获得），同时还获得厦门电视台“2012年最受欢迎的小微企业金融服务机构”称号。

【营业网点升级与电子银行推广齐头并进　服务更加便利】

2012年，分行实施18个网点整体装修项目、7个网点局部改造项目和5个购置项目，2012年全年项目实施数量居历年之最。分行将24小时自助银行、网银体验（操作）区作为网点的标准配置；对各分区的面积比例进行总量控制，逐步提高VIP区的面积占比（不低于营业面积的50%），增强VIP区的服务能力（标配高柜区、低柜区、黄金展示区和网银操作区），精心设计客户步行路线，实现业务分流；尝试高柜区内部互通，低柜区内部也互通，实现“固定的柜台，流动的柜员”。营业网点形象焕然一新，服务响应更加贴近客户需求。

加大电子银行发展力度，分行当年电子银行账务性交易量占比达到79.83%，自助设备账务性交易量比为86.07%，以上两项指标均在系统和同业中处于领先地位。通过电子（网上）银行基金渠道销售综合占比为59.32%，理财产品渠道销售占比为67.15%，为客户提供了很大便利。善融商务、E动终端、短信转账、电子银行代缴费等应用均取得突破；自助设备和自助银行数量位居同业首位。离行式自助银行总量已达到18个，在厦门各商业银行中位居前列。全行电子银行客户总量达到518.65万户，总户数及年新增户数均位居全市同业第一。

【提升客户体验打造品牌　客户满意度持续提升】

近年来，厦门市分行致力于不断提高价值创造力，打造同业最佳品牌，在内部机构设置及职能转换、经营能力、员工素质的提高及队伍的培养、客户服务文化的成型及提升、创新机制的有效运转等方面不断摸索，有力、有效地推动了各项业务在较高起点上持续、健康发展，众多业务、产品、服务和专家成为总行或当地同业、客户、社会认可的品牌。2012年，分行产品经理刘元树在全国12万人参与的“基金耀达人”比赛中获得全国总冠军；理财专家蔡政在首届“中国金融理财师大赛”中，荣获最高奖项“中国百佳金融理财师”称号。

针对服务中客户排队问题，分行实施大堂制胜，推出柜面叫号优先服务，客户差异化服务。采取“将客户等候时间与服务等级评定挂钩”、“客户排队情况周报”、推行“1+N大堂经理模式”、“加强电子渠道的分流”等9大措施，努力减少客户的等候时间，客户平均等候时间从年初的20.4分钟下降到15.75分钟。

完善和优化非金融服务体系建设。分行梳理出高尔夫、爱乐、健康关爱、子女教育、财智讲坛等7大类27项服务，形成分行服务为点、总行服务为面、点面结合的非金融服务架构。推出非金融服务短信、折页营销，实现非金融服务客户营销面全覆盖。

根据总行提供的2012年度个人和对公客户满意度数据显示，分行对公客户满意度得分95.7分，较2011年提升1.5分；个人客户满意度71.0分，较2011年提升6.5分，同业排名第2。

执笔：梁小强

江西省分行

江西省分行行长　段超良
（2012年11月免）

江西省分行行长　万国平
（2012年11月任）

一、业务发展概况

截至2012年底，全口径存款突破2 000亿元大关，达到2 034亿元；一般性存款余额1 826亿元，新增247亿元，在四大行中排名第二，增幅为16%。各项贷款余额1 134亿元，新增167亿元，新增额四大行占比为27.4%，在四大行中排名第二，增幅为18%。不良贷款年末余额8.04亿元，不良贷款率为0.71%。全年实现中间业务净收入18.69亿元，同比增长4.42%。全年实现税前利润30.51亿元，同比增长6.46%。

【公司业务】企业存款余额1 011.59亿元，首次突破千亿元大关，新增144.90亿元，增幅为16.72%，余额、新增额、增幅均列四大行第一。对公贷款余额717.78亿元，新增86.89亿元，增幅为13.77%，其中小企业贷款余额117.12亿元，新增20.20亿元，增幅为20.85%，高于全行各项贷款平均增幅3.55个百分点。涉农贷款余额226.42亿元，新增50.8亿元，增幅达28.93%，高于全行各项贷款增幅11.63个百分点。

2012年9月27日，江西省分行与东华理工大学举行养老金全面战略合作协议签约仪式。

【个人金融业务】个人存款余额814.94亿元，新增101.87亿元，增幅为15%，网均新增、增幅分别在四大行中排名第一、第二。全年共新增借记卡174万张，系统内排名第19位；个人客户增长数量10.52万户，增长质量14.23万户，分别完成总行计划的202.3%、167.55%，分别排名系统内第20位、第14位。

【房地产业务】个人贷款余额416亿元，占全部贷款的比重达到36.69%。全年新增80.3亿元，在四大行中排名第一，增幅为24%，全国排名第七。个人住房贷款余额390.27亿元，新增78.39亿元，增幅为25.13%。个人住房贷款、住房资金归集新增均在四大行中排名第一。

【中间业务】2012年，全行实现中间业务净收入18.69亿元，同比增长4.42%，系统排名第18位，在四大行中排名第二；占主营业务净收入比重29.43%。

【国际业务】全行外汇一般性存款、外汇贷款和贸易融资余额及新增额均在四大行中排名第一；实现国际结算量107亿美元，四大行占比为30.68%，在四大行中排名第二，同比增长33.85%，系统内排名第8位。实现跨境人民币结算量52.41亿元，市场占比为30%，在四大行中排名第二。

【资产质量和风险控制】切实加强信贷管理，努力防范信用风险。光伏、船舶、钢贸、融资平台等行业贷款风险敞口下降22.12亿元。处置不良资产6.02亿元，超额完成总行计划任务。不良贷款余额8.04亿元，比年初下降1.04亿元；不良贷款率为0.71%，比年初下降0.23个百分点。不良贷款连续六年实现“双降”，资产质量在四大行中最优。

【其他业务】坚持把战略业务作为业务转型的主要突破口。抢占电子银行业务战略制高点，账务性交易量比达到60.12%，比年初提升11个百分点。养老金业务同业第一，账管和托管业务市场份额在全省同业遥遥领先。信用卡净新增客户18万户，同比增长57.91%，在四大行中排名第一。投资银行业务实现省行口径收入2.92亿元，在四大行中排名第一。单位人民币结算业务收入总量系统内排名第14位，在四大行中排名第二。现金管理系统收入系统排名第2位。借记卡、基金、代理寿险业务收入在四大行中排名第二。

二、主要工作举措

【紧紧围绕总行部署，理顺全行发展思路】2012年，江西省分行认真执行国家金融方针政策和总行各项战略部署，根据江西省分行实际情况，提出了“大力实施客户战略、加快推进渠道建设、努力提升风险管控水平、加快年轻干部培

2012年10月8日，江西省分行与正邦集团举行战略合作签约仪式。

养”等一系列工作思路，立足当前，谋划未来，做到了“一心一意谋发展，脚踏实地抓工作，全力以赴防风险”，以19%的机构、18%的人员，取得了29.4%的一般性存款新增份额和25.89%的中间业务收入市场份额，缩小了与市场领先者的差距，拉大了与市场追随者的优势。

【大力实施客户战略，努力缩小市场差距】一是推进“抓户工程”，按照缩小与市场领先者5个百分点差距的目标。人民币对公结算账户新增在四大行中排名第二，人民币对公账户增长速度达18.06%，人民币账户总量占工商银行的比重达到69.46%，比年初提升了5.97个百分点。公司机构客户增长数量达9 108户，完成总行计划的131.64%，系统内排名第19位。二是推进“抓卡工程”。全年共新增借记卡174万张，系统内排名第19位；借记卡总量占农业银行的比重67.6%，比年初提升3.95个百分点。个人客户增长数量10.52万户，增长质量14.23万户，分别完成总行计划的202.3%、167.55%，分别排名系统内第20位、第14位。

【大力支持实体经济，积极优化信贷结构】认真贯彻总行支持实体经济发展的工作要求，巩固基本建设贷款、个人住房贷款优势，积极发展小微企业贷款、个人消费贷款和信用卡分期业务，努力提高个人类贷款占比。一是做实项目储备。全年共储备对公贷款547亿元，其中签约投放和审批通过的储备达到332亿元。二是大力发展小微企业业务。进一步完善“信贷工厂”经营模式。小微企业贷款新增20亿元，增速达20.85%，高于各项贷款增速3.55个百分点；涉农贷款新增51亿元，增速达28.93%，高于各项贷款增速11.63个百分点，达到“两个不低于”的监管要求。三是大力发展个人消费贷款。制定下发了《推进个人消费经营类贷款业务发展指导意见》等一系列文件，从机构设置、流程管理、贷款定价、风险防范等方面推进个人消费金融业务加快发展。新增个人消费贷款客户2 854户，新增贷款1.9亿元。四是大力发展信用卡分期业务。加大对二级经销商的拓展力度，累计签约二级经销商227户；分期交易额达到14.23亿元，系统内排名第19位。分期收益率达10%，同比提高1.7个百分点。

【加快战略业务发展，提升可持续发展能力】对电子银行实行“一票否决”，努力抢占电子银行业务发展制高点。全行账务性交易量比为60.12%，较年初提升11个百分点；企业网银、个人网银、手机银行新增活跃客户占比，分别排名系统内第16、第10和第6位；短信金融交易量和交易额分别排系统内第7位和第12位；电子商务平台客户新增系统内排第7位；企业网银电票客户新增125户，计划完成率达480.77%。把养老金业务作为“行长工程”。成功营销昌飞集团企业年金托管人资格、东华理工大学职业年金计划。新增养老金业务签约客户179户，系统内排名第5位；新增托管资产规模4.95亿元，系统内排名第10位；新增账管个人账户2.03万户，系统内排名第11位；企业年金账管余额13.23万户、系统内排名第6位，托管资产余额30.34亿元、系统内排名第9位。账管和托管业务市场份额在江西金融市场遥遥领先。信用卡净新增在四大行中排名第一。全年信用卡客户净新增18万户，同比增长57.91%，净新增客户在四大行中排名第一；分期交易额系统内排名19位。投资银行业务收入在四大行中排名第一。实现总行口径收入5.76亿元，系统内排名第13位；实现省行口径收入2.92亿元，可比口径收入继续保持四大行第一。现金管理系统收入排名系统内第2位。住房资金归集余额260亿元，新增44亿元，完成总行计划的145%；借记卡与个人结算、基金、代理寿险收入在四大行中排名第二。

【推进渠道建设，提升基础竞争能力】认真按照总行“三综合”的要求，加快网点布局，丰富网点功能，全力提升市场竞争力。一是加快物理网点建设。全年新增机构15个，完成网点建设项目53个。全年共迁址网点19个、机构升格13个，34家网点新开办对公业务。二是加快电子渠道建设。新开业离行式自助银行75家，投放存取款一体机445台、自助终端51台。自助设备账务性交易量比为65.06%，比年初提高8.63%，系统内排名第4位。在总行举办的自助业务竞赛活动中，系统的综合排名第三。

【优化业务流程，全力提升服务水平】授信业务审批时间加快。完善经营条线与风险条线沟通交流机制，信贷业务市场响应能力快速提升，授信业务审批平均用时4.63天，比上年减少0.24天。资金管理系统领先，超额准备金备付率为0.071%，系统内继续名列前茅。完成经费共享中心组建。IT与营运管理为营销提供了有效支撑，被人民银行评为“全省支付系统运行维护工作先进单位”。完善整改工作双向负责制和考核机制，推进整改工作日常化，做到“三个不放过”。

【加强全面风险管理，确保全行安全稳定】对案件坚持“零容忍”态度，牢牢把住“三个底线”，坚持“三个不放过”，确保了“六个不发生”。一是切实防范信用风险。坚决按照总行的工作要求，对光伏、船舶、钢贸、政府融资平台、房地产等“6+1”及其他行业的贷款进行彻查，做到风险“早发现、早报告、早处置”。2012年，全行处理各类不良资产6.02亿元，完成总行计划的142.49%。二是切实防范操作风险。加强重要岗位人员轮岗、人员交流、强制性休假等工作，全年营业机构轮岗1 823人，轮岗比率达105.07%，其中跨机构轮岗比率达17.29%。加强反洗钱管理，可疑报告率由年初的24.8%降至年底的8.59%，堵截网络诈骗4起，为客户挽回经济损失10.85万美元。三是切实抓好安全生产。健全工作机制，强化“点库楼房区”五极安全管理，构建“人防物防技防”立体动态防控网络。加强以IT、水电、食品、交通、重要生产系统，以及防抢、防盗、防火、防爆和防汛“五防”为主的应急预案演练，全行保持安全稳定运行。协助公安机关抓获犯罪嫌疑人5名，被总行评为“平安建行”先进集体，安全保卫工作优秀分行。四是切实防范声誉风险。建立了24小时舆情监测和快速联动应对机制，落实“146”工作机制，保持了舆情平稳。五是切实防范案件风险。保持案件防控高压态势，对案件防控工作实行“一票否决”，全年未发生案件。六是切实抓好维稳工作。保证了十八大期间江西省分行无一人上访。被评为总行信访维稳工作先进单位。

【加强党建和队伍建设，增强全行发展后劲】一是加强党的建设。严格落实“三重一大”、民主集中制等制度，坚持行务和党务公开，主动接受内外部监督。加强基层党组织建设和各级领导班子优化调整。加强廉洁从业管理，认真落实党员领导干部廉洁从业各项规定，以及中央八条规定。二是加强年轻干部培养，加大专业技术人才培养力度。三是加强企业文化建设。做好困难员工走访慰问和老干部工作，共对1 032名困难人员发放慰问救助款457.86万元。有5人被评为全国金融系统、总行和江西省荣誉称号，3个单位被评为全国和全省“企业文化建设先进单位”、“巾帼文明岗”。

撰稿：肖剑峰　吴伟　吴建辉　丁璐

山东省分行

山东省分行行长　薛峰

一、业务发展概况

截至2012年底，山东省分行全年实现拨备前利润108亿元，同比增长16亿元，增幅为17.4%；全口径存款新增925亿元，各项贷款新增441亿元；实现中间业务毛收入48.5亿元，增速为15.4%；不良贷款额19.84亿元，不良率为0.6%，均为历史最低。

【资产负债业务】本外币各项贷款新增441亿元（含分期），居系统内第5位、同业第2位，余额四大行占比为21.58%；其中个人贷款新增108亿元，居同业第2位。全口径、一般性、对公、个人存款分别新增925亿元、920亿元、482亿元、438亿元，均居同业第2位，分别居系统内第3位、3位、2位、2位，市场份额分别提升0.84个、1.15个、1.21个、1.08个百分点。

【中间业务】实现中间业务毛收入48.5亿元，增速为15.4%，超过总行计划；总量居系统内第7位、同业第2位，四大行占比为24.16%；增量居系统内第4位、同业首位。

【战略性业务】国际业务中间业务收入9.81亿元，居四大行第2位，跨境人民币业务量排名升至四大行第2位；电子银行业务增势良好，个人网银、手机银行客户新增均居四大行第1位，电子银行存量商户和活动商户新增等多项指标居系统内第1位；消费金融推进加快，信用卡新增发卡196万张，余额和新增均居同业第2位；新农村建设业务取得积极进展，对接项目88个，发放贷款5.5亿元，已发和即将发行理财产品4.1亿元；金融社保卡新增发卡127万张，居同业第2位；养老金业务新增全面实现“保二争一”。

2012年4月19日，山东省分行与武警山东省边防总队举行全面合作签约仪式。

【资产质量与风险控制】不良贷款额19.84亿元，不良贷款率为0.6%，分别下降8.88亿元和0.38个百分点，较总行控制计划低11.28亿元和0.37个百分点；逾期贷款余额22.72亿元，比年初下降4.7亿元；逾期贷款率为0.68%，比年初下降0.26个百分点。

二、主要工作举措

【科学确定工作思路和目标】一是始终把提升市场份额作为经营目标。在确定各项业务发展目标时，均超过总行计划，并将份额提升计划和绝对额计划一并下达，考核时以份额提升情况为主要依据。二是始终把由大行向强行迈进作为奋斗目标。按照总行张建国行长调研指示精神，明确了“四大行第二、系统前六”的两年发展目标，即到2013年底，核心指标及总行考核子指标市场竞争力进入四大行前二、系统前六，并对各项存款、中间业务、客户、效益、质量等分别设置不同的实现标准。三是始终把安全稳定作为管理目标。坚持案件和违规违纪“零容忍”，全年确保“不发生案件，不发生重大风险事件和重大违规行为，一般性屡查屡犯问题大幅降低、杜绝性质严重屡查屡犯违规问题”。

2012年7月20日，山东省分行召开上半年工作座谈会。

【突出发展重点，提升市场竞争力】一是将存款作为发展的人气指标，突出一般性存款的核心地位，对公存款抓好大客户，重点突破机构类客户；个人存款抓好公私联动、代工业务和专业市场。全年一般性、个人存款新增创历史新高，对公存款新增创近三年新高；一般性存款余额与工商银行差距由年初的1 121亿元缩小到876亿元，比中国银行优势由627亿元扩大到1 222亿元。二是将中间业务作为发展的能力指标，围绕价格管理要求，立足于增强客户经营能力，认真落实四有原则，确定13类重点产品，将国际业务、信用卡分期等作为重点突破口进行培育，实现规范化基础上的可持续增长。全年收入一举超越农业银行，总量提升一个位次。三是将抓户作为发展的基础指标，充分应用供应链、工商e线通等工具，一方面抓好源头拓展，建立各级工信委、工商、海关等部门信息对接机制；另一方面抓好存量挖潜，积极挖掘存量客户和同业客户潜力。同时，突出精准营销，关注对公客户结算量，重点拓展基本户，开展了对公结算账户结算量双提升等活动，全力扩大基础客户数量。四是充分发挥重点区域龙头带动作用。对济南、淄博、东营、烟台、潍坊、济宁等6个分行实行一行一策，确定30个重点县域支行在各类资源配置上给予倾斜，支持重点区域率先突破，取得良好效果。

【加强信贷管理，优化信贷结构】一是完善经济资本管理机制。将风险调整后资本回报率、经济增加值等作为选择客户和风险排序的基础依据，贷款资源按照信用卡分期、个贷、小企业和大中型客户顺序安排，“三类贷款”新增180亿元，占全部人民币贷款新增的61%，余额占比(36.37%)提高2.55个百分点。二是全力支持实体经济发展。认真落实宏观调控政策与总行信贷政策，遵循统一风险偏好，制订突出客户选择的结构调整方案，重点加大对在建续建项目、民生领域、节能减排、高端制造业、新农村建设的投入，严控“6+1”产能过剩行业信贷新增，继续加强地方政府融资平台管理，平台和“6+1”行业贷款分别下降29.72亿元、4.32亿元。三是科学安排信贷投放。做大储备总量，年末全行项目储备1 735亿元，其中审批通过和签约待投放阶段501亿元。加快投放节奏，下半年各月前15日贷款新增占全部贷款新增的70.2%，高于全行平均水平27.8个百分点。四是加快推进综合融资。表外业务余额721亿元，比年初新增56亿元；利用债券、理财、IPO等增加资金运用517亿元，实现服务客户资金需求“两条腿”走路。

【强化精细化管理，提升价值创造力】一是科学配置资源。坚持市场导向，运用行长奖励基金对信用卡分期等11项专题拓展活动实行点激励；坚持向基层倾斜配置费用，二级分行本部费用总量占比同比下降3.5个百分点；加强资本性支出管理，重点支持渠道建设、流程优化和重点战略性营销项目等；加强贷款定价管理，制定差别化的利率转授权政策，建立底线管理与目标管理相结合的贷款定价管理机制。二是完善考核评价体系。突出业绩导向，将各二级分行工作业绩与考评结果、财务、信贷资源挂钩，坚持以经济增加值挂钩为核心的薪酬分配制度；突出核心指标，以市场占比提升目标实现情况作为评价业务发展和业绩优劣的主要标准；对高级管理人员和专业技术人员实施“一人一表”考核，制定二级分行分管行领导KPI考核办法，建立起各层级、各条线统一的考核坐标体系。三是客户营销体系更趋健全。强化高层营销，营销省社保、武警边防总队等重要客户取得突破；建立信贷会商制度，提高营销和审批效率；强化联动营销，完善利益共享机制；强化精准营销，针对目标客户名单一户一策制订金融服务方案。四是网点综合化建设持续推进。全年完成8家新设网点建设目标，网点自有率42.4%，提升2.83个百分点。作为总行网点综合化建设工作指定试点分行，迅速搭建起由两大体系、八大项目、十项具体任务构成的营业网点综合化建设制度框架和政策体系，总结出功能、布局、岗位等“十个综合化”的试点内容，并启动50个不同类型的网点试点工作。五是优化产品业务流程。针对授信材料返工多、补充材料耗时长、流程环节烦琐等低效环节，认真梳理信贷流程，流程耗时缩短30%。将开户初期的产品捆绑营销转为后续持续的跟踪服务，优化客户体验，提高开户效率。

【夯实发展基础，提升风险管控力】一是加强操作风险管理。完善风险内控管理体系，建立全面风险管理责任制，做实内控管理办公室，设立柜面业务检查二级部，完善危机处理机制。制定检查管理办法，加强问题系统性、根源性整改，发现问题同比减少40%，一般性屡查屡犯问题同比减少69%，有效整改率达到100%。二是严防信用风险。坚持统一风险偏好，做好重点领域风险防范，对房地产、钢铁、融资平台、小企业、民营企业及出口企业等进行全面排查；对轮胎、造纸等八个行业开展行业分析研究，前瞻性判断行业风险；开展大额信用客户风险排查，及时化解重大风险事项。大力压缩不良贷款，对存量不良一户一策制订方案，累计处置不良贷款21.45亿元，完成总行计划的209%。三是加强产品、市场风险管理。对2011年以来开办的信贷新产品进行梳理，细化理财产品授信管理要求；按季度对分行层面涉及的市场风险管理相关业务进行全面分析。四是推进“平安建行”建设。加强案件专项治理，建立“四步”应急工作机制，强化员工行为管理，扎实做好全年和重要时点维稳工作，分行全年无案件、无重大风险事件、无重大责任事故、无重大群体性事件。

【加强队伍建设，提升全行战斗力】一是领导班子战斗堡垒作用进一步增强。省分行领导班子带头深入基层、开展高层营销；将经营业绩、依法合规和人文关怀情况作为选拔评价干部的重要依据，努力提升各级领导班子发展的能力。二是本部作风进一步改进。开展省分行本部作风整顿活动，将会议决议、领导批示和调研问题全部纳入督办，基层行对分行本部满意率提升至91%，二级分行请示类公文平均办理时间3.7个工作日。三是队伍合力进一步提升。严格控制各级行本部人员数量，精减中后台人员，新入行员工全部安排到基层工作；将1 056名短期、定向及劳务派遣用工纳入内部等级管理；完善客户经理管理办法，充实二级分行后备人才队伍。关心关爱员工，完善福利保障体系，推进补充医疗保险商业化运作；在网点建设中为员工创造良好的工作环境。

执笔：刘太丽

青岛市分行

青岛市分行行长　郭英辉
（2012 年 5 月免）

青岛市分行行长　冯涛
（2012 年 5 月任，3 月任主要负责人）

一、业务发展概况

【主要指标完成情况】2012 年，青岛市分行本外币全口径存款时点余额 877.95 亿元，同比下降 34.17 亿元，降幅为 3.75%；各项贷款余额 798.80 亿元，同比新增 86.54 亿元，增幅为 12.15%。实现拨备前利润 24.73 亿元，同比新增 2.22 亿元；实现税前利润 21.26 亿元，同比新增 0.68 亿元，实现经济增加值 10.37 亿元，同比新增 0.54 亿元，增幅为 5.50%，实现中间业务收入 10.47 亿元，同比下降 581 万元，降幅为 0.56%；不良贷款余额 6.82 亿元，同比上升 0.66 亿元，不良贷款率为 0.85%，同比下降 0.02 个百分点。

【公司业务】对公存款时点余额 459.33 亿元，同比下降 7.03 亿元，降幅为 1.53%；对公贷款余额 514.68 亿元，同比新增 51.47 亿元，增幅为 11.11%；同业存款时点余额 24.21 亿元，下降 78.96 亿元，增幅达 76.53%。小企业业务发展稳健，贷款余额 54.51 亿元，同比新增 2.16 亿元，增幅为 4.13%。财政存款余额 79.57 亿元，同比下降 39.58 亿元，降幅达 33.22%，同业排名第 2 位。

2012 年 8 月 24 日，青岛市分行机关工会召开第七次会员代表大会。

【个人业务】储蓄存款时点余额 394.41 亿元，同比新增 51.82 亿元，增幅为 15.13%；个人贷款余额 284.12 亿元（不含信用卡专项分期），同比新增 35.06 亿元，增幅达 14.08%。个人业务实现中间业务净收入 2.53 亿元，同比下降 0.05 亿元，降幅为 1.79%。个人高端客户增长迅速，私人银行客户新增 115 人，人均 AUM 值 648 万元，系统内排名第 6 位。

【房地产信贷业务】个人类贷款余额 284.11 亿元，新投放 84.57 亿元，同比新增 35.11 亿元，其中个人住房贷款余额255.99亿元，新投放60.21亿元，同比新增28.24亿元，个人消费类贷款余额28.12亿元，新投放24.36亿元，同比新增6.87万元。个人贷款余额、新增额、住房贷款余额、新增额及消费经营类贷款新增额五项指标均居同业首位。

【国际业务】全年实现国际结算业务量183.06亿美元，同比新增17.54亿美元，增幅为10.60%；实现外汇中间业务收入2.53亿元，同比新增0.22亿元，增幅为9.66%；年末贸易融资余额为7.08亿美元，同比新增3.72亿美元，增幅达210.70%；完成跨境人民币结算业务量95.20亿元，增幅达75.93%，荣获建设银行总行最佳境内外汇业务联动奖。

【信用卡业务】强化主渠道意识，创新营销思路。累计发卡40.43万张，居四大行首位，实现净增发卡5.95万张，为2011年同期的2.56倍，居四大行第二位；分期交易额6.39亿元，为上年同期的3.26倍，消费交易额68.44万元，增幅达32.12%，跨行收单额476.61万元，均居四大行首位；实现信用卡业务收入8 301.97万元，增幅达39.99%；信用卡贷款余额13.34亿元，在四大行中排名首位，当年新增贷款额5.57万元，在四大行中排名首位。

【电子银行业务】以开展“交易返还网银盾”活动为契机，新增个人网银客户29.65万户，完成全年计划的114.03%，存量客户达到88.15万户；新增手机银行客户30.79万户，完成全年计划的118.42%，存量客户达到59.98万户；电子银行账务性交易量比为53.96%，首次超越柜面交易量，同比提升12.36个百分点。

二、主要工作举措

【加快推进业务转型，强化经营管理体制改革】根据市场变化和客户需求，进一步明确了“综合性、多功能、集约化”的战略定位，实施了组织机构优化工作，对城区九大支行的组织架构进行了调整，撤销对公业务九大分部，整合9支行对公、对私业务。对分行本部部分对公业务职能部门进行整合，加强分行公司业务在条线管控、组织协调、业务运作、资源运用、队伍建设等方面的主导作用。稳妥推进组织机构优化工作，将原由网点管理一中心、管理二中心管理的机构网点分别划归综合型支行管理，形成了“分行+13个综合型支行+12个单点（网点）型支行”的新组织架构，实现了由“平行同质化经营”向“区域管理+特色经营”转变。逐步推进前后台分离和后台集约化管理，简化流程，提高效率，改善网点软硬件建设，缩短了客户等候时间，提升了客户服务满意度。

【抢抓机遇，“三大一高”战略实现新突破】抓住蓝色经济区建设上升为国家战略的重大机遇，主动调整业务政策，合理调配信贷资源，贷款主要投向蓝色经济区、西海岸新区、蓝色硅谷和青岛港、地铁三号线等重点项目以及民生领域。与地方政府衔接制定了相应的金融服务方案，拓宽了与政府合作空间。全年新增10家总行级重点客户，其中，青岛市重点推进的发展战略、注册资本100亿元的西海岸发展（集团）有限公司在建设银行开立基本结算账户，与海尔、青岛啤酒等大客户进一步深化了战略合作关系；中标青岛银行企业年金业务的托管资格和市房屋专项维修资金承办银行资格，其中房屋维修资金存款已达1.3亿元，四大行占比超40%。成功举办“修之于道、善建者行”青岛市上市企业工作专题研讨会，巩固了服务拟上市企业的优势，为分行的对公业务发展夯实基础。

【国际业务、投资银行业务等业务发展提速】按照青岛市政府“金融支持对外贸易发展”的部署，着力打造外汇业务“融通”系列特色业务品牌，组织开展了全辖跨境人民币结算业务、外汇资金等三个营销竞赛活动，举办了“融通四海、龙行天下”等六个客户营销活动，通过多个高层级、广参与的平台营销，迅速扩大市场影响，锁定目标客户，持续跟进营销，外汇客户数量、外汇客户质量全面提升。同时，年内到期的93只理财产品、金额53亿元都按时、安全兑付，实现理财业务零风险。作为总行公司及机构业务创新试点行，取得非信贷类和低风险业务新产品的设计开发权和试点权，应收账款受益权转让型理财产品、海尔“安逸融”贷款、外币质押融汇通、“财富贷”、香港投资移民等创新业务得到客户认可。成为系统内首家针对银行存款类定向资产托管业务的分行，在系统内首推NRA账户组合贸易融资、外币质押融汇通业务等3项自主研发创新产品，办理了全行首笔CNH远期结汇和首笔全球授信业务。

【狠抓产品销售，大力发展高端客户】分行私人银行荣获总行评为的“2012年全行财富管理与私人银行业务最佳营销奖”。个人有资产客户新增11万户，借记卡新增40.2万张，手机银行、个人网银和个人短信三项产品客户新增85万户，同比增加25万户。实施基金、理财、账户金等重点产品策略，完善了理财室、理财中心和私人银行三级理财机构，培养了一支高素质的理财师队伍，让更多有投资理财金融需求的客户享受到“一对一、面对面”的专业服务，全年销售投资及理财产品290亿元。

加快网点建设，推进网点转型，新增网点6个，网点总量达到116个，列四大行第二；自助设备新增94台，同比增加54台，为前3年的总和；自助设备开机率为99.2%，处于系统内先进行列。

【积极筹划，稳步推进，住房贷款业务保持同业领先】作为“房e通”首批试点分行，积极探索，为客户提供买卖交易、资金托管、房产评估、贷款等综合金融服务，被青岛市政府誉为“金融便民服务的平台”并向社会公众推广。个人住房贷款余额、新增额均居同业第一，提升了“要住房、到建行”的品牌形象。积极服务“三农”，大力研发支农贷款产品，正大蛋鸡农户贷款和生猪养殖农户贷款均实现贷款投放，个人支农贷款投放3 700余笔，金额近11亿元，受到农民客户群体的欢迎，取得了经济和社会效益的双赢。

【积极探索，战略性业务保持稳健发展势头】电子银行账务性交易量首次超越柜面交易量，电子渠道开通代缴费项目20项，在同业中缴费品种最为丰富；打造了“善融商务”电商平台和服务品牌，E动终端“学生惠”受到岛城高校大学生的欢迎。信用卡客户新增突破10万户，同比翻一番；认真落实总行“一日一点2户”要求，信用卡分期业务发展快速，推出了婚庆分期、旅游分期、车位分期、商铺租赁分期、车险分期、高端车分期、网上商城分期等10余个新项目，交易额4.86亿元，是2011年的2.5倍；信用卡发卡量、消费额、贷款额、跨行收单交易额、中间业务净收入均排名四大行首位。

【坚持从严治行，强化依法经营】组织“强管理 夯基础 促发展”活动，开展大讨论、梳理完善规章制度与业务流程、梳理监管检查发现问题整改情况，举行合规管理讲座；反洗钱、“两管理和两综合”等基础工作得到监管部门的积极评价；印制《廉洁合规从业手册》“口袋书”，人手一册，引导员工规范从业行为；突出信贷业务、商业贿赂、柜面业务、员工参与民间借贷案件风险四项治理重点，定期召开分支行案件防控联席会议，从严治行，确保无案件和重大责任事故发生。加强远程监控系统建设，对全辖营业网点和自助设备实施全覆盖24小时监控，创造了良好的安全运营平台。加强信贷风险管理，重点关注政府融资平台、房地产、大宗商品贸易融资、小企业以及理财产品、国内保理业务等重点领域风险客户，定期排查，严格防控，确保资产质量安全。狠抓不良资产处置，累计处置不良资产3.01亿元，实现了不良贷款率“四连降”。

【积极推进企业文化建设，提升服务满意度】大力倡导“风清气正、崇德尚进、爱行敬业、履职尽责”的企业文化，扎实开展创先争优活动，组织了系列契合员工实际需求、富有时代感的文体活动，举办了“身边的感动”等先进评选，开展了“走基层、转作风、促发展”活动；坚持每年为员工进行健康查体，建立了困难员工档案，完善了员工职业生涯发展规划。一名同志荣获金融五一劳动奖章，两名同志荣获青岛市劳动模范荣誉称号；海尔路支行升格为“青岛市文明单位标兵”，同时中山路支行、城阳支行荣获“青岛市文明单位”称号，分行市级文明单位和“青标”单位均达到8个，市北支行被评为“青岛市文明服务示范窗口”，并被媒体评为岛城二十大“明星服务窗口”，树立了建设银行良好的服务品牌形象。

执笔：谭庆勋

河南省分行

河南省分行行长　石亭峰

一、业务发展概况

【发展综述】2012年全行认真贯彻落实总行各项工作部署，齐心协力、攻坚克难，各项业务和经营管理保持了良好的发展态势，在全行2012年等级行考核评定中成功晋升一类分行，当地行风评议客户满意度在四大行中排名第1位，为实现“系统一流、区域领先”打下了坚实的基础。

【主要业务指标】

存款业务。全口径存款余额3 654.5亿元，比年初新增602亿元，创出历史新高。

贷款业务。各项贷款余额1 951亿元，比年初新增248亿元，同比多增22亿元；比总行年初下达计划多增61亿元。

效益效率。经营效益继续保持较快增长，实现税前利润64亿元，同比多增21.94亿元，增幅达52.17%；经济资本回报率为34.74%，同比提升10.58%，增幅达43.76%；经营效率稳步提升，员工效率达252.31%，同比提升57.02%。

资产质量。不良贷款额3.99亿元，比上年末下降14.90亿元；不良贷款率为0.20%，比上年末下降0.90个百分点，实现双降。

【公司业务】围绕“开户、增存、创收和风险防范”主题扎实推进。对公结算账户总量132 537户，较年初增加26 841户，新增额在四大行中排名第1位。时点余额1 570亿元，时点新增312亿元，完成总行全年计划的260%；日均余额1 337亿元，日均新增180亿元，完成总行全年计划的151%。实现对公贷款利息收入87.80亿元，较2011年增加16.25亿元，在全行利息收入中占比73.29%。对公贷款不良额3.09亿元，比年初下降14.92亿元；对公贷款不良率为0.22%，比年初下降1.21个百分点。

2012年4月10日，郑州粮食批发市场场际粮食交易系统启动暨建行河南省分行与郑州粮食批发市场战略合作签约仪式在郑州举行。

【个人金融业务】围绕客户拓展一个中心，市场份额和价值贡献两个提升，扎实推进。个人存款余额1 940亿元，占全行一般性存款余额的55.26%；新增285亿元，同比多增145亿元，增幅达104%。全量客户新增23万户，位居系统内第3位，同比提升2个位次；AUM1万元以上客户折合后增幅高达12%，创历史新高；AUM5万元中高端客户新增超过11万人，系统内位居第7位，同比提升12个位次，客户结构得到持续优化。

【房金业务】住房金融与个人信贷业务首夺

六项同业第一。个人贷款新增、个人住房贷款新增、个人消费贷款新增、住房资金归集余额和新增、住房资金存款余额和新增、公积金贷款余额和新增，全部取得同业新增第一的位次，实现了历史新突破。全年实现个人贷款利息收入31.8亿元，同比多收10亿元，增幅达48%；房金条线中间业务收入6 015万元，计划完成率为130%，同比多收2 372万元，增幅达65%。

【中间业务】中间业务圆满完成总行计划，系统及同业竞争力持续增强。全行实现中间业务净收入27亿元，圆满完成总行全年收入计划；系统内排名较上年同期提升1个位次；净收入同比增长41 186万元，同比增幅达17.96%，比全国平均水平高11.22个百分点；中间业务市场占比为27.89%，较上年年底提升0.5个百分点。

【国际业务】国际结算、对公外汇存款、跨境人民币三项指标翻番增长，全面完成计划。跨境人民币结算量19.1亿元，是上年总量的6.3倍。

【中小企业】小企业贷款规模稳步增加，实现了银监部门“两个不低于”要求目标。全行累计发放小企业非贴贷款157.4亿元，与上年同期相比多发放43.3亿元，增幅达38%；小企业贷款余额147.6亿元，其中非贴贷款余额130.1亿元，较年初新增36.15亿元，高于全行各项贷款平均增幅23个百分点。

【电子银行】电子银行业务实现跨越式发展，账务性交易占比达到59.15%，较上年提升11.82个百分点，创历史最好水平。

【信用卡】信用卡主要业务指标在系统和同业均位居前列，主要业务指标取得了历年来最好成绩。

二、主要工作举措

【抢抓机遇谋发展】明确提出“抢抓机遇、加快发展、从严治行、防范风险”的总体指导思想，组织制定下发了《关于抢抓中原经济区建设机遇 推动全行业务快速发展的指导意见》（建豫党发〔2012〕1号）、《关于加强内控与操作风险管理 提升案件防控能力的指导意见》（建豫党发〔2012〕2号）两个文件，要求全行要把“一手抓发展，一手抓风控”贯穿和落实到各项工作中去。上报总行的河南省分行加快服务中原经济区建设的文件获得总行批复，从财务资源支持、区域中心建设、支持区域优势行业、民生领域金融服务、支持创新发展先行先试五方面提出了对河南分行发展有针对性的政策支持。

【拓展客户强基础】坚持推进全员客户大营销劳动竞赛，客户规模、结构和质量得到显著提升。组建“三大一高”委员会，开展“双重一核”客户营销、“双增、双激、双提”营销竞赛活动，680个“双重一核”客户在建设银行开户率达92%，新增存款占对公存款新增的60%。举办了130多家重点外汇客户参加的“支持中原经济区建设境外上市暨走出去企业全球金融服务推介会”；与省政府签订了支持郑州航空经济综合实验区战略合作框架协议；与省文化厅、卫生厅、旅游局、工商局、省供销社等一批大客户、大系统签订了全面战略合作协议；与郑州、安阳等14个地市政府签订了战略合作协议。

【加快转型增后劲】累计购置网点51个，网点自有率提高到43%，增设县域机构21个，填补了4个空白县市，实现县域全覆盖；新建离行自助银行（含单台设备）130家，新投放现金自助设备758台。制定《河南省分行营业网点综合化建设推进实施方案》，选择新乡、开封、安阳等分行的15个网点进行试点。截至2012年底，河南省分行综合性营业机构已开办528个，占比为83%；零售网点转型499家，占全部网点的81%，荣获总行优秀分行奖。抓好产品创新创效，推出产品大辞典，制定《创新创效奖励办法》，推出“社区通达卡”，在郑州普罗旺世社区已发卡3 000多张；立项实施新产品项目28个，其中已上市产品10个；完善结算通卡产品功能，新增发卡27.5万张，系统内排名第3位；推出金融IC卡，发卡53万张；推出个人黄金质押贷款、财富贷等个人消费类贷款新产品；公积金业务在河南省率先为省直中心开通小额支付业务、为郑州公积金中心开通网上缴存业务、为信阳公积金中心开办委托提取冲还贷服务。

【创新创效拓新域】突出抓好中心城市行和县域发展，中心城市行新增投放对公非贴贷款62.17亿元，占比为53%；召开县支行会议，出台了支持县支行发展的十条意见，县支行对公存款余额达466亿元，占全行对公存款30%；新增71亿元，占全行对公存款新增的23%。加大管理方式转型，建立省分行业务条线部门和二级分（支）行双向考核评议机制，实行对二级分（支）行业务指导书制度；举办三场信息发布会，搭建了政策市场信息、经验案例交流的平台。深入推进“八一工程”，军警存款从年初的15.9亿元增加到22.2亿元，一批总行级重点客户实现重大突破。“民本通达”拓展客户190户，新开立结算账户280户；存款余额163.9亿元，贷款余额57.5亿元；新增代发工资65万人，月均代理量43亿元；实现中间业务收入6 996万元。积极探索涉农金融服务，争取了总行新农村建设信贷业务创新试点资格，贷款21.65亿元；通过“E商贸通”搭桥新增7户大宗农产品批发市场；创新三农金融产品，推出乐家·乐业卡，发卡9万张；建立助农取款服务点130多个。

【强化合规控风险】认真组织开展“合规建设提升年”活动，总结“洛阳华山路支行合规文化管理体系”，被河南银监局在全省银行业推广；建立2 152个“党员案件防控责任区”，组织编写了“党员案件防控责任区”建设案例，并被总行推荐到中组部案例库；组织开展“珍惜岗位，远离违规”员工合规从业主题教育活动；深入开展员工行为集中排查，排查员工3万余人次；组织开展合规明星、合规团队宣讲活动，评选出十佳合规团队10个、合规明星员工23名。召开四次从严治行万人电视电话会议，出台《案件防控专项奖励基金管理办法》，签订《党风廉政建设及案件防控工作目标责任书》，推行《工作人员正向激励积分管理暂行办法》，开展“风险管理回头看”活动、2012年案件专项治理工作、五大操作风险排查等活动，召开了全行维护稳定工作会、安全运营工作会、声誉风险管理会，积极配合了各项内外部审计监管检查。

【抓好队伍聚士气】对领导干部提出“四个干事”的要求，开展“讲党性、重修养、守廉洁、作表率”主题教育实践活动，实行了《二级分（支）行领导班子综合经营竞争力监测办法（试行）》，开展“服务基层三贴近”活动，组织建立联系点178个。深入学习十八大精神，深化创先争优活动，开展了“一名党员一个标杆　一个支部一面旗帜”创先争优主题实践活动；在省分行本部开展“破解一个难题、履行一个承诺”服务基层活动，需要破解的29个难题得到解决，88个承诺服务基层事项的满意度得到大幅提升；规范基层党组织设置，消灭了党员空白网点；组织基层党支部书记参加省分行层面的培训736人次；采取上门走访等形式慰问了全行208名生活困难党员，161名老干部和老党员。制定落实全员素质大提升实施意见，完成培训4 373期；举办6期“周末大讲堂”培训，完成“模拟银行”建设、网络学习系统试运行有关工作；组织编写了基本业务应知应会学习资料、“三综合”员工培训手册。优化人力资源配置，清理规范长期不在岗人员，解除劳动合同18人，回行工作70人；加强了重要岗位员工和基层营业机构负责人轮岗工作；择优转制劳务派遣制人员385人。按照中宣部和总行试点要求开展企业文化建设工作评价指标体系试点工作。举办有2 500余员工参加第五届职工运动会。制定下发了关爱员工若干措施，实施“女职工素质岗位建功提升工程”，完善职工之家建设，救助特困员工，有效凝聚了队伍的人心士气。

执笔：孙俊岭

湖北省分行

湖北省分行行长　任德奇

一、业务发展概况

2012年，中国建设银行股份有限公司湖北省分行（不含宜昌地区）有营业机构582个，在册从业人员13 057人。资产总额本外币3 474.09亿元，当年新增413.72亿元。本外币全口径存款余额3 391.07亿元，当年新增397.12亿元。各项贷款余额1 742.50亿元，当年新增179.16亿元。实现中间业务收入26.9亿元，同比增幅达11.4%。实现税前利润58.04亿元，实现经济增加值28.79亿元。

【公司业务】截至2012年末，全行企业存款余额达到1 358.50亿元，位居同业第2位；当年新增133.13亿元，增速达10.86%。全行公司类贷款余额1 283.44亿元，当年新增105.71亿元，增幅为8.98%；余额、新增均居同业第2位。其中非贴现贷款余额1 264.95亿元，当年新增114.43亿元。

【个银业务】个人存款持续稳定增长。截至2012年末，个人存款余额1 953.29亿元，系统内排名第10位，当年新增261.80亿元，增幅达15.48%；余额四大行占比为27.47%，排名第2位。个人类贷款余额459.06亿元，当年新增73.45亿元。

【中间业务】2012年，全行实现中间业务收入26.9亿元，增幅为11.4%，超过全国平均增幅4.53个百分点。全行公司部牵头中间业务收入实现9.2亿元，增幅比全国平均水平高22.37个百分点；全行累计实现个金中间业务收入7.39亿元，同业排名第2位。

【经营效益】经营效益进一步提升。2012年，全行实现税前利润58.04亿元，完成总行计划的106.59%；实现经济增加值28.79亿元，完成总行计划的108.56%。

二、主要工作举措

【转变发展方式】2012年，湖北省分行突出发展方式转变，坚持不断创新。面对新的形势，全行围绕提升客户综合金融服务能力和综合价值创造能力主动求变。更加突出武汉市等重点区域的发展。认真贯彻落实中心城市行各项政策，着力提升武汉市客户服务辐射和响应能力，取得了明显效果。武汉市全口径存款余额市场份额31.1%，比上年提高0.8个百分点；新增同业第1位，比上年上升2位；个人存款、对公存款新增分别居同业第1、第2位，均比上年上升1个位次。更加突出综合融资理财业务地拓展。紧抓资本市场快速发展与客户需求日益多元化的机遇，在继续加大向新客户营销拓展综合融资理财产品的同时，深挖存量信贷客户潜力，带动了存款和中间业务收入的良性互动较快增长。全年共为各类客户提供综合融资138亿元，理财产品个人客户数达到16.8万户，比年初新增3.7万户；直接创造中间业务收入4.8亿元，同比增幅达19.8%。更加突出转变营销服务模式。围绕“三大一高”领域中的81重点客户，组建了16个跨层级的营销团队，落实经营管理责任。这些团队牵头营销重点客户的信贷总额、存款总额、中间业务收入占比较上年均实现较大提升。狠抓个人客户综合授信、主动授信管理，以银行卡为介质加大对客户需求的全方位拓展，提高综合贡献度。2012 年个人客户创造中间业务收入同比增幅达 7.86%，个人客户产品覆盖度比上年提高 0.18。更加突出信贷结构调整。出台了小企业业务差别化经营、审批和管理政策，全年小企业贷款增幅达 31.3%，创造的中间业务收入同比增加 0.58 亿元。围绕个人消费金融业务配置资产，个人贷款新增占比为 42%，比上年提高 4 个百分点。信用卡分期业务量达到 20 亿元，比上年增加 13 亿元。加大县域地区信贷资源配置，带动存款等各项业务的全面发展，全年县域地区各项贷款和全口径存款同比分别多增 5.5 亿元和 20 亿元。

【提升营销能力】2012 年，湖北省分行加强对重点行业和客户的营销。贯彻落实总行的“三大一高”战略、支持实体经济的精神，转变客户经营方式，实施客户分层分级营销，推进重点行业和客户的综合金融服务。制订了武钢、东风、省能源集团、东湖高新、重冶、圣泽等 33 个重要客户和项目的个性化综合金融服务方案，累计拜访客户 201 人次，上报授信项目 107 户，申报授信审批金额 2 032 亿元；抢抓湖北省 2012 年“重点项目建设年”的重要机遇，着重加强与全省重点骨干企业和重大建设项目的对口衔接与支持服务力度。目前，已储备重点建设项目 87 个；已授信重点建设项目 30 个，授信金额合计 147.38 亿元；2012 年累计投放 34.76 亿元。开展高层营销。组建 16 个重点对公客户高层综合服务团队，以省内 81 家重点客户为重点服务对象，全面开展大客户的高层营销工作；与咸宁、潜江、孝感等政府部门签署了“银政战略合作协议”，并组织与省内 10 个龙头骨干企业开展“支持实体经济、服务经济发展”银企战略合作协议签约活动，各项签约金额累计逾 1 400 亿元；积极参与省发展改革委与人民银行组织的重点项目银企对接活动，共与 6 家客户签约，签约金额合计 173 亿元。拓展链式服务。加强建筑、建材和铁路等传统优势行业的客户营销工作。在全行开展以核心企业为依托，以供应链融资为突破，“全链条、综合化”客户营销活动，围绕全省产值超千亿元的 8 个产业和特色优势行业的核心企业，动态调整核心企业名单，以综合营销方案积极拓展上下游中小型客户群体和供应链融资产品。2012 年，湖北省分行狠抓对公客户拓展专项活动和工商验资通平台运用等工作，效果较为明显：全年新增公司机构类客户 10 574 户、个人中高端客户 24 万户，均超额完成全年计划。大力拓展社保客户、电子银行客户、信用卡客户等战略性客户，全年新增社保账户 73 户，已储备待发卡社保卡客户 10 万户，电子银行客户、信用卡客户新增均超额完成计划。渠道建设步伐加大。依托各类金融资源丰富区域，新设了 30 个网点，对 91 个网点进行了布局调整和服务功能扩充。深化物理网点与自助设备、电子银行渠道的协同，自助渠道分流率比上年提高 9 个百分点。业务流程持续改进。贴近市场和基层实际，结合总行相关政策流程调整要求，在满足实质风险控制要求的前提下，明确了 17 项业务政策和业务流程调整优化的内容和责任部门，配套出台了相关政策。积极推进主动授信管理，广泛推行“预授信、预审批”，改善客户体验，提升服务效率。全年共实施“预授信、预审批”大中型客户 25 户，小微企业客户 371 户，个人高端客户 15.1 万户。

【强化风险管理】2012 年，湖北省分行风险管理工作进一步加强。重点领域信贷风险化解取得新进展。全年共完成 10 户二级公路贷款期限整改，结清 1 户，压缩收回二级公路贷款 3.14 亿元。政府融资平台贷款余额比上年底减少 1.83 亿元。充分利用“三十大”平台强化不良大户风险处置，全年共处置“三十大”客户不良贷款 10.27 亿元。健全完善风险管理工作机制。突出建立全面覆盖、不留死角的全面风险管理责任体系。突出排查业务流程、机制上存在的问题风险，坚持“边查边改”。优化了项目评估、客户评级、风险评价业务操作流程。重新梳理并制定了重大风险和突发事件报告制度，提升响应速度。继续加强声誉风险管理，建立了纵向和横向联动机制，落实专岗、专人负责日常舆情监测、信息发布、危机处置等工作。

【加强队伍建设】2012 年，湖北省分行加强了对领导班子和领导干部的考核管理，制定了二级分（支）行领导班子综合经营竞争力监测办法，完善了年薪制领导人员薪酬管理办法，更加突出了市场竞争力导向，进一步明晰和落实了经营职责。加强了领导班子和人才队伍建设，采用多维度考察、深层次挖掘、跟进式培训方式，公开选拔充实二级分（支）行副职24人，补充省分行本部、二级分（支）行后备管理人才76人。制定下发《领导人员职数管理暂行规定》，在职数范围内先后为7个二级分（支）行领导班子提拔补充了副职。加强干部的任期管理与交流锻炼，建立健全了干部轮岗挂职、锻炼挂职和互派挂职相结合的上挂下派交流制度，全年共有46人进行了交流。创新了对公客户经理管理体系，选拔培养270余名客户分析员，基本实现对公客户经理队伍3年配置目标。加快青年人才的补充培养，招聘了应届高校毕业生540人，适时启动“青年员工成长工程”，公开选拔了90名青年员工担任基层机构负责人，加强了人才梯次建设。

【企业文化建设】加强了合规文化与和谐文化建设。坚持合规教育和管理两手抓，制定了基层网点和信贷业务岗位“尽职性和禁止性规定”，并对违纪违规行为严格问责。落实民主管理要求，对收集的71件职工提案，结合实际进行了回复和落实。坚持以人为本，加快劳务员工转制进度，做实员工福利，加强困难员工帮扶，保障离退休老同志的福利水平，促进员工分享发展成果。加强建设学习型组织。充分调动全行员工联系实际搞科研的积极性，坚持调动系统内科研资源与调动社会科研资源相结合，坚持组织专班搞科研与组织业余搞科研相结合，坚持宏观投资金融理论研究与建设银行改革发展研究相结合，努力为全行广大的政策研究爱好者贡献聪明才智提供广阔的舞台。2012年，金融学会组织实施了多项科研课题，在武汉举办的人民银行金融学会评奖中，建设银行湖北省分行申报的评奖科研成果，荣获科研课题一等奖。在深入调研的基础上，做好行志、年鉴工作，全年进一步完成了几百万字的行志资料收集整理和近10万字的行志文稿审定报送，并先后完成本年度建设银行年鉴、湖北年鉴、湖北金融年鉴以及武汉年鉴的建设银行湖北省分行篇撰稿上报。

执笔：胡和清

三峡分行

三峡分行行长　林帆

一、业务发展概况

【财务效益可观】截至2012年末，实现税前利润8.47亿元，净利润6.14亿元，经济增加值2.69亿元。经济资本回报率为19.56%，成本收入比为39.49%。账面利润四大行占比为42.5%，继续保持同业第一。

【存款规模突破两个大关】一般性存款余额首次突破400亿元，达到405.6亿元，新增52.2亿元，增幅达14.8%，完成总行计划的102%。其中，储蓄存款余额首次突破200亿元，达到213.9亿元，新增31.2亿元，增幅达17.1%；企业存款余额191.7亿元，新增21亿元，增幅达12.3%。同业存款余额8.8亿元，较年初略有增长。一般性存款、企业存款、储蓄存款总量和新增四大行占比分别为39.5%、41.3%、38%和50.7%、76.8%、41.3%，均居第一位。

【中间业务收入突破5亿元大关】实现中间业务收入50 012万元，比上年增长9 404万元，增幅达23.2%，在系统内排第3位，完成总行计划的105%。中间业务净收入占主营业务净收入的比重为28.86%。中间业务收入总量和增量四大行占比分别为38.15%和46.35%，保持区域同业第一。

2012年4月11日，三峡分行与当阳市人民政府银政合作协议签字仪式在宜昌举行。

【资产业务稳健发展】各项贷款余额358.1亿元，新增40亿元，增幅达12.6%。其中，对公贷款余额284.2亿元，新增30.9亿元，增幅达12.2%；个人类贷款余额73.9亿元，新增9.1亿元，增幅达14%。贷款总量及新增区域四大行占比分别为43.5%和31.3%，分别居第一和第二位。

【资产质量保持稳定】不良资产余额1.22亿元，不良资产率为0.2%，较年初下降0.11个百分点。其中不良贷款余额1.12亿元，不良贷款率为0.31%，较年初下降0.11个百分点，在系统内排名第4位。

二、主要工作举措

【以夯实基础为主题，持续发展能力显著增强】一是大力夯实客户基础。积极储备跨区域新能源项目及海外项目，进一步巩固和深化了水电金融特色。年末结算账户总户数18 882户，新增3 931户，四大行占比分别为33.6%和57.7%，实现同业"双第一"。个人大众富裕客户、富裕客户、私人银行客户增速分别为17.18%、21.38%、29.75%，分别在系统内排名第3位、第9位和第8位，均超额完成总行计划。公司机构客户、信用卡客户、小企业客户和养老金客户（按标准客户折算）分别完成总行计划的346.7%、140%、132%和104.7%。

二是大力加快渠道建设。深入推进物理网点建设，新设网点5家，装修改造网点7家，增设离行式自助银行8家。持续深化网点转型工作，星级网点数量达到8家，其中五星级3家，四星级2家，三星级3家。个人客户服务综合评价得分85.7分，系统内排名第1位（6月末数据）。个人客户满意度75.7%，居同业首位。积极抢占电子银行制高点。网上银行、手机银行、短信金融服务客户分别新增12.32万户、13.37万户、10.72万户，增幅分别为43.1%、148.6%、23.1%。企业网银客户总量及新增、个人网银客户新增、手机银行客户总量及新增跃居同业首位。手机银行、企业网银增幅分别居系统内第1位、第2位，计划完成率分别居第2位、第1位。企业网银、个人网银、手机银行活跃客户占比分别达69.4%、44.1%、26%，分别居系统内第4位、第10位和第6位。电话银行客户净新增10.85万户，完成总行计划的215%。自助渠道账务性交易量三大渠道占比为46%，自助设备开机率在系统内排名第5位。

【以综合经营为重点，整体合力明显提升】积极贯彻落实"大公司"、"大个银"理念。围绕综合经营，较好地发挥了电子银行、小企业业务、房贷业务、银行卡业务"四个车轮"的驱动作用。一是电子银行业务实现大发展。加强电子渠道与多项业务的联动推进，电子银行与柜面账务性交易占比达56.8%，同比提高12.75个百分点，提升值在系统内排名第11位。实现网上银行交易量1 784万笔、交易额4 427亿元，同比分别增长11.2%、58.16%。实现手机银行交易量137万笔、交易额48.2亿元，同比分别增长136.6%、137.7%。实现电子银行业务收入2 996万元，完成总行计划的103.4%。二是银行卡业务快速扩张。银行卡发卡238.24万张，净新增27.7万张，增幅达13.2%。实现中间业务收入10 243万元（未含分期业务递延收入5 076万元），增幅达92%，系统内排名第1位。收单商户净新增1 220户，完成率在系统内排名第5位。率先推出金融IC卡，发卡24万张，其中“宜昌市民卡”6.67万张。三是小企业业务显著壮大。推出了“优化版速贷通”、“小额贷”、“小额无抵押贷款”、“网银循环贷”、“善融贷”等更加切合小企业特点的零售化产品，授信客户达到240户，信贷余额近27.2亿元，实现中间业务收入3 556万元，关联存款余额7.4亿元，综合收益率达8.61%，较基准利率上浮39.98%。全年新发放贷款客户，联动营销企业网银、代发工资、信用卡、借记卡、电子银行等产品达12项以上。四是个贷业务稳步推进。推动一手房和二手房贷款、住房类贷款和消费类贷款业务同步发展，个贷产品综合贡献度持续提升，个贷综合利率执行水平为7.09%，个贷覆盖4个及以上产品的贷款占比达到99.23%，在系统内处于领先水平。个人助业贷款新增3.04亿元，共吸引高端客户211户，吸收存款过亿元。积极推进联动营销服务体系建设。加强全行纵、横向联动和交叉营销，强化跨部门综合营销团队建设，加大了直接营销和协助支行营销力度。大力推进“1+N”综合经营模式，为客户提供涵盖多项金融产品的个性化营销服务方案，进一步提升了三峡分行产品的综合覆盖度和经营效益。深化对公客户综合经营全面考核工作，重点加大了对客户存款、产品覆盖、中间业务收入及结算量的考核力度。加强重点机构客户的系统营销和推进，先后与当阳等六个县（市、区）签订了银政合作协议，并落实了“保障性住房建设资金专户”和首批三峡后续资金。深入推进个人VIP客户综合化服务方案，进一步推进了个银业务联动发展。

【以经营产品为引领，调整转型成效显现】进一步完善产品创新体制机制。组建了跨部门、跨条线的产品创新运用团队，加强新兴产品的研究和应用。精选市场和客户需求性比较强的产品，加大了推广应用力度。完善产品创新运用激励机制，对作出重大贡献的产品创新及产品组合运用工作加大了奖励力度，并通过总结典型案例，加

2012年6月18日，三峡分行与点军区政府举行战略合作协议签约仪式。

强了产品创新成果的普及推广。以产品为手段推进调整转型工作。一是深化信贷结构调整。将信贷资源向核心客户、重点优质客户、小企业客户和个人信贷客户等倾斜，加快投资银行、小企业、消费经营类贷款业务发展，推进信贷结构的持续优化。全行公司类贷款96.6%投向A级及以上客户。发放消费经营类贷款5.15亿元，其中联保方式助业贷款1.36亿元。累计投放小企业非贴现贷款21.2亿元，累计办理银行承兑汇票16.5亿元。同时，不断压缩中长期固定资产贷款和流动资金贷款，重点营销和配置票据、保理、国内信用证等产品，提高了信贷客户的产品覆盖度和信贷资金利用率。全年通过新型投资银行产品，有效解决了客户融资需求149.63亿元。出口信贷融资、贸易融资等国际业务产品也得到快速推进。二是推进中间业务发展转型。注重向产品驱动型增收转变，大力推动传统产品的组合应用和新型业务发展。继续深化中间业务标杆竞赛活动，做好产品营销经验的总结推广，推动中间业务均衡发展。充分发挥产品与存款、中间业务收入的紧密关联作用，围绕抓账户、增存款工作调整中间业务收入结构，积极探索中间业务收入与存款互为补充的综合经营模式。三是全面梳理中间业务流程及收费环节，着力挖掘传统产品潜力。信用卡分期业务成为增收亮点，实现交易额9.05亿元，同比增幅达410%，创造收入8 719万元，同比增幅达424%。实现全口径投资银行业务（含常年财务顾问）14 102万元，同比增长6.08%。发行长电115亿元、葛洲坝股份18亿元短期融资券，实现

承销手续费3 622万元。实现国内保理中间业务收入3 296万元。开办工程建设投资顾问、建设项目经济评价两项产品，不断延伸造价咨询业务产品链，共实现造价咨询类业务收入3 113.6万元，增幅达56%。代销个人理财产品实现收入3 039万元。实现贸易项下国际结算6.8亿美元，结售汇6.5亿美元，跨境贸易人民币结算承办率达45%，实现外汇业务中间收入2 759万元人民币。四是积极打造新的产品竞争优势。在区域内首家开办私募股权基金财务顾问业务，实现收入1 094万元，直接收益率达3.6%。成功参与宜昌市政府15亿元城投债发行工作，实现财务顾问费收入490万元。办理首单自主代理的信托计划，归集信托计划资金13.35亿元，实现手续费收入786万元。

【以改革创新为动力，经营管理焕发新的活力】一是推动经营架构改革。平稳实施了城区机构整合工作，集约化经营优势和整体合力逐渐显现，对公方面综合营销、基础管理有效提升，个银业务市场竞争力明显增强。推行经营中心类同直管机构考核，较好地发挥了中心与支行联动营销的积极性。二是推动人事机制改革。在干部选拔管理上，通过公开竞聘选拔，干部交流率达50%。推行分行直管机构领导班子聘期考核和综合经营竞争力监测办法。认真开展分行部门正副职后备干部的选拔和储备工作。在员工队伍建设上，将培训资源向基层员工及重点条线、业务和岗位倾斜。建立员工职等晋升规范化、常态化工作机制，促进了员工个人发展和组织发展的有机结合。建立夜校培训等人才培养制度，将学习培训与职等晋升紧密结合。

【以精细管理为抓手，内控及基础管理逐步增强】一是深入推进信贷经营精细化管理。开展了国家宏观调控重点行业和授信业务风险排查，对行业风险限额和违反信贷政策客户，及时进行了风险预警和提示整改。探索实行贷后管理岗位与营销岗位相分离，提升信贷管理的专业化和精细化水平，重点抓好大额民营企业和产能严重过剩行业客户信贷风险的预防和控制。强化非不良拖欠贷款和关注类贷款的风险预警和管控，加快存量不良资产处置，回收了宜昌市公路管理局2 000万元不良贷款，完成了乐星红旗非剥离债转股处置工作。密切关注表外业务风险，加强资本占用管理和客户信用评级管理，强化风险缓释措施，提高风险回报能力。二是深入推进基础管理。建立全面风险管理责任制，深化内控评价，将评价结果纳入支行KPI考核。进一步梳理优化业务流程，加强检查和整改，强化操作风险控制，年度整改综合完成率达98.97%。三是进一步提升信息技术支撑服务能力。在确保信息系统安全稳定运行的基础上，积极将信息技术优势转化为生产力，将共性服务固化成产品系列，不断提升产品化数据服务能力。深化前后台分离项目，完成39个对公营业机构的切换上线，实现了7项对公业务产品的业务分离，对公实时交易业务集约化营运支持体系基本形成，业务处理效率大幅提升，为全面推进营业网点综合化建设打下了坚实的基础。

执笔：刘圣林　潘峰

湖南省分行

湖南省分行行长　刘力耕

一、业务发展概况

全口径存款余额3 920.85亿元，新增471.24亿元，增长率为13.66%，余额和新增均居同业第1位。各项贷款余额2 311.98亿元，新增254.2亿元，增长率为12.35%，余额和新增均居同业第1位。实现税前利润71.27亿元，实现账面利润69.07亿元，居同业第1位，增长率达25.96%。实现净利息收入107.4亿元，成本收入比为36.8%。不良贷款额为24.76亿元，不良贷款率为1.07%。2012年，荣获湖南省政府颁发的“金融机构支持地方经济发展目标管理一等奖”。

【公司业务】截至2012年末，企业存款余额1 738.57亿元，新增136.75亿元，增长率为8.54%。基本与非基本公司机构客户增长8 308户，日均存款零余额以上客户增长8 689户，养老金客户增长111户，小企业客户增长535户，现金管理客户增长1.59万户，小额无贷客户增长6 392户，均超额完成总行计划。公司类贷款余额1 782.83亿元，较年初新增159.43亿元。其中，基础设施建设领域新增非贴现贷款83亿元，占对公非贴现贷款新增的50.43%，公积金委托贷款余额245亿元，新增55亿元，四大行占比为63.52%。结构调整客户贷款退出40亿元，总行名单内客户退出28亿元。

【个人金融业务】截至2012年末，个人存款余额突破2 000亿元，达到2 059.55亿元，新增319.36亿元，增长率为18.35%。私人银行客户AUM值新增30.29亿元，一般个人客户增长29.63万户，个贷客户新增5.86万户。个人贷款余额529.15亿元，新增94.77亿元，增长率为21.82%，余额、新增占比位居同业第1位。其中个人住房类贷款余额495.34亿元，新增89.96亿元；消费类贷款余额33.8亿元，新增4.81亿元。个人贷款不良余额2.64亿元，比年初下降35万元；不良率为0.5%，较年初下降0.11%。

2012年5月4日，湖南省分行在汽车展览会期间组织购车分期业务和汽车卡营销。

【房地产业务】截至2012年末，全行房地产公司贷款余额181.98亿元，较年初增加15.12亿元。房地产贷款不良额1.17亿元，比年初降6 469万元；不良率为0.64%，比年初下降0.45个百分点。

【中间业务】全年实现中间业务毛收入31.76亿元，增长率为24.99%，四大行占比为34.45%，较上年提升0.39个百分点，继续保持同业排名第1位。

【国际业务】完成国际结算量53.01亿美元，实现跨境人民币结算量16.55亿元，增长率为586.72%，四大行占比为27.43%，实现外汇中间业务收入0.91亿元。

【资产质量和风险控制】全年共处置各类不良资产29.12亿元，其中现金回收16.85亿元。年末不良贷款余额24.76亿元，较年初下降11.98亿元，不良贷款率为1.07%，较年初下降0.72个百分点。不良贷款继续实现“双降”。

【战略性业务和基础性业务】电子银行客户新增650万户，电子银行客户总量达到2 558万户，电子银行账务性交易量比为70.57%，提升15.18个百分点。自助设备账务性交易量比为72.67%，提升6.85个百分点，系统内排名第7位；上线金融IC卡行业应用项目14个，累计发卡219万张，位居同业第一，系统内排名第二；信用卡累计发卡171万张，净增35万张，信用卡客户新增47万户，总量达到150万户，实现消费交易额419亿元，实现中间业务收入4亿元；投资银行业务加大创新力度，为重点企业融资130亿元，发行保本型理财产品29期，金额96亿元，实现中间业务收入3.8亿元；造价咨询业务实现中间业务收入2.64亿元，增长7 256万元，增幅达38%；企业年金业务新增受托资产1.26亿元，总规模达到5.17亿元，新增个人账户1.14万户，账户总数达到3.54万户；小企业授信客户新增535户，超额完成总行计划，四部委口径小微企业贷款新增74亿元，增长38.45%，四大行占比为52.9%，同业排名第1位；全行对公客户总数79 346户，较年初增加9 434户，单位结算账户104 558户，较年初新增17 394户，实现单位人民币结算业务收入2.03亿元；产品覆盖度继续提升，公司机构客户产品覆盖度2.77，比上年提高0.19，个人客户产品覆盖度3.25，比上年提高0.29。全年新设网点6个，完成装修、迁址项目51个，网点布局继续优化，新设离行式自助银行26个，全行96%的网点实现综合化。

二、主要工作举措

【狠抓客户源头，夯实发展基础】一是继续深入开展“抓户增存”活动，制订对公条线“三大一高”战略拓展方案及实施指导意见。一方

2012年12月19日，湖南省分行与湖南省人民政府国有资产监督管理委员会及省属企业举行合作座谈会。

面，对多个重点客户及上下游企业实施整体挖潜，狠抓源头，成功上线“企业入资核查信息查询系统”，持续优化功能在全行推广使用；另一方面，通过集中代收学费、推广医院健康龙卡系统归集诊疗收入等多渠道增加事业单位存款来源。同时，依托社保重大项目拓展和重要客户、重点账户精准营销，稳步提升社保业务市场份额；大力拓展教育、卫生行业客户。年末，全行教育行业重点客户市场覆盖率为49.1%，基本账户占比为59.03%；卫生行业重点客户市场占比为48%。二是组织开展2012年小企业业务“搭平台、送产品、优服务、促发展”营销竞赛。三是继续做好代发工资业务，组织开展县级支行劳动竞赛营销活动，开展私人银行客户“新增挑战赛”、“三联一清”活动，实现产品预约销售31.92亿元。组织专享增值主题活动或讲座66期，服务客户14 000人次。

【推进改革创新，提升营销能力】一是创新财务资源配置机制，坚持“同业看份额、系统看排名、自身看发展”，加大客户、产品、渠道和市场竞争指标考核，根据市场份额差别化配置资源，绩效薪酬不封顶不保底，资本性支出向生产领域和一线倾斜，营业网点、电子渠道、IT及生产性基础设施建设投入占比为83%。二是优化人力资源的配置和管理。开展干部竞聘选拔、考核选拔、管理职务与专业技术职务转任工作。三是推进产品创新。换币种海外代付业务、出口代付业务、进口信用证买方付息贴现、新农村建设贷款、定向保理等多项新产品实现零的突破；完成

了小企业固定资产购置贷款、个体工商户贷款产品的创新运用；上线金融 IC 卡行业应用项目 14 个，创新推出封闭式管理系统；成功制出了全国第一张社保金融 IC 卡，被总行评为创新奖。

【紧跟信贷政策，夯实基础工作】一是按照总行信贷政策，根据信贷结构调整三年规划，出台了分行信贷政策与结构调整实施方案。加快信贷结构调整和优化，理性对待民营大额授信客户、股东来自民间融资活跃地区的客户、酒店餐饮业客户、置换他行贷款客户、严防客户过度授信和多头授信，谨慎对待既有公司类授信又有小企业信贷、股东个人贷款和信用卡透支的交叉授信客户。二是基础设施建设领域、房改金融等领域优势进一步扩大；小企业贷款新增、新农村建设贷款、保障房贷款、个人信用卡透支与分期发放新增等强势提升，新兴领域和薄弱环节得到加强，并有效落实了改善民生、扩大内需和“两个不低于”的监管要求。信贷退出效果明显。结构调整客户贷款退出 40 亿元，总行名单内客户退出 28 亿元。三是全面实施“贷后管理规定动作落实年”活动，狠抓贷后管理制度建设，个贷中心所著论文《浅议个人住房按揭贷款抵押落实不到位的潜在风险》被总行采用作为业务参考资料下发；首次在 KPI、信用风险评价、风险主管考核中设置不良贷款计划完成率指标，并对计划进行动态考核、调整，加大不良贷款公开市场化处置力度，共处置各类不良资产 29 亿元。

【深化“双基”管理，加强风险防范】一是建立健全了各类规章 62 件，开展项目自评估 9 个，优化流程 20 个，CCBS 系统调整优化 20 个交易、209 项柜面业务授权参数；编制各类业务和岗位操作手册 15 件；清理报表 421 份，精简报表 168 张，减幅为 39.9%；完善了审计整改问题数据库，外审问题整改率达到 100%，内审问题个数整改率达 99.60%，金额整改率达 99.38%，审计整改综合管理评价位居系统前列；编制了各类应急预案并开展演练；消除各类安全隐患 215 处，加装或更新监控设备 267 套，管理基础更加精细化。二是信息系统安全稳定，CCBS 核心业务系统可用率达到 100%。完成质监资金监测系统、工商验资系统、国土招拍挂系统的上线和优化，科技对业务的支撑作用进一步增强。三是加快推进前后台分离工作。圆满完成 454 个网点的推广上线工作，分离业务的处理提速 2.39 倍，客户办理业务的平均等候时间缩短 2 分 30 秒。四是深入推进“双基”管理，落实关键环节和薄弱部位的风险管控，强化信访维稳工作，积极应对重大突发事件，深入推进“平安建行”地创建，妥善处理负面舆情 136 起，处理各类法律纠纷 600 起，通过法律手段确权和减免损失近 5 亿元，实现了无重大违规、无重大安全责任事故、无案件的“三无”管理目标。

【加强党的建设，打造和谐团队】一是认真学习贯彻落实党的十八大精神，深入开展“讲党性、重修养、守廉洁、作表率”主题教育实践活动，在井冈山、延安举办了 3 期革命传统教育培训班，扎实推进基层党组织建设，加强了党组织的战斗堡垒作用和党员的先锋模范作用。二是组织举办各类业务比武和技能竞赛，推动了业务发展，提升了员工业务技能与综合素质。参加总行对公柜面业务技能竞赛获得团体二等奖，参加湖南省银行业金融机构人民币知识及点钞技能竞赛荣获团体二等奖，选手王雪艳荣获湖南省总工会本次比赛唯一授予的“湖南省五一先锋称号”。三是推进关心关爱员工各项举措，关心员工思想、工作、生活状况，营造了公平、和谐、稳定的人文环境，增强了员工队伍的凝聚力和战斗力。

执笔：李欧

广东省分行

广东省分行行长　靳彦民

一、业务发展概况

2012年，广东省分行全口径存款余额突破10 000亿元，新增1 085亿元，计划完成率为108%，新增同业排名第2位；各项贷款余额4 724亿元，新增648亿元，新增排名位居系统首位；实现税前利润150亿元，实现经济增加值73亿元，分别较上年增长18.6%和30.7%。

【公司业务】企业存款余额4 905亿元，较年初新增426亿元，计划完成率为133.2%，企业存款新增排名位居四大行首位。公司类贷款余额3 423亿元，比年初新增478亿元，新增贷款同业排名第2位。公司机构客户当年新增近2.5万户，完成总行计划的138.2%，总量保持系统内首位。与上年相比，信贷结构调整呈现“三升三降”新局面：全行流贷和贸易融资占比提升4.28个百分点；“6+1”行业、政府融资平台、房地产贷款得到有效管控；公司类贷款经济资本占用率比年初下降0.4个百分点。

【个人金融业务】个人存款新增549.74亿元，同业新增市场占比为25.69%，位居同业排名第2位。个人贷款余额1301亿元，比年初新增170亿元，计划完成率为141.43%。个人有资产客户当年新增194.8万户，总量及新增均列系统内首位。一般个人客户实际新增40.93万户，加权新增46.83万户，分别完成全年计划的145.5%和164.84%。代发工资、结算通卡、CTS客户、结算e四大源头客户新增良好。

【房地产金融业务】委托性住房存款余额448.63亿元，较年初新增63.32亿元，计划完成率为147.22%，存款余额和新增额均在同业排名第1位。住房资金归集余额四大行占比为58.11%，同业占比排名第1位。公积金贷款余额407.43亿元，四大行排名第1位，计划完成率为251%。

【中间业务】实现中间业务净收入80.23亿元，同比增长4.78%，继续保持总量系统内排名第一。其中，公司和个人条线分别完成46.82亿元、34.53亿元，同比增幅分别为5.52%、5.72%。中间业务收入计划完成率比全国平均水平高2.93个百分点。

【国际业务】国际结算量实现1 005亿美元，同比增长23.9%。跨境人民币结算量874亿元。全口径外汇贷款58亿美元，比年初新增26.8亿美元，增幅达86%，贷款余额和新增均保持系统内排名第2位。金融市场业务中收、对公外汇代客资金业务等七项指标系统内排名均为第1位。

【战略性业务】“善融商务”网络银行客户新增118户，新增贷款5.75亿元，位居系统内首位。投资银行业务债券承销发行总额同业排名第1位、系统内排名第2位。小企业业务贷款和客户新增均实现系统内排名第1位。养老金客户新增系统内排名第1位，投资托管规模和中间业务收入两年翻两番。电子银行客户新增等主要业务指标系统内7个第一，电子银行账务性交易量比为65.7%，当年提升9.1个百分点；自助设备账务性交易量比为76.8%，当年提升4.12个百分点。信用卡累计发卡量与客户量、实现消费交易额、业务收入等主要指标均居系统内排名首位。私人银行客户存款、投资性金融资产、“两卡”发卡、高端理财产品销售等主要业务指标系统内排名第1位。

【资产质量与风险控制】全年处置各类不良资产25.44亿元，不良贷款余额51.25亿元，比年初下降2.31亿元；不良贷款率为1.08%，比年初下降0.23个百分点。全行连续6年保持内部零案件，成功堵截各类外部案件466件，堵截涉案金额2 420万元。

【创新工作】2012年，广东省分行组建了226名专职产品经理队伍、121个创新体验基地，共完成创新项目280个、收集处理客户需求创意8 159个、认可创意3 197个，累计提供综合融资业务425.5亿元，实现中间业务收入9.6亿元。同时，还荣获了广东省政府颁发的2012年“金融创新奖”一等奖。

二、主要工作举措

【推进“三大一高”发展战略，抢占市场制高点】积极推进落实“三大一高”战略，组织研究制定“三大一高”战略实施方案，并采取多种方式督促方案的有效实施。梳理明确30个细分行业、10个大系统、10个大城市和400个高端对公客户为“三大一高”战略实施重点，确立了近三年的工作目标和进度要求。落实营销责任制，建立首席客户经理制度，50户重点优质客户、800个优质客户分别由省分行领导、二级分支行领导担任首席客户经理，明确营销目标和营销责任。试点建立差别化、多功能的综合金融服务模式，提升“大行业”重点客户服务能力。以份额提升、客户拓展为核心，增强“大系统”客户的市场竞争力。以“8+2”战略推进大城市营销。“三大一高”战略实施取得了初步成效，走在了系统内前列，成功拓展一大批重点项目和高端客户，抢占了市场制高点。

【持续推进综合性融资服务，积极转变发展方式】一是持续推进综合融资服务，提升综合经营能力。一方面，广泛搭建合作平台，与同业建立合作伙伴关系，创新合作模式，利用社会资源提高融资服务能力；另一方面，持续开展综融产品创新和流程优化，积极推进“五统一”集约性管理，有效防范风险。全年累计年化业务办理量1 491亿元，同比增幅达16.8%，带来时点存款新增864亿元，实现中间业务收入4.76亿元；与国泰君安证券、粤财投资等10家金融同业建立战略合作伙伴关系，全年共发行短期融资券150亿元、地方政府债券86亿元。二是加大战略性业务发展力度，向多功能银行转变。强化境内外联动，做大做强跨境人民币及贸易融资业务，累计发放广义贸易融资1 431亿元，同比增长15%；推进小企业业务“零售化”、“小额化”转型，加强小企业运营机构建设，优化业务流程，加强网点小企业业务推动及相关业务条线联动工作；大力发展信用卡新客户，重点抓好分期业务发展，全年购车分期交易额48.4亿元，收入4.7亿元；加强产品创新，创新推出车位分期业务，当年车位分期交易额1.96亿元；扩大网络银行业务优势，深化与合作平台的合作关系，加强对“e单通”、“e点通”等网络银行供应链融资产品的推广；加快“善融商务”电子商务金融服务应用，全年网络银行贷款余额为85.28亿元，比年初新增3.21亿元，新增“善融商务”网络银行客户118户，新增贷款5.75亿元，排名位居系统内第1位。三是强化基础管理工作，向集约经营挺进。随着前后台分离的顺利完成，不仅中后台支持保障能力有效加强，人力、财务等管理机制进一步优化完善，效能建设深入推进，而且管理效率得以提高，定价能力明显提升。同时，粤龙云数据分析平台、工商验资通等一批重点IT项目实现上线应用，有力地支撑了业务发展和经营管理。另外，荣获“广东省中小企业融资示范机构”称号，有7家营业网点获选全国“银行业文明规范服务千佳示范单位”。四是实施创新驱动战略，创新工作成效显著。一方面，以完善创新管理体制，加大资源投入和考核激励力度为抓手，明确创新方向与重点等方面采取了一系列措施，创新工作取得了明显成效，走在了同业和全国建设银行的前列；另一方面，加强创新激励和考核，积极跟进落实总行关于广东省分行参与珠三角金融综合改革的批复，推进珠海横琴、广州南沙等粤港澳合作重点区域的金融改革创新。同时，加强小企业产品创新，推出“平台贷”、“保贷通”、“创新型联贷联保”等新产品。

【有效夯实业务发展基础，不断提升发展能力】一是全力推进渠道建设工作，不断改进优化内部审批流程，努力提高审批效率。二是持续开展客户的拓展活动。切实推进客户的拓展和维护工作，加大资源配置和考核力度，从多方面促进夯实客户基础，缩小与同业的差距。三是持续强化风险内控管理。一方面，加大不良资产处置力度，确保资产质量稳定，全年共处置各类不良资产 25.44 亿元，及时有效化解了一批大额项目的潜在风险，果断处置了部分历史遗留的大额不良贷款项目；另一方面，积极开展第九个“安全年”活动，以深入开展领导人员廉洁从业谈话为抓手，深入推进全分行案件防控责任、员工从业行为管理等机制建设，初步建立了案件防控工作长效机制，推动全分行连续 6 年保持内部零案件良好态势。四是加大队伍建设力度。通过推进实施“千人工程”，后备人才队伍建设取得新成效，目前全行已建立了 180 人的省分行部门级后备人才库和 901 人的二级分支行后备人才库；通过推进实施“五年规划”，专业技术人才队伍建设取得新进展，全年专业技术人数新增 1 182 人，总计达到 6 031 人，占在岗人员的 22.3%，比上年提升 3.7%；通过实施培训“七大计划”，员工队伍整体素质得到不断提升；通过实施“一线员工成长帮助计划”，逐步构建了青年员工成长帮助的长效机制。

执笔：何五星

深圳市分行

深圳市分行行长　刘军

一、业务发展概况

2012 年是深圳市分行成立 30 周年，也是分行积极探索城市行经营模式，确立同业领先地位的一年。2012 年，分行在“创新 创业 创优”核心价值观的引领下，盈利能力持续增强，主要业务稳居市场领先地位。全年实现拨备前利润 104.6 亿元，比上年增加达 11 亿元，增幅达 11.8%；中间业务收入 49.3 亿元，同比增长 6.48 亿元，增幅达 15.1%，收入结构持续优化，转型发展成效显著。

【主要业务】截至 2012 年末，深圳市分行全口径存款余额 4 775 亿元，其中，企业存款余额 2 592亿元，新增 414 亿元，增长 19%；储蓄存款余额 1 061 亿元，新增 209 亿元，增长 24%。各项贷款余额 2 929 亿元，比 2011 年末新增 346 亿元。其中，对公非贴现贷款余额 1 873 亿元，新增 244 亿元，增长 15%；贴现余额 40 亿元；个人贷款余额 1 016 亿元，新增 103 亿元，增长 11%。2012 年末，分行不良贷款额 26.54 亿元，不良贷款率为 0.91%，比上年下降 0.22 个百分点。2012 年，分行拨备前利润、全口径存款余额、人民币对公非贴贷款余额、个人贷款余额、中间业务收入等 37 项主要业务指标均位居同业第 1 位，并首次拨备前利润突破百亿，同业内率先实现个人存贷款余额双双突破千亿元大关。同时，一般性存款日均新增等日均新增指标继续保持同业第 1 位。

【公司机构业务】截至 2012 年末，分行企业存款余额 2 592 亿元，新增 414 亿元，增长 19%，本外币企业存款余额、余额新增等六大存款指标

2012年3月21日，深圳市分行与中国进出口银行深圳分行举行战略合作协议签约仪式。

2012年7月2日，深圳市分行举办成立三十周年晚会。

同业第一。对公非贴贷款余额1 873亿元，新增244亿元，增长15%，对公中间业务收入实现34.05亿元，均保持同业第1位。公司机构客户新增4.68万户，占30年客户总数的35%，连续12个月蝉联系统首位，全年实现账户净新增5.23万户，成为深圳地区账户第二大行。机构业务成果显著，中标市国库集中支付改革代理银行，全面介入社保金融IC卡项目；财政、社保、房维等存款大幅增长，军警系统存款增幅超50%；率先向市公立医院发放贷款7.9亿元，拟定100亿元的授信方案等。

【个人金融业务】9月末，分行储蓄存款和个人贷款余额均突破千亿，成为深圳市场首家“双千亿”银行及系统内个贷“千亿俱乐部”第四家成员。截至2012年末，分行储蓄存款余额1 060.9亿元，新增208.5亿元，日均956.6亿元，新增160.1亿元；个人贷款余额1 016.4亿元，新增103.2亿元，个人住房贷款余额904.9亿元，新增97.9亿元；全行个人住房贷款余额807亿元，新增67.9亿元，均居同业第1位。

【房地产业务】截至2012年末，分行对公房地产开发贷款余额297.8亿元，比年初减少0.78亿元，AA-级（含）以上客户贷款余额275.35亿元，占比为96%；住房开发项目贷款余额273.62亿元，占比为95%，回收房地产开发贷款不良余额2.01亿元，实现房地产开发贷款不良零余额。

【中间业务】2012年，分行实现了平稳发展，全年实现收入49.26亿元，同比增长8.1亿元，增幅达20%，主营业务收入占比为33.58%，同比提升1.16个百分点，完成总行48.7亿元计划的101%，系统内排名第六，四大行占比达35.88%，位居同业第1位。

【国际业务】2012年，分行国际业务收入和跨境人民币结算量等国际业务核心指标实现快速发展，全年实现国际结算量1 364亿美元，同比增长13%，国际结算量同业排名第2位；跨境人民币结算量984亿元，同比增长45%，保持系统内排名第1位；国际业务中间业务收入超9亿元，同比增长26%；全年创新产品23项，其中获奖7项；各类保证金存款年末余额407亿元。

【资产质量与风险控制】“安全年”建设持续推进，资产质量稳定向好。提出安全年建设“六更四无三提高”目标，保持连续七年“零案件”。2012年末，不良贷款额26.54亿元，不良贷款率为0.91%，分别比年初减少2.6亿元和0.22个百分点，逾期贷款和非不良拖欠贷款余额较年初均有下降。成立内控合规部，深入开展“合规文化建设”等主题活动；强调“结算兴行”，制定落实《结算管理工作升级办法》；顺利完成新机房建设和搬迁，做到“平稳有序、万无一失”。

【其他业务】2012年，分行实现投资银行业务收入13.4亿元，债券承销159.1亿元，信用卡消费332亿元，增幅达20%，均位居同业第1位。小企业贷款余额200亿元，新增71.8亿元，增长56%。公积金存款余额151亿元，增幅达79%，市场占比为44%，同业排名第1位。自助银行账务性占比为83.43%，系统内排名第2位，柜面分流效果显著。

2012 年 11 月 1 日，深圳市分行举行建设银行深圳产品创新实验室启用仪式。

二、主要工作举措

【坚持科学发展、效益增长、转型发展不动摇，把可持续发展作为经营管理工作的总体方向】

在总行的正确领导下，分行围绕五年发展规划。一方面，脚踏实地，按照年初确定的工作重点，落实“三大一高”战略，各项主要业务继续领先同业；另一方面，志存高远，继续推进“客户拓展年”和大零售战略，加快网点“三综合”建设步伐，夯实客户基础，优化调整业务结构。

切实落实“三大一高”战略，推进“百亿千户”，强化对客户面和产业链的立体化营销能力。一手抓大系统、大行业，落实各级负责人营销责任制，推进“四个递进式突破”；一手抓客户面和产业链，开展“百亿千户”营销活动，梳理 161 家重点客户名单，由分、支行班子分片包干。

立足“银行是树 客户是根”，强化“客户至上”理念，把 2012 年定为“客户拓展年”，公司机构客户数量新增 4.68 万户；个人客户质量增长 20 万户，一般客户数量新增 11.8 万户，总行计划完成率分别为 125.4%、151.8%。

通过深入研究深圳创新、开放的城市特点以及深圳市“十二五”规划，明确提出“5 + 1”（即外向型经济及其相关行业板块、商业和消费类相关行业板块、以制造业为主体的创新型上市公司及准上市公司集群板块、建设领域行业板块、政府机构客户及民生领域板块和未来以前海区域为代表的金融市场业务）主要经营方向，统一全分行思想。

【进一步完善“经营扁平化，管理层级化”经营管理模式，优化“强分行 小支行 大网点”经营格局，为可持续发展提供组织保障】

分行坚决落实总行“综合性 多功能 集约化”战略，牢牢抓住网点这一城市行经营的核心资源，进一步完善“经营扁平化，管理层级化”经营管理模式。

分行强调大后台、大集中、大支持、大保障，成为业务一线“强而有力”的后盾，整合成立办公室、内控合规部、金融市场部等部门，强化分行“大支持”、“大保障”作用。加快深化前后台分离，对文印、自助银行巡查及加钞、小微企业贷后管理等部分后台服务集中或外包管理，释放一线营销能力。

支行定位为“两手两足”（网点“三综合”工作的推手，营销平台的搭手，做足人文关怀，做足风险防范），立足“市场上有声音，客户中有身影”要求，以“四两拨千斤”的方式，为网点“推动、服务、解难”，实现“小而精干”目标。

牢固树立“网点强则分行强、网点兴则分行兴”理念，全力打造“大而全能”网点，明确网点为利润中心、营销中心和服务中心，落实“四个转变”，提升网点公私一体化经营能力。实行网点“等级管理、分类指导”，配齐“三驾马车”，给足营销费用，新招 600 名员工向网点倾斜，近 400 名对公客户经理下沉到网点工作。

【坚持创新发展，进一步加大创新力度，为可持续发展提供不竭动力】

分行坚持创新和转型发展不动摇，强调全员创新，切实发挥创新委和各单位的层次作用。深圳产品创新实验室正式启用，并逐渐成为建设银行系统的创新名片。全年产品创新和流程优化均居系统内第二，产品创意获奖数系统内第三；荣获《当代金融家》“最具创新精神分行”奖；前海新型金融交易产品、文化乐民分获深圳市金融创新二等奖、优秀奖，为近 3 年最好成绩。

产品创新取得丰硕成果。全年推出创新项目 93 项，实现可测算中间业务收入 4.4 亿元，带来存款 526 亿元。管理创新和营销模式创新成效显著，开展小微企业贷后外包等管理创新共 63 项。工具创新大幅提升经营管理效率。客户经理电子手册、营销助手自助填单机、动漫产品宣传、“对公智能助手”、企业账户监测工具、微平台等都不断提升了分行的经营管理效率。

【总结提炼“创业 创新 创优”核心价值观，

强化党建和队伍建设，营造“温馨家园 关爱无限”的文化氛围】

在王洪章董事长为分行提炼的“全体干部员工敢于拼搏的精神”和“无微不至的人文关怀”两条经验基础上，分行总结成立30周年的风雨历程，提炼出“创业 创新 创优”核心价值观，强化队伍的向心力，从“为了谁、依靠谁、我是谁”出发，一手抓队伍素质，一手抓员工士气。

完善基层党建，制定《直属党组织机构设置指导意见》，新成立支行党委5个，截至年末共有基层党支部150个、基层工会小组140个。加强队伍建设，实行双“三十”计划，选拔30名青年员工担任管理岗位或进入后备；择优录用200名劳务派遣制员工为短期工。实施“成长工程”，创建学习型组织，继续实施深受员工欢迎的“温暖工程”，从“衣食住行养”入手，让每一位员工感受到分行的关怀。

执笔：李睿杰

广西壮族自治区分行

广西壮族自治区分行行长 袁明

(2012年2月免)

广西壮族自治区分行行长 胡昌苗

(2012年2月任)

一、业务发展概况

【经营效益】2012年广西区分行共实现考核利润33.8亿元，增速达14.5%，完成总行计划的101.7%；实现经济增加值15.5亿元，增速达23%，完成总行计划的106.6%。

【存款业务】全口径存款余额1 859亿元，新增272亿元，增速达17.1%，居四大行第一。储蓄存款余额848亿元，新增128亿元，增速达17.8%，新增、增速居四大行第二。对公存款余额982亿元，新增132亿元，增速达15.6%，新增和增速连续两年居四大行第一。

【贷款业务】各项贷款余额1 325亿元，新增141亿元，增速为12%，居四大行第一；其中对公非贴贷款余额856亿元，新增89亿元，增速为11.6%；个人贷款余额441亿元，新增57亿元，增速为14.8%；小企业贷款新增22.4亿元，增速达35.6%，实现“两个不低于”目标。

【中间业务】中间业务收入14.9亿元，系统内排名提升3位；增速达20.8%，居四大行第一。中间业务净收入占主营业务收入的比重为22.68%，提高0.98个百分点。

【国际业务】国际业务全口径外汇存款余额2.11亿美元，市场份额第一。全年累计办理跨境

2012 年 6 月 5 日，广西壮族自治区分行与国内最大的食糖现货交易市场——“广西糖网”签订战略合作框架协议。

人民币结算 143.08 亿元，同比增长 67.36 亿元，增幅达 88.96%。

【其他业务】债券融资业务承销发行广西区域第一笔非公开定向发行债务融资工具和建设银行广西区分行第一笔短期融资券，为企业融资 20 亿元。小企业业务发展达到“两个不低于”监管要求，全区共设立 11 家小企业专营机构，全年投放小企业贷款 58.7 亿元。电子银行业务推出“善融商务”，在广西区域龙头百货、零售消费及红木大型专业市场等行业领域实现电子支付服务创新。完成广西医科大银医服务项目开发上线工作，成为区域内首家提供电子渠道银医服务的银行。

2012 年 8 月 3 日，广西壮族自治区分行与广西防城港核电有限公司签订投资银行业务战略合作协议。

【资产质量】截至 2012 年末，逾期贷款余额 6.2 亿元，比年初减少 0.9 亿元；不良贷款余额 1.82 亿元，比年初减少 0.51 亿元；不良率为 0.14%，比年初下降 0.06 个百分点；成功回收北海财政局、桂林山水高尔夫度假酒店、广西融水古顶水电等重大不良贷款项目，信贷资产质量排名全国建设银行系统内第一。

二、主要工作举措

【加快发展，提升市场份额】加大市场营销力度。一是突出抓源头、抓联动，全力推进增存工作开展。对公业务方面，加强高层营销，重视“工商验资通”平台建设，抢抓新开账户和资金，实现信贷资金体内循环和本外币存款协调同步增长。运用电子渠道，推进电子结算服务类产品营销。个人业务方面，积极营销代发工资业务，大力销售理财产品，全年共实现代发工资额 372.1 亿元，新增代发工资个人账户 27.8 万户，销售理财产品 786.2 亿元。二是抓好客户账户新增，夯实客户基础。大力拓展“三农”、保障性住房、社会事业、节能环保、战略性新兴产业、国家重大基础设施等重点领域的资金专户，成功营销神华北海项目基本结算户、成功中标广西沿海铁路股份有限公司企业年金受托人资格和账户管理人资格。成功营销了富士康集团、中粮集团、华润集团等一批大型企业外汇账户。对公客户数量新增 13 297 户，个人资产客户新增 28 万户，个人大众富裕客户和个人富裕客户分别新增 35 923 户和 12 296 户，私人银行客户新增 211 户，信用卡客户新增 18.1 万户，电子银行客户新增 169 万户，E 商贸通新增商户 6 户。三是抓好重点产品营销，推动中间业务快速健康发展。转变中间业务增长方式，变授信牵动为产品牵动，重点发展账户收支控制与余额管理、单位人民币结算卡、国内保理、融资租赁、企业年金等产品，创新推出“回款通”产品，增加入账渠道。依托融资租赁业务和资产收益权类理财产品，推进新型财务顾问业务收入快速增长，成功为广西方元电力融资 5 亿元租赁资金，承销发行了广西区域第一笔非公开定向发债和第一笔短期融资债券。大力发展纯服务类中间业务产品，重点发展全过程造价管理、资金监管等产品，全年实现工程造价咨询类业务收入 2.53 亿元，优化理财产品销售结构，全年销售理财产品 786.2 亿元，实现专户理财中间业务收入 3 965 万元，增速系统内排名第四位。加大信贷调整力度。一是重点支持自治区“14 + 10”产业体系中的优质客户和项目，优先支持区内在建续建重大基础设施、交通能源、节能减排、环境保护项目。二是依托“民本通达”平台，拓展文化产业的龙头客户和优质项目，保持学校、医院贷款业务市场份额第一。三是优化自营业务和房改金融业务的互动组合，重点满足自住房的购买需求。四是把支持小企业、小微企业作为服务实体经济的重要着力点，进一步完善小企业产品体系和服务流程。2012 年小企业非贴贷款新增 6.84 亿元，增速达 17.33%，高于各项贷款平均增速 6.09 个百分点。五是加快发展国内保理、信用证、融货通等能有效满足客户融资需求、提高综合收益的贸易融资业务。六是关注消费金融领域的信贷需求，首年推广现金分期、车位分期业务，积极推动个人消费经营类贷款发展。

【加强基础建设，提升综合服务水平】加强渠道建设，新增 1 个城区营业网点，完成低产网点搬迁 12 个，新设 7 个县支行。加大县域营业网点装修力度，提升县域网点服务客户能力。加强私人银行专业渠道建设，新建财富中心 5 家，全区私人银行专营机构 6 家。加大自助设备布设力度，安装自助设备 580 台。拓展电子银行渠道，新增电子渠道代缴费项目 35 个；加大创新力度，开通企业网上银行公转私业务，与区内知名大医院联合推出具有金融和健康服务功能的金融 IC 卡——“八桂健康龙卡”。提升客户满意度，落实“营业网点九项客户服务措施”和“理财中心四项客户服务措施”，配置标准化便民设施，开展营业网点服务流程优化项目，录制推广各服务岗位标准场景视频，开展“客户接待日”活动，组织营业网点神秘人调查和整改活动，促进服务质量和服务水平持续提升。

【加强基础管理，提高风险内控水平】主动应对龙江镉污染等重大信用风险事件，保障信贷资产安全；压缩低效、无效经济资本占用，比上年节约 4.65 亿元；持续开展柜面业务规范操作专项治理，加强员工行为排查，加强安全检查，完成深化前后台分离项目推广上线，全年无新案件和重大违规事件发生；做好十八大期间和新设县支行安全维稳工作，维护和谐稳定局面；稳步推进“六五”普法工作，全行化解法律风险的能力得到提升，民事诉讼仲裁案件胜诉率达到 97.8%；开展屡查屡犯专项治理“亮剑”行动，年末整改率达到 99.3%，提高 1.5 个百分点；强化声誉风险管理，做好舆情监测与应对；严密监控各基础系统、业务系统运行状况，系统运行保持稳定。

【加强党建、队伍建设】抓好党的十八大精神学习，持续推进创先争优活动，落实党建量化考核，规范基层党组织设置，组织开展岗位职务公开选拔，提高干部队伍的活力和竞争力；加强人才队伍梯队建设，选派 13 名优秀员工挂职锻炼；对外积极履行社会责任，做好定点挂钩扶贫村帮扶工作，捐赠 16 万元专项资金；推进“成长计划”、“成才计划”、“英模母亲”三个公益项目实施；对内构建和谐氛围，深入开展“解放思想、建言献策、加快发展”大讨论活动，落实关爱员工“36 条措施”，为 174 名困难员工发放救助金 114.9 万元，员工满意度进一步提高。

执笔：冀用武　彭瑞娟

海南省分行

海南省分行行长　梁福成
(2012 年 12 月免，改任资深专家)

海南省分行行长　张中科
(2012 年 12 月任)

一、业务发展概况

【经营效益】2012 年，海南省分行实现主营业务收入 18.80 亿元，比上年同期增加 1.95 亿元；实现税前利润 9.17 亿元，净利润 6.86 亿元，分别完成总行计划的 93.40%、90.94%；实现经济增加值 4.58 亿元、完成总行计划的 89.08%。

【负债业务】全行全口径存款余额 658.55 亿元，当年新增 16.44 亿元，完成总行计划的 20.55%。一般性存款余额 656.9 亿元，当年新增 15.49 亿元，完成总行计划的 19.36%。其中，企业存款余额 408.52 亿元，当年新增 -9.79 亿元，完成总行计划的 -19.57%；个人存款余额 248.38 亿元，当年新增 25.27 亿元，完成总行计划的 84.24%。

【资产业务】全行各类贷款余额 273.49 亿元，当年新增 27.43 亿元，完成总行计划的 83.04%。其中，人民币非贴现公司类贷款余额 179.51 亿元，当年新增 16.80 亿元，完成总行计划的 62.46%；人民币个人类贷款余额 84.76 亿元，当年新增 8.79 亿元，完成总行计划的 283.58%。

【战略和特色业务】国际业务发展加快，对公外汇业务净收入 2 353.63 万元，同比增长 2.41%。信用卡与电子银行业务持续发展。信用卡新增发卡 3.3 万张，净新增户 34 709 户，完成计划的 138.8%，计划完成率位居全国建设银行第 6 位。电子银行客户 154.96 万户，同比增长 63.64%；实现电子银行业务收入 2 067.54 万元，同比增长 50.36%。造价咨询业务保持优势，全年实现收入 1 494.41 万元。

【中间业务收入】实现中间业务净收入 2.97 亿元，较 2011 年同期减少 357.6 万元，增幅为 -1.19%，完成综合经营计划的 82.27 %。

【资产质量】按五级分类口径，关注类贷款余额 3.84 亿元，比年初下降 0.8 亿元；不良贷款余额 3.84 亿元，比年初下降 0.55 亿元；不良率为 1.41%，比年初下降 0.38 个百分点。

二、主要工作举措

【加大市场营销力度，促进各项业务稳步发展】一是负债业务保持增长。积极落实总行“三大一高”战略，制定分行重点行“一行一策”实施方案和“百家重点客户”营销方案，重点营销省政府“项目建设年”部署的 226 个重点项目，

2012年11月23日，海南省分行和解放军总医院海南分院在三亚举行“银医一卡通”合作签约仪式。

组织开展增存吸储营销活动，全力推动存款增长。个人存款抓好重点时段增存工作，认真组织开展旺季营销，大力拓展代发工资户，拓展CTS客户市场，下发8.52万CTS客户名单至分支行，并根据名单开展精准营销活动。二是资产业务稳健发展。重点抓好优质项目贷款发放，加快推进小企业信贷业务发展，积极拓展保障性和消费信贷市场，促进资产业务稳健发展。重点保障华能东方电厂、东环铁路、海南电网等省重点项目13个，累计信贷投放48.13亿元。全年实现人民币对公非贴现贷款投放16.80亿元，人民币各项贷款新增完成总行计划的87.74%。个人贷款逆势增长，新增额占比位居四大行第1位。三是机构业务扎实推进。先后成功营销文昌卫星发射中心国防总建设单位和总指挥部、海军南航部队、北京301医院海南分院等客户。全年军警账户新增7户，完成计划的350%，存款12.42亿元，比年初新增5亿元，完成计划的503%。成功与省政务中心签订合作协议，独家代理网上招标业务；与海南省人民医院合作开发的MISPOS系统和健康龙卡系统上线运行，为海南省首家由银行发卡的“银医一卡通”服务。四是国际业务发展迅速。紧紧把握海南跨境人民币结算试点的有利时机，积极推进业务转型。加大对洋浦保税港区内的国际物流、国际贸易、进出口加工业产业链客户拓展力度。全年实现对公外汇业务净收入2 353.63万元，同比增长2.41%；跨境人民币业务同比增长94.93%，业务品种涵盖汇款、海外代付以及进口开证等多项产品，跨境结算量10万元以上客户同比新增7户。五是信用卡与电子银行业务持续发展。一方面，加快客户发展，扎实推进网点发卡，加大优质客户的营销力度，积极拓展商户收单及分期业务。全年全行信用卡累计发卡12.6万张，其中本年新增发卡3.3万张，考核口径净新增客户34 709户，完成KPI计划的138.8%，计划完成率位居全国建设银行第6位；另一方面，积极开展电子银行业务营销活动，促进电子银行客户规模持续扩大，交易量与交易额快速增长，业务收入大幅提升。截至2012年末，全行电子银行客户数达到154.96万户，比上年同期增长63.64%；电子银行业务收入达到2 067.54万元，比上年同期增长50.36%，完成计划的103.38%。六是依托建设银行资产负债资源，加大市场营销、强化业务服务，促使造价咨询业务持续健康发展。全年累计完成工程造价咨询业务量50.36亿元，实现工程造价咨询业务收入1 494.41万元。

【加大不良贷款集中经营力度，提高不良贷款处置成效】一是开展呆账核销、抵债资产收取与处置、减免息，对近两年内外部审计检查发现问题的整改情况进行专项检查；二是进一步加强督促指导各经办单位做好不良个贷处置工作。全年“十大关注”客户贷款共处置4.7亿元；全年累计处置个人类不良贷款5 426万元，完成总行计划的180.87%。

【完善绩效考评体系，强化成本收益管理】一是扎实推进绩效管理项目试点工作，探索上下级之间较为有效的绩效计划沟通、绩效辅导、绩效反馈等途径和方式、方法。二是规范采购操作，全年实施集中采购项目121个，预算金额1.45亿元，实际采购金额1.41亿元，节约资金429.32万元，平均节约率为2.96%，其中竞争性谈判项目66个，占采购项目总数的55%。

【加强服务渠道建设，全面提升服务水平】一是加强网点建设。全年共完成4个新设机构行内审批，完成率为100%；共启动装修项目16个，开工率为100%；共购置网点3个，自有率从年初的58.22%提高到61.44%。二是加强服务管理基础工作，制定个人客户问题处理管理实施细则，制定营业网点服务环境规范标准和营业网点员工着装标准。三是采取统一采购取款袋（信封）、通过网点 LED 显示屏播放网点业务等措施，落实总行网点十三项客户服务措施。

【加强内部基础管理，增强风险防控能力】一是加强全面风险管理。推进风险管理体制改革，建立全面风险管理责任制，明确各个层级责任，布置各项风险排查，夯实全面风险管理基础；构建梯次监督体系，将关键风险点融入各条线常规检查，选择重点地区行或管理薄弱行进行抽样监督和帮扶管理。推动评估评价中心组建事宜，进一步提高评估质量和效率。实现连续三年无案件、无重大责任事故发生。二是规范法律合规管理。建立有效的合规管理长效机制，切实化解省行的法律风险。配合海南银监局不规范经营专项治理等 5 个项目的现场检查工作，加强与监管部门的沟通协调，现场检查发现问题整改率为 100%。全年共上报可疑交易报告 32 100 份，涉及金额 1 423亿元。全年完成法律性文件审查 316 份，规章审查 53 件，出具法律意见书 15 份。三是加强会计与营运管理。完成深化前后台业务分离项目全辖推广，提高了网点总体效能。2012 年第一季度前顺利完成了全行 82 个营业机构前后台业务分离项目的推广上线，COS_ T 系统全年处理业务 62 万笔，有效减轻了前台柜员交易核算的工作量和风险压力。2012 年省分行信息统计工作在中央银行组织的海南省金融机构统计和调研分析工作评比中荣获海南省金融统计工作一等奖。四是加大纪检监察工作力度。狠抓案件防范各项工作的落实情况，重点抓好《案件防控工作责任状》的层层签署和逐级落实。全年共对省分行党委组织部提交的 53 名拟交流或新任职人员进行核查，对人力资源部下文任命的 48 名领导人员进行廉政谈话。全年对集中采购招投标和商务谈判实施监督 121 项次。全年共组织开展集中排查 4 次，员工参与排查 9 095 人次，平均排查率为 97. 87%。五是加强安全监督管理。加强营业办公场所、自助设备、计算机房等重点要害部位的安全管理，加强对所辖机构监督检查，妥善处置突发事件。全年成功堵截案件 13 起，协助抓获诈骗嫌疑人 12 名。组织开展防风防汛水灾演练、火灾疏散演练，不断提高安全意识。发挥分行监控报警中心远程查询功能的作用，营业场所、ATM 监控设施设备覆盖率达 100%。利用远程监控报警联网中心开展安全检查，全年共处理各类事件 3 518 件。

【加强领导班子和员工队伍建设，为全行的改革发展增添动力】一是坚持德才兼备、注重实绩、群众公认原则，完成 60 名领导人员的任职及交流工作，其中提拔聘任在职领导人员 25 名，新聘任领导人员 12 名，平职调整交流 23 名。二是落实分行党委关于加强青年管理后备人才培养要求，通过选派 17 名后备人才到市县支行挂职锻炼。三是配合总行完成分行副行级领导后备推荐选拔工作，共产生 9 名副行级领导后备人才。四是落实各级各类培训计划，全年共实施培训项目 1 049 个，参训人数 29 575 人次。

【加强党的建设和企业文化建设，维护分行和谐稳定】一是加强党的建设。一方面，认真学习贯彻党的十八大精神，抓好各级党组织的十八大精神学习贯彻；另一方面，深入推进省分行本级“为民服务创先争优”活动，对本级党建工作与理论学习情况进行检查评比。二是推进文化建设。“两节”期间送温暖活动共惠及困难职工 345 人，发放慰问补助金 31. 53 万元；全年共对 903 名符合救助条件的特困协解人员进行救助，发放救助金 121. 79 万元。三是多举措化解信访矛盾，着力解决遗留问题，化解新矛盾。

执笔：李惠民

四川省分行

四川省分行行长　曾益

一、业务发展概况

2012 年，四川省分行实现拨备前利润 102.3 亿元，突破百亿大关，增速达 25.9%；实现经济增加值 49.9 亿元，增速达 41%；一般性存款余额 5 634.5 亿元，增长 739.9 亿元，余额四大行占比为 28.6%，提升了 0.2 个百分点；各项贷款余额 2 672.2 亿元，新增 316.6 亿元。

【公司业务】企业存款保持了较快增长，余额 3 184.5 亿元，新增 381.8 亿元，增速为 13.62%，余额占比保持同业首位。其中机构类存款余额 1 575.72 亿元，较年初新增 180.69 亿元，余额和新增额均居同业首位。公司类贷款余额 1 919.88亿元，较年初新增 196.42 亿元，严格控制在总行计划内，其中非贴贷款余额 1 911.77 亿元，较年初新增 199.28 亿元。客户基础进一步夯实，全年新增结算账户 20 458 户，增速达 24.3%，四大行占比提升 1.2 个百分点。

【个人金融业务】个人存款实现较大幅度增长，余额 2 450.11 亿元，较年初新增 358.18 亿元，余额位居系统内第 6 位，较上年提升 1 个位次；网均存款 3.87 亿元，位居四大行首位；个人客户和 AUM 规模快速提升，有资产个人客户 1 095.35万人、AUM 3 023.87 亿元，分别较年初新增 87.14 万人、428.04 亿元；重点产品收入继续保持竞争优势，其中借记卡收入、个人结算收入和收单收入分别位居系统内第 2、第 3、第 3 位；代理基金收入稳居四大行第一，四大行占比为 62.52%。个人类贷款余额 752.3 亿元，较年初增加 120.2 亿元，增速达 19.02%；新发放个人贷款覆盖 4 个以上产品的比例为 97.1%，系统内排名第 4 位；个人贷款不良额 1.12 亿元、不良率为 0.15%，分别较年初下降 3 047 万元和 0.08 个百分点。

2012 年 5 月 7 日，四川省分行与成渝公司签约，办理了目前省内单笔最高金额跨境人民币融资业务。

【中间业务】实现中间业务净收入 33.91 亿元，同比增长 5.6 亿元，增速达 19.6%，高于系统平均水平 11.4 个百分点，计划完成率为 101.4%。其中，对公条线实现净收入 16.9 亿元，总行计划完成率为 101.6%，个人条线实现净收入 17.0 亿元，总行计划完成率为 101.1%。中间业务收入四大行排名第 2 位，较上年提升 1 位，市场占比为 27.1%，提升了 0.7 个百分点。

【国际业务】强调产品创新和市场把握能力，多策并举发展国际业务。全年完成国际结算量 157 亿美元，同比增长 24 亿美元，增幅达到

18%；实现跨境人民币结算量43.06亿元人民币；国际贸易融资手续费收入、代客资金业务收入分别实现6 388万元、10 374万元，均居同业首位。

【资产质量与风险控制】不良贷款继续实现“双降”。不良贷款余额17.78亿元、不良率为0.67%，分别下降了5.57亿元和0.33个百分点，资产质量创近几年最好水平。全年未发生案件、重大违法违纪事件、重大责任事故，实现了“三无”目标。

2012年6月26日，四川省分行与宏华石油设备公司举行出口信保项下融资暨战略合作签约仪式。

二、主要工作举措

【夯实客户基础】在对公业务方面：一是抓账户扩面。以园区入驻企业、集团客户成员单位、成都天府新区和北改项目入驻企业等“五类账户”为突破口，组织开展“拓有效客户、抓战略商机”营销竞赛，按日监控存款指标变化，按月督导账户开立情况，优化开户流程、优惠开户费用，全年新开立单位结算账户近3万户，其中基本结算账户占比为60.2%，账户总量突破10万户。二是抓客户突破。向重点客户要效益，全面梳理29个重点行业、170个核心目标企业，强化激励约束，加强营销攻关，新拓展了华西医院基本户等一批关键账户，成功承接了中央补助资金、二滩公司增资款、广南高速保险资金、泸州兴泸集团企业债等大额资金280亿元，与支付宝等12家第三方支付机构建立了业务关系，累计向四川大学、电子科大等10所高校发行“校园卡”11万余张，三是抓资金循环。一方面，总结前期交通、烟草等行业的营销经验，加强资金流向分析监控；另一方面，继续推进社保、财政资金业务空白点“攻坚战”，新开立社保账户66户，发行社保联名卡4.7万张，成功介入泸定、名山县财政业务，开立各级财政账户147户，在分行有网点地区财政业务、市州本级社保账户覆盖面分别达99%和95%。经过不懈努力，6月末成功扭转了对公存款的被动局面，并保持了稳中有升的发展势头。在对私业务方面：一是提前部署启动“旺季营销”，做到有目标、有计划、有方案、有组织。第一季度储蓄存款新增288亿元，系统内排名第3位，实现了“开门红”。二是努力夯实客户基础，着力拓展金融IC卡、代发工资、保本理财产品，积极推进低贡献客户挖潜，全年新增有资产个人客户87万户，其中代工个人客户新增27万户。三是巩固拓展中高端个人客户，落实分层管理，定名单、定范围、定目标，加强个人客户经理队伍建设，主动做好营销、服务工作。2012年，个人富裕客户、私人银行客户分别新增4.3万户和438户，AUM新增贡献占比为62.4%，VIP客户保有率提升了3.4个百分点。

【推进结构调整】一是做实基础类、销售类等传统产品，逐项建立产品台账，加强公私联动营销，不断挖掘客户潜力。2012年全行共有银行卡及收单、代理保险等11项产品收入过亿元，其中CTS、代销基金等8项产品收入同业排名均为第1位；共实现资产相关类中间业务收入9.8亿元，增速达49%。二是加快产品创新和战略性业务发展。全年共签订中期票、短期融资、私募债等债券承销协议176亿元，累计发行各类理财产品318亿元；实现电子银行收入2.3亿元，增速25%；信用卡净增卡量36万张，实现分期交易额43.6亿元，增速达236%；成功营销了系统内首笔10亿元跨境人民币融资业务，带来中间业务收入2 600万元。三是重点加大对民生领域的投放力度，教育、卫生行业贷款余额位居四大行首位。目前，全行小企业非贴现贷款余额124.3亿元，新增30.6亿元，均居系统内西部各行首位；助业贷款较上年新增8.5亿元，增速居系统内首位，开办机构覆盖面达到72%。

【优化经营机制】一是始终坚持以效益为中心，把资源更合理地配置到客户、产品、渠道等

2012年12月12日，四川省分行与四川联通推出联通龙卡IC信用卡发布暨联通合约产品分期预定启动仪式。

价值创造的前端环节，设置市场占比调节系数、激励费用与计划完成情况、综合竞争力挂钩，积极营造“比学赶超”竞争氛围。一方面，大力拓展活期存款，特别是中小结算户、小额无贷户；另一方面，以经济资本回报率为指导，强化客户选择、产品覆盖、押品管理，实施差别化利率政策，对新增贷款和到期续贷逐一议价，最大限度减少无效经济资本占用。二是结合城市发展规划，优化渠道布局，全面梳理网点建设选址、立项、审批、设计、验收等17个业务环节，并加强每周监控进度。对面积较大、结构复杂、设计考究的项目由省分行、分支行和设计公司三方会审，缩短建设周期；在物流集散地、交通枢纽以及县镇无网点辐射的核心区域，加大自助设备布点，动态调整运维团队行车路线和维护时间，合理安排加钞清机周期，提升运维效率。全年新增自助设备789台，开机率为97.8%，自助设备账务性交易量比68.4%，较上年末提升了4个百分点。三是注重集约化、精细化发展，加快推进业务集中处理，不仅完成了支票类提示付款、同城票据交换提出等8项业务的前后台分离，还使对公柜面58%的结算业务量实现了后台集中处理。

【加强风险防范】一是从客户、区域、业务三个维度，对客户信用、营运、产品与服务等8个重点风险区域开展全面排查，落实风险管理责任，持续跟踪督办和定期沟通，提高风险防控实效。二是密切关注房地产、多晶硅、钢铁、化工等敏感行业的变化，加强研究分析，实施动态排查，主动做好授信方案重检、押品管理等工作。一方面，果断清退了26户钢贸企业，确保风险有效控制；另一方面，严防地方政府融资平台风险，全面排查52户存量融资平台的银行贷款情况、到期贷款结构、其他类型债务偿还情况等。同时，制定“一户一策”管控措施，确保了上述行业到期贷款159亿元的足额回收。三是加强重点客户风险管理，将“30大”重点关注客户、担保合作机构、小企业、异地贷款客户等作为风险排查重点，关注企业生产经营、账户资金流向、企业主资信等情况。

【加强案件防控】一是狠抓突出风险防治。高度关注柜面违规操作等风险领域。针对审计发现、风险提示及总分行关注的重点问题，一方面，推广柜面业务“飞行、顶岗”模式，对26个分支行开展现场检查，发现问题192个，提出建议119条；另一方面，以员工参与社会融资、高风险投资等为重点，扎实推进案件专项治理，及时纠正不良行为。二是注重机控手段运用。通过加快推进远程监控联网，实现了对32个分支行营业网点、自助设备的实时“非现场”监控。三是完善整改长效机制。通过强化部门、条线和行际间的协作联动，定期通报、按季度追踪核查未整改问题，并针对不同类别，深入剖析原因，推进普遍性、典型性问题系统整改，力戒屡查屡犯、此查彼犯现象，审计发现问题追踪整改率达99.3%。四是认真落实从严问责。针对管理中的新情况、新问题，及时增补轻微违规积分标准21项，继续实行问责备案审查制，上收二级分支行问责权限。2012年，全行共查处违规失职行为为37起，追究责任人75名，其中纪律处分22人，轻微违规行为积分9 173分，较上年增长40.3%。

【推进班子队伍、企业文化建设】一是加强各级领导班子建设，坚持正确用人导向，注重选拔、培育优秀年轻干部，大力提升干部队伍的综合素质。二是关心员工成长和职业发展。结合业务发展需要，在修订完善对公结算人员等级管理办法和健全对私零售人员“三大星级管理”体系的基础上，积极开展差异化技能培训，鼓励员工积极参加各类专业认证考试。三是坚持党建与业务工作同安排、同部署。

执笔：谭永相

重庆市分行

重庆市分行行长　李果

一、业务发展概况

2012 年，重庆市分行一般性存款余额 2 049 亿元，四大行占比为 26.13%；日均新增 227 亿元，时点新增 246 亿元，位居四大行第 2 位，四大行占比为 26.01%，较上年提升 3.9 个百分点。各项贷款余额 1 761 亿元，新增 278 亿元，控制在总行下达控制计划内。实现税前利润 48.6 亿元，同比增加 8.3 亿元；实现经济增加值 23.95 亿元，同比增加 4.43 亿元。年末不良贷款余额 5.91 亿元，减少 1.04 亿元；不良贷款率为 0.34%，下降 0.13 个百分点。

【公司业务】企业存款余额 1 154 亿元，四大行占比为 28.64%，较年初提升 0.17 个百分点；新增 134 亿元，四大行占比为 30.06%，较上年提升 8.05 个百分点。公司类人民币贷款余额 1 071 亿元，较年初新增 84 亿元，增幅为 7.8%。公司机构客户（年日均存款非零余额）新增 1.3 万户，增速达31%，高于系统内平均水平 12 个百分点。对公基本账户数 50 433 个，当年新增 13 667 户，余额超越农业银行、工商银行跃升四大行第一。

2012 年 2 月 19 – 21 日，重庆市分行召开 2012 年工作会议。

【个人金融业务】个人存款余额 895 亿元，四大行余额占比为 23.43%，较年初下降 0.09 个百分点；比年初新增 112 亿元，四大行新增占为比为 22.76%，较上年提升 0.74 个百分点，完成总行年度新增计划的 107%。零售类贷款余额 694 亿元，占贷款总额的 41.6%，较年初提升 1 个百分点。其中小企业贷款增长满足“两个不低于”监管标准；信用卡专项分期新增 10 亿元，增速达 355%。个人资产客户（AUM 大于零的客户）新增 52.8 万户，增速达 12.25%，高于系统内平均水平 3.3 个百分点。

【房地产业务】个人住房贷款余额 534 亿元，在四大行中排名第 1 位；新增 68.8 亿元，在四大行中排名第二。委托性住房资金存款及公积金贷款余额分别为37.49亿元、161.78亿元，公积金贷款余额市场占比为50.94%。

2012年9月18日，重庆市分行与安诚财产保险股份有限公司“中小企业信贷履约保证保险业务”合作协议签约仪式在重庆举行。

【中间业务】实现中间业务净收入19.68亿元，同比增长1.14%；四大行占比为29.93%，较上年末提升2.99个百分点，排名位居四大行第2位，较上年末上升1个位次。其中造价咨询收入增幅达77%；银团贷款收入增幅达179%；新型投资银业务行收入4.04亿元，排名位居四大行第1位，增速达84%，在系统内排名第5位。

【国际业务】全年国际结算类比上年增加32%，外汇资金类增幅为46%；国际结算量149亿美元，同比增加49亿美元，增幅为50%；跨境人民币结算111.8亿元，市场占比在系统和同业均排名第2位；贸易融资余额16.69亿美元，在四大行中排名第2位，增速达276%。

【资产质量和风险控制】不良资产额6.64亿元，不良资产率为0.29%，其中不良贷款余额5.91亿元，降低1.04亿元；不良贷款率为0.34%，下降0.13个百分点。计提贷款损失准备5.27亿元，拨备覆盖率达716%。2012年操作风险管理评价得分居系统内第2位，内部控制评价得分列系统内第5位。

二、主要工作举措

【注重直接经营和源头推进】强化直接经营抓重点，研究制定集团客户直接经营方案，由分行领导挂帅对131户重点客户营销600余次，围绕68家核心企业推动上下游供应链融资产品，锁定三峡后续工程近300亿元资金源头及体内流转，成为海关系统的主办银行，推进重点“央企入渝”项目账户55亿元资金的落户，归集企业债、公司债资金100亿元，代理政策性银行、资产管理公司资金40多亿元。抓住源头拓客户，制定招商引资客户、IT产业链营销指导意见，梳理103户招商引资客户和200户重点IT代工企业配套企业名单，加强财政系统营销，推广“工商验资通”系统，挖掘对公客户。以源头营销拆迁和工资代发业务、加强个人条线内部联动、销售理财产品、推广结算通卡等为抓手，拓展个人客户。全年公司机构客户新增1.3万户，系统内排名第10；个人有资产客户新增52.8万户，增速为12.2%，系统内排名第4。

2012年10月30日，重庆市分行与中国人民解放军第三军医大学签署战略合作协议。

【注重产品创新和结构调整】加强产品创新应用，保障房基金、优选项目基金财务顾问项目在系统内率先开办；三峡库区发展基金、资本市场财务顾问、债券承销等项目顺利推进；创新“保理池融资”等产品，加强“国内保理、信用证、银行承兑汇票+固定资产贷款”产品的组合应用；巩固造价咨询等传统产品潜力；快速做大分期付款规模；贸易融资业务增速系统内排名第1；信用卡分期为上年的5.6倍。调整优化信贷结构，提高大中型公司客户议价能力，推动贷款向符合总行导向、信用等级高、缓释措施好等低资本占用的客户和产品集中。A级及以上客户占比达到97.43%，信用方式贷款占比不到25%；零售类贷款余额占比提升2个百分点；个人贷款在巩固个人住房贷款优势地位的同时，个人消费经营类等收益较高的贷款新增占比提高 6.25 个百分点；深入推进 RAROC 工具在信贷流程中的应用，各项贷款经济资本占用比例系统内排名第 7 位。

【注重渠道建设和战略业务拓展】加强渠道建设，新设营业机构 22 个、优化搬迁 5 个、升格 12 个，与工商银行网点的差距由 66 个下降至 52 个；新设离行式自助银行 25 个、自助设备 168 台；企业网银、个人网银、个人手机银行新增均居四大行第 1 位。电子银行账务性交易量比提升 10 个百分点。万州村镇银行在 11 月顺利开业。积极拓展战略性业务，信用卡客户净新增 13.7 万户，发卡新增 17.5 万张；取得重庆市金融社保卡规划发卡量 500 万张，同业中城镇居民占比最高、结构最优，当年新增发卡 170 万张，系统内排名第 2；公务卡新增发卡 2.73 万张，新增市场排名第 1。CTS 个人客户新增 5.3 万户，客户总数及新增重回市场第 1；主城区公积金联名卡市场份额达到 39%；养老金业务快速增长，超额完成各项计划指标。

【注重机制改进和流程优化】改进业务推进方式，细化分层营销，强化市分行在集团客户营销中的牵头主体作用以及在中小企业营销中的整体组织、过程监测、帮扶指导作用，切实发挥各支行在中小企业营销中的主体作用以及在集团客户营销中的日常维护职责，加强一体化经营和联动；选择 4 个网点开展“三综合”试点工作，梳理 23 个种类 107 个子项的业务流程，将电子同城、电子渠道落地处理、信用卡进件等上收至分行后台，将信用卡分期、个人类贷款、小企业“善融贷”产品下沉至网点；坚持“全员考核、压力均等”的导向，建立分行经营部门和经营中心业绩考核体系，对分支行实施分组考核。优化信贷业务流程，对“6+1”行业客户和新客户外的所有客户实行批量准入；建立项目评估提前介入跟踪机制，优先安排、提前介入重大项目；完善授信申报审批计划管理，建立“预报告”、“预沟通”和重点客户的“预审批”机制，适度扩大会签审批范围，统一小企业申报、受理、审批标准；强化沟通、督导，建立风险条线与经营条线定期沟通会商机制，在公司部和审批部分别按片区组建支持团队。全流程审批平均耗时 1.51 个工作日，同比下降 14 个百分点。

【注重资产质量和安全防范】强化资产质量管控，修订重大信贷风险事项报告制度，将报送范围扩大为单户 500 万元以上出现重大风险事项的客户，建立按季度实地现场调查的按揭楼盘监控机制，从严格按揭楼盘准入、补充完善客户联系方式、关联借款人扣款账户与收入账户等方面入手控制个人贷款逾期；加强政府平台、房地产、多晶硅等重点领域的风险防控，加大不良处置力度，消除关注类贷款的风险瑕疵，主动退出劣质客户。保障安全运营，建立全面风险管理责任制；细化制订柜面操作风险控制、自助设备和金库及上门收款业务检查等电子手册；启动“分层监控、共同协防”的远程监控运行模式；建立操作风险管理信息台账制度；搭建“员工职业操守教育培训平台”；组织开展存款、银信合作等八个方面的全面风险排查；抓好“两会”、“十八大”期间的信访维稳和声誉风险防范，制订 98 个应急预案，开展 355 次应急演练；加强员工行为排查，加大重点区域安全检查。实现了全年无案件、无重大违规违纪事件、无重大安全责任事故的目标。

【注重转变作风和队伍建设】改进工作作风，注重理论联系实际，班子成员到基层调研 60 余次，召开 21 次座谈会与 400 多名员工座谈，切实解决调研发现问题和分支行、员工的实际困难。深入推进基层行领导坐班制，开办《坐班工作简报》，交流坐班体会，提出工作改进建议 36 条。加强党风廉政建设，建设“公开、公平、公正”的集中采购阳光工程。对 13 个分支行进行巡查，按季度逐行发布支行业务发展诊断书，对业务发展不理想的分支行领导班子约见谈话。完善培养机制，召开全行人力资源工作座谈会，制定加强青年干部培养的若干意见，确定 3 年目标；制定《关键业务岗位资格认证标准》，对客户经理等关键岗位提出针对性的能力素质要求；开展青年员工跨层级多岗位交流锻炼 107 人次，选派 25 名基层行员工到分行主要业务部门进行 3 个月以上的跟班培训；加强基层行领导班子结构分析并推动领导人员多岗位交流锻炼，调整领导人员 96 人次；集中举办培训项目 142 期，培训 13 949 人次，提高员工业务技能。切实关爱员工，坚持每年为基层一线员工解决一项具体问题，为每个网点配备两台空气净化器；细化出台 15 条关爱员工举措，提升员工的归属感；扩充互助基金增资渠道，发放慰问补助52.5万元；开展受灾送关怀、网点盛夏送清凉活动和特困老党员、离退休职工、劳模、困难员工慰问活动；关心生病住院员工，开展女工关爱活动，关注员工子女的教育成长；14个文体协会开展266次活动，举办37次内外部联谊比赛，丰富了员工的文化生活，舒缓了员工的工作压力。

执笔：李公璞

贵州省分行

贵州省分行行长　吴民豪

围绕"五个抓好，五个突出"（抓好存款贷款，突出项目落实；抓好客户账户，突出"三大一高"；抓好产品销售，突出综合经营；抓好中间业务，突出战略转型；抓好内控案防，突出日常管理），KPI考核排名第一，等级行评定排名第22位，首次进入二类行，实现了历史性突破。

一、业务发展概况

【主要业务指标完成情况】一般性、企业、个人存款新增均超全年计划。一般性存款余额1 606亿元，四大行占比提升0.43个百分点，达到31.88%；时点新增251亿元，增幅达18.51%，高于系统平均水平4.86个百分点，计划完成率排名系统内第5位，日均新增计划完成率排名系统内第2位；其中企业存款新增129亿元，个人存款新增121亿元。各项贷款余额1 030亿元，新增158.46亿元，增幅达18.19%。盈利能力持续增强。实现税前利润30.25亿元，增幅达35.17%，完成计划的115.5%，在四大行中排名第一；经济资本回报率31.89%，同比提升6.9个百分点；贷款收益率排名系统内第9位，存款付息率第2位，存贷利差第3位。

资产质量不断向好。不良贷款余额3.82亿元，减少3.54亿元；不良贷款率为0.37%，下降0.47个百分点；累计处置各类不良资产6.91亿元，不良资产现金回收3.94亿元，分别完成计划的151%和234.74%；连续两年荣获贵州省银行业金融机构信贷政策导向效果综合评估第2名。

2012年4月1日，贵州省分行与华创证券公司签订全面合作协议，联手为贵州省改制上市企业提供全面的综合金融服务。

【公司业务】一是支持重点，加快转型。累计投放对公贷款352亿元，其中向基础设施、能源、装备制造等行业发放贷款257亿元，向教育、医疗、社保、环保、文化及保障性住房等民生领域发放贷款36.5亿元。二是主动跟进签约项目，加快项目转化落地。召开三次全省重点项目对接会，对列入备忘录40个项目已签订借款合同260

亿元，发放贷款155亿元。三是大力支持小微企业发展。新增小企业客户45户；小微企业贷款新增37亿元，增幅达62%。

【个人金融业务】个人客户增长135 721户，私人银行客户新增254人，增幅分别排名系统内第2位和第6位。借记卡新增119.57万张，发行省内首张手机支付联名卡“移动银联龙卡”。信用卡客户新增11.11万户，实现专项分期交易额2.56亿元，同比增幅达163.46%，收单商户净增402户，计划完成率超过200%；个人贷款新增36亿元。

【中间业务】实现中间业务净收入11.6亿元，计划完成率排名系统内第八位，同比增速20.57%，排名系统内第五位；四大行占比为32.67%，较年初提升1.56个百分点，保持四大行第二。累计销售产品396亿元，代理保险销售增幅排名系统内第1位，代理机构业务、代销基金、代理保险等八项产品收入排名四大行首位。

【机构业务】大力巩固省级财政综合优势，实现黔东南州本级、毕节七星关区等7家县市财政集中支付代理业务突破。新增社保账户28户，计划完成率为116%；新增民生领域账户116户，计划完成率为466%；新增零余额账户513户，计划完成率为171%。取得贵州省直及9个地市金融社保IC卡发卡资格，发卡38万张，排名系统内第11位。吸存中央和省级交通、水利、教育等大项目资金269亿元，占省级财政同期支出的33.7%。

2012年11月15日，贵州省分行与西南能矿集团股份有限公司举行战略合作协议签字仪式。

【国际业务】外汇一般性存款新增2 182万美元，计划完成率为226.61%，外汇对公存款余额及新增四大行占比分别为45.65%和48.1%，排名第一。实现国际结算量18.3亿美元，增幅达36.44%。推出“存得利”、“欧贷盈”等新产品，办理首笔跨境人民币信用证换币转通知业务，办理首笔网银自主结汇交易。

【电子银行业务】电子银行账务性交易量比达到60.63%，排名系统内第14位，提升20.07个百分点；排名系统第一位；成功为贵州白酒交易所搭建E商贸通系统；首批推荐企业成功入驻“善融商务”商城。企业网银高级客户新增、个人网银客户新增、手机银行客户新增居四大行首位。

【住房金融业务】公积金贷款新增37.8亿元，余额同业占比57.3%，提升0.37个百分点；住房资金存款稳居同业首位；成功夺得贵州省首批住房公积金项目贷款受托承办业务独家承办权，实现发放公积金支持保障型住房建设项目贷款4亿元。

【新兴业务】产品流程创新充分利用总行试点行的政策支撑，实现新农村贷款投放，首创军品订单融资业务，实现定向保理、工程保业务等多项供应链融资新产品以及黄金租借的突破。投资银行业务发行理财产品181亿元，其中争取总行直接融资、发行理财产品等方式解决省内重点企业项目融资需求48.98亿元，实现债券承销零的突破。小企业业务单户非贴现贷款余额1 000万元和500万元客户数占比分别为93%和80%，分别提升3个和4个百分点。养老金业务领先同业，夺得全省唯一新增的养老金单一计划账户管理和受托双资格。

二、主要工作举措

【做好“基层组织建设年”工作】一是积极开展“学先进、见行动、作贡献”活动，完善创先争优长效机制建设，推动创先争优常态化、长效化。二是坚持把客户满意作为检验为民服务创先争优主要标准，提升服务水平和客户满意度。服务质量排名系统内第13位，创建1个全国银行业百佳文明规范服务示范网点、3个千佳示范网点及11个全省银行业百佳文明规范服务示范网点。三是加强基层党组织建设，进一步巩固党的基层组织全覆盖，新增党支部10个，新发展党员77人，其中基层一线占比为84%。

【着力完善考核激励机制】建立领导班子综合经营竞争力监测机制，建立以业绩为导向的薪酬分配体制，根据业务发展重点和各行综合经营竞争力监测情况，实行动态绩效工资管理。同时，加大对省分行经营中心考核力度，打破固有模式，落实薪酬差异化分配导向。

【坚持客户账户战略不动摇】一是围绕“大行业”重点客户，强化源头性、系统性客户账户营销，积极拓展客户上下游和关联企业，抢抓交通、能源、基础设施建设等源头性资金，紧盯省内重点企业IPO上市、增资扩股、债务融资工具等渠道获取的融资资金，以及招商引资项目大额资金来源作为存款新的增长点。公司机构客户增长质量7 082户，增幅排名系统内第5位；单位结算账户较年初增加10 344户，四大行占比提升1.44个百分点。二是以“民本通达”为抓手，优化对财政、社保、军警、教育、卫生等领域的金融服务，巩固财政、社保、军警等“大系统”客户市场份额。三是推出“客户推荐客户”机制，强化存量客户维护，拓宽新客户源头。四是个人客户以抓中高端和代发工资客户的拓展为重点，加强公私联动力度；完善个人业务专业化经营，构建统一管理、全省联动的高端客户维护框架，做好个人高端客户的拓展。

【推进全面协调发展】一是加大中心城市行资源倾斜力度，制定《加快中心城市行贵阳市发展的若干政策措施》。贵阳中心城市行一般性、个人存款和中间业务收入新增均为四大行第一，一般性、企业存款余额占比均为四大行首位，在全国100个中心城市行综合考核中排名第12位。二是推动二级分行增比进位，加大对具有资源优势的二级分行支持力度。二级分行各项贷款新增占比提升22个百分点，一般性存款新增占比提升2.66个百分点，中间业务净收入占比提升4个百分点。三是重点加快行政县支行的发展。45个行政县支行中，一般性存款余额三行占比第一的有13家，位次提升的有6家；一般性存款新增三行占比第一的有15家；35个行政县支行中间业务净收入突破200万元。

【深化信用风险管控】一是完善授信审批机制。及时传导总行信贷政策、战略意图和风险偏好，引导信贷资源投向地区优势行业；建立拟申报授信业务预报告机制、预沟通机制等，强化客户评级推翻管理，形成信贷审批和信贷经营部门共同选择客户、管控风险的良好局面。二是加强风险管控，强化资本约束意识和风险收益平衡理念。贷款经济资本占用比例较年初下降0.42个百分点，平台贷款余额较年初减少5.94亿元。三是强化贷后管理。强化授信业务风险监控，推行风险隐患客户名单制管理，加强“三十大”客户风险处置和重大信贷风险事项监控；存量客户评级覆盖率及对公押品重估率双双达到100%。

【完善体制机制建设】一是探索“三综合”建设，建设各具特色的对公业务服务及产品分销渠道；尝试在办理简单标准化对公柜面业务的网点积极推行综合柜员制。二是加快渠道建设。自助设备新增170台，台均收入8.81万元，排名系统为第1位；自助设备账务性交易占比为68.58%，排名系统内第16位；新设网点12个，搬迁网点4个，网均余额和网均新增居四大行首位。三是柜员单笔业务处理工作量减少70%，平均每笔业务处理时间缩短55%。

【保持案件防控工作高压态势】一是围绕信贷、柜面、商业贿赂、员工参与民间融资方面，提出13个控制环节，细化41项具体工作措施。二是加强重点时段、要害环节的风险防控，召开会议，突击检查，开展行为集中排查，制定奖励积分办法。三是做好内部审计和外部监管机构检查发现问题的整改工作，整改工作综合管理评价得分排名系统内第7位，审计追踪整改率99.52%。四是建立重大风险突发事件报告机制，强化声誉风险管理，“平安建行”创建工作取得成效。全年无案件和重大事故发生，连续三年荣获贵州省金融机构反洗钱风险等级评估第一名，四大行中唯一连续两年被国家外管局评为执行外汇管理规定考核A类；总行内部控制评价等级为一类。

【加强员工队伍建设】加大竞争性选拔力度，公开选拔了14名副总经理级管理人员，公开招聘了8名私人银行财富管理师。完善员工职业规划指导，制定新入行大学生跟踪培养办法，实施青年员工融入成长计划，加强岗前培训和轮岗锻炼，举办培训783期，培训人员33 222人次。

执笔：罗小英　杨军华　宋晓鹏

云南省分行

云南省分行行长　潘念宁

一、业务发展概况

【负债业务】2012年，一般性存款余额2 343.05亿元，较年初新增284.04亿元，增长13.79%。其中，对公存款余额1 404.03亿元，新增176.96亿元，增长14.42%；个人存款余额939.03亿元，新增107.08亿元，增长12.87%。一般性存款新增在四大行中排名第二，系统内排名第17位；企业存款新增及余额第一。

【资产业务】各项贷款余额1 473.7亿元，较年初新增158.33亿元，增长12.04%。其中公司类贷款余额1 038.28亿元，新增83.13亿元，增长8.7%；个人贷款余额435.42亿元，新增75.19亿元，增长20.87%。各项贷款新增在四大行中排名第三，系统内排名第21位；个人贷款新增及余额第一。

【中间业务】实现中间业务收入16.13亿元，同比增长8.83%。四大行占比为30%，居四大行首位，系统内排名第23位。

【资产质量】不良贷款减少6.05亿元；不良率下降0.51个百分点，不良率为0.45%，均达到历史最好水平。

【经营效益】成本收入比为38.86%，同比下降0.91%；净利息收益率为3%，同比提高0.22%。实现税前利润46.63亿元，增长26.51%，完成总行计划的103.48%。

二、主要工作举措

【把握机遇，增强业务发展能力】一是坚定不移推进“三大一高”客户战略。重点针对电力、烟草、有色、化工、交通运输等8大行业21家核心客户开展“链条式”和“批量化”营销，云铜“综合金融解决方案”、“云锡‘三大一高’服务创新案例”获总行表彰。明确财政社保、政府机构、事业法人、金融机构、房改金融“大系统”源头客户积极开展营销，与曲靖、大理等7个州市政府签订银政战略合作协议，依托“文化悦民”为237家文化企业提供多项金融服务。抓“大”促“小”，为湖南商会量身打造综合金融服务方案并成为示范模版，积极推进商会、供应链融资、担保增信等平台建设，与昆明市政府签订“助保贷”业务银政合作协议。完善个人客户分层管理，开通私人银行和财富管理中心各项业务交易系统，个人VIP客户拓展完成计划137.7%。二是全力以赴抓好增存稳存工作。对公条线围绕烟草、公路、油气管网等关键核心企业及其上下游、关联客户加大营销力度，在昆明、红河等9个州市上线工商验资通系统，加大保本理财、现金管理推荐力度，对公存款时点、日均余额和新增均居四大行第一，其中公积金存款余额超过工商银行、农业银行、中国银行三行之和。个人条线持续推进系列产品营销竞赛活动，积极做好理财产品与存款在结构、档期上的衔接，大力开展结算通卡业务，增存稳存有效性和针对性明显提升，个人存款新增居四大行第二，人民币理财产品时点保有量居四大行第一。三是千方百计拓宽收入来源。严格落实规范整改要求，以重点产品为抓手深入推进精准营销、“挖潜增收”、案例推广等活动，中间业务收入在四大行中排名第一，单项收入超5 000万元产品增至7项，同业可比29项产品中18项收入居四大行第一、第二位，30项重点产品中17项排名系统内前20位。信用卡累计和新增发卡量居四大行第一，金融IC卡发卡量同业第二；跨境人民币结算量为上年的2.5倍；养老金新增受托规模系统内排名第四，同业第一。成为省金融办确定的省内股权投资基金托管首批合作银行；作为牵头行组织“云南省昆明铁路枢纽扩能改造配套征地拆迁项目”银团贷款获“中国银行业协会最佳交易奖”；为华能澜沧江承销云南首笔私募债券；为云锡控股开发“白银+锡”资产收益权理财产品；国内首家为缅甸经济银行开通边贸结算网上银行。

2012年12月14日，云南省分行与国家开发银行云南省分行签订全面合作协议。

【调整结构，支持实体经济发展】一是做好重大项目营销，巩固和保持基础设施领域领先地位。紧抓国家西部大开发、“桥头堡”建设和云南省政府“三大战役”机遇做实项目储备，用好用足信贷资源。加大对重点在建续建项目、行业龙头企业、区域特色产业、文化、教育、卫生等民生领域和具有核心竞争力的“三大一高”客户以及辖内优质客户和项目的营销力度。全年累计投放对公贷款479.3亿元，有效支持了华能澜沧江、华电鲁地拉、南方电网、汉能控股、云锡、云冶、云天化、云铜、红塔等大型企业，AA级及以上客户贷款投放占比为86.2%。通过直接融资方式满足企业融资需求133.5亿元，保理业务对传统流贷替代率高于系统的9.5%。二是加快推进结构调整，信贷资源向零售业务倾斜。新增贷款优先满足“三类贷款”需求，新增占比为57.9%。通过甄选大型优质项目、开展营销合作、组织专业团队服务等方式，营销314个楼盘项目，个人住房贷款余额、新增均保持四大行第一。加大消费金融投入力度，开放汽车贷款经营权，创新“速贷通道”业务模式，消费经营类贷款余额和新增在个贷中的占比持续提升。积极开展信用卡汽车分期、安居分期、车位分期等业务，在昆明试点整合信用卡分期与传统个贷前端营销流程并初见成效，信用卡专项分期交易额为上年的3.9倍，分期业务获总行优胜奖。深入开展小企业业务进园区、进市场、进商会协会、进政府营销活动，小企业贷款增速高于公司类贷款增幅的15.6%。三是严控限制性领域贷款投放。实施主动授信管理，对风险集中度高的行业和客户执行减额授信。严控“两高一剩”、房地产等调控行业以及政策限制领域的贷款，完成全年退出计划的156.7%，不良资产处置、现金回收、超值现金回收提前超额完成目标。

2012年12月20日，建设银行云南西双版纳州勐腊支行开业。

【完善机制，着力提升服务效能】一是打造“三项机制”做实过程管理。竞争力方面，强化价值创造、市场表现和盈利基础建设，提高存款指标在KPI中的分值，细化客户增长目标，持续加大对战略性业务以及经济资本占用的考核；执行力方面，加大管理业绩评价在考评体系中的权重，将原来分散在 KPI、等级行考核办法中的相关指标整合并统一纳入管理业绩评价体系；联动方面，强化省分行层面公私联动，建立风险条线与经营条线共担发展和风险管理责任机制，加强省分行各部门对昆明地区主战场的指导和支持。二是推进渠道战略搭建多功能服务平台。优化网点功能布局、形象展示、客户体验等环境建设，有序实施 15 个机构"三综合"试点，网点综合营销能力明显增强。新开业 1 家财富管理中心和 3 家私人银行，专业化服务能力大幅提升。深化电子主渠道战略，电子银行账务性交易量比为 56.9%，提升值高于系统平均 3.3%。自助服务网络进一步扩大，自助设备综合效益系统内排名第 10 位，台均手续费收入系统内排名第 5 位。出台相关政策鼓励县支行做强做大，成立西双版纳勐腊支行服务当地县域经济发展。加强网点服务管理和客户问题管理，两次总行神秘人检查名列前茅。三是做好业务流程优化提高营运效率。高质量完成 296 个网点前后台分离项目，印鉴卡自动通过率、记账成功率等多项指标居系统内前列，单笔业务平均处理时间比全国平均快 20 秒，较分离前节省 60%；优化附行式自助设备供钞流程，试点行自助设备清机加钞作业时间缩短 75%；优化对公账户开户审批流程，单笔业务审批流程耗时缩短 30%；优化生产系统业务应用参数变更流程，理财产品参数变更时间缩短 50%，UP 用户维护通过批量参数变更时间缩短 90%；作为全国试点行之一，组织实施柜面业务流程评估工作。

【坚守底线，切实防范化解风险】一是深入推进全面风险管理。加强对关键领域、重点产品、核心流程、重要岗位风险识别，做好大额授信客户风险诊断。开展融资性担保公司、钢贸客户、房地产客户及表外业务等 15 项风险排查。专项激励引导压缩存量政府融资平台贷款，平台贷款减少 21 户共计 34 亿元。优化授信业务担保结构，持续推进押品结构调整，押品风险敞口覆盖率和重估率持续上升并高于系统平均水平。加大新发放小企业贷款风险监测力度，将小企业融资性担保机构视同为信贷客户统一纳入贷后管理。二是提升内控和案件防控执行力。开展"案件防控和屡查屡犯专项治理"活动，对梳理出的 38 个屡查屡犯、此查彼犯问题进行重点整治。组织操作风险与内部控制自我评估工作，识别风险点 63 个，提出优化建议 21 条。强化员工合规教育和违规行为管理，保持对案件和严重违纪违规问题"零容忍"高压态势。加强信息系统安全维护，三级以上事件"零发生"，在云南省银行业信息化工作考核中排 A 级第二名。

【凝心聚力，持续推进企业文化建设】一是在围绕中心、服务大局中开展党建工作。认真抓好十八大精神的学习传达和贯彻落实。以创建"五个好"先进基层党组织、争做"五带头"优秀共产党员为主要内容推进创先争优工作，开展基层网点党组织和党员"亮标准、亮身份、亮承诺"，"比技能、比作风、比业绩"等活动，引导广大党员带头讲党性、重品行、作表率。二是加强队伍建设，关心关爱员工。加强班子和队伍建设，完成 19 个二级行及 10 个部门领导班子的调整充实。扎实推进人才队伍建设，已有 108 人进入后备人才库。公开竞聘选拔人才，一批年轻优秀人才走上领导岗位。深化以岗位为基础的分层级培训体系建设，举办培训项目 1 534 个，人均培训 10.5 天。补充医疗保险、住房补贴、弹性福利等多样福利体系不断完善。三是丰富企业文化，打造核心竞争力。围绕"践行核心价值观、服务合规促发展"主题推进企业文化建设工作，通过"一把手文化心语"专题片、"平凡的坚持、身边的感动"员工故事会、"先进的力量"访谈等形式增强企业文化感染力和凝聚力。积极履行社会责任，继续推进"成长计划"、"成才计划"、"英模母亲资助计划"、挂钩扶贫等长期公益项目。

执笔：杨之霞

西藏自治区分行

西藏自治区分行行长　韩文贞

一、业务发展概况

【存款】2012年，全口径存款余额486.62亿元，比年初增长77.02亿元，增幅达18.8%，完成全年计划的126%。一般性存款日均余额435.73亿元，比上年新增80.1亿元，完成计划的131.31%。存款时点增长额列系统内第32位，日均增长额列系统内第31位，实现了历史性的突破，个人存款增速列系统内第一。

【贷款】各项贷款余额161.44亿元，比年初新增46.83亿元，增幅达40.8%，列系统内第一，贷款新增为历年之最。

【中间业务】实现中间业务净收入7 637万元，比上年同期增长1 939万元，增幅达34.03%，完成全年计划的107.62%，增幅列系统内第一。

【经营利润】在消化特殊费用补贴调整的不利影响后，实现税前利润8.6亿元，完成全年计划的126.47%；实现经济增加值5.03亿元，完成全年计划的130.3%。

【资产质量】不良贷款余额为1.78亿元，不良贷款率为1.11%，较年初下降1.78个百分点，列系统内第32位，比上年上升6位，摆脱长期垫底的局面，达到历史最好水平。

【战略性业务】与区住建厅合作，独家、率先在区内发行了公积金龙卡IC卡，全年共发行金融IC卡25 000张；私人银行业务形势喜人，AUM值500万元以上客户新增37户，完成总行计划的205.56%，增速系统内第一；电子银行业务增长良好，个人网银、手机银行、企业网银新增活跃客户占比分别位列系统内第7位、第10位、第19位，保持同业领先。

2012年4月15日，西藏自治区分行拉萨柳梧支行举行开业庆典。

二、主要工作举措

【深入推进各项改革，体制机制不断完善】

持续推进组织机构改革，强化条线对业务经营的组织管理职能，对拉萨城区行实施分类管理，并将部分对公账户按照行业、区域在各支行间进行调整，提高支行的专业化经营管理能力，建立起了客户分层管理机制。

深化资源配置和绩效考核制度改革，建立完善分条线、分类群人员绩效考核分配机制，强化条线部门对经营单位资源配置和绩效考核的主导作用；紧跟总行政策导向，资源配置向支持全行战略实施和具有长期效益的业务发展倾斜，考核政策充分体现效率优先、兼顾公平的原则，打破平均主义，实现多劳多得。

深入推进前后台分离，提前完成项目上线，简化流程、提高效率，缩短了客户等候时间，提升了客户体验。按照总行的安排部署，网点综合化建设前期筹备工作顺利进行。

【基础建设成果显著，发展能力持续增强】

实体渠道和电子渠道建设快速推进。新增拉萨开发区支行、柳梧支行、日喀则新区支行、昌都芒康支行共4个网点，完成山南雅江支行等5个网点装修，阿里分行筹建工作进展顺利。新建自助银行1个，新增自助设备61台，新增收单商户208家，新增EPOS终端177台，投入运营POS终端1 449台。

客户基础有所改善。对公客户7 568户，新增852户，完成全年计划的93.83%；个人全量客户320 976人，新增24972人，AUM值1万－300万元个人客户新增10 069人，完成计划的133.81%。

服务保障能力得到提升。推进网点规范化、标准化管理，开展了星级网点评选、复查和持续评价工作，顺利完成网点二代转型验收工作。切实加强案件防控，认真落实案件防控责任制，开展案件专项治理和排查，全面加强安全保卫工作，确保营运安全。

强化信息技术对业务的支撑。在保障全行各个应用系统稳定运行的前提下，建立技术支持服务管理办法，优化和规范了信息技术支持服务流程，提升了各类突发事件的处理和解决能力。

2012年9月4日，西藏自治区分行在林芝举办水力发电项目专题研讨会。

【推进人事制度改革，班子队伍建设不断加强】

持续推进人力资源集中统一管理，强化人力资源系统管理能力，稳步推进员工绩效管理试点工作。完善干部管理机制，修订领导人员选拔任用提名办法、聘任管理办法，改革领导人员年度考核模式，加大对选人用人工作的监督力度。

调整优化中层领导队伍结构，平级调整7人次，提拔使用27人次，平级调整网点型支行负责人7人次，提拔使用10人次。加强专业技术人才队伍建设，向总行申报了二级专技人员一名，聘任28名七级专技人员。校园招聘56人，定向招聘79人，其中研究生26名，为历年人员招聘数量最多、学历最高的一年。

强化教育培训，以总行培训为依托，借助网络学习系统的推广运用，提升员工素质。对校园招聘员工首次采用下派二级分行锻炼作为辅助培训方式，督促导师制的落实。两大经营条线在客户经理队伍建设方面，创新方式方法，形成了体系化的培训模式，效果良好。全年共举办培训225期，参训人员达6 080人次，参加总行举办的学习培训673人次。

【争取总行支持政策，解决发展瓶颈制约问题】

认真学习贯彻自治区金融工作会议精神，加强与总行的沟通报告，积极向总行争取特殊支持政策。针对经营发展中的新形势、新问题，区分行及时组织相关部门开展调研，梳理制约区分行发展的瓶颈问题，提出政策需求建议并向总行汇报。总行高度重视西藏区分行的工作，派出工作组到区分行开展调研，最终形成下发《关于支持西藏区分行发展有关政策的批复》，从建立长效支援机制、落实信贷政策支持和扶持性财务政策方面给予了区分行特殊政策，特别是建立了总行层面援藏政策协调机制，为西藏区分行的可持续发展奠定坚实基础。

【全面加强党的建设，创先争优成果丰硕】

认真落实党委中心组学习制度，学习贯彻党的十八大精神，认真贯彻党中央、总行党委关于改进工作作风的要求，结合工作实际抓好落实。扎实开展基层组织建设年活动，强化问题整改，推动基层党组织晋位升级，切实增强基层党组织的凝聚力、战斗力。落实党风廉政责任制，加强廉洁从业和职业操守教育，深入开展了“讲党性、重修养、守廉洁、作表率”主题教育实践活动和一系列警示教育活动。切实做好创先争优、强基惠民驻村工作，全年派出驻村队员 3 批 120 人次，投入资金 150 余万元。发挥工会、团委、妇联的职能，组织多种形式的文体活动，丰富员工的文化生活，完善职工关爱机制。

执笔：雷勇

陕西省分行

陕西省分行行长　牟乃密

2012 年，陕西省分行按照“巩固传统优势、强化基础建设、求知求新求变、从零谋划发展”经营思路，主要经营业绩再创新高，在等级行评定中，首次迈入一类行，取得了历史性突破。

一、业务发展概况

全口径存款余额 3 336 亿元，在四大行中排名第一，当年存款时点、日均分别新增 550 亿元和 402 亿元，居同业第一；增幅为 19.7%，系统内排名第三。

各项贷款余额 1 625 亿元，年新增 218 亿元，同业第一。

中间业务净收入 16.33 亿元，同比增长 1.21 亿元，增速为 8%，高出系统平均水平 1.26 个百分点。

不良贷款额和不良贷款率“双降”，不良贷款额 10.71 亿元，不良贷款率为 0.66%，分别较年初下降了 2.53 亿元和 0.28 个百分点，拨备覆盖率为 388%。

实现账面利润 57.93 亿元，在四大行中排名第一。

【公司业务】认真落实“三大一高”客户战略，一批重大项目营销取得突破。陕西省历史上最大一单银团贷款——总额 180 亿元的靖边能源综合利用项目由分行牵头组建；成功营销改革开放以来我国中西部最大的外商投资项目——三星西安半导体外汇资本金账户及人民币基本结算账户；成功中标西安市级预算单位实有资金财政代管账户和国库集中支付清算经办行资格。对公贷款余额 1 104.69 亿元，新增 122.56 亿元，总行优先支持和审慎支持的行业客户占到对公贷款投放的 96% 以上。积极推进负债业务“双增双推双挂”，对公存款新增再创新高。对公存款余额 1 662.97亿元，年新增 275.86 亿元，系统内排名第九位，余额、新增同业占比“双第一”，分别为 30.82% 和 35.35%，领先排名第二名的工商银行 3.2 个和 9.1 个百分点。客户账户快速增长，对公客户 64 226 户，新增 10 565 户，同比增长 11%，新增账户 14 336 户，新开账户存款时点余额 191.4 亿元，对存款新增贡献占比达 69%。

【个人金融业务】自主研发的“三秦通龙卡信用卡”、“健康龙卡”、“文保通”、“促业贷”等一批新品问世，工商验资通、高校自助缴费、西安市交警罚没等业务系统上线运行，客户规模、渠道建设取得成效，产品覆盖进一步提升。个人有资产客户 594 万户，当年新增 68.7 万户，增速为 13.09%，系统内排名第三位。个人客户月日均 AUM 值 1 749.9 亿元，年新增 257.6 亿元，增幅达17%。个人客户产品覆盖度达到3.01，增幅为10.25%，分别位居系统内第五和第六位。14个网点的新增计划监管审批完成，60个装修项目计划全部开工建设，新增自助设备372台，总量达到1 494台，自助银行343个。

个人存款余额1 477.52亿元，年新增244.71亿元，增速达19.85%，计划完成率为152.94%。日均新增212.37亿元，计划完成率为145.88%。个人存款余额、新增、日均新增分别位列全国建设银行系统第14位、第11位和第14位。个人存款余额占四大行的26.78%，比年初提高了0.96个百分点，实现了连续五年提升。

【房地产业务】累计投放房地产公司类贷款32.1亿元，房地产开发类贷款业务综合收益率达到8.25%，不良贷款率为0.1%。重点推动个人贷款业务快速发展。个人贷款余额520.78亿元，余额、新增均为同业第一，个人逾期贷款较年初下降7 085万元，不良贷款率为0.11%，分别位居系统内第五位和第六位。委托性住房业务超额完成各项任务指标，荣获总行“公积金个贷优胜奖”和“房改金融巩固奖”两项殊荣。住房资金存款余额139.94亿元，年新增27.46亿元，计划完成率为161.18%；公积金个人住房贷款余额90.47亿元，年新增18.86亿元，计划完成率为157.2%。

【中间业务】认真落实“四有原则”，坚持中间业务绩效工资与产品收入计划完成率挂钩，总量计划与重点产品计划并重，中间业务发展呈现四大亮点。一是积极打造信用卡消费信贷主渠道。全年信用卡客户新增20.4万户，同业第一。实现中间业务收入1.59亿元，占到了全行中间业务收入的9.34%，同比提高1.13个百分点。二是强化投资银行产品驱动，资产收益权、上市增发并购等创新产品快速生根落地，保本理财、票据理财规模实现了新扩张。实现投资银行业务收入2.08亿元，在四大行中排名第一，自主发行保本理财产品44期共计174亿元。三是加快电子渠道推广。强化电子渠道买单考核，382个网点均设立电子银行专管员，电子渠道的使用效能得到提升，电子银行创造中间业务收入9 657万元，增幅达29.43%，系统内排名第七。四是重塑造价咨询优势。将工程造价咨询业务纳入二级分支行KPI考核，人力费用与产品单价挂钩。全年造价咨询业务收入1.9亿元，同比增长91.58%，对全行中间业务的贡献从3.2%提升到近20%。

【小企业业务】小企业业务健康平稳发展，业务总量、客户总量和贡献度稳中有增，实现了“两个不低于”监管目标。加强与当地政府地合作，推出三个自主创新产品促业贷、文保通和果贸通，带动了小企业业务的快速增长；建立内部资源共享和联动营销机制，推动“善融贷”和“信用贷”发展。小企业非贴贷款余额80.78亿元，新增20.39亿元，增速达33.76%，贷款客户数823户，新增授信客户273户，小企业不良贷款的不良率为0.08%，信贷资产质量系统内排名第二。小企业贷款平均加权执行利率上浮水平为23.8%，总收益达到30%以上，累计实现中间业务收入6 000多万元。

【国际业务】成功营销全国最大招商引资项目西安三星半导体外汇资本金账户及人民币基本结算账户，资本项下国际结算量累计30 259万美元，同业排名第一。一般存外汇存款新增9 613万美元，对公外汇存款新增9 457万美元，计划完成率为241%，公司类外汇客户增长数量45户，计划完成率为129%。

【资产质量与风险控制】严格控制信用风险，采取严控增量、加快回收、重在增信等工作措施，政府融资平台无覆盖、半覆盖贷款占比从1.3%下降到0.95%，二级公路贷款余额7.59亿元，较年初较少0.41亿元。长达十年的“东盛系”1.25亿元不良贷款成功化解，不良贷款处置率首次突破40%。

严防操作风险，大力推进操作风险自评估和关键风险点监测，建立积分奖励制度，将违规失职问责率、问责准确性纳入各行案件防控考核体系。柜面业务操作差错率万分之0.29，持续低于系统平均水平，内外部审计检查问题整改率分别达到98.68%和100%；员工行为排查覆盖面100%，人员实际排查率为99.6%。

二、主要工作举措

【坚持积极的市场取向，持续巩固负债业务竞争优势】以“对公存款余额、新增同业双第一，个人存款新增全省第一、西安地区第一”为目标统领全年负债业务发展，紧盯同业，寸土必争，出台关键时点市场目标红黄牌行政问责制度，对存款和中间业务收入超额完成部分加大激励，上不封顶。明确机构客户、代发工资、理财产品对接、新增客户和新兴业务衍生存款五大重点，在综合服务、全面服务中对接客户需求、稳存增存。

【加快信贷结构调，提升综合定价能力】落实“三大一高”发展战略，优先支持陕西优势项目和总行优先支持行业的客户；加快零售贷款发展，小企业、个人消费贷款规模单列，创新推出了“文保通”、“科易贷”、“城乡合”等一批市场有影响力的新产品。强化 RAROC 导向，将贷款资源重点向定价水平高、业务带动能力强、资本占用少的客户和产品倾斜，对公贷款收益率同比提升 0.51 个百分点，系统内排名第 15 位，个人住房贷款加权平均利率 7.12%，同业居前。

【加快经营转型，推动三综合建设】加快综合柜员制、综合营销团队建设。综合性网点占比从年初的 56% 提升到 61%，两个二级分支行网点全部综合化，七个二级分支行综合性网点占比高于系统平均水平。实现单位人民币结算收入 8749 万元，增幅高出系统平均水平 24 个百分点，单位人民币结算产品的渗透率为 116.55%，提升了 1.26 个百分点。

【坚持以人为本，加强队伍的凝聚力和战斗力】健全领导人员薪酬与岗位的双重激励约束体系，评先评优与拉开档次、红黄牌警告相结合，持续提升履岗的自觉性和主动性。实施领导干部公推公选，一批德才兼备、业绩突出、素质全面的年轻干部走上了领导岗位。“513 管理岗位人才库”工程快步推进，进阶课程、岗位实践锻炼、学历学位提升同步跟进。人均培训 5.8 天，员工满意度为 98%，新招聘大学生 413 人，全部充实到一线岗位。实施员工关爱计划，累计救助困难职工 447 人次，发放互助基金和各类慰问金 104.34 万元。扎实推进“创先争优”活动，出台党建工作目标管理考评办法，构建可量化的考核指标体系，全面提升党建的科学化水平。

执笔：侯鉴

甘肃省分行

甘肃省分行行长　艾尔肯·艾则孜

一、业务发展概况

【主要业务指标完成情况】2012 年，全口径存款余额 1 596.34 亿元，新增 116.45 亿元；企业存款余额 835.64 亿元，新增 33.27 亿元；个人存款余额 689.33 亿元，新增 82.53 亿元；同业存款余额 71.38 亿元，新增 0.65 亿元。其中，企业存款余额继续保持同业第一。各项贷款余额 711.14 亿元，新增 95.9 亿元。实现税前利润 20.71 亿元，完成计划的 107.38%；实现经济增加值 9.74 亿元，完成计划的 114.6%；贷款收益率为 6.43%，同比提升 0.59 个百分点；经济资本回报率为 29.91%，同比提高 4.65 个百分点。

【公司业务】新发生人民币公司类贷款 333.36 亿元，比上年增加 81.35 亿元；加权平均利率为 6.41%。

【个人金融业务】个人存款新增四大行占比达24.86%，较上年提升6.68个百分点；网均新增3 198.83万元，网均单产2.67亿元，均居同业排名第一。销售基金65.41亿元，同比增加38.27亿元。

【房地产业务】个人贷款余额93亿元，新增28亿元，完成计划的124%，个贷业务发展增速达42.5%，系统内排名第一位，高于全国平均增速26个百分点。住房资金归集新增40亿元，完成计划的153%，住房资金余额同业占比为58.09%，稳居市场第一。

【国际业务】外汇贷款余额63 716万美元，较年初增加50 654万美元，外汇贷款余额四大行占比为48.22%，排名第一位；新增占比为92.31%，排名第1位。实现国际结算量25.8亿美元。

【中间业务】实现中间业务净收入10.07亿元，在大四行中排名第一，完成计划的106.22%，系统内排名第2位，同比新增1.71亿元，同比增速达20.47%，高于全国平均水平13.76个百分点，排名第6位；主营业务收入占比为23.18%，高于全国平均水平2.13个百分点。

【资产质量与风险控制】不良贷款余额3.43亿元，比年初下降1.1亿元；不良贷款率为0.48%，较年初下降0.26个百分点，近年来纯新发放贷款不良率为0.03%，信贷资产质量达到历史最好水平。

【其他业务】小企业贷款新增29.51亿元，增速达57.63%；信用卡分期2.49亿元，增速达233.01%。年末结算账户54 270户，在四大行中排名第二；当年新增11 843户，四大行占比为43.82%，排名第一。基本结算账户31 497个，新增7 441个，四大行占比为47.3%，排名第一。账户增长质量系统排名居前，新增账户增加存款近70亿元，增加代发工资客户202 569户，完成计划的283.6%。

二、主要工作举措

【贯彻“三大一高”战略】

把抓账户作为落实“三大一高”战略的切入点，制定了《2012年账户营销激励约束管理暂行办法》、《2012年重点客户及项目管理办法》、《夯实客户基础劳动竞赛考核办法》等制度。

2012年4月12日，甘肃省分行举办“百家讲坛　千场讲座”贵金属业务培训班。

在大行业方面，梳理出大行业17个、客户145个，逐一确定经营目标，针对总行级战略客户在甘肃省的109家成员单位和总行级38家重点优质客户一一提供了综合化金融服务。

在大系统方面，持续加强财政社保等客户拓展，代理省级国库集中支付金额185.83亿元，市场占比超过40%；办理各级预算单位公务卡34 223张，当年新增14 797张。社保存款余额72.91亿元，新增3.89亿元。与五家地级市人社局正式签订社保卡业务合作协议，约定发卡量50万张。

2012年8月23日，甘肃省分行在金昌举行“农耕文明”涉农个人贷款重点示范项目揭牌仪式。

高端客户方面，净新增私人银行客户70户，私人银行客户AUM余额达26.88亿元，年净新增7.32亿元，完成计划的124.62%，系统内排名第

10 位。

中心城市行发展方面，制定了《加快兰州中心城市行发展实施方案》。明确了兰州中心城市行发展定位和目标，着力提高市场份额，兰州中心城市行全口径存款余额、一般性存款余额、企业存款余额、储蓄存款余额均排名四大行第一位。

【落实“综合性、多功能、集约化”经营要求】

抓网点“三综合”建设。梳理修订了对公柜面业务流程，编制了操作手册，组织开展了 4 期柜面员工综合业务集中培训，开展了复合型人才培训计划，历时 45 天，培训 2 919 人。提前完成全辖 204 个网点 COS_ T 系统推广上线工作。按照“成熟一个，实施一个”的原则，推进单一对私网点综合化建设，综合性网点占比为 79. 32%。

抓战略业务发展。投资银行、信用卡、小企业、住房金融与个人信贷、电子银行、造价咨询、养老金、健康龙卡、单位人民币结算等重点业务快速发展。

抓“集约化”建设。加强了资本集约化管理；推进了流程银行建设，推行了 ISO9000 质量管理体系；持续推进集中管理，完成总行规定的集中事项 80% 以上；发挥了科技引领作用，重点整合对公业务管理系统，兰州市财政非税代理系统和金川公司职工一卡通系统著作权获国家版权局批准。

【持续推进创新】

持续抓产品创新。制定了《甘肃省分行产品创新管理办法》、《甘肃省分行创新创效奖励实施细则》。在大力推广应用总行和兄弟行推出的新产品的基础上，推出工商验资 E 线通、兰新铁路项目资金预算管控系统、特色龙卡、“药融通”、“农耕文明”涉农贷款等一系列自主创新品牌。

完善激励约束机制。按照总行资源配置和考核原则，以当地业务领先的同业为参照，确定了主要业务与同业“压力均等”的目标。开展以“压力均等”为核心考核机制的大讨论活动，员工费用分配取消了封顶保底政策，引入中位数计分法和“插值法”计分规则，真实反映经营业绩，使考核更为科学有效。

【强化党建和队伍建设】

把加强领导班子自身建设作为提高领导水平和解决问题能力的重要途径，强化学习、统一思想、改进作风、发扬民主，以团结一致的行动，确保与总行党委各项要求对上频道、跟上节奏。落实建设学习型组织的要求，先后组织 12 次中心组集中学习。坚决落实民主集中制，完善了党委内部议事和决策机制，重大事项坚持集体研究决定。领导班子成员主动参与、牵头协调二级行重大事项，督促落实核心指标完成，加强了上下沟通。制定了二级行领导班子综合经营竞争力监测办法，实行每季度监测。开展了效能监察和作风整顿活动，狠抓了执行力建设。坚持早餐会制度，领导班子成员与条线、部门、各机构负责认定期面对面交流，培育了良好的内部沟通协作机制，各层级执行力得到强化。

坚持党管干部原则，落实人才战略。制定了涵盖聘任管理、跟踪考核、选拔任用提名、选人用人工作监督等内容的 7 个制度办法，实施了管理岗位和专业技术岗位职务公开竞聘，探索了职等激励业务发展的新模式。加强了后备干部储备和培养。选派 200 名年轻员工赴基层网点实践锻炼。在全行推广了员工绩效管理体系。

以落实党风廉政建设责任制为重点，制定了《甘肃省分行党风廉政建设责任制管理实施细则》和《甘肃省分行贯彻落实“三重一大”决策制度实施细则》，开展了“讲党性、重修养、守廉洁、作表率”主题教育活动，党员领导人员党性修养得以增强。

坚持以点带面，典型引领。注重“点点滴滴找亮点，实实在在树榜样”，近两年开展了 20 余次“学典型、谈体会、讲感受”演讲、典型风采展示、先进事迹报告等活动，以“甘肃革命老区精神”和近几年员工在抢险救灾工作中体现出的“抗震救灾、抗洪救灾精神”、“只为成功想办法，不为失败找理由”和“铁路一公里不丢”的拼搏精神教育作为思想政治工作的重点，努力带好队伍。把持续开展创先争优活动作为各项工作的主要抓手，开展了“我是党员我先行，促进业务上水平”、 “三学、三送、三促进”等主题实践活动。

不断改进工作作风。广泛开展调查研究，提高了决策的科学性。建立了员工关怀慰问事项管理、重大灾害应急处理、在岗员工重大伤亡事件处理等员工受灾救助长效机制。坚持抓员工培训，共举办各类培训项目1 088期，培训79 712人天。选派158名工作表现优异的员工参加了“百佳员工高层次培训”。注重征求员工意见和建议，坚持民主化管理。高度重视信访工作，慎重稳妥地化解各类矛盾纠纷，促进了全行的和谐稳定。

【提高内控内管水平】

建立专业化管理模式和风险经理队伍，重点强化精细化管理和平行作业，提高风险计量工具运用水平、授信业务水平、项目评估质量和效率，执行差别化信贷政策，资产质量持续提升。加强了柜面操作风险管理，制定了《甘肃省分行柜面无差错考核实施方案》，柜面差错率降至历史新低。

加强合规文化建设和案件防控。开展内部控制规范实施工作、八大突出案件专项治理、案例警示教育，强化了员工行为排查。加强安全责任体系建设，确保安全生产。

执笔：王生红　阎焱　郑瑞

青海省分行

青海省分行行长　郭继庄

一、业务发展概况

2012年，全口径存款余额800.29亿元，比年初新增103.75亿元，完成计划的120.35%。其中对公存款余额为490.68亿元，新增57.07亿元，完成计划的105.29%；个人存款余额为302.1亿元，新增46.7亿元，完成计划的145.93%；同业存款余额为7.52亿元，控制在总行计划内。一般性存款余额、对公存款余额、个人存款余额及新增额、网均单产均位居四大行首位，继续保持同业领先优势。

各项贷款（本外币）余额为447.89亿元，较年初新增69.13亿元，贷款余额和新增额四大行占比分别为35.01%和36.48%，均居四大行第一位。

实现中间业务收入2.41亿元，完成计划的83%，四大行占比为32.57%，居同业首位。

不良贷款余额为4.27亿元，不良贷款率为0.95%，比年初下降0.97个百分点。

实现账面利润（拨备后）10.59亿元，四大行占比为32.08%，居同业第一；实现经济增加值4.13亿元，完成计划的122.93%；经济资本回报率为23.03%；成本收入比为44.58%。

【公司业务】针对对公存款增长乏力的局面，把稳存增存作为重中之重，成立由“一把手”挂帅的存款业务推动领导小组，制定对公存款激励考核办法，加大客户拓展力度，积极激活低效账户，强化供应链、企业链、无贷户存款营销，促进了存款的增长，公司类存款比年初新增8.72亿元。紧紧抓住“十二五”规划实施的有利时机，强化重点客户营销，优化信贷资源配置，信贷投放再创历史新高，全年累计发放公司类贷款456.31亿元，重点支持了兰新二线、黄河公司、省交通厅、盐湖公司等优质项目和重点客户。累计办理贴现2 058笔，金额89亿元，实现贴现利息收入2.16亿元。累计贴现、贴现余额和利息收入均创历史同期新高，直贴新增系统内排名前五位，电票业务实现零突破。积极推动小企业业务发展，加大产品推介力度，发挥产品优势，小企业贷款新增6.16亿元，增速达75.58%，高于对公贷款平均增速57.41个百分点，实现了“两个不低于”监管要求。

【机构业务】围绕“大系统”业务核心，全方位开展省、州（地、市）、县（区）级财政存款营销，新增各类财政账户252户，财政存款余额达180.56亿元，市场份额居同业第一位。加强“金保工程”跟踪营销力度，紧盯民生、军警、事业单位存款，与三江源生态保护基金会签订全面业务合作协议，首家开通西宁海关第三方电子支付新银关通业务系统，拓展了新的存款增长点，全年机构类存款新增39.7亿元，占对公存款新增额的68%。加大机构类贷款营销力度，不断扩大对文化产业、生态保护、社会保障、教育卫生等民生领域服务的广度与深度，全年新增6.7亿元，其中，“民本通达”类贷款新增5.6亿元。取得省政府100亿元中期票据发行主承销商资格，成功营销昆仑碱业1亿元设备融资租赁项目，销售乾元系列理财产品21.54亿元。

【个金业务】从抓市场、抓客户、抓产品入手，积极落实客户服务各项措施，加强理财产品资金回笼和零余额账户激活，提升社区金融服务能力，强化客户维护与拓展，个人存款余额突破300亿元大关，新增额占一般性存款新增的45%，增速达18.28%，系统内排名第11位。加快电子银行业务发展步伐，狠抓基层辅导、产品应用、案例推广及电商平台推进，强化短信、微博的宣传作用，电子银行客户数达到143.74万户，较年初新增47.44万户，客户总规模和新增额四大行占比分别为39.7%和43.7%，遥遥领先同业。银行卡业务按照“提比、进位、上份额”的总体要求，持续推进联名卡、公务卡、中高端客户银行卡及金融IC卡发行，借记卡新增32.7万张，信用卡新增3.59万户，同业占比第一。私人银行客户新增65户，月日均AUM16.24亿元，新增2.92亿元，私人银行卡和财富卡新增247张，累计交易额54.16亿元。

【房金业务】围绕“产品、系统、流程、中心、区域”多管齐下，优化业务流程，强化考核激励，加大营销力度，全口径自营性个人贷款余额27.62亿元，新增4.5亿元。积极创新，发放黄南州唐卡绘制农户、海东地区农产品种植户、海西地区枸杞种植户个人支农贷款421万元；加大抵押消费贷款的营销和投放力度，个人消费贷款新增4 672万元，增速达55.11%。深入挖掘与住房公积金中心的合作潜力，新增住房资金存款9.98亿元，继续保持同业领先优势；公积金个人住房贷款余额27.39亿元，较年初新增1.48亿元；发行公积金龙卡13 000余张，客户覆盖面进一步扩大。

【中间业务】针对监管政策制约等因素影响常年财务顾问、百易安等重点产品贡献度下降的不利局面，灵活应对，积极开辟增收新途径，以传统业务带动新兴业务发展，以新产品推动老产品营销，着力挖掘单位人民币资金结算、国内保理、工程造价咨询等优势产品的销售潜力，积极拓展新型财务顾问、资金托管等业务新领域，大力营销黄金、理财、基金、保险等产品，持续推广信用卡分期、商户收单等业务，进一步提升了产品覆盖度，拓宽了中间业务收入来源，中间业务收入继续领先同业。

【国际业务】强化对公外汇机构建设，加大分支行、内外部联动营销力度，积极巩固国际结算、贸易融资等业务的优势，大力拓展国外保函、国际信用证等业务空间，全年实现跨境人民币结算量1.12亿元人民币，同比增长415%；外汇自营性贷款余额3 289.9万美元，同比增长22%，同业占比第一。

二、主要工作举措

【加强统筹规划，优化资源配置】围绕全年业务发展思路和经营目标，提升资源配置科学化水平，切实将财务资源向重点业务、电子渠道、基层一线倾斜，提升了财务资源配置与利润贡献、持续发展的匹配度。强化财务成本管理，加强财务风险控制，合理核定各分支机构的费用额度，严格控制费用进度，确保费用均衡列支。加强采购全流程管理，强化供应商管控，全年完成269项（次）集中采购，采购预算金额9 337万元，比预算节约资金1 127万元，节约率达10.77%。

【强化风险监控，狠抓不良处置】切实落实总行信贷政策与结构调整要点，统一风险偏好，严格地方政府融资平台管理，严控“两高一剩”、“6+1”行业贷款新增。加强主动授信管理，建立拟申报授信业务预报告机制，完善、规范信贷审批人员重点联系行制度，有效提升了信贷审批效能。强化贷款各环节管理，强化贷后风险计量，加强授信业务真实性管理和责任认定。科学制定处置方案，灵活采取应对措施，全额收回蓝科锂业2.4亿元不良贷款，收回铁路分局多经公司长达9年之久的不良贷款3 000万元，不良贷款项目处置成效明显，资产质量显著提升。

【强化支持保障，夯实发展基础】稳步实施前后台业务分离项目，顺利完成了柜面业务集中处理系统在全部对公营业机构的切换上线。积极推进网点综合化建设，强化对公柜面业务营销，对公一户通收费主账户、单位人民币结算卡等6个重点产品全面超额完成计划。进一步改善业务流程，精简营业网点手工登记簿，推广实施新的结算业务申请书和协议文本，优化内部账户开销户审批、客户开户与签约、对公客户资金证明等业务流程。继续深化IT集中管理改革，强化项目管理、信息系统维护和后台运维基础管理，核心业务等系统运行平稳。

【严格内控管理，护航业务发展】严格落实案件防控责任制，狠抓突出案件风险专项治理，对基层机构关键岗位人员14项行为进行了重点排查，有效增强了案件风险防范能力。认真落实“平安建行”创建活动各项措施，强化对点、库、楼、房、区等要害部位的安全管理，两个机构被总行评为创建先进集体、三名员工被评为先进个人。全力配合内外部审计及监管检查工作，开展了大额信贷客户业务检查等14个整改项目、502个问题的落实整改。充分发挥法律合规支持保障作用，为支农贷款、信托计划资金监管、闲置土地处理等业务提供了有关法律合规建议和风险提示。

【强化队伍建设，增强战斗力】强化干部队伍建设，先后选拔了39名经理级以上管理岗位人员，对9名领导人员进行了岗位交流，选派7名优秀本科及以上年轻员工赴基层挂职锻炼，确定了9名省分行副行级领导后备人选。加强员工培训，认真做好客户经理进阶式培训、网络学习系统培训、新员工培训及零售五岗位资格考试培训工作。不断充实人才队伍，继续做好离退休人员定期走访、重大节日慰问等工作，老干部政治、生活待遇得到较好落实。

【加强文化建设，提升凝聚力和企业形象】积极组织开展“文化推动年”活动，认真落实关爱员工30件实事，员工工作环境、生活环境、成长环境得到有效改善。配合总行开展了“母亲健康快车”捐赠和三江源基金会捐款活动，积极推进“党政军企”共建示范村建设工作，积极参与“青洽会”、“环湖赛”等重大活动，得到了地方政府和社会各界的肯定，被省委省政府评为“2011年度银行业金融机构支持青海发展（商业银行）一等奖”、2012年“支持工业贷款增长奖”、“支持小微企业贷款增长奖”，并被授予2012年度“青海省上缴税收大户”荣誉称号，对外形象和社会影响力进一步提升。

执笔：衣宁

宁夏回族自治区分行

宁夏回族自治区分行行长 廖林

2012年，围绕“巩固大银行地位，打造好银行品牌，创建善银行口碑”目标，开展“客户营销年”活动，推进渠道、客户、管理、服务四大基础工作，管控信贷、道德、操作、财务、声誉五大类风险，各项工作取得良好进展。

一、业务发展概况

【主要业务指标】全口径存款余额565亿元，四大行占比为32.8%，比年初新增76亿元，四大行占比为42.5%。各项贷款余额518亿元，比年初新增36亿元，四大行占比分别为33.5%和22.4%。实现拨备前利润15亿元，四大行占比为30.9%；实现经济增加值7.9亿元，同比增幅194%。

【公司业务】企业存款余额300亿元，四大行占比35%，新增35亿元，四大行占比为34.7%；公司类贷款余额418亿元，比年初新增11亿元。

【个人业务】储蓄存款余额226.7亿元，四大行占比为28.2%，比年初新增39.81亿元，四大行占比为34.2%。个人贷款余额100.21亿元，比年初新增24.65亿元，占新增贷款的69%，个人类贷款余额、新增均居四大行第一。

【中间业务】实现中间业务收入4.06亿元，四大行占比为34.7%，继续保持同业首位。中间业务收入占主营业务收入之比为17.51%，综合盈利能力持续增强。

【国际业务】完成国际结算量41 084万美元，完成中间业务收入1 493万元人民币。

【资产质量】不良贷款额4.81亿元，不良贷款率为0.93%，较年初下降3.82亿元和0.86个百分点。

2012年12月12日，宁夏回族自治区分行举行社会保障卡金融功能启动仪式。

二、主要工作举措

【拓市场增存款】先后召开旺季营销动员会、推进会、点评暨收官冲刺会、“三领先”业务专题会等，分析业务进展情况，抓客户、抓源头、抓产品、抓关键时点，力促存款指标完成序时进度。加强机构类存款营销，抓教育、文化、卫生、财政、社保等信息源头，在高校、政府融资平台、医院、新闻出版、军队武警等领域取得同业领先优势。社保资金、财政类存款、八一工程存款市场份额分别达35%、35%和65%，同业第一。加强对宁夏百强企业、50家工业龙头企业、50家进出口企业、宁夏区域的全国驰名商标企业的营销；利用存量客户“集团树”和“供销链”营销核心客户的上下游客户。拓宽存款集中归集渠道，提升客户资金沉淀率，积极推广现金管理方案、现金管理系统等，为企业搭建资金池；成功发行3期理财产品，充分发挥资金“蓄水池”作用。

【调结构促信贷业务稳健发展】严格执行总行计划、把握投放节奏，加快转变发展方式，促进信贷业务稳健发展。做好项目营销储备，注重向“三大一高”、实体经济、小微企业、“三农”方向发展，扩大产品覆盖度。积极捕捉各类小企业信息，分期分批重点跟进落实自治区中小企业“百家成长千家培育”工程中的企业和项目、自治区发展改革委重点推介的581个项目。优化调整信贷结构，退出贷款9.93亿元，完成计划的148.64%；总分行级重点客户信贷余额占比达到38%，较年初增加3.8个百分点。加大个人类贷款和住房金融业务发展力度，独家经办公积金项目贷款，个人住房贷款余额83.69亿元，比年初新增23.22亿元，居同业首位。

【规范发展提升中间业务竞争力】严格执行中国银监会发布的整治不规范经营活动的“七不准”和“四原则”，增强市场反应能力，及时调整经营策略。切实发挥重点产品的龙头带动作用。保持传统产品稳步发展，成功申报工程咨询中心及分中心甲级造价咨询资质，百易安资金监管、借记卡及个人结算、贷记卡及收单业务、电子银行、单位人民币结算、银团贷款、房改金融、国内保理等重点产品实现中间业务收入3.26亿元，占全部中间业务收入的80%以上。开展“剁尾破零，消灭短板”活动，实现跨境人民币业务、备用信用证业务、自主发行保本理财产品、外部客户养老金受托业务、安居及车位分期等多项业务产品零突破。成功与自治区政府签订金融社保卡协议，在金融社保卡业务领域取得有效突破，协议发卡31.65万张。

【强基础抓好客户拓展】将2012年定位为“客户营销年”，对“大财政、大央企、大文化、大农业”等地方特色的机构大客户，利用“集团树”和“供销链”进行系统营销。公司机构客户新增897户，对公人民币账户新增3 909户，新增四大行占比为34.2%，位居第一。注重“慕名营销”，多渠道、多方位收集商务情报，营销市场客户和他行客户，区百强、50户工业龙头企业、28家驰名商标开户135家，开户率达79%。开展“搜街扫楼，走街寻客”活动，量身定制金融服务方案，扩大稳定客户群体。个人资产客户148.8万户，增幅达10.39%。电子银行客户总量223.49万户，增幅达44.36%。信用卡客户累计15.4万户，净新增4.57万户，消费交易额61.76亿元，完成总行计划的133.56%。

【抓信贷管理提升资产质量】客户判断除正常流程外，以现金流是否充足和企业“三品”、“三度”、“五原则”作为判断标准，保证新发放贷款质量。加强贷后管理，严格按制度、按标准操作，将贷前、贷中和贷后管理有机结合起来，优化存量贷款结构。加大不良资产处置力度，充分挖掘现有政策手段的潜力，积极尝试运用债权转让手段实现不良贷款的快速处置回收，处置不良贷款49 787万元，实现不良资产现金回收46 711万元，完成计划的110.64%、151.15%。

【抓风险管理提升内控水平】努力管控信贷、操作、财务、道德、声誉五类风险，为各项业务健康持续发展奠定坚实的基础。强化信贷风险管理，对重点区域、重要行业和重要客户风险点进行动态跟踪监测，及时预警，强化过程管理和控制。强化操作风险管理，加强对基层机构负责人、客户经理、柜员等重要岗位员工的日常管理；拓宽内控自评估项目范围，落实17个关键风险点监控检查和柜面业务检查；完善基层机构操作风险监控网络，建立纪检监察、风险管理、会计、营运管理等相关部门相互配合的沟通协调机制。强化财务风险管理，进一步规范财会管理，提高执行财务制度、财经纪律的严肃性。强化道德风险管理，扎实推进“尽职守廉”专项治理活动，组织员工到银川监狱参加警示教育活动，重点关注民间高利贷筹资、非法集资、违法融资活动等重点领域，开展以“八不得”为主要内容的行为排查，排查面达98.66%。强化声誉风险管理，制定营业网点安全管理暂行规定，针对重大情况和紧急事件做到有预案、有对策、有落实，提高员工及时正确处置突发事件的意识和能力。

【抓基础建设提升可持续发展能力】分年度实施渠道、客户、管理、服务“四大基础工程”，保障各项业务稳健发展。截至年末，营业网点95个，本年新增10个，购置房产13处；网点自有率达到76.5%。在线自助设备总数344台，自助设备账务性交易替代率180.5%，提升30.38个百分点；账务性交易量比为64.35%，提升4.33个百分点。电子银行账务性交易量比为46.91%，提升8.13个百分点；电子银行与柜面交易量之比为185.12%，提升31.78个百分点。强化基础管理，推进手册管理，制定员工手册、产品手册、“三大一高”营销手册，基础管理制度化、精细化、规范化水平有所提高。基础服务能力进一步提升，持续开展“神秘人”检查，加强网点服务质量整改；加强中后台对前台的服务，持续开展“蹲点访客”活动，密切上下协同；高度重视内对外的服务，认真落实“首次接触负责制”要求，第一时间为客户提供高效便捷的全方位、一体化服务。

【抓队伍和企业文化建设塑形象】加强队伍建设，坚持“四重四事”用人原则，加强对领导人员的选拔配备和充实调整力度，改善和优化班子结构。加强后备干部队伍建设，完成二级分支行行级、部门级领导后备人才、管理人员和专业技术人员后备人才库、优秀年轻后备人才、到基层挂职锻炼员工的选拔。开展优秀基层行长、岗位操作能手、优秀客户经理、优秀营业主管评选工作，为员工提供培训和学习的机会。对内友善，营造“友善，谦虚，宽容，尊重”的氛围，落实为基层营业网点员工办的五件实事，对困难员工、困难协解人员等及时进行帮扶救助，为业务可持续发展营造和谐稳定的环境。对外和善，积极履行企业社会责任。支持公益慈善事业，实施贫困高中生成长计划、少数民族地区大学生成才计划、贫困英模母亲计划、“幸福在他乡——农民工创业援助计划”；投入资金开展自治区定点扶贫支教工作，提升社会形象。“2012年自治区民主评议政风行风”活动中，在金融企业中排名第一；荣获“宁夏安全放心消费品牌企业”称号。

执笔：乔惠婷

新疆维吾尔自治区分行

新疆维吾尔自治区分行行长　张涛
（2012年5月免）

新疆维吾尔自治区分行行长　魏承国
（2012年5月任，1月任主要负责人）

一、业务发展概况

2012年，实现税前利润22.75亿元，完成总行计划的102.22%；实现经济增加值9.26亿元，完成总行计划的100.7%。

全口径存款余额1 481.24亿元，同比增长

14.37%，余额占比同业①排名第2位。其中，一般性存款余额1 457.95亿元，新增186.8亿元，余额占比同业排名第2位。

2012年10月16日，新疆维吾尔自治区分行与新疆维吾尔自治区地质矿产勘查开发局举行战略合作协议签约仪式。

各项贷款余额达到821.43亿元，当年新增114.33亿元，创历史新高，增速达16.17%，高于全国平均水平2.35个百分点。余额同业占比29.3%，保持第1位；新增占比为27.42%，排名第2位。

总行未审计不良贷款额11.48亿元，比年初减少2.78亿元；不良贷款率为1.4%，比年初下降0.62个百分点，超预期完成总行核定不良贷款控制任务。全年共处置不良资产3.12亿元，完成总行计划的206.23%；不良资产超值现金回收2.47亿元，完成总行计划的449.15%。不良贷款拨备覆盖率达228.29%，较年初上升82.36个百分点。

【公司业务】信贷结构调整持续稳步推进。全年公司机构类客户增长4 404户，增幅达17.38%，折算后增长4 953户，增幅为7.8%；对公结算账户新增6 667户，增速为16.51%，四大行占比提高1.02个百分点；公司机构客户产品覆盖度2.97个，较年初提升0.23个；有信贷余额的小企业授信客户634户，增长98户，完成总行计划的163.33%；养老金客户增长65户（折算后），完成总行计划的146.02%；企业网银高级客户新增6 086户，现金管理系统客户新增3 107户，超额完成总行奋斗目标；对公电子银行产品覆盖度达到56.32%，较年初增长33.39个百分点，对公电子银行账务性交易占比为52.8%，交易量同比增幅达48.33%；对公柜面维护小额无贷客户1.87万户，比年初新增2 966户，增幅达18.77%，小额无贷户存款余额达到10.5亿元，比年初增加1.65亿元，增幅达18.64%；民生领域账户新增340户，社保账户新增75户；援疆账户开立113户，累计入账资金143.07亿元，资金沉淀14.6亿元；涉农贷款新增33.29亿元，增速达22.14%；小企业贷款新增8.96亿元，增幅达26.94%，同比多增5.49亿元，达到“两个不低于”目标；信贷客户退出金额3.43亿元，完成总行计划的103.63%；表外业务加权风险资产比年初新增2.43亿元，低于总行控制计划5.09亿元。

【个人金融业务】客户综合服务能力持续提升。个人存款余额653.5亿元，较年初新增86.38亿元，余额、新增同业占比分别为20.3%和20.41%，同业排名均为第3位。贷款重点投向民生、“三农”领域。其中，个人支农贷款当年新增10.08亿元，增速达30.58%，高于个人贷款平均增速4.5个百分点；个人住房贷款新增22.89亿元，同业排名第2位。房改业务持续巩固市场领先地位，当年新增住房公积金贷款8.63亿元，余额达12.63亿元，余额占比同业排名第1位。战略产品快速发展，有资产个人客户折算后新增9.45万户，完成总行计划的104.59%；信用卡客户达到35.32万户，年净新增10.21万户，完成总行计划的130.09%，同业排名第1位；手机银行客户增长47.72万户，位居同业第1位，增速达133.66%，系统内排名第4位。

【中间业务】中间业务实现持续增长。全年实现中间业务毛收入9.16亿元，同比增长4.88%，市场占比位居同业第2位。在中间业务产品收入结构中，有22项大类产品收入超过千万元，其中有4项超过5 000万元。造价咨询业务收

① 同业：本文除非特指，均指工商银行、农业银行、中国银行、建设银行、兵农五家银行。

入突破亿元大关，增速达30.84%；信用卡分期业务应收收入7 468万元，较上年增长2倍。银行卡业务、CTS、基金、黄金、保险、承诺、资金结算、房改金融等传统优势产品以及新型财务顾问、国内保理、对公代客理财、银团贷款、企业年金等新兴业务继续保持同业领先地位。

【国际业务】国际业务发展继续保持同业领先水平。国际结算累计完成34.78亿美元，结售汇累计完成27.51亿美元，外汇业务实现中间业务收入8 076万元，继续保持同业排名第1位。

二、主要工作举措

【抢抓区域发展机遇，切实加快战略转型】在资产业务方面，一是以发展为主线，抢抓区域市场机遇，优化信贷结构，切实发挥贷款对各项业务的全面带动作用。一方面，坚持“大、中、小”并举和本外币一体化的客户策略，进一步拓宽项目储备范围和覆盖面，为信贷业务稳定增长奠定坚实的基础；另一方面，加强与各级政府、招商局、发展改革委、经信委等部门的联系与沟通，加大优质项目和客户的营销力度。二是合理分配信贷资源。坚持“非禁即入”原则，积极支持涉农、小企业、个人贷款发展，扩大中小客户群体。三是继续坚持“维系当地、巩固存量、营销总部、挖掘潜力、拓展产业链客户”的营销模式。通过大企业、大集团客户的供应链、产业链和资金链，挖掘有潜力的中型、小型企业，开展相关营销工作。

在负债业务方面，一是以拓展账户和主抓存款为着力点，努力夯实发展基础。一方面，坚持“抓源头、抓链条、抓渠道、抓产品”，狠抓对公结算账户的营销力度，力促对公存款稳步快速增长；另一方面，在全行范围内开展个人业务旺季营销和节日为慰问、产品推介、理财讲座、回馈答谢等活动，不断提高客户忠诚度和优化客户结构。二是加强上下联动、公私联动、分行间联动，狠抓“三大一高”客户营销和代发工资、CTS客户资金回流以及保险到期兑付资金的吸收回笼工作，不断提升存款的同业占比、占位。三是把握新疆跨越式发展机遇，抓住民生领域工作主线，把自治区和兵团财政、社保、军警等客户、账户作为增存的突破口，配置专项费用，制定专项激励办法，组成营销团队，开展有针对性的营销活动，使机构存款能够稳步快速增长。

在产品创新、工作机制创新方面，一是持续加强产品创新与推广工作力度。通过优化机构，完善体系，建立横向部门联动、纵向层级联动的创新工作体系和人员队伍，以及合理有效利用产品创新工作奖励基金，有效推动了产品创新与推广工作。二是狠抓机制创新。通过优化调整五个较小二级分行的组织架构，挖潜存量资源，积极引导中后台人员向营销一线倾斜。三是不断完善资源配置办法，增强对中间业务、存款、账户等核心业务的奖励力度。

【提升精细管理水平，向精细管理要效益】一是按照科学、合理的原则，建立纵向到业务条线和产品，横向到客户经理和柜面人员，纵横交错的目标管理体系；二是实施客户营销精细化，逐个分析客户，制定营销方案，提高营销的针对性和成功率；三是结合区域同业竞争形势和本行各业务条线的实际，不断完善激励约束机制，使激励约束精细化；四是认真做好资源整合工作，不断提升劳动生产组织精细化管理水平；五是工作落实精细化，在工作安排措施推进中力求做到有侧重，抓主要矛盾、抓基本问题，在有限的时间和资源内，高效率做好工作；六是围绕全行中心工作，细化各项支持保障措施，发扬团队合作精神，持之以恒地服务好各项业务发展。

【加强风险内控管理，巩固提升资产质量】一是努力把握政策脉络，持续优化信贷结构。在解读和领会总行政策要求的基础上，结合新疆地区资源禀赋、经济特色及发展重点，认真开展差别化政策申报，为信贷业务发展争取更大的政策空间。二是统一风险偏好，加强考核导向作用。通过严把信贷审批关口，坚守风险底线，加大考核问责及责任认定力度，引领信贷业务健康发展。三是开展资产质量攻坚专项活动。通过制定不良资产处置化解方案和加大“一户一策”的清收处置力度，加快存量不良资产化解的处置过程。四是完善动态风险监测与排查机制。在全面排查风险的基础上，持续跟踪、动态调整更新风险客户名单；通过对重点区域、重点行业、重点客户的检测排查，做好风险预案并强化执行，严控新暴露不良。五是应用信用风险计量工具，强化经济资本引导作用，加强押品日常监测，不断提升发展质量。

【保持案防高压态势，确保全行安全运营】一是认真贯彻落实党风廉政建设和案件防控责任制，全行党风廉政建设和案件防控责任书的签订覆盖面达100%。通过开展员工行为排查活动和信贷业务、柜面业务、对账环节、商业贿赂、员工参与非法集资五大类专项治理活动及“内部控制规范”、“平安建行”等活动，确保了全行各项业务平稳运行。二是加强十八大、“两会”和重大节日期间的信访维稳工作，加强安全检查和部署，完善应急预案，全年未发生任何案件，保持了连续13年未发生大案要案，连续10年未发生一般性案件的防控成果。

【加强工作作风建设，推动工作整体合力】一是加强领导班子建设，坚持正确用人导向，完善干部考核机制，加大领导干部调整和交流力度，充实部分二级分行领导班子。二是建立初、中、高三级管理岗位人才库，为改善干部结构、促进青年干部成长提供良好条件。三是迅速组织落实中央、总行改进工作作风的要求，开展“本部转变工作作风年”。四是加强基层调研，关心员工生活，为基层员工解决突出问题，全年共向229名特困职工发放救助金167万元，全行干部员工的凝聚力和战斗力进一步提升。

执笔：孔建新

哈尔滨培训中心

哈尔滨培训中心主任　孙平生

2012年，哈尔滨培训中心承办培训班370期，培训学员25 911人次，完成培训工作量183 681.5人天，培训工作量较上年增长了7.92%。

一、强化培训核心能力建设，支持和服务于全行业务发展

【扩大培训规模，满足全行培训需求】一是不断完善有效的总分行培训练习机制，通过主动下行走访调研、加强与总分行日常沟通等多种形式和途径，深入了解和掌握培训需求，保证了培训计划的确定和落实。二是以总行重点业务部门和需求大行为重点，不断扩大培训覆盖面，总行部门和一级分行现场办班各为30个以上，分别占总行部门总量以及分红总量的80%以上。三是努力克服各种困难，充分调动和有效利用各类资源，合理规划和安排培训项目，有效缓解培训资源与培训需求间的矛盾。四是针对部分分行因工作繁忙人员无法脱产培训的实际需求，组织人员赴各级分行开展上门培训，有效地解决了分行员工培训的实际困难，受到了分行的欢迎。

【推进培训教学改革，培训质量逐步提高】一是积极推进培训项目和课程建设，认真做好参与总行项目开发和自主项目开发工作，对原有培训项目和课程进行维护整合，更加贴近业务发展和学员需求。二是完善了培训项目和课程开发全流程管理模式，建立了公开竞课机制，搭建了公开竞争的平台，大力推进培训课程AB角制度，组织评选了一批精品课程及优秀课程。三是建立完善了教学管理制度，加大对培训教学改革创新和价值创造的政策支持力度，坚持培训教学工作

例会制度，保证了正常教学秩序和教学质量提高。四是加大对远程培训资源投入，利用总行网络学习系统上线的契机，积极参与系统培训及系统学习资源建设，努力拓宽培训渠道。五是有序推进领导力研发中心、人才素质测评中心和考务中心建设，开展课题研究，理顺了培训研发、素质测评和考务工作的管理机制，适应了培训发展需要。

【加强培训项目组织管理，保障培训项目有序实施】一是加强项目经理队伍建设，严格落实项目经理负责制，保障了培训项目组织管理工作水平稳步提升。二是建立了培训管理工作例会制度，修订完善了制度和流程，促进了培训项目组织管理的规范化、制度化、流程化。三是切实强化学员管理，严肃培训纪律，认真做好培训学员考核工作，使现场培训管理工作不断加强，培训秩序良好。

【加强员工队伍建设，不断适应培训工作需要】一是不断调整优化员工队伍结构，有效改善了部分岗位人员缺乏、结构不合理、梯队不健全等状况，尤其是培训师队伍得到补充和壮大。二是强化员工培训管理，不断丰富培训手段和形式，使培训工作覆盖到全员，促进了员工综合素质和履岗能力不断提升。三是加强对培训师业务能力提高，有针对性的组织培训师开展实习、调研及培训活动，并对培训师培训、调研、实习提出具体天数的要求，促进了培训师业务能力的提高。

二、强化基础管理，培训合规意识，管理质量和效率不断提高

【深入推进制度建设，管理基础不断夯实】针对管理中的关键部位和重点环节，开展了专项整章建制工作，通过深入系统的整章建制工作，建立健全了培训中心制度流程体系，促进了管理工作的规范化、标准化、制度化。

【精心组织开展了主题教育活动，规范管理意识日益增强】组织开展了“学规章、守制度、防风险、促发展”主题教育活动，重点开展了合理化建议征集、合理化建议答复意见的整改落实、部门级岗位工作职责梳理和整章建制四项工作。通过主题教育活动，提高了员工对遵章守纪、合规操作、防范风险重要性的认识，培养了规范管理意识，员工的执行力和工作作风明显变化，各项工作得到有效落实。极大地促进了校风建设。

【开展部门经办岗位人员轮岗交流，严防岗位操作风险】坚持把轮岗交流作为防范操作风险、道德风险和加强监督制约的有力措施和重要手段，开展了较大范围的部门内部经办岗位人员轮岗交流工作。此次轮岗交流涉及7个重点部门、15个重点岗位，共计22人，占部门经办岗位人员总量的25.88%。通过组织实施轮岗交流工作，进一步强化了对重点岗位的监督制约，有效规避了管理中的操作风险和道德风险，在很大程度上有效调动了员工工作的积极性和主动性，整体工作面貌大为改观。

【坚持公开决策，切实增强管理透明度】充分发挥党委会议、主任办公会议、专题会议的作用，坚持重要事项集体决策，保障决策的科学性。全面推行政务公开，对重要工作实行全员通报制度。加强和规范了集中采购工作，对采购项目坚持事前和事后及时通报全员。积极推进财务全面预算管理，集中财务资源解决培训中心改革发展中的关键问题。

【狠抓安全管理不放松，为培训目标实现提供有力保障】坚持把安全工作放在首要位置，通过完善安全工作例会制度，切实提高了员工的安全思想意识。实行“一岗双责”制度，加强安全监督检查，落实各项安全措施，加大安全管理设施投入，保障了培训工作的有序开展。

三、加快培训基础设施建设，培训保障能力不断增强

【加快推进培训设施维修改造建设，培训条件得到逐步改善】坚持高标准、高质量的原则，进一步加大维修改造力度，对公寓、多媒体教室、综合餐厅、运动场馆、园区路面、路灯以及电缆等进行了维修改造。进一步加大培训设备投入，学员培训生活环境得到极大改善，很好地满足了学员需求。

【不断丰富服务内涵，培训服务质量不断提高】坚持“以学员为中心”的培训理念，积极推进服务文化建设，通过加大服务投入、不断优化服务人员队伍结构、加强服务人员岗位技能培训、开展多岗位服务技能练兵等措施，使各项培训服务质量不断提高。健全完善了服务工作快速反应

机制，通过定期召开学员座谈会、走访学员、问卷调查等形式，注重倾听学员之声，全面收集了解各种意见和建议，及时整改完善，使服务工作更加贴近实际、更加符合学员多样化的需求，培训中心在学员中的美誉度和声誉度不断提高。

四、深入推进党建和企业文化建设，营造良好工作面貌

【以思想建设、能力建设和作风建设为重点，坚持抓好领导班子建设】按照民主集中制原则，不断完善党委会、主任办公会议决策制度，坚持重大事项集体决策、民主决策。注重抓好以十八大精神为重点的理论业务学习和党性教育，充分发挥基层党组织作用，有效发挥了基层党组织和党员的先进作用。

【注重强化党员教育，切实抓好反腐倡廉建设】注重抓好教育、管理和监督三个反腐倡廉建设的重要环节，通过组织“学规定、知禁令、做表率”领导人员廉洁从业主题教育活动，加强了党员党性修养和职业道德教育。推进违规行为积分管理、落实党风廉政建设责任制以及各类谈话制度等措施，加强管理和监督，建立健全了行使职权的制约机制和制衡体系。

【充分发挥企业文化建设的支撑作用】通过开展学习宣传建设银行文化要素和积极践行核心价值观活动，规范了员工职业行为，使建设银行价值理念逐步成为员工的职业信念和行为准则。通过开展“爱岗位、爱中心、爱建行”的主题系列活动，进一步转变了员工的工作作风。坚持以人为本，做好员工关爱工作，切实加强对离退休人员与内退人员的各项服务工作。

五、坚持办学方向，不断提高党校培训质量

认真贯彻落实总行党校工作部署，坚持党校办学方针，进一步探索教学改革，强化教学和学员管理，扎实做好党校工作。

【积极探索教学创新】以组织抓好领导干部进修班为重点，不断完善培训内容，拓展培训形式，丰富教学手段，引入金融特色课，教学质量不断提高，已形成了以领导干部进修班为主体，党务工作培训班和青年人才培训班为辅助的较为完善的培训体系。

【加强学员组织管理】坚持“从严治校”方针，切实抓好学员组织管理，采取组织员、学员党支部和分行带队三个层次的管理模式，定期召开支部小组会议，研究解决学员在培训和生活中遇到的各种问题，抓好规章制度的执行落实，收到了较好的效果。

【不断丰富学员培训生活】坚持“用心管理、用情服务”，认真细致的做好学员服务工作，并广泛征求学员意见和建议，努力为学员提供满意的服务。

执笔：张学智

常州培训中心

常州培训中心主任　张中科
(2012 年 12 月免)

常州培训中心副主任　屈建伟
(2012 年 12 月任党委副书记，主持工作)

一、培训工作概况

认真践行“专业、专注、实用、实效”培训理念，2012 年全年完成培训总量 20.3 万人天(其中不含为分行提供的上门培训 15 829 人天)。

【现场培训量再创新高】在培训中心客房量没有增加的情况下，通过科学高效排班，挖掘培训潜力，进一步扩大培训规模。各种培训服务资源基本达到满负荷，全年共举办各类培训班 369 期，完成现场培训 18.19 万人天，另外，为分行提供上门培训 15 829 人天。在培训服务上，中心始终坚持“以学员为中心”的服务理念，进一步提高培训服务质量，打造“常培服务”品牌，培训组织管理平均满意度达到 99.79%。

【课程研发不断推进】狠抓培训项目的设计和培训课程的开发，努力满足成建制的项目培训需求和课程自助点单式的人才培训需求。积极配合参与总行完成网点经理轮训深化教材、公司客户经理综合能力提升培训教材、兼职师资进阶培训、风险经理能力提升教材 2.0、平行作业风险经理评估评价培训教材、电子银行岗位培训教材、小企业业务能力提升培训教材、私人银行业务基础培训教材、安保岗位培训教材、电话银行培训教材等 10 个项目，自主开发 72 门新课程，培训课程总量近 370 门，培训精品课程开发力度的加大，促进了培训业务质量的有效提升。

【网络学习平台推广和运维顺利】一是全力以赴做好全行网络学习系统运维和试运行准备，完成上传试点课件，系统相关测试及上线技术支持答疑等多项工作，配合总行进行网络学习系统管理功能的分行试点、压力测试等工作，积极参与网络学习系统的全行培训推广工作。二是明确网络学习产品开发的中长期目标，抓住机遇积极推动网络学习项目在全行的应用，提升远程培训服务满意度。全年共开发总行定制课件 37 个，完成岗考教材及补充资料电子书系列课件 23 个，完成分行快速课件 184 个，开发自主课件 21 个。DCCTS 系统培训规模再创新高，培训覆盖面达 36 个一级分行，完成培训 75 818 人次，组织考试 800 多场次。三是积极深化网络学习平台应用，创新网络培训形式。2012 年开发实施了新入职公司客户经理混合培训项目，有效地推动了培训方式变革，并先后在贵州、山东、广西、江苏、西藏、宁波等分行付诸实施，完成现场培训约 2 000

人天，网络培训约 1 500 人，取得了突出成效，为全行创新提供更富有效率和价值的培训服务。

【考试与素质测评的专业化建设成效显著】一是继续优化工作流程，借助远程考试系统、人才测评系统、360 度领导力评估反馈系统等实现了远程登录和远程考试测评，有效扩大了考试和测评规模。全年命题组卷套数 311 套，比 2011 年增加 26 套，增长 9%；开展考试考务项目 130 个，完成考试总量 205 959 人次，其中岗位考试 64 354 人次，远程考试 68 785 人次，为分行组织各类考试 72 820 人次；开展测评项目 35 个，测评人次达 4 708 次，比 2011 年增加 488 人次，增长 12%。二是考试与测评服务质量显著提升。通过加强对考试测评项目的数据统计和分析评价，结合总分行需求，不断改进项目设计，2012 年考试与测评客户满意度达到了 95% 以上。三是推进项目研发和业务创新。考试方面加强试题库和素材库建设，新增并优化了定向招聘、后台业务处理、企业文化、行政能力、人力资源管理等试题库。测评方面更加关注测评案例库的建设和测评素材的开发，对六大能力测评工具进行了优化，增加和建设了无领导小组讨论、公文筐处理案例库，积累了面谈、演讲等题库；新开发了 MBTI 个性测试在管理中的应用、无领导小组讨论测评技术、情景面试技术、行为面试技术等新课程；完成了 DISC、FPA 两个心理测验量表题本和评分标准的研究和开发；此外应不同序列不同层次测评需求，开发立体的测评项目体系。

【党校创新办学成效显著】2012 年党校常州分校完成了 33 期班的教学组织和学员管理任务，培训人数 2 744 人。分校始终坚持党校姓“党”的原则，认真贯彻中央党校、国家机关工委分校和总行党校关于党校工作的各项规范、标准，坚持正确的办学方向，高质量办好每期领导干部进修班。在总行党校的大力支持下，实现了“一校三地”同步视频教学，以最新的科技、信息化手段实现了全息、同步、等量的高品质教学，并引进现代评估机制，对党校班实施 360 度培训效果评估，收获更好的培训成效。同时，坚持创新为先，进一步创新培训品种，开发实施了“部门经理成长培训班”等培训项目，积极创新教学、学员管理手段，实施学员安全管控日报制度，实施《学员学习手册》评比，进一步强化学员管理。

二、主要工作举措

【加快提升学员满意度，培训质量力求高标准】一是培训服务精益求精。不断完善责任考核机制，实行从部门负责人到具体责任人的连带责任追究制，对培训班实施价值链考核制度。积极提升员工主观能动性，组织学习和探索“海底捞”的“用心工作法”，提升培训服务的标准，促使员工变被动服务为主动服务，深受学员好评，2012 年培训服务满意度达 99.08%。二是培训组织规范标准。一方面继续把建设银行文化要素作为员工培训的重要内容。在所有各期各类培训班的《培训指南》中编印建设银行文化要素，供学员随时学习，入脑入心；另一方面，建立培训经理的素质模型，加强对培训经理的管理和对从业能力提升的标准化要求，全面提升培训组织管理水平，2012 年培训组织管理满意度达 99.37%。三是培训授课严格模式。严格实施培训教学模式，所有培训班在培训教学实施时按照“六个一”组织，即一本教师用书、一本学员用书、一本学员课堂手册、一份授课 PPT、一个含案例的工具包、一套学员测试题及答案。严格授课质量标准，抓好培训师队伍建设，对研发教学岗位的培训师进行动态管理，要求进中心三年以上培训师都必须承担授课任务，且教学满意度不低于 97%。四是培训技术精彩纷呈。在创新应用“与精英面对面”、“职业生涯关键时刻”、“对话访谈”、“主题论坛”、“培训咨询”、“行动学习法”、“换位诊断”、“COM 电影教学法”等培训技术的基础上，持续创新“向名人学经管”、“同分享共提升管理故事、经验分享会”、“与明星面对面”、“业务发展行动学习”、“标杆管理、品牌建设”及“女性领导力主题沙龙”等培训方式，取得了较为良好的课堂效果。学员满意度显著提高，2012 年中心培训师的课程平均满意度达到了 97.97%。

【积极发挥机制引领作用，精细化管理深入推进】一不断深入和创新“五精四细”培训流程管控机制。在五精四细业务操作流程固化基础上，对重要工作实施精细化项目管理，将规范的工作要求细化到每个工作环节，作为员工日常工作的固化标准，逐步成为员工的职业习惯。二是广泛推行标杆工作法。在实施“五精四细”培训流程管控要求下，目前中心已形成各业务模块标杆工作法40余个。三是考核激励机制逐步推进。在实行部门成绩单考核管理的基础上，制定部门领导人员责任目标绩效考核办法，进一步加大了对部门领导的激励和约束力度，不断完善绩效工资分配制度和分配方式。四是创新激励制度不断完善。进一步加强对研发创新项目的立项标准、创新项目的效果与激励措施相匹配机制建设。重点奖励研发并投入运营的创新型培训项目和课程开发，有重要影响和能投入运营的网络学习产品、科技项目和人才测评项目以及重要荣誉的取得等。五是安全管控更加有力。建立效能监察高频率检查机制，不断加强对员工安全、学员安全、行车安全、设备安全、采购安全、食品安全等方面的精细化效能监察，覆盖到工资发放、年金、财务等操作环节。实施对重点安全部位的管理和直接履职人风险防控专项绩效考核制度，重点加强精细化管理目标与廉政建设目标的结合。

【重视队伍建设，凝心聚力创建和谐常培】一是抓好队伍建设。从中心班子成员到各部门负责人带头重视学习，实施党委中心组理论学习旁听制度。鼓励员工加强学习，支持员工尤其是业务条线员工参加外部培训。认真执行干部选拔标准，坚持群众公认选拔干部，凭实绩使用干部，将政治可靠、业务过硬、工作勤奋、品行端正的干部选拔到领导岗位上来。二是积极倡导道德建设。以全面提升员工思想道德修养和文明素质为核心，积极倡导“信心、公心、善心、良心、孝心”的“五心”建设。引导每个人从身边做起、践行以人为本的宗旨，精诚协作把培训业务做好做精。认真办好“常培道德讲堂”，组织全体员工积极参与。引导员工提高思想认识，推动先进道德理念内植于心，外化于行，诠释道德品德内涵，构建提升中心软实力的有效支撑。

执笔：杨雅君

CHINA 中国建设银行年鉴 2013
CONSTRUCTION BANK ALMANAC

第五部分　综合统计

中国建设银行股份有限公司资产负债表

（2012 年 12 月 31 日）　　　　（单位：人民币百万元）

	本集团		本行	
	2012 年	2011 年	2012 年	2011 年
资产：				
现金及存放中央银行款项	2 458 069	2 379 809	2 443 276	2 373 493
存放同业款项	585 898	276 752	584 538	279 861
贵金属	38 419	22 718	38 419	22 718
拆出资金	129 653	109 040	138 015	110 533
交易性金融资产	27 572	23 096	16 206	8 715
衍生金融资产	12 671	14 127	11 667	13 073
买入返售金融资产	316 685	200 045	316 624	200 045
应收利息	68 264	56 776	67 581	56 420
客户贷款和垫款	7 309 879	6 325 194	7 142 317	6 189 363
可供出售金融资产	701 041	675 058	681 416	663 583
持有至到期投资	1 918 322	1 743 569	1 915 811	1 742 342
应收款项债券投资	219 713	300 027	217 741	299 765
对子公司的投资	—	—	16 676	11 950
对联营和合营企业的投资	2 366	2 069	—	—
固定资产	113 946	94 222	110 343	93 369
土地使用权	16 232	16 457	16 181	16 404
无形资产	2 061	1 660	1 564	1 176
商誉	1 651	1 662	—	—
递延所得税资产	27 051	21 410	27 517	22 003
其他资产	23 335	18 143	40 858	34 077
资产总计	13 972 828	12 281 834	13 786 750	12 138 890
负债：				
向中央银行借款	6 281	2 220	6 169	2 210
同业及其他金融机构存放款项	977 487	966 229	980 497	970 033
拆入资金	120 256	78 725	77 640	45 654
交易性金融负债	37 251	33 656	34 533	30 966
衍生金融负债	11 541	13 310	10 045	12 354
卖出回购金融资产	2 360	10 461	891	11 594
客户存款	11 343 079	9 987 450	11 250 000	9 906 093
应付职工薪酬	32 708	35 931	31 822	35 182
应交税费	53 271	47 189	52 862	46 950
应付利息	123 215	80 554	122 804	80 312
预计负债	5 058	5 180	5 058	5 180
已发行债务证券	262 991	168 312	245 024	158 050
递延所得税负债	332	358	—	23
其他负债	47 389	35 598	33 884	27 712
负债合计	13 023 219	11 465 173	12 851 229	11 332 313
股东权益：				
股本	250 011	250 011	250 011	250 011
资本公积	135 281	135 178	135 204	135 178
投资重估储备	3 023	6 383	3 078	6 472
盈余公积	86 718	67 576	86 718	67 576
一般风险准备	80 483	67 342	79 444	66 645
未分配利润	391 034	289 266	381 844	281 491
外币报表折算差额	-4 818	-4 615	-778	-796
归属于本行股东权益合计	941 732	811 141	935 521	806 577
少数股东权益	7 877	5 520	—	—
股东权益合计	949 609	816 661	935 521	806 577
负债和股东权益总计	13 972 828	12 281 834	13 786 750	12 138 890

中国建设银行股份有限公司利润表

（2012 年 12 月） （单位：人民币百万元）

	本集团		本行	
	2012 年	2011 年	2012 年	2011 年
一、营业收入	460 746	397 090	447 699	392 018
利息净收入	353 202	304 572	348 916	301 575
利息收入	603 241	482 247	595 723	477 357
利息支出	-250 039	-177 675	-246 807	-175 782
手续费及佣金净收入	93 507	86 994	91 809	85 369
手续费及佣金收入	96 218	89 494	94 345	87 733
手续费及佣金支出	-2 711	-2 500	-2 536	-2 364
投资收益	6 327	3 722	5 328	3 651
其中：对联营和合营企业的投资收益	28	24	—	—
公允价值变动（损失）/收益	-661	-1 396	-185	408
汇兑收益	1 504	1 451	1 191	369
其他业务收入	6 867	1 747	640	646
二、营业支出	-210 460	-179 418	-200 164	-174 872
营业税金及附加	-30 233	-24 229	-30 019	-24 085
业务及管理费	-134 566	-118 294	-130 509	-115 044
资产减值损失	-40 041	-35 783	-39 349	-35 407
其他业务成本	-5 620	-1 112	-287	-336
三、营业利润	250 286	217 672	247 535	217 146
加：营业外收入	1 941	2 436	1 843	2 400
减：营业外支出	-788	-1 001	-780	-999
四、利润总额	251 439	219 107	248 598	218 547
减：所得税费用	-57 837	-49 668	-57 176	-49 597
五、净利润	193 602	169 439	191 422	168 950
归属于本行股东的净利润	193 179	169 258		
少数股东损益	423	181		
六、基本和稀释每股收益（人民币元）	0.77	0.68		
七、其他综合收益	-3 511	-1 918	-3 350	-686
八、综合收益总额	190 091	167 521	188 072	168 264
归属于本行股东的综合收益	189 648	167 401		
归属于少数股东的综合收益	443	120		

中国建设银行股份有限公司现金流量表

（2012 年 12 月）　　　　（单位：人民币百万元）

	本集团		本行	
	2012 年	2011 年	2012 年	2011 年
一、经营活动现金流量：				
客户存款和同业及其他金融机构存放款项净增加额	1 373 562	1 212 274	1 360 249	1 190 804
向中央银行借款净增加额	4 090	530	3 988	520
拆入资金净增加额	42 278	14 509	32 607	5 779
卖出回购金融资产净增加额	—	5 540	—	511
已发行存款证净增加额	53 554	36 447	46 641	27 792
交易性金融负债净增加额	3 605	18 369	3 577	18 026
收取的利息、手续费及佣金的现金	685 201	551 015	676 141	544 429
收到的其他与经营活动有关的现金	10 783	6 444	3 250	2 976
经营活动现金流入小计	2 173 073	1 845 128	2 126 453	1 790 837
客户贷款和垫款净增加额	(1 028 588)	(849 238)	(995 438)	(807 429)
存放中央银行和同业款项净增加额	(212 062)	(479 504)	(208 036)	(480 948)
拆出资金净增加额	(6 186)	(39 399)	(7 899)	(41 797)
买入返售金融资产净增加额	(116 642)	(18 952)	(116 581)	(19 002)
卖出回购金融资产净减少额	(8 101)	—	(10 703)	—
支付的利息、手续费及佣金的现金	(204 542)	(162 029)	(201 306)	(160 177)
支付给职工以及为职工支付的现金	(76 932)	(67 276)	(74 857)	(65 437)
支付的各项税费	(87 696)	(65 303)	(86 831)	(64 638)
交易性金融资产净增加额	(2 632)	(6 548)	(5 531)	(3 812)
支付的其他与经营活动有关的现金	(60 879)	(31 865)	(60 770)	(30 590)
经营活动现金流出小计	(1 804 260)	(1 720 114)	(1 767 952)	(1 673 830)
经营活动产生的现金流量净额	368 813	125 014	358 501	117 007
二、投资活动现金流量：				
收回投资收到的现金	608 345	1 146 554	597 556	1 143 473
收取的现金股利	250	160	261	164

续表

	本集团		本行	
	2012 年	2011 年	2012 年	2011 年
处置固定资产和其他长期资产收回的现金净额	1 200	1 409	1 038	1 392
投资活动现金流入小计	609 795	1 148 123	598 855	1 145 029
投资支付的现金	(730 417)	(971 164)	(708 887)	(961 754)
购建固定资产和其他长期资产支付的现金	(34 939)	(23 312)	(31 756)	(23 031)
取得子公司、联营和合营企业支付的现金	(294)	(1 063)	(1 834)	(1 136)
对子公司增资支付的现金	—	—	(2 892)	(945)
投资活动现金流出小计	(765 650)	(995 539)	(745 369)	(986 866)
投资活动（所用）/产生的现金流量净额	(155 855)	152 584	(146 514)	158 163
三、筹资活动现金流量：				
发行债券收到的现金	41 951	39 945	40 6952	39 945
子公司吸收少数股东投资收到的现金	3 332	750	—	—
筹资活动现金流入小计	45 283	40 695	40 952	39 945
分配股利支付的现金	(59 220)	(53 078)	(59 128)	(53 052)
偿付已发行债券利息支付的现金	(5 562)	(3 200)	(5 501)	(3 200)
支付其他与筹资活动有关的现金	(1 288)	(51)	—	—
筹资活动现金流出小计	(66 070)	(56 329)	(64 629)	(56 252)
筹资活动所用的现金流量净额	(20 787)	(15 634)	(23 677)	(16 307)
四、汇率变动对现金及现金等价物的影响	(1 714)	(4 800)	(1 619)	(4 479)
五、现金及现金等价物净增加额	190 457	257 164	186 691	254 384
加：年初现金及现金等价物余额	558 463	301 299	245 765	291 381
六、年末现金及现金等价物余额	748 920	558 463	732 456	545 765

中国建设银行存、贷款主要指标统计表（人民币）

（2012 年 12 月）　　（单位：亿元）

项　目	本期余额	比年初新增		比 2011 年同期新增（±）
		2012 年	2011 年	
全口径存款	**116 879.24**	**12 479.46**	**10 498.93**	**1 980.54**
一、一般性存款	108 810.32	12 459.57	8 331.39	4 128.18
1. 对公存款	58 280.46	5 841.55	4 364.26	1 477.29
活期存款	36 217.61	2 201.05	1 147.40	1 053.65
定期存款	22 062.86	3 640.50	3 216.85	423.64
2. 个人存款	50 529.86	6 618.02	3 967.13	2 650.89
活期存款	20 804.63	2 634.21	1 138.54	1 495.67
定期存款	29 725.22	3 983.81	2 828.59	1 155.22
二、同业存款	8 068.92	19.89	2 167.54	-2 147.65
各项贷款	**67 878.55**	**7 638.50**	**7 272.09**	**366.41**
一、对公贷款	47 712.55	4 241.67	4 152.68	89.00
其中：贴现贷款	1 394.57	256.38	-304.39	560.77
二、个人类贷款	20 166.00	3 396.83	3 119.42	277.41
其中：个人住房贷款	16 501.78	2 314.61	2 400.23	-85.62

注：1. 个人类贷款包括个人住房贷款、个人消费类贷款和信用卡透支，不含“个人买方信贷”。

2. 个人住房贷款中含个人商业用房贷款。

中国建设银行存、贷款主要指标统计表（外币）

（2012 年 12 月）　　（单位：亿美元）

项　目	本期余额	比年初新增		比 2011 年同期新增（±）
		2012 年	2011 年	
全口径存款	**648.51**	**136.10**	**174.45**	**-38.35**
一、一般性存款	380.70	122.20	63.03	59.17
1. 对公存款	342.51	121.72	62.67	59.05
活期存款	108.96	-0.19	8.12	-8.31
定期存款	233.55	121.91	54.55	67.36
2. 个人存款	38.19	0.47	0.36	0.12
活期存款	16.96	-0.14	2.51	-2.65
定期存款	21.23	0.61	-2.16	2.77
二、同业存款	267.82	13.90	111.42	-97.52
各项贷款	**524.31**	**258.37**	**37.43**	**220.94**
一、短期贷款	86.92	23.45	2.62	20.84
二、中长期贷款	49.46	-7.50	-9.83	2.32
三、进出口贸易融资	362.55	237.99	43.76	194.23
四、境外筹资转贷款	20.56	1.55	0.44	1.11
五、各项垫款	4.77	2.90	1.07	1.82
六、其他贷款	0.05	-0.01	-0.63	0.61

中国建设银行个人贷款主要指标统计表（本外币）

（2012 年 12 月）　　（单位：亿元）

项　　目	本期余额	比年初新增		比 2011 年同期新增（±）
		2012 年	2011 年	
个人贷款合计	**20 176.64**	**3 398.97**	**3 122.32**	**276.65**
1. 个人消费贷款	805.56	38.64	-21.52	60.16
2. 个人助学贷款	4.43	-1.47	-1.37	-0.09
3. 个人住房贷款	15 287.57	2 157.83	2 243.83	-86.00
4. 个人商业用房贷款	1 085.45	171.83	178.88	-7.05
5. 个人其他消费贷款	0.06	-0.01	-0.03	0.02
6. 下岗失业人员小额担保贷款	1.61	0.12	0.41	-0.29
7. 个人助业贷款	1 017.76	230.60	305.30	-74.70
8. 个人住房最高额抵押贷款	129.07	-15.14	-22.60	7.46
9. 个人支农贷款	67.27	13.02	18.48	-5.45
10. 个人信用卡透支	1 777.86	803.54	420.94	382.60

中国建设银行各分行存款主要指标统计表（本外币）

（2012 年 12 月）　　（单位：亿元）

地区	一般性存款		其中：对公存款		其中：储蓄存款	
	本期余额	比年初新增	本期余额	比年初新增	本期余额	比年初新增
全国总计	**111 181.87**	**13 203.86**	**60 414.12**	**6 585.37**	**50 767.75**	**6 618.49**
总行本级	59.98	10.97	0.18	0.01	59.81	10.96
信用卡条线	96.32	-143.83	37.12	-132.94	59.20	-10.88
长三角	22 082.31	1 524.99	13 072.11	773.79	9 010.21	751.20
上海	7 107.36	670.82	4 437.84	421.69	2 669.53	249.13
江苏	6 367.02	761.62	3 316.63	332.28	3 050.38	429.34
浙江	5 279.00	-270.59	3 140.82	-212.71	2 138.17	-57.88
宁波	1 139.74	140.56	737.66	88.68	402.08	51.88
苏州	2 189.20	222.59	1 439.15	143.85	750.04	78.73
珠三角	17 426.73	2 061.51	9 373.02	1 032.65	8 053.71	1 028.86
广东	9 722.69	975.72	4 905.24	425.98	4 817.46	549.74
深圳	3 653.20	622.01	2 592.32	413.51	1 060.88	208.50
福建	3 075.86	396.15	1 374.96	172.69	1 700.90	223.46
厦门	974.97	67.63	500.50	20.47	474.47	47.16

续表

地区	一般性存款		其中：对公存款		其中：储蓄存款	
	本期余额	比年初新增	本期余额	比年初新增	本期余额	比年初新增
环渤海	21 485.10	3 353.34	12 296.11	2 049.56	9 188.99	1 303.78
北京	9 139.37	1 677.68	6 181.06	1 277.84	2 958.31	399.83
山东	4 879.09	920.14	2 528.56	481.80	2 350.53	438.34
天津	1 945.74	229.43	1 163.18	123.51	782.56	105.92
河北	4 667.16	481.31	1 963.98	173.43	2 703.18	307.87
青岛	853.74	44.79	459.33	-7.03	394.41	51.82
中部	20 438.72	2 776.97	9 761.72	1 204.56	10 677.00	1 572.41
山西	2 450.08	366.27	1 145.61	159.03	1 304.47	207.24
广西	1 830.38	260.43	982.47	132.46	847.91	127.97
湖北	3 311.79	394.92	1 358.50	133.13	1 953.29	261.80
河南	3 510.33	597.14	1 570.53	312.34	1 939.80	284.81
湖南	3 778.12	456.11	1 718.57	136.75	2 059.55	319.36
江西	1 826.53	246.77	1 011.59	144.90	814.94	101.87
海南	656.90	15.49	408.52	-9.79	248.38	25.27
安徽	2 669.02	387.63	1 374.26	174.72	1 294.76	212.90
三峡	405.58	52.22	191.67	21.02	213.92	31.20
西部	21 483.46	2 822.62	12 177.97	1 418.61	9 305.49	1 404.01
四川	5 634.54	739.91	3 184.46	381.76	2 450.07	358.15
重庆	2 049.03	245.91	1 153.92	134.31	895.11	111.60
贵州	1 605.95	250.78	971.89	129.32	634.06	121.46
云南	2 343.05	284.04	1 404.03	176.96	939.03	107.08
西藏	485.97	76.99	386.81	57.13	99.16	19.86
内蒙古	1 922.23	222.97	983.32	37.24	938.91	185.73
陕西	3 140.49	520.57	1 662.97	275.85	1 477.52	244.71
甘肃	1 524.96	115.80	835.64	33.27	689.33	82.53
青海	792.77	103.77	490.68	57.07	302.10	46.70
宁夏	526.51	75.08	299.81	35.26	226.70	39.81
新疆	1 457.95	186.80	804.45	100.43	653.50	86.38
东北	8 109.24	797.29	3 695.90	239.13	4 413.34	558.15
辽宁	3 023.94	342.39	1 278.15	118.20	1 745.79	224.20
吉林	1 677.09	186.05	784.05	48.27	893.04	137.78
黑龙江	2 245.37	238.02	1 001.69	104.22	1 243.67	133.80
大连	1 162.85	30.82	632.01	-31.56	530.84	62.38

中国建设银行各分行贷款主要指标统计表（本外币）

（2012年12月）　　（单位：亿元）

地区	各项贷款		其中：对公贷款		其中：个人贷款	
	本期余额	比年初新增	本期余额	比年初新增	本期余额	比年初新增
全国总计	**71 144.75**	**9 230.62**	**50 968.12**	**5 831.65**	**20 176.64**	**3 398.97**
总行本级	101.37	19.56	101.37	19.56	—	—
信用卡条线	1 778.50	803.70	1.18	-0.01	1 777.31	803.71
长三角	16 651.93	1 919.85	12 230.44	1 544.05	4 421.49	375.80
上海	3 978.72	633.09	3 226.83	533.05	751.90	100.04
江苏	4 539.98	546.39	3 352.31	394.47	1 187.68	151.92
浙江	5 055.78	314.48	3 465.06	265.08	1 590.72	49.39
宁波	1 222.70	119.63	907.07	113.29	315.63	6.34
苏州	1 854.74	306.26	1 279.17	238.16	575.57	68.10
珠三角	10 920.51	1 370.81	7 337.51	907.07	3 582.99	463.74
广东	4 724.43	647.42	3 422.89	477.73	1 301.55	169.69
深圳	2 929.46	345.84	1 913.07	242.63	1 016.40	103.21
福建	2 455.45	301.72	1 493.48	157.85	961.97	143.87
厦门	811.16	75.83	508.07	28.86	303.08	46.97
环渤海	12 429.21	1 516.50	9 742.72	1 103.55	2 686.49	412.95
北京	3 836.21	542.09	3 165.17	453.47	671.04	88.62
山东	3 340.33	421.02	2 516.17	312.77	824.16	108.25
天津	1 791.86	142.98	1 533.96	98.15	257.90	44.82
河北	2 662.00	323.87	2 012.73	187.68	649.27	136.19
青岛	798.80	86.54	514.68	51.48	284.12	35.06
中部	11 940.78	1 426.35	8 604.40	844.18	3 336.38	582.17
山西	1 104.66	134.28	998.05	106.42	106.61	27.86
广西	1 324.63	141.36	883.17	84.34	441.46	57.03

续表

地区	各项贷款		其中：对公贷款		其中：个人贷款	
	本期余额	比年初新增	本期余额	比年初新增	本期余额	比年初新增
湖北	1 742.50	179.16	1 283.44	105.71	459.06	73.45
河南	1 951.65	247.96	1 408.20	145.01	543.45	102.95
湖南	2 311.98	254.20	1 782.83	159.43	529.15	94.77
江西	1 133.78	167.21	717.78	86.89	416.00	80.32
海南	272.87	27.35	188.12	18.55	84.76	8.79
安徽	1 740.62	234.85	1 058.58	106.95	682.04	127.89
三峡	358.10	39.97	284.23	30.87	73.86	9.10
西部	12 703.30	1 619.21	9 547.39	1 061.08	3 155.91	558.12
四川	2 672.21	316.61	1 919.88	196.42	752.33	120.19
重庆	1 760.71	277.75	1 177.05	193.97	583.65	83.78
贵州	1 029.72	158.46	831.71	122.45	198.01	36.01
云南	1 473.70	158.33	1 038.28	83.13	435.42	75.19
西藏	161.44	46.83	145.62	45.45	15.82	1.38
内蒙古	1 481.75	127.84	1 212.83	71.83	268.91	56.01
陕西	1 625.47	218.12	1 104.69	122.56	520.78	95.56
甘肃	711.14	95.90	618.48	68.23	92.66	27.66
青海	447.88	69.13	420.27	64.63	27.62	4.50
宁夏	517.85	35.92	417.64	11.27	100.21	24.65
新疆	821.43	114.33	660.96	81.15	160.47	33.19
东北	4 619.16	554.64	3 403.10	352.16	1 216.06	202.48
辽宁	1 764.51	246.25	1 303.10	167.47	461.41	78.77
吉林	1 051.85	115.81	751.56	65.59	300.29	50.22
黑龙江	937.82	72.87	708.79	40.57	229.03	32.30
大连	864.98	119.72	639.65	78.53	225.32	41.19

注：个人贷款中不含个人买方信贷。

中国建设银行各分行国际结算业务量情况统计表

（2012 年 12 月）

地区	进口业务		出口业务		边贸业务		收入
	笔数（笔）	金额（万美元）	笔数（笔）	金额（万美元）	笔数（笔）	金额（万美元）	（人民币万元）
全国总计	**1 209 508**	**51 094 000**	**4 758 610**	**52 225 684**	**21 499**	**464 710**	**450 749**
总行本级	901	369 312	2 387	11 537	0	0	1 937
长三角	549 994	17 521 167	3 143 272	21 535 037	0	0	125 285
上海	186 295	7 565 563	220 679	7 934 179	0	0	23 815
江苏	73 559	3 216 689	172 579	3 901 708	0	0	24 066
浙江	122 433	2 278 815	2 524 108	4 250 470	0	0	35 891
宁波	20 717	754 602	86 590	895 043	0	0	15 964
苏州	146 990	3 705 498	139 316	4 553 637	0	0	25 547
珠三角	232 284	13 322 890	936 843	14 612 269	0	0	110 068
广东	111 792	4 594 431	349 512	5 459 036	0	0	40 770
深圳	70 871	7 301 181	154 476	6 337 146	0	0	42 736
福建	19 492	706 186	301 648	1 315 942	0	0	19 097
厦门	30 129	721 092	131 207	1 500 145	0	0	7 465
环渤海	237 621	12 930 292	343 156	9 266 740	0	0	121 750
北京	145 204	7 058 876	75 582	4 301 052	0	0	20 898
山东	47 253	3 412 020	157 521	2 600 076	0	0	64 197
天津	14 680	905 011	16 300	622 209	0	0	4 773
河北	13 393	718 425	52 752	748 741	0	0	16 604
青岛	17 091	835 960	41 001	994 662	0	0	15 278
中部	66 320	2 875 093	148 844	3 009 991	7 129	206 770	35 126
山西	1 870	177 194	4 644	99 249	0	0	4 524
广西	3 542	196 244	7 804	113 320	7 129	206 770	4 440
湖北	14 055	500 049	23 794	377 436	0	0	3 033
河南	14 553	844 784	49 463	1 065 464	0	0	4 748
湖南	14 001	252 325	14 669	277 783	0	0	5 928
江西	6 073	479 169	19 512	590 235	0	0	5 762
海南	3 750	77 585	3 758	34 634	0	0	620
安徽	7 850	323 032	21 690	382 404	0	0	4 545
三峡	626	24 711	3 510	69 466	0	0	1 527
西部	57 218	2 146 183	68 640	2 492 308	8 620	191 832	32 223
四川	23 865	647 980	21 568	927 285	0	0	8 318
重庆	10 967	634 488	15 539	855 471	0	0	7 417
贵州	2 041	102 199	2 163	80 814	0	0	1 539
云南	3 878	133 883	5 778	129 091	2 918	61 374	2 601
西藏	102	743	299	1 505	0	0	3
内蒙古	3 587	169 936	3 513	115 565	2 308	87 949	2 166
陕西	6 273	99 839	7 621	125 419	0	0	2 059
甘肃	977	178 134	1 194	78 513	0	0	3 720
青海	503	10 673	401	1 569	0	0	87
宁夏	697	24 174	1 458	15 910	0	0	679
新疆	4 328	144 134	9 106	161 166	3 394	42 509	3 634
东北	65 170	1 929 063	115 468	1 297 802	5 750	66 108	24 361
辽宁	28 891	629 798	51 491	437 724	684	8 239	10 275
吉林	8 660	627 672	24 260	161 887	179	1 477	3 296
黑龙江	6 361	217 557	11 706	93 101	4 887	56 392	4 126
大连	21 258	454 036	28 011	605 090	0	0	6 665

中国建设银行各分行中间业务收入情况统计表（本外币、境内）

（2012 年 12 月）

行别	中间业务毛收入（万元）	其中：手续费及佣金毛收入（万元）	手续费及佣金支出（万元）	中间业务净收入（万元）	其中：手续费及佣金净收入（万元）	同比增速（毛收入）（%）
全国总计	**9 633 779.04**	**9 387 517.36**	**248 891.73**	**9 362 604.72**	**9 138 625.63**	**6.84**
总行本级	33 077.41	983 401.63	51 839.70	17 743.96	931 561.93	-80.07
长三角	2 312 675.33	2 022 401.96	35 939.63	2 261 219.40	1 986 462.33	0.25
上海	600 797.04	523 630.49	10 655.79	585 677.56	512 974.70	8.12
江苏	709 887.81	629 700.35	7 224.86	698 913.86	622 475.49	11.92
浙江	541 944.23	452 874.21	9 951.72	526 373.96	442 922.49	-22.29
宁波	147 676.49	135 607.31	4 053.01	142 704.20	131 554.30	13.85
苏州	312 369.77	280 589.60	4 054.25	307 549.83	276 535.35	9.64
珠三角	1 888 523.62	1 605 706.73	45 714.13	1 832 374.24	1 559 992.60	8.25
广东	831 307.38	729 279.59	25 537.81	800 776.85	703 741.78	5.07
深圳	492 552.08	423 598.69	8 916.30	481 899.97	414 682.39	19.71
福建	457 027.25	365 893.15	8 072.38	445 924.94	357 820.77	2.70
厦门	107 636.90	86 935.29	3 187.65	103 772.49	83 747.65	10.98
环渤海	1 673 798.07	1 469 913.93	30 466.30	1 634 142.98	1 439 447.62	12.84
北京	557 189.52	478 388.80	11 201.36	542 517.09	467 187.44	17.91
山东	484 636.86	423 333.80	10 632.99	471 094.05	412 700.81	15.09
天津	174 557.97	159 961.10	1 900.96	172 098.86	158 060.13	23.35
河北	350 624.89	314 540.39	5 132.07	343 703.42	309 408.32	2.82
青岛	106 788.82	93 689.84	1 598.91	104 729.55	92 090.92	-0.33
中部	1 619 710.39	1 446 769.00	40 015.18	1 571 627.70	1 406 753.82	14.35
山西	147 719.06	134 665.53	2 119.00	144 655.00	132 546.53	16.83
广西	148 807.81	133 971.09	2 762.46	145 301.83	131 208.63	20.79
湖北	268 459.24	242 306.23	5 941.56	261 280.19	236 364.68	11.37
河南	277 222.48	244 953.09	5 365.53	270 527.77	239 587.56	17.71
湖南	317 916.25	286 373.39	14 455.21	301 562.45	271 918.19	18.90
江西	192 023.00	170 026.89	4 327.74	186 935.16	165 699.15	4.45
海南	31 012.72	27 455.35	1 430.00	29 654.73	26 025.35	-0.23
安徽	186 538.14	163 745.62	3 069.56	182 481.96	160 676.06	11.48
三峡	50 011.68	43 271.81	544.12	49 228.61	42 727.69	23.16
西部	1 449 468.12	1 275 668.60	32 125.64	1 406 583.85	1 243 542.97	11.38
四川	347 865.42	296 374.00	6 327.66	339 071.80	290 046.34	19.70
重庆	203 764.57	181 754.68	6 191.39	196 778.43	175 563.29	7.38
贵州	119 065.03	110 136.17	2 544.72	115 984.27	107 591.45	21.15
云南	161 993.66	145 506.33	3 867.44	156 266.47	141 638.89	8.83
西藏	8 007.03	6 792.12	262.76	7 637.30	6 529.35	32.49
内蒙古	178 647.37	151 075.06	2 456.60	174 745.24	148 618.45	3.44
陕西	168 526.82	152 098.95	4 129.63	163 343.21	147 969.32	8.90
甘肃	104 091.37	92 283.15	2 485.04	100 750.68	89 798.11	17.83
青海	24 084.69	21 276.14	811.84	23 151.02	20 464.30	-4.64
宁夏	41 785.13	37 652.12	789.06	40 593.76	36 863.06	6.19
新疆	91 637.04	80 719.89	2 259.51	88 261.69	78 460.39	4.86
东北	656 526.10	583 655.50	12 791.15	638 912.60	570 864.35	9.74
辽宁	212 279.92	184 030.53	4 716.73	205 849.21	179 313.80	11.33
吉林	205 929.54	186 539.29	3 050.88	201 962.96	183 488.41	20.08
黑龙江	140 782.88	127 208.95	2 789.98	136 601.87	124 418.97	-3.81
大连	97 533.76	85 876.73	2 233.56	94 498.56	83 643.17	8.73

中国建设银行各分行借记卡主要指标统计表（本外币）

（2012年12月）

地区	发卡总量	存款余额		交易总额		特约商户	购物消费额
	（万张）	余额（万元）	卡均（元）	余额（万元）	卡均（元）	（家）	（万元）
全国总计	**44 028**	**212 184 139**	**4 819**	**4 345 129 886**	**98 691**	**350 405**	**236 873 488**
长三角	7 296	32 793 493	4 495	880 081 610	120 632	62 752	47 591 030
上海	1 275	9 645 350	7 566	181 047 882	142 010	19 281	9 778 192
江苏	2 334	8 365 138	3 584	210 907 030	90 359	13 111	13 289 665
浙江	2 232	10 042 333	4 498	364 381 174	163 222	23 298	18 117 383
宁波	507	1 623 521	3 201	46 149 057	90 982	3 491	1 641 170
苏州	947	3 117 151	3 292	77 596 468	81 945	3 571	4 764 621
珠三角	6 921	38 198 152	5 519	875 930 359	126 555	57 717	40 549 108
广东	3 729	17 532 933	4 702	259 226 016	69 514	38 159	17 504 977
深圳	1 068	6 554 688	6 138	112 724 391	105 550	6 632	5 697 829
福建	1 698	10 892 171	6 416	415 773 434	244 912	12 926	14 518 026
厦门	427	3 218 360	7 543	88 206 518	206 745	0	2 828 276
环渤海	7 591	33 895 840	4 465	596 351 308	78 560	66 246	35 197 235
北京	1 498	12 139 799	8 106	175 769 718	117 361	28 309	12 145 927
山东	2 861	7 701 040	2 692	163 360 347	57 100	22 718	8 130 482
天津	871	2 066 420	2 371	38 496 694	44 180	766	2 800 169
河北	1 930	10 769 351	5 581	196 544 149	101 853	11 444	10 839 165
青岛	431	1 219 229	2 827	22 180 399	51 424	3 009	1 281 491
中部	10 653	45 292 712	4 252	922 883 219	86 631	81 613	57 565 771
山西	1 032	4 611 206	4 469	77 794 158	75 394	2 437	3 083 479
广西	1 008	3 492 676	3 465	68 537 310	67 995	6 014	3 139 339
湖北	1 683	8 423 020	5 006	166 965 272	99 234	6 623	11 243 742
河南	2 420	9 621 944	3 977	193 270 998	79 879	10 680	16 622 945
湖南	2 129	9 346 917	4 389	196 107 803	92 094	21 442	12 355 796
江西	947	3 555 752	3 756	83 640 263	88 354	12 902	3 683 436
海南	185	1 117 918	6 049	18 383 280	99 472	4 485	1 224 969
安徽	1 060	4 116 718	3 883	96 094 275	90 643	8 943	5 203 172
三峡	190	1 006 560	5 295	22 089 859	116 202	8 087	1 008 894
西部	8 035	45 812 371	5 701	766 993 269	95 453	63 614	41 403 884
四川	2 026	13 022 297	6 427	206 455 737	101 896	8 332	12 088 951
重庆	852	4 524 647	5 312	81 880 499	96 134	6 565	4 745 998
贵州	593	3 484 517	5 872	59 748 800	100 685	2 980	3 154 038
云南	850	4 538 956	5 339	82 688 261	97 261	11 706	4 506 082
西藏	55	601 910	10 967	8 074 224	147 114	1 120	380 128
内蒙古	873	4 859 320	5 564	82 719 864	94 712	4 642	3 560 092
陕西	1 054	6 279 503	5 958	104 175 514	98 844	4 542	5 751 088
甘肃	703	3 065 726	4 364	44 770 369	63 726	9 495	2 518 499
青海	188	1 414 997	7 515	20 424 070	108 474	1 887	1 055 489
宁夏	258	1 232 432	4 783	28 743 674	111 553	4 125	1 080 302
新疆	583	2 788 068	4 781	47 312 259	81 139	8 220	2 563 217
东北	3 531	16 191 571	4 585	302 890 122	85 768	18 463	14 566 460
辽宁	1 403	6 581 116	4 690	112 882 642	80 440	4 285	5 576 123
吉林	798	3 946 676	4 948	82 220 541	103 079	6 915	3 214 950
黑龙江	1 005	3 963 130	3 945	75 651 579	75 303	5 604	4 089 334
大连	326	1 700 649	5 218	32 135 360	98 603	1 659	1 686 053

中国建设银行各分行双币种信用卡主要指标统计表（本外币）

（2012 年 12 月）

地区	客户数（户）			发卡量（张）			消费交易额（万元）		账户活动率		业务收入（万元）	
	总量	本年净增	净增比2011年同期（±）	总量	本年净增	净增比2011年同期（±）	本年新增	同比增速（%）	本期（%）	比年初（±）	本年新增	同比增速（%）
全国总计	**34 976 985**	**7 147 550**	**2 893 272**	**40 315 333**	**8 060 940**	**3 758 405**	**85 176 055**	**49.79**	**56.58**	**-1.56**	**1 389 509**	**67.91**
长三角	7 768 521	1 486 281	713 363	9 188 950	1 794 383	1 010 538	18 598 817	37.02	54.04	-3.67	329 928	56.97
上海	2 652 085	698 164	354 644	3 353 620	873 379	535 709	5 341 126	33.34	48.78	-7.13	98 507	56.20
江苏	2 131 777	313 170	148 167	2 440 670	397 381	244 003	5 154 626	40.30	53.37	-1.51	88 701	74.87
浙江	2 014 311	322 095	122 143	2 299 676	354 726	124 861	6 046 312	38.38	60.98	-0.95	102 951	46.27
宁波	441 632	69 531	24 612	494 073	75 500	31 766	988 867	36.27	53.44	-4.83	16 729	47.28
苏州	528 716	83 321	63 797	600 911	93 397	74 199	1 067 887	33.71	59.31	-1.66	23 040	57.21
珠三角	6 197 934	1 033 814	428 015	7 380 629	1 073 504	583 378	17 349 279	33.78	59.93	-1.63	319 404	62.33
广东	2 930 179	468 937	133 973	3 438 965	330 768	95 280	6 735 437	30.01	57.58	0.13	131 302	48.52
深圳	1 226 596	156 679	80 072	1 496 438	202 707	150 767	3 315 166	28.10	58.69	-1.06	78 881	64.84
福建	1 685 657	333 185	186 866	2 041 332	458 157	302 654	6 302 980	40.32	64.84	-5.14	95 615	83.42
厦门	355 502	75 013	27 104	403 894	81 872	34 677	995 696	40.70	58.82	-7.40	13 606	62.58
环渤海	6 097 472	1 267 682	490 000	6 981 258	1 353 999	553 364	13 896 223	56.10	52.98	0.25	201 703	77.37
北京	1 838 978	448 465	266 056	2 128 681	474 353	329 381	3 710 264	54.17	49.95	-0.94	70 402	74.54
山东	1 770 599	372 730	178 232	1 963 580	402 892	206 082	4 975 073	51.39	61.05	0.49	59 557	74.92
天津	706 571	87 944	-6 407	867 637	86 597	-27 591	840 653	34.39	35.10	-0.80	15 238	61.20
河北	1 419 512	302 319	25 005	1 617 074	330 644	9 192	3 685 790	77.49	56.67	0.65	44 733	97.23
青岛	361 812	56 224	27 114	404 286	59 513	36 300	684 442	34.87	52.55	0.64	11 772	63.56
中部	6 690 267	1 468 949	488 348	7 541 121	1 697 639	681 107	17 590 940	66.88	57.21	-0.59	232 275	83.27
山西	608 150	183 745	86 351	666 220	208 561	103 094	1 431 209	114.34	59.25	1.23	16 882	112.82
广西	546 666	149 888	25 234	605 603	163 939	29 985	1 038 550	69.25	57.50	-0.68	17 035	73.75
湖北	1 227 158	255 845	99 284	1 372 500	255 131	109 054	2 639 976	51.48	53.55	0.11	35 082	74.03
河南	1 365 467	278 224	107 100	1 567 100	377 292	201 976	3 958 848	49.47	58.76	-2.34	41 760	62.24
湖南	1 501 487	302 856	87 349	1 714 812	348 568	123 871	4 194 477	54.16	58.37	-1.85	59 359	65.31
江西	431 852	97 360	41 830	479 830	109 343	48 160	1 412 689	140.70	60.02	3.66	20 163	156.66
海南	106 801	27 995	7 146	126 175	32 904	10 179	345 518	48.36	67.83	-4.09	6 806	41.72
安徽	773 113	144 078	24 660	857 376	168 280	42 735	1 691 313	75.91	51.23	-0.16	26 189	125.29
三峡	129 573	28 958	9 394	151 505	33 621	12 053	878 360	140.02	67.52	1.14	9 000	208.89
西部	5 422 372	1 239 696	476 791	6 084 945	1 429 230	604 990	13 378 960	68.81	61.32	-1.85	222 421	84.68
四川	1 639 683	314 821	68 375	1 858 886	362 341	90 819	3 783 809	58.48	60.35	-3.33	69 553	75.93
重庆	591 509	150 669	105 657	667 495	175 510	124 643	1 591 613	94.98	58.58	-2.73	27 749	103.94
贵州	343 868	86 774	30 098	378 256	97 223	38 016	621 123	75.72	60.48	-1.44	10 879	71.76
云南	615 898	118 787	46 943	694 396	132 896	56 421	1 419 339	59.02	57.48	-2.87	21 264	61.11
西藏	20 874	5 098	2 743	24 658	6 798	4 134	58 607	54.49	68.90	0.57	1 159	40.27
内蒙古	608 259	153 484	67 673	680 324	176 943	84 858	2 420 679	67.90	68.12	0.76	38 234	120.38
陕西	577 497	146 048	58 580	643 426	175 292	77 908	1 175 489	64.10	61.79	-0.16	20 179	82.07
甘肃	395 626	114 249	47 142	429 777	122 738	55 114	748 170	90.49	62.35	-0.43	10 846	89.28
青海	121 947	30 478	1 597	137 806	35 396	4 393	209 254	66.40	57.04	-0.73	3 343	52.60
宁夏	154 003	37 713	16 025	174 663	43 317	20 914	617 570	77.56	70.16	0.05	6 773	70.59
新疆	353 208	81 575	31 958	395 258	100 776	47 770	733 309	77.57	61.64	-2.24	12 440	88.21
东北	2 800 419	651 128	296 755	3 137 919	712 157	324 920	4 361 607	47.64	53.28	-1.09	83 571	77.41
辽宁	937 492	257 626	106 224	1 031 086	279 739	120 863	1 345 223	56.26	51.29	-1.14	28 621	95.05
吉林	716 408	157 825	59 173	847 150	182 183	54 352	1 364 922	59.07	57.78	1.18	25 111	81.23
黑龙江	821 622	186 780	115 052	899 580	200 329	126 996	1 091 843	39.50	51.98	-2.71	18 433	58.74
大连	324 897	48 897	16 306	360 103	49 906	22 709	559 619	23.67	51.83	-1.85	11 406	63.75

中国建设银行各分行准贷记卡主要指标统计表（本外币）

（2012年12月）

地区	发卡总量（张）	消费额（万元）	存款余额（万元）	透支余额（万元）	贷款不良率 迟缴60天以上（%）
全国总计	**5 207 958**	**3 797 489**	**3 931 622**	**5 602**	**59.11**
长三角	2 000 744	1 555 713	1 271 945	872	36.35
上海	69 743	185 802	123 330	320	26.75
江苏	508 534	372 994	337 422	137	51.48
浙江	1 108 252	811 986	628 840	363	36.67
宁波	47 102	31 770	35 605	35	54.88
苏州	267 113	153 161	146 748	18	49.72
珠三角	955 042	641 782	943 550	2 663	47.10
广东	621 542	371 544	592 976	1 708	65.18
深圳	12 136	6 976	7 326	862	15.29
福建	257 828	174 883	263 682	87	8.85
厦门	63 536	88 380	79 565	6	27.44
环渤海	421 347	590 268	353 957	310	86.53
北京	14 654	435 200	48 491	57	50.51
山东	156 764	38 659	72 434	99	90.25
天津	5 911	2 667	9 387	4	95.88
河北	220 806	101 860	205 649	19	79.29
青岛	23 212	11 882	17 995	132	100.00
中部	1 064 216	558 189	746 622	1 347	90.66
山西	20 839	7 462	13 493	667	99.78
广西	95 359	89 971	91 581	222	82.90
湖北	121 155	49 404	114 354	189	58.63
河南	434 443	202 898	229 407	211	99.97
湖南	272 099	129 304	182 086	22	95.79
江西	94 835	72 655	100 016	13	80.46
海南	4 197	2 531	5 812	1	32.54
安徽	18 852	3 812	6 487	10	63.37
三峡	2 437	152	3 387	12	98.26
西部	555 542	327 533	483 046	98	51.36
四川	60 383	69 170	87 420	25	74.74
重庆	90 932	59 944	85 629	0	95.80
贵州	9 663	6 447	11 054	0	100.00
云南	60 630	48 393	70 996	1	98.54
西藏	71	153	176	0	100.00
内蒙古	36 048	10 982	47 026	51	28.67
陕西	96 088	22 661	40 664	0	98.35
甘肃	73 679	19 894	33 863	10	82.99
青海	6 619	3 563	4 920	5	48.89
宁夏	10 686	4 430	12 999	3	81.40
新疆	110 743	81 896	88 299	3	78.88
东北	211 067	124 003	132 502	312	64.21
辽宁	52 209	23 492	33 119	167	96.04
吉林	133 737	87 192	86 489	114	19.85
黑龙江	10 656	8 634	6 119	29	54.50
大连	14 465	4 686	6 774	2	87.41

中国建设银行各分行电子银行业务主要指标表（本外币）

（2012 年 12 月）

地区	客户数		交易额		交易量	
	期末数（万户）	比年初新增（万户）	期末数（亿元）	比上季新增（亿元）	期末数（亿元）	比上季新增（亿元）
总计	**48 869.92**	**14 150.28**	**1 172 559.76**	**333 634.87**	**639 070.46**	**185 470.17**
其他	0.02	0.00	11 861.80	4 432.19	5 188.81	1 801.18
总行本级	0.01	0.00	308.15	127.19	0.16	0.05
总行短信平台	4 080.00	854.56	0.00	0.00	27.49	9.13
长三角	7 655.97	2 293.51	265 064.57	70 729.56	148 264.49	42 306.33
上海	1 669.50	451.08	103 041.78	26 921.97	32 905.24	8 516.91
江苏	2 562.45	797.29	57 008.59	15 415.64	30 621.13	8 097.73
浙江	2 028.34	609.12	73 288.62	21 000.68	70 756.80	21 685.39
宁波	386.32	95.56	11 216.96	3 172.77	5 313.15	1 524.51
苏州	1 009.35	340.46	20 508.62	4 218.51	8 668.16	2 481.79
珠三角	7 892.54	2 094.03	210 154.80	57 593.25	124 265.86	33 527.56
广东	4 031.78	1 057.32	71 577.75	20 281.76	50 275.72	14 140.10
深圳	1 085.90	339.86	63 398.51	16 410.64	28 502.91	6 605.97
福建	2 257.03	569.50	58 830.46	16 230.98	34 377.94	9 672.85
厦门	517.84	127.35	16 348.09	4 669.87	11 109.28	3 108.65
环渤海	7 833.00	2 424.34	298 309.30	88 299.47	106 825.85	31 635.65
北京	1 767.40	589.42	184 788.29	55 081.41	42 499.10	12 882.96
山东	2 928.18	841.68	57 113.67	16 607.48	35 295.29	10 464.52
天津	566.16	185.44	15 479.43	4 376.74	6 202.80	1 706.57
河北	2 222.68	685.68	31 226.07	9 227.79	18 756.93	5 359.19
青岛	348.58	122.12	9 701.84	3 006.05	4 071.72	1 222.41
中部	10 258.88	3 113.70	194 937.24	55 868.33	123 571.01	36 513.78
山西	924.72	313.37	17 726.51	5 249.26	8 212.10	2 417.53
广西	689.15	192.13	12 810.92	4 107.48	10 614.78	3 061.62
湖北	1 709.35	479.32	24 139.68	6 639.59	22 716.93	6 580.82
河南	1 821.07	576.35	32 582.60	9 310.69	23 660.96	7 153.70
湖南	2 665.55	664.90	38 368.04	11 057.36	29 959.72	8 725.80
江西	886.22	306.66	14 883.10	4 410.07	10 866.42	3 343.67
海南	154.97	60.28	2 935.92	818.89	1 942.82	554.18
安徽	1 246.34	473.41	45 834.97	12 578.65	13 590.51	4 078.68
三峡	161.52	47.28	5 655.51	1 696.34	2 006.75	597.76
西部	7 899.45	2 446.90	131 477.25	39 190.17	92 859.46	29 054.82
四川	1 816.82	463.66	36 722.02	10 810.54	26 647.25	7 858.32
重庆	878.79	254.00	13 066.81	4 263.57	9 961.57	3 083.57
贵州	546.81	190.11	8 321.20	2 596.03	8 852.21	2 917.31
云南	876.14	341.29	11 139.81	3 515.19	9 552.83	3 001.74
西藏	38.48	11.28	609.49	212.95	518.57	148.40
内蒙古	710.71	271.10	13 206.52	3 847.97	7 322.35	2 232.08
陕西	1 266.94	397.96	24 078.80	6 532.63	12 871.36	4 230.87
甘肃	741.54	196.12	7 341.54	2 192.16	7 169.47	2 655.83
青海	192.87	61.13	4 103.84	1 232.29	1 982.81	555.04
宁夏	223.61	68.79	3 776.13	1 282.52	2 223.96	633.16
新疆	606.74	191.47	9 111.11	2 704.33	5 757.09	1 738.50
东北	3 250.06	923.23	60 446.64	17 394.71	38 067.34	10 648.03
辽宁	1 368.70	371.01	19 079.79	5 416.83	15 148.81	4 003.25
吉林	624.78	184.14	18 594.73	5 817.39	8 524.98	2 587.12
黑龙江	843.49	259.47	14 498.12	3 862.36	9 448.91	2 693.17
大连	413.08	108.61	8 273.99	2 298.14	4 944.64	1 364.49

注：1. 电子银行交易额含个人网上银行、企业网上银行、call center、重要客户服务系统、手机银行、短信银行、分行企业银行、家居银行。

2. 其他指不能拆分到各分行的数据。

中国建设银行100个中心城市行各项存款综合排名表（本外币）

（2012年12月）　　　　（单位：亿元）

名次	地区	一般性存款		其中：对公存款		其中：储蓄存款	
		本期余额	比年初新增	本期余额	比年初新增	本期余额	比年初新增
1	北京	9 139.37	1 677.68	6 181.06	1 277.84	2 958.31	399.83
2	上海	7 107.36	670.82	4 437.84	421.69	2 669.53	249.13
3	广州	3 769.12	387.75	2 105.20	211.58	1 663.92	176.17
4	深圳	3 653.20	622.01	2 592.32	413.51	1 060.88	208.50
5	成都	3 333.87	438.63	2 060.61	258.91	1 273.26	179.72
6	苏州	2 189.20	222.59	1 439.15	143.85	750.04	78.73
7	重庆	2 049.03	245.91	1 153.92	134.31	895.11	111.60
8	天津	1 945.74	229.43	1 163.18	123.51	782.56	105.92
9	西安	1 743.16	289.47	925.58	163.81	817.58	125.66
10	武汉	1 518.90	172.07	662.58	64.19	856.33	107.88
11	杭州	1 475.37	-127.17	959.90	-91.85	515.47	-35.32
12	沈阳	1 469.98	179.06	727.58	81.11	742.40	97.95
13	长沙	1 328.32	105.41	776.33	24.57	551.98	80.84
14	南京	1 324.29	214.93	777.82	131.02	546.47	83.91
15	福州	1 172.84	141.01	542.12	56.74	630.72	84.27
16	大连	1 162.85	30.82	632.01	-31.56	530.84	62.38
17	宁波	1 139.74	140.56	737.66	88.68	402.08	51.88
18	无锡	1 094.46	80.13	609.76	36.26	484.71	43.87
19	石家庄	1 087.60	79.24	638.89	29.40	448.71	49.85
20	昆明	1 068.65	166.54	640.01	118.40	428.63	48.14
21	郑州	1 019.64	212.57	540.51	138.61	479.12	73.96
22	济南	977.18	94.34	541.51	36.11	435.68	58.22
23	厦门	974.97	67.63	500.50	20.47	474.47	47.16
24	佛山	963.80	108.07	514.98	53.88	448.82	54.19
25	哈尔滨	925.88	72.21	454.77	19.61	471.11	52.59
26	常州	897.07	103.29	435.50	36.44	461.57	66.85
27	长春	876.16	103.44	439.19	34.56	436.97	68.87
28	青岛	853.74	44.79	459.33	-7.03	394.41	51.82
29	贵阳	852.46	152.11	565.70	84.68	286.75	67.44
30	东莞	851.68	74.66	337.13	35.20	514.54	39.46
31	温州	819.45	-130.34	388.90	-93.58	430.55	-36.75
32	南通	812.94	80.82	353.46	22.37	459.48	58.45
33	泉州	794.06	104.00	313.64	51.53	480.42	52.47
34	南宁	789.34	111.60	486.49	61.17	302.85	50.43
35	唐山	756.22	31.34	255.47	-22.03	500.76	53.37
36	兰州	733.28	36.21	446.27	1.09	287.01	35.12
37	太原	724.17	103.67	380.51	55.58	343.66	48.09
38	乌鲁木齐	698.50	79.61	366.82	37.66	331.67	41.96
39	南昌	690.14	75.16	417.36	46.13	272.77	29.03
40	合肥	685.58	119.42	421.72	76.05	263.86	43.38
41	金华	659.40	24.07	366.35	18.68	293.05	5.39
42	中山	603.88	72.03	305.56	39.16	298.32	32.87
43	惠州	572.81	65.05	324.13	25.44	248.68	39.61
44	嘉兴	566.09	8.45	329.06	-4.34	237.03	12.79
45	西宁	564.70	69.20	341.51	36.47	223.19	32.73
46	保定	503.52	64.26	168.32	19.98	335.20	44.28
47	绍兴	496.46	-42.03	316.24	-39.90	180.22	-2.13
48	烟台	487.81	131.46	278.55	83.74	209.27	47.72

续表

名次	地区	一般性存款		其中：对公存款		其中：储蓄存款	
		本期余额	比年初新增	本期余额	比年初新增	本期余额	比年初新增
49	扬州	451.79	59.28	221.35	21.76	230.44	37.51
50	呼和浩特	441.67	24.68	250.59	-1.63	191.08	26.31
51	邯郸	435.05	34.40	162.04	18.80	273.01	15.61
52	潍坊	420.21	72.69	201.07	30.80	219.14	41.89
53	珠海	417.72	5.84	204.70	-20.50	213.02	26.34
54	三峡	405.58	52.22	191.67	21.02	213.92	31.20
55	江门	400.26	44.24	172.09	17.29	228.17	26.95
56	鄂尔多斯	391.54	72.42	209.80	19.51	181.74	52.91
57	济宁	390.01	70.29	193.50	37.48	196.50	32.81
58	廊坊	387.18	70.85	176.22	40.45	210.96	30.41
59	沧州	383.57	56.01	124.96	20.34	258.61	35.67
60	泰州	380.17	36.13	171.38	8.87	208.79	27.26
61	洛阳	364.30	53.55	148.66	24.28	215.64	29.27
62	襄樊	362.50	34.00	136.06	5.08	226.43	28.92
63	拉萨	355.22	49.09	281.63	34.41	73.59	14.68
64	台州	355.19	-12.87	214.97	-2.03	140.21	-10.84
65	镇江	354.64	43.63	191.18	20.62	163.46	23.01
66	徐州	354.48	44.91	162.35	9.42	192.13	35.49
67	海口	351.61	4.15	216.75	-6.15	134.86	10.30
68	包头	348.96	46.52	169.97	11.34	179.00	35.18
69	大庆	344.23	43.48	142.35	20.34	201.87	23.14
70	淄博	337.88	67.02	143.97	26.02	193.91	41.00
71	汕头	333.62	43.74	130.86	17.66	202.76	26.08
72	东营	332.57	69.74	190.82	44.87	141.75	24.86
73	榆林	303.50	61.48	191.41	37.77	112.10	23.71
74	咸阳	289.59	43.40	134.68	15.42	154.91	27.98
75	衡阳	288.17	38.64	104.15	8.34	184.03	30.30
76	湖州	277.76	4.54	160.34	0.74	117.43	3.81
77	鞍山	276.91	19.42	63.56	-5.66	213.35	25.08
78	盐城	265.85	50.81	139.40	25.20	126.46	25.61
79	银川	255.28	-4.59	150.91	2.99	104.37	-7.58
80	临沂	247.11	49.53	121.24	22.83	125.86	26.70
81	漳州	235.89	33.62	104.53	16.49	131.36	17.14
82	柳州	229.40	33.69	110.17	18.06	119.23	15.63
83	滨州	225.67	59.99	142.62	42.10	83.05	17.90
84	南阳	224.15	30.31	106.32	9.86	117.83	20.45
85	莆田	220.74	30.83	71.27	9.65	149.46	21.17
86	泰安	220.54	55.19	113.75	32.95	106.79	22.24
87	盘锦	220.41	32.72	95.27	14.71	125.14	18.01
88	聊城	199.01	42.86	105.74	26.36	93.27	16.50
89	菏泽	196.66	32.75	91.45	11.18	105.21	21.57
90	平顶山	193.30	24.24	85.80	11.82	107.50	12.42
91	桂林	188.64	21.39	69.61	6.55	119.03	14.83
92	三明	177.69	25.62	94.34	12.23	83.35	13.38
93	新乡	177.15	20.20	76.70	6.66	100.45	13.54
94	吉林	171.07	3.92	59.10	-11.18	111.97	15.10
95	吕梁	164.57	38.85	80.23	16.02	84.34	22.83
96	滁州	161.68	12.22	103.78	1.60	57.90	10.62
97	芜湖	156.16	19.80	69.55	6.07	86.60	13.74
98	九江	153.40	26.79	85.30	18.71	68.11	8.09
99	龙岩	144.54	26.35	77.98	15.96	66.56	10.39
100	日照	139.30	29.25	81.76	21.12	57.54	8.14

中国建设银行100个中心城市行各项贷款综合排名表（本外币）

（2012年12月）　　　　（单位：亿元）

名次	地区	各项贷款		其中：对公贷款		其中：个人贷款	
		本期余额	比年初新增	本期余额	比年初新增	本期余额	比年初新增
1	上海	3 978.72	633.09	3 226.83	533.05	751.90	100.04
2	北京	3 836.21	542.09	3 165.17	453.47	671.04	88.62
3	深圳	2 929.46	345.84	1 913.07	242.63	1 016.40	103.21
4	成都	1 963.64	179.12	1 416.32	103.02	547.31	76.10
5	苏州	1 854.74	306.26	1 279.17	238.16	575.57	68.10
6	天津	1 791.86	142.98	1 533.96	98.15	257.90	44.82
7	重庆	1 760.71	277.75	1 177.05	193.97	583.65	83.78
8	广州	1 720.87	212.47	1 397.62	183.86	323.25	28.61
9	杭州	1 381.61	9.46	989.27	31.79	392.35	-22.33
10	宁波	1 222.70	119.63	907.07	113.29	315.63	6.34
11	长沙	1 158.91	90.08	912.88	48.74	246.03	41.34
12	西安	1 005.21	96.84	630.17	34.98	375.04	61.87
13	武汉	986.34	96.80	733.54	59.50	252.80	37.30
14	沈阳	873.21	102.09	576.72	56.33	296.50	45.76
15	福州	870.10	106.57	481.33	46.22	388.77	60.34
16	大连	864.98	119.72	639.65	78.53	225.32	41.19
17	无锡	859.11	114.99	672.16	101.64	186.95	13.35
18	南京	839.75	78.65	683.65	47.49	156.10	31.16
19	温州	822.41	44.67	497.85	29.66	324.56	15.00
20	厦门	811.16	75.83	508.07	28.86	303.08	46.97
21	青岛	798.80	86.54	514.68	51.48	284.12	35.06
22	昆明	771.34	74.71	541.33	35.32	230.01	39.39
23	佛山	660.46	99.46	525.32	80.07	135.14	19.39
24	南宁	658.49	56.58	454.56	40.99	203.93	15.59
25	贵阳	647.35	63.16	525.25	40.14	122.10	23.01
26	金华	636.73	66.55	440.56	52.40	196.17	14.15
27	常州	618.16	65.67	442.88	47.58	175.27	18.09
28	泉州	606.57	86.50	457.64	63.82	148.93	22.68
29	郑州	587.69	55.81	387.66	31.92	200.03	23.89
30	长春	559.41	35.28	405.62	10.53	153.79	24.75
31	唐山	550.19	44.66	482.10	28.61	68.10	16.05
32	南通	545.87	81.19	419.10	66.31	126.77	14.88
33	合肥	545.32	46.63	270.81	1.63	274.52	44.99
34	哈尔滨	543.79	40.07	414.63	23.67	129.16	16.40
35	石家庄	503.54	51.60	391.15	28.01	112.39	23.60
36	嘉兴	498.37	48.65	373.51	49.03	124.86	-0.38
37	绍兴	465.73	40.78	339.93	33.18	125.79	7.60
38	南昌	447.62	46.16	304.74	18.23	142.88	27.94
39	济南	432.53	-60.45	362.41	-66.08	70.12	5.64
40	鄂尔多斯	430.02	27.15	360.57	20.17	69.44	6.98
41	乌鲁木齐	429.84	70.66	357.80	56.94	72.04	13.72
42	太原	421.48	18.49	390.84	11.37	30.64	7.12
43	潍坊	389.23	65.72	247.56	40.00	141.67	25.72
44	烟台	386.83	101.45	305.08	90.14	81.75	11.31
45	台州	372.64	33.33	236.16	16.58	136.48	16.75
46	东莞	366.16	35.84	232.72	19.49	133.43	16.35
47	西宁	361.57	42.09	338.03	39.29	23.54	2.80
48	三峡	358.10	39.97	284.23	30.87	73.86	9.10

续表

名次	地区	各项贷款		其中：对公贷款		其中：个人贷款	
		本期余额	比年初新增	本期余额	比年初新增	本期余额	比年初新增
49	惠州	343.04	39.06	224.73	23.08	118.31	15.98
50	兰州	319.67	20.93	287.14	10.69	32.53	10.24
51	镇江	298.53	35.07	238.33	29.36	60.21	5.72
52	中山	297.98	59.46	177.90	47.22	120.08	12.24
53	泰州	283.76	26.93	203.93	18.08	79.84	8.85
54	湖州	283.01	21.74	172.09	15.97	110.92	5.77
55	银川	275.89	19.09	241.00	17.56	34.89	1.54
56	廊坊	266.86	51.92	120.10	23.43	146.75	28.49
57	扬州	258.06	32.81	176.34	24.52	81.72	8.29
58	邯郸	255.07	31.00	229.57	27.19	25.51	3.82
59	呼和浩特	251.96	30.81	197.77	18.77	54.18	12.04
60	东营	245.53	59.64	219.37	57.69	26.16	1.95
61	徐州	226.63	25.47	146.26	14.57	80.37	10.90
62	淄博	222.09	20.91	156.07	14.01	66.02	6.90
63	济宁	221.40	19.52	178.33	14.39	43.07	5.14
64	包头	212.85	4.87	148.77	-9.78	64.08	14.66
65	盐城	207.02	23.47	142.77	11.18	64.25	12.30
66	洛阳	206.76	27.48	158.44	19.37	48.32	8.11
67	海口	192.63	13.05	145.48	11.44	47.15	1.61
68	榆林	192.60	53.06	146.34	37.55	46.26	15.51
69	珠海	189.80	17.11	84.33	8.60	105.46	8.51
70	滨州	180.50	32.98	144.44	27.33	36.05	5.65
71	临沂	179.66	24.91	115.97	7.69	63.69	17.22
72	漳州	173.11	15.00	100.43	8.63	72.68	6.38
73	柳州	172.69	14.14	107.35	3.94	65.34	10.20
74	三明	172.39	16.53	104.68	3.31	67.71	13.22
75	江门	171.65	30.04	114.46	21.83	57.18	8.21
76	龙岩	161.76	30.19	89.44	17.40	72.32	12.79
77	菏泽	161.06	28.92	115.59	20.30	45.48	8.63
78	保定	157.70	36.90	97.23	19.05	60.47	17.85
79	沧州	153.97	17.34	112.60	4.93	41.37	12.42
80	芜湖	153.50	14.97	114.99	9.65	38.51	5.32
81	泰安	147.34	11.31	109.73	7.30	37.62	4.01
82	襄樊	145.01	13.89	90.97	10.00	54.03	3.89
83	聊城	144.37	26.32	110.82	21.00	33.55	5.33
84	莆田	142.68	18.15	81.23	6.05	61.45	12.10
85	日照	141.06	26.51	105.91	20.80	35.15	5.72
86	平顶山	135.53	11.61	121.07	9.23	14.46	2.39
87	盘锦	122.36	13.32	107.11	9.13	15.25	4.19
88	南阳	122.26	22.75	91.99	13.77	30.27	8.98
89	九江	121.59	23.96	79.75	11.91	41.84	12.04
90	新乡	119.66	16.51	86.51	9.05	33.15	7.46
91	吉林	117.16	10.27	85.31	7.07	31.86	3.21
92	鞍山	117.13	47.02	95.34	42.21	21.79	4.81
93	汕头	112.25	12.18	87.27	9.57	24.98	2.61
94	滁州	103.37	16.62	69.31	8.15	34.06	8.47
95	咸阳	101.19	17.99	69.91	13.25	31.28	4.74
96	衡阳	99.48	10.03	70.15	5.47	29.33	4.56
97	桂林	94.08	10.44	70.26	7.30	23.82	3.14
98	吕梁	81.83	21.19	71.17	16.03	10.66	5.16
99	拉萨	79.26	-15.37	69.19	-17.22	10.07	1.84
100	大庆	77.48	9.85	69.66	7.62	7.82	2.22

中国建设银行各项存款市场占比表（本外币、分地区）

（2012 年 12 月）

地区	一般性存款				其中：对公存款				其中：个人存款			
	余额（亿元）	占比（%）	比年初新增（亿元）	占比（%）	余额（亿元）	占比（%）	比年初新增（亿元）	占比（%）	余额（亿元）	占比（%）	比年初新增（亿元）	占比（%）
全国总计	**111 833.19**	**25.55**	**13 168.66**	**31.33**	**61 063.30**	**27.87**	**6 548.25**	**34.86**	**50 769.89**	**23.23**	**6 620.41**	**28.48**
总行本级	156.35	2.09	-29.81	0.78	37.32	0.86	-29.91	—	119.03	3.77	0.10	0.00
长三角	22 180.55	24.01	1 532.56	22.01	13 169.44	26.22	780.55	26.06	9 011.11	21.38	752.01	18.96
上海	7 109.86	26.06	673.11	27.54	4 440.04	30.02	423.72	37.57	2 669.82	21.36	249.39	18.95
江苏	6 369.01	23.94	763.48	30.37	3 318.57	24.52	334.09	33.44	3 050.44	23.35	429.39	28.35
浙江	5 330.63	22.07	-269.09	—	3 191.95	24.37	-211.66	—	2 138.68	19.35	-57.43	—
宁波	1 160.07	24.91	140.86	34.49	757.98	27.41	88.98	39.34	402.09	21.27	51.88	28.48
苏州	2 210.98	22.82	224.21	21.67	1 460.91	24.17	145.45	22.44	750.07	20.58	78.76	20.39
珠三角	17 533.46	27.33	2 067.88	29.15	9 479.23	30.88	1 038.55	29.11	8 054.23	24.07	1 029.33	29.19
广东	9 798.52	24.96	981.26	27.09	4 980.64	29.55	431.13	29.16	4 817.88	21.51	550.12	25.66
深圳	3 653.20	28.80	622.00	29.98	2 592.32	31.99	413.51	28.67	1 060.88	23.15	208.50	32.95
福建	3 076.48	32.24	396.73	32.33	1 375.51	32.67	173.21	29.43	1 700.97	31.89	223.52	35.01
厦门	1 005.26	37.60	67.89	39.91	530.75	34.74	20.69	35.19	474.51	41.42	47.20	42.41
环渤海	21 698.09	23.20	3 326.12	30.59	12 508.74	24.76	2 022.02	38.70	9 189.35	21.37	1 304.10	23.10
北京	9 200.74	21.54	1 575.91	31.19	6 242.17	23.17	1 175.84	42.64	2 958.57	18.75	400.07	17.44
山东	4 879.95	23.65	920.97	29.99	2 529.37	24.14	482.58	30.55	2 350.57	23.14	438.38	29.41
天津	2 046.04	23.63	229.71	27.19	1 263.46	28.13	123.77	32.82	782.58	18.78	105.94	22.65
河北	4 717.38	26.76	481.51	29.39	2 014.18	29.98	173.62	38.05	2 703.20	24.78	307.89	26.04
青岛	853.97	22.02	15.00	9.23	459.55	24.25	-36.82	—	394.43	19.89	51.83	24.54
中部	20 460.04	27.04	2 753.20	30.73	9 782.93	29.50	1 180.69	35.28	10 677.11	25.12	1 572.51	28.01
山西	2 450.15	23.11	366.34	37.01	1 145.67	24.68	159.09	50.76	1 304.48	21.88	207.25	30.64
广西	1 830.50	24.19	260.54	29.66	982.58	27.73	132.56	38.52	847.92	21.07	127.98	23.96
湖北	3 311.94	28.29	395.07	26.71	1 358.62	28.52	133.24	25.34	1 953.31	28.14	261.82	27.47
河南	3 510.60	26.57	597.40	31.68	1 570.77	29.04	312.57	36.08	1 939.83	24.86	284.83	27.94
湖南	3 798.25	35.22	456.22	36.48	1 738.69	39.81	136.85	37.89	2 059.56	32.09	319.37	35.91
江西	1 826.91	24.48	222.14	27.25	1 011.96	28.58	120.26	35.92	814.95	20.77	101.88	21.21
海南	656.96	21.96	15.54	8.23	408.57	24.89	-9.74	—	248.39	18.41	25.28	17.45
安徽	2 669.15	25.86	387.75	28.29	1 374.39	28.65	174.84	33.02	1 294.76	23.44	212.91	25.31
三峡	405.58	39.46	52.21	50.83	191.67	41.32	21.02	77.36	213.92	37.93	31.20	41.28
西部	21 694.73	28.32	2 823.78	29.88	12 389.16	31.47	1 419.70	32.77	9 305.56	25.00	1 404.08	27.43
四川	5 635.08	28.57	740.42	29.65	3 184.97	33.18	382.24	36.41	2 450.11	24.21	358.18	24.75
重庆	2 079.37	26.14	246.22	26.24	1 184.25	28.64	134.61	30.06	895.12	23.43	111.61	22.76
贵州	1 606.01	31.88	250.83	34.44	971.95	35.26	129.37	35.15	634.06	27.80	121.46	33.71
云南	2 343.08	27.45	284.06	30.98	1 404.05	30.04	176.98	35.58	939.03	24.31	107.08	25.51
西藏	485.97	27.47	77.00	23.96	386.81	27.49	57.14	23.30	99.16	27.41	19.86	26.08
内蒙古	1 922.28	28.37	223.02	34.94	983.37	31.40	37.29	53.29	938.91	25.77	185.73	32.68
陕西	3 290.67	29.74	520.73	34.20	1 813.13	32.69	276.00	35.37	1 477.54	26.78	244.73	32.98
甘肃	1 524.98	28.54	115.81	19.21	835.65	31.32	33.28	12.28	689.33	25.77	82.53	24.86
青海	792.78	36.08	103.77	34.51	490.68	38.41	57.07	35.94	302.10	32.85	46.70	32.91
宁夏	556.52	32.93	75.09	34.39	329.81	37.19	35.27	34.67	226.71	28.22	39.82	34.15
新疆	1 458.00	22.40	186.85	24.42	804.50	24.45	100.47	29.40	653.50	20.30	86.38	20.40
东北	8 109.97	29.14	797.93	30.59	3 696.48	34.32	239.64	32.22	4 413.49	25.87	558.28	29.94
辽宁	3 024.44	30.93	342.83	34.82	1 278.55	36.21	118.54	45.26	1 745.89	27.94	224.29	31.04
吉林	1 677.21	28.59	186.16	29.63	784.14	33.55	48.35	26.73	893.07	25.31	137.81	30.80
黑龙江	2 245.47	28.48	238.12	35.49	1 001.78	34.74	104.31	46.92	1 243.69	24.86	133.81	29.82
大连	1 162.85	27.05	30.82	9.49	632.01	31.32	-31.56	—	530.84	23.27	62.38	25.36

注：1. 本表数据来源于人民银行信贷收支月报，12 月 31 日人民银行美元汇率 6.2855。

2. 与建设银行口径比，人民银行“对公存款”多包含邮储银行协议存款。

3. 占比为建设银行占四大国有银行的比重。

中国建设银行各项贷款市场占比表（本外币、分地区）

（2012 年 12 月）

地区	各项贷款			
	余额（亿元）	占比（%）	比年初（亿元）	占比（%）
全国总计	**71 174.11**	**26.16**	**9 258.41**	**31.28**
总行本级	1 879.97	23.89	823.35	37.36
长三角	16 662.82	24.95	1 930.19	32.50
上海	3 983.70	26.92	637.87	45.03
江苏	4 541.68	25.34	547.99	33.65
浙江	5 057.67	24.20	316.24	21.32
宁波	1 223.13	23.90	120.04	28.88
苏州	1 856.64	23.05	308.06	30.96
珠三角	10 927.43	25.91	1 377.35	31.63
广东	4 730.03	21.54	652.71	26.86
深圳	2 929.46	31.92	345.84	47.82
福建	2 456.30	28.86	302.52	29.24
厦门	811.64	32.18	76.28	45.99
环渤海	12 434.57	25.29	1 521.56	32.76
北京	3 838.54	29.40	544.27	50.26
山东	3 342.19	21.59	422.82	29.09
天津	1 792.18	25.21	143.25	24.00
河北	2 662.41	26.01	324.26	27.39
青岛	799.25	24.37	86.97	26.55
中部	11 942.58	27.44	1 428.05	28.35
山西	1 104.78	24.27	134.40	27.55
广西	1 324.82	24.18	141.54	26.75
湖北	1 742.84	27.20	179.49	24.34
河南	1 951.89	27.77	248.20	27.93
湖南	2 312.21	34.92	254.41	35.41
江西	1 134.15	23.88	167.56	27.45
海南	272.88	21.82	27.35	18.96
安徽	1 740.92	26.35	235.14	29.63
三峡	358.10	43.47	39.97	31.35
西部	12 705.61	27.39	1 621.42	28.21
四川	2 672.61	24.19	316.98	25.98
重庆	1 761.66	27.49	278.69	31.29
贵州	1 029.76	26.62	158.50	29.68
云南	1 473.84	24.62	158.46	27.83
西藏	161.44	27.56	46.83	24.20
内蒙古	1 481.88	28.76	127.96	23.48
陕西	1 625.61	32.04	218.25	34.23
甘肃	711.49	27.01	96.24	24.70
青海	447.90	35.01	69.14	36.49
宁夏	517.90	33.53	35.97	22.41
新疆	821.51	29.30	114.41	27.44
东北	4 621.14	28.61	556.49	33.26
辽宁	1 766.11	29.73	247.74	38.77
吉林	1 051.96	29.84	115.91	32.49
黑龙江	938.09	27.13	73.12	21.03
大连	864.98	26.79	119.72	36.29

注：1. 本表数据来源于人民银行信贷收支月报，12 月 31 日人民银行美元汇率 6.2855。

2. 占比为建设银行占四大国有银行的比重。

CHINA 中国建设银行年鉴 2013
CONSTRUCTION BANK ALMANAC

第六部分　专题与调查研究

一、调查研究

关于我行内部审计整改工作机制运行情况的分析

监事会调研组

根据监事会财务与内部控制监督委员会部分委员的提议，监事会办公室通过调阅资料、访谈部门、分析数据、了解个别分行具体做法等方式，对我行审计整改工作机制的运行情况进行了初步分析。

一、审计整改工作机制基本情况

近年来，董事会、监事会和管理层高度重视审计整改工作，董事会审计委员会每半年听取全行审计整改工作情况的汇报，提出意见与要求；监事长在相关会议上提出全行要重视和落实整改工作，推动对问题的整改和经营管理的改进；管理层成立了全行整改工作领导小组，并多次召开专题会议研究部署审计整改工作，落实整改重大事项。为推动整改工作的有序开展，我行逐步建立健全了审计整改机制，着力提升整改的质量与成效，努力促进全行经营管理水平的提升。

（一）理顺职责分工，明确工作流程

在部门职责和分工方面，法律合规部是全行整改工作的牵头管理部门，负责开展规章制度建设，组织总行项目的整改和加强整改工作的基础管理；总行调整部门职责，牵头整改工作由法律合规部划转至内控管理委员会办公室。业务部门（分行）是整改工作的落实机构，负责本条线（分行）审计发现问题的具体整改，并对审计发现问题涉及的责任人进行责任认定。审计部门负责揭示经营管理中存在的问题，并对问题的整改情况进行审计跟踪。纪检监察部门负责对审计发现问题涉及的责任人进行责任处理。

具体项目的整改，要依次经过审计问题移送、问题梳理分解、下发整改通知及确认、集中开展整改、责任认定与处理、审核整改结果、撰写整改报告、汇总整改结果、跟踪整改结果、核查整改情况等环节。整改工作流程图如图1所示。

（二）完善规章制度，加强系统建设

2007年，总行制定了《内外部审计与监管检查发现问题整改工作规程》，并于2009年进行了修订。作为基础性文件，该规程明确了整改的职责分工、工作流程和报告路线等。在此基础上，相关职能部门还分别针对整改状态及整改完成率计算口径、分行整改情况核查工作、整改工作评价、业务条线审计整改等制定了专项管理办法与工作指引，初步搭建了整改工作的制度框架，推进了整改工作的制度化。

在完善规章制度的同时，总行开发了整改信息系统，为全行整改工作提供了电子化管理平台，

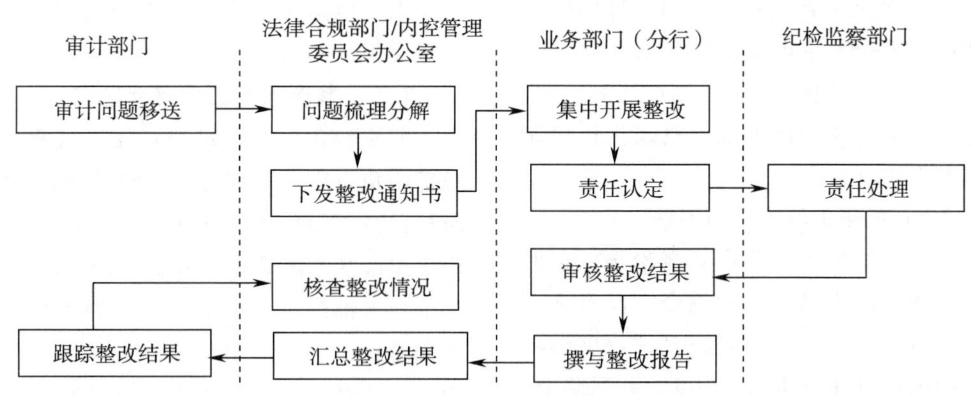

图 1　整改工作流程图

并在总行相关部门及二级以上分支行推广运用。该系统实现了整改操作流程的系统控制，通过与审计管理信息系统共享数据库，能够及时全面了解掌握问题整改状态，提升整改工作质量与效率。

（三）落实问题整改，提升整改效能

在整改工作中，牵头部门、业务部门和审计部门各司其职，不断完善整改工作措施，努力增强整改的真实性、持续性和系统性，积极促进整改工作效能的提升。一是审计部门采取审计跟踪的方式，对整改情况与效果开展"回头看"和独立评价。2011 年，审计部下发通知进一步加强了审计跟踪工作要求。二是部分业务部门将整改工作嵌入日常经营管理，认真指导和督促条线落实整改，并将整改情况纳入到日常业务检查中。如住房金融与个人信贷部通过建立审计发现问题台账，以及时掌握审计检查结果，并跟踪督促分行进行整改。三是法规部门组织开展整改核查，对一些具有代表性问题的整改情况进行现场核查，查看整改证据，评估整改成效。2008 年以来，总行法规部已牵头组织业务部门对 43 类内外部审计与监管检查发现问题的整改情况作了核查。四是法规部门和业务部门探索实施了多发问题的专项治理。通过查找业务开展中屡次被内部审计发现、全行发生较为普遍的问题，查找问题共性，分析问题原因，进行重点整改，有针对性地加以解决，并取得了一定成效。从 2010 年开始，已陆续对个人、房金、公司、财会条线的相关问题进行治理。

此外，相关职能部门还通过实施整改工作评价、加强培训与风险提示、强调整改问责要求等方式，促进全行对整改工作的重视，提升整改工作效果。

二、有待改进之处

整改工作机制建立后，我行审计整改工作取得了明显成效，整改完成率一直保持较高水平。2009 年至 2011 年全行共整改问题 125 070 个，整改完成率分别是 98.77%、98.62%、96.94%，但需要给予特别关注的是整改效果（见表 1）。

表 1　2009—2011 年全行整改工作情况

单位：个、%

年份	2009	2010	2011
审计发现涉及的问题词条总数	3 558	2 933	2 597
三年中相同问题词条个数	1 954	1 954	1 954
问题词条重复率	55	67	75
审计发现问题总数	58 881	32 538	33 651
1954 项相同词条涉及问题个数	51 699	29 884	31 657
1954 项相同词条涉及问题占比	88	92	94

注：1. 据了解，目前我行审计问题词条库中词条总数约 5 400多条。

2. 表中数据为全行口径，来源于整改信息系统。

根据对整改信息系统数据的初步分析，近三年审计发现涉及的相同问题词条共 1 954 条，问题词条重复率分别为 55%、67%、75%；相同问题词条涉及的问题个数占比分别为88%、92%、

94%，相同问题词条的重复率①和相同问题词条涉及的审计问题占比一直比较高，即审计问题复发、此查彼犯、屡查屡犯现象比较突出（详见表1），这表明整改工作机制还需要不断改进和完善。

经过初步分析，我们认为现行整改工作机制有以下几方面需加以关注。

（一）对审计成果的深度运用不够

目前，整改工作主要停留在就事论事、点对点的原问题整改，尚未做到点面结合，没有在原问题整改的基础上综合分析审计发现，深度运用审计成果，归纳和梳理出问题集中度、新风险点、风险变化等情况，进而有针对性地开展复发高、发生率增加或性质严重问题的专项治理，这在一定程度上影响了整改的实际成效，未能充分发挥审计整改对提升内控管理水平的作用。举例来说，网上银行与员工相关的虚假交易 2009 年发现 16 例，2010 年增加到 52 例，且涉及的分行由 6 家扩大到 16 家。如果 2010 年能够发现该问题发生率增加并及时进行专项治理，2011 年将减少或避免该类问题的发生。而实际上 2011 年审计发现该类问题进一步增加到 105 例。

（二）系统性整改尚未形成常态化

从整改措施来看，目前整改工作主要针对原问题整改，这种“头痛医头、脚痛医脚”的整改难以根除“病因”，因此会出现问题屡查屡犯、反复发生的情况。实际上，很多问题频发的深层原因是欠合理的制度、流程、系统和管理，而原问题机构无力解决，只有提升整改层次，由业务管理部门主导进行系统性整改，对症下药，才能药到病除。如“假个贷”一直是我行信贷风险防范的重点，2010 年对个人业务进行多发问题治理时，通过建立、推广个贷中心集中经营模式，进行流程再造，实施岗位制衡，根本性改善了虚假个人住房贷款问题，2010 年后没有新增“假个贷”。再如，员工自办业务曾是困扰我行多年的典型屡查屡犯问题，仅 2009 年就发现 167 例。2010 年对该问题进行了系统性整改，通过在业务处理系统上增加防控措施，有效杜绝了此类问题的发生。我行在多发问题治理方面已经开始了有益探索，但尚未形成常态化和规模化，还有待进一步增强。

（三）整改问责工作有待研究

问责包含责任认定和责任追究两个环节，业务部门负责审计发现违规问题的调查和责任认定，纪检监察部门负责审理和责任追究。整改工作中，由于整改状态的确认未涵盖责任认定与追究结果，加上业务部门出于发展业务、保护员工积极性等方面考虑，责任认定环节缺位严重，存在应问责而未问责情况，责任追究处理偏轻、层次偏低的情况也很普遍。从整改信息系统数据来看，近三年问责率（已进行问责的问题个数/审计发现问题个数）分别为 7%、18%、16%，其中半数以上采取了较轻的积分方式。像“超越权限办理业务”类性质严重问题，三年中共有 37 例，但问责人数仅 5 人次，且均采取通报批评、积分处理、经济处罚等方式。问责不到位，客观上易造成违规成本低，收益高的现实，问责工作的惩戒和教育作用不能有效发挥，问责工作有待进一步研究与加强。

（四）考核不够全面，激励约束有待加强

从考核对象来看，业务条线（部门）是系统性整改的主体，但尚未对其整改工作进行考核；法规部每年对一级分行的整改工作虽然有考核评价，但考核结果未纳入 KPI 和等级行考核体系，而且激励措施缺失，对整改工作做得好的分行没有相应的奖励，致使考核机制对整改工作的引导作用未能有效发挥。从考核指标来看，对具体整改项目进行考核时，仅有反映原问题整改情况的“整改完成率”指标，缺少对问题复发及其整改情况的考核，对问题复发率关注不够，考核指标有待健全。从考核范围来看，目前仅对整改情况进行考核，但对问责情况等没有考核。

（五）部门（环节）之间信息沟通、联动协作不够

整改工作涉及审计、法规、业务管理和纪检

① 《2011 年度一级分行内部控制审计评价总体方案》附件 7 关于审计整改有效性评价，要求以近两年重复发生问题类型（词条）个数占整体审计发现问题类型（词条）个数的比例来判断同类问题在一级分行范围内重复发生情况。本报告借鉴了该方法来反映近三年审计问题复发、屡查屡犯或此查彼犯的情况。

监察等多个部门，任何一环沟通不畅，都会使整改效果大打折扣。调研中，我们发现部门（环节）间沟通、协作不足，信息不能充分共享。例如，法规部门与业务部门开展多发问题治理，但在利用审计跟踪对治理效果进行后续跟进和评价方面还很不够；在审计发现环节，业务部门与审计部门就审计建议或整改措施的沟通有时不够充分和具体，可能导致双方对整改状态的认定产生偏差；整改信息系统尚未嵌入问责流程，纪检监察部门难以及时全面掌握审计发现问题和责任认定情况等。

三、相关建议

审计整改是利用审计成果、提升内控管理水平的重要手段，建议监事会持续关注我行审计整改工作，适时听取审计整改工作汇报，促进整改机制不断完善。

1. 继续探索更有效的整改方式和方法。建议审计部门进一步加强对审计发现问题的合理分层分类，分门别类地进行归集、分析，以便更有效分配整改资源；业务部门（分行）充分运用审计成果，加强对审计发现问题的深入分析，将集中度高或风险变大等问题作为整改重点，通过深入探究问题产生的根本原因，实现问题从源头上得到根治。

2. 认真总结现有多发问题治理的好经验、好做法，明确治理工作的制度、流程与要求，将多发问题治理嵌入业务部门的日常经营管理中，实现治理工作的常态化，并通过加强系统性整改推进整改工作达到事半功倍的效果。

3. 进一步研究与加强整改问责，改进完善考核与激励约束机制，积极促进整改工作的深入开展。

4. 建立整改各方定期会商机制，发挥整改工作合力，形成齐抓共管的局面。建立边审计发现边协商审计整改的沟通机制，将问责流程嵌入到整改信息系统中，共享内外审发现和责任人处理的数据信息。

财务管理有关工作情况的调研报告

监事会调研组

为进一步了解我行财务管理情况，监事会近期开展了相关工作的调研。在案头分析并与总行资债、财会、公司、个人等部门座谈的基础上，现场走访了吉林、湖南、江西省分行，与分行负责人及相关部门、部分二级分行进行了座谈。调研了解的主要情况现报告如下：

一、近年来我行财务管理工作的主要情况

（一）搭建了流程清晰、职权分明的财务治理架构

股改上市以来，我行通过公司章程、议事规则、工作细则等公司治理文件，明确了股东大会、董事会、管理层的财务职责、权限和重大财务事项决策流程，搭建了流程清晰、职权分明的财务治理架构。

1. 董事会在职权范围内行使财务决策权力，对经营计划、固定资产投资预算、利润分配方案、定期报告等议案进行审议。董事会成员主动与管理层沟通，积极提出意见建议。董事会审计委员会承担定期报告审核、监督的具体工作，包括审核定期报告编制计划、预审财务会计报表、与管理层和外部审计师预沟通等，加强了工作指导。

2. 监事会依法依规对财务实施监督检查，及时召开会议审议定期报告和利润分配方案，按要求发表独立审核意见。财务与内部控制监督委员会定期与外部审计师、总行部门进行工作访谈，主动听取有关汇报，有重点地开展检查和调研，

提出监督意见和建议，促进了相关工作的改进和加强。

3. 管理层不断改进和加强全行财务管理，积极贯彻执行董事会决议，认真组织好资源配置、绩效考核、成本管理、财务核算、决算、检查等各项工作。统筹谋划，加强创新，在经营计划编制、经济增加值和经济资本应用、绩效考核体系设计、财务报告编制等方面持续改进优化。

4. 分行能够认真传导并落实总行的财务政策导向，积极根据当地同业竞争情况和分行经营特点细化考核政策，较好地促进了业务拓展和市场竞争。认真执行总行的财务管理制度，严格授权审批管理，重视财务核算质量，财务规范性日益提高，审计调整事项逐年减少。

（二）财务管理工作坚持改革创新，近年来突出强化了重点工作

1. 改进和提升资源配置效率。不断完善综合经营计划管理体系，加强动态监控和调度安排，持续改进经济增加值经营绩效考核、等级行评定、KPI 考核等绩效考核政策，加大对客户、产品、渠道的激励，强化价值创造导向，较好地促进了业务发展方式的转变和效益的提升，支持和保障了战略规划目标的实现。

2. 加强成本和固定资产管理。组织实施了一批战略成本重点项目，改进作业模式和操作流程，提升柜面效率，改善客户体验。在固定资产管理方面，重点支持了网点、自助设备等建设，夯实银行竞争和发展的基础。重视运用授权、预算、审批等管理手段，加强对固定资产购置、装修、租赁等重大财务支出的规范性管理。建立了纵横结合、规则清晰的差异化财务授权体系，定期对之进行重检和修订。立项及投资概算遵循授权规定审批，分年度支出纳入年度固定资产投资预算管理。调研中，总行部门和分行反映，现行固定资产投资管理方式基本能够满足经营管理的需要和规范管理的要求。

3. 加强财务基础管理建设。根据新的会计准则要求，修订了财务管理办法，制定了会计基本政策等一系列会计核算制度，完善了财务管理制度体系。开展财务报告核心团队建设，优化系统及报告编制流程，财务报告编制能力得到增强。加强对海外业务、中间业务、表外业务等核算薄弱环节的管理，提升财务数据质量。持续开展财务现场检查，对内外部审计、检查所发现的问题进行了积极整改，提高了财务管理的规范性。

二、调研思考和意见建议

（一）如何更好地发挥财务对业务的支持与服务作用

近年来全行财务管理工作不断调整自身定位，丰富服务内容和方法，推进财务管理从“服务”向“支持”转型，效果较好。财务工作是全行战略转型的重要支撑，进一步强化战略思维，主动适应战略和组织架构的变革，加强财务战略与业务战略的融合，能够发挥出对业务的更大支持与服务作用。

吉林省分行原先是一家等级行排名、KPI 考核在全行都比较靠后的分行。2009 年以来，该行提出了“创区域最好银行”的战略目标，并先后进行了组织架构改革和业务整合工作，减少了中间管理层级，实现了经营条线准事业部制。财务政策紧密配合战略和组织架构调整，在预算安排、资源配置和绩效考核方面进行了改革与优化，对各项业务的全面快速发展发挥了重要的支持和激励作用，效果显著。2010 年、2011 年，该行连续两年 KPI 考核全行排名第一，比 2009 年上升了 23 个位次；等级行排名两年跃进了 9 个位次，由三类行第 3 名攀升至二类行第 7 名；利润、存贷利差、中间业务收入等指标均居同业首位；投资银行、电子银行等新兴业务获得跨越式发展，在同业竞争中保持绝对优势。湖南省分行近年来提出“电子银行是枪杆子”的战略，年配置业务费用约 4 000 万元，支持力度同业超前，促进电子银行业务各项指标领先于同业，在全行也名列前茅。

分行的经验证明，财务政策紧密配合战略、组织架构和产品业务的创新，能够有效促进银行形成核心竞争力，并在市场竞争中占据可持续的领先优势。特别是在当前同业竞争日益激烈而财务资源日显紧缺的情况下，财务政策进一步配合战略与创新的需要，进一步贴近市场和经营一线，可以有效引导业务发展方式的转变，更好地服务、支持战略规划目标的实现。

要进一步发挥好对业务的支持和服务作用，财务部门需要进一步提高分析能力，从战略角度加强对财务信息的处理和应用。目前，大量关于客户、产品、渠道的信息散落在各个交易、管理系统中。例如，要分析小企业客户的风险与收益情况，要分别从管理会计系统、准备金系统、CMIS系统中抽取相关数据，且不够全面，如中间业务收入就无法追溯到相关客户。进一步加强对这些信息的收集、整理、分析、应用，将零散数据加工整合成为具有价值的管理信息，能够更好地为管理层和业务部门、一线人员的营销、定价等提供决策判断依据，更多地为全行的战略推进和战略目标的实现出谋划策。

（二）如何充分发挥好一级分行在财务政策传导中的作用

在目前以层级管理为主、条线管理为辅的管理模式下，一级分行承担着直接的经营责任，在战略实施过程中起着重要的承上启下的作用，既要严格传导总行的政策导向和核心理念，又要依据当地的市场环境来细化经营目标和策略，尤其要确保各层级管理、经营人员对总行的政策导向能够恰当理解、正确贯彻执行，科学有效考核体系的建立成为十分重要的一步。吉林省分行近年来经过探索和实践，逐渐建立起以总行的经济增加值考核、等级行评定、KPI考核为主体框架，适应分行经营特点，覆盖各层级、各条线、纵横结合的矩阵式绩效考核体系。其特点一是激励标准简单、统一，各项业务增量业绩绩效工资适用“万元工资含量”这样一个统一激励标准，并与新增业务量直接挂钩；二是客户经理、基层营业机构等基层单位由省分行直接考核，不受所属机构业绩的影响；三是跨板块、跨条线、跨机构交叉联动经营利益分享规则明确；四是考核政策和考核过程透明；五是充分考虑不同条线、不同性质岗位的差异性。从这几年来实行的效果看，该行的考核体系不仅有效传导了总分行的政策导向，而且很好地激发了干部员工干事创业的热忱，促进了各项业务的快速发展。

湖南、江西省分行在财务政策的传导过程中也各有特点。江西省分行将经济增加值细化为存款效益、中间业务效益、战略业务、风险控制等维度分别考核，进一步明确了激励方向。湖南省分行在等级行评定、KPI考核、绩效挂钩方面进一步突出了对存款、资产质量的激励约束，对于加大吸存力度、化解存量不良资产、加强风险控制起到了促进作用。

实践证明，一级分行在财务政策传导中具有重要作用。为了充分发挥好这种作用，总行应鼓励分行对总行财务政策进行因地制宜的细化和创新，及时了解并推介分行好的做法。同时，还要加强对分行的指导，确保全行的财务政策总体框架、核心理念保持一致。

（三）如何进一步改进和完善绩效考核

我行的绩效考核体系在结构、定位、导向等方面较为合理、清晰，对业务的发展发挥了较好的促进作用。但是，内外部经营环境在不断发展变化，对绩效考核提出了新的要求。调研中，总行部门、分行提出了一些意见与建议，值得关注和研究。

1. 关于考核政策的连续性。一些分行认为考核政策要注意连续性、稳定性，避免政策的反复。总行有关部门也认为我行与工行相比，在财务政策的连续、稳定方面还有差距。例如，对于存款考核口径，2007年至2011年，等级行评定办法及KPI考核办法调整了三次，有时考核一般性存款，有时考核全口径存款，变动过于频繁，不利于分行的贯彻执行。

2. 关于考核政策的差异化。差异化是管理精细化、科学化的一个重要体现，是进一步完善绩效考核工作的重要手段。近年来，总行、分行都探索了一些差异化的财务管理模式。例如，总行在KPI指标体系设计中考虑了各分行信贷资源禀赋的差异。吉林省分行将二级分行分组后再评定等级。江西省分行对机构占比较小的二级分行单独设置调节系数进行差别化考核。湖南省分行根据二级分行的市场份额差别化考核并配置财务资源。广东省分行拟试点“分类考核”、“一行一表”等差别化考核。建议管理层对总分行实践经验进一步总结，在此基础上，进一步探索、推广考核政策的差异化。

3. 关于内部协商问题。总行有关业务部门建议在考核指标及具体数值的设定等方面，财务部门应充分听取业务部门意见，与业务部门协商沟通一致后确定。目前，部分指标在分解落实到业务部门时，还存在责任和收益没有完全对等的现象。如个人存款与投资部虽然负责代理保险业务的准入至销售等各个环节的工作，但相关收入未计入个人存款与投资部；外汇存款新增、养老金客户新增等指标，虽然都有明确的管理部门，但在条线 KPI 指标中，仍由公司业务部负责，类似这些问题建议通过加强协商和沟通予以有效解决。

（四）如何进一步加强固定资产投资管理

近年来董事会高度重视、支持银行基础设施投入和长期价值创造能力的提升，固定资产投资预算逐年增加，其中 2012 年预算增幅接近 40%，总额为 363 亿元，主要投向网点和自助渠道建设。固定资产投资规模快速增长，潜在风险也会随之加大。从调研了解及对内外部审计发现问题的分析来看，全行固定资产投资管理还有一些不足须进一步重视和关注。部分资源的合理布局、集约利用、整合等还不够。2008 年，总行下发了《总行业务支持中心设置、建设规划与管理方案》，提出了五大生产基地、28 个业务支持中心的建设规划，其中进入五大基地的中心有 15 个，13 个分散在各地，此后又有一些中心被纳入基地建设，并对规划作了多次调整，目前尚未最终确定。一些重点投资项目推进较慢、预算调整有些频繁。由于政府土地政策变更、前期工作延迟、规划多次调整等原因，五大基地的建设进度、投资概算与规划情况差异较大。存量固定资产管理还有不足，一些经营机构存在资产长期闲置、应收未收租金、权证不齐全等问题，有的已经形成损失。项目后评价方面，缺乏明确的制度安排，实际中有的做了，有的没做，总体看重大投资支出后续评价不足、不够规范。

建议董事会进一步加强对全行固定资产投资的全局谋划，在重视年度预算审核的基础上，对五大生产基地等重大项目的投资建设给予更多关注，加强项目规划、建设、后评价等方面的指导，促进固定资产投资更加规划有序、科学决策。建议管理层进一步做好对固定资产投资的中长期规划和统筹配置工作，加强重点项目的组织推进和后评价，进一步改进和完善授权审批、预算管理体系，加强审计、检查、监督，包括“三重一大”要求在财务领域的落实，促进固定资产投资管理更加科学、规范、高效以及成本收益的平衡。

（五）如何进一步加强财务核算、决算、监督检查等基础工作

财务核算、决算、监督检查等基础工作对于财务会计信息质量、规范性管理、财务报告内部控制的加强都十分重要，总分行财务部门也很重视，促进了财务管理基础工作的加强。从调研了解的情况及内外部审计发现的问题来看，仍然存在一些需要改进和加强的方面。在核算方面，部分分行在费用列支、中间业务收入确认方面不够规范，不符合会计准则和财务管理制度的要求。在决算管理方面，部分基层机构对自有资产盘点清查等工作流于形式，对家底掌握不清，存在潜在利益损失风险。在监督检查方面，分行反映，近年来内外部审计凭借其人员优势、信息系统优势等，财务审计检查效果较好，发现了不少有价值的问题，而财务部门由于检查手段与信息化、电子化的核算体系不够匹配、人员配备不足等原因，检查效果相对不突出。建议督促总分行财务部门以财务报告内部控制的建设为抓手，严格执行财务管理及会计核算制度，扎实做好资产盘点等各项决算工作，不断改进财务检查方法和手段，加大监督约束力度，堵塞管理漏洞，确保操作的规范和内控制度的有效执行。

关于信贷政策制定和执行情况的调研报告

监事会调研组

信贷政策是业务发展的“指挥棒”之一，对市场竞争和风险管控的走向及效果有着较大的影响，而分支机构的执行力也决定着政策的促进、约束作用能否落地。为了解相关情况，监事会组织进行了调研。

一、关于信贷政策的制定

从2007年开始，我行开始编制专门、系统的信贷业务指导政策（以下简称信贷政策），按年发布。在这以前不能说没有信贷业务指导政策，但只是零散见于各种政策性文件中。

我行信贷政策经历了一个从相对简单到比较成熟的变化过程。具体来说，由早期的“单兵作战”——针对单个行业或一类客户，逐步扩展到覆盖多个行业、各类客户；由“单打一”——主要关注行业进退，逐步延伸到产品、客户、区域等多个维度；由“一刀切”——侧重于统一性，逐步演化到把差别化纳入到政策之中，政策的完备性、精细度和可操作性在逐年提高，对合理布局信贷投向和加快结构调整发挥了引导作用。

这些年，我行始终坚持结构调整的政策方向，持续对不符合国家产业政策、不符合本行风险偏好、产能过剩行业的信贷投放加以控制，2008年至2012年第三季度累计压缩公司类信贷退出客户信贷余额3 800多亿元（每年的统计口径不尽相同，见表1）。当前，世界经济依然徘徊不前，中国经济增长趋缓，银行业面临很大压力。在这种形势下，我行业务发展仍然稳中有增，信贷资产质量保持基本平稳，系统性风险总体可控，这与近些年来的信贷政策导向，与在结构调整方面的持续努力是分不开的。

表1　2008—2012年前三季度公司类信贷退出客户信贷压缩量

时间	公司类退出客户信贷压缩量（亿元）	退出计划完成率（%）
2008年	645	122
2009年	767	128
2010年	1 046	131
2011年	1 037	128
2012年前三季度	373	122

2012年的信贷政策进一步突出了服务和管理并重的要求，以“九宫格”为基本框架，细化了针对行业、客户和产品的区域差别化政策，还把“三大一高”战略、主动信贷选择等内容纳入其中。特别值得一提的是，在年度信贷政策实施后，总行又陆续向全行下发了《关于2012年度区域差别化信贷政策相关事项的通知》、《关于调整若干业务管理规定的通知》、《关于进一步优化信贷政策促进业务发展的通知》、《关于小企业信贷结构调整差别化政策的补充通知》、《关于做好民营企业授信管理促进实体经济发展的通知》，根据市场变化与经营实际，适时调宽部分业务的政策弹性，向全行释放出了风险防范和市场竞争“两不误”的政策信号。因时而变、相机而动是市场对企业的内在要求，但是在实践中真正做到这一点并不容易，尤其是在政策层面。2012年，我行首次在年中对信贷政策作了一定幅度的调整，分支行对此极为关注，普遍反响良好。大家认为，这是总行在信贷政策方面的一种创新，是行业服从区域、区域服从客户信贷原则的具体体现。

“九宫格”示意图

	优先支持客户	审慎支持客户	压缩退出客户
优先支持行业	产品	产品	产品
审慎支持行业	产品	产品	产品
逐步压缩行业	产品	产品	产品

信贷政策的完善是一个渐进的过程，我们在分行调研期间，也从各个层面听到一些相关建议。比如：

1. 总行强调要提前做好战略性项目的投放准备，可通过启动“预评级、预授信、预审批”等前期工作，提高对客户的响应程度。但“三预”的相关解释和规范目前还没有看到，在具体操作上无所遵循。

2. 差别化政策提出各分行要积极营销本区域内具备“五个优势”——市场优势、资源优势、技术优势、区位优势及管理优势——的客户和项目，分行感觉这一政策思路很好，但是“五个优势”的具体定义和标准目前还缺乏清晰描述，把握起来有些困难。

3. 符合“五个优势”标准但个别条件达不到统一政策要求的客户和项目属于“例外事项”，由一级分行风险总监牵头审批，有的风险总监工作量由此增加了很多，并且感到压力很大。

明晰的标准、方法和规范是信贷政策原则、要求的具体化，是有效执行的必要前提。建议总行有关部门对分支行的建议加以研究，制定相应的解决办法，作出明确答复。也希望今后在编制政策时，更多地考虑从原则到实用的衔接，进一步提高可操作性。信贷政策在2012年年中作过一些调整，有的是以“例外”的方式处理的，应高度重视对“例外”的规范，在进一步明晰政策定义的同时，及时建立相应的工作流程、责任界定标准。

二、关于信贷政策的差别化

自2010年起，我行开始推行区域差别化信贷政策，2012年，进一步突出客户选择、突出资本管理导向，又做了一些实质性工作，例如首次向分行下发了区域差别化信贷政策客户名单，明确了相关政策适用哪些具体客户；在区域差别化需求的申报方式上做了大的调整，允许分行在年度中间申报，随报随批；年中，进一步扩大了区域差别化政策的支持力度，对于一些不能完全满足政策条件，但在全国市场具有明显竞争优势的企业和项目，在风险可控且符合监管规定的基础上，也可纳入区域差别化政策申报范畴。

分行对区域差别化政策的不断细化给予了积极评价，对适时修订具体的政策标准仍有很多期待。例如2008年以来，山西省煤炭行业实施了大规模兼并重组，行业格局发生了较大变化，90万吨/年（含）的矿井达到420个。针对这种情况，同业纷纷采取对策抢占市场。以工行为例，准入标准调整为：资源整合项目，借款人或其控股股东煤炭生产规模不低于240万吨/年，单井设计年产能90万吨（含）以上，借款人或其控股股东原煤年产能1 000万吨（含）以上或位于国家规划矿区内的无烟煤、焦煤矿井，单井设计年产能可放宽至60万吨（含）以上。如果我行继续沿用“新建、改扩建矿井规模120万吨/年（含）以上”的标准，可选择的矿井约300个，这就意味着主动放弃在另外的120个中进行选择，其中不乏好的项目。

再如，江苏省商贸发达，批发零售行业中优质大型批发商、大型商场众多，但目前我行总体上对批发零售行业采取审慎态度，评级和授信条件也比较严格，所以与行业内优质客户进行合作的难度较大。江苏省分行反映，舜天机械进出口公司是当地第一大外贸集团下属子公司，年销售收入34.97亿元，净利润约7 024万元，同业竞相争取，而我行与这家客户的业务合作实际已处于停滞状态。分行认为，这一类龙头企业如不设法保住，将会在竞争中处于不利地位。

辽宁省分行认为，本省铁矿储量丰富，占到全国的四分之一，钢铁业在资源、技术、规模、运输、销售方面具有比较明显的区域优势，按照当地规划，未来将重点朝着精品钢材、高新材料的方向发展。鞍山钢铁、本溪钢铁、凌源钢铁、抚顺特钢是我行客户，基础实力雄厚，信用水平稳定，金融服务需求的品种多、链条长、潜力大。近期，受宏观经济周期性波动影响，钢铁产业整体步入低谷，但如果从长计议，综合算账，还是应当好中选优，在发展供应链融资信贷业务等方面开展和他们的合作。

我国幅员辽阔，各地区资源禀赋差异很大，市场环境、发展梯次各具特点，差别化政策有助于引导信贷资源投向具备比较优势的领域，有效调动分行积极性，提升市场竞争力。我行分支机构众多，经营重心和优势不尽相同，如何分门别类地实施差别化政策，充分挖掘区域、行业及客户的比较优势，同时在政策的统一性和差别化之间找到恰当的平衡点，需要不断研究探索。近年来总行相关管理部门在这方面作了一系列的尝试，值得肯定。我们了解到，总行在每次编制年度信贷政策期间，会选取若干家分行听取意见，收到了很好的效果。今后，还可以把范围扩大一点，特别是把一些行业、区域特点鲜明的分行吸收进来，以便更充分地了解分行的重点关切和需求，更直接地掌握新的市场变化和同业动向，更合理地设定差别化的尺度，也可以借此机会更清晰地说明总行的政策意图。

三、关于信贷政策的传导

总的来看，我行信贷政策的传导基本上是通畅的。近年来，总行每年在信贷政策出台之后，都要专门安排相关培训、会议，针对分行提出的问题作出解答。

省分行是信贷政策上传下达的关键节点，要

在准确把握总行政策的基础上，结合实际情况指导基层机构贯彻执行。调研中我们了解到，省分行一般都会举办专门会议、专题培训对信贷政策进行学习、解读，有的还在政策传导方面进行了主动探索。如江苏省分行利用专职贷款审批人的专业优势，组织他们到基层机构作专题辅导；山西省分行对总行2012年度的经济资本计量方案进行了研究，制订了《2012年度对公信贷业务风险排序查询手册》，为客户经理、风险经理、专职贷款审批人等在政策执行方面提供了很大便利。

二级分支行处于市场前沿，需要将政策要求准确传递到每个网点乃至客户经理。很多二级分支行创新工作方式，安排专人专岗，编制简易操作手册，加强对客户经理的指导。如辽宁省丹东市分行在公司部安排一名四级风险经理专门负责政策的解读与答疑，通过近距离沟通，为客户经理提供帮助。同时，每年年初都会根据总行新下发的政策编制一份调整后的客户名录，发放到客户经理手中。

客户经理是信贷政策的具体执行者，调研中我们从客户经理那里听到两种不同的声音：一种是“我行的信贷政策类似操作手册，只要按图索骥，基本可以判断客户”，另一种是“信贷政策要求多、内容细，不易把握”。有的还提到，总行的信贷政策每年都发一个“完整版”，要找出与以前年度的区别和变化比较费事。如果政策的核心内容相对稳定，可以考虑每年以“打补丁”的办法下发修正要点，不必下发全文。有些客户经理还反映，目前按照新国标分类，行业小类大概有900多个，在理解和把握上还有一定的难度。由于缺少相应的分类指引或参考信息，有时会作出不准确的分类，导致评级模型和评级结论错误。

客户经理的意见值得认真分析。我行《2012年信贷政策与结构调整要点》总共有160余页，将近7万字，再加上后来陆续补发的若干属于信贷政策范畴的文件，总的分量确实不小，去冗就简应有一定空间。我们也注意到，信贷政策内容大多使用常用语言表述，比较容易看懂，在编写之初已经考虑到各层级的实际情况和需要；而且对于某位客户经理来说，如果撇开政策文件中谈形势和管理要求的部分，撇开正文、附件中与自身业务不直接相关的部分，需要熟悉掌握的内容相对比较集中，检索起来也不是十分困难。有的客户经理认为这个文件不易把握，说明我们今后还需要继续加大学习和培训力度，帮助他们准确领会政策要求，多做精准营销，减少无效劳动。

总行每年下发的信贷政策是一个“完整版”，具有较高的系统性和全面性，很方便学习和查阅，好处显而易见。不过“打补丁”的建议也是有价值的，尤其在政策传导中可以考虑开展采用。比如，分行可以根据自身需要，从“完整版”中把变化的部分摘出来，把不能做什么、可以做什么、支持做什么的部分找出来，编出一个分量更小的“补丁版”。一级分行在传导机制中承上启下，作用十分重要，建议针对客户经理反映的情况，继续加强对基层一线的服务和指导，把释疑解惑、提供便利的服务工作做细做实。总行也可以适时总结各行的好做法、好经验，在全行推广。

四、关于信贷政策的执行

总体上讲，各级分支机构能够认真执行总行信贷政策，把守政策底线，同时遵循政策指引积极拓展有效市场。但是，外部检查和内部审计也揭示了信贷政策执行不到位的个别事例，需要引起注意。

我行从无锡尚德全身而退是一个正面的案例。近年来，光伏产业规模急剧膨胀，2011年，在国际经济环境、政策环境变化的影响下，产能严重过剩，价格大幅下跌，原材料商、制造商纷纷亏损。无锡尚德在光伏产业中处于领军地位，但目前已处于濒临破产的境地。在光伏产业被普遍看好，形成投资高峰之际，我行已经开始注意到其前景的不确定性，陆续发出风险提示和加强管理的要求。总行在2009年下发了《关于加强光伏发电产品制造企业授信风险管理的通知》，总行领导在风险诊断会上也着重强调了这个问题。2010年底，江苏省分行投放无锡尚德的信贷余额有6亿多元，分行密切关注产业变化情况，并在实地走访中发现无锡尚德高层频繁变动，一些重大对外投资失败，于是从2011年初开始，持续对信贷余额进行压缩，到2012年上半年，成功回收该集团及其成员企业的所有信贷余额。另据媒体报道，截至2012年10月底，无锡尚德的贷款余额高达88.6亿元，一些国有银行和地方性银行深陷其中。

分支机构对信贷政策的理解、执行存在一定差异，有的对市场、行业和客户的风险变化保持较高的敏感度，对政策信号较为重视，执行比较得力；有的“同业做得，为何我们做不得”的想法比较重，强调自身和企业特殊性比较多，取向和总行的政策不完全一致；个别机构还在客户、项目达不到政策标准的情况下私自开口子，采取变通的方式，通过人为调整客户信用等级、行业属性、客户规模绕开政策限制，将不达标企业“包装”成达标企业，埋下了风险隐患。例如，无锡中住集团公司原被认定为批发零售业，属于压缩退出行业，再综合衡量其他条件，不能够办理短期流动资金贷款等D类产品。经办行为规避限制，在2010年6月12日报省分行审批后，将这家企业的行业类别改成了制造业。审计发现这个问题后，省分行已要求经办行对企业的行业归类再作调查和核实，对照实际经营情况重新进行确认，审慎申报。再如，按照《2011年信贷政策与结构调整方案》和《公司客户信贷准入退出标准》，山东信发华信铝业公司属于该区域内加快退出类存量客户，应严控新增产能项目贷款，对此，山东省分行提出了明确要求。但是经办行当年仍为这家企业发放流动资金贷款3笔，共计13 000万元；2012年又签发银行承兑汇票2笔，共计14 000万元。

信贷政策执行方面的问题需要具体分析：一方面，在政策标准明晰的情况下，要维护政策的严肃性，督促分支机构提高政策执行力，杜绝在正门之外开旁门。另外，在保持政策稳定性、延续性的同时，也要对政策执行情况进行适时评估，看一看哪些部分是政策没有问题，执行出了问题；同时换一个角度作一些观察，看一看哪些部分是政策对业务形成了掣肘，分支机构不得已才绕道而行，根据实际情况对政策作出调整。制定年度信贷政策期间的工作实际上已经包含了政策评估方面内容，建议在已有经验基础上，把这项工作进一步机制化，作为政策制定流程的一个模块。

从业务流程的角度看，授信和审批是信贷政策执行的关键环节。我们调研期间也收集到一些这方面的情况和建议，已提交监事会授信管理专题调研组参考，这里不再重复。

五、关于信贷政策的研究

《孙子兵法》说：“上兵伐谋，其次伐交，其次伐兵，其下攻城”，关于信贷政策的研究就属于谋的范畴。首席风险官黄志凌在访谈中强调，银行最大的风险是信息不对称所带来的风险。我们理解，信息不对称也包括对行业、客户风险了解不全面或者滞后，包括对行业、客户发展机会、服务需求的认识不足或者滞后。如果我们的前期研究能够比较及时地预判行业发展趋势，比较清楚地识别行业内部各类企业的生态特征，在政策制定和执行时就可以做到心中有底，谋定而后动。

以行业研究为例，总行对此一贯高度重视。我们了解到，目前有不少部门都在做研究工作，如风险管理部、授信管理部、公司业务部、研究部等，形成的研究成果通过《风险管理参考》（风险部）、《授信管理工作动态》（授信部）、《公司业务参考》（公司部）、《行业研究》（研究部）等发送行内共享。但是目前研究工作也存在一些需要改进之处：一是研究力量分散，多头研究，各自为战；二是问题引导型的研究居多，基本是哪个行业或重点客户风险突出，就组织进行哪方面的研究；三是非问题引导型的研究注重外部信息的采集和综合，宏观层面的内容较为全面，但有些研究与业务的契合度不高，对产业、客户案例进行深入剖析的不多。

据了解，工行目前拥有100多人组成的行业研究团队，按照行业划分，研究工作较为系统，信贷政策已覆盖52个行业，覆盖率达到75%。我行的情况和工行不太一样，在目前情况下，可以考虑把各方面的研究力量整合起来，组织跨分行、跨部门的课题团队，系统规划，开展常态化的研究。如果把我行贷款余额排名前15位的行业作为研究重点，覆盖面也达到了全部贷款的75%左右。

相对银行而言，有些专业机构比如风险投资基金对行业、客户的研究更为深入，他们把研究宏观形势和走访企业结合起来，花很多工夫去了解第一手的数据、资料，在此基础上进行专业研判，寻找业务机会，规避潜在风险，嗅觉异常灵敏。我们也可以借鉴这些做法和模式，把案头工作和实际考察结合起来，由问题引领型为主的研究转向发展引领型、问题引领型并重的研究。

从信用卡业务看流程银行建设

监事会调研组

2012年，总行专门召开战略与创新专题会，就“为什么建设流程银行，什么是流程银行，怎么建设流程银行”的问题进行研究讨论，在全行工作会议上，明确提出了加快流程银行建设的工作要求。为了解相关情况，监事会选取信用卡业务条线作为一个剖面进行了调研。

一

股改上市以来，我行在组织架构、制度流程、营运管理、信息技术等方面进行了一系列调整与变革，推动柜面业务的前后台分离和后台业务的集中处理，开展与战略合作伙伴美国银行的合作，推广和运用六西格玛工具，有步骤地实施了流程评估与优化项目，在改进运作效率、提升服务质量方面取得明显成效。

截至2011年底，信用卡条线开展11个流程优化项目，涉及营销、风险管理、客户服务、营运管理等方面，形成较为完备业务流程操作手册体系（包括10类手册），建立了定期运营监测和通报制度，是全行最早建立流程监测机制的业务领域。流程优化项目实施之后，发卡目标达成率由37%提高至67%，客户挽留成功率由32%提高至42%，网点营销进件率从2.02%提高至2.3%。2011年第一季度，启动了信用卡“大客服”整合，以800客服为基础，将电话催收、电话营销、争议处理等统一管理，简化操作环节，优化条线间的流程衔接，提升了客户的“一站式”服务体验。从2011年9月开始，在试点基础上对部分城市行的信用卡审批流程进行了扁平化改造，审批权限由分行下放到业务规模大、风险管理能力强的二级分行，目的是贴近市场，加快办卡周期。到2012年前三季度，共有88家城市行实现了审批扁平化，累计发卡量约占全行的74%；平均审批作业时间5.43个工作日，较全行平均低0.2个工作日；平均审批通过率84.57%，与全行平均基本持平；逾期90天以上不良率为0.66%，比全行平均低0.01个百分点。

各分行主动适应市场要求，在挖掘内部潜力、优化业务流程方面进行了有益的尝试。2011年以来，苏州分行组织实施了办卡流程优化项目，平均办卡周期从2010年的15.34天压缩到7.6天，不出一周时间把卡送到用户手中，办卡速度跃升到系统第一，2012年在办卡环节再没有出现客户投诉。对AUM值5万元以上的高端客户，专人专岗受理进件申请，将网点至分行的传递由实物传递改为网络、实物传递相结合，仅此一项就把传递时间由4个工作日缩短到1个工作日。上海市分行推出房贷、理财卡、私人银行卡“三合一”申请表，客户填写一张申请表就能申办多项业务，减少了客户的负担，节省了不必要的内部操作环节。在商户收单业务方面，针对品牌经销商等重要客户群体，设置“绿色通道”，设计了差异化的进件传递、审批、结果反馈的操作流程，2012年9月的高端品牌的经销商分期交易量比6月提升137%。云南省分行对进件流程进行了优化调整，将征信审核放到进件之后，解决了填完信息审核表后又因为发现不良记录等导致前期工作无效的问题。在昆明地区个贷中心开展个人贷款与信用卡专项分期业务试点整合营销，把信用卡汽车分期和汽车贷款业务、信用卡安居分期和个人消费贷款业务、信用卡车位分期和车位贷款业务等三类产品统合起来进行营销，提升了个人业务的整体营销效率。

流程优化项目的实施过程，同时也是知识更新、观念更新的过程，是强化以客户为中心的经营理念过程，是培育基于数据和事实的管理文化的过程，影响十分深远。从调研获得的信息看，无论是信用卡业务条线还是分行各层级的人员，都对加快流程银行建设十分认同和支持。这种认同和支持基于真实的感受，因为大家确实看到了流程优化带来的效果，体会到了实实在在的好处。

在过去几年时间里，我行持续改进业务流程，积累了一定的知识、技术和经验，全行上下对这项工作重要性的认识也得到进一步深化，这些都为下一步加快推进流程银行建设创造了良好的条件。

二

从这次调研了解到的情况看，我行目前的现状和流程银行的要求仍有不小差距，主要表现在部门银行的色彩比较重、部门级流程较多、综合营销能力不足、管理工作滞后于流程银行建设、以客户为中心的经营理念在业务工作中没有完全落地等方面。

1. 部门级流程自成体系，互通互补的功能有所欠缺。部分系统的建设滞后于业务发展，给运作效率和风险控制造成一定的影响。

业务流程项目的申报、设计主要以部门为主体，分头开发，彼此之间无法进行复制，标准化程度较低。首先，从某一个流程来看，各个环节的设置似乎比较合理，但把几个流程放在一起，就会发现操作重叠、链条较长、运营效率低下的问题。其次，部门级流程往往只支持单个部门分管产品的生产、销售与服务，难以满足客户多元化、差异化与综合化的需求。最后，基于部门职能的视角设计出来的业务流程，对跨部门的流程整合考虑较少，主要弊端是：DCC、龙卡、个贷等系统相互分离，不能全面反映客户的情况。国际卡系统（Cardlink）与网点柜面系统（CCBS）独立运行，信用卡柜面取现业务不显示户名，公务卡批量还款交易不显示户名，网点在正常操作中无法及时核对客户户名信息，存在一定的不便与风险。信用卡催收系统与行内对公系统、A+P个贷系统等不关联，客户综合授信变动情况无法及时掌握，影响对高额度客户、商务卡客户的贷后风险控制。针对这种情况，我行近年对一些独立运行但关联度高的业务系统进行了整合、链接，一定程度上缓解了“信息孤岛”的矛盾，但是这一问题的根本解决，仍有待于未来的新一代核心系统。

近年来，我行发卡数目猛增，累计发卡量从2010年的2 795万张到2012年突破4 000万张，分期业务呈现井喷式发展，2010年同比增长258%，2011年同比增长166%，2012年同比增长113%，给系统建设带来了不小的压力。例如，进件处理系统容量不足，如果审批通过件数量超过6万件/天，超出部分无法进行批处理生成卡号，影响到正常出卡。资信审核平台承受力有限，仅能供卡中心使用，一级分行没有上线，无法同步使用。比较突出的问题是，分期业务缺乏一套全流程化的业务操作管理系统，审批、请款、调额等很多环节仍然依靠手工完成，操作效率低，风控难度大。

2. 习惯于从银行角度自我主导产品的开发、供给和服务模式，有时对客户体验关注不够，对差别化需求响应不够及时，存在重营销、轻服务的倾向。例如：

（1）汽车、安居分期等专项分期额度设定了统一的上限，不能很好地满足大宗消费客户的需求。目前我行分期授信最高额度为150万元，超出部分将占用卡的固定额度。相比而言，部分同业的政策更有弹性，往往可以依据客户的资质，给予高端客户更高的授信额度。

（2）我行发行的贷记卡多达上百种，一个客户持有多张卡片的情况不在少数。但在还款时，仍然是按每张卡片逐一归还欠款，系统不能够支持一次性归还多张卡片的全部欠款，前台和客户都需要重复操作，费时费力。

（3）客户对是否能方便快捷地调整信用额度十分看重。目前，我行客户若要调额，只能通过800电话客服系统，而招行为此提供了多种选择，除电话客服外，也可以通过网银进行调额。

3. 以业务条块决定产品，局部之间不够协调，部门联动不够顺畅，重复营销和营销不足并存，在某些业务领域存在内部竞争。例如：

（1）同类型产品分属多个部门，信用卡、个人金融、私人银行、住房金融与个人信贷等条线均发行不同的卡片，分头管理。信用卡条线发行普通贷记卡，以及钻石、白金及标准白金等高端贷记卡产品；个人金融部在发行借记卡的同时，也发行准贷记卡以及专门针对 VIP 客户开发的理财卡；私人银行部发行专属高端借记卡产品，包括私人银行卡和财富卡等；住房金融与个人信贷部发行公积金龙卡。

（2）同质化业务由不同部门分别开发和经营。信用卡与房贷条线分别开展汽车、安居等分期业务和汽车、住房等贷款业务，实际上，两种业务的客户类型相似、功能相似，存在一定的互补性与替代性，完全可以进行整合。调研中了解到，工行和中行在上海地区已将信用卡分期和消费贷款进行了整合，如中行在 200 万元额度以内分期、车贷不分开。为了应对同业竞争，我行的部分分行也做了类似的整合。

（3）信用卡、电子银行、个人金融等部门都在作收单业务，不同部门的定价不统一。例如 ATM、代收代付、网银渠道的价格是 0.2 元/次，信用卡渠道的费率是千分之五。对此，各方面在理解上存在分歧，有的认为内部竞争为客户议价提供了空间，损害了我行的整体利益，有的则认为应该通过价格政策引导战略性业务的发展。

4. 与流程银行相适应的财务配套机制尚未完全建立起来，分行、部门或者条线维度的成本分摊、收益核算的指标设置、计量规则不尽完善，影响了各方面相互协同的积极性。

（1）部分分行在核算信用卡经营条线费用时，将钞币运送费、ATM、存取款一体机等费用与资产折旧一并纳入，导致多计分摊成本；在核算信用卡经营条线的收益时，网银渠道的卡消费所带来的回佣收入、借记卡的收单收入等以及信用卡业务派生的存款、理财等间接收益无法客观地进行计量与考核。近年，我行信用卡业务条线的考核利润和经济增加值一直为负，与同业纷纷宣布信用卡实现盈利形成反差，不利于市场形象的维护。

（2）总行要求二级分行及以上机构均在 ERPF 系统中设置信用卡责任中心，用于核算信用卡业务成本，但仍有数十家二级分行没有启用已设置的信用卡责任中心，将信用卡业务直接成本计入其他责任中心。

（3）产品营销需要各方面的支持和联动，如果没有相应的激励措施，非主管部门、非主办分行主动响应的积极性就会受到一定影响，靠行政手段驱动，效果往往不够理想。目前，全国性连锁商户的营销还没有形成有效的综合收益内部计价机制，对于资金归集行而言，由于可以形成对公存款的沉淀，开展业务的积极性很高；而其他非资金归集行由于分享不到合理收益，提供配合的愿望不强。

5. 调研中分行普遍反映，尽管大家对流程银行建设十分认同，但很多时候仍然习惯于从部门、条线和局部去思考和应对问题，流程银行的理念尚未在整个机构范围内得到有效传导与落实；大部分员工认为流程银行建设仅仅是流程优化，对流程银行的内涵、范围、模式、工具、取向等的了解还不够清晰：分支行对总行战略与创新专题会、全行工作会议释放出来的信号十分关注，但是对于具体需要做些什么、怎么去做还不是很清楚，希望在会议、文件之后看到具体的安排和后续的动作。

三

在信用卡业务条线调研中了解到的问题，在其他业务条线也不同程度地存在，带有一定普遍性。解决这些问题，还需要做好务虚和务实两方面的工作，在宏观层面通盘规划，从细节入手逐步改进，扎实推进流程银行建设。就此，我们做了一点初步的思考：

1. 尽早着手对整体规划的研究，确定流程银行建设的目标、内容、路径和步骤。总行党委关于流程银行建设的整体思路已经明确，下一步的工作重在跟进落实战略与创新专题会、全行工作会议的精神和工作要求。流程银行建设不仅包含新一代核心系统建设一个方面的内容，也不是一家分行、某个条线能够独立完成的。因此，要在继续做好年度流程优化项目的计划和实施工作之外，借鉴新一代核心系统建设的做法，从企业级的高度谋篇布局，做好顶层设计，制定全行性的方案，以便各部门、分支机构明晰各自的任务，分工协作，共同参与到流程银行建设工作中来。

2. 坚持上下并行，提高各级分支机构和广大员工在流程银行建设过程中的参与度。基层机构和广大员工直接面对客户和市场，对流程的利弊最为了解，对同业的做法、竞争的态势感同身受，也有很多有价值的思考和建议。因此，在自上而下地推动过程中，还应重视自下而上的互动。一是建立相应的通道和激励措施，鼓励基层员工发起对具体业务活动和操作的设计，提出合理化建议。二是引导分支机构在满足监管规定、总行政策和内控要求的前提下，在合理平衡业务发展和风险防范的基础上，因地制宜地对标准化流程进行补充与完善，以满足区域、客户个性化与差异化的服务需求。

3. 整体推进和先行先试并重，选取部分业务条线、业务、分行作为试点，以点带面开展流程银行建设。从业务条线角度看，信用卡业务的客户体验最为直接明显，市场具有高成长性而且同业竞争激烈；我行信用卡业务领域的流程标准化程度相对较高，业务发展态势良好，消费交易额、分期交易额、资产质量等多项指标居同业领先地位。从分行角度看，上海、苏州等分行管理基础较好，如苏州分行近年来注重流程银行建设，在培植流程银行文化、推进流程优化、建立面向客户的快速反应机制、建立标准化操作手册等方面进行了多项探索，收到了良好效果。鉴于信用卡条线和苏州分行特点和条件，可以考虑选取其作为试点。

4. 把综合化服务作为流程银行建设的重要取向，采取具体的管理措施和改革措施，增强内生协作，着力破解银行部门化的难题。

（1）根据客户→产品→渠道→管理的顺序位次，研究厘定部门活动与企业级流程的关系。我行职能部门的设置出自多个不同的维度，一方面存在功能交叉，另一方面又留有功能空白。流程银行建设不可避免地会涉及部门设置和部门职能的调整，应着手开展这方面的研究，针对部门活动进行流程识别，对不合理的流程重新归位，同时，把业务联动的内容嵌入到部门职责中。

（2）进一步强化跨部门委员会的功能，以此为平台组织推进综合化营销。需求多样化、服务综合化是大势所趋，这一变化决定着银行的未来，唯有整合经营资源，打通部门之间的连接通道，向综合化服务的方向加速转变，才能求得生存发展。在这方面，总分行都有一些成功的做法和案例，要注意加以总结推广。例如苏州分行敏锐地意识到部门之间的空白地带往往是“土壤最肥沃”的领域，他们在分行层面成立由多个部门组成的业务委员会，委员会主席由部门轮流担任，每次会议由主席单位确定一个重点联动主题，其他部门负责配合，联手实施精准营销，这种方法值得借鉴。

（3）对同类型业务、同质化产品进行跨部门整合，实施整体营销策略。例如前面提到个贷、汽贷同信用卡分期业务具有同质化特征，但前者抵押品为标的物，存在用途不明、折旧等风险因素；而分期业务主要衡量借款人收入水平及其第一还款，总的风险水平较低，而且分期逾期需担负民事和刑事责任，威慑力较大。应从满足风险管控要求、保护各部门积极性的角度出发，对类似业务进行适当整合，推动整体营销。

5. 建立和完善相应的激励约束机制，助推流程银行建设。在职能部门分头管理，总、分、支三层分级管理的格局下，要弱化部门银行色彩，减少局部与整体的博弈，必须妥善处理各方面的利益关系，按照风险、成本与收益相匹配的原则，客观评价部门、条线与层级的贡献度，完整反映、合理分摊业务费用与收入，建立与流程银行要求相适应的绩效考核机制，科学地配置财务资源。通过“算清账”与“分好账”，充分发挥财务管理对流程银行建设的正向引领作用。

6. 以企业级信息系统建设为契机，打造名副其实的企业级流程。新一代核心系统在设计思想上解决了数据库不能共享、业务操作不能互通的问题，但是，技术平台的企业级并不等于流程的企业级，如果其他方面不能及时跟进，难免出现“新马拉旧车”的情况。各部门、条线应密切协调，与新一代核心系统建设相向而行，一是以实现“一点接入，联动解决，综合服务”为目标，研究提出跨部门、跨渠道的流程优化方案。二是在流程标准化的基础上，按照不同的客户群和服务场景，设计可供选择的不同流程，为低风险客户、优质客户提供简约便捷的服务。三是开展可行性研究，进一步简省不必要的流程环节，前面谈到，总分行对信用卡业务的发卡、收单流程做过多方面改进，我们也了解到，柜面业务凭证优化整合方案将原有的220种凭证精简为56种，这一类具体事例说明，我们在缩短流程链条方面仍有很大潜力可挖。四是在明确责任、权责对等的前提下，合理放权，以简驭繁，提升组织内部的灵活应变能力和快速处理能力。

银行业的竞争表面看是产品、渠道与服务的竞争，实质上是承载产品、渠道与服务的流程的比拼。谁在流程银行建设中占得先机，谁就有可能赢得主动、赢得市场、赢得未来。我们既要重视解决当前问题，更要着眼于长远发展，把流程银行建设的目标定位在确立同业优势上面。在市场竞争日趋激烈、同质化趋势日益明显的情况下，通过流程银行建设打造不可复制的软实力，把这种软实力转化成建设银行的核心竞争力之一。

关于我行内部控制有关情况的调研报告

监事会调研组

根据工作安排，监事会于2012年10－11月组织开展了对我行内部控制有关情况的专题调研。在调阅分析资料、访谈总行有关部门的基础上，部分监事分赴河南、山东和青岛等分行进行了现场调研，与分行负责人及相关部门、部分二级分行进行了座谈。

一、近年我行内部控制建设的主要情况

股改上市以来，我行在大力发展业务的同时，将内控建设定位于一项基础管理的系统工程，在全行树立“内控为先”的经营理念，持续强化内控制度建设，优化业务流程，完善内控措施和工具，有效防范和应对各类风险，保障了各项业务的持续健康发展。

（一）建立健全内控管理的组织架构

目前，我行已经建立了以股东大会、董事会、监事会和高管层为主体的公司治理架构，各司其职、各负其责、相互制衡的公司治理机制逐渐完善。构建了由内控决策层、建设执行层和监督评价层三部分组成的内控管理框架，内控建设呈现出各层级、各业务条线、各级人员共同参与的良好局面。2012年9月，总行成立了内控合规部，负责全行内控与合规体系建设等工作，进一步完善了内控管理的组织体系。

（二）积极采取措施加强内控建设

近年来，我行不断完善公司治理，深化组织机构改革，强化合规经营意识，重视和推进企业文化建设，内控环境不断优化。建立全行统一的风险偏好，推进实施新资本协议，完善风险管理政策体系和风险计量方法、工具，开展压力测试、操作风险自评估等工作，风险评估能力不断提升。优化业务流程，推进前后台业务分离，健全不相容岗位分离、授权、审批、绩效考核等多方面的控制措施，组织开展表外业务、海外业务风险管理年和金融市场业务管理年等活动，建立了应急预案实施制度和应急处理机制，启动新一代核心业务系统的开发工作，增强“机控”能力，内控措施不断完善。建立了重大信息、重大风险和突发事件报告制度，强化内部信息的及时、准确传递和报告；建立健全对外信息披露制度，注重与监管机构、投资者及客户保持畅通的信息沟通渠道，信息与沟通的效率与质量不断提高。注重加强业务条线的日常监督与专项检查，重视发挥内部审计的监督评价职能，认真配合外部审计和监管部门检查并积极落实整改，定期开展内控评价，内部监督评价机制不断完善。

（三）认真贯彻落实《企业内部控制基本规范》

2011年以来，我行以贯彻落实《企业内部控制基本规范》为契机，梳理主要业务流程，查找和改进内控缺陷，编制完成《内部控制框架手册》，制定了内控评价的相关制度，内控体系建设取得阶段性成果。总行成立内控合规部后，进一步加快了内控基本制度的建设工作，制定了《内部控制基本规定》、《内部控制体系建设五年规划》并经董事会审议通过，明确了内控的目

标、原则和管理要求，明晰了今后五年内控建设的总体方向和重点内容；下发《内部控制评价办法（试行）》等一系列制度办法，明确了内控评价的标准、方法、程序和实施工作的具体要求。近期，全行2012年度内控评价工作正在稳步推进。

二、值得关注的几个方面

内部控制涉及经营管理的各个环节，需常抓不懈。尤其是随着近年我行业务快速发展、流程不断优化、产品不断创新以及监管要求和市场变化，内控管理工作面临新的更高要求，有些领域的内控工作还显得相对薄弱，需引起关注。

（一）内控手册的应用与管理有待加强

内控手册的应用不仅是国际先进银行内控管理的有效做法，也是监管部门的具体要求。2011年，我行在内控梳理的基础上，编制完成了总行层面的《内部控制框架手册》和各分行的内控手册，基本满足了外部监管要求。但是，从调研情况看，内控手册还没有得以应用，对其维护更新工作也没有开展。有的分行反映，目前内控手册的操作性不明显，与现有业务规章制度的衔接配套也不够清晰。我行《2011年监管通报要求落实方案》中提出要“选取部分业务条线实施内控手册化试点”，目前相关工作还没有进展。

实际上，内控手册很大程度上是体现内控基础管理精细化和专业化水平高低的一种工具，它区别于业务政策和管理制度，着眼于业务流程中关键风险点的防控，对于完善内控管理具有积极作用。近年有的分行已结合自身实际，尝试开展了相关工作的实践和运用。如河南洛阳华山路支行基于合规管理的需要，建立了“华山路支行合规文化管理体系”，把相关286个合规文件和892条合规规章对照支行7个岗位进行梳理，特别是对岗位职责、操作流程、风险底线等分类整合，总结出重要的119条合规要求，强化合规执行力；还制作成电子手册，指派专人及时维护和更新。通过实施该体系，支行员工合规意识明显增强，业务差错率一直保持在省分行最低水平，且成功堵截各类案件12起。该体系得到了当地银监分局的高度认可，并在河南省银行业进行了推广。

此外，分行经验表明，手册建立之后必须及时维护和更新，以保证其与业务发展相适应。如山东省分行将规章制度编制成体系文件，指定专人负责维护，并多年来坚持对体系文件进行梳理、重检和更新，保障了规章制度的有效性和适应性，得到了基层机构的好评。同时，分行也反映，由于人员力量、业务范围等的限制，分行难以承担起内控手册的维护与更新工作，建议总行统一组织实施。

（二）部分业务流程变化后的内控措施需及时跟进

业务流程的变化往往会引致风险点的迁徙变化，如果内控措施不能随之调整，可能会产生控制上的盲点，诱发操作风险。以前后台业务分离项目中的批量代收付业务为例，在该业务由后台集中处理的初期，个别机构违规在办公机上安装客户端软件代客操作，发生了重大风险事件甚至案件。2011年总行修订相关操作规程时进一步明确了“不得将行外委托单位客户端软件安装在银行方”等要求，内部审计也多次反映相关问题，但批量代收付业务中违规代客操作现象仍屡禁不止。近期，审计署又发现辽宁盘锦市分行部分基层分支机构2010—2011年间利用批量代收付系统转移藏匿客户资金2.19亿元，并违规虚增存款。针对上述内控“漏洞”，河南省分行尝试运用“机控”措施解决，即依托桌面安全管理系统的病毒防控功能，将客户端软件设置为安全系统默认的病毒程序，从而限制客户端软件在营业机构办公机上运行，取得了较好的效果。

随着我行流程优化与业务创新的快速推进，特别是在电子银行、理财等高速发展的新型业务中，针对流程变化的内控测试与评估机制还不够完善，一些内控缺陷不能被及时识别。以电子银行业务为例，有的分行反映：由于业务发展快、流程变化快，很多问题是客户投诉后才发现，希望总行能在预判方面加强指导。审计署相关审计也指出，2009年3月至2012年4月间，江西南昌9户空壳企业利用我行网上银行批量转款等业务功能中存在的监控漏洞，从事地下钱庄等非法经营活动，涉案金额达105亿元。这些由于流程变化所带来的内控问题需引起重视。此外，目前正在推进的网点“三综合”建设工作中，业务流程、岗位职责的变化都对内部控制提出了新的要求，相关的内控措施也应及时跟进。

（三）内控合规部与风险管理等部门的职责边界还需研究和明确

总行内控合规部成立以来，承担起了全行内控建设、管理、监督、评价的日常工作，我行内控合规工作有了一个新的开端。同时，内控组织体系变动也面临部门职责分工的问题。目前，内控合规部与风险管理、业务部门等在职责边界上还有个别交叉和重复，需要进一步研究和明确。比如，目前操作风险管理涉及的操作风险与内部控制自我评估、不相容岗位梳理、基层行关键风险点监控检查等工作，其中不少内容与内部控制密切相关，有的还是《企业内部控制基本规范》中所要求的内控措施。又如，风险管理部牵头对一级分行操作风险管理评价方案与内控合规部牵头对一级分行内部控制评价方案中，评价的方法与内容也存在一些重复。再如，内控合规部负责全行内控合规检查管理与组织实施，同时各业务部门对本条线内控合规也有检查的职责，如何避免重复检查，也是需要进一步研究和解决的问题。

根据我行内部控制基本规定的要求，各一级分行应设立或明确承担内控管理职责的部门。截至调研时，已有两家一级分行单独设立了内控合规部门，其模式亦有不同：深圳市分行将操作风险管理的相关工作纳入内控合规部门；山东省分行成立了内控管理办公室，专门负责内控体系建设、内控管理检查评价等工作。需要关注的是，目前大多数分行的内控合规工作职责还分散在法律合规部、风险管理部等部门，职能整合的进展比较缓慢。分行希望总行能从人员职数、准入门槛和业务流程等方面对分行内控合规职能整合及设置给予更具体的指导和帮助，并给予资源上的支持。

（四）规章制度的管理存在一些不足

我行1999年制定了《规章制定办法》，并于2003年、2007年、2010年进行了三次修订。该办法对于规范和完善规章管理、促进业务健康发展起到了积极作用。但是，从规章制度管理的现状看，也有个别规章未严格执行该办法的要求，规章制度的制定、重检以及废止方面还存在一些不足。

制定方面，一是个别制度制定不及时，如我行2008年推出了电话支付业务，但目前尚未出台相关管理办法进行系统的规范和指导。二是制定过程中的沟通交流不够充分，产生一些以较低效力文件修改较高效力文件的现象。比如，授权书是体现公司治理和统一法人权威的重要内控措施，其效力应高于内部规章。但在2012年授权变更清理排查工作中发现，14份规章或规范性文件直接或间接修改授权41项，有的甚至是部门发文。以规章修改替代授权变更不仅存在合规问题，也可能会导致分支机构执行混乱，诱发越权、违规等风险。

重检方面，目前对重检频率、责任主体等还没有具体要求，一些制度重检和修订不及时。一是个别规章没有根据业务流程变化进行修订。如现行《信贷业务手册》是2005年的修订版，七年来我行信贷业务流程、政策均发生了较大变化，手册中的一些内容已与实际情况不符，应及时重检。二是现行制度中以“试行”、“暂行”出台较多。2011年内部控制梳理结果显示：22个主要业务流程涉及制度文件741个，其中“暂行”或“试行”管理办法有172个，占比23.2%。2011年修订的《规章制定办法》虽然增加了“暂行性与试行性规章应在生效后的两年内进行修改、补充”的要求，但个别制度的执行情况与要求还存在差距。

废止方面，一是有的工作还不够规范，在修订后的规章发布时，没有说明被废止的原规章名称及发文文号。二是对于因流程变化、对象消失等原因失效的文件，主动废止的意识不够强，相关工作主要依赖于统一的文件清理。最近一次文件清理结果显示，2011年3月（含）前发布的规章与规范性文件中，失效的达2 219件，其中包括不少因上述原因失效的文件。

（五）审计问题系统性整改工作还需探索和完善

近年来，我行审计整改完成率一直保持较高水平，2009—2011年分别是98.77%、98.62%和

96.94%①。但是，系统性整改的效果不够理想，整改工作多停留在就事论事的层面，虽然绝大多数问题在原发生机构得到整改，但“此查彼犯”现象仍普遍存在，深入机制和流程的系统性整改不足。如河南省分行2008—2011年内部审计发现问题的复发率达63.99%。内部审计近两年分别对不同分行的信用卡业务进行了专项审计②，两次审计的结果显示，信用卡业务受理未执行“三亲见”、征信审核把关不严、数据信息安全管理不规范等问题普遍存在“此查彼犯”的现象。

审计问题系统性整改不足一直是困扰内控管理的顽疾，有关部门也在积极研究原因并探索有效提升整改效果的方式方法。我们认为，对审计成果的应用不足也是一个重要原因。一是被审计机构主要关注自身问题的整改，但对别的分行审计发现的问题，还缺乏引以为鉴地主动预防意识；二是审计信息的共享、通报机制还不够完善，一级分行了解到的他行审计信息有限；三是针对复发率高、发生率增加或性质严重问题的专项治理工作还应加强。调研中了解到，分行也在积极探索和着力解决这方面的问题。如河南省分行对屡查屡犯和此查彼犯问题进行了专题研究，针对性地开展了屡查屡犯问题专项治理活动，并建立了审计问题的通报机制，将审计发现问题在“从严治行万人视频会议”上进行通报，促进审计成果的利用和信息传递，对于违规行为的震慑作用较大，取得了较好的效果。

对审计发现问题的问责有待加强。整改信息系统数据显示，全行2009—2011年的问责率③分别为7%、18%和16%，其中半数以上采取了问责较轻的积分方式；对于“超越权限办理业务”类性质严重问题，三年共37例，但问责仅5人次，且均采取通报批评、积分处理、经济处罚等方式。信用卡业务跟踪审计反映，对审计发现比较严重、需要问责的97个问题中，仅对42个问题进行了问责，占比43.3%，有半数以上问题未问责，影响了问责制度警示作用的发挥。

三、建议

内控管理是着眼长远、增强核心竞争力的重要支撑，对于促进发展战略的实现具有重要意义。董事会、监事会、高管层和全体员工均为此担负着重要职责与使命。建议监事会按照《商业银行监事会工作指引》等监管要求，继续加强对内部控制的监督，促进董事会、高管层进一步采取有效措施完善内部控制，提升内控管理能力和发展水平。针对本次调研情况，建议：

1. 积极推进内部控制的标准化建设。一是加强对规章制度的管理，进一步规范规章制度的制定、重检与废止工作；二是配套规章制度完善内控手册，加快手册推广和应用，并做好维护与更新工作；三是结合新一代核心系统建设，将标准化内控要求嵌入业务系统，逐步提升机控覆盖面。

2. 强化流程控制。结合流程优化与业务创新，逐步建立针对流程变化的内控测试与评估机制，进而完善内控措施；着重加强新业务、新产品的内部控制。

3. 进一步明确内控合规与风险管理等部门的职责分工，加大对分行内控合规职能整合和设置的指导力度，健全内控组织体系。

4. 继续加强系统性整改工作，深入分析屡查屡犯、此查彼犯问题产生的根源，探索更有效的整改方式和方法，进一步提升内控与合规管理水平。

---

① 数据来源于整改信息系统。

② 2010年8－11月，对上海、江苏、浙江、福建、深圳、安徽、河南、湖北、四川、云南、辽宁、甘肃共12个一级分行进行了信用卡业务专项审计。2011年9－12月，对河北、山西、内蒙古、吉林、黑龙江、江西、山东、广东共8家一级分行进行了信用卡业务专项审计。

③ 问责率 = 已进行问责的问题个数 / 审计发现问题个数。

关于小企业业务发展的调研报告

总行小企业业务部　王魏冬

为进一步了解我行小企业业务发展现状、存在的问题，有针对性地做好未来业务发展规划，推动全行业务转型。根据年初调研计划安排，2012 年 10 月底至 11 月中旬，王勇董事、李晓玲董事、朱振民董事、赵锡军董事、董轼董事以及总行董事会办公室、风险管理部、授信管理部、小企业业务部相关人员组成调研组赴部分分行就小企业业务进行了专题调研。

为提高调研效果，全面反映当前小企业市场及小企业业务的发展特征，调研组选择了 2012 年以来业务发展较好，定价水平较高，资产质量较为稳定的吉林省、辽宁省分行和受宏观经济增长放缓以及民间借贷等因素影响，2012 年业务发展相对缓慢、不良贷款有所反弹的江苏省分行这两类业务表现存在一定差异的地区，以增强调研的客观性和科学性。

调研主要采取召开座谈会和现场走访的形式。包括听取分行党委关于业务发展情况的汇报，与当地分行各主要业务部门进行了座谈，并实地走访了沈阳市和平支行、长春市一汽支行、江苏省常州市分行和无锡市分行等二级分支行和部分小企业经营中心。累计参加座谈和走访人数超过 150 人。

一、我行小企业业务发展总体情况

近年来，我行高度重视小企业业务，并将其作为全行的战略性和基础性业务。在体制、机制、模式、流程、产品、风险管理等方面进行了一系列的探索和创新，初步建立了一套有别于大中型企业，专业服务小企业的运作体系。近三年来，我行小企业贷款平均增长 48%，累计为 16 万小企业客户投放信贷资金 1.7 万亿元，资产质量始终保持较好水平，社会影响力不断扩大。

特别是 2012 年以来，在总行党委的正确领导和全行上下的共同努力下，全行小企业业务条线面对经济增长放缓，企业利润下滑，风险控制难度加大的不利局面，克服人员紧缺、系统功能有待完善等诸多困难，持续优化业务流程、创新金融产品、加强风险控制，初步建立了批发业务模式和零售业务模式并行的适应小企业和微小企业业务的独特经营模式，业务发展取得新的成效。

（一）客户结构持续优化，业务总量稳步增长，对全行的价值贡献不断提升

一是客户数量持续增长，基础不断夯实。近三年来，全行小企业授信客户年均增幅超过 28%。截至 2012 年 11 月末，全行对公企业类授信客户 101 995 户，其中小企业授信客户 79 304 户①，占 77.8%。

二是业务总量稳步增长，持续完成“两个不低于”要求。按照我行口径，近三年来，小企业贷款平均增幅达到 48%。截至 2012 年 11 月末，小企业贷款余额 6 168.5 亿元，占各项贷款余额的 9.17%。按照四部委口径，截至 9 月末②，小企业贷款余额 7 121.7 亿元，占各项贷款余额的 10.8%，历年均较好地实现了“两个不低于”监管要求。

三是贷款收益率持续提高，价值创造力进一步增强。2012 年 1－10 月新发放小企业非贴现贷款利率相对基准利率上浮 20.8%，比 2011 年全年水平提高 6.33 个百分点；实现中间业务收入 31.5

① 数据为小企业管理口径，已将成长为中型企业后调出小企业范围的客户数进行还原，下同。

② 因无 2011 年 11 月份新四部委口径数据，无法比较截至 11 月末的新增情况，故用截至 9 月末数据。

亿元，综合贡献度①相当于基准利率上浮31.7%，比2011年全年水平提高12.4个百分点。

四是联动营销成效显著，综合服务能力不断提升。截至2012年10月末，小企业有贷户产品覆盖度达4.3②，较年初提高0.4。全行小企业条线“信用卡”客户新增15.51万户，相当于1个小企业授信户新增带动24个信用卡客户新增。其他私人银行、代销基金、理财等联动营销也取得丰硕成果。

（二）持续落实“六项机制”和“四单原则”③，差别化服务小微企业

一是单独配置信贷资源。2011年，全年安排小企业贷款新增近1 600亿元，占全部公司类贷款新增计划的40%；在2012年综合经营计划中进一步单列小企业指导性计划，并要求各分行加大存量结构调整力度，优先支持小企业发展。

二是单独配置人力和财务资源。目前，全行小企业条线共配备专职人员5 000多名。同时，在考核上，将小企业业务发展情况纳入关键指标体系，加强对分支机构的考核，并配备相应的战略性激励费用和条线统筹营销费用。

三是单独客户认定与信贷评审。对规模相对较大的小企业，设定了有别于大中型企业，专门的小企业评级指标，并采用批发业务模式；对单户贷款500万元（含）以下的小企业，基于标准化操作，开发了评分卡，采用零售业务模式。

四是单独的管理政策。在银监会相关规定的基础上，进一步明确了对单户1 000万元（含）以下小企业贷款在测算经济资本占用时，其占用比例约为大中型企业的65%左右，且不受行业限额限制，以支持小微企业业务发展。

（三）完善组织架构，确保专业化经营

2009年3月，总行设立了一级部制的小企业业务管理部门，并于2011年6月正式独立运转。目前，在一级分行层面，全行共有33家一级分行设立了一级部建制的小企业业务部，其余分行也设立了二级部建制的小企业业务部或专业科室。在二级分行（支行）层面，针对小企业客户和小企业业务特征，我行于2007年首创了“信贷工厂”小企业经营中心业务运营模式。目前已在主要城市和部分百强县建立了244家“信贷工厂”模式的小企业经营中心和5家小企业专业支行，有效提高业务办理效率和风险控制能力。

（四）优化业务流程，持续提高服务小微企业的效率

一是打造基于“信贷工厂”的小企业业务批发业务流程。对规模相对较大的小企业客户，一方面通过小企业信用评级系统进行风险评价，采用评级、授信和业务支用“三位一体”的综合申报流程进行业务操作；另一方面，依托与政府、供应链核心企业、保险公司、担保公司等的合作，搭建平台，实施批量化营销。截至目前，共搭建各类批量化营销合作平台596个，服务客户20 720户，贷款余额2 215亿元。

二是对单户授信500万元（含）以下的客户建立零售化的业务流程，即通过评分卡评价客户履约能力、个人信用以及资产状况等，采用系统自动审批与人工审批相结合的方式进行业务操作，并建立起主要依托网点的小微企业销售机制。

三是持续推进小企业经营中心及相关业务流程的优化升级。特别是2012年以来，在原有小企业经营中心职能的基础上，针对市场变化和客户需要，围绕“网点三综合”建设，进一步赋予小企业经营中心客户营销、对外展示和客户关系管理职能。同时，进一步提高“信贷工厂”集约化管理水平，实现“五个集中”④，提高后台运营和前台支撑的效率。

（五）持续加强产品创新，针对性服务小微企业

目前，已形成“成长之路”、“速贷通”、“小额贷”、“信用贷”四大产品体系，基本覆盖客户各类风险缓释措施和信贷需求。2012年以来，在巩固传统产品优势的同时，根据市场变化和小企

---

① 综合贡献度=（贷款利息收入+中间业务收入）/日均贷款余额，相关数据来源于管理会计系统。

② 管会系统于2012年4月上线，小企业有贷户对公产品覆盖度数据从2012年4月开始获取，对私产品覆盖度数据为手工统计。

③ “六项机制”即利率的风险定价机制、独立核算机制、高效的贷款审批机制、激励约束机制、专业化的人员培训机制、违约信息通报机制；“四单原则”即单列信贷计划、单独配置人力和财务资源、单独客户认定与信贷评审、单独会计核算。

④ 即抵质押登记集中管理、集中放款审核管理、非现场监测集中管理、集中档案管理、批量营销集中处理。

业客户需求，着眼于关注企业履约能力、企业主个人信用和资产状况，积极研发针对性更强的零售化产品。

一是设计研发小微企业“信用贷”产品，重点针对我行高端客户拥有的小企业，利用企业和企业主的信用积累，通过评分卡进行风险评价，发放贷款。

二是研发小微企业“助保贷”产品。利用政府对小企业的资金支持，组织贷款企业建立风险补偿“资金池”，在作好风险防范的同时，批量服务客户。

三是基于大行业、大系统、大城市经济发展特点，研发小微企业“供应贷”产品，通过与供应链核心企业合作，并提供付款等现金管理服务，建立“一点切入，以点带面，1+N”批量化服务优质小企业供应商的业务模式，帮助更多小微企业盘活应收账款等资产，满足其融资需求。

四是推出“信用贷—善融贷”产品，主要服务于我行存量的、熟悉的客户，以客户持续有效的结算量、日均金融资产为依据，通过评分卡进行风险评价，发放贷款。

五是全力打通电子渠道，包括推出以抵押贷款为主的“网银循环贷”产品，并正在研发依托“善融商城”等电子商务平台的“善融通”小企业专属网络银行产品，实现贷款资金的随借随还，降低融资成本，提升客户满意度。

（六）不断加大风险控制力度，建立适应小企业业务的风险管理体系

一是加强对重点地区小企业业务的风险管理。针对浙江等小企业信贷风险集中暴露的地区，提出“帮”、“救”、“转”等不良处置的差异化措施和要求，一定程度上遏制其风险大幅反弹的态势。同时，举一反三，有针对性地加强对其他地区风险的管理，增强了主动控制风险的能力，全行风险总体可控。

二是搭建科技化的支持保障系统。建立了客户营销、客户评级、信贷业务操作和贷后管理四大流程系统，以及审批辅助、行业筛选、客户筛选、早期预警等八大专业工具。同时，推动95533电话中心、短信平台统一进行小企业信贷业务的预警、催收工作，初步实现从客户营销到业务办理，再到风险管控全方位的系统支持和监测，有效降低了人为误差，提高了业务效率和质量。

（七）不断加强培训，持续提高人员素质

近年来组织多期小企业业务专题培训，分别针对分行各级小企业业务负责人、小企业客户经理和信贷工厂操作人员，有效提高全员营销服务能力和防范各类风险的能力。特别是在2012年，总行举办了两期小企业业务骨干暨业务培训师培训班，有针对性地开展各层级小企业业务培训师的培训和选拔，初步选择了100名小企业业务培训师，推动开展转培训工作，持续扩大培训覆盖面。2012年以来，各分行共组织超过150期辖内培训工作，累计培训人员超过4 000名，对提高条线人员的业务素质起到了积极的推动作用。

上述成绩得到了包括监管机构、专业机构以及媒体等在内的社会各界的认可。特别是2011年，国务院领导对我行小企业业务进行了充分肯定，中央电视台、《人民日报》、《新华社》、《光明日报》等十余家重要媒体对我行小企业金融服务工作进行了集中报道。包括《亚洲银行家》、《首席财务官》等在内的多家权威媒体也连续多年将我行评为“最佳中小企业服务银行”。

二、辽宁、吉林、江苏省分行小企业业务发展情况

（一）分行小企业业务发展总体情况

截至2012年11月末，3家分行小企业业务总体情况如表1所示。

表1　　辽宁省、吉林省、江苏省分行小企业业务主要指标情况表

单位：户，亿元，%

	授信客户指标			收益指标			
	授信客户数			利率上浮		综合贡献上浮	
	授信客户	新增	客户新增系统内排名	1-10月利率上浮	利率上浮系统内排名	1-10月综合贡献上浮	综合贡献上浮系统内排名
全行	79 304	7 851	—	20.8	—	31.7	—

续表

	授信客户指标			收益指标			
	授信客户数			利率上浮		综合贡献上浮	
	授信客户	新增	客户新增系统内排名	1－10月利率上浮	利率上浮系统内排名	1－10月综合贡献上浮	综合贡献上浮系统内排名
辽宁省分行	2 285	436	10	16.5	34	31.3	23
吉林省分行	906	159	18	30.8	6	44.9	2
江苏省分行	8 113	531	5	21.6	19	26.4	30

	业务量指标							
	小企业贷款				小企业非贴现贷款（不含网络银行、保理）			
	贷款余额	新增	贷款新增系统内排名	增幅	非贴现贷款余额	新增	非贴贷款新增系统内排名	增幅
全行	6 168.5	698.5	—	12.8	5 336.7	833.1	—	18.5
辽宁省分行	170.2	38.0	6	28.7	132.9	34.7	9	35.3
吉林省分行	134.0	22.4	13	20.1	118.0	20.7	17	21.2
江苏省分行	626.3	70.3	2	12.6	581.1	100.4	1	20.9

	资产质量指标					
	不良贷款额			不良贷款率		
	余额	新增	余额新增系统内排名	不良率	比年初提升	不良率比年初提升系统内排名
全行	150.3	80.6	—	2.44	1.16	—
辽宁省分行	0.99	－0.21	5	0.58	－0.33	9
吉林省分行	0.20	0.20	21	0.15	0.15	18
江苏省分行	19.3	13.6	37	3.09	2.06	35

注：数据截至2012年11月30日。

（二）分行支持小企业发展的主要措施

1. 明确业务发展定位，高度重视小企业业务。

辽宁省分行明确业务发展定位，将小企业业务作为分行的基础性业务和新的业务增长点。吉林省分行将小企业业务列入分行的战略性业务，明确力争用3－4年左右时间，使分行小企业贷款占到各项贷款的25%。

2. 着力创新业务模式，深入推进专业化建设。

吉林省分行按照资产业务经营重心上移，负债业务经营重心下沉的总体思路，成立小企业经营中心，充分发挥中心客户经理和对公营业网点两个渠道积极性。同时分行成立了贷后管理部和放款中心，中后台专业化业务处理能力得到提升，有效提高了业务办理效率。江苏省分行于2007年在全行率先开展“信贷工厂”模式试点，形成了具有一定特色的镇江“信贷工厂”模式。在试点成功的基础上，于2009年4月在辖内各地市二级分行全面推广到位。

3. 广泛搭建合作平台，积极开展批量化营销。

吉林省分行集中搭建了担保增信平台、供应链融资平台、专业市场及产业集群营销平台等几大平台。分行以汽车、涉农、医药等主导产业为依托，重点支持了吉林省新一轮民营经济腾飞计划项目、千户成长企业、百家拟上市公司、百强民营企业、吉林省著名商标企业和涉农类优质客户群体。江苏省分行积极加强与省经信委、中小企业局、商务厅沟通合作，推动政府引导下的小企业金融服务长效机制。同时，深入推进与省再担保公司的合作，与省再担保公司合作服务小企业客户的贷款项目近1 000个，贷款规模在同业中居领先地位。

4. 加强产品服务创新，适应区域市场需求。

江苏省分行加强与富登担保合作，创新推出“建富通”系列产品，为小企业提供快捷、便利的担保融资服务；首创“中小企业资本成长计划”，为小企业提供上市财务顾问服务；与新华信托公司、镇江新区担保合作，首次推出4.5亿元的“新华信托·启明星1号”集合资金信托计划，首期成功募集资金1.5亿元，为6户小企业提供资金支持；成功发行建行系统内首单中小企业私募债，首期发行1.4亿元。

5. 加强定价管理，持续提高价值回报。

吉林省分行针对小企业业务定价，实施底线管理和程序管理，通过明确价格上浮底线，规范价格审批流程，集中价格审批权限，确保在持续保持市场竞争力和客户满意度提升的基础上，小企业业务定价始终保持相对较高水平。2012年前10个月，该行小企业贷款利率相对基准上浮达到30.81%，居全行第6。

6. 持续加强风险管理，夯实业务发展基础。

辽宁省分行严格控制小企业风险，在贷前尽职调查，贷中落实放款条件，贷后检查、走访和报告等各环节加强管理，对于客户经营风险及时跟踪预警；同时，严格规范抵质押物管理，做实风险缓释措施。江苏省分行加强担保公司管理，强化客户保证金和担保公司保证金管理，动态调整合作担保机构，严格审查担保贷款第一还款来源，加强担保限额管理，高度关注担保机构违规经营风险；同时，针对联贷联保以及钢贸、光伏行业小企业客户风险状况，实行名单制管理，并采取有效措施加强风险控制。

7. 完善考核激励机制，加强人员队伍建设。

辽宁省分行组织专项培训，加深小企业条线人员对新政策、新产品的理解，强化员工对营销和应用新产品的意识。同时，为分支行搭建信息交流平台，实现资源共享。吉林省分行建立了以业绩贡献为绩效工资主要分配依据的激励约束机制，并给予小企业客户经理一定的业绩溢价，即在日均新增贷款额度上按照2倍系数进行折算。同时，分行在考核体系中增加了贷款定价考核指标，并定期通报考核数据；在信贷规模稀缺的情况下，明确提出了“谁早发放、谁定价高，就把贷款资源分配给谁”的规模优先配置政策，引导资源向收益较高的业务倾斜。

三、存在的主要问题

总的来看，近几年来，包括2012年前11个月，我行小企业业务发展取得了较为显著的成绩，但也存在着一些需要关注的问题。

（一）小企业业务快速发展与人员紧张的矛盾日益突出

近几年，小企业业务快速发展，小企业客户数量持续增长，但专职客户经理数量没有明显增加①。随着小企业贷款金额持续小额化，业务量及客户数的增长与人员紧张的矛盾日益显现。

特别是部分分行，专职人员数量与业务发展不平衡现象尤为突出。如业务量较大的江苏省分行，2012年一季度刚成立小企业业务一级部，在专业化的组织架构、人员队伍建设方面相对滞后。目前分行专职小企业客户经理仅210人，人均服务客户约40户，业务人员超负荷工作，既影响了业务发展，也不利于风险的有效控制。

（二）长三角地区部分分行，特别是浙江省分行不良贷款反弹压力加大

至2012年11月末，小企业不良贷款余额150.3亿元，较年初新增80.6亿元；不良率2.44%，比年初提高1.16个百分点。不良贷款反弹主要集中在长三角地区，特别是浙江省分行②。

主要原因在于，一是客户选择不到位，特别是浙江省分行，受常年经营文化的影响，热衷于企业间的联贷联保等风险控制模式，选择了许多自身不熟悉的客户，忽略了身边熟悉的客户，如存量结算客户等，导致主动控制风险的能力下降。二是对于部分高风险行业的客户，特别是钢贸企业，缺乏前瞻性的预判，在风险出现后，控制和退出的力度又不够。三是一味强调存款和中间业

① 目前，全行小企业客户数超过对公客户总数的70%，而小企业专职客户经理仅2 700人，只占对公客户经理的17.3%，人均服务客户超过28户，远高于全行客户经理平均服务客户数量。

② 截至2012年11月末，浙江省分行不良贷款余额69.6亿元，较年初新增46.41亿元，占全行不良贷款新增的57.6%；不良率6.19%，高于全行平均水平3.76个百分点。

务收益，在业务结构上办理了许多风险敞口较大、缺乏有效担保措施的银行承兑汇票、信用证等表外业务，在经济运行整体向上的情况下，获得了较大收益，但随着经济增长放缓，以及民间借贷引发的系统性风险，这些业务出现集中垫款，引起不良反弹。

但同时，对于其他分行，特别是此次调研的辽宁、吉林省分行由于建立了正确的客户选择机制和产品管理机制，从源头上防范风险，资产质量基本保持平稳态势。包括，一是着重发掘在我行开立结算账户两年以上，具有一定信用积累的存量客户，并根据其日均金融资产，通过主动授信，在挖掘客户需求的同时，有效控制风险；二是在经济增长放缓时期，大力开展与政府的合作，依托政府在管理、补贴资金等方面的优势，利用“助保贷”产品，与政府共同组织贷款企业组建“资金池”，既帮助企业克服抵押难、担保难，又有效防范在经济放缓情况下可能带来的风险；三是在企业经营风险相对加大的时期，瞄准供应链，通过与核心企业合作，利用“供应贷”产品，以应收账款质押贷款为切入点，主动介入其上下游小企业的资金流、物流管理，以有效掌握其真实贸易背景和交易诚信记录，从客户经营交易的源头上防范风险①；四是稳健开展与符合条件担保公司的合作，建立对客户风险的协同管理机制。

（三）小企业业务发展模式还要进一步优化和创新

目前，我行超过80%的小企业业务经营仍主要沿用批发业务模式，业务操作的集约化程度不够，成本较高，效率较低。特别是随着小企业业务转型的不断深入，单户贷款金额逐步小额化，周转率不断提高，在人员有限的情况下，单纯依靠批发业务模式难以持续支撑。因此，需要根据小企业及其信贷需求特点，在不断优化批发业务模式的同时，探索适应微小企业的零售化业务模式。

（四）科技系统还有待完善

小企业业务，特别是零售化的微小企业业务的发展高度依赖科技系统的支撑。目前已经搭建的批发业务模式下的科技系统，还需要进一步优化，特别是要提高数据统计的准确度、独立性以及业务办理的效率，并与现有流程优化做好有效衔接。对于零售化模式下的小企业业务，总体上还缺乏科技系统的支撑，手工操作比例较大，不仅影响了业务办理的效率，也不利于风险的控制②。目前，小企业业务系统开发及优化正在积极推进，但其上线、运行及推广还须一个相对较长的过程。

四、相关建议

（一）对内部的建议

我行已将小企业业务作为全行的战略性、基础性业务。在当前小企业业务发展总体正处于起步阶段，占比相对较小的背景下，从全行业务战略转型的大局出发，按照“机构为主、机制为重、政策引领、目标导向”的原则，宜在政策、资源等方面给予小企业业务适度倾斜，以利于在有效防范风险、降低成本的前提下，促进业务健康发展，逐步提高对全行的价值贡献。

一是不断加强客户经理队伍建设。目前，全行已建立“信贷工厂”小企业经营中心244家，对业务发展起到了较好的支撑作用。但总的来看，机构和人员仍严重不足，对业务发展和风险控制造成影响。一方面，在专业机构建设上，距离王洪章董事长提出的“小企业经营中心可以做到全覆盖”的要求还有较大差距；另一方面，目前全行从事小企业业务的客户经理约8 000余人，但专职客户经理仅2 700人（专职人员共5 000人），绝大多数为兼职。

鉴于小企业客户经理队伍总体处于建设的初期阶段，建议由人力资源部牵头统一规划，根据小企业业务零售化的操作特点，结合网点“三综合”建设和业务发展实际，进一步研究、完善小企业经营中心的人员编制和岗位安排，包括小企业客户经理、产品经理、风险经理等。根据五年发展规划，未来三年，在善融贷等零售化产品的支撑下，全行小企业客户数有望在现有7万余户的基础上，实现翻番。与业务增长相适应，全行

① 截至2012年11月末，全行共有14家分行不良贷款双降。

② 目前，仅单机版信用类申请评分卡上线。

小企业专职人员应至少达到1万人，其中小企业专职客户经理不少于6 000人。

二是加强机制建设。为客观计量、反映小企业业务贡献，增强基层员工业务发展的积极性，建议：一方面，按照监管机构要求建立单独的会计核算机制，设立小企业业务，包括贷款、存款、中间业务等的会计科目，提高计量统计工作的规范性、科学性①；另一方面，建立单独的激励约束机制，并根据小企业业务联动能力强、综合贡献高的特点，适度加大统筹营销费用等的配置，用于激励小企业条线以及其他相关联动业务条线的人员。

三是建立适应小企业客户的业务操作模式。随着小企业客户发展定位转向单户授信余额不超过3 000万元的小企业客户，建议：适应不同需求的小企业客户，采用批发模式和零售化模式并行的业务操作模式。一方面，针对规模相对较大的小企业客户，采用评价、授信、支用“三位一体”的业务操作模式，并依托政府、核心企业等搭建第三方合作平台，实施批量化营销；另一方面，对单户授信500万元（含）以下的小企业，主要采用零售化业务模式，即通过评分卡评价客户履约能力、个人信用以及资产状况等，采用系统自动审批与人工审批相结合的方式，并依托网点进行销售。

四是信贷规模计划单列。为实现小企业业务发展目标，建议对小企业业务信贷规模单列，由小企业条线单独管理，并根据各分行业务发展实际情况，于年度中间在一级分行间进行调剂。

五是适当加大KPI指标中小企业业务的考核权重。为强化目标导向，确保分行切实按照总行战略推进业务发展，在当前情况下，建议增加分行KPI指标中小企业业务的考核权重（目前仅占0.5分），重点包括小企业业务客户新增、小企业贷款占各项贷款的比重、资产质量和收益贡献，以有利于切实推动全行信贷结构的调整。

同时，为了加快不良贷款处置，树立信心，推动业务持续健康发展，建议采取有效措施，应对不良贷款反弹，特别是针对小企业不良贷款反弹压力较大的江苏、苏州、浙江等长三角地区分行，在加大不良贷款核销力度的同时积极研究采取打包、重组、转让等批量化快速处置方式，并在全年分行不良贷款处置计划中单列小企业不良贷款处置任务；此外，还要切实加快责任认定进度，为后续处置措施的实施创造条件。

（二）对外部的建议

在完善银行自身专业化经营模式、大力发展小企业业务、加大对小企业支持力度的同时，也应看到，小企业融资难问题成因复杂，有企业自身问题，有市场环境问题，有融资渠道问题，也有政策配套问题。因此，破解小企业融资难，促进小企业健康成长是一项系统工程，需要包括政府、监管机构、银行以及社会各界的通力协作，创造良好的社会整体环境，以消除影响小企业融资的各种障碍。

一是切实减轻企业税费负担。一方面，要进一步探索降低税费的途径，坚决取消不合理收费②。如对于实行核定征收方式的小企业，考虑核定其销售收入的某一比例覆盖所有税费，并由一个税务机关统一征收。同时还须免除小企业部分行政事业性收费，减少对小企业的行政干预，避免增加其隐性负担。另一方面，要改进和完善税制结构。目前发达国家税收以所得税为主体，如2007年美国个人所得税、企业所得税、社会保障税占税收比重高达72.5%。减少流转税比重，增加所得税等直接税比重，有利于改变我国小企业“挣的少交的不少”的现状。总之，要从小企业需要的角度去考虑政策制定的普适应，使税费优惠政策能够切实减轻小企业的税费负担，避免竭泽而渔。

二是进一步完善征信体系，搭建公共平台。截至2011年末，人民银行企业征信系统收录企业

---

① 在科目建立前，建议通过进一步完善管理会计系统，准确统计小企业业务资产、负债以及各项中间业务收益。

② 如帮扶企业实施兼并重组中，对整体转让企业资产债权、债务及劳动力的企业产权转让行为，不征收营业税；企业内部股权重组，对股权转让不征收营业税，股权转移过程中涉及的不动产、土地使用权过户不征收营业税，企业土地、房屋权属不发生转移的，不征收契税；对非债权人承受注销、破产企业土地、房屋权属，凡按照《劳动法》等国家有关法律法规政策妥善安置原企业全部职工，其中与原企业30%以上职工签订服务年限不少于3年的劳动用工合同的，对其承受所购企业的土地、房屋权属，减半征收契税等。

总数超过1 800万户，其中99%为中小企业，800多万户有信贷记录。但征信系统仍缺乏小企业和企业主的商业、社会行为等"软信息"，而这些非信贷信息对于金融机构判断小企业经营状况，缓解信息不对称，决定是否向其提供金融服务至关重要。

改进和完善政府公共平台，对于增强小企业信用意识，构建社会信用体系至关重要。一方面，要加强征信体系等政府平台建设。通过多渠道采集小企业信息，扩大、丰富小企业信用档案信息，结合企业信用信息基础数据库，提高对小企业的信用信息服务水平；另一方面，要继续推进小企业信用制度建设，建立多层次的小企业信用评估体系，发挥信用担保、信用评级和信用调查等信用中介的作用，增进小企业信用。

三是建议适当提高小企业不良贷款容忍度。特别是当前小企业经营正处于逆周期阶段，生存环境较为艰难，风险持续暴露，部分银行同业在小企业贷款审批上更趋严格，条件过于苛刻，不利于支持小企业发展。因此，应在确保小企业整体风险可控的前提下，适度提高不良贷款容忍度至5%，创造良好的信贷政策环境。如深圳市银监局发布的《深圳银行业金融机构小微企业金融服务工作指引》中，明确了将小微企业不良贷款容忍度放宽至5%，并明确了存贷比等相关差异化监管指标。

美国银行问题资产处置做法及启示

总行资产保全部　资产保全跟岗培训学习小组

为学习和借鉴美国银行问题资产处置经验，进一步提高我行不良资产处置专业化、精细化水平，2012年5月12日至7月7日，总行资产保全部派出了由张华清副总经理带队，总行资产保全部及北京、广东、四川分行业务骨干参加的10人学习小组，赴美国银行参加了为期8周的跟岗培训。本次跟岗培训主要集中在夏洛特和纽瓦克两地，其中在夏洛特期间的培训内容为美国银行特殊资产管理部门的具体运作及公司类问题资产处置经验分享；纽瓦克期间的培训内容为美国银行无担保催收回收团队的具体业务运作及个人类问题资产处置经验交流。跟岗培训采取以现场培训为主，视频会议、电话会议、网络学习、实地考察、模拟教学相结合的多样化培训方式。其中现场培训60次，视频会议培训7次，电话会议培训14次，网络学习14次，实地考察2次，模拟教学1次。美国银行对跟岗培训工作高度重视，精心组织，共安排94位专家进行了82次授课与交流，培训内容针对性较强，授课专家层次较高。培训学员认真参加培训，课前对培训内容提前预习，课上认真听讲、与授课专家进行充分互动交流，课后对学习内容及时进行归纳总结。在总行人力资源部、股权投资及战略合作部的大力支持下，经过各方的共同努力，资产保全学习小组顺利完成了本次跟岗培训学习任务，取得了较为丰富的学习成果。

通过8周的跟岗培训，学习小组对美国银行问题资产处置的组织架构、工作目标、业务报告及绩效指标、关键业务操作及监控流程、主要处置方式及策略、所属主要团队的具体职责等有了全面的了解，对美国银行问题资产处置的经验和做法有了进一步的认识和体会。现将本次跟岗培训学习情况报告如下。

一、美国银行问题资产管理处置概况

（一）美国银行总体组织架构

美国银行问题资产处置的机构设置及职责划分是与其总体组织架构相适应的。美国银行的组织架构及业务运营目前仍在不断地变革和创新，以适应不断变化的外部环境。根据跟岗培训了解的信息，美国银行目前的总体组织架构分为业务条线和支持条线两大部分。具体见图1。

图1 美国银行总体组织架构图

1. 业务条线。

美国银行基于客户细分搭建管理架构，采取差别化的运营模式服务不同的客户群体。根据服务客户的不同，美国银行将核心业务划分为四个基本的业务条线：消费者及小企业（CSBB）、全球银行及市场（GBAM）、全球商业银行（GCB）、全球财富与投资管理（GWIM）。

（1）消费者及小企业（CSBB）。主要服务的客户为个人消费者和小企业客户。其提供的产品包括存款、信用卡和借记卡、按揭产品、保险、无抵押贷款、综合金融解决方案。

（2）全球银行及市场（GBAM）。由两个主要的业务单元组成。①全球企业和投资银行业务（GCIB）：为大型企业和金融机构提供服务，包括兼并和收购咨询，贷款，风险管理，财务服务。②全球市场（GM）业务：与GCIB紧密配合，利用其资金筹集，销售和贸易的专业知识，为机构投资者（资产管理公司，银行，对冲基金，保险公司和养老基金）、发行人客户（中间市场和大型企业、金融机构和政府机构）提供专业服务。

（3）全球商业银行（GCB）。为年收入100万美元到20亿美元的中等规模的企业提供服务，其服务的客户超过16万人。其提供的服务包括投资银行、兼并和收购、财富和投资管理、综合信贷和财政解决方案、国际银行服务。

（4）全球财富与投资管理（GWIM）。为富裕和高净值客户提供全面的财富管理服务，包括投资管理、银行和流动性的解决方案以及遗产规划。GWIM也为个人和机构提供退休福利计划服务、慈善管理、资产管理服务等。

2. 支持条线。

美国银行有5个主要的业务支持团队，分别负责行政、财务、风险、质量管理与变革、技术与运营等方面的业务支持。具体包括：

（1）Chief Executive Officer Group（行政）：负责企业审计、企业安全、全球人力资源、全球市场营销及公司事务、法律。

（2）Chief Financial Officer Group（财务）：负责企业投资、企业规划与战略、公司金库、融资、投资者关系。

（3）Global Risk（风险）：负责国际、操作、监管、变革过程中的风险管理。

（4）Global Transition, Quality & Change Delivery（质量管理与变革）：负责企业整体变革管理、推动六西格玛知识运用、创新、端到端的业务流程管理。

（5）Global Technology & Operations（技术与运营）：负责企业技术和交付、公司办公场所、质量和更改交货、全球银行市场和财富管理，技术和运营。

（二）美国银行问题资产处置的职责划分

1. 公司类问题资产处置职责划分。

美国银行内部涉及公司类问题资产处置的部门主要包括特殊资产管理部门、资产抵押贷款部门、融资租赁部门、内部资产交易平台等。其中特殊资产管理部门是承担公司类问题资产处置的主要部门。

（1）特殊资产管理部门。

特殊资产管理部门（Special Assets Group，SAG）是美国银行内部设立的承担公司类问题资产处置的专职部门，负责除资产抵押贷款、融资租赁外其他公司类问题资产的处置。SAG 成立的时间很长，是美国银行的重要部门之一，问题资产专业化处置能力在美国同业中位居前列。SAG 隶属于风险条线，向全球银行与市场（Global Banking and Markets）风险负责人汇报。汇报路线如图 2 所示。

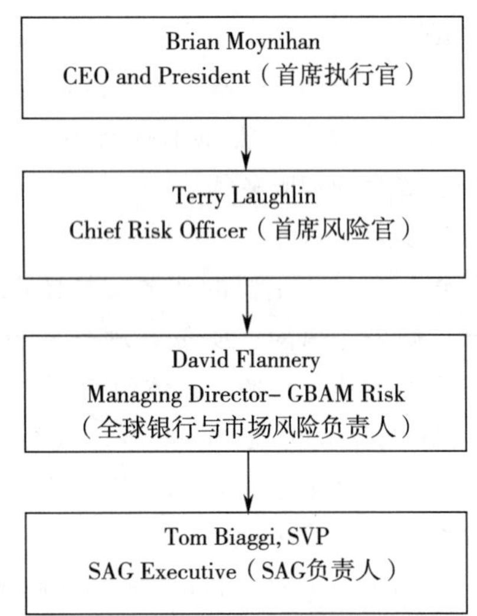

图 2　汇报路线

（2）资产抵押贷款部门。

资产抵押贷款部门（Bank of America Business Capital，BABC）属于美国银行全球商业银行（GCB）业务条线，负责资产抵押贷款的经营管理。资产抵押贷款主要是以公司应收账款、库存、设备和房地产设定抵押，向企业发放融资，用于解决企业流动性问题，资产抵押价值以清算价值为基准。该类贷款属于较高风险贷款，风险分类主要为 6 – 9 级。鉴于该业务的专业性和客户维护的特点，BABC 的问题贷款没有移交给 SAG 管理，而是由 BABC 自身负责问题资产的处置。

（3）融资租赁部门。

融资租赁部门（Global Leasing Business）属于美国银行全球银行及市场（GBAM）业务条线，负责融资租赁资产的经营管理。融资租赁业务中的不良资产由融资租赁内设的融资租赁特殊资产团队负责处置，是融资租赁业务内部风险管理团队的组成部分。不良资产由其内部自行处置的原因在于融资租赁业务涉及的设备管理、税收、定价以及法律问题专业性较强，且融资租赁业务相对独立，其内部特殊资产处置团队成员均是该业务的专家，自身有能力和条件解决不良资产问题。

（4）内部资产交易平台。

美国银行内部设立了资产交易平台（Global Credit，Loans and Special Situations Group），隶属于全球银行及市场（GBAM）业务条线，利用美国银行自有资金从事不良贷款和债券、杠杆和投资级贷款等产品的投资交易。内部资产交易平台除与外部投资者开展交易外，还可以协助 SAG 进行资产出售，并可以直接购买 SAG 出售的债权。资产交易平台的业务涉及美洲、欧洲及亚太地区，交易量每年超过 1 700 亿美元。资产交易平台对投资的资产以对外出售为主，对未能出售或需要自持的不良资产由其自行管理处置。

2. 个人类问题资产处置职责划分。

美国银行的个人信贷分为住房信贷、车贷、学生贷款和小额信用贷款、无担保贷款四个部分，其中车贷回收条线属于美国银行全球商业银行（GCB）业务条线，其他三个部分均属于消费者及小企业（CSBB）业务条线。

（三）美国银行不良资产总体情况

美国监管部门对银行的风险分类要求是 5 级：正常、关注、次级、可疑、损失。美国银行的贷款风险分类分 11 级，其中 1 – 7 级为正常贷款，8 级为关注贷款，9 级为次级贷款（次级又分了三个不同的等级 9 +、9、9 –），10 级为可疑贷款，11 级为损失（监管要求损失贷款必须进行核销处理）。

美国银行年报数据中的不良贷款只包括 9 – 及 10 级（11 级分类认损后直接核销，不计入不良数据）。根据美国银行 2011 年年报，截至 2011 年底美国银行资产总额 21 290.46 亿美元，其中贷款及租赁资产金额为 9 262 亿美元。不良资产（含不良贷款、融资租赁款、止赎资产）为 277.08 亿美元，含止赎资产的不良率为 3.01%，不含止赎资产的不良率为 2.74%。其中：公司类不良（含止赎资产）69.49亿美元，含止赎资产的不良率为2.24%，不含止赎资产的不良率为2.04%。个人类不良（含止赎资产）207.59亿美元，含止赎资产的不良率为3.41%，不含止赎资产的不良率为3.09%（详见表1）。

表1　　美国银行2011年不良资产增减变动及处置情况

单位：亿美元，%

类别	合计	公司类	消费者（个人类）
1. 年初不良贷款余额	306.90	98.36	208.54
2. 不良贷款增加	205.36	48.13	157.23
3. 不良减少	(261.21)	(83.12)	(178.09)
(1) 还款	(67.75)	(34.57)	(33.18)
(2) 出售	(11.53)	(11.53)	
(3) 上迁	(59.24)	(11.83)	(47.41)
(4) 核销	(96.71)	(15.76)	(80.95)
(5) 转为止赎资产（抵债资产）	(24.29)	(7.74)	(16.55)
(6) 转为持有出售资产	(1.69)	(1.69)	
4. 不良贷款净增（减）	(55.85)	(34.99)	(20.86)
5. 年底不良贷款余额	251.05	63.37	187.68
6. 年初止赎资产余额	19.74	7.25	12.49
7. 新增止赎	35.03	5.07	29.96
8. 止赎资产减少	(28.74)	(6.20)	(22.54)
(1) 出售	(25.32)	(5.39)	(19.93)
(2) 贬损	(3.42)	(0.81)	(2.61)
9. 止赎净增（减）	6.29	(1.13)	7.42
10. 年底止赎资产余额	26.03	6.12	19.91
11. 年底含止赎不良余额	277.08	69.49	207.59
12. 不良率（不含止赎）	2.74	2.04	3.09
13. 不良率（含止赎）	3.01	2.24	3.41

资料来源：根据美国银行2011年年报数据整理。

二、美国银行公司类问题贷款管理处置做法及对我行的启示与借鉴

（一）美国银行的主要做法

鉴于美国银行特殊资产管理部门（SAG）是承担公司类问题资产处置的主要部门，这里重点对SAG的业务运作进行详细介绍。

1. 团队设置。

SAG内部设立8个团队。其中客户团队5个，分别负责小企业及小型商户、商业地产客户（含止赎资产，即抵债资产）、商业银行私人银行与经销商客户（中型企业客户）、全球银行与市场业务客户（美国地区、含全球投资银行业务，大型客户）、全球银行与市场业务客户（欧洲及亚洲，大型客户）的经营处置。支持团队3个，分别为资产出售团队、风险管理团队、业务支持团队（见表2）。

表2　　SAG内部团队设置情况

Business Executive（团队负责人）	Business Supported（支持的业务）
Andrea	Business Banking, Premier, and Small Business 小企业及小型商户
Joe	Commercial Real Estate/Other Real Estate Owned 商业地产及其他自有资产（止赎资产）
Karl	Commercial Banking, Private Banking, and Dealer Financial Services 商业银行、私人银行与经销商客户
Jay	Global Banking and Markets (GBAM) & Global Structured Finance & Investments – Americas (GSFI) 全球银行与市场业务客户（美国地区、含全球投资银行业务，大型客户）
Jaap	Global Banking and Markets (GBAM) Europe and Asia 全球银行与市场业务客户（欧洲及亚洲，大型客户）
Ann	SAG Asset Sales 资产出售
Mike	SAG Risk Management 风险管理
John	SAG Business Support 业务支持

2. 人员管理。

SAG具有灵活的人员配备模式，即在资产质量预测的基础上，利用渗透率（SAG管理8级以下问题资产占全部8级以下问题资产的比率）、平均客户规模、工作负荷（每个处置人员最多能管理的客户数）等指标提前测算SAG需要的人数，对人员进行动态调整。计算公式为（资产质量预测数）x（渗透率）÷（平均客户规模）÷（工作负荷指标）=（需要的人员）。人员需要增加时，通过行内业务条线和外部市场招聘两条途径解决（主要考虑内部，专业人才会外部招聘）；减少人

手分别是调回业务条线（60%回到内部，往往能够在行内找到更好的岗位）和解聘（对于表现不好的）。人员调整计划经批准后，SAG对具体人员的调整拥有决定权。

SAG现有员工600多名，办公地点分布在50多个地方（主要在美国国内）。其中，近80%的员工属于小企业（370人）和商业地产两个团队（71人）。SAG的人员随着美国经济状况及美国银行资产质量的变化处于调整变动之中。在2008年危机前时为286人，最高峰时曾达到700人左右，随着美国银行资产质量好转预计2012年底为560人，未来两年预计会进一步降到400人左右。

美国银行有灵活的办公形式。以负责中等市场客户、汽车经销商客户及私人银行问题客户处置的团队为例，该团队下设4个具体的团队，在12个地点办公，其中有10%的处置人员在家工作。他们认为允许员工选择在家工作可以帮助保留经验丰富的专业人员（这些人员因自身原因只能在家工作）。从该团队的情况看，虽然办公地点分散、办公形式多样，团队成员不能经常见面（有的一年可能才见一次面），但由于科技手段发达，通过邮件、电话、视频等方式可以及时沟通，保证了工作可以高效地完成。

3. 工作目标及绩效评价。

SAG的工作目标及绩效评价是与其承担的职责相适应的。SAG的主要职责为：（1）与各正常业务部门合作，管理和改造问题贷款。（2）在信贷明显出现恶化迹象时担任“顾问”。（3）协助正常业务部门修改、减免贷款（重新设定贷款条款）。（4）当信贷风险显现时，直接管理移交的问题资产。（5）尽可能修复贷款，将借款人重新移交给正常业务部门。

SAG主要工作目标为通过执行解决问题战略，降低损失波动性和严重程度，获取最大化的收入及市场发展机会，并尽可能地修复并保留问题资产客户。对SAG的绩效考核从客户层面和股东层面来衡量，共设置了5项绩效考核组指标。包括（1）恢复盘活客户数；（2）向其他业务条线推荐客户数；（3）非核销处置金额；（4）非利息收入（费用收入）；（5）在信贷检查、审计、合规性检查中取得满意的结果。具体见表3。

表3　SAG的5项绩效考核组指标

Metrics（绩效指标）
Customer（客户）
• of SAG Client Rehabilitations（恢复盘活客户数）
• of SAG Clients Referred to other Line of Businesses（向其他业务条线推荐客户数）
Shareholder（股东）
• Gross Non－Chargeoff Resolutions（非核销处置金额）
• Non－interest Income（fee income）［非利息收入（费用收入）］
Satisfactory results on all Credit Exams，Audits and regulatory reviews（在信贷检查、审计、合规性检查中取得满意的结果）

4. 资产管理范围及模式。

（1）SAG负责公司类问题资产（含属于零售条线管理的小企业和小型商户）的处置。管理的资产范围涵盖了全部问题客户，不仅包括不良贷款客户、关注类贷款客户，还包括部分正常类贷款（美国银行内部风险评级为7级）中拟退出的客户。

（2）SAG通过直接管理型、顾问型和混合型三种模式管理和处置公司类问题资产。SAG不承担处置过程中产生的成本费用及损益，所发生的各项成本费用及损益均还原到原业务条线。

①直接管理型。客户关系由业务条线移交到SAG处置团队，由SAG承担直接管理和处置职责。

②顾问型。业务条线客户经理继续直接管理客户关系，SAG参与监控并提供咨询顾问意见。

③混合型。业务条线客户经理一般继续管理客户关系，但是，所有的解决策略、客户谈判和信贷的行动按照SAG的指示进行或得到SAG的批准。

（3）SAG按照整体客户关系对问题客户进行经营管理。问题客户移交时，不但要进行贷款的移交，而且还要将整体客户关系，包括客户在美国银行的账户及相关的业务关系都移交SAG；SAG接收问题客户后，客户与美国银行之间所发生的业务均由SAG统一负责管理。近几年，美国银行新开发并推广实施客户关系移交网站，代替原来手工操作处理客户关系移交SAG的工作，大大便利了移交工作的进行。目前所有业务条线的客户都能通过该网站进行移交。该网站通过唯一的全球客户代码（GCI），将客户所有业务关系、风险敞口、风险评级、移交原因、押品记录等信息通过标准化模式，及时移交SAG，并由SAG将相关客户关系实施向内部贷款处置人员的任务分工。移交网站还在负责SAG管理的客户盘活后，移交回原业务条线操作。

5. 处置策略及主要处置手段。

SAG对所管理的问题客户逐户制定了风险敞口管理策略，具体管理策略分为退出、压缩、维持，以及保持战略关系。客户的风险敞口管理策略不是固定不变的，而是根据客户的情况及美国银行的经营策略进行动态地调整。SAG针对客户的不同的风险敞口管理策略，采取差别化的处置措施。对退出类客户，多采用二级市场出售方式；对压缩类客户，需要在6个月内达到目标控制水平；对维持类客户，加强控制贷款重组流程，力争取得贷款代理人资格以加强贷款监控；对保持战略关系客户，尽可能予以修复并交回业务条线。

针对不同的客户类型及所采取的不同处置策略，SAG所采用的具体处置手段也是不同的。主要有：

（1）催收。SAG公司类问题贷款的催收手段主要有电话催收、信函催收、委外催收等3种方式，主要针对小企业客户使用。

①电话催收。SAG小企业团队设立了早期违约呼叫中心（BCC），下设四个小组，负责对逾期5－60天，尚未移交到SAG的早期违约客户进行联系和催收。BCC团队根据客户的不同性质进行筛选分类，一般客户采取自动拨号方式催收，敏感客户（如教会、现役军人等）和存在系统差错及实施冲抵流程的客户则在系统作出标识并进行特殊处理。BCC团队实施电话催收的工作目标主要是实现客户的正常还款，一般不设定调整贷款方案的还款条件，不设观察期，90%的问题客户能够通过BCC催收方式得到解决。对于逾期60天BCC催收无效的客户，尚未逾期但因借款人破产、死亡等原因使得业务条线认为需要移交的客户和授信额度到期、业务条线不再延期的客户移交到SAG由专门处置团队（BWT）进行电话催收。BWT团队实施的电话催收均有延期、本金打折、押品止赎等贷款条件调整的处置策略支撑，即业务处置团队经理与客户取得电话联系时，不仅仅关注当前拖欠的还款，更重要的是了解客户产生拖欠的原因，并通过反复的电话谈判确定处置方案。在没有得出确定的处置方案前，客户经理每个星期至少要电话联系一次客户，而且要与客户有文档的交流与反馈。在确定处置方案后，客户即使正常还款，SAG团队还要将其保留3－6个月。

②信函催收。BWT在电话催收的过程中，基于与客户之间的交流反馈，客户经理通常会使用系统（CWS）生成标准模板，以逾期通知书等方式发送客户进行信函催收。

③委外催收。SAG对小企业欠款客户，一般不采取客户经理上门的方式催收。BCC和BWT对于电话联系不上的客户，通常会委托外包公司直接上门，对客户进行催告通知。如果外包公司通过上门，发现公司已经倒闭，就会将风险直接反映给银行，让银行知道承担的风险有多大；如果找到人，外包公司人员就会拿出委托函，告知借款人拖欠银行贷款的有关信息，并拿出手机让借款人与美国银行的BCC和BWT直接联系。SAG认为，委托外包公司上门催收，是获得客户反馈的最好方式。

（2）重组。重组是大型客户经常使用的处置手段。SAG大客户团队管理的大客户以上市公司为主，多采取银团贷款形式，美国银行在很多银团中都承担牵头行的角色。其管理的客户中80%左右能完成盘活或推荐给其他业务条线。该团队在问题资产重组方面有丰富的经验，主要经验和做法有：

①早发现问题、早采取行动，尽可能减少风险和最大限度地提高回收率。SAG团队对存在潜在问题的客户，会提前采取有针对性的措施，如对客户未抵押资产补充抵押，增加偿还保证，提高银行对客户的控制力；检查信贷文件和合约，及时弥补存在的瑕疵和不足；寻求合适的行业专家帮助银行处置人员了解行业情况；尽早了解、分析客户存在的问题，以及客户和其他利益相关者的动机和目的，有针对性地开展沟通谈判工作；尽早制定处置计划及策略，并根据变化情况及时进行调整和更新。

②注重对警示信号的分析和判断。要求处置人员缜密观察，发现潜在的警示信号，并深入分

析问题是否存在及是否可以解决。具体的警示信号包括：公司管理层及发起人从公司退出、不及时提供财务报表、公司对预期安排未按照时间进度落实并总提供各种借口、对公司预期和展望的调整和修改、公司预算的修改、不能产生积极的自有现金流来偿还债务、对税息折旧及摊销前利润（EBITDA）进行调整、刚好满足财务承诺、库存积压及应付账款支付期延长、长期占用循环信用、公司会计操作出现变更等。

③重视对公司管理层的了解。公司管理团队是否值得信任、是否具有经营公司的能力对确保企业重组的成功至关重要。虽然银行作为债权人不能直接撤换公司的管理层，但可以利用信贷合约对公司施加影响，对认为管理层存在信任问题的，可以要求公司撤换管理层，雇用专业的重组团队对公司进行管理；对管理层管理能力不足的，可建议公司聘用财务顾问为公司提供财务顾问支持。

④关注债权人之间的沟通、协调。大客户所涉及的债权人不止一家，特别是采用银团贷款形式的，债权人可能多达上百家。由于美国有发达的贷款二级市场，很多贷款银行在到期前会通过二级市场转让给其他投资者，使得债权人随时处于变化之中。由于债权人地位不同（如牵头行和参与行、优先债权人和次级债权人等）、债权成本不同（通过二级市场以较低价格购买债权的债权人与其他初始债权人）、参与重组的目的不同（有的以债权清偿为目的，有的以取得企业控制权为目的），使得债权人之间的利益存在冲突，因此，债权人之间的协调、沟通是重组中重要的一项工作，对重组的成功有很大影响。

⑤借助外部专业机构开展重组工作。对于大的银团贷款、交易复杂的贷款，以及债务人管理团队存在问题的贷款，重组过程中债权人会聘用财务顾问公司等专业机构参与重组，聘请财务顾问公司的费用由债务人支付。通过聘用外部财务顾问机构，一方面提供了相对客观公正的外部意见，更利于债权人与债务人之间，以及债权人相互之间达成一致；另一方面也弥补了债权人在对债务企业分析评估及业务运营监控方面专业能力的不足。

从问题资产重组的实现方式来看，主要包括破产程序下的重组、法庭外的重组，以及上述两种方式相结合的预包装、预安排的重组方式。

①破产程序下的重组。主要依据美国破产法第 11 章重组的规定。在对抵押债权人的充分保护、重整计划方案的制定、重整计划表决规则、强制批准的救济措施、债权人参与权及信息知情权的充分保证等方面，美国破产法的规定更为详尽和可操作。

②法庭外重组。法庭外重组是在没有法院参与和监督的情况下，通过债权人与债务人及股东协商一致对债务进行调整。与破产程序下的重组相比，法庭外重组可以节约重组成本，但在债权人众多的情况下，因缺乏类似破产程序中表决机制的法律约束，会因债权人之间利益不一致而无法达成重组方案，从而使重组目的落空。

③预包装、预安排的破产重组。预包装、预安排的重组是将法庭外重组与破产程序等法律程序下的重组相结合的一种重组方式，是债权人先通过法庭外方式与债务人协商重组事项，再通过破产法律程序实施重组。预包装、预安排两种方式的区别在于：预包装方式要求申请破产前债务人准备所有必要的文件，公开重组计划并索取和获得必要批准该计划的赞成票；预安排的方式是申请破产前债务人和债权人谈判重组计划的主要条款，但不征求正式投票或在申请破产之前分发计划文件。实践中预安排的重组方式更常见。预包装、预安排的破产重组解决了法庭外重组的债权人钳制难题，同时又减少了重组程序所需要的时间和成本，并增加了重组的确定性。实践中此类重组方式运用越来越多，反映了美国破产市场的成熟。

（3）债权出售。债权出售是 SAG 处置问题资产的重要手段之一，过去 12 个月出售超过 40 亿美元。选择出售的资产是风险敞口管理策略为退出的客户，多为押品止赎程序中或押品存在瑕疵不愿止赎的，一般为处置时间超过 1 年以上仍未处置的资产。SAG 出售资产一般采用招标等公开竞价方式。贷款的购买者主要是数量众多的投资银行、对冲基金、投资公司、贷款基金、大企业出资的小型企业和个人投资者。其中银团贷款由于有公开市场价格信息及采用贷款协会标准文件，出售周期一般为 20 个工作日。双边贷款等不存在公开市场价格信息的贷款，处置周期约为8－12周。美国银行内部拥有资产交易平台，可以协助SAG进行资产出售，并可以直接购买SAG出售的债权。同时SAG还可以借助外部出售交易服务商，实现标准化、专业化、市场化的资产出售。由于资产日常管理过程中对于资产信息掌握充分、更新及时，贷款的估值及尽职调查工作通常由SAG内部完成，一般不再另行委托外部中介机构开展出售的尽职调查工作。

（4）法律手段。

SAG法律支持团队是美国银行法律部门向SAG派出的团队，向美国银行法律部门汇报，负责SAG问题资产处置中的法律支持。根据SAG内部的客户细分，有三个不同的法律支持团队，分别支持SAG的中小企业客户、商业地产客户、大型客户及出售业务。由于SAG各团队的处置人员在处置的每一阶段都面临法律及声誉风险，为最小化风险、最大化收益，需要法律团队在各个业务阶段提供支持。以负责SAG中小企业客户法律支持的团队为例，其主要的支持范围和内容包括：

①问题解决与破产阶段的法律支持。涵盖非诉讼重组，再融资，处置策略制定、执行以及破产程序等业务环节，是法律支持团队工作的重点。主要工作任务包括：A. 文件检查。客户关系移交时法律团队负责对移交文档进行回顾检查，寻找文档及押品存在的瑕疵，及时发现潜在问题和风险，在检查的基础上提出解决的建议。B. 建议、文件及谈判。法律支持人员会与处置人员一起对接收的客户进行评估，从法律角度对处置策略的确定提供建议，负责起草策略执行中涉及的相关法律文档或对有关文档进行审核，参与有关谈判工作。C. 外部律师管理。对需要聘用外部律师的，由法律支持人员与处置人员一起讨论确定合适的外部律师。一旦外部律师加入，后续工作法律支持人员一般不再负责，由处置人员负责与外部律师的沟通联系。

②法律诉讼回收阶段。美国银行在诉讼阶段以聘用外部律师为主，法律支持团队一般只负责外部律师的批准及发票的审核调整，一般不主动介入到有外部律师参与的工作中。但在涉及业务金额较大、面临独特复杂的业务关系、存在声誉风险、处置人员及主管有需要时，法律支持团队会参与进来共同评估。同时，法律支持团队会与处置人员及其主管一起定期（一般按季）对外部机构工作情况（如事项处理及开支情况、法律建议是否合适等）进行检查回顾，寻找和反馈外部律师应改进的事项。

③银行被诉案件阶段。一般是在SAG对管理的客户提起的诉讼程序中，客户提出反索赔诉讼。此类案件因为有外部律师介入，一般由处置人员承担主要责任，如涉及银行潜在支付金额较大或存在声誉风险时，会定期报告给SAG及法律部门。

（5）资产止赎（收取抵债资产）及处置。

SAG商业地产团队下专设SAG其他自有地产团队，负责管理和处置通过止赎等方式收取的房地产（即抵债房产）。SAG其他自有地产团队目前管理的资产约400笔，资产金额约5亿美元；2011年销售处置了800多笔，金额10亿美元；等待止赎的贷款有600多笔，涉及贷款金额约20亿美元。SAG对止赎房产（抵债资产）遵循谨慎收取、持续管理、快速处置的策略。

①在收取方面，一般情况下把止赎作为最后的解决方案，只有在其他处置策略无法实现的情况下才会考虑收取资产。收取方式上以通过法律程序为主，个别情况下也有采用协议方式收取的。对拟收取的资产，需要获得法律支持团队的审核同意后才能接受。美国银行业务运营中对环境风险高度重视。按照美国监管规则，美国银行于20世纪80年代专门成立了环境信用风险评价团队，对商业贷款借款人及用于抵押的商业地产面临的环境风险进行评估，作为资产估值及信贷决策的重要考虑因素。SAG在问题资产处置中同样需要遵循环境风险评价规则，如在丧失抵押品赎回权（即银行取得抵押物所有权）的情况下，就需要开展环境风险评估，以避免银行后续承担环境风险成本。

②在管理方面，对止赎房产进行持续管理。一方面，资产经理在止赎前就会开展对拟收取资产的尽职调查工作，全面了解资产的状况、价值、租约状况，评估止赎的可行性，调查资产存在的各种瑕疵。通过提前介入止赎前的程序，为后续的管理工作奠定了较好的基础。另一方面，收回止赎房产后，资产经理对资产进行持续的跟踪监

控，及时了解资产的状况，并采取有针对性的管理措施，如进行房锁更换、房屋维修等。对于收回资产有租户的，通过委托外部中介提供专业服务，代为管理并收取租金收入。

③美国银行对止赎的资产采取快速处置策略，止赎资产平均处置周期在1年左右。美国银行对止赎资产以处置价值最大化为目标，采取灵活的处置策略。如对于收取的在建工程，在分析评估的基础上，可采取再投资策略，对于在建工程追加投入，完工后提升价值再对外出售；收取止赎资产后，委托房屋经纪公司进行营销推介，利用专业公司的优势寻找意向购买者，处置中会取得2－6家房屋经纪人的处置意见；处置方式一般采用拍卖、招标等公开竞价方式；处置过程中注重对潜在买家的审核，会要求买家提供资金证明、资产价值分析、过去购买止赎房产的记录等信息，以确保成交后能够顺利完成交割。

6. 公司类贷款的核销处理。

美国银行核销完全不同于国内的核销，具体表现在：一是银行对核销具有完全的自主权；二是一笔贷款可以进行部分核销，也可以多次核销；三是核销不是处置不良资产的手段，而是对贷款损失即时撇账的方法；四是损失贷款不是作为不良贷款在管理，而是银行核销的账面损失；五是损失核销一般不进行责任追究；六是核销不需要对外保密，而是要通知客户并向信用局报告。根据资产的不同情况，具体核销条件和要求如下：

（1）对于有抵押品风险分类在1－7级的贷款每两年请外部机构对押品进行一次评估，8、9、10级的贷款，每年对抵押品进行一次评估（目前，监管部门对房地产抵押品的评估要求是一年多次）。银行根据抵押品的价值确定公允价值，有公允价值保障的贷款分类在9级，对押品价值不能覆盖的本金部分，直接进入11级核销，11级风险认定的程序即是核销审批程序。如果押品公允价值再次降低，对押品价值不能覆盖的本金部分再次进行核销。如果押品价值不变，不能进行二次核销，只能等时间进行处置。如果押品升值，也不会进行冲回核销处理。

（2）对于无抵押品的风险分类为8、9、10级的企业贷款一年一次对企业价值进行评估来确定损失。企业价值评估一般采取两种评估方式：一是企业价值评估，基于借款人目前的业务及对未来的盈利，得出一个可以偿还的比例；二是债务的市值法，按上市和非上市公司市场上的报价分析判断。银行根据企业的价值评估确定公允价值，有公允价值保障的贷款分类在9级，对不能覆盖的本金部分，直接进入11级核销。

（3）对于小额无抵质押小企业和小型商户贷款，本金或利息逾期120天后，就可以认损进行核销处理（如果客户经理认为客户已经签字准备还款的可以例外）。

（4）对于打包出售的债权，先对项目进行估值后，根据折现判断设定一个底价，根据底价对损失部分先进行核销预审，在接受买售人报价的时点按此时的损失进行核销账务处理，风险敞口没有扩大不需重新申报核销金额。

美国银行对认损的贷款进行即时核销账务处理，可以减少占用资本金和流动性，尽早腾出资金寻找更多更好的项目，为银行创造新的价值，同时也可以避免对已经提取减值准备的贷款仍然在表内核算带来的税务风险，满足监管要求。

7. 问题资产管理及监控。

SAG注重对问题资产的管理及监控，其接收问题资产后需要采取的管理及监控工作如图3所示。

具体而言，SAG接收问题资产后采取的主要管理及监控措施主要有：

（1）SAG各客户团队都有资产组合管理团队负责提供业务支持。资产组合管理团队的具体工作包括：贷款转移（操作客户转移网转），行内外客户关系和相关信息收集查询，系统录入建档，处置业务和员工工作情况分析和报告等。通过资产组合管理团队的业务支持，既可以使处置人员集中时间和精力专注于客户的联络、谈判以及制定具体处置方案，又保证了管理和监控工作的专业化。

（2）SAG编制各种报告，以帮助评估资产组合的规模和状态，以及管理的效率。报告必须满足各级管理人员，包括提供给经理的具体的、客户关系层级的报告，以及提供给高级管理人员的高层次报告。①提供给经理的报告包括所有贷款报告、处置报告、绩效报告、资产组合分析报告。②以上述报告为基础，按季生成提供给高级管理

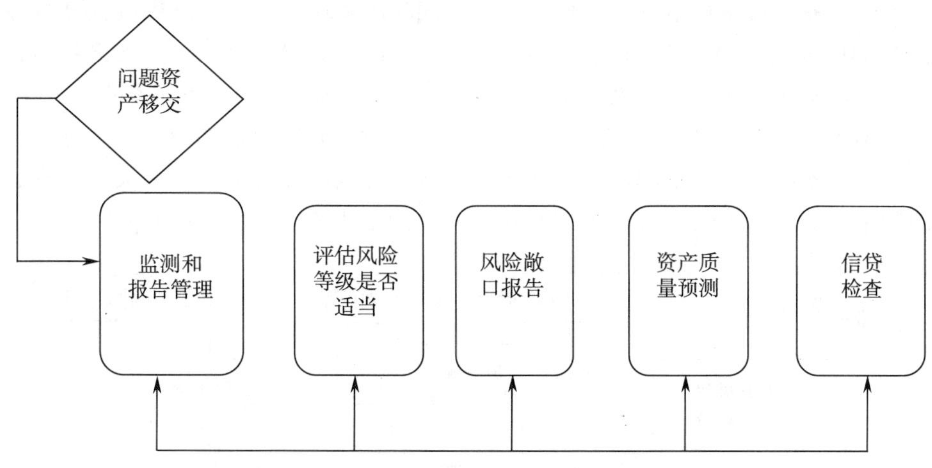

图3　问题资产管理及监控

人员的资产组合趋势报告。该报告提供的关键指标包括总资产组合及不同管理类型客户数、衍生产品、处置情况、每位经理管理的客户数和员工数、投资组合周转、费用收入、资产出售、转移的客户关系、渗透率。

（3）SAG 对问题资产的管理和监控主要是通过回顾与检查完成的。其具体管控工具包括定期风险敞口报告（Scheduled Exposure Reports，SER）、组合状态更新（Portfolio Status Updates，PSU）、组合状态报告（Portfolio Status Reports，PSR）。SER 按季进行，SAG 处置人员完成定期风险敞口报告后，SAG 主管主持召开有 SAG 地区主管、风险经理、风险主管、信贷督查人员、业务条线人员、审计人员等参加的定期风险敞口会议，以评估借款人的风险、还款来源，更新处置策略。会议讨论的焦点包括敞口管理策略（退出、维持、减少）、替代解决方案、押品价值分析和企业价值更新、风险评级和应计状态调整，核销的建议和批准、升级及移交业务条线的发起或拟核销时降级。SER 一般适用于金额较大的客户（金额在 250 万美元以上），报告按户进行，信息要求完整全面。PSU 和 PSR 适用于小额客户，对项目进行批量处理，对项目信息要求比较简单。报告完成后，由 SAG 地区主管或地区经理主持召开由 SAG 处置人员、SAG 风险经理、业务条线人员参加的会议。会议特别关注在定期风险敞口报告会议上不涵盖的交易，确保向高级管理人员提供关于问题贷款的更新，是审查所有风险的常规过程。

（4）美国银行定期会对风险评级在全部 8 级及以下以及部分 7 级资产开展资产质量预测工作，一般每季 2－3 次，目的是掌握资产质量变化对于银行财务以及人力成本的影响。资产质量预测针对新生成不良贷款以及由非应计上调为应计状态的贷款，逐笔预测今后 4 个季度内其潜在核销或回收情况以及贷款评级发生变化的情况。美国银行专门开发了商业贷款预测工具（CLF），CLF 的运用使得资产质量预测工作趋于流程化、标准化、结构化，尽可能提高了预测工作的准确性、客观性和灵活性。贷款处置人员既可以预测单笔贷款风险暴露情况的变化，也可以预测整个客户关系风险暴露情况的变化，并可以按照业务条线、产品类型、风险评级分别进行汇总。资产质量预测结果汇总后交由管理层审阅批准，作为全行计提贷款损失准备以及 SAG 团队工作任务量测算的决策基础。

8. 业务授权及审批。

SAG 接收管理的资产处置事项审批权限由 SAG 执行，在 SAG 内部分级审批，具体审批层级包括项目经理、风险经理、各业务团队负责人、高级风险经理（余额 2 000 万美元以上）。个别 SAG 认为需要提交行内高级管理层审批的事项（如涉及重大财务损失或声誉风险等），由 SAG 决定向外上报审批。审批权限根据不同的业务条线及审批事项的性质（主要考虑对资产质量及营收水平的影响）实行差别化授权，并定期（一般每两年一次）对授权权限进行重检和调整。

9. 业务管理及处置流程。

SAG 对问题资产管理和处置设置了清晰、明确的工作流程，并以业务流程图（Process Maps）

的形式展示。主要业务流程图包括早期违约电话催收流程、移交 SAG 流程、SAG 处置流程、资产质量预测流程、组合回顾与定期风险敞口报告流程、FAS114 业务流程（关于贷款损失准备）、资产出售流程等。针对不同客户、不同出售方式流程图有不同的版本。如根据出售的不同方式和不同的出售环节，资产出售流程又具体细分为单一资产出售、批量出售、贷款出售估价、投标审查和批准、交割等 13 个具体的业务流程。总体看，小客户业务流程强调规范化、标准化，大客户业务流程则增加灵活性。如大型客户、商业地产客户的主要处置流程如图 4 所示。

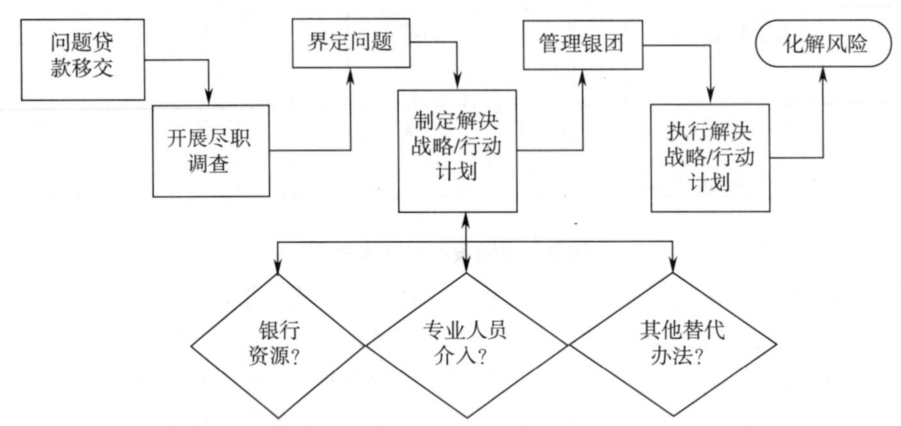

图 4　大客户、商业地产客户的主要处置流程图

10. 信息系统。

SAG 并没有一个统一的信息系统，其工作中使用的系统很多，而且不同的客户（如小企业客户、大型客户）使用的系统还存在差异。以小企业客户为例，其主要使用的系统分为两个层次：（1）员工使用的内部系统主要包括贷款系统（ALS/AFS）、系统处置回收系统（CROSS，是员工使用的主要系统）、文档存档系统（CWS）和数据仓库系统（ECRIS），此外，还可根据工作需要访问外部征信系统、政府网站、破产法庭文档记录网站。（2）管理层使用的内部系统主要包括 PORTWARE 系统（收集资产组合信息并进行分析，根据设计生成相应 EXCEL 表，用于满足不同需求，管理层 75% 的信息来源于此系统）、数据仓库系统（ECRIS）、文档存档系统（CWS）和合并数据仓库（TERADATA）。

美国银行有全行统一的数据仓库，数据标准统一。虽然 SAG 使用的系统很多，但都是以数据仓库为中心设置多种多样的应用系统和应用载体，既保证了应用工作的独立性、灵活性、开放性，又保证了数据标准的统一性，为 SAG 实施高效管理和处置提供了技术保障。系统技术架构见图 5。

（二）对我行的启示

虽然我行与美国银行在公司类不良资产处置的组织架构、管理体制、管理模式、管理范围及绩效考核等方面存在差异，但美国银行对问题资产管理处置的经验和做法对我行进一步完善不良资产处置工作有很多有益的启示和借鉴。

1. 坚持以客户为中心的管理及处置理念。

SAG 在问题资产管理和处置中充分体现了以客户为中心的经营理念，具体表现在：

（1）SAG 问题贷款处置工作除服务于改善资产质量的要求外，还关注业务发展、市场拓展和客户营销工作。美国银行认为服务存量客户，挖掘产品营销潜力，是减少销售成本，实现良好效益的最佳方法，即使对于存在问题的客户，他们也认为存在着业务合作的机会。SAG 的一项基本工作要求是尽可能修复并保留问题资产客户，并将问题贷款修复数、推荐给其他正常业务部门的客户数作为重要的考核指标。在处置工作中，资产处置人员会根据客户状况确定工作目标，尽可能保留有价值的客户并向相关正常业务部门推荐。

（2）SAG 按照整体客户关系对问题客户进行经营管理。问题客户移交时，不只进行贷款的移交，而是将整体客户关系，包括客户在美国银行

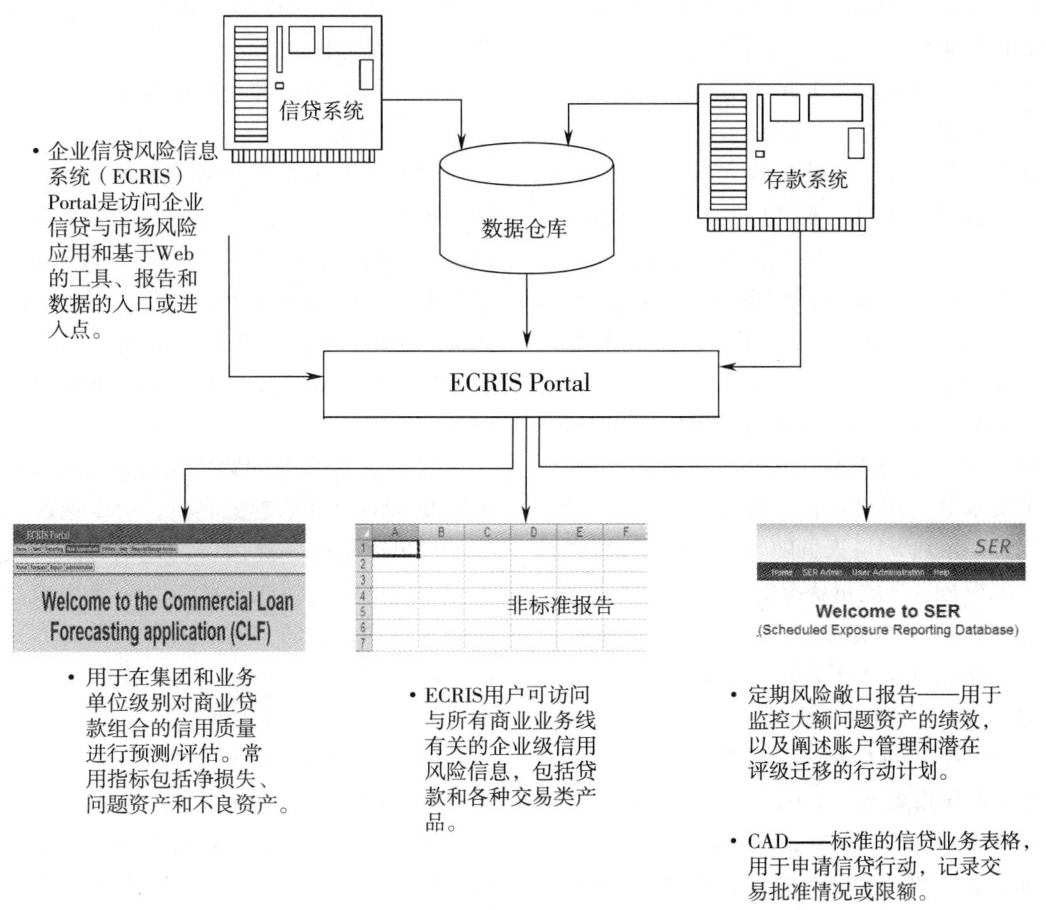

图 5　系统技术架构图

的账户、产品及所有的业务关系都移交 SAG。SAG 接收问题客户后，客户与美国银行之间所发生的所有业务均由 SAG 统一负责处理。按整体客户关系管理既有利于实现修复问题贷款保留客户关系的工作目标；也有利于整体了解和管理客户关系，整体判断把握客户风险并采取统一的处置策略。

（3）对管理的问题客户逐户制定了风险敞口管理策略，并根据客户的情况及美国银行的经营策略进行动态的调整。针对客户不同的风险敞口管理策略，SAG 采取差别化的管理处置措施。

（4）重视对特殊类型客户和敏感客户的管理。如 SAG 小企业团队下属的 BCC 团队会根据客户的不同性质进行筛选分类，一般客户采取自动拨号方式催收，敏感客户（如教会、现役军人等）和存在系统差错及实施冲抵流程的客户则在系统作出标识并进行特殊处理。

2. 基于客户、职能细分的团队设置以及稳定的专家队伍提升了专业处置能力 。

（1）在内部团队设置上，区分支持团队和客户团队，通过 3 个支持团队在业务综合、风险管理、出售操作等方面提供专业支持，客户团队专职负责与客户的联络、谈判以及制定、执行具体处置方案，通过专业化分工，提升了资产管理和处置的专业性。

（2）按照客户规模、所属行业等将客户划分为小企业客户、中型企业客户、大企业客户及商业地产客户，并对不同类型的客户配置具有相应业务经验的团队。按照客户规模或行业类别设置团队有利于根据某类型客户的不同的风险特征情况采取更加有针对性的处置对策。同时，专门团队负责专门客户更体现了专业专注的理念，有利于培养专业化的处置专家队伍。

（3）在客户团队内部设置上，根据不同客户的特点及具体工作任务设置相应的团队或岗位。如 SAG 小企业团队内部根据不同的工作任务分成若干团队：有BCC团队（早期违约呼叫中心）负责电话催收逾期5天到60天的逾期贷款，专门处置团队（BWT）负责联系BCC联系不上或催收无效果的贷款；资产组合管理团队对问题资产的管理提供业务支持，既可以使处置人员集中时间和精力专注于客户的联络、谈判以及制定具体处置方案，又保证了管理和监控工作的专业化；商业地产团底下专门设立负责止赎资产（抵债资产）收取和处置的专门团队，保证了止赎资产收取、管理、处置的专业化。

（4）SAG对员工的专业素质要求比较高，通常要求有10年以上银行信贷工作经历，商业地产团队员工要求具有房产评估、建设、融资、销售等工作经验。虽然SAG人员随着美国经济状况的恢复及美国银行资产质量状况的变化呈减少趋势，但处置专家队伍及其管理层成员始终保持稳定。SAG管理团队成员在美国银行及其前身平均任职超过20多年，在问题资产处置领域有多年的工作经历，属于该领域的专家。美国银行通过提职或提薪等有效激励措施留住SAG资深处置专家，使SAG始终保持较强的专业处置能力。

3. 重视流程管理和量化分析，精细化管理水平较高。

（1）SAG在人员配置上进行动态量化管理，在资产质量预测的基础上，利用渗透率（SAG管理8级以下问题资产占全部8级以下问题资产的比率）、平均客户规模、工作负荷（每个处置人员最多能管理的客户数）等指标提前测算SAG需要的人数，对人员进行动态调整。

（2）SAG建立了量化的成本核算机制，可以将处置中的成本费用核算到具体条线、客户和经营人员。

（3）SAG区分不同类别的客户、不同的行业，实施差别化管理，并通过不同种类的风险分析报告、风险分析会议及管理工具（如定期风险敞口报告、组合状态报告）定期揭示、讨论及分析风险，拟定风险处置措施，保证了问题资产管理的规范化和流程化。

（4）SAG对问题资产管理和处置的主要环节，如早期违约电话催收、移交、处置、资产质量预测、组合回顾与定期风险敞口报告、资产出售等都设置了清晰、明确的业务流程，并以业务流程图（Process Maps）的形式展示，保证了业务操作的规范化。

4. 通过对问题客户的早发现、早介入，有利于及时化解风险。

（1）从SAG管理的资产范围看，除不良资产外，还将关注类贷款以及部分正常类贷款中的拟退出客户纳入管理的范围，通过对问题客户的早期介入，可以及时发现客户存在的风险及问题，并提早采取有针对性的风险化解措施，减少了处置损失，降低了处置成本，及时化解问题客户的风险。

（2）从SAG对问题贷款的管理模式看，对尚未移交SAG直接管理的客户，SAG通过顾问型方式参与风险化解并提供咨询顾问意见，或通过混合型方式指示进行或批准所有的解决策略、客户谈判和信贷的行动。通过这两种参与方式，可以在SAG和业务条线的协同配合下实现对问题客户的提前介入，有效化解和降低潜在风险。

（3）SAG小企业团队专门设立了早期违约呼叫中心（BCC），负责对逾期5－60天、尚未移交到SAG的早期违约客户进行联系和催收，BCC团队实施电话催收的工作目标主要是实现客户的正常还款。经了解，90%的问题客户能够通过BCC催收方式得到解决，早期介入催收的效果非常明显。

（4）在具体处置策略实施过程中，早发现问题，早采取行动也是需要遵循和落实的要求。如在涉及抵押品止赎时，SAG商业地产团队中负责止赎资产管理的资产经理在止赎前就会开展对拟收取资产的尽职调查工作，通过提前介入止赎前的工作，对止赎后资产的管理工作奠定了较好的基础；SAG大客户团队处置人员对存在潜在问题的客户，会提前采取有针对性的措施，及时弥补存在的瑕疵和不足，尽早制订处置计划及策略，并根据变化情况及时进行调整和更新。

5. 各业务条线的协同配合为高效处置问题贷款提供了保障。

为实现共同的价值目标，美国银行重视和倡导通畅的沟通合作机制，减少信息传递的损失，提高工作效率，这在SAG问题资产管理和处置工作中得到了充分的体现。具体表现在：

（1）SAG与移交问题资产的业务条线之间建

立了紧密的合作关系。除直接管理型外，顾问型和混合型都需要两个条线之间密切合作完成。对于达到一定风险级别的资产（评级为8级及以下），业务条线在召开资产组合回顾会议或风险分类会议时，SAG人员须参加讨论，共同协商是否移交；对于尚未达到规定的风险级别但存在风险事项的客户，业务条线也会邀请SAG人员参加讨论。为了使业务条线了解其移交SAG资产的最新信息，SAG对管理的问题资产在召开定期风险敞口报告（SER）会议，组合状态更新（PSU）及组合状态报告（PSR）会议时，业务条线人员也会参加进来共同讨论。

（2）对于问题客户的介入，如SAG处置人员与业务条线人员出现分歧时，采取升级报告的方式解决。即SAG处置人员向其上级汇报，由其上级与业务条线同层级人员协商解决，如仍协商不成，再继续升级解决。据了解，一般情况下分歧都会在SAG各业务团队主管及以下层面得到解决，很少需要提交到更高层级来解决。

（3）美国银行内部拥有资产交易平台，可以协助SAG进行资产出售，并可以直接购买SAG出售的债权。据了解，SAG有相当一部分问题贷款通过美国银行内部资产交易平台实现了出售。

（4）美国银行法律部门向SAG派出法律支持团队，负责SAG问题资产处置中的法律支持，支持的范围涵盖问题解决与破产阶段、法律诉讼回收阶段、银行被诉案件阶段所涉及的相关法律问题。法律支持团队人员与SAG处置人员虽然分属不同的业务条线，但在具体工作中双方能够紧密合作、协同配合。对法律支持人员虽然没有具体的量化考核指标，但在对法律支持人员绩效评价时会征求其所支持的贷款处置人员的意见。

6. 充分利用市场化手段处置问题资产。

（1）美国银行问题资产处置面临的监管环境比较宽松，为美国银行利用市场化手段处置问题资产创造了有利条件。如债权转让的受让主体无资格限制，任何有资金实力的机构和个人都可以购买银行债权；债权低于本金转让或重组在政策上是允许的，银行有自主决定权；美国的银行监管部门对银行持有止赎资产（抵债资产）的期限要求比较宽松，规定的处置期限为5年（如到期无法处置还可申请延期）。

（2）SAG对止赎资产除采取现状出售方式外，还可采取再投资策略，在充分分析评估可行性的基础上，可对符合条件的在建工程追加投入，完工后提升价值再对外出售。与采用现状出售相比，采用再投资方式可最大化提升处置的价值。

（3）美国中介机构市场发育比较成熟，中介机构众多，分工明细，专业能力强。SAG充分利用外部中介机构的专业力量为问题资产处置提供多方面的专业化服务。美国银行合作的中介机构主要有：

房屋经纪公司。对抵押房产或止赎房产出售提供专业意见，协助营销推介。

外部催收公司。如SAG对小企业欠款客户，一般不采取处置人员上门的方式催收。对于电话联系不上的客户，通常会委托外部催收公司直接上门，对客户进行催收。外部催收机构上门催收信息及时反馈并在银行内部管理系统记录催收效果，作为外部委托催收机构评价管理依据。

外部律师事务所。对采取诉讼措施的客户，因美国各州要求只有获得本州执照的律师才能在本州职业，因SAG资产分布在各州，采用内部律师代理的方式在资源上无法支持，因此美国银行一般采取委托外部律师代理的方式进行。

财务顾问公司。对于大的银团贷款、交易复杂的贷款，以及债务人管理团队存在问题的贷款，重组过程中债权人会聘用财务顾问公司参与重组，弥补债权人对债务企业分析评估及业务运营监控方面专业能力的不足，聘请财务顾问公司的费用通常由债务人支付。

出售交易服务商。在债权出售业务中代理债权银行开展资产营销推介及组织出售工作。

（4）美国有比较发达的贷款二级市场及活跃的投资者群体，一方面为银行判断贷款的价值提供了参考依据；另一方面也为银行通过出售方式处置问题资产提供了便利条件，债权出售作为SAG处置问题资产的重要手段得到了广泛运用，是美国银行常用的风险分散和止损措施。SAG自身还建立了投资者数据库，积累管理了大量的投资者信息，了解和掌握不同投资者的投资意向。SAG在出售资产时可以比较方便、快捷地根据出售资产的情况找到合适的意向投资方，使资产的营销推介工作更有针对性。

（三）应用建议

1. 转变工作理念，着力提高资产保全业务前瞻性以适应全面风险管理需要。

（1）适应全面风险管理的要求，在继续做好境内外分行不良资产处置工作的同时，加强对租赁、信托、保险等建行集团下属子公司资产状况的跟踪了解，研究建立适应集团化业务发展的全方位资产保全管理体制。

（2）提升整体客户关系管理能力，将所接收客户在我行的全部产品和业务纳入统一管理范围，在对整体客户关系进行分析判断的基础上制定并实施统一的管理和处置策略。

（3）进一步加强对问题客户的提前介入，建议在现有不良资产和关注三级贷款的基础上，进一步前延资产保全职能，将全部问题客户（如拟退出类客户、非不良拖欠类客户）统一纳入资产保全归口管理的范围，充分发挥资产保全的风险化解作用。

2. 完善岗位设置，加强专家队伍建设，进一步提升资产保全专业化水平。

（1）以客户差别化管理为标准，更加突出资产保全处置工作特性，研究、梳理、探索保全部门内部流程化、专业化的岗位分工与设置，细化团队内部分工和职责，实现专业化分工，建立并强化资源共享和支持机制。

（2）进一步加强资产保全团队队伍建设，秉承职业化、专业化、知识化要求，建立和培育一支服务于全行经营管理大局的、稳定的、不可或缺的、经验丰富的资产保全专家型团队。

（3）继续深化资产保全业务单元制改革，进一步加大集中经营力度，细化和完善具体工作制度和机制。

3. 细化管理流程，重视量化分析，进一步强化资产保全精细化管理能力。

（1）在对现有的资产保全规章制度进行梳理、重检的基础上，建立涵盖从问题客户早期介入、接收到最终处置完毕在内的，整个资产保全经营管理全方位、全过程的标准程序体系，并以业务操作手册及业务流程图形式予以规范。

（2）在对资产保全管理的客户进行细分的基础上，针对不同类型客户的特点及风险特征，研究制定差别化的管理、处置策略及流程。如针对小企业和微小企业零售化的特点，借鉴美国银行好的做法及我行个人类贷款标准化催收流程，研究建立适应小企业特点的标准化、集约化催收机制。

（3）积极利用资产保全业务管理系统（SARM系统）数据资源，强化系统数据管理，提高数据质量，重视历史回收处置数据的积累和使用，为精细化管理奠定坚实的数据基础。

4. 灵活使用外部资源，大力拓展市场化处置手段，进一步提高资产保全盘活回收价值。

（1）依托成长中的中介机构和外部市场，探寻并不断总结、推广部分业务外包的经验，加强与外部中介机构的合作，借助“外力”做好资产保全处置工作。

（2）根据国家关于不良资产出售的相关政策，充分运用市场化手段，完善出售业务机制，及时消化我行问题资产和不良资产。

（3）完善不良资产市场化营销机制，加强意向投资者信息的归集和整合，根据市场和客户群体特性，建立具有我行优势的保全类资产投资客户库及多样化的营销渠道，加大市场化处置力度。

三、美国银行个人类问题贷款管理处置做法及对我行的启示与借鉴

（一）美国银行的主要做法

本次跟岗培训主要学习的是美国银行住房信贷中的住房抵押、住房净值、汽车、无担保违约贷款的集中催收和处置。

1. 美国银行住房贷款的催收处置。

美国房价指数自2006年见顶，迄今下跌35%。美国财政部和货币监理署从2008年开始，推出救市/强化监管的“全国保房计划”，即“居者有其屋”，要求银行暂停止赎（直至2011年恢复止赎）。就此，2011年2月，美国银行单独成立遗留资产部，进行违约房贷的催收处置。美国银行的住房贷款分为住房抵押贷款、住房净值贷款和停售贷款管理组合。住房抵押贷款就是传统的以借款人所购住房作为抵押，或由第三人为其贷款提供保证并承担连带责任的贷款；住房净值贷款是指以借款人房产的价值与该房产按揭贷款余额的差额（称为房屋净值）作为抵押，由金融机构向借款人发放用于满足融资消费需求的贷款。

美国银行的住房贷款催收团队有30 000人，支持8 500亿美元住房贷款的催收，下设住房保留、短售/房契出让/银行屋、止赎、破产等四个团队，完成违约贷款的催收、重组、延期支付、协议收押、短卖和清算阶段的止赎和收押。其工作理念是为客户、抵押贷款投资者和股东提供解决问题的办法，即提供符合客户需求的解决方案，确保贷款回收的快速和准确，为美国银行解决遗留问题，使其轻装前进。

（1）团队设置。美国银行对每个违约住房抵押贷款实行单点联络制，客户经理会引导客户修改贷款条款，制定保有房屋或不保有房屋的贷款救治方案。其中：①住房保留团队负责31%的违约贷款管理，其催收团队与逾期客户定向联系，重点是收回逾期的贷款本息；贷款修改团队则审查客户的贷款修改援助申请，作出最终的批准或拒绝的审批决定。②短售/房契出让/银行屋团队负责24%违约贷款的管理，其短售团队审核客户以低于贷款余额的公允价格出售房屋的申请，帮助借款人另找住处，对不足部分不再追偿；银行房屋团队负责管理借款人为避免留下止赎记录而签署房契，将抵押房屋转让给银行而取得的房产。③止赎团队负责27%违约贷款的管理，在所有减损方案都无法奏效后，止赎团队出面协调所有止赎手续，职责包括执行遵守投资者、抵押贷款保险公司和内部的指导原则，在控制成本的前提下，及时启动和完成止赎手续。④破产团队负责12%违约贷款的管理，向已申请破产的客户提供支持。

（2）催收流程。美国银行首先根据逾期天数和风险等级等指标对账户进行细分，再根据承诺还款状态、客户联系方式的有效与否、西班牙语标志、小额账户等指标划分相应的工作状态，之后区分客户所在地区整体经济形势划分专属催收团队。与客户的主要接触点如下：电话催收。对高风险/中风险客户，从逾期第5天开始电话催收；对低风险客户，从缴纳滞纳金后开始；电话催收持续到还款、收到还款承诺或启动处理程序。放弃电话催收。电话响3声无人接，连续5次后，放弃电话催收。电子邮件。在逾期第28、45、60天发出催收电子邮件。短信。逾期第1天开始短信催欠，每5天一次。“请来电商量如何处理”。如果无法与客户取得联络，则每周短信催收一次，持续进行。建议函跟进电话。建议函发出后，电话跟进，核实客户的收入（30天内，尝试5次）。上门催收。通常是针对30天内未取得联络的客户，在逾期60天后上门催收。（上门催收客户有具体的筛选标准）。面对面谈判。作为正常工作的一部分，与服务商一起与欠款客户面对面谈判。

（3）处置策略。主要按照逾期时间，提供贷款救治方案。对于逾期1－59天的贷款，主要是分辨哪些借款人有还款能力，哪些没有还款能力，确定长期影响和短期影响，并督促借款人恢复正常还款或设法恢复正常还款。处置程序主要有再融资、主动修改贷款条款、催收、制订还款计划、暂缓还款、无息衔接贷款。对于逾期60－119天的贷款，主要是帮助愿意并且有能力合理还款的客户保住房子，对于不想还款或没有能力还款的客户，启动清算或止赎程序。处置程序主要有催收、制订还款计划、暂缓还款、无息衔接贷款、修改贷款条件、短售、房契出让、止赎。对于逾期120天以上的贷款，主要是穷尽所有保住房子的可能性后，迅速处置，进行清算。处置程序主要有催收、部分重置、制订还款计划、暂缓还款、无息衔接贷款、修改贷款条件、短售、房契出让、止赎。

（4）房屋净值贷款回收团队：分布在德克萨斯、加州、北卡三个地点，因涉及不同时区，工作时间较长，每天从早上8:00到晚上9:00，工作目标是尽最大可能减少损失。条线主要以逾期时间和资产组合为主要指标，划分回收团队，并采取不同的回收策略。第一个团队是早期回收团队，负责2－59天逾期贷款的电脑自动拨号催收，即由系统自动排队、自动拨出电话，只有当对方有人接电话时才转到电话催收人员的电脑进行接听处理。其中，账户余额在40万美元的客户直接交由高余额账户处理团队进行催收。第二个团队是账户所有团队，对逾期60天以上进行的账户进行手工筛选，生成工作列表，分配给员工进行手工拨号催收，以回收率作为基本考核指标。第三个团队是核销后回收团队，对内部催收无法回收的账户，委托外部机构或直接采用法律手段进行催收，以回收金额、已核销资产回收率为考核指标。第四个团队是特别服务团队，下设四个处理团队。一是高余额回收处理团队，专门负责40万美元以上的回收；二是遗嘱处理团队，对因借款人死亡产生的违约贷款的处理，有时需要与律师打交道；三是法律和欺诈团队，对在回收中客户说从来没有申请过授信额度的账户，调查确定其的合法性，并与法律团队合作，确定真实性；四是止赎和复原团队，对逾期时间已经达到足够天数可以进行止赎的账户进行处置。但在止赎过程中，如果客户能将拖欠贷款全部还清，可以对止赎做复原处理。美国银行有财务分析系统，能对客户的还款能力和还款意愿进行判断评估，并在相应的催收处置策略中应用。

2. 美国银行个人汽车贷款的催收处置。

车贷回收条线属于美国银行 Global Commercial Banking（GCB）业务板块，绝大部分回收支持团队在加州和佛罗里达州，对逾期 1 天以上的违约个人汽车贷款进行回收处置：一是对逾期 1－30天的违约账户按照事先设定的产品（轿车、摩托车、修理车、飞机）类别和逾期时间对账户自动排队、自动拨出电话。拨号器每小时向外拨 100 次，如果对方电话有人接通（系统能识别彩铃、传真等），就转到电话催收人员的电脑进行接听处理。二是对逾期 31－120 天违约账户以手工拨打电话、发催收函、委托外部供应商催收、拍卖抵押物等方式进行催收。如果与客户取得联系，就和客户协商延长还款期限等重组方式或押品处置的策略安排，对短期还款能力下降且还款意愿良好的账户，贷款展期是主要的风险缓释工具。如果无法取得联系或客户无还款意愿，就委托外部供应商查找客户其他联系方式或上门催收。这个环节设置了每个员工应该处理的账户数量、拨打数量、取得联系的数量等考核指标，核销和向下移交的账户数量作为负向指标纳入考核。逾期 65－120 天的账户，在对借款人事先商定的宽限期过后，会以车辆的抵债取得其所有权，每周以拍卖方式处置，拍卖底价由银行内部出售团队评估确定。车辆出售后款项汇到借款人账户，剩余部分核销并报信用局，账户移交核销后团队进一步回收。同时，拍卖和维修费用从拍卖所得的现金收入中扣减。三是对逾期 120 天以上仍未结清的账户，已核销团队根据客户的个人资产情况和还款意愿，按照相应的授权作出贷款打折等处置策略，逾期 3 年以上仍未回收的部分给予销账，不再追索。已核销团队分为东部和西部两个大区，便于双向评估其绩效表现，同时可以按照各州的具体要求作特殊操作。

3. 无担保资产的催收处置。

主要由无担保催收回收团队（Unsecured Collections and Recovery ，UCR）完成，催收手段以语音自动拨号、人工电话、电子邮件、信函等方式为主，但有时会根据余额的大小和账户的逾期情况及与客户的沟通情况，委托外部供应商或法律诉讼手段进行催收。

（1）团队设置。UCR 分为业务团队和支持团队。其中，业务团队分为催收和回收团队，支持团队分为策略、报告、控制和供应商管理团队。无担保催收主要针对核销前资产，下设四个团队。一是单一账户催收，可以拨打客户电话，也可以接听客户电话，主要面向逾期 5－180 天的消费者卡和商务卡；二是多账户催收，主要针对多张信用卡逾期的客户，业务规则与单账户催收相同；三是客户层级催收，针对在美国银行有多个产品，如房屋净值贷款、住房抵押贷款、信用卡透支等多项产品出现违约，还有一些军人、内部员工违约等专项领域的催收；四是透支团队，主要处理逾期 1－120 天的客户打入电话。无担保回收主要负责核销后资产，也强调与客户合作解决其困难，但最重要的是清算。内设四个团队：一是内部回收团队，对已核销账户由员工进行电话回收；二是债务清偿谈判团队，主要是应对代表借款人与银行谈判解决债务的专业公司而专门设立，工作特点是只有电话接入；三是遗产回收团队，与已经死亡的借款人家属或律师谈判债务偿还策略；四是企业级遗产单元，就是在美国银行有多项产品的已经死亡的借款人，其亲属打入电话咨询债务解决方式，该团队协调解决其与各个条线的联系方式。

（2）绩效考核指标。主要指标有：客户类指标，主要包括客户之声、客户评级、投诉量等；员工类指标，主要包括员工满意度和员工流失率；股东类指标，主要包括年度损失、已核销回收、违约账户滚动率、违约率、总开支、单笔催收成本等；风险控制类指标，主要包括外部测试、自主发现问题与审计检查发现问题的占比、自主发现问题与解决问题的时长等。其员工的绩效考核有多项指标，最重要的指标是质量打分，即由主管评估员工与客户沟通中是否关注借款人的财务困难，提供了解决问题的方案，能否为美国银行保留客户并为客户提供了更多的美国银行产品。之外，人工呼出团队还设定了员工所负责客户平均每小时的现金回收量、接通账户的回收率等量化指标。人工呼入团队设定了客户的中途挂线率、与接通客户电话的平均时间等量化指标。

（3）账户的催收策略和债务解决策略。由策略团队按照所管理账户的逾期时间、客户类别、产品种类及客户违约的产品数量等在系统预先中设定。将客户纳入哪个团队催收是按照客户违约产品的类别和数量进行设定；单一产品违约的自动拨号按照违约时间和催收次数设定。策略团队还根据贷款的逾期时间、客户的沟通应答情况对账户的损失率进行评估，并在系统中预先设定员工与客户沟通的处置策略、打折区间等债务解决策略。当前，美国银行有近 40 个系统支撑个人产品，一个多产品客户的催收由客户识别系统（GUI）将多个系统连接，实现一个多账户客户信息的共享。

值得一提的是，UCR 策略团队是美国银行在催收策略制定方面非常卓越的团队，负责支持 UCR 催收策略的分析、制定、监控、技术支持，同时跨条线支持 SAG 和车贷团队呼叫策略的分析制定。其下设 6 个团队主要按照以下工作流程进行工作：一是由客户、资源和提案策略制定团队将账户组合基于客户的语言、对银行的价值、开支的模式、潜在价值等不同类型，对在美国银行拥有多个产品的客户，制定客户层级的催收策略，这也是美国银行在同业中最为先进的方面；同时针对内部人员和外部供应商的资源组合与成本收益测算，提出内外部催收账户的分配策略，并在内外部催收之间建立对照与竞争；最后进行支付的策略管理，就是让客户如何在监管允许的前提下，以尽可能少的支付偿还违约账户。二是由客户对待策略团队将电话、电邮、直邮、短信、债务清偿自助网站等与客户的沟通方式进行成本与客户满意度的最佳配置，降低银行与客户的沟通成本，提高客户满意度。三是由策略执行团队负责将策略推到生产的领域，负责代码编写和策略执行技术方面的技能，通过报告和验证的手段，对策略执行进行控制，确保在系统中执行的策略与初步预想的方案一致。四是由呼叫策略执行团队负责拨号器、催收人员的安排、催收日程安排，确保有足够的催收人员高效完成电话呼叫任务。五是由操作技术团队实施催收回收和呼叫策略执行的技术支持，在呼叫策略方面，判定与客户沟通的频率，以及账户价值和沟通的紧密型，制定呼叫计划后交给呼叫执行团队去进行操作。六是由验证和监控团队以独立的视角和全面准确的数据管理基础，确保 UCR 的催收工作符合监管合规要求。一些新的策略推出时，这个环节要保证关键利益相关者都收到通知并参与进来，确保策略执行成功。在美国银行高矩阵管理体制下，这是非常艰巨、非常重要的任务。

（4）UCR 催收策略的分析、制定和执行，是将违约账户放在客户关系的角度，对违约账户和客户的其他账户通盘计算客户价值，从呼叫的频率、客户偏好以及和客户沟通的方式对客户细分，同时考虑银行的催收成本和投资回报并在两者中取得均衡。UCR 催收策略的优化主要是基于电话、短信、邮件、信函等多种与客户沟通方式的组合，制定并不断校准最低沟通密度、最小成本的催收策略，并提前做好最优解决方案的准备。即一旦与客户建立沟通，最有价值的做法是将沟通转化为一个解决方案的采纳和违约账户支付项目的建立，所以违约账户解决方案的合理制定至关重要。

（5）UCR 催收策略中的客户细分。有四个层面：一是员工层级，即美国银行内部员工账户违约而成为催收领域的客户，有专门的团队负责催收；二是西班牙语客户层级，这是应对监管关于对西班牙语客户的催收与沟通要提供专门西班牙语服务的特殊要求而设立专门团队负责催收；三是多账户客户层级，就是客户在美国银行有多于一项产品或多于一个账户的情况，由专门的团队进行客户层级的统一管理与催收；四是小余额客户层级，就是通过对客户账户和价值的判断，如果催收成本大于其账户回收价值，银行直接采取手段，消除其违约余额，不再催收。

（6）UCR 电话催收的策略安排。就是最大限度地利用工具和技术，每天设定外拨客户数量，以自动拨号器和人工外拨方式与客户建立有效的联系，并与消费者卡、小型商户卡、房屋净值贷款、汽车贷款等相关业务条线领导定期沟通，确保策略安排符合监管要求，最大限度减轻损失、提高投资回报率。其绩效衡量指标主要包括催收率（违约账户最长期还款额/月初该账户贷款余额）、支付率（月初收到还款账户数的占比）、完成率（自动拨号器当日实际完成呼叫数占计划比）、击中率（对方接听电话占总呼叫数的占比）、关键人联系率（关键人本人接听占总呼叫数的占比）等，其中催收率和无重复的联系率是关键性指标。

（7）UCR 的外部供应商管理。主要按照资产出售、债务管理、法律供应商、质量保证、核销前后供应商、其他支持等内容组建六个团队，但绝大部分的供应商管理都是针对核销后资产。核销前资产的供应商主要针对美国银行内部催收人员不足，工作量突然加大时的补充使用。当前，UCR 有 32 家催收机构、5 家全国性律师事务所。

对外部供应商的质量控制是美国银行在管理的细度、密度方面非常成熟的业务模块。UCR 内设团队每个月都与美国银行运营、风险、合规条线召开月度供应商管控例会，就供应商的业务推进、存在问题、供应商的业务量增减或终止与供应商的合作关系等事项进行讨论，并形成包含信息安全、业务连续性、财务、工作合同的遵守、拨号器的使用、质量关键指标、现场控制审计和合规测试等方面指标的供应商健康状况检查报告提供管理层。

UCR 主要以绩效管理、质量保证、质量控制、质量检查、报告和投诉五个无缝衔接的流程支持外部供应商管理工作的运转。绩效管理考核外部供应商的工作量，设立催收金额、回收金额、拨打电话数、供应商坐席的催收表现等量化指标；质量保证设计供应商坐席每天在催收质量方面的具体指标要求；质量控制对质量保证团队设计的事项进行测试与监控，其现场控制还要每年用两天时间，实地访问供应商，现场查看供应商是否满足美国银行有关要求，有无信息保密和技术安全措施和规定，有无书面政策规定的文档，创建日期和修改日期是否与业务流程负责人沟通一致。还会就供应商的工作流程、账户层级信息、催收账户有无破产和减免操作，是否对在美国银行允许和可接受的范围之内的业务内容进行检查；质量检查对供应商与客户拨打的通话进行质量检查；报告和客户投诉团队负责对外部供应商的评价报告和客户投诉的处理。

美国银行关于外部供应商管理的质量要求并非回收率，而重点在于其催收过程中的客户尊重和监管要求的遵守等方面。主要考核指标是工作业绩、工作过程是否符合监管要求、与客户的沟通过程是否按照美国银行以客户为中心的理念进行催收、供应商本身财务状况等。对供应商的费用支付按照核销前后进行划分，核销前按照供应商的坐席数量付固定费用，核销后按照回收金额、回收率和资产逾期天数支付。美国银行管理外部供应商是管理到催收人员。如果供应商的催收人员没有遵守美国银行规定的职业规则，可以要求供应商将催收人员开除；如果出现的问题是供应商的制度流程问题，沟通后无法解决，会选择与供应商终止合作。

（8）UCR 的业务控制。主要工作内容是通过制订控制计划和实施主动的监控，对内部催收和供应商的催收流程进行常态化检查，实现内部流程管理和员工激励的改进，保证其操作流程符合内外部监管要求，提高 UCR 团队的自我评估能力；通过提高控制的均衡性，使 UCR 员工在实现银行目标的同时保障客户利益，并保证业务推进中出现的问题得以有效解决。监控检查，主要职责是检查和发现关键流程中的问题，并在这些部分建立部门内部的监控机制，设立风险缓释手段。这个团队还负责业务关键流程的自我评估，即哪些流程运转正常、哪些流程有漏洞需要额外关注，并就此提出改进建议。供应商质量与控制，每季度对外部供应商工作的关键流程进行审计和评估，并要求每次检查都带统一的指南书，确保每次对不同供应商的检查要点一致，确保供应商的关键流程和美国银行内部的关键流程达到同样的标准。监管监控与控制。负责反洗钱、隐私法等相关法律规定的分析控制与自我评估。质量与项目检查，对外部服务商的催收人员与客户电话通话进行监听，对其浏览客户信息的记录进行检查，确保供应商的每笔操作都满足美国银行所规定的客户服务要求。2012 年到现在为止这两项检查已达 10 万次。问题管理和解决，对在操作中遇到的问题加以纠正，确保流程合规有效。

（9）UCR的业务综合。主要负责无担保催收回收团队的报告、损失预测、容量规划、后台处理等项工作。定义优化，主要负责流程设计，通过对流程的评估，从资源、技术、客户等角度加以优化；完成执行，主要是对交易进行后台处理，属操作领域；业务实现，确保定义优化团队流程优化的执行，推进和实现优化措施以达到设定目标；高级领导报告和预测，主要是向领导提供报告信息、关键指标及其具体表现以及损失的预测；操作与控制报告，主要负责对前台领导的报告（包括日常细节的报告，使领导通过记分卡了解掌握每个员工的表现）和补充性报告；资源规划和业务连续性，每个月的第一天根据违约账户数量和催收坐席的可催收数量，确定可用资源并进行资源的实际分配以满足客户需求。具体包括：运用短期、长期信息，立足违约情形，预测员工人力资源安排；明确哪些账户要催收，运用什么方式催收，将策略团队确定的账户汇总并研究制订人手安排计划，同时担负新策略实施的人手预测工作；协调外部供应商催收坐席的人手安排等。

（10）UCR已核销资产管理。分为四种策略：内部回收、委外催收、出售、诉讼。内部回收团队根据核销时的状态将资产分为三类：违反还款计划约定、有还款计划、近期（30天内）有还款行为，并根据不同的状态设定不同的电话呼出、呼入策略。催收人员根据策略团队设定的催收策略，在电话中与客户进行沟通协商，采取削债、分期或者一次性还款的方式来回收处置。采取削债方式的，客户就削债部分视同收入纳税；采用分期还款方式的，一般每月最低还款额度不低于债权本金的0.75%；客户还可以选择一次性偿还较大比例债权金额的方式保留账户以免被出售或进入下一个催收流程，有些情况客户甚至会选择一次性全额还款。如果这些资产在3个月内没有任何还款动作，都将进入下一个催收流程，即委外催收、出售或者诉讼。

UCR已核销回收预测工作是根据历史数据，与损失预测团队和UCR策略团队以及供应商管理团队紧密合作，针对核销后3年时间里回收现金流进行预测。具体考虑因素包括：实际绩效、经济变化、策略假设、出售价格及规模、未来总损失。总体而言，已核销回收水平与核销时间直接相关：核销后1年的回收率约6%，第2年约1%。从策略选择上看，大部分已核销资产采取委外催收方式（占52%），其次是出售（占22%），内部回收占18%，破产约为6%，还有约3%的已核销资产没有主动催收行为。

（二）对我行的启示

1. 将催收过程变成争取客户、挽留客户的过程。美国银行的催收理念是要求员工把自己当做客户（Think of Yourself as a Customer）。美国银行零售业务的催收部门年度考核最为核心的要求并非回收率，而是其提供的催收服务是否让客户满意，操作流程是否符合内外部监管要求。即在各个阶段、各个手段的催收中，银行都能关注借款人的财务困难，提供解决问题的方案，为美国银行保留客户并争取为客户提供更多的美国银行产品。

2. 将恢复客户还款能力放在催收的首要目标。在客户层级催收过程中，如果客户在美国银行的住房抵押贷款、信用卡透支等多项产品出现违约而无法全额偿还，员工在催收中就会建议客户优先偿还房贷。原因是金融危机后，全美的银行都有共识，就是一个人首先要有房住、有车开，还款能力才能恢复。因此，帮助美国公民保住住房，美国银行作为大型银行也在国家的经济恢复方面承担社会责任。其次，美国银行认为，房贷的余额大，风险敞口也大，如果让客户还款选择优先偿还房贷，客户可能会尽其所能保住房产，降低风险敞口，并为美国银行保留一个可以推广多项产品的客户提供可能。最后，美国银行对房贷的处理，会尽可能减少抵押权的止赎，因为取得和处置房产需要资金成本和时间成本。在美国，要取得房屋所有权，至少需要1年时间，实现房产出售需要5－6年。

3. 将换位思考理念贯穿催收工作全过程。美国银行催收团队近几年设计了客户之声，就是关注客户体验，体现了换位思考和感同身受的理念。客户之声项目要求员工与客户的电话沟通过程使用GUEST对话模型：（1）Genuine Welcome，要求员工的开始语用一些令人满意和开心的礼貌用语表达对客户的真诚。（2）Undivided Attention，要求员工使用积极的话语，集中注意力对待客户，并与客户之间形成个人之间的感情关联和沟通。

如果客户有关于迟缴费用过高的抱怨，要首先表示理解。（3）Empowered，对员工充分授权，让员工有相应的工具、系统，能够帮助客户解决问题。（4）Solutions，如果员工与客户电话沟通过程中，不能现场解决问题，就会在线下请示上级之后，将解决方案回复客户。（5）Thank，电话沟通的最后，由员工向客户表达谢意，感谢客户将业务放在美国银行。美国银行还有1%的客户参与美国银行的电话回访，催收团队对在客户调查中反映的员工用语不礼貌、事项缺乏跟进、处理流程不善、费用利率定价等问题由客户对待团队以电话、邮件、信函等方式专题反馈。

4. 将员工之声作为评估改进催收策略的重要渠道。美国银行注重对员工的关注，无担保团队通过圆桌会议等方式与员工分享日常催收工作中哪些做法是好的，哪些做法需要改进。还定期进行员工问卷调查，收集员工意见和建议。对工作表现好的员工给予表扬、与上级座谈、奖励购物卡等方式进行激励。为了加强员工沟通，美国银行每周还定期召开高级领导人电话会议，对每周情况进行沟通和汇总，并建立员工之声内部网站，使员工沟通工作信息化、流程化。

（三）应用建议

1. 进一步提升催收理念。我行当前的保全工作理念——“用高超、专业的业务能力为问题客户解决问题，寻求共赢互利的解决方案，最大程度为建行减少损失”，与美国银行“将催收过程变成争取客户、挽留客户的过程”的理念基本相似，但我们更注重回收率和保全工作的价值创造。考虑到当前银行业对客户的竞争日益激烈，每一个业务条线都或多或少地承担着培育客户、争取客户、挽留客户的职责，因此，我们有必要认真地审视我行的催收理念，围绕如何为问题客户解决问题、如何寻求共赢互利的解决方案，从制度和政策层面进一步优化我们的工作理念。

2. 进一步完善催收流程。近几年来，我行不断拓展催收渠道和处置手段，基本搭建起了以短信、电话、信函、上门、委外和司法催收为主要工具的催收流程体系。从实践看，尽管这些手段体现出一定的效率，但与美国银行相比，由于我们在客户历史信息数据采集、催收模型设计、外部供应商管理、信息系统衔接、催收策略团队后台支持等方面还存在空白或者薄弱环节，导致对客户细分不够，尚未实现最低沟通密度、最小成本的催收策略。有鉴于此，有必要学习借鉴美国银行的做法，从客户关系的角度，从呼叫的频率、客户偏好以及和客户沟通的方式对客户细分，充实客户信息数据，建立策略团队，优化供应商管理，实现零售资产信息系统的全面衔接，降低催收成本，提高催收回报，最大可能实现二者均衡。

3. 进一步规范处置策略。美国银行对违约个贷的处置包括再融资、主动修改贷款条款、重置、制订还款计划、暂缓还款、无息衔接贷款、短售、房契出让、止赎等十种手段，针对每笔贷款的逾期时间和还款能力，分别采取不同的手段，基本保证了有效应对金融危机后出现的大量个贷违约。我行近几年来对不良个贷的处置体系不断完善，逐步形成了以重组、以物抵债、核销等手段为支撑的处置体系。但囿于监管政策方面的限制，再融资、本息打折减免等一些美国银行在实践中证明行之有效的手段，尚未能运用于业务实践。考虑到当前经济下行压力较大，各行违约个贷出现反弹，为了进一步提高应对能力，提高处置效率，有必要尽快向监管部门汇报，争取政策支持。

4. 进一步加强绩效评估。回收率是反映催收工作的主要指标。美国银行尽管十分注重对电话催收接通率的考核，但其绩效衡量的关键性指标是单一账户的回收率和违约账户总数的月支付率，人工呼出团队甚至设定了员工所负责客户平均每小时的现金回收量、接通账户的回收率等量化指标。受此影响，其催收部门十分重视客户体验，在催收过程中注重了解客户的还款能力，并帮助客户制定最优债务解决方案，确保每一个人工催收电话都能关注借款人的财务困难，并设身处地为客户提供解决问题的方案。我行目前的集中电话催收在接通率、规范用语、时效性等方面在国内银行同业中处于前列，为全行个贷资产质量的持续向好提供了有力支撑。但与美国银行相比，我行在人工电话催收的考核指标设定、债务解决策略植入电话沟通过程等方面，尚须作进一步的研究调整。

资产保全跟岗培训学习小组成员：张华清　胡萍　贾纯　景逢春　严达峰　马肇诤　谢芃　于戈　李宜琴　沈勇　杨慧

网络无缝　思想无界　微时代的大潮与趋势

——网络思想政治工作课题研究与实践活动调研报告

甘肃省分行课题组

最近，中国互联网络信息中心（CNNIC）发布的报告显示，截至2012年6月底，中国网民数量达5.38亿人，互联网普及率为39.9%。同时，通过手机接入互联网的网民数量达到3.88亿人，首次超过台式电脑成为第一大上网终端。在被称为人类“第三次浪潮”的信息化过程中，中国从一个“追赶者”的身份成了和世界站在同一条起跑线的“领跑者”，信息化推进速度之快让世人惊叹。互联网改变了金融，微时代改变了生活，也改变了我们每一个人。“网络无缝，思想无界，微时代的大潮与趋势”，成为中国人最深刻的共同记忆。

在这样一个“网络创新改变模式”的微时代背景下，甘肃省分行按照总行统一部署，坚持“贴近基层、贴近员工、贴近业务”的主导原则，主动展开了网络思想政治工作课题研究与实践活动，在如何充分发挥网络化、互动性的时代传媒特点，探索建立微博、论坛等多种员工乐于接受的渠道，建立以互联网为平台的思想政治工作有效载体等方面进行了一系列的积极探索，积累了点滴经验，并取得了一定的成效。

一、党委重视，观念先行，在眼界培育中夯实微时代思政工作基础

近年来，甘肃省分行党委高度重视思想政治工作，各级领导班子把思想政治工作作为落实总行战略和推动业务发展的重要手段，激发和调动了广大员工的积极性和创造性，在甘肃经济环境十分艰难的条件下，坚持“点点滴滴找亮点，实实在在树榜样”的思想政治工作原则，凝聚智慧产生的“亮点理论”和“榜样效应”等思想政治工作成果，成为推动甘肃省分行各项业务工作不断向前发展的最强推动力。2011年，甘肃省委授予“建行甘肃省分行思想政治工作先进集体”荣誉称号，这是甘肃省分行首次获得思政工作的最高荣誉。甘肃省分行艾尔肯行长的理论文章《点点滴滴找亮点，实实在在树榜样》荣获“总行庆祝建党90周年思想政治工作的理论探索与实践创新”主题征文活动特别奖，在《建设银行报》“工作研究”专版刊发，并荣获全国金融思政和企化调研成果三等奖，不仅引发了领导干部、党员和员工参加学习实践的热情，而且有效推动了全行思想政治工作的深入开展。在2012年，甘肃省分行艾尔肯行长多次在党委中心组学习会议和春季工作座谈会上对加强党建和思想政治工作提出了更高目标，要求进一步发挥思想政治工作对各项业务发展的强大推动力。为此，甘肃省分行根据总行党委《关于加强和改进新形势下思想政治工作的指导意见的通知》（建党发〔2011〕12号）、《关于开展思想政治工作课题研究与实践活动的通知》（建党宣〔2012〕3号）和《关于审核下发各单位思想政治工作研究课题的通知》（公共关系与企业文化部〔2012〕68号）等文件，对甘肃省分行思想政治工作课题研究与实践活动进行了周密部署和安排。

3月30日，甘肃省分行举办党委中心组举办“网络创新与商业模式”专题视频讲座。集中学习清华大学经济管理学院朱岩教授《网络创新如何改变商业模式》视频讲座课程。在集中学习会上，甘肃省分行艾尔肯行长谈了学习体会，对全行持续学习朱岩教授《网络创新如何改变商业模式》的视频课件提出了三点要求：一是各二级分支行、省分行各部门要尽快再次组织所辖员工，认真学习朱岩教授的视频讲座课件，要反复、深

入地进行学习；二是要学以致用，结合学习内容，对照实际工作，展开讨论，深入思考，在网络经济蓬勃发展的新时代，实现思维的跟进转型；三是省分行人力资源部要把本次中心组学习内容纳入全行员工今后的考试考核中，以巩固学习效果，更加深刻地认知网络经济蓬勃发展给商业银行带来的机遇和发展空间。

本次中心组学习，扩大到了县支行及网点，全行1 000多人通过视频在主、分会场参加了集中学习，标志着甘肃省分行在包括思想政治工作的各领域，掀起了微时代下的工作创新和探索。

由于“一把手”高度重视，全行掀起了学习网络知识的新热潮。省分行在党委中心组《学习参考》资料汇编中，向全行推荐了《十年，中国人的幸福“网事”》、《建行的电商梦》、《当前思想政治工作面临的最大挑战及应对策略》等系列网络发展及思想政治最新成果的精彩文章。同时，利用《好书推荐》渠道，推介了《你的网络形象，无价!》、《聚联网》等世界名著，探索性地建立了“以网络业务为经线，以微时代思政工作为纬线”的网格工作法，实现了思政工作与业务发展的无缝接合，软实力与硬实力的有效提升。

“各商业银行之间的竞争已经越来越白热化，不仅仅是服务网点的竞争，更重要的是蕴涵企业文化的软实力竞争。借助微博这一平台，吸引追求时尚的客户，在提供更好的服务的同时，也使银行的文化建设、品牌建设更上一层楼”，这是庆阳市分行芮自强撰写的《微博势猛如虎——学习“网络创新如何改变商业模式”有感》中的一段话，道出了微博具有的重要作用。如同这样的学习心得，在省分行网站主页“学习交流”栏目中刊发了69篇，有效提升了员工对网络工具的学习、普及、认识和运用，使他们以更加自觉的心态推动网络工具应用，以更加坚定的信心给力网络业务发展，跟进微时代的大潮与趋势，为全行抢占“电子银行、信息技术、人才建设”三大制高点作出新的贡献。

借力学习，突破思维，观念先行。甘肃省分行党委通过引领全行学习网络创新知识，不仅认知了网络创新而引起的商业模式的改变和对银行业的挑战，而且新颖的观点，颠覆了传统，对于全行各级管理者、广大员工更加深入、有效地理解网络创新如何改变商业模式，从而转变观念，统一认识，成为推动全行微时代思想政治课题研究与实践活动的深入开展的一项重要内容。

二、加强领导，试点带动，在见微知著中打造微能力

1. 成立领导小组，强化组织保障。根据总行关于开展思想政治工作课题研究与实践活动的要求，甘肃省分行成立了以省分行党委书记、行长艾尔肯为组长，党委委员、副行长孙一顺为副组长的省分行网络思想政治工作课题研究与实践活动领导小组，成员由省分行党委办公室、党委组织部、纪检监察部、党委宣传部、信息技术管理部、电子银行部、工会以及二级分支行试点单位等组成。同时，成立了省分行网络思想政治工作课题研究与实践活动领导小组办公室，由省分行党委宣传部主要负责人担任主任。办公室成员由省分行党委办公室、党委组织部、纪检监察部、党委宣传部、信息技术管理部、电子银行部、工会以及二级分支行试点单位的主管领导和研究人员组成。根据进度，及时出台了《甘肃省分行思想政治工作课题研究与实践活动方案实施细则》，打好了以“组织保障，试点带动”为主要方式的网络课题研究与实践活动基础。

2. 做好基础分析，选好试点单位。甘肃省分行以文件形式，下发了《关于填报〈员工使用网络工具状况调查表〉的通知》（建甘党宣〔2012〕2号)，展开了全行性的问卷调查。同时，甘肃省分行党委宣传部负责人选择重点网点，深入一线，走访基层，不仅收集了第一手鲜活的信息资料，而且把课题与活动的作用意义直接传导给了最前沿，为成功落地进行了有益的实践和探索，成为制定课题与活动实施细则的重要依据。

分析问卷数据显示，甘肃省分行经常性访问总分行信息网站的员工为5 810人，占比达33%；拥有QQ账户（QQ群）的员工为5 601人，占比达32%；拥有微博（博客）的员工为1 983人，占比达12%。从而摸清了思想政治课题研究与实践活动的基本人群，在问卷调查、走访调研中不断完善了方案内容和实施细则（见图1)。

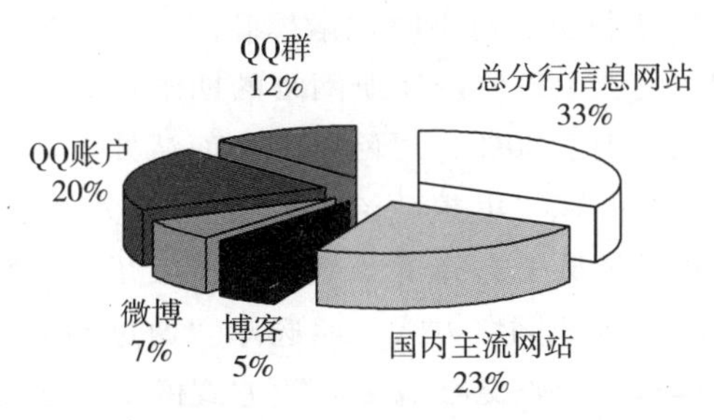

图1　甘肃省分行员工使用（访问）网络工具占比图

选择好思想政治课题研究与实践活动试点单位，是确保思政工作课题研究与实践活动能否发挥最大作用的关键。重点参考二级分支行所在区域、员工规模、业务发展、微博拥有人数等因素，甘肃省分行最终选择了平凉市分行、兰州市城关支行、武威市分行、兰州铁路支行、张掖市分行、天水市分行、白银市分行、定西市分行等8家二级分支行为2012年思想政治工作课题研究与实践活动试点单位。

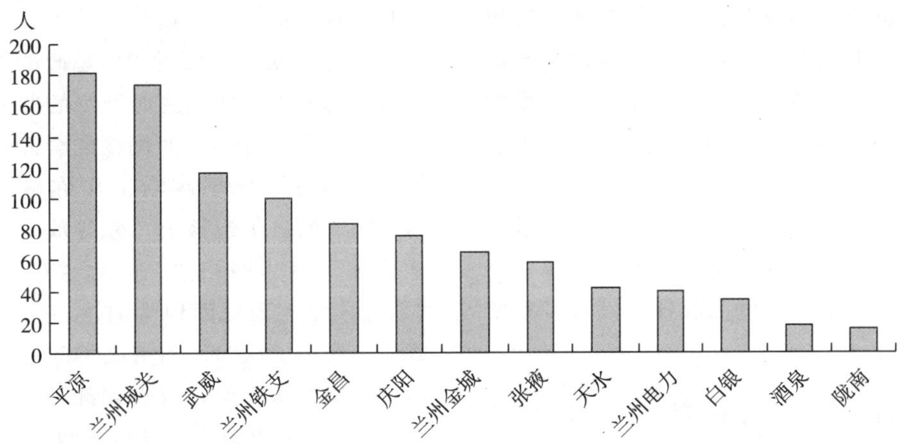

图2　二级分支行员工使用微博人数分析图

3. 因地制宜，“微思政”走进员工。在通过与试点单位的进一步交流沟通，结合各自优势，明确了各试点单位的工作重点，强化了试点单位担当的责任，激发了示范引领作用。平凉市分行重点研究网络思想政治工作的意义、作用以及实践案例；兰州市城关支行、武威市分行探索研究在网络化、互动性的时代传媒中如何成为思想政治工作载体，以建立“微博政务”为切入点，创新成果；兰州市铁路支行、张掖市分行、定西市分行通过展开建立QQ群、论坛等，探索、总结员工乐于接受的方式、渠道；天水市分行、白银市分行研究当前形势下制约或推动全行网络工具应用的各类因素，寻找出最佳的解决办法。

古人语：“圣人见微以知萌，见端以知末，故见象箸而怖，知天下不足也。”（《韩非子·说林上》）对于思想政治工作而言，就是我们在日常工作中，要善于观察，善于分析，见微知著，把问题解决在萌芽状态。而微时代，就是到了传播交流信息乃至进行情感沟通，仅仅通过百余字就完全可以实现。对于接受者而言，消化信息的时间非常有限，而信息内容与数量却异常丰富，这就要求信息生产者提供具有高黏度、冲击力巨大、可以在极短时间内吸引受众并提高受众的阅读兴趣的内容。为了突出网络思想政治工作的特性，我们将通过使用网络工作，与员工进行实时交流、沟通的方法，称之为“微思政”。

“自从开了微博，和朋友经常在微博里互动，有什么话就在里面交流，很有意思。”定西市分行风险主管王洋认为，“现在每天如果不打开微博，总感觉缺了点什么，很多热点新闻也都是从微博里第一时间得知的”。于是，为了提升定西市分行的微能力，他带头创建了面对员工的QQ工作群，经过3个月的试运行，效果确实不错。“以前面对面，总是怕面子上过不去。现在好了，工作上有什么建议，思想上有什么想法，就直接通过QQ群发给领导，感觉很轻松！”定西市分行办公室副主任买自强说，“原来认为，在网络上交流会使情感更加疏远，未曾想到，和领导面对面交流的机会反而更多了，解决起问题来更加容易了！”

兰州市城关支行在《建立“微博政务”是新时期思想政治工作新的切入点》的课题成果中提出，银行业处于当代经济生活的核心位置，探讨基层行互联网新互动媒体下的思想政治工作方法对促进经营发展水平、传播企业文化、提升客户服务水平都有着十分现实的意义；全员形成了“微博思想政治工作力量不微薄”的统一观点；城关支行充分发挥“企业网”业绩通报、督导表扬、政治学习的作用，日均发布信息20余篇，已形成员工每日必浏览网站的良好网络基础。思想政治学习通过企业网互动模式有着较好的网点认同基础。建议上级单位在基层行网站上放开设置思想政治学习论坛的权限，利用专题论坛扩大思想政治学习的范围。

各试点行，以见微知著的智慧，开展“微思政”工作，提升“微思政”能力，为进一步提升甘肃省分行思想政治工作的品牌地位发挥了重要的推动作用。

三、走进同业，重点调查，在对比分析中把握微时代思政工作的新方向

大家知道，同一阳光普照，在枝繁叶茂的大树上，没有两片相同的树叶。同样，网络无缝，思想无界，微时代下网络对同业员工产生了怎样的影响。为此，甘肃省分行设计了封闭式问卷，选择了“建行、工行、农行”兰州市区的基层网点，采用发放纸质问卷的方式，完成了同业基层员工对网络的认识、看法，在对比分析中寻找“微思政”的工作方向。

1. 农行员工对微时代微思政的看法。接收问卷调查的员工，使用注册网络的期限在1年至3年的占比达到了75%，对网络的全面认知具有一定的代表性。在回答“思想政治工作你最喜欢的方法”时，50%的员工选择了“领导放下架子，零距离地接触”等非网络方式，而选择“通过网络，面对面地沟通，心交心地交流”方式的为零。基层员工认为，虽然网络在信息传递等方面具有强大优势，但传统的思想政治工作方式依然是深受基层员工欢迎的。为此，农行非常重视基层网点的企业文化建设，在网点开办了“企业文化墙、员工书架”、农行省分行自办刊物《农村金融》栏目，成为思想政治工作的重要宣传阵地。

2. 工行员工对微时代微思政的看法。接收问卷调查的员工，使用注册网络的期限在3年以上的占比达到了80%，对网络的全面认知更具有代表性。在回答“思想政治工作你最喜欢的方法”时，88%的员工选择了“领导放下架子，零距离地接触”等非网络方式，而选择“通过网络，面对面地沟通，心交心地交流”方式的员工占比为2%。基层员工认为，使用网络工具交流沟通目的只是为了获取信息，真正解决问题，沟通思想，还是“面对面”最为适宜。

3. 建行员工对微时代微思政的看法。接收问卷调查的员工，使用注册网络的期限在3年以上的占比达到了70%，对网络的全面认知具有代表性。在回答“思想政治工作你最喜欢的方法”时，86%的员工选择了“领导放下架子，零距离地接触”等非网络方式，而4%的员工选择了“通过网络，面对面地沟通，心交心地交流”方式。基层员工认为，网络成了部署任务的重要工具，使用网络交流，担心会疏远团队成员之间的合作关系，依然欢迎传统的思政工作方法。

通过三家银行基层机构的调查分析，发现网点员工不喜欢网络思想政治工作有两个重要因素：8小时之内实施网络管制，员工不能上网也很少有时间、机会上网；8小时之外各家银行面向员工且足够吸引员工的网络产品又是少之又少。

总之，甘肃省分行通过走进同业，实施重点调查，摸清了员工对“微思政”的基本认识、“微思政”面临的挑战、推进微时代“微思政”的基本策略。

四、应对挑战，引领趋势，在内外结合中用好最锋利的“双刃剑”

通过开展系列的“微思政”课题研究与实践活动，甘肃省分行对微时代的思想政治工作有了更加清晰的认识，承担微时代下建行思想政治工作重任，是全行思想政治工作面临的最紧迫课题。

1. 创新“微思政”工作模式，增强“微思政”的“人文”吸引力。在“微时代”，员工的个性将得到更加深入和全面的彰显，因此，创新“微思政”模式，增强思想政治工作的人文性是加强当前思想政治工作的现实需要。“板着面孔，说大道理”的时代已经不受欢迎。这也是银行员

工普遍不欢迎网络思政工作的一个重要因素。

（1）以正能量微文化影响员工。信息网络技术拓展了思想政治工作的空间和渠道，有助于快捷、准确地了解员工的思想情绪和他们关心的热点问题，增进相互沟通。因此，高度重视和充分运用信息网络技术开展思想政治工作，在基层网点创建“体验区”，用正确、积极、健康的正能量思想、文化和信息占领网络这个阵地，通过优化思政工作者的力量、丰富网站的内容、创新活动的形式，增强行内网络文化的吸引力和感染力，让员工在潜移默化中受启迪，以弘扬健康向上的网络文化提高员工自身的抵抗力和免疫力。

（2）以解决员工实际问题关爱人。作为全行思想政治工作者，在日常的管理工作中，要把“点点滴滴找亮点，实实在在树榜样”作为关爱员工的原创，主动深入基层，宣传他们的精神，同时，将优秀员工的需要组织解决的问题积极反馈给领导，并跟踪和反馈问题的解决情况。思想政治工作其实是领导者的工作，要注重人文关怀，充分尊重员工的能动性、自主性和自觉性，想员工之所想，急员工之所急，身体力行为员工解决最关心、最直接、最现实的问题，平等地对待每一个员工，真正成为员工思想上的“知情人”、心灵上的“知心人”和生活中的“贴心人”。只有把员工当亲人，员工才会把你当亲人。员工才会使用微语言和你真诚交流，形成合力，提升软实力，推动业务发展。

2. 提高信息的监管力，增强“微思政”工作的科学性。

（1）以洞察力呈现真实性。在微时代，做好员工的思政工作，除了要始终坚持思想政治工作的主渠道和主阵地之外，还要加强对行内网络文化的监管，及时关注员工的思想动态，及时掌握员工思想中的热点问题，提高信息的敏锐度和洞察力，发现问题及时解决，对微博、QQ论坛中员工所表现出来的思想动态及时进行疏导，防微杜渐，从而真正起到“微思政”引导潮流的功效。

（2）以监督力实现可控性。清醒认识网络无缝，思想无界，紧紧把握微时代的大潮与趋势，面对海量信息，主动通过建立微博、QQ论坛等平台，选拔培养一支以思政工作者为骨干的专兼职微博客信息员队伍，具体负责微博客、QQ论坛等平台的日常管理与运行，对微博客、QQ论坛平台的运行管理、安全保障、信息发布审核程序等实施严格管理，确保微博客、QQ论坛平台正常、安全、有效运行。

我们相信在总行党委宣传部的指导下，在省分行党委的高度重视下，为把思想政治工作课题研究与实践活动创建成为具有影响力的形象品牌，甘肃省分行有信心有能力将微时代下“微思政”的课题研究及实践活动做深做细，为打造微时代下思想政治工作最强推动力作出更大成绩。

甘肃省分行课题组组长：艾尔肯·艾则孜
副组长：孙一顺
执笔：张三宝　陈蔚　蔺文辉

关于为基层网点减负增效调研情况的报告

甘肃省分行办公室调研组

2012年3月22日至29日，调研组先后深入河西地区5个二级分行、5个县支行、20个营业网点，重点了解、分析基层网点和基层员工非生产性工作的实际情况。

一、基本情况

调研采取座谈讨论、个别访谈、实地察看、问卷调查等方式，调查人员范围包括二级分支行行领导、经营部门及网点负责人、客户经理、大堂经理、柜员、委派营业主管等。从了解的情况看，流程烦琐或不科学造成的重复劳动、手工登记簿和手工报表较多造成的无效劳动以及邮件、会议等较多造成的应酬性劳动，对基层网点和基层员工造成大量不必要的负担，也影响了员工的积极性和创效增收的能力，帮助基层网点减负增效是当务之急，关键要减轻重复劳动、无效劳动和应酬性劳动。

二、存在的问题

调研发现非生产性的、重复、无效和应酬性劳动是加重网点负担的关键，也发现业务拓展中存在一些需要改进的问题。经过分析整理，大致可分为非生产性劳动过多、业务办理资料和手续繁杂、业务流程冗长、核心操作系统更新不及时、产品设计有缺陷以及其他设计业务发展的问题。

（一）无效的非生产性劳动

主要集中在三个方面：业务支撑，主要是基础数据的登记和上报；服务保障，主要是基础设备的维护和业务凭证、办公用品以及电脑耗材的领用；事务性工作，主要是配合检查，参加会议、活动和处理不必要的内部事务等。

1. 业务支撑问题。突出表现在三个方面。

一是基础数据手工登记簿多。网点会计主管、柜员、大堂经理等人员的登记簿数量总计达几十种之多，而且登记过程比较复杂，例如安全产品登记簿就需要经办人、柜员主管、客户同时签字。在随机抽取的一个综合性网点调研中发现，手工登记簿有26本，且内容互有重复。如零钞袋登记簿、接送库登记簿和安全检查日志等登记簿中有很多登记内容重复。

二是临时性报表多。通过条线下发的各类业务自查表、产品销售信息和客户信息资料统计表等数量大，而且要求报送时间紧。一方面我行的客户信息和业务办理信息数据在核心系统留存，业务部门可直接利用信息技术手段提取分析数据，没有必要从基层机构统计数据。另一方面，基层机构没有能力和条件提供准确的基础数据，有一些数据只能根据日常掌握的信息，估计性地编报，不仅浪费时间，还会误导上级行决策。

三是办理日常业务复印多。凭证中需要复印的资料较多，除小额存取款、转账之类简单业务外，其他业务几乎都要复印身份证。大堂经理大部分精力花费在复印身份证上，削弱了其引导客户的作用。此外，近期还要求电子银行开户申请单全部复印，将复印件放入凭证，原件留存网点，导致复印量增大且原件保管难。大量的复印工作耗费了大量纸张、复印器械、人员精力。身份证复印后还需要根据凭证设计好的粘贴区裁剪粘贴，耗时耗力。

四是二级行部门的数据系统使用权限有限，例如部分行个人金融部门反映获取不到代发工资、借记卡发卡等数据，不能及时掌握业务发展状况。

2. 服务保障问题。突出表现在三个方面。

一是设备的质量和维护问题。①各机构普遍反应新购置的自助设备质量较差，故障率高，吞卡、挂账、长短款现象发生频繁。维修也不及时，最快需2－3天，且维修费用高。②银行卡磁性较差，存在ATM能识别但柜面无法识别的情况，导致客户换卡业务频繁。③网点监控设施质量不高，监控图像不清晰、不连贯，看不清点钞机显示的数字，有时甚至连整叠钞票的数量都看不清，存在风险隐患。

二是设备的配套服务跟不上的问题。电子回单柜配备后没有与核心系统连接，基本的查询和打印功能无法实现，优质的设备只能用于网点柜员手工打印回单后的分类保管和客户取回。手机银行和网上银行终端网络环境问题也反映较多，网速较慢，导致设备使用效率低。

三是业务凭证、办公用品和电脑耗材要到后台领取，比较麻烦。县支行此问题比较突出。

3. 事务性工作。主要表现为会议多、邮件多、检查多、活动多。

一是各级各类条线业务推动会、动员会、产品发布会、阶段性总结会以及各类培训、视频会议都要求网点人员参加，各条线组织的各类活动也要求网点负责人或客户经理参加。基层反映不仅实质性效果不明显，而且占用网点大量有效的业务拓展时间。

二是很多部门不加甄别和分类整理，一味下发或者转发邮件，最终大量的邮件沉积在网点。据部分分行简单统计，平均每个网点每天收到各类邮件30份左右，有时甚至多达50多份。

三是各业务条线检查频繁，检查事项繁多，网点应付各类检查、审计造成一定的无效劳动。

（二）部分业务办理手续繁杂，流程冗长

1. 柜面业务凭证种类纷繁，填写内容复杂。大堂经理为客户指导填单占用较多时间，直接影响大堂经理分流客户和识别营销客户职能的充分发挥。客户在第一次开户办理业务时已经录入了信息资料，再开卡办理业务仍然需要重复录入各种信息，造成时间浪费。办理单位人民币结算卡凭证填写内容尤为复杂，需要种类繁多的材料。

办理一般业务凭证填写内容也较复杂，种类较多。定期转存的简单业务，每次都需要填写开户凭条。

2. 对公类产品办理中所需资料过多。如电子银行、代发工资、结算产品等既要签订协议，又要客户填写申请表，并要留存客户的营业执照、组织机构代码证和法人身份证等相关资料。办理一项业务需要签署很多公章，手续繁杂。例如办理高级版企业网银业务时，通常需要签约一式三份的企业网银协议和增值服务协议，并要填写电子银行业务和增值服务申请表（一式三份），同时要留存客户的营业执照等基本资料。业务签约成功后，客户还要填写网银盾领用申请表，并在领用回执栏签字认可。

3. 个人类电子银行产品和理财类产品也与企业产品类似。例如，个人电子银行业务办理中既要填写个人电子银行相关业务协议，又要填写申请表，还要在签约回执单上签字确认。

4. 资金证明业务流程烦琐。资金证明业务经客户提出申请后，由网点经办人员隔日（当天核心系统数据无法反馈到资金证明系统中）在资金证明业务系统中发起并扫描上传相关资料后，提交营业主管审批，再提交网点负责人审批，之后提交二级分支行业务部门经办人审批，再由业务部门负责人审批，然后由主管行领导审批后，提交办公室盖章用印。6个岗位重复审批，繁杂冗长。而且流程设计中资金证明只能加盖二级分支行行章。对于管理半径较大的二级分支行，为加盖二级分支行行章，县支行及离二级分支行本部较远的网点来回邮寄实物件，不仅耗时而且还存在遗失风险。

另外，在业务办理实践中，大量的银行询证函是会计师事务所等中介服务机构根据行业性执业准则和国家法律法规制定的，各自格式不同，但实质内容却与我行制定的标准格式文本一致。而对于此类非标准格式文本还需要省分行法律合规部进行合规性审查，又需增加法律合规部审查、复核、负责人审批三个审核环节。标准格式资金证明须历经6个环节的审批、非标准格式资金证明业务须历经9个环节的审批，并经监印、用印后才能出具。

由于审批流程冗长，致使效率较低，出具一份资金证明约3天至一周左右的时间。部分地区的工商部门也因为这个原因，不愿推荐客户，部分会计师事务所也建议客户到其他行办理验资证明手续，一定程度上对我行营销新注册客户和维护老客户增加了难度。

5. 对公账户销户程序繁杂。经客户申请后，由网点经办人员录入系统，经网点负责人审核，再经二级分支行业务部门经办人审核，由主管行领导审批后，提交省分行业务部门经办人员审核，再经省分行业务部门负责人审批后，方可销户，前后需要3级6个岗位审批，流程冗长，效率低。甚至部分账户销户审批中，还存在业务部门间相互推诿的现象。调研中发现，销户申请历时月余尚未审批的情况也存在。销户审批过程人为推延也引起客户向人民银行的投诉，在市场拓展中造成了不好的影响，甚至部分地区还引起了人民银行和工商管理部门的非正式干预。

6. 理财卡申办、到期更换时间长，流程复杂。调研发现，理财卡申领一般需历时1个多月，最快也需两个多星期。主要原因是制卡权集中在省分行，制卡量较大。另外，投放模式主要是领取或者邮寄，物流时间较长。

7. 个人贷款业务受理审核由二级分支行个贷中心承担，距离较远的县支行在搜集齐全业务资料后，要将纸质材料上报二级分支行，待审批完后，又要与客户签订合同并发放贷款后再次将合同以及发放资料上报二级分支行。近期省分行还要求将所有存档的个人信贷资料运送到省分行进行集中扫描后再运回到二级行，时间长，成本大，花费精力多。

8. 信用卡审批条件苛刻，耗费时间长。信用卡预审批系统推荐的个体工商户客户，在使用身份证和申请表之外，还须留存户口簿复印件，影响营销的成功率。信用卡审批还严格要求填写固定电话，但是有一些客户现已不使用固定电话。某些DCC系统预审批客户由于工作性质等原因，虽为优质客户，却无法办卡。我行信用卡从申办到领卡一般需要1个月时间，客户反映时间太长。

9. 授权业务较多。不加区分的、大量的授权耗费人力，也会降低工作效率。有时主管手头有紧急事务，不能及时授权，就会拖延业务办理时间；大量授权还导致主管在高柜区、低柜区频繁进出，增加工作压力。目前如现金查库、换折、小额公对私转账等均需授权。

10. 个人贷款、涉农贷款的审批仍然是手工审批、电子审批并行，影响了效率。

（三）操作系统更新不及时

1. 业务收费项目变动后，未同步优化DCC操作系统。某些收费项目需要手工输入完成收费过程，其间收费的流程和金额系统没有设定统一标准；一些明确规定取消收费的项目，系统中仍然存在，没有实现收费项目的系统默认控制，由人为选择性操作造成一定的差错，也增加了业务量。如密码挂失规定不收费，但在处理中还需要B级授权。

2. 实物黄金销售在系统中选择品种时，已经过时停售的产品未更新，品名繁多，不易找。

3. POS商户对账单打印明细账时，不能直接打印指定的某个商户，一旦打印一个账户的明细，当天发生业务的所有商户的对账单都会打印出来，而且存在不能补打和账务明细只能保存一周的缺点。

4. 省分行定义的银行卡和网银盾等重要空白凭证支用不能实现DCC系统联动记账，需要柜员手工登记支用，支用过程还需复核，流程复杂，浪费时间。

5. 支票模板更新后，DCC系统没有更新，在界面上自动弹出的号码仍然是“000”开头，需要手工修改。

6. DCC系统和PBCS系统衔接不好，办理银行卡时，要先在PBCS系统发卡，然后在DCC系统收取年费和工本费。

7. 企业网银汇划回单无法批量打印，且业务收费回单打印格式与业务收费凭证格式不一致，只能手工填写。

（四）业务拓展问题

1. 产品设计问题。部分产品设计与市场需求不匹配，或者产品价格不具市场竞争优势。如：①结算通卡每天在ATM取现仅限5 000元，且无法转账，不能满足客户需要。②企业高级网银收费过高，对产品的拓展压力大。③小企业贷款定价过高，处于市场竞争劣势。④理财产品起点高，收益低，品种少，说明繁杂，且发行不连续，不利于市场拓展。⑤POS商户收费不灵活，且要求只能开对公账户，对公账户收费较高，直接影响到POS机的推广。⑥对公结算卡收费较高（600元），向无贷小企业客户推荐困难。⑦小企业对公账户开户时，一次性收取管理费360元、验资证明费200元，对营销开户增加了难度。⑧分期业务门槛偏高，很多优质的家装等经销商有需求但却无法准入。

2. 业务管理问题。①基层机构反馈没有营销产品统计辅助系统，无法及时分析业务，也不能准确地考核绩效，不利于网点管理和业务推动。例如代发工资明细、借记卡发卡数据、信用卡成功营销数据等二级行无法直接提取。②基层机构反映账户考核中省分行偏重按绝对新增数量考核，导致网点对无效客户的清理不积极，占用系统资源。③短信银行通过网上银行自助开通后，在ECTAP系统中没有统计数据，考核通报不作为该网点的业绩，不利于鼓励网点发挥自助业务渠道优势。反而只有柜面办理才被认可。④部分基层机构提出全行没有形成统一的客户管理制度，在大客户营销和项目营销中，容易出现内耗，也易出现对政策的理解不一致的问题，易出现重复营销和无效营销。⑤低柜是否能够收取现金，网点员工反映不一。目前大多数网点客户缴存少量现金均需到高柜交完费后再到低柜办理业务，容易引起客户不满，而有的网点低柜可以收取少量现金。⑥各类系统太多，占用系统资源多，甚至有员工反映，系统多得连用户名和密码都难以记清楚。⑦叫号机划分客户类型太细，容易造成客户抽错号、误号。

（五）几个具体问题

1. 上门收款服务，涉及人力成本较大（收一次款需要5个人1台车），现金整理费时费力，而且回报低，风险高，基层机构意见较大。

2. 个人存单质押贷款规模受限，影响高端客户的维护。

3. 网点转型充分考虑了零售业务，设置了个人理财室和区分精细的个人业务岗位，但网点对公业务营销和对公客户维护功能有所弱化。走访的大部分网点没有考虑对公客户服务专区，网点没有对公客户经理。

4. 网点装修方面。由于需要履行向上级行和监管部门申报、立项、审批等程序，因此，招标完工所需时间较长。此外，网点装修分类招标，没有统一的承包方，导致施工时不统一配套。有一个网点自助服务区由 5 家施工单位共同完成，虽然只花了 3 万元钱，但效率较低。基层机构建议在降低成本的同时，尽可能提高效率。

5. 一些县支行反映日常办公用品和计算机耗材领用路途较远，车辆维修点较集中、较远，不方便。

6. 网点行服款式不统一。此外，冬季服装亟须更换。

7. 考核机制方面，柜员绩效与业务量关联不大，容易导致柜员办业务时注重买单业务而不注重普通业务，容易造成客户积压，引起客户不满。

8. 嘉峪关市分行提出酒泉钢铁集团有限公司承兑汇票业务量大，而且集中在一个网点办理，无法应对巨大的业务量。同时承兑汇票处理中还存在票面要素无法直接打印、银行承兑到期当天系统无法正常解付等系统问题。因此建议根据业务特点成立票据中心，提高此项业务的处理能力，并结合实际优化系统，减少手工处理的情况，提高处理效率。

9. 网点学习内容过于宽泛，有些内容与员工工作关联度不大，员工抱着完成任务的态度学习，浪费时间，没有效果。网点缺乏简洁、完整的操作指引。例如，DCC 系统就缺乏最新的、完整的操作手册，上线以来，其操作变化一直是以更新补充形式出现的。

10. 营业时间问题。网点普遍反映柜员工作时间长、劳动强度大。实行夏令时，柜员在 8 点之前就要到达单位，完成接库、晨会、工前准备等工作，8:30 准时营业。下午 17:30 停止营业后，完成结账、交库、各项事务交接等过程，柜员离开单位一般在 19:00 左右，工作时间长达 10 个多小时。

11. 基层反映阶段性活动较多，容易造成政出多门、政策前后抵触、发展持续性不好等问题。

12. 基层普遍反映人员紧张，网点员工平均年龄偏大。

三、意见与建议

（一）加快前后台分离，强化网点的营销作用和后台的支撑保障作用

1. 网点作为第一服务窗口，是传统营销平台。要提升一线营销能力，在今后设点中倾向于增加综合性网点，打破网点营销对公对私的界限，建立营销团队或综合性客户经理队伍。客户经理要熟悉对公、理财、小企业贷款等多种业务，并赋予其综合营销职责。对公客户经理下沉或由现有的个人客户经理兼对公客户营销职责。网点未设立对公客户接待室的，个人客户和对公客户共用现有的个人客户理财室。条件允许的网点，设立 2 个客户接待室，个人客户和对公客户可分区接待。

2. 加快推进前后台职能分离，强化后台支撑保障职能。后台控制主要靠机器和系统，人员和窗口更多地向前台转移。提高条线管理部门对数据的分析能力和对基层机构的精准指导能力。对需要的客户数据和业务数据，省分行各经营部门应当依托信息技术手段直接提取并加以分析，一方面减轻网点无谓的负担，另一方面通过翔实的数据分析，梳理出存在的问题，并对基层机构进行指导。能在后台做的，不给前台加压；能从后台提取的数据，不要前台提供；能从系统联动记录的，不再进行手工登记。后台数据提取和分析能力的提高，既可提高经营部门决策的科学性，还可降低实地检查的必要，更能有效帮助基层机构及时发现业务开展中存在的具体问题，有效地进行整改和完善，同时也可以减少对网点业务开展不必要的干预。

3. 强化条线的非现场具体指导，降低实地检查、自查整改和会议动员频率。

（二）转变经营理念，优化业务流程，把握好风险防控和业务发展的平衡点

繁杂的业务资料和冗长的业务流程背后透露

出来的是“过度的风险防控”理念。每一个低效的业务操作流程的设计中充斥的都是对基层机构的不信任和对管理层的过度信任。风险防控的核心是岗位的平行制衡，并不是层级制衡。因此，建议把握关键风险点，分类管理，适度下放经营权限。

1. 网点反映，资金证明业务的关键风险点是对存款时点余额、资金缴存主体、缴存日期和资金用途等要素的核实，判断依据是存款明细表（对账单），主要责任人应当是业务经办人、营业主管和网点负责人，关键是网点各岗位间的横向制衡。建议在授权许可范围内为基层机构下放一定额度资金证明业务审批权限，适度控制金额较大的资金证明业务审批权限。

2. 结合具体业务需求，对其他机构提供的可以反复使用的非标准格式文本，经法律合规部进行合规性审查后，可以在全行发布，作为标准性格式文本使用。

3. 对于对公账户的销户，对普通账户价值的判断和账户挽留可行性的判断主要在基层网点，应对对公账户销户业务进行分类分层管理，给基层机构下放普通企业客户销户的审批权限，省分行只控制重点、高端客户销户的审批权限。

4. 理财卡制卡权下放二级分支行。可以考虑给二级分支行配备制卡设备，提高发卡效率。

5. 适度下放个贷业务经营权限，相邻的县支行可指定派驻专职审批人审批。充分考虑地域因素和经营实际，合理评估业务发展与风险防控的关系，适当授权，提高营销效率。

6. 建议改变个人贷款手工、电子化审批双轨运行模式，全部实现电子化审批。对于现存于县支行、二级分支行的个人信贷存档资料就地扫描，新发生业务的资料同步电子化，不必运送到省分行集中扫描后再运回到二级行。

7. 鉴于信用卡办卡周期长的问题，建议职能部门积极与总行协调，争取政策，并尽量减少已不适应市场和无助于风险防控的审查项，提高发卡效率。

8. 取消不必要的授权，如现金查库、换折、小额公对私转账等授权。

9. 梳理法律关系，整合简化业务凭证资料。各类产品办理中既要客户填写业务申请表，又要签订协议，还要在回执单上签约的最终目的是明晰法律关系，防范法律风险。而法律关系的确定并不是资料越多就越好，客户签字越多就越清晰。例如个人电子银行业务的办理中，客户签订产品使用协议并提交业务申请表是要约，而银行根据客户的申请办理业务就是承诺。客户在回执单上签字并不影响法律关系的形成。因此应当认真分析梳理各个凭证资料在各项业务法律关系和法律实践中所能起到的实际作用，整合业务办理中的协议和申请表格，尽可能采用一单式凭证，减少客户签字盖章项目。

10. 整合各类登记簿，可取消的一律取消，内容重复的一律精减，可合并的一律合并。

（三）依托现代科技，提高先进设备和电子化平台的应用水平

1. 可考虑引进自助填单系统、自助发卡机、现金收纳机、壁挂式多功能自助服务终端、银行专用支票账号打印机、柜员存取款机和柜员现金循环机等先进系统和设备，提高柜面业务处理能力。

2. 可建议总行依托我行 DCC 核心系统和 OCRM 系统数据，进行改进或研发新系统，实现通过身份证号码或者结算账号等唯一信息，调取客户基本资料，并选择业务类型，自动调取电子版业务凭证，经客户核实个人基本信息，并修改填写无误后，直接打印业务凭证。力求在系统中实时更新客户基本信息数据库，并在进行身份证核查的同时，扫描留存图像数据，在业务办理完毕后，自动在业务凭证身份证复印件留存处打印，减少身份证复印量。

3. 建议总行整合 DCC 核心系统和 OCRM 系统，并开发与它们相关联的产品营销统计系统，代替人工统计，辅助业务管理和绩效管理。

4. 实现电子回单柜与 DCC 核心系统的对接，真正发挥电子回单柜的应有功能。

5. 建议总行优化核心系统，增加 POS 商户明细账目单个打印功能；及时更新支票号码界面；及时根据业务收费项目的变更，修改核心系统收费项目，属于总行明确规定停收的项目，由系统自动识别不再收费；及时清理停售黄金产品；增加企业网银汇划回单批量打印功能和业务收费回单联动批量打印功能；实现省分行定义的银行卡和网银盾等重要物品在核心系统的联动记账，自动销记。

6. 及时向总行反馈自助设备和电子银行终端等设备的运行情况，建议总行加快设备更新的同时强化管理。同时建议改进设备维修管理模式，加强对采购商和维修服务商的日常管理工作。

7. 建议相关部门关注监控设备问题，加快更新换代。

8. 鉴于基层反映各类系统多的问题，建议职能部门进行全面统计梳理，对能够整合的进行归并、整合，做到少而精。

9. 鉴于网点反映叫号机划分客户类型过细、容易造成客户抽错号、误号的问题，建议根据目前只区分高柜、低柜区的实际，仅分为对公现金、对公非现金、个人现金、个人非现金业务即可。

10. 鉴于二级行部门反映的数据系统使用权限不够的问题，建议对相关数据使用权下放二级行相应的经营部门，例如代发工资、银行卡发卡数据等，以帮助其及时掌握和分析业务发展状况。

11. 鉴于 POS 商户不能直接打印指定的某个商户对账单且存在不能补打、账务明细只能保存一周，企业网银汇划回单无法批量打印且业务收费回单打印格式与业务收费凭证格式不一致、只能手工填写等问题，建议职能部门之间或与总行协调，研究措施予以解决。

12. 搭建信息交流平台。从调研情况看，很多问题的出现是信息不对称造成的。经营部门决策时，不征求基层机构的意见，而基层机构在执行政策时出现的问题，决策部门又不了解，所以无法及时完善和补正政策。建议依托区域网络，搭建实时交流平台。可以考虑论坛模式，分类分板块建立纵横向的实时交流网络，一方面畅通信息，有助于基层机构掌握理解管理政策和经营导向，有助于了解一线实际情况，为决策提供依据；另一方面可集思广益，为广大员工参与行内事务和业务发展提供平台，也有助于提高解决问题的效率，有助于推动员工学习业务知识，提高综合素质。通过交流平台，随时解答基层机构遇到的问题，能够让员工切实感受到集体的整体力量和对基层的关注，增强归属感和凝聚力。

（四）精细管理，提高市场反应能力

1. 调研发现的产品问题，一方面是设计有缺陷；另一方面是随着市场环境的变化，原本合理的产品失去了市场竞争力。建议职能部门加强对同业市场的调研，及时向总行反馈产品信息，争取总行在政策上因地制宜，争取规模和地域化的政策，不断提高产品的市场竞争力。

2. 建立客户分层管理机制。对大客户和大项目营销，审批部门、经营部门直接参与，不仅可以提高营销的成功率，同时可以直接获得经营环境变化的第一手资料，为正确决策提供依据，同时还可以避免重复营销，降低营销成本。

3. 建议在二级行设立网点管理部门，专门负责设备、办公用品的配送，并赋予网点装修的监督权等。

4. 考虑将上门收款服务予以外包。

5. 优先保证存单质押贷款等低风险业务。

6. 将通过自助服务营销的产品纳入到网点营销业绩考核中。

7. 鉴于部分二级行反映自助设备数量不能满足需求的问题，建议省分行职能部门加强对自助设备存量、需求量的统计、分析和管理，一方面合理布局；一方面积极争取资源，对自助设备不足的网点增加投入。

8. 建立灵活的定价机制。企业账户管理费、对公结算卡收费等可考虑按月分批收取；小企业贷款定价水平可根据市场资金状况、客户质量适当浮动；POS 商户收费水平可酌情确定，可优先考虑抢市场，做大规模。

9. 县支行有时要为领取一个价值较小的物品而长途奔波到二级行，成本浪费较严重。建议给予一定额度内零星的物品采购权，建议由省分行规定在每个县支行辖区内采购一家车辆维修点。

10. 鉴于低柜是否收取现金多数网点和员工不明确的问题，建议职能部门统一制度规定，明确低柜可收取少量现金。如能收取，一并统一明示可收取多少额度以下的现金。

11. 建议柜员绩效考核中适当考虑业务量因素。

12. 鉴于自助开通网银在 ECTIP 系统中不能及时反映的问题，建议积极协调解决，并把网银自助开通方式纳入网点考核系统。

13. 建议研究分期业务市场状况和总行政策，积极协调适当降低准入门槛。

14. 建议协调总行，解决结算通卡每天在ATM上取现仅限5 000元且无法转账问题。

（五）几点具体建议

1. 关于营业时间问题，建议全年实行朝九晚五作息时间，网点合理进行弹性排班，周六、周日网点轮休。

2. 鉴于网点反映学习内容过于宽泛等问题，建议职能部门组织专门人员定期编写简洁明了的柜面操作手册。

3. 针对基层反映人员紧张、网点员工平均年龄偏大的问题，建议进一步加强与总行的协调，争取大规模招聘员工，优化人员结构，同时可考虑建立一般员工离岗退养机制。

4. 鉴于网点反映行服款式不统一等问题，建议定期购置行服，并力求不区分岗位设置款式。

5. 针对基层反映阶段性活动多的问题，建议加强长效机制的建设，加强目标管理、系统规划管理和资源的常规配置，尽可能减少阶段性活动。

6. 实事求是，有规划、有组织地逐步解决基层机构遇到的问题。问题的形成是日积月累的结果，一次性全部解决是不现实的，但是，各职能部门必须有切实的行动，优先解决一些基层机构遇到的突出问题和反映强烈的问题，逐步逐项地解决一些问题，让基层机构能够实实在在看到结果，进而提升基层机构参与行内事务的主动性和积极性。

调研组组长：王生红

成员：韩斌　王国强　杨锦华

二、风险管理研究

经济下行期银行风险的识别与应对

总行风险管理部 刘桂峰

一、对当前风险总体趋势的判断

2012年，中国经济处于复杂多变的形势下，宏观经济数据陆续出笼，银行的经营业绩和管理数据也在相继披露。总体上看，实体经济疲软下行的势头减弱，释放出触底企稳信号；银行业绩依然靓丽，资产质量基本稳定，但从容的弹性和空间明显缩减。一些先行性指标表明，当前及今后一段时间，外需低迷及国内经济增速放缓将会持续，针对性的宏观调控措施也会不断推出。虽然实现全年既定增长目标甚至超出应无悬念，但下行期的风险特点将陆续显现，高速增长状态下累积的问题也将持续暴露。银行的不良贷款反弹压力，系统性风险防范压力，案件防控、外部侵害、声誉风险的压力持续增大，有效平衡风险与收益的能力也受到新的挑战，亟须采取有效、综合性整治措施。

二、多策并举，防控资产质量的大幅波动

银行资产质量与宏观景气度密切相关。压力测试结果表明，如果经济增速持续放缓、又未能采取有针对性的应对措施，银行势必面临不良资产反弹的巨大压力。尽管今日的银行风险内控体系已有实质性改进，全面风险管理意识及能力已有实质性提升，风险识别及客户选择能力已有实质性进步，但如若缺乏前瞻性安排，仍会面临资产质量大幅波动的风险。而大幅波动不仅反映出一家银行不成熟，更会影响到市场信心和投资者的信任度。因此，必须有强烈的紧迫感，努力分析并识别下行期信用风险新的特点，采取针对性措施、有效应对。

下行期一个突出的风险现象，是突发性事件明显增多，媒体不断爆出的、银行内部发现的重大风险事件，尤其是重大信用风险事件，已比以前年度翻了不止一番。其成因既有与景气度密切相关行业有效需求下降导致的企业财务陷入困境、资金链断裂，有企业主自身染指民间借贷而引发，有不法分子蓄意骗贷引致重大案件，还有内部员工自身操守问题或参与高息融资甚至“里应外合”致使银行贷款遭受重大损失。而这些事件一般从单个企业爆发，很快就蔓延成势，形成群发事件，对银行的“杀伤力”极大。因此，银行必须多管齐下，采取组合型措施。

1. 强化客户风险的识别。一些重大风险事件反映出的一个突出问题，是风险识别和尽职调查严重不到位，导致其后的判断和决策严重偏离目标。因此，当下尤其要强调把“了解客户、识别风险”的理念贯穿于信贷全流程，做好风险选择

和风险安排，从源头控制风险。同时，强化贷后管理同样基于“了解客户”，要通过不断的排查发觉客户经营中存在的种种风险迹象，如资金链趋紧、涉及民间信贷、互保联保等信息，做到“早发现、早报告、早应对、早处置”。这样才能抢先一步，争取主动。

2. 强化风险的及时预警。下行期银行风险事件虽有突发性特点，但若管理精细、跟踪到位，有些问题还是能够及早发现，及时跟进，控制态势以减少甚或避免损失。银行要在强化对单一或集团客户风险识别的基础上，及时发现问题的蛛丝马迹，及时采取措施，及时化解或处置。银行更应强化信贷资产组合分析，及时觉察某类客户、某些区域、某类产品、某些行业带有苗头性、趋势性的问题，及时发布预警，及时布控，争取把问题解决在萌芽状态，避免群发性或系统性风险的集中爆发。

3. 强化风险的如实暴露。下行期的一个突出特点是“水落石出”，一些高速增长时期累积的问题会持续暴露。银行监管部门一直强调“做实分类”，银行自身更要有清晰的认识和科学的安排，并在考核上给予明确导向。判断的前提应是：经济下行是一个趋势，是一个渐进的过程，不是像前几年经济增速下降后很快出现“V”形反转，一些问题得以在新的一轮增长中予以解决。要破除侥幸心理，把存有风险隐患、存有顺周期因素行业客户的风险因素及时加以识别，及早暴露，这也是抢占先机和主动风险管理的价值体现。

4. 强化风险的及时处置。在如实暴露前提下，更要强化及时处置，不留后患。除传统有效的处置手段外，银行更要充分利用资产转让、打包处置、证券化等新的手段加快处置。2012 年财政部、银监会联合发布的不良资产批量转让的政策其实已做了前瞻性安排。银行一要调整年初的不良或问题贷款处置计划，二要在处置费用上予以重点安排，从整体上实现“暴露多少，处置多少”的目标，确保资产质量平稳。

三、多管齐下，严密防控系统性风险

下行期银行系统性风险凸现，而且形态多样，任一客户集群、行业、区域、产品出现的风险事件，都有可能表现为系统性风险事件。这里不是刻意扩大系统性风险的定义范围，而是该期间任何一类事件甚或是单项事件，都有可能引起集群效应，对银行造成重大负面影响或冲击，甚至引发银行股价的波动，影响资本市场的稳定。从这个角度讲，下行期的任何风险事件，都有可能成为系统性风险的导火索或诱因，必须高度关注并严加防范。

应对系统性风险，除采取集中度控制、适当分散风险的策略外，还应加强风险的监测分析，尤其要加强一些先行性指标的持续追踪及分析研判，以便及早采取措施。当下尤其要重点防范客户集群、重点行业、敏感区域、敏感产品、敏感国别风险事件可能引发的系统性风险。

1. 严防客户集群引致的系统性风险。下行期要重点防范以下几类客户集群风险：一是联保联贷的集群客户。联贷联保多为一些中小企业，因缺乏有效抵押，通过互相担保的方式增信，获得银行贷款。这在经济上升期、企业资金面不太紧的情况下确实有助于防范风险，但在经济下行期却因企业资金链断裂，极易演变为集群性风险，极具传染性的“多米诺骨牌”效应足以对银行产生重大冲击。该类贷款不仅实属信用贷款，而且潜存着把“圈”内所有企业（包括优质企业）全部“拉下水”的隐患。这些已在民营经济发达的江浙地区及前几年增速较快的城市暴露出来，且有持续蔓延之势。二是大型民营集团。有的企业借助于上升期的发展机遇，较短时间内即把规模做得很大，企业家头上的“光环”甚多。企业发展初期还专注于做大实业，做强主业，后期则热衷于“多元化”，腾挪甚至借贷大量资金投入高利润行业（如房地产），甚或大搞“资本运作”。下行期很容易某一链条出问题而带来连锁效应，使银行动辄几亿元甚至几十亿元资金面临重大风险。“中江系”、“实德系”便是明显例证。三是经济景气度高度相关行业（如钢铁）中处于供应与销售两端的企业。下行期原材料需求下降，企业“去库存化”行为明显，处于更基础地位的原材料生产企业如煤炭、采矿生产过剩问题凸显，与之相应的航运、铁运、港口同样受到严重牵连。同时，下行期钢材生产过剩的问题更为突出，价格战愈益激烈，使钢贸类企业受损严重，加之不法企业在势头好时将从银行获取的资金腾挪出去搞所谓的“高利润”投资，此刻不得不依靠民间借贷度日，结果不能自拔，给银行带来很大拖累。目前船舶类、钢贸类企业不良暴露已冲历史最高。四是处于产能过剩行业的中型或接近于大型的企业。该类行业的龙头老大或大型集团已凭借实力将业内潜力企业收归“麾下”，凭借龙头地位及自身研发能力实施技术升级并在升级基础上扩大产能，使本已过剩的产能有进一步扩大趋势，价格战愈趋激烈。这就使得处于盈亏边缘的中型或大型企业面临被“挤出”或被淘汰的境地，目前该类问题在钢铁行业尤其突出。五是所谓“两头在外”的贸易类客户，这类客户在2008年国际金融危机时就已遭一轮淘汰，经济下行期又新遭重创。他们因缺乏实体经济支撑，在发达经济体持续衰退、新型经济体也进入下行区间、外需及内部有效需求普遍乏力，且这一势头短期内难以好转情况下极易再“雪上加霜”，给银行健康运行带来威胁。

2. 严防重点行业引发系统性风险。如上所述，下行期最容易引发系统性风险的行业当属“亲周期行业”，包括钢铁、水泥、电解铝等基础原材料行业，也包括与之关联度密切、又受制于宏观调控的房地产行业，还包括一开始因政策导向（17%的出口退税）吸引大量资金投入而形成超出实际需要的大量生产能力，现因欧美经济体的“反倾销”制裁而使产能过剩问题愈加突出的光伏行业等。银行必须加强对该领域贷款企业的风险排查，除龙头企业、行业排头兵、核心骨干企业外，其余要严控新增，并严密监测其动态变化，及时采取针对性措施。

3. 严防重点区域引发系统性风险。与2008年国际金融危机最先冲击的情形类似，此次下行期受冲击最大的仍属沿海地区。因为经济发展快，民间借贷活跃，这股昔日曾推动中小企业快速发展的民间力量，目前又成为引发系统性风险、扼杀经济动能的“冷面杀手”。银行必须锁定重点，加大对民间借贷突出区域的风险排查，发现蛛丝马迹，当即采取措施，防止由此带来的骨牌效应。同时，银行要进一步加大区域差别化政策支持力度，引导分支机构积极营销区域内具备市场优势、资源优势、技术优势、区位优势及管理优势的客户和项目，有效提升客户选择和风险控制能力。

4. 严防敏感类产品引发的系统性风险。与利率市场化伴生而来的各类理财产品，其风险累积在下行期会加速暴露。尽管银行可以讲有些产品甚或信托计划是代理发行的，但最终还是难脱干系，这与中国体制及文化相关。即便是已办理多年非常成熟的业务，如单位委托贷款，也会因操作上的违规甚或道德风险而使银行成为最终的风险承担者。因此，银行必须把该类具有“影子银行”性质的业务纳入风险管理体系中统筹考虑，采取针对性极强的措施，防止其引发的系统性风险。

5. 防范国别风险引发的系统性风险。随着全球经济依赖程度的日益加深，随着中国经济国际化程度的日益提高，随着大批企业走出去和对外投资的日益增多，国别风险的防范控制日益紧迫。银行在跟随国内企业“走出去”进程中，或选择大型跨国企业提供金融服务进程中，必须努力识别一国的政治风险及经济风险，努力规避并采取有效措施，防控其给我国银行资产质量乃至我国经济的安全性带来冲击。

四、抓住下行期间的市场机遇，努力提升风险调整后的价值贡献

经济下行期同样存在市场机遇，只不过这一时期识别市场的有效需求、抓住真正有潜质的客户比平时难度要大，需要做更加深入细致的工作。但这一时期与客户建立起来的关系也往往是“患难之交”，经银行扶持度过最难关口并在日后图强的客户，往往成为其最具基础性和忠诚度的客户。从这一角度讲，下行期间，银行更需下大力气做好客户的识别与选择。

1. 注重客户所在的行业。尽管在理念及实践中强调“没有不好的行业，只有不好的客户”，重在客户自身的品质，尤其在行业中的地位，即使产能严重过剩行业，只要处于排头兵位置或“行业龙头”位置，仍然是银行首选对象。但从长远看，银行应努力拓展战略性新兴行业的项目与客户，在综合衡量客户总体风险承担能力的基础上，优先选择企业家综合素质好、企业风险管理基础及能力强、所做产品及项目市场潜力大、行业排序靠前或与核心企业处于产业链条的客户，支持其做大做强，成为行业排头兵或潜力客户，

成为银行基础性或战略性客户。这就需要银行做足尽职调查，做足市场的分析研判，甚至在前期适度提升风险容忍度，以真正识别并选择出有前景、有潜质、有核心竞争力的客户，并不断巩固和扩大该类客户的基础。同时，对于传统行业中产能过剩行业制定明确的行业限额，在继续支持行业排头兵通过技术进步提升竞争能力的同时，严格控制其他客户的信贷支持，使该类行业客户在整体信贷组合中处于一个受控的额度，以有效防控集中度风险。

2. 注重客户所在的区域。经过三十多年的高速发展，我国目前已形成产业集群梯度分布的态势，并随着产业升级推进着区域间的梯度转移。在梯度转移中处于向高新技术和战略性产业升级的东部沿海区域，银行的客户选择应瞄准具有核心技术、具有强势研发能力、产品或项目符合国家产业导向并具广阔市场空间和未来潜力的客户。银行应在充分调查评估的基础上，主动向其伸出“橄榄枝”，帮助其成长壮大，以在未来竞争中培育起强大且具竞争力的客户基础。对处于基础原材料和承接产业转移的中西部地区，则应在支持当地基础产业做大做强的同时，积极支持产业转移中具有区位优势、能够与当地产业有机融合形成产业集群或强大产业链的企业，同时避免支持“两高一剩”的客户，以通过有效的客户选择形成强大的客户根基。

3. 注重给客户提供适合其风险偏好的产品。下行期客户的投资偏好往往也趋于稳健或保守。银行要善于把握不同类别客户在不同时期投资特点的变化，设计针对性强的产品予以满足。尤其高净值客户，一定要了解其投资偏好及特点，了解其心理素质及风险承受能力，有针对性地设计并推荐适合的产品，密切跟踪其投资期内的满意程度，并精心准备下一个档期的承接。以此抓住客户，稳住客户，使其成为银行稳固的客户群体。

4. 注重提升针对不同客户的风险定价能力。在利率市场化提速进程中，如何基于客户的风险状况和盈利能力实施风险定价，培育定价能力，争取风险收益的平衡也是一个很重要的问题。近期，随着企业债发行市场的扩容，“脱媒”现象日趋突出，银行原有的大型企业客户群体发生集体流失现象。同时由于降息背景下贷款利率降幅的进一步扩大和降幅弹性空间的进一步扩大，企业的谈判空间进一步加大，通过提前还贷给银行造成的重定价的压力也进一步增大，这进一步考验银行风险定价能力，进而考验银行的风险收益平衡能力。银行必须针对不同类别客户确定不同定价策略，对于主体客户群体（如大型优质客户）主要考量其长期合作战略安排，考量其综合收益能力；对于小微型客户，也不可沿袭以往的惯性思维，即“定价越高越好”的模式。要区分其所在行业、所做产品、是否居于一个有前景及潜力的客户集群之内，尤其是否与核心企业有着紧密的供销关系。若是如此，不仅给予其评级增信的优惠，更应在经济资本计量、在风险定价等方面给予支持，以便在培育银行自身综合定价能力的同时，培育促成建立强大的客户基础，进而促成组合管理能力的不断提升。

五、百般警惕，有效防控欺诈及声誉风险

下行期往往伴随着欺诈等风险事件的高发，同时伴随着声誉风险的困扰，中外银行概莫能外。唯一有效的应对方式就是：睁大双眼，如履薄冰地做事，如临深渊地“结网”，努力防患于未然。同时做好应急预案及演练，以便能够做到在事发时有效应对和及时处置，努力把损失及负面影响降至最低。

防范信贷领域外部欺诈的最有效方式就是做好尽职调查，充分把握客户的真实信息，把握报表以外的活动情况，并善于从与客户的接触中捕捉蛛丝马迹，从多重角度和层面作出分析判断，从而把有不轨之心之人堵截在大门之外。内部欺诈的防范还是要从教育、引导员工遵循职业准则入手，跟进悉心的观察、心理的疏导及必要的岗位轮换，同时在控制手段及激励约束机制上创新方法措施。此外，银行还必须重点防控一些不可抗力（如洪灾、震灾、火灾等灾害性事件）、外部侵害等突发事件对业务运营带来的冲击，做实预案并加强演练，真正提升应对及处置能力。同时注重从根本上提升对客户的服务能力，对于客户投诉并经媒体曝光后产生的负面效应，要积极应对，处置得力，努力把由此带来的声誉风险降至最低。

应高度重视民营企业的贷款风险问题

总行资产保全部 谭兴民

改革开放以来，我国民营企业有了巨大的发展，目前已在总量上达到了“半壁江山”，为国民经济发展作出了重大贡献。但是，近年来，特别是金融危机以来，由于经济环境的恶化以及民营企业自身的一些原因，部分民营企业经营不断出现问题，导致其在银行的贷款出现风险，严重影响了银行的贷款质量，应该引起我们的高度重视。

一、银行贷款中民营企业的“双高”问题及其特点

据统计，全国商业银行贷款客户中民营企业的贷款不良率和不良余额都保持在较高状态，出现了所谓“双高”问题。据某国有大型商业银行的统计数据反映，目前不良贷款中民营企业的不良率达到1.95%，是各类所有制中最高的，不良贷款余额近300亿元，余额也是最高的。据统计，近四年以来国有大型银行处置的不良贷款中民营经济所占份额最大，接近总量的一半。

近年来，民营企业的贷款风险呈现以下三个特点：

1. 突发性。特别是一些大的集团系列性的不良客户，往往在银行没有察觉的情况下，突然出问题，进入不良。如某省的一个集团性客户，其中骨干企业之一某分公司因民间借贷遭法院查封账户，风险呈现，使得银行50多亿元贷款进入不良；另一省的某企业2009年被国家审计发现骗贷问题后，资金链出现问题，所有银行贷款30多亿元全部进入不良。这些企业表面上经营正常，风平浪静，实际上乱象丛生，暗流涌动。过往的案例还有更严重的德隆系事件。

2. 复杂性。一些民营企业有复杂的所有权关系，有复杂的互保关系，有复杂的控股、参股关系。这些企业出于各种目的和原因，形成复杂的链条关系。例如经营汽车零配件产品的周天宝系有7个不同的企业，分别在北京、上海经营，并且在多家银行贷款，表面上看不出关联关系，风险出现后，经各行梳理后才发现其中的关联。类似的还有华源系、东盛系等。

3. 隐蔽性。一些民营企业为了尽可能多地从银行获得贷款，有意隐蔽关联企业的控股关系，从而使多家银行贷款或者在一家银行的多个支行贷款出现超贷，风险敞口扩大。如上面提到的某集团性客户，在十几家银行贷款51亿元，民间借贷24.4亿元。周天宝系十几年前在安徽蚌埠就有某大型银行当地支行的3 000多万元贷款成为不良，后剥离到资产管理公司，然后更换企业名字又在上海、北京贷款，最终又成为不良。类似的还有浙玻系等。

二、民营企业信贷欺诈行为的突出表现

过去一般认为民营企业财产约束强，治理结构好，但实际上并非都如此。很多民营企业家素质不高，不能很好地把握自己。在初期发展还不错，达到一定规模后就盲目扩张，造成资金紧张，出现严重的资金链断裂，使银行贷款进入不良。一些民营企业甚至弄虚作假，千方百计从银行获得贷款用于盲目扩张，挪用贷款搞房地产及其他行业，更严重的是有些民营企业不择手段进行骗贷，给银行造成很大损失。

民营企业信贷欺诈行为的突出表现，归纳起来至少有以下几种：

1. 运用关系，甚至不惜利用各种手段拉拢银行人员，在贷款条件不具备的情况下获得贷款。如某银行事后查明，甘肃某客户在贷款时提供的营业执照，省政府的立项、可研批复，环保、取

水、电价等批文，以及项目招标书、施工合同、施工进度表等基本上都是虚假的。而贷前调查与项目评估人员完全依靠借款人提供的材料撰写项目评估报告，未按规定实地查看、走访和查询项目相关信息。

2. 隐瞒家族企业或关联企业的关系，在多家银行或一家银行的多个分支行贷款。如某省一家民营企业实际控制人控制了31家公司，经营范围涵盖化工原料的生产销售、酒店经营管理、贸易批发、房地产开发等行业。这些企业都是由其亲朋好友或员工代持股份，在某省大型银行的分行下属四个二级行有业务关系，涉及信贷业务、理财产品、委托贷款等。这家企业刻意隐瞒成员企业之间的关联关系，相互提供担保，套取银行授信，规避银行监管。风险发生后，银行才发现这些企业的实际控制人都是一个人。

3. 用假抵押、假担保，骗取银行贷款。如山东一家房地产公司通过伪造、编造房地产项目“四证”、土地他项权证、财务报表等方式骗取贷款，并捏造项目工程进度，编造虚假购销合同挪用贷款资金。

4. 家族企业内部互相担保，超出担保能力，或者家族与另一家族互保，使担保成为虚设。浙江温州的胡福林（前2个月“跑路”的企业家）系，总计在各家银行有2亿多元的贷款，多数是互相担保。由于都是同一行业的相近产品，一家出了问题，其他企业也好不了多少，担保责任往往无法履行。在浙江这种互保的现象十分普遍，造成担保虚设。

5. 获取贷款之后就盲目扩张，甚至进入房地产以及股市。这些企业不是将银行贷款用在主业上，而是千方百计盲目扩张。如兰州新盛电力有限公司，全部3.2亿元贷款中，有1.26亿元被直接转入借款人在他行的账户，其中1 000万元被用于购买基金，4 500万元被转入新盛公司法定代表人赵德荣控制的兰州新兴热力有限公司的证券账户。浙江时源达电器有限公司2010年从我行贷款，目前余额1 900万元，法人代表邱建旺从事期货投机行为，不仅挪用贷款，还从民间借入大额资金，导致企业出现巨额亏损，目前已停产。

6. 介入民间借贷，一旦出现问题，危及银行贷款。民营企业介入民间借贷多发生在长三角和珠三角地区，其中在浙江最为突出。民间资本的积累和投入，曾经创造了浙江经济的辉煌。但随着民间借贷规模的不断扩大，加之长期以来政府监管不力，甚至一定程度上的放任自流，民间借贷市场的高利率化和投机化趋向日益严重，民企特别是其中大量中小企业涉足其中，有的甚至偏离主业经营，通过高负债投机获取“高额”收益。在经济下行时期，民间借贷风险集中爆发，导致大量企业资金链断裂，部分企业关停倒闭，甚至业主逃逸，对银行贷款形成巨大冲击。据统计，2011年下半年仅温州地区就有百余家企业主出走，涉及民间借贷达数十亿元，使多家银行的贷款出现问题。有人估计银行贷款出现不良有近四成是由于涉及民间借贷造成的。

三、化解民营企业贷款风险的对策

化解民营企业贷款风险要从地区金融生态环境建设和银行风险管理两方面入手，这样才能真正有效地解决这个问题。

（一）建设良好的地区金融生态环境，树立诚信为本的民企风尚

1. 政府有关部门要高度重视地区金融生态环境建设，要采取多种措施推动民营企业诚信体系的建立，对讲信誉、守合同的企业要进行表彰和奖励，对不讲信用的企业要进行批评、教育和惩罚。

2. 要严格管理和规范地区的金融秩序，制止和防控非法民间借贷的泛滥。非法民间借贷虽然是在非公开场合进行，有很强的私密性，但是，政府应该采取多种手段发现和掌握情况，决不能放任自流，放弃管理和控制。

3. 要建立必要的民营企业救助机制，解决民营企业的暂时资金周转问题。民间借贷的产生有其合理的现实需求，少数人借机大搞非法的、高息的民间借贷，从而扰乱了市场秩序。政府应该建立必要的救助机制，满足民营企业的临时资金周转需求，以此遏制非法民间借贷。要创造条件，让民间借贷合法化，在阳光下进行。

4. 要引导民营企业进行合理的规模扩张，防止出现盲目扩张，造成资金链断裂的问题。

（二）加强银行风险管理，防止民营企业贷款风险的发生

1. 要严格执行企业准入标准，把好入门关。银行首先要制定严格、合理的企业准入标准，将资本实力大小、信用评级优劣、财务杠杆高低、市场地位强弱、现金流状况作为筛选民企的重要依据，特别是信用评级优劣的标准要实用，要能真实反映企业的真实情况。其次，要严格执行这个标准，坚决防止把那些有不良记录的企业当做好企业而发展成银行的信贷客户。

2. 要做好贷款后期管理，及时发现民企存在的问题。贷后管理十分重要，通过认真、细致的管理，可以及早发现企业在经营中的问题，尤其是那些不按贷款用途使用、将资金挪作他用的问题。特别要注意企业参与民间借贷、投资股市、期市以及房地产的动向。

3. 要对出现问题的企业及早采取果断措施，控制风险，减少损失。发现企业有问题千万不能存有幻想，要采取果断措施，包括法律诉讼、查封、处置抵押物及其他资产、追偿担保人等，将损失降到最低程度。

4. 要积极与政府、法院协调沟通，解决疑难问题。有些出了问题的民企因参与民间借贷，往往问题很复杂，银行要积极与政府、法院协调沟通，妥善处理问题，最大限度地保全银行资产。

民营企业信贷分析报告

总行风险管理部　韩喜汶　李文博

一、对当前民营企业的市场分析研判

（一）民营企业在我国经济中的地位日益突出，成为银行不可忽视的客户群体

1. 企业数量大、占比高，为银行拓展客户基础提供广阔的空间。近10年来我国民营企业得到快速发展，现已成为数量最大、占比最高的企业群体。截至2011年上半年，全国民营企业903.49万户（含分支机构），占全国企业总数的75.8%，较10年前提高约40个百分点，年均增速达到15.6%（见图1）。另据人保部统计，全国民营企业吸纳90%以上的就业。银行在支持实体经济发展过程中，需要高度关注民营客户群体，提高主动选择客户的能力。

2. 民营企业在社会总投资中占半壁江山，潜在金融需求巨大。2010年内资民营企业①完成的城镇固定资产投资12.35万亿元，占比首次超过五成（51.1%）；2011年6月，占比进一步提高到58.7%。民营企业投资增长带来相应金融需求的增加，为银行带来新的业务增长点（见图2）。

3. 经济增加值增长较快，涌现出大量高成长性的优质客户群体。近年来，全国规模以上民营工业企业增加值保持高速增长，年增速基本都在20%左右，远高于同期国有企业的增速（2011年增速达到国有企业的2倍）。其中，很多业绩突出、成长性良好的民营企业，成为各大银行竞相营销的目标客户（见图3）。

① 口径说明：民营投资总量＝全社会固定资产投资－国有投资－外资及港澳台企业投资。

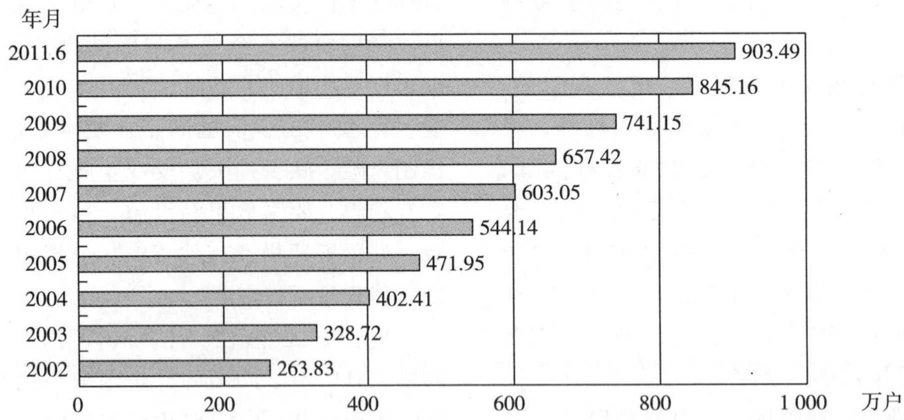

资料资料：国家工商总局和国家统计局。

图 1　全国民营企业户数

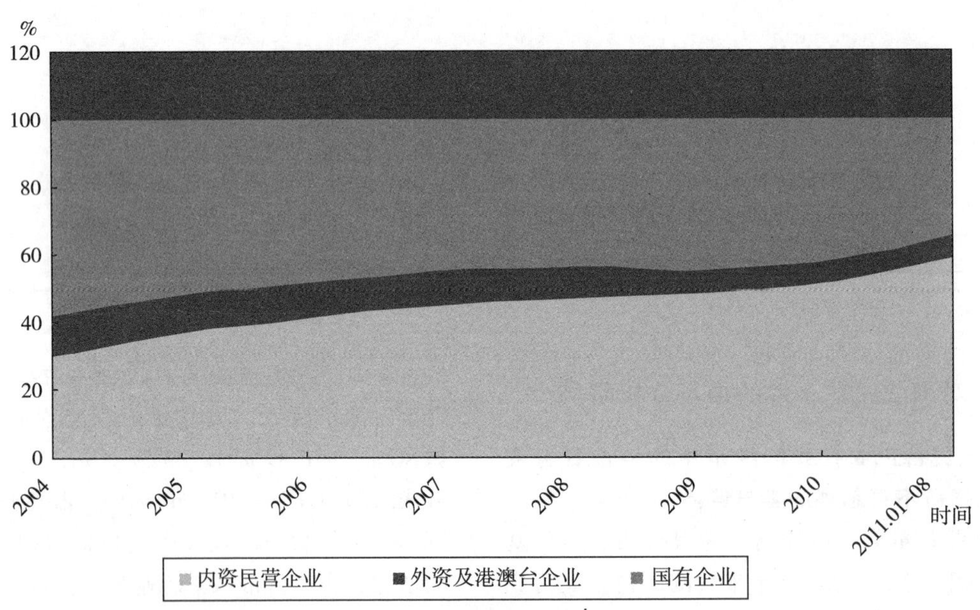

图 2　分经济类型城镇固定资产投资比重变化

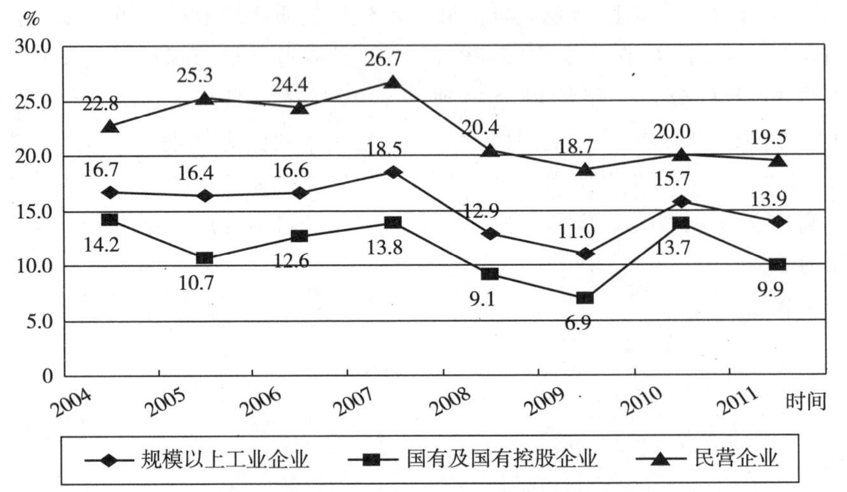

图 3　规模以上工业企业增加值增速

（二）民营企业比较优势主要集中在一般竞争性领域；随着产业结构转型，企业呈加速分化趋势

1. 民营企业在一般竞争性领域具有比较优势。目前民营企业在批发零售、住宿餐饮、制造业、房地产业竞争性领域的投资占比很高，达到70%左右，在上述领域具有较明显的竞争优势。但在交通、金融等“垄断性”领域占比很低。虽然“非公36条”① 逐步打破民企和国企的行业性壁垒，但预计短期内基本格局不会发生明显变化（见表1）。

表1 城镇固定资产投资占比 单位:%

指标	2010年		2006年		占比增减变化	
	私人控股	国有控股	私人控股	国有控股	私人控股	国有控股
批发和零售业	71.4	12.6	63.1	17.1	8.3	-4.5
住宿和餐饮业	70.8	14.0	63.5	17.5	7.3	-3.5
制造业	69.0	16.3	52.8	21.8	16.2	-5.5
其中：装备制造业	68.2	17.8	53.7	20.1	14.5	-2.3
房地产业	55.6	20.3	60.5	18.9	-4.9	1.4
居民服务和其他服务业	48.1	34.3	52.8	25.4	-4.7	8.9
农、林、牧、渔业	42.1	46.1	30.0	61.8	12.1	-15.7
采矿业	38.3	54.8	23.0	70.4	15.3	-15.6
文化、体育和娱乐业	31.5	56.5	22.3	69.4	9.2	-12.9
租赁和商务服务业	30.9	49.5	35.0	46.2	-4.1	3.3
建筑业	29.5	58.0	38.5	45.6	-9.0	12.4
科学研究、技术服务和地质勘查业	26.9	63.2	15.2	77.6	11.7	-14.4
电力、燃气及水的生产和供应业	15.4	76.3	11.5	77.8	3.9	-1.5
金融业	13.4	71.4	8.2	67.8	5.2	3.6
教育	10.8	84.0	10.3	85.4	0.5	-1.4
信息传输、计算机服务和软件业	10.7	69.4	4.6	66.6	6.1	2.8
卫生、社会保障和社会福利业	10.4	82.2	10.6	83.8	-0.2	-1.6
交通运输、仓储和邮政业	8.6	87.2	4.8	90.4	3.8	-3.2
水利、环境和公共设施管理业	7.6	85.7	5.9	89.9	1.7	-4.2
公共管理和社会组织	6.9	77.9	4.2	84.6	2.7	-6.7
全国总计	43.6	42.3	35.7	48.0	7.9	-5.7

注：(1) 数据来源于中国统计年鉴。(2) 装备制造业系工信部口径，包含通用设备制造业、专用设备制造业、交通运输设备制造业、电气机械及器材制造业、仪器仪表及文化办公用机械制造业等5个国标行业大类。(3) 该表数据与图2的统计口径略有差异（因数据来源不同）。

2. 随着经济转型和产业结构调整，民营企业出现加速分化的趋势。一些民营企业能主动顺应产业升级的方向，通过掌握核心技术、创立自主品牌，赢得新的竞争优势。但是部分民营企业仍主要依赖廉价劳动力，从事低端的加工制造，生产工艺落后，在新一轮产业升级中可能面临淘汰。

同时值得关注的是，民营企业发展受外需影响较大。2010年民营企业出口总额4 812.66亿美元，较10年前增长35倍；出口金额占比也从10

① 国务院于2005年印发的《关于鼓励支持和引导个体私营等非公有制经济发展的若干意见》（即“非公36条”），于2010年印发的《关于鼓励和引导民间投资健康发展的若干意见》（即“新非公36条”）。

年前的5.3%大幅上升到2011年6月的32.5%①。美国金融风暴、欧洲债务危机导致外需低迷，外向型民营企业首当其冲。虽然不少民营企业努力转向拓展国内市场，但目前来看转型的成效尚不明显。

（三）民营企业呈区域集群化特点，在新形势下面临的问题也不尽相同

全国约52.1%的民营企业分布在长三角和环渤海地区（2010年末的统计数据）。江苏、广东、上海、浙江和山东的民营企业户数居前五位，分别占民营企业总数的12.4%、11.2%、8.4%、7.6%和6.3%（五省市合计占45.8%）②。各区域民营企业形成具有地方特色的"块状经济"，因此在新的形势下面临的问题也不尽相同（见图4）。

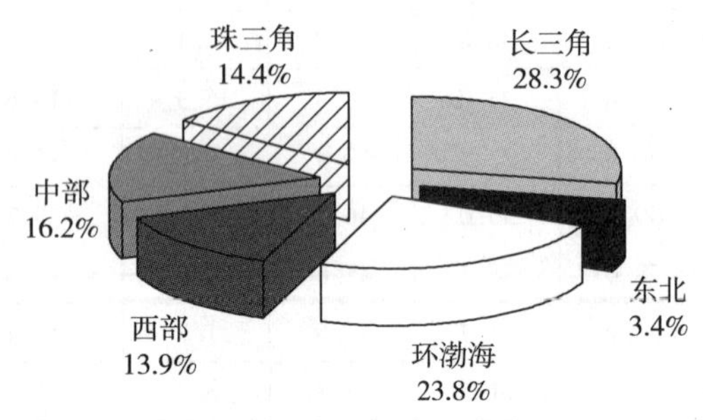

图4　民营企业区域分布

——广东外向型经济发达，出口加工型民营企业较多，但规模普遍偏小。2011年民营企业500强中广东仅占21席，占比4.2%，较该省民营企业总户数占比低7个百分点。在欧美经济不景气、外需低迷的环境下，广东民营企业受国际市场波动的影响更显著。

——山东整体工业基础较好，民营企业多数属于为大型企业提供配套服务，且从事重化工业的企业较多。山东进入500强的46家民营企业中，有一半从事装备制造、石化、冶金等行业。这些行业属于资金密集型行业，在经济下行、资金面紧张的环境下，企业在财务成本、现金流管理等方面往往面临较大的压力。

——北京、上海、广东、浙江、江苏等省市科技文教发达，很多企业通过科技创新、品牌打造建立了竞争优势。据统计，2010年上述5个省市三类专利申请受理数在全国的占比达到57.5%。江浙的部分民营企业凭借技术优势，在细分市场中成为行业排头兵。浙江和江苏的民营企业在500强中超过半数，远高于两省民营企业数量在全国的占比（20%）。但同时需要关注的是，不少企业达到一定规模后出现脱离主业、多元化经营的现象，企业主扩张冲动较强。一些企业因过度负债、投资失败而陷入困境。

——西部地区省份从事资源开发以及资源相关深加工的民营企业较多，因区域资源禀赋具有独特的竞争优势。例如，仅内蒙古就有13家民营企业进入500强，其中9家从事采矿业。同时值得关注的是，这类民营企业发展易受国家资源政策、环保和节能减排政策变化的影响。

（四）民营企业不同程度都存在治理结构不完善、关联关系复杂等问题，对银行经营带来挑战

1. 治理结构不完善。多数民营企业的公司治理还停留于家族式或准家族式的模式，企业运营管理过度依赖家族成员或亲戚朋友。在企业创业初期，亲缘关系、友情乡谊能够起到凝聚人心的作用。但是随着企业规模扩大，其弊端往往逐渐显现出来。例如，近期广东天健实业集团资产清算拆分事件，就是在股东矛盾激化背景下发生的。因缺乏稳定的职业经理人团队，公司未来的经营存在较大变数。再如，曾经名噪一时的百信鞋业，鼎盛期曾在全国40多个城市开设连锁店，均由企业主的亲戚朋友管理。在企业发展壮大后，公司治理的缺陷迅速暴露，不少管理人员损公肥私、管理混乱，导致企业经营失败。类似的案例非常多。

2. 关联关系复杂、隐蔽。很多民营企业发展壮大以后，往往因为扩张或者为了便于融资、资金调剂、转移利润、节税避税等，成立诸多的关

① 数据来源于商务部。

② 数据来源于《中国民营经济发展报告（2010—2011）》。

联企业。而且关联企业之间的关系具有很强的隐蔽性，甚至有的关联企业法人代表并不是企业主或其直系亲属。关联企业之间往往组成复杂的关联交易链、资金链和担保圈，风险很难识别和管控。

3. 财务制度不健全，信息不真实。不少民营企业尤其是中小企业，没有能力（或不愿意）聘用专业的财会人员或者设置专职的财务部门，导致财务报表质量不高。有的民营企业为了获取银行授信，人为粉饰报表，信息失真。

4. 与民间借贷关系密切。多数民营企业尤其是小微企业目前尚无法通过正规金融获取信贷支持。近期有调查显示，超八成小型企业资金要靠自筹，超两成使用过民间借贷①。同时值得关注的是，有的从事加工制造等实业的小企业，由于利润率收窄，转而将企业日常经营或扩大生产的资金投向民间高息借贷。

二、我行民营企业信贷业务基本情况

（一）目前我行公司客户中民营企业数量最多，分布情况与我国民营企业结构大体吻合②。

1. 民营企业占全行公司类授信客户数的八成，成为最大的客户群体。截至2011年末，全行民营企业信贷客户（不含无贷客户，下同）共76854户，占全行公司客户（不含机构客户，下同）的八成。信贷余额1.9万亿元，贷款余额1.43万亿元，不良贷款279.62亿元③；不良贷款率1.95%，较全行公司客户平均水平高0.78个百分点（见表2）。

表2　　2011年末全行民营企业信贷情况　　单位：个，亿元，%

客户类型	客户数	信贷余额	贷款余额	不良贷款余额	不良贷款率
公司客户合计	96 013	54 337.05	40 926.15	477.09	1.17
其中：民营企业	76 854	18 994.40	14 305.24	279.62	1.95
国有经济	9 816	28 470.86	21 872.39	117.86	0.54
港澳台经济	3 880	2 900.03	1 968.80	33.07	1.68
外商经济	3 407	2 830.39	1 893.81	36.52	1.93
集体经济	2 047	1 140.28	885.68	10.03	1.13

2. 民营企业的客户数和信贷余额占比上升。2011年全行民营企业客户数比上年增加11 241户，其他类型公司客户合计减少888户。信贷余额增长16.8%，贷款余额增长20.1%，均比全行平均增速高7.4个百分点。在全行新增的信贷和贷款余额中，民营企业分别占58.5%和52%，高于存量贷款的新增占比（见表3）。

表3　　2011年公司客户信贷结构变化　　单位：个，亿元，%

客户所有制类型	客户数变动	信贷余额变动	贷款余额变动	不良贷款余额变动	不良贷款率变动
公司客户合计	10 353	4 670.07	4 598.73	38.66	-0.04
其中：民营企业	11 241	2 733.42	2 392.07	63.73	0.14
国有经济	-428	1 751.51	2 193.10	-19.16	-0.16
港澳台经济	-24	169.13	19.50	4.71	0.23
外商经济	-170	34.94	-42.07	-5.12	-0.22
集体经济	-258	-18.17	36.50	-5.50	-0.70

2007年以来，民营企业贷款占比逐年提高。其中，2009年增速最快，当年提高了8.7个百分点。

① 零点集团最新发布的《2011年中国企业家生存环境指数研究》。

② 本部分所指民营企业采用我行信贷管理信息系统（CMISII）中“私有经济”的公司客户。信贷余额口径包含表内外业务，未剔除贴现，与授信管理部分析口径存在差异。

③ 本报告不良贷款数据来源于CMISII，系审计调整前数据。

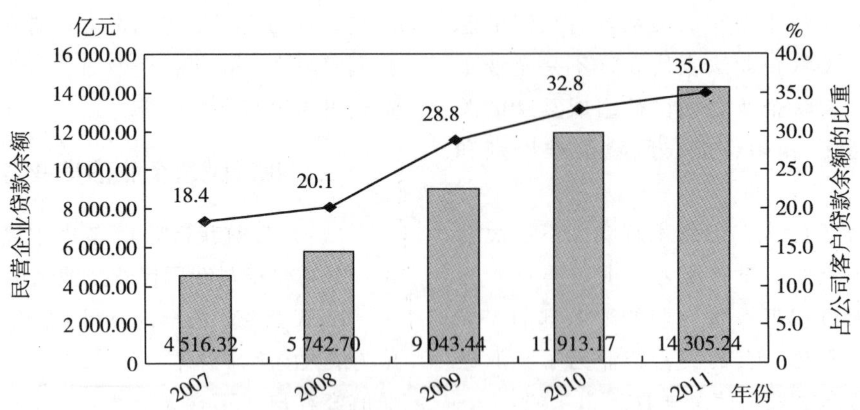

图5　2007年以来民营企业贷款占比变化①

（二）民营企业区域和行业分布较为集中

1. 民营经济活跃地区信贷占比大，江浙粤占比接近一半。从省级行政区域看，民营企业客户浙江（含宁波）最多，占22.9%；江苏（含苏州）占15.3%，广东（含深圳）占11.3%，山东（含青岛）占6.5%。江、浙、粤三省合计占比49.5%。

从客户数占比看，长三角民营企业客户占全行的42%，较该区域民营企业户数在全国的比重高13.7%，珠三角地区占比也较高。从余额占比看，长三角地区信贷、贷款余额占比均低于客户数占比，说明该地区民营企业户均余额低于全行平均水平，环渤海地区则恰好相反（见表4）。

表4　　2011年末我行民营企业客户区域分布　　单位：%

大区域	户数			余额		不良贷款率	客户RAROC
	我行民企户数占比	全国民企户数占比	差异	信贷余额占比	贷款余额占比		
总计	100.0	100.0	—	100.0	100.0	1.95	23.84
长三角	42.0	28.3	13.7	37.7	33.4	2.08	21.87
珠三角	17.1	14.4	2.7	19.3	17.6	1.58	22.26
环渤海	15.6	23.8	-8.3	19.3	21.5	1.96	27.68
中部	14.4	16.2	-1.8	12.7	14.7	2.40	24.77
西部	8.9	13.9	-5.0	8.2	9.5	1.72	23.95
东北	2.1	3.4	-1.3	2.7	3.2	1.35	25.96

注：全国民营企业户数系2010年末数据。

2. 行业分布较为集中，制造业、批发零售业、建筑业和房地产业占比接近九成。全行91.3%的民营企业客户分布在制造业、批发零售业、建筑业和房地产业。上述4个行业占全部民营企业新增贷款余额的比重为78.4%。全行制造业客户中有82.1%、批发零售业中有94.3%的客户为民营企业（见表5）。

① 各年年末数据，CMISII可查询的最早时点是2007年末。

表5　2011年民营企业客户行业（门类）分布　单位：个，%

行业门类	客户数	本年净增加客户数	民营企业数在本行业占比	新增信贷余额占比	新增贷款余额占比
总计	76 854	11 241	80.0	100.0	100.0
制造业	39 973	5 871	82.1	39.7	36.8
其中：装备制造业	12 526	1 483	82.1	10.7	12.9
批发和零售业	22 651	3 586	94.3	20.1	22.4
建筑业	5 244	777	75.7	9.1	8.2
房地产业	2 294	-84	75.1	9.5	11.0
交通运输、仓储和邮政业	1 439	242	58.3	4.2	3.6
租赁和商务服务业	1 018	219	44.1	7.1	7.3
采矿业	935	144	64.9	4.3	4.9
农、林、牧、渔业	769	219	68.5	1.6	1.8
电力、燃气及水的生产和供应业	537	3	23.0	0.9	0.9
信息传输、计算机服务和软件业	516	57	71.6	0.6	0.3
住宿和餐饮业	370	76	81.1	1.2	1.4
科学研究、技术服务和地质勘查业	364	51	45.2	0.6	0.7
水利、环境和公共设施管理业	291	49	30.6	0.6	0.7
居民服务和其他服务业	264	38	76.5	-0.1	-0.3
其他	189	-7	53.1	0.6	0.2

我行投向民营企业的固定资产贷款占比明显低于民企在固定资产投资总额中的占比。全行各类固定资产贷款（含房地产开发贷款）中，民营企业占22.6%，而同期全国城镇固定资产投资中民营企业占比达到43.6%（2010年底数据）。除房地产等个别行业外，大部分行业都具有上述特点。民营企业固定资产贷款占比与投资占比对比详见表6。

表6　民营企业固定资产贷款占比与投资占比对比　单位：%

行业门类	民营企业固定资产贷款余额在各行业的占比	私人控股城镇固定资产投资在各行业中的占比	差异
总计	22.6	43.6	-21.0
制造业	32.0	69.0	-37.0
批发和零售业	61.4	71.4	-10.0
建筑业	9.1	29.5	-20.4
房地产业	64.1	55.6	8.5
交通运输、仓储和邮政业	9.6	8.6	1.0
租赁和商务服务业	9.3	30.9	-21.6
采矿业	29.4	38.3	-8.9
农、林、牧、渔业	14.6	42.1	-27.5
电力、燃气及水的生产和供应业	7.7	15.4	-7.7
信息传输、计算机服务和软件业	12.8	10.7	2.1
住宿和餐饮业	64.5	70.8	-6.3
科学研究、技术服务和地质勘查业	30.7	26.9	3.8
水利、环境和公共设施管理业	3.0	7.6	-4.6
居民服务和其他服务业	13.9	48.1	-34.2

注：本表统计固定资产贷款比例时包含了房地产开发贷款。

（三）民营企业贷款不良率较高，同时风险调整后收益也比较高

截至2011年末，全行民营企业不良贷款率为1.95%，比公司客户平均水平高0.78个百分点。但另一方面，民营企业客户风险调整后的资本回报率（RAROC）也比较高，达到23.84%，高于同期公司客户平均水平8.59个百分点。民营企业不良率与RAROC情况（按行业）见表7。

表7　　民营企业不良率与RAROC情况（按行业）　　单位：%

行业门类	不良贷款率			RAROC		
	民营企业	全行平均	差异	民营企业	全行平均	差异
总计	1.95	1.17	0.79	23.84	15.25	8.59
制造业	1.80	1.70	0.10	25.90	19.69	6.21
其中：装备制造业	1.40	1.21	0.20	26.73	21.87	4.86
批发和零售业	1.78	1.93	-0.15	25.26	21.06	4.21
建筑业	1.12	0.92	0.20	28.55	23.42	5.14
房地产业	1.75	1.45	0.30	24.40	22.30	2.10
交通运输、仓储和邮政业	2.71	0.62	2.09	14.41	10.85	3.56
租赁和商务服务业	2.99	0.80	2.19	15.37	10.32	5.05
采矿业	0.36	0.32	0.03	23.49	15.43	8.06
农、林、牧、渔业	1.28	0.44	0.84	22.06	16.43	5.63
电力、燃气及水的生产和供应业	4.96	0.64	4.32	13.65	9.06	4.59
信息传输、计算机服务和软件业	4.29	3.27	1.02	30.36	12.17	18.18
住宿和餐饮业	15.48	10.99	4.49	20.30	15.78	4.52
科学研究、技术服务和地质勘查业	0.00	3.43	-3.43	21.41	23.27	-1.86
水利、环境和公共设施管理业	0.36	0.19	0.17	16.49	11.02	5.46
居民服务和其他服务业	3.43	3.25	0.18	16.40	12.42	3.98
其他	0.98	1.47	-0.48	17.16	14.04	3.11

不同规模的民营企业RAROC详见表8。由于小企业客户主要为民营企业，因此民营小企业的RAROC仅略高于全行小企业平均水平。

表8　　不同规模民营业的RAROC　　单位：%

客户规模	全行	民营企业	国有经济	其他
总计	15.25	23.84	10.91	15.70
特大型	11.09	17.99	10.32	13.22
大型	13.64	20.41	10.84	14.52
中型	18.28	22.49	13.29	16.02
小企业小计	31.27	31.61	23.45	30.76
中小型	29.90	30.15	22.63	30.21
小型	35.20	35.53	26.70	33.57
微小型	29.62	29.80	21.79	33.42

注：“其他”包含港澳台经济、外商经济、集体经济。

（四）“民营企业500强”中有219家在我行有信贷余额，资产质量良好

在全国工商联2011年发布的民营企业500强名单中，有279家分布在长三角地区，占比55.8%；环渤海有111家，占22.2%；珠三角地区27家，占5.4%。截至2011年末，500强民营企业中有219家①在我行有信贷余额，合计944.26亿元，贷款余额431.61亿元，不良贷款1.69亿元②。不良贷款率0.39%，比全行公司客户低0.78个百分点。民营企业500强客户主要分布在长三角和环渤海，其中浙江、江苏和山东是客户数量最多，占全行57.1%。

（五）民营企业使用的授信产品主要集中在流贷、保理、承兑、贴现、房开贷，平均期限较短

在流贷、保理、承兑、贴现、房开贷等产品余额中，民营企业占比较高。其中，房开贷、保理、承兑、贴现的占比均超过60%。固定资产贷款、保函则相对较少，分别占13%、15.3%（见表9、表10）。

表9　　民营企业前五大贷款产品　　单位：亿元，%

贷款品种小类	余额	在全行余额中的比重	不良贷款率	与全行平均不良率差异
总计	14 305.24	35.0	1.95	0.79
流动资金贷款	7 328.09	46.2	1.70	0.29
房地产开发贷款	2 457.87	64.8	1.18	0.19
固定资产贷款	2 157.80	13.0	2.77	1.99
国内保理	863.97	67.9	0.25	0.03
贴现	570.83	61.2	0.12	0.05

表10　　民营企业前五大表外信贷产品　　单位：亿元，%

表外品种小类	表外余额	在全行表外余额中的比重
总计	4 689.16	35.0
银行承兑汇票	2 290.29	67.7
一类贸易融资	1 168.70	44.9
保函	906.44	15.3
开立国内信用证	174.93	51.9
二类贸易融资	69.40	32.7

民营企业贷款期限相对较短。按加权平均期限计算，民营企业流贷为1.23年，比国有企业短0.61年；固贷为8.87年，比国有企业短4.43年。从存量非逾期贷款的平均剩余期限看，民营企业流贷为0.66年，比国有企业短0.23年；固贷平均剩余年限为6.55年，比国有企业短3.58年（见表11）。

表11　　各类型企业流贷和固贷平均期限　　单位：年

所有制类型	加权平均期限		平均剩余期限	
	流贷	固贷	流贷	固贷
全行	1.50	12.35	0.76	9.38
民营企业	1.23	8.87	0.66	6.55
国有经济	1.84	13.21	0.89	10.13
其他	1.38	9.41	0.70	6.47

注：（1）统计时剔除了已逾期的债项。（2）“其他”包含港澳台经济、外商经济、集体经济。

① 工商联发布的名单中，涉及民营企业集团的，本报告仅将其母公司列入（因子公司及关联企业目前尚无法一一识别），未包含其成员单位。

② 审计调整后口径。

（六）民营企业抵押贷款占比远高于平均水平，信用贷款占比仅一成左右

目前民营企业贷款担保方式主要为抵押和保证，分别占48.2%和32.8%，抵押贷款占比约为全行对公贷款平均水平的2倍。初步统计，95%以上押品为房产或土地。信用贷款占比为11.1%，远低于全行平均（33.4%）（见表12）。

表12　不同类型企业贷款发放方式分布　单位：%

客户所有制类型	抵押	质押	保证	信用	保证金
民营企业	48.2	5.9	32.8	11.1	2.1
国有经济	12.9	16.7	22.5	47.3	0.7
外商经济	29.3	6.3	23.2	33.7	7.5
港澳台经济	38.8	7.7	29.7	20.0	3.7
集体经济	35.9	5.2	40.4	17.6	0.9
总计	26.4	12.2	26.5	33.4	1.6

从客户规模来看，特大型和大型民营企业的抵押贷款占比，也高于平均水平17.1个和23.8个百分点（见表13、表14）。

表13　不同客户规模的抵押贷款占比　单位：%

类型 \ 规模	特大型	大型	中型	中小型	小型	微小型	合计
民营企业	25.2	49.5	58.6	43.8	41.0	42.8	48.2
国有经济	5.7	15.1	25.0	37.5	26.6	35.0	12.9
外商经济	22.1	25.9	36.9	58.6	67.1	73.7	29.3
港澳台经济	21.6	37.7	44.9	58.9	60.4	23.8	38.8
集体经济	11.0	42.8	36.9	42.3	39.7	39.4	35.9
总计	8.1	25.7	43.3	44.7	41.3	42.6	26.4

表14　不同行业的抵押贷款占比　单位：%

行业门类	全行	民营企业	国有经济
采矿业	11.6	33.0	2.9
电力、燃气及水的生产和供应业	6.5	27.1	4.3
房地产业	83.2	90.8	63.9
建筑业	30.9	49.2	6.9
交通运输、仓储和邮政业	4.5	24.9	1.8
教育	4.3	33.7	1.9
金融业	1.3	25.8	0.0
居民服务和其他服务业	48.0	47.4	24.8
科学研究、技术服务和地质勘查业	18.5	34.4	10.6
农、林、牧、渔业	31.5	47.1	30.0
批发和零售业	24.0	27.8	6.0
水利、环境和公共设施管理业	29.5	41.0	29.2
卫生、社会保障和社会福利业	4.8	47.0	3.5
文化、体育和娱乐业	28.0	47.6	21.8
信息传输、计算机服务和软件业	11.0	27.9	5.5
制造业	29.6	41.2	9.0
住宿和餐饮业	83.9	86.7	57.7
租赁和商务服务业	32.7	61.3	25.8
总计	26.4	48.2	12.9

（七）民营企业资本占用水平总体较低，综合收益相对较高，因此RAROC水平较高

由于民营企业贷款采用抵押和保证的比例远高于平均水平，且贷款期限较短，因此在资本占用方面总体水平相对较低。同时，我行对民营企业客户（尤其是中小企业）议价能力较强，客户综合贡献度较高，因此RAROC水平也比较高。其中，民营企业存款业务对提高RAROC的贡献度不高，主要原因是其自身资金面相对紧张，且多数民营企业对资金利用效率的要求较高（见表15）。

表15　　民营企业客户RAROC的贡献度分析

因素	贡献度（%）	主要因素分析
贷款	31	民营企业RAROC比平均水平高8.59个百分点，其中有31%是贷款净收益高于平均导致的。
存款	1	民营企业RAROC比平均水平高8.59个百分点，其中有1%是存款净收益高于平均导致的。
中间业务	23	民营企业RAROC比平均水平高8.59个百分点，其中有23%是中间业务净收益高于平均导致的。
预期损失	1	民营企业RAROC比平均水平高8.59个百分点，其中有1%是预期损失低于平均导致的。
资本占用	44	民营企业RAROC比平均水平高8.59个百分点，其中有44%是经济资本占用低于平均导致的。

（八）大型民营企业贷款不良率相对较高，特点与国有企业迥异

大型民营企业不良率偏高导致整体民营企业贷款不良率高于平均水平。大型民营企业不良率达到2.23%，高于国有企业1.79个百分点，中型企业不良率也高达2.83%。而小型企业贷款的不良率则相对较低（1.25%），低于国有企业2.14个百分点。不良贷款案例分析显示，其中的重要原因是大中型民营企业多处于规模扩张、业务转型期，更容易受到经济周期波动、产业结构调整的影响，加之外源性支持相对较少，很多企业是靠自身积累，资本实力有限、融资能力不足，抗风险能力相对较弱（见表16）。

表16　　不同规模客户群体的不良率对比　　单位：%

客户规模	全行平均	民营企业	高出全行平均	国有经济	其他
总计	1.17	1.95	0.79	0.54	1.68
特大型	0.26	0.63	0.37	0.08	1.69
大型	1.01	2.23	1.22	0.44	1.03
中型	2.92	2.83	-0.09	2.90	3.26
小企业	1.37	1.25	-0.11	3.39	1.97

三、信贷经营管理中的挑战和问题

1. 民营企业经过快速发展已进入转型期，跨行逐利、盲目扩张现象值得警惕。我国民营企业经过十多年来的快速发展，已积累了一定的基础，部分企业已具备较强的实力。从主观方面看，很多初具规模的民营企业有急切做大做强的愿望，投资的逐利性强、盲目性大。从客观方面来看，大量缺乏核心技术和自主品牌、从事低端加工制造等低附加值业务的民营企业，新形势下也面临着巨大的转型压力。在此背景下，不少民营企业主热衷于搞跨业多元经营，贸然进入不熟悉的领域，最终往往因为投资失败而拖累了原本经营状况良好的主营业务。有的因为摊子铺得过大、资金链紧张，被迫涉足民间借贷，甚至通过违规挪用、虚假交易等不正当手段套取银行资金。例如“周天宝系”企业，原本在汽车零配件等主业领域经营得比较成功（有20年的经验），但是随后周天宝开始涉足从零部件、整车到终端销售各个领域，大肆投资和并购，资金链、管理能力等方面的问题迅速暴露，最终导致经营失败，并铤而走险诈骗银行贷款。从2011年以来媒体披露的40多起民营企业主“跑路”事件来看，多数是直接或间接由盲目扩展引起的。

2. 市场变化和经济波动对民营企业的影响更加显著，且呈现出集群性风险特征。我国民营经济主体是中小企业，以劳动密集型、资源依赖型、能源消耗型企业居多，企业利润构成主要来源于低廉的原材料、劳动力成本，抗风险能力较多。随着经济景气下行、欧美外需低迷，以及资源价格、人力成本上涨等因素，很多企业盈利空间大幅收窄，进入微利或亏本经营状态。例如长三角地区大量的"两头在外"、"三来一补"类型的民营企业，自身缺乏技术和品牌优势，在欧美市场需求不足、人民币升值的压力下，面临生存困境。此外值得关注的是，长三角、珠三角等区域很多民营企业集群"同质化"现象比较显著，不仅存在恶性竞争的问题，而且一旦出现行业景气的变化，往往导致整个民营企业集群的风险集中暴露。

3. 部分民营企业执行政策时"打擦边球"，在治理整顿和宏观调控中往往首当其冲。一些民营企业主依法合规经营的意识较为淡薄，通过"打擦边球"、弄虚作假等方式逃避监管检查，或者进行政策套利。例如，有的从事造纸、钢铁、煤化工的民营企业在节能环保等方面投入严重不足，在新一轮的治理整顿中可能面临处罚或关停。再如，矿产资源开发领域，一些民营企业生产技术、安全措施落后、资源浪费严重，在国家新的矿产资源开发整合政策实施过程中被关闭或兼并。此外，在房地产等国家重点调控领域，部分民营企业（尤其是中小企业）不仅资金链异常紧张，而且在土地、项目开发等环节存在政策合规问题，甚至涉及官商勾结等违法行为。

4. 个别民营企业主诚信度低、道德风险大，信贷欺诈事件时有发生。有的民营企业为了获取银行授信，采取假报表、假项目、假合同、假证明、假担保、假重组等方式的欺诈手段。近年来发生了不少民营企业信贷欺诈的案例。例如，我行在真实性调查时发现，虽然有的企业提供的财务报表也加盖了会计师事务所的公章和骑缝章，但经与事务所留底的报表核对，发现其中部分内页竟被企业替换（如"周天宝系"企业）；有的客户提供的增值税发票虽然通过税务局网站核查是真实的，但实际上客户通过变造发票增大了金额（如"榕兴"系企业）。还有的客户通过设立空壳公司作为贷款平台，并伪造税收、交易等方面的虚假信息，套取贷款后挪作他用（例如"海若系"企业、兰生集团等）。形形色色的欺诈手段，对银行的信贷经营和风险防控提出新的课题，信贷反欺诈和真实性管理是银行需要高度重视并重点强化的工作。

5. 银行自身在经营管理手段、风险管控机制等方面还存在薄弱环节。在大力支持民营企业发展的同时，银行在客户选择、风险识别、授信安排等方面还缺乏一套科学、有针对性的管理手段和机制。例如，针对民营企业集团发展、关联关系错综复杂的状况，银行在关联关系识别、集团统一授信等方面还缺乏有效的管理手段。有的虽然掌握了"集团关系树"，但是也未能做到对所有客户统一授信。例如"成清波系"，总行曾明确该集团应包括15家企业，但牵头行在审定授信限额时仅包含2家，其余在当时有余额的客户、此后新授信客户均未纳入统一授信范围。此外，对于银行其他融资替代型业务（如理财、委托贷款、信托计划等），长期以来分属不同部门经营管理，缺乏客户维度统一的风险敞口管控，存在管理漏洞。

四、政策措施和建议

（一）强化客户选择，支持从事实体经济的民营企业，做到有扶有控

在信贷政策导向上要继续加大对中小企业（主体是民营企业）的支持力度，同时要重点细化客户选择标准，支持从事实体经济的民营企业，区分不同客户群体做到有扶有控，坚持"有所为有所不为"。

1. 鼓励类客户。鼓励拓展管理规范、经营稳健，专注于主业，在实体经济特定行业或领域具有专业优势的优质客户。重点支持行业龙头企业，成熟产业集群中的核心企业（及其上下游紧密型合作的优质客户）。该类客户主要特征包括：(1) 公司治理结构较为完善，形成较为稳定的职业经理人队伍，且具有行业领先的专业能力和管理经验。(2) 股东实力雄厚，特别是连续多年入围民营企业500强或民营企业制造业100强的客户。(3) 拥有专业的会计和财务管理团队，内部财务制度健全，资金往来和信息披露规范。(4) 集团客户各成员单位之间的关系清晰透明，关联交易正常公允。(5) 主营业务突出，从事实体经济相关行业和业务；对外投资并购等主要限于产业链

上下游的延伸。(6) 建立较为客观的投资决策机制以及风险内控管理体系，经营规范。(7) 企业资产负债率保持在行业优良水平，经营风险稳健，现金流充裕。(8) 符合国家宏观调控政策、产业政策和节能减排政策等。(9) 拥有稳定的销售渠道，市场占有率较高，或在行业内享有定价权。(10) 掌握主营产品的核心技术或独特工艺，或参与行业标准的制定。(11) 在生产所需的原材料、能源资源等方面具有比较优势；地理位置优越，在运输半径、服务半径方面具有比较优势等。(12) 符合我行信贷政策中的优先支持类客户标准的其他优质客户。

2. 压退类客户。不得准入盲目扩张、主业不清、脱离实体经济，诚信度差、管理混乱的客户，对存量客户信贷业务坚决予以压缩退出。除了信贷业务以外，理财、委托贷款、信托计划、债券承销的业务，原则上也不得介入。该类客户主要特征包括：(1) 经营范围跨多个行业，且相关度低、主营业务不清晰或收入占比低，企业发展战略不明确或频繁变化。(2) 同时投资多个项目，与10家以上银行（含信用社）发生信贷关系。(3) 企业资产负债率大大高于行业平均水平，财务成本高，现金流紧张。(4) 公司治理存在缺陷，内部管理不健全，财务制度混乱。(5) 过度负债，如超出合理需求量在多家银行融资，银行贷款、理财产品、企业债券、委托贷款等负债总量超过自有资本实力，过于依赖民间高息借贷资金。(6) 信用状况持续恶化，近期在他行贷款已发生逾期，或已无法正常支付其他债务的本息。(7) 出于投机目的，涉足期货炒作、电子盘交易、民间高息借贷、房地产等高风险领域。(8) 存在“三假”现象（假客户、假报表、假交易），通过非正常关联交易，伪造变造发票、合同等虚假交易方式套取银行资金。(9) 生产工艺落后，不符合“绿色信贷”标准。(10) 存在违反国家立项审批/核准/备案、用地审批、环境评价、节能评估、劳动安全、城市规划等方面规定，或其他法律法规的行为。(11) 企业主有涉及黄赌毒等的不良嗜好，缺乏诚信，存在严重不良信用记录，有诈骗等违法行为记录。(12) 我行信贷政策规定的其他应予退出和禁入的客户。

3. 审慎类客户。审慎介入企业发展走向不确定性大，公司治理有欠规范、经营管理不太稳健的客户。对于这类客户应严格把握准入标准，审慎安排授信方案（包括授信期限、产品配置、风险缓释措施等），提高银行对债项风险的有效管控。该类客户主要特征包括：(1) 企业实际控制人对企业未来发展缺乏明晰的规划，或者主要股东之间存在分歧。(2) 企业正处于第一代创业者与第二代继承者交替过渡时期，经营观念、价值取向等发生变化，可能对未来发展带来较多不确定性。(3) 企业从多家银行寻求授信支持，与6家以上银行（含信用社）存在信贷关系。(4) 企业缺乏核心关键技术，利润主要来源于较低的原材料、劳动力成本等，或者较大程度依赖出口退税、政府补贴等。(5) 属“两端在外”、“三来一补”的低端加工制造企业。(6) 企业主营业务受宏观调控政策、节能减排政策影响较大。(7) 近年来投资或开工项目较多，扩张速度较快；或者涉足房地产开发等领域。(8) 经营性现金流不稳定，日常经营周转对投资收益、债务资金等依赖程度较高。(9) 资产负债率高于同业平均水平，且呈持续上升态势；或者资产负债期限、金额等结构不合理，存在“短贷长用”、流动性紧张等现象。(10) 其他经营不确定性较大、我行信贷政策规定的其他审慎支持类客户。

（二）理清关联关系，合理把握授信总量，统一管控表内外风险敞口

1. 本着实质重于形式的原则，以实际控制人为核心合理把握企业授信总量。整体分析客户家族关系、担保关系、关联交易、对外投资等信息，做好“关联关系树”的识别和梳理。尤其要关注股东之间是否存在特定协议对控股权作出约定，以及公司章程等治理文件中对财务、重大经营决策、董事会和管理层人员任免权等方面规定。

2. 强化对表内外、信贷非信贷业务风险敞口的统一管控。除了传统信贷业务外，对于我行直接或间接提供资金并承担信用风险，或者可能最终承担信用风险敞口的理财业务、信用类债券承销业务等，应统一纳入客户授信额度进行管控，原则上总的风险敞口不超过客户风险限额。

3. 监测客户融资来源，警惕多头融资、过渡融资现象。小微企业或授信余额500万元以下的客户，原则上应要求客户以我行作为唯一合作银行，且在我行开立基本结算账户；小型企业合作银行原则上不超过2－3家；中型企业合作银行原则上不超过3－5家；大型企业合作银行原则上不超过5－10家。同时，客户在销售归行率、交易结算占比等应与我行信贷占比相匹配。此外，发现客户从民间获取高息融资的，应责成限期整改，否则应果断停止与其信贷合作。

（三）根据客户特点做好产品配置和风险缓释安排

1. 鼓励用可控物流、资金流的自偿性产品替代传统的流动资金贷款，合理确定授信期限。依托核心企业针对上下游客户拓展供应链融资产品，通过对供应链物流、资金流、信息流的掌控，提高风险识别和管控能力。流动资金贷款、供应链融资、贸易融资等经营周转类产品的授信期限，应与正常的资金回笼周期相匹配，避免资金被挪用。

2. 优先选择抵质押方式，严格控制关联互保。除了重点优质客户，原则上均尽采取担保方式，且优先选择抵质押。押品优先选择房地产类标准抵押物，原则上不接受专用设备抵押。根据抵押物价值稳定性、变现难易程度等因素确定选择押品的优先次序，优先选择现房、以出让方式取得的国有土地使用权，以及其他价值相对稳定、变现能力较强、可设定第一顺位抵押权的抵押财产；原则上不接受专用性较强、不易变现的机器设备及其他财产抵押（可作为补充风险缓释措施）。按照审慎原则评估资产价值，合理确定质押率。要重点防范关联互保风险，在全面识别关联关系的基础上作出审慎控制，并严格将保证额度纳入授信额度管控。

3. 规范担保公司的准入和日常管理。各分行可借助专业担保公司在特定业务领域、特定区域或行业的信息和管理优势，选择部分实力强、资信良好的担保公司合作开展民营中小企业信贷业务。现阶段，应优先选择具有政府背景的担保公司。对于存在抽逃资本金、违规占用客户信贷资金、参与民间高息借贷，以及欺诈银行、提供虚假信息和材料的担保机构，不得予以准入，已经准入的要中止合作、坚决退出。

4. 鼓励探索新型的风险缓释措施。在法律许可范围内，积极探索无形资产（如专利权）抵押、应收账款质押、动产质押等新型担保方式，研发推出创新信贷产品与其配套。此外，针对高新技术、高成长性民营企业，在合法合规前提下，探索创新贷款附带股票期权等风险缓释方案。

5. 细化信用贷款准入标准，拓展营销优质民营企业客户。对于无不良信用记录，信用等级AA－级及以上，且近三年销售收入在国家统计局或全国性行业协会公布的行业排名居前十的“民营企业500强”客户，信用等级AA级及以上的“民营企业500强”企业，可采取信用方式办理信贷业务。在办理信用方式授信业务时，原则上应与企业明确约定，未经我行同意不得对外提供担保，不得以我行贷款形成的资产对外提供担保，在我行开立基本结算账户，且保持一定结算比例等。

（四）着力强化真实性管理，提高信贷反欺诈能力

1. 严格执行实地走访的制度规定，及时掌握企业最新的财务和非财务信息，并定期与实际控制人、主要股东等会面或电话沟通，掌握客户最新的情况。在客户调查时要关注非财务“软信息”，采取“十看”（看实际控制人品行，看自有资金，看产品前景，看现金流量，看销售回笼，看纳税增长，看用电变化，看存货增减，看环保用工，看抵押担保）等工作方法提高对客户的分析和甄别能力。对于抵（质）押物的物理形态、地理位置、实物状态等，应进行实地考察，不得以“外包”等名义规避制度规定。

2. 拓展采集信息渠道，综合运用工商行政管理部门、司法机构、人民银行、监管机构、其他金融机构和中介机构的公开信息，查询客户的资产、债权债务、注册登记、生产经营情况，资产和权利的抵质押担保、查封、冻结、扣押等情况。实地走访会计师、税务师、审计师、律师事务所等中介机构，通过比对核查财务信息等的真实性。注意搜集网络资讯、民间舆情信息等，了解实际控制人的亲属、朋友、亲信等主要社会关系，掌握实际控制的关联企业网。访谈可能影响银行债权实现的利害关系人，如其他金融机构、民间借贷机构或者个人、经销商、供货商、工程承包商等，了解客户各类债权债务的金额、性质、担保、期限以及合同履行等情况。

3. 加强贸易背景真实性的审查。通过核实比对发票、合同、交易流水、物流运单等信息，以及与交易对手直接联系等方式，甄别交易信息，甄别交易背景是否真实。通过测算交易现金流、账款周期等，匡算客户合理的资金需求。

4. 认真贯彻落实“三个办法一个指引”，尽可能采用受托支付，根据借款人的提款申请和支付委托，将贷款资金支付给符合合同约定用途的借款人交易对象；指定专门资金回笼账户，加强对资金流动情况的监控，严防信贷资金被挪作他用。

（五）加强监测预警，提高贷后管理水平

1. 强化账户监测，跟踪分析客户资金流向。综合运用账户分析、凭证查验、实地调查等手段，核查信贷资金的真实用途。动态监控结算账户资金变动情况，通过交易流水分析客户收入来源的变化情况。对于资金流向明显不符合约定用途，以及结算账户资金异常变动等信号，应及时预警迅速响应。

2. 强化贷后管理环节的实地调查。定期到客户主要经营场所、项目现场等进行调查，包括到库房、车间查验存货，实地查看固定资产、在建工程的状况，到应收账款对应单位核实账款，到主要下游企业核实销售收入及其回款情况等。加强押品现场状态核查，坚持实地察看押品，核查是否存在押品毁损、灭失、被征用、被处分、拟拆迁等风险。对于采用第三方监管的押品，还应实地考察仓储公司的监管情况。对企业提供的财务报表存疑的，应实地到财政部门、会计（审计）师事务所等查验其真实性。

3. 主动压缩退出高风险客户。目前民营中小企业整体生命周期大致 3 年左右，银行信贷应把握整体客户群新陈代谢的规律，不能伴随企业生命周期的整个过程。贷后管理中发现客户已进入衰退期，就要在出现实际违约之前果断压缩退出，或者通过产品置换等方式降低风险。各分行要通过结构调整不断“吐故纳新”，保持一定的更新比率，提高整体客户组合的抗风险能力。

4. 创新贷后管理手段。积极跟进互联网、物联网技术的发展，借助自建或第三方电子商务平台，基于商流、物流、资金流、信息流等研发新的产品和服务，解决信息不对称问题，提升贷后管理工作的质量和效率。

关于 RAROC 指标计量与应用若干问题的探讨

总行风险管理部组合风险管理处

风险调整后资本回报率（Risk Adjusted Return on Capital，RAROC）是一个将收益、风险和资本有机结合的综合性指标，由美国信孚银行于 20 世纪 70 年代提出，随后被国际先进银行广泛接受和应用。RAROC 作为优化资源配置，支持风险定价，评估价值创造能力的有效手段和工具，对促进银行持续健康发展，提高业务经营能力起着十分重要的作用。

建行在国内同业中最早将经济资本应用于管理实践，并一直坚持以经济增加值和经济资本回报率①为核心的绩效考核体系。近年来，银监会也在实施经济资本管理和全面运用 RAROC、EVA 等方面提出明确要求。总行在吸收多方经验基础上，结合实际，在组合风险管理系统（PRMS）中设计开发了用于客户排序和选择的 RAROC 指

① 2012 年综合经营计划中已改称为“风险调整后的资本回报率”（RAROC）。

标体系，并已经成为信贷政策和行业限额管理的重要量化工具。

RAROC 的理念很直观，即衡量消耗单位资本能够带来的预期收益是多少。但是，RAROC 的计量和应用涉及银行业务经营管理的诸多领域，要充分发挥 RAROC 工具的作用，提高平衡收益和风险的业务经营能力，必须结合实际，继续夯实指标设计、数据整合和系统建设等基础性工作，同时不断探索完善相应的管理机制。

一、RAROC 是风险选择的核心指标

对于银行业务经营来说，损失的发生是必然的。风险越大的业务，未来出现损失的可能性以及损失的比率也会更大和更高。因此，高风险业务的当期收益可能很高，但对银行的实际利润贡献则不一定。在比较不同业务的预期收益，或对具体的业务进行风险定价时，不能只看当前可实现的收益，还必须考虑未来可能出现的损失。

不同的业务相比较，有些能够带来更多的利润，但是面临的系统性风险也很大，因此占用的资本更多。资本对于银行来说是稀缺资源，银行在进行客户和业务选择时，不仅要关注利润贡献的大小，还要考虑资本的使用效率问题，尽量将有效的资源投入到风险回报水平更高的领域。

RAROC 是一个将收益、风险和资本有机结合的综合性指标，一般定义为：RAROC =（净收益 - 风险成本）/资本占用。其中，风险成本反映的是银行业务经营过程中必然发生的平均损失，将其量化为当期成本，并从当期利润中予以扣除，能够更加客观地反映业务的实际利润贡献，有利于不同业务之间的比较，避免只注重当期收益，忽视潜在损失成本。资本占用则是对银行用于支持业务经营必须拥有的资本数量，用扣除风险成本后的利润（即风险调整后的收益）除以资本占用，将风险调整后的收益单位化，剔除规模因素的影响，更加利于反映业务的资本使用效率。

在资本和信贷资源的双重约束下，银行必须解决好资源配置的优先级排序问题。在风险选择，即资源配置的过程中，既不能一味规避风险，也不能单纯追求收益（或者说财务利润），而是要做到收益和风险的平衡。选择 RAROC 更高的客户、业务和组合，将有助于银行实现最大化“经济利润”的管理目标。

二、RAROC 与风险安排的关键要素密切相关

银行进行风险选择的最终目的是为了“获利”。目标客户选定后，最终能否为银行带来“风险溢价”，实现价值创造，换句话说，最终实现的回报（即 RAROC）是否高于资本回报要求，关键要看银行的风险安排是否得当。

合理的风险安排能够最大限度地降低和分散非系统性风险，减少对资本的占用，同时，有助于获得足够的风险补偿，提高经营效益。例如，在考虑相关性的基础上对各类风险进行合理摆布，有助于风险的对冲和分散；采用与物流、现金流、信息流等紧密关联的授信方案，为客户提供适合的产品，有利于银行主动、有效地管控风险；以抵质押等风险缓释手段对风险敞口进行有效覆盖，可以使银行避免遭受较大的损失；对于主动承担的风险，通过科学的定价和精巧的谈判，能够为银行带来更高效益。

具体来讲，客户的信用等级越高（出现违约的可能性越小），银行对信贷业务的风险管控能力越强，授信产品的期限越短（发生违约的不确定性越小），风险缓释措施的缓释效果越强，银行承担的风险就越低，相应的风险成本和资本占用就更少；在承担既定风险的同时，定价水平越高（更高的贷款利率和信贷表外业务费率），信贷业务对存款和中间业务收益的带动效果越好，获得的风险补偿就越多，最终实现的回报（RAROC）就会越大。

三、RAROC 的主要应用领域

在 RAROC 推出之后，其理念和应用价值得到了广泛认可，国际金融同业纷纷开发 RAROC 方法和系统，将 RAROC 用于资源配置、风险定价和绩效评估等领域。

在资源配置方面，机构和业务条线的 RAROC 越大，说明对资本使用效率越高，价值创造能力越强，将有限的资源投入到效率更高的领域，能够在规模既定的情况下，获得更大的收益。

在风险定价方面，定价除了要覆盖包括风险成本在内的各种成本之外，还要追求一定的经济

效益，只有那些 RAROC 高于资本回报要求的业务，才真正能够为股东创造价值。国际上很多先进银行均有明确的 RAROC 底线要求，新增业务的 RAROC 必须高于该标准，否则必须有充足的理由才能获得通过。

在绩效评估方面，RAROC 全面反映了银行业务经营的风险承担和资本约束特点，在一致的框架标准下，通过量化的方式，实现了对不同业务价值创造能力的客观比较，能够有效促进银行按照既定的发展战略和业绩目标持续稳健经营。

资源配置、风险定价和绩效评估形成了以 RAROC 为核心指标的闭合循环，贯穿了银行业务经营的全流程。RAROC 的应用，有利于银行在统一的目标和一致的判断标准框架下，不断提高资本的使用效率和回报水平，实现科学稳健经营。

四、关于 RAROC 计量和应用的几个问题

1. RAROC 在很多领域都有应用，具体指标算法也各不相同，为什么不能统一为一个指标？

为了推进业务发展模式从规模驱动向资本集约化转型，促进组合结构优化，提升业务经营能力，提高资本的使用效率和回报水平，RAROC 作为重要的管理工具，在等级行评定、经济资本预算管理和信贷政策等具体领域，发挥着重要的作用。

根据应用需要，RAROC 具体指标的计算口径和参数并不完全一致，存在着一定差异。例如，等级行评定中的 RAROC 涵盖了各个分行的所有业务，并且以计提减值准备作为风险成本，实现了 RAROC 与利润指标的协调统一；经济资本预算管理中的 RAROC 在等级行评定 RAROC 的基础上，为了平抑年度中大额拨备计提或回拨对净利润造成的冲击，根据合理信贷成本率范围对当年计提的拨备数进行了调整；信贷政策中的 RAROC 仅覆盖信贷客户，同时，为了更好地对客户进行排序和选择，用预期损失作为风险成本。

虽然不同领域应用的 RAROC，其具体指标的统计口径和参数取值不同，但是应用理念和最终目标是一致的，存在差异也主要是为了满足实践应用的不同需要。因此，多个 RAROC 指标可以并行存在，并非互相排斥的关系。

2. 为什么在计算用于绩效考核的 RAROC 与用于客户排序和选择的 RAROC 时，要应用不同的计量参数？

目前，用于绩效考核（例如等级行）的 RAROC，与用于客户选择（例如信贷政策）的 RAROC，在计量方法上的差异主要包括两个方面。一是对风险成本的估计方式不同，绩效考核指标中的风险成本以当年计提减值为基础，客户选择指标中的风险成本则以预期损失为标准；二是对收益和风险数据的统计周期不同，绩效考核指标关注的是当年实现的数据，客户选择指标则需要统计一个完整的年度①。

用于绩效考核的 RAROC，目的是评价机构当年的价值创造效率。以计提减值准备作为对风险成本的估计，从而使 RAROC 的分子，即风险调整后的收益，与机构的税后净利润保持一致。通过这一参数取值方式，将考核指标与分行的账面利润协调统一，做到所见即所得，有助于对各个分行经营绩效情况的清晰、客观比较。由于是对当年价值创造能力的评价，自然要用当年的数据（而且是以实现的）进行计算。

用于客户选择的 RAROC，关注的是对信贷客户的排序和选择，因此，对客户的细分能力就成为应用 RAROC 的必要条件。预期损失能够有效区分客户信用风险和缓释措施的差异。在其他条件相同的情况下，高信用等级的客户或者风险缓释措施更好的业务的 RAROC 更大。如果用计提减值准备为标准，属于同一资产风险分类级别（例如五级分类为正常类）的客户的 RAROC 没有任何区别。考虑到客户的经营一般都会受到季节性等周期因素的影响，不同时期的业务情况会有所波动（尤其是存款和中间业务），因此用一个完整年度的数据要比仅用截至报告期的当年数据能够更好地反映客户的风险回报情况②。

① 对于存量客户 RAROC 的计算，需要统计报告期之前 12 个月的数据；对新客户 RAROC 的预测，需要估计未来一年的情况。

② 用更长的数据会更加准确，但是计算成本会更高。

3. 为什么有些分行的绩效考核口径 RAROC 很高，但客户排序口径的 RAROC 却比较低？

减值准备和预期损失都是对信贷业务未来可能出现的损失的量化估计，只不过计算规则和应用领域不同而已。绩效考核 RAROC 要实现对机构整体价值创造能力的评价，因此，在计算时必须要涵盖被评价机构的所有收益和风险（包括对公信贷客户、个人贷款客户和所有无贷户）。客户排序口径的 RAROC，目的是为了对信贷客户进行排序和选择，因此，仅覆盖对公信贷客户的各种利润贡献（包括信贷业务利润贡献，以及信贷业务带动存款和中间业务贡献）。

客户排序口径 RAROC 较低的分行，说明其对公信贷客户的风险回报水平不高。不过，由于对公非信贷客户和个人客户的贡献很大，因此，绩效考核口径 RAROC 排名靠前，分行总体的价值创造效率更高。

4. RAROC“奇异值”现象，是否会影响对客户的排序和选择？

某些风险较低的信贷产品，因为资本占用很少，很可能出现 RAROC 极大的情况，如百分之百保证金等低风险业务、某段时期内的贴现业务等。这类业务经济资本占用水平较低，导致 RAROC 很高，但受制于客户需求、外部市场容量和整体信贷规模等因素，并不意味着银行能够将大量信贷资源配置到这个领域。

银行信贷资源配置主要考虑的是客户整体的 RAROC，而不仅仅是单个产品的 RAROC。例如，可能对某个客户做的某一单项产品 RAROC 比较高，但是对该客户其他业务的拉动作用很小，客户维度的整体 RAROC 往往并不高。

因此，无论是资源配置还是客户选择，必须要综合考虑各方面因素，将 RAROC 作为重要参考，而不是唯一标准，有效提高资本的使用效率和回报水平。出现 RAROC 极大或极小的“奇异值”也是正常的，这类“奇异值”并不会影响 RAROC 指标在实践中的运用。

五、进一步优化 RAROC 工具的建议

（一）完善数据基础，实现对客户 RAROC 指标的科学计量

为了支持客户排序和选择，总行组合风险管理系统已经建立了较为完备的客户 RAROC 指标体系，用于对存量信贷客户风险回报情况的查询，同时提供快速计算器，满足授信方案设计、风险定价等实时测算需求。

由于 RAROC 计量是针对客户维度，相关参数也必须在客户层面进行统计。目前，我行预期损失和经济资本等参数已精确到单一客户的债项层面，但在收入和经营成本方面，现有的系统和分摊方法还无法做到完全准确的统计。

例如，某些中间业务收入存在直接按科目入账的情况，而没有记录相应的客户信息，不利于对客户综合贡献的完整统计。又如，我行信贷客户在 CLPM 和 CCBS 系统中分别拥有不同的客户编号，导致系统数据之间无法准确关联；另外，由于成本分摊的机制尚未完善，对客户经营成本的估计存在较大误差。

（二）搭建模块化和流程化的管理系统，提高 RAROC 工具的标准化和系统化水平

为了充分发挥 RAROC 工具的作用，需要进一步完善 RAROC 指标体系。虽然不同领域应用的 RAROC 在统计口径和参数上可能并不相同，但相同参数的标准应该统一。例如，拨备前利润的计量（包括费用的分摊），可以由计财部门给出明确的标准；预期损失和经济资本的计量，则主要由风险部门负责完善。通过模块化的构造，形成标准化的数据集市，灵活地服务于各个应用目标。

在 RAROC 指标体系建设的基础上，进一步完善 RAROC 计量和测算的系统实施，例如开发更加符合业务实践要求的 RAROC 计算器功能，建立健全多维度统计分析报表等。同时，还可考虑将 RAROC 工具嵌入流程系统，在具体应用环节，例如客户选择和风险定价等，在线上完成有关指标的测算、提交并存档，不仅可以由系统自动实现政策标准的量化控制，而且存档信息还可以作为贷后管理的重要参考。

（三）结合实际，逐步探索完善 RAROC 工具应用和管理机制

RAROC 在我行的应用，尤其是在客户排序和选择领域的应用才刚刚起步，无论在指标计量还是具体应用方面，都还存在诸多不足之处。为更好地支持业务经营，促进全行提高平衡收益和风

险的能力，今后应更加注重与业务实践相结合，逐步探索完善 RAROC 工具应用和管理机制。

例如，针对目前数据基础不完善的问题，可以考虑根据实际情况建立调整、审定机制，对系统自动统计数据的误差进行校正，以更加准确地反映客户的风险回报水平；明确对新客户风险回报测算的统一标准，可考虑借鉴同类型客户历史表现，提供对关键测算指标的参考依据；尝试探索提升风险定价的能力，根据目标回报要求，确定合理的风险补偿水平。

开拓创新　积极探索
建设银行操作风险高级计量法工作

总行风险管理部　屈华

一、什么是高级计量法

高级计量法到底是什么？简单地说，高级计量法是操作风险监管资本①的计量方法。中国银监会在《商业银行操作风险管理指引》中指出：高级计量法是商业银行通过内部操作风险计量体系计算监管资本的方法，包括损失分布法、打分卡法、内部衡量法等。相比于基本指标法和标准法等其他操作风险监管资本计量方法来说，高级计量法更具风险敏感性、结果稳定性、计算复杂性等主要特点。

（一）风险敏感性

由于基本指标法和标准法是以总收入为基础，因此，各家银行的操作风险监管资本主要与该银行的总收入有关，而与该银行操作风险管理水平没有任何关系。这样，基本指标法和标准法在操作风险监管资本计量方面不具有任何风险敏感性，计量结果也就不会随着操作风险的变化而发生变化。

而高级计量法是以损失为基础，因此，各家银行的操作风险监管资本与该银行的操作风险管理水平密切相关。银行操作风险管理水平越高，模型数据（如内部损失数据、情景分析数据）的发生频率和严重程度就越低，操作风险监管资本也就越小。这样，高级计量法在操作风险监管资本计量方面具有较强的风险敏感性，计量结果能够随着操作风险的变化而发生变化，且变化方向基本一致。

（二）结果稳定性

基本指标法和标准法是以总收入为基础计算操作风险监管资本的。一般来说，银行每年的总收入变化较大，因此基本指标法和标准法计算得到的操作风险资本计量结果的变化也很大。特别地，中国银行业这几年来总收入每年的变化较大，基本上都以 20% －30% 的幅度在增加，因此采用基本指标法和标准法计算得到的操作风险监管资本基本上也以 20% －30% 的幅度在增加。

而高级计量法是以损失为基础计算操作风险监管资本的。一般来说，每年的操作风险损失变化不大，因此高级计量法计算得到的操作风险资本计量结果变化也不大。以较早实施高级计量法的德意志银行、巴克莱银行为例，两家银行在 2008—2011 年间的总收入的波动非常大（德意志银行在 2009 年出现总收入翻倍的情况），从而以基本指标法和标准法计算的操作风险监管资本的波动幅度较大，但以高级计量法计算的操作风险监管资本变化不大，平均每年的变化幅度是 9. 68% 。

（三）计算复杂性

基本指标法和标准法主要以总收入为基础，

① 虽然高级计量法是监管当局规定的操作风险监管资本计量方法，但各商业银行亦可采用它计算操作风险经济资本。

通过乘以监管规定的系数，从而得到操作风险监管资本。这样操作风险监管资本与总收入之间存在线性关系，并且随着银行总收入的增减而相应增减，两者的变化方向是一致的。

高级计量法彻底摒弃了操作风险监管资本与总收入之间的关系，主要以损失为基础，通过建立损失数据的数理统计模型，从而得到操作风险监管资本。这样操作风险监管资本与全行损失之间存在非线性关系，随着银行损失的变化而变化。一般地，如果全行损失的发生频率和严重度越高，那么操作风险监管资本也就越大。

二、为什么要实施高级计量法

虽然高级计量法的计算过程比较复杂，对于商业银行是一个重大的挑战，但是高级计量法具有风险敏感性、结果稳定性，并且能够准确、客观地反映银行操作风险状况，从而已成为国际领先银行操作风险资本计量的共同选择。从国际经验来看，实施高级计量法对于商业银行来说具有重要的价值和意义。

（一）节约操作风险资本占用

高级计量法是根据银行的内部数据进行建模的，并且在数据选择、模型假设、模型参数等方面具有一定的自由度和灵活性，因此资本计量结果会有利于银行。

从国际领先银行资本计量结果来说，采用高级计量法得到的平均资本收入比（即操作风险监管资本与总收入的比率）为10.8%①，而不采用高级计量法（即基本指标法或标准法）得到的平均资本收入比为12.8%。由此可见，高级计量法相比于基本指标法和标准法对操作风险监管资本的节约比率为15.6%。另外，从表1也可看出，德意志银行、法兴银行等由于采用高级计量法，其资本收入比远远低于基本指标法所规定的资本收入比系数15%。

表1　　各家银行高级计量法资本计量结果等数据

银行	德意志银行（百万欧元）	法兴银行（百万欧元）	巴克莱银行（百万英镑）	澳新银行（百万澳大利亚元）
年份	2009年	2009年	2009年	2009年
操作风险资本	2 527	3 766	2 450	1 299
总收入	27 952	27 694	29 925	13 610
资本收入比（%）	9.04	13.60	8.19	9.55

资料来源：各家银行年报数据。

从我行资本计量测算结果来看，我行在现有数据的基础上采用高级计量法对全行法人层面操作风险监管资本进行测算，并与2011年底标准法下法人层面操作风险监管资本进行比较，高级计量法相对于标准法在操作风险监管资本方面的节约比例在20%左右。目前，我行正处于高速发展的上升通道中，从2005年起总收入的年复合增长率为22.94%，标准法下的操作风险监管资本也将以22.94%左右的速度在增长，而高级计量法下的操作风险监管资本的变化较小，因此，两者之间将形成剪刀差，资本差将越来越大，资本节约比例也将越来越大。另外，根据《商业银行资本管理办法（试行）》的要求，所有银行必须计提操作风险监管资本，并于2013年1月1日后计算资本充足率。根据上述资本测算结果，采用高级计量法后，我行的资本充足率也将大致提高零点几个百分点，这将大大降低我行对外融资的压力。

（二）改进操作风险管理水平

实施高级计量法有助于银行改进操作风险管理水平，主要原因包括：

一是实施高级计量法对银行提出了更高的要求。根据巴塞尔新资本协议和银监会的相关要求，实施高级计量法的银行一方面必须满足组织架构、

① 以上数据来自巴塞尔委员会辖下的操作风险标准制定团队的调查，见 Results from the 2008 Loss Data Collection Exercise for Operational Risk。

管理流程、制度建设、审计和验证等方面的定性标准，另一方面还必须满足内部损失数据、风险与控制自我评估、情景分析、业务环境和内控因素等方面的定量标准。因此，实施高级计量法的过程将是一次建立健全组织架构、制度体系、管理工具等的过程，有利于完善银行的操作风险管理体系。

二是促进操作风险管理三道防线之间的交流。高级计量法实施过程中的一些工作需要操作风险管理三道防线之间的分工和协助。比如说，作为操作风险高级计量法的重要组成部分，情景分析为模型运行提供了不可或缺的低频高损数据。我行在情景分析的试点以及推广阶段，大量采用研讨会的方式，充分汲取业务部门的业务知识和管理经验，注重理论与实际相结合，不但保障了情景分析结果的客观性和合理性，也大大促进了操作风险管理第一、二道防线之间的交流，提供了操作风险问题研讨的平台。

三是通过资本约束机制激励分支机构改进操作风险管理水平。高级计量法本身不能直接激励分支机构改进操作风险管理水平，但是可以通过客观评价分支机构的操作风险管理能力合理分配其操作风险经济资本，从而通过资本约束机制激励分支机构改进操作风险管理水平。一般地，同等规模下，操作风险管理水平较高的分支机构在高级计量法下分配到的操作风险经济资本就越小，从而计算得到的 EVA 和 RAROC 也就越高，这样将影响其等级行评价和员工费用总量配置。通过以上传导路径，分支机构也将有动力提升操作风险管理水平。

（三）提升银行在业界的地位

实施高级计量法对银行操作风险管理提出了更高的要求，这将反映出银行在操作风险管理方面已经达到一定的高度，从而有助于提升银行在业界的地位和形象。

根据初步的统计，澳新银行、英国巴克莱银行、德意志银行、ING、瑞银集团、花旗银行等国际领先银行均采用高级计量法计算操作风险监管资本。这些银行主要分布于欧洲、美洲、澳大利亚国家，也有少量银行来自于亚洲和非洲。这也与该银行所处国家的发达程度基本一致，也与该银行管理水平基本一致。

根据咨询公司的调查，2010 年全球前 25 大银行（按税前利润排名）中，共有 15 家银行使用高级计量法计算操作风险资本，占比达到 60%。由此可见，高级计量法已经成为国际大型银行计量操作风险资本的主要方法（见表 2）。

表 2　　2010 年全球前 25 大银行使用高级计量法一览表

全球前 25 大银行（按税前利润排名）			
排名	银行名称	国家	资本计量方法
1	中国工商银行	中国	标准法
2	中国建设银行	中国	标准法
3	摩根大通	美国	高级计量法
4	中国银行	中国	标准法
5	汇丰银行	英国	标准法
6	富国银行	美国	高级计量法
7	中国农业银行	中国	标准法
8	法国巴黎银行	法国	高级计量法
9	西班牙国际银行（桑坦德银行）	西班牙	标准法
10	高盛集团	美国	高级计量法
11	花旗银行	美国	高级计量法
12	巴西联合银行	巴西	高级计量法
13	巴西银行	巴西	高级计量法
14	巴克莱银行	英国	高级计量法

续表

排名	银行名称	国家	资本计量方法
15	三菱日联金融集团	日本	标准法
16	巴西布拉德斯科银行	巴西	高级计量法
17	法国农业信贷银行	法国	高级计量法
18	三井住友金融集团	日本	高级计量法
19	西班牙对外银行	西班牙	高级计量法
20	瑞士联合银行	瑞士	高级计量法
21	西太平洋银行	澳大利亚	高级计量法
22	法国人民储蓄银行集团	法国	标准法
23	俄罗斯联邦储蓄银行	俄罗斯	无
24	交通银行	中国	标准法
25	法国兴业银行	法国	高级计量法

资料来源：The Banker Magazine & www. risk. net.

目前，国内第一大银行的工商银行已经建立了操作风险高级计量法制度体系，开发完成了高级计量法模型，搭建了操作风险高级计量法信息系统，建立了覆盖各业务条线的操作风险数据集市；积极推进了高级计量法项目成果的应用，开展了操作风险与控制自我评估和情景分析。另外，农业银行和交通银行也在积极开展高级计量法项目。作为国内第二大银行，建设银行应加快高级计量法项目建设的步伐，尽早向银监会申请实施高级计量法，努力提升银行在业界的地位。

三、如何开展高级计量法建模

高级计量法相对于基本指标法和标准法来说确实是计算过程比较复杂，但对高级计量法模型进行分解，可逐步揭开高级计量法的神秘面纱。下面从数据和模型两方面入手简要描述高级计量法建模的原理和思路，同时结合我行实施高级计量法项目的相关情况，简单介绍我行实施高级计量法的创新做法。

（一）高级计量法建模所需要的数据

根据监管当局的要求，高级计量法建模需要四大类数据，分别是内部损失数据、外部损失数据、情景分析数据以及业务经营环境和内部控制因素。其中前三类数据作为模型的直接输入数据，而第四类数据主要作为调整因素影响资本计量结果在分支机构和业务条线的分配。

具体来说，内部损失数据主要应用于频率分布模型和严重度分布模型；外部损失数据、情景分析数据主要应用于严重度分布模型；业务经营环境和内部控制因素主要应用于资本分配模型，包括风险和控制自我评估、关键风险指标等数据。

（二）高级计量法的简要计量流程

从国际实践看，业界较多采用的高级计量法是损失分布方法。下面以损失分布法为例简单描述一下高级计量法的计量流程（见图 1）。

第一步是利用内部损失数据生成各单位格的频率分布，分别利用内部损失数据、外部损失数据、情景分析数据在各单元格生成三种数据的严重度分布。

第二步是通过蒙特卡洛模拟将以上频率分布和严重度分布生成总损失分布。

第三步是利用保险缓释模型对总损失分布中损失金额进行一定的扣减。

第四步是根据各单元格的相关系数矩阵将所有单元格的总损失分布聚合成全行的监管/经济资本。

第五步是根据各分支机构的业务环境和内控因素（BEICF）对操作风险经济资本进行分配。

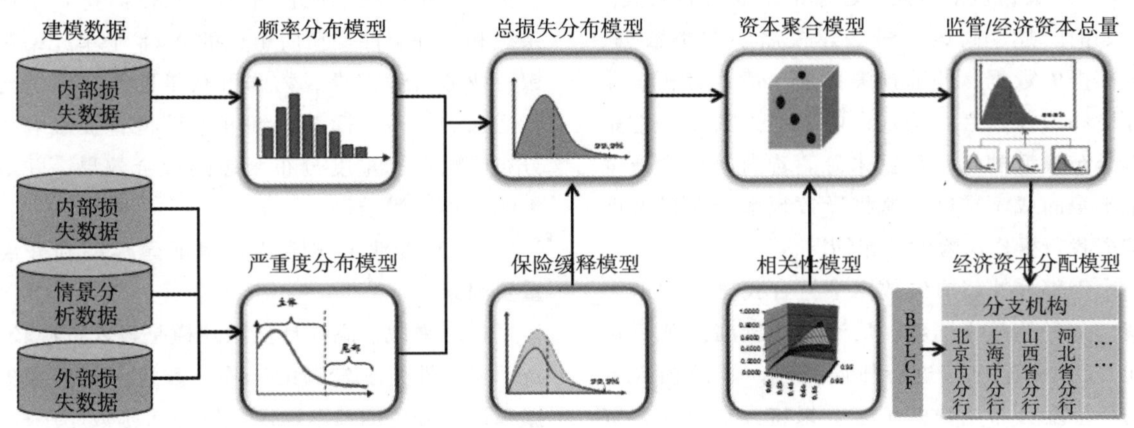

图 1 损失分布法资本计量简要流程图

（三）我行实施高级计量法的创新做法

我行在外部咨询公司的协助下，借鉴国际领先银行的良好做法，结合建设银行操作风险管理实践，深入分析高级计量法的原理和流程，将高级计量法模型分解为频率分布、严重度分布、总损失分布、保险缓释、资本聚合、相关性、资本分配等子模型，并对每个子模型重新进行设计和优化，为我行实施高级计量法提出了一些创新做法：

一是使用内部损失数据、外部损失数据、情景分析数据分别建立各自的严重度分布模型，并采用填充法等手段合理设定三种分布函数在模型中的权重。

二是在主体采用 SAS Global Data 数据库的基础上，部分采用外部媒体公开报道的外部损失数据作为补充，完善了外部损失数据的收集途径，提升了外部损失数据严重度分布模型的建模质量。

三是选取峰度值作为判断严重度分布函数尾部薄厚的依据，根据峰度值的大小有针对性地从 Gamma、Weibull、LogNormal 等函数中选择具有合适薄厚尾部的严重度分布。

四是根据情景分析的典型损失和极端损失，在假设情景分析的严重度分布函数服从 LogNormal 分布的基础上推导出情景分析严重度分布函数的参数。

五是合理确定情景分析发生频率的五个等级（定性判断），并通过数学推导对发生频率五个等级进行量化。

六是在资本聚合模型中考虑了各个单元格频率分布函数的相关性，并利用高斯 Copula 连接函数计算出全行操作风险资本数量。

七是根据建设银行的组织架构和业务特点，设计了比例法、系数法、模型法和打分卡法等四种资本分配方案，实现了操作风险经济资本在分支机构的合理分配。

四、我行实施高级计量法的经验总结

我行实施高级计量法的工作起步较早，于 2005 年建立了按季度收集操作风险损失数据的制度，为实施高级计量法积累了历史损失数据。我行于 2009 年 8 月着手开始操作风险高级计量法的前期研究，明确了高级计量法的理论框架、计量流程及其采用技术方法，为我行实施高级计量法提供了理论支持。我行于 2011 年 8 月在咨询公司的协助下正式开展高级计量法咨询项目。目前，我行按照项目计划①顺利推进了高级计量法的各项工作，项目完成比率大约为 80% 左右。我行实施高级计量法是一个“摸着石头过河”的过程，通过一年来的不断探索和深入研究，已积累了一些商业银行实施高级计量法的相关经验。

① 高级计量法项目共分为四个阶段，包括现状分析与数据整理、情景分析设计与试点、高级计量法计量模型、模型运行和验证。目前，我行已经完成项目的第一阶段（现状分析与数据整理）和第二阶段（情景分析设计与试点）验收，正着手准备第三阶段（高级计量法计量模型）验收，并抓紧做好第四阶段（模型运行和验证）工作。

（一）数据质量是关系建模结果准确的关键

如前所述，高级计量法建模需要四类数据，即内部损失数据、外部损失数据、情景分析、业务环境和内控因素。特别是内部损失数据，它是频率分布模型的唯一数据来源。若内部损失数据收集不全面或不准确，这将导致频率分布模型严重偏离我行操作风险的分布情况。

由于部分外部损失数据不符合我国的国情和行情（如种族歧视罚款、反洗钱罚款高达几百亿美元），如果不对其进行任何处理，外部损失数据的严重度分布函数的拟合效果将大打折扣，资本计量结果也将形成较大的误差。俗话说，巧妇难为无米之炊，没有可靠的数据就不能获得准确的资本计量结果。

（二）高级计量法模型应结合银行实际情况

高级计量法模型虽然有成熟的经验可以借鉴，但在模型假设、函数选择、参数估计等问题上具有很大的灵活性，需要与银行自身业务特点和管理现状相结合，才能设计出适合银行自身特点的高级计量法模型，也就才能更准确客观地反映银行操作风险状况。比如，在高级计量法建模的第一步——模型精细度设计中，银行需将8个业务条线和7种事件类型所组成的7×8个单元格按照银行业务管理需求、数据可获得性等实际情况进行适当的合并。模型精细度设计将直接影响频率分布函数和严重度分布函数的拟合效果，并最终影响资本计量结果。

（三）专业工作团队是保证建模顺利开展的重要因素

相对来说，高级计量法建模是投入资源较多、技术复杂性要求较高的工作，涉及内外部损失数据和情景分析的整合、严重度分布函数厚尾检验、分段函数阈值选取、损失数据截断处理、各单元格之间数据的相关性处理等诸多技术难点。这些建模工作对数学的要求较高，因此需要具备一定数理统计背景的专业计量人才才能较好地完成。另外，情景分析也是具有一定技术性要求的工作，情景颗粒度的设计、典型损失和极端损失的估计、情景分析分布函数的生成等工作既需要丰富的业务知识，还需要一定的数学基础。由此可见，一支专业的工作团队对于顺利推进高级计量法建模至关重要。

华夏银行理财产品事件简析

总行市场风险管理部监控报告处

一、华夏银行理财产品事件始末

2012年11月30日，新浪网站发布消息称“华夏银行门口一群人，喊华夏银行骗钱”，由此引出华夏银行理财产品事件，在全国银行业乃至全社会掀起轩然大波。

12月2日，华夏银行上海分行官方微博发布公告澄清，华夏银行上海分行嘉定支行理财产品到期无法兑付的报道不实。该行前员工已因涉嫌参与推介“中鼎财富投资中心（有限合伙）入伙计划”正被公安机关调查，该入伙计划各当事方中没有华夏银行，华夏银行也从未与该公司签订任何协议，即该事件由员工个人原因引发。

12月3日，21世纪网报道，华夏银行理财产品兑付事件受害人的资金流转，均在华夏银行柜台完成，并非银行系统中俗称的“飞单”。

12月5日，华夏银行表示此次事件解决的最终方案可能仍要承担一定损失，但华夏银行在此次事件中不承担主要法律责任，只承担社会责任。如果华夏银行全额承担四期产品的本金投资，则损失相当于该行2012年全年净利润的1.3%－1.5%。

12月6日，路透社报道，银监会就华夏银行员工违规出售中鼎投资产品事件发布警示，该事件已进入司法程序，目前暂无结论性措施，待公安机关有相关调查结果后，将敦促华夏银行拿出解决方案。

二、“中鼎财富”系列理财产品简介

华夏银行此次理财产品为北京通商国银资产管理公司发行的“中鼎财富投资中心（有限合伙）入伙计划”，共分为四期，产品类型为有限合伙型股权基金。产品投资计划书中显示，四期产品每期的募集金额在 4 500 万元左右，总计投资额在 1.6 亿元到 1.8 亿元左右，预期投资收益率为 11% –13%，四期理财产品均由中发投资担保公司担保。

实际运作中，第一期“中鼎财富一号”投资于商丘永恒生典当行，目前已到期但典当行无法兑付；第二期“中鼎财富二号”投资于郑州新盛博汽车销售服务有限公司，2012 年 12 月 21 日到期，郑州新盛博汽车服务有限公司已人去楼空；第三期“中鼎财富通航股权投资计划”投资于云顶文化娱乐投资有限公司，项目尚未完工但已人去楼空；“第四期中鼎迅捷股权投资计划”投资于河南奥鑫汽车销售有限公司，将于 2013 年 1 月 10 日到期，目前项目运作正常但奥鑫汽车的还款意愿不强（见表 1）。

表 1　　中鼎财富四期产品详情

产品名称	合伙企业名称	产品类型	资金规模（万元）	预期收益率（%）	投资存续期	收益支付	投资项目	担保方	托管银行
中鼎财富一号股权融资计划	北京中鼎财富投资中心	有限合伙型股权基金	5 000 –5 500	11 –13	12 个月	12 个月到期本息一次性兑付	商丘市永恒生典当有限责任公司	中发投资担保有限公司	光大银行
中鼎财富二号股权融资计划			2 500 –3 000				郑州新盛博汽车销售服务有限公司		建设银行
中鼎财富通航股权投资计划			4 500 –5 000				河南云顶文化娱乐投资有限公司		中信银行
中鼎迅捷股权投资计划			6 000 –6 500				河南省奥鑫汽车销售有限公司		中国银行

资料来源：中金研究部研究报告。

三、事件引发市场对“影子银行”问题的关注

根据全球金融稳定委员会（FBS）的定义，“影子银行”是由部分（或完全）正规银行体系之外的实体及业务活动构成的信用中介。华夏银行理财产品事件引起了监管层和社会各界对“影子银行”规模的担忧。

依据人民银行公布的《2012 年前三季度社会融资规模统计数据报告》，2012 年前三季度委托贷款增加 0.86 万亿元、信托贷款增加 0.70 万亿元、未贴现的银行承兑汇票增加 0.76 万亿元、企业债券净融资 1.56 万亿元，再加上券商对民间借贷的估算规模 4.5 万亿元、信托资产中投向基础产业、房地产、工商企业、金融机构等的 5.5 万亿元，银行贷款以外的融资规模约为 13.9 万亿元。

瑞银证券在人民银行统计口径的基础上，基于三种不同口径对我国“影子银行”的规模进行了估算。三个口径下的估算结果如表 2 所示。

表 2　　瑞银证券——中国“影子银行”规模估算

口径	估计值（万亿元）（截至 2012 年第三季度）	占 2012 年 GDP（预测值）比例（%）
=人民银行统计的社会融资规模下的委托贷款、信托和未贴现票据	13.7	26.0
=口径+社会融资规模中未包括的信托资产和民间借贷	20.9	40.0
=口径+非银行机构持有的企业债	24.4	46.5

资料来源：瑞银证券。

四、事件表明对“资产池”的管理需要进一步加强和完善

2012 年前三季度，国内 119 家商业银行合计发行理财产品 22 476 期。从“资产池”基础资产占比看，债券类、利率类（包括存放同业、货币市场业务等）和其他类是理财产品基础资产的主要标的，其中“其他类”资产的占比最高。根据普益财富（CNBenefit）的研究报告，“其他类”资产可能含有一些并购、项目投资、外汇交易产品、结构性存款、贷款和这些资产的混合体，因此，对“资产池”的管理需要进一步细化和完善。

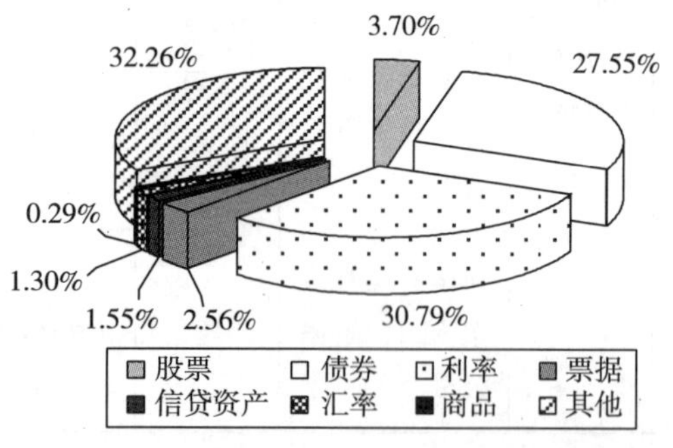

注：由于同一产品可能属于多个不同的基础资产类别，所以图 1 对应的产品合计值大于同期实际发行产品数量。

资料来源：Wind 资讯。

图 1　2012 年前三季度银行理财产品发行期数结构图

五、相关建议

1. 进一步加强代销理财产品的管理。

对代销理财产品，应建立合作伙伴的评价选择机制，选择经济实力、经营能力和风险管控能力较强的企业；加强代销理财产品的投向管理，理财产品的投向管理应符合我行的信贷导向政策，限制投向“6+1”产能过剩行业；加强代销理财产品的投后管理，了解理财产品投后的资金使用和偿付管理，及时掌握理财产品的偿付能力；加强代销理财产品销售环节的管理，防范人员的操作风险。

2. 以“新一代”系统为契机，尽快推进理财产品的系统化建设。

目前我行尚没有统一的理财业务 IT 系统支撑，对于理财产品的成立、资产配置和到期兑付等操作基本依靠手工进行，不仅操作风险较大，人力成本较高，而且总分行信息不对称、手工更新跟不上业务开展速度。随着利率市场化的推进，理财产品未来将成为商业银行的一项战略性业务，建立一套全面有效的理财产品系统可以提高理财产品的精细化管理水平。

3. 引入经济资本计量方法，加强理财产品风险管理。

将理财产品纳入经济资本管理范畴，区分不同类型的理财产品研究相应的经济资本计量和考核方法。对于保本型理财产品，由于商业银行承担了产品运作的全部风险，应参照自营业务进行经济资本的测算和考核；对于非保本型理财产品，研究更为可行的经济资本管理或风险管理办法。对于使用“资产池”方式管理的理财产品，可以将“资产池”业务面临的由于市场因子过度波动、违约率突然上升等带来的非预期损失进行测量，结合理财产品的特点科学地计量投资标的的市值变动。

4. 完善理财产品资金运用信息披露。

应完善对理财产品资金运用方式的信息披露，在产品说明书中对资金的投向范围进行详细地界定，增强客户的信任度。同时，应加大理财产品正面宣传力度，提高理财产品的品牌效应和客户忠诚度。

5. 进一步完善统一授信的管理体系，尽快建立客户统一风险视图。

进一步完善理财产品相关的统一授信管理体系，对参与主体的授信额度管控应不仅涵盖我行自主设计发行的理财产品，还应包括由建信信托、建信租赁等子公司参与发行的理财产品和我行代销的理财产品。尽快建立客户的统一风险视图，全面掌握同一客户在建行集团内理财产品融资总量，防控集中度风险。

个人类不良贷款委外催收业务风险防控浅析

总行资产保全部 肖爱萍

随着我国商业银行零售信贷业务的高速发展，零售不良信贷资产的催收处置工作不断面临着新的机遇与挑战。由于零售类不良信贷资产笔数多、金额小、管理半径长，在人员及精力有限的前提下，充分利用行外资源与平台实现催收处置工作的效益最大化，成为各家商业银行确保零售信贷业务健康发展、提升资产质量的重要渠道之一。委外催收业务正是在这样的背景下应运而生。

所谓委外催收，通俗而言，就是指银行委托系统外的合法机构，运用诉讼以外的其他合法方式回收指定逾期贷款本息并支付相应报酬的经营行为。充分发挥委外催收手段的积极作用，关键在于全面了解和认识委外催收业务风险，通过建立制度、采取措施最大限度降低风险发生的可能性，真正做到物尽其用，实现趋利避害。

一、委外催收业务的潜在风险

委外催收业务的基本理论支撑是法律中的委托代理原理，其首当其冲的风险就是以委托代理关系为核心的一系列法律风险：

一是越权代理，即在委托授权关系存续期间，作为银行代理人的外部催收机构超越代理权限采取一些不正当的方式进行催收，造成了对债务人甚至第三人人身、财产、名誉等的损害。

二是表见代理，在委托代理授权关系终止后，曾与银行有委托代理关系的外部催收机构或其工作人员仍以银行名义进行催收，法律上或构成表见代理而导致由银行承担相应的不利后果。

三是授权不明导致代理纠纷，银行与外部催收公司对催收授权范围界定不清，而对催收公司在催收过程中有可能发生的侵权行为承担连带赔偿责任。

上述法律风险出现的后果是银行需要承担替代赔偿责任，同时取得对行为人（外部催收公司）的追索权。然而在实际的被诉至追诉的过程中，银行均会遭受不同程度的声誉损失，也有可能需承担外部催收机构无实际偿付能力的经济损失。因此，如何从操作入手，严堵一切风险漏洞是有效防范委外催收业务风险的关键所在。

二、委外催收业务的风险防控措施

委外催收业务的风险防范可分为事前防范、事中控制和事后补救。

（一）事前防范——未雨绸缪、防患于未然

事前防范的目的在于防患于未然，其关键是要建立科学严谨的规章制度，确立合理、规范的操作流程：一是坚决贯彻禁现制度，即在委外催收过程中严禁受托机构及其员工以各种形式或借用各种名义收取现金。杜绝收取现金是扫除委外催收业务风险隐患的基本要求。二是建立科学规范的受托机构准入制度，体现多样化和层次性。即基于对受托机构执业资质与专业素质的综合考虑，明确受托机构的准入条件，同时区分各种条件的准入考量级别，如统一基本准入条件、明确禁止准入情况、归纳总结受托机构的限制准入条件以供各级机构自由考量。与此同时，在明确受托准入条件的前提下，引入公开、透明的采购机制，从源头上杜绝道德风险和操作风险发生的可能性。三是以法为本，充分发挥法律文本的有效作用。对于委外催收业务而言，《委外催收授权书》与《委外催收协议》是有效防范风险的法宝。授权书是银行与受托单位建立委托代理关系的前提和基础，是受托单位得以实施催收的基本合法依据。而《委外催收协议》则是整个委外催收业务的灵魂，是有效控制委外催收业务风险、实现委外催收作用的根本保障。在法律文本的使用中应当坚持“全行统一、总行权威”的基本原则，要求各级机构不得擅自修改或减少该协议中的格式条款，在具体使用中可依据实际业务情况增加除免除或减轻受托单位责任外的协商性条款。

（二）事中控制——将风险扼杀在摇篮之中

委外催收业务的事中控制措施主要是指在委外催收业务实际发生过程中对委外催收业务的流程风险进行控制，包括建立委外催收保证金制度和委外催收审批制度。

1. 委外催收保证金制度旨在规避委外催收业务中可能存在各种风险，通过提前缴纳保证金，有效建立与受托单位的约束机制，配合委外催收日常管理措施，确保对受托单位全流程的业务监控。具体而言就是受托机构通过向银行缴存一定的数额的资金用于对其在具体委外催收业务中应当履行约定义务和注意事项的保证，如保证委外催收过程中遵守委托方的规章制度、采取合法方式进行催收，维护银行良好的声誉和形象等。

保证金制度的建立关键在于对约定需要保证事项进行明确细化，要求实施者在前期对委外催收业务中潜在的风险进行全面的评估，宜细不宜粗。在具体保证金缴存比例上需要科学考量。目前业界对于委外催收保证金采取三种模式，一是固定金额、统一缴存，二是按资产规模分比例缴存，三是规定缴存下限并按比例挂钩资产规模。目前，我行委外催收保证金制度基本采取的是按资产规模挂钩比例并固定下限的模式，既能有效控制风险又符合整体委外催收市场的发展规律。

2. 委外催收审批制度通过事中的审批对委外催收的资产进行程式化监控管理。目前我行的个人类不良贷款委外催收坚持以“内外结合、效益最优”为基本原则，严格遵守审慎委外的审批原则，从“效益第一、兼顾效率、节约催收成本”为出发，坚持内部催收与委外催收相结合。具体审批操作中，按照“归口管理、分级负责”的原则授权一级分行，最大限度保证委外催收业务开展的灵活性和权威性。

（三）事后补救——亡羊补牢为时未晚

事后补救，是委外催收业务风险防线中的最后一环，也是控制风险进一步加剧的终极措施。委外催收救济制度旨在对抗委外催收业务中由于受托单位原因所导致的各种显性或潜在风险。在实际操作中，委外催收救济制度只是银行最无奈的选择，同时也是银行对受托单位实施监控的措施。通常情况下，委外催收的救济措施的适用情形主要是针对受托机构未经许可擅自将委外贷款向其他单位或个人转委托、向债务人另行收取费用、向债务人收取现金或伪造催收业绩、违反《委外催收协议》及《委外催收授权书》规定等行为。具体救济措施包括约见单位负责人、提出警告、扣收保证金、终止委外催收协议、提前收回委外催收授权、追究相应法律责任（法律救济途径）等。

显而易见，在三种防范措施中，事前防范、事中控制远比事后补救措施更加重要和可取。有风险同时意味着有机遇，关键在于能否未雨绸缪，实现有效防控和化解。

新疆对外贸易中动产融资业务的发展趋势与风险控制措施

新疆维吾尔自治区分行课题组

贷款难一直是困扰中小企业发展的瓶颈问题，开展动产融资业务，对解决这一难题有着重要的现实意义。一是有利于缓解担保难问题。通过办理动产质押担保进行融资，对于那些原油、金属、农产品等原材料价格有较大的上涨预期，有意增加库存、降低成本的企业来讲意义更加重大。二是有利于银行加强贷后管理。办理动产质押业务，银行可以实时通过企业质押存货的变动情况了解借款人生产经营及销售情况，对贷后管理起到较好的支持作用。三是通过贷款的操作，银行可以掌握各种行业的经济信息，为找准市场增长点，有效拓展市场创造条件。

动产融资质押贷款作为新型物流仓储的创新融资形式，虽然能够有效解决中小企业流动资金不足的问题，但这种融资形式在不同的行业，其对抵押物的标的物、质押估值要求是不同的，并存在价格波动风险、法律风险和操作风险。就动产质押在国际贸易融资授信业务中的实际开展来看，动产质押标的物主要限定在国际贸易单据、货物，这主要与国际贸易融资期限短、周转快、还款来源有保障、风险相对较小和与结算操作紧密联系等特点相关，它与流动资金贷款、项目融资和固定资产贷款所要求的质押标的物相比，其限制性更严、监管要求更高、要求变现能力更强。因此，在动产质押融资形式中，商业银行只有通过与监管方、物流仓储企业的业务合作，加强服务创新与监控管理，才能在支持中小企业的发展中有效规避放贷风险，从而增强银行向中小企业放贷风险的控制能力。

一、国际贸易动产融资业务的内涵及特点

国际贸易动产质押授信业务（以下简称“动产质押授信”）是客户以自有或第三人合法所有且符合商业银行规定条件的货物动产或代表以上动产的货权凭证（以下简称“质物”）作质押，并由商业银行指定的第三方物流企业（以下简称“监管方”）负责对上述动产进行监管的情况下，向商业银行申请进出口贸易项下授信支持的业务。动产质押融资业务的参与方一般包括出质方、质权方和监管方。具体流程见图1。

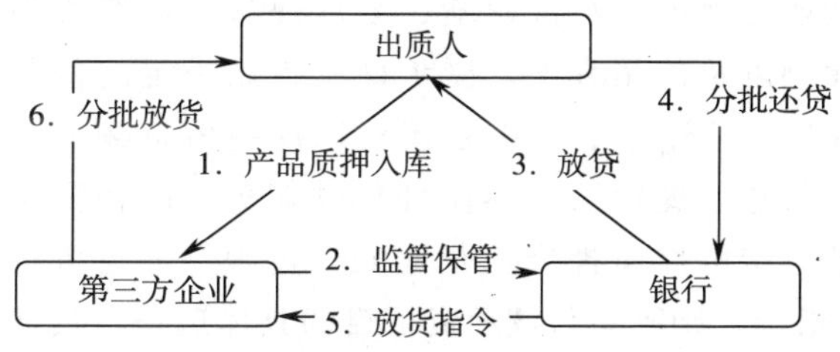

图1 动产质押融资业务流程示意图

出质方一般是指从事商品生产、经销的企业法人，是质押融资业务的融资需求方；质权方是具有在中华人民共和国境内经营融资、结算等金融业务资历的金融机构，是质押融资业务的资金提供方；监管方是从事物流服务的企业法人。一般来讲，国际贸易动产质押融资业务，按货押授信方式可分为两类，即现货质押授信和单笔贸易授信。现货质押授信可接受“标准仓单质押”（简称标准质押）和“现货监管质押”两种质押方式，前者适用于监管方作为仓储企业对质物可出具仓单的情况，而后者适用于监管方对质物只能提供保管服务但不能出具仓单的情况。单笔贸易授信业务是指在单笔进

口贸易项下，商业银行根据结算方式和进口商品的类别以及对全套提单的掌控情况或基于对进口货物的实际控制，为客户单笔进口贸易所作的贸易融资授信。

国际贸易动产质押融资业务按照质押物的时间和形态及质物的储运形式又可划分为现货仓、海陆仓和保税仓、铁路运输项下进口贸易融资业务。货质押授信方式下的贸易融资业务简称为“现货仓”。未来进口货物（质押物）以海运或海陆联运方式运至国内港口或内陆仓库的单笔贸易授信项下开证业务简称“海陆仓”。境内企业在保税区进口贸易项下以拟进口的货物作质押并以单笔贸易授信方式申请办理进口开证/付款保函的业务简称“保税仓”。铁路运输项下进口贸易融资业务，是指客户以铁路运输方式进口货物，货物实行仓储式销售，银行根据客户申请给予的短期信贷支持，包括进口开证、信用证项下信托收据贷款及非信用证项下信托收据贷款。

国际贸易动产质押授信业务属于贸易融资的一个品种，即金融机构（银行）根据物流企业的业务规模、经营业绩、运营现状、资产负债比例以及信用程度，授予物流企业一定的信贷额度，物流企业可以直接利用这些信贷额度向相关企业提供灵活的质押贷款业务，由物流企业直接监控质押贷款企业的全过程，金融机构（银行）则不参与该融资项目的具体运作。具体流程见图2。

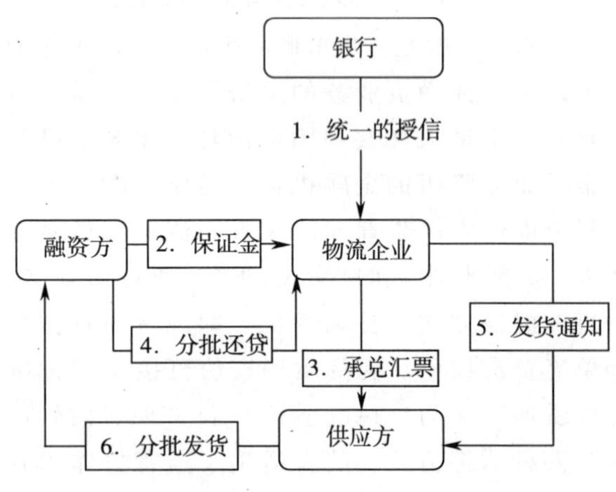

图2　授信融资业务流程示意图

与不动产抵押贷款比较，动产质押贷款具有以下特点：一是贷款具有较强的流动性；二是质押物具有较强的变现能力；三是质押物价值存在不确定性；四是质押物易于灭失，保管难度大；五是动产质押贷款无须抵押登记。与传统贸易融资业务相比，动产质押贷款在流程方面则有了一个延伸，即由对单证的处理延伸到对货物的监管控制。特别是增加了对货物的价值的评估，出仓放行、质物替换、入仓补货、质押解除等涉及质物进出仓库的现场监督等环节，对动产质押物的控制贯穿了贸易融资过程的始终。动产质押贷款与信用贷款比较，传统的信用贷款准入门槛高，要求小企业有健全的财务制度，同时要通过银行的信用评级。鉴于小企业发展的主客观条件，绝大部分小企业难以达到银行信用等级评定要求，因而也难以获得信用贷款。而动产质押贷款，只要符合银行要求的动产，就可以向银行申请动产质押贷款。因此，这一方式不仅能够较好地解决银行和企业间业务运作的矛盾，也有利于银行控制资金流向和货物流向，降低银行贸易融资风险。同时，这一方式，也将大大增加商业银行在大宗商品贸易融资业务中的竞争实力，从而为银行带来更高收益。

二、2011年新疆外贸行业及新疆建行国际贸易动产质押授信业务现状

1. 新疆外贸行业发展简况。据悉，2011年新疆累计实现进出口228.22亿美元，同比增长33.2%。其中：出口168.29亿美元，同比增长29.8%；进口59.93亿美元，同比增长44.1%（见图3所示）。各类外经贸企业的市场主体作用不断增强，进出口额1 000万美元以上企业已达245家，比上年增加40家；超亿美元企业近51家，比上年增加9家；一些中小外贸企业市场营销网络加快延伸，成为进出口新的增长点。另据自治区商务厅统计资料显示，2008年，新疆对外贸易实现高速增长，当年进出口总值达222.17亿美元，同比增长62%，这是新疆外贸首次登上200亿美元大关。2009年，受国际金融危机和“7·5”事件双重影响，对外贸易出现大幅下滑，进出口下降37.8%；2010年，新疆外贸实现恢复性增长，进出口总值171亿美元，同比增长22.8%（见图3）。

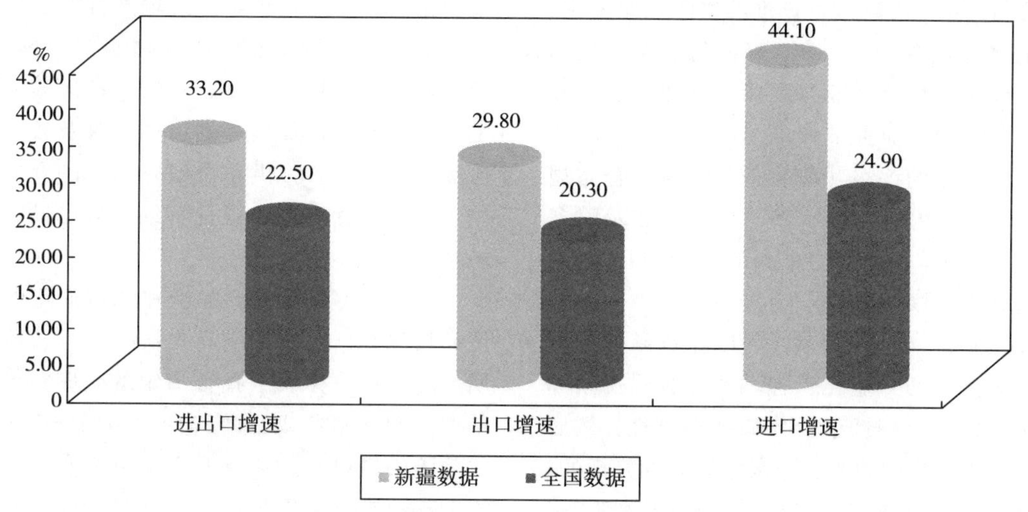

图 3 2011 年新疆进出口贸易发展情况

2. 建行新疆区分行国际贸易动产质押授信业务现状。贸易动产质押授信业务是建总行根据新疆区分行贸易融资客户需求，于 2007 年推出的贸易融资产品。该产品的推出对于促进和规范新疆区分行货押相关贸易融资业务起到了积极的作用。新疆区分行在建总行推出此项业务之前，从业务创新的角度制定了铁路运输项下贸易融资业务管理办法等的业务操作规定。同时，采取仓单质押的方式为部分客户办理了类似的海运货物的贸易融资业务，不仅避免了贸易融资的客户信用风险，支持了加工贸易企业的发展，还有效缓释了产品风险。其基本流程：大型进出口企业或中小企业向银行申请国际贸易动产质押融资→银行关注真实贸易，委托物流企业对中小企业提供的动产进行价值评估→物流企业进行价值评估，并向银行出具评估报告→动产状况符合质押条件的，银行与中小企业签订动产质押合同，并与物流企业、中小企业签订三方会签的仓储监管协议→中小企业将动产交付给物流企业→物流企业对中小企业移交的动产进行验收，并通知银行发放贷款→银行向中小企业发放贷款。目前，建行新疆区分行开办的货押融资业务内容较为丰富，有“现货仓”、“海陆仓”和“保税仓”，其内容涵盖了常见的多种贸易融资产品，如进口开证、打包贷款、出口议付和信托收据贷款等。“现货仓”模式对应出口项下的仓单融资，而“海陆仓”和“保税仓”则对应进口项下的仓单融资。新疆区分行虽然没有将此类业务归类为国际贸易动产质押授信融资业务，但在业务流程、风险控制方面与国际贸易动产质押授信融资业务有一致的地方。因此，在质押物的确认范围、仓储企业的选择、流程的控制、质押物的管理等方面还需要完善。另外，自 2012 年初以来，由于受到全球经济形势错综复杂的影响，自治区外贸进出口大幅下滑。受此影响，外贸企业经营困难增加，贸易结算违约记录也有所增加，我行部分二级分行的大宗商品贸易融资业务出现不良反弹。在此形势下，对商业银行而言，加强对国际贸易动产融资质押授信业务的风险管理，尤其对货权 / 货物控制以及标准仓单的控制就显得尤为重要。

三、建设银行办理国际贸易动产融资质押授信业务相关要求

建设银行在国际贸易动产融资质押授信业务中主要使用标准仓单质押或现货监管质押，并将其作为风险控制和风险退出的主要手段。其具体相关要求如下：

1. 授信项下商品。建设银行接受动产质押授信（现货质押授信和单笔贸易授信）的商品仅限于总行认可的，在生产、物流领域通用性和变现能力较强的原材物料或特定的产成品。各行要在总行规定的《货押产品目录》范围内受理业务，如需超出上述产品目录范围的，须事先报总行。

2. 物流仓储企业。核准“现货仓”和“保税仓”业务的仓储监管方仅限于总行已签约的物流仓储企业或在我行信用评级达到 A 级及以上且经

过一级分行国际业务部逐户核准的物流仓储企业。

3. 物流仓储企业的核准。经办行与总行签约之外的其他物流仓储企业开展货押合作前，应逐户报一级分行国际业务部核准。一级分行国际业务部根据监管方的评级状况、企业性质、仓储规模、仓储环境、内部管理水平、行业排名及财务实力和资信状况，在严格控制监管风险的基础上，认真筛选并逐户核准。

4. 业务管理。为控制风险，国际贸易货押授信实行相对集中的专业化管理。各一级分行国际业务部负责辖内货押授信业务的牵头管理，按照分散受理集中管理的原则，一级分行为省分行的，应集中在二级分行或以上机构进行集中管理；根据业务规模和发展速度，负责集中管理的国际业务部门须内设货押管理中心或管理团队，并配备货押核库岗、货押审价岗和货押额度管理岗，以上岗位人员可以由非专职人员兼任，但核库岗不得与审价岗或额度管理岗兼任，核库岗也不得由客户经理兼任。

四、建设银行办理国际贸易动产融资质押授信业务的合规性要求

办理现货仓业务的客户信用评级达到 A+级（含）以上，小企业达到 aa-级（含）以上；受理单笔贸易授信业务（海陆仓和保税仓）仅限于进口开证业务，保税仓模式下可采取付款保函方式；开证申请人信用评级应不低于 A 级；办理铁路运输项下的借款人的信用等级在 A 级（含）以上，“海陆仓”和“保税仓”业务仅适用于生产型企业或已经确定最终买家的工贸企业或纯贸易型企业进口。办理“现货仓”和“保税仓”业务的仓储监管方仅限于总行已签约的物流仓储企业或在我行信用评级达到 A 级及以上且经过区分行国际业务部逐户核准的物理仓储企业。“海陆仓”方式下进口货物的承运人或承运人的代理人必须为总行已经签约或经分行国际业务部批准认可的第三方物流企业。

铁路运输项下方式—仓储方的选择应以中国建设银行股份有限公司签约的仓储单位为主。若非建行已签约仓储单位的选择应遵循以下原则：一是必须是独立法人企业并具有仓储经营资格。二是仓储设施规模较大，储存货物的条件、设备较为完善，并具有较好的运输条件。三是具备较为严格、完善的仓储内部管理制度及操作流程。四是财务状况较好，具有一定的抗风险能力。五是在仓储行业有着良好的市场信誉及较高的市场份额，有较多的可供建设银行选择的仓储客户群体。六是愿意与建设银行签约，与建设银行合作关系良好。

接受货押授信的商品应在总行规定的《货押产品目录》，未列入目录的须经总行核准；现货质押的质物应存放于我行指定的仓库并已交纳授信期间的仓储费或已向我行交纳保证金。铁路运输项下的进口货物必须具备下列条件：一是所有权明确；二是无形损耗小，不易变质，易于长期保管；三是适应用途广，易变现；四是规格明确，便于计量；五是产品质量合格并符合国家相关产业及检验检疫标准；六是进口货物需为中华人民共和国法律允许的商（产）品。进口货物存仓后所有权必须为建设银行，不得以有争议、来源不明、被依法查封、扣押或采取其他诉讼保全措施的物品作为存仓货物。

对总行结构调整行业的客户需要满足《限制性行业非准入类客户贸易融资业务准入标准》（建总发〔2007〕256 号）要求。货押融资授信客户需具备以下要求：一是贸易融资业务申请人须具备进出口商品所需的经营资质或通过委托代理方式办理进出口业务。二是企业及其项目必须符合国家相关行业的产业政策、环保、能耗和国家外贸政策等要求；分行要密切关注国家的出口退税政策和加工贸易政策调整带来的影响，控制贸易风险，保证企业在相关贸易中的盈利能力及贷款偿付能力。三是必须达到或超过相关行业的审慎进入类客户的准入标准指标要求。四是资产负债率必须符合我行“五项基本原则”的要求［即企业经营情况稳定，具有稳定的上下游客户，与建设银行建立信贷关系两年（含）以上，具备相应经营资质且从事相关大宗商品贸易三年（含）以上。其中小企业客户的资产负债率≤65%］。五是贸易融资业务申请人，或担保人，或代理进出口业务中的委托方，或根据其他法律关系对贸易融资承担实质还款责任的相关方，在我行的信用评级达到 A 级（含）以上。六是申请开展贸易融资的铁合金类客户必须进入国家发展改革委发布

的符合《铁合金行业准入条件》企业名单；电石行业暂不得开展贸易融资业务。

五、新疆区分行国际贸易动产质押融资授信业务的风险控制措施

国际贸易动产质押融资涉及的风险主要集中在信用风险、操作风险、市场风险和货币风险等这几个方面，虽然国际贸易动产质押融资业务包含的风险权重相对固定，但在很多情况下风险权重及组合风险也随着交易的不同变化而变化。因此，国际贸易动产质押融资业务也会给商业银行带来不确定性的风险。商业银行只有在国际贸易动产质押融资中控制好资金流，才能有效防止贸易商通过关联交易挪用资金，确保融资款项的专用，所有重要性单据必须经过融资银行来进行寄交；只有加强与物流公司的合作，才能通过为第三方的物流公司实施对“物”的有效监管，使银行及时获取借款企业内部的准确信息，并控制好物流和规避物流方面的风险；只有加强对汇率风险的研究，充分利用远期外汇、外汇期权和期货来对冲汇率风险，才能规避国际贸易动产质押融资中的汇率风险。尤其是在我国人民币面临升值的压力、美元相对疲软、欧元相对强势的情况下，应该针对不同的贸易产品来规避由于进出口贸易所带来的汇率风险。

1. 加强对客户自身实力、资信风险的了解和管理。

（1）主要风险：目前国际贸易动产质押融资的客户风险主要包括客户信用风险和客户的经营风险，主要体现在贸易企业总体资产负债率高、财务实力较弱，依靠企业自身实力承担巨额贸易风险的风险较大；存在套现挪用风险、特殊贸易风险、融资窗口风险以及欺诈风险等。

（2）防范措施：根据信贷业务风险的高低，制定选择客户的准入门槛。对外贸企业应着重对企业的资金实力、从业时间、从业经验、上下游购销渠道等方面进行分析选择。对外贸行业企业的财务分析应注重于其短期偿债能力和经营性现金流。客户短期偿债能力多受诸于内外因素的影响。对自营业务，首先是客户货币资金量、流动资产的变现能力、自有流动资金量和周转速度、货款回笼规模与速度，流动负债中短期内各种债务支付量、支付集中程度。另外，货款回流是否正常，上游占用和下游拖欠等应需作出谨慎分析。对代理业务，除分析外贸公司的自身偿债能力外，还需对最终付款人委托代理企业或机构的短期综合还款能力进行分析判断。从业时间长短反映企业是否拥有一定的从业经验，客户的选择上应考虑那些运作时间较长尤其对那些多年在建行办理业务的外贸公司。同时应重点审查贸易背景的真实性，非真实贸易背景的业务即便是实力强大的客户也会孕育巨大的风险隐患。贸易背景真实性审查主要对象是贸易合同及其条款。主要从进出口商的资信、产品是否正常需要（外贸公司长年经营销售渠道的商品、为其他工贸企业进口生产所需的原材料、零部件等）、价格是否合理（与现阶段市场价格相差较大的应留意其虚假贸易背景或从事投机行为）、付款期限（涉嫌诈骗、套取银行资金等虚假贸易的一般期限较长）、交货地点、交货方式等，对一些信用证软条款需要留意。

2. 重视银行业务操作的合规性。

（1）主要风险：国际贸易动产质押融资主要以货物作质押进行融资，出质人是否具有出质资格、质物的合法有效性是主要风险。由于货款是银行开展国际贸易动产质押融资的第一还款来源，银行如果能够控制货权，则即使在融资发生风险后，对其所造成的损失也是基本可以弥补的。

（2）控制措施：首先要确认出质人的资格，要求出质人出具资格证明材料。主要包括：法人提供年检合格的法人营业执照；非法人提供年检合格的非法人营业执照；自然人提供身份证明；股份公司还需提供有权作出决议的机关出具的关于同意质押的文件、决议或其他具有同等效力的文件或者证明，共有财产则需提供共有人出具的同意出质的文件。其次提供现货质物所有权书面证明材料，如购销合同、购置发票、增值税发票、账务账簿，对应合同项下的付款凭证、购付汇证明材料或其他具备法律效率的证明材料等。在海关监管期的货物，需提供负责监管的海关出具的同意质押的证明文件。交纳仓储费的证明或收据和质押物保险单；如出质人已交纳仓储费的对应期限短于申请人实际融资到期日的，应要求出质人或申请人预交仓储费。

进口信用证项下货物转为现货质押办理信用证项下进口融资在法律性质方面与信托收据贷款存在冲突，为此，总行专门制定了新的法律文本《进口信用证项下货物质押融资合同》及相应的申请书，在办理业务过程中应注意区别使用。在实际操作中，“现货仓”和“海陆仓”商品必须符合总行制定的产品目录。以“保税仓”模式进口商品原则上应符合产品目录，但若进口商交存全额保证金或有足额资金保证信用证项下及时对外付款且不需要将进口货物转为“现货仓”的，经一级行国际业务部门核准同意后，可以受理总行规定产品目录之外其他商品的“保税仓”业务，严格控制受理鲜货易腐或易损毁商品的货押业务。

另外，对于质押物价值评估，首先须依靠具备资质的外部独立检验机构对商品的品质、数量或规格进行检验和认定，一级分行负责对外聘检验机构资质的筛选和认定，并根据本行情况制定外聘检验机构的筛选标准或指导性意见，原则上应优先选择国家专业检验检疫机构或权威的国际独立检验机构。同时，根据总行确定的价格信息渠道以及当地其他可靠市场信息渠道，认真审核同质商品的当前市场价格和最近前六个月的平均市场价格，以就低原则审定质押物的市值。实际操作过程中，应采取谨慎的态度，关注质押货品的变现性，货押业务的大宗商品质押率不得超过70%。

3. 强化押品监管机构诚信风险评估。

（1）主要风险：银行信贷资金在客户出现经营风险时，能否安全收回最主要依赖质权及押品价值的充足性。押品价值风险需要有合理的抵押率控制和及时的跌价补偿机制，而押品质权及实物的有效控制则不仅在于质权法律文件、手续完善，还在于监管机构对押品的有效监管。只有在监管机构全面配合下，银行方面方有完好无损押品作为债权保障。否则，一旦押品监管机构出现诚信问题，银行授信资产违约损失率将会急剧上升。

（2）控制措施：办理“现货仓”和“保税仓”业务的仓储监管方仅限于总行已签约的物流仓储企业或在我行信用评级达到A级及以上且经过区分行国际业务部逐户核准的物理仓储企业。“海陆仓”方式下进口货物的承运人或承运人的代理人必须为总行已经签约或已经批准认可的第三方物流企业。

4. 强化国际贸易动产质押融资到期管理。

（1）主要风险：贷后管理一直是新疆区分行信贷管理过程中的一个薄弱环节，动产质押授信的第二还款来源依靠质物，质物的看管、保值、变现是贷后管理重点，贷后管理不到位将使我行丧失第二还款来源。新疆区分行目前办理的货押业务融资中，大部分客户的仓储在异地，因路途遥远、成本费用较高，不利于我行及时了解货押货物的真实情况。如果发生客户与仓储企业勾结转移货物逃逸，将面临巨大风险。

（2）控制措施：铁路运输项下贸易融资业务审批同意后，经办行应组织借款人签订相关贸易融资合同及担保合同等合同文本，建设银行、借款人及报关行签订《货物流向变更三方协议》，借款人与建设银行签订《委托处置协议书》，建设银行、借款人及与建设银行签约的第三方仓储物流企业签订《货物监管三方协议》等协议文本。同时，经办行应要求借款人在我行设立专用账户，用于封闭监管货物销售的资金归集。在借款人办理完还款手续后，经办行依据三方协议，书面通知仓储方解除对存仓货物的监管，并将相关凭证返还借款人，该笔贸易融资业务过程终止。

铁路运输项下贸易融资行内信息传递主要通过传真、电子邮件、电话和邮递方式，各行应加强专用电子信箱的管理，并对该电子信箱发出信息的真实、有效和完整性负责。我行与客户、仓储物流企业的信息传递主要通过传真，必要时也可使用电子邮件、电话和邮递方式。传真件必须加盖借款人单位公章，经有权签字人签字确认，且不得涂改；通过电子邮件、电话或邮递方式的信息传递，各方应对信息的真实、有效和完整性负责，并作必要的记录。

贸易融资业务发生后，客户经理应通过相关渠道了解如下信息：①进口货物在国外装运时间及数量、进口货物进关时间及数量，我行信用证付款前应确定货物已装运发往目的地。②货物进关后，应掌握进口货物换装、报关、报检及通关情况。③客户经理应加强与报关行的沟通联系，要求报关行严格按照《货物流向变更三方协议》

规定，提供借款人货物流向时间及数量等信息，并完成货物运输变更要求书和流向表上收货人的变更。④进口货物流向变更完成后，客户经理应及时掌握货物进入仓储时间及数量。⑤在《货物监管三方协议》的规定范围内，每一笔存仓货物出库，借款人必须向我行提交“出库申请书”，并满足我行规定的缴存资金条件，在信贷风险可控的情况下，经办行方可签发“中国建设银行股份有限公司××分（支）行同意出库通知书”。⑥客户经理应依据上述调查信息，如实记录于贸易融资物流、资金流记录单。

客户经理应于每月末对存仓货物的市场价作出书面评估。具体评估时可采用以下两种方式之一：①客户经理根据进口融资单价与市场价格相比，依据价格孰低法予以确定。②邀请专业评估公司对货物定期进行价值评估。

货押授信贷后管理过程中必须严格执行盯市制度，货押授信的不同管理岗位之间必须加强信息沟通和协调配合，严格控制质物价值波动和监管风险。在现货质押模式下，货押核库岗和客户经理至少每月进行一次巡库，可通过监管方的仓库管理IT系统实施动态管理的，可降低频率，但每季度至少保证一次现场核库。单笔授信业务开证后，应密切关注贸易双方履约情况，收到受益人的装船合同之后，通过船运公司及时落实实际的货物装运情况，必要时通过海事局进行船情调查；信用证到单后，如申请人不能补足保证金，应及时对货物到港后采取监管措施。

货押授信在贷后管理过程中，应根据额度使用情况及其价格的变动，及时补货，我行与申请人/出质人约定的跌价补偿空间为5%，现货仓补货的商品品种原则上应限于同类同质商品，或价值更高总行规定的货押目录内商品。如已发放的融资数额仍控制在已确定的质押率内，可暂不要求客户补货。客户逾期未补货或补货不足，也未提供足够保证金的，货押管理部门应及时上报总行，依照《委托变卖协议》启动质物处置程序。

5. 加强市场风险管理。

（1）主要风险：外贸企业运作的是国内和国外市场，市场风云变幻莫测，市场动荡提升了外贸风险。其风险主要包括价格风险、上下游履约风险和汇率风险等。如受国际原油价格波动影响，化工产品的市场行情也上下波动，外贸公司在进口化工产品时须对市场有准确的判断，在关注国际市场价格变化的同时也要注意国内市场的价格变化情况，不然就有可能出现进口产品价格倒挂情况。

（2）防范措施：加强产品的市场分析，关注外贸公司进出口产品价格的合理性。严格控制信用评级低的国家和地区的进出口融资业务，提高担保标准和保证金比例。一般情况下，当价格下跌5%时，经办行应要求借款人（出质人）补充保证金或增加质物来防止损失。

6. 加强集团客户关联交易风险管理。

（1）主要风险：近年外贸行业企业存在集团多元化经营、关联交易频繁。境内外母子公司之间、关联公司之间采取信用证方式结算，无非是借开证行资信办理贴现、议付，以套取资金头寸，贸易的真实性难以保证。

（2）控制措施：首先要理清集团股权结构、产业链关系、资金运作模式、对下属公司的控制能力等核心内容；其次对集团内的主要下属及拟授信的子公司进行单独分析，原则上应全部纳入统一、综合的集团总授信内，对投资型的或在我行无授信的母公司也应做虚拟集团授信业务，以防止过度授信，并尽可能增加有效资产抵押，减少关联担保。原则上不接受母子公司之间、关联公司之间的贸易融资业务。

课题组组长：孔建新

课题组成员：孔建新　李晋　洪蕾　于靖

三、行业研究

新能源汽车产业发展现状与商业银行对策分析

总行研究部专题组

发展新能源汽车，是我国应对全球气候变化、能源供应压力、城市环境污染和做大做强汽车行业的战略举措，“十二五”时期将是我国新能源汽车产业发展的关键阶段。国务院2012年7月发布的《“十二五”国家战略性新兴产业发展规划》，提出“十二五”期间我国战略性新兴产业规模年均增长率要保持在20%以上；值得关注的是，新能源汽车产业将成为国民经济先导产业之一。

党的十八大报告明确提出“要大力发展实体经济和战略性新兴产业；要大力推进生态文明建设，着力推进绿色发展、低碳发展”。新能源汽车产业正面临难得的发展机遇，商业银行应从新能源汽车整个产业链出发，鼓励产品与服务的创新与延展，科学把握机遇与风险，挖掘商业银行业务发展新的增长点。

一、国际新能源汽车的发展现状与特点

（一）混合动力汽车成为国际新能源汽车的主流产品

近年来，美国、日本、德国等汽车工业强国短期侧重于发展混合动力汽车，中长期积极研发和加快推进电动汽车产业化。应该说，目前混合动力产品是国际新能源汽车的主流，并率先进入产业化。截至2011年底，全球混合动力汽车累计销量已超过450万辆，其中日本累计销量超过150万辆，美国累计销量近220万辆，欧洲累计销量超过45万辆。在市场销售的混合动力车型中，日本的丰田Prius成为最畅销车型，它的节能性、经济性、价格优势、技术成熟度、消费者接受度都相当高。如定价20万元左右的丰田Prius的C款混合动力车（“小一号”的Prius），在城市道路上每百公里综合油耗仅2.8L，较同级别的传统内燃机轿车油耗节省50%以上，而两者售价已经趋近，其燃油经济性和节能环保优势可见一斑。

（二）国际纯电动汽车呈现小型化发展趋势

基于当前动力电池技术还未实现更高的能量密度和功率密度的现状以及城市短距离使用的需求，发达国家则把小型化作为纯电动汽车市场拓展的突破口。如奔驰Smart、宝马Mini、三菱Imi-ev都是近两年新推出的小型纯电动汽车，一般最高车速为100－120公里/小时，续驶里程100－160公里。像两人座的奔驰Smart微型车不但节能减排，而且适合欧洲城市道路较窄的现状，在罗马就有10万辆以上的奔驰Smart。

二、近年来我国新能源汽车产业的政策导向与发展现状

（一）国家支持新能源汽车发展的优惠政策频出

2009年以来，在国家各项扶持政策措施的推动下，我国新能源汽车推广力度不断加大，示范推广城市从首批的13个逐步扩大到25个，目前已有6个城市（深圳、上海、杭州、长春、合肥、北京）相继启动私人购买新能源汽车补贴试点工作，54家汽车生产企业的190个车型列入《节能与新能源汽车示范推广应用工程推荐车型目录》（以下简称新能源汽车车型目录）（见表1）。

表1　近年来我国支持新能源汽车发展的主要政策措施

时间	政策文件或项目	主要内容
2009年1月23日	“十城千辆”计划	通过财政补贴，计划用3年时间，每年发展10个试点城市，每个试点城市推出1 000辆新能源汽车开展示范运行，涉及公交、出租、公务、市政、邮政等领域。第一批试点城市13个：北京、上海、重庆、长春、大连、杭州、济南、武汉、深圳、合肥、长沙、昆明、南昌。第二批试点城市7个：广州、天津、海口、郑州、厦门、苏州、唐山。第三批试点城市5个：沈阳、成都、南通、襄樊、呼和浩特。
2009年3月20日	《汽车产业调整和振兴规划》	电动汽车的产销形成规模，形成50万辆新能源汽车产能，新能源汽车销量占乘用车销售总量的5%左右，形成10亿安时车用高性能单体动力电池生产能力。
2010年6月1日	《关于开展私人购买新能源汽车补贴试点的通知》	PHEV（插电式混合动力汽车）和EV（纯电动汽车）按照3 000元/千瓦时给予补贴，PHEV最高补贴5万元/辆，EV最高补贴6万元/辆，补贴直接从购车款中扣除。同时，试点城市当地政府要安排一定资金并出台相应配套措施给予支持。
2012年1月5日	对使用新能源的车船免征车船税	“首批不属于车船税征收范围的车型目录”包括：纯电动乘用车42款、燃料电池乘用车7款。
2012年3月27日	《电动汽车发展“十二五”规划》	确立“纯电驱动”的技术转型战略，坚持“三纵三横”的研发布局，优先发展城市公共大客车和私人小轿车，然后从两端向中间发展：到2015年左右，将在20个以上示范城市和周边区域建成由40万个充电桩、2 000个充换电站构成的网络化供电体系，满足电动汽车大规模商业化示范能源供给需求。
2012年5月29日	财政部提出加快培育发展新能源汽车作为2012年下半年节能减排工作重点	从2012年起，每年将安排10－20亿元资金支持新能源汽车发展，重点支持具备量产条件的新能源汽车产业化，以及支持节能汽车的技术研发和产业链建设，在全国大中型城市推广使用混合动力公交车。同时，继续加大25个城市公共服务领域新能源汽车示范推广力度，特别要扩大公务、物流、租赁等行业的使用规模。试点城市要尽快取消新能源汽车的车牌拍卖、摇号、限行等限制措施，出台停车费、电价、道路通行费等扶持政策，加快充电站等基础设施建设步伐。
2012年7月9日	《节能与新能源汽车产业发展规划（2012—2020）》	明确以纯电驱动为主要技术路线，当前重点推进纯电动汽车和插电式混合动力汽车的产业化，二者的销量目标为累计产销量至2020年超过500万辆，乘用车平均油耗降至5.0升。
2012年7月20日	《“十二五”国家战略性新兴产业发展规划》	“十二五”期间我国战略性新兴产业规模年均增长率要保持在20%以上；新能源、新材料、新能源汽车产业将成为国民经济先导产业。

资料来源：根据公开资料整理而成。

近日，上海市政府已决定对购买列入新能源汽车车型目录内车型的车主给予免费上牌①，同时推出“中央和上海地方政府对纯电动汽车的补贴总额高达10万元”的优惠政策，这样在上海购买一辆纯电动汽车，将能得到最高10万元的补贴和相当于6.6万元的号牌免费额度，堪称目前最给力的新能源汽车鼓励政策。

此外，杭州等试点城市还推出新能源私家车的租赁业务，该市出台的针对私人的2万辆纯电动汽车租赁项目，从2012年8月开始实施，预计在2013年底前完成。

（二）相关汽车厂商积极研发与生产新能源汽车

据不完全统计，包括六大汽车集团以及奇瑞、吉利、比亚迪等厂家在内，至少60家中国汽车企业已涉足新能源汽车的研发和生产。目前中国电动汽车的产业链，正迅速以整车厂商为核心，向上下游延伸，包括充电设备、核心零部件等在内的诸多企业也都在积极参与。我国的新能源汽车前期主要是城市公交，现在私人乘用车产品也在不断涌现，如近两年，比亚迪、奇瑞、长安等汽车厂商都相继有混合动力和纯电动汽车产品陆续上市。

（三）近年来我国新能源汽车快速增长，不过目前的市场占比仍较小

新能源汽车的产销量从2008年度的2 393辆和2 435辆，分别增长到2010年度的20 729辆和19 888辆，两年间产销量分别增长7.66倍和7.17倍，年均增速高达383%和359%。如果新能源汽车“十城千辆”推广计划顺利完成，预计2012年度我国新能源汽车的销量将在3万辆以上。

同时我们应看到，我国新能源汽车产销规模在整个汽车产销总量中的份额仍很小，市场占比不到千分之二②，总体正处于起步的关键阶段（见表2）。

表2　2008—2011年我国新能源汽车产销量　单位：辆

时间	产量			销量		
	1. 新能源商用车	2. 新能源乘用车	3. 新能源汽车（1+2）	1. 新能源商用车	2. 新能源乘用车	3. 新能源汽车（1+2）
2008年	1 537	856	2 393	1 536	899	2 435
2009年	5 035	259	5 294	4 890	319	5 209
2010年	7 318	13 411	20 729	7 108	12 780	19 888
2011年1-8月	5 205	9 959	15 164	5 936	9 879	15 815

资料来源：Wind资讯经济数据库（EDB）。

三、混合动力是我国新能源汽车技术路线的现实选择

目前，国内对于新能源汽车发展的技术路线，无论产业界、学术界还是政府部门一直存有争议，主要有三种观点：（1）直接发展插电式混合动力和纯电动汽车，在技术上实现“弯道超车”，这是国家发展改革委的基本观点。（2）在市场不成熟的情况下，不能跨越必要的技术阶段，应从混合动力汽车开始发展，这是中国汽车工业协会的基本观点，也代表了大多数汽车生产商的观点。（3）多种技术共同发展，特别是改进传统内燃机节能技术，以满足不同市场的需求，这是工信部的基本观点。

单从运行成本来看，纯电动汽车的节能效益十分明显：据了解，北汽公司生产的纯电动轿车每百公里耗电13度左右，按当前北京市电价计算，每百公里耗电成本不到7元；而根据经验数据，目前市场占比最大的1.6L排量的传统（内燃机）轿车，基于城市道路每百公里耗油量约在

① 目前北京、上海、广州等城市均实行汽车限牌政策，其中，北京采取“无偿摇号”方式，上海采取“有偿拍卖”方式，广州采取“一半拍卖、一半摇号”方式；2012年10月，上海私家车号牌拍卖的平均中标价为6.6万元。

② 美国新能源汽车销量在整个汽车销售总量中的占比约5%，相当于我国的25倍。

8－10 升，按北京市 92 号汽油最新单价 8.06 元/升计算，每百公里耗油成本约 60－80 元，相当于纯电动轿车耗能价格的 10 倍。

不过，混合动力作为过渡技术有几个优势：（1）混合动力汽车基本不改变传统驾驶方式，且成本增加相对较小。（2）混合动力汽车对产业条件的要求相对较低，不需要大规模基础设施建设与投入。（3）在动力电机等关键技术没有实现重大突破前，作为过渡车型，有利于促进电池、电机、电控等关键技术的应用与改进，减少纯电动汽车产业化进程中技术不确定、不成熟的风险（见表 3）。

表 3　混合动力汽车的分类及其比较

	弱混合动力汽车	中度混合动力汽车	强混合动力汽车
特点	以内燃机为主要动力源，电动机可提供辅助动力，但不能单独驱动车辆行驶	以内燃机和/或电动机为动力源	以内燃机和/或电动机为动力源，且电动机可以独立驱动车辆行驶
混合度（%）	5～15	15～40	>40
节油率（%）	5～20	20～35	>35
优势电池	平板式阀控铅酸蓄电池、纯铅薄极板卷绕式阀控铅酸蓄电池	纯铅薄极板卷绕式阀控铅酸蓄电池、镍氢电池、锂离子电池	锂离子电池

资料来源：根据公开资料整理而成。

当前，凭借经济性、节能性、技术稳定性和市场接受度等各方面的综合优势，我国混合动力汽车有望在市场的自发推动下实现较大范围的推广，先于纯电动汽车实现产业化。

四、当前我国新能源汽车产业发展面临的几个问题

（一）新能源汽车发展仍存在三个“准入”机制约束

1. 生产者准入机制没有放开。按工信部的安排，新能源汽车的生产以传统的汽车厂商为主，但传统的汽车厂商对新能源汽车的推广并不特别积极，因为很多时候发展新能源汽车对于传统汽车可能是一个冲击。

2. 运营者准入机制没有放开。现在的基础设施建设主要由电网公司运营，而电网公司能力有限而且内生动力不足，并非一个很科学的制度安排。

3. 油价定价机制没有放开。电动汽车能不能被消费者接受，主要看它的经济性。现在国内的油价定价机制，如果不和国际市场接轨，电动汽车就是走向市场，也可能会被燃油汽车消灭掉。

（二）当前消费者对新能源汽车的热衷度滞后于政府和厂商

主要有两个原因：一是新能源汽车的产品类型、购车成本和技术稳定性、成熟度以及驾驶的舒适度、安全性等方面，目前与传统汽车还有相当差距，在市场化推进过程中显得竞争力不足。二是相关基础设施建设滞后。从全国范围来看，充电站、充电桩数量严重不足，无法满足新能源汽车的充电需求，给消费者带来诸多不便，严重阻碍新能源汽车的普及。

（三）发展新能源汽车的其他配套措施也有待完善

1. 要充分利用国家创新体系去搭建平台，特别是一些共性技术平台，靠单个企业或者一些技术联盟往往效果不好。

2. 消费者的体验，在上路、上牌之前要作一些制度性的安排。

3. 统一标准的问题，比如各地在建的充电站、充电桩，需要有统一标准，并与节能环保政策相结合。

五、商业银行对于新能源汽车产业发展的对策

党的十八大报告明确指出：要推进经济结构的战略性调整，大力发展实体经济，发展战略性新兴产业；要大力推进生态文明建设，着力推进绿色发展、低碳发展，形成节约资源和保护环境的空间格局、产业结构、生产方式、生活方式。“十二五”期间是战略性新兴产业的启动发展期，孕育着巨大

的市场机遇。对于七大战略性新兴产业重要组成部分的新能源汽车产业，商业银行应积极把握发展机遇，并主动防范风险，鼓励产品与服务创新，挖掘商业银行业务发展新的增长点。

1. 要分析研判新能源汽车产业发展趋势，作好前瞻性研究和项目储备，针对锂离子动力电池、混合动力汽车等相对成熟的子行业与产品领域，有选择地支持拥有核心技术、市场成熟度较高、成长性良好的优质项目与客户，合理把握信贷介入时机；并积极探索新能源汽车行业的名单制管理办法。

2. 新能源汽车在传统产业链基础上进行了延伸，包括电池、电机、电站等零部件或配套产业以及整车制造业，商业银行应从整个产业链角度出发，扩大服务范围，积极推广供应链融资等特色产品与服务。探索与新能源汽车产业有关的中小企业“成长之路”及“信贷工厂”等服务模式。

3. 新能源汽车行业发展前景广阔，但从商业银行业务拓展角度看当前还属于探索期，风险把控的专业能力不足。可以选择产业成熟度较高的重点客户、重点分行进行试点，并针对新能源汽车行业、项目、客户的关键风险点，作好产品设计和授信方案，将风险管控、风险缓释等要求融入产品方案中，增强产品的“风险免疫力”。

执笔：黄景国

福建省化工行业信贷情况分析及营销政策建议

福建省分行公司业务部课题组

一、福建省化工行业发展环境

（一）发展现状

石油和化学工业是福建省三大支柱产业之一。“十一五”期间，福建省大力推进和实施石化产业调整和振兴规划，积极与石化央企进行高位嫁接，积极承接台湾石化产业转移，全省石化行业得到较快发展。

综合实力明显增强。截至2010年底，全省规模以上石油和化工企业1 026家，资产总额1 289.8亿元，规模以上石化企业实现工业总产值1 646.49亿元，年均增长23.65%，产值居全国同行业第16位，增速居全国第4位；实现利润93.49亿元，增长56.9%。产品结构调整加快。2010年实际加工原油1 138万吨，生产汽油150万吨、柴油388万吨、煤油95万吨，实现了零的突破。“十一五”末主要石化产品产量：合成纤维单体150万吨、橡胶轮胎外胎2 788万条、农用化肥58万吨（折纯）、合成氨102万吨。基地化格局基本形成。湄洲湾、漳州古雷、福州江阴和海西宁德工业区四大石化基地初具规模，各具特色。湄洲湾石化基地以炼油为主，漳州古雷石化基地以化纤聚酯为主，福清江阴经济开发区化工专区以发展化工新材料为主，海西宁德工业区石化产业园发展以临港加工和仓储物流为特征的化工产业。节能降耗初见成效。2010年全省规模以上化学工业万元工业增加值能耗为1.75吨标准煤，石油加工业万元工业增加值能耗为3.78吨标准煤，合成材料制造万元工业增加值能耗为1.59吨标准煤，橡胶制造业万元工业增加值能耗为0.36吨标准煤，均低于全国同行业平均水平。

（二）发展机遇

“十二五”期间，福建省石油和化学工业的发展处于大有可为的重要战略机遇期，既面临难得的机遇，也面临诸多风险和挑战：从国际看，随着国际经济秩序深入调整，全球石化产业发展重心快速向具有资源优势的中东地区和拥有市场优势的亚太地区转移，产业格局将会发生变化。

"和平、发展、合作"的国际环境，总体上有利于我国石化化工企业广泛、深入参与国际合作与竞争。但部分国家和地区贸易保护主义抬头，世界局部地区政治冲突和经济动荡，国际原油价格将会出现大幅波动。跨国集团对高端石化产品的技术垄断对我国石化工业的发展提出新的更高的挑战。从国内看，"十二五"期间我国经济将继续保持平稳较快发展，工业化和城镇化不断深入，石化化工产品内需市场潜力巨大。随着经济结构的战略性调整，要求石化和化学工业必须加快调整和升级，大力发展高端化学品和化工新材料，同时在资源保障、节能减排、淘汰落后、环境治理、安全生产等方面，面临着更加严峻的形势和任务。从台湾石化产业发展看，近年来受土地及发展环境等因素的制约，促进了台湾石化产业加快向海峡对岸的转移，福建省是其主要转移区域，对福建省石化产业发展带来较大影响。

发展目标：根据《福建省"十二五"石油和化学工业发展规划（送审稿）》，"十二五"末全省规模以上石油和化学工业实现工业总产值 3 500 亿元，年均增长 16%；炼油能力达到 2 900 万吨，乙烯产能 260 万吨。在目前拥有 2 家产值百亿元企业的基础上再培育 8 家百亿元石化企业（集团），10 家企业（集团）产值占全省石油和化学工业的比重超过 65%，竞争实力进一步增强。

需求预测：国际市场需求增大。从中长期看石化中下游产品仍有较大的市场需求，特别是附加值高、技术含量高、对全球经济具有重要影响的有机化工原料如烯烃、对二甲苯（PX）、氟硅材料、高性能合成材料等市场需求较大。国内市场需求旺盛。"十二五"是我国全面建设小康社会的关键时期，国民经济将保持较快增长。电子信息、新能源、新材料、装备制造以及化纤纺织、服装、制鞋、建材、塑料制品等相关行业将迅速发展，为石化工业的发展提供了广阔的空间。省内优势产业的发展对石化原料的需求进一步扩大。福建的电子信息、机械装备等主导产业以及化纤纺织、服装、制鞋、建材、塑料橡胶制品等相关行业近年迅速发展，平均增速居全国前列，进一步扩大了对石化产品的需求空间。根据国家《石化和化学工业十二五发展规划》，预计"十二五"时期大宗石化化工产品的需求增长低于同期 GDP 的增长，高端石化化工产品增长率略高于 GDP 增长速度。其中，需求仍有较大增长空间的产品有成品油、烯烃、钾肥等刚性需求较大的产品，对二甲苯（PX）、己内酰胺、乙二醇等进口量较大的产品，天然气、轻烃等低碳原料与产品，工程塑料等化工新材料及专用化学品。

二、行业分析口径

2012 年总行的信贷结构调整政策把化工行业分为六大板块（具体见表 1）。与往年相比较，C271 化学药品原料药制造、C272 化学药品制剂制造和 C28 化学纤维制造业新增纳入化工行业范畴。因此本文分析均按该口径进行。

表 1　化工行业六大板块

	主要产品	对应国标行业
石油炼制	三油、三烯 三苯	C2511－原油加工及石油制品制造 C2614－有机化学原料制造
合成化工	三大合成材料；粘胶纤维、涤纶、锦纶、腈纶、氨纶等纺织原材料	C2651－初级形态塑料及合成树脂制造，C2652－合成橡胶制造，C2653－合成纤维单（聚合）体制造，C2659－其他合成材料制造，C281－纤维素纤维原料及纤维制造，C282－合成纤维制造
现代煤化工	煤制油、煤制烯烃、煤制甲醇和二甲醚、煤制天然气、煤制乙二醇	
基础无机化工	三酸、两碱	C2611－无机酸制造，C2612－无机碱制造，C2613－无机盐制造
农用化工	农药化肥	C262－肥料制造 C263－农药制造
精细化工	日用化工产品	C268－日用化学产品制造
	医药化工品	C271－化学药品原料药制造 C272－化学药品制剂制造
	涂料、油墨、颜料及类似产品，各类专用化学产品	C264－涂料、油墨、颜料及类似产品制造，C266－专用化学产品制造

三、我行信贷支持情况

1. 基本情况。截至2011年末，我行化工行业客户共计136户，贷款余额（非贴，下同）121.03亿元，其中：大中型客户50户，贷款余额112.66亿元；小企业客户86户，贷款余额8.37亿元。化工行业贷款占全部公司类贷款（1 332.17亿元）9.09%，比年初增长16.6亿元，增幅为15.9%，高于全部公司类贷款增幅（12.75%）3.15个百分点；不良额652.72万元，较年初减少2 688.59万元，不良率0.05%。

2. 行业结构。从贷款投向分析，我行化工行业贷款主要集中在石油炼制、合成化工两大板块，贷款余额合计105.84亿元，占化工行业总量的87.45%；2011年贷款新增主要集中在合成化工和基础无机化工两大板块，增加额合计17.24亿元，占化工行业贷款增加额的103.91%（见表2）。全行业不良额仅653万元，为石狮市分行客户石狮市立泰化纤实业有限公司（小企业）不良贷款。

表2 化工行业贷款投向及质量情况表 单位：万元

行业板块		11年末余额	较年初	不良额	较年初
石油炼制		624 325	-21 924	0	0
合成化工		434 106	130 859	653	-586
现代煤化工		16 825	8 310	0	-1 000
基础无机化工		78 841	41 558	0	-913
农用化工		5 095	1 765	0	-190
精细化工	合计	51 091	5 366	0	0
	其中：日用化工产品	4 739	1 008	0	0
	其中：医药化工品	18 695	1 475	0	0
	其中：涂料、油墨、颜料及类似产品，各类专用化学产品	27 657	2 882	0	0
合计		1 210 282	165 934	653	-2 689

石油炼制板块共有客户17家，其中大中型客户7家，贷款余额61.61亿元，主要是联合石化54.28亿元、湄洲湾氯碱2.82亿元、龙翔实业1.76亿元和榕屏化工1.6亿元；合成化工板块共有客户49家，其中大中型客户33家，除1家评级为A+级（贷款余额3 000万元），其余均为AA-级以上客户（贷款余额41.3亿元），资产质量良好；煤化工板块详见第5点；基础无机化工板块共有客户20家，其中大中型客户4家，贷款余额6.2亿元，主要为耀隆化工4.77亿元；农用化工和精细化工板块共有客户47家，其中绝大部分是小企业客户，大中型客户仅3家，贷款余额1.56亿元，其中福抗药业1.45亿元。

3. 客户结构。截至2011年末，我行化工行业大中型客户共50家，贷款余额112.66亿元，较年初增加16.05亿元，无不良贷款。其中：AA-级及以上客户43家，贷款余额104.23亿元，占比92.52%，较年初增加9.92亿元；A级（含A+、A-）客户7家，贷款余额8.43亿元，占比7.48%，较年初增加6.13亿元；无BBB+级以下客户，大中型客户整体资产质量较好。

截至2011年末，我行化工行业小企业客户共86家，贷款余额8.37亿元，较年初增加0.55亿元；不良贷款652.72万元，不良率0.78%。其中：aa-级及以上的客户71家，贷款余额7.38亿元，占比88.17%，较年初增加1.65亿元；a+级及以下客户15家，贷款余额0.99亿元，占比11.83%，较年初下降1.1亿元。

化工行业前10大客户贷款余额合计为90.16亿元，占比74.49%，2011年新增额合计为12.58亿元，新增占比75.83%，反映出我行化工行业贷款集中度较高（见表3）。

表3 化工行业前十大客户贷款情况表 单位：万元

序号	行业中类	客户名称	信用等级	信贷政策	贷款余额	较年初
1	精炼石油产品制造	福建联合石油化工有限公司	AA+	总行级重点客户	542 763	-18 486
2	合成纤维制造	福建锦江科技有限公司	AA+	总行级重点客户	74 090	31 090
3	合成材料制造	石狮市佳龙石化纺纤有限公司	AA-	其他	65 000	13 800
4	基础化学原料制造	福州耀隆化工集团公司	AA	其他	47 730	38 530
5	合成材料制造	福建省福橡化工有限责任公司	AA-	分行级重点客户	39 440	6 680
6	合成纤维制造	福建省金纶高纤股份有限公司	AA+	总行级重点客户	30 015	5 581
7	合成材料制造	福建省东南电化股份有限公司	AA-	总行级重点客户	28 449	26 449
8	基础化学原料制造	福建湄洲湾氯碱工业有限公司	A+	总行级重点客户	28 218	-5 282
9	合成材料制造	翔鹭石化（漳州）有限公司	AA-	其他	26 790	26 790
10	合成纤维制造	晋江市锦福化纤聚合有限公司	AA	总行级重点客户	19 111	687
	合计				901 606	125 839

4. 区域分布。按区域统计，化工行业贷款主要分布在福州和泉州地区，截至2011年末，这两个地区化工行业贷款余额合计104.44亿元，占全省的86.29%。2011年化工行业新增贷款主要分布在福州和漳州地区，合计新增贷款13.67亿元，占比82.37%（见表4）。

表4 化工行业贷款机构分布情况 单位：万元，%

地区	贷款余额	占比	较年初	占比	不良额
福州地区	554 179	45.79	116 678	70.32	0
泉州地区	490 217	40.50	5 418	3.26	653
三明	59 215	4.89	12 834	7.73	0
漳州	52 285	4.32	19 988	12.05	0
南平	24 780	2.05	6 787	4.09	0
宁德	18 804	1.55	1 898	1.14	0
龙岩	6 608	0.55	1 056	0.64	0
莆田	4 195	0.35	1 275	0.77	0
合计	1 210 282	100.00	165 934	100.00	653

5. 煤化工贷款情况。煤化工行业实行名单制管理，我行共有名单内客户4家，贷款余额1.68亿元，占化工行业贷款1.39%，较年初增加0.83亿元，其中收回不良贷款1 000万元，不良率为零，贷款质量较好（见表5）。

表5 煤化工客户贷款情况表 单位：万元

客户名称	信用等级	行业小类	名单类别	11年贷款余额	较年初
智胜化工股份有限公司	AA	氮肥制造	一般支持类	9 000	8 070
福建省顺昌富宝实业有限公司	AA	氮肥制造	一般支持类	5 450	1 250
福建邵化化工有限公司	AA+	氮肥制造	一般支持类	2 375	-10
福建三钢（集团）三明化工有限责任公司	未评级	氮肥制造	一般支持类	0	-1 000
合计				16 825	8 310

四、授信业务主要风险点

1. 原料供应风险和价格风险。化工行业是周期性很强的行业，受国际原油价格直接影响。原油位于国内化工品产业链的最顶端，其价格走势直接影响着国内化工品产业链上各环节的生产经营情况。我国虽然是全球最大的 PTA、LLDPE、PVC 生产国，但是原油消费却主要依赖于进口，原油进口依存度 2010 年约为 53.8%，2011 年为 56.5%。上游原油进口依存度逐步上升决定了国内化工品价格走势受国际原油价格变动的影响将进一步加强，生产成本的控制难度逐渐加大，企业套期保值需求越来越强。而世界局部地区政治冲突和经济动荡直接导致国际原油价格出现大幅波动，且受通胀预期影响，化工行业的上游能源和原材料价格上涨，考验行业向下游传导成本的能力。考虑到原油在国际市场购入后运输等方面的因素，油价上涨会使得炼油厂当期原油计账成本较低，一定程度上对炼厂的盈利有利，有利于增加炼油的毛利。对炼油企业来说，最理想的状况莫过于原油价格持续上涨，且油品价格得到同步上调。但国内市场的情况并不是如此。相反，高企的原油价格和相对较低的成品油价格，造成了炼油企业产销倒挂，使亏损压力加大。联合石化 2010 年盈利 9.36 亿元，而 2011 年就亏损了 8.5 亿元。

2. 产能过剩和需求下降风险。“十一五”期间，石油化工行业大宗产品大幅增长，大宗产品供给由数量短缺转为结构性过剩。目前国内尿素、纯碱、电石、聚氯乙烯、甲醇等大宗产品都存在严重过剩。2010 年，尿素产能（折纯）约为 3 400万吨，超过国内需求 30% 以上；我国轮胎产量中 47% 以上依赖国外市场消化；烧碱、纯碱产能过剩均在 20% 以上。因此，对于不符合行业发展方向，属于国家限制类、淘汰类的品种和项目及产能过剩行业中单纯扩大产能的新项目应严禁介入。

3. 环保和安全事故风险。化工行业本身具有原料及产品多为易燃、易爆和有毒、有害物质，生产过程多处于高温、高压或低温、负压等苛刻条件下，生产、储存和运输过程中易发生火灾和排放有毒有害污染物等特点，石化项目安全风险事故往往会同时引发环境风险事故。石化装置由于技术复杂、设备制造、安装成本高、装置资本密集，发生事故时损失巨大。2011 年我国石化行业安全事故飙升，国有大型企业事故频发。7 月 11 日，中海油惠州炼油分公司芳烃联合装置的重整生成油塔底泵机械密封件泄漏起火；8 月 29 日，中石油大连石化分公司油品罐区 1 个可存储数千吨柴油的罐体突发火灾；11 月 19 日，山东新泰联合化工股份有限公司发生爆燃事故，造成 15 人死亡、4 人受伤。这些重大安全事故，损失大、污染重，对银行信贷资产的安全构成威胁。

4. 节能减排的压力。根据“十二五”规划，福建省石油和化学工业“十二五”期间要实现全行业单位工业增加值用水量降低 30%，炼油装置吨原油加工耗标准油低于 60 千克，吨乙烯燃动能耗低于 620 千克标准油，大型煤制合成氨装置吨氨综合能耗低于 1 500 千克标准煤的节能降耗目标。这对石化企业提高资源利用效率，节能技改、污染减排方面提出了更高的要求。同时化工行业的小企业生产规模小、工艺技术相对落后，环保和节能减排的风险更甚。

五、信贷政策建议

（一）总行化工行业信贷政策

根据总行 2012 年信贷结构调整政策，化工行业中除原油加工及石油制品制造和钾肥制造两个小类为优先支持行业，无机碱制造、其他基础化学原料制造、其他合成材料制造、其他日用化学产品制造、化学药品原料药制造、涤纶纤维制造 6 个小类和农药制造（中类）为逐步压缩行业，其他均为审慎支持行业；煤化工仍为敏感性行业，实行名单制管理。

从六大板块来看，石油炼制板块，优先支持原油加工及石油制品制造业（C2511），重点支持“三大油企”（中石油、中石化、中海油）及其直属全资和控股公司的石油炼制项目以及有原油保障的世界 500 强石化企业在华子公司的石油炼制项目等；适度支持具备稳定原料来源（含进口）的石油炼制企业；200 万吨/年及以下常减压装置一律压缩退出。合成化工板块，优先支持“三大油企”控股的合成树脂、合成纤维制造项目和对二甲苯（PX）项目；审慎支持具备稳定“三烯”、

"三苯"供应的特大型国内企业或世界500强石化企业在华子公司的合成树脂、合成纤维制造项目和集团内部拥有下游配套合成纤维制造项目的企业；逐步退出存量装置生产规模小于同类新建装置准入要求的合成树脂制造项目。化学纤维制造业（C28）总体保持审慎，在具体项目选择上重点考虑产品特性，鼓励高附加值的功能性纤维生产装置，涤纶纤维制造（C2822）为逐步压缩行业。现代煤化工板块，重点支持符合国家产业政策、行业和区域煤化工发展规划、清洁生产标准二级以上的大型或特大型客户，支持具有规模优势、技术优势、综合实力强的大型煤化工行业巨头与大型能源企业在国家规划的煤化工产业基地内共同投资成立的煤化工企业。严控现代煤化工示范工程建设项目。农用化工板块，肥料制造行业（C262），优先支持钾肥制造，审慎支持氮肥制造、磷肥制造和复混肥料制造。农药制造（C263）整体定位为逐步压缩行业，优先支持符合以下条件的农药制造企业：一是拥有化学农药原药专利；二是拥有影响力较大的自有农药品牌，掌握农药销售渠道，具备较强的定价能力；三是生产成本低，具有规模优势的行业龙头企业。基础无机化工板块，无机酸制造（C2611）和无机盐制造（C2613）为审慎支持行业，无机碱制造（C2612）为逐步压缩行业。原则上不再支持纯碱、烧碱、硫酸生产项目；环境影响评价不达标的无机盐项目不得准入，不支持主要用于出口的无机盐生产项目。对于硫酸生产装置产能低于10万吨/年的企业，未应用离子膜法和新型汞触媒从事烧碱生产的企业，从事氰化钠、重铬酸钠生产、重金属污染风险高的企业应加快退出。精细化工板块，整体定位为审慎支持，除了化学药品原料药制造（C271）、其他日用化学产品制造（C2689）和多晶硅提纯、切片为逐步压缩行业。

（二）我行营销政策建议

总体看，我行化工行业贷款大中型客户较为集中，小企业客户较为分散，整体贷款增速较快，具体行业中企业差别大，因此应做好客户的比较和选择，加大行业信贷结构调整力度。新增信贷应选择重点优质项目以及行业龙头企业予以支持；存量信贷应细分各子行业及客户，切实执行差别化信贷政策，加快客户结构调整及产品结构调整。

在行业上，重点支持石油炼制和合成化工板块，对基础无机化工和精细化工板块要审慎，应根据客户的具体情况适当调整我行信贷投入。

在区域上，积极支持湄洲湾、漳州古雷、福清江阴和海西宁德工业区四大基地。同时择优支持南平精细化工产业集聚区和三明煤化工产业集聚区。

湄洲湾石化基地以炼油为主，"十二五"期间将形成年2 400万吨的炼油能力，目标为3 800万吨炼油和年210万吨乙烯能力，形成工业产值达1 800亿元的世界级石化基地。该区域我行应重点支持福建联合石化乙烯脱瓶颈及配套工程、中化泉州石化1 200万吨/年炼油项目，积极跟踪联合石化新增1 200万吨/年炼油项目、20万吨/年己内酰胺项目和中化泉州石化100万吨/年乙烯项目、70万吨/年PX项目。

漳州古雷石化基地以化纤聚酯为主，规划目标为两套千万吨级炼油加工、一套百万吨级芳烃联合装置和两套百万吨级乙烯装置，建成国家级千亿石化产业基地。目前翔鹭腾龙系列企业在该基地的年产80万吨对二甲苯（PX）项目和年产150万吨精对苯二甲酸（PTA）项目均由厦门行主办，我行应持续跟踪，密切客户关系，争取在后续项目中获得主动。

福清江阴经济开发区化工专区以发展化工新材料为主，我行已介入东南电化与耀隆化工搬迁项目，并积极跟踪中国化工集团150万吨重油催化热裂解（CPP）项目（形成50万吨/年乙烯、50万吨/年丙烯能力）和中景、中江石化有限公司聚丙烯及下游产业项目建设。

海西宁德工业区石化产业园依托宁德市港口资源和区位优势，发展以临港加工和仓储物流为特征的化工产业。重点跟踪中海油集团1 000万方储油中转项目和300万吨LNG接收站项目。

在客户选择上，积极支持大型客户和项目，包括央企、大型国有企业和有实力的民营企业；优先支持"三大油企"及其直属全资和控股公司，支持省政府重点培育的产值百亿石化大企业；对于湄洲湾氯碱、耀隆化工、智胜化工、福抗药业这些成长性不足、未来发展空间有限的客户，应密切关注其经营情况并适时调整营销策略。不鼓励介入化工行业的中小企业，若要介入应支持处于核心企业上下游产业链上的配套中小企业。对“单打独斗”又无经营、技术优势的中小企业应逐步退出。初步确定的退出名单为福建丰润化肥有限公司、福州创美装饰材料有限公司和石狮市立泰化纤实业有限公司。

省政府重点培育的产值百亿石化大企业名单：福建石油化工集团有限责任公司、福州蓝星化工有限公司、翔鹭集团、正新企业、腾龙芳烃（漳州）有限公司、石狮市佳龙石化纺纤有限公司、福建联合石油化工有限公司、中化泉州石化有限公司、三棵树涂料股份有限公司、福建百宏聚纤科技实业有限公司。

在产品配置上，大中型客户、项目可配套固定资产贷款、贸易融资、供应链融资及投行产品，对特大型优质企业可积极营销短期融资券、中期票据等直接融资产品，帮助企业从债券市场获得资金；对中小企业应以供应链融资产品为主，审慎发放流动资金贷款，不建议配置固定资产贷款。要针对供应链融资产品区别于传统信贷产品的特点，严格落实贸易背景的真实性，充分利用供应链融资产品的自偿性，密切监控客户的第一还款资金来源，加强对企业物流、现金流、信息流的监管，并针对企业物流、现金流、信息流各环节中的关键风险点，制定相应的贷后管理流程和风险防范措施。

在贷款管理上，要关注企业环保达标、安全生产和节能减排的落实情况。贷前要严格信贷准入，重点审查环保要件，及时登录环保部门官方网站核实企业（项目）的环保达标和守法状况，确保在源头上就把环保不达标的企业拒之门外。贷中要将节能环保的评估或审批文件作为提供金融服务的重要依据之一，实行“环保一票否决制”，对于不符合国家节能减排政策规定、环境影响评价报告和环境管理方案未得到环保部门审批的客户（项目），不得提供任何形式的新增授信支持。贷后要借助对公预警客户跟踪管理系统、授信业务风险监测系统等技术平台，建立持续监测机制，实施动态监控，同时要定期进行实地走访，及时了解借款企业的节能减排目标完成情况和环保合规情况，并不定期地开展专项检查，逐一排查环保风险隐患。对于已无法满足环保要求的客户实行名单制管理，及时拟定并落实具体的退出方案和计划，主动实施信贷退出，尽早化解潜在信贷风险。

综上，我们认为我行化工行业整体资产质量较好，发展前景大有可为，对化工行业的营销应坚持抓大放小、有进有退的原则，优先支持符合国家关于化工行业“十二五”总体产业布局，满足化工行业集约化、大型化、一体化、专业化标准的企业；原油和天然气的开采和采购的上游企业、拥有油气资源的一体化企业以及规模以上精炼石油产品制造业的企业；拥有资源和技术优势、所处行业进入壁垒高、产品国内需求旺盛、符合环保要求和可持续发展战略的化工企业。适度支持在国内或国外能够获得长期稳定的原料供应，项目资本金、装置配套及安全环保符合国家有关规定，股东背景为大型国有企业集团和国外大型跨国公司投资参控股的核心企业；符合产业政策且具有技术优势的新材料行业的龙头企业；产业链较长，下游产品销售渠道通畅，加工技术先进，能够达到环保要求的企业。退出处于产业链边缘的小规模企业，市场份额低、议价能力差、利润下降、没有技术优势、产品可替代性强的企业和涉及关停和淘汰落后产能的企业。

课题指导：林平

课题组成员：林毅　祝骞贵　陈浩

执笔：陈浩

信阳市木材制品加工行业区域调研报告

河南省信阳市分行课题组

国民经济快速发展为木制品加工业提供了发展空间。信阳森林资源丰富、区位优越，发展木材制品加工业得天独厚，比较优势明显，在产业转移、产业集聚区形成和产品升级中，信阳木材加工业正不断发展壮大，行业竞争力不断增强，逐渐形成具有区域优势的特色产业。为充分发挥信阳区位优势和资源优势，积极营销优质信贷资源支持地方经济发展，拓展我行利润增长点，建行信阳市分行继信阳茶产业、粮食加工业、房地产业之后对区域木材制品加工行业发展现状、区域特色、存在的主要问题和发展趋势进行了调研，以丰富区域差别化和信贷结构调整信息，为区域行业信贷业务健康发展和进行主动的信贷结构调整提供借鉴和指导。

一、信阳市木材制品加工行业区域发展现状

（一）信阳木材制品加工行业概况

木材加工业是以木材为原料，主要用机械或化学方法进行的加工，其产品仍保持木材的基本特性。木材具有重量轻、强重比高、弹性好、耐冲击、纹理色调丰富美观，加工容易等优点，从古至今都被列为重要的原材料。木材工业由于能源消耗低，污染少，资源有再生性，在国民经济中占有重要地位。现在产品已从原木的初加工品如电杆、坑木、枕木和各种锯材，发展到成材的再加工品如建筑构件、家具、车辆、船舶、文体用品、包装容器等木制品，以至木材的再造加工品即各种人造板、胶合木等，从而使木材工业形成独立的工业体系。

信阳为大别山区和桐柏山区结合地，林木资源丰富，发展木制品加工业得天独厚，已成为信阳前十大产业之一。尤其是近年来，在政府招商引资背景下，一些全国性成熟木制品加工业不断进驻信阳，使信阳逐渐形成本地原有企业、招商引资企业、产业集聚区企业和遍布全市的作坊式民营企业相容共生的多元化格局。

据相关资料显示，信阳市现有木材加工企业1 000家左右，省级林业产业化龙头企业三家①。在信阳规模以上工业35个行业大类中，木材加工及竹、藤、棕、草制品业规模居前10位，2011年增速18.3%以上，销售利润4.52亿元；主要产品中，人造板同比增长31.6%。

从分布情况看，全市主要乡镇皆有分布，木材加工企业主要集中在罗山县和固始县。其中：罗山有代表性的企业表现为就近原材料产地、利用当地枝桠材生产密度板，利用木材生产纤维板，特点是引进企业、就近原材料产地、规模较大、销售体系健全。固始县主要集中在陈琳子产业集聚区和县城。固始县域有两个鲜明特点，一是木制品加工企业集中，陈琳子镇同安徽叶集一样，已经形成木材加工专业市场；二是产品品种多，沿产业链加工已具雏形。

从产品看，主要有胶合板、中高密度板、家具、地板及地板半成品、建筑用模板、矿笆、坑

① 根据《河南省林业产业化重点龙头企业认定监测管理办法》，信阳市目前达到省级林业产业化龙头企业标准的企业已经有多家，但尚未见第二批名单。

木等，产品行销安徽、江西、湖北、湖南等周边省市，低端、中端、中高端产品发展并存。

（二）信阳木材制品加工业主要产品所属行业上下游产业链概况

按照新的国民经济分类体系，信阳木制品加工企业主导产品涉及“木材加工及木、竹、藤、棕草制品业”、“家具制造业”中的部分子行业，如胶合板制造、建筑用木料及木材组件加工、地板制造、木质家具制造等。

1. 纤维板制造。主要原料为枝桠材，上游原材料来源于周边县市。信阳各县域政府对经济林发展较为重视，木材加工企业的常年使用和收购带动当地及周边速生林的种植，种植速生林的专业农户越来越多，公司与供应农户合作年限较长，原料供应基本有保证。

下游：纤维板广泛应用于室内外装潢，办公、高档家私、音响、高级轿车内部装饰，还可用做计算机室抗静电地板、护墙板、防盗门、墙板、隔板等的制作材料。高密度纤维板还是包装品的良好材料，近年来更是取代高档硬木直接加工成复合地板、强化地板；国际市场每年以16%以上的速度增长，市场前景良好。由于木材紧张，纤维板可代用，市场空间大，市场风险相对较小。

信阳代表厂商主要有信阳淮河林业有限公司、信阳鑫鑫木业有限公司、河南三禾木业有限公司等。

2. 胶合板制造。

胶合板制造指具有一定规格的原木经旋（刨）切成单板，再经干燥、涂胶、组坯、热压而成的符合国家标准及供需双方协定标准的产品生产。我行目前营销客户所产胶合板主要为木质建筑模板、包装用材、家具用板材。上游原材料主要为本地及周边省市森林资源，少量为东北松，主要来自上海港。陈琳子产业集聚区邻近华东最大木材集散基地叶集，胶合板生产用木材供应充足。

下游客商和市场前景存在较大差异，下游产业链分述如下：

（1）包装用材下游产业链。

信阳包装用材代表生产商为河南友邦木业有限公司、固始然荣林产品开发有限公司、固始发达木业有限公司。

河南友邦木业有限公司下游客户采购该公司胶合板加工为包装箱主要供应中兴、华为、西门子、富士康、爱立信等大中型电信业公司，IT行业为战略新兴产业，随着全球IT行业回升、我国工业化与信息化融合步伐的加快、3G建设的提速，带动电信行业业务量较快增长，电信包装业务需求增长较快。河南友邦木业有限公司与下游客户具有多年合作关系，属于为核心企业服务的供应链条，订单和销售平稳增长，市场风险、经营风险相对较小。

固始然荣林产品开发有限公司、固始发达木业有限公司等主要生产木托盘，木托盘类产品主要销往化纤、蚕丝类生产企业，下游大型化纤企业有江苏恒力化纤有限公司①。2012年纺织行业受国内外经济形势影响，对木托盘需求增速下降。同时，行业进入壁垒低，小企业众多，上下游谈判能力弱，产品竞争激烈，价格和赊销等经营风险趋于上升。

有利包装行业的因素也同时存在：一是受国内经济下行尤其是房地产行业调控影响，建筑模板、胶合板生产企业生产量有所下降，带动原材料价格下调，对企业储备原材料降低生产成本带来较好时机；二是信阳资源丰富、劳动力成本和运输成本相对较低等因素，在市场竞争中具有成本比较优势。

（2）木质建筑模板类供应商下游产业链。

木质建筑模板类供应商下游客户主要为房地产建筑商。

在现代建筑模板发展中，木质建筑模板不仅占有很重要的市场地位，还是今后发展方向。木质建筑模板与房地产行业和宏观经济运行趋势密切相关。受房地产行业宏观调控影响，房地产开发商资金紧张、新开工项目减少，对木质建筑模板需求萎缩。本次到固始调研中可以看到：安徽叶集和固始陈琳子木质建筑模板生产商众多，产品同质、竞争相当激烈，受房地产市场形势影响，已经出现部分木质建筑模板生产商处于半停产状

① 位于素有“日出万匹，衣被天下”美誉的江苏盛泽，公司业务主要涉及化纤制造和研发，已经形成年产能达60万吨。

态，仍在生产的往往是营销上与建筑商、开发商有密切关系的生产厂家。

调研启示我行：重视该类生产商与下游产业链核心企业合作关系，应能从现金流、存货、订单的异常变动中发现机会与威胁，合理作出市场进入和退出的决策。

（3）家具用板材类供应商下游产业链。

家具用板材下游也主要与房地产密切相关，房屋成交量的下降使得可装修面积总量急剧缩水，家居市场销售预期受到重挫。从调研看，家具用板材往往为胶合板企业多种经营产品，产品质量较普通胶合板高，但品牌不响、现有设备和人才条件下质量参差不齐，因而没有形成当地龙头产品。

3. 锯材加工。

锯材加工是以原木为原料，利用锯木机械将原木纵向锯成具有一定断面尺寸（宽、厚度）的木材加工生产活动。本次在陈琳子调研，锯材加工大致有两类：一类是小型矿笆厂，一类是代锯厂和面皮旋切厂。

固始陈琳子小型矿笆厂除具有寻常看法的“规模小、家族经营”等特点外，部分企业在市场竞争中还有其生存的独特秘诀：一是生产设备并不落后，技术管理达到行业中等水平。二是坑木、道木下游客户为淮南、淮北矿业股份有限公司等特大型企业集团，下游大客户管理规范，货款回收风险小。企业经纪代理能力强，能将企业生产的圆木、矿笆、枕木等营销给客户，与淮南、淮北煤矿方建立了特殊的利益关系；而关系链不强的企业，则存在产销难题。三是经营方式灵活。圆木、枕木一般是自己生产，如订单量大则收购周边家庭作坊加工产品，统一产品标准后按合同销售给下游客户。四是资源和人工优势打造成本比较优势。矿笆就地取材，毛利率较高；毗邻华东最大木材交易市场叶集，木材供应相对充足；只有东北松需从上海港转运。据了解，非本地资源加工的东北松圆木、枕木等利润虽然最低，但也有5%左右。

陈琳子代锯厂和面皮旋切厂主要是当地木材加工企业产业链上的上游企业，成为当地产业集聚区产业链上的重要一环。由于该环节属于初加工，具有附加值低、进入壁垒低、生产客户多、行业竞争激烈的特点，一般毛利率因市场需求变动波动较大，存在市场风险和经营风险。

4. 地板及地板用半成品。

地板及地板用半成品受房地产市场、居民收入水平等因素影响较大。据了解，我国地板生产加工能力较大，行业竞争激烈，地板行业已经进入品牌、成本、渠道等差异化营销阶段，行业资源出现向优势企业加速集中趋势。

地板用半成品毛利率近来下降。同时，由于地板用木材专用性强，特种木材资源稀缺，具备资源优势和成本优势的加工企业会取得比较竞争力和竞争优势。

信阳市地板及地板用半成品生产商固始有两家，一家只生产地板用半成品，一家生产地板用半成品和成品。地板用半成品原材料要求较苛刻，种类多，大多来自周边省市；产品销往全国最大的地板加工基地和集散地浙江南浔。河南一鼎通实业（集团）有限责任公司在固始陈琳子集聚区设厂，在浙江南浔建立地板厂，既利用固始资源优势生产地板用半成品，又用浙江南浔地板产业基地生产产成品，并建立营销骨干体系和网络。同时，河南一鼎通实业（集团）有限责任公司上马木质门业，采用沿海经营模式生产和营销，产品设计和质量比较上档次，有望形成拳头产品。公司地板、木质门定位在中高端客户，能为客户提供一站式服务，两种产品优势互补，充分利用了公司营销网络和营销资源，对提振营销、降低营销成本具有重要意义。

5. 木质家具制造。

信阳市木质家具子行业特点：专业化、流水线生产，产品走中端办公家具和餐桌。下游客户群体为公司、机关、学校、餐馆以及农村家具市场。

我行该类存量信贷客户有两家，在目标群体定位上避免了和知名品牌的正面交锋，寻找到属于自己的一片发展天地，使企业在固始及周边县市市场拥有较高份额。但与大品牌相比，品牌知名度不高，产品附加值相对要低。

二、信阳发展木制品加工企业的优势

信阳发展木材制品加工业具有得天独厚的比较优势，从而使信阳木材制品加工业在成本领先和克服资源约束方面具有较强的竞争力。

（一）地理条件优越，森林资源丰富，丰富的森林资源提供了主要的原材料

信阳地处鄂、豫、皖三省结合部，地处大别山北麓、淮河上中游，属于北亚热带向暖温带过渡区，光、热、水资源丰富，适合多种林木生长，是全省林业发展的重点地区。境内山区和丘陵面积占总国土面积的75.4%，林地总面积65.431万公顷，其中有林地面积54.7万公顷。全市森林覆盖率达到34.4%，高于全省近11个百分点（2011年河南省为22.68%）。境内森林资源丰富，活立木蓄积2 671.55万立方米。信阳盛产经济林木，大力支持速生林建设，为发展本市木材加工业奠定了基础。同时，在全国木材资源稀缺的大环境下，信阳林木资源相对宽裕，对保障供应、平抑价格、相对降低区域木制品价格风险具有重要意义。

（二）交通区位优越，发展木材制品具有运输成本相对较低的优势

信阳区位居中，是全国44个交通枢纽城市之一，境内有107、106、312三条国道，京广、京九、宁西、石武等多条铁路，沪陕、大广、京珠三条高速，多条交通要道在信阳交汇形成了多重十字交叉，具有这样特性的城市，全国总共不过有十来个。木材制品加工业产品一般具有体积较大、运输成本较高的特点，以往木制品物流成本占到产品成本的3%左右，现在基本是10%到12%。信阳"立中原而通八方，居腹地而达九州"独特的区位、便利的交通，为信阳发展木材制品加工业赢得运输成本比较优势。

（三）区位承东启西，市场辐射半径大

信阳位处中原，周边几百公里范围内为东南沿海经济区和中原经济区，周边省份和地区经济发展较快，300－500公里销售半径内人口稠密，市场需求空间较大。尤其是中原经济区建设和新农村建设为辖区木制品加工业提供了广阔的市场空间。

（四）人力资源成本低、素质高

信阳为全国劳务输出大市，全市有240万劳务大军，企业用工人力资源供应较充足，劳动力成本在河南、山东、江苏三省具有比较优势，且回流创业的产业工人大多经过生产和技术方面的培训。

（五）筑巢引凤，政策扶持力度大

信阳欲做中原崛起"后起之秀"，积极利用本地资源和区位优势努力实现"工业强市"目标。政策优势主要体现在以下几方面：一是信阳市委、市政府从政策、法制、市场、服务、社会环境等方面入手，着力搭建投融资平台，营造亲商、安商、富商的浓厚氛围，全方位优化发展环境。二是信阳市制定了《鼓励外来投资若干优惠政策》和《信阳工业园区招商指南》，政策实惠较多，从财政补偿、土地使用、收费减免等方面给予客商最大便利。三是抓住资源优势 走深加工的产业模式，招商引资，积极引进全国性大型木材加工企业。四是政府鼓励大力发展人工经济林建设，培植林产品加工龙头企业。

（六）毗邻华东最大竹木交易市场，产业集群有效集聚发展潜力较大

陈琳子镇距离华东最大木材交易市场叶集只有一桥之隔，基本连接成为一体，相容共生，初步形成产业集群，产业集群和区域发展有较大提升空间。

（七）优越的区位优势和资源优势，成为木材加工业产业转移理想地

木材制品加工业属资源约束型产业，森林资源短缺和人力成本因素是沿海木材加工企业向内地转移的内在动力。信阳特殊的区位优势、资源优势、政策优势和人力资源优势在承接木材加工产业转移中可以发挥重要作用。深圳市企业联合会、深圳市企业家协会、深圳市家具行业协会与信阳市政府在羊山新区准备开发建设的"信阳国际家居产业小镇"项目就是信阳市承接产业梯度转移的典范之作。该项目总投资175亿元，初步规划15平方公里，分三期开发，旨在打造吸引沿海发达地区乃至国内外知名企业、知名品牌入驻的宜产、宜商、宜居、宜创的现代化、生态型人文小镇，可望建设成为符合现代化有效集聚理论的产业园。"信阳国际家居产业小镇"的建设将为信阳木材制品工业的升级和新一轮发展带来契机。

三、区域木材制品加工行业存在的主要问题及其主要风险特征

（一）区域木材制品加工行业存在的主要问题

信阳木制品加工业近年来发展迅速，但总体上看，信阳市木材制品加工行业仍是薄弱产业，

突出表现在：

1. 小规模企业多，规模以上企业占比少。实际年产10万立方米以上的木材加工业企业基本没有，规模以上企业占比不到四分之一，大部分是家庭作坊式生产、不成规模的小型企业。

2. 产品档次低，精深加工企业占比较小，创新能力缺乏。人造板一般分为原材料的加工工序和板材的加工工序两道工序，其中第一道工序分出来的原材料加工工序是一种浅加工的过程，没有太多技术水平。如果区域该类企业较多，整体竞争力则较弱。第二道工序属于深加工，要有大量的技术因素加入，加工出来的产品属于核心产品，具备核心产品的竞争力。区域加工的主要工序所占的份额对于区域整体竞争力水平有着巨大的影响。根据调查，信阳木制品加工企业正处于粗加工向精深加工发展跨越阶段，绝大多数企业以粗放式分散经营为主，生产水平较低，产品结构单一，尚处于初加工层次，生产的仅为半成品，产品附加值低。从固始县林业局2009年底调查资料可以看出，2009年底固始县代锯厂、小型矿笆厂、面皮旋切厂等初加工企业117家，占统计样本的88%，初加工企业占比最大（根据实地调查和统计资料分析，家具和纤维板制造等精加工企业没有纳入样本企业，见表1）。

表1　2009年固始县木材加工企业统计表　　单位：家，%

企业类型	代锯厂	小型矿笆厂	面皮旋切厂	木地板半成品厂	建筑模板成品厂	合计
数量	50	25	42	2	13	132
占比	37.9	18.9	31.8	1.5	9.8	100.0

注：根据固始县林业局资料整理。

3. 部分县域（例如固始县）龙头企业原材料需求难以保证。河南三禾木业有限公司为固始县2007年引进投建、2008年投产，年产8万-10万立方米中高密度板企业，年需枝桠材15万吨，目前已成为带动固始县及周边地区木材加工企业发展的龙头企业。由于县域企业林木资源竞争和浪费，同时公司布局县城，远离南部山区，导致该公司原材料缺口较大，造成每年停产近4个月，给企业经营造成较大损失。

4. 除固始陈琳子镇外，企业集群发展态势不明显，基本没有成规模、叫得响的木制品市场，没有形成知名度相应较高的木材及其制品集散地。

5. 开发区对产业集群培育和发展的积极作用没有充分发挥，龙头带动不明显、拉动力不强。

6. 木材加工企业多为家族企业，内部管理、财务管理不规范、人才储备不足，管理水平不高。

7. 客户主要在乡镇，抵押物不符合我行信贷政策要求或没有合法有效权利证书。

信阳区域木材制品加工业产品结构正由低水平向精深加工转轨，但整体上看初级产品和低档产品多、精深加工产品较少的状况仍制约行业整体的发展。产品结构水平的低下，使得产业竞争处于依靠资源或劳动力驱动的低成本竞争之中。

（二）区域木材制品加工行业主要风险特征

区域木材制品加工行业主要风险特征主要表现在以下几个方面：

1. 多数企业刚刚完成原始积累，企业规模小，低端产品多，附加值不高，自我积累能力低，行业竞争激烈，抗风险能力较弱。

从行业发展趋势和市场竞争看，技术、质量、成本等是决定企业竞争成败的关键要素。从陈琳子和叶集实地调研看，信阳木制品加工业普遍存在规模小、第一道工序企业居多、核心竞争力不强的特点。目前正处于从初加工向精深加工转型阶段，管理水平和营销能力差异越来越凸显，企业分化明显，传统平台竞争使企业发展空间受限甚至缩窄。具有现代营销管理意识和能力的企业家所经营的企业绽放出新的光彩和绚丽的亮点，为信阳区域木材加工业走品牌、规模化、专业化发展树立了标杆和榜样。越来越多这样企业家的涌现将有助于信阳区域产业集群的良性发展。

2. 木质建筑模板类企业受房地产调控影响大，短期风险较大；中长期随着国民经济发展、内需增强，尤其是新型城镇化建设，需求总量会好转。但是行业竞争激烈，品牌营销、关系营销和差异化营销越来越成为企业在市场竞争中胜出的关键。

3. 木制家具生产企业间接受房地产企业影响，但相对木质建筑模板类其受影响程度较小，刚性需求仍有较大市场空间。

4. 消防安全和相关内控建设需要进一步完善。由于一般木材加工厂的厂房耐火性能较低，加工的原料都是可燃物质，生产过程中产生大量的锯末、刨花、木屑等比木材更易燃烧；有的工序还需使用易燃易爆液体做胶料，相应地增加了火灾危险性。木材加工企业一旦发生火灾，燃烧猛烈、蔓延发展快，易造成较大损失。现场调查发现，部分企业消防意识和消防管理须进一步提高。

5. 民营企业管理尚需上台阶。多数民营企业家是实干家，在企业发展中成长。如在叶集—陈琳子木材加工企业产业集群的形成过程中成长起来一批企业家，他们都对产业集群作出了贡献，但家族管理、传统管理仍占多数，接受东南沿海经营管理思想和现代管理培训的企业家较少。

四、对发展区域木材制品加工业的总体判断及授信建议

（一）区域行业发展趋势的总体判断

整体来看，木材制品加工业是顺经济周期行业，受宏观经济下行和房地产调控影响，木制品加工企业国内市场短时间内震荡低迷。从长远角度来看，随着我国城市化进程的加速，城镇化和新农村建设的稳步推进，国内市场对木材制品的需求量依然庞大。

从资源、区位和产业转移看，信阳发展木制品加工业相对周边省市具有得天独厚的优势。同时，信阳招商引资政策、工业园区建设、陈琳子产业集群建设使信阳木制品加工业具备较大的整合空间和发展潜力。信阳拥有资源和区位优势、毗邻华东最大产业集群平台优势和政策扶持东风，有望成为木制品加工后起之秀，对实现林工一体化、产业链前后一体化和产业集群建设，服务信阳经济发展和农民致富具有较好的政治经济意义。

（二）对我行木制品加工业的授信建议

1. 整体策略。

客观分析宏观、行业经济形势，认清行业发展总趋势和子行业发展风险特征，既要看到阶段性遇到的困难，又要看到经济发展大趋势、大市场和区域企业应对市场调整的具体策略和管理能力，积极营销本区域内具备“五个优势”（市场优势、资源优势、技术优势、区位优势及管理优势）的客户，通过龙头企业带动，产品、担保、风险和授信量合理安排，实现我行信贷规模和信贷资产质量的良性循环。

2. 经营策略。

（1）坚持公司业务和个人业务协同发展战略，积极培育建行忠实客户。

一方面要继续巩固木制品加工行业中优质客户的市场份额，满足客户的信贷需求，支持客户做大做强，提高客户的综合贡献度；另一方面通过助保金征信平台、担保公司担保等形式稳步拓展成长型小企业客户，通过贷款扶持，陪伴客户成长，提高客户对银行的忠诚意识。同时，结合当前信阳木制品加工业家庭作坊式、个体经营性客户较多的特点，大力营销个人助业贷款，在优先发展抵（质）押方式助业贷款的基础上，通过适时开办联保方式、下游企业担保方式满足不同类型客户的需求。通过助业贷款培养一批未来的中小企业客户，带动小企业信贷业务的持续发展。

（2）针对不同类型产品客户实施差别化信贷政策。

锯材产品类企业：行业进入壁垒相对较低，竞争相对激烈，市场很容易饱和，也很容易退出，整体的市场集中度相对来说不是太高。在当前经济环境下，应发挥资源和成本的比较优势，支持服务于核心优质企业的供应链客户，例如服务淮南、淮北及平煤集团的客户。信贷产品首选供应链接融资。我行最新信贷结构调整政策规定，服务于核心优质企业的供应链客户可适用核心企业的行业信贷政策（在办理供应链以外的授信业务时，不适用该政策）。对下游产业链客户一般，管理及营销能力不强的企业，在宏观经济下行期应审慎进入。同时应注意到，该类企业生产规模较小，存在同质竞争，有一定市场风险。如能实现股份制整合，实现规模化经营，则整体竞争力和盈利能力有较大提升空间。

胶合板类企业：行业进入壁垒相对较低，产品种类众多、同质化竞争激烈，受宏观经济运行和房地产调控影响大。重点选择企业规模较大、

有市场、有品牌、净利润率相对高、销售网络和销售渠道健全、现金流较为稳定的企业。同时，加强贷后管理，重点关注市场竞争、销售、现金流以及销售渠道的异常变化（有必要通过应收账款、发票等现场监控发现预警信号），及时作出追加担保、压缩信贷规模或退出等风控安排。

中高密度纤维板类企业：资金投入较大、有一定技术含量，进入壁垒相对较高，退出成本较大。市场上生产的厂家不是太多，市场竞争程度相对较低，而且由于设备、技术等因素，生产出来的产品存在等级的差距。从我行已授信企业看，该类企业依托当地丰富原材料、人力资源及政策优惠，战略成本具有明显的比较优势，毛利率和净利润率较高；同时，该类企业主要为引进企业，原有营销体系健全，对市场驾轻就熟，销售渠道稳定，现金流较为稳定。主要关注事项：①缺乏抵押物或抵押物不足，担保措施一般。如果过度授信，会降低退出成本，一旦股东投资已回收、经营出现异常，滋生道德风险的概率会升高。②关注原材料供应是否出现异常（与同业或历史比较），细化风控措施。

包装类企业：根据市场、技术和上下游产业链情况，重点支持专业化经营、产品质量较高、产销上规模、有稳定客户群体、主要为行业巨头提供包装物的企业。重点关注下游产业链条关系，有条件实施供应链融资的建议优选供应链融资，宜锁定订单、销售收入、应收账款、存货等资金流和物流，降低我行信贷风险。

地板、木门、家具类企业：除传统审核方法外，应重点关注经济周期、原材料资源及价格对企业生产经营的影响，识别技术革新和市场竞争伴生的差异化营销给企业带来的机遇与挑战，完善授信方案，合理安排授信。

对经营多种产品的企业，既要看到其主要产品分散风险的能力，又要看到因为经营品种多、规模小，专业优势和成本优势不易发挥，整合产业链条、上规模、“专、特、精”方向发展势成必然。在客户营销、授信审批等方面除常规要求外，应重视主要产品上下游产业链的市场竞争、毛利、订单和现金流变化，把好第一还款来源分析；同时在贷款担保方式上侧重资产抵押和助保金等模式。

对产业链上有核心企业，上下游紧密型合作的优质客户，建议延伸上下游分析，重点考虑能锁定物流、现金流的供应链融资产品。

总之，木制品加工业正成为信阳市朝阳产业，招商引资、产业转移、产业结构调整注定该行业正处于不断发展、整合和优化的过程中，机会与挑战并存，授信时具体问题具体分析。总的原则是结合“五种优势”、宏观经济和行业经济评判、上下游产业链分析等识别机会与威胁，落实消防验收（或消防内控），落实第一还款来源和第二还款来源，合理组合信贷产品，做到信贷经营进退有据，在信贷结构调整和产品结构调整中实现银企双赢，支持地方经济发展。

课题组组长：朱正华

成员：黄玉芬 陈明胜 黄延军 谢复祥

执笔：陈明胜

金融支持文化产业发展研究报告

贵州省分行 李卫民

2011 年 10 月 18 日中国共产党第十七届六中全会通过了《中共中央关于深化文化体制改革推动社会主义文化大发展大繁荣若干重大问题的决定》，提出了我国未来文化建设的新理念、新思路，给我国未来社会文化产业的整体的发展战略注入了新的灵魂。

决议明确要加快发展文化产业，推动文化产业成为国民经济支柱性产业，要坚持社会主义先进文化前进方向，坚持把社会效益放在首位、社会效益和经济效益相统一，按照全面协调可持续的要求，推动文化产业跨越式发展，使之成为新的经济增长点、经济结构战略性调整的重要支点、转变经济发展方式的重要着力点，为推动科学发展提供重要支撑。这必将为金融机构的业务结构优化调整提供新的历史机遇，也将成为各金融机构业务竞争的新焦点。

一、我国文化产业基本情况

（一）我国文化产业的定义

2003 年 9 月，文化部制定下发《关于支持和促进文化产业发展的若干意见》，其中对我国文化产业的界定为“从事文化产品生产和提供文化服务的经营性行业”。2004 年，国家统计局从统计的角度，界定“文化及相关产业”为：为社会公众提供文化娱乐产品和服务的活动，以及与这些活动有关联的活动的集合。

（二）文化产业涵盖的行业范围

根据国家统计局制定的《文化及相关产业分类》文化产业的范围为：

1. 为社会公众提供的实物形态文化产品的娱乐产品的活动，如书籍、报纸的出版、制作、发行等。

2. 为社会公众提供可参与和选择的文化服务和娱乐服务，如广播电视服务、电影服务、文艺表演服务等。

3. 提供文化管理和研究等服务，如文物和文化遗产保护、图书馆服务、文化社会团体活动等。

4. 提供文化、娱乐产品所必需的设备、材料的生产和销售活动，如印刷设备、文具等生产经营活动。

5. 提供文化、娱乐服务所必需的设备、用品的生产和销售活动，如广播电视设备、电影设备等生产经营活动。

6. 与文化、娱乐相关的其他活动，如工艺美术、设计等活动。

（三）文化产业在国民经济中的重要地位

目前我们国家文化产业发展势头非常好，根据国家统计局公布的数据，从 2004 年以来文化产业实现的增加值保持年均 1 000 亿元的增长态势，GDP 比重从 2004 年的 2.15% 增长到 2011 年的 2.85%，增长速度在两位数以上，高于同期经济的增长速度。

文化产业是市场经济条件下繁荣发展社会主义文化的重要载体，也是新世纪我国软实力的集中体现。发展文化产业，不仅是构建社会主义和谐社会的重要内容，也是新形势下推动经济结构调整和产业结构升级的客观要求。一是有利于调整产业结构，优化经济发展方式。二是有利于扩大内需，刺激消费。从内需来讲，文化消费是一个新的经济增长点。文化产业受国际金融危机的影响较小，经济增速放缓时，文化消费需求反而有可能增加。三是有利于扩大区域影响力，提升区域软实力。文化产业提供内蕴价值观和审美观的文化产品和服务，成为展示地区文化形象的途径和载体。四是有利于满足人民群众精神生活需要，为社会经济发展提供精神动力和智力支持。

随着社会发展，文化对经济的渗透已无所不在。文化的积累与发展越来越成为众多经济活动成功与否的必要条件。从这个意义上讲，中国的经济发展，文化的作用至关重要，文化已经成为推动社会经济发展的重要力量。

二、金融行业面临的机遇与挑战

（一）传统文化产业的业务机遇

在我国文化产业振兴规划的推动下，我国文化市场主体进一步完善，活力进一步增强。传统文化产业领域的重点行业和项目对文化的拉动作用明显增强，文化创意、影视制作、出版发行、印刷复制、广告、演艺娱乐、文化会展、数字内容和动漫等产业得到较快发展，以资本为纽带推进文化企业兼并重组取得重要进展，一批跨地区跨行业经营、有较强市场竞争力、产值超百亿的骨干文化企业和企业集团正在形成。中央和地方各级人民政府将以税收优惠、贷款贴息、项目补贴、补充资本金等多种方式加大对文化产业的投入，为金融机构带来了较大发展机遇。金融机构应抓住国家着重培育骨干文化企业、加快文化产

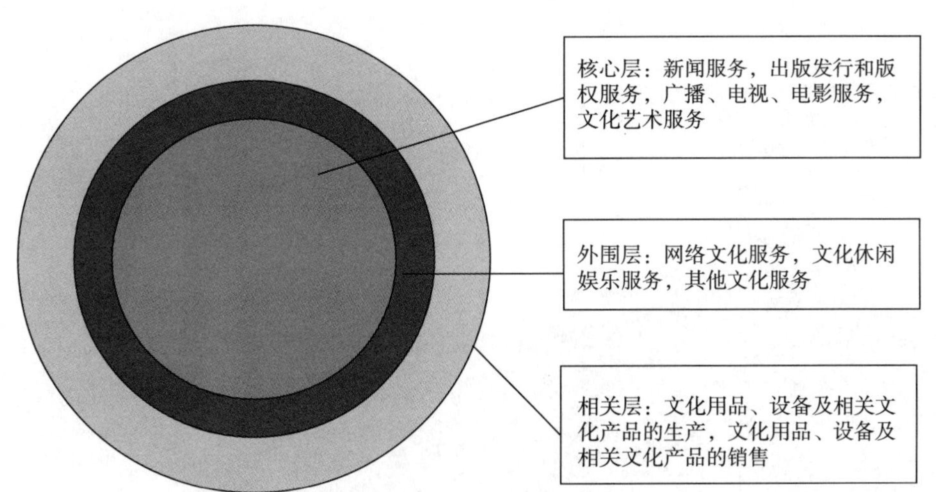

图1 文化产业结构图

业园及基地建设、扩大文化消费、建设现代文化市场体系的有利契机，加大金融支持力度。

（二）新兴文化产业的业务机遇

中国新兴文化产业虽然起步较晚，但发展迅速，成为文化产业的重要发展方向。以数字新媒体产业、数字出版等代表性行业为例，2011 年新媒体产业规模达到 2 947.6 亿元，连续三年保持 40% 以上的增速。现代信息技术、网络技术、数字化技术及通信技术等现代科技的迅猛发展，给中国文化产业带来了革命性变化。随着文化和科技融合的深入，文化产业的内涵和外延不断扩大，以新媒体、网络游戏、数字出版、动漫等为代表的新兴文化产业正在蓬勃兴起。特别是下一代通信网络、云计算、三网融合及智能终端等新一代信息技术和产品在文化领域应用的深入，有效拓展了文化产业增长的空间，加快了文化产业发展的速度。

当前新兴文化产业呈现集群化发展趋势。为适应日益激烈的世界文化市场竞争，新兴文化产业利用集群化发展所独有的专业化分工与互动协作能力，建立研发、生产、传播中心，加快各类生产要素的聚集，在这个基础上结成产业的协作、流通和服务网络，形成基地或园区，如动漫之都、影视产业基地、出版物交易中心等，以最经济的方式使各类新型文化形态集聚，具有浓厚的创新氛围、生产力和竞争优势，不仅扩大了单位文化企业的力量，而且使整个文化产业产生巨大经济效应（见图 2）。

（三）文化与相关行业融合的业务机遇

科技创新是文化发展的重要引擎，文化产业发展与创新离不开信息、网络、数字化及通信方面的技术支撑，而电视、电脑、手机等文化传播载体及文化产业的周边产品也有着广阔的市场前景。此外，旅游业也与文化产业密切相关，以当地文化及民族风情为特色的旅游市场也是推广文化的载体之一，文化旅游的紧密结合将产生良好的协同效应。依托旅游渠道和文化消费市场，以民族文化产业为龙头的特色文化产业、传统文化产业、新兴文化产业快速协调发展。

当前新兴文化产业呈现集群化发展趋势。为适应日益激烈的世界文化市场竞争，新兴文化产业利用集群化发展所独有的专业化分工与互动协作能力，建立研发、生产、传播中心，加快各类生产要素的聚集，在这个基础上结成产业的协作、流通和服务网络，形成基地或园区，如动漫之都、影视产业基地、出版物交易中心等，以最经济的方式使各类新型文化形态集聚，具有浓厚的创新氛围、生产力和竞争优势，不仅扩大了单位文化企业的力量，而且使整个文化产业产生巨大经济效应。

（四）面临的挑战

文化企业由于发展时间较短，商业银行在与文化企业合作时面临着更多的未知风险以及更大的金融创新压力。

一是文化产品属于特殊消费品，政策性风险和市场风险巨大。

图2　中国新兴文化产业主要区域概况

二是社会效益大而经济效益差。一些大型文化项目的投资额度大，建设周期长，建成后社会效益大，但经济效益不够明显。商业银行从自身经营效益角度考虑，难以放贷。

三是缺少有形资本。文化企业大多具有固定资产少、以无形资产为主的资产结构轻型化特点，其核心资产主要是知识产权、版权和收费权，缺少土地、厂房等能作抵押的不动产。

四是无形资产评估难、处置难。知识产权质押贷款存在法律、估值和处置三大类风险，涉及知识产权权属认定、侵权风险、替代技术风险、价值稳定性、变现能力等许多法律和技术问题。同时无形资产的交易市场不健全，无形资产质押出现坏账时变现较困难。

五是还款来源不明确。文化企业自身存在一些问题，现有的文化企业大多未建立规范的财务管理体系，盈利模式不清晰。

三、支持文化产业发展的措施建议

（一）行业策略

根据文化创意产业的轻资产特征，要改变当前只注重担保和抵押品为主的风险管理模式，更多从企业的现金流和未来成长性考量。当前应当从一些市场化程度高、产业链较为完善的子行业入手，如广播电视传输服务业、广播电视设备制造、新闻出版业、旅游文化、演出娱乐、动漫及电影电视剧制作发行、创意设计与广告策划、包装装潢、印刷等行业。

（二）客户策略

1. 广电传媒。省级及以上，或个别经济发达地区、财政实力强的中心城市广电集团（总台）、广电局（厅）、电台和电视台及其有线网络公司、电影院线等。

2. 新闻出版。具有一定垄断优势的图书出版集团或出版社、省级及以上报业集团、报社。

3. 旅游文化。世界遗产、5A级旅游景区及具有一定品牌效应、区域影响力大、收入较高的4A级旅游景区；世界遗产和具有千年存续期（历史悠久）和重大历史文化价值的重大文化遗存，文博单位，也包括其他著名的旅游景区和经营业绩良好的旅游企业。

4. 演出娱乐。知名度高、市场竞争力强、善于经营、收入持续增长的中直文艺院团、部队文艺院团和省属文艺院团；具有优异市场表现、广泛品牌影响、较强市场竞争力和良好发展潜力的舞台剧制作、经营机构。

5. 动漫。由中央财政拨专款进行的动漫精品项目、具有品牌潜质的项目、以动漫产品为主要产品，并且效益良好的上市公司；具有自主创作能力、成长性良好、知识产权界定清晰的动漫公司。

6. 其他行业。有较强市场竞争力、企业装备水平和科技含量高的骨干文化企业和企业集团以及文化产业园区内的核心企业及其上下游企业。

（三）产品策略

目前，商业银行在文化产业金融服务中各自摸索，可推广的系统经验尚未形成，对于金融支持文化产业仍处在自我承担风险的阶段，如果能分门别类地根据产供销制定相关金融产品，给融资者和投资者更多的投融资组合以及风险选择工具，就能更好地推动文化产业的发展。

1. 推动多元化、多层次的信贷产品开发和创新。对于处于成熟期、经营模式稳定、经济效益较好的文化企业，要优先给予信贷支持。积极开展对上下游企业的供应链融资，支持企业开展并购融资，促进产业链整合。对于具有稳定物流和现金流的企业，可发放应收账款质押、仓单质押贷款。对于租赁演艺、展览、动漫、游戏，出版内容的采集、加工、制作、存储和出版物物流、印刷复制，广播影视节目的制作、传输、集成和电影放映等相关设备的企业，可发放融资租赁贷款。对于具有优质商标权、专利权、著作权的企业，可通过权利质押贷款等方式，逐步扩大收益权质押贷款的适用范围。如电影产业的融资链条中有三个风险点：拍摄许可风险、拍摄完工风险、影片销售风险。在风险可控的情况下，我们可参与到影片的制作、发行及放映等各个环节，确保影片的顺利投产和放映。在影片销售环节，采取“版权财产的质押担保 + 个人连带保证担保 + 大型文化企业提供完工风险担保”，或房地产抵押、保证、应收账款质押等方式来约束核心产品和控制经营风险。拍摄完工后，即以全球放映的票房收益权替换版权质押权。

2. 积极探索适合文化产业项目的多种贷款模式。对于融资规模较大、项目较多的文化企业，鼓励商业银行以银团贷款等方式提供金融支持。探索和完善银团贷款的风险分担机制，加强金融机构之间的合作，有效降低单个金融机构的信贷风险。对处于产业集群或产业链中的中小文化企业，鼓励商业银行探索联保联贷等方式提供金融支持。

3. 大力培育文化产业资本市场，使资本市场成为文化产业发展的助推器。针对文化企业实力选择不同直接融资方式，对于符合发债条件的文化企业，支持其运用企业债、公司债、短期融资券、中期票据、集合票据等债务工具进行融资；对具有高成长性的文化企业，积极提供上市融资的相关服务，通过上市进行融资；对前景极佳的文化企业，可以通过上市公司收购、兼并、托管、资产或股权置换等资本运作的方式进行融资。

4. 积极培育文化产业消费信贷市场，通过消费信贷产品创新，不断满足文化产业多层次的消费信贷需求。如通过开发分期付款等消费信贷品种，扩大对演艺娱乐、会展旅游、艺术品和工艺品、动漫游戏、数字产品、创意设计，图书、报刊、音像制品、电子出版物、网络出版、数字出版等出版产品与服务、印刷、复制、发行，高清电视、付费广播电视、移动多媒体广播电视、电影产品等综合消费信贷投放。加强网上银行业务推广，提高软件、网络及计算机服务，设计服务和休闲娱乐等行业的网络支付应用水平。

宁夏钢贸行业调研报告

宁夏回族自治区分行　李淑红

钢贸行业产生于20世纪80年代。三十多年来，伴随着我国经济的快速增长，钢贸行业得到了高速的发展，并且涌现出一批发展实力雄厚的民营钢贸企业。我国钢贸行业呈现出三大特点：市场大、门槛低、利润高。目前，我国钢铁贸易总额已占GDP总值的10%，而钢贸行业已占钢材流通市场的三分之二和钢材出口量的二分之一。由此可见，钢贸行业在我国经济发展中发挥着越来越重要的作用，钢铁贸易及物流已经成为社会主义现代化建设不可缺少的部分，扮演着重要的角色。但是，由于进入门槛低，大大小小的钢材贸易企业如雨后春笋般成立起来，其实力及运作水平参差不齐。因此，钢材贸易是一个并不健全的特殊贸易行业。

钢贸行业发展模式分别有钢厂代理模式、绑定终端模式、期限配合模式、操作行情模式、市场搬货模式、佣金代理模式和产融结合模式等。

一、宁夏钢贸行业现状

目前，我国共有25万家钢铁贸易企业，但是整个行业呈现小散乱的状态，面临严重过剩。按照有关部门的统计，目前国内年销售量能够达到千万吨的钢贸企业只有1家，而500万吨以上的只有4家左右，100万吨以上的只有6家，而绝大多数钢贸企业的经营规模都在几万吨至几十万吨。宁夏近千家钢贸企业，主要以中小型钢铁贸易企业为主。钢贸行业属于资金密集型行业，上游钢厂订货要付保证金，提货需要付全款，下游用钢企业需要垫资，造成资金使用量大周转时间长，而钢贸企业自身资金量有限，因此，钢贸企业需要大量的银行融资来维持整个资金量的周转。

钢贸市场自身竞争激烈，资金需求量大，流通结构不完善。企业混业经营风险较大，钢材重复、过度质押以及关联企业互助担保现象长期存在。2012年，直接引起部分老板“跑路”的原因是钢材市场低迷，钢价持续下跌，企业亏损引发资金链断裂。在此环境下，银行提高对钢贸贷款的风险防范，对联保类贷款业务收紧甚至停止，一定程度上也加剧了部分钢贸企业的经营困境。

二、我行钢铁贸易行业业务总体情况

截至2012年底，我行钢贸客户125户、涉及信贷余额22.25亿元，其中贷款余额5.73亿元、信用余额16.52亿元。目前，全行钢贸客户已有一户形成不良，金额150万元；两户出现贷款违约和停止经营活动等风险因素，涉及信贷余额6 350万元。

2012年以来，我行针对钢贸企业交易萎缩、成交低迷，企业经营效益下滑的局面，对钢贸企业的授信支持，采取审慎控制政策，根据客户风险状况，严格授信准入标准。针对钢贸客户自身固定资产较少的经营特点，我行新增授信客户一般采取联保加有效资产抵押的方式。对资产规模小，评级低的存量客户，在贷款到期或承兑解付后我行采取了压缩退出政策，2012年共压缩退出钢贸客户39户。

三、钢贸行业企业特点分析

1. 钢贸企业量多，总体规模小。宁夏目前的钢贸企业，多数规模偏小，绝大多数钢贸企业的经营规模都在几万吨至几十万吨。随着经济的发展，钢铁下游行业的整合也在加快，分散零乱的企业正在被整合成巨型企业，其对上游钢铁产业的需求方式、质量以至服务水平的要求也在不断提高。下游企业的这种改变对钢贸商提出了新的挑战，要求它们不断加强整合。

2. 经营方式落后，效率低下，缺乏长远战略规划和眼光。目前绝大多数钢贸企业仍以简单的买卖贸易为主，利用低进高出赚取差价。这其中更有众多的“搬砖头”的小户参与。然而，随着市场的变化，这种传统的经营方式受到冲击。比如，随着市场经济的日趋发展和日益成熟，作为上游的钢厂，大搞扁平化经营，扩大自销和直销，对一些没有品牌、不是很著名的贸易商不感兴趣；而下游终端用户对钢材贸易商也十分挑剔，选择一些知名度高的、有品牌的钢贸商，远离那些经营劣质产品的贸易商。而那种通过供应链方式，将上游、下游、中间的加工配送，以及其间的商流、物流、资金流等完全整合到一起的经营方式，在目前还少之又少。在此情况下，大多数贸易商难以形成完善的服务配套功能，更难以产生增值效应。同时，也难以与广大的终端用户形成坚固的纽带关系。另外，多数贸易商满足于不亏损的现状，缺乏与其他贸易商合作的理念，经营上单独行动，很少联合其他贸易商共同与钢厂谈判，对企业的发展大多缺乏长远的战略谋划。

3. 物流方式的改变对钢贸商要求提高。传统钢材市场基本上是以钢材仓储及物业租赁为钢铁流通商提供服务，形成前店后库式的市场格局。传统钢材市场的仓储物流服务方式较为单一，没有联合钢厂、流通企业、信贷银行、加工服务和运输服务商等市场参与者，不具有物流、资金流、商流的组织整合能力，不能形成自身的综合竞争能力，经营模式容易被模仿。而近年来，物流方式在逐渐发生改变：物流园区出现了，信息化管理逐渐应用到物流管理中来，配送加工功能在不断加强，而与非钢铁领域货物流通的整合也在进行。此外，钢铁企业本身也在不断加强与终端客户之间的紧密联系，这就使得部分行业的配送完全为钢厂垄断，使得贸易商难以涉足。

4. 多数企业经营范围较窄，品种单一。钢贸行业多数企业经营范围较窄，经营建筑钢材的很少涉足板材；经营板材的很少涉足管材；经营特钢的很少涉足普材。尽管有专业化分工需要，但也反映了大部分企业的能力不够。还有一些企业虽然表面经营范围较宽，如涉足房地产、酒店等其他行业，但也恰恰说明这些企业没有在钢铁领域做深做厚，仍然缺少抵御钢贸风险的能力。

5. 总体以民营为主，缺少政策保护。钢铁生产企业，由于多数是国有成分，按照国家颁布的《钢铁产业发展政策》以及现行的体制，短期内国际资本还难以威胁现有的钢企，甚至因地方政府保护，很多小钢企也不担心大钢厂的“吞并”。钢贸企业则不然，主要以民营为主，没有任何特殊政策保护，在现行的市场环境下，基本处于自生自灭的状态。中小钢贸商由于自身规模小，缺乏担保条件，难以被外界认可，再加之缺少政策上的支持及我国目前在担保融资方面制度建设不完善，中小贸易商存在融资难问题。

宁夏钢铁市场的运营模式和流通秩序，决定宁夏钢贸企业的多元性、分散性和多层次性，而这种特征直接导致宁夏钢贸企业集中度偏低，市场化运作较为充分，企业之间的竞争异常激烈。同时，钢贸行业还是一个资金密集型行业，对资金的运转性要求比较高。在这种行业特征的作用下，近年来宁夏钢贸行业面临着经营成本上升、用工成本增加、市场行情变动、利润空间受到挤压等一系列压力，钢贸企业的发展与未来充满了不确定性。

四、钢贸行业风险分析

钢贸行业作为资金密集型行业和部分银行的贷款及承兑汇票业务“大头”，一旦出现状况，必然加剧银行整体授信风险。

1. 宏观经济波动风险。钢贸行业面临的宏观经济波动风险主要来自于两个方面：一是国内经济增速的放缓；二是在欧债危机愈演愈烈的情况下，外部风险加大。

2. 政策风险。钢贸行业面临的政策风险主要来自于紧缩的宏观经济和金融政策导致的经济的增长速度的放缓以及带给钢贸企业本身的资金不足的问题。同时由于钢贸行业本身的集中度不高，钢贸行业的产业政策将会促使行业的集中度不断提高，这也使得一部分企业在这过程中面临着兼并重组的风险。

3. 经营风险。

（1）行业竞争风险方面。在市场竞争中，竞争的基本动机和目标是实现最大化收入。市场风险的大小主要取决于三个基本因素，一是市场竞争的规模，二是市场竞争的激烈程度，三是市场竞争的方式。

对于钢铁贸易行业来说，其交易的商品为钢铁，属于大宗商品类别，其一次性交易的数额一般都较大，企业面临的成本和资金压力较大，并且价格的波动对于钢贸商的影响非常大，因此从这个角度看，钢贸行业面临的市场竞争非常激烈。另外，由于钢贸行业目前大都是中小型企业，且大部分都是民营企业，大型的国有企业很少，因此市场基本上是处于一个完全竞争的市场，市场上提供钢铁的钢贸商众多且商品都是同质的、价格也基本透明，因此这种市场竞争是非常激烈的，一旦经营不善，就将面临破产的威胁。

（2）市场变化风险方面。市场变化风险主要是指供求关系的变化给钢贸行业带来的风险，这种供求关系的变化必然造成钢铁产品价格的波动，这种变化会导致行业投资的实际收益偏离预期收益。2012 年受宏观经济政策、房地产市场调控等因素的影响，钢材市场，尤其是建筑用钢材整体需求不旺，市场处于疲软状态。钢材企业市场竞争激烈，销售市场价格不够稳定，波动较大，涨幅变幻莫测，客户的进货、销售、盈利受市场的影响较大。目前钢材贸易市场使用承兑汇票，每吨加价较高，成本加大，利润空间越来越小，钢贸行业整体盈利水平下降，企业呈“微利化”甚至亏损局面。汽车、机械、造船等下游用钢行业增长速度大幅度下滑，钢铁行业整体呈现微利乃至全面亏损的局面。

（3）企业过度扩张风险。企业跨行业、超过自身的承受能力多头经营，盲目过度扩张，一旦某一环节的资金链断裂，就会导致生产经营停止，企业面临破产、倒闭的风险。

4. 管理风险。

（1）公司治理风险方面。公司治理是现代企业制度中最重要的组织架构。对于钢贸行业来说，公司治理风险主要来自于委托代理关系以及现代企业制度建立的缺失。

（2）关联交易风险方面。关联交易是指公司或是其附属公司与在本公司直接或间接占有权益、存在利害关系的关联方之间进行的交易。钢贸行业的关联交易风险主要来自于两个方面：一是钢贸企业将信贷资金转移给关联企业，隐蔽地进入期货市场或者房地产市场，改变了信贷资金的用途。二是大型钢铁生产企业与有关联的钢贸企业之间的销售钢铁商品关系以及代理关系，这样管理当局利用关联方交易掩饰亏损，虚构利润，使得银行难以真正了解企业的资金状况以及经营状况。为此，要密切了解企业的状况，选择企业制度完善、经营时间较长、财务透明的企业进行贷款。

5. 财务风险。钢贸行业信贷资金挪用现象较为普遍。近年来由于钢贸企业资金需求量大，利率相对较高，钢贸商挪用信贷资金并没有引起银行重视，钢铁市场低迷环境下，钢贸企业从事资本运作不善，抗风险能力差，行业财务风险加大。

6. 担保风险。钢贸企业多采用“联贷联保”产品，企业多在一个行业中，产品的最大风险来自于系统性风险。一旦某行业陷入困境，极易导致连锁反应。

（1）担保能力风险。企业之间互为保证，降低了第二还款来源的保障能力。关联企业越多，担保链越长，从商业银行获得的贷款额度就越大，银行面临的风险也就越大。当其中任何一家关联企业发生经营和财务危机时，极易导致担保链的断裂，商业银行贷款的风险会突然暴露。

（2）法律风险。关联企业中的控制企业很容易运用其控制力，制造虚假债权并以此抵消从属企业的真实债权，使从属企业的资产减少，从而给银行等债权人带来损害。一旦该子公司被银行借款所累、经营失败或发生诉讼，控制公司又以有限责任为由迅速脱身，影响银行实现债权。

（3）“多米诺骨牌效应”风险。担保企业中的一家企业出现资金紧张，在某个银行产生不良贷款，必然引起所有银行的关注。如果多家银行大量抽退资金，势必导致资金链的断裂，不仅对企业产生致命打击，对未抽退资金的银行也将造成巨额损失。

7. 银行同业整体过度授信的风险。多家银行都在给钢贸企业营销授信业务，从银行授信角度分析，易形成同业授信额度大于钢材经销商销售收入的问题。如果钢材经销商不当使用银行授信额度，有可能进一步加剧地区间钢材价格的剧烈震荡，也有可能激发钢材经销商其他投资冲动，影响银行授信业务的资金安全运行。

五、钢贸市场贷款存在的主要问题

1. 钢贸市场的投资人，市场服务公司，专业担保公司实际经营人为同一伙人。为满足银行的贷款条件，通过注册市场投资管理、市场服务、专业担保等三个公司，推荐商户到银行贷款。担保公司再通过收取商户高额贷款保证金的方式，将贷款资金挪用。据分行调查了解，商户一般只拿到贷款额的40% -60%的资金。

2. 专业担保公司的担保资格和担保能力存在问题。一是担保公司、投资管理公司、市场物业服务公司高度关联，实质是“自己给自己提供担保”。二是担保公司的担保额大大超出公司的实际担保能力。担保公司不仅为我行的贷款提供担保，还为其他金融机构的贷款提供担保。从目前开展追诉情况看，担保公司无多少实际有效资产可供查封抵债。

3. 对钢贸市场的贷款产品设计，贷款管理等方面存在问题，缺乏对第一还款来源的分析管控。

（1）钢贸市场贷款客户具有明显的商贸性质特征，一般应采用贸易融资贷款品种，这样有利于对贷款进行资金流和物资流的管控。但分、支行较多采用流动资金贷款和个人助业、小企业“速贷通”等品种，注重强调担保作用，只要有市场专业担保公司提供担保，就认为风险可控，忽略了借款人的第一还款来源及其他监管措施和担保手段运用。

（2）贷款发放支用缺乏有效的监管措施。一是未能对市场物业服务公司、投资管理公司和担保公司的关联关系进行全面深入分析，甚至未能有效杜绝利用大宗钢材贸易套取银行信用。二是未针对贸易交易的特点认真落实对贷款最终用途的有效监控。三是未能落实对交易流程和库存货物的监管工作，不能做到每笔贸易和库存货物的一一对应。四是对借款商户股东自然人提供的连带担保责任，在贷款发放时没有具体明确可以用做抵押担保的有效资产，造成担保徒有虚名。

上述问题造成贷款资金被担保公司挪用、借款商户停业找不到人、担保公司资不抵债的局面，出现较多信用风险。

六、针对钢贸企业存在的风险而采取的对策、措施

1. 针对钢贸行业的宏观经济及政策风险，应关注国际、国内经济动荡形势，避免政策大幅变动。宏观经济波动风险的突发性和不可控性使其成为最难防范的风险。面对恶劣的经济环境，银行不能故步自封，仍需要进行业务的拓展，此时只能以微观层面（目标客户）为主，以宏观层面（宏观经济）为辅，对各项业务进行谨慎的分析评价，而后决定资金投向。钢贸行业是典型资金密集型的行业，经营中的每一个环节都需要有足够的资金支持。尤其是钢材产品融入金融属性后，几乎90%以上的钢贸企业都离不开银行的支持。银行的授信政策直接影响行业运行，因此针对钢贸行业的经营困境，可以对信贷策略适当调整，但要避免政策的激烈变动带来的行业负面影响。

在目前的经济形势和国家政策的走势下，银行的信贷目标应是行业中的大型以及资金和经营实力较强的企业，对于小型企业和技术水平低下的企业的信贷应考虑适当退出。

政策要求避免对钢贸商一刀切，因此应把握四个核心维度。由于钢贸行业是我国非常重要的一大行业，因此银监会要求银行业避免对钢贸企业采取一刀切式的抽贷、停贷、收而不贷行为，应对钢贸行业贷款一如既往地采取“有保有控、区别对待”的差别化授信政策，对真正从事钢贸业但面临暂时经营困难、守信用的钢贸企业仍要维持信贷相关支持。

2. 针对钢贸行业面临的经营风险，面对行业的供求不平衡，应将目标客户更加细化。把握目前的供需形势，寻找行业内供需形势较为乐观的子行业、子产品作为目标客户，是银行防范供求风险的最佳措施。因此，银行信贷要把握好四个核心维度：投向、投量、投速和投法。投向即选择什么样的客户和建立什么样的客户结构，银行应选择优质客户，而不一定是大客户；投量即对某一客户或客户群体投放的信贷资金的多少，这应依据客户的自身情况谨慎决断；投速即选择在什么样的时间以什么样的节奏来进行贷款投放，银行应对贷款企业持续关注，防止不良贷款的发生；投法即以何种恰当方式投放贷款资金，应选

择风险较小的方式进行。

3. 加强钢贸行业贷款监管。虽然2012年以来银行信贷整体放宽，但由于钢贸行业利润不断下滑，钢贸商"跑路"事件频发，银行出于风险管控的需要，收紧了钢贸商的"钱袋子"，部分银行甚至采取了只收不放的政策。考虑到下游需求放缓，钢贸行业的风险加剧，银行加强了对钢贸企业放款的监管。

建议客户重点监测钢贸企业以下指标：一是钢铁产品价格变化；二是在钢铁行业风险较高时，尽量避免"联贷联保"成员处于同一行业，分散系统性风险；三是监测钢贸企业贷款使用情况。

4. 采取有效措施防范互保风险。为提前预防互保信贷所蕴涵的风险，以及降低互保问题所带来的损失，银行可从下列方面加强对互保贷款的风险防范：

（1）建立风险预警机制。企业出现突发信贷风险苗头时，银行之间、部门之间能充分沟通信息，客观判断企业真实情况，统一意见，统一行动，从银企合作共渡难关出发，加强对困难企业的帮扶，共同维护金融债权。

（2）加强尽职调查，为信贷决策提供依据。对借款人和担保人的生产经营和财务信息进行审慎分析，结合实地调查以及通过税务、人民银行接口系统等渠道获取相关信息，掌握借款人和担保人在本行与他行、本地与外地的债务和担保情况，防止因银企信息不对称而造成的判断和决策失误。

（3）规范担保管理，提高担保效力。认真执行《担保法》以及相关管理规定和要求，尽量采取有效资产抵押方式。加强对担保人资格和能力的审查，尽量避免互保和关联企业担保，坚决杜绝子公司对母公司担保的现象。

5. 针对钢贸客户经营中存在的问题，我行要从客户选择、交易背景审查、风险缓释安排、授信方案设计和资金流向监控等关键环节着手，形成一套较为有效的管理措施：

（1）及时排查风险，把握关键环节，从源头控制风险。鉴于钢贸行业和目前市场情况，通过预警信息、风险提示、会议传达、专题讨论等多渠道方式，将风险信息在不同层级及时传递出去；制定严格的《钢材贸易类客户授信业务指引》，对客户的准入条件、办理银行承兑汇票的业务底线、客户的管理要求以及业务流程管理要求等作具体详细的规定，从源头上把控风险。

（2）严把客户准入标准，细分客户，实行进退有序的授信管理模式。针对钢贸市场客户群复杂，在客户选择上将资本实力、信用评级、现金流量状况作为筛选钢贸企业优质客户的重要依据，并根据客户净资产、销售收入、资产负债率等指标将客户细分为一、二、三类客户，针对不同类型的客户采取差别化的授信政策，审慎办理互保联保，做实授信风险缓释。对大型的一、二类钢贸商户提高保证金比例，配备流动资金贷款采用四户联保的，必须要有业主同时提供担保。对三类钢贸商户提高保证金比例，如需配备流动资金贷款，业主担保且不低于50%的有效资产抵押。对资产规模小、评级低的不符合政策要求的存量客户，承兑解付后不再继续办理。

6. 合理确定产品方案和风险管控措施。优先配置可控物流、资金流的自偿性产品（尤其是A、B类产品），鼓励通过国内保理等供应链融资产品满足客户的贸易周转需求，提高对普通流动资金贷款的替代率。针对自营、代理等不同类型钢贸企业实行分类管理，完善授信方案和风险管控措施。合理确定授信产品期限，确保与客户贸易周转、销售回笼周期相匹配。

7. 提高借款人违约成本、增强银行风险缓释能力。

（1）借款人原则上应在我行开立基本结算账户，绝大部分资金结算业务在我行办理和存储，账户接受我行监控。

（2）实际控制人或其配偶必须为我行个人金融资产的高端客户。关注实际控制人家庭资产及负债情况。资产包括房地产、汽车、银行存款、权益性资产及银行理财产品等，并关注形成上述资产是否有相对应的个人负债。目的有两个：一方面从侧面佐证借款人经营业绩的真实性；另一方面，掌握实际控制人家庭资产情况，对借款人起激励作用，使其明白，如果违约，将面临财产损失的威胁，进一步激励借款人努力经营以偿还贷款。

（3）为控制借款人及实际控制人负债情况，要求其承诺未经我行同意，不得新增其他债务，所拥有固定资产不得为其他债务提供抵押担保。追加实际控制人配偶甚至是成年子女提供连带责任担保，一旦贷款出现问题，银行可追究个人及其家庭的无限责任。

8. 严格资金用途监控和真实性核查。做好信贷资金流向跟踪工作，规范支付结算环节管控，落实信贷资金封闭管理要求。发现客户将信贷资金挪用于期货炒作、电子盘投机、民间高息借贷、房地产等领域的，应及时冻结未支用授信额度，尽快收回已发放贷款。认真做好客户和交易信息的真实性核查工作，严防“三假”现象（假客户、假报表、假交易）。发现客户存在虚假交易，通过伪造变造发票、虚假合同等方式套取银行信贷资金的，一律纳入“黑名单” （内控客户名单）。充分利用人民银行征信系统、我行授信业务风险监测系统、对公预警客户跟踪管理系统以及工商部门等外部信息，作好甄别分析，增强反欺诈能力。

9. 加强贷后持续跟踪管理。针对客户风险状况，定期走访企业，多渠道获取企业、个人及关联企业相关信息，关注企业账户资金流动情况和其他银行授信变化，落实信贷资金封闭管理要求。并积极采取建立问题台账、限期整改、定期监测、持续督促等行之有效的做法，针对出现的风险苗头，做到早发现、早处置，有效防范和规避风险。防止贷款企业以所在市场为融资平台，通过虚假注资担保公司，以抵押质押、重复抵押、互保联保的方式，大量套（骗）取银行贷款，进而将所得资金投向房地产、股票、期货，甚至高利贷等高风险行业。监管企业以主业经营为主，防止跨行业、跨地区盲目过度扩张，最终导致企业破产而使我行贷款难以收回。

10. 对于逾期未还贷的贷款企业，要及时申请法律保护。银行与借款的企业或公民之间的借贷关系，是平等主体之间的债权债务关系。对于逾期尚未还款的借款企业，在双方协调未果的情况下，银行应及时向人民法院提起诉讼，申请法律保护，请求保护追偿贷款权利。针对银行不良贷款案件中存在的借款企业负责人行踪不明、财产难觅的情况，银行在起诉前应向人民法院提出申请，要求法院予以扣押、查封、冻结债务人的财产、资产。

11. 针对钢贸市场贷款暴露出的问题，银行要高度重视，举一反三，对各类大宗商品交易市场经营客户贷款要注重了解摸清以下情况：

一是查清是否存在市场投资管理公司、市场服务公司、专业担保公司实际经营高度关联，采用“三位一体”的模式，为商户提供担保，收取商户高额保证金，套取银行贷款资金，挪作他用的问题。

二是尽快解决商户、股东自然人提供个人连带担保责任只签保证合同，没有提供实质性的可供担保抵押资产的问题，使股东、借款人提供的个人连带担保责任落到实处。

三是对各类大宗商品交易市场的贷款，在产品设计、贷款审批、贷款资金支用、还款资金监控、贸易商品监管等方面重点做好“四落实”：落实第一还款来源，落实贸易背景真实性，落实贷款资金最终用途，落实仓储货物真实有效。要进行有针对性的排查，及时采取有效措施，防控信用风险。

七、钢贸行业发展趋势

当前宁夏钢贸行业的发展处于一种不确定的环境之中，面临着一些不利的因素，对钢贸行业的发展趋势进行科学预测，对钢贸行业所面临的形势与任务进行深入分析，有利于钢贸企业趋利避害，制定正确的解决方案。

产业链发展对钢贸企业提出了新的要求。在现代物流业蓬勃发展的背景下，钢铁产业链的特点主要表现为：与传统的运输业和仓储业不同，钢铁物流业与钢铁生产和流通有着紧密的联系；钢铁物流与钢铁贸易相互融合，以贸易加物流的方式，形成面向客户的钢铁供应保障服务体系；钢铁物流园区成为钢铁物流企业和钢铁贸易企业聚集、开展钢铁贸易物流业务的重要基地；现代信息技术在钢铁物流业中得到了广泛应用；伴随着原材料采购与钢材销售的全球化，钢铁贸易与物流呈现出国际化的趋势；大型钢铁企业以物流子公司的形式涉足钢铁物流产业，物流子公司成为钢铁物流业的重要形态。

五、行长论坛

加快建行业务战略转型 服务滨海新区开发开放

天津市分行 高德高

当前，在国内经济企稳可期、政策预调或将继续、稳增长效果逐渐显现的大背景下，进一步推进天津滨海新区开发开放，是在新世纪新阶段，党中央、国务院从我国经济社会发展全局出发作出的重要战略部署。滨海新区的继续深度开发开放，天津“十二五”金融改革创新规划相继出台，无疑给银行业带来了巨大的机遇与挑战。特别是经济转型、发展方式转变，在战略性新兴产业、企业客户与兴建项目投融资方面，给商业银行提出了金融创新与差异化、个性化配套服务的需求，金融传统经营模式面临重大挑战。建设银行理应在发挥传统业务优势的同时，积极探索适应滨海新区开发开放和发展规律的金融支持和服务模式，针对新区出现的新特点、新变化和新需求，应对经济转型挑战，加快转变经营模式和盈利模式，全力支持实体经济，更好地服务于滨海新区开发开放。

一、促使建设银行业务加快战略转型的驱动因素

（一）外部影响因素分析

滨海新区开发开放战略进程中经济结构的战略调整和发展方式的转变，形成了建设银行加快业务战略转型外部影响因素，主要体现在以下层面：

1. 从宏观层面讲，加快建行业务战略转型，是进一步发挥在经济发展方式转变过程中支持和助推作用的现实需要。黄兴国市长在政府工作报告中提出天津立足当前、着眼长远，把大项目、小巨人和楼宇经济，作为调整结构、增实力、上水平的重要战略举措。大力实施国家发展战略，实现滨海新区开发开放新突破。在滨海新区“九大功能区”和“十大战役”建设上，通过大项目好项目建设，进一步带动经济增长，优化产业结构，积蓄发展后劲。这无疑为建设银行加快业务战略转型，提升金融服务质量，抢占市场制高点，挖掘客户资源，参与同业竞争带来了严峻挑战，同时也为业务战略转型以及业务创新拓展提供了难得的发展空间和机遇。

2. 产业结构调整对银行业务流程和风险管控技术提出更高要求。滨海新区发展战略重心就是紧扣经济方式转变、结构调整和产业升级。产业升级与金融支持实体经济、服务于行业转型，有着产业与金融如何密切结合的关系。从大趋势上看，未来内需驱动的消费、医疗保健以及高新技术产业，将成为经济发展的新动力。新区经过细

化产业布局，形成了八大支柱产业，一大批航天航空、石油化工、生物医药、绿色能源等产业规模效应逐渐显现，并逐渐形成了清洁能源、新材料、节能环保等战略性新兴产业的完整的产业链和产业集群。在构建投融资体系方面，相继推出了渤海产业投资基金和船舶产业投资基金等投融资工具。目前占银行信贷结构绝大比重的基建和固定资产类项目贷款需求将逐渐走弱。针对新区产业升级转型，不仅需要建设一批大项目好项目，而且需要行业、产业投融资模式的转变，逐渐会从过去的过多依赖银行贷款的间接融资模式转向以资产证券化、产业投资基金、私募股权投资基金以及资产重组包装上市为主的直接融资模式。而这种融资模式、融资工具和融资渠道的改变，促使银行提前控制风险敞口，并把握行业整合过程中的业务机会。建设银行原有传统业务如何适应这种变化加快转型，是一项带有方向性、战略性的重要课题。能否根据行业特性，调整创新业务流程和风险管控技术，将是决定银行在产业结构调整中成败的关键。

3. 金融脱媒的趋势将冲击客户资源。随着金融管制的逐步放开、金融产品的多元化、金融服务的差异化，间接融资渠道逐渐变窄，直接融资比重逐步提高。一是由于直接融资模式和渠道的优势逐渐体现，往往大型企业和机构客户将更多选择直接融资方式，银行传统的信贷业务将面临金融脱媒的冲击。二是国内金融市场与国际对接，银行业、保险、证券和信托业的混业经营，也将对银行负债结构带来影响。在实施客户战略上，滨海新区的开发开放，与建设银行确定的“三大一高”，即大城市、大系统、大行业和高端客户的发展目标定位和业务转型紧密相连。也就是说，滨海新区开发开放与建设银行业务战略转型有着紧密的关联性。三是在客户需求驱动方面，滨海新区兴建、拟建的大项目好项目资源和客户资源极为丰富。秉持以客户为始、以客户为终，锁定大客户、好客户应是银行经营的核心。四是同业竞争需要客户的营销，更要讲究客户资源的培育，以客户需求为驱动加快业务转型将成为常态。滨海高新技术产业开发区、滨海旅游区、海港物流区相继推出高水平大项目好项目，项目兴建和集聚所带来的客户源和业务前景十分广阔。而这些项目的建设单位、施工企业等上游客户，以及机构部门和下游的个人客户，都是我们的基本客户和营销客户，必然要求我们主动进行客户需求分析，尽心进行客户体验和客户细分。五是客户营销战略的转型，正是与建设银行“以市场为导向、以客户为中心”经营理念相吻合。据了解，已有110余家世界500强企业在滨海新区落户投产，正带动新区从“制造”向“智造”转变，也吸引了研发中心和第三产业的零散客户群体的云集。而这种客户结构的转变，使我们不得不从过去只营销大客户、大机构转向只要是客户、无论上下游客户，只要有客户需求，都要为其量身定做金融产品，都要大胆为其进行产品创新和服务创新。

4. 利率市场化进程加快将压缩银行净息差，业务结构要做重新调整。随着利率市场化时代的开启，银行业应该加强审视和调整各自的业务构成，追求拓展更高回报和更高收益的业务，进行贷款结构调整已是必然选择。过去银行简单地依赖存贷利差即可获得高额利润的时代已经一去不复返了。而高回报和高收益的业务和客户群体，在滨海新区拥有8大优势产业和门类，还有战略性新兴产业，迫切需要建设银行业务结构和业务经营模式的快速调整。一是东疆保税港区具有租赁业占全国市场1/4份额的区位优势和市场优势，与建设银行开辟的新业务领域互动融合。随着租赁市场的拓展和租赁企业的云集，也为建设银行在投资银行业务方面积极探索新的业务模式，参照国际惯例进行资产托管业务，研发理财产品，提高中间业务份额，开辟了新的业务渠道。二是今后20年仍是大制造业绝佳发展机遇期，要不断为制造业上下游企业提供新型金融衍生产品。三是物流中心和航运中心的建设，这无疑会为建设银行对公业务跟进和新产品研发创新提供重要契机。

5. 新的资本监管标准对银行盈利模式和资本使用效率产生较大影响。按照银监会发布2013年即将实施的《商业银行资本管理办法》要求，银行业的杠杆水平受到限制，长期净资产收益率趋于下降。目前对系统重要性银行和非系统重要性银行的最低核心资本充足率要求分别为9.5%和8.5%，总资本充足率要求分别为11.5%和

10.5%，对应的杠杆率分别为17.5倍和19.5倍。在相同的总资产收益率下，杠杆水平的降低将带来净资产收益率的下降。与此同时，内生资本的积累将限制银行的可持续资产增速。在当前的市场环境下，商业银行在资本市场大规模融资难度较大，要想扩张资产规模，将主要依赖内生资本积累支撑。在15%的净资产收益率和30%的分红率假设条件下，所能支持的资产增速仅为10.5%。过去商业银行简单依靠规模扩张来实现利润增长的模式将难以维系，提高资本的使用效率将成为银行的重中之重。

（二）内部影响因素分析

建设银行加快业务战略转型是助推实现自身可持续发展的内在要求。滨海新区开发开放进程中的产业结构的调整和升级，需要金融充分发挥信贷杠杆作用。信贷支持和资金的投入是产业健康发展的基础。作为建设银行应将调整信贷结构作为业务战略转型的主要抓手，强化信贷支持和金融服务实体经济。而来自于商业银行自身和内部影响因素有以下几个方面：

1. 金融结构和运行模式正在发生重大转变。从信贷授信政策导向和趋势来看，一是优化信贷业务的行业结构，银行业更加注重行业信贷政策和产业政策的衔接配合，真正做到在产业方向选择上有保有压、择优限劣。二是优化信贷业务的绩效目标，银行业将关注重点从信贷规模扩张转移到信贷业务的质量和效益上来。三是优化信贷业务的产品结构，银行业将更加注重提高金融供给能力，满足海洋经济、低碳经济、战略性新兴产业等重点领域发展的多样化信贷融资需求。四是优化信贷业务的区域结构，银行业需要根据滨海新区经济发展特点，有针对性地制定具有区域经济特点和开发开放特点的授信政策。如中新天津生态城建设，推进宜居生态城市建设与建设银行长期支持基础设施建设信贷方向和新业务拓展领域相一致。新区按照转变发展方式，发展低碳经济的总体要求，大力发展不耗资源、少耗能源、没有污染和高附加值、高税收、高科技含量的战略性新兴产业。银行的信贷投向就要聚焦生态环保、科技研发、总部经济、服务外包、文化创意、教育培训等产业门类。着力支持极具生态城特色龙头企业和项目，都是建设银行未来授信的重点和方向。

2. 经营要求增强风险定价能力，更加重视中小企业和零售业务发展。滨海新区产业升级和发展方式转变，需要银行消费金融领域的协同发展。随着金融脱媒和利率市场化进程的加快，大型企业客户对银行间接融资的依赖将不断降低，银行的议价能力将逐渐被削弱。银行要保证业务规模增长，维持较高盈利水平，必须高度重视开发中小企业和零售客户资源。随着新区产业升级和开发深度增强，区域中小企业融资扩张、个人消费水平的不断升级不仅对银行提出了新的金融服务需求，同时新兴消费热点的培育也亟待金融的有力推动。如针对于家堡金融集聚区建设和响锣湾CBD中心商务区楼宇经济的中下游高端客户融资需求，迫切需要银行着眼于需求结构，调整业务构成。同时，还要高度关注宏观消费格局变化，银行在积极拓展产业金融、消费金融供给渠道的同时，结合内需和消费热点，加大金融产品创新和研发力度，把信贷投向逐渐转移到银行资产业务管理方面。

3. 经营需要创新业务品种，拓展综合经营领域，形成多元化盈利模式。银行传统存贷业务的发展空间和盈利能力将不断被压缩。大型客户的信贷需求将会转向直接融资渠道，为投行等部门带来更多的业务机会。从国际经验看，目前摩根大通、美国银行、汇丰银行等国际金融集团均已采取混业经营模式，投资银行和资产管理业务对其收入贡献达到20%－40%。虽然我国银行法规定是分业经营、分业监管，但银行可以在现有审慎监管框架下积极开拓综合经营。建设银行已经形成了资产、负债、投行、保险、信托租赁等多元化的业务平台，今后应在此基础上建立和完善有效的激励机制，整合各业务条线资源，形成多元化的盈利模式。适时跟踪行业发展趋势和客户信贷业务需求，创新各种差异化的金融产品和服务，以增强客户黏性，提高盈利能力，将是银行未来可持续发展的必然趋势。

4. 经营需要优化组织结构，塑造灵活高效的企业文化。未来的银行客户不仅需要传统的信贷服务，而且需要投行、结算、渠道、财富管理等服务，这种综合性金融模式需要业务型营销团队，需要专家型的创意集成和研发，需要流程银行的再造和整合，需要各业务部门的协同配合，而且将逐渐改变现有部门银行模式并转变成为流程银行。如汇丰银行为满足大型企业客户需求，其大型企业客户业务设置在“全球银行和市场”部门下，与投资银行、销售交易等业务并列，客户经理可以满足企业贷款、贸易融资、股票、债券融资和外汇交易全方位需求。汇丰的“工商金融”部门，则主要负责中小企业金融需求。这值得我国银行借鉴。为适应外部环境的变化，银行应当通过结构的扁平化，实现信息在总部中心与分支机构之间及时客观地交流反馈，并以此灵活调整经营策略。同时建立包括信用风险、市场风险和操作风险在内的，全程、量化和立体的全面风险管理体系，打造高效的风险战略传导机制，形成统一的风险管理战略、制度和文化，有效地增强风险管控和风险抵御能力。

5. 经营需要尽快提高资本使用效率，大力发展零售业务和中间业务，加快经营方式和盈利模式转型。随着新资本协议的实施，过去银行那种拼资本消耗、扩张贷款规模的粗放式经营模式将难以持续。随着经济转型和金融创新步伐加快，银行迫切需要向经济资本管理、创新金融服务、大力发展中间业务的经营模式转变。银行的资本充足率达标主要依赖内部积累，资本使用效率决定了银行的盈利能力。未来资本回报率将成为有价值银行的重要标准，资源配置需要向高资本回报的零售业务和中间业务倾斜。建设银行业务服务于滨海新区，就是要转向经济结构产业升级领域和社会民生并重。

二、服务滨海新区开发开放，加快建设银行业务战略转型的主要措施

伴随着中国经济发展方式转变和经济结构调整，金融体系也在进行改革创新和战略转型。在金融深化改革创新中，多层次资本市场和非银行金融机构壮大将在资产和负债两端对银行产生冲击，依赖存贷利差的传统盈利模式在利率市场化加快进程中将被不断压缩。正如建设银行总行张建国行长所说：业务转型的标志是什么？首先在思想认识上，我们不能“等米下锅”，而必须学会“找米下锅”。国有控股商业银行特有的“优惠”和垄断已经消失，我们与其他所有制商业银行乃至外资银行从某种意义上讲已经站在同一条起跑线上。在市场竞争中我们不能只是会“昂首”，也要学会“弯腰”，让政府部门、让客户、让全社会能够从接触中感受到变化，在比较中感受到差别，在体验中感受到诚意。天津市分行作为特大城市行，如何紧抓滨海新区开发开放和天津市经济社会快速发展带来的大好机遇，紧密围绕分行党委确定的“增存款、争客户、调结构、强基础”的全年总体工作思路，转型改制不改向，积极服务实体经济，服务滨海新区开发开放，至少有四个层面：一是在滨海新区开发开放中寻找实现建设银行业务转型良机。就是要通过信贷结构优化，在发展方式上有新的突破和转变。二是要通过主动营销客户，学会借力发展，学会“弯腰”，在同业竞争中力促业务份额有较高的市场占比。三是要通过贴近政府、机构、客户和社会差别化需求，不断提高客户满意度和忠诚度。四是要强化内部流程化管理和基础管理，提升业务创新能力，提高自身比较优势。近期具体跟进对策是：

1. 加快客户战略转型。借助滨海新区开发开放这个大市场，维系老客户，拓展新客户和优质客户，增存稳存，寻找业务增长点。面对天津滨海新区大项目、小巨人和楼宇经济发展，天津市分行应积极介入、主动出击，不失时机地对新老客户进行深度维护和拓展，在客户营销战略上加快转型。一是以客户为中心，全力拓展客户，确保存款稳定增长，优化负债结构。在认真梳理内部流程、优化开户手续、加强过程监督和指导力度的基础上，建立完善客户分层级分条线管理、账户挽留和销户审批等制度，落实客户管理责任，强化激励约束，争取短时间内在客户拓展方面取得实质性成果。二是对公条线对天津市和滨海新区亿元以上项目要逐个跟踪，把存款作为开展业务合作的首要条件，提高贷款企业的存款贡献度。三是对私条线完善个金、房金、信用卡和电子银行客户信息共享机制，公、私条线间尝试联合推出跨条线产品套餐和综合营销方案，探索建立客户对接推荐制度，明确职责和激励方案。四是从三个层面强化客户账户营销。分行层面，将客户、综合客户、结算账户和全市重大建设项目等指标纳入考核竞赛范围，在 KPI 考核指标中调增“人

民币公司机构客户增长和人民币结算账户增长”权重分值，体现客户增长指标的刚性约束力。二级行层面，从增量拓展和存量维护两方面入手建立长效机制。积极开展与工商行政等政府部门的合作，推进与中介机构、大型商圈或卖场的合作，以批量营销为抓手，迅速提升账户数量，并确保新开户质量。大胆尝试建立专业化营销队伍，提倡条线间联动。网点层面，初步锁定目标客户，落实各项目标责任人，并制定分阶段营销目标。加强存量客户维护和走访，开展客户上下游、利益相关方的营销。

2. 加快业务经营方式转型。借助滨海新区产业结构调整升级，加大信贷结构调整力度，努力实现批发和零售业务均衡协调发展。天津市分行按照金融服务实体经济的要求，应抓住滨海新区以大项目建设为支撑和三次产业优化升级的有利时机，在业务战略上加快转型。一是主动跟进在滨海新区的央企、世界500强等重点优质客户、在津重大优质项目。积极支持滨海新区基础设施建设、8大支柱产业发展和战略性新兴产业发展。加大对新农村建设、保障房建设以及节能环保等新兴行业和网络银行、民生等国家支持领域的投入力度，力争在财政社保、医疗卫生、教育文化、军队武警等各大系统搭建起更多合作平台。二是大力发展零售业务，信贷资源逐步向小微企业、个人信贷和消费金融业务倾斜，尽快弥补业务短板。抢占养老金、金融社保卡业务市场，力争在财政社保、医疗卫生、教育文化、军队武警等各大系统搭建起更多合作平台。三是优化信贷资源有效配置，优化资产结构。继续强化大中型信贷客户贷款综合收益的管理，在确保利率水平有效提升基础上，强化信贷资源配置与企业存款、中间业务、上下游客户拓展、综合收益等业务指标挂钩，并向总、分行倡导的重点行业和产品倾斜。

3. 加快盈利模式转型。借助滨海新区高端化高新化现代产业发展，加快战略新兴业务发展步伐，有效提升业务整体贡献度。随着新资本协议的实施，过去商业银行那种拼资本消耗、扩张资产规模的粗放式经营方式将难以持续。因此未来资本回报率将成为有价值银行的重要标准，资源配置需要向高资本回报零售业务和中间业务倾斜。一是加快战略业务发展步伐。运用FITS（全面金融解决方案）影响力，发挥投行业务在拓展市场、吸引客户、增加存款、资产资本市场等方面作用。二是拓展电子商务，提升“e商贸通”等平台的影响力。积极探索网络信贷、物流银行等新兴业务模式。三是加强本外币联动，推动贸易融资业务发展，提高大客户国际业务承办率。四是加快住房金融、航运金融等产品创新和业务捆绑，增加中间业务占比。快速形成个金、公司、房金、电子和会计等条线协同配合作业有效运行机制，增加各个条线的产品捆绑率、覆盖度和附加值。

4. 加快产品创新转型。借助滨海新区功能区建设的有利时机，以产品、渠道为主线，提高创新能力，做好客户服务，提高营销工作整体水平。一是拓展营销渠道，通过高层营销、分层营销等有效形式，洽谈合作业务，多交合作伙伴，锁定大客户和业务承办权，争取更多的话语权和向心力。二是加大营业网点布局调整和建设力度，加强私人银行建设和业务转型力度，大力投放自助设备，提高对客户的差别化服务能力。在分析同业产品创新的基础上，加大全行流程优化和产品创新力度。在滨海新区碳排放交易市场成立的基础上，积极争取成为系统内碳金融产品创新试点行。开展业务流程梳理与改造工作。三是要强化管理，加强联动。持续推进联动营销和产品交叉销售，通过内外部客户之声，反馈客户现实需求，服务基层、服务客户、服务市场。要着力解决市场、客户、产品等方面基础性工作不扎实的问题，同时加强研究分析工作，通过提高管理的精细化水平来提高营销工作的精准化程度。要进一步加强部门间、支行间的横向沟通，提高联动意识和对客户的综合服务能力。四是充分发挥分行职能管理部门的系统指导作用，完善服务体系建设，推进业务联动营销和产品交叉销售质量不断提升。

5. 加快风险管控转型。借助滨海新区金融先行先试政策平台，强化风险意识，提高基础管理水平，为业务发展提供坚强保障。一是严格贷时审查，完善贷后管理制度，夯实信贷资产质量基础。密切关注新形势下各类风险苗头，深入开展突出案件风险专项治理工作，结合实施案件防控工作考评，对案件和违规违纪违章保持“零容忍”态度。二是加强风险管理。做好风险应对工作，要熟悉监管部门要求，兼顾好业务经营与案件防控、安全运营工作，做到同要求、同部署、同落实。三是加强信息传导。对重要风险、重大政策、重要营销、重要客户与存款流失等信息要及时汇报反馈，确保信息传导顺畅。

6. 加快组织结构转型。加强党建和思想政治工作，构筑和谐发展企业文化，促进经营管理全面上水平。商业银行要优化组织结构，塑造灵活务实高效的企业文化。一是切实落实经营责任，加强执行力建设，按季对各支（分）行综合经营竞争力进行监测评分。二是深入开展“为民服务创先争优”活动，以人为本关爱员工，不断提升客户和员工满意度。三是要率先垂范，落实责任。各级领导干部要进一步加强执行力建设，及时贯彻落实分行党委的工作部署，有效调动和激发广大员工的工作热情，带领团队完成工作任务。在履行经营责任的同时，要有效传导经营压力，加强对工作措施执行过程的监督检查。在开拓市场、发展客户等方面发挥模范带头作用，率先垂范，逐步在全行形成浓厚的市场意识和市场文化。

7. 在业务战略转型过程中，应认识并妥善处理好几个关系。首先是总量增长与结构优化的关系，转型的过程是“进”中的“调”，而不是“退”中的“优”。坚持以结构调整促进发展，通过持续的发展、动态的调整来实现结构优化，不断推进总量的持续有效增长，才是银行业务战略转型的科学路径。其次是发挥传统业务优势与深化改革创新的关系。建设银行的业务战略转型，是对现有发展方式、经营结构的战略性调整。改革创新推进不能与传统优势的发挥割裂开来，两者需要紧密结合。再次是理念引导和机制推动的关系。建设银行业务战略转型能否实现不仅依赖于理念的引导，更需要将先进的理念转化为科学高效的机制体制设计，只有努力消除转型中的体制与机制障碍，才能化无形为有形，将先进的转型理念落到实处。最后是发展业务和加强管理的关系。无论任何时候，良好的内控管理体系和风险管控体系，都是银行实现有质量、有生命力、可持续发展的根本保障。建设银行不仅要关注在助推新海新区建设经济结构调整转型过程中可能引发的内生性系统风险，还要防控发展方式转变中发生的不可预见的潜在风险。需要始终坚持建设和完善全面风险管理体系，使风险管理贯穿于经营决策、资本配置、产品定价、绩效考核等经营管理全过程。

抓好三个基础 实现各项业务又好又快发展

——对客户、客户关系及客户经理队伍建设的若干思考

山西省分行　高　强

从事商业银行业务，三个基础至关重要：第一是客户，第二是客户关系，第三是客户经理队伍。三者相辅相成，一脉相通，共同构建了银行竞争力和可持续发展的根基。

一、要把客户发展放在银行经营活动特别重要的位置

银行作为服务业，客户的重要性不言而喻。客户是经营之本、效益之源、发展之基、强行之石。客户是商业银行经营活动的唯一基础。

评价银行客户基础是否牢固，首先要分析客户的数量。银行所有的管理、所有的产品、所有的收益都是以客户为载体开展的，没有客户数量，银行就没有现实竞争力，就没有持续增长力。其次要分析客户的结构。客户结构是否合理，一是看大中小客户的构成比例。俗话说，无大不强，无小不稳。对公客户的合理结构应该是金字塔形，下面是一大批小企业，中间是一批中型企业，上

面是部分大型企业；对私客户结构也应是类似结构。二是看客户基本结算户的比例。基本结算户很大程度上反映了客户与银行的紧密关系。三是看客户使用银行产品的覆盖度，产品的覆盖度意味着客户的需求在银行的满足程度。

1. 要坚持大中小客户齐抓并举的方针。一是要深入落实总行"三大一高"战略，盯住大项目，发展新客户。二是要高度重视机构业务，尤其是社保、医保、文化产业、大专院校、医院、军队武警等客户的拓展。三是要深入专业市场、各类商会、工业园区，挖掘客户源，寻找一批产业转移中有市场、有管理经验的外部投资客户，尽快形成一批稳定的客户群体。在发展小企业业务上，必须大力发展，加快发展，这既是优化我行客户结构的内在要求，更是由于小企业业务对全行业务发展的带动作用。比如，一个小企业平均100人，100个小企业就是10 000人，代发工资就是10 000张卡、100个企业网银、10 000个个人网银。即便做到10%，也有1 000个网银客户。

2. 要高度重视发展基本结算账户。基本结算户代表银行可以代发工资，可以做企业网银，可以做更多的延伸业务。我们要看到市场上有多少客户还不是我行的客户，有多少客户还不是我行的基本结算户，有多少基本结算户还不是我行的代发工资户。同时，要选择一批有影响的大客户作为攻坚目标，坚持不懈争取基本结算户。强调做小企业必须是基本结算户，多做"速贷通"。并在全行开展代发工资专项活动，通过名单制管理、成立营销小组、建立目标责任制、加大激励力度等措施，以代发工资为基点，绑定银行卡、电子银行产品等进行综合营销，提升客户对我行的依赖程度。

3. 要特别强化各项业务的联动发展。对公、对私业务没有严格的界线，业务处理流程可能有界线，但业务发展过程没有界线。一家企业，蕴藏着多个个人高端客户；个人高端客户的背后可能就是一家企业。同样，私人银行客户可以是我行的小企业客户，小企业业主也可以成为我行的私人银行客户，两者是互通的。因此，需要以企业和个人客户群体为一个整体的服务对象，采取公私联动分层营销方式开展工作。营销对公客户要考虑个人产品、电子银行产品；营销个人客户也要考虑背后有没有对公客户的发展机会。要通过对公业务带动对私业务的跟进与拓展，对私条线要通过高效率、高质量、高满意度的服务协助对公客户做好客户关系维护。当前业务联动的重点，一是抓源头客户营销，二是抓批量客户营销。通过与医院、大专院校、大型企业集团、公积金等单位运用推出联名卡或专属产品的方式抓好批量客户。通过做好"清街扫楼"的各项工作，开展社区金融，将结算通、电话支付等基本的支付结算工具嵌入社区生活。

4. 要充分发挥电子银行在业务发展中的支点作用。目前，电子银行渠道正在被客户所接受，通过电子银行支持业务竞争、吸引更多客户、拓展更多业务的作用正在被广大员工所认识。2012年，山西省分行在煤炭交易中心的营销工作中打了一场漂亮仗，讲标评比获得第一名。这项工作最大的受益者并不是电子银行，通过E商贸通发展回来的客户、存款、融资贷款、中间业务收入等更多地体现在对公业务。通过这件事，我们可以深切地感受到，电子银行能为全行的业务竞争提供一个支点，能为我行带来大量的客户，市场发展空间十分广阔。

二、要把客户关系管理作为促进业务发展的坚强保证

银行有了客户数量还不够，还要与客户建立良好的合作关系。客户关系管理注重的是与客户的交流沟通，满足客户的多方面需求，挖掘客户潜在的价值。举一个简单的例子，我们与客户关系良好，客户就愿意和建设银行打交道，愿意来建设银行办理业务，愿意使用建设银行的产品。所以，必须花费足够的时间、足够的精力与客户交往，去研究、去发现客户，跟客户交朋友，形成长期稳定的合作关系。如何与客户建立紧密的合作关系，笔者有以下几点体会：

1. 要把向客户推销产品转变为营销产品。在日常经营中，不少基层网点或客户经理做的大量工作是把现成的产品推销给客户，这不是真正意义上的营销。如果客户经理能够与客户保持紧密的联系、清楚了解客户的潜在需求、向客户提供适合的产品与服务、让客户所有的金融需求都在

建设银行得到满足，也就是说，我们所有的产品都是客户所需求的，达到这个境界，才是真正意义上的营销，客户对我行的忠诚度自然就会提高。要做到这一点，还必须要提升我们的产品研发和创新能力。

2. 要善于在与客户的交往中发现商机。我们在和客户交往中，掌握了客户的很多信息。如果把这些信息仔细研究和分析，可以发现很多商机。因此，要培训我们的员工，学会发现数字背后的数据，这是非常重要的理念。比如做对私业务，一个对私高端客户的背后可能就是一个企业，就可以考虑把他的企业和员工发展为建行客户，就可以考虑向其营销建行的各种产品；做中小企业，就要思考中小企业的业主是不是我行的白金卡客户或者私人银行客户；做资金结算业务，在单证处理过程中，要主动了解客户有哪些困难，需要银行提供哪些深层次服务，还可以发展公司的高管、财务人员为我行的高端客户。对客户而言，需求是多样性的、无限性的和重复性的，多样性的选择给我行的业务发展提供了机会。做银行业务，我们要善于发现机会，捕捉机会，甚至要创造机会。一定意义上讲，发现就是发展。

3. 要让客户体验到建行的优质服务。银行属于服务业，在银行产品同质化、业务同质化的大背景下，服务就成为制胜的法宝。我行提出打造服务最好的银行，核心理念就是全行为客户服务，确立同业比较优势。首先是全行树立良好的服务意识，这里讲的是“大服务”的概念，不仅仅局限于柜面人员为客户提供的简单的服务，还包含了上级行为基层行的服务、中后台为前台的服务。一是流程要短。同业对比的关键指标就是产品使用过程中的流程效率，比如对公业务中，我行对一个好客户的授信流程，比其他银行要长，这就是服务方面的差距，就要考虑改进。二是手续要简。比如客户反映电子银行签约手续烦琐，如果我们能改为客户打钩选择，或者下一步能在客户免填单的基础上，实现柜员免录入，就能更好地简化签约流程，缩短签约时间。一个小改动，一个小细节，往往能够方便客户、感动客户、激励客户。三是时间要快。要加强自助渠道建设，下大工夫引导、培养客户使用自助渠道的习惯，这样既可以减轻柜面服务的压力，又可以让更多的员工有时间做销售，有时间做客户维护，提升我行的服务水平和服务能力。四是产品要好。要不断研发贴近市场、贴近客户、领先同业的产品。2011 年，山西省分行与五台山风景区合作发行的“五台山龙卡”和“五台山金”两类产品，得到了市场的充分认可，成为当年产品创新的典型，塑造了山西省分行特色零售产品的优势品牌。“五台山卡”推出仅 4 个月发行量即达到近 50 万张，占到当年分行借记卡新增的 1/3；“五台山金”作为我行独有的黄金新品，推出当天即销售 5 155 克，交易额达到 190 万元，实现收入 20 万元。

4. 要站在客户的立场上思考问题。在营销服务中，要了解客户最真实的想法，站在客户的立场上去感受、去体验，赢得客户的信赖。应该说，我们不缺好的产品，不缺优质客户，不缺足够的渠道，缺的是把好的产品通过合适的渠道卖给需要的客户。目前银行产品具有很强的同质性，这就要求我们从客户角度出发，根据客户的不同需求进行差别化营销。比如我行的现金管理系统、重要客户服务系统、企业网银等产品存在一定的同质化，要让客户去选择自己觉得适合的产品。再比如对公条线的资金监管、财务顾问、百易安等，要尊重客户的自主选择。我们的理念是为客户提供最好的银行服务，提高客户满意度才是我们的宗旨。

三、要打造一支特别能战斗的客户经理队伍

客户数量靠谁去拓展，客户关系靠谁去管理，主要靠客户经理。客户经理是银行与客户关系的纽带。客户经理队伍的强弱，对客户的拓展与维护起着至关重要的作用，直接关系到银行竞争力的强弱。因此，必须着力打造一支特别能战斗的客户经理队伍。

1. 要配备强大的客户经理队伍。当前一线客户经理不足的问题十分突出，随着业务的发展、客户数量的增加，这一问题会表露得更加明显。而依靠大规模的增加人员既不现实、也不可能，初步考虑通过以下途径解决：一是今后新入行的大学生，主体要充实到客户经理队伍。二是对省分行、二级分行本部内设部门进行有效整合，压

缩中后台人员数量，充实客户经理队伍。三是通过加强渠道建设，减轻柜面压力，让部分柜员能够走出柜台，贴近客户，实现核算型向营销型转变。四是通过政策引导，调整员工价值取向，调动更多人员流向客户经理队伍。

2. 要提高客户经理队伍的综合素质。客户拓展和客户维护是客户经理的基本功，要求客户经理必须具备相应的知识和工作能力。一是要提高客户经理的专业知识素养，使其熟练掌握各类业务和产品知识，并具备将其传导给客户的技能。要适应业务一体化经营的需要，对公客户经理要学习个人业务、电子银行、理财业务等方面的知识；个人客户经理要学习公司业务、投行业务、国际业务等方面的知识，作好知识储备。二是要提高客户经理的营销能力。一个出色的客户经理，除了掌握相关的专业知识外，还要具备较强的公关能力和系统的营销策略、强烈的服务意识、灵活的沟通能力。这些都是客户经理必须具备的基本素质。三是要培养客户经理敢打敢拼、永不言败的坚毅品质。客户经理作为全行业务的排头兵，要有一种敢于亮剑的勇气，要有一股舍我其谁的朝气，要有一腔志在必得的士气。工作中要有猫头鹰的视野，灵敏地发现目标；要有猛虎下山的行动，快速捕捉住目标；要像蛇一样地黏住客户，搞好客户关系。

3. 要为客户经理创造一个好的工作环境。客户经理是争市场、拓业务、创效益的主力军，工作挑战性强，非常辛苦，要关心他们的工作，关心他们的生活，关心他们的成长。一是要制定客户经理考核办法和相配套的激励约束政策。明确其工作目标，明确其工作职责。要敢于拉开收入差距，要客户经理多得益。在职级晋升、评先评优方面向客户经理倾斜，以调动客户经理的积极性，激发客户经理的工作激情，让他们有跳起来摘桃子的动力。二是切实解决客户经理的实际问题。比如客户经理要经常跑客户，要考虑给其一定的交通费、通信费补贴或给一定的营销费用。分管行长要成为客户经理的代言人，客户经理有什么苦恼、有什么问题，要想方设法帮助他们解决，让客户经理能够全心工作。三是尽可能为客户经理搭建一些缓释工作压力的平台，比如休假式培训、境外培训、才艺展示，让客户经理开阔视野、展示风采。

银行业支持内蒙古非资源型产业发展研究

内蒙古自治区分行　邱书民

随着内蒙古资源型经济转型，非资源型产业的社会经济效益将逐渐凸显。银行业要抓住新时期非资源型产业发展的历史机遇，充分发挥金融配置资源的作用，把推动非资源型产业发展作为拓展金融业务范围、培育新的盈利增长点的努力方向，积极探索创新金融支持的手段和方式，丰富融资品种，制定适应非资源型产业特征的金融服务政策，实现非资源型产业与金融服务业的共赢。

一、当前内蒙古非资源型产业的发展现状

近年来，内蒙古非资源型产业基本形成了以煤炭为主、火电为基础、油气资源和新能源全面开发的格局。

（一）非资源型产业发展态势良好

内蒙古在“十二五”规划中提出，把推进非资源型产业发展作为今后一个时期转变发展方式、优化调整经济结构的战略选择。随后，《国务院关于进一步促进内蒙古经济社会又好又快发展的

若干意见》的出台，又为内蒙古非资源型产业发展带来了新思路。内蒙古将力争在“十二五”末，培育形成60个销售收入超过100亿元，到2015年实现销售收入超2万亿元，工业经济贡献率超过50%，建成20个国家和自治区级承接产业转移示范园区，带动新增就业45万人左右。内蒙古各地加大承接产业转移和招商引资力度，积极引进产业链条长、产品附加值高、市场前景好的非资源型产业项目。2011年，内蒙古60个非资源型产业集群实现销售收入5 800亿元，增长41%，占规模以上工业的1/3。

（二）非资源型产业发展优势明显

发展非资源型产业，最现实的路径是依托现有的产业基础，在延伸产业链条、推动产业优化升级上做文章。近年来，内蒙古的能源、基础原材料工业取得了长足进步，为下一步发展延伸加工制造业创造了条件。内蒙古地跨“三北”，与8个省份相邻。我国东部沿海地区资本和产业“北上西移”，为内蒙古发展非资源型产业提供了良机。内蒙古人才引进及科学技术的发展，为非资源型产业发展提供了有力的基础支撑。

（三）非资源型产业发展面临的一些问题

内蒙古的经济增长过分依附于当地的资源产业，采掘业和原材料工业比重偏大，产业结构单一，缺乏发展非资源型产业的市场环境条件；轻工业发展相对滞后，高新技术产业不发达，现有的非煤、非资源型产业大都规模小、产值少、科技含量低，替代产业以及第三产业发展滞后；资源型企业所占比重较大、转型难的同时，也挤走了一些非资源型企业；区位条件的约束、生态环境的制约，限制新型产业发展；在过去一段时间，一些地区没有处理好环境与生产的关系，生产过程伴随着环境污染与生态破坏，极大地限制了其高新技术产业、绿色农业等新兴产业发展；人才、科技水平较匮乏，资金投入不足等问题不同程度存在。

二、银行业对发展非资源型产业的作用分析

与传统的资源型产业相比较，非资源型产业具有独特的优势，同时也会受资金实力短缺、融资渠道狭窄等因素的制约。银行业尤其是国有商业银行近年来的资本充足率显著提高，不良资产率低且比较平稳，盈利稳步增长，总体运行态势良好，为更好地服务地方经济发展打下了较为坚实的基础。

（一）缓解资金“瓶颈”

发展非资源型产业是一项大规模的协调经济发展举措，在发展初期不仅有大量的基础设施、产业园区、厂房、机器设备等固定资产投资，而且还有技术创新、科技成果普及等无形资产投资，在发展过程中还要求有大量流动资金作保证。同时，资源型地区经济转型所涉及资产的专有性与高风险性决定了单个经济主体无法提供所需全部资金，资金的有限性和需求主体的资金诉求存在矛盾。银行能够通过集合社会资金并开发设计一系列金融产品、金融工具，提供投融资服务，有效解决流动性缺乏、外部环境不确定与内源动力不足等问题，为非资源型产业发展提供充足资金。

（二）提高产业的集聚能力和生产效率

银行对聚集资金与促进储蓄向投资转化的影响系数高，与技术升级改造的相关程度也更加密切。银行业能够按照资金运用的风险与收益均衡的原则，通过投融资行为促进资金的加速形成和资源的有效利用。依靠产业经济规律促进产业发展，引导资金从低效率企业和行业向高效率企业和行业流动，通过优胜劣汰机制改变投入产出的组合，使资金向资源依赖性较低、资源利用率较高的行业流动，从而减少经济发展对资源的消耗和环境的破坏，降低对天赋资源的依赖性，降低投资（政府投资、民间投资及外国投资）在资源领域的绝对量和集中度，有助于将区域经济比较优势转化为竞争优势。

（三）防范化解资源型经济风险

内蒙古一个显著特征就是生产资源过分集中于资源性行业，所得收益也有相当部分再投入资源性行业，整体经济运行状态过分依赖于资源型行业的景气程度。通过银行业的投融资功能，能够逐步平缓资源型产业的快速扩张，从中释放大量的经济要素和稀缺资源，推动生产可能性曲线向外扩张，促进产业结构弹性化，增强产业综合竞争力和可持续发展能力。

（四）提供非资源型产业发展过程中的信息支持

由于银行业金融机构处于社会资金集中和运

筹的中心环节，连接着多个产业、行业、部门，拥有较多获取信息的渠道，信息来源广泛，可以通过完善的中介服务为非资源型产业发展提供有效的信息支持。如提供相关企业的资金流信息和信用状况，以及为相关企业提供产业转移的市场动向、行业信息、产业政策等。

三、银行业支持非资源型产业发展的政策建议

非资源型产业发展有利于银行业进一步优化信贷结构，提高资本运营能力，拓展新的利润空间。银行业应该将之作为当前及未来重点支持的领域，认真研究其行业特点、发展规律和运作模式，切实提高支持非资源型产业发展的积极性和主动性。

（一）转变经营观念，增强主动服务意识

银行业要从服务经济社会发展和自身长远发展的角度出发，充分认识加快发展非资源型产业的重要性和紧迫性，坚持社会效益与经济效益相统一，加大支持力度。加强与非资源型企业的合作关系，拓展企业上下游客户，增加供应链上企业的黏性，巩固和扩大银行的市场份额。要充分认识到支持非资源型产业发展有利于银行业进一步优化信贷结构，提高资本运营能力，拓展新的利润空间，将之作为当前及未来重点支持的领域，认真研究其行业特点、发展规律和运作模式，切实提高支持非资源型产业发展的积极性和主动性。

（二）主动对接产业结构调整战略，合理把握信贷投放

银行业应主动对接国家和自治区经济发展战略，认真贯彻落实产业政策的各项要求，推动自治区经济发展方式转变和产业结构调整。一是在总体信贷政策上，应将国家宏观调控和产业结构调整政策纳入银行中长期战略规划和年度经营计划，实现银行信贷政策与国家经济发展战略的有机统一，发挥好市场配置资源的基础性作用。二是根据非资源型产业特征和企业发展的资金需求，制定和完善适应非资源型产业的信贷准入政策、准入条件，扩大客户范围。三是充分利用信贷资源，着力培育一批有实力、有市场竞争力的企业，突出支持重点。以自治区党委、政府确定的行业龙头企业为支持核心，突出包括交通运输业、现代物流业、信息服务业与商业服务业等现代生产性服务行业的支持力度，着力培育推动工业经济发展的“新引擎”。四是适当放宽对贷款抵押物的限制，建立与非资源型产业业务特点相一致的决策机制和审批流程，提高金融服务效率和质量。五是科学合理定价。在合法、合规和风险可控的前提下，由银行机构自主确定贷款利率，加大对非资源型产业支持力度。

（三）构建多层次融资平台，拓宽企业融资渠道

目前，我国西部地区大部分非资源型产业主要通过财政转移支付、企业资本金、银行贷款等解决融资问题，缺乏适应非资源型产业发展特点的融资方式。鉴于这一特点，银行业除提供传统信贷业务外，还必须加大公司债、企业债、集合债、融资租赁、财务顾问等业务的发展力度。要大力发展投资银行业务，积极承销各种债券，满足客户综合金融服务需求。对市场前景好的非资源型产业投资项目，适当扩大项目融资、银团贷款等产品使用范围，为大型企业集团提供并购贷款、过桥贷款等产品，为中小企业提供供应链融资、机械设备按揭贷款等产品。要加快发展商业承兑汇票业务，对有贴现、再贴现融资需求的企业给予优先支持。

（四）积极支持中小企业，带动地方经济全面发展

内蒙古非资源型产业所涉的中小企业项目较多。中小企业的转型难度较大，缺少技术、研发和创新能力，需要银行业作好“贴身”、“贴心”的金融服务。一是要认真贯彻落实有关支持中小企业发展的金融政策，提高中小企业贷款比重。注重培养质量效益型、节约环保型、集约管理型、创新技术型的优良客户群，优先支持地方特色产业集群中的小企业、大客户上下游供应链业务的小企业，以及专业化程度高、科技含量高、后劲强的成长型小企业。二是要持续加强小企业“信贷工厂”、小企业经营中心等专业化机构建设。三是要加快产品和业务模式创新，提高中小企业金融服务能力。根据中小企业客户需要，积极探索创新适用于小企业的融资替代产品，拓宽全面金融服务渠道。尝试引入类似上市战略顾问、私募股权基金、杠杆融资等新型投资银行顾问服务。

对于新兴的高科技企业，可以引入知识产权质押；对于需要贸易融资的企业，在传统的贸易贷款、打包贷款、票据贴现之外积极开展国内信用证、仓单融资、出口发票融资、货权或动产质押、出口退税托管贷款、出口保理、出口信用险项下融资等业务。

（五）加快产品和服务创新，拓宽服务渠道和领域

银行业要认真研究市场需求，积极整合外部资源，丰富产品服务功能。一是灵活运用金融产品，拓宽服务范围。根据非资源型产业融资需求，积极为重点非资源型产业集团开展并购重组，提供银团贷款、投资银行业务、证券化金融产品、信托产品、上市推介、财务顾问、咨询业务、国际业务、资信调查等综合性金融服务。二是依托银行业现代化支付结算体系，为企业提供方便、快捷的支付结算、电子银行、现金管理、机构理财、年金业务等资金管理服务，提高其内部资金配置、营运效率。三是紧跟国际化进程中的配套服务需求，为客户的境外贸易结算、投融资等活动提供及时有力的金融支持。四是加强与产权交易机构、信托公司、证券公司、私募基金等非银行金融机构以及银行间的业务合作，推动非资源型产业升级。

（六）持续加强风险防控，以自身的安全运行保障非资源型产业快速发展

银行业要树立正确的风险意识，有效防范风险。一是逐步建立和完善信贷风险控制体系，提高贷款定价和风险识别能力。建立健全市场信息预测体系，准确把握市场供求关系。二是切实加强信贷资源投向监控。要密切监测信贷资金流向，从源头上控制信贷资源挪用风险。对符合国家产业政策和市场准入条件的项目，继续给予支持。三是加强对已授信企业的信用管理。要及时跟踪了解市场变化、企业经营情况，通过现场监控和非现场监控等多种手段掌握已发放贷款的使用状况。此外，加强对行业集团客户、关联客户交易等的监控和管理，防止授信集中性风险的发生。

（七）加强与发达地区的金融合作，提高资本融合水平

银行业要依据客户流向，主动加强与发达地区的金融合作，推动金融一体化进程，提高承接产业转移发展非资源型产业的效率。对一些重点客户，要建立金融服务联动机制，提升服务层次。一方面，内蒙古银行业要加强银行内部跨省市合作，与东部沿海地区兄弟行加强联系和业务合作，为跨区域跨省市经营的重点企业提供优质高效的金融服务。另一方面，应加强本地、异地同业合作，为共同的客户提供相互配合、衔接的金融服务。同时共享客户信息资源，密切关注重点客户流向，实行全方位的跟踪服务，让客户在异地同样享受到优质的金融服务。

授信业务问责研究

湖南省分行　易建荣

授信业务问责是商业银行问责制的一部分，主要针对银行授信业务中工作人员是否存在违规失职行为进行认定和追究。

一、授信业务问责工作中存在的问题

（一）授信问责制度不完善

1. 部分问责制度条款操作随意性大。在责任追究的处理条规中，对某一授信业务违规行为往往规定几种处理方式，处理档次跨度较大，且对在什么情形下给予某个档次处分没有明确具体规定，在实际操作过程中，有的经办机构就低不就高，而有的则凭个别领导的主观臆断套用处分档次，处理的随意性较大。如对“未按规定进行调查评估、客户评价和担保评价”的行为，某处理办法规定“给予有关信贷经营责任人记过至记大过处分，情节或者后果严重的，给予降级至开除处分”。但对什么是“情节或者后果严重”，该规定中没有明确解释，也没有与损失大小相对应的量化标准。实际问责时，可记过，可开除，轻重不好把握。在部分分支行出现了不同贷款项目问责，尽管损失大小、主客观因素相当，但对责任人的处理档次相差甚远的现象，究其原因主要还是追责条款未细化和量化、操作随意性大导致的。

2. 对退休人员的问责依据不足。按照现有授信问责条款规定，退休人员只是在受到降级、撤职、留用察看、开除等比较严重的处分时才相应降低或取消由银行提供的退休待遇，对警告至记大过处分和其他处理的则不予处理。授信问责条款对在职在岗人员与退休人员的“双重”追责标准，以及退休待遇主要由社保提供的现实情况，在问责过程中往往导致对退休人员免责或免于处理，使其违规失职行为未得到应有的惩处，有失问责的公允性。另外，也使某些人的违规违纪甚至违法行为有恃无恐，在接近退休或离行时趁机捞一把。再则，现行授信问责一般是在贷款出现不良或形成损失时才进行追究。有些贷款期限长达一二十年，某些人为了逃避问责，会动用一切资源来掩盖贷款真实风险状况，维持表面正常，其退休后贷款风险才逐渐暴露，但要追责已难以到位。退休人员难以问责情形的出现，助长了“临退”风险。

3. 纪律处分的惩戒威慑作用不明显。主要表现在纪律处分的结果运用惩戒期限较短，相应地减发绩效工资处罚偏轻。某处理办法规定，警告处分期为半年，相应减发上年度绩效工资总额的10%；记过、记大过处分期限为一年，相应减发上年度绩效工资的20%和30%；等等。虽然处罚金额有了固定的参照标准，增强了可操作性，但相比较授信业务违规行为形成的损失后果而言，经济惩罚的力度较轻，违规惩戒作用未突显。更何况，在实际减发绩效工资时，个别基层行为“维护”本行受到处分的员工“利益”，将被处分人的绩效工资化整为零转移到其他员工名下发放，人力资源部门无法扣到被处分人绩效工资。可见，只减发绩效工资的经济惩罚存在漏洞。还需要提出的是，同样是记大过处分，有的导致贷款损失几百万，有的上千万，甚至上亿，损失金额差距大，但经济惩罚是一样的，没有体现责任与结果的对等。另就纪律处分期间来说，警告只影响六个月的晋级、升职、评优评先，即使记大过也只影响一年，一年后照样可以升职提拔。对被处分人惩戒期太短，未能促使其真正得到应有的教训，容易重蹈覆辙。

4. 授信责任认定部门不明确，导致问责不到位。一般来说，对形成不良的授信业务，由各级风险内控部门牵头组织责任认定，这在授信问责制度中已明确。但在内外部审计检查发现的授信违规问题责任认定上，大都没有明确负责部门。在实际工作中，往往是对公信贷就由公司业务部门进行责任认定。个人类贷款则由个人信贷部门认定。这些部门既是经营管理授信业务的责任部门，又是责任认定部门，既当运动员又当裁判员，认定出来的结果难免会避重就轻，或是出现把责任推给基层行的现象，只追究了经办人员责任，导致问责不到位。

5. 随着新的信贷品种的出现，问责规定未及时跟进。如银团贷款、小企业保理业务等信贷产品推广后，问责制度未及时配套，导致在实际问责过程中，无相关条款可依、问责存在盲区的现状。

（二）授信问责的对象不全面或难以明确

1. 领导口头授意的贷款出现风险，问责取证难。在实际工作中，个别贷款在审批之前，会有一些领导人员向相关审批人员“打招呼”，要求同意发放该笔贷款。部分审批人员受其影响或屈于压力，违规或违心同意发放贷款。而这些领导人员不是审批人员，不必在借款合同或其他授信业务材料上签字。当该笔贷款发生损失时，这些领导却不用承担任何责任。如某支行2008年向某水电开发中心发放基本建设贷款3 800万元，2012年列入损失类贷款，欠贷金额3 190万元。在进行责任认定时，依照授信业务档案情况，认定该支行主管副行长为经营主责任人，客户经理为岗位责任人，应给予处理。两位责任人提出，当时实际履行行长职责的第一副行长（行长因癌症住院）对该项目行使了决策权，对贷款被挪用负有责任，要求进行追究。但责任认定小组认为，授信业务材料中没有该同志签字，不能对其认定责任。事后，上级行在两位责任人的申述下，对贷款整个过程进行了调查核实，再次核查了贷款支用情况，发现该第一副行长在某水电开发中心挪用贷款的转账支票上签了字，经过认真核对物证、人证，费了许多周折，最后才认定其责任，给予了严肃处理。

2. 授信业务责任人员交接前后责任不清或未及时问责。贷后管理过程中，由于机构改革、网点搬迁、人员变动等原因，一笔授信业务往往历经不同的客户经理，有的中长期贷款多达十几名经营责任人。在问责调查时，由于历时长、经办人员多，难以通过面谈或其他有效方式调查了解贷款发放管理的全面信息。有的甚至信贷档案缺失，相关的证据材料无法收集齐全，对贷款的事实不能做到完全清晰的认定，导致责任难以界定。如 2001 年 3 月，某支行向某宾馆发放流动资金贷款 200 万元，后因宾馆不能正常履约办理了三次"借新还旧"手续。首次贷款和每次转贷的经营、审批责任人各不相同，但转贷前未进行责任认定，个别经办人员离开支行也未办理交接。至 2009 年该贷款仍欠本金 130 万元，风险分类为损失类。此时进行责任认定和追究，已不能准确划分首次贷款和转贷的责任大小，造成问责困难。

3. 相对于经营责任人，追究审批责任人偏少。由于问责规定中对审批人及牵头审批人的问责条款不明确，导致在授信业务责任追究的过程中，存在着责任失衡问题：对经营岗位责任人、经营主责任人追究多，对审批人、牵头审批人追究少，甚至出现不予追究的现象。据统计，2009—2011 年，某一级分行认定有承担尽职责任情况的贷款 622 笔，认定责任人 1 034 人次，其中经营责任人 1 008 人次，审批责任人仅 23 人次。

4. 将责任追究推卸到离职人员。在授信问责工作的开展过程中，遇到责任不清的情况，有的行因担心问责过严会使在岗人员受到打击，影响工作积极性，于是将部分责任推卸到离职人员身上，以息事宁人。如此流于形式的问责，没有真正起到惩前毖后的作用。如 1999 年 C 支行向李某发放个人贷款 3.5 万元，期限 5 年。2002 年底原 C 支行撤销并入 D 支行，李某的贷款移交 D 支行管理。2003 年底 D 支行进行机构人事改革，人员变动较大，档案交接不清，导致对李某的贷款失去管理，后丧失诉讼时效，2.05 万元贷款本息无法追回。责任认定时，认为经营岗位责任人文某贷后管理不到位，承担主要经营责任，但鉴于已调离银行，不再处理；而同期的经营主责任人傅某贷前、贷中均履行了职责，对贷后管理不到位出现的风险不承担责任。在这种因机构改革导致人事变动比较集中时期，容易发生贷款管理脱节等风险事件，事后的问责像上述案例一样的情况颇多，一般将责任放到离职人员身上，而对在职人员的责任未予深究。

5. 对授信业务流程上的人员问责时一刀切。在授信业务办理流程中，后续流程人员的认知一般建立在前面流程的工作基础上，某一环节的判断或决策失误，可能形成多米诺骨牌效应，造成认定责任时一刀切现象。例如贷前调查不实、评价不客观等问题，可能造成评级、评估、审批等重要信贷决策偏差，进行责任认定时，同一个差错可能在很多环节都笼统认定为失职，不但调查人员要被问责，相应审核、审定、审批人员也要被问责。有的甚至只是角色设置上需要签字确认，业务流程并未实质参与，若授信业务形成不良，也会因"谁签字谁负责"而"被问责"。

（三）授信问责执行存在偏差

1. 问责考核力度不够。一个好的考核办法是做好一项工作的重要因素，但问责考核中存在一些问题，或多或少影响了问责工作的效果。一是授信业务责任认定结果没有纳入考核范围。符合责任认定范围的授信业务，大多数具有环节多（涉及多个业务层面和经办人员）、跨度长（贷款几经转贷，延续多年）、复杂程度高（涉及多方面利益）等特点。为保证责任认定的准确和公正，相关业务部门在责任认定工作中承担着重要职责，同时在政策制度理解和认定标准把握等方面业务部门也更具有权威性。但在实际工作中，对于责任认定结论，有的部门把关不严，导致责任认定结果不完整、不真实，致使责任追究出现偏差甚至遗漏对重大责任人员的追责。出现此类情况，与授信业务责任认定工作缺乏有效的考核有关，认定结果出现重大偏差没有相应的考核制约措施，这也是导致责任认定中将责任推卸到离职人员、推卸到岗位经办人员的原因之一。二是授信业务责任追究及后续处理的考核要加强。有的分支行对责任追究处理是否适当、后续处理是否到位等不够重视，随意套用处理条款中最轻的处理档次，处分后绩效减发不到位、或不执行对职务晋升及评先评优的限制等，失去了问责的严肃性和威慑性。

2. 自查发现问题的问责处理不到位。部分贷款在进入不良前被经办行自查发现风险苗头，经采取措施及时化解了风险未形成损失。经办行出于保护员工的原因，不愿意进行追责，有可能导致经办人员不吸取教训，相同问题还会在该行和其他行出现。如2011年某行先后为某贸易公司办理4笔保理预付款业务，共计1 615万元，后2笔保理业务计660万元逾期。经调查，逾期的主要原因是该行客户经理未认真审查保理业务的真实性，除第一笔业务外，后续3笔业务全部为虚假贸易。此授信业务由于及时采取了风险化解措施，保理预付款在逾期一个月内归还，故该行未进行问责。但类似的风险是否还会发生、类似的问题是否引起重视，令人担忧。如一旦未能侥幸化解风险，损失的形成也就无法避免。

3. 责任认定时强调客观原因过多，淡化主观原因。不良贷款成因通常比较复杂，如果是单纯的客观原因或单纯的主观原因造成，责任追究工作相对比较容易。而大多数不良贷款都是主客观原因的混合产物。对这类不良贷款要把各种责任分辨得清清楚楚、点滴不差，往往很难做到。如有的贷款项目因受灾等不可抗力形成不良，存在客观原因；但信贷经办人员在不良贷款形成的初期未及时采取有力措施化解风险，致使企业转移其财产及被抵押的资产，扩大了损失，又加入了主观原因。可以说，不良贷款的形成，主客观原因交织，在责任认定过程中，因缺乏具体的划分标准，而往往存在缩小主观原因、扩大客观原因的现象。

二、授信业务问责工作建议

（一）健全授信问责制度，确保问责的主动性

1. 细化授信问责标准，增强可操作性。由于现行制度中的问责和处罚没有一个清晰的量化标准，问责中对造成损失、较大风险、重大损失、后果或情节严重等情况没有可供对照的判断标准，在执行中随意性很大，约束力和惩戒力不强。因此，建议把定性与定量联系起来设计一种新型的授信问责标准。譬如，可以把不良贷款损失（按其预计应提取的损失准备金确定，下同）分为一定损失、较大损失、重大损失、特别重大损失等几个级次，对每个级次确定一个对应的损失金额标准，如把造成损失金额10万元以内的界定为一定损失，损失在10万元以上至100万元以内的界定为较大损失；损失在100万元以上至1 000万元以内的界定为重大损失，损失超过1 000万元的界定为特别重大损失等。在处分的档次上，就按损失程度分别处理。原则上减发绩效措施和纪律处分中较低档次的处分（记过以下）只适用于造成一定损失和较大损失的责任人员；对造成重大损失、特别重大损失的责任人员，应按纪律处分的较高档次处理；尤其对故意违规造成特别重大损失的主要责任人员，则应按纪律处分的最高档次处理，以免后患。总之，对不良贷款的责任人不能算糊涂账，要算明白账，要让责任人明白自己的过失或错误，有真心诚意的悔过表现和切肤之痛，避免不痛不痒，旧病复发。

2. 完善内退、退休人员的问责条款，做到有规可依。鉴于退休人员统筹外部分逐渐提高，且不影响社保提供的养老金部分，建议健全完善退休人员授信问责条款。一方面，对一般违规问题，适当减发已退休责任人统筹外养老金，而不是完全不予处理；另一方面，对问题比较严重的违规人员，在降低或取消其退休待遇的同时，并追究其承担一定赔偿责任。对内退人员，也应单独规定适用的处理方式，以填补问责条款空白。

3. 加大经济惩罚力度和惩戒期限，保持威慑力。鉴于现行纪律处分的经济惩罚力度偏轻、惩戒期限偏短的现状，建议由减发绩效工资的一定百分比改为减发工资的一定比例，在保证被处分人当地最低生活保障的前提下，扣减当月工资。同时，适当延长纪律处分惩戒期限，对问题严重给予记大过处分以上的，处分期间由一年延长到两至三年，使之深刻地吸取教训。

4. 明确授信责任认定部门，强化问责机制。按照“谁检查，谁进行责任认定，谁督促整改”的原则，除授信业务出现不良归口各级风险内控部门进行责任认定外，对内部审计检查发现的授

信业务问题，应明确由审计部门来进行责任认定，完善责任认定组织架构，从而避免业务部门随意认定带来的负面影响。同时，实行问责“三步走”，即：发现授信业务风险及时启动责任认定，实现提前介入；给予责任人回收宽限期，促其采取措施化解风险，并对责任人进行阶段性处理；最后根据授信业务实际风险损失情况及履职责任作出最终处理。

5. 授信问责与时俱进，适应创新发展。随着业务发展的需要，信贷产品不断推陈出新，相关的规范性条款、业务操作流程、风险跟踪机制等也随之不断出台、健全。相应地，要及时补充、修订授信问责条款，使之与新业务发展配套，确保在各类授信业务活动中，问责工作有规可依，消除责任盲区，促进新的信贷品种健康、持续发展。

（二）明确授信业务问责对象，确保问责的公平性

1. 追究口头授意贷款的领导人员承担连带责任。完善对信贷经营责任人的问责，即便授意贷款的领导不是评价审定人、审批人等，也应该追加进来，承担连带责任。同时，岗位经办人员按领导授意进行调查并形成调查报告，未按规定反映客户的主要风险状况和提出风险防范措施的要承担主要责任；调查部门负责人、分管领导明知所属按领导授意调查的，与调查人员共同承担全部责任。

2. 明确责任不清时的问责原则。对授信业务无移交手续或交接不清未及时问责的问题，应由所有相关的经营责任人共同承担责任，“各打五十大板”，以儆效尤。还应明确追究相关管理部门及管理人员的责任，促进提高管理。

3. 严格审批环节的问责。细化审批环节的问责条款，明确对审批人员，不论一级分行还是二级分行，不论涉及专职审批人还是牵头审批的领导，只要其授信审批不规范，在审批的过程中有履职不到位的现象，就理应一视同仁，予以严肃问责，决不“法外施恩”。

4. 坚持对离职人员实事求是认定责任。进一步强调责任认定工作纪律，对错误认定要追究责任认定人员的责任，防止对离职人员“乱扣责任”等情况发生。对于经过调查，确实存在违法违规行为的已离职责任人，应按照追溯程序要求其承担责任，相关认定意见和处分建议经监管部门（或地方纪检监察机关）转送责任人现工作单位实施，并应加强与相关单位的联系，落实处理结果。

5. 注意划分主次责任。对责任的认定，应该具体问题具体分析。认定责任不能完全凭签字，要形式与实质并重，找出引发风险的主要原因，确定每个岗位的责任大小，分清责任主次，避免问责出现一刀切。对于只是角色设置上需要签字确认，业务流程并未实质参与的，可从轻、减轻甚至免除处罚。

（三）加强授信问责的执行力，确保问责的有效性

1. 加大问责考核力度。一是明确授信业务责任认定工作组的职责及权限，根据授信业务涉及的责任人，按照人员管理权限，分别确定由一、二级分行组成的工作组进行责任认定，并细化各业务部门责任认定人员的职责。二是将责任认定结果的考核纳入授信业务责任认定工作管理中，明确责任认定结果核查手段，当责任认定出现较大偏差时应落实责任人员，保证问责效果。三是加大对问责后续处理的检查力度，确保处分期间执行准确，处分对职务、职等、评先评优的限制以及对绩效的影响执行到位。

2. 严肃问责纪律。建立科学严格的授信业务管理考核体系，对授信业务人员的责权利进行界定，强化其履职能力的考核，尽职尽责的给予相应奖励，失职的严肃追究其相关责任。对于经查实存在道德风险，故意不作为、怠于履职操守的，应从严追究；对于因对授信业务规定动作不了解、不学习而不作为、错误作为、不当作为等失职行为，应该据实追究。通过问责，使授信业务流程中所有人员都明确自己“应该怎么做”、“不能做什么”，并能安心履职。要保持授信业务问责的公允、明晰、畅通，并使认责本身达到惩戒、鉴别的目的，使合规文化真正渗透于授信业务全流程。

3. 注重惩教结合抓执行。问责仅仅是手段，而不是目的。一方面，通过问责让单位、员工承担责任；另一方面，让问责发挥“催马鞭”的作用，催生员工强化授信业务风险管理的紧迫感和责任感。在实施问责过程中，要坚持“惩前毖后，治病救人”的方针，将问责制度的教育警醒作用与鞭策惩戒作用放在同等重要的位置。对授信业务中的违规失职行为和被问责人员，要建立健全“问题库”，关注被问责人员的动态，针对其出现的问题提出整改意见，帮助员工及时吸取教训，避免重蹈覆辙。同时，建立案例分析制度，注重发挥典型案例的教育警示作用，做到查实一起、剖析一起、通报一起，警示全行，引以为戒。

打造紧贴市场的城市行组织模式

深圳市分行　刘　军

一、深圳市分行对中心城市行经营管理模式的探索历程

自成立之日起，深圳市分行就始终秉承“敢闯敢试”的特区精神，对城市行经营管理模式进行了不懈探索，先后实践了扁平化、层级化和专业化几种经营管理模式。

传统经营管理模式（1999 年以前）。20 世纪八九十年代，分行在组织架构和经营管理模式上沿用传统的银行层级管理模式。

扁平化经营管理模式（2000—2004 年）。2000 年初，分行启动了组织架构扁平化管理改革。取消支行管理层级，所有网点成为综合化、全功能的营业网点；实行“分行—网点”管理模式。扁平化改革极大地冲击和更新了员工队伍的思想观念，促进了分行管理服务能力的提升，锻炼和培养了干部员工队伍，储备了一批管理人才。

层级化经营管理模式（2005—2007 年）。2005 年，分行对组织架构进行了层级化管理调整，增设管辖支行层级，逐步缩小分行管理幅度，但保留了扁平化改革带来的大后台集中成果，管辖支行是以营销职能为主的管理层级。层级化经营管理模式大大增强了分行的整体市场竞争能力，重新确立了在深圳金融市场的主导地位。

专业化经营管理模式（2008—2010 年）。2008—2010 年，分行逐步推行专业化改革，由层级管理模式转变为单元制条线模式，集团客户、机构客户上收分行直接经营；取消管辖支行层级，支行统一调整为专业化零售网点，同时设立公司银行区域团队。专业化经营管理模式形成了分行大集中、大后台、大保障的基本格局，同时促使整体经营重心进一步上移，服务重心下移，网点销售能力大幅提升。

经营扁平化、管理层级化模式（2011 年至今）。2011 年，深圳市分行在总结历年来探索城市行经营管理模式成果的基础上，牢牢抓住“网点”这一城市行经营的核心资源，突出集中、简单、流程三个原则，逐步确立了经营扁平化、管理层级化的经营管理模式，形成了“强分行、小支行、大网点”的经营格局。

二、经营扁平化、管理层级化是深圳市分行提升客户服务能力的必由之路

首先，现代服务业和中心城市的市场特点是扁平化经营的客观要求。

商业银行属于现代服务业，同样要遵循现代服务业的基本规律。服务产品的“不可触知性”要求企业必须在第一时间抓住客户需求的萌芽，并以最快的速度对其加以满足；银行产品的易复制性和同质性也决定了银行要获取利润，提供超出客户预期的服务，决策和产品创新的速度要快上加快。商业银行传统的“三级管理、一级经营”的层级化组织，层次过多，委托代理关系链条长，信息传递容易失真，管理缺乏针对性，决策滞后，显然已不能满足现代服务业的市场需求。尤其是在中心城市，经济金融资源集中，市场变

化快，对客户需求的响应速度要求非常高。为了更好地参与市场竞争，真正体现以客户为中心的经营理念，扁平化的车轮形组织结构是分行的不二选择，即“车轮”中心是客户，支行网点、职能部门是“轮辐”，分行决策层是“轮圈”，以有效缩短与客户的距离，实现对市场需求的快速响应。

经营扁平化有两个层次的含义，一是加大对超大型、大型客户的分行直接经营的力度，集中全行的力量满足重要核心客户复杂而全面的需求，提供综合性、长期性金融服务，同时将能够集中到分行的管理与服务全部“集中”，打造分行大后台、大集中、大支持、大保障。分行产品支撑、营销支撑和业务推动的很多方面直达网点，提高分行对网点营销的直接支持力度和效率。二是抓实网点的“三综合建设”，即建设综合性网点、综合柜员制和综合营销队伍，将网点打造成为利润中心、营销中心和服务中心，促进对公、对私、结算理财和小微企业业务等在网点的一体化经营。

其次，商业银行的特殊属性是层级化管理的基础条件。

商业银行不仅仅是服务性质的企业，同时还是经营风险的企业，这个特殊的风险属性决定了纯扁平化的组织模式管理幅度过大，而且中间层级缺位的纯扁平化组织不能很好满足介于超大、大型客户和小微客户之间的中型客户的对等营销需求，因此在内部管理上分行采取层级化的模式。

管理层级化指打造小而精干的支行，用精简的原则核定支行内设部门及编制，发挥“四两拨千斤”的作用。相应决策权限下移至支行，包括计划考核、资源配置、风险防控、人文关怀等，让“听得见炮声”的人决策，支行承担“两手两足”的职能，即落实“三综合”的“推手”，市场营销平台的“搭手”，做足人文关怀工作，做足风险防范、案件预防工作。在经营扁平化的基础上，落实风险防控和对等营销。

再次，建行的改革积累和IT、通信技术的发展是落实“经营扁平化、管理层级化”的必要前提。

自2000年始，深圳市分行就走上了经营管理模式的探索之路，先后采取了扁平化、层级化和专业化的经营管理模式，在这个过程中积累了大量的实践经验，并打下了干部队伍、经营管理流程、业务转型和产品创新等方面的坚实基础，为“经营扁平化、管理层级化”的实现提供了必要的条件。

同时IT、通信技术的发展和分行在系统建设上的持续创新和投入，也为顺利实施“经营扁平化、管理层级化”提供了助力。有关研究表明，计算机和网络技术的发展，打破了传统组织管理层级制度的旧框框，使企业的信息传递速度加快，管理跨度日益加宽，决策支持更加到位，客户服务随时可达。长期以来，许多管理学家认为每位管理人员只能有效地管理7－9名员工。然而，采用高新科技成果之后，许多企业的管理跨度已扩大到20－25人，有些服务性企业的管理跨度已经高达数百人。并且数据汇总、计算、分析的自动化水平大幅提高，过去的既不决策也不领导，只负责上传下达的中间层，已逐步被信息技术所替代。分行通过自主研发的信息管理工具整合各类数据，为精细考核、精准营销、快速决策提供了有力工具。同时通信技术的发展打破了客户服务的物理限制，使集中营销和服务具有某些特别特征的客户成为可能。

最后，队伍建设和人文关怀是彰显“经营扁平化、管理层级化”效果的有效措施。

美国管理学家德鲁克曾经举出两个天然就是扁平化组织结构的典范，一个是医院，一个是交响乐团，并分析了这两类组织之所以能成功实现扁平化的共同原因：扁平化的组织要有体现组织机构共同愿景的“总谱”，这个“总谱”还要被每个成员加以正确解读；每个成员要在自己领域内具备相当高的职业素质，并要有相对固定的流程可循；每位成员之间要建立快捷的沟通网络。

分行采取有效措施开展队伍建设和人文关怀，为充分体现“经营扁平化、管理层级化”的实施效果提供助力。2011年以来，分行党委对各级负责人提出了“以管理者的辛苦指数换取全行员工的幸福指数”的号召，要求各级管理者冲锋在前，享受在后，着力提升各级领导班子的团结和执行力、凝聚力、战斗力，进一步完善“能者上、平者让、庸者下”的干部使用制度，选拔优秀青年员工到管理岗位，配备网点行长、副行长、营业主管“三驾马车”。发挥国有商业银行政治优势，加强党工团组织建设，新成立基层党工团组织近40个，初步实现基层党组织建设的常态化、规范化、核心化。实施“成长工程”，开展“四项计划”（管理英才计划、管理启航计划、职业扬帆计划、职业增值计划）、搭建“两个平台”（善建者大讲堂平台、青年员工技能大比拼平台），分层次强化网点负责人、客户经理、柜员的差别化培训，提高员工职业素质。实施深受员工欢迎的“温暖工程”，落实20件实事，千方百计保证员工福利稳步增长，从“衣食住行养”入手，解决各个层级、各个年龄段员工的实际困难，得到了员工的普遍拥护，极大激发了员工的工作干劲。

三、“强分行、小支行、大网点”是“两化”经营管理模式的外显形式

（一）“强分行、小支行、大网点”内涵释义

“强分行、小支行、大网点”是“经营扁平化、管理层级化”经营管理模式在组织架构上的具体体现。分行、支行、网点三个层级角色定位明确，通过着力强化两头（分行、网点）面向市场的直接经营和管理能力，充分发挥中间层级（支行）的补位作用，构建全行“对外以客户为中心，对内以客户经理为中心”的立体营销管理体系，力求做到既经营扁平，简化流程与操作，直接面对市场和客户；又管理有效，强化服务与保障，对经营起到有力支撑作用。

“强分行”是指分行战略前瞻能力强、集约经营能力强、营销支持能力强、创新辐射能力强、信息化管理能力强和后台支撑能力强，全方位打造“强而有力的分行”。

“小支行”是指支行作为分行管理的纽带、经营的传感器，作为网点精准营销和规范管理的助推器，通过精简的内设机构，精干的人员队伍，精准的业务指导和管理，搭建“小而精干的支行”。

“大网点”是指全行经营以网点为基础，按照产品经营“全”、网点建设“多”、客户界面“广”、网点管理“细”、队伍素质“高”的要求，推行“大而全能的网点”，实现网点经营的“大界面、一体化、全功能、社区化”，从而提升网点综合服务竞争力。

强分行、小支行、大网点三者之间相辅相成，互相呼应、互为支撑。分行在战略规划、营销指引、产品创新、技术支持、服务响应等方面直接辐射网点；支行作为中间层，在人、财、物与考核等方面承上启下；网点专注做好社区综合金融服务。

（二）“强分行、小支行、大网点”的运行特征

在“强分行、小支行、大网点”的运行模式下，分行重点承担大后台、大集中、大支持、大保障和高层营销的功能，通过集中、集约和流程银行建设，为支行落实公私一体化经营，提升网点核心竞争力创造条件；支行充分发挥中间层级的补位作用，落实“两手两足”职能，将分行的导向有效传导至网点，为网点经营搭建平台；网点着力培养综合化柜员和综合化营销队伍，完善网点公私一体化综合经营功能，为客户提供“一站式”的全面金融服务，成为所在社区最具影响力和亲和力的银行机构。

1. “强分行”的运行特点。

“强分行”主要体现在六个方面：战略前瞻能力强、直接经营能力强、营销支持能力强、创新辐射能力强、信息化管理能力强和后台支撑能力强。

2. “小支行”的运行特点。

对支行的功能定位避免传统模式下的“大而全”情况；立足于解决实际问题，达到“小而精”的效果。“小支行”承担“两手两足”职能，呈现出“精简、精干和精准”的特点：一是按照精简、高效的原则核定内设机构及人员编制，二是按照精干的原则配备高素质的人员，三是按照精准的原则切实发挥对网点的指导和管理作用。

3. “大网点”的运行特点。

2011年以来，深圳市分行把网点作为贯彻建总行“综合化、多功能、集约化”经营战略的落脚点，打造成为产品展示平台、客户交流平台和客户体验平台，促进对公、对私、结算理财和小微企业业务等在网点的一体化经营。“大网点”在具体运作中，呈现“多”、“全”、“广”、“细”、“高”等五个方面的功能和特点。

——网点建设“多”，新增网点数量多、网

点面积大，功能区域全、人员配备足。

——产品经营“全”，网点产品丰富、业务功能齐全，能提供一体化综合服务。

——客户界面“广”，营销覆盖面广、服务客户群体广。

——网点管理“细”，网点经营算细账，人员排班调配出细活，营业环境布置重细节。

——网点队伍素质“高”，培养网点高素质、高学历人才。

（三）“强分行、小支行、大网点”模式的实践效果

经过市场、客户、运营及员工感受四个维度的考验，分行在“强分行、小支行、大网点”经营管理模式的实践中，取得良好效果，核心竞争力明显增强，客户服务和经营管理效率显著提升。具体体现在“多”、“快”、“好”、“省”四个方面。

一是“多”。领先指标多。分行业务增长良好，多项指标保持同业第一。新增客户多。公司机构、个人客户增长数量和质量等多项指标保持同业和系统前列。

二是“快”。市场响应速度快。分行通过搭建客户营销平台，设计统一规范的活动流程，统一提供活动方案和宣传物品，能随时快速响应网点走进社区的需求。客户服务响应快。分行通过信息平台、大堂易等系统，为网点实时提供大额转账交易、重要客户来行等信息，创建“空中银行”，拓宽客户营销服务渠道，借用微博新媒体宣传平台开展产品、服务推广，成效显著。

三是“好”。盈利能力持续向好，综合排名位居前列。公私联动、综合化经营效果好，大力推进社区金融服务，推动网点向综合性、全面性转型，网点公私一体化经营能力和分行整体竞争力明显提升。企业形象、员工口碑及家属感受好。一年多来，市分行整体经营水平实现跨越式发展，赢得较好的市场口碑，企业形象稳步提升，得到了市委市政府领导、监管机构、客户和建设银行总行领导的充分肯定。员工的归属感不断增强，全行员工士气得到较大提升。

四是“省”。节省客户平均等候时间。客户服务效率明显提升，有效节省人力成本。前后台分离项目上线后，人均对公交易结算工作时间下降21个百分点，网点管理人员、柜面交易人员和客户营销服务人员三类人员向综合型转变，最大限度提升了人力资源使用效率。工作效能进一步提升。上下游联动机制更加快捷、省心。有效节省成本。分行直接经营大客户，提高营销资源投入产出效率；分行统一、直接的产品支持、信息支撑和管理服务，通过集约化产生效益；非核心业务在分行层面集中管理、统一外包，降低成本投入。

商业银行监督力量的整合与协调联动

海南省分行　路建华

2005年，建设银行总行首次提出了操作风险防范“三道防线”建设。在建设银行总行机构设置和管理的总体框架下，建设银行海南省分行（以下简称海南省分行）实行机构扁平化管理。截至2012年6月末，海南省分行设有27个本级部室，垂直管理2个二级分行、16个县级支行和海口地区39个城区支行。海南省分行“三道防线”主要包括：第一道防线为业务部门及综合保障部门，属于前台监控，强调业务条线对自身风险的监控；第二道防线为风险管理部、法律合规部等履行风险管理职能的部门，属于中台监控，强调从全行角度对各项业务的风险进行监控，同时对第一道防线实施检查、监督和指导，确保第一道防线的有效性；第三道防线为审计、纪检监察部门，属于后台监控，强化对前两道防线的再监督，确保前两道防线能够及时防范风险，重在查找风险管理机制存在的问题和业务运作过程中存在的重大风险隐患。在上述“三道防线”中，最具代表性的岗位是第一道防线的委派营业主管、第二道防线的风险主管及风险经理和第三道防线的纪检监察特派员。

一、监督形式运行过程中存在的问题

虽然海南省分行已经连续3年多未发生案件，但这并不表明，分行的整体管理水平已经很高、管理制度很完善、监督手段很严密。通过深刻剖析监管体系运行现状，结合近年内审部门的审计意见，我们从中发现存在一些问题：

（一）风险管理岗位人员配备不合理，监管效力缺失

一是省分行本级部门的部分风险经理岗位名不副实。目前，海南省分行风险经理的配备主要集中在省分行风险管理部门、信贷审批部及本级相关业务部门，而在省分行本级业务部门中，风险经理岗位已经演变成一种专业技术岗位职务待遇，一部分享受这种待遇的人员所从事岗位的职责与风险经理岗位职责并不相符。此外，省分行风险管理部门无法对分散在各业务部门的风险经理进行管理、培训和指导，只能任由各部门“自成体系”。

二是基层机构内设部门风险经理岗位缺失。由于海南省分行实行扁平化管理，管理层级减少，省分行20多个本级部门垂直管理各营业机构。目前，海南省分行大部分营业机构内设部门相对较少，仅设有业务管理部和营业部两个部门，而业务管理部门未设置风险经理岗位，导致这些部门的有限岗位直接对口省分行多个业务部门，日常工作量大，工作质量无法保证，岗位间互相制约的风险管理机制形同虚设。

（二）基层机构营业柜台关键岗位人员配备和轮换制度执行不到位

随着国家经济的发展和全球金融形势的变化，商业银行基层机构的新业务品种也随着业务的发展不断增加，业务操作风险点也相应增加，各个环节必须按规定做到分人分岗、互相制约。但海南省分行现行的按业务量定编定岗的人力资源配置方式，已不能适应内部控制的要求。个别营业机构由于对岗位制约的重要性认识不够、部分岗位人员配置不足等原因，使得部分关键岗位轮换、岗位分离控制存在缺陷，弱化了岗位相互制衡的作用，容易引发违规操作。

（三）监管部门职责交叉重复，容易造成监管资源浪费或监管盲点的现象

一是省分行风险管理部与法律合规部。风险管理部承担全面风险管理职责，是负责全行风险管理政策、规章、法人授权管理等基础管理与综合风险报告的职能部门，是全行风险管理与内部控制、信贷风险判别监控及信贷基础管理的综合管理部门。法律合规部是负责牵头管理全行合规风险的职能部门，具体承担合规性规章制度建设和维护、合规性监督检查、反洗钱、关联交易管理、督促落实内外部审计及监管检查发现问题的整改工作。

风险管理部的职责是全面风险管理，但实际上侧重于信用风险管理；法律合规部职责是合规风险管理，而合规风险与操作风险存在较多重合之处，与风险管理部在全面风险管理的职责上相融合，监督职能出现交集点，这就容易出现哪个部门都可以管，却可能是谁都不管的推诿、扯皮现象。

二是法律合规部与纪检监察部。在对全行员工开展风险控制宣传、教育、培训等工作方面，法律合规部相关职能又与纪检监察部相关职能存在一定程度的重合。

（四）各业务条线检查内容重复或存在监督盲点，监督管理效率不高

由于海南省分行负责内控监督管理的部门和条线数量较多，边界比较模糊，检查内容重复或存在检查盲点，没有形成梯次监督体系，监督管理效率不高。审计资料显示，海南省分行资金结算部（一道防线）于2010年12月进行尾箱专项检查，而同期2010年12月1－10日，风险管理部（二道防线）对基层机构进行关键风险点的检查，又对现金尾箱进行检查，导致检查内容重叠。而海南省分行的国际业务部外汇业务凭证检查，因专业性较强未纳入分行稽核范围，国际业务部在评价期间也一直未对这块业务进行检查，存在检查盲点。

（五）监督管理资源分散，难以形成合力，影响整改的持续性和系统性

审计资料显示，2010年10月1日至2011年9

月30日，海南省分行共组织实施相关业务检查54次，但基本上是各业务条线针对自己的分管业务组织检查，不同监督管理部门和条线未形成合力，管理资源分割现象较为突出。按照职责分工，整改工作牵头部门作为中台监督的第二道防线，也仅针对自身分管业务进行检查，未能从全行角度对各项业务的整改状况进行监督，难以推进内外部审计检查发现问题整改的集中管理，一定程度上影响整改的持续性和系统性。

（六）各业务条线检查结果的共享机制不足，信息残缺分割现象较为突出

审计资料显示，2010年10月1日至2011年9月30日，海南省分行各业务条线共组织实施相关业务检查44次。但检查结束后，没有具体的部门从全行角度对内外部检查发现问题进行集中汇总和分析，这在一定程度上造成检查结果的共享机制不足，信息残缺分割现象较为突出。

（七）监管方式简单，整改机制尚未真正建立

当前，各业务条线主管部门组织检查后，后续的工作主要是对检查发现问题进行整理、通报、扣减绩效或积分处理等，较多情况下仅停留在就问题整改问题的单一层面，没有举一反三，总结关键点，对具体业务环节和总体经营管理中的风险点缺乏动态的预警和分析，无法真正在事前、事中揭示各营业机构经营管理中的各项风险。

二、整合监督力量，强化内控管理

商业银行完善的内部监管组织体系，是进行有效监管的先决条件和重要组成部分。因此，应加快建立健全以“统一领导、分级管理、明确分工、加强协作、提高效率”为原则的内部监管组织体系，更好地理顺各监管部门监督职责，共同下好全行内控管理工作“一盘棋”。

（一）依托监督工作联席会议，建立“大监督”体系

2011年9月，海南省分行为加强全行监督工作的信息沟通，促进监督工作的协调和联动，增强监督工作的合力和实效，制定印发了《中国建设银行海南省分行本级部门监督工作联席会议制度》（以下简称监督工作联席会议）。在此基础上，搭建一个全行性的“大监督”工作平台，将全行各业务条线的内控工作纳入该体系的管理框架下统一管理，不断健全、完善相应的管理办法，进一步协调各职能部门之间的联动，加强信息沟通，整合监督力量。

1. 建立各业务条线监督工作定期汇报制度。由监督工作联席会议领导小组定期组织召开会议，研究讨论各业务条线主管部门在开展日常工作、业务检查工作中发现的风险防控问题，分析问题根源，找出解决问题的办法。

2. 建立各业务条线主管部门检查工作报备制度。一是检查计划报备。每年初，本级各业务条线主管部门应向监督工作联席会议领导小组提交全年的常规检查工作计划。对于上级主管部门或外部监管部门要求开展的突击性检查，有关部门可临时报备。由监督工作联席会议领导小组结合我行实际统筹安排全行检查工作，避免出现检查项目重复或缺漏，导致检查资源浪费或检查不到位的情况。二是检查结果报备。每次各业务条线检查工作结束后，要在规定时间内及时报备检查结果，做到检查工作有始有终，避免检查工作走过场。

3. 建立内部检查发现问题及内审、外部监管检查发现问题信息库。省分行本级各业务条线主管部门及内审、外部监管检查牵头管理部门，在每次检查过后，要及时梳理检查中发现的问题，并从产生问题的根源，发生范围、发生概率、发生数量等方面进行分析总结，建立问题信息储备库。要充分挖掘和运用检查结果，针对出现的新问题、新风险点，研究分析风险管理的新趋势和新变化，及时提出新办法、新举措，有预见性地组织防范和控制风险。

4. 进一步理顺整改工作流程。建立“检查—反馈—整改—复查—评价”的整改监督约束机制，注重对整改情况的后续跟踪，加大整改率指标在KPI考核体系中的权重，与各营业机构绩效挂钩，实现整改工作的常态化、流程化、制度化，切实将整改工作做实、做深、做细，真正起到堵塞漏洞、举一反三的作用，促使营业机构对存在问题积极主动整改并逐步形成自纠能力，从而有效解决屡查屡犯问题。

（二）完善风险管理组织架构，建立全面风险管理体系

一是逐步增强风险管理的集中度和独立性。

在现行风险管理组织架构的基础上，理清各条线、各层级的风险管理职能，加强前、中、后台的整体联动和有效制衡，实现对各类风险的精细化管理。横向上，建立业务单元负责制，相关业务条线设风险代表，负责所在业务条线的风险管理工作，向所在条线分管行长和风险总监双线报告；纵向上，机构落实风险管理专人负责制，向省分行归口管理部门的条线风险代表和风险管理部、所在支行主要负责人双线报告。

二是延伸全面风险管理领域。在信用风险、操作风险和市场风险管理体系的基础上，将全面风险管理进一步延伸到业务连续性风险、区域风险、产品与服务风险、合规风险、声誉风险、流动性风险等领域，推进条线部门优化整合管理流程，理顺风险事项报告路线，尤其是重大风险和突发事件报告路径和报告机制，健全危机管理体系。

（三）做好关键岗位轮换与不相容岗位分离控制，夯实内部控制岗位制衡的基础

要进一步加强不相容岗位管理，督促有关业务条线和营业机构严格按照总行有关制度明确的轮岗范围和轮岗时限，合理配置现有资源，结合流程控制、系统控制等手段，实现岗位的有效分离制衡，发挥不相容岗位分离控制作用，规避员工的操作风险。对基层机构人员配备到位但仍然出现违规混岗问题的，有关部门要加大监督处罚力度。

（四）明晰监管职责，提升监督效能

针对多个部门职责边界不清、职责交叉监督管理效能不高的问题，认真进行梳理和调整，进一步明晰各部门的监督管理职责，强化条线管理职能，做到工作职责明确，工作内容互补，风险防范无死角。

（五）效能监察常态化，对监管过程再监督

效能监察，是指商业银行监察部门根据有关规定对本行各级管理部门、各级营业机构管理人员经营管理中履行职责的能力、效率、效果、效益问题的监督检查，及对其管理工作中违法失职行为的查处。发挥效能监察的“第三道防线”的再监督作用，主要做好以下几点：

一是对各部门、各营业机构落实“三重一大”情况开展效能监察。即对落实重大决策、重要干部任免、重点建设项目和大额资金使用等工作情况，抓住容易出问题的环节、部位实施重点监督。

二是对各部门、各营业机构落实内部控制和风险防范“四重要”工作开展效能监察。即对落实重要部位、重要环节、重要人员、重要时段的内部控制和风险防范情况实施重点监督。

三是对各条线业务检查和落实整改工作情况开展效能监察，防止检查、整改走过场。

（六）以科技手段提高防范操作风险能力

一是加强和完善流程控制。加强系统对前台柜面业务操作风险进行的硬性控制，完善操作系统预警功能，从源头上堵住可能形成的风险。二是加大科技投入，对老化、低端设备及时进行更新换代和升级，以避免或减少由于系统原因引发的交易风险。

总之，在商业银行业务运行过程中，各业务条线受业务职能的制约，在风险防控方面可能会出现分工不同、角度不同、手段不同和处理程序不同的情况。对此，我们可以通过建立和完善风险防范管理协调机制，形成监督合力，进一步加强业务指导、增强业务部门与营业机构之间的联系和信息共享，增大协调效应，以达到共同防范风险的目的，取得监督效果最大化。这既是当务之急，更是商业银行风险控制的追求目标。

CHINA 中国建设银行年鉴 2013
CONSTRUCTION BANK ALMANAC

第七部分　大事记

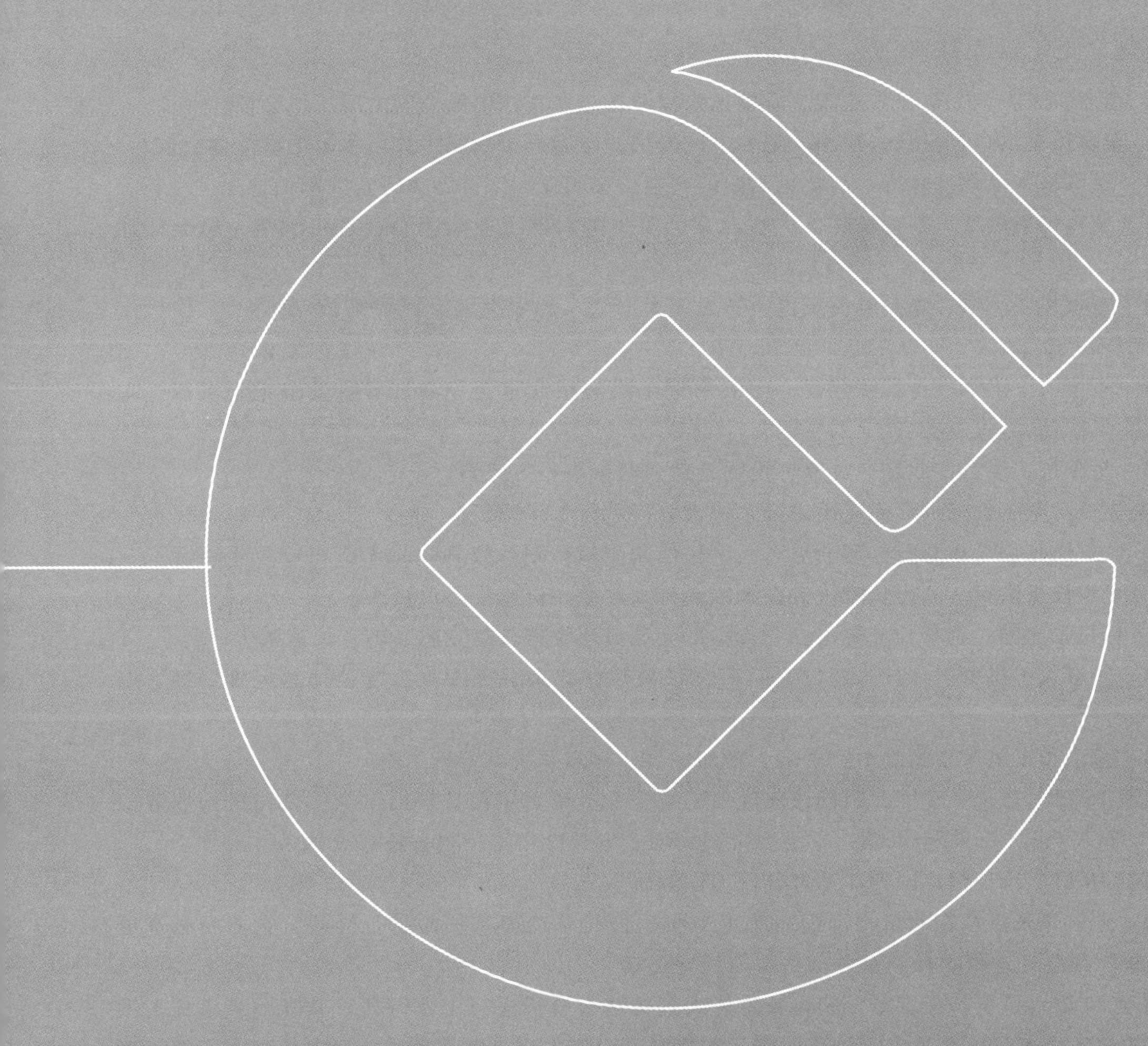

领导重要活动类

1月6日　董事长王洪章、行长张建国、监事长张福荣在京西宾馆出席全国金融工作会议。

1月9日　董事长王洪章、行长张建国、纪委书记朱洪波出席第十七届中央纪委第七次全体会议。

1月10日　董事长王洪章在总行本部会见美国信安金融集团亚洲区首席执行官欧阳伯权先生一行。

1月12日　董事长王洪章、副行长陈佐夫在北京会见中国兵器工业集团总经理张国清、总会计师罗乾宜。

1月13日　董事长王洪章、党委委员章更生到人民大会堂参加中央国家机关第26次党的工作会议暨第24次纪检工作会议。

1月18日　董事长王洪章、行长张建国、纪委书记朱洪波在北京会见浙江省省委书记赵洪祝、省长夏宝龙一行。

1月30日　董事长王洪章在北京会见厚朴投资管理公司董事长方风雷。

2月1日至2日　董事长王洪章到建设银行天津市分行进行工作调研。

2月2日　监事长张福荣在总行本部会见意大利裕信集团执行副总裁 Bernhard Brinker 先生一行。

2月6日　董事长王洪章、副行长陈佐夫在太原会见太原重型机械集团负责人。

2月7日　行长张建国、副行长陈佐夫在总行本部会见贵州省省长赵克志、副省长黄康生一行。

2月10日　董事长王洪章、行长张建国、监事长张福荣在北京会见中央汇金公司总经理彭纯、副总经理张宏安。

2月13日　董事长王洪章率团赴中国香港、新加坡拜访客户并视察分行工作。

2月14日至15日　行长张建国、副行长陈佐夫、党委委员章更生在长沙出席全行公司机构业务工作会议。其间，行长张建国一行会见湖南省省委书记周强、省长徐守盛、副省长盛茂林。

2月16日至18日　行长张建国到江苏省分行工作调研。

2月20日　董事长王洪章在北京与中国船舶重工集团公司总经理李长印举行会谈，党委委员章更生和中船重工集团副总经理张必贻及双方相关部门领导出席。

2月21日至22日　董事长王洪章、副行长陈佐夫到福建省分行进行工作调研。其间，董事长王洪章一行会见了福建省委书记孙春兰，省长苏树林，省委副书记陈文清，省委常委、副省长张志南等福建省领导。

2月22日　行长张建国、副行长庞秀生在总行本部会见 IBM 公司全球总裁件首席执行官罗睿兰女士一行。

3月1日　董事长王洪章在北京与中国石油化工集团公司董事长傅成玉举行会谈，党委委员章更生和中国石油化工集团公司总会计师刘运等出席。

3月2日　董事长王洪章、副行长陈佐夫在北京会见青海省委书记强卫、省长骆惠宁一行。

3月8日　监事长张福荣在武汉出席建设银行监事会会议。其间，到湖北省分行及武汉审计分部调研。

3月12日　董事长王洪章在总行本部会见纽约梅隆银行董事长、行长兼首席执行官 GeraldL. Hassell 先生一行。

3 月 13 日 董事长王洪章、副行长陈佐夫在北京会见中国兵器装备集团公司董事长徐斌。

3 月 16 日 董事长王洪章在总行本部会见海峡交流基金会董事、台湾人寿保险公司董事长朱炳昱一行。

3 月 16 日 董事长王洪章在总行本部会见普华永道全球主席戴瑞礼先生一行。

3 月 16 日 董事长王洪章在总行本部会见台湾人寿董事长朱炳昱先生一行。

3 月 19 日 行长张建国、副行长庞秀生在总行本部会见 IBM 公司全球董事长彭明盛先生一行。

3 月 20 日 董事长王洪章在总行本部会见 IIF 国际金融协会董事总经理 Charles Dallara 先生一行。

3 月 20 日 行长张建国在总行本部会见彭博公司董事长高逸雅（Peter Grauer）先生一行。

3 月 21 日 董事长王洪章在总行本部与海航集团有限公司董事长陈峰举行会谈。

3 月 22 日 董事长王洪章、监事长张福荣一行在黄山市出席建设银行董事会会议。其间，与安徽省省长李斌、副省长詹夏来等进行了会谈，执行董事陈佐夫、部分非执行董事和安徽省分行行长参加。

3 月 25 日 董事长王洪章率团赴香港出席 2011 年年度业绩发布会。

3 月 27 日 董事长王洪章视察金融市场部香港交易中心，副行长胡哲一、董事会秘书陈彩虹陪同。

3 月 30 日 董事长王洪章在北京与中国长江三峡集团公司董事长曹广晶举行会谈。三峡集团总会计师杨亚及双方相关部门领导出席。

3 月 31 日 董事长王洪章、副行长陈佐夫在北京拜会中国航天科工集团公司总经理许达哲。

4 月 6 日 董事长王洪章在总行本部会见中国银联股份有限公司董事长苏宁、总裁许罗德一行，副行长胡哲一参加了会见。

4 月 9 日 行长张建国、副行长赵欢在和芳苑会见桑坦德银行执行董事兼副行长殷雄（Juan Inciarte）先生一行。

4 月 9 日至 16 日 董事长王洪章率团赴美国进行 2011 年年度业绩路演。先后在纽约、波士顿、旧金山与投资者见面，向近 30 家重要机构投资者及分析师介绍建设银行经营业绩。其间，董事长王洪章拜会了纽约联邦储备银行和纽约州金融服务局，会见了美国银行、摩根士丹利和纽约梅隆银行等机构的主要负责人。

4 月 11 日 监事长张福荣到河北省分行调研。

4 月 13 日 行长张建国在北京会见中国建筑股份有限公司董事长易军。

4 月 15 日至 21 日 监事长张福荣率团赴英国、法国、德国进行 2011 年年度业绩路演。

4 月 16 日至 21 日 行长张建国率团先后在新加坡、韩国进行建设银行 2011 年度业绩路演活动。

4 月 19 日 董事长王洪章在首席财务官曾俭华、首席风险官黄志凌、董事会秘书陈彩虹及相关部门负责人的陪同下，到北京数据中心进行调研。

4 月 20 日 董事长王洪章、副行长陈佐夫在总行本部会见辽宁省省长陈政高、副省长陈超英一行。

4 月 24 日 董事长王洪章、副行长陈佐夫在总行本部会见中国电力建设集团公司董事长范集湘。

4 月 26 日 董事长王洪章、副行长赵欢一行到建信租赁公司进行调研。

5 月 3 日 董事长王洪章、党委委员章更生在北京拜会国家烟草专卖局局长姜成康。

5 月 3 日 董事长王洪章在总行本部会见中国国际金融有限公司总裁朱云来。

5 月 7 日 董事长王洪章在上海对建设银行驻沪机构进行工作调研。

5 月 9 日 董事长王洪章视察金融市场部商品与期货交易部。

5 月 10 日 行长张建国、副行长胡哲一在总行本部会见中国铁路工程总公司董事长李长进。

5 月 16 日 董事长王洪章、副行长胡哲一在总行本部会见卢森堡金融业监督管理委员会主席 Jean Guill 先生及卢森堡驻华大使 Carlo Krieger 先生一行。

5 月 16 日至 17 日 行长张建国、副行长陈佐夫到建设银行重庆市分行调研。

5 月 17 日 监事长、总行党校校长张福荣到总行党校与 2012 年春季学期（第 25 期）干部进修班学员进行座谈。

5月23日至24日 董事长王洪章到建设银行江苏省分行、苏州分行进行工作调研。

5月23日至24日 行长张建国到建设银行内蒙古自治区分行调研。

5月24日至25日 董事长王洪章到建设银行山东省分行进行工作调研。

5月25日 行长张建国到建设银行广东省分行调研。

5月28日 王洪章董事长在总行本部会见了美国信安金融集团董事长、总裁兼首席执行官施伯文先生一行。

5月29日至30日 董事长王洪章到建设银行重庆市分行进行工作调研。

5月30日 监事长张福荣到建设银行天津市分行进行工作调研。

6月6日 行长张建国到建设银行深圳市分行调研。

6月6日 董事长王洪章一行赴香港出席建设银行董事会。

6月7日 董事长王洪章，行长张建国，监事长张福荣，副行长陈佐夫、朱小黄、胡哲一、庞秀生在香港出席2011年度股东大会。

6月11日 董事长王洪章、董事会秘书陈彩虹在总行本部会见淡马锡总裁科尔一行。

6月12日 行长张建国、副行长庞秀生在总行本部会见甘肃省委书记王三运一行。

6月12日至14日 董事长王洪章、副行长陈佐夫到建设银行浙江省分行工作调研。

6月15日 董事长王洪章在总行本部会见巴克莱集团行政总裁博达文先生一行。

6月19日至20日 监事长张福荣到建设银行广西壮族自治区分行进行工作调研。

6月20日 董事长王洪章在北京与九龙仓集团有限公司主席吴光正先生举行会谈，副行长陈佐夫及双方相关部门负责人出席了本次会谈。

6月25日 董事长王洪章在总行本部与卡特彼勒集团总裁兼首席财务官爱德华·莱普进行会谈，党委委员章更生和卡特彼勒集团亚洲区总裁金利文先生及双方相关部门负责人参加会谈。

6月26日至28日 董事长王洪章先后到建设银行广东省分行和深圳市分行工作调研。

6月28日 监事长张福荣在总行本部会见牛津赛德商学院院长 Peter Tufano 先生一行。

7月4日 行长张建国、副行长陈佐夫在西安会见陕西省委书记赵乐际。

7月4日 监事长张福荣在银川出席监事会座谈会，其间，到建设银行宁夏回族自治区分行进行工作调研。

7月5日 董事长王洪章在总行本部会见西班牙对外银行董事长冈萨雷斯先生一行。

7月5日 董事长王洪章在北京与中国人民保险集团股份有限公司董事长吴焰举行会谈，党委委员章更生、零售业务总监田惠宇和人保集团副总裁周立群、首席投资执行官俞小平等参加了会谈。

7月6日 董事长王洪章、副行长赵欢一行到建信基金公司进行工作调研。

7月10日 行长张建国、副行长陈佐夫到建设银行宁波市分行进行工作调研，并出席了与市政府的签约仪式。

7月16日至17日 董事长王洪章、副行长朱洪波到建设银行辽宁省分行进行工作调研。

7月18日 董事长王洪章在总行本部会见了渣打集团行政总裁 Peter Sands 先生一行。

7月21日 北京遭遇61年以来最大降雨，暴雨过后，行长张建国立即带领总行相关部门负责人，赶赴北京洋桥数据中心实地查看。

7月23日 行长张建国、副行长陈佐夫在北京会见中国化工集团总经理任建新。

7月26日 董事长王洪章在总行本部与中国能源建设集团有限公司董事长杨继学、总经理丁焰章等一行举行会谈。

7月30日 建设银行总行、北京市分行与军队总部机关单位在北京钓鱼台国宾馆联合举办“军银同庆建军佳节携手共创美好未来”联谊活动。董事长王洪章出席并致辞，党委委员章更生主持联谊活动。

7月31日至8月2日 董事长王洪章到内蒙古自治区分行进行工作调研。

8月2日 行长张建国、副行长陈佐夫到青海省分行调研，其间，在西宁先后会见了青海省省长骆惠宁、副省长高云龙。

8月3日 董事长王洪章在总行本部与中央国家机关工委组织的"中央媒体走进建行"活动的记者见面，回答了记者提问。总行党委委员章更生主持会议；中央国家机关工委宣传部副部长赵建国、陈韶光，《人民日报》、新华社、《求是》、《光明日报》、中央人民广播电台、新华每日电讯、人民网、《学习时报》、《瞭望新闻周刊》、紫光阁杂志社、紫光阁网站以及中央国家机关理论武装在线12家媒体的记者参加了见面会。

8月7日 董事长王洪章在北京与中国海洋石油总公司董事长王宜林举行会谈。副行长陈佐夫和中国海洋石油有限公司首席财务官钟华及双方相关部门领导出席本次会谈。

8月7日 行长张建国在北京与中国中铁股份有限公司董事长、党委书记李长进举行会谈，双方就继续加强全面业务合作进行了深入沟通。副行长陈佐夫、首席风险官黄志凌、中国中铁副总裁兼财务总监李建生以及相关部门负责人参加会见。

8月15日 董事长王洪章在总行本部会见汇丰集团行政总裁欧智华一行。

8月22日 行长张建国在总行本部会见以理事长林弘立先生为团长的台湾投信投顾公会代表团。副行长赵欢参加了会见。

8月23日 王洪章董事长在总行本部会见卢森堡驻华大使柯意赫先生一行。

8月26日 行长张建国率团赴香港出席2012年中期业绩发布会，并进行中期业绩路演。

8月28日 董事长王洪章、董事会秘书陈彩虹在总行本部会见日本科学技术与社会论坛（STS）理事长尾身幸次先生一行。

8月29日 董事长王洪章、党委委员章更生在总行本部会见广东省省长朱小丹一行。

8月30日至31日 董事长王洪章到建设银行河北省分行进行工作调研。

9月4日 董事长王洪章，副行长胡哲一在北京会见中国出口信用保险公司总经理王毅一行。

9月6日 董事长王洪章率团赴卢森堡、英国、俄罗斯，拜访卢森堡首相让·克洛德·容克先生、财政部财政大臣吕克·费里登先生和监管机构高层，并进行2012年中期业绩路演及投资者推介会。其间，还出席了"2012年亚太经合组织高峰会"。

9月7日至8日 董事长王洪章一行在俄罗斯符拉迪沃斯托克参加2012年亚太经济合作组织（APEC）CEO峰会，就中国银行业的发展机遇与挑战作主题发言。其间，王洪章应俄总统普京邀请，与其他29位全球知名工商企业领导人一同参加了欢迎晚宴。

9月9日至15日 董事长王洪章、副行长赵欢、董事会秘书陈彩虹一行先后赴莫斯科、卢森堡和伦敦等地出访，拜会相关政府与监管机构，会谈金融同业高管，与当地重要机构投资者会谈交流，并视察建设银行当地机构。

9月17日 董事长王洪章在总行本部会见澳大利亚维多利亚州州长Ted Baillieu先生一行。

9月19日 董事长王洪章到总行党校看望了第26期干部进修班学员，并以"推进体制机制创新、提高市场竞争力与盈利能力"为主题，与学员们进行了座谈与交流。

9月20日 董事长王洪章到建设银行四川省分行进行工作调研。

9月21日 董事长王洪章到建设银行成都开发中心调研工作。

9月24日 董事长王洪章在总行本部21层贵宾厅先后会见了迪拜国际金融中心管理局首席执行官Jeffrey H. Singer先生一行和中金公司总裁朱云来。

9月27日 董事长王洪章在北京与中国交通建设股份有限公司董事长周纪昌举行了会谈。

10月7日至11日 董事长王洪章率团赴台湾访问，听取了台北分行筹备情况汇报，与台湾金融同业和企业界广泛交流，非正式拜会了国民党荣誉主席连战先生，并拜访监管机构高层。

10 月 13 日 监事长张福荣率团赴美国、巴西、秘鲁、智利拜访监管机构高层，洽谈海外并购事宜，并推动机构申设工作。

10 月 16 日 董事长王洪章在总行本部会见摩根士丹利董事长高闻（Mr. JamesGorman）一行。

10 月 23 日至 24 日 董事长王洪章到建设银行湖南省分行进行工作调研。

10 月 24 日至 25 日 董事长王洪章到建设银行湖北省分行进行工作调研。

10 月 30 日 董事长王洪章、副行长朱洪波在北京会见云南省省长李纪恒一行。

10 月 31 日 董事长王洪章、副行长赵欢在北京会见中国人寿董事长杨明生。

11 月 1 日 董事长王洪章、行长张建国列席党的十七届七中全会。

11 月 2 日 董事长王洪章，行长张建国，副行长朱洪波、胡哲一在北京与甘肃省委、省政府主要负责同志座谈。

11 月 5 日 董事长王洪章在北京与首钢总公司董事长王青海举行会谈。党委委员章更生和首钢总公司总会计师方建一、副总会计师王保民等出席了会谈。

11 月 6 日 董事长王洪章、副行长赵欢在总行本部会见平安集团总经理任汇川。

11 月 8 日至 14 日 董事长王洪章、行长张建国、监事长张福荣出席党的第十八次全国代表大会。

11 月 11 日 十八大新闻中心在梅地亚中心举办“中国金融改革与科学发展”中外媒体集体采访活动。采访活动邀请了中国人民银行行长周小川、中国银监会主席尚福林和工、农、中、建等银行负责人出席并接受采访。来自国内外的 100 多家媒体 200 多名记者参加了采访。董事长王洪章参加活动并回答了记者提问。

11 月 12 日 董事长王洪章、行长张建国、监事长张福荣、副行长赵欢在北京与湖北省委书记李鸿忠、省长王国生、常务副省长赵斌座谈。

11 月 15 日 董事长王洪章出席党的十八届一中全会。

11 月 26 日 董事长王洪章在总行本部会见 IFC 执行副总裁兼首席执行官蔡金勇先生一行。

11 月 26 日至 27 日 行长张建国到建设银行广东省分行开展工作调研。

11 月 27 日 董事长王洪章在总行本部会见洛希尔公司高级顾问、德国前总理施罗德先生一行。

11 月 28 日 监事长张福荣率团赴澳大利亚、新西兰，出席墨尔本分行开业仪式，拜访监管机构高层，推动海外机构申设工作。

11 月 28 日至 30 日 董事长王洪章到建设银行海南省分行进行工作调研。

12 月 3 日 董事长王洪章、行长张建国、首席财务官曾俭华在总行本部会见辽宁省省长陈政高一行。

12 月 4 日 行长张建国在北京会见中国黄金集团公司总经理孙兆学。

12 月 6 日至 7 日 行长张建国、副行长朱洪波到建设银行山东省分行进行工作调研。调研期间，张建国、朱洪波会见了山东省委书记姜异康、省长姜大明、副省长孙伟，济南市委书记王敏，省委秘书长雷建国，济南市长杨鲁豫等领导同志，双方就进一步加强银政合作，促进山东经济社会发展进行了深入交流。

12 月 10 日 董事长王洪章在总行本部会见英国华誉风险管理公司总裁沙学文一行。

12 月 13 日 董事长王洪章、行长张建国在总行本部会见中央汇金公司总经理彭纯一行。

12 月 15 日至 16 日 董事长王洪章、行长张建国在北京参加中央经济工作会议。

12 月 16 日 董事长王洪章率团赴德国出席中德住房储蓄银行第三届董事会第三次会议。

12 月 18 日 监事长张福荣参加厦门市分行领导班子民主生活会。

12 月 20 日 行长张建国在北京拜会华能集团总经理曹培玺。

12 月 25 日 董事长王洪章、行长张建国、党委委员章更生、零售业务总监田惠宇向北京市委书记郭金龙汇报有关工作。

12 月 30 日 董事长王洪章、副行长朱小黄、党委委员章更生和投资理财总监王贵亚一行到投资银行部进行新年慰问，看望员工。

12 月 31 日 董事长王洪章视察金融市场部北京本部，慰问金融市场部全体员工，副行长胡哲一、总行本部相关部门负责人陪同。

12 月 31 日 行长张建国、副行长朱洪波在总行相关部门负责人的陪同下，到北京数据中心检查慰问，并通过视频会议系统，向技术部京外各中心的一线员工致以节日问候。

机构及人事类

1 月 16 日 经中国银行业监督管理委员会核准，王洪章任建设银行董事长、执行董事。

1 月 16 日 经中国银行业监督管理委员会核准，朱洪波任建设银行副行长。

2 月 8 日 建设银行北京市分行在京首家二级分行——北京中关村分行举行开业仪式，董事长王洪章、北京市常务副市长吉林分别致辞。

2 月 13 日 按照《关于中国建设银行投资托管服务部、养老金业务部有关职责调整的通知》（建总发〔2012〕39 号）要求，投资托管部养老金托管营销相关职责划转养老金业务部。

3 月 31 日 建设银行党委研究决定，由建设银行董事长、党委书记王洪章兼任中德住房储蓄银行董事长。

4 月 9 日 建设银行党校举行 2012 年春季学期（第 25 期）干部进修班开学典礼。党委副书记、监事长、党校校长张福荣出席开学典礼并发表讲话。

4 月 12 日 建设银行台北分行获得中国银监会正式批准。

4 月 23 日 总行在全国政协礼堂举办党委中心组（扩大）学习讲座，全国人大常委会委员、全国人大法律委员会副主任委员张柏林就“谈团结问题”作学习辅导。党委书记、董事长王洪章主持学习讲座，党委副书记、行长张建国，在京的党委中心组成员，部分董事、监事，总行各部门高级经理级以上人员，各支部成员、党员骨干，建信基金公司、建信金融租赁公司、建信信托公司负责人等共 1 000 多人参加。

7 月 17 日 建设银行旧金山分行收到中国银监会正式批准。

8 月 17 日 建设银行公开选拔总行部门级、一级分行行级领导人员和系统内公开招聘总行部门副总经理级专职贷款审批人笔试在常州培训中心举行。监事长张福荣到培训中心详细查看了解笔试的组织开展情况，并对做好竞争性选拔下一步工作作出了重要指示。

8 月 22 日 因工作变动，朱小黄先生辞去建设银行执行董事、副行长的职务。

9 月 10 日至 14 日 建设银行第 12 期审计条线高级管理人员培训班在上海复旦大学举办。监事长张福荣出席并作重要讲话，首席审计官余静波做培训总结。各审计分部和总审计室主要负责人、资深审计师、总行审计部和相关部门人员参加了本次培训。

10 月 24 日 因工作变动，陈佐夫先生辞去建设银行执行董事、副行长的职务。

11 月 15 日 建总发〔2012〕221 号文件：投资托管服务部更名为投资托管业务部。

11 月 27 日 建设银行卢森堡分行和卢森堡子银行（建行欧洲）得到中国银监会正式批准。

11 月 27 日　建设银行顺利完成回购美国银行持有的建信租赁 24.9% 股份交易的价款交割，至此，建信租赁成为建设银行全资子公司。

11 月 30 日　中国建设银行墨尔本分行在澳大利亚墨尔本举行开业仪式。监事长张福荣、副行长胡哲一亲临参加开业仪式，澳大利亚维多利亚州众议院议长肯·史密斯、中国驻墨尔本代总领事黄凤文、澳大利亚维多利亚州财政部长金·威尔斯以及来自澳大利亚社会各界嘉宾 300 余人应邀出席了开业仪式。

业务类

2 月 6 日　建设银行与山西省人民政府在太原签署战略合作协议。董事长王洪章、副行长陈佐夫、首席风险官黄志凌、董事会秘书陈彩虹和总行有关部门负责人代表出席了签字仪式。

2 月 6 日　建设银行与中国电子科技集团公司在北京签署战略合作协议。董事长王洪章、副行长陈佐夫、零售业务总监田惠宇和中国电子科技集团公司总经理熊群力、副总经理胡爱民出席了签字仪式。

2 月 6 日　建设银行与山西省政府签署战略合作协议，董事长王洪章、副行长陈佐夫、首席风险官黄志凌、董事会秘书陈彩虹出席。

2 月 22 日　建设银行成功中标中国邮政企业年金基金托管资格。中国邮政企业年金资产规模超过 40 亿元。

3 月 2 日　建设银行与贵州省政府签署战略合作协议，行长张建国、副行长陈佐夫出席。

3 月 10 日　建设银行与河北省人民政府在京签署支持河北沿海地区发展战略合作协议。董事长王洪章、行长张建国、副行长陈佐夫、批发业务总监许会斌和总行有关部门负责人出席了签字仪式。河北省委书记张庆黎、省长张庆伟、常务副省长杨崇勇等出席了签字仪式。

3 月 10 日　建设银行与广东省政府签署战略合作协议，董事长王洪章、行长张建国、批发业务总监许会斌出席。

3 月 16 日　建设银行与工业和信息化部在京举行中小企业金融服务战略合作协议签约仪式。董事长王洪章、工业和信息化部部长苗圩分别致辞，行长张建国、工业和信息化部党组成员朱宏任总工程师分别代表双方签署协议。副行长朱小黄、零售业务总监田惠宇出席签约仪式。

3 月 16 日　建设银行与江苏省政府签署城乡一体化银政战略合作协议，董事长王洪章、副行长陈佐夫出席。

3 月 26 日　建设银行 2011 年度业绩发布会在北京、香港两地同时举行，董事长王洪章，行长张建国，副行长陈佐夫、朱小黄、朱洪波、胡哲一、庞秀生、赵欢，首席财务官曾俭华，首席风险官黄志凌和董事会秘书陈彩虹出席业绩发布会，95 家境内外媒体、170 余家券商和投资机构应邀参加发布会。

3 月 27 日　建设银行对外发布 2011 年度社会责任报告。

4 月 6 日　建设银行与中国电子科技集团公司在北京举行战略合作协议签约仪式，董事长王洪章、副行长陈佐夫、零售业务总监田惠宇，中国电子科技集团公司总经理熊群力、副总经理胡爱民、总会计师张登洲等出席签约仪式。

4 月 17 日　建设银行与人民网股份有限公司在北京签署战略合作协议，董事长王洪章与人民网董事长马利代表双方签字。建设银行党委委员章更生、零售业务总监田惠宇出席签约仪式。

4月18日 建设银行与中国中小企业协会在北京香格里拉饭店举行中小企业金融服务战略合作协议签约仪式。董事长王洪章、中国中小企业协会会长李子彬出席并分别致辞，建设银行副行长胡哲一、中国中小企业协会常务副会长张竞强分别代表双方签署协议。

4月26日 建设银行北京生产基地建设一期项目在京举行奠基仪式。董事长王洪章，副行长朱小黄，首席财务官曾俭华，零售业务总监田惠宇等出席奠基仪式；北京市委常委赵凤桐、海淀区常务副区长穆鹏、北京市金融局党组书记霍学文，副行长朱小黄和常务副区长穆鹏在仪式上致辞。

5月10日 建设银行与亿利资源集团有限公司签署战略合作协议。行长张建国、亿利资源集团有限公司董事长王文彪出席签字仪式并致辞。建设银行批发业务总监许会斌、亿利资源集团高级副总裁王文治代表双方签署协议。

5月28日 建设银行与中国烟草总公司在北京签署战略合作备忘录。董事长王洪章，国家烟草专卖局局长、中国烟草总公司总经理姜成康出席签字仪式并致辞。行长张建国和国家烟草专卖局副局长何泽华分别代表双方签署协议。副行长陈佐夫、董事李晓玲、零售业务总监田惠宇和国家烟草专卖局总会计师张玉霞及双方相关部门领导出席签字仪式。

6月25日 建设银行与国家开发银行在京签署全面合作协议。董事长王洪章、开发银行董事长陈元出席仪式并讲话；党委委员章更生与开发银行副行长袁力代表双方签字。

7月3日 建设银行与陕西省政府签署战略合作协议，行长张建国、副行长陈佐夫出席。

7月10日 建设银行与宁波市政府签署支持宁波海洋经济发展战略合作协议，行长张建国、副行长陈佐夫出席。

8月1日 建设银行与解放军总医院在人民大会堂签署“银医一卡通”合作协议。行长张建国、零售业务总监田惠宇，解放军总后卫生部部长任国荃，解放军总医院院长李书章、政委阮炳黎、院长金越力等出席签约仪式。

8月2日 建设银行与青海省政府战略合作协议暨中期票据项目合作协议签字仪式在西宁举行，行长张建国在仪式上致辞，副行长陈佐夫代表建设银行签字。

8月9日 建设银行与新疆维吾尔自治区政府战略合作协议签字仪式在乌鲁木齐举行。董事长王洪章、副行长陈佐夫出席。

8月13日至14日 建设银行在北京举办2012年小企业业务高级研修班。行长张建国、副行长胡哲一出席并做重要讲话。各一级分行分管小企业业务的副行长、小企业业务部总经理，总行资产负债管理部等18个相关部门负责人参加了培训。

8月16日 建设银行与山东黄金集团有限公司共同签署战略合作协议。行长张建国与山东黄金集团董事长王建华出席了签约仪式并致辞；副行长陈佐夫与山东黄金集团副总经理崔仑分别代表双方在协议上签字。

8月27日 2012年建设银行中期业绩发布会在北京举行，董事长王洪章、副行长陈佐夫、庞秀生、赵欢，董事会秘书陈彩虹出席。

8月27日 2012年建设银行中期业绩发布会在香港举行，行长张建国，副行长朱洪波、胡哲一，首席风险官黄志凌出席。

8月28日 建设银行与太平保险集团战略合作协议签字仪式在北京举行，行长张建国，副行长朱洪波、胡哲一出席。

9月19日 建信租赁与中国商用飞机有限责任公司在北京举行C919客机用户协议合作协议签约仪式，董事长王洪章，副行长陈佐夫、赵欢，中国商用飞机有限责任公司董事长金壮龙，总会计师田民等出席签约仪式。

9月26日 建设银行与山东省人民政府在济南签署战略合作协议，支持山东新农村暨基础设施建设。董事长王洪章、副行长陈佐夫、总行有关部门负责人出席签字仪式。山东省省长姜大明，省委常委、常务副省长孙伟，有关部门负责人及企业代表出席签字仪式。陈佐夫和孙伟分别代表双方签署战略合作协议。

9月29日 建设银行全行个人存款余额突破5万亿元大关。行长张建国亲签贺信，向全行个人业务条线全体员工致以衷心的感谢！这是自1986年建设银行开办储蓄存款业务以来，于2001年、2006年、2009年、2010年相继突破1万亿元、2万亿元、3万亿元和4万亿元大关之后，个人存款业务发展的又一里程碑。

11月26日 建设银行与中国南方航空集团公司在广州举行战略合作协议签约仪式，行长张建国、批发业务总监许会斌，南方航空集团总经理司献民、副总经理王全华、总会计师王建军等出席签约仪式。

12月6日 建设银行与济南市政府签订了战略合作协议。行长张建国、副行长朱洪波及总行有关部门负责人出席了签约仪式。

12月10日 建设银行与中国大唐集团公司在北京签署了战略合作协议。行长张建国、大唐集团总经理陈进行等出席签字仪式。批发业务总监许会斌、大唐集团总会计师胡绳木分别代表双方在协议上签字。

12月14日 建设银行与苏州市政府签署支持苏州城乡一体化发展长期合作战略协议，行长张建国、批发业务总监许会斌出席。

12月24日 建设银行与中国国新控股有限责任公司在北京举行战略合作协议签约仪式，行长张建国、建银国际董事长谢渡扬、批发业务总监许会斌、零售业务总监田惠宇，国新控股董事长谢企华、总经理刘东生、副总经理周育先等出席签约仪式。

12月26日 建设银行与中国国际航空股份有限公司以“龙凤呈祥，畅行全球”为主题的国航知音龙卡信用卡上市发布会在京举行。董事长王洪章、行长张建国、副行长赵欢，中国国际航空股份有限公司董事长王昌顺、党委书记樊澄等出席发布会现场。

会议类

1月10日 建设银行党委在总行召开扩大会议，认真传达学习全国金融工作会议精神，分析当前经营管理情况，研究部署今后工作重点措施。党委书记王洪章和党委副书记、行长张建国分别传达了温家宝总理重要讲话精神和王岐山副总理就贯彻落实会议精神所作的部署，并结合建设银行经营发展实际，对今后的工作提出了具体要求。

1月16日 建设银行总行在北京全国政协礼堂举行2012年度迎春团拜会。董事长王洪章，行长张建国，监事长张福荣，原监事长谢渡扬，原纪委书记辛树森，副行长陈佐夫、朱小黄，纪委书记朱洪波，副行长赵欢，党委委员章更生，首席审计官于静波，批发业务总监许会斌，投资理财总监王贵亚，在京的董事、监事，离退休行领导和老同志，以及总行各部门、子公司的负责人和员工代表共计430余人参加了团拜会。章更生主持会议。

1月16日 中国建设银行股份有限公司董事会2012年第一次会议在北京召开。会议审议通过了关于提名王洪章担任中国建设银行股份有限公司董事长和聘任朱洪波先生为中国建设银行股份有限公司副行长等议案。

1月17日至18日 总行在北京京西宾馆召开2012年工作会议。会议的主要任务：贯彻落实党的十七届六中全会、中央经济工作会议、全国金融工作会议、中纪委第七次全会等重要会议精神，分析当前宏观经济金融形势，总结全行2011年度工作，研究部署全行2012年经营目标和主要工作任务。会上，董事长王洪章作重要讲话，行长张建国作工作报告，监事长张福荣主持会议并作总结讲话。总行党委成员，高级管理人员，部分董事、监事出席了会议。国务院办公厅、中纪委、中组部、发展改革委、财政部、中国人民银行、审计署、中国银监会、中国证监会和汇金公司有关同志应邀出席了会议。

1月18日 总行在北京召开2012年海外工作座谈会。董事长王洪章、行长张建国、监事长张福荣出席会议并作重要讲话。会议由副行长胡哲一主持。首席财务官曾俭华、首席风险官黄志凌以及总行相关部门及各海外机构主要负责人参加了会议。

2月14日至15日 全行公司业务工作会议在长沙召开，行长张建国出席会议并作重要讲话，副行长陈佐夫作工作报告，党委委员章更生主持会议，批发业务总监许会斌作会议总结。

2月17日 中国建设银行股份有限公司监事会2012年第一次会议在北京召开。会议由张福荣监事长主持，刘进、宋逢明、张华建、金磐石、李卫平、黄叔平、郭峰和戴德明监事出席会议。会议审议通过了《中国建设银行股份有限公司监事会2012年度工作计划》和《中国建设银行股份有限公司监事会2011年度工作总结》两项议案，听取了“新一代核心系统”建设推进工作情况汇报。

2月28日至29日 全行纪检监察工作会议在北京召开。董事长王洪章作了重要讲话，纪委书记、副行长朱洪波作了题为《围绕中心 服务大局 深入推进全行反腐倡廉建设》的工作报告。中国监察学会建设银行分会会长辛树森和中央纪委二室主任李五四也作了讲话。在京的总行领导张建国、张福荣、陈佐夫、朱小黄、胡哲一、赵欢、章更生等出席会议。中国银监会代表，部分董事、监事、高管人员出席了会议。

3月1日至2日 建设银行2012年全行计划财务工作会议在天津召开。行长张建国出席会议并作重要讲话，副行长庞秀生主持会议并作大会总结，首席财务官曾俭华作工作报告；天津市副市长李文喜到会祝贺并致辞；部分董事、监事出席会议；财政部、中国银监会和汇金公司的有关领导应邀参加会议。

3月9日 中国建设银行股份有限公司监事会2012年第二次会议在湖北武汉召开，监事长张福荣主持，刘进、宋逢明、张华建、金磐石、李卫平、黄叔平、郭峰和戴德明监事出席。会议讨论了银行章程监事会部分修订意见、监事会议事规则修订稿、2011年度监事会报告和监事会2011年度工作情况及监督意见。

3月23日 中国建设银行股份有限公司董事会2012年第二次会议在黄山召开。会议审议通过了关于建设银行2011年年度报告、年度报告摘要及业绩公告、2011年利润分配方案、聘用2012年度外部审计师、2011年度内部控制评价报告、2012年度内部审计工作计划、资本占补平衡管理办法、2012年度董监事及高级管理人员薪酬分配实施细则、提名陈佐夫先生连任执行董事、提名伊琳·若诗女士为独立非执行董事候选人、修订公司治理文件、在美国旧金山设立分行、设立私人银行分行级专营机构、2011年社会责任报告、内部控制基本规定、新资本协议实施现场评估相关问题整改方案、2011年下半年地方政府融资平台贷款自查整改情况报告和提请召开本行2011年度股东大会等议案。

3月23日 中国建设银行股份有限公司监事会2012年第三次会议在安徽黄山召开。会议由监事长张福荣主持，刘进、宋逢明、张华建、李卫平、黄叔平、郭峰和戴德明监事出席会议。首席财务官曾俭华、董事会秘书陈彩虹列席会议。会议审议通过中国建设银行股份有限公司2011年年度报告及年度报告摘要、利润分配方案、社会责任报告、内部控制评价报告、监事会报告、监事会议事规则修订稿、监事会履职尽职监督委员会工作细则修订稿、对董事会及其专门委员会、高级管理层、董事、高级管理人员2011年度履职情况的评价报告。

3月30日至31日 建设银行2012年全行审计工作会议在上海召开，监事长张福荣出席并作重要讲话，首席审计官余静波作工作报告。部分董事、监事出席会议。总行审计部、各审计分部和总审计室主要负责人，审计条线十佳主审人，以及总行相关部门人员参加了会议。

4月18日至22日 中国建设银行股份有限公司董事会2012年第三次会议（书面会议）召开。会议审议通过了关于建设银行2011年度董事和监事薪酬分配清算方案、2011年度高级管理人员薪酬分配清算方案等议案。

4月27日 中国建设银行股份有限公司董事会2012年第四次会议在北京召开。会议审议通过了关于建设银行2012年第一季度报告等议案，听取了关于五年规划2011年度执行情况和关联交易管理咨询项目情况等汇报，书面参阅了中国银监会并表管理现场检查整改方案及2011年资本规划执行情况的报告。

4月27日 中国建设银行股份有限公司监事会2012年第四次会议在北京召开，会议由监事长张福荣主持，刘进、宋逢明、张华建、金磐石、黄叔平、郭峰和戴德明监事出席。首席财务官曾俭华、董事会秘书陈彩虹列席会议。会议审议通过中国建设银行股份有限公司2012年第一季度报告。

5月4日 建设银行青年联合会成立暨“五四”表彰会议在北京隆重召开。董事长王洪章作重要讲话，党委委员章更生主持会议，团中央、全国青年联合会专门发来贺信，中央金融团工委、全国金融青联、中央国家机关团工委、中央国家机关青年联合会领导出席致贺。

5月14日 建设银行总行在北京召开2012年春季工作座谈会。会议的主要任务：认真分析当前面临的新情况、新问题，找出有效的解决办法，使全行统一思想、坚定信心，努力把2012年工作做好。会上，董事长王洪章作重要讲话，行长张建国作工作报告，监事长张福荣主持会议并讲话。总行党委成员，高级管理人员，部分董事、监事出席了会议。中纪委、中组部、中国人民银行、中国银监会和汇金公司有关领导应邀出席了会议。

5月14日 中国建设银行股份有限公司董事会2012年第五次会议在北京召开。会议审议通过了关于收购西德意志州银行（WestLB）巴西子行股权的议案。

5月15日 建设银行党代表会议在北京召开。董事长王洪章，行长张建国，监事长张福荣，副行长陈佐夫、朱小黄、朱洪波、胡哲一、庞秀生，党委委员章更生等出席会议。王洪章作重要讲话，张建国主持会议。总行退休老领导周道炯、朱登山、周汉荣、苏文川、刘淑兰、赵玉琢、石春贵出席了会议。总行高管人员出席了会议。

6月7日 中国建设银行股份有限公司2011年度股东大会在香港召开。会议审议通过了建设银行2011年度董事会报告、2011年度监事会报告、2011年度财务决算方案、2011年度利润分配方案、2011年度董事监事薪酬分配清算方案、2012年度固定资产投资预算、聘用2012年度会计师事务所、选举陈佐夫先生连任执行董事、选举伊琳·若诗女士担任独立非执行董事、修订章程、修订股东大会议事规则、修订董事会议事规则、修订监事会议事规则等议案。

6月7日 中国建设银行股份有限公司董事会2012年第六次会议在香港召开。会议审议通过了关于陈佐夫先生连任董事会相关专门委员会委员、增补伊琳·若诗女士担任董事会相关专门委员会委员、提名郑佩玲女士担任建设银行公司秘书、收购美国银行所持建信金融租赁股份有限公司股份、建设银行风险偏好陈述书、落实“2011—2015年海外发展规划”工作方案等议案。

6月15日 建设银行总行本部创先争优表彰暨先进事迹展示大会在北京召开。董事长王洪章作重要讲话，党委委员、机关党委书记章更生主持大会并宣读了《关于表彰总行本部2011—2012年创先争优先进基层党组织和优秀共产党员的决定》。在京总行党委成员、高管、监事，中央国家机关工委副书记姚志平和中央创先争优活动领导小组办公室副主任姜培茂出席大会。总行本部全体党员、入党积极分子、部分员工代表和京外直属机构代表等参加了大会。

7月13日 中国建设银行股份有限公司监事会2012年第五次会议在北京召开。会议由监事长张福荣主持，刘进、宋逢明、张华建、金磐石、黄叔平、郭峰、戴德明监事出席会议。董事会秘书陈彩虹列席会议。会议听取了流程银行建设情况、反洗钱工作开展情况及监事会上半年工作情况的汇报，讨论了

《北京辖区上市公司规范运作自查自纠工作报告》。

8 月 13 日 建设银行总行召开全行系统维护稳定工作（视频）会议。董事长王洪章出席并作重要讲话，行长张建国传达了全国维护社会稳定工作电视电话会议精神，副行长、纪委书记朱洪波主持会议，总行党委委员、高管人员出席会议。

8 月 15 日 建设银行夏季工作（视频）会议在北京召开。会议的主要任务：传达贯彻党中央、国务院以及宏观经济部门、监管部门有关会议精神，分析当前经济金融形势，总结 2012 年上半年全行经营情况，部署下一阶段重点工作。董事长王洪章作了重要讲话，行长张建国作工作报告，监事长张福荣主持会议并作总结讲话。总行党委成员，高级管理人员，部分董事、监事出席了会议。中国人民银行、中国银监会和汇金公司有关领导应邀出席了会议。

8 月 20 日 建设银行保密委员会和密码工作领导小组会议在北京召开，行长张建国主持了会议。会议传达贯彻了中共中央保密委员会有关精神内容，调整充实了建设银行保密委员会和密码工作领导小组成员，并对全行的保密工作提出了具体要求。

8 月 22 日 中国建设银行股份有限公司监事会 2012 年第六次会议在北京召开。会议由监事长张福荣主持，刘进、宋逢明、张华建、金磐石、李卫平、黄叔平、郭峰监事出席会议。首席财务官曾俭华、首席风险官黄志凌、董事会秘书陈彩虹列席会议。会议审议通过了《中国建设银行股份有限公司 2012 年半年度报告、半年度报告摘要》，听取了 2012 年上半年风险管理情况的汇报。

8 月 24 日 中国建设银行股份有限公司董事会 2012 年第七次会议在北京召开。会议审议通过了 2012 年半年度报告、半年度业绩公告及半年度报告摘要、《中国建设银行内部资本充足评估程序管理办法》、在卢森堡设立经营性机构、调整 2012 年度固定资产投资预算、注销新建发有限公司、成立内控合规部、修改《中国建设银行股份有限公司章程修订意见稿》、修订《中国建设银行股份有限公司内幕信息知情人暂行管理办法》等议案。

10 月 26 日 中国建设银行股份有限公司监事会 2012 年第七次会议在北京召开。会议由监事长张福荣主持，刘进、宋逢明、张华建、金磐石、李卫平、黄叔平、郭峰、戴德明监事出席会议。首席财务官曾俭华、董事会秘书陈彩虹列席会议。会议审议通过了《中国建设银行股份有限公司 2012 年第三季度报告》和《监事会 2012 年年度监督工作方案》两项议案。

11 月 19 日至 20 日 建设银行秋季工作座谈会议在北京召开。会议主题是传达贯彻党的十八大精神，安排部署岁末年初重点工作，研究落实下一步全行发展的重点任务。董事长王洪章在会上发表了重要讲话，行长张建国作工作报告，监事长张福荣主持会议并作讲话。总行党委成员，高级管理人员，部分董事、监事出席了会议。中国人民银行、中国银监会和汇金公司有关领导应邀出席了会议。

12 月 11 日 中国建设银行第三届职工代表大会第二次会议在北京召开，全行系统 195 名职工代表参加。会议听取了董事长王洪章重要讲话、党委委员章更生关于工会工作报告、人力部关于《员工企业年金管理情况报告》、工会关于《总行职工互助基金收支情况报告》以及对 2012 年提案征集及对 2011 年办理情况等报告。会议还请资产负债、股权投资、国际业务、信息技术 4 个部门介绍了关于全行业务发展及战略实施情况。本次职代会收到职工代表提案 92 件，内容主要涉及经营管理、人力资源、产品创新、科技开发等多个方面。

12 月 14 日 中国建设银行股份有限公司董事会 2012 年第九次会议在北京召开。会议审议通过了 2013 年度经营计划的议案、2013 年度固定资产投资预算的议案、本行金融工具公允价值估值管理政策、修订本行会计基本政策、本行资本充足率报告编制工作规程、本行业务连续性管理政策、本行全面风险管理办法（试行）、总务部不再作为一级部建制设置等议案。

综合类

1月6日　《全球托管人》杂志2011年度最佳托管行评选揭晓，建设银行在中国区本地托管行评比中以总分6.49排名第一。这是继获得和讯网“最佳资产托管银行”奖项后，2011年度建设银行托管业务再次荣获的国际性荣誉。

1月12日　中国金融政研会组织的2010—2011年度“全国金融系统思想政治工作先进单位和先进工作者”评选活动揭晓，建设银行广西壮族自治区柳州分行张石强同志荣获“全国金融系统思想政治工作标兵”称号，北京市长安支行、辽宁省盘锦分行、上海市浦东分行、浙江省金华分行、四川省德阳分行5个分支机构荣获“全国金融系统思想政治工作先进单位”称号，河北省分行梁陆涛、湖北省武汉百步亭支行姜荣筠、江苏省无锡分行史国云、宁夏区固原分行田新民4名同志荣获“全国金融系统思想政治工作先进工作者”称号。

1月13日　建设银行在亚洲杂志《亚洲公司治理》的“亚洲卓越大奖”评选中，荣获“最佳投资者关系公司”和“最佳投资者关系网站/推介”两个奖项，副行长庞秀生被评为“亚洲最佳首席财务官（投资者关系）”。建设银行是唯一同时获得三个奖项的国内公司。此外，建设银行还在亚洲杂志《财资》的“2011年企业治理奖”评选中，荣获“社会责任及投资者关系类别”金奖。

2月10日　英国《银行家》杂志2月刊发布了“全球银行品牌500强排名”，建设银行以154.64亿美元的综合品牌价值首次荣膺中国银行业第1位，全球第10位，并跻身“亚太区银行品牌十强”第1位、“全球零售银行品牌十强”第8位。

2月28日　凤凰网、凤凰网财经联合主办的“2012金凤凰金融盛典”建设银行私人银行荣获“2011年度最佳财富管理银行”奖项。

3月13日　由凤凰网主办，凤凰卫视、凤凰视频和手机凤凰网协办的“2012金凤凰金融盛典”在北京盘古七星酒店召开。在此次评选中，建设银行私人银行荣获“2011年度最佳财富管理银行”奖。

3月22日　建设银行与中国妇女发展基金会在北京人民大会堂东门外广场举行“中国建设银行·母亲健康快车”发车仪式，由建设银行出资700万元捐助的48辆“母亲健康快车”分别驶向新疆、青海、甘肃贫困落后地区并投入使用。董事长王洪章、党委委员章更生等领导出席仪式。全国人大常委会副委员长、全国妇联主席陈至立，全国政协社会和法制委员会副主任、中国妇女发展基金会理事长黄晴宜，全国妇联副主席、书记处书记、中国妇女发展基金会副理事长甄砚出席。

4月1日　建设银行获《福布斯》2012年度全球上市公司2 000强排名第13位，较2011年上升4位。

4月12日　在《亚洲银行家》杂志举办的“2012年度优秀中小企业产品”评选颁奖盛典上，建设银行小企业“速贷通”产品获得“最佳中小企业产品”称号。

4月12日　建设银行荣获新加坡《亚洲银行家》“中国最佳流动性风险管理银行”，《亚洲银行家》杂志在奖项点评道：在国际金融危机蔓延、中国国内经济增速放缓的大背景下，建设银行保持了良好的流动性，体现了很高的流动性风险管理水平。同时，建设银行小企业“速贷通”产品被评为“最佳小企业服务产品”。

4月26日　《亚洲银行家》杂志（*Asia Banker*）2012年度金融业IT实施奖项评选结果在泰国曼谷

揭晓，建设银行凭借资金业务后台处理系统（OPICS）优化及海外推广项目，在参加竞争的14个国家的50个家银行中胜出，荣获“2012年亚洲银行家IT实施奖——最佳后台系统奖”。

4月 “中国贫困英模母亲——建设银行资助计划”被民政部授予“中华慈善奖——最具影响力慈善项目”。

4月 建设银行在《财富》杂志（中文版）“中国企业社会责任100排行榜”列中国本土公司第19位，金融企业排名第二。

4月 在《证券时报》“2012中国区优秀投行评选”中，建设银行荣获“最具竞争力银行投行”、“最佳债券承销投行”、“最佳中小企业集合票据项目”、“最佳私募债券项目”四大奖项。

4月 在《中国证券报》社主办的第九届中国基金业金牛奖评选中，建设银行托管、主代销的17只基金被评为“金牛基金”，占全部59只优质“金牛基金”的29%，居各托管银行首位。

5月2日 共青团中央印发表彰决定，授予北京市分行团委2011年度“全国五四红旗团委（团支部）”称号。

5月2日 中央金融团工委印发表彰决定，福建省分行福州城东支行理财中心客户经理洪净同志获2011年度“全国金融青年五四奖章”称号，云南省分行团委书记陆茵等5名同志获“全国金融优秀共青团干部”称号，福建省分行团委等5家单位获“全国金融五四红旗团委（团支部）”称号，内蒙古准格尔分行人力资源部副经理宋倩等5名同志获“全国金融优秀共青团员”称号。

5月3日 五一前夕，中华全国总工会和中国金融工会表彰了一批先进集体和个人。建设银行福建省晋江分行被中华全国总工会授予“全国五一劳动奖状”，辽宁省鞍山鞍钢支行副行长张瑞雪被授予“全国五一劳动奖章”，内蒙古区包头银河支行被授予“全国工人先锋号”。建设银行吉林省长春第一汽车集团公司支行等4家单位被中国金融工会分别授予“全国金融五一劳动奖状”，北京市分行战略客户部副总经理辛亮等31名同志被授予“全国金融五一劳动奖章”，上海市闸北支行营业室被授予“全国金融系统工人先锋号”称号。

5月10日 第九届“中国建设银行十大杰出青年”评选结果揭晓，总行决定授予北京市分行公司银行部产品中心总经理绳晖、大连市分行公司业务部总经理张鹏举、苏州分行投资银行部总经理高增银、山西省分行晋城新市西街支行行长王英梅、辽宁省分行沈阳铁西支行储蓄专柜网点经理贺娜、安徽省分行合肥钟楼支行机构业务中心经理阮勇、山东省分行济南私人银行部金融理财师马天宇、广东省分行广州二沙岛支行行长兼东山支行财富中心经理庄俊彬、福建省分行福州广达支行理财中心柜员任喜燕、总行信用卡中心客户服务团队高级经理王瑛琦10名同志第九届“中国建设银行十大杰出青年”称号，同时授予天津市分行和平支行机构业务部副经理李盈等29名同志第九届“中国建设银行十大杰出青年”提名奖。

5月18日 在由美国《环球金融》杂志主办的2012年度新兴市场国家最佳银行评选中，建设银行获评“中国最佳银行”奖。

5月 建设银行在香港《亚洲公司治理》杂志“第八届亚洲公司治理赞誉奖”评选中，荣获“亚洲最佳公司治理奖（中国区）”。

6月4日 在中国《银行家》杂志主办的2012年度“中国金融创新奖”评选活动中，建设银行荣获“最佳金融企业形象奖”。

7月1日 在英国《银行家》杂志“全球银行品牌500强”的评选中，建设银行以154.64亿美元的综合品牌价值首次荣膺中国银行业第一位，并跻身“亚太区银行品牌十强”第一位。

7月9日 总行党委会研究确定了建设银行行旗样式，11月1日在总行正式启用建设银行行旗。

9月11日 在《南方周末》举办的2012中国企业责任年会上，建设银行社会责任团队荣获“2012年度责任执行团队奖”。

9月19日 建设银行信用卡中心荣获中国银联“投诉处理突出奖”，该奖项旨在表彰在客户问题处理中表现突出，能及时有效地解决客户诉求，并赢得客户广泛赞誉的银行业先进单位，共有两家银行获得此奖。

9月26日 建设银行与中国妇女发展基金会在京共同举办“中国贫困英模母亲——建设银行资助计划”项目总结大会暨资助金发放仪式，全国人大常委会副委员长、全国妇联主席陈至立，全国政协社会和法制委员会副主任、中国妇女发展基金会理事长黄晴宜，解放军总政治部组织部副部长康士建，公安部党委委员、政治部主任蔡安季，建设银行行长张建国，党委委员章更生出席活动，并向到场的10位英模母亲（妻子）代表发放了资助款。

9月 建设银行获《每日经济新闻》报社评选的“2012年最佳基金托管银行”奖。

10月12日 在《首席财务官》杂志主办的“2012年中国企业金融创新论坛暨第六届中国CFO最信赖银行评选颁奖盛典”上，建设银行荣获“2012年度最佳中小企业服务品牌奖”。

10月18日 在由和讯网主办的第五届中国电子银行高峰论坛暨和讯网2012年度中国网上银行测评报告发布会上，建设银行获得“卓越级网上银行”和“最佳人气奖”。

10月26日 “悦生活”平台获得中国网上银行促进联盟颁发“个人网银最佳产品创新奖”

11月2日 在《环球企业家》杂志举办的“细分之王：2012年度创新银行榜”评选中，建设银行荣获“最佳投行业务银行奖”。

11月2日 《21世纪经济报道》在北京举行了主题为“行业突围与创新合作”的2012年21世纪资产管理年会暨第五届中国资产管理“金贝奖”颁奖盛典。中国建设银行荣获“2011—2012年度最佳中资私人银行奖”。

11月4日 在金融杂志社举办的“2012年全国金融机构服务三农年度颁奖盛典上”，建设银行荣获“服务小微企业最佳创新成就奖”。

11月6日 在美国《环球金融》杂志“2012年度中国金融之星”评选中，建设银行荣膺“最佳基础设施贷款银行奖”。

11月19日 《亚洲风险》杂志年度风险管理大奖在香港揭晓，建设银行被评为2012年度“中国最佳风险管理银行”，自2011年获得该奖后再次蝉联获奖，也是2005年以来唯一一家四次获得该奖的国内银行。

11月19日 由中央电视台、中国金融出版社主办的“《共同成长》主题晚会暨金融机构服务‘三农’颁奖典礼”在北京举行。建设银行荣获“服务‘三农’最佳创新成就奖”及“服务小微企业最佳创新成就奖”两个奖项，获奖数量在四大行中排名第一。

11月20日 建设银行首次荣获《经济》杂志全国服务业公众满意度调查——“金典奖——中国养老金融服务公众满意最佳典范品牌”。

11月26日 在中小企业商业协会主办的“2012年第七届中国中小企业家年会颁奖盛典”上，建设银行荣获“2012年度全国支持中小企业发展十佳商业银行”称号。

11月30日 在中国中小企业协会主办的“2012国际优秀中小企业服务商大会”上，建设银行荣获“优秀中小企业服务机构奖”；小微企业“助保贷”产品荣获“优秀中小企业服务产品奖”。

11月 建设银行获和讯网“最佳资产托管银行奖”。

12月2日 在《21世纪经济报道》主办的第七届21世纪亚洲金融年会上，建设银行荣获“2012·亚洲最具影响力商业银行奖”。年会同时发布了《2012年亚洲银行竞争力排名报告》，建设银行综合竞争力位列亚洲商业银行第二位。

12月3日 第三届全国服务业公众满意度专项调研揭晓新闻发布会在北京人民大会堂举行。建设银行荣获“金典奖——中国养老金融服务公众满意最佳典范品牌”。

12月3日 在中国金融认证中心举办的“2012中国电子银行年会暨中国电子银行年度金榜颁奖盛典”上，建设银行摘得重量级综合大奖“2012年中国最佳电子银行奖”。

12 月 5 日　国际知名品牌咨询公司 Interbrand 发布“2012 最佳中国品牌价值排行榜”，建设银行以 1 120.28亿元的综合品牌价值荣膺第二，较 2011 年上升一位，稳居银行业首位。

12 月 24 日　中国妇女慈善奖表彰大会在人民大会堂隆重举行，建设银行获评“中国妇女慈善奖——模范奖”。党委委员章更生代表建设银行出席并作为获奖单位代表发言。全国人大常委会副委员长、全国妇联主席陈至立等出席活动。

12 月　建设银行被中国扶贫基金会授予“新长城教育扶贫突出贡献单位”。

12 月　建设银行获得由中国银行业协会颁发的“最佳供应链融资银行”奖项。

12 月　建设银行在《财资》“2012 年企业治理奖”的评选中，荣获“最佳公司管治铂金奖”。

12 月　建设银行在《亚洲公司治理》“第三届亚洲最佳企业治理奖”的评选中，荣获“亚洲最佳执行董事奖”、“亚洲最佳 CFO（投资者关系）奖”、“最佳投资者关系奖”、“最佳投资者关系网站/推介奖”。

2012 年底　建设银行在《全球托管人》杂志 2012 年度新兴市场托管银行服务评选中，再次以行业最高分（6.66 分）蝉联“中国最佳托管银行”奖（DOMESTIC TOP RATED），这是建设银行自 2009 年以来连续四年荣获该奖项。

CHINA 中国建设银行年鉴 2013
CONSTRUCTION BANK ALMANAC

第八部分　附录

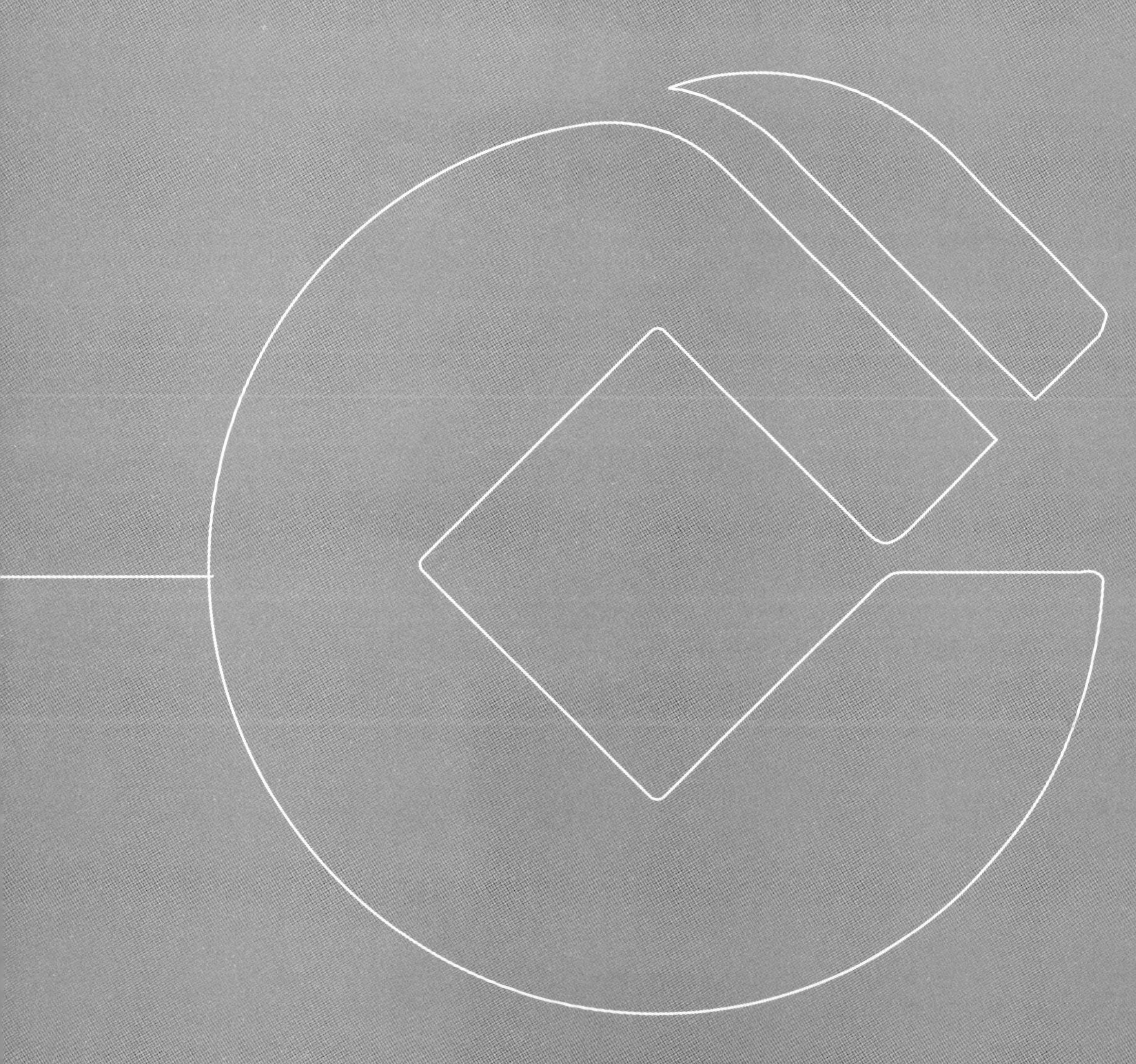

2012年建设银行董事、监事及高级管理层成员名录

董事

王洪章　董事长、执行董事（2012年1月任）
张建国　副董事长、执行董事
陈佐夫　执行董事、副行长（2012年10月离任）
朱小黄　执行董事、副行长（2012年8月离任）
王　勇　非执行董事
朱振民　非执行董事
李晓玲（女）　非执行董事
陆肖马　非执行董事（2012年11月离任）
陈远玲（女）　非执行董事
董　轼　非执行董事
彼得·列文爵士　独立非执行董事（2012年6月离任）
任志刚　独立非执行董事
詹妮·希普利爵士（女）　独立非执行董事
伊琳·若诗（女）　独立非执行董事（2012年9月任）
赵锡军　独立非执行董事
黄启民　独立非执行董事

监事

张福荣　监事长
刘　进（女）　股东代表监事
宋逢明　股东代表监事
张华建　股东代表监事
金磐石　职工代表监事
李卫平　职工代表监事
黄叔平（女）　职工代表监事
郭　峰　外部监事
戴德明　外部监事

高级管理人员

张建国　行长
朱洪波　副行长（2012年3月任）

纪委书记（2011 年 12 月任）
陈佐夫　副行长（2012 年 10 月不再担任）
朱小黄　副行长（2012 年 8 月不再担任）
胡哲一　副行长
庞秀生　副行长
赵　欢　副行长
章更生　高级管理层成员
　　　　工会主席
曾俭华　首席财务官
黄志凌　首席风险官
余静波　首席审计官
陈彩虹　董事会秘书
许会斌　批发业务总监
田惠宇　零售业务总监
王贵亚　投资理财总监

2012 年建设银行总行本部部门领导名录

董事会办公室

主任：徐漫霞（女）
副主任：何欣梅（女）
副主任：卢刚
副主任：李兖（2012 年 12 月任）
主任助理：高云（女）

监事会办公室

主任：刘进（女）
副主任：车新亭
副主任：曹建勇
副主任：薄银根（2012 年 12 月任）

行长办公室

主任（党委办公室主任）：王琳
建设银行报副总编辑（总行部门副总经理）：刘健
副主任（党委办公室副主任）：杨洸
副主任：朱枫（2012 年 4 月免）
副主任：林朝晖（2012 年 6 月任）
资深专员（总行部门总经理级）：涂昭明（2012 年 2 月免）
信访办主任（总行部门总经理级）：王艳薇（女）
信访办副主任（总行部门副总经理）：李恒生
信访办副主任（总行部门副总经理）：王斌（2012 年 9 月免）

人力资源部

工会常务副主席兼人力资源部总经理（党委组织部部长）：李卫平
副总经理（党委组织部副部长，总行部门总经理级）：李春信
副总经理：刘英（女）
培训管理中心主任兼党校副校长（总行部门总经理级）：曹亮
副总经理（党委组织部副部长）：徐云清
副总经理（党委组织部副部长）：徐剑（2012 年 8 月任）
副总经理（党委组织部副部长）：郭元析（2012 年 8 月免）

总经理助理：徐剑（2012 年 8 月免）
总经理助理：李从军（2012 年 9 月免）

资产负债管理部

总经理：许一鸣
副总经理：张毅
副总经理：刘方根
副总经理：王晓薇（女）（2012 年 6 月任）
总经理助理：王晓薇（女）（2012 年 6 月免）

财务会计部

总经理：应承康
副总经理：俞斌
副总经理：汪涛
副总经理：许涛（2012 年 11 月任）
副总经理：朱琳（女）（2012 年 12 月任）
总经理助理：杨立斌

资金结算部

总经理：李国建
副总经理：周玉旺
副总经理：张继波
副总经理：蒋曙明（2012 年 7 月免）
副总经理：霍晓梅（女）（2012 年 12 月任）

采购部

总经理：吴建中
副总经理：顾万寿
副总经理：黄文化（2012 年 12 月任）

信息中心

总经理：王怀伟
副总经理（总行部门总经理级）：刘静芳（女）
副总经理：施良
副总经理：常征（女）（2012 年 12 月任）

风险管理部

总经理：黄志凌（兼）
副总经理（总行部门总经理级）：刘桂峰（女）
副总经理兼市场风险管理部总经理（总行部门总经理级）：丰习来（2012 年 12 月免）
副总经理：田国林
副总经理：尚朝晖（2012 年 7 月任）

副总经理：黄涛（2012 年 4 月任）
副总经理：黄涛（2012 年 6 月免）
副总经理兼市场风险管理部副总经理：杨军
资深风险经理（专业技术二级）：怡颖（女）
总经理助理：林朝晖（2012 年 6 月免）

授信管理部

总经理：王业
副总经理（总行部门总经理级）：李敏新
副总经理：贺志红（2012 年 6 月任）
副总经理：宋知春（女）（2012 年 11 月任）
副总经理：臧慧业（2012 年 12 月任）
副总经理：修琦（2012 年 12 月任）
资深风险经理（专业技术二级）：张颖（女）
总经理级专职贷款审批人：姜滇生（2012 年 8 月免）
副总经理级专职贷款审批人：王建林
副总经理级专职贷款审批人：何平（女）
副总经理级专职贷款审批人：张山林
副总经理级专职贷款审批人：臧慧业（2012 年 12 月免）
副总经理级专职贷款审批人：王展刚
副总经理级专职贷款审批人：魏海滨
副总经理级专职贷款审批人：饶跃胜
副总经理级专职贷款审批人：蒋雯（女）
副总经理级专职贷款审批人：张承
副总经理级专职贷款审批人：陈林峰
副总经理级专职贷款审批人：赵海涛（2012 年 12 月免）
副总经理级专职贷款审批人：蒋伯荣（2012 年 12 月任）
副总经理级专职贷款审批人：陈红霞（女）（2012 年 12 月任）
副总经理级专职贷款审批人：周永舫（2012 年 12 月任）
副总经理级专职贷款审批人：陈新声（2012 年 12 月任）
副总经理级专职贷款审批人：江艳峰（2012 年 12 月任）
副总经理级专职贷款审批人：曹众（2012 年 12 月任）
副总经理级专职贷款审批人：商立平（2012 年 12 月任）
副总经理级专职贷款审批人：李年丰（2012 年 12 月任）
副总经理级专职贷款审批人：张文利（2012 年 12 月任）
副总经理级专职贷款审批人：毕立民（2012 年 12 月任）
内控合规部
负责人：王书仁
负责人：秦仁文

审计部

总经理：赵观甫（2012 年 10 月任）

总经理：余静波（2012 年 10 月不再兼任）
副总经理（总行部门总经理级）：赵观甫（2012 年 10 月免）
副总经理：冯道海
副总经理：杨军
副总经理：武丕宏
副总经理：万盛举

研究部

总经理：郭世坤（2012 年 11 月免）
副总经理：蒋清海
副总经理：朱勇
副总经理（总行部门总经理级）：许占涛（2012 年 12 月任）

战略规划与股权投资部

总经理：李云泽
副总经理（总行部门总经理级）：孙建政（2012 年 9 月免）
副总经理：谢瑞平
副总经理：齐建功（2012 年 12 月任）
副总经理：常佳伟（女）（2012 年 12 月任）

公司业务部

总经理：袁桂军
副总经理：刘守平
副总经理：蔡亚蓉（女）（2012 年 6 月任）
副总经理：李钺（女）（2012 年 6 月任）
副总经理：李丽杰（女）（2012 年 12 月任）
资深专员（总行部门总经理级）：魏兴富
总经理助理：蔡亚蓉（女）（2012 年 6 月免）
票据中心副主任（总行部门总经理助理）：李钺（女）（2012 年 6 月免）

集团客户部（营业部）

总经理：程远国
副总经理：张向群
副总经理：万志敏
副总经理：郑玉金（女）（2012 年 10 月任）
总经理助理：周明
业务副总监（总行部门总经理助理）：张力铮（2012 年 6 月免）
业务副总监（总行部门总经理助理）：贺志红（2012 年 6 月免）
业务副总监（总行部门总经理助理）：郑玉金（女）（2012 年 10 月免）

机构业务部

总经理：刘仁刚

副总经理：王强
副总经理：张坤
副总经理：王雪玲（女）
副总经理：孙玉辉（2012 年 6 月任）
副总经理：葛文杰（2012 年 11 月任）
总经理助理：杨虹（女）（2012 年 6 月免）
总经理助理：孙玉辉（2012 年 6 月免）

国际业务部

总经理：杨爱民
副总经理（总行部门总经理级）：孙建政（2012 年 9 月任）
副总经理兼海外机构管理部总经理：江建华
副总经理：彭钢
副总经理：孙剑波（女）（2012 年 6 月任）
副总经理：萧绍林（2012 年 3 月免）
总经理助理：陈力平（2012 年 6 月免）

投资托管业务部

总经理：杨新丰（2012 年 11 月任）
副总经理（主持工作）：杨新丰（2012 年 11 月免）
副总经理：纪伟（2012 年 11 月任）
副总经理：张军红（2012 年 11 月任）
副总经理：郑绍平（2012 年 11 月任）
总经理助理：尹东
总经理助理：郑绍平（2012 年 11 月免）

养老金业务部

总经理：冯丽英（女）
副总经理：龚毅（2012 年 9 月任）
副总经理：李红骏（2012 年 6 月任）
副总经理：施宇平（2012 年 12 月任）
总经理助理：杭琛
总经理助理：张剑峰（女）
总经理助理：李红骏（2012 年 6 月免）

个人存款与投资部

总经理：康义
副总经理兼电话银行中心总经理、95533 客户服务北京中心主任（总行部门总经理级）：王毅
副总经理：马美芹（女）
副总经理：刘涛（女）
副总经理：张敏（女）（2012 年 11 月免）
副总经理：曹伟

副总经理：孙娜（女）（2012 年 12 月任）
资深专家（总行部门总经理级）：程正红（女）（2012 年 2 月免）
电话银行中心副总经理（总行部门总经理助理）：周夏
95533 客户服务成都中心主任（总行部门副总经理）：谢吉鹤
95533 客户服务武汉中心主任（总行部门总经理级）：石汉祥

财富管理与私人银行部

总经理：魏春旗
副总经理：应红（女）
副总经理：梅雨方
副总经理：杨刚
副总经理：马勇

住房金融与个人信贷部

总经理：杨绍萍（女）
副总经理（总行部门总经理级）：孙冰峰
副总经理：孙聚贤（女）
副总经理：孟国鸿（2012 年 11 月任）
总经理助理：周刚

小企业业务部

总经理：余江
副总经理：周鑫泉
副总经理：隋露（女）（2012 年 6 月任）
副总经理：李从军（2012 年 9 月任）
副总经理：李晓芳（女）（2012 年 11 月任）
总经理助理：隋露（女）（2012 年 6 月免）

信用卡中心

总经理：段超良（2012 年 12 月任）
党委书记：段超良（2012 年 7 月任）
总经理：赵宇梓（2012 年 7 月免）
副总经理（总行部门总经理）：沈明（2012 年 7 月免）
副总经理：吴惠涛
副总经理：施红敏（2012 年 6 月免）
副总经理：张敏（女）（2012 年 11 月任）
副总经理：蒋志春
资深专家（总行部门总经理）：赵宇梓（2012 年 7 月任）
资深专家（总行部门总经理）：赵宇梓（2012 年 12 月免）
副总经理兼台湾分行筹备组负责人：李国夫
运行总监（总行部门副总经理）：黄勇
总经理助理：张伟

纪委副书记（总行部门总经理助理）：杨学才
天津运行中心主任（总行部门副总经理）：单向东（2012 年 8 月任）
天津运行中心主任：李国夫（2012 年 8 月不再兼任）

金融市场部

总经理：谷裕
副总经理兼商品与期货交易部总经理（总行部门总经理级）：王勇
副总经理：曹守年
香港交易中心副主任：郭志鹏
副总经理：刘彦（女）（2012 年 9 月任）
副总经理：张铮（2012 年 9 月任）
总经理助理：严瑛（女）（2012 年 12 月任）
商品与期货交易部副总经理（总行部门总经理助理）：严瑛（女）（2012 年 12 月免）
商品与期货交易部副总经理（总行部门总经理助理）：雷鸣

投资银行部

总经理：王贵亚（兼）
副总经理：黄曦（女）
副总经理，多伦多分行筹备组负责人：孙念北
业务总监（总行部门副总经理）：黄金华
业务总监（总行部门副总经理）：张明合
副总经理：李少俊（2012 年 6 月任）
业务副总监（总行部门总经理助理）：李少俊（2012 年 6 月免）

资产保全部

总经理：于妍玲（女）
副总经理：高扬
副总经理：谭兴民
副总经理：马奎
副总经理：张华清
副总经理：陈蕾
资深风险经理（专业技术二级）：曹桂英（女）

信息技术管理部

总经理：金磐石
副总经理兼“新一代核心系统”建设推进工作小组常务副组长（总行部门总经理级）：朱玉红（女）
副总经理兼北京开发中心主任：李骁
副总经理：王申科
副总经理：王燕（女）
副总经理：刘延新（2012 年 11 月任）
总工程师（专业技术一级）：胡宪忠（2012 年 5 月任）
资深信息技术工程师（专业技术二级）：林磊明

总经理助理：纪朝晖
上海开发中心主任（总行部门副总经理）：马恒鑫
广州开发中心主任（总行部门副总经理）：张应丰
成都开发中心主任（总行部门副总经理）：商辉
北京数据中心主任（总行部门副总经理）：沈秋翔
北京数据中心副主任（总行部门副总经理）：吴险峰
北京数据中心副主任（总行部门副总经理）：刘弢
北京数据中心副主任（总行部门副总经理）：王立新（2012 年 11 月任）
北京数据中心副主任（总行部门副总经理）：李巍（2012 年 12 月任）
上海数据中心主任（总行部门副总经理）：潘人放（2012 年 6 月免）
上海数据中心副主任（总行部门副总经理）：郑玫
厦门开发中心主任（总行部门副总经理）：陈政德
北京开发中心资深信息技术工程师（专业技术二级）：侯靖晖
上海开发中心资深信息技术工程师（专业技术二级）：林志农
厦门开发中心资深信息技术工程师（专业技术二级）：陈铭新
北京数据中心资深信息技术工程师（专业技术二级）：郭玉章
上海开发中心资深信息技术工程师（专业技术二级）：赵立才

营运管理部

负责人：杨丰来
副总经理（总行部门总经理级）：吕穗春（女）
副总经理：李雪艳（女）
副总经理：梁军
副总经理兼后台业务处理中心总经理：陈德
资金业务营运总监（总行部门总经理助理）：刘润发
总经理助理：李月希

电子银行部

总经理：黄浩（2012 年 12 月任）
总经理：徐捷（2012 年 11 月免）
副总经理（总行部门总经理级）：马春峰
副总经理：刘建忠
副总经理：寇冠（2012 年 6 月任）
总经理助理：寇冠（2012 年 6 月免）

产品创新与管理部

总经理：李尚荣
副总经理：赵志宏
副总经理：胡恒社（2012 年 9 月任）
副总经理：陈昕（2012 年 11 月任）
总经理助理：汪下烟

法律事务部

总经理：程美芬（女）
副总经理：曹屹立
副总经理：吴胜春
副总经理：侯太领（2012 年 12 月任）
总经理助理：蒋睿

纪检监察部（巡视办）

总经理、纪委副书记、巡视办主任：张华建
副总经理、纪委副书记、巡视办副主任（总行部门总经理）：林鸿
副总经理、巡视办副主任：傅晓燕（女）
副总经理：王德刚
副总经理：韩智慧（2012 年 8 月免）
总经理助理：罗铿
巡视办副主任：刘文锦
巡视办副主任：吴忆（女）
巡视办资深专家：李英俊（2012 年 2 月免）
中国监察学会建设银行分会副秘书长（总行部门副总经理）：韩晓春（女）（2012 年 2 月任）
巡视办巡视员（总行部门副总经理级）：赵翀
主任助理：赵荣（女）

安全保卫部

总经理：刘晖
副总经理：任亚民
副总经理：熊自力（2012 年 6 月任）
总经理助理：熊自力（2012 年 6 月免）

公共关系与企业文化部

总经理（党委宣传部部长）：王炽（2012 年 2 月任）
总经理（党委宣传部部长）：胡昌苗（2012 年 2 月免）
副总经理（党委宣传部副部长）：王炽（2012 年 2 月免）
副总经理：何小平
副总经理：柴翔
总经理助理：胡恒社（2012 年 9 月免）

离退休人员管理部

总经理：安全德
副总经理：齐迪清

机关党委

副书记（总行部门总经理）：张宪

副书记（总行部门副总经理）：吴慧文（女）
机关纪律检查委员会副书记（总行部门副总经理）：李志（女）

行长办公室（总务）

总经理：王云
副总经理兼洋桥B座计算机业务楼工程建设实施小组负责人：郭京凯
副总经理：刘建国
总经理助理：张鲜平

党校

党校副校长、兼人力资源部培训管理中心副主任、兼高级研修院院长（总行部门总经理）：王博之（2012年2月任）
副院长（总行部门总经理）：张涛（女）（2012年5月任）

工会

副主席（总行部门总经理）：张玉英（女）
副主席（总行部门总经理级）：凌雯（女）
副主席（总行部门副总经理）：邵风高

生产基地建设指挥部

总指挥（总行部门总经理级）：刘铁彦

中国投资学会

秘书长（总行部门副总经理级）：孙洪先（2012年2月免）
常务副秘书长（总行部门总经理级）：许占涛（2012年12月免）

中国建设银行村镇银行管理委员会

主任：顾京圃
副主任（总行部门总经理级）：孙建政（2012年9月免）
副主任（总行部门总经理级）：陈景功

村镇银行股份有限公司筹备工作领导小组

组长：顾京圃
副组长（总行部门总经理级）：孙建政（2012年9月免）
副组长（总行部门总经理级）：陈景功

2012 年建设银行分行领导名录

北京市分行

行长、党委书记：田惠宇
副行长、党委副书记（总行部门总经理级）：方秋月
副行长、党委委员：秦仁文（2012 年 6 月免）
副行长、党委委员：龚毅（2012 年 6 月免）
纪委书记、党委委员：董建恒
副行长、党委委员：李凡
副行长、党委委员（挂职）：肖立红（女）（2012 年 7 月免）
副行长、党委委员：郎理英（女）
资深产品经理、党委委员（专业技术二级）：徐洪昇（2012 年 6 月任党委委员）
党委委员：张力铮（2012 年 6 月任）
风险总监：邓艾兵
行长助理：吴泼伟（2012 年 6 月任）
资深专员：赵克义

天津市分行

行长、党委书记：高德高
副行长、党委副书记：杨铁军（2012 年 6 月任党委副书记，10 月任副行长）
纪委书记、党委委员：李军（女）
副行长、党委委员：邱书民（2012 年 7 月免）
副行长、党委委员：刘步其
副行长、党委委员：王斌
副行长、党委委员：文远华
风险总监：李明凯

河北省分行

行长、党委书记：李秀昆
副行长、党委副书记：孙福州
纪委书记、党委委员：傅永德（2012 年 4 月退休）
副行长、党委委员：周小知
副行长、党委委员：郭英辉（女）（2012 年 5 月任）
副行长、党委委员：尚朝辉（2012 年 6 月免）
纪委书记、副行长、党委委员：韩智慧（2012 年 6 月任纪委书记、党委委员，8 月任副行长）

副行长、党委委员：李春生
工会主任：杜彦芳（女）
风险总监：喻永新
行长助理：朱建辉
行长助理：王永平

山西省分行

行长、党委书记：马卓（2012 年 1 月免，改任资深专家）
行长、党委书记：高强（2012 年 1 月任）
副行长、党委副书记：陈东平
纪委书记、副行长、党委委员：解陆一
副行长、党委委员：斛文锋
副行长、党委委员：宋海林
风险总监：杨利亚
资深专员：康生福
资深专员：孟荣华

内蒙古自治区分行

行长、党委书记：黄先俊（2012 年 6 月免）
行长、党委书记：邱书民（2012 年 7 月任，3 月任主要负责人）
副行长、党委委员：高升亮
纪委书记、党委委员：楚孔用
副行长、党委委员：张兆西
风险总监：崔殿满
行长助理：乔俊峰
行长助理：高凤山
行长助理：吕作龙（2012 年 12 月任）
资深专员（总行部门总经理级）：裴品才

辽宁省分行

行长、党委书记：杨文升
副行长、党委副书记（总行部门总经理级）：陈利
副行长、党委委员：籍宝奎
副行长、党委委员：陈宝东
纪委书记、副行长、党委委员：肖青（女）（2012 年 5 月任副行长）
副行长、党委委员：韩民
副行长、党委委员：于宁哲
风险总监：刘伟
行长助理：张勇

大连市分行

行长、党委书记：林忠治

副行长、党委副书记：程超英（女）
纪委书记、党委委员：隋岩（女）
副行长、党委委员：石新亭
副行长、党委委员：张喜军
风险总监：王津成

吉林省分行

行长、党委书记：张勤
副行长、党委副书记：郭元析（2012 年 6 月任党委副书记、8 月任副行长）
副行长、党委委员：杨铁军（2012 年 6 月免）
副行长、党委委员、工会主任：姚殿英
副行长、党委委员：吕春光
纪委书记、党委委员：奚丽娟（女）（2012 年 11 月任）
纪委书记、副行长、党委委员：具京子（女）（2012 年 9 月任副行长，11 月免纪委书记）
副行长、党委委员：尹君（2012 年 12 月由风险总监改任）
行长助理：孙建国
资深专家：王毅

黑龙江省分行

行长、党委书记：鲁可贵
副行长、党委副书记：耿庆军
副行长、党委委员：姜鸿飞
纪委书记、党委委员、工会主任：张慧敏（女）
风险总监：董发凯
行长助理：李松
行长助理：邹洵游

上海市分行

行长、党委书记：王江
副行长、党委副书记：忻明宝
副行长、党委副书记：徐捷（2012 年 11 月任）
副行长、党委委员：张忠德
纪委书记、副行长、党委委员：林晓东
副行长、党委委员：林顺辉（2012 年 7 月免）
副行长、党委委员：陈金富
副行长、党委委员：徐众华（2012 年由风险总监改任）
工会主任：沈芳珍（2012 年 2 月退休）
工会主任：王明珏（2012 年 7 月任）
行长助理：吴益强
资深专员：张益民

江苏省分行

行长、党委书记：杨毓

副行长、党委副书记：沈义明
副行长、党委委员：樊庆刚
副行长、党委委员：金扬统
副行长、党委委员：邵 斌
纪委书记、党委委员：王光明
风险总监：武莉（女）
行长助理：贾纯（2012 年 11 月任）
资深专家：张援朝（2012 年 8 月免）

苏州分行

行长、党委书记：岳鹰
副行长、党委副书记：杨虹（女）（2012 年 6 月任党委副书记，8 月任副行长）
副行长、党委委员：黄松鹤
纪委书记、副行长、党委委员：方建平
工会主任：吕伟民
风险总监：许永良
行长助理：朱斌晨
行长助理：冯宇
行长助理（挂职）：顾卫东
资深专家：林少斌

浙江省分行

行长、党委书记：崔滨洲（2012 年 6 月免）
行长、党委书记：黄先俊（2012 年 6 月任，3 月任主要负责人）
副行长、党委副书记：侯建培（2012 年 6 月任党委副书记）
副行长、党委副书记：林顺辉（2012 年 7 月任党委副书记、12 月任副行长）
纪委书记、副行长、党委委员：张民
副行长、党委委员：劳新江（2012 年 11 月免）
工会主任：傅春兰（女）
风险总监：张俊（2012 年 8 月撤职）
行长助理：何向东
行长助理：王叶毅（2012 年 8 月撤职）

宁波市分行

行长、党委书记：苏克
副行长、党委委员：任国正
纪委书记、党委委员：张依娜（2012 年 5 月退休）
副行长、党委委员：陈恒星
副行长、党委委员：陈慧芳（女）
风险总监：叶进
行长助理：卢冲
资深专员：张鹏群（2012 年 10 月退休）

安徽省分行

行长、党委书记：戴跃明
副行长、党委副书记：刘兴华（2012年6月任党委副书记）
副行长、党委委员：姚启凡
纪委书记、党委委员：杨庆生
副行长、党委委员：杨学军（2012年6月由行长助理提任党委委员，8月任副行长）
风险总监：吴振广（2012年6月任）
行长助理：张广飞（2012年8月任）
资深专员：范绍杰
资深专员：徐明堑

福建省分行

行长、党委书记：彭洪明
副行长、党委副书记：陈万铭（2012年5月任副行长）
副行长、党委委员：李文贤
副行长、党委委员：林和发
副行长、党委委员：刘峰
纪委书记、党委委员：胡敏华
副行长、党委委员：丁保平
风险总监：王东标
工会主任：郑碧玲（女）
行长助理：黄汾（2012年10月任）
行长助理：林平（2012年10月任）
行长助理：吴建政（2012年11月任）

厦门市分行

行长、党委书记：刘丽华（女）
副行长、党委副书记：生柳荣
副行长、党委委员：林华（女）
副行长、党委委员：肖春辉
纪委书记、党委委员：戴丽萍（女）
副行长、党委委员：黄惠玲（女）
风险总监：黄霞（女）

江西省分行

行长、党委书记：段超良（2012年11月免）
行长、党委书记：万国平（2012年11月任）
副行长、党委委员：余惠芳（女）
副行长、党委委员：彭家彬
纪委书记、党委委员：丁嘉槐
副行长、党委委员：喻金龙（2012年6月任党委委员，11月任副行长）

副行长、党委委员：蒋曙明（2012 年 7 月任党委委员，11 月任副行长）
风险总监：杜占良
工会主任：邹春生
行长助理：刘忠（2012 年 8 月任）

山东省分行

行长、党委书记：薛峰
副行长、党委副书记：李文达
副行长、党委委员：王晓永
副行长、党委委员：张维国
副行长、党委委员：刘振奇
副行长、党委委员：路民
纪委书记、党委委员：司朝伟
副行长、党委委员：李建平
风险总监：葛王杰
行长助理：朱治昌
行长助理：宋佐军（2012 年 11 月任）

青岛市分行

行长、党委书记：郭英辉（女）（2012 年 5 月免）
行长、党委书记：冯涛（2012 年 5 月任，3 月任主要负责人）
副行长、党委委员：王士清
副行长、党委委员：郭中华（女）
副行长、党委委员：刘从正
纪委书记、党委委员：杨洲德
风险总监：陈庆辉
行长助理：孙剑波（女）（2012 年 7 月免）
资深专员：刘津南（2012 年 6 月退休）

河南省分行

行长、党委书记：石亭峰
副行长、党委委员：张志军
副行长、党委委员：石永拴
副行长、党委委员：王保信
副行长、党委委员：黄兴宏
纪委书记、党委委员：奚丽娟（女）（2012 年 11 月免）
风险总监：许建东

湖北省分行

行长、党委书记：任德奇
副行长、党委副书记：陈汉华
副行长、党委委员：范广州

纪委书记、党委委员：王继光
副行长、党委委员：王进军
副行长、党委委员：段红涛
副行长、党委委员：石章振
行长助理：任鹏（2012 年 11 月任）
巡视员：陶恒喜

三峡分行

行长、党委书记：林帆
副行长、党委委员：罗泽民
纪委书记、党委委员：佟晓林
副行长、党委委员：张家材
副行长、党委委员：常平
副行长、党委委员：叶轮（2012 年 12 月由行长助理提任）
风险总监：汪兴全
工会主任：宋文德
行长助理：柴洪斌（2012 年 12 月任）

湖南省分行

行长、党委书记：刘力耕
副行长、党委副书记：陈二尧
副行长、党委委员：魏振华（2012 年 5 月免）
副行长、党委委员：李泉（2012 年 6 月任党委委员、11 月任副行长）
纪委书记、党委委员：易建荣
副行长、党委委员：刘广良
副行长、党委委员：尹利芳
副行长、党委委员：李华峰（2012 年 5 月免）
副行长、党委委员：梁德顺（2012 年 12 月由风险总监改任）
风险总监：文爱华（2012 年 12 月任）

广东省分行

行长、党委书记：靳彦民
副行长、党委副书记：李锦海
副行长、党委委员：易景安
副行长、党委委员：沈奕明
纪委书记、副行长、党委委员：王少先
副行长、党委委员：陈翠芳（女）
副行长、党委委员：李民（2012 年 6 月由行长助理提任党委委员，9 月任副行长）
风险总监：陈建华（2012 年 9 月改任资深专员）
风险总监：梁洪晨（2012 年 9 月任）
工会主任：王志雄
行长助理：李洪茂

深圳市分行

行长、党委书记：刘军
副行长、党委委员：吴集荣
副行长、党委委员：祝九胜（2012 年 5 月撤职）
纪委书记、党委委员：王雄
副行长、党委委员：李华峰（2012 年 5 月任）
副行长、党委委员：赵芝然
副行长、党委委员：潘虹（2012 年 1 月任）
副行长、党委委员：戴惠明
风险总监：韩凤林

广西壮族自治区分行

行长、党委书记：袁明（2012 年 2 月免）
行长、党委书记：胡昌苗（2012 年 2 月任）
副行长、党委副书记：魏振华（2012 年 5 月任）
副行长、党委委员：李思影
纪委书记、党委委员、工会主任：杨静挺
副行长、党委委员：梁建林
副行长、党委委员：黄诚东（2012 年 2 月由行长助理提任）
副行长、党委委员：农卫东（2012 年 2 月由行长助理提任）
风险总监：喻金龙（2012 年 6 月免）
风险总监：陈创胜（2012 年 10 月任）

海南省分行

行长、党委书记：梁福成（2012 年 12 月免，改任资深专家）
主要负责人：张中科（2012 年 12 月任）
副行长、党委副书记：麦仲山（2012 年 7 月任党委副书记，11 月任副行长）
副行长、党委委员：赵永林（2012 年 7 月改任资深专员）
副行长、党委委员：李泉（2012 年 6 月免）
纪委书记、副行长、党委委员：路建华
副行长、党委委员：李明曦
副行长、党委委员：石滨（女）
工会主任：尹慧琳（女）
风险总监：麦文盛

四川省分行

行长、党委书记：曾益
副行长、党委委员：万鸿
纪委书记、党委委员：李述成
副行长、党委委员：王浩
副行长、党委委员：李祥国

工会主任：颜克忠
风险总监：汪海
行长助理：戴虎林
行长助理：杨泽新（女）（2012 年 11 月任）

重庆市分行

行长、党委书记：李果
副行长、党委委员：严斌
副行长、党委委员：文姜元
副行长、党委委员：熊刚
纪委书记、党委委员：高永强
风险总监：陈义（2012 年 12 月任）
行长助理：张希
行长助理：吴承恩
资深专员：颜显民（女）
资深专员：罗文章

贵州省分行

行长、党委书记：吴民豪
副行长、党委委员：张民权
副行长、党委委员、工会主任：蒋晓树
副行长、党委委员：杜坚
副行长、党委委员：许修智
纪委书记、党委委员：陈中新（2012 年 6 月任）
风险总监：周晓
行长助理：朱启江

云南省分行

行长、党委书记：潘念宁（女）
副行长、党委副书记：麦仲山（2012 年 7 月免）
副行长、党委委员：马亦凌（女）
副行长、党委委员：何跃
纪委书记、党委委员：董晓威
风险总监：陈义（2012 年 12 月免）
行长助理：王晶武
行长助理：文爱华（2012 年 12 月免）
资深专员：范京云

西藏自治区分行

行长、党委书记：韩文贞
副行长、党委委员：严仕成
纪委书记、党委委员：次仁顿珠

副行长、党委委员：卢生
副行长、党委委员：李振宇（2012年11月免）
副行长、党委委员：查克健
党委委员：王曼村（2012年11月任）
风险总监：刘晓兰（女）（2012年12月任）
行长助理：武青勇（2012年12月任）
巡视员：罗布桑珠

陕西省分行

行长、党委书记：牟乃密
副行长、党委副书记：李忠华（2012年6月任党委副书记，10月任副行长）
副行长、党委委员：孟鸿康
副行长、党委委员：刘红旗
纪委书记、党委委员：张新华
风险总监：曹建平
行长助理：张玺峰
行长助理：张敏（女）

甘肃省分行

行长、党委书记：艾尔肯·艾则孜
副行长、党委委员：孙一顺
副行长、党委委员：王文永
副行长、党委委员：杨玉江（2012年7月任党委委员，12月任副行长）
纪委书记、党委委员：苏安平
副行长、党委委员：朱博海（2012年6月由行长助理提任党委委员，8月任副行长）
风险总监：杨仲元
行长助理：申健（2012年5月免）

青海省分行

行长、党委书记：郭继庄
副行长、党委副书记：李振宇（2012年11月任党委副书记，12月任副行长）
副行长、党委委员：张海（2012年4月免）
副行长、党委委员：王正录
纪委书记、党委委员：卜建平
副行长、党委委员：郑海峰
副行长、党委委员：杨险峰（2012年7月免）
副行长、党委委员：梁世斌（2012年11月由行长助理提任）
风险总监：金大钊

宁夏回族自治区分行

行长、党委书记：廖林
副行长、党委副书记：刘海涛（2012年12月任党委副书记）

纪委书记、党委委员：袁贵
副行长、党委委员：徐长宁
副行长、党委委员：陈福功
风险总监：李惠
行长助理：吴其海
行长助理：王斌

新疆维吾尔自治区分行

行长、党委书记：张涛（2012 年 5 月免）
行长、党委书记：魏承国（2012 年 5 月任，1 月任主要负责人）
副行长、党委委员：李忠华（2012 年 6 月免）
副行长、党委委员：杨险峰（2012 年 7 月任党委委员，11 月任副行长）
副行长、党委委员：张春生
纪委书记、副行长、党委委员：阿布来提・木明
副行长、党委委员：徐军世（2012 年 6 月由行长助理提任党委委员，11 月任副行长）
党委委员：李新平（2012 年 6 月由行长助理提任）
风险总监：闫静波

哈尔滨培训中心

主任、党委书记兼建设银行党校哈尔滨分校校长：孙平生
副主任、党委副书记：孙耀河
纪委书记、党委委员：王建立

常州培训中心

主任、党委书记兼建设银行党校常州分校校长：张中科（2012 年 12 月免）
副主任、党委副书记（主持工作）：屈建伟（2012 年 12 月任党委副书记，主持工作）
副主任、党委副书记：江炳钰
纪委书记、副主任、党委委员兼建设银行党校常州分校副校长：赵余分

2012年建设银行海外分行和子公司主要负责人名录

香港分行

总经理：毛裕民

新加坡分行

总经理：姜国云

法兰克福分行

总经理：李锁生

约翰内斯堡分行

总经理：张进国

东京分行

总经理：李勇龙

首尔分行

总经理：李彪

纽约分行

总经理：李伟

悉尼分行

总经理：王启新

胡志明市分行

总经理：孙琳

莫斯科代表处

首席代表：高榕

台北代表处

首席代表：黄庆扬

中德住房储蓄银行有限责任公司

董事长：王洪章（2012 年 7 月任）
行长：黄浩

建银国际控股有限公司

董事长：谢渡扬
总裁：胡章宏

中国建设银行（亚洲）股份有限公司

董事长：杜亚军
行政总裁：郭珮芳（女）

中国建设银行（伦敦）有限公司

董事长：杨爱民
执行总裁：何益民

建信基金管理有限责任公司

董事长：江先周
总经理：孙志晨
监事长：罗中涛（女）

建信金融租赁股份有限公司

董事长：孔永新
总裁：吴建杭

建信信托有限责任公司

董事长：曾见泽
总裁：程双起

建信人寿保险有限公司

董事长：王军
总裁：赵富高
监事长：郭世坤（2012 年 11 月任）

2012年建设银行审计机构负责人名单

序号	所在机构	姓名	性别	备注
1	天津审计分部	张彦冰	男	
2	沈阳审计分部	冯涛	男	2012年3月免
		崔滨洲	男	2012年3月任
3	上海审计分部	王明珏	女	2012年7月免
		沈明	男	2012年7月任
4	南京审计分部	邵来吉	男	
5	武汉审计分部	金海萍	女	
6	广州审计分部	熊建华	男	
7	成都审计分部	黄叔平	女	
8	西安审计分部	汪永俭	男	
9	香港审计分部	黄亚平	女	
10	北京总审计室	张超英	女	
11	河北总审计室	靳晓飞	女	
12	山西总审计室	许敏鸣	女	
13	内蒙古总审计室	张为忠	男	
14	大连总审计室	金军	男	
15	吉林总审计室	宋涛	男	
16	黑龙江总审计室	贾悦红	女	
17	苏州总审计室	谷成沛	男	
18	浙江总审计室	王爱玲	女	
19	宁波总审计室	黄品良	男	
20	安徽总审计室	杜皖青	女	
21	福建总审计室	兰晋东	男	
22	厦门总审计室	温剑	男	
23	江西总审计室	樊精隆	男	
24	山东总审计室	刘远方	男	
25	青岛总审计室	崔凤芹	女	
26	河南总审计室	程全正	男	
27	宜昌总审计室	刘家桂	男	
28	湖南总审计室	王新立	男	2012年1月任
29	深圳总审计室	刘京保	男	
30	广西总审计室	陈泽钧	男	
31	海南总审计室	庞平声	男	
32	重庆总审计室	刘平	男	
33	贵州总审计室	陈光俊	男	
34	云南总审计室	王黎川	男	
35	西藏总审计室	杨劲青	女	
36	甘肃总审计室	孙积安	男	
37	青海总审计室	李锦旗	男	
38	宁夏总审计室	宁连珠	男	
39	新疆总审计室	熊跃明	男